Sprachwissenschaft

Grammatik – Interaktion – Kognition

Herausgegeben von Peter Auer

Mit Beiträgen von Heike Behrens, Pia Bergmann, Alice Blumenthal-Dramé, Andrea Ender, Susanne Günthner, Martin Hilpert, Bernd Kortmann, Peter Öhl, Stefan Pfänder, Claudia Maria Riehl, Guido Seiler, Anja Stukenbrock, Benedikt Szmrecsanyi und Bernhard Wälchli

Mit Abbildungen und Grafiken

Verlag J. B. Metzler Stuttgart · Weimar

Der Herausgeber
Peter Auer ist Professor Germanistische Linguistik
an der Albert-Ludwigs-Universität Freiburg.

Bibliografische Information der Deutschen Nationalbibliothek
Die Deutsche Nationalbibliothek verzeichnet diese Publikation in der Deutschen
Nationalbibliografie; detaillierte bibliografische Daten sind im Internet über
< http://dnb.d-nb.de > abrufbar.

ISBN 978-3-476-02365-0
ISBN 978-3-476-00581-6 (eBook)
DOI 10.1007/978-3-476-00581-6

Dieses Werk einschließlich aller seiner Teile ist urheberrechtlich geschützt.
Jede Verwertung außerhalb der engen Grenzen des Urheberrechtsgesetzes ist
ohne Zustimmung des Verlages unzulässig und strafbar. Das gilt insbesondere
für Vervielfältigungen, Übersetzungen, Mikroverfilmungen und die Einspeicherung
und Verarbeitung in elektronischen Systemen.

© 2013 Springer-Verlag GmbH Deutschland
Ursprünglich erschienen bei J. B. Metzler'sche Verlagsbuchhandlung
und Carl Ernst Poeschel Verlag GmbH in Stuttgart 2013
www.metzlerverlag.de
info@metzlerverlag.de

Inhaltsverzeichnis

Vorwort		IX
1	**Einleitung** (Peter Auer)	**1**
1.1	Sprache – Die vielen Facetten eines Untersuchungsgegenstands	1
1.1.1	Laute	1
1.1.2	Wörter	6
1.1.3	Sätze	10
1.1.4	Bedeutung	13
1.1.5	Text und Interaktion	14
1.2	Sprachwissenschaftliche Arbeitsgebiete	20
1.3	Paradigmen der Sprachwissenschaft	25
1.3.1	Historisch-vergleichende Sprachwissenschaft	26
1.3.2	Junggrammatiker	29
1.3.3	Strukturalismus	31
1.3.4	Generative Grammatik	34
1.3.5	Die ›pragmatische Wende‹ in der Linguistik	35
1.3.6	Neuere Entwicklungen	36
1.4	Und wozu brauchen wir das?	38
2	**Laute** (Pia Bergmann)	**43**
2.1	Einleitung	43
2.2	Gesprochene Sprache und Schrift	44
2.3	Die Substanz von Lauten	46
2.3.1	Akustische Phonetik	46
2.3.2	Artikulatorische Phonetik	52
2.3.3	Auditive Phonetik	57
2.4	Die Funktion von Lauten im Sprachsystem	60
2.4.1	Bedeutungsdifferenzierung: Das Phonem	60
2.4.2	Allophone	62
2.4.3	Distinktive Merkmale	63
2.5	Über Laut und Phonem hinaus	65
2.5.1	Koartikulation	67
2.5.2	Phonologische Prozesse	67
2.5.3	Prosodische Domänen und ihre Hierarchie	72
2.5.4	Suprasegmentalia	77
2.5.5	Funktionen der Prosodie: Grenzmarkierung und Akzentuierung	78
2.6	Lautsubstanz und Funktion	82
2.6.1	Die Trennung von Substanz und Funktion	83
2.6.2	Das Invarianz-Problem	84
2.6.3	Eine alternative Modellierung der mentalen Repräsentation: Die Exemplartheorie	86
3	**Wörter** (Bernhard Wälchli und Andrea Ender)	**91**
3.1	Grundbegriffe	91
3.2	Wie werden Wörter gebildet?	93
3.2.1	Morphologische Grundbegriffe	93
3.2.2	Das Morphem – oder die Segmentierung von Wörtern	96
3.2.3	Morphologische Prozesse, oder der Aufbau von Wörtern	98
3.2.4	Paradigmen, oder die Konstellation von Wörtern	100
3.2.5	Zwischen Wort und Satz	102
3.2.6	Lexikon und Wortbildung	106

3.3	**Die Beziehung von Form und Bedeutung im Wort**	109
3.3.1	Arbitrarität und Konventionalität von Wörtern	109
3.3.2	Zeichen und Konstruktionen	111
3.3.3	Grenzen der Arbitrarität: Ökonomie und Ikonizität	113
3.4	**Was bedeuten Wörter?**	117
3.4.1	Bedeutungen und ihre Bestandteile	117
3.4.2	Familienähnlichkeit und Prototypen	120
3.4.3	Paradigmatische Bedeutungsrelationen	123
3.4.4	Übertragene Bedeutung	125
3.4.5	Wortfelder und Bedeutungsspektren	127
3.4.6	Semantik von Eigennamen	129
3.5	**Wörter als Informationsträger**	131
3.5.1	Wörter in Texten	131
3.5.2	Informationsgehalt und Sprachwandel	132
4	**Wörter und Sätze** (Peter Öhl und Guido Seiler)	**137**
4.1	**Grundlagen und Überblick**	137
4.2	**Konstituenten, Phrasen, Köpfe**	139
4.2.1	Konstituentenzerlegung	139
4.2.2	Phrasenstruktur	140
4.2.3	Konstituententests	143
4.3	**Syntaktische Funktionen**	145
4.3.1	Das Subjekt	146
4.3.2	Objekte	147
4.3.3	Adverbiale	149
4.3.4	Das Pronomen *es*	151
4.3.5	Attribute	152
4.4	**Argumentstruktur**	154
4.4.1	Grundlagen	154
4.4.2	Dependenz und Valenz	154
4.4.3	Arten der Valenz	156
4.4.4	Freie Angaben vs. obligate und fakultative Argumente	159
4.4.5	Passivierung und Transitivität	161
4.5	**Topologisches Feldermodell, eingebettete Sätze und Satzarten**	164
4.5.1	Das topologische Feldermodell	164
4.5.2	Verbstellung in eingebetteten Sätzen	167
4.5.3	Verbstellungstypen und Satzarten	168
4.6	**Abfolge der Satzglieder**	170
4.6.1	Basisstruktur und Informationsstruktur	170
4.6.2	Abfolgeregularitäten im Mittelfeld	171
4.6.3	Topik-Kommentar-Gliederung in Hauptsätzen	173
4.7	**Analyse des Gesamtsatzes**	174
4.7.1	Vollständige topologische Satzanalyse	174
4.7.2	Satzanalyse in einer Phrasenstrukturgrammatik	175
4.7.3	Das generative Phrasenstrukturmodell	178
4.7.4	Das CP-IP-Modell in Bezug auf das topologische Feldermodell	182
5	**Satz und Text** (Martin Hilpert)	**187**
5.1	**Grundbegriffe**	187
5.1.1	Satz	187
5.1.2	Text	189
5.1.3	Parataxe und Hypotaxe	190
5.1.4	Koordination, Subordination, Integration	192
5.1.5	Koreferenz	193

5.2	**Typen integrierter Sätze**	195
5.2.1	Koordinierte Sätze	195
5.2.2	Adverbialsätze	195
5.2.3	Relativsätze	197
5.2.4	Komplementsätze	198
5.2.5	Infinitiv- und Partizipialsätze	199
5.3	**Zur Entstehung der Hypotaxe**	203
5.4	**Satz- und Textverstehen – Modelle und Mechanismen**	205
5.4.1	Parsing einfacher Sätze	205
5.4.2	Verarbeitung von Anaphern	210
5.4.3	Textverstehen	212
6	**Sprachliche Interaktion** (Anja Stukenbrock)	**217**
6.1	**Grundbegriffe: Sprache als Handeln**	217
6.2	**Sprechakttheorie**	218
6.3	**Ethnomethodologie**	220
6.4	**Konversationsanalyse**	223
6.4.1	Grundannahmen und Methoden	223
6.4.2	Sequenzielle Organisation	230
6.4.3	Präferenzorganisation	233
6.4.4	Sprecherwechsel (*turn-taking*)	235
6.4.5	Reparaturen	241
6.5	**Interaktionale Linguistik**	246
6.6	**Multimodalität**	252
7	**Variation und Wandel** (Benedikt Szmrecsanyi)	**261**
7.1	**Begriffsklärung und Überblick**	261
7.2	**Sprachinterne Einflussfaktoren auf sprachliche Variation**	263
7.2.1	Lautliche Faktoren	263
7.2.2	Grammatische Faktoren	264
7.2.3	Lexikalisch-semantische Faktoren	265
7.2.4	Pragmatische Faktoren	266
7.2.5	Prozessierungsfaktoren	268
7.3	**Außersprachliche Dimensionen sprachlicher Variation**	270
7.3.1	Diatopische Variation	270
7.3.2	Diaphasische Variation	272
7.3.3	Diachrone Variation	274
7.3.4	Diastratische Variation	276
7.3.5	Gender	277
7.4	**Sprachwandel im Licht der Variationslinguistik**	278
8	**Die Verschiedenheit der Sprachen** (Alice Blumenthal-Dramé und Bernd Kortmann)	**285**
8.1	**Grundbegriffe**	285
8.1.1	Sprachtypologie und Universalien	285
8.1.2	Typologie als Zweig der komparativen Linguistik	290
8.1.3	Funktionale Gründe für Ähnlichkeiten zwischen Sprachen	293
8.2	**Wichtige typologische Parameter**	298
8.2.1	Relationale Typologie	298
8.2.2	Wortstellungstypologie	299
8.2.3	Morphologische Sprachtypen	302
8.3	**Arealtypologie (am Beispiel Europas)**	307
9	**Die Entstehung von Sprache** (Heike Behrens und Stefan Pfänder)	**319**
9.1	**Grundlagen**	319
9.2	**Sprachentstehung in der Phylogenese**	319

9.3	**Sprachentwicklung beim Kind**	322
9.3.1	Die Rolle der Umwelt für den Spracherwerb	323
9.3.2	Der Verlauf des ungestörten Spracherwerbs	326
9.3.3	Generalisierung von sprachlichem Wissen	331
9.4	**Die Entstehung von Pidgins und Kreolsprachen**	332
9.4.1	*Roots of Language*	334
9.4.2	Kreolkinder: Sprachlerner ohne grammatischen Input?	335
9.4.3	Haben alle Kreolsprachen dieselbe Syntax?	335
9.4.4	Ist die Ähnlichkeit der Kreolsprachen biologisch-genetisch oder kognitiv-interaktional bedingt?	337
10	**Sprache und Kultur** (Susanne Günthner)	**347**
10.1	**Einleitung**	347
10.2	**Die Erforschung sprachlicher Handlungen im kulturellen Kontext**	350
10.3	**Schlüsselkonzepte**	353
10.4	**Kommunikative Gattungen**	357
10.5	**Sprache und Geschlecht**	361
10.6	**Sprache, Denken, Wirklichkeit**	367
10.7	*Doing Culture* – die interaktive Konstruktion von Kultur	369
11	**Mehrsprachigkeit und Sprachkontakt** (Claudia Maria Riehl)	**377**
11.1	**Mehrsprachigkeit**	377
11.1.1	Typen von Mehrsprachigkeit	377
11.1.2	Erwerb von Mehrsprachigkeit	378
11.1.3	Mentale Repräsentation von Mehrsprachigkeit	382
11.1.4	Code-Switching	384
11.2	**Sprachkontakt**	390
11.2.1	Was ist Sprachkontakt?	390
11.2.2	Formen des Sprachkontakts	391
11.2.3	Entwicklungstendenzen im Sprachkontakt	397
11.3	**Mischsprachen**	398
11.3.1	Pidgin- und Kreolsprachen	398
11.3.2	Sprachliche Charakteristika von Pidgins	399
11.3.3	Zur Entstehung von Pidginsprachen	400
11.3.4	Bilinguale Mischsprachen	401

Anhang — 405

1	**Literaturverzeichnis**	**407**
1.1	Grundlagenwerke, Zeitschriften, Internet-Ressourcen	407
1.2	Zitierte Literatur	409
2	**Abkürzungen für grammatische Kategorien**	**430**
3	**Materialien**	**432**
3.1	Phonetische Transkriptionskonventionen (IPA)	432
3.2	Konversationsanalytische Transkriptionskonventionen (GAT2)	433
4	**Lösungen der Aufgaben**	**436**
5	**Die Autorinnen und Autoren**	**457**
6	**Bildquellenverzeichnis**	**457**
7	**Sachregister**	**459**

Vorwort

Diese Einführung versteht sich als ein Grundlagenbuch der Linguistik, das nicht auf eine bestimmte Philologie hin orientiert ist. Es führt in die Struktur von Sprachen, ihre Verwendung und ihre kognitive Repräsentation ein. Es geht darum, was menschliche Sprache ist und wie man sie analysieren kann. Es liegt in der Natur der Sache, dass es im Rahmen einer Einführung, die in erster Linie für deutschsprachige Studierende geschrieben ist, trotzdem ein gewisses Übergewicht deutscher Beispiele gibt. Manche Kapitel setzen aber den Schwerpunkt auch auf eine andere Sprache, und mehrere Kapitel widmen sich der Verschiedenheit der Sprachen der Welt sowie den Unterschieden zwischen Sprachgemeinschaften. Sie fragen danach, wie solche Unterschiede typisiert und erklärt werden können. Ein weiteres Kapitel beschreibt Mehrsprachigkeit und Sprachkontakt als grundlegende Eigenschaften von Sprechern und Sprachen, ein anderes befasst sich mit der Frage, wie neue Sprachen entstehen und wie sich Kinder die Sprache(n) ihrer Umgebung aneignen. Andererseits ist das Buch keineswegs (nur) für Studierende der allgemeinen Sprachwissenschaft geschrieben; vielmehr sollten alle, die ein philologisches Fach studieren und dabei mit Sprache zu tun haben, von der Lektüre des Buchs oder einzelner Teile daraus profitieren können.

Umfang und Aufbau des Buchs machen schon klar, dass wir uns nicht auf die Kondensierung des sprachwissenschaftlichen Wissens in Form jener Mikrodosierungen beschränkt haben, die unter Titeln wie »Kompaktwissen Germanistik« oder »Sprachwissenschaft für's B.A.-Studium« verkauft werden. Das vorliegende Buch lässt sich nicht in wenigen Stunden überfliegen, denn es will mehr, als nur einen groben, ersten Eindruck von der Linguistik zu vermitteln. Zwar ist der Text so geschrieben, dass er von jedem und jeder ohne weitere Vorkenntnisse gelesen und verstanden werden kann; dabei haben wir jedoch die Komplexität des Gegenstands ›Sprache‹ nicht trivialisiert und versucht, den erreichten Forschungsstand in der Sprachwissenschaft zumindest in Ansätzen erkennbar werden zu lassen. Wir hoffen, dass das Buch auf diese Weise nicht nur ein Grundlagenbuch für Einführungsveranstaltungen werden kann, sondern linguistisch interessierte Studierende auf B.A.-Level sowie Master-Studierende sprachwissenschaftlicher Fächer bis zu ihrem Examen begleiten wird.

Wir haben uns nicht auf die sog. Kerngebiete der Linguistik – nämlich die Grammatik und Phonologie – beschränkt, weil wir davon überzeugt sind, dass Sprache kein abstraktes System ist; es kann weder von seiner kognitiven Repräsentation und Verarbeitung noch von seiner interaktionalen Funktion als Ressource des Kommunizierens und Sich-Verstehens getrennt werden. Aus diesem Grund finden sich in diesem Buch auch (Teil-)Kapitel, die man in vielen (deutschsprachigen) Einführungen vergeblich suchen wird – von der Sprachverarbeitung bis zur Kreolistik, von der multimodalen Interaktionsanalyse bis zum Code-Switching, von der Sprachtypologie bis zur anthropologischen Linguistik. Dennoch gibt es natürlich auch Lücken, vor allem in den mehr anwendungsbezogenen Bereichen der Linguistik, etwa der Computerlinguistik und linguistischen Informatik.

Dies ist ein Gemeinschaftswerk; die einzelnen Kapitel wurden von verschiedenen Linguisten und Linguistinnen geschrieben, die Spezialisten für das jeweilige Gebiet sind. Als Herausgeber habe ich versucht, die Argumentations- und Schreibweisen über die Kapitel hinweg anzugleichen – mehr als ich das sonst bei einem herausgegebenen Band gemacht hätte – und dabei verständlicherweise nicht immer nur für Begeisterung gesorgt. Deshalb gebührt an dieser Stelle allen Autoren und Autorinnen mein Dank für ihre Bereitschaft, sich auf dieses Buch einzulassen und daran in all den Phasen mitzuarbeiten, die dafür notwendig waren. Zu stark theorieabhängige Auffassungen haben wir übrigens vermieden; dennoch wird bei der Lektüre nicht zu übersehen sein, dass die Verfasser der Kapitel teils unterschiedlichen Richtungen in der Linguistik angehören. Das ist durchaus beabsichtigt.

Verschiedenen Personen haben wir zu danken: Pia Bergmann dankt Ulrike Gut für inhaltliche Kommentare und Michaela Oberwinkler für die Übersetzung aus dem Japanischen, Stefan Pfänder dankt Philippe Maurer, Joseph Farquharson und Maximilian Feichtner, und Peter Auer dankt Annika Hörenberg für die geduldige und extrem genaue Durchsicht des Manuskripts sowie Ute Hechtfischer vom Metzler-Verlag, die bewiesen hat, dass es in wissenschaftlichen Verlagen auch heute noch ein Lektorat geben kann!

Freiburg, im Juli 2013
Peter Auer

1 Einleitung

1.1 Sprache – Die vielen Facetten eines Untersuchungsgegenstands
1.2 Sprachwissenschaftliche Arbeitsgebiete
1.3 Paradigmen der Sprachwissenschaft
1.4 Und wozu brauchen wir das?

1.1 | Sprache – Die vielen Facetten eines Untersuchungsgegenstands

Natürlich kann Sprache die Welt verändern. Dazu sind keine großen rhetorischen Anstrengungen nötig; einfache, ungeschliffene und zögerliche Äußerungen haben manchmal ungeheure Effekte. Eine historische, dabei recht unspektakulär daherkommende sprachliche Äußerung war zum Beispiel die folgende:

(1) das tritt nach meiner Kenntnis is das sofort, unverzüglich

Mit dieser Äußerung in einer vom DDR-Fernsehen live übertragenen Pressekonferenz löste bekanntlich SED-Politbüromitglied Günter Schabowski am 9.11.1989 um ca. 19 Uhr eine Entwicklung aus, die wesentlich zum Untergang eines ganzen Staates beitrug. Nehmen wir dieses Beispiel, um zu erläutern, aus welch unterschiedlichen Perspektiven sich die Sprachwissenschaft heute ihrem Gegenstand nähert. Die Analyse des Beispiels wird uns zeigen, wie komplex der Untersuchungsgegenstand ›Sprache‹ ist – und zwar selbst dann, wenn wir uns mit sehr trivialen Äußerungen beschäftigen.

1.1.1 | Laute

Lautgestalt: Zunächst war die Äußerung in (1) physikalisch gesehen nichts anderes als eine komplexe **Schallwelle** von knapp 5 Sekunden Dauer, die an jenem Tag von einem bestimmten Sprecher produziert wurde – ein in dieser Form einmaliges Schallereignis. Es kam durch das Zusammenspiel der Artikulationsorgane Günter Schabowskis zustande, die die aus seiner Lunge entweichende Luft v. a. in Kehlkopf, Mund- und Rachenraum auf verschiedene Weise modulierten. Da die Äußerung – dem Anlass einer Pressekonferenz entsprechend – aufgezeichnet wurde, können wir diese Schallwelle immer noch darstellen (s. Abb. 1).

Eine solche Darstellung der Schallwelle in einem Oszillogramm sagt natürlich noch überhaupt nichts über Sprache aus. Das menschliche Ohr, auf das eine solche Schallwelle trifft, ist jedoch in der Lage, sie so zu analysieren, dass im Gehirn des Hörers daraus die Laute einer Sprache – des Deutschen – erkennbar werden. Das konnten auch die Teilnehmer der Pressekonferenz und die Zuschauer an den Fernsehgeräten in der DDR. Mit Mitteln der Physik ist es möglich, etwas Vergleichbares zu tun und die komplexe Welle in die einzelnen Schwingungen zu zerlegen, aus denen sie zusammengesetzt ist. Eine solche sog. Fourier-Analyse und das daraus resultierende **Spektrogramm** lassen – anders als das einfache Oszillogramm in Abbildung (1) – ›Verdichtungen‹ im Frequenzspektrum (sog. **Formanten**) erkennen, die man mit einzelnen gehörten Lauten oder Lautkombinationen korrelieren kann. In Abbildung (2) ist zum Beispiel das Wort *meiner* aus dem Munde Schabowskis (das etwa 0.4 Sekunden dauert) herausgegriffen und sein Frequenzspektrum so in der Zeit aufgelöst, dass Formanten im Bereich bis zu 2000 Hz und damit eine gewisse Struktur sichtbar werden. Spezialisten können solche Spektralanalysen ›lesen‹ und mit einer gewissen Wahrscheinlichkeit darin bestimmte Muster erkennen. Die x-Achse entspricht dem Zeitverlauf, die untere

Abb. 1:
Oszillogramm
der Äußerung in (1)

1.1 Einleitung

Sprache – Die vielen Facetten eines Untersuchungsgegenstands

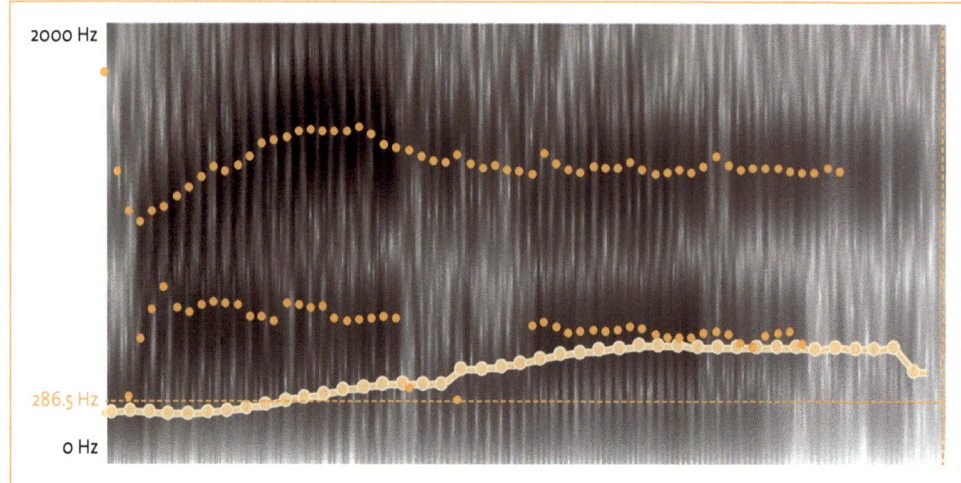

Abb. 2: Spektrogramm des Worts *meiner* aus der Äußerung (1)

ansteigende Linie extrahiert die Grundfrequenz (F0), die oberen beiden die ersten beiden Formanten (F1 und F2). Die y-Achse zeigt lediglich die Skalierung für F1 und F2 (zur Grundfrequenzanalyse s. u. Abb. 3 und 4).

Etwa kann man aus der öffnenden Bewegung zwischen dem sog. 1. und 2. Formanten am linken Rand des Spektrogramms auf einen Diphthong (*ei*) schließen; die durchgehenden regelmäßigen Schraffuren lassen Stimmhaftigkeit erkennen (alle Laute im Wort *meiner* sind stimmhaft); die abgeschwächten Formantenstrukturen (helleres Grau) links und in der Mitte gehen auf Nasale zurück. (Die untere Linie aus Kreisen markiert die Bewegung der Stimmlippen, die hier zwischen ca. 70- und 180-mal pro Sekunde schwingen. Aus dieser Bewegung lässt sich die Stimmelodie erkennen, die während des Worts leicht ansteigt.)

Natürlich kann man auch danach fragen, durch welche **Artikulationsbewegungen** diese Schallwelle zustande gekommen ist. Im Wort *meiner* sind dabei neben der Lunge, aus der die Luft durch die Luftröhre ausströmt, der Kehlkopf (der in diesem Fall so eingestellt ist, dass die Stimmlippen durchgängig regelmäßig schwingen können), das Velum (das den Mund- vom Nasenraum abtrennt und das für die Nasale *n* und *m* geöffnet wird), die Zunge (die beim Konsonanten *n* einen Kontakt mit dem Zahndamm herstellt und durch ihre Lage auch für den Diphthong *ei* sowie den auslautenden Vokal *-er* verantwortlich ist) sowie die Lippen (die am Anfang des Worts bei der Artikulation des *m* geschlossen sind) zu nennen.

Phonetik: Die erste Facette des Phänomens ›Sprache‹ ist also eine recht naturwissenschaftliche: Es geht um ein Schallereignis, die Physiologie seiner Hervorbringung und seiner Wahrnehmung. Wegen der naturwissenschaftlichen Methoden hat sich die Phonetik – die Wissenschaft, die sich mit diesem Aspekt von Sprache beschäftigt – im Lauf des 20. Jahrhunderts zunehmend von der Sprachwissenschaft separiert und ist heute teils in eigenen Instituten organisiert. Seit einiger Zeit ist jedoch eine Wiederannäherung zu beobachten, die auf die Erkenntnis zurückzuführen ist, dass eine angemessene linguistische Beschreibung der Lautgestalt von Sprache sowie deren Variabilität und Wandel in der Zeit nur möglich ist, wenn man ihre physiologischen und akustischen Grundlagen kennt.

Phonetische Transkription: Mit der rein **akustischen** oder **artikulatorischen** Beschreibung haben wir allerdings noch längst nicht alles erfasst, was die lautliche Seite von Sprache ausmacht. Zum Beispiel ist es auf diese Weise noch nicht einmal möglich, die einzelnen Laute einer bestimmten Sprache – sagen wir, des Deutschen – zu identifizieren. Dies würde nämlich bereits eine **Segmentierung** in Laute verlangen, die auf akustischem oder artikulatorischem Weg nur schwer – wenn überhaupt – zu leisten ist. Denn schließlich gehen die Laute im Sonagramm teils ineinander über, genauso wie die Artikulationsvorgänge, die sie hervorgebracht haben, aus sich überlagernden, oft kontinuierlich ablaufenden Einzelgesten bestehen, die nicht unbedingt synchron sind; die Grenzen zwischen den Lauten sind auf diese Weise nur selten genau bestimmbar. Das gelingt erst, wenn sich der Phonetiker oder die Sprachwissenschaftlerin selbst als sprachkompetente/r Hörer/in in den Analyseprozess einschaltet und im Rahmen einer **au-**

ditiven** Analyse versucht, möglichst genau zu notieren, was die Laute eines Worts oder eines Satzes ausmacht. Zu diesem Zweck ist vor ca. 130 Jahren ein Notationssystem entwickelt worden, das die Segmentierung des Lautstroms voraussetzt, nämlich das **Internationale Phonetische Alphabet**. Es hat den Anspruch, ein universales Instrumentarium für die auditive phonetische Analyse der Laute jeder beliebigen Sprache zur Verfügung zu stellen. In einer groben phonetischen Umschrift könnte Schabowskis Äußerung dann ungefähr so aussehen (die eckige Klammer markiert IPA-Transkription):

(2) [das'tʁɪt`nax'maɔnə] ['kɛnt`nısısdasoː'fɔ̃ətʰ] [ʔʊnfɐ'tsyːɡ̊lɪç]

Aus der phonetischen Transkription einer großen Menge von Äußerungen des Deutschen könnten wir seine **phonetische Struktur** beschreiben: Es ließe sich erkennen, welche Laute vorkommen und welche nicht, welche häufig sind und welche nur in bestimmten Umgebungen stehen können (von denen sie vielleicht beeinflusst sind). Eine solche Analyse würde eine gewisse statistische Annäherung an die Lautstruktur des Deutschen erlauben. Neben der lautlichen Struktur der Wörter würde sich darin auch die geografische Herkunft der Sprecher widerspiegeln (ein Berliner wie Schabowski spricht anders als ein Sachse), ihr Alter, die Situation (in einer Pressekonferenz artikuliert man sorgfältiger als zuhause) und viele andere Dinge. Es gibt gute Evidenz dafür, dass wir als Sprachbenutzer tatsächlich auf all diese Dinge achten, sie verarbeiten und sogar eine Zeitlang im Gedächtnis behalten; für die Beschreibung einer Sprache ist es aber nützlich, noch eine abstraktere lautliche Beschreibungsebene zur Verfügung zu haben, die von diesen letztgenannten Aspekten absieht und die als **Phonologie** bezeichnet wird.

Die ›Laute im Innern‹: Wie diese abstraktere Repräsentation der Lautstruktur einer Sprache aussieht, ist eine Frage, die im Lauf der Geschichte der Sprachwissenschaft immer wieder anders beantwortet worden ist. Man kann sie sich sehr nah an der phonetischen Form vorstellen oder auch dafür argumentieren, dass es sich bei dieser mentalen Repräsentation um ein hochabstraktes Gebilde handelt. Einigkeit besteht aber immerhin darin, dass die phonologische Struktur einer Sprache von ihrer phonetischen Struktur unterschieden werden muss und dass sie einige Fakten des Lautereignisses ignoriert.

Graphematik: Dass es eine solche abstraktere Ebene geben muss, glauben nicht nur die Linguisten. Als die Menschen vor einigen tausend Jahren begannen, die Lautsprachen durch **Alphabetschriften** zu konservieren, haben sie begonnen, Schriftsysteme zu entwickeln, die die Laute der einzelnen Sprachen festhalten sollten. Wie das genau geschah, war vielen historischen Zufällen unterworfen; etwa hatten die Germanen das Pech, dass sie bei der Entwicklung ihrer Schriftsysteme auf die Schriftzeichen des Lateinischen zurückgreifen mussten, einer Sprache, die viele Laute der germanischen Sprachen gar nicht kannte. Die Konsequenz waren z. B. Di- und Trigraphen (wie die Sequenz <ch> aus zwei Buchstaben für den Laut [x] und die Sequenz <sch> aus drei Buchstaben für einen einzigen Laut [ʃ], die es beide im Lateinischen nicht gibt). Aber unabhängig von diesen historischen Zufällen beruhen alle alphabetischen Schriftsysteme auf einer starken Reduktion des lautlichen Signals und blenden viel phonetische Variation aus; sie erschien den Schreibern und Lesern offenbar nicht wichtig. Wichtig waren für sie diejenigen lautlichen Eigenschaften, die für die referenzielle Bedeutung des niedergeschriebenen Textes entscheidend waren, also für die Bezeichnung von Dingen und Sachverhalten ›in der Welt‹. Anders gesagt: Die bedeutungstragenden Wörter mussten erkennbar und von anderen Wörtern mit anderer Bedeutung unterscheidbar sein.

Laut und Buchstabe: Im Einzelnen ist die Beziehung zwischen **phonologischer Struktur und Schrift** natürlich in vielen Fällen sehr komplex, und die beiden sind keineswegs identisch. Manche Schriftsysteme leisten sich viel Redundanz (im Deutschen wird z. B. der Laut /iː/ orthografisch fallweise durch <i>, <ie>, <ih> oder <ieh> wiedergegeben, vgl. *Igel, wie, ihn, zieh!*), manche erlauben die Zuordnung von Buchstaben zu Lauten nur positionsabhängig (im Deutschen ist z. B. <h> im Silbenauslaut ein Dehnungszeichen, im Silbenanfang steht es hingegen für den Frikativ [h]), und manchmal sind historische und morphologische Gründe dafür verantwortlich, dass die wechselseitige Abbildbarkeit von Lauten und Schriftzeichen sich verschlechtert oder von vornherein nicht angestrebt wird (etwa, wenn im Deutschen Umlaute und Pseudoumlaute wie *aufwändig* mit <ä> geschrieben werden, während der Laut [ɛ] sonst durch <e> markiert wird, z. B. *wenden*). Grundsätzlich ist es aber klar, dass die Schrift die Lautgestalt nur in einer reduzierten und abstrahierten Form widerspiegelt, die vor al-

1.1 Einleitung

Sprache – Die vielen Facetten eines Untersuchungsgegenstands

lem dazu dient, die Wörter schnell zu erkennen. Dazu ist eine ganze Menge der phonetischen Information nicht nur nicht nötig, sondern sogar störend.

Schriftsysteme bauen mehr oder weniger direkt auf dem **phonologischen (phonematischen) Bewusstsein** der Sprecher auf; dieses Bewusstsein beruht nämlich ebenso auf einer Abstraktion der Lautgestalt, die Wichtiges von weniger Wichtigem trennt. Über ein solches Bewusstsein verfügen nicht nur die der Schrift mächtigen Erwachsenen, sondern auch schon Kinder im Vorschulalter. Zum Beispiel zeigen Kinderreime wie *eene meene mu …* anhand von reinen Fantasiewörtern, worauf es ankommt: nämlich in diesem Fall auf den Kontrast zwischen einer anfangsrandlosen Silbe (d. h. einer, die direkt mit dem Vokal beginnt) und einer Silbe, die mit [m] anfängt, bzw. auf den Kontrast zwischen einem [eː] und einem [uː] in der Akzentsilbe. Ein Kinderreim wie [ˀeːnəˈeːnˀçeː] wäre dagegen vollkommen witzlos: Der Kontrast zwischen einem Glottalverschluss am Silbenanfang und einem Silbenanfang ohne Glottalverschluss bzw. zwischen einem geschlossenen *e* und einem leicht geöffneten ist im Deutschen kein relevanter Kontrast, er gehört nicht zum phonematischen Bewusstsein. (Übrigens ist das phonematische Bewusstsein bei Kindern eine wichtige Voraussetzung für den Erwerb der Schrift, wie nach dieser Diskussion auch nicht anders zu erwarten ist. Es scheint sich gerade durch Sprachspiele und Kinderreime trainieren zu lassen.)

Phonologie: Wie man von der Phonetik zur Phonologie kommt, wird in Kapitel 2 genauer erläutert. Grundsätzlich lässt sich sagen: Wenn ein Laut in einem Wort dazu dient, dieses Wort von anderen, bedeutungsdifferenten zu unterscheiden, ist er ein **Phonem** der Sprache. In der phonologischen Beschreibung einer Sprache geht es in erster Linie darum, die Phoneme, ihre Kombinationsmöglichkeiten und die Einschränkungen über ihr Vorkommen in Silbe und Wort zu erfassen. Eine phonematische Transkription unseres Beispielsatzes wird also viel weniger Details enthalten als eine phonetische:

(3) /dasˈtrɪtnaçˈmainərˈkɛntnɪsɪsdaszoˈfɔrtʊnferˈtsyglɪç/

(Die Schrägstriche markieren, dass wir es mit einer **phonematischen Transkription** zu tun haben; je nach Theorie sind auch leicht andere phonematische Analysen der Äußerung Schabowskis möglich).

Phonetische und phonematische Transkription: Die phonemische Transkription eines einzelnen Beispielsatzes in (3) verrät schon eine ganze Menge über die spezifische Struktur der Sprache. Sie behauptet zum Beispiel, dass das Deutsche (unter anderem) über die folgenden Phoneme verfügt:

Konsonanten: /t, d, k, g, f, s, z, ç, l, m, n, r …/
Vokale: /ɪ, ɛ, a, ʊ, ɔ, e, o, y, ə …/
Diphthonge: /ai …/

Einige dieser Phoneme gibt es übrigens längst nicht in allen Sprachen; zum Beispiel kommt der vordere gerundete Hochvokal /y/ (im Deutschen geschrieben <ü>) nur recht selten in den Sprachen der Welt vor. Andere sind sehr verbreitet; etwa kommt keine Sprache ohne das Phonem /a/ aus, und auch keine ohne den Plosiv /t/.

Behauptungen über das Phonemsystem einer Sprache müssen natürlich begründet werden, indem z. B. **minimale Kontraste** in Wortpaaren angegeben werden, die sich nur durch diese Laute unterscheiden (etwa im Deutschen: *W*a*che* und *W*o*che*, oder *(es) g*a*lt* und *k*a*lt*).

Des Weiteren behauptet die phonemische Transkription, dass manche artikulierte Laute in der ›inneren Sprache‹ ganz anders repräsentiert sind. So entspricht dem wortfinalen Laut [ə] oder [ɐ] aus der phonetischen Realisierung in der phonemischen Repräsentation die Sequenz /ər/, und aus dem einzelnen Laut [s] an der Grenze zwischen *das* und *sofort* wird in der phonemischen Transkription eine Sequenz aus /sz/. Wie lässt sich diese Diskrepanz rechtfertigen? Warum setzen wir zum Beispiel nicht einen Reduktionsvokal /ɐ/ als eigenes Phonem an? Eine mögliche Begründung könnte damit argumentieren, dass z. B. das Wort *Lehrer* zwar mit einem Reduktionsvokal in der unbetonten Silbe ausgesprochen wird ([leːʁɐ]), die weibliche Form *Lehrer-in* aber ein /r/ enthält ([leːʁɐʁɪn]); da es sich um dasselbe Wort *Lehrer* handelt, sollten die beiden phonemischen Repräsentationen nicht unterschiedlich sein – das spricht für ein phonematisches /r/, das in der artikulierten Sprache zusammen mit dem vorausgehenden Vokal zu einem einzigen Reduktionsvokal verschmolzen (reduziert) wird. (Da das Phonem viel abstrakter als der physikalische Laut ist, stellt sich bei der Transkription die Frage, welches IPA-Zeichen aus den vielen möglichen phonetischen Realisierungen des Phonems man auswählen will. Das ist im Prinzip beliebig, wenn man sich darüber im Klaren ist, dass z. B. ein /r/ eigentlich gar keine

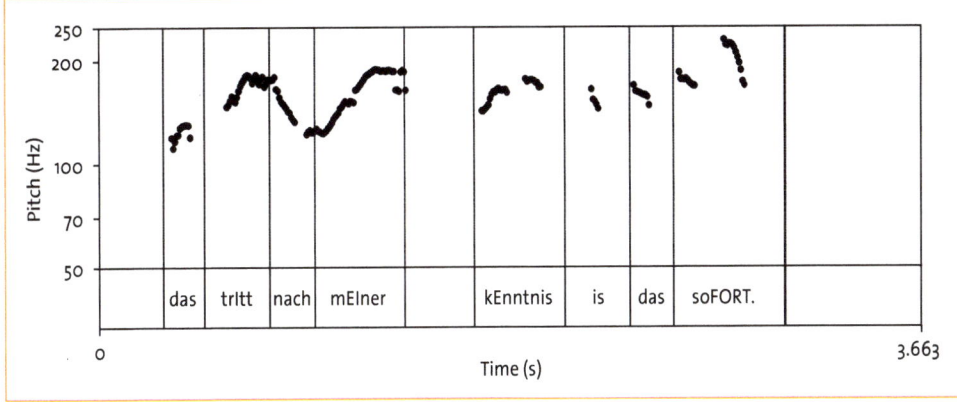

Abb. 3:
Die erste Intonationsphrase von Schabowskis Äußerung (1); Extraktion der Grundfrequenz (Intonationsbewegung)

gesprochene Einheit ist. Oft verwendet man einfach einen Laut des Alphabets, der leicht zu schreiben ist.)

Auch bei der Verschmelzung des auslautenden /s/ und des anlautenden /z/ zwischen den Wörtern *das* und *sofort* handelt es sich um eine artikulatorische Vereinfachung der phonematischen Struktur, die aber im Gegensatz zur Reduktion des /ər/ nicht obligatorisch ist; in diesem Fall kommt es zu einer Assimilation des anlautenden stimmhaften Frikativs in der unbetonten Silbe *so-* an den auslautenden stimmhaften Frikativ des davor artikulierten Worts *das*.

Beim Vergleich von (2) und (3) fällt auch auf, dass die phonemische Transkription Laute enthält, die in der artikulierten Sprache gar nicht vorkommen *können* (weder im Standarddeutschen noch in den deutschen Dialekten oder Umgangssprachen). So wurde in den Wörtern *nach* und *unverzüglich* der auslautende Frikativ je als /ç/ transkribiert; ein solcher palataler Frikativ ist aber im Deutschen nach einem /a/ überhaupt nicht möglich: nach hinteren Vokalen kommt nur der velare Frikativ [x] vor. Aber da die beiden Laute **komplementär verteilt** sind, also nie in derselben Umgebung auftreten, sind sie auch nicht in der Lage, die Bedeutung zweier Wörter zu unterscheiden. Es kann sich also nicht um zwei Phoneme handeln, und wir können darauf verzichten, sie in der phonemischen Transkription getrennt zu halten. Auch solche Fragen machen die Phonologie des Deutschen zu einer recht komplizierten Angelegenheit.

Prosodie: Schabowskis Äußerung ist natürlich keine einfache Aneinanderreihung von Lauten, sondern sie hat überdies eine holistische Lautgestalt, die sich aus ihrem **Rhythmus** und ihrer Tonmelodie (**Intonation**) ergibt. Diese beiden Phänomene sind die wichtigsten Bestandteile der prosodischen Struktur einer Äußerung. Eine prosodisch vollständige Äußerungseinheit des Deutschen hat mindestens einen Satzakzent (**Fokusakzent**) und endet mit einer als Abschluss interpretierbaren Tonbewegung, in der Regel sinkender oder steigender Art. Man spricht bei einer solchen Einheit von einer **Intonationsphrase**.

Schabowskis Äußerung in (1) bestand aus zwei Intonationsphrasen (s. Abb. 3 und 4). Die erste Intonationskontur (Abb. 3) setzt bei etwa 100 Hz an, sie steigt auf der ersten akzentuierten Silbe (*tritt*) an und bildet einen Gipfel bei etwa 180 Hz; auf der nächsten unakzentuierten Silbe (*nach*) sinkt die Tonmelodie, um auf der ersten, betonten Silbe von *meiner* wieder die Gipfelhöhe von ca. 180 Hz zu erreichen. Auf den folgenden unbetonten und betonten Silben (*-ner Kenntnis is das so-*) bleibt die Intonation etwa auf diesem für eine Männerstimme schon sehr hohen Niveau konstant (übrigens ein typisches intonatorisches Merkmal des Berlinischen), um dann auf der Nukleussilbe *-FORT* noch einmal auf fast 250 Hz anzusteigen und schnell und deutlich abzusinken; dies signalisiert das Ende der ersten Intonationsphrase. Es

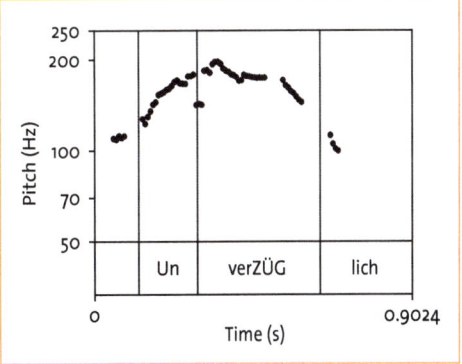

Abb. 4:
Die zweite Intonationsphrase von Schabowskis Äußerung (1); Extraktion der Grundfrequenz (Intonationsbewegung)

folgte dann eine zweite Intonationsphrase, die lediglich aus dem Wort *unverzüglich* besteht (s. Abb. 4).

Diese Intonationsphrase weist einen ansteigend-absteigenden Tonhöhenverlauf auf. Der recht schnelle und starke Anstieg von etwas über 100 auf fast 200 Hz erfolgt vor allem auf dem nebenakzentuierten *un-* und erreicht auf *-ver-* einen Gipfel; auf der Fokusakzentsilbe *-züg-* fällt er leicht und auf der letzten Silbe *-lich* stark ab, um etwa auf dem Niveau der Anfangssilbe zu enden.

Um eine kleine Äußerung wie die Schabowskis einigermaßen gut in ihrer Lautstruktur analysieren zu können, benötigt man also schon ein sehr ausgefeiltes Wissen über die phonetische und phonologische Struktur von Sprache und insbesondere von der Struktur des Deutschen. Unser Gehirn ist so verschaltet, dass diese recht komplexen Prozesse in einer bewundernswerten Weise meist völlig ohne Probleme und in kürzester Geschwindigkeit (nämlich fast synchron mit dem artikulatorischen Akt) bewältigt werden können.

Und was passiert mit der phonetischen Variation? Die phonemische Sicht auf Sprache reduziert also die Lautgestalt; aber auch die phonetischen Details, die dabei ausgeblendet werden, spielen für die sprachliche Kommunikation eine wichtige Rolle. Schabowski wuchs in Pommern auf, seit seiner Gymnasialzeit spielte sich sein Leben aber in Berlin ab. Auch in der relativ formellen Situation der Pressekonferenz und in seiner offiziellen Rolle als Mitglied des Politbüros der SED gibt es dementsprechend phonetische Details, die auf die Region Berlin verweisen. So deutet die ›flache‹ Realisierung des Diphthongs /ai/ in *meiner* ([a̠ə]), also die geringe Bewegung innerhalb des Diphthongs, auf die Region Berlin hin (in anderen Regionen Deutschlands wäre der a-Laut tiefer und der zweite Teil des Diphthongs höher); ebenso verrät der Sprecher seine Herkunft durch die Zentralisierung und Öffnung des /o/ und des darauf folgenden Schwas (in *sofort*, aus phonologisch /or/). Beide Merkmale wären allerdings auch mit der Dialektregion Obersachsen kompatibel. Eindeutiger berlinisch ist die schon oben beschriebene ›treppenartige‹ Intonation. Das phonetische Signal enthält also **regionale Information**.

Übrigens ›berlinert‹ Schabowski nicht hemmungslos; das wäre weder seinem Status noch der Situation angemessen. So vermeidet er in Äußerung (1) berlinisches *dat* oder *dit* anstelle von *das*, oder *meener* anstelle von *meiner*. Auslautend /er/ wird nicht als /a/ realisiert. Neben der Herkunft indiziert die Äußerung also auch **sozialen Status** sowie die **Situation**. In diesem Zusammenhang ist auch die Realisierung von *ist* als *is* zu erwähnen, die zwar kein regionales Merkmal ist, sondern überall in Deutschland vorkommt, aber auf eine eher **informelle Sprechsituation** verweist.

Es geht in der mündlichen Sprache also immer um mehr als um Aussagen über die Welt. Vielmehr stellt sich der Sprecher als eine **soziale Person** mit einer bestimmten sozialen Identität dar, und er zeigt den anderen, wie er die Situation versteht, in der er sich befindet. Das kann unabsichtlich oder absichtlich geschehen. Schabowski wird sich darüber wenig Gedanken gemacht haben (er hatte andere Sorgen), aber er konnte nicht vermeiden, dass er Informationen dieser Art in seiner Äußerung mittransportierte.

Sprache enthält also Merkmale, die nichts mit dem Inhalt des Gesagten zu tun haben, sondern etwas über den Sprecher und seine Beziehung zur Situation, zum Hörer und zum **Gesagten** verraten. Manchmal kommt noch mehr dazu: Variable Phänomene in der Sprache indizieren dann einen ablaufenden **Wandel**. So wird im Deutschen die Tilgung des auslautenden /t/ in *ist* immer mehr auch in eher formellen Situationen akzeptiert, und es ist durchaus vorstellbar, dass sie einmal die alleinige Form im (mündlichen) Deutsch wird. Wie das genau geschieht und wie man es untersuchen kann, wird in diesem Buch in Kapitel 7 beschrieben. Dort wird auch gezeigt, dass die Variation in der Sprache keineswegs auf die Phonetik eingeschränkt ist. Auch in der **Grammatik und Lexik** und selbst in der Diskursstruktur gibt es Variation. In unserem Beispiel trifft das z. B. auf *sofort* und *unverzüglich* zu, die ja beide denselben Sachverhalt bezeichnen. *Sofort* ist aber ein Wort, das man immer verwenden kann, während *unverzüglich* einem schriftsprachlichen, bürokratischen Register entstammt.

1.1.2 | Wörter

Wörter und Sätze: Schabowskis Äußerung hat natürlich nicht nur eine lautliche, sondern auch eine **grammatische Struktur**. Das bedeutet zuallererst, dass sich der Lautstrom für jemanden, der des Deutschen mächtig ist, so segmentieren lässt, dass darin Wörter erkennbar sind. Diese Wörter verhalten sich in einer bestimmten Art und Weise zueinander, die wir als **Syntax** bezeichnen.

Die **Identifizierung der Wörter** in der Äußerung erscheint zunächst trivial; wir erkennen sie in der Schrift ja an den Spatien. Aber die Spatien der Orthografie sind nur eine Konvention, die sich ab und zu auch ändert. Und der primäre ›Lebensraum‹ von Sprache ist sowieso die mündliche Kommunikation, nicht die schriftliche. Wie kann man aber in der gesprochenen Sprache Wörter erkennen?

Phonologische Wörter: Manchmal gibt die Phonologie Hinweise. So hilft in Sprachen mit regelmäßiger Anfangs- oder Endbetonung des Worts (wie dem Tschechischen oder dem Türkischen) diese prosodische Struktureigenschaft dabei, den Lautstrom zu segmentieren: Sobald ein neuer Akzent kommt, fängt ein Wort an oder hört ein Wort auf. Allerdings funktioniert das keinesfalls immer, denn **grammatische Wörter** (Funktionswörter) und auch manche andere werden in der Regel gar nicht akzentuiert. Im Deutschen ist das Geschäft der lautlichen Identifizierung der grammatischen Wörter noch schwieriger, denn hier ist der Wortakzent sehr variabel, und wir können höchstens davon ausgehen, dass normalerweise in einer Äußerung die Anzahl der Wörter nicht geringer ist als die Anzahl der Hervorhebungen. Die erste Intonationsphrase der Äußerung (1) zeigt zum Beispiel Betonungen auf *trítt, méiner, kénntnis, sofórt*; sie sollte damit mindestens vier Wörter enthalten. Bei der zweiten Intonationsphrase *unverzüglich* bekommen wir mit diesem Kriterium allerdings Schwierigkeiten, denn sie wird mit zwei Hervorhebungen (einem primären Akzent auf *-züg-* und einem sekundären auf *un-*) geäußert. Der Test funktioniert also nicht besonders gut. Ein etwas besseres Verfahren ist es, sich zu überlegen, welche Silben in der Äußerung durch einen Akzent hervorgehoben sein *könnten*. Das ergibt die folgenden Kandidaten für Wörter:

(4) dás - trítt - nách - méiner - Kénntnis - ís - dás - sofórt

Das Wort *unverzüglich* macht aber auch bei diesem Verfahren Probleme, denn man kann es im Deutschen sowohl auf der ersten wie auch auf der dritten Silbe betonen. Umgekehrt würden nach diesem Test Verschmelzungen wie in *gibts* oder *kannste* (sog. Klitisierungen) als ein Wort zählen, obwohl sie zumindest in der Schriftsprache auf zwei Wörter zurückgehen.

Die phonologische Bestimmung des Worts führt also im besten Fall zu einer Segmentierung, die nicht ganz mit unserer intuitiven (von der Schrift wesentlich beeinflussten) Auffassung von Wörtern übereinstimmt. Man spricht deshalb auch von **phonologischen** Wörtern. Die **morphologischen** Wörter (also die, die Teil der Grammatik sind), lassen sich auf diese Weise nicht endgültig ermitteln. Dazu brauchen wir andere Testverfahren.

Morphologische Wörter: Zunächst kann man feststellen, dass entgegen der Laienauffassung von Sprache auch die **Semantik** (Bedeutung) nicht zum Ziel der Segmentierung in Wörter führt. Wörter bezeichnen nicht immer Dinge, oder doch nur in einem sehr vagen Sinn des Worts. Was wäre zum Beispiel die Bedeutung der Kopula *sein* in Äußerung (1)? Sie hat nur eine grammatische Funktion, nämlich das Prädikat (*sofort*) an den vorhergehenden Teil der Äußerung anzuschließen. (Sehr viele Sprachen verzichten aus eben diesem Grund auf eine Kopula; für die Bedeutung des Satzes ist sie unerheblich.) Und die Bedeutung des Pronomens *das* in (1) lässt sich ohne Wissen darüber, was vorher gesagt worden ist, überhaupt nicht verstehen. Bessere Verfahren, um Wörter zu identifizieren, werden in Kapitel 4 dieses Buchs besprochen. Sie sind ihrer Natur nach syntaktisch, d.h. sie beruhen darauf, die Kandidaten für Wörter dadurch zu bestätigen, dass sie im Satz versuchsweise in andere Positionen verschoben (**Verschiebeprobe**) oder durch andere ersetzt werden (**Ersetzungsprobe**). Zum Beispiel sind in (1) die folgenden syntaktischen Tests möglich, die darauf hindeuten, dass *tritt* wahrscheinlich ein Wort des Deutschen ist:

(5) (a) Das tritt nach meiner Kenntnis ...
→ Nach meiner Kenntnis tritt das ...
(b) Das tritt nach meiner Kenntnis ...
→ Das gilt nach meiner Kenntnis ...

Wortarten (Wortklassen): Die morphologischen Wörter werden in der Regel nach ihrer Zugehörigkeit zu Wortarten weiter klassifiziert. Im Beispiel würde uns die traditionelle Grammatik etwa Folgendes nahelegen:

(6) *das* = Pronomen
tritt = Verb
nach = Präposition
meiner = possessive Artikelform ('Possessivpronomen')
Kenntnis = Nomen ('Substantiv')
is = (Kopula-)Verb
sofort = Adverb
unverzüglich = Adverb oder Adjektiv

Auch das klingt trivial, ist es aber keineswegs. Wie können wir zum Beispiel ein **Adjektiv** erkennen?

1.1 Einleitung

Sprache – Die vielen Facetten eines Untersuchungsgegenstands

Im Gegensatz zu anderen Sprachen ist es im Deutschen nicht möglich, die Wortart der Adjektive von der der Adverbien durch eine einheitliche morphologische Markierung (ein Affix etwa) zu unterscheiden. Zwar gibt es im Deutschen ein produktives, Adverbien bildendes Suffix (-*weise*, etwa: *üblicherweise, möglicherweise*), aber das Suffix ist keineswegs obligatorisch: Entsprechend ist es zwar richtig, dass (fast) alle mit -*weise* gebildeten Wörter Adverbien sind (ein Gegenbeispiel wäre so etwas wie die *versuchsweise Genehmigung*), aber das Umgekehrte trifft nicht zu. So ist *sofort* ein Adverb (das zugehörige Adjektiv wird durch das Suffix -*ig* gebildet: *sofortig*), aber es wird nicht formal als solches gekennzeichnet. (Im Englischen, das das Suffix -*ly* wesentlich regelmäßiger verwendet, oder im Italienischen, das -*mente* ähnlich einsetzt, stehen die Chancen für die formale Definition von Adverbien schon besser.)

Wichtiger für die morphologische Identifizierung von Adjektiven ist, dass sie in attributiver Verwendung (also innerhalb einer Nominalphrase, meist vor einem Nomen) flektiert werden (*unverzüglich-es Inkrafttreten, sofortig-e Umsetzung* etc.). In prädikativer Funktion können Adjektive flektiert werden, meistens werden sie es aber nicht: *die Pressekonferenz ist spannend/eine spannende*. In manchen Fällen hilft allerdings sogar die Betrachtung der attributiven Verwendung nicht weiter. So gibt es einige wenige Adjektive, die auch in attributiver Funktion nicht flektiert werden. Zum Beispiel hat sich das Adjektiv *orange* (wie viele andere Farbadjektive jenseits der kleinen Gruppe der Grundfarben) aus einem Nomen entwickelt, und obwohl es schon lange in attributiver Funktion verwendet wird (*ein orange Hemd*), war nach der Normgrammatik seine morphologische Markierung (*ein orangenes Hemd*) verboten. Heute gehören u. a. evaluative Adjektive wie *klasse* (*ein klasse Typ*) oder *super* (*eine super Idee*) zur Gruppe der nicht flektierbaren Adjektive. Sie haben sich über die prädikative Verwendung aus anderen morphologischen Klassen (Nomen, Präfix) zum Quasi-Adjektiv entwickelt, dessen ›kanonische‹ Form aber nicht erreicht. Flektiert werden sie nämlich nicht.

Wie schon die Identifizierung der Wörter selbst, so lässt sich auch die Bestimmung der Wortarten am besten unter Zuhilfenahme der Syntax bewerkstelligen. Im Fall von *sofort*, das nie attributiv stehen kann, handelt es sich eindeutig um ein Adverb. Dieses Adverb kommt eigenartigerweise in einer Kopula-Konstruktion vor, in der normalerweise Adjektive stehen, wie sich an der Umformung in ein Attribut zeigen lässt (*die Entscheidung ist mutig* → *eine mutige Entscheidung*). In unserem Beispielsatz belegt der Test jedoch keine adjektivische Verwendung (was daran liegt, dass sich das Subjektspronomen *das* nicht attributiv modifizieren lässt und man es auch nicht durch ein attributiv modifizierbares, gleichbedeutendes Nomen ersetzen kann). Man muss *sofort* und *unverzüglich* eher als Adverbien zu einem mitgedachten Adjektiv *gültig* o. Ä. verstehen. Der syntaktisch leicht schräge Eindruck, den man von der Gesamtäußerung *nach meiner Kenntnis is das sofort, unverzüglich* bekommt, ergibt sich gerade aus dieser Verwendung eines Adverbs in einer Kopulakonstruktion.

Morphologie: Die Teildisziplin der Linguistik, die sich mit dem Aufbau der Wörter beschäftigt, ist die Morphologie (s. dazu ausführlich Kap. 3). In der Morphologie geht es um die interne Struktur von Wörtern, insbesondere um die Frage, wie ihre formalen Merkmale sie in den Satz als übergeordneter grammatischer Einheit und in die Sprechsituation einbetten, und um die Frage, wie in einer Sprache aus schon existierenden Wörtern neue gebildet werden können.

Flexionsmorphologie: Beginnen wir mit der morphologischen Einbettung in den **Satz- und Situationszusammenhang**. Ein gutes Beispiel ist das finite (flektierte) Verb *tritt* aus Äußerung (1). Das Verb steht in der 3. Ps. Singular und kontrastiert deshalb mit *(ich) trete, (du) trittst, (wir, ihr, sie) treten*. In Bezug auf Numerus und Person stimmt es mit dem Subjekt des (von Schabowski zunächst offenbar intendierten, in dieser Form aber nicht realisierten) Satzes *das tritt nach meiner Kenntnis (sofort in Kraft)* überein, nämlich dem Pronomen *das*. Man sagt, dass das Subjekt und das Verb in Bezug auf Numerus und Person **kongruieren.** (Im Deutschen kongruieren Subjekt und Verb, in manchen anderen Sprachen ist zusätzlich auch noch die Kongruenz von Verb und Objekt erforderlich.) Die Morphologie hat hier also die Funktion, innerhalb des Satzes eine Verbindung zwischen finitem Verb und Subjekt herzustellen. Zugleich bettet das finite Verb *tritt* die Äußerung durch seine morphologische Markierung aber auch in die **Sprechsituation** ein. *(Das) tritt* kontrastiert nämlich auch mit den Formen *(das) trat …, (das) träte* (oder: *(das) würde … treten*) u. a. Die Wahl von *(das) tritt* lässt darauf schließen, dass der Sprecher sich nicht auf etwas bezieht, was (vom Sprechzeitpunkt aus) in der Vergangenheit liegt, und dass er etwas ausdrücken will, was nach seiner Meinung tatsächlich geschieht oder geschehen wird, nicht etwa nur als Möglichkeit existiert. Das Verb kann diese Einbettung in die Sprechsituation leisten, weil es neben Numerus und Person auch noch in Bezug auf Tempus (hier: Präsens) und Modus (hier: Indikativ) flektiert ist.

Die **temporale Referenz** des von Schabowski beschriebenen Sachverhalts war natürlich in der historischen Situation im Jahr 1989 ganz entscheidend. Aus dem grammatischen Tempus des Präsens alleine ließ sich interessanterweise noch nicht ablesen, dass der Sachverhalt der Grenzöffnung im Augenblick des Sprechens schon galt. Um dies auszudrücken, verwendete Schabowski ja gerade das Adjektiv *sofort*, das er anschließend noch durch *unverzüglich* paraphrasierte. Das Präsens selbst ist im Deutschen also nicht unbedingt ein Ausdruck der Jetztzeitigkeit; man kann damit durchaus auch auf etwas verweisen, was erst in der Zukunft stattfinden wird (*das tritt nächstes Jahr in Kraft*).

Ein anderes flektiertes Wort in der Äußerung Schabowskis ist die possessive Artikelform *meiner*. Auch diese Wortform kontrastiert formal mit anderen, nämlich *meinem, meines, meine*. Welche Form gewählt wird, wird teils vom folgenden Nomen diktiert, teils von der vorausgehenden Präposition: da *Meinung* ein feminines Nomen im Singular ist, muss die vorausgehende possessive Artikelform ebenfalls so markiert werden, d. h. hier kongruieren Artikelform und Nomen. Zusätzlich ist die Artikelform morphologisch als Dativ gekennzeichnet; dieser Kasus wird aber nicht vom Nomen bestimmt, sondern von der Präposition *nach*, die den Dativ ›fordert‹. Sie steht selbst nicht im Dativ, d. h. es kann sich nicht um eine Kongruenzbeziehung handeln; vielmehr **regiert** die Präposition einen Kasus, der sich in der nachfolgenden Nominalphrase (hier: *meine Meinung*) ausdrückt. Überdies gilt auch hier, dass die possessive Artikelform zusätzlich zu ihrer satzinternen Funktion eine Beziehung zur Sprechsituation herstellt: Sie bezieht sich auf den Sprecher und kontrastiert mit *deiner, seiner*, die auf andere situative Rollen, nämlich den Angesprochenen bzw. einen Dritten verweisen würden.

Die Wörter in den Sätzen verbinden sich also miteinander durch **Kongruenz** und **Rektion**. Kongruenz wird im Deutschen zwischen Subjekt und Prädikat sowie innerhalb von Nominalphrasen verlangt; Rektion bestimmt zum Beispiel den Kasus einer Nominalphrase innerhalb einer Präpositionalphrase. Neben den Präpositionen regieren auch Verben: Wir wissen, welche weiteren Bestandteile ein Satz haben muss, in dem das Wort *treten* vorkommt, nämlich ein Subjekt (im Nominativ) sowie eine Richtungsangabe (hier das metaphorische *in Kraft*). Die Verben haben also eine **Valenz** (die indiziert, welche weiteren Elemente im Satz enthalten sein müssen) und sie regieren in Bezug auf den Kasus die anderen Elemente.

Morphologische Typologie: Anhand der beiden flexionsmorphologisch komplexen Wörter *tritt* und *meiner* lassen sich exemplarisch einige wesentliche Eigenschaften des Deutschen zeigen, die diese Sprache von vielen anderen unterscheiden. Die beiden Wörter haben unterschiedliche formale Eigenschaften. Die Wortform *meiner* kann man in zwei Bestandteile (**Morpheme**) zerlegen, nämlich den Stamm *mein-* und die Endung *-er*. Der Stamm hat eine bestimmte Funktion (sie drückt ›Zugehörigkeit zum Sprecher‹ aus), die Endung hat eine andere (sie markiert Dativ, Femininum, Singular). In der Wortform *tritt* ist eine solche Zerlegung nicht möglich. Die morphologische Information (3. Ps. Singular Präsens Indikativ) wird ausschließlich durch den Vokal /i/ sowie durch das Fehlen einer Endung markiert. Wir können diese Wortform nicht in morphologische Bestandteile mit je unterschiedlicher Funktion aufsplitten. In den Sprachen der Welt ist die morphologische Markierung durch **Affixe** (separierbare Bestandteile) wesentlich häufiger als die morphologische Markierung durch **Vokalwechsel** (wie in *tritt*).

Überdies ist auffällig, dass die einzelnen morphologischen Kategorien (Numerus, Tempus, Person, Modus, Kasus) im Deutschen nicht jeweils einzeln ausgedrückt werden, also durch verschiedene Morpheme, sondern sich in einer Endung bzw. einem wortinternen Vokalwechsel bündeln. Dass es auch anders geht, ist schnell zu sehen, wenn wir den deutschen Satz *das tritt nach meiner Kenntnis sofort in Kraft* versuchsweise ins Türkische übersetzen:

(7) Bildiğ-im-e   göre   hemen   yürürlüğ-e   koyul-acak-tır.
Wissen-POSS.1SG-DAT nach sofort Gültigkeit-DAT herangeh-FUT-FACT

Die wörtliche Übersetzung wäre etwa ›meinem Wissen zufolge sofort die Gültigkeit beginnen wird‹. Der dem deutschen *tret-* entsprechende türkische Verbstamm *koyul-* verändert sich selbst gar nicht. Die 3. Ps. (›es beginnt‹, ›geht heran an‹) wird morphologisch nicht durch ein eigenes Element ausgedrückt, ebenso wenig der Numerus (Singular). Anstelle des Präsens muss im Türkischen das Futur stehen (selbst wenn es sich um ein unmittelbar eintretendes Ereignis handelt); dieses wird durch ein Suffix markiert, das ausschließlich Futur bedeutet. Zusätzlich wird im geschrieben-normsprachlichen Türkisch gern noch ein weiteres Suffix *-tir* an das Futursuffix angehängt, das die Faktizität des Gesagten unterstreicht.

Betrachten wir nun die Entsprechung des deutschen Worts *meiner*. Possessivität wird im Türkischen nicht durch ein eigenes Wort kodiert, sondern durch das Suffix *-im* (1. Ps.) am Nomen *bildik* (durch eine phonologische Regel wird dort auslautend /k/ ›erweicht‹ und nicht mehr gesprochen). Der von der Postposition *göre* regierte Kasus ist der Dativ, markiert durch die Endung *-e*, die nach dem Possessivsuffix an das Wort angehängt wird.

Im Vergleich zum Deutschen fallen zwei Dinge auf: Zum einen wird alle morphologische Information mittels Affixen ausgedrückt, der Stammvokal verändert sich aus morphologischen Gründen nie. Zum anderen drückt jedes Suffix nur eine grammatische Kategorie aus. Das Türkische repräsentiert also einen anderen morphologischen Sprachtyp als das Deutsche (**agglutinierend** im Vergleich zum **fusionierenden** Deutsch). Wie man Sprachen aufgrund ihrer Morphologie bestimmten Typen zuordnen kann, wird in den Kapiteln 3 und 8 genauer besprochen.

Wortbildungsmorphologie: Neben der Flexion beschäftigt sich Morphologie mit der Frage, wie aus schon bestehenden neue Wörter gebildet werden können. Viele Wörter des Deutschen sind ja komplex: Sie sind entweder aus mehreren Wörtern zusammengesetzt (**Komposition**), oder es lässt sich in ihnen ein Grundwort erkennen, aus dem das neue Wort durch morphologische Verfahren abgeleitet worden ist (**Derivation**). So ist in Schabowskis Äußerung das Nomen *Kenntnis* unschwer auf das Verb *kenn-en* beziehbar (genauso wie sich im türkischen Übersetzungsäquivalent das Nomen *bil-dik* auf das Verb *bil-mek* ›wissen‹ beziehen lässt, von dem es abgeleitet ist). Das Suffix *-nis* hat die Funktion, neue Nomina aus Verben zu bilden (z. B. *Besäuf-nis*, *Begräb-nis*); allerdings ist das Suffix nicht mehr besonders **produktiv**, d.h. wir können nicht jedes beliebige Verb auf diese Weise zu einem Nomen machen (**Reparier-nis*, **Begreif-nis*). Überdies hat sich im Lauf der Zeit ein /t/ zwischen Stamm und Suffix eingeschoben (*Kenntnis*), das morphologisch nicht motiviert ist, sondern nur der besseren Aussprechbarkeit dient.

In *unverzüglich* wiederum versteckt sich das Negationspräfix *un-*, das ziemlich produktiv und semantisch durchsichtig ist (wenn man einmal von Wörtern wie *Untiefe* absieht, ein Wort, das manche Deutsche als ›große Tiefe‹, andere – historisch richtiger – als ›geringe Tiefe‹ interpretieren), sowie außerdem das Adjektive/Adverbien bildende Suffix *-lich*. Allerdings gibt es im heutigen Deutsch weder das Wort *verzüglich* noch das Wort *Unverzug*, sondern nur den juristischen Fachterminus *Verzug* (z. B. *in Verzug sein*). Im Frühneuhochdeutschen gab es noch *verzüglich*, von dem *unverzüglich* abgeleitet werden konnte. Das Wort *Verzug* selbst hat seine fachsprachlich-juristische Konnotation an das abgeleitete *unverzüglich* weitergegeben. Es ist selbst ebenfalls morphologisch komplex, aber in seiner Bildung für die heutigen Sprecher und Sprecherinnen nicht mehr durchschaubar. Seine Struktur führt uns tief in die Sprachgeschichte zurück: Im Althochdeutschen gab es *far-zeohan* (aus dem später *verziehen* wurde), und zwar im Sinne von ›verzögern‹.

1.1.3 | Sätze

Online-Syntax: Wie kombinieren sich nun die Wörter im Beispiel zu **Sätzen**? Wie das Wort, so ist auch der Satz für viele linguistische Laien etwas, was unmittelbar und trivialerweise zu existieren scheint. Schabowskis Redebeitrag in (1) besteht aber nicht einfach aus der Äußerung eines einzelnen Satzes, so wie wir ihn aus Grammatikbüchern kennen. Dafür erlaubt er uns Einblicke in die Satzbildung als ein kognitiv und interaktiv reales Ereignis. Denn Schabowski versprachlicht nicht etwa einen Gedanken und eine grammatische Struktur, die er vorher vollständig im Kopf gebildet hatte. Vielmehr ändert sich sein sprachliches ›Projekt‹, während es entsteht – und das ist für die Spontansprache ganz und gar nicht außergewöhnlich, sondern im Gegenteil recht typisch:

(8) [das trItt nach MEIner, (.) KENNTnis,
 [((liest in den Unterlagen))
 is das so↑FORT; (0.7)
 unverZÜGlich.

Der Sprecher beginnt mit *das tritt nach meiner …*, stockt aber nach der possessiven Artikelform. Wir können die Aktivitäten in seinem Großhirn zu diesem Zeitpunkt natürlich nicht beobachten, es erscheint aber plausibel, dass dieses Stocken durch das gleichzeitige Lesen in dem berühmten Zettel mit der Presseerklärung zum Beschluss des ZK vom selben Tag bedingt war; das Lesen erforderte kognitive Kapazitäten, was ihn von der flüssigen Produktion des Satzendes abhielt. Nach einem kurzen Zögern folgt das Nomen *Kenntnis*. Die weitere Struktur des Satzes ist nun für die Zuhörer/-innen vorhersagbar: *das tritt nach meiner Kenntnis ...* lässt sich nur mit einer Zeitangabe (*morgen, übernächste Woche, Ende des Jahres ...*) und dem durch das Verbs *treten* vorgegebenen Rest des Funktionsverbgefüges *in Kraft treten* vervollständigen. Die Wahl der inhaltlich entscheidenden Zeitangabe war natürlich nicht vorherzusagen. Schabowski führte seinen Satz aber gar nicht zu ende, so als ob er seine Rezipienten gerade durch die Verzögerung auf die Folter spannen wollte. Vielmehr drehte er den begonnenen Satz in eine neue Konstruktion um, indem er *nach meiner Kenntnis* zum Anfang eines neuen Satzes machte, nämlich: *nach meiner Kenntnis is das sofort*. Die syntaktische Planung änderte sich also im Verlauf der Produktion der Äußerung:

das tritt | nach meiner Kenntnis | (→ sofort in Kraft)
~~das tritt~~ | nach meiner Kenntnis | is das sofort

Solche Drehkonstruktionen (in der Fachterminologie **Konstruktionen** *apo koinu* genannt, griech. ›durch das Gemeinsame‹) sind in der gesprochenen Sprache recht häufig. Die Sprecher tilgen den Anfang einer syntaktischen Konstruktion und setzen für die online-Prozessierung einen neuen Anfangspunkt.

Das letzte Element in (1), nämlich das Adverb *unverzüglich*, gehört zwar syntaktisch ebenfalls noch zur Äußerung, es hat aber einen ganz besonderen Status: Es tritt **retraktiv** an der Stelle von *sofort* in dessen syntaktische Position, um das dort ursprünglich platzierte Wort durch ein (nach Meinung des Sprechers) spezifischeres oder passenderes zu ersetzen:

~~das tritt~~ nach meiner Kenntnis is das | sofort
 | unverzüglich

Phänomene wie *apo-koinu*-Konstruktionen oder retraktive Ersetzungen geben wichtige Hinweise auf die Verarbeitung von Sprache; Kapitel 5 in dieser Einführung widmet sich diesem Thema genauer. Zugleich lassen sie sich aber auch in ihrer Funktion für das Gespräch analysieren, was besonders im Fall der retraktiven Ersetzungen in der Interaktionalen Linguistik geschehen ist (s. dazu Kap. 6).

Phrasenstruktur: Wo ein Satz anfängt und wo er aufhört, ist also – wie an Beispiel (1) zu sehen – gar nicht so einfach zu bestimmen. Trotzdem können wir fragen, welche Struktur der geplante Satz *das tritt nach meiner Kenntnis sofort in Kraft* bzw. der letztendlich entstandene Satz *nach meiner Kenntnis is das unverzüglich* haben. Wir haben bereits angedeutet, wie sich Wörter durch Verschiebe- und Ersetzungstests bestimmen lassen. Dieselben Tests erlauben die Schlussfolgerung, dass die Wörter in einem Satz sich in der Regel in größere Einheiten gruppieren lassen. Insbesondere ist es offensichtlich, dass im Beispielsatz die Wortsequenz *nach meiner Kenntnis* einen anderen Status hat als zum Beispiel die Wortsequenz *Kenntnis is das*: Im Gegensatz zur ersteren lässt sich diese nämlich nicht insgesamt verschieben:

(9) (a) [nach meiner Kenntnis] is das sofort
(b) sofort is das [nach meiner Kenntnis]
(c) das is [nach meiner Kenntnis] sofort
(d) *nach [Kenntnis is das] sofort meiner
(e) * sofort nach meiner [Kenntnis is das]
etc.

In der Syntax geht es zuallererst einmal darum, solche **Phrasen** zwischen Wort (minimale Phrase) und Satz (als maximaler Phrase) zu bestimmen und ihre Struktur sowie Einbettung in größere Strukturen (andere Phrasen oder den Satz als Ganzes) zu beschreiben. Wie das genau geht, wird in Kapitel 4 genauer erläutert. Etwa ist *nach meiner Kenntnis* eine Präpositionalphrase, weil das bestimmende Element darin (der **Kopf**) die Präposition *nach* ist; sie legt den Kasus der Nominalphrase *meiner Kenntnis* fest. In dieser Nominalphrase wiederum ist das Nomen das zentrale Element, denn es bestimmt das Genus des Artikels (Determinators, ›Det‹, *meiner*). Außerdem müssen in der Nominalphrase alle Elemente in Bezug auf Numerus und Kasus übereinstimmen. Wir bekommen also eine hierarchische Phrasenstruktur:

1.1 Einleitung

Sprache – Die vielen Facetten eines Untersuchungsgegenstands

(10)
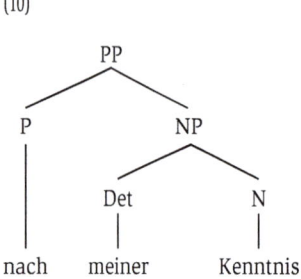

Ein weiterer Kandidat für eine komplexe Phrase ist das Prädikat [*is sofort*], das sich aus einem Kopula-Verb (*sein*) und einem Adverb (*sofort*) zusammensetzt. Im Deutschen (anders als in vielen anderen Sprachen, die eine Kopula besitzen, z. B. engl. *to my knowledge this is without delay*) kann eine solche Prädikatsphrase allerdings auseinandergerissen werden: Das Subjekt des Satzes – *das* – steht ja zwischen der Kopula und dem prädikativen Adjektiv. Es gibt trotzdem Gründe, so etwas wie eine Prädikats- oder Verbalphrase (VP) anzusetzen (s. Kap. 4).

Wir können nun versuchen, die Gesamtstruktur des Satzes – sehr vorläufig – so wie in Abbildung (11) darzustellen.

Diese Analyse weist den einzelnen Phrasen überdies eine bestimmte syntaktische **Funktion** zu, die sich aus ihrer Einbettung in der Hierarchie der Gesamtstruktur des Satzes ergibt. *Nach meiner Kenntnis* spielt innerhalb des Gesamtsatzes die Rolle eines Adverbs, das sich auf den Satz insgesamt bezieht (Satzadverb). Die Nominalphrase *das* hat die Funktion eines Subjekts. Die VP hat die Funktion eines Prädikats mit dem Adverb *sofort* in der Funktion einer prädikativen Adverbialphrase. Ob an dieser Stelle nach einer Kopula überhaupt eine Adverbialphrase stehen kann, wenn man einen wohlgeformten Satz des Deutschen bilden will, diskutieren wir hier nicht weiter. (Oben wurde schon darauf hingewiesen, dass es wohl plausibler ist, das Adverb als Modifikator eines impliziten Adjektivs wie *gültig* zu verstehen, so dass in diesem Fall die VP aus dem Verb und einer Adjektivphrase bestünde, die ihrerseits eine Adverbialphrase und ein ›stummes‹ Adjektiv enthalten würde.)

Das schwerwiegendere Problem mit dieser Analyse ist, dass der Satz in dieser Reihenfolge der Wörter ja nicht grammatisch ist. Das führt uns zu einer wichtigen Eigenschaft des Deutschen: Es hat im Vergleich zu anderen Sprachen wie dem Englischen eine relativ **flexible Satzgliedstellung**.

Wort- und Satzgliedstellung: Neben der Bestimmung der Phrasenstruktur ist es eine weitere zentrale Aufgabe der Syntax, die Regelmäßigkeiten der **Wortstellung** in einer Sprache zu bestimmen. Das betrifft bereits die Phrasenebene, wo z. B. manche Sprachen das Adjektiv vor, andere hinter das Nomen stellen (z. B. Deutsch und Französisch), oder manche Sprachen Präpositionen und andere Postpositionen bevorzugen (z. B. Deutsch und Türkisch) etc. (zu dieser **satztypologischen** Dimension s. Kap. 8). Am wichtigsten ist aber die Frage, wie sich in einer Sprache die **Satzglieder** anordnen. Im Englischen und vielen anderen europäischen Sprachen gilt hier eine rigide Regel: Das Subjekt steht immer vor dem finiten Verb, dem dann Objekte folgen können. Vor dem Subjekt können Adverbien (auch Satzadverbien) platziert werden. Im Deutschen ist das aber nicht so:

(12) *Nach meiner Kenntnis [das]$_{Subj}$ [is]$_V$ sofort.

Der Satz (12), in dem das Subjekt vor dem Verb steht, ist ungrammatisch – auch wenn viele Lerner und Lernerinnen des Deutschen da anderer Meinung sind. In deutschen Hauptsätzen gilt vielmehr eine andere Regel: Vor dem finiten Verb muss genau eine andere Phrase stehen, gleich welche Funktion im Satz sie hat. In unserem Beispielsatz ist das eine Präpositionalphrase in satzadverbialer Funktion, *nach meiner Meinung*. Sie ›verdrängt‹ sozusagen das Subjekt aus der präverbalen Position und ›zwingt‹ es dazu, die Verbalphrase *is sofort* aufzubrechen, um nach dem Verb *is* noch einen Platz zu finden. (Dieses Phänomen der **Verbzweitstellung** im Deutschen wird ebenfalls in Kapitel 4 ausführlicher analysiert; die Darstellung ist an dieser Stelle noch reichlich metaphorisch!)

(11)

```
                    S
          ┌─────────┴─────────┐
        AdvP                  S
          │            ┌──────┴──────┐
         PP           NP             VP
       ┌──┴──┐         │         ┌───┴───┐
       P    NP         │         V      AdvP
       │  ┌──┴──┐      │         │       │
       │ Det    N      │         │      Adv
       │  │     │      │         │       │
     nach meiner Kenntnis das    ist    sofort
```

1.1.4 | Bedeutung

Es gibt in dieser Einführung kein eigenes Kapitel über **Semantik**. Wir sind nämlich der Meinung, dass sich Wörter und Sätze viel besser beschreiben lassen, wenn man bei der Analyse der Struktur auch schon die Bedeutung berücksichtigt. Die Semantik ist also Teil der Morphologie und der Syntax. Man kann zwischen Wortsemantik und Satzsemantik unterscheiden; die Trennung ist aber etwas künstlich und die Übergänge sind fließend. So gehört zwar das sog. Funktionsverbgefüge *in Kraft treten* zur Syntax, denn wir haben es sicherlich mit drei Wörtern zu tun, die allerdings in einer ziemlich ungewöhnlichen Weise aneinander gebunden sind (es fehlt der Artikel). Semantisch lässt sich dieses Funktionsverbgefüge aber nur als Einheit beschreiben, die eine ›indirekte‹, konventionalisierte Bedeutung hat, wie auch einzelne Wörter.

Wortbedeutung: Wie wir bereits gesehen haben, sind Wörter oft aus Bestandteilen zusammengesetzt; eine Aufgabe der Semantik ist es daher, die Auswirkungen der **Derivation und der Komposition** auf die Bedeutung des Gesamtworts zu erfassen. Das Beispiel *Verzug → unverzüglich* zeigt bereits, dass sich das oft nur aus einer historischen Perspektive leisten lässt, weil man die Bedeutung dieses komplexen Worts nicht einfach durch ›Addition‹ der Bedeutungen der Ausgangsmorpheme gewinnen kann. Bei neueren Komposita (wie etwa *Studierendenparlament*) und besonders bei ad hoc gebildeten Komposita und Derivationen ist das anders; ihre Gesamtbedeutung ist durchsichtig und in einer regelmäßigen Weise auf die Einzelbestandteile bezogen. Allerdings sind auch morphologische Neubildungen in Bezug auf ihre Semantik formal oft unterspezifiziert. Wir haben im Deutschen keine Möglichkeit, in einem Kompositum die semantische Relation zwischen den Bestandteilen auszudrücken, sondern sind dabei auf unser Alltagswissen angewiesen. So ist an der Struktur des Kompositums *Kartoffelmann* nicht zu erkennen, ob es sich um eine männliche Figur handelt, die aus Kartoffeln gebastelt wurde, oder um einen Mann, der Kartoffeln verkauft. Hängt man eine Verkleinerungsform an (*Kartoffelmännchen*), wird die zweite Interpretationsvariante aus naheliegenden Gründen schon wesentlich unwahrscheinlicher und entsprechend die erste wahrscheinlicher. Solche semantische **Unterspezifizierungen** gibt es übrigens auch in der Syntax: Die Nominalphrase *die Zerstörungen Roms* kann sich sowohl auf die Zerstörungsfeldzüge der Römer als auch auf die Zerstörungen der Stadt Rom durch die Germanen beziehen. Allerdings haben wir in der Syntax die Möglichkeit, auf alternative, formal besser spezifizierte Varianten auszuweichen (*die Zerstörungen durch Rom, die Zerstörungen Roms durch die Germanen* etc.).

Zur Wortsemantik gehört aber natürlich nicht nur die semantische Seite von Wortbildungsverfahren, sondern auch die Analyse der **Wortbedeutung** selbst. Sie erfolgt in der heutigen Linguistik normalerweise durch die statistische Analyse großer Korpora, in denen nach den Vorkommenskontexten des jeweiligen Worts gesucht und daraus ihre Bedeutung abgeleitet wird.

Satzsemantik: Die Art und Weise, wie sich Wörter zu syntaktischen Einheiten verbinden und dabei die Bedeutung der Teile zur Bedeutung dieser größeren Einheiten wird, hat ebenfalls sowohl eine regelmäßige als auch eine unregelmäßige Seite. Zum Beispiel hat die lokale Präposition *in* in Verbindung mit einer Nominalphrase im Akkusativ in vielen Fällen ganz regelmäßig den semantischen Effekt, den Zielpunkt einer Bewegung eines Objekts in den durch die NP bezeichneten Ort auszudrücken: *in die Manteltasche stecken, in den Verteiler aufnehmen, ins Nest setzen*. In diesem Fall lässt sich die Bedeutung der gesamten Präpositionalphrase also recht gut aus der Bedeutung der Präposition und der Bedeutung der NP ableiten. In anderen Fällen ist jedoch die Beziehung zwischen Präposition und Nominalphrase ohne sprachgeschichtliche Erklärung nicht mehr nachvollziehbar. Das ist auch bei der Präpositionalphrase *in Kraft* so, die Teil des Funktionsverbgefüges *in Kraft setzen* ist. (Dasselbe gilt für idiomatische Wendungen wie *sich in die Tasche lügen*.) In diesem Fall ist es nicht mehr so klar, ob noch der Zielpunkt einer Bewegung ausgedrückt wird: *etwas in Kraft setzen* heißt ja schlicht und einfach nur, etwas gültig werden zu lassen. Dazu muss dieses Etwas nicht bewegt werden. Aus der Semantik der Bewegung zu einem Zielpunkt hin hat diese **idiomatische Verbindung** nur noch ihren zielgerichteten Charakter bewahrt, nicht aber den Bewegungsaspekt.

Eine weitere Parallele zwischen Wort- und Satzsemantik besteht darin, dass sowohl bestimmte Morpheme innerhalb eines Worts als auch bestimmte Wörter innerhalb eines Satzes keine referenzielle Bedeutung haben, d.h. sie sagen nichts über die Dinge in der Welt aus, auf die sich das Wort bzw. der Satz bezieht. Vielmehr haben sie lediglich eine grammatische Funktion. So macht das Suffix *-nis* aus dem Verb *kennen* einfach nur ein Nomen (*Kenntnis*), genauso wie die Kopula *is(t)* lediglich dazu dient, Prädikat und Subjekt des Satzes zu verbinden.

1.1.5 | Text und Interaktion

Deixis: Manche Wörter in einem Satz (wie auch manche Bestandteile von Wörtern) tragen aber noch aus einem anderen Grund für sich genommen nichts zu seiner Bedeutung bei: Sie können nämlich gar nicht interpretiert werden, wenn man nicht weiß, in welcher Situation bzw. in welchem Kontext sie geäußert worden sind. In unserem Beispielsatz ist ein solches Wort *meiner*, das keinen Sinn hat, wenn man nicht weiß, wer spricht: Erst durch diese außersprachliche Information wird Schabowski Teil der Bedeutung des Satzes *nach meiner Kenntnis is das sofort*, die Referenz auf ihn ergibt sich nicht aus dem Satz selbst. Es ist ein wichtiges Merkmal der menschlichen Sprache, dass sie sich ganz wesentlich auf solche **situationsgebundenen Ausdrücke** verlässt. Da sie quasi wie Wegweiser aus der Sprache heraus auf ihre Referenten zeigen, spricht man von Deixis (von griech. *deixis*, ›Zeichen, Hinweis‹).

Anaphern: Neben den deiktischen sprachlichen Zeichen, die aus der Sprache heraus in die Situation weisen (also exophorisch sind), gibt es solche, die auf den vorausgegangenen Text verweisen. Man nennt sie Anaphern (von griech. *anaphora* ›Rückbeziehung‹). In Schabowskis Äußerung findet sich eine solche Anapher, nämlich das Pronomen *das*, in Subjektsfunktion. Aus der Äußerung selbst lässt sich auch in diesem Fall nicht erkennen, auf was sich das Pronomen bezieht; ohne den sprachlichen Vor-Text bliebe die Äußerung sinnlos, denn sie hätte kein Thema. Die Anapher verweist zurück auf den vorherigen Text, um ihr ein solches Thema zu geben; aber worauf genau bezieht sie sich eigentlich? Um darauf eine Antwort zu geben, müssen wir uns den gesamten Ablauf der Pressekonferenz anschauen, der ja für die Teilnehmer den Vor-Text der Äußerung (1) bildet.

Beispiel

Pressekonferenz mit G. Schabowski am 9.11.1989

Auf dem Podium sitzen rechts neben Günter Schabowski (GS) Helga Labs, Mitglied des ZK der SED, und Manfred Banaschak (MB), Chefredakteur von *Die Einheit*, links von ihm Gerhard Beil, DDR-Minister für Außenwirtschaft. Gegen Ende der bisher schläfrig verlaufenen Pressekonferenz kommt das Thema des geplanten neuen Reisegesetzes der DDR zur Sprache (KJ = Krzysztof Janowski von der *Voice of America*, PB = Peter Brinkmann von der *BILD-Zeitung*, RE = Riccardo Ehrmann sowie NN1 und NN2 = unbekannte Stimmen von Medienvertretern aus dem Saal; Transkriptionskonventionen im Anhang, S. 433–435):

```
01  GS: Allerdings ist HEUte, [soviel ich weiß eine? (0.5)
02                            [((blickt nach rechts in Richtung Labs und Banaschak)),
03      entSCHEIdung getroffen worden,
04      es ist eine emPFEHlung des politbüros aufgegriffen worden,
05      dass man AUS dem entwUrf des REIsegesetzes,(-)
06      den passus herAUSnimmt,
07      und in KRAFT treten lässt,
08      der stän?
09      ↓wie man so schön SACHT,
10      oder so UNschön sacht,=
11      also die STÄNdije Ausreise regelt.
12      also das verLASsen der repuBLIK.
13  MB(?): hm,
14  GS: weil wir es äh::: für einen UNmöglichen zUstand halten,
15      °h dass sich diese äh beWEgung vollZIEHT, (-)
16      äh über einen befrEUndeten STAAT, (0.5)
17      äh:: was ja auch für DIEsen staat;
18      nicht (.) ganz EINfach ist.
```

```
19            °h u:nd DEShalb äh:: <<schneller>haben wir uns dazu
              entSCHLOSsen,>
20            heute, (-)
21            äh (-) eine (-) REgelung zu treffen,=
22            =die es JE:dem bürger der dee dee ER,
23            möglich MACHT, (-) äh (-)
24            über grEnzübergangs (.) pUnkte der dee dee ER. (-)
25            äh: auszureisen.
26            (1.0)
27   RE:      [Ohne PASS.            [Ohne PASS.
28   KJ:      [und ab wAnn wird das (.) [GELten?
29   GS:      [((Blickt in Richtung auf RE/KJ.))
30   ?        nein nein.
31   GS:      [bitte?
32            [((senkt Blick))
33   PB:      ab soFORT?
34   GS:      [((Blick bleibt gesenkt, kratzt sich an der Schläfe))
35   KJ:      [wann das gilt. (0.5)
36   PB:      ab
37   GS:      also geNOSse=(i) mir IS det hier also MITgeteilt worden?=
38            =[dass eine solche (0.9)      [MITteilung:      [hEUte schon (0.5)
39            [((Blick auf Tisch zu Unterlagen  [((setzt Lesebrille auf))
40   Beil:                                                    [((beugt sich zu ihm und
                                                              sagt leise etwas zu ihm))
41   GS:      äh=[verBREItet worden is,=
42               [((schaut im Saal umher))
43            =sie MÜSSte eijentlich in ihrem beSITZ sein?
44            (0.5)
45            <<liest vor> also privAtreisen nach dem AUSland können OHne
              vOrliegen von voRAUSsetzungen,=
46            =rEIseanlässe und verWANDTschaftsverhältnisse,=
47            =beANtragt werden,
48            =die genEhmigung werden werden kUrzfristig erTEILT, (.)
49            zuständige abteilungen pass und MELdewesen der vau pe der
              vkspolizeikreisämter der dee dee er sind ANgewiesen,
50            vIsa zur stÄndigen Ausreise UNverzüglich zu erTEIlen,
51            OHne dass dafür noch geltende vorAussetzungen für eine stÄndige
              Ausreise VORliegen müssen.>
52            (0.5)
53            äh:[::
54   RE:         [mit pass.
55   GS:      <<liest vor> ständige AUSreisen können über ALle
              GRENZübergangsstellen der DEE dee er zur bee er DEE erfolgen.
56            damit entFÄLLT die vorübergehend ermöglichte ertEIlung von
              entsprechenden genEhmigungen in Auslandsvertretungen (.) der
              dee dee ER,
57            beziehungweise die ständige Ausreise mit dem personalausweis
              der dee dee ER über DRITTstaaten.>
58            äh die PASSfrage kann ich jetzt nicht [beANTworten,
59                                                  [((blickt zu RE))
60            das ist auch eine TECHnische frage.
61            [ich WEISS ja nicht,
62            [((Blick zu MB/Labs))
```

1.1 Einleitung

Sprache – Die vielen Facetten eines Untersuchungsgegenstands

```
63        die TESS die PÄSse müssen ja-
64        also daMIT jeder im besitz eines passes=is-
65        überhaupt erst mal AUSgegeben werden,=
66        =wir wollten aber (.)
67 MB:    [entscheidend ist ja die INhaltliche Aussage.
68 GS:    [sicherlich eine
69        ist die [ a?
70                [((blickt zu NN1))
71 NN1:           [w WANN tritt das in krAft. (0.2)
72 GS:    [das trItt nach MEIner, (.) KENNTnis,
73        [((liest in Unterlagen))
74        is das so↑FORT;=
75 NN2:=UN[verzüglich.=
76 GS:      [((blättert in Unterlagen, leichtes zustimmendes Nicken))
77 GS:    =Unver[ZÜGlich.
78 Labs(?):     [unverZÜGlich.
```

(Transkript nach dem Gesamtmitschnitt der Pressekonferenz. Dank an das Rundfunkarchiv Babelsberg für die Bereitstellung der Aufnahme.)

Anaphernauflösung: Es zeigt sich, dass das Pronomen *das* in Schabowskis Äußerung (Z. 72) im ›Text‹ der Interaktion relativ weit zurückverweist. Es beantwortet zwar die unmittelbar vorhergehende Frage eines Journalisten (*wann tritt das in Kraft?*, Z. 71), in der ebenfalls ein anaphorisches Pronomen *das* vorkommt. Aber worauf verweist dieses Pronomen denn? Offenbar auf die gesamte Ankündigung Schabowskis über die neue Reiseregelung in den Zeilen (45) bis (57). *Das* kann also eine Äußerung mit einem sehr langen und komplexen Vortext verbinden. Das Pronomen unterscheidet sich in dieser Hinsicht von anderen wie *der/er/die/sie* etc., die einen einzelnen Gegenstand oder eine Person, die vorher erwähnt worden ist, semantisch in die Aussage integrieren, in der sie stehen. Etwa bezieht sich das *sie* in Zeile 43 nur auf *eine solche Mitteilung* in Zeile 38.

Neben anaphorischen Pronomina gibt es auch **kataphorische** wie das *det* in Zeile 37, die auf eine nachfolgende Information – hier den Komplementsatz *dass eine solche Mitteilung heute schon verbreitet worden ist* – verweisen.

Perspektive: Es gibt also Spracheelemente, die als solche keine Bedeutung haben, sondern auf einen Sachverhalt, einen Gegenstand oder einen sonstigen Referenten verweisen, der entweder außerhalb des Satzes im Text vorkommt (wie in diesem Fall *das*) oder in der Sprechsituation gesucht werden muss. Beispiele dafür sind das Pronomen *ich*, der Possessivartikel *mein* oder die Tempus-

form (Präsens: *tritt*). Diese sprachlichen Elemente können nur dann verstanden werden, wenn man den Sprecher bzw. den Zeitpunkt des Sprechens kennt. Sie holen die Situation bzw. den Vor-Text in die Interpretation der jeweiligen Äußerung herein.

Die Äußerung ist aber noch in einer anderen Art und Weise mit dem Sprecher oder der Sprecherin verbunden: Die Art und Weise, wie sie formuliert wird, zeigt uns, wie sie den Sachverhalt oder das Ereignis, von dem sie sprechen, sehen und verstehen und wie sie ihn uns vermitteln wollen. Jeder Satz drückt auch eine bestimmte **Haltung** bzw. Perspektive des Sprechers auf das Dargestellte aus. Schabowskis Perspektive auf den Sachverhalt (dass die neue Reiseregelung sofort in Kraft tritt) ist durch das Satzadverbiale *nach meiner Kenntnis* gekennzeichnet. Es ist nicht dasselbe, ob man sagt:

(13) (a) <u>Nach meiner Kenntnis</u> ist das sofort.
    (b) <u>Das</u> ist sofort.
    (c) <u>Möglicherweise</u> ist das sofort.
    (d) <u>Bestimmt</u> ist das sofort.
    (e) <u>Bedauerlicherweise</u> ist das sofort.
    (f) <u>Nach meiner Kenntnis</u> müsste das sofort sein.
    (g) Das <u>dürfte</u> sofort sein.
    (h) <u>Ich denke</u>, das ist sofort.
    (i) <u>Ich sag mal</u>, das ist sofort.
    (etc.)

Der Sprecher drückt vielmehr durch die Wahl des Adverbials (a, c, d, e, f), durch die Verwendung eines Modalverbs (f, g), durch die Einbettung des Satzes in einen Matrixsatz mit einem Verb des Sagens, Denkens oder Meinens (h, i) bzw. durch die Entscheidung, nichts davon zu verwenden (b), aus, für wie wahrscheinlich er den konstatierten Sachverhalt hält bzw. wie sicher er sich seiner Aussage ist (**epistemische Haltung,** *stance*) und wie er sie bewertet. Dabei ist es interessanterweise so, dass die unmodifizierte Variante (b) größere Sicherheit vermittelt als die Variante (d), die diese Sicherheit *behauptet*.

Außerdem macht es einen Unterschied, welche von den folgenden Varianten man wählt:

(14) (a) Das tritt nach meiner Kenntnis sofort in Kraft.
(b) Das ist nach meiner Kenntnis sofort (gültig).
(c) Sofort!

Die sprachlich ausformulierte Variante (a) oder (b) wirkt weniger sicher als die knappe in (c), die sich auf den Kontext der vorausgegangenen Frage verlässt (sog. **Ellipse**).

Des Weiteren könnte man denselben Sachverhalt auf eine der folgenden beiden Weisen ausdrücken:

(15) (a) Das tritt sofort in Kraft.
(b) In Kraft tritt das sofort.

Hier macht sich der Sprecher die Flexibilität der deutschen Satzgliedstellung zunutze, um einen bestimmten perspektivischen Effekt zu erzielen: Die im Kontext markierte präverbale Stellung der Präpositionalphrase *in Kraft* in (b) erzeugt im Hörer die Erwartung, dass der Sprecher einen Kontrast aufbauen will, etwa: *In Kraft tritt das sofort, aber da kaum ein DDR-Bürger einen Pass besitzt, wird es in nächster Zeit eh keinem etwas nützen.*

Schließlich hätte Schabowski natürlich auch noch völlig andere Möglichkeiten gehabt, denselben Sachverhalt zu formulieren, etwa:

(16) (a) Das ZK hat heute beschlossen, die neuen Reiseregelungen sofort in Kraft treten zu lassen.
(b) Alle DDR-Bürger können ab heute ohne Einschränkungen ausreisen.

Während die Originalvariante eine neutrale, agenslose Perspektive einnimmt, personalisieren diese beiden Varianten den Sachverhalt der Grenzöffnung, im einen Fall, indem sie das Zentralkomitee der Partei als Handelnde in den Vordergrund rückt, im anderen Fall, indem sie die Auswirkungen auf die Bürger in den Vordergrund stellt.

Textlinguistik: Durch anaphorische und kataphorische Verweise, die sich inhaltlich oft nur in einem komplizierten Zusammenspiel von formalen und inhaltlichen Kriterien auflösen lassen, bekommt die gesamte Interaktionssequenz eine textuelle Struktur. Ihre einzelnen Bestandteile beziehen sich aufeinander. Diese **Textstruktur** ist weniger dicht als die interne Struktur der Sätze, aber sie ist dennoch mit den Verfahren der Textlinguistik beschreibbar (s. Kap. 5). Zu ihr gehört natürlich noch viel mehr als nur die Verwendung von Anaphern und Kataphern. Um verständlich zu sein, muss ein Text bestimmten Anforderungen an seine interne Struktur genügen, und die einzelnen Sätze müssen so aufeinander folgen, dass sich ein Sinn ergibt. Die Reihenfolge wird übrigens, wenn es keine gegenteilige Evidenz gibt, oft so interpretiert, dass das im früheren Satz Ausgedrückte vor dem im nachfolgenden Satz Ausgedrückten stattfand (17a), oder das im früheren Satz Ausgedrückte eine Bedingung oder Ursache für das Eintreten des im zweiten Satz Ausgedrückten ist (17b):

(17) (a) Krenz verfasste eine Presseerklärung. Diese steckte er Schabowski zu.
(b) Schabowski war in Eile. Er las den Zettel bis zur Pressekonferenz nicht.

Sprachliches Handeln: Wir haben nun die Grenzen des Satzes – der größten Analyseeinheit der traditionellen Grammatik – verlassen und diskutieren bereits die wichtige Frage, wie sich Sätze in größere sprachliche Zusammenhänge einbetten. Dies lässt sich einerseits in Bezug auf die formalen Mittel tun, die einen Text zusammenhalten und die Perspektive des Sprechers auf das Gesagte erkennbar machen, so wie das gerade an einem kleinen Ausschnitt gezeigt wurde. Man kann aber auch den **Handlungscharakter** der Sprache betonen und aus dieser Perspektive kommend die Einbettung der Äußerung als sprachliche Handlung in eine Situation analysieren. Dafür sind in der **Gesprächsanalyse** (Kap. 6), der **Sprechaktanalyse** (Kap. 6) und in der **linguistischen Anthropologie** (Kap. 10) Instrumente entwickelt worden. Als sprachliche Handlung, nicht als (un)grammatischer Satz, hatte Schabowskis Äußerung die Wirkung, die sie an jenem 9. November entfaltete. Schabowski hat nicht nur gesprochen, er hat sprachlich gehandelt. Ob ihm die Auswirkungen seiner sprachlichen Handlung (ihre **Perlokution**, nämlich der Ansturm der DDR-Bürger auf die Grenzübergänge noch in derselben Nacht) bewusst waren, ob er sie vielleicht sogar intendiert hat, wissen wir nicht; es darf bezweifelt werden. Sprachliche Handlungen werden zwar wie alle Handlungen mit einer bestimmten Intention vollzogen, diese Intention (ihre **Illokution**) muss aber nicht mit den tatsächlichen Folgen übereinstimmen.

Als Handlung steht Schabowskis Äußerung nicht isoliert, sondern sie fand in einer typisierten **sozialen Situation** statt, nämlich der einer Pressekonferenz, und sie war in eine **Sequenz** von Handlungen eingebettet.

Die Pressekonferenz als kommunikative Gattung: Als Mitglieder einer Gesellschaft haben wir ein umfangreiches Wissen darüber, wie man in einer bestimmten Situation spricht und sich verhält, denn viele solche Situationen folgen einem typisierten Muster. Dieses Wissen kann man als kommunikatives **Gattungswissen** beschreiben (s. Kap. 10). Zu den Gattungen gehört in diesem Sinn auch die Pressekonferenz. Das Wissen ist in ihrem Fall natürlich in erster Linie ein Expertenwissen, das bei den unmittelbar Beteiligten – also Journalisten, Politiker, Sprecher aller möglichen Institutionen – sehr viel genauer ausgeprägt ist als bei Durchschnittsbürgern, die nur selten an einer solchen Veranstaltung teilnehmen. Aber auch sie haben aufgrund der Medien, in denen Pressekonferenzen ausschnittsweise gezeigt werden, eine vage Idee, was in einer solchen Situation passiert.

Pressekonferenzen sind keine Alltagsgespräche. Zwar kommen in ihnen verschiedene Sprecher zu Wort, und manchmal tun sie das auch in einer Weise, die eher an ein normales Gespräch erinnert. Das darf aber nicht darüber hinwegtäuschen, dass die sprachlichen Rollen in einer bestimmten Art und Weise fest verteilt sind: Die Pressevertreter stellen Fragen, die Vertreter der jeweiligen Institution verlesen oder formulieren Mitteilungen und beantworten Fragen. Der Institutionenvertreter, der die Pressekonferenz leitet, hat eine besondere Rolle: Er sucht sich die Fragen aus, auf die er antworten will. Er hat außerdem in der Regel das Recht, die Pressekonferenz zu eröffnen und zu beenden. Die Fragen sind meist auf ein bestimmtes Thema eingeschränkt, und dieses ist in der Regel vorher bekannt. Schließlich müssen die Fragen der Pressevertreter einigermaßen kurz sein, während die Mitteilungen oder Antworten der Institutionenvertreter nach Belieben lang sein können. Die ungleiche Rollenverteilung von Veranstalter(n) und Pressevertretern bildet sich in der Sitzordnung ab: Die Vertreter der Institution sitzen oder stehen normalerweise nebeneinander in einer herausgehobenen Position – oft auf einem Podest, teils an

Abb. 5: Pressekonferenz der DDR-Regierung am 9.11.1989; links auf der Treppenstufe sitzend Riccardo Ehrman, in der Mitte – nach hinten gewandt – Peter Brinkmann

einem Rednerpult oder Tisch – frontal den Pressevertretern gegenüber, die oft niedriger sitzen oder stehen.

Am 9.11.1989 leitete Günter Schabowski die Pressekonferenz der SED, da er als »Sekretär des ZK der SED für Informationswesen« quasi als Regierungssprecher fungierte. Er saß, seiner herausgehobenen Rolle entsprechend, neben einigen anderen Vertretern des SED-Regimes hinter einem Tisch auf einem Podest. Die Pressevertreter und Kameraleute waren im Saal stehend oder sitzend verteilt. Zum Wissen um die Pressekonferenz als kommunikative Gattung gehört auch die sprachliche Form. Dies reicht von der Sprachwahl (in DDR-Pressekonferenzen war nur deutsch erlaubt, obwohl viele Pressevertreter aus dem Ausland kamen) bis zur Wahl des sprachlichen **Stils** (**Register**). Der in der DDR übliche Stil galt als ausgesprochen ›hölzern‹ (vgl. Schabowskis Formulierungen *nach meiner Kenntnis, unverzüglich, tritt in Kraft*, die allesamt auf einen administrativ-bürokratischen, schriftsprachlich geprägten Stil verweisen).

Sequenzieller Ablauf: Auch wenn die Gattung der Pressekonferenz viele Dinge vorschreibt, die in Alltagsgesprächen frei verhandelt werden können, ist der Verlauf einer Pressekonferenz andererseits auch nicht völlig vorhersagbar. Er ergibt sich zu einem gewissen Teil Schritt für Schritt, indem eine **sprachliche Handlung** an die andere gereiht wird. Die Analyse solcher sequenzieller Abläufe ist Gegenstand der **Gesprächsanalyse**, die trotz ihres Namens den Anspruch hat, Handlungsabläufe ganz allgemein zu beschreiben, also auch in einer institutionellen Redesituation mit unterschiedlich verteilten Rollen.

Dialogizität: Die sequenzielle Analyse der Abfolge der Handlungen der Teilnehmer zeigt, dass Schabowskis Äußerung (1) auf andere Äußerungen reagiert und von ihnen geprägt ist. Betrachten wir dazu noch einmal die abschließende Sequenz:

Wir sehen jetzt, dass Schabowskis Formulierung *das tritt ... (in Kraft)* nicht von ihm stammt, sondern bereits in der Frageformulierung in Z. 71 von einem anderen Sprecher verwendet wird. Ebenso zeigt sich, dass das *unverzüglich* in Z. 77 nicht von Schabowski kommt, sondern ihm als Paraphrase für *sofort* von einem weiteren, nicht identifizierten Sprecher (vermutlich einem anderen Journalisten) in den Mund gelegt wird. (Dieser wiederum zitiert es vermutlich aus dem von Schabowski gerade vorgelesenen Text der Pressemitteilung: *Die zuständigen Abteilungen Paß- und Meldewesen der VP – der Volkspolizeikreisämter – in der DDR sind angewiesen, Visa zur ständigen Ausreise unverzüglich zu erteilen.*) Die Expansion seiner Antwort ergibt sich also wie auch schon die Antwortformulierung zu Beginn aus einem **dialogischen Prozess**. Der Prozess besteht aus einem Paraphrasierungsvorschlag des anderen Sprechers, der von GS zunächst nonverbal durch Nicken, dann sprachlich durch Wiederholung bestätigt wird. Die Äußerung ist nicht allein Schabowskis Äußerung, sie ist in ihrer Form von anderen Äußerungen beeinflusst, auf die sie reagiert.

Paarsequenzen: Hauptsächlich aber ist die sequenzielle Entwicklung der Interaktion bis zu dem Punkt, an dem Schabowski die entscheidende Äußerung (1) formuliert, durch jene Handlungstypen charakterisiert, die für Pressekonferenzen definierend sind, nämlich **Fragen** (der Journalisten) und **Antworten** (der Institutionenvertreter). Fragen machen Antworten erwartbar und notwendig; beide Handlungen – Fragen und die passenden Antworten – sind also durch ein sehr enges sequenzielles Format aneinander gebunden, nämlich das der Paarsequenz (**adjacency pair**). Das zweite Glied einer Paarsequenz soll in der nächsten sequenziellen Handlungsposition dem ersten folgen, in diesem Fall also die Antwort unmittelbar der Frage. In unserem Fall wurde allerdings die Frage nach dem Zeitpunkt des Inkrafttretens der neuen Reiseregelung erstmals bereits in Z. 28 gestellt, obwohl Schabowski sie erst in Z. 74 beantwortet. Es

```
71 NN1:       [w WANN tritt das in krAft. (0.2)
72 GS:        [das trItt nach MEIner, (.) KENNTnis,
73            [((liest in Unterlagen))
74            is das so↑FORT;=
75 NN2:       =UN[verzüglich.=
76 GS:           [((blättert in Unterlagen, leichtes zustimmendes Nicken))
77 GS:        =Unver[ZÜGlich.
78 Labs(?):         [unverZÜGlich.
```

passiert also etwas Auffälliges. Betrachten wir diese Verzögerung genauer.

Die erste Formulierung der Frage in Z. 28 kommt von dem Journalisten KJ; Schabowski orientiert sich auf den Frager, indem er ihn anschaut und mit einer generalisierten Fremdreparaturinitiierung (*bitte?*) um eine Wiederholung der Frage bittet (Z. 31). KJ reformuliert seine Frage in 35 (*wann das gilt*); kurz vorher schon (in Z. 33) wurde sie durch den Journalisten PB konkretisiert (*ab sofort?*). Schabowski steht also unter dem Druck zweier Paarsequenzen, die beide eine Antwort **konditionell relevant** machen. Sein weiteres Verhalten ist sichtbar ausweichend und ein schönes Beispiel dafür, wie sich – frei nach Kleist (Auer, im Druck) – die Gedanken im dialogischen Sprechen erst formen. Schabowski macht zunächst (in Z. 34) durch eine Geste klar, warum er die Frage nicht beantworten kann (sich an der Schläfe zu kratzen, ist eine konventionalisierte Ausdrucksform von Ratlosigkeit: Er weiß die Antwort nicht).

Es folgt dann (Z. 37–43) der Verweis auf eine ominöse Mitteilung, die an die Journalisten bereits verteilt worden sei. Dabei entzieht sich Schabowski der Verpflichtung zur Antwort auf die immer noch offenen Fragen von KJ und PB auch dadurch, dass er nun nicht mehr die beiden Frager allein adressiert, sondern sich an das gesamte Auditorium richtet (z. B. die eher deplatzierte Anrede *Genosse(n)*, Blick in den Saal in Z. 42). Faktisch war die Pressemitteilung nicht verteilt worden. Schabowski beginnt sie also schnell und mit einigen Kürzungen zu verlesen (Z. 45–57). Eine Nachfrage des Journalisten RE in Z. 54, ob zum Grenzübertritt ein Pass notwendig sei (sie wurde erstmals schon in Z. 27 gestellt), führt ihrerseits zu einer ausweichenden Antwort Schabowskis (Z. 58–68) sowie zu einer kurzen Bemerkung Banaschaks zu diesem Thema (Z. 67).

Schabowski scheint es geschafft zu haben, die Aufmerksamkeit von der ursprünglichen Frage abzulenken. An dieser Stelle (Z. 71) reformuliert ein anderer Journalist KJs Frage aus Z. 28. Erst jetzt sieht sich Schabowski veranlasst, sie – immer noch zögerlich und vielleicht der Konsequenzen bewusst – zu beantworten und kommt so seinen ›Gesprächspflichten‹ nach.

Die Medien: Schabowski hatte, nicht zuletzt durch die sequenzielle Dynamik der Situation getrieben, eine einfache temporale Frage in einer Weise beantwortet, die nichts anderes als die sofortige Grenzöffnung ankündigte. Als sprachliche Handlung konnte diese Antwort ihre historische Wirkung nicht etwa dadurch entfalten, dass sie besonders gut formuliert oder gar inszeniert war (wie das zum Beispiel für andere berühmte Sätze wie *ich bin ein Berliner*, *l'état c'est moi* oder *veni vidi vici* gelten mag). Sie konnte vielmehr nur dadurch in die Geschichtsbücher eingehen, dass sie im Rahmen einer bestimmten **Teilnehmerkonstellation** vollzogen wurde, die sowohl auf der Seite des Sprechers als auch auf der Seite der Rezipienten sehr spezifische Strukturen aufwies. Auf der **Sprecherseite** deshalb, weil Günter Schabowski nicht für sich selbst sprach, sondern als Sprachrohr der Regierung der DDR (dass er deren Beschlüsse nicht richtig wiedergab, weil er den Sperrvermerk der Presseerklärung nicht kannte, wusste ja niemand). Letztendlich verlas er ja nur den Text der Presseerklärung und interpretierte bzw. konkretisierte sie (wenn auch fehlerhaft). Auf der **Rezipientenseite** war die Situation deshalb besonders, weil Schabowski zwar die Fragen bestimmter Journalisten beantwortete und seine Äußerung (1) damit individuelle Adressaten hatte, die Antworten jedoch nicht nur an diese, sondern sekundär auch an all die übrigen anwesenden Medienvertreter gerichtet waren. Vor allem aber gab es aufgrund der Direktübertragung durch das DDR-Fernsehen und die nur geringfügig zeitversetzte Sendung relevanter Ausschnitte in der ARD-Tagesschau um 20 Uhr einen weiteren Zuhörer: das Volk der DDR. Die Folgen sind bekannt.

1.2 | Sprachwissenschaftliche Arbeitsgebiete

All das ist Sprache: Einführungen in die Sprachwissenschaft beginnen oft mit der Definitionsfrage: Was ist Sprache? In dieser Einführung wurde diese Frage durch eine aufzählende Definition beantwortet, indem an einem trivialen, wenn auch historisch höchst wirkungsvollen Beispiel gezeigt wurde, was alles zur Sprache gehört und damit Gegenstand der Sprachwissenschaft ist. Man kann die Frage nach dem Wesen der Sprache nämlich auch so stellen: Was müssen wir als sprachlich miteinander kommunizierende Menschen alles wissen und können, um erfolgreich zu kommunizieren? Die Antwort ergibt eine lange Liste von **Teilkompetenzen**:

- Wir müssen Anfang und Ende von Äußerungen im akustischen Signal erkennen (bzw. die Hörer dazu in die Lage versetzen, dass sie dies bei unseren eigenen Äußerungen tun können).
- Wir müssen aus dem Lautstrom die Information herausziehen, die für den propositionalen Gehalt einer Äußerung – also für das Referieren auf Dinge, Sachverhalte und Ereignisse in der Welt – wichtig ist (bzw. die Hörer dazu in die Lage versetzen, dass sie dies bei unseren eigenen Äußerungen tun können).
- Wir müssen die übrige in der Äußerung vorhandene Information verstehen können, die uns z. B. Rückschlüsse auf soziale Attribute des Sprechers oder auf Merkmale der Sprechsituation erlaubt (bzw. die Hörer dazu in die Lage versetzen, dass sie dies bei unseren eigenen Äußerungen tun können).
- Wir müssen die Inhaltswörter und grammatischen Elemente in der Äußerung identifizieren (bzw. die Hörer dazu in die Lage versetzen, dass sie dies bei unseren eigenen Äußerungen tun können).
- Wir müssen wissen, wie man neue Wörter bauen kann (um umgekehrt auch in der Lage zu sein, Wörter, die wir noch nie gehört haben, in ihre Bestandteile zu zerlegen und zu verstehen).
- Wir müssen wissen, wie sich Wörter zu Sätzen (abgeschlossenen sprachlichen Einheiten) verbinden lassen, und damit ihre Rolle innerhalb von Sätzen erkennen (und dies unseren Hörern ermöglichen).
- Wir müssen signalisieren können bzw. verstehen, was in einem Satz zusammengehört.
- Wir müssen die Verbindung zwischen Sätzen herstellen, um Texte verstehen zu können (und Texte so gestalten, dass das unseren Hörern gelingt).
- Wir müssen interpretieren können, wie sich ein Satz in die Sprechsituation einbettet und aus ihr Teile seines Sinns bezieht (bzw. die Hörer dazu in die Lage versetzen, dass sie dies bei unseren eigenen Äußerungen tun können).
- Wir müssen verstehen bzw. klarmachen, welche kommunikative Gattung gerade verwendet wird.
- Wir müssen mit sprachlichen Ressourcen sprachliche Handlungen konstruieren können (bzw. die sprachlichen Handlungen anderer aufgrund ihrer Struktur und ihrer kontextuellen Einbettung verstehen).
- Wir müssen Sprache und körperliche Kommunikationsformen aufeinander beziehen (z. B. Gesten verstehen, die mit deiktischen Sprachmitteln verbunden sind) bzw. diesen Bezug für den Rezipienten deutlich machen.
- Wir müssen die Perspektive des Sprechers auf das Dargestellte erkennen (und unsere eigene Perspektive ausdrücken).
- Wir müssen in einer Äußerung die neue, relevante Information finden und von der alten, schon bekannten unterscheiden (bzw. die Hörer dazu in die Lage versetzen, dass sie dies bei unseren eigenen Äußerungen tun können).
- Wir müssen wissen, wie man in einem Gespräch zu Wort kommt.
- Wir müssen wissen, welche Handlungen einander folgen können, d. h. was wir an einer bestimmten Stelle im Gespräch tun sollen oder können und was nicht.

Die Liste ist noch nicht einmal vollständig. Sie zeigt aber bereits, wie komplex Sprache ist. Es kommt hinzu, dass diese verschiedenen Kenntnisse und Wissensbestände in der richtigen zeitlichen **Synchronisierung** aktiviert und miteinander verbunden werden müssen. Das Erstaunliche ist nun, dass trotz dieser Komplexität jedes kleine Kind, das sich normal entwickelt hat, die genannten Fähigkeiten besitzt und in der Lage ist, die genannten sprachlichen Teilkompetenzen so zusammenzuführen, dass es erfolgreich und in einem sehr differenzierten Sinn sprachlich handeln bzw. das sprachliche Handeln anderer verstehen kann. Das heißt natürlich nicht, dass es keine **Unterschiede zwischen den Menschen** in Bezug auf ihre sprachlichen Fertigkeiten gibt. Es ist trivial festzustellen, dass manche besser mit Sprache umgehen können als andere; dass sie eher in der Lage sind, ein großes Repertoire an sprachlichen Mitteln situationsangemessen einzusetzen; dass sie andere leichter überzeugen oder unterhalten können; dass sie besser mit Sprache spielen und damit kunstvolle mündliche oder schriftliche Texte produzieren können; dass sie sich leichter damit tun, neben einer Sprache noch viele andere zu lernen.

Im Vergleich zu dem, was jeder kann, ist dieser ›Kürbereich‹ der sprachlichen Kompetenz dennoch erstaunlich klein. Man könnte es so formulieren: Die Entwicklung von Sprache hat die Menschen bzw. ihre Vorläufer unter den Primaten 100.000 bis 300.000 Jahre gekostet (die Schätzungen divergieren sehr stark; s. Kap. 9.2). Es verwundert nicht, dass im Vergleich dazu die wenigen tausend Jahre, in denen sich Kunstformen von Sprache herausgebildet haben, nur einen kleinen weiteren Schritt darstellen. Der Schritt von der Sprache eines durchschnittlichen 8-Jährigen bis zu einer Hölderlin-Ode ist nicht mehr groß im Vergleich zu dem, was schon an Komplexität in dieser einfachen Sprache steckt. Entsprechend ausdifferenziert ist das Forschungsfeld ›Sprache‹. Dass die ›kleinen‹

> **Zur Vertiefung**
>
> **Angeboren oder erworben?**
> Wenn Sprache so komplex ist und trotzdem von jedem gesunden Menschen in recht kurzer Zeit erworben werden kann, ist es dann nicht naheliegend zu vermuten, dass die wesentlichen Strukturen der menschlichen Sprachen genetisch vorprogrammiert sind? Über diese Frage wird in der Linguistik viel gestritten. Eine wesentliche Stützung würde das Argument erhalten, wenn wir möglichst viele sprachliche **Universalien** nachweisen könnten, d. h. wenn alle Sprachen einen großen Teil ihrer Strukturen gemeinsam hätten. Wenn diese Strukturen sich nicht einfach aus den außerlinguistischen Bedingungen des Sprechens ableiten ließen, wäre vielleicht der Schluss erlaubt, dass sie genetisch programmiert sind. Das klingt zunächst unwahrscheinlich, denn jeder, der sich einmal bemüht hat, eine wirklich (aus der Perspektive von Deutschsprechenden) ›exotische‹ Sprache zu lernen (wie etwa Quechua oder Georgisch), wird von der Anzahl der Unterschiede so beeindruckt sein, dass er keinen Blick für die Gemeinsamkeiten hat oder diese zumindest als sehr klein empfinden wird. Aus praktischen Gründen haben die Menschen sich immer mehr für die Verschiedenheit der Sprachen interessiert als für die Gemeinsamkeiten: Es sind ja die Unterschiede, die dem Zweitspracherwerb im Weg stehen, und die Tatsache, dass es die immer noch auf der Welt existierenden mehreren Tausend Sprachen schwierig machen, miteinander zu reden, wird immer wieder als gesellschaftliches Problem empfunden.
> Leider ist es aber so, dass auch die Linguisten nicht sehr viele Gemeinsamkeiten zwischen Sprachen gefunden haben, die sich kategorischer in der Form »Jede Sprache hat/ist X« ausdrücken ließen. Abgesehen von Trivialitäten (»Mit jeder Sprache kann man Gedanken ausdrücken.«) und Allaussagen, die mangels Operationalisierbarkeit keinen großen Wert haben (»Alle Sprachen haben Wörter.« – das mag stimmen, aber es gibt keine operationalisierbare, für alle Sprachen geltende Definition von ›Wort‹) ist es schwer, viele Universalien zu finden. Einige gibt es, etwa in der Phonologie. Jede Sprache scheint z. B. einen alveolaren Plosiv /t/ zu haben. Oft sind die Universalien aber nur statistischer Natur (»Es gibt wesentlich mehr Sprachen, die einen Plural haben, als Sprachen, die einen Dual haben.«) oder sie lassen sich nur implikativ formulieren (»Wenn eine Sprache einen Dual hat, dann hat sie auch einen Plural.«) (s. dazu die ausführliche Diskussion in Kap. 8). Grammatische Kategorien, die uns Sprechern der indoeuropäischen Sprachen so selbstverständlich erscheinen wie die Unterscheidung zwischen Subjekt und Objekt oder Haupt- und Nebensatz, sind leider nicht universal.
> Es ist also zwar möglich, quantitative und implikative Generalisierungen über Sprachen zu treffen, die vielleicht gewisse Rückschlüsse auf Präferenzen des menschlichen Geistes (bzw. in der Phonologie auf die Physiologie der Artikulatoren) zulassen und daher auch Rückschlüsse auf angeborene kognitive Präferenzen beim Spracherwerb erlauben (der Erwerb typologisch seltener oder implikativ ›markierter‹ Strukturen sollte später erfolgen als der häufiger/unmarkierter); sehr stark ist der Spracherwerb aber offenbar nicht von genetisch bestimmten Universalien geprägt.
> **Die Erlernbarkeit der Sprachen:** Die Tatsache, dass fast alle Kinder Sprache ohne große Probleme erwerben, kann man aber natürlich auch anders erklären als durch angeborene Universalien. Kinder, die in einer ›normalen‹, ein- oder mehrsprachigen Umgebung aufwachsen, müssen ja Sprache nicht neu erfinden: Es gibt ja bereits ein Modell (oder im Fall der Mehrsprachigkeit mehrere), das ihnen die Sprachgemeinschaft, in der sie aufwachsen, vorgibt. Die Frage ist also, ob dieses Modell erlernbar ist. Das wäre tatsächlich nur schwer vorstellbar, wenn der einzige Input für das Sprache erwerbende Kind Thomas Manns *Buddenbrooks* wären, deren Verlesung über einen Lautsprecher ins Kinderzimmer übertragen würde. Das Kind wäre wohl nicht in der Lage, aus diesem Input die notwendigen Informationen herauszufiltern, die ihm den schrittweisen Erwerb einer Sprache ermöglichen würden. Zum Glück passiert das nur selten oder nie. Vielmehr sind Kinder von Geburt auf in sprachliche Interaktionen mit anderen eingebunden, und sie bekommen meist auf diese Weise den sprachlichen Input, der mehr oder weniger gut auf den jeweiligen Erwerbsstand hin orientiert ist (*scaffolding*; s. dazu Kap. 9.3.1). Ihre Bezugspersonen (seien es andere Kinder oder Erwachsene) sprechen eine (klein-)kindgerechte Sprache, die ihnen hilft, die relativ zu ihrem Erwerbsstand jeweils gerade ein bisschen komplexeren Strukturen zu erfassen.

Unterschiede trotzdem für die kulturelle und soziale Bedeutung sprachlicher Äußerungen eine große Rolle spielt, ist dabei unbestritten.

Syntaktik, Semantik, Pragmatik: Innerhalb der Sprachwissenschaft haben sich Bezeichnungen für die großen Forschungsbereiche eingebürgert, die weit verbreitet sind und deshalb hier erwähnt werden müssen, auch wenn sie nicht ganz trennscharf sind. Wir beginnen mit der grundlegenden Dreiteilung in Syntaktik, Semantik und Pragmatik. Sie bezieht sich auf die drei Aspekte des sprachlichen Zeichens:

- seine Form (genauer, die Elemente, aus denen es zusammengesetzt ist, und die Regeln dieser Zusammensetzung) (Syntaktik),
- seine Bedeutung (Semantik) und
- die Verbindung zwischen dem Zeichen und seinem Handlungskontext (Pragmatik).

Diese Dreiteilung geht auf den amerikanischen Semiotiker **Charles Morris** (1938) zurück (s. Abb. 6). Er meinte mit »Syntaktik« die Beziehung des Zeichens zu anderen Zeichen, mit »Semantik« die Beziehung des Zeichens zu den Dingen, die es bezeichnet, und mit »Pragmatik« die Beziehung des Zeichens zu den Personen, die damit etwas tun. Man darf die Syntaktik im Sinne von Morris natürlich nicht mit der **Syntax** im üblichen Sinn (Satzbildungslehre) gleichsetzen, denn Beziehungen zwischen Zeichen gibt es ja nicht nur zwischen Wörtern in einem Satz, sondern auch in der **Phonologie** zwischen Lauten und in der **Morphologie** zwischen Morphemen oder Wörtern innerhalb eines Kompositums.

Phonologie, Morphologie, Syntax: Es muss daher auf der Seite der »Syntaktik« eine weitere Unterscheidung eingeführt werden, die vor allem im Strukturalismus (s. u.) als Hierarchie von Strukturebenen verstanden wurde. Demzufolge sind die Laute (Phoneme) die Bestandteile, aus denen die Morpheme zusammengesetzt werden, die sich wiederum in Wörter und diese in Sätze gruppieren. Entsprechend erhält man als unterste Ebene der »Syntaktik« im Sinne von Morris die Beschreibungsebene der **Phonologie**, auf der mittleren die **Morphologie** und auf der obersten die **Syntax**. In strukturalistischen Modellen wird manchmal auch der Schnittstellenbereich zwischen Phonologie und Morphologie bzw. zwischen Morphologie und Syntax eigens bezeichnet, nämlich als **Morphonologie** bzw. **Morphosyntax**. Nach der traditionellen Terminologie bilden Morphologie und Syntax zusammen die **Grammatik**, die Phonologie steht extra. In strukturalistischer Terminologie werden hingegen oft alle drei Ebenen unter den Begriff ›Grammatik‹ gefasst (s. Abb. 7).

Im Gegensatz zur Syntaktik bei Morris schließt die Grammatik in diesem Sinn die Semantik aber nicht aus, sondern erfasst auch die Bedeutung (und gegebenenfalls – nämlich bei den deiktischen Ausdrücken – auch die Pragmatik) der grammatischen Strukturen.

Grammatik vs. Lexikon: Eine weitere wichtige und verbreitete Vorstellung von der disziplinären Untergliederung des Gegenstandsbereichs der Linguistik geht davon aus, dass die Grammatik dem Lexikon gegenübersteht. Nach dieser Auffassung enthalten die Phonologie, Morphologie und Syntax **allgemeine Regeln** (Generalisierungen) über mögliche Wörter und Sätze, die zusammen die Grammatik darstellen. Die Phonologie gibt zum Beispiel an, welche Phoneme in einer Sprache vorkommen und wie sie sich kombinieren lassen, die Morphologie beschreibt, wie man in einer Sprache Wörter bilden kann. Ein wichtiger Teil der Grammatik ist die Syntax, gerade deshalb, weil sie für besonders produktiv gehalten wird. Im Lexikon sammelt sich hingegen alles an, was aus mehr oder weniger zufälligen Gründen historisch gewachsen, aber nicht aus allgemeinen Regeln ableitbar ist, insbesondere

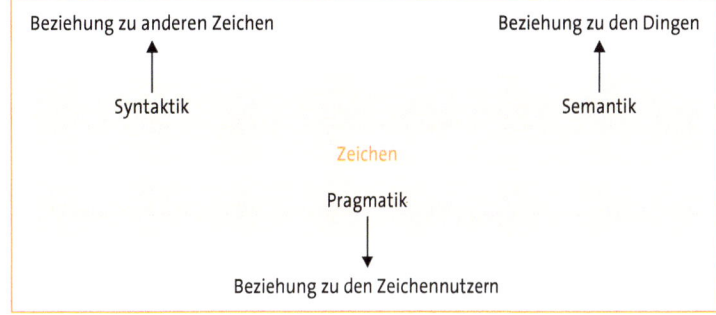

Abb. 6:
Syntaktik, Semantik und Pragmatik im Zeichenmodell von Morris (1938)

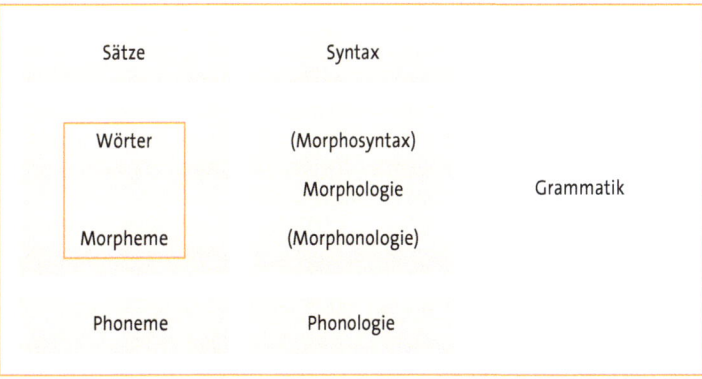

Abb. 7:
Das strukturalistische Modell des Aufbaus der Grammatik

1.2 Einleitung

Sprachwissenschaftliche Arbeitsgebiete

> **Zur Vertiefung**
>
> **Was versteht man eigentlich unter ›Grammatik‹?**
>
> Linguisten und Linguistinnen verwenden den Begriff teilweise genauso wie Sprecher und Sprecherinnen im Alltag, um auf ein Nachschlagewerk zu verweisen, in dem die Regeln zur (korrekten) Bildung von Äußerungen in einer bestimmten Sprache zusammengestellt worden sind. Grammatiken in diesem Sinn wurden früher meist und werden auch heute noch oft geschrieben, um einen **Normenkodex** zu definieren, der die Regeln für den richtigen Sprachgebrauch umfasst und den Schreibern und Sprechern als Leitfaden dient. Man spricht deshalb von einer **normativen Grammatik**. So war etwa Johann Christoph Adelungs zweibändiges *Umständliches Lehrgebäude der deutschen Sprache* von 1782 eine Grammatik des Deutschen, die diese Sprache zu normieren versuchte und dabei sehr einflussreich war. Normative Grammatiken sind also ganz besonders wichtig, wenn für eine Sprache eine Standardform entwickelt werden soll. Zu Adelungs Zeit gab es die für das Deutsche nur in Ansätzen. Normative Grammatiken sind also ihrer Natur nach keine Beschreibung des Ist-Zustands einer Sprache, sondern sie definieren einen Soll-Zustand. Solche Grammatiken werden deshalb auch für den Fremdsprachenunterricht geschrieben und spielen dort eine wichtige Rolle.
>
> Im Mittelpunkt der sprachwissenschaftlichen Arbeit stehen aber **deskriptive (wissenschaftliche) Grammatiken**, die beschreiben, wie eine Sprache aussieht, ohne normative Bewertungen vorzunehmen. Sie verstehen sich als eine Art Bestandsaufnahme der Sprache. Solche wissenschaftlichen Grammatiken können historisch orientiert sein und auch die Entwicklung einer Sprache mit einschließen (z. B. Hermann Pauls 5-bändige *Deutsche Grammatik*, erschienen 1916–1920), oder sie können eine Sprache zu einem bestimmten Zeitpunkt (meist die Gegenwart) möglichst umfassend und gegebenenfalls auch unter Einschluss variabler Strukturen erfassen; solche Referenzgrammatiken gibt es für alle europäischen Nationalsprachen, etwa für das Deutsche die 3-bändige *Grammatik der deutschen Sprache* des Instituts für deutsche Sprache, erschienen 1997.
>
> Ungewohnter, weil nicht dem alltäglichen Sprachgebrauch entsprechend, ist eine zweite Verwendung des Worts ›Grammatik‹ in der Linguistik, die sich auf die **mentale Repräsentation von Sprache** bezieht. Wenn zum Beispiel vom *Erwerb der Grammatik der Nominalphrase*, etwa durch das Kind, die Rede ist, dann ist damit das Wissen des Kindes gemeint, die Nominalphrasen zu produzieren. Schließlich wird das Wort ›Grammatik‹ oft auch als Kürzel für ›**Grammatiktheorie**‹ verwendet. Wenn etwa von der ›Generativen Grammatik‹ oder der ›Konstruktionsgrammatik‹ die Rede ist, meint man damit die generative Grammatiktheorie oder die Theorie der Konstruktionsgrammatik.

die phonologischen, morphologischen und semantischen Spezialeigenschaften von einzelnen Wörtern. Die Grammatik erfasst also sozusagen die Potentialitäten der Sprache, das Lexikon das, was davon genutzt worden ist.

Dass es im Deutschen das Wort *schlopp* nicht gibt, ist ein Zufall (und deshalb eine Frage des Lexikons), dass es das Wort *lschpo* nicht gibt, hat hingegen mit den phonologischen Regeln des Deutschen zu tun, die eine solche Lautsequenz ausschließen, und gehört deshalb in die Grammatik. Dass das Wort *unkaputtbar* im Deutschen nicht (oder nur als Witz) möglich ist, hat systematisch-grammatische Gründe und muss daher aus den Regeln der Grammatik abgeleitet werden, aber dass *willkürlich* nicht das Gegenteil von *unwillkürlich* ist, ist ein einzelnes, historisch zufälliges Faktum, dass man sich als Sprecher des Deutschen merken muss und das deshalb zum ›Sonderwissen‹ des Lexikons gehört (s. Abb. 8).

Die linguistische Teildisziplin, die sich mit dem Aufbau des Lexikons beschäftigt, ist die **Lexikologie**. (Man darf sie nicht mit der **Lexikographie** verwechseln, nämlich der Lehre davon, wie man ein Wörterbuch schreibt.) Allerdings sind Lexikon und Grammatik letztlich nicht scharf abgegrenzt. Ein Beispiel ist das bereits mehrfach diskutierte Funktionsverbgefüge *in Kraft treten*, das sowohl in Bezug auf seine Form (die Richtungsangabe *in Kraft* hat keinen Artikel, wie das sonst üblich ist) als auch in Bezug auf seine Semantik (die sich nicht aus den Teilen ableiten lässt) idiosynkratisch ist. Es scheint also eher ein Kontinuum zwischen Wörtern und Sätzen zu geben, als dass alle Wörter idiosynkratisch und alle Sätze regelmäßig gebildet wären.

Die **Pragmatik** als Teildisziplin der Linguistik ist ebenfalls nicht sehr scharf definiert. Im Sinne von Morris beschäftigt sie sich mit der Beziehung zwischen dem sprachlichen Zeichen und seinem Nutzer. In der heutigen Sprachwissenschaft gibt es zwei große Themenkomplexe, die in diesem Sinn zur Pragmatik gehören. Im einen Fall wird untersucht, wie sich sprachliche Zeichen in ihren Kontext einfügen und von ihm in ihrer Bedeutung bestimmt werden. Es geht also um **Kontexttheorie**. Der andere Themenkomplex betrifft die Frage, wie man mit sprachlichen Mitteln Handlungen vollziehen kann. Hier geht es also um **Handlungstheorie**.

Sprache als adaptatives System: Grammatik (mit Phonologie, Morphologie und Syntax) und Lexikologie beschreiben **Sprache als System**. Wissenschaftsgeschichtlich gesehen (s. Kap. 1.3) ist die Vorstellung, dass eine Einzelsprache ein geschlossenes und von seinen Benutzern unabhängiges System ist, in dem alle Elemente miteinander verbunden sind, in dieser strengen Auffassung eine Sonderentwicklung des frühen 20. Jahrhunderts. Sowohl früher als auch heute wird eine Sprache eher als ein **emergentes** (also ständig im Entstehen begriffenes) und **adaptatives** (also auf die Anforderungen seiner Nutzer hin sich optimierendes) System verstanden. Da Veränderung somit zum Wesen der Sprache gehört, ist eine wesentliche Aufgabe der Linguistik auch die Beschreibung und Modellierung dieses **Wandels**. Jede grammatische Beschreibung muss also Variation und Wandel mit einschließen (die **Soziolinguistik** und die **historische Sprachwissenschaft** sind die Teile der Linguistik, die sich darauf spezialisieren). Wenn man eine solche Auffassung von Sprache als adaptativem System verfolgt, treten automatisch das Sprechen und der/die Sprecher/in in den Vordergrund; und zwar einerseits der Sprecher bzw. die Sprecherin als jemand, der mit Sprache Dinge tut, und andererseits als jemand, für den Sprache ein Teil der **Kognition** ist. Gerade in diesem Bereich hat die Sprachwissenschaft in letzter Zeit enorme Fortschritte gemacht (**Psycholinguistik, Kognitive Linguistik, Neurolinguistik**).

Die Verschiedenheit der Sprachen: Schließlich lassen sich in der Linguistik verschiedene Teildisziplinen identifizieren, die Sprache weniger aus der Sichtweise einer Einzelsprache sehen, sondern von vornherein auf die Verschiedenheit der Sprachen sowie der kulturspezifischen Verwendung von Sprache fokussieren. Zur ersten Gruppe gehören die **kontrastive Linguistik**, die sich mit dem systematischen Sprachvergleich befasst, sowie die **Typologie** und **Universalienforschung**, die sich mit regelmäßigen Mustern in den Sprachen der Welt beschäftigen. Zur zweiten Gruppe gehört die in Deutschland bisher institutionell nur wenig verankerte, in den USA aber sehr traditionsreiche **anthropologische Linguistik**.

Der folgende Überblick ordnet die traditionellen Arbeitsgebiete der Sprachwissenschaft den einzelnen Buchkapiteln zu:

Grammatik	Lexikon
Phonologie	
Regel 1	phonologische Struktur
Regel 2	morphologische Struktur
...	semantische Struktur
	Wort 1
Morphologie	
Regel 1	phonologische Struktur
Regel 2	morphologische Struktur
...	semantische Struktur
	Wort 2
Syntax	
Regel 1	phonologische Struktur
Regel 2	morphologische Struktur
...	semantische Struktur
	Wort 3
(Phonetik)	

Abb. 8: Grammatik und Lexikon

Laute (Kap. 2)	Phonetik, Phonologie
Wörter (Kap. 3)	Morphologie, Wortsemantik, Lexikologie
Wörter und Sätze (Kap. 4)	Syntax, Satzsemantik
Satz und Text (Kap. 5)	Syntax, Textlinguistik, Psycho- und kognitive Linguistik
Sprachliche Interaktion (Kap. 6)	Pragmatik
Variation und Wandel (Kap. 7)	Soziolinguistik, historische Sprachwissenschaft
Verschiedenheit der Sprachen (Kap. 8)	Sprachtypologie, Universalienforschung, kontrastive Linguistik
Entstehung von Sprache (Kap. 9)	Psycholinguistik, Soziolinguistik, historische Sprachwissenschaft, anthropologische Linguistik
Sprache und Kultur (Kap. 10)	Soziolinguistik, Pragmatik, anthropologische Linguistik
Mehrsprachigkeit und Sprachkontakt (Kap. 11)	Soziolinguistik, Psycholinguistik

Überblick: Linguistische Subdisziplinen und ihre Behandlung in diesem Buch

1.3 | Paradigmen der Sprachwissenschaft

In diesem Unterkapitel werden die wichtigsten Denkmodelle (›Paradigmen‹) der Sprachwissenschaft seit ihrem Beginn als wissenschaftlicher Disziplin im 19. Jahrhundert skizziert. Ziel ist es, die Orientierung in einer an Theorien reichen Disziplin wie der Linguistik zu erleichtern. Die einzelnen Denkmodelle werden in ihrer historischen Abfolge dargestellt, sie haben sich jedoch nicht einfach abgelöst: Die Erkenntnisse früherer Paradigmen wurden vielmehr in die neuen integriert oder in Parallelentwicklungen weitergeführt.

Wichtige theoretische Schriften über Sprache gibt es im Abendland schon seit der Antike (ganz zu schweigen von historischen sprachtheoretischen und sprachbeschreibenden Werken aus anderen Kulturen wie Indien und China). So einflussreich diese Schriften im Einzelfall auch waren, sie vermochten es nicht, ein Forschungsparadigma zu bilden, in dem sich ein gemeinsames Verständnis von methodischen Prinzipien mit bestimmten theoretischen Annahmen zu dem verband, was man heute Wissenschaft nennt. Diese Vorläufer der Linguistik als wissenschaftlicher Disziplin werden hier nicht vorgestellt (vgl. dazu die einschlägigen Kapitel in Allen 2013). Die Entstehung der Linguistik fällt – wie die der meisten natur- und sozialwissenschaftlichen Fächer – nach dieser Auffassung erst in das 19. Jahrhundert, wo wir unseren Überblick beginnen.

1.3.1 | Historisch-vergleichende Sprachwissenschaft

In diesem Sinne ist das erste sprachwissenschaftliche Paradigma das der historisch-vergleichenden Sprachwissenschaft, die sich seit dem frühen 19. Jahrhundert der phonologischen und morphologischen Rekonstruktion alter, nicht dokumentierter Sprachstufen auf der Basis lebender bzw. überlieferter Sprachen und Dialekte widmete.

Sprachhistorische Rekonstruktion: Wir verdanken diesem Paradigma nicht nur die **Aufdeckung der Verwandtschaftsverhältnisse** der indoeuropäischen Sprachen (s. Kap. 8.1.2, Abb. 1), sondern auch die Entwicklung eines Instrumentariums, mit dem man die historischen Vorstufen verwandter Sprachen, die weit hinter deren Überlieferungsgeschichte zurückgehen, mit einiger Sicherheit rekonstruieren kann. Auf diese Weise ist

---

Zur Vertiefung

Beispiel für eine historisch-vergleichende Rekonstruktion

Das (West-)Germanische, auf das das heutige Englische, Deutsche, Niederländische etc. zurückgehen, ist nicht überliefert. Wir müssen es also aus den verfügbaren Sprachvarietäten rekonstruieren. Im Folgenden gehen wir der Frage nach, was die Vorgängerform der deutschen Diphthonge /ai/ im Westgermanischen gewesen sein könnte. Wir vergleichen dazu die folgenden Wörter des Englischen, Niederdeutschen und im heutigen Standard-Deutsch (vgl. Bynon 1981: 43):

Engl.	Deutsch	Niederdeutsch
stone: /ou/	*Stein*: /ai/	*Steen*: /eː/
bone: /ou/	*Bein*: /ai/	*Been*: /eː/
home: /ou/	*Heim*: /ai/	*Heem*: /eː/
etc.		
ice: /ai/	*Eis*: /ai/	*Iis*: /iː/
mine: /ai/	*mein*: /ai/	*miin*: /iː/
tide: /ai/	*Zeit*: /ai/	*Tiid*: /iː/
etc.		

Offenbar entspricht dt. /ai/ teils engl. /ou/ und teils engl. /ai/ bzw. teils niederdt. /iː/ und teils niederdt. /eː/. Betrachten wir zunächst Deutsch und Englisch. Wenn das Deutsche /ai/ der germ. Urform entspräche, müssten die /ou/-Formen des Englischen durch Phonemspaltung erklärt werden. Dass sich aber so viele einzelne Wörter wie die der *stone/home/bone*-Gruppe zufälligerweise in derselben Weise verändert haben sollten, ist sehr unwahrscheinlich. Das deutet darauf hin, dass die im Englischen noch sichtbare Unterscheidung zweier Phoneme /ou ~ ai/ der älteren Stufe näher kommt als das Deutsche. Deutsch /ai/ muss also zwei historische Quellen haben (die irgendwann zusammengefallen sind). Die eine Quelle ist die, die auch engl. /ai/ entspricht. Nun zeigt allerdings das Niederdeutsche, dass dort in den Wörtern, die im Deutschen und im Englischen /ai/ enthalten (wie *Eis* ~ *ice*), ein /iː/ steht (*Iis*). Es muss also eine gemeinsame Vorläufer-Form für das niederdt. Phonem /iː/ und die deutschen und englischen Phoneme /ai/ geben. Da Diphthongierungen im Hauptakzent eines Worts viel wahrscheinlicher sind als Monophthongierungen, wird diese Ausgangsform vermutlich /iː/ gewesen sein.

Aus diesem /iː/ hat sich durch Diphthongierung das heutige engl./dt. /ai/ entwickelt. Diese rekonstruierte Form wird durch die historischen Dokumente bestätigt: Im Alt- und Mittelhochdeutschen bzw. Altenglischen hatten die entsprechenden Wörter ein /iː/, z. B. mhd. *îs, mîn, zît*.

Was ist nun die historische Quelle für die zweite lexikalische /ai/-Gruppe, zu der z. B. dt. *Stein* gehört, dem im Engl. /ou/ entspricht (*stone*)? Wie ist /ou/ zu /ai/ geworden? /ou/ und /ai/ können kaum auf ein gemeinsames germ. */ou/ zurückgehen, denn /ai/ > /ou/ wäre erneut ein sehr unwahrscheinlicher Wandel, der sonst nicht belegt ist. Vielmehr müssen sich beide aus einem dritten Laut im Germanischen entwickelt haben. Aufgrund der Tatsache, dass im Niederdeutschen und anderen westgermanischen Sprachen in den entsprechenden Wörtern ein Monophthong steht, sowie aufgrund des historisch belegten /aː/ in den entsprechenden altenglischen Wörtern geht man davon aus, dass das der Diphthong /ai/ war. Im Deutschen hat er sich nur wenig verändert und ist schließlich mit dem diphthongierten /iː/ (aus germ. /iː/) zusammengefallen, während er im Englischen und Niederdeutschen (wie übrigens auch im Niederländischen) zu einem Monophthong /aː/ bzw. /eː/ wurde. Lediglich das englische /aː/ wurde später erneut diphthongiert.

Die teils durch historische Dokumente nachgewiesene, teils rekonstruierte (*) Entwicklung wird dann so ausgesehen haben:

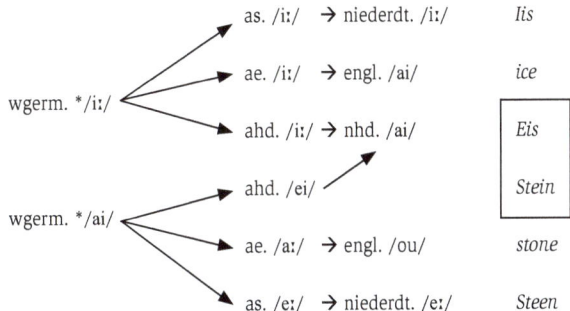

Eine Rekonstruktion dieser Art baut einerseits sehr stark auf der Plausibilität der phonologischen Wandelprozesse auf, die von der postulierten alten Form zu den neueren Formen führen. Zum anderen kann sie nur funktionieren, wenn die passenden Wortgruppen miteinander verglichen werden. Das ist nicht immer so einfach wie in unserem Beispiel, wo die Bedeutung der Wörter mehr oder weniger gleich geblieben ist. (Schon im Fall von *bone* ~ *Bein* zeigt sich allerdings eine semantische Verschiebung.) So gibt es im Englischen das Wort *rope* ›Seil‹, das tatsächlich mit dt. *Reif* und niederdt. *reep* genauso verwandt ist wie *stone* mit *Stein*, dessen Bedeutung aber deutlich differiert. Wenn die Semantik sich auseinanderentwickelt hat, ist es schwierig, die Identität des Worts zu belegen. Manchmal sind die für den Vergleich wichtigen Wörter in einer Sprache auch einfach verschwunden. So hat das deutsche Verb *heißen* überhaupt keine Entsprechung im heutigen Englischen, obwohl es einmal ein altenglisches Wort *haːtan* gegeben hat, dessen Stammvokal auf germ. /ai/ zurückgeht.

es möglich, etwa 5000 bis 6000 Jahre ›zurückzurechnen‹. Ziel der historisch-vergleichenden Sprachwissenschaft war zu Beginn die Rekonstruktion der **indoeuropäischen Ursprache**; im 20. Jahrhundert wurde das Verfahren aber auch auf andere Sprachfamilien angewendet, für die die Überlieferungsgeschichte viel schlechter ist als für die meisten indoeuropäischen Sprachen.

Ein Pionier der phonologischen Rekonstruktion war **Friedrich Schlegel** (1772–1829), der in seiner Arbeit über *Sprache und Weisheit der Inder* (1808) durch Wortgleichungen zwischen Sanskrit, Deutsch, Lateinisch, Altgriechisch und Persisch nachwies, dass das Sanskrit der indoeuropäischen Ursprache näherstand als die (Vorstufen der) europäischen Sprachen. Seine Methode wurde von dem dänischen Linguisten **Rasmus Rask** (1787–1832) weiterentwickelt und von **Jacob Grimm** (1786–1859) auf die Herausbildung des Hochdeutschen aus dem Westgermanischen (»Hochdeutsche Lautverschiebung«, in der englischsprachigen Linguistik-Welt als *Grimm's Law* bekannt) angewandt.

Vergleichende Grammatik: Neben der phonologischen Rekonstruktion widmete sich die historisch-vergleichende Sprachwissenschaft vor allem der Morphologie, der sogenannten **Vergleichen-**

1.3 Einleitung

Paradigmen der Sprachwissenschaft

den Grammatik. Die morphologisch orientierte, historisch-vergleichende Grammatikforschung erreichte einen Höhepunkt in den Arbeiten von **Franz Bopp** (1791–1867), insbesondere seiner 1833–1852 publizierten monumentalen *Vergleichenden Grammatik des Sanskrit, Zend, Griechischen, Lateinischen, Litauischen, Altslawischen, Gotischen und Deutschen*.

Sprachtypologie: Zusätzlich wurde in der Vergleichenden Grammatikforschung aber auch der Grundstein für die morphologische Sprachtypologie gelegt (s. Kap. 8). Schon **Friedrich Schlegel**, besonders aber sein Bruder **August Wilhelm Schlegel** (1767–1845) unterschieden verschiedene **morphologische Typen** unter den Sprachen: Sprachen ohne Morphologie (isolierend, nach ihrer Klassifikation z. B. das Chinesische), solche mit Affixen, die konstante Bedeutung haben (agglutinierende Sprachen wie das Türkische), und flektierende Sprachen (wie das Sanskrit). Dieselbe Idee findet sich auch bei **Wilhelm von Humboldt** (1767–1835), der daneben noch den inkorporierenden polysynthetischen Sprachtyp einführte (s. Kap. 4, S. 306). All diese Versuche – insbesondere die Humboldts – stehen in einer philosophisch geprägten Denkweise; es geht ihnen letztendlich um die Manifestation des »Volksgeistes« (wir würden heute vielleicht sagen: einer Kultur) in einer bestimmten sprachlichen Form, die ihrerseits Rückschlüsse auf die geistige Entwicklung eines Volks erlaubt. Obwohl diese Denkweise sich in einer durchgängigen Forschungslinie bis heute weiterverfolgen lässt, kündigte sich doch in der Mitte des 19. Jahrhunderts eine andere, völlig neue Sicht auf Sprache an. Sie stand zunächst unter dem Einfluss der biologischen Abstammungslehre Charles **Darwins**.

Stammbaumtheorie: Ein erster typischer und sehr einflussreicher Vertreter des neuen, an den Naturwissenschaften orientierten Denkens war der deutsche Sprachwissenschaftler **August Schleicher** (1821–1868). Schleicher verband mit seinen Vorgängern die Auffassung, dass die indoeuropäischen Sprachen – insbesondere das Sanskrit – die höchste Stufe der Sprachentwicklung darstellen, und zwar deshalb, weil sie stark flektierenden Charakter haben. Ebenfalls in Übereinstimmung mit seinen Vorgängern glaubte er, dass die Entwicklung vom Sanskrit (bzw. der indoeuropäischen Ursprache) bis zu den heutigen indoeuropäischen Sprachen durch einen fortschreitenden **sprachlichen Verfall** geprägt ist, der sich im Abbau der flektierenden Morphologie manifestiert. (Er meint damit einen Prozess, der sich bis heute im Deutschen beobachten lässt: z. B. den aktuellen Wandel von *dem Präsidenten* zu *dem Präsident*.) Schleicher stellt dies aber im Gegensatz zu den älteren Sprachtypologen relativ neutral und emotionslos fest. Der Verfall entspreche dem normalen »Leben« der Sprache, genauso wie im biologischen Leben. Die Entwicklung der Sprachen ist für Schleicher nicht nur in dieser Hinsicht mit der biologischen Evolution vergleichbar. Für die Darstellung der Verwandtschaftsverhältnisse der indoeuropäischen Sprachen wählte er die Form eines Stammbaums; das war natürlich nicht zufällig, sondern geschah mit explizitem Bezug auf Darwin (s. Vertiefungskasten).

Schleichers Auffassung von der Sprachentwicklung wird in dieser Form heute von niemandem mehr geteilt. Sie ist aber aufschlussreich, weil sie zeigt, wie die Linguistik schon in ihrer Anfangsphase zwischen einer geistes- und einer naturwissenschaftlichen Auffassung schwankte – was sich bis heute beobachten lässt. Die einfache Übernahme naturwissenschaftlicher (etwa biologischer) Modelle, so lehrt uns Schleicher aber auch, führt – auf Sprache angewendet – sicherlich nicht zum Ziel. Sprachen sind von Menschen entwickelt; sie »leben« nicht nach naturwissenschaftlichen Gesetzen, auch wenn sie sich wesentlich exakter beschreiben lassen als andere kulturelle Phänomene.

Zur Vertiefung

Linguistik vs. Philologie bei August Schleicher

»Nur da, wo eine Literatur vorliegt, findet die Philologie Stoff […]. Der Philolog hat es mit der Geschichte zu thun, die eben da anhebt, wo der freie menschliche Wille sich Dasein giebt, das Object der Linguistik dagegen ist die Sprache, deren Beschaffenheit eben so sehr außerhalb der Willensbestimmung des Einzelnen liegt, als es z. B. der Nachtigall unmöglich ist, ihr Lied mit dem der Lerche zu vertauschen. Das aber, woran der freie Wille des Menschen so wenig in organischer Weise etwas zu ändern vermag, als an seiner leiblichen Beschaffenheit, gehört nicht in das Gebiet des freien Geistes, sondern in jenes der Natur.«

Demzufolge ist auch die Methode der Linguistik von der aller Geschichtswissenschaften völlig verschieden und schließt sich wesentlich der Methode der Naturwissenschaften an:

»[…] [Wie] die Naturwissenschaften, so hat auch sie die Erforschung eines Gebietes zur Aufgabe, in welchem das Walten unabänderlicher natürlicher Gesetze erkennbar ist, an denen der Wille und die Willkür des Menschen nichts zu ändern vermögen.« [Schleicher 1850: 2-3]

> **Zur Vertiefung**
>
> **Aufbau und Verfall der Sprachen bei August Schleicher**
>
> »Die Sprachengeschichte zerfällt demnach in zwei völlig gesonderte Theile: 1. Geschichte der Entwicklung der Sprache, vorhistorische Periode; 2. Geschichte des Verfalls der Sprache, historische Periode.« [Schleicher 1850: 13]
>
> »Die erste, vorgeschichtliche Periode kann nur aus dem Wesen der vorhandenen Sprachen erschlossen, reconstruirt werden. Und die Betrachtung und Zergliederung derselben giebt uns den klarsten Beweis, dass die Einsylbigkeit das Ursprünglichste war, sodann Agglutination, endlich Flexion entstand. Die einsylbigen Sprachen blieben am frühesten in der Entwicklung stehen. Der Bau der agglutinierenden Sprachen zeigt deutlich, dass sie aus jener ersten Stufe sich entwickelt haben [...].« [Schleicher 1850: 14]
>
> »Ebenso wie die aufsteigende Geschichte der Sprachen sich als ein regelmässiges Werden erkennen lässt, so zeigt sich auch im Verfalle der Sprachen Regel und Gesetz. Je freier nämlich der Geist in der Geschichte sich entfaltet, desto mehr entzieht er sich dem Laute, in Folge dessen schleifen sich die Flexionen ab, alles irgend Entbehrliche fällt weg, die einzelnen Lautelemente werden nicht mehr in ihrer Bedeutsamkeit empfunden und unterliegen den physischen Gesetzen der Lautorgane, die durch Assimilation und lautliche Entstellungen mancherlei Art in ähnlicher Weise zersetzend auf den Wortorganismus, den der schaffende Geist verlassen hat, einwirken, wie die chemischen Gesetze auf den abgestorbenen thierischen und pflanzlichen Organismus. Nicht nur können wir a priori erschliessen, sondern auch empirisch nachweisen, dass Geschichte und Sprachengeschichte im umgekehrten Verhältnisse zu einander stehen.« [Schleicher 1850: 15-16]

1.3.2 | Junggrammatiker

Die neue Richtung in der Linguistik, die sich im letzten Drittel des 19. Jahrhunderts etablierte und dann bis weit ins 20. Jahrhundert hinein tonangebend blieb, war die der Junggrammatiker (so wurde diese Gruppe von Linguisten ursprünglich von ihren Gegnern genannt, später übernahmen sie die Bezeichnung selbst). Die Junggrammatiker entwickelten eine eigene linguistische Theorie (»Prinzipienlehre«), die dem Gegenstand Sprache gerecht werden sollte. Sie bedient sich der Ergebnisse zweier »exakter« Wissenschaften, nämlich einerseits der **Lautphysiologie**, die die artikulatorischen und auditiven Voraussetzungen und Bedingungen des Sprechens beschreibt, und andererseits der **Psychologie**, die sich zu dieser Zeit allmählich als eigene Disziplin aus der Philosophie herauslöste und den Anspruch hatte, eine naturwissenschaftlich genaue Beschreibung der Denkvorgänge zu liefern. Die Psychologie galt daher den Junggrammatikern als exakte Wissenschaft von den Denkvorgängen. Die Betonung der physiologischen Grundlagen des Sprechens und damit der Sprache führte konsequenterweise zur Phonetik, die in den letzten Jahrzehnten des 19. Jahrhunderts vor allem mit **Eduard Sievers** (1850–1932) einen ersten Höhepunkt erreichte. In Bezug auf ihre zweite Grundlagenwissenschaft, die Psychologie, bauten die Junggrammatiker auf den Arbeiten von **Heyman (Chajim) Steinthal** (1823–1899) auf (vgl. seine *Einleitung in die Psychologie und Sprachwissenschaft* von 1871), der seinerseits von der sog. Assoziationspsychologie **Johann Friedrich Herbarts** (1746–1841) geprägt war.

Die Linguistik wird nun zu einer exakten Geistes- oder Kulturwissenschaft, die sich zwar an naturwissenschaftliches Denken anlehnt, naturwissenschaftliche Theorien oder Methoden aber keineswegs – wie noch bei Schleicher – einfach übernimmt. Wichtigste Vertreter der junggrammatischen Forschungsrichtung waren **Karl Brugmann** (1849–1919) und **Hermann Osthoff** (1847–1909) sowie der Germanist **Hermann Paul** (1846–1921), dessen *Principien der Sprachgeschichte* (erstmals 1880 erschienen) über Jahrzehnte hinweg das maßgebliche Referenzwerk v. a. der germanischen Sprachwissenschaft war.

Die »lebendige Sprache« als Untersuchungsgegenstand: Auch die Junggrammatiker sahen ihre erste Aufgabe in der Analyse und theoretischen Modellierung von **Sprachwandel**; Sprache war für sie überhaupt nur im Wandel beschreibbar. Sprachwandel findet immer statt – deshalb ist jeder sprachliche Äußerungsakt auch ein sprachgeschichtliches Ereignis. Sprachwandel ist deshalb nicht mit Sprachgeschichte gleichzusetzen. Gegen die ältere, historisch-vergleichende Sprachwissenschaft argumentierten die Junggrammatiker, dass die Rekonstruktion älterer Sprachstufen nur möglich sei, wenn man eine Theorie des Sprachwandels habe, aus der sich z.B. mögliche und unmögliche Typen von Lautwandel ergeben. Das linguistische Wissen, das eine solche Theorie rechtfertigt, könne man mit einiger Verlässlichkeit aber nur aus der Beobachtung der **lebendigen, mündlichen Sprache** gewinnen. Nur so ließen sich die physiologischen und psychologischen Grundlagen des Sprechens und damit der Sprache erfassen.

Damit wendet sich die Linguistik erstmals der mündlichen Sprache als dem eigentlichen Gegenstand ihrer Forschung zu; denn schriftliche Dokumente aus vergangenen Sprachstufen und von ausgestorbenen Sprachen sind sprachgeschichtlich nur interpretierbar, wenn man weiß, wie Sprache in ihrer mündlichen Wirklichkeit heute funktioniert: »Wenn der sprachforscher mit eigenen ohren hören kann, wie es im sprachleben zugeht: warum zieht er es vor, sich seine vorstellungen von konsequenz und inkonsequenz im lautsystem einzig auf grund der ungenauen und unzuverlässigen schriftlichen überlieferung älterer sprachen zu bilden?« (Osthoff/Brugmann 1878, Vorwort). Auf diese Weise rückte auch die dialektale Sprache ins Interesse der linguistischen Forschung: »In allen lebenden volksmundarten erscheinen die dem dialekt eigenen lautgestaltungen jedesmal bei weitem konsequenter durch den ganzen sprachstoff durchgeführt […] als man es vom studium der älteren, bloß durch das medium der schrift zugänglichen sprachen erwarten sollte; diese konsequenz erstreckt sich oft bis in die feinsten lautschattierungen hinein« (ebd.).

Lautgesetzlicher Wandel: Die beiden wichtigsten **Arten von Sprachwandel**, die die Junggrammatiker postulierten, bezogen sich folgerichtig auf die Physiologie des Sprechens und die Psychologie, also die kognitiven Grundlagen von Sprache. (Ein dritter wichtiger Typ von Sprachwandel ist nach ihrer Meinung durch den Sprach- und Dialektkontakt bedingt.) In der Lautgestalt einer Sprache ist nach junggrammatischer Auffassung der sog. lautgesetzliche, phonetisch in kleinen Schritten voranschreitende Lautwandel am wichtigsten, der von der Physiologie der Sprechorgane geprägt wird. Er ist unbewusst und verwandelt einen bestimmten Laut in derselben Umgebung in allen möglichen Fällen allmählich in einen anderen Laut (s. Vertiefungskasten »Lautgesetze«). Auf diese Weise wurde zum Beispiel der lange Hochvokal /iː/ des Mittelhochdeutschen über viele Zwischenstufen durch Senkung der ersten Komponente zu nhd. /ai/. Man kann die alten Langvokale noch in den hoch- und niederalemannischen Dialekten beobachten, in denen dieser Lautwandel nicht stattfand. Andere Dialekte – die schwäbischen – haben die Diphthongierung zwar mitgemacht, aber nicht bis zum /ai/, sondern nur halbwegs bis zum /ɛi/. Der physiologische Grund für die Diphthongierung ist einerseits, dass ein langer Vokal nur schwer völlig konstant artikuliert werden kann und deshalb zur spontanen Diphthongierung tendiert, andererseits, dass die Diphthongierung den Vokal auffälliger und besser perzipierbar macht (eine Prozessteleologie, die später als **Fortisierung** bezeichnet wurde).

Analogischer Wandel: Der wichtigste psychologisch begründete Wandel ist für die Junggrammatiker der durch Analogie. Die Analogie kommt besonders in der Morphologie, aber auch in der Phonologie und Syntax zur Wirkung. Nach der Auffassung der Junggrammatiker (insbesondere Hermann Pauls), die heute wieder viele Anhänger hat, sind alle Wörter durch vielfache Assoziationsbeziehungen netzwerkartig miteinander verbunden. Der menschliche Geist tendiert dazu, Irregularitäten in diesen Assoziationsnetzwerken abzubauen. So bilden die Assoziationsketten nach Paul die Basis für »Proportionsgruppen«, die für analogischen Ausgleich sorgen. Ein Beispiel: Die große Masse der deutschen Präterita wird mit dem Suffix *-te* gebildet. Sie lassen sich etwa zur 1. Ps. Sg. in Form der folgenden Proportionsgleichungen in Beziehung setzen:

(18) *schwanke : schwankte = eile : eilte = baue : baute = suche : suchte* etc.

Allerdings gibt es Fälle, in denen diese Proportionsgleichung »falsch aufgelöst« wird, nämlich unregelmäßige Verben wie

(19) *schlage : schlug, triefe : troff, backe : buk* etc.

Besonders wenn solche Verben selten vorkommen, passen sie sich oft an die weitaus häufigere regelmäßige Präteritumsbildung an:

(20) *schwanke : schwankte = eile : eilte = baue : baute = suche : suchte = **triefe : triefte = backen : backte*** etc.

Bei *triefen* und *backen* ist die unregelmäßige Form im heutigen Deutsch schon fast verschwunden. In häufigen Verben wie *schlagen* oder *werfen* bleibt die unregelmäßige Form hingegen erhalten.

Die Junggrammatiker können für sich beanspruchen, die Linguistik zu einer exakten, dabei aber die Naturwissenschaften nicht einfach kopierenden Disziplin entwickelt zu haben. Ihr Postulat, dass alle sprachwissenschaftliche Analyse den Sprachwandel mit einzubeziehen habe, führte zu ausgefeilten Theorien und Methoden in diesem Bereich der Linguistik. Sie werden noch heute verwendet und haben sich für die historische Sprachwissenschaft als äußerst fruchtbar erwiesen. Auch das Interesse der Junggrammatiker an der tatsächlich gesprochenen Sprache hat die Linguistik nachhaltig beeinflusst, denn es stieß die phonetische Forschung an und löste in der Dialektologie eine wahre Flut genauer Beschreibungen von Ortsdialekten aus. Dieser Teil des Programms der Junggrammatiker wurde in der zweiten Hälfte des 20. Jahrhunderts vor allem in der quantitativen, korpusbasierten Variationsforschung weitergeführt und von **William Labov** (geb. 1927) für die Soziolinguistik nutzbar gemacht.

Kritik an den Junggrammatikern: In den ersten Jahrzehnten des 20. Jahrhunderts wurde aus zwei sehr unterschiedlichen Richtungen Kritik an der dominierenden junggrammatischen Denkweise laut. Einerseits formierte sich – vor allem in der deutschsprachigen Linguistik – die Kritik aus einer Richtung, die die Einbettung sprachlichen Wandels in kulturelle und soziale Kontexte betonte und die als ›mechanisch‹ kritisierte Analyse der Sprachgeschichte durch die Junggrammatiker ablehnte. Diese sog. **Idealistische Sprachwissenschaft**, zu deren bedeutendsten Vertretern die Romanisten **Hugo Schuchardt** (1842–1927), **Karl Vossler** (1872–1949) und **Leo Spitzer** (1887–1960) gehörten, lehnte die allgemeinen Lautgesetze der Junggrammatiker ab (s. Vertiefungskasten »Lautgesetze«), betonte die kulturell geprägte Eigenentwicklung jedes Wortes, setzte bei der Erklärung von Wandel daher auf Sprachkontakt (auch innerhalb einer Sprache, etwa zwischen Dialekten) und rückte überdies die Stilistik ins Zentrum des wissenschaftlichen Interesses. Daraus ergab sich eine Annäherung an die Literaturwissenschaft.

Zum anderen erstarkte besonders in Frankreich, der Tschechoslowakei, Dänemark und später auch den USA eine gewissermaßen entgegengesetzte Denkweise in der Linguistik, die das sprachliche Zeichen als unabhängig von Physiologie und Psychologie (Kognition) verstand und dadurch die Autonomie der Linguistik gegenüber den anrainenden Wissenschaften betonte, nämlich der Strukturalismus.

> **Zur Vertiefung**
>
> **Die Debatte um die Lautgesetze**
>
> Pro Lautgesetze:
> »Aller lautwandel, soweit er mechanisch vor sich geht, vollzieht sich nach ausnahmslosen gesetzen, d.h. die richtung der lautbewegung ist bei allen angehörigen einer sprachgenossenschaft, außer dem fall, daß die dialektspaltung eintritt, stets dieselbe, und alle wörter, in denen der der lautbewegung unterworfene laut unter gleichen verhältnissen erscheint, werden ohne ausnahme von der änderung ergriffen. [...] Nur wer sich an die lautgesetze, diesen grundpfeiler unserer ganzen wissenschaft, streng hält, hat bei seiner forschung überhaupt einen festen boden unter den füßen. Wer dagegen ohne not [...] ausnahmen von den einen dialekt beherrschenden lautgesetzen zuläßt, [...] der verfällt ganz notwendigerweise dem subjektivismus und der willkür [...].
> (Osthoff/Brugmann 1878, Einleitung)
>
> Kontra Lautgesetze:
> »Ein Lautwandel findet sich oft über ein sehr weites Gebiet hin, d.h. in einer Reihe zusammenhängender Dialekte; hat er sich in jedem von diesen spontan ausgebildet? Nein, sondern er hat sich, wie wir in vielen Fällen geschichtlich verfolgen können, strahlenförmig von einem Punkte ausgebreitet. Warum soll nun ein Lautwandel in jeder der Individualsprachen welche einen Dialekt ausmachen, spontan entstanden sein? [...] Ich gestehe, daß ich hier keineswegs das ausschließliche Spiel unbewußter Tätigkeit erblicke, [...] scheinen sie mir doch in großem Umfang Sache der Mode, d. h. der bewußten oder doch halbbewußten Nachahmung zu sein [...]. Ich werde daher wohl nicht fehlgehen, wenn ich mit dem Anteil den das Bewußtsein meines Erachtens am Lautwandel hat, die Ausnahmslosigkeit der Lautgesetze für unvereinbar halte.«
> (Schuchardt [1885]1928: 61-63).

1.3.3 | Strukturalismus

Strukturalismus: Oft wird der Schweizer Sprachwissenschaftler **Ferdinand de Saussure** (1857–1913) als Begründer des Strukturalismus, wenn nicht sogar der modernen Sprachwissenschaft insgesamt bezeichnet. In Wirklichkeit ist es sehr schwierig, Saussures Sprachtheorie genau zu umreißen, denn nach seiner mit 21 Jahren verfassten Dissertation über die indogermanischen Vokale hat Saussure kaum noch etwas veröffentlicht. Über die Fragmente seines Denkens, die sich aus seinem Nachlass rekonstruieren lassen, kann man bei Jäger (2010) nachlesen. Der Saussure, der sich daraus ergibt, passt allerdings nur teilweise in das strukturalistische Theoriegebäude, wie es sich ab etwa 1920 – oft unter Verweis auf Saussure – in der Linguistik entwickelte.

Ein Text, der Saussure zugeschrieben und unter seinem Namen veröffentlicht wurde – nämlich der

1.3 Einleitung

Paradigmen der Sprachwissenschaft

Cours de linguistique générale (1916) – hat trotzdem eine große Wirkung entfaltet. Es handelte sich dabei um die stark veränderte Zusammenfassung von Saussures Vorlesungen an der Universität Genf durch zwei seiner Schüler (Charles Bally und Albert Sechehaye). Saussure selbst war mit der Publikation seiner Vorlesungen explizit nicht einverstanden. Vielen Inhalten des *Cours* hätte er wohl nicht zugestimmt.

Der *Cours* ist über weite Strecken eine Zusammenfassung der junggrammatischen Lehre zum Sprachwandel, er schlägt aber im 1. und 2. Teil auch einige radikale Veränderungen vor. Sie werden im *Cours* mithilfe der folgenden Begriffspaare formuliert: *langue* vs. *parole*, diachron vs. synchron, syntagmatisch vs. paradigmatisch und Form vs. Substanz.

Langue und parole: Die *langue* ist das System einer Einzelsprache, die *parole* die Sprachverwendung im Diskurs. Der *Cours* nimmt zwischen den beiden eine radikale Trennung vor und macht die *langue* zum eigentlichen Untersuchungsobjekt der Linguistik. Der für die Junggrammatiker so wichtige Lautwandel durch allmähliche, phonetisch bedingte Verschiebungen wird in den Bereich der unsystematischen, vom Sprecherindividuum abhängigen *parole* verlagert, die überdies mit dem Sprachwandel (**diachron**) assoziiert wird. Hingegen wird die *langue* als a-historischer Schnitt in der Zeit definiert (**synchron**), in der das Sprachsystem konstante Gültigkeit hat. Durch diese Eingrenzungen verlagert sich das Untersuchungsobjekt ›Sprache‹ aus der konkreten Sprechtätigkeit und den mit ihr ablaufenden kognitiven Prozessen heraus in eine abstrakte Sphäre, die im *Cours* als »soziale Institution« bezeichnet wird.

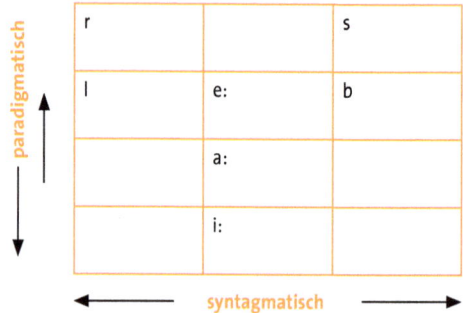

Abb. 10: Syntagmatische und paradigmatische Beziehungen in der Phonologie

Syntagmatisch vs. paradigmatisch: Das Begriffspaar kommt im *Cours* nicht vor (dort heißt es »syntagmatisch« vs. »assoziativ«), hat sich aber dennoch in der strukturalistischen Linguistik – oft unter Verweis auf Saussure – einen zentralen Platz erobert. Gemeint ist damit, dass das sprachliche Einzelzeichen mit anderen Zeichen auf zwei Achsen verbunden ist. Die syntagmatische Dimension bezieht sich auf die Verkettung sprachlicher Einheiten, die ›nebeneinander‹ (*in praesentia*) stehen, die paradigmatische Dimension auf die Beziehung zwischen einer sprachlichen Einheit und den verschiedenen alternativen Formen, die in derselben syntagmatischen Position (*in absentia*) stehen könnten (s. Abb. 9 und 10). Die Strukturelemente in syntagmatischer Beziehung folgen also aufeinander, die Strukturelemente in paradigmatischer Beziehung können sich wechselseitig ersetzen.

Die Idee, dass paradigmatische Ersetzungen die Positionen (*slots*) in einer syntagmatischen Verkettung definieren können, liegt den sog. **Entdeckungsverfahren** (*discovery procedures*) wie Verschiebe- und Ersetzungsproben zugrunde, durch die im Strukturalismus Einheiten und Konstituenten gerechtfertigt werden. Wir haben sie in Kapitel 1.1 bereits für die Segmentierung in Wörter sowie für die Bestimmung von Wortarten genutzt. Diese *discovery procedures* sind ganz besonders dann wichtig, wenn man bisher unbekannte und nicht dokumentierte Sprachen analysieren will. Im amerikanischen Strukturalismus, der sich u. a. den nordamerikanischen Indianersprachen zuwendete und sich insgesamt große Verdienste um die Beschreibung der ›kleinen‹ Sprachen auf der Welt erworben hat, wurden diese Verfahren erprobt.

Form und Substanz: Die wichtigste Unterscheidung im *Cours*, die auch für Saussure selbst eine

Abb. 9: Syntagmatische und paradigmatische Beziehungen in der Syntax

Saussure	schrieb	den	»Cours«	nicht.
Noam Chomsky	verfasste	unseren	Brief	heute.
Er	liest	diesen	Koran	täglich.
Der Linguist aus Genf	verstand	die	Anagramme	sicherlich.
...	...	...	...	...

wesentliche Rolle spielte, ist jedoch die zwischen Form und Substanz. Anders als für die Junggrammatiker ist für Saussure Sprache vor allem ein System von **Zeichen**. Die Natur der sprachlichen Zeichen besteht darin, dass sie als reine Form zwischen zwei Substanzen stehen und diese miteinander verknüpfen: die lautliche Substanz (im Akt der Phonation) und die Dinge in der Welt, auf die das Zeichen verweist. Beide gehören für Saussure aber *nicht* zur Sprache. Die Sprache hat lediglich die Funktion, sie durch den Prozess der Zeichenbildung miteinander zu verbinden. Saussures wichtigste, über die Junggrammatiker hinausweisende Erkenntnis ist demnach, dass das Zeichen als reine Form selbst zwei Seiten hat, nämlich eine semantisch-konzeptuelle (die er *signifié* nennt) und eine phonologische (die er *signifiant* nennt). Als Teil des Zeichens sind beide eine mentale Realität, die von der Substanz getrennt werden muss (s. Abb. 11).

Wert des Zeichens: Wenn sich der »Wert« (*valeur*) des sprachlichen Zeichens nicht aus seiner Beziehung zur Substanz (also den Dingen in der Welt oder der Phonetik der Sprechereignisse) ergibt, woraus dann? Saussures Antwort ist: ausschließlich aus der Opposition der Zeichen zueinander. Der Wert des sprachlichen Zeichens ist also immer negativ – es definiert sich durch das, was es im Vergleich zu anderen Zeichen *nicht* ist. So wird auch die berühmte Aussage des *Cours* verständlich, eine Sprache sei ein System, »où tout se tient« (›wo sich alles gegenseitig hält‹).

Strukturalistische Phonologie: Diese strukturalistische Grundauffassung verbreitete sich in der Zwischenkriegszeit schnell in Teilen der europäischen Linguistik. Wesentlichen Anteil daran hatte eine in Prag und Wien arbeitende Gruppe von Linguisten (Prager Schule des **funktionalen Strukturalismus**), zu denen der russische Linguist **Fürst Nikolai Trubetzkoy** (*Nikolaj Sergeevič Trubeckoj*) (1890–1938) und der ebenfalls aus Russland stammende, später in die USA emigrierte Sprach- und Literaturwissenschaftler **Roman Jakobson** (1896–1982) gehörten. Beide lieferten wesentliche Beiträge zur strukturalistischen Phonologie und zum Begriff des Phonems. Ein gutes Beispiel für die strukturalistische Denkweise ist Jakobsons Darstellung des phonologischen Erstspracherwerbs, die er in dem Büchlein *Kindersprache, Aphasie und allgemeine Lautgesetze* (1941) gab, ohne allerdings eigene empirische Untersuchungen zu diesem Thema durchgeführt zu haben. Jakobson wendet sich strikt gegen die Idee, man könne die Erwerbsreihenfolge der Laute aus ihrer artikulato-

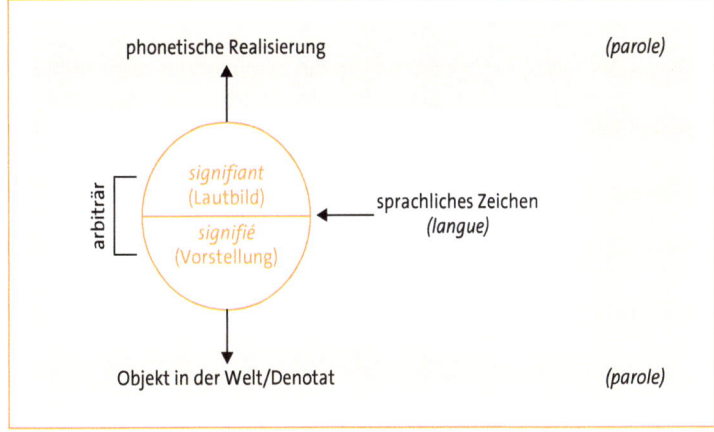

Abb. 11:
Saussures Zeichenmodell; der innere Bereich (Kreis) ist der Bereich der reinen Form, die das sprachliche Zeichen definiert, der äußere Bereich (orange) die Substanz, die nicht zur Sprache gehört

rischen Komplexität ableiten, also phonetisch erklären. Vielmehr entwickle das Kind sein phonologisches System Schritt für Schritt mit dem Ziel, Kontraste (phonologische Oppositionen) zu optimieren. Der erste Kontrast dazu ist die Unterscheidung von Konsonanten und Vokalen, denn hier wird der Gegensatz zwischen Sonorität und Geräuschbildung maximiert. Die maximale Klangfülle hat der Laut /a/ (die Kiefersenkung optimiert hier den Schallaustritt), die maximale Geräuschbildung ein stimmloser Plosiv, der den gesamten Mundraum absperrt; die ersten Laute sind daher /p/ und /a/. Dann folgt innerhalb des Konsonantensystems der Unterschied zwischen Nasalkonsonanten und Oralkonsonanten (etwa /p/ vs. /m/), die sich deshalb maximal unterscheiden, weil einmal der Nasenraum zusammen mit dem Mundraum als Resonanzraum dient, das andere Mal nur der Mundraum, dann der Unterschied zwischen einem bilabialen (»dunklem«) und einem alveolaren (»hellen«) Plosiv, nämlich /p/ vs. /t/. Dasselbe Prinzip der Kontrastoptimierung führt im Vokalsystems zunächst zur Unterscheidung zwischen einem maximal geöffneten und einem maximal geschlossenen Laut (/a/ und /i/), dann auch hier zum Kontrast zwischen einem »hellen« /i/ und einem »dunklen« /u/ etc.

Einschränkung des Gegenstandsbereichs: Es ist klar, dass die strukturalistische Auffassung von Sprache zu einer radikalen Einschränkung des Gegenstandsbereichs der Linguistik führen musste; sowohl sprachlicher Wandel als auch sprachliche Variation sind auf diese Weise ja nur schwer zu beschreiben. Alles, was nicht im Sinne Saussures systemhaft war, geriet aus dem Fokus des Interesses. Das betraf in der Extremform sogar die Semantik (etwa bei **Leonard Bloomfield**, 1887–1949, einem der wichtigsten amerikanischen Strukturalisten), sicher aber die soziale Bedeutung des Sprechens und sprachlichen Handelns sowie seine kulturelle Bedeutung. Andererseits ermöglichte die Reduktion des Gegenstands ›Sprache‹ die Erarbeitung präziser Theorien und Methoden, die die Linguistik (wie schon zu junggrammatischen Zeiten) erneut zu einer ›Vorzeigewissenschaft‹ unter den Geistes- und Sozialwissenschaften machten.

1.3.4 | Generative Grammatik

Die seit den 1950er Jahren zunächst vor allem von **Noam Chomsky** (geb. 1928) entwickelte Generative Grammatik inszenierte sich wie die Junggrammatiker als radikaler Neuanfang, diesmal gegenüber dem Strukturalismus. Mit dem Strukturalismus verbindet sie aber zumindest das Desinteresse an Sprache in ihrem kulturellen und sozialen Kontext. Chomsky argumentierte – wie der *Cours* – vehement dafür, dass der Gegenstand der Linguistik nicht die tatsächlich realisierte Sprache sein dürfe (zunächst **Performanz** genannt, später *E(xternal)-language*), die er für unstrukturiert und chaotisch hält, sondern das sprachliche Wissen, das zu ihrer Erzeugung führt (**Kompetenz**, später *I(nternal)-language*). Sprache sei als Untersuchungsgegenstand für die Linguistik nicht direkt beobachtbar, sondern könne nur durch Introspektion erschlossen werden.

In einer anderen Hinsicht war die generative Grammatikforschung aber sicherlich ein Bruch mit den Traditionslinien der Linguistik vom historisch-vergleichenden über das junggrammatische bis zum strukturalistischen Paradigma: Sie lehnte sich nämlich stark an mathematische, logische und teils auch computerlinguistische Darstellungsweisen an. Der Anspruch, Grammatiken als **Algorithmen** zu formulieren, die eine Sprache »erzeugen« (wie ein Computerprogramm), führte eine ganz neue Denkweise in die Linguistik ein. Ziel ist für die Generative Grammatik weniger die Beschreibung von Einzelsprachen – es gibt bis heute kaum Gesamtgrammatiken einzelner Sprachen aus generativer Perspektive – als vielmehr die Gewinnung abstrakter Generalisierungen oder **Prinzipien**, die grammatische Algorithmen charakterisieren. Ihre postulierte universale Gültigkeit ist allerdings nur sehr schwer überprüfbar, weil sie als Abstraktionen über Formalismen stark vom jeweiligen Stand der generativen Theoriebildung abhängig sind (s. Vertiefungskasten »Prinzipien«). Die Hoffnung ist, aus solchen Prinzipien letztendlich die Grundlagen der menschlichen Sprachfähigkeit beschreiben zu können (die sog. *Universal Grammar*). Diese Sprachfähigkeit wird als selbständiges Modul mit einer eigenen neurologischen Repräsentation und damit als **biologisches Organ** angesehen.

Eine wichtige Neuorientierung, die mit der Generativen Grammatik in der Linguistik stattfand, ist die Hinwendung zur **Syntax**. Der ›Motor‹ einer Generativen Grammatik sind die syntaktischen Strukturen, die zunächst in einem eigenen, autonomen Modul »generiert« und dann semantisch und phonologisch »interpretiert« werden.

Funktionale Gesichtspunkte – die Frage, wofür Grammatik eigentlich gebraucht wird – werden als Erklärungen für grammatische Strukturen abgelehnt. Die Sprache wird als System angesehen, das angeborenen strukturellen Prinzipien gehorcht, die nicht funktional motiviert sind. Dass man mit Sprache auch Dinge tun kann, ist sozusagen ein Zufall – so ähnlich wie man einen Topf auch als Perkussionsinstrument verwenden kann, obwohl er eigentlich nicht für diesen Zweck gemacht worden ist. Die Eigenschaften des Topfs als Perkussionsinstrument lassen sich genauso wenig aus dieser Funktion ableiten wie die der Sprache aus dem Kommunizieren.

Bewegungen: Nach der Generativen Grammatik haben sich viele andere formale Grammatiktheorien entwickelt. Bei Computerlinguisten ist zum Beispiel weniger die Generative Grammatik beliebt als die Kategorialgrammatik (CG), die *Generalized Phrase Structure Grammar* (GPSG) oder die *Lexi-*

Zur Vertiefung

Prinzipien in der Generativen Grammatik
Das folgende Prinzip stammt aus der Theoriephase der Generativen Grammatik, die unter der Bezeichnung »Prinzipien und Parameter« bekannt geworden ist:

The Empty Category Principle (Chomsky 1981: 250)
»An empty category must be properly governed.«

Das folgende Prinzip stammt aus der sog. »Minimalismus«-Phase der Generativen Grammatik:

The Minimal Link Condition (Chomsky 1995: 264)
»Make moves as short as possible.«

»Leere Kategorien« und »Bewegungen« gibt es nicht in allen Varianten der Generativen Grammatik in derselben Art und schon gar nicht außerhalb der Generativen Grammatik. Die empirische Überprüfung ist daher schwierig.

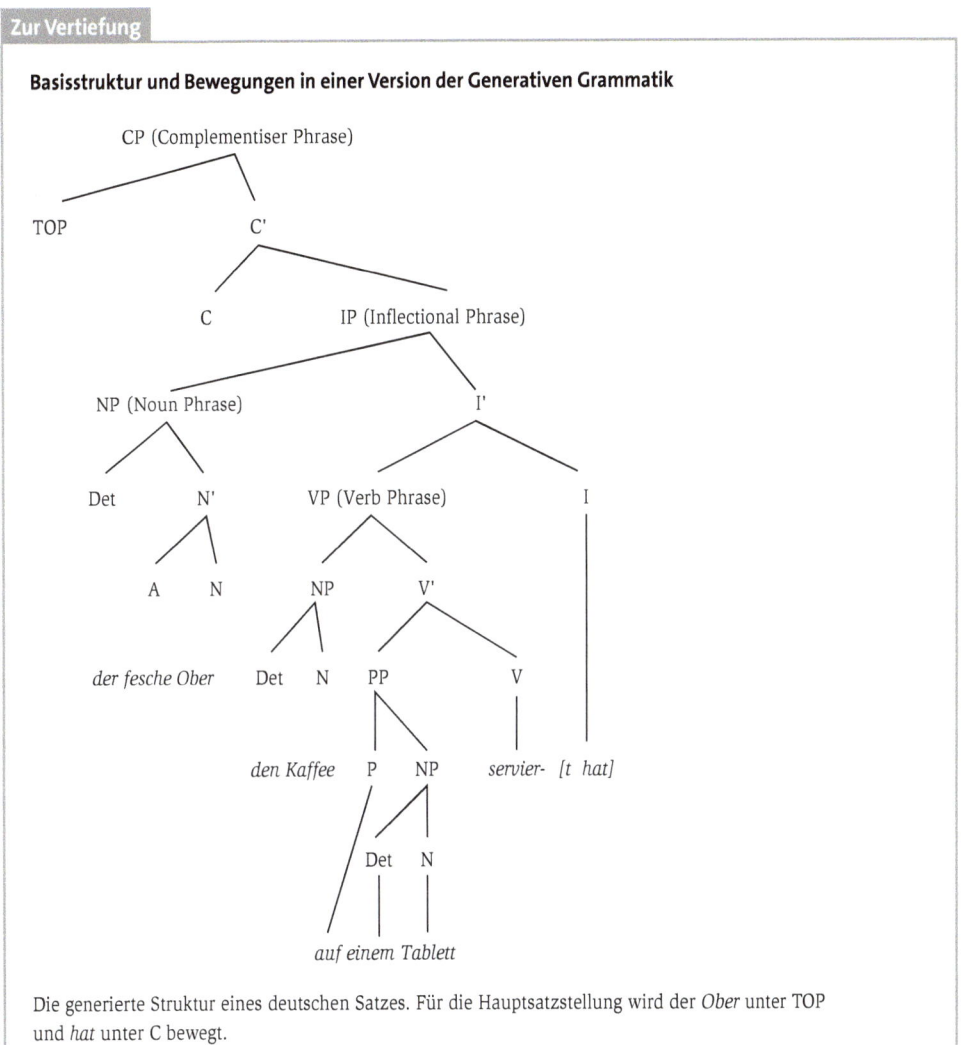

> **Zur Vertiefung**
>
> **Basisstruktur und Bewegungen in einer Version der Generativen Grammatik**
>
> Die generierte Struktur eines deutschen Satzes. Für die Hauptsatzstellung wird der *Ober* unter TOP und *hat* unter C bewegt.

cal-Functional Grammar (LFG). Der Grund dafür ist eine andere Eigenschaft Generativer Grammatiken: Die wohlgeformten syntaktischen Strukturen werden nicht direkt generiert, sondern kommen erst durch verschiedene »Transformationen« (später »**Bewegungen**« genannt) zustande (s. Vertiefungskasten »Basisstruktur und Bewegungen«). Die teils sehr große Distanz zwischen generierter Basis und Oberflächenstruktur ist schwer zu programmieren und deshalb für computerlinguistische Anwendungen unattraktiv.

1.3.5 | Die ›pragmatische Wende‹ in der Linguistik

Zur selben Zeit, als Chomsky die Generative Grammatik entwickelte, kam es noch zu einer zweiten ›Revolution‹ innerhalb der Linguistik. Diese später ›pragmatische Wende‹ genannte Umorientierung hatte zum Ziel, die alleinige Beschäftigung der Sprachwissenschaft mit einem abstrakten sprachlichen System zugunsten einer anderen Auffassung von Sprache zu überwinden, die diese immer als auf einen Hörer oder eine Hörerin hin orientiertes Handeln begreift.

Paradigmen der Sprachwissenschaft

Vorläufer dieser Auffassung gab es schon im 19. Jahrhundert. Zum Beispiel erkannten bereits der Sinologe **Georg von der Gabelentz** (1840–1893) und der Germanist **Philipp Wegener** (1848–1916), dass bestimmte Wortstellungsphänomene nur aus der Interaktion zwischen Sprecher und Hörer erklärt werden können. Sie folgerten daraus, dass neben dem grammatischen Subjekt noch ein »psychologisches Subjekt« angesetzt werden muss (später meist **Thema** genannt), und neben dem grammatischen Prädikat ein »psychologisches Prädikat« (später **Rhema** genannt). In den Worten Hermann Pauls, der dieser Auffassung zum Durchbruch verhalf, lassen sich die beiden Begriffe wie folgt beschreiben: »Das psychologische Subjekt ist [...] das, worüber der Sprechende den Hörenden denken lassen, worauf er seine Aufmerksamkeit hinleiten will, das psychologische Prädikat dasjenige, was er darüber denken soll« (Paul 1920: 125). Diese Sichtweise wurde später im sog. Prager Funktionalismus besonders von **Vilém Mathesius** (1882–1945) weiter entwickelt.

Ein anderer wichtiger Vorläufer der pragmatisch orientierten Linguistik war der Wiener Psychologe **Karl Bühler** (1879–1963), dessen Buch *Sprachtheorie* (1934) seinen Einfluss auf die (deutsche) Sprachwissenschaft allerdings erst in den 1970er Jahren entfalten konnte. Auch Bühler vertrat eine Auffassung von Sprache, in der dem Hörer eine zentrale Rolle zukommt. Sein Zeichen- und Sprachfunktionsmodell (das sog. **Organon-Modell**) geht anders als das des Strukturalismus davon aus, dass jede sprachliche Äußerung zugleich etwas über den Sprecher sagt (»Ausdruck«), den Hörer in irgendeiner Weise beeinflussen will (»Appell«) und meist auch eine Aussage über Dinge in der Welt macht (»Darstellung«) (s. Kap. 3, Abb. 2).

Ebenfalls erst in den 1970er Jahren wurden die aus den 1920er bis 1960er Jahren stammenden Arbeiten der russischen Sprach- und Literaturwissenschaftler **Michail M. Bachtin** (1895–1975) und **Valentin Vološinov** (1895–1936) in der westlichen Linguistik rezipiert. Beide entwickelten eine dialogische Sprachtheorie, in der die Äußerungen eines einzelnen Sprechers immer als Teil eines **Dialogs** mit anderen Äußerungen – seien sie vom selben Sprecher, seien sie von einem anderen Sprecher – analysiert werden. Der Dialog kann ein Gespräch sein, aber auch das Zitieren oder Anspielen auf Äußerungen, die von anderen oder demselben Sprecher früher geäußert worden sind. In jedem Fall steht die Äußerung nicht allein, sondern bettet sich in ein Netz von Bezugnahmen ein.

Die eigentliche ›pragmatische Wende‹ in der Linguistik wurde jedoch durch zwei außerlinguistische Denkrichtungen angestoßen, eine aus der Sprachphilosophie, die andere aus der Soziologie.

Sprechakttheorie: Der Brite **John L. Austin** (1911–1960) entwarf schon in den 1950er Jahren eine Theorie des sprachlichen Handelns, die posthum in dem Buch *How to Do Things With Words* (1962) zusammengefasst wurde. Grundlegend ist die Erkenntnis, dass Sätze nicht in erster Linie und in zahlreichen Fällen auch überhaupt nicht wahr oder falsch sind, sondern unter bestimmten Bedingungen eine Handlung vollziehen. Diese Bedingungen gilt es also zu beschreiben. Bei Austin rückt erstmals der Handlungscharakter von Sprache in den Vordergrund; sein Schüler, der Amerikaner **John Searle** (geb. 1932) führte diesen Ansatz in seiner Theorie der Sprechakte weiter. Die von den beiden gestellte Frage, wie ein Satz zu einer sprachlichen Handlung werden kann, wird von ihnen zwar durchaus unter Verweis auf die »gewöhnliche Sprache« (*ordinary language*) beantwortet, dabei gehen sie jedoch als Philosophen rein introspektiv vor.

Konversationsanalyse: Eine gründliche empirische Untersuchung sprachlicher Handlungen wurde erst möglich, als eine Gruppe amerikanischer Soziologen (um **Harvey Sacks**, 1935–1975) im Rahmen der sog. Ethnomethodologie begannen, anhand von Tonbandaufzeichnungen die Struktur von Gesprächen detailliert zu untersuchen. Die daraus resultierende Konversations- oder Gesprächsanalyse entwickelte ein Verfahren der sequenziellen Analyse, die Interaktionen in ihrer zeitlichen Emergenz zu beschreiben erlaubt.

1.3.6 | Neuere Entwicklungen

Seit Mitte der 1980er Jahre entwickelt sich die Linguistik zu einer umfassenden Wissenschaft von der Sprache, die die Reduktionen ihres Gegenstandsbereichs im Strukturalismus und in der Generativen Grammatik überwunden hat. Sprache wird als ein Mittel der Kommunikation gesehen, das zu weit mehr dient als nur der Übermittlung von Nachrichten. Sie ist immer in einen sozialen und interaktionalen Kontext eingebettet, und sie ist als ein kognitives Phänomen nicht von den mentalen Prozessen zu trennen, die sie erst möglich machen.

Neue Technologien: Teils sind diese Entwicklungen eine Folge des technologischen Fortschritts.

Seit für viele Sprachen große **Sprachkorpora** mit schriftlichen und seit jüngerem auch mündlichen Daten aus verschiedenen Zeiten zur Verfügung stehen, die mehr oder weniger automatisch durchsucht werden können, ist es in vielen Bereichen der Linguistik nicht mehr denkbar, ohne eine breite, meist quantitativ analysierte empirische Basis zu arbeiten. Aus dieser neuen Empirie ergeben sich nicht nur methodische Konsequenzen (etwa die Notwendigkeit der Entwicklung quantitativer und statistischer Verfahren, die für korpuslinguistische Fragestellungen geeignet sind), sondern auch sprachtheoretische. Zum Beispiel machte die korpusbezogene Forschung deutlich, dass viele linguistische Strukturen und Kategorien längst nicht so gut definiert sind, wie man früher dachte. Sprache ist typischerweise nicht homogen: Nicht nur Sprecher und Sprechergruppen unterscheiden sich voneinander, selbst ein und derselbe Sprecher verwendet Sprache nicht immer in derselben Weise. Und nicht nur die Sprachverwendung unterliegt Schwankungen, auch die Vorstellungen darüber, was grammatisch ist und was nicht, variiert (heißt es: *mit weißem, gelockten Haar* oder *mit weißem, gelocktem Haar*?). Die grammatischen Kategorien erweisen sich teils als **gradient**, d. h. die Übergänge zwischen ihnen sind fließend (ist *klasse* in *ein klasse Vortrag* ein Adjektiv oder ein Nomen?) und **prototypisch** organisiert (*ich glaube, das stimmt* ist ein schlechteres Exemplar von Hypotaxe als *ich denke nicht, dass das richtig ist*).

Sprachwandel: Die empirische Arbeit mit Korpora zeigt auch, dass in einer Sprache immer konservative und innovative Strukturen zur gleichen Zeit vorkommen. In einem deutschen Korpus wird man z. B. heute sowohl die ältere Verwendung des Adjektivs *aktuell* im Sinne von ›auf neuestem Stand‹ als auch die neuere im Sinne von ›augenblicklich‹ finden, oder es wird der neuere Kausalkonnektor *von daher* neben dem alten *deshalb* stehen etc. Es ist fraglich, ob sich das Ideal eines synchronen Schnitts, wie im Strukturalismus gefordert, wirklich erreichen lässt. Das Interesse an Wandel und Variation ist daher in die Linguistik zurückgekehrt und hat viele junggrammatische Ideen wieder in die linguistische Theorie und Praxis geholt.

Eine der innovativsten und produktivsten Forschungsrichtungen in der Linguistik der letzten Jahrzehnte war zum Beispiel die **Grammatikalisierungsforschung** (vgl. Hopper Traugott 2003), die gerade die Übergänge von syntaktischen Strukturen zu morphologischen Formen modelliert hat. Ein Beispiel ist etwa der Übergang von der Vollform des Verbs *to go* mit der Bedeutung ›zielgerichtete Bewegung‹ wie in *I'm going to the restaurant* zu seiner Verwendung als Futurmarker wie in *I'm going to have something to eat* und der weitergehenden Kontraktion zu *I'm gonna eat something*; in der kontrahierten Form ist das Vollverb nicht mehr zu erkennen und die Interpretation als Bewegung nicht mehr möglich. Solche Prozesse erfolgen immer allmählich und sind meist von langen Übergangsphasen begleitet (das Vollverb *to go* gibt es ja immer noch, ebenso wie die nicht-kontrahierte Struktur); die Überlagerung alter und neuer Formen bestätigt die alte junggrammatische Überzeugung, dass Sprachstrukturanalyse immer Sprachwandelanalyse bedeutet.

Kognitive Linguistik: Auch die strukturalistische Trennung zwischen Sprachsystem und kognitiven Prozessen bei der Sprachverarbeitung gilt in der heutigen Linguistik nicht mehr. Mit experimentellen Methoden an der Schnittstelle zur Psychologie und Neurologie wird versucht, die kognitive Realität sprachwissenschaftlicher Theorien zu belegen.

In der kognitiven Linguistik wird gerade die Beziehung zwischen Sprechen und kognitiven Prozessen zum Thema. Zum Beispiel wird untersucht, wie sprachliche Strukturen Rückschlüsse auf Denkstrukturen ermöglichen. Ein wichtiger Forschungsbereich sind hier **Metaphern** (vgl. etwa Lakoff/Johnson 1980). Zum Beispiel kann man feststellen, dass viele Sprachen dazu tendieren, zeitliche Strukturen mit Hilfe von räumlichen Metaphern zu kodieren (auch wenn uns das als Sprachbenutzer gar nicht mehr bewusst ist): Wir sprechen vom *Treffen vor Weihnachten* (als ob das dasselbe wäre wie *der Baum vor dem Haus*), von *den folgenden Jahren* (als ob ein Jahr hinter dem anderen hergehen würde), von der *Zeit zwischen den Jahren* (als ob diese Zeit in einem Raum mit zwei Grenzen eingepfercht wäre) etc. Der Raum selbst wiederum wird gern in Metaphern versprachlicht, die mit Körperteilen zu tun haben: Das Haus steht *am Fuß* des Berges, der vordere Teil eines Zugs ist sein *Kopf*, und etwas *im Rücken* zu haben, bedeutet, dass es hinter einem liegt. Wir denken uns also die Zeit als einen Raum, und viele Erscheinungen in der Welt versuchen wir zu erfassen, indem wir sie anthropomorphisieren.

Experimentelle Kognitionswissenschaft: Umgekehrt ermöglichen experimentelle Forschungen zur Verarbeitung von Sprache Erklärungen dafür, warum Sprachen strukturell so sind, wie sie sind. Etwa gibt es gute Gründe, warum im Deutschen satzwertige Subjekte sehr oft an das Ende des Satzes gestellt werden, obwohl das Subjekt sonst dazu tendiert, in der präverbalen Position zu stehen: Der Satz *es ist gut, dass die Linguistik sich aus den engen Fesseln des Strukturalismus befreit hat* ist einfach leichter zu prozessieren als der Satz *dass die Linguistik sich aus den engen Fesseln des Strukturalismus befreit hat, ist gut*. So können grammatische Strukturen daraus erklärt werden, dass sie Sprache effektiver und verständlicher machen.

Gebrauchsbasierte Theorien: Auch die strikte Trennung zwischen *langue* und *parole*, zwischen *I-Language* und *E-Language*, löst sich in der Linguistik immer mehr auf. In sog. gebrauchsbasierten Theorien (etwa Bybee 2010) geht man heute davon aus, dass der Sprachgebrauch die Struktur der Sprache bestimmt und dass »grammars *code* best what speakers do *most*« (Du Bois 1985: 363). Es ist daher von größtem Interesse, den tatsächlichen Sprachgebrauch zu erfassen und zu analysieren. Neuere Grammatiktheorien wie die **Construction Grammar** haben dazu beigetragen, dass auch marginale, nur mehr oder weniger produktive Strukturmuster in die Analyse einbezogen werden und die Grammatik dadurch ›realistischer‹ wird; sie haben dabei die traditionelle Trennung zwischen Lexikon und Grammatik ebenso in Frage gestellt wie die separate Behandlung von grammatischen, semantischen und pragmatischen Aspekten. Eine grundlegende Überlegung ist dabei, dass wir Menschen eine große Menge von Äußerungen in unserem Gedächtnis speichern können und aus diesen »Exemplarwolken« Generalisierungen im Sinne von Konstruktionsschemata ableiten; genauso lernen auch Kinder Sprache (Tomasello 1992). Daraus ergibt sich ein anderes Bild von Sprache als in früheren Auffassungen: Während z. B. die Generative Grammatik die sprachlichen Äußerungen lediglich als den uninteressanten Output eines Algorithmus ansieht, der diesen Äußerungen vorausgeht, wird nun umgekehrt die ›Grammatik im Kopf‹ (also das sprachliche Wissen) als sekundäres Produkt der Musterbildung auf der Grundlage sprachlicher Erfahrungen gesehen, die zu mehr oder weniger festen, teils durch die Normen einer Sprachgemeinschaft reglementierten mentalen Strukturen führen. Diese Muster sind **ständig im Fluss**; sie sind notwendigerweise dynamisch und nicht strikt voneinander abgegrenzt.

Mehrsprachigkeit als Normalfall: Eine weitere, wichtige Entwicklung der neuen Linguistik manifestiert sich in dem vorliegenden Buch in der Tatsache, dass dem Thema Mehrsprachigkeit ein eigenes Kapitel gewidmet ist (Kap. 11). Das entspricht der immer mehr Raum greifenden Erkenntnis, dass Menschen nur im Ausnahmefall einsprachig sind. In den meisten Fällen verfügen sie problemlos über mehrere Sprachsysteme, zwischen denen sie hin und her wechseln und die sie miteinander verbinden können. In Zeiten hoher Mobilität von Menschen und Waren und in einer global vernetzten Welt ist diese Mehrsprachigkeit, die während der gesamten Geschichte der Linguistik marginalisiert wurde, nicht mehr zu übersehen und wird immer mehr zu einem zentralen Thema linguistischer Forschung und Theoriebildung. Nicht nur die Trennung zwischen *langue* und *parole* wird immer schwieriger aufrechtzuerhalten, auch die Trennung zwischen den historischen Einzelsprachen (›Deutsch‹, ›Yoruba‹, ›Tok Pisin‹) erweist sich in vielen Fällen als ein politisch-soziales Konstrukt, das seine eigene Geschichte hat, aber keineswegs als Ausgangspunkt der linguistischen Analyse taugt.

1.4 | Und wozu brauchen wir das?

Wozu soll man sich mit Linguistik beschäftigen? Wozu ist das Fach gut? Geht es lediglich um ein theoretisches Erkenntnisinteresse, das im Elfenbeinturm der Wissenschaft gepflegt wird? Hat die Sprachwissenschaft eine gesellschaftliche Funktion, kann sie etwas zum besseren Zusammenleben der Menschen beitragen?

Das frühe Interesse an der Linguistik: Auch darauf kann man viele Antworten geben, und diese Antworten haben sich im Lauf der Geschichte der Sprachwissenschaft geändert. Die Entstehung der Sprachwissenschaft als wissenschaftlicher Disziplin fällt in die Zeit der **kolonialen Expansion** der europäischen Mächte und in das **Zeitalter der Nationalstaaten**. Die Sprachwissenschaft gab damals Antworten auf zentrale Fragen von großem gesellschaftlichen Interesse; etwa auf die Frage, wie sich die europäischen von den zahlreichen außereuropäischen Sprachen unterscheiden, mit der die Kolonialmächte in Kontakt kamen, und wie sich die unterstellte Überlegenheit der europäischen Sprachen (als Korrelat der ebenso unterstellten Überlegenheit der europäischen Völker und ihrer Kulturen) rechtfertigen ließ. In den Kolonien gab es überdies ganz praktische Fragen zu beantworten, etwa die, wie man mit der häufig sehr großen Sprachenvielfalt (etwa in Indien oder dem Afrika südlich der Sahara) umgehen sollte. Die damals gefällten Entscheidungen der Kolonialregierungen prägen teils bis heute die Sprachensituation in diesen Ländern.

Überdies spielte die Sprachwissenschaft gerade in Ländern wie Deutschland, die ihre Nationalstaatlichkeit erst finden mussten, eine wichtige Rolle bei der Suche nach der nationalen Identität (die ja in der Ideologie des 19. und teils auch noch des 20. Jahrhunderts eng mit einer eigenen Sprache verbunden war). Die Deutschen suchten so ihr ›Wesen‹ auch in ihrer gemeinsamen Sprache – wobei diese Sprache ja gar nicht so ›gemeinsam‹ war, denn die Unterschiede zwischen den Dialektregionen waren (etwa im Vergleich mit Frankreich) sehr groß. Auch das im 19. Jahrhundert erstarkende Interesse an der **Dialektologie** verdankt sich diesem nationalstaatlichen Diskurs.

Auf einer mehr praktischen Ebene waren die europäischen Nationalstaaten an der Stärkung ihrer **Standardsprachen** interessiert und sahen die linguistische Ausbildung z. B. der Lehrer/innen als Teil der Formierung eines modernen Staats mit einer effizienten Regierung und Verwaltung. Die Marginalisierung der zahlreichen sprachlichen **Minderheiten** (etwa der Sorben und Polen in Deutschland, der Waliser und anderer keltischer Minderheiten im Vereinigten Königreich oder der Okzitanen in Frankreich) war ebenfalls Teil dieses Programms. Heute sehen Linguisten eine ihrer Aufgaben gerade in der Revitalisierung dieser Minderheitensprachen. Viele europäische Nationalstaaten, die im 19. oder frühen 20. Jahrhundert entstanden, mussten überhaupt erst eine Standardvarietät entwickeln, und an dieser Entwicklung waren natürlich ebenfalls zahlreiche Sprachwissenschaftler beteiligt (etwa in Norwegen oder Finnland). Ähnliche linguistische Probleme der Standardisierung (**Sprachplanung**) stellen sich heute in vielen postkolonialen Gesellschaften.

Sprache in der spätmodernen Gesellschaft: Betrachtet man die heutige Entwicklung der westlichen Gesellschaften, dann ist eines klar: Nie zuvor war so viel von dem, was Gesellschaften zusammenhält und trennt, sie funktionieren lässt bzw. was dysfunktional wirkt, an Sprache gebunden.

Hier spielen besonders zwei Aspekte eine Rolle. Zum einen sind spätmoderne Gesellschaften dadurch gekennzeichnet, dass sie ihr **Wissen** fast ausschließlich über Sprache weitergeben. Besonders wichtig ist dabei das Medium der **Schrift**. Ausbildung und Wissenstradierung funktionierten in vormodernen und teils noch in modernen Gesellschaften für große Teile der Bevölkerung durch Nachahmung und unmittelbares, auf körperlicher Kopräsenz beruhendem Lernen von Meistern und anderen Vorbildern. Heute ist – mit Ausnahme sehr körpergebundener Fähigkeiten wie Tanzen, Klavierspielen oder Stabhochspringen – fast jede Ausbildung auf Texte angewiesen, die Wissen vermitteln (von Lehrbüchern bis zum Internet).

Die Debatte über die schulische Bildung, die in der Nachfolge des sog. PISA-Schocks in Deutschland einsetzte, war in erster Linie eine Auseinandersetzung darüber, wie die sprachlichen Fertigkeiten deutscher Schüler/innen verbessert werden können. Die berechtigte Sorge dahinter war, dass Bildung in allen Fächern und Berufen nur auf der Grundlage hoch entwickelter sprachlicher Kompetenzen möglich ist. Die sprachliche Bildung steht also indirekt im Zentrum aller Wissensvermittlung. Ohne sie ist eine hochspezialisierte und auf unterschiedlichste Kompetenzen aufbauende Gesellschaft nicht überlebensfähig. Die Lehrerausbildung trägt dieser **Schlüsselkompetenz Sprache** leider immer noch unzureichend Rechnung. Dennoch ist es unübersehbar, dass ihr Erwerb nur auf der Grundlage eines soliden linguistischen Wissens, das vom Erst- und Zweitspracherwerb im Vorschulalter über die Bedingungen der Alphabetisierung bis zur Vermittlung von textlinguistischen Kompetenzen reicht, gefördert werden kann.

Zum anderen sind spätmoderne Gesellschaften durch die fortwährende Expansion eines Wirtschaftssektors gekennzeichnet, der ohne Sprache nicht funktionieren könnte und ebenfalls hoch ausgebildete mündliche Sprachfertigkeiten voraussetzt. Das ist der immer wichtiger werdende **Dienstleistungssektor**. Dienstleistungen sind eine zutiefst sprachliche Angelegenheit, ob es nun um ein psychotherapeutisches Gespräch oder die medizinische Betreuung von Schmerzpatienten geht, um die Beratung über Aktienkäufe oder ein Verkaufsgespräch beim Kauf eines neuen Autos. In einem Krankenhaus mit Patienten umzugehen oder Demenzkranke zuhause zu betreuen, ist nicht möglich, ohne mit ihnen zu sprechen, und der Erfolg solcher Tätigkeiten hängt wesentlich vom Funktionieren der Kommunikationsabläufe ab. Selbst die spezifische Sprache der Medizin oder des Rechts wird immer mehr als potenzielle Barriere verstanden, die den Erfolg der Interaktion zwischen Ärzten und Patienten oder Richtern und Angeklagten bestimmt. Es gibt inzwischen eine umfangreiche linguistische Forschungsliteratur, die sich mit solchen Fragen beschäftigt und unmittelbar zur Verbesserung von Kommunikationsabläufen in den genannten und vielen anderen Fällen beitragen kann.

Ein weiterer Unterschied zwischen (vor-)modernen und spätmodernen Gesellschaften ist von Bedeutung: Während in traditionellen Gesellschaften die soziale Position des Einzelnen (sein Status und seine Schichtzugehörigkeit) mehr oder weniger von Geburt aus festliegt, sind spätmoderne Gesellschaften dadurch gekennzeichnet, dass soziale Rollen permanent verhandelt werden. In einer solchen Gesellschaft seinen Platz zu finden, ist auch eine Frage der **symbolischen Selbstdarstellung** und Selbstpositionierung in einem komplexen Geflecht von Möglichkeiten und Unmöglichkeiten. Sprache ist eine zentrale Ressource für solche Selbstdarstellungen. Ob man schwäbisch spricht oder hochdeutsch (oder etwas dazwischen), ob man ›schriftnah‹ oder umgangssprachlich spricht, ob man Anglizismen oder ethnolektale Merkmale verwendet, all das kann – je nach Situation – verschiedene soziale Identitäten symbolisieren. Im Gegensatz zu modischen Accessoires sind sprachliche Ausdrucksformen nicht leicht zu erwerben; es kostet Mühe und Zeit, sie abzulegen oder sich anzugewöhnen, sie sind Teil des **Habitus**. Wie sprachliche Ressourcen zur Selbstdarstellung genutzt werden, wird in der modernen Soziolinguistik untersucht, die auf diese Weise einen kritischen Beitrag zur Konstitution von Macht und Ohnmacht in unserer Gesellschaft leisten kann.

Fragen der Selbstdarstellung und Identität sind aber nicht nur für den Einzelnen von zentraler Bedeutung. Auch gesellschaftliche Gruppen suchen nach sprachlichen Formen, die sie für sich reklamieren und zur Abgrenzung gegen andere Gruppen verwenden können. Das betrifft besonders die schon angesprochenen **Minderheiten** innerhalb der Nationalstaaten, die sich oft über ein mehrsprachiges Repertoire an Ausdrucksmitteln definieren, zu dem in der Regel eine in diesem Staat marginalisierte Sprache oder Varietät gehört. Die Pflege dieser Ausdrucksmittel ist ein wichtiger Bestandteil der Gruppenidentität; das betrifft sowohl die ›alten Minderheiten‹ (etwa in Deutschland Friesen, Dänen, Sorben, Romanes) als auch die neuen, durch Immigration entstandenen.

Das vielleicht wichtigste und ebenfalls ständig an Relevanz gewinnende Aufgabenfeld der Linguistik ergibt sich aus der faktischen **Mehrsprachigkeit** und den Notwendigkeiten des **Zweit- und Fremdspracherwerbs**. Obwohl aufgrund hoher internationaler Mobilität die Anzahl der Menschen, die auch noch als Erwachsene weitere Sprachen erwerben (müssen) bzw. deren Kinder in einer mehrsprachigen Umgebung aufwachsen, ständig wächst, ist über die Regelmäßigkeiten des Spracherwerbs in den verschiedenen Altersstufen immer noch viel zu wenig bekannt. Um den Zweitspracherwerb optimieren zu können, ist mehr notwendig als nur die genaue Kenntnis der Grammatik der Ausgangs- und der Zielsprache (auch diese ist natürlich keineswegs selbstverständlich). Man muss auch die Lernerstrategien im Zweitspracherwerb unter den sehr unterschiedlichen Bedingungen kennen, unter denen er stattfinden kann (also zum Beispiel spontan oder durch Unterricht unterstützt, als Erwerb der zweiten oder einer weiteren Sprache, als kindlicher Erwerb oder Erwerb im Erwachsenenalter, vor dem Hintergrund einer mehr oder weniger gründlichen schulischen Ausbildung etc.). Linguisten beschäftigen sich daher nicht nur praktisch mit der Vermittlung fremder Sprachen, sie untersuchen auch die Faktoren, die diese Vermittlung in positiver oder negativer Weise beeinflussen können.

Die Welt wird komplexer, aber wir haben auch Verfahren gefunden, um mit dieser Komplexität fertig zu werden. Viele davon sind mit der Entwicklung des Computers und der **digitalen Medien** verbunden. Diese haben das Verhältnis zwischen Mündlichkeit und Schriftlichkeit grundlegend verändert: Es wird heute vermutlich so viel geschrieben wie nie zuvor, aber in der informellen Art und Weise, die SMS, E-Mail und soziale Netzwerke zulassen oder fordern; dadurch ist das Schreiben nicht mehr mit formeller Sprache assoziiert. Die Entwicklung **digitaler Ressourcen** ist aber auch ein wichtiges Arbeitsfeld für Linguist/innen. Die enorme Menge des digital verfügbaren, in Texten abgespeicherten Wissens macht es notwendig, automatisierte Verfahren der Extraktion von Information aus großen Mengen von Texten zu entwickeln (***text mining***); digitale Dienstleistungen durch den Computer werden möglich und erfordern Spracheingabe und -ausgabe (von der Sprachsteuerung des Mobiltelefons bis zur mündlichen Interaktion mit dem Navigationsgerät). Heute können Menschen, die aufgrund einer zerebralen Parese nicht in der Lage sind zu sprechen oder zu schreiben, durch Blicksteuerung auf einem aktiven

Bildschirm Sätze ›sprechen‹ (lassen), und vielleicht werden uns bald kleine Roboter durch Ausstellungen und Museen führen. Das sind nur wenige Beispiele. Die Entwicklung solcher Ressourcen erfordert solide linguistische Kenntnisse.

Schließlich: Das Wissen der Menschheit ist nicht nur in *Google Books* repräsentiert, es schlägt sich auch im Lexikon der Tausenden von Sprachen und Varietäten nieder, die auf der Welt gesprochen werden. Viele von ihnen sind nicht oder nur sehr unzureichend beschrieben. Es ist daher eine wichtige Aufgabe der Sprachwissenschaft, dieses Wissen durch die Dokumentation bedrohter Sprachen zu bewahren. Es geht dabei aber nicht nur um Wörter, sondern auch um die Frage, welche Rückschlüsse wir aus der Vielfältigkeit der Grammatiken der Einzelsprachen auf die kognitive Grundausstattung der Menschheit ziehen können. Je schmäler der Fundus an ›exotischen‹ Sprachen ist, auf den wir dabei zurückgreifen können, umso weniger können wir solche Rückschüsse absichern. Es gibt also viel zu tun.

Peter Auer

2 Laute

2.1 Einleitung
2.2 Gesprochene Sprache und Schrift
2.3 Die Substanz von Lauten
2.4 Die Funktion von Lauten im Sprachsystem
2.5 Über Laut und Phonem hinaus
2.6 Lautsubstanz und Funktion

2.1 | Einleitung

Die Laute einer Sprache fallen einem zunächst gar nicht auf. Wenn wir Sprache hören oder auch selbst sprechen, machen wir uns im Normalfall keine Gedanken über die einzelnen Laute, aus denen sich der Redestrom zusammensetzt. Erst wenn wir auf Probleme stoßen, kommt uns diese Seite der Sprache zu Bewusstsein, zum Beispiel beim Erwerb einer Fremdsprache, wenn wir bemerken, dass es dort Laute gibt, die es in unserer eigenen Sprache nicht gibt, oder wenn wir uns versprechen und *DV-Tuell* statt *TV-Duell* sagen.

Ein wichtiger Punkt bei der Beschäftigung mit Lauten ist, dass sie auf keinen Fall mit Buchstaben gleichgesetzt werden dürfen. Das zeigt sich z.B. schon darin, dass mehrere Buchstaben für einen Laut stehen können, wie bei der Buchstabenkombination *sch* in *Asche*. Wenn von Lauten die Rede ist, so bezieht sich das immer auf Bestandteile der **gesprochenen Sprache** und nicht auf Bestandteile der Schrift (s. Kap. 2.2).

Distanzieren wir uns also bewusst von der Schrift und konzentrieren uns auf die lautliche Seite der Sprache. Stellen Sie sich ein Telefonat mit einer Ihnen unbekannten Person vor. Es ist erstaunlich, wie viel **Information** allein über die lautliche Seite der Sprache transportiert wird (visuell können die Gesprächspartner ja nicht miteinander kommunizieren):

- Zunächst einmal können wir dem Gesagten natürlich die Bedeutung entnehmen; durch die spezifische Zusammensetzung der Laute zu Wörtern, der Wörter zu Sätzen erkennen wir den Inhalt des Gesagten.
- Darüber hinaus erhalten wir aber auch Information über die Person selbst, ihre regionale Herkunft, ihr Alter, ihr Geschlecht, eventuell auch über ihre derzeitige Gemütsverfassung.
- Weiterhin verrät die Lautsubstanz oftmals schon etwas über den Formalitätsgrad der Situation oder über die Gattung, die gerade ausgeführt wird. Das bemerkt man auch, wenn man durch verschiedene Radiosender schaltet und schon nach kürzester Zeit weiß, ob man in einer Nachrichtensendung, in einer Moderation bei einem Schlagersender oder in einem Fußballkommentar gelandet ist. Oft funktioniert das sogar in einer unbekannten Sprache.

Dies alles wird also über die Lautsprache vermittelt, und man benötigt dazu keine Schrift – weder die sichtbare Aufteilung des Geäußerten in Buchstaben noch die sichtbare Unterteilung in Wörter durch Leerzeichen, noch Interpunktionszeichen wie Punkte, Kommata oder Ausrufezeichen. Die Lautsprache hat ihre ganz eigenen Möglichkeiten, um diese Dinge zu vermitteln.

Nicht alle der genannten Informationen, die über die Lautsprache transportiert werden, sind an einzelne Laute geknüpft. So ist beispielsweise die Tatsache, dass die Lautsprache das Geschlecht einer Person mehr oder weniger eindeutig verrät, weitgehend unabhängig von einzelnen Lauten. Wir erkennen es vielmehr an der Tonhöhe (und vielleicht der Tonqualität), und die erstreckt sich über mehrere Laute. Daraus ergibt sich eine wichtige Unterscheidung: Die Lautsprache umfasst Einzellaute oder auch **Segmente** und lautliche Eigenschaften, die über den Einzellaut hinausgehen, die sogenannten **Suprasegmentalia** (s. Kap. 2.5.4).

Sprechen und Hören sind körperliche Aktivitäten und daher an unsere Anatomie gebunden, was bedeutet, dass alle gesunden Menschen prinzipiell die gleichen Möglichkeiten zur lautsprachlichen Artikulation und Perzeption haben, aber dabei auch den gleichen Einschränkungen unterliegen. Laute können deshalb anhand von allgemeingültigen, **universalen** Kriterien beschrieben werden, die nicht an eine spezifische Einzelsprache gebun-

Sprechen und Hören als körperliche Aktivitäten

den sind, sondern ihre Basis im Sprech- und Hörapparat des Menschen und in den physikalischen Gesetzmäßigkeiten der Umgebung des akustischen Signals haben. Sie werden dabei auf ihre materielle **Substanz** zurückgeführt. Eine andere Perspektive auf die Lautsubstanz nehmen wir hingegen ein, wenn wir ihre **Funktion** in einer bestimmten Einzelsprache, in einem Sprachsystem, in den Blick nehmen.

2.2 | Gesprochene Sprache und Schrift

Laute sind keine Buchstaben

Es wurde bereits darauf hingewiesen, dass Laute nicht mit Buchstaben gleichgesetzt werden dürfen. Eine Kombination von mehreren Buchstaben kann für nur einen Laut stehen, wie im Deutschen die Buchstabenkombinationen <ch> oder <sch> oder auch die häufigen Doppelkonsonanzen wie in *Mutter* oder *Himmel*. Diese zeigen nicht etwa an, dass zwei Laute gesprochen oder dass diese länger artikuliert werden als etwa in *raten* oder *nehmen*, sondern sie markieren ganz im Gegenteil die Kürze des vorangehenden Vokals (sog. **Schärfungsschreibung**).

Graphem-Phonem-Korrespondenz

Aber nicht nur die Anzahl von Buchstaben kann in die Irre führen, auch die Art des Lautes lässt sich nicht eindeutig aus dem Schriftzeichen ablesen. Am deutlichsten ist das bei dem Buchstaben <e> in den Wörtern *Esel*, *allein*, *lieber* zu sehen. Ein und dasselbe Schriftzeichen repräsentiert hier verschiedene Laute, nämlich [eː],[ə],[ɐ], bestimmte Lauteigenschaften wie Länge – in der Kombination *ie* – sowie zusammen mit dem darauf folgenden <r> nur einen Laut, nämlich [ɐ]. Umgekehrt kann ein Laut durch verschiedene Schriftzeichen repräsentiert werden, so in den Wörtern *Vater*, *Fang* und *Pharao* (alle Anlaute werden [f] gesprochen). Im Sprachvergleich werden die komplexen Bezüge zwischen Laut und Buchstabe noch auffälliger. Selbst wenn in verschiedenen Sprachen mehr oder weniger identische Laute vorliegen, können sie unterschiedlichen Schriftzeichen entsprechen (vgl. anlautend dt. <s> wie in *Sonne* und anlautend engl. *z* wie in *zone*, beide [z] gesprochen), und ebenso können identische Buchstaben auf verschiedene Laute verweisen (<ch> steht sowohl für span. [tʃ] wie auch für dt. [x] oder [ç]).

Laut vs. Buchstabe: Es ist somit keinesfalls möglich, Laute und Buchstaben eindeutig aufeinander abzubilden; es handelt sich vielmehr um komplexe, sprachspezifische Zusammenhänge. Die Schriftzeichen entsprechen dabei nicht den gehörten oder gesprochenen Lauten einer Sprache, sondern abstrakteren Einheiten, für die später der Begriff Phonem eingeführt wird (s. 2.4). Die Beziehung zwischen Schrift- und Lautstruktur wird deshalb auch als **Graphem-Phonem-Korrespondenz** bezeichnet. Allerdings ist auch die Beziehung zwischen Graphemen und Phonemen in einer Sprache wie dem Deutschen oder Englischen nicht trivial (vgl. Fuhrhop/Peters 2013).

Beispiele für Graphem-Phonem-Korrespondenzen im Deutschen sind:

/z/ ⟶ <s>   (Sonne, Hasen, reisen)

/s/ ⟶ <s>   (hast)
/s/ ⟶ <ss>   (hassen / hasst, Masse)
/s/ ⟶ <ß>   (Maße, reißen)

/ʃ/ ⟶ <sch>   (Schirm, beschatten)
/ʃ/ ⟶ <s>   (Stimme, bestatten)

Verschriftung von Lauten: Die Konsequenz aus dem beschriebenen komplexen Verhältnis ist, dass die Grapheme einer Sprache völlig ungeeignet sind, um die Lautsubstanz einer Äußerung in dieser oder gar einer anderen Sprache wissenschaftlich zu erfassen. Das liegt nicht nur daran, dass die Grapheme einer Sprache nur einen Teil der Lautsubstanz – nämlich den, der sich auf Phoneme bezieht – systematisch wiedergeben, sondern auch daran, dass diese Beziehung von Sprache zu Sprache unterschiedlich gestaltet ist. Für die Verschriftung bzw. Transkription von Äußerungen in einer

---

Definition

Unter → **Graphem-Phonem-Korrespondenz** (kurz: GPK) versteht man die einzelsprachlich geregelte Verbindung von bedeutungsunterscheidenden Einheiten des Schriftsystems zu den bedeutungsunterscheidenden Einheiten des Lautsystems (vgl. Dürscheid 2006).
Unter einem → **Graphem** versteht man »die kleinste bedeutungsunterscheidende Einheit des Schriftsystems einer Sprache« (Günther 1988: 77). Grapheme werden durch spitze Klammern markiert (etwa <p>).
Unter einem → **Phonem** versteht man die kleinste bedeutungsunterscheidende Einheit des Lautsystems einer Sprache. Phoneme werden durch Schrägstriche markiert (etwa /p/).

2.2 Laute

Gesprochene Sprache und Schrift

Sprache ist das graphemische System dieser Sprache also genauso wenig geeignet wie für die vergleichende Analyse von Lautsystemen.

Um ein **Transkriptionssystem** für alle Sprachen zu entwickeln, kann man sich jedoch die Tatsache zunutze machen, dass alle Laute aller Sprachen universalen Gesetzmäßigkeiten gehorchen, die sich daraus ergeben, dass die Lautproduktion an die physiologischen Gegebenheiten des menschlichen Körpers gebunden ist. Zwar werden diese in verschiedenen Sprachen unterschiedlich ausgeschöpft, dies ändert aber nichts daran, dass alle Laute – wenn sie gebildet werden – von allen Menschen auf ähnliche Art und Weise gebildet werden. Dies eröffnet die Möglichkeit eines **universalen phonetischen Alphabets**, das jeden möglichen Laut 1:1 auf ein einziges Schriftsymbol abbildet. Ein solches Inventar an Lautsymbolen wurde 1886 durch die *Association Phonétique Internationale* (heute: *International Phonetic Association*) erstellt. Es ist heute bekannt als **IPA**-Alphabet und wird weltweit zur Verschriftung von Lautsprache verwendet. Diese Art der Verschriftung nennt man phonetische **Transkription**.

> **Definition**
>
> Der Begriff → Transkription im Allgemeinen bezieht sich auf die Verschriftung von lautlich (oder visuell) gegebenen Daten nach bestimmten Notationskonventionen. Das IPA stellt solche Notationskonventionen für die Transkription von Lauten bereit.

Das IPA-Alphabet befindet sich im Anhang dieses Buchs.

> **Zur Vertiefung**
>
> **Alphabetschriften und andere Schrifttypen**
>
> Die regelhafte Verbindung von Phonemen und Buchstaben durch GPK-Regeln stellt nur eine von mehreren Möglichkeiten dar, die Sprache in Schrift zu überführen. Neben den Alphabetschriften, wie dem lateinischen oder kyrillischen Alphabet, gibt es auch **Silbenschriften**, bei denen sich die kleinsten graphischen Einheiten auf Silben beziehen. Beide Schrifttypen orientieren sich somit an der Lautform der Sprache, weshalb sie auch als **phonographisch** bezeichnet werden. Demgegenüber steht der **logographische** Schrifttyp, dessen graphische Zeichen für die Bedeutung von sprachlichen Einheiten stehen. Ein Schriftsystem nach logographischem Typ ist beispielsweise das Chinesische (vgl. Dürscheid 2006).
>
> Das Japanische ist ein Beispiel für ein **gemischtes Schriftsystem**, das sowohl den phonographischen als auch den logographischen Typ verwendet. Die Abbildung einer gewöhnlichen U-Bahnfahrkarte zeigt das gemeinsame Vorkommen verschiedener Zeichentypen. Die logographischen Zeichen zeichnen sich gegenüber den phonographischen Zeichen durch komplexeren Aufbau aus. Es fällt auf, dass zusätzlich zu diesen Zeichen auch die arabischen Ziffern verwendet werden. In anderen Texten finden sich außerdem auch lateinische Buchstaben (Romaji).

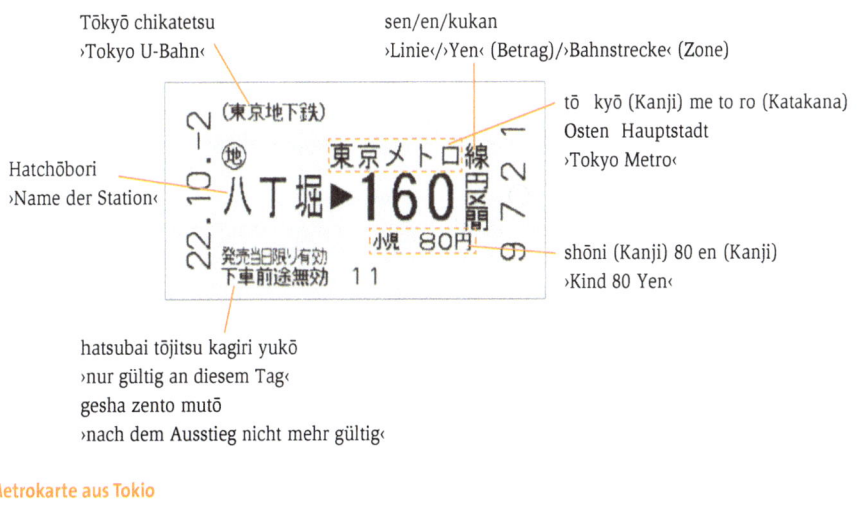

Metrokarte aus Tokio

Die Mischung der Typen hat historische Gründe, denn zu Beginn der Schriftkultur in Japan (im 4. Jh. n. Chr.) wurden logographische Schriftzeichen aus dem Chinesischen übernommen, die **Kanji**. Zu diesen traten bald die phonographischen, silbenbasierten Schriftzeichen **Katakana** und **Hiragana** hinzu.

Die Kanji sind allerdings heute nicht mehr mit den ursprünglichen chinesischen Zeichen gleichzusetzen, da sie oft mehrere Lesarten haben. Ein Zeichen kann also (im Gegensatz zum Chinesischen) verschiedene Dinge bedeuten.

Interessant ist, dass der Gebrauch der Katakana, der Hiragana und der Kanji im heutigen Japanisch **nach Funktionen differenziert** ist. So werden Katakana beispielsweise (u. a.) für dialektale Ausdrücke, Interjektionen und – wie oben gesehen – Verschriftung von Lehnwörtern verwendet, Hiragana hingegen u. a. für die Schreibung von Konjunktionen. Die Hiragana kodieren generell eher grammatische Funktionen. Die Kanji transportieren überwiegend lexikalische Bedeutungen. Der Leser erhält durch diese funktionale Differenzierung alleine auf der Basis des gewählten Zeichentyps schon wichtige Informationen zur Dekodierung des Geschriebenen (vgl. Dürscheid 2006).

2.3 | Die Substanz von Lauten

Die Substanz von Lauten kann aus drei verschiedenen Perspektiven betrachtet werden, die sich aus einem einfachen Modell des Kommunikationsprozesses ergeben. Wir stellen uns hierzu zwei Personen vor, die miteinander sprechen. Die erste Person produziert die Lautsprache, die zweite nimmt sie wahr, transportiert wird die Lautsprache (im Normalfall) über die Luft in Form von Schall.

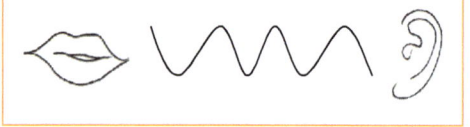

Abb. 1: Ein einfaches Kommunikationsmodell mit Sprecher, Schall und Hörer

Drei Bereiche der Phonetik

Die akustische Phonetik beschäftigt sich mit den Schalleigenschaften des Sprachsignals. Laute werden durch ihre spezifischen Schalleigenschaften beschrieben.

Die artikulatorische Phonetik beschreibt den Prozess der Lauterzeugung durch den Sprecher mithilfe der Sprechwerkzeuge.

Die auditive Phonetik widmet sich schließlich dem Hörprozess, wobei sowohl die physiologischen Prozesse im Ohr und Gehirn als auch die sogenannte Psychoakustik, also die Frage, als was das akustische Sprachsignal tatsächlich wahrgenommen wird, von Interesse sind. Laute werden somit in Hinblick auf ihre Wahrnehmbarkeit als abgrenzbare Einheiten beschrieben.

Die Forschungsdisziplin, die sich mit diesen drei Teilbereichen beschäftigt, nennt man **Phonetik**.

In den folgenden Abschnitten werden die drei Bereiche vorgestellt und die folgenden Fragen beantwortet:
- Wie lässt sich der Laut als Schallereignis beschreiben?
- Wie werden Laute mit den Sprechwerkzeugen gebildet?
- Wie werden Laute wahrgenommen?

2.3.1 | Akustische Phonetik

Die akustische Phonetik befasst sich mit der Frage, welche Schalleigenschaften sprachliche Ereignisse haben. Es wäre allerdings falsch, hierbei nur an die Schallübertragung durch das Medium Luft zwischen zwei Sprechern zu denken. Die Beschäftigung mit der Akustik von Lauten beginnt bereits ›im‹ Sprecher, denn hier findet die Schallerzeugung und -modifikation statt. Durch die Artikulation jedes Sprechers werden die Laute als spezifische Schallereignisse ausgeformt.

Akustische Kenngrößen zur Beschreibung des Sprachschalls sind Periode, Amplitude und Phase.
- **Periodisch** bedeutet, dass sich eine Schwingungskurve regelmäßig in genau gleichen Abständen wiederholt. Da dies bei natürlich er-

> **Definition**
>
> Die → Phonetik ist die Forschungsdisziplin, die sich mit der Substanz der Lautsprache beschäftigt. Sie untergliedert sich in die Teilbereiche artikulatorische, akustische und auditive (oder perzeptive) Phonetik.

zeugten Klängen nur annäherungsweise der Fall ist, spricht man von **quasi-periodisch**. Je länger es dauert, bis eine Periode vollendet ist, bis also eine vollständige Schwingungskurve vollzogen ist, desto länger oder kürzer ist die **Periodendauer**. Die akustische Maßeinheit, mit der Perioden in ihrer Zeitdimension angegeben werden, ist **Hertz (Hz)**. Sie bezieht sich auf die **Periodenfrequenz** und gibt an, wie häufig eine Periode in einer Sekunde vollzogen wird. Ein Hertz steht also für eine Schwingung pro Sekunde, 100 Hertz stehen für 100 Schwingungen pro Sekunde. Die Frequenzbereiche, die für die Sprachproduktion relevant sind, bewegen sich zwischen ca. 60 und 8000 Hertz.

- **Amplitude** bezeichnet das Ausmaß der Schwingungsbewegung, also die Auslenkung der Kurve in vertikaler Richtung. Die Amplitude wird in **Dezibel (dB)** angegeben.
- **Phase** bezeichnet den Einsatzpunkt der Schwingungsbewegung.

Abbildung 2 zeigt zwei Schwingungskurven, die sich in Hinblick auf ihre Periode und Amplitude gleichen und in ihrer Phase verschoben sind. Auf der x-Achse ist die Zeit abgetragen, auf der y-Achse die Amplitude.

Visualisierung von Schall: Zur akustischen Analyse und Visualisierung des Sprachschalls werden besonders das **Oszillogramm** und das **Spektrogramm** verwendet, deren Entwicklung in die 1940er Jahre zurückgeht (vgl. Pompino-Marschall 2009). Die heutigen technischen Möglichkeiten erlauben es jedem, am eigenen Computer akustisch-phonetische Analysen durchzuführen. Weltweit wird dafür vor allem das von Paul Boersma und David Weenink entwickelte Sprachanalyseprogramm **PRAAT** verwendet, das als *freeware* unter www.praat.org herunterladbar ist. Die in diesem Abschnitt eingefügten Abbildungen wurden mit PRAAT erstellt.

Das **Oszillogramm** ist eine zweidimensionale Darstellung des **Schalldrucks** (der Amplitude) über die **Zeit**.

Das **Spektrogramm** ist eine dreidimensionale Darstellung des Sprachsignals, die die Größen **Frequenz**, **Amplitude** und **Zeit** umfasst. Auf der x-Achse wird hierbei die Zeit abgetragen, auf der y-Achse die Frequenz. Die Amplitude (oder die Energie) der in den jeweiligen Frequenzbereichen vorliegenden Schwingungen wird durch die Tiefe der Grauschattierungen visualisiert. Abbildung 3 zeigt das Spektrogramm und Oszillogramm des Wortes *nein*. Sehr auffällig sind die schwarzen ›Balken‹, die dem Vokal [aɪ] entsprechen. Man bezeichnet sie als **Formanten**.

Formanten sind zentral für die Differenzierung von Lauten hinsichtlich ihrer **Qualität** oder umgangssprachlich ihrer ›Klangfarbe‹. Die **Formantlage**, d.h. die Position der Formanten im Frequenzbereich, wird vor allem angegeben, um einzelne Vokale und Nasale voneinander abzu-

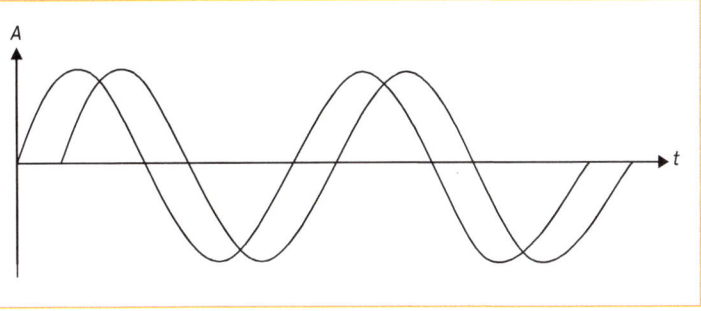

Abb. 2: Schwingungskurven

> **Definition**
>
> Unter einem → Formanten versteht man ein Energiemaximum des an die Luft abgestrahlten Signals. Vor allem die Vokale und stimmhafte Konsonanten lassen sich hinsichtlich ihrer spezifischen Formantlagen differenzieren.

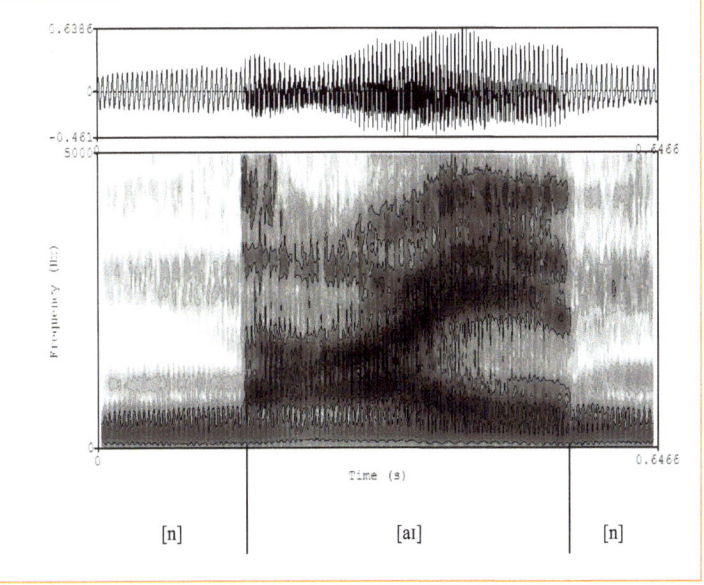

Abb. 3: Oszillogramm (oben) und Spektrogramm (unten) des Wortes *nein*

Die Substanz von Lauten

grenzen. Von besonderer Bedeutung sind dabei die ersten beiden Formanten im Frequenzspektrum, seltener wird auch der dritte Formant mit angegeben. Diese Formanten werden als Kurzform häufig schlicht als *F1*, *F2* und *F3* bezeichnet.

Akustische Signaltypen

Wichtig für die Beschreibung von Lauten sind die Signaltypen Klang, Rauschen und Knall, die im Folgenden erklärt werden. Es werden auch jeweils die Laute angeführt, die sich den entsprechenden Signaltypen zuordnen lassen.

Laute als Klänge

Unter einem Klang versteht man ein komplexes Signal, das sich aus der Überlagerung mehrerer (quasi-)periodischer Schwingungen ergibt.

Komplex ist ein Klang deshalb, weil er nicht nur aus einer Schwingung besteht (dies wäre in der Akustik ein Ton, was allerdings nicht mit dem umgangssprachlichen Gebrauch von ›Ton‹ zu verwechseln ist, bei dem es sich aus akustischer Perspektive um einen Klang handelt), sondern aus mehreren Schwingungen. Diese variieren hinsichtlich ihrer Periodendauer und unter Umständen auch in Hinblick auf Amplitude und Phase.

Quellsignal und Filterung

Quelle-Filter-Modell: An dieser Stelle ist es wichtig darauf hinzuweisen, dass das von Mund und/oder Nase an die Umgebungsluft abgestrahlte akustische Signal nicht mehr dem zunächst erzeugten Klang entspricht. Dieser Klang dient lediglich als **Quellsignal** für weitere Modifikationen. Für die Erzeugung von verschiedenen Lauten bedeutend ist die **Filterung** des Quellsignals, bei der bestimmte Frequenzbereiche des Signals gedämpft werden, andere, die mit den Eigenfrequenzen des Resonanzkörpers (d.h. des Rachen-, Mund- und Nasenraums, auch: **Ansatzrohr**) korrespondieren, hingegen nicht. Die Energiemaxima des durch die Luft transportierten Signals entsprechen somit den Frequenzbereichen, die aufgrund der Resonanzeigenschaften des Ansatzrohrs weniger stark gedämpft werden.

Welche Laute sind als Klänge zu kennzeichnen?
Zu den Lauten, die als akustische Schallgrundlage ausschließlich den im Kehlkopf erzeugten Klang haben, zählen die **Vokale**, **Nasale** und **Approximanten**. Darüber hinaus gibt es Laute, die auf einer Mischung des Signaltyps Klang mit den Signaltypen Rauschen und Knall beruhen, wie die stimmhaften Plosive und Frikative, die Vibranten und die Taps und Flaps.

Vokale lassen sich akustisch somit über ihre Formantlagen bestimmen, wobei vor allem F1 und F2 als relevant erachtet werden. Bei der Produktion von Diphthongen (z. B. [aɪ]; s. Kap. 2.3.2) kommt es zu Formantveränderungen während der Lautbildung. Dies ist übrigens auch bei den gerundeten Vokalen der Fall, weil die Lippenrundung zumeist während der Vokalbildung aufgebaut wird, so dass sich der Resonanzraum entsprechend während der Vokalbildung verändert (s. Kap. 2.3.2).

Nasale weisen ebenfalls spezifische Formantlagen auf. Das Besondere an den Nasalen ist jedoch, dass bei ihnen ein sogenannter **Antiformant** auftritt. Dies bezeichnet eine starke Dämpfung von Schwingungen in einem bestimmten Frequenzbereich, die bei den Nasalen durch den als Resonator zugeschalteten Nasenraum bewirkt wird. Der Antiformant liegt bei den Nasalen oberhalb ca. 500 Hertz. Der erste Nasalformant (NF1) liegt für alle Nasale unterhalb dieses Bereichs bei ca. 200–250 Hertz. Mit der Artikulationsstelle des Nasals variiert sein zweiter Formant, wobei vordere Artikulationsstellen mit einem niedrigeren NF2 korrelieren. Der Variationsbereich liegt zwischen 1000 und 2350 Hertz (vgl. Neppert 1999: 222; Machelett 1996).

Approximanten schließlich zählen artikulatorisch zwar zu den Konsonanten, da sie als einzige Schallquelle aber den im Kehlkopf erzeugten Klang haben, werden sie akustisch mit den Vokalen gruppiert. Um sie akustisch zu beschreiben, müssen wir einen weiteren Begriff einführen, der mit den Formanten zusammenhängt, aber bisher noch nicht erwähnt wurde. Es handelt sich um den Begriff der **Formantabbiegungen** oder auch **Transitionen** (s. Abb. 7). Bis jetzt haben wir die Einzellaute als isoliert aufgefasst und in ihren Schalleigenschaften beschrieben. Viele Laute jedoch sind gerade dadurch gekennzeichnet, wie sie sich im Übergang zu einem anderen Laut verhalten. Es kommt hier zu Veränderungen in der Formantlage, die auch als Formantabbiegungen oder Transitionen bezeichnet werden. Die Approximanten (z. B. [l]) zählen zu diesen Lauten, ebenso wie die in den folgenden Abschnitten zu beschreibenden Frikative und Plosive. (Auch für die Nasale sind die Transitionen von Bedeutung; sie lassen sich jedoch auch über ihre eigenen Formantlagen beschreiben).

Die Abbildung (4) zeigt abschließend das Oszillogramm und das Spektrogramm des Wortes *alleine*. Im Oszillogramm ist zu erkennen, dass in diesem Wort durchgängig quasi-periodische Schwingungen mit hoher Amplitude vorliegen. Das Spektrogramm zeigt deutlich die Formanten bei den Vokalen [a], [aɪ] und [ə]. Der Lateralapproximant [l] lässt ebenfalls ansatzweise Formanten erkennen, die von den angrenzenden Vokalen herrühren. Im Nasal [n] fällt der Antiformant und der darunter liegende Nasalformant auf.

Laute als Rauschen

Akustisch gesehen ist das Rauschen als **aperiodischer** Schwingungsverlauf zu beschreiben. Es entsteht durch unregelmäßige Luftdruckschwankungen. Im Gegensatz zu den Klängen wird die Luftsäule im Ansatzrohr also nicht in quasi-periodische Schwingungen versetzt. Die Luft wird vielmehr verwirbelt, indem sie durch Engebildung im Ansatzrohr in ihrer Strömung behindert wird. Die Glottis ist bei der Lautproduktion geöffnet, und die Stimmlippen schwingen nicht. Zu den Lauten, die als Schallgrundlage das Rauschen haben, zählen daher die **Frikative** und die **Lateral-Frikative**.

Frikative: Das akustische Signal, das bei den Frikativen abgestrahlt wird, ist nicht so einfach durch seine Formantlagen zu beschreiben wie das der Vokale. Zwar lassen sich nach Neppert (1999: 210) auch bei den Frikativen Formanten als »vokalformantenartige, schmalbandige Maxima« feststellen. Sie sind aber vom Rauschen quasi überlagert und in breitere sogenannte **Rausch- oder Frikativformanten** eingebettet.

Frikative unterscheiden sich dadurch voneinander, dass ihr gesamter **Energieschwerpunkt** im höheren oder tieferen Frequenzbereich liegen kann. Das kommt daher, dass bei den einzelnen Frikativen das Quellsignal an unterschiedlichen Stellen gebildet wird und hierbei auch der Grad der Enge variieren kann. Das Ansatzrohr fungiert zudem wieder als Resonator und dämpft entsprechend verschiedene Frequenzbereiche unterschiedlich stark ab. Auch beim Rauschen wird die Luftsäule im Ansatzrohr folglich zum Mitschwingen angeregt, im Unterschied zu den Klängen sind diese Schwingungen aber völlig aperiodisch. Darüber hinaus kommt es durch die starke Annäherung der Zunge an den Gaumen häufig auch zu kleineren Hohlräumen, so dass nicht nur die Luftsäule als Ganzes, sondern auch diese Hohlräume einen Einfluss auf die Resonanzeigenschaften haben.

Unerwähnt geblieben sind bisher die **stimmhaften Frikative**. Diese beruhen auf einer **Mischform des Grundschalls**, denn zusätzlich zur Signalquelle des Rauschens schwingt die Glottis, so

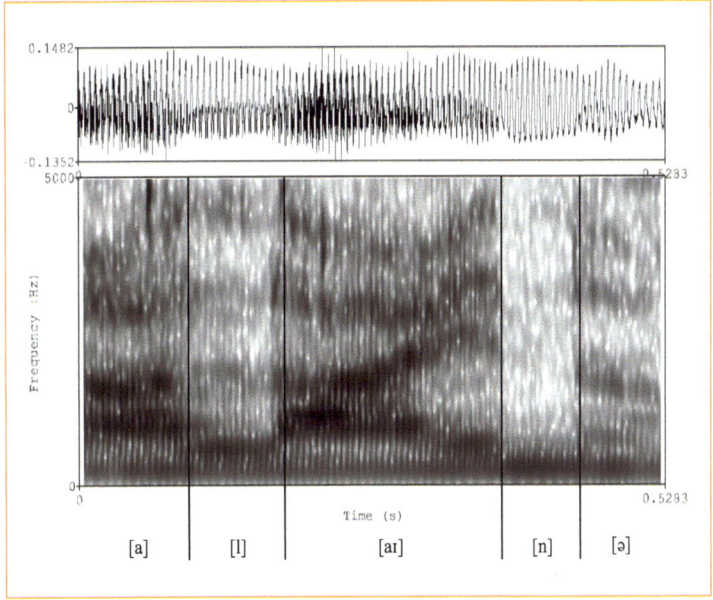

dass quasi-periodische und aperiodische Schwingungen einander überlagern.

Abbildung 5 zeigt den stimmlosen Frikativ [ʃ] im Wort *Asche*. Das Rauschen hebt sich im Oszillogramm deutlich von den angrenzenden Vokalen ab. Auch im Spektrogramm ist der stimmlose Frikativ am Fehlen von Energie in den niedrigen Frequenzbereichen (Fehlen des ***voice bar***) zu erkennen; die Energieschwerpunkte liegen im Bereich um 3500 Hz.

Abb. 4:
Oszillogramm (oben) und Spektrogramm (unten) des Wortes *alleine*.

Abb. 5:
Oszillogramm (oben) und Spektrogramm (unten) des Wortes *Asche*

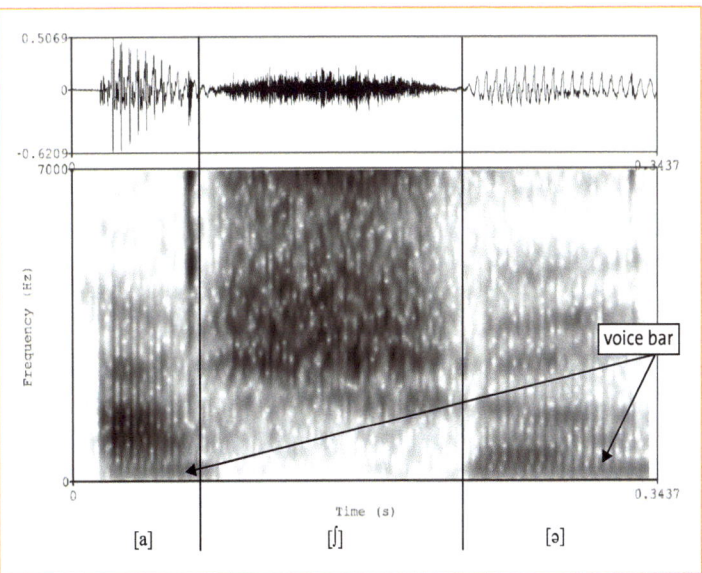

> **Zur Vertiefung**
>
> **Fourier-Analyse**
> Der (harmonische) Klang als komplexes akustisches Signal ergibt sich aus der Addition der Amplituden zu jedem Zeitpunkt des Signals. Umgekehrt kann ein komplexes akustisches Signal zu jedem Zeitpunkt in seine Komponenten zerlegt werden. Dieser Vorgang bildet die Grundlage der sog. Fourier-Analyse (oder **Spektralanalyse**). Sie zeigt somit an, bei welchen Schwingungsfrequenzen zum Zeitpunkt x welche Amplituden vorliegen. Eine Darstellungsform ist das sogenannte Spektrum (s. Abb. 1), bei dem auf der x-Achse die Frequenz in Hertz abgetragen wird und auf der y-Achse die Amplitude.
>
>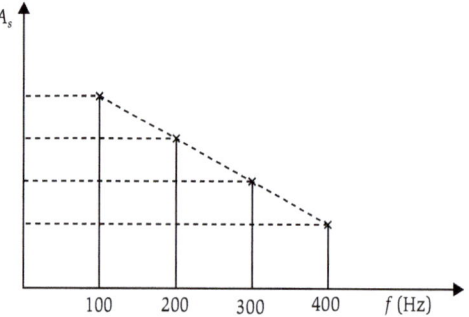
>
> Abb. 1: Spektrum einer komplexen Schwingungskurve eines Klangs. Sie setzt sich aus vier Teilschwingungen mit den Schwingungsfrequenzen 100, 200, 300 und 400 Hertz zusammen. Die Amplitude nimmt bei diesem Beispiel mit steigender Frequenz ab (vgl. Neppert 1999: 43).
>
> Nun bestehen sprachliche akustische Signale aber nicht nur aus einem Zeitpunkt, sondern sie erstrecken sich über einen längeren Zeitraum. Es müssen für die Zerlegung des Sprachsignals also viele solcher Spektralanalysen aneinandergereiht werden. Daraus resultiert dann eine Darstellung des Signals, die gewissermaßen dreidimensional ist und die Größen Frequenz, Amplitude und Zeit umfasst, wie in Abbildung 2 zu erkennen ist:
>
>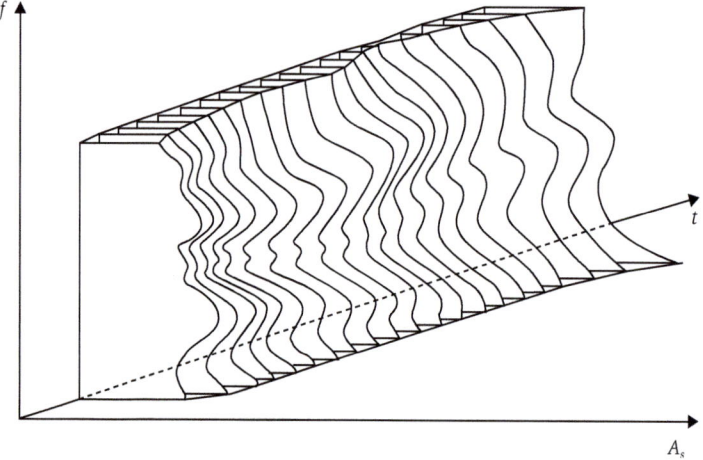
>
> Abb. 2: Zeitverlaufsspektrogramm (Neppert 1999: 72)
>
> Auf der Vertikalen ist die Frequenz abgetragen, die Amplitude auf der Horizontalen; in die Tiefe verläuft die Zeitdimension, so dass sich eine reliefartige Darstellung ergibt. Gängiger als diese Form der Visualisierung ist allerdings das Spektrogramm, bei dem die Amplituden durch Grauschattierungen wiedergegeben werden (s. Abb. 3, 4, 5, 6 im Text).

Laute als Knall

Ein Knall ist charakterisiert durch aperiodische Schwingungen von kurzer Dauer und (zumeist) hoher Amplitude. Er entsteht durch große Luftdruckunterschiede zwischen zwei voneinander abgeschlossenen Hohlräumen, so dass die Luft aus dem Raum mit höherem Druck bei Öffnung explosionsartig in den Raum mit niedrigerem Druck entweicht.

Zu den Lauten, die als Schallgrundlage (u. a.) einen Knall haben, zählen die **Plosive** und auch die **Clicks** (s. 2.3.2).

Plosive bestehen akustisch gesehen aus **drei Phasen**. Zunächst finden wir eine Phase der **Stille** (oder auch **stumme Schallform**), die mit der Zeit der Verschlussbildung zusammenfällt, in der die Luft im Mundraum aufgestaut wird. Die zweite Phase stellt dann den **Knall** (*burst*) dar. In der Folge des Knalls ist häufig noch ein Rauschen zu hören, das auch als **Aspiration** bezeichnet wird. Den Knall bildet also genau genommen nur die zweite Phase des Lautes (dies ist jedoch eine vereinfachte Darstellung; für mehr Details vgl. Neppert 1999).

Die drei Phasen lassen sich in Abbildung 6 am Beispiel des Wortes *Atem* sowohl im Oszillogramm als auch im Spektrogramm gut nachvollziehen. Nach dem Vokal [aː] ist eine Phase der Stille zu erkennen, auf die der *burst* als kurzer Energiehöhepunkt folgt. Es schließt sich daran ein Rauschen an, das abklingt, bevor der Folgevokal [ə] eintritt. Interessant ist auch, dass vor dem initialen Vokal

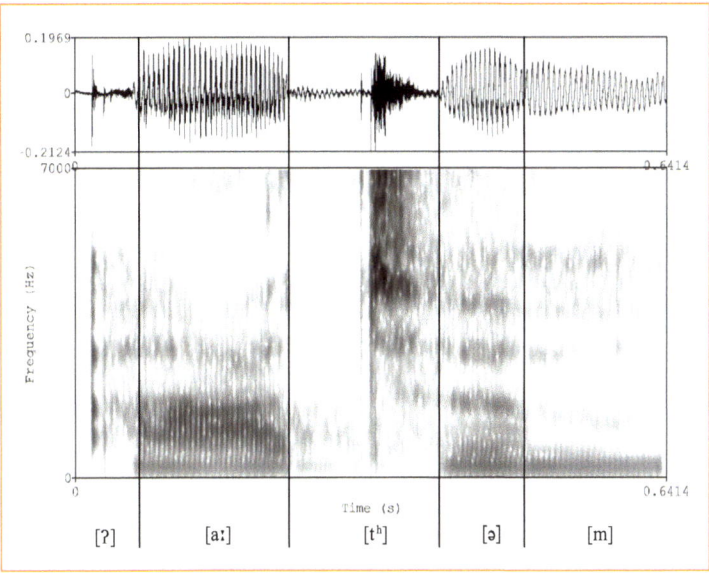

ebenfalls ein *burst* (allerdings ohne folgende Aspiration) zu sehen ist. Hierbei handelt es sich um einen Glottalverschluss, der im Deutschen meist vor Vokalen in betonten Silben produziert wird.

Die **Unterscheidung der Plosive** ist äußerst schwierig, wenn man nur den Einzellaut in den Blick nimmt. Der Knall ist sehr kurz und häufig auch recht schwach ausgeprägt. Wird der Laut aspiriert, kann unter Umständen der Beginn der Aspiration Aufschluss über den Artikulationsort

Abb. 6:
Oszillogramm (oben) und Spektrogramm (unten) des Wortes *Atem*.

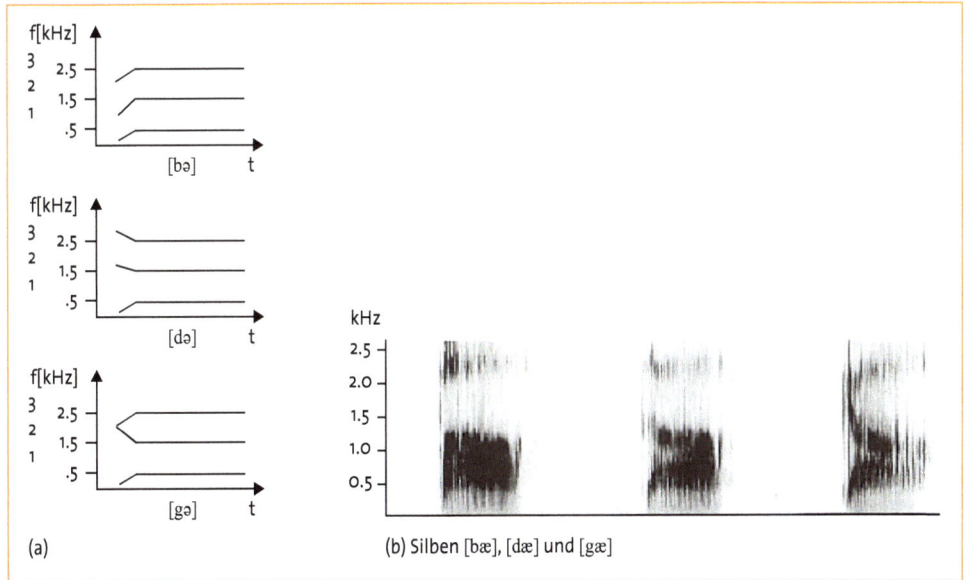

Abb. 7:
Transitionen in schematischer Darstellung (a) und im Spektrogramm (b) (aus Pompino-Marschall 2009: 114)

2.3 Laute

Die Substanz von Lauten

> **Definition**
>
> **Klang, Rauschen und Knall** bezeichnen in der akustischen Phonetik verschiedene Signaltypen, die die Schallgrundlage für die Sprachlaute bilden.
> Ein → **Klang** ist ein komplexes akustisches Signal, das sich aus der Überlagerung mehrerer **(quasi-)periodischer** Schwingungen ergibt. Es liegt den **Vokalen**, **Nasalen** und **Approximanten** zugrunde.
> Beim → **Rauschen** handelt es sich um einen **aperiodischen** Schwingungsverlauf. Es kennzeichnet die **Frikative** und **Lateral-Frikative**.
> Ein → **Knall** ist durch **aperiodische** Schwingungen von **kurzer Dauer** und (zumeist) **hoher Amplitude** gekennzeichnet. Er ist Bestandteil von **Plosiven** und **Clicks**.

geben. Das zentrale akustische Korrelat findet sich jedoch erst, wenn man den Übergang zwischen Plosiv und (insbesondere folgendem) Vokal berücksichtigt. Erst im Zusammenhang mit den Transitionen zum und im Vokal kann also der Artikulationsort von Plosiven akustisch (und auch auditiv) bestimmt werden (s. Abb. 7).

Dies deutet bereits darauf hin, dass es nicht immer sinnvoll erscheint, nur den *Einzel*laut in den Blick zu nehmen. Wir kommen darauf in den Kapiteln 2.5 und 2.6 zurück.

Untergliederung der Plosive: Bisher wurde nur der Artikulationsort der Plosive betrachtet, Plosive lassen sich aber auf einer übergeordneten Ebene noch in **stimmhafte**, **stimmlose** und **stimmlos und aspirierte** Plosive unterteilen, also beispielsweise [b], [p] und [pʰ]. Bei den stimmhaften Plosiven finden wir in der Verschlussphase quasi-periodische Schwingungen, es handelt sich also um eine Mischform des Schalls. Die Schwingungen (oder auch Stimmhaftigkeit) können durch die gesamte Verschlussphase anhalten, sie können aber auch zwischendurch stoppen. Stimmhafte Plosive zeichnen sich gegenüber den stimmlosen Plosiven weiter durch eine kürzere Verschlussphase sowie einen kürzeren und weniger stark ausgeprägten *burst* aus.

Von besonderer Relevanz für die Differenzierung der drei Plosivtypen hat sich weiterhin die sogenannte **Voice Onset Time (VOT)** herausgestellt, die in Kapitel 2.3.3 besprochen wird, da sie eine große Rolle für die Lauterkennung spielt.

2.3.2 | Artikulatorische Phonetik

Die Produktion von Lauten beginnt in der Lunge. Die meisten Laute werden mit Ausatmungsluft aus der Lunge gebildet, dem sog. **pulmonal-egressiven Luftstrom**. Dieser passiert auf dem Weg nach außen zunächst den Kehlkopf (**Larynx**), in dem sich die Stimmlippen mit der Stimmritze (**Glottis**) befinden. Von dort strömt die Luft weiter durch den Rachen-, Mund- und gegebenenfalls Nasenraum. Den Bereich unterhalb der Stimmlippen bezeichnet man als das **subglottale** System, den oberhalb der Stimmlippen als **supraglottales** (oder -laryngales) System. Der Kehlkopf mit den Stimmlippen wird als **glottales** (oder laryngales) System bezeichnet (s. Abb. 8).

Stimmanregung oder Phonation: So werden die Lautbildungsprozesse im glottalen Bereich bezeichnet. Der Kehlkopf und die darin befindlichen Stimmlippen stellen eine wichtige ›Schaltstelle‹ für die nach oben strömende Luft dar. Die Stimmlippen können vom Sprecher mithilfe der Stellknorpel in verschiedene Stellungen gebracht werden, die Einfluss darauf haben, ob und in welcher Weise der aus der Lunge kommende Luftstrom modifiziert wird. Sind die Stimmlippen geöffnet, kann der Luftstrom ungehindert in den Rachen gelangen (= stimmlose Stimmanregung). Werden die Stimmlippen aneinander angelegt (sog. Phonationsstellung), werden sie durch die eintreffende

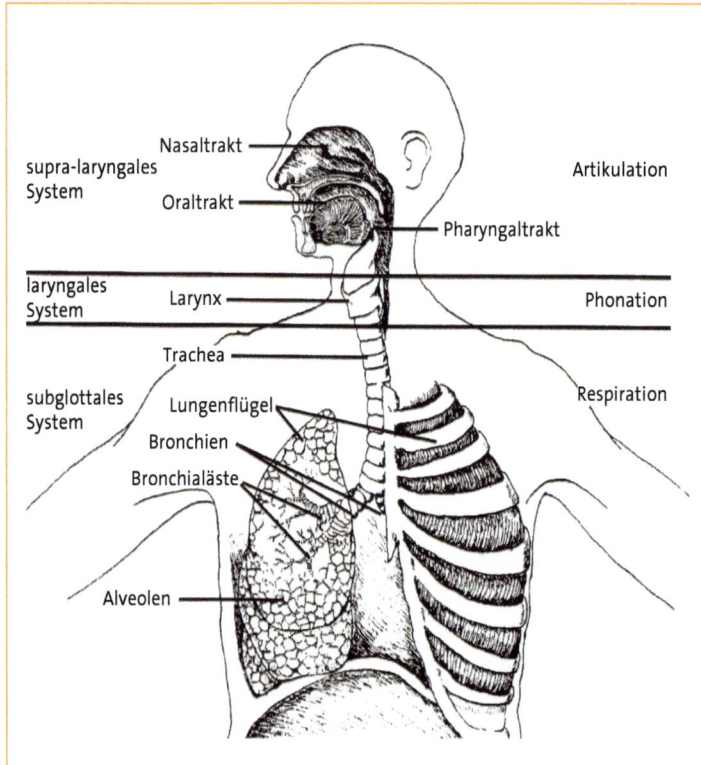

Abb. 8:
Querschnitt des sub- und supraglottalen Bereichs
(aus Reetz 2003: 101)

Luft aufgestoßen und es wird eine sich regelmäßig wiederholende, automatische Öffnungs- und Schließbewegung der Stimmlippen in Gang gesetzt. Verantwortlich für die automatische Schließbewegung ist dabei der sogenannte **Bernoulli-Effekt**. Die Öffnungs- und Schließbewegung verursacht, dass die Luftsäule in Schwingung versetzt wird (= stimmhafte Stimmanregung). Diese Unterscheidung ist wichtig für die Lautproduktion, denn sie führt zur Differenzierung in stimmlose und stimmhafte Laute (s. u.).

Artikulation im engeren Sinn: Hierunter versteht man die veränderliche Einstellung der Sprechwerkzeuge im supraglottalen Bereich (auch bezeichnet als Ansatzrohr). In das Ansatzrohr gelangt die schwingende oder nicht schwingende Luftsäule (je nach Glottisstellung). Diese kann nun weiteren Modifikationen unterworfen werden, indem im Ansatzrohr an bestimmten Stellen Verengungen oder Verschlüsse produziert werden, z.B. indem die Zunge sich dem Gaumen nähert. Die Zunge ist ein bewegliches Artikulationsorgan, der Gaumen hingegen eine unbewegliche Artikulationsstelle. Die Aufteilung in Artikulatoren (beweglich) und die einzelnen Artikulationsstellen oder -orte (unbeweglich) ist zentral für die Klassifikation der verschiedenen Laute (s. u.). Kommt es zu einer starken, Turbulenzen produzierenden Modifikation im Ansatzrohr oder in der Glottis, ist das Resultat ein Konsonant, der je nach Stimmgebung stimmhaft oder stimmlos sein kann. Zusätzlich entscheiden der Artikulationsort und die Art und Weise der Modifikation darüber, um welchen Konsonanten es sich handelt. Vokale entstehen hingegen, wenn der Luftstrom ohne massive Störung aus dem Mundraum entweichen kann. Vokale sind (fast) immer stimmhaft. Die verschiedenen Vokale entstehen dadurch, dass das Ansatzrohr als Resonanzraum v. a. durch die Zunge unterschiedlich ausgeformt wird.

Konsonanten

Die einzelnen Konsonanten lassen sich nach den folgenden drei Parametern klassifizieren:
- Artikulationsort (an welcher Stelle geschieht die Modifikation?)
- Artikulationsart (auf welche Art und Weise geschieht die Modifikation?)
- Stimmgebung

Die folgende Darstellung ist sehr knapp und versteht sich als eine Auflistung der relevanten Artikulationsarten und -orte in den Lauten der Welt. Sie orientiert sich im Wesentlichen an Pompino-Marschall (2009).

> **Definition**
>
> Ein → Konsonant ist artikulatorisch dadurch gekennzeichnet, dass der Luftstrom beim Ausströmen behindert wird. Konsonanten werden nach dem Artikulationsort, der Artikulationsart und der Stimmgebung klassifiziert.

Die Artikulationsorte sind von vorne nach hinten (s. Abb. 9):
- Oberlippe (**labial**)
- Zähne (**dental, labiodental**)
- Zahndamm (**alveolar**)
- unmittelbar hinter dem Zahndamm (**postalveolar**)
- harter Gaumen (**palatal**)
- weicher Gaumen (**velar**)
- Zäpfchen (**uvular**)
- Rachenwand (**pharyngal**)
- Glottis, Stimmlippen (**glottal, laryngal**)

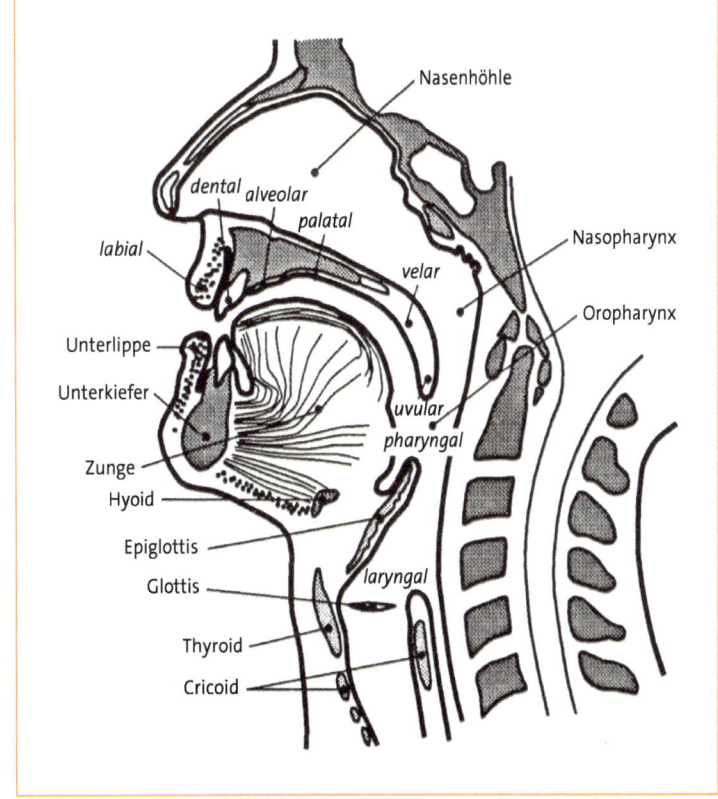

Abb. 9: Mediosagittalschnitt des Kopfes (aus Pompino-Marschall 2009: 44)

2.3 Laute

Die Substanz von Lauten

	Bilabial	Labio-dental	Dental	Alveolar	Postalveolar	Retroflex	Palatal	Velar	Uvular	Pharyngal	Glottal
Plosiv	p b			t d		ʈ ɖ	c ɟ	k g	q ɢ		ʔ
Nasal	m	ɱ		n		ɳ	ɲ	ŋ	ɴ		
Vibrant	ʙ			r					ʀ		
Tap oder Flap		ⱱ		ɾ		ɽ					
Frikativ	ɸ β	f v	θ ð	s z	ʃ ʒ	ʂ ʐ	ç ʝ	x ɣ	χ ʁ	ħ ʕ	h ɦ
Lateral-Frikativ				ɬ ɮ							
Approximant		ʋ		ɹ		ɻ	j	ɰ			
Lateral-Approximant				l		ɭ	ʎ	ʟ			

Tab. 1: Übersicht über alle Konsonanten

Die **beweglichen Artikulatoren** sind die Zunge, Lippen, Unterkiefer, Gaumensegel, Zäpfchen, Rachen und die Stimmlippen mit der dazwischen befindlichen Glottis (Stimmritze). Sie werden eingesetzt, um an bestimmten Artikulationsorten Verengungen oder Verschlüsse zu bilden und dem Luftstrom gewissermaßen Hindernisse in den Weg zu legen, die ihn auf spezifische Art und Weise modifizieren. Dies bezeichnet man dann als Artikulationsart.

Die Artikulationsarten sind:
Plosive: Bei dieser Art kommt es zu einem vollständigen Verschluss von Mund- und Nasenraum. Der Verschluss staut den Luftstrom an der Stelle der Verschlussbildung auf, woraufhin die Luft bei der Lösung des Verschlusses explosionsartig entweicht. Beispiele: [p, t, g].

Frikative: Es entsteht eine Engebildung im Mundraum, die dazu führt, dass der Luftstrom verwirbelt wird. Dadurch entsteht ein Reibegeräusch (diese Laute werden deshalb auch als Reibelaute bezeichnet). Beispiele: [s, v, x].

Nasale: Es entsteht ein vollständiger Verschluss im Mundraum. Zugleich ist das Velum gesenkt, so dass der Nasenraum geöffnet ist und die Luft durch die Nase entweichen kann. Beispiele: [m, n].

Vibranten: Es kommt zu einer schnellen Abfolge von Verschlüssen im Mundraum, wobei der Nasenraum verschlossen ist, umgangssprachlich beispielsweise bekannt als das sogenannte gerollte r. Beispiele: [r, R].

Taps **und** *flaps***:** Es kommt zu einem sehr kurzen Verschluss des Mundraums bei verschlossenem Nasenraum, meist dadurch, dass die Zungenspitze gegen die Alveolen schlägt. Beispiele: [ɾ, ɽ] wie im engl. Wort <be<u>tt</u>er> (einmal alveolar und einmal retroflex produziert).

Lateral-Frikative: Es kommt zu einer Verschlussbildung in der Mitte des Mundraums und zugleich zu einer Engebildung an einer Seite im Mundraum. Der Nasenraum ist dabei verschlossen. Das Geräusch wird damit nur auf einer Seite des Mundraums produziert; auf der anderen Seite entströmt die Luft ungehindert. Diese Artikulationsart wird im Deutschen nicht genutzt, aber z. B. im Walisischen. Beispiel: [ɬ].

Approximanten: Sie werden auch als Halbvokale bezeichnet und entstehen durch eine Annäherung von Artikulator an die Artikulationsstelle, ohne dass es jedoch zu einem Reibegeräusch wie bei den Frikativen kommen würde. Der Nasenraum ist auch hier verschlossen. Beispiele: [w] wie im engl. Wort <<u>w</u>ater>.

Lateral-Approximanten: Es kommt zu einer Verschlussbildung in der Mitte des Mundraums, die Luft entweicht an beiden Seiten des zentralen Verschlusses. Der Nasenraum ist verschlossen. Beispiel: [l] wie in <Ha<u>ll</u>e>.

Die beschriebenen Artikulationsarten arbeiten alle mit dem oben eingeführten pulmonal-egressiven Luftstrom. Es gibt jedoch auch Laute, die mit **nicht-pulmonalem** Luftstrom gebildet werden, d.h. der Luftstrom kommt nicht aus der Lunge, sondern wird durch andere Mechanismen wie den velaren oder den glottalen Luftstrommechanismus erzeugt. Beim velaren Luftstrommechanismus bildet die Zunge zusätzlich zu einem vorderen Verschluss (z. B. an den Alveolen) noch einen Verschluss am Velum. Zwischen Zunge und Gaumen befindet sich Luft, und bei Vergrößerung des Raums durch Absenken der Zunge sinkt der Luftdruck. Wird nun zuerst der vordere Verschluss gelöst, strömt Luft von außen nach innen in den Mundraum. Dabei entsteht ein Schnalzlaut, der in

Ein Überblick über alle Konsonanten und Vokale und das zugehörige Symbol findet sich in der IPA-Tabelle im Anhang des Buchs.

2.3 Laute
Artikulatorische Phonetik

Zur Vertiefung

Elektropalatographie (EPG) und Elektromagnetische Artikulographie (EMA)

Wie in der akustischen Phonetik gibt es auch in der artikulatorischen Phonetik instrumentelle Methoden zur Visualisierung und Analyse von Lauten und Lautsequenzen. Von besonderer Bedeutung sind hier die Elektropalatographie und die Elektromagnetische Artikulographie.

Elektropalatographie (EPG): Bei dieser Methode werden die **Zunge-Gaumen-Kontakte** (linguo-palatale Kontakte) mit Hilfe eines künstlichen Gaumens, den der/die Proband/in beim Sprechen im Mund trägt, erhoben. Der künstliche Gaumen hat je nach System zwischen 62 und 96 Elektroden, die mit variierender Dichte über den Gaumen angeordnet sind. Die Dichte ist im alveolaren und postalveolaren Bereich am höchsten, da die Lautproduktion hier am kleinräumigsten ausdifferenziert ist. Auf dem Gaumen liegt eine geringe (nicht spürbare) Spannung; bei Berührung des Gaumens durch die Zunge wird der Stromkreis geschlossen und der Kontakt an der entsprechenden Elektrode aufgezeichnet.

Die erhobenen Daten können Aufschluss geben über (1) die **dynamische, zeitveränderliche Verteilung der Kontakte** bei der Produktion von Lautsequenzen wie /nk/ und (2) die **statische räumliche Verteilung der Kontakte** zu einem bestimmten Zeitpunkt oder in einem bestimmten Zeitraum beispielsweise zur Untersuchung des /t/ zwischen zwei Vokalen im Vergleich zum /t/ nach einem /ʃ/.

Die Abbildung zeigt die **räumliche Verteilung der Kontakte bei der Artikulation von** /t/ in den Wörtern *am Teich* (s. Abb. a) und *aus Stein* (s. Abb. b). Extrahiert wurde der Gaumenabdruck unmittelbar vor der Verschlusslösung. Es ist zu erkennen, dass der Verschluss in *Stein* deutlich weiter hinten, im postalveolaren Bereich, artikuliert wird, was auf den Einfluss des vorangehenden postalveolaren Frikativs zurückzuführen ist.

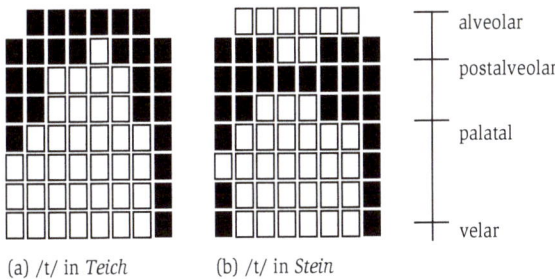

(a) /t/ in *Teich* (b) /t/ in *Stein*

Zunge-Gaumen-Kontakte von /t/

Elektromagnetische Artikulographie (EMA): Im Gegensatz zur EPG ist die EMA in der Lage, Artikulationsbewegungen zu erfassen, bei denen es nicht zum Zunge-Gaumen-Kontakt kommt, wie beispielsweise bei den Vokalen. Vereinfacht gesagt, werden dabei die Artikulationsbewegungen mittels Störungen in künstlich erzeugten Magnetfeldern ermittelt. Der Proband trägt bei der Aufnahmeprozedur eine Art Helm, von dem ausgehend die Magnetfelder erzeugt werden. Die Störungen werden durch Metallplättchen hervorgerufen, die auf dem interessierenden Artikulator (zumeist auf der Zunge, aber auch an den Lippen, am Unterkiefer oder am Velum) appliziert werden. Die Methode macht so die Bewegung der Artikulatoren im Mundraum nachvollziehbar und dient beispielsweise dazu, die wechselseitige Beeinflussung von Vokalen in Lautsequenzen wie /iCa/ oder /aCi/ zu untersuchen (das C steht für einen beliebigen Konsonanten).

der Phonetik als **Click** bezeichnet wird. Er wird nicht mit **egressivem** Luftstrom (ausströmende Luft), sondern mit **ingressivem** Luftstrom (einströmende Luft) produziert. Im Deutschen spielen diese Luftstrommechanismen für die normale Lautproduktion keine Rolle; sie sind aber als paralinguistische Laute wie das Schnalzen zum Antreiben von Pferden oder als »verärgertes ›t‹« durchaus in Verwendung. Als Sprachlaute kommen sie beispielsweise in verschiedenen afrikanischen Sprachen vor.

Die Stimmgebung bezieht sich auf die oben besprochene Differenzierung in **stimmhafte** und **stimmlose** Laute.

Die Klassifikation der konsonantischen Einzellaute ergibt sich nun aus der Kombination von Artikulationsort, Artikulationsart und Stimmgebung. Zu einer vollständigen artikulatorischen Beschreibung der Konsonanten gehören somit immer alle drei Parameter. So lautet beispielsweise die Klassifikation für den Laut [k]: stimmloser, velarer Plosiv. (Bei einigen Lauten verzichtet man allerdings oft auf die Angabe der Stimmhaftigkeit, da sie (fast) nur stimmhaft vorkommen, so z. B. bei den Nasalen.)

Vokale

> **Definition**
>
> Ein → Vokal ist artikulatorisch dadurch gekennzeichnet, dass der Luftstrom beim Ausströmen keiner Störung unterworfen wird. Vokale werden nach Zungenhöhe, Zungenlage und Lippenrundung klassifiziert.

Die Vokale sind gegenüber den Konsonanten dadurch gekennzeichnet, dass der Luftstrom im Ansatzrohr keiner starken Störung ausgesetzt ist. Wir benötigen für die Vokale also zum Teil andere Klassifikationsparameter als für die Konsonanten. Die relevanten Parameter für Vokale sind Zungenhöhe, Zungenlage und Lippenrundung (nach Pompino-Marschall 2003):

Zungenhöhe: Hiermit wird die **vertikale Lage** der Zunge im Mundraum bezeichnet. Sie hängt auch mit dem Grad der Mundöffnung zusammen. Das [a] ist der offenste Laut, [i] und [u] die geschlossensten. Dazwischen bewegen sich auf vertikaler Ebene die anderen Laute. Es wird zwischen den Höhen **hoch**, **obermittelhoch**, **untermittelhoch** und **tief** unterschieden, wobei es im IPA noch die Zwischenstufen halbhoch, mittel und halbtief gibt.

Zungenlage: Sie bezieht sich auf die **horizontale Lage** der Zunge im Mundraum. Die Zunge wölbt sich bei der Vokalbildung mehr oder weniger stark nach vorne oder hinten, wobei verschiedene Partien der Zunge aktiv werden. Das [i] ist der vorderste Vokal, das [u] zählt hingegen zu den hinten gebildeten Vokalen. Es wird zwischen den Zungenlagen **vorne**, **zentral** und **hinten** unterschieden.

Lippenrundung: Zusätzlich zur Position der Zunge ist für die Klassifikation der Vokale noch relevant, ob sie mit einer Vorstülpung bzw. Rundung der Lippen produziert werden. Es gibt hier nur die Unterscheidung in **gerundete** und **ungerundete** Vokale. Das [i] ist ein ungerundeter Vokal, das [u] ein gerundeter.

Monophthonge und Diphthonge: Die bisher beschriebenen Vokale bezeichnet man als **Monophthonge** (d. h. **Ein**-Laute). Sie sind dadurch gekennzeichnet, dass die Klangqualität während des Lautes (annähernd) gleich bleibt. Dem gegenüber stehen die **Diphthonge** (d. h. **Zwei**- oder **Zwie**laute), die durch eine systematische Veränderung der Lautqualität gekennzeichnet sind. Während ihrer Produktion kommt es zu einer systematischen Veränderung der soeben eingeführten Parameter. Beispiele für Diphthonge sind [aɪ] oder [ɔɪ] wie in <Leiter> oder <Leute>. Im ersten Fall bewegt sich die Zunge von der unteren in die obere vordere Lage, im zweiten Fall von der hinteren, mitteltiefen in die obere, vordere Lage.

Formantlage und Vokalartikulation: Im vorangegangenen Kapitel haben wir von den Formantlagen der Vokale gehört. Wie hat man sich den **Zusammenhang von Formantlagen und Vokalartikulation** genau vorzustellen? Das Ansatzrohr als Resonator wird durch die Artikulation in Hinblick auf seine Länge verändert, wodurch unterschiedliche Eigenresonanzen/Formanten entstehen. Als grober Zusammenhang lässt sich feststellen, dass die **Zungenhöhe mit F1** in Zusammenhang steht, während die **Zungenlage mit F2** korreliert: F1 ist umso niedriger, je geschlossener der Vokal ist. Bei geschlossenem Vokal, also gehobenem Zungenrücken oder Zungenspitze, verlängert sich der

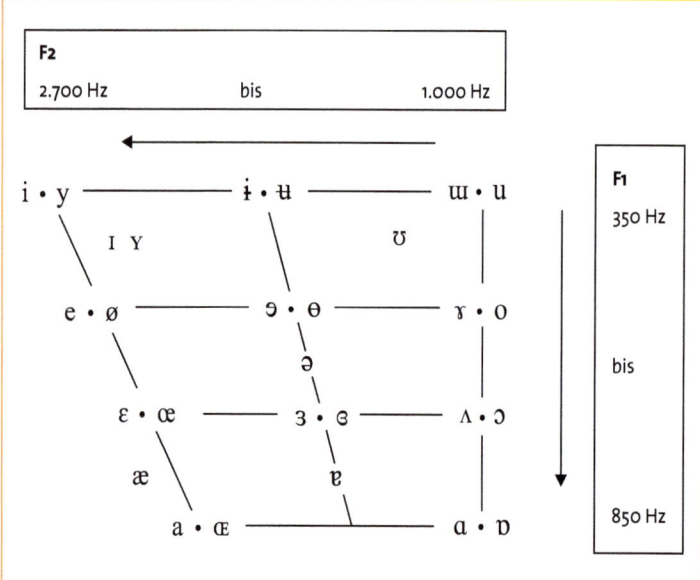

Abb. 10: Vokalviereck mit Hertzangaben für F1 und F2

Resonanzraum zwischen Glottis und Lippen, was zu einer Verstärkung der niedrigen Frequenzbereiche führt. F1 variiert bei den Vokalen zwischen ca. 350 und 850 Hertz, wobei es für die Einzellaute je nach Geschlecht des Sprechers zu großen Schwankungen kommt (vgl. Reetz 2003: 183).

F2 ist umso niedriger, je weiter hinten der aktive Teil der Zunge ist. Bei hinterer Zungenlage vergrößert sich der Abstand zwischen Zunge und Lippen, wodurch die Formanten im Bereich des F2 niedriger werden. Der F2 variiert bei den Vokalen zwischen ca. 1000 und 2700 Hertz.

2.3.3 | Auditive Phonetik

Mit der auditiven Phonetik wenden wir uns der Hörerseite zu. Es lassen sich hier verschiedene Fragen stellen, die zum Teil an unterschiedliche Forschungsdisziplinen in der Linguistik anknüpfen und teilweise auch interdisziplinäre Bezüge zur Medizin und zur Psychologie aufzeigen.
- Wie werden die Schallwellen im Ohr aufgenommen und weiter transportiert?
- Wie werden die akustischen Signale in neuronale Signale umgesetzt und ins Nervensystem weitergeleitet?
- Wie oder als was werden die akustischen Signale vom Hörer tatsächlich wahrgenommen?
- Wie werden die wahrgenommenen Elemente als sprachliche Zeichen interpretiert, d. h. vom menschlichen Geist verarbeitet und gespeichert?

Die ersten beiden Fragen fokussieren auf die **anatomischen, physiologischen und neuronalen Grundlagen der Sprachwahrnehmung**. Sie widmen sich gewissermaßen den materiellen Voraussetzungen der Wahrnehmung von Sprechschall im Hörer.

Bei der dritten Frage geht es nicht mehr um materielle Grundlagen, sondern um **auditive Kategorien**, die für den Hörer von Relevanz sind. Solche auditive Kategorien können zum Beispiel Einzellaute sein. Ab wann nimmt der Hörer ein [t] wahr, ab wann ein [d]? Die Wahrnehmung steht dabei nicht in einem einfachen linearen 1:1-Verhältnis zum akustischen Signal. Wo das akustische Signal kontinuierliche Übergänge zwischen Lauten aufweist, werden kategorische Unterschiede wahrgenommen, also kategorische Entscheidungen zugunsten des einen oder des anderen Lauts getroffen. Andere auditive Kategorien sind zum Beispiel die Lautheit oder die Tonhöhe eines Signals, Kategorien, die üblicherweise die Lautebene überschreiten und zu den sogenannten Suprasegmentalia zählen (s. Kap. 2.5.4).

Die vierte Frage ist die schwierigste und weitreichendste. Letztendlich interessiert uns als Linguisten ja, wie die Kommunikation funktioniert. Wie in der Einleitung schon angesprochen wurde, entnehmen wir dem Lautmaterial eine Vielzahl an Informationen, wovon die Bedeutung der ausgesprochenen Wörter und Sätze meist die wichtigste ist. Aber wie wird diese Information entschlüsselt? Spielen Einzellaute und ihre spezifische Substanz dabei überhaupt eine Rolle? Wir haben schon gesehen, dass das akustische Signal einem gewissen Ausmaß an Variation unterworfen ist, wenn zum Beispiel starke Schwankungen der Vokalformanten auftreten. Wie gelingt es uns dennoch, den Laut zu erkennen? Dies sind Fragen, die bereits über die Auditive Phonetik hinausweisen und zum einen in der Psycholinguistik behandelt werden, zum anderen aber auch in der Phonologie, die sich mit der Funktion von Lauten für das Sprachsystem und daher mit der Frage beschäftigt, wie solche Einheiten beim Menschen **mental repräsentiert** sind, d. h. welchen Status sie im menschlichen Geist haben (s. Kap. 2.6).

Die Auflistung der Fragen hat deutlich gemacht, dass mit der auditiven Phonetik ein sehr weiter Bereich umrissen wird, der hier nicht vollständig vorgestellt werden kann.

Anatomie des Ohres: Abbildung 11 veranschaulicht die Anatomie des Ohres mit seiner Aufteilung in **Außenohr**, **Mittelohr** und **Innenohr**.

Der im Außenohr liegende **Gehörgang** übt eine Filterfunktion aus und verstärkt aufgrund seiner Eigenresonanzen vor allem die Frequenzbereiche, die relevant für die Sprechschallwahrnehmung sind. Das akustische Signal, das in Form von Luftdruckschwankungen über die Luft transportiert wird, trifft nun am **Trommelfell** ein, wodurch dieses in eine Schwingung versetzt wird, die an die anschließenden Knöchelchen **Hammer**, **Amboss** und **Steigbügel** weitergegeben wird. Der Steigbügel schließt an das im Übergang zum Innenohr gelegene **ovale Fenster** an. Von hier aus wird das komplexe Schwingungssignal nun an die **Cochlea (Schnecke)** weitergegeben, wo die eigentliche Umsetzung des mechanischen Signals in neuronale Aktionspotentiale stattfindet.

Die Substanz von Lauten

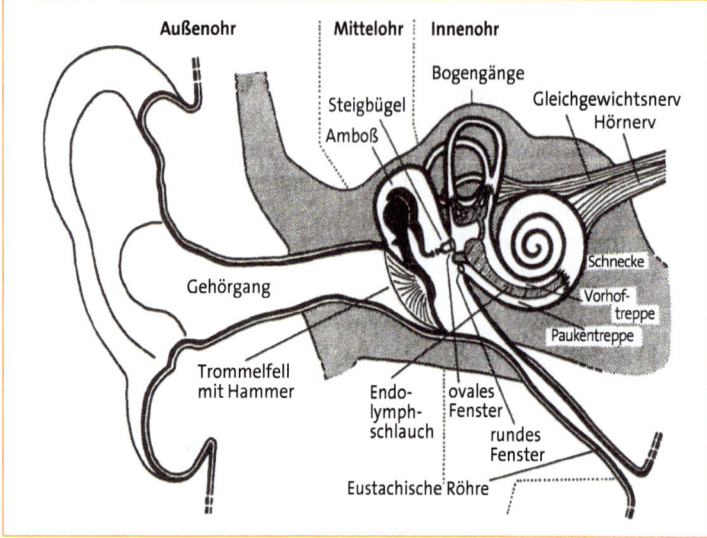

Abb. 11:
Anatomie des Ohres
(Neppert 1999: 273)

Bemerkenswert ist erstens, dass die Anatomie des Ohres besonders die für die **Sprechschallwahrnehmung** wichtigen Frequenzbereiche unterstützt (bzw. die Lautsprache hat sich so entwickelt, dass sie diese Bereiche ausnutzt). Zweitens ist bemerkenswert, dass das akustische Signal einem mehrfachen Umwandlungsprozess unterworfen ist. Es wird von über die **Luft** transportierten Schwingungen zunächst zu über **Membran und Knochen** transportierten Schwingungen bis schließlich zu **neuronalen Impulsen** umgewandelt.

Voice Onset Time (VOT)

Die *Voice Onset Time* wird relevant bei Kombinationen von Plosiv + Vokal wie beispielsweise [da], [ta], und [tʰa]. Man versteht darunter die Zeitspanne, die zwischen dem Beginn des *bursts* eines Plosivs und dem Einsatz der für Vokale typischen quasi-periodischen Schwingung vergeht. Dies ist in Abbildung 12 dargestellt. Zusätzlich zum Oszillogramm im linken Fenster ist im rechten Fenster die Stimmlippenschwingung abgetragen, die durch einen sog. **Laryngographen** an der Glottis erhoben wird. Im Beispiel setzt die Stimmlippen-

Abb. 12:
VOT akustisch und artikulatorisch
(aus Maidment;
http://www.phon.ucl.ac.uk/home/johnm/siphtra/plostut2/plostut2-5.htm, 03.12.12)

schwingung knapp 20 ms nach der Verschlusslösung ein, d.h. es liegt eine positive VOT vor. (Würde die quasi-periodische Schwingung schon vor dem *burst* einsetzen, wäre die VOT negativ.)

Aus **artikulatorischer Perspektive** korrespondiert die VOT mit der zeitlichen Koordination von zwei Artikulationsbewegungen, nämlich der plötzlichen Öffnung eines oralen Verschlusses zum folgenden Vokal und der Öffnung (Stimmlosigkeit) bzw. Schließung (Stimmhaftigkeit) der Glottis. Bei stimmlosen Plosiven müssen eine orale Öffnungsgeste und eine glottale Verschlussgeste zeitlich miteinander koordiniert werden. Wenn der orale Verschluss geöffnet wird, bevor die Glottis sich schließt, entströmt durch die Glottis noch ein Hauch, den wir als Aspiration bezeichnen. **Stimmhafte Plosive** weichen davon insofern ab, als während ihrer Produktion die Glottis (zumindest zeitweise) verschlossen ist. Es kommt bei ihnen deshalb nicht zur Aspiration.

Aus **auditiver Perspektive** geht es schließlich um die Frage, worauf die Bildung der auditiven Kategorien stimmhafter, stimmloser sowie stimmloser und aspirierter Plosiv zurückgeht. Perzeptionsstudien haben gezeigt, dass für die Differenzierung der Laute tatsächlich die Dauer der VOT von großer Bedeutung ist. Positive VOTs (ab ca. 20–30 ms) werden als stimmlose, aspirierte Laute wahrgenommen; VOTs von 0 bis ca. 20 ms als stimmlose, nichtaspirierte Plosive und negative VOTs als stimmhafte Plosive (vgl. Pompino-Marschall 2009; Hawkins 2010). Ein kontinuierlicher akustischer Wert, der artikulatorisch einer ebenfalls kontinuierlich variablen zeitlichen Koordination zweier Gesten entspricht, wird kategorisch wahrgenommen; er führt zur Wahrnehmung verschiedener Laute. (Die genaue Zuordnung unterschiedlich langer positiver oder negativer VOTs zu den als stimmlos und stimmhaft charakterisierten Lauten einer Sprache hängt allerdings von der Einzelsprache ab.)

> **Definition**
>
> → **Kategoriale Wahrnehmung:** Ein kontinuierlicher akustischer Wert (z. B. die VOT), der artikulatorisch einer ebenfalls kontinuierlich variablen zeitlichen Koordination zweier Gesten entspricht, wird kategorisch wahrgenommen; er führt zur Wahrnehmung verschiedener Laute. Die Abbildung des akustischen Signals auf die Kategorien ist dabei sprachspezifisch.

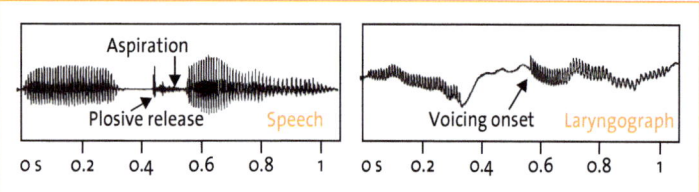

Zur Vertiefung

Ereigniskorrelierte Potentiale (EKP)

Ereigniskorrelierte Potentiale sind eine neurolinguistische Methode, die auf Messungen der elektrischen Aktivität von Neuronen aufbaut. Sie dient der Analyse der **neuronalen Sprachverarbeitung**. Elektrophysiologische Messungen werden zum Beispiel mithilfe der **Elektroenzephalographie (EEG)** durchgeführt, bei der ein Sprecher eine Kappe mit Metallelektroden trägt. Durch diese wird die elektrische Hirnaktivität abgeleitet, um dann am Computer weiterverarbeitet zu werden.

Basierend auf solchen Messungen können die ereigniskorrelierten Potentiale ermittelt werden. Unter ›ereigniskorreliert‹ ist zu verstehen, dass die Aktivitätspotentiale an ein bestimmtes Ereignis wie einen auditiven Reiz geknüpft sind. Methodisch ist dabei von großer Wichtigkeit, dass die EKP immer im Vergleich zu einer Kontrollbedingung betrachtet werden; nur so kann gewährleistet werden, dass die gemessene Aktivität auf den Reiz zurückgeht. Beispielsweise vergleicht man die Sprachverarbeitung von Sätzen, bei denen ein inhaltlich unpassendes Verb auftaucht, mit solchen, bei denen ein inhaltlich stimmiges Verb erfolgt (z. B. *The pizza was too hot to sing* vs. *The pizza was too hot to eat*; vgl. Kutas/Hillyard 1980). Die messbaren Neuronenaktivitäten ab dem Verb können dann miteinander verglichen werden (vgl. auch Müller/Weiß 2002).

Für die **neuronale Verarbeitung von Lauten** gibt es zahlreiche interessante Studien, die sich mit der Bildung von Kategorien beschäftigen. Ein häufig verwendetes Verfahren ist hier das sogenannte *oddball-paradigm*. Dabei werden der Versuchsperson Laute akustisch präsentiert. Beispielsweise hört die Person häufig hintereinander ein /i/, ab und zu wird in diese Wiederholung des gleichen Lauts aber ein /a/ eingefügt. Mit diesem abweichenden Ereignis korreliert nun eine neuronale Aktivität, die als **mismatch negativity** bezeichnet wird. Der abweichende Laut löst also eine bestimmte neuronale Aktivität aus. Von besonderer Relevanz für die Untersuchung von **Kategorien** ist, dass die *mismatch negativity* nicht durch alle lautlichen Veränderungen ausgelöst wird und dass ihr Auftreten mit der Muttersprache der Sprecher variiert.

Ein Beispiel hierfür ist die **neuronale Verarbeitung von /e/ vs. /æ/** durch ungarische vs. finnische Muttersprachler. Im Finnischen wird dieser Lautunterschied genutzt, um Wortbedeutungen zu unterscheiden, im Ungarischen hingegen nicht. Dort treten beide Laute auf, sie unterscheiden aber keine Wörter (s. Kap. 2.4.1). Bei den finnischen Sprechern löst der jeweils abweichende Laut eine *mismatch negativity* aus, bei den ungarischen Sprechern jedoch nicht. Dies ist ein Hinweis darauf, dass die beiden Laute bei den finnischen Sprechern im Gegensatz zu den ungarischen Sprechern neuronal als zwei eigenständige Kategorien repräsentiert sind. Dass sich solche Kategorien mit der Zeit herausbilden können, zeigt ein weiterer Teil der Studie, in dem ungarische Muttersprachler mit fließender Finnischkompetenz untersucht wurden: Bei ihnen ist die *mismatch negativity* ebenfalls messbar (vgl. Näätänen et al. 2007: 2562). Dies zeigt die folgende Abbildung:

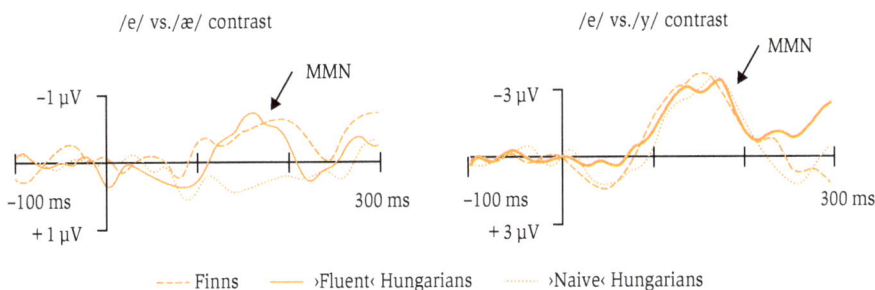

Mismatch negativity (Näätänen et al. 2007: 2562)

Auf der linken Seite ist zu erkennen, dass die ›naiven‹ ungarischen Sprecher beim /e/ vs. /æ/-Kontrast keine Auslenkung nach oben in den Bereich der negativen Spannung (*mismatch negativity*) haben, die finnischen und die fließend finnisch sprechenden ungarischen Muttersprachler hingegen schon. Auf der rechten Seite sieht man, dass bei allen drei Sprechergruppen eine *mismatch negativity* messbar ist, wenn man den Kontrast von /e/ und /y/ testet. Dieser Kontrast erfüllt in beiden Sprachen die Funktion, Bedeutungen von Wörtern zu unterscheiden.

2.4 | Die Funktion von Lauten im Sprachsystem

2.4.1 | Bedeutungsdifferenzierung: Das Phonem

Bei Beschäftigung mit der Funktion von Lauten begeben wir uns nun auf ein höheres Abstraktionsniveau. Uns interessiert nicht mehr ihre materielle Grundlage, die auf der Analyse konkreter Lautrealisierungen beruht. Stattdessen abstrahieren wir von den konkreten Realisierungen und bestimmen die Einheiten der Lautgestalt einer Sprache dadurch, dass wir ihnen eine Funktion im Sprachsystem zuordnen. Diese Funktion soll über die konkreten Verwendungen hinweg konstant sein und es ermöglichen, von einer gewissen Bandbreite der Variation, die bei den konkreten Realisierungen auftritt, abzusehen.

Variation ist unvermeidlich: Wenn dieselbe Person zehn Mal hintereinander das Wort *Wand* ausspricht, wird keine der Realisierungen phonetisch genau gleich sein. Die Enge bei der Bildung des labiodentalen Frikativs wird manchmal mehr, manchmal weniger stark ausgeprägt sein, ebenso seine Stimmhaftigkeit; der letzte Laut wird manchmal mehr, manchmal weniger stark aspiriert sein und noch vieles mehr. Wenn verschiedene Personen das Wort aussprechen, potenziert sich die Variation noch. Natürlich ist diese Variation nicht völlig irrelevant und funktionslos. Sie kann zum Beispiel dazu dienen, Informationen über Geschlecht, Alter, soziale Gruppe oder regionale Herkunft der Person zu vermitteln. Was trotz dieser Variation jedoch konstant bleibt, ist, dass alle Personen mit dieser Lautsequenz das Konzept ›Wand‹ meinen. Es gibt aber **Grenzen der Variation**: Wenn die Sprecher den Vokal sehr stark anheben und dabei nach vorn verlagern, ohne die Lippen zu runden, wird die Lautsequenz irgendwann nicht mehr auf eine ›Wand‹ referieren, sondern auf den ›Wind‹; und wenn sie die Öffnung des Velums unterlassen, die Nasalität bewirkt, entsteht eine Lautsequenz, die auf den ›Wald‹ verweist.

Bedeutungsunterscheidung: Wir sehen also, dass trotz aller Variation der Einzellaute eine Funktion ihre variablen Realisierungen zusammenhält. Dies ist die Funktion, Wörter bzw. deren Bedeutung zu differenzieren: Bestimmte Lautersetzungen können dazu dienen, referenzielle Bedeutungen zu verändern. Die Lautunterscheidungen, die dies können, sind die Grundlage der abstrakten phonologischen Einheit des **Phonems**.

Die Definition des Phonems beruht auf zwei Kriterien: Zur Funktion der Bedeutungsunterscheidung kommt die wichtige Forderung hinzu, dass das Phonem eine kleinste Einheit sein muss. So könnte man in [valt] zwar die Lautsequenz [al] gegen [ɪn] austauschen und damit einen Bedeutungsunterschied erzielen; dennoch würde es sich bei diesen beiden Lautsequenzen nicht um (je) ein Phonem handeln. Zwar ergibt sich ein Bedeutungsunterschied, aber der Kontrast zwischen den Wörtern lässt sich noch weiter minimieren, indem entweder der Vokal oder der Konsonanten konstant gehalten wird. Hingegen bildet [valt] aber einen minimalen Kontrast mit [vɪlt] und mit [vant]. Die Ersetzung der Laute [a] und [ɪ] durch den jeweils anderen Laut führt außerdem zu einer Bedeutungsunterscheidung, ebenso wie die der Laute [l] und [n], [a], [ɪ], [l] und [n] sind folglich Phoneme des Deutschen.

Phonemanalyse: Das gerade verwendete Verfahren zur Identifizierung von Phonemen nennt man **Minimalpaaranalyse**. Unter einem **Minimalpaar** versteht man dabei ein Paar von zwei Wörtern, die durch einen minimalen lautlichen Kontrast gekennzeichnet sind. Die beiden Laute, die diesen minimalen Kontrast ausmachen, sind deshalb Phoneme der jeweiligen Sprache. Es ist dabei nicht notwendig, dass sie in *jedem* Kontext bedeutungsunterscheidend sind. Zum Beispiel kann man in [vant] den auslautenden stimmlosen Plosiv nicht durch einen stimmhaften Plosiv ersetzen, denn [vand] ist kein mögliches Wort des (Standard-)Deutschen. Entsprechend kann es auch kein Minimalpaar [vand] vs. [vant] geben. Da aber leicht Minimalpaare im Anlaut wie [daŋkə] vs. [taŋkə] zu finden sind, sind /d/ und /t/ zweifellos Phoneme des Deutschen.

Definition

Unter einem → **Phonem** versteht man die kleinste bedeutungsunterscheidende lautliche Einheit einer Sprache.
Phoneme werden durch **Schrägstriche** gekennzeichnet: /a/, /ɪ/, /x/ usw.
Unter einem → **Phon** versteht man die kleinste segmentierbare Einheit einer Sprache (die aber keine bedeutungsunterscheidende Funktion haben muss).
Phone werden durch **eckige Klammern** gekennzeichnet: [a], [ɪ], [x] usw.

Zur Vertiefung

Nikolay Trubetzkoy: Die Trennung von Phonetik und Phonologie

Sowohl die grundsätzliche Trennung von Substanz und Funktion als auch die vorangegangene Beschreibung des Phonems und der Minimalpaaranalyse wurzeln in einer bestimmten Schule der Linguistik, dem **Strukturalismus** (s. Kap. 1). Der Linguist, der diese Trennung zum ersten Mal explizit und systematisch auf die lautliche Seite der Sprache bezogen hat, ist Nikolay Trubetzkoy (1890–1938). Er argumentierte mit Verweis auf Saussure, dass das »Lautbild« sich einerseits der *parole* und andererseits der *langue* zuordnen lässt; das der *parole* zugehörige Lautbild nennt Trubetzkoy nach Bühler (1934) **Sprechakt**, das der *langue* zugehörige Lautbild hingegen **Sprachgebilde**. Das Sprachgebilde zeichnet sich dadurch aus, dass es ein System darstellt, das bestimmten Regeln gehorcht. Während die Sprechakte »unendlich mannigfaltig« seien, sind die Einheiten des Sprachgebildes »der Zahl nach beschränkt« (Trubetzkoy 1939/1958: 6).

»Der Lautstrom des konkreten Sprechaktes ist eine ununterbrochene, scheinbar ungeordnete Aufeinanderfolge ineinander übergleitender Schallbewegungen. Dagegen bilden die Einheiten der bezeichnenden Seite des Sprachgebildes ein geordnetes System. Und dadurch, dass einzelne Momente des im Sprechakt verwirklichten Lautstroms auf einzelne Glieder dieses Systems bezogen werden können, wird in den Lautstrom Ordnung gebracht.« (ebd. 6–7)

Beide Seiten stehen somit notwendig in Beziehung zueinander. Der konkrete Sprechakt aktualisiert das abstrakte, regelhafte System; das Eine kann ohne das Andere nicht existieren. Es ist wichtig zu beachten, dass die Einheiten des Sprachgebildes keine materielle Realität haben; sie existieren als ideelle Einheiten in einem System. Die Tatsache, dass Sprechakt und Sprachgebilde gewissermaßen unterschiedlichen Phänomenbereichen zuzurechnen sind – der Sprechakt konkretem Material und das Sprachgebilde ideellen Konstrukten –, hat zur Folge, dass sie mit **unterschiedlichen Methoden** bearbeitet werden müssen. Trubetzkoy formuliert dies so:

»Entsprechend ihrem verschiedenen Gegenstand müssen die beiden Lautlehren ganz verschiedene Arbeitsmethoden anwenden: die Sprechaktlautlehre, die mit konkreten physikalischen Erscheinungen zu tun hat, muß naturwissenschaftliche, die Sprachgebildelautlehre dagegen rein sprach- (bzw. geistes- oder sozial-)wissenschaftliche Methoden gebrauchen.« (ebd.: 7)

Und er gibt den beiden Lautlehren auch gleich noch ihre Namen:

»Wir bezeichnen die Sprechaktlautlehre mit dem Namen P h o n e t i k, die Sprachgebildelautlehre mit dem Namen P h o n o l o g i e.« (ebd., Hervorhebung im Original)

Dies ist tatsächlich die Definition, die auch das heutige Verständnis von **Phonetik und Phonologie** prägt. Wir werden allerdings in Kapitel 2.6 sehen, dass es neuere Ansätze bei der Auseinandersetzung mit der lautlichen Seite der Sprache gibt, die eine stärkere Integration von Phonetik und Phonologie anstreben.

Durch die Minimalpaaranalyse ermittelt man das **Phoneminventar** einer Sprache. Laute, die in einer Sprache einen Bedeutungsunterschied herbeiführen, können aber in einer anderen Sprache durchaus nicht bedeutungsunterscheidend sein. Ein berühmtes Beispiel sind die Laute [l] und [r], die im Deutschen Phonemstatus haben (also /l/ und /r/, z. B. in /laɪzə/ und /raɪzə/), im Japanischen aber nicht. Phoneminventare sind also immer sprachspezifisch.

Grundsätzlich geht man von zwei Dimensionen aus, entlang derer sprachliche Einheiten im Sprachsystem zueinander regelhaft in Beziehung stehen: die **syntagmatische** und die **paradigmatische** Dimension.

Syntagmatisch: Hierunter ist die **lineare Abfolge** von sprachlichen Einheiten zu verstehen. In der Phonologie lautet die Frage also: Welche Laute können aufeinander folgen und welche nicht (**Phonotaktik**)? Auf syntagmatischer Ebene lassen sich durch **Umstellung (Permutation)** die kleinsten Einheiten ermitteln, die für die weitere Analyse zur Ermittlung des Phonemsystems zur Verfügung stehen. Darüber hinaus dient der Umstellungstest dazu, Aufschluss über die Phonotaktik zu erhalten.

Paradigmatisch: Hiermit bezieht man sich auf die **Ersetzungsrelationen** von sprachlichen Einheiten. Welche Laute können also an der gleichen Stelle in einem Wort durch andere Laute ersetzt werden? Auf paradigmatischer Ebene können wir durch **Ersetzung (Substitution)** ebenfalls Aufschluss über die kleinsten segmentierbaren Einheiten sowie über die Phonotaktik erhalten. (Ersetzt man beispielsweise in *Traum* das *r* durch ein *l*, erkennt man, dass die Lautabfolge *tl* an dieser Stelle nicht zulässig ist.) Darüber hinaus stellt sie den Ausgangspunkt für die oben eingeführte Minimalpaaranalyse dar.

2.4.2 | Allophone

Nicht alle Lautsegmente, die sich in einer Sprache isolieren lassen, sind zwangsläufig auch bedeutungsdifferenzierend. Manchmal treten Laute als **Varianten eines Phonems** auf. Das heißt, dass sie zwar in ihrer phonetischen Realisierungsweise unterschiedlich sind, sich aber in allen Wörtern beliebig austauschen lassen, ohne dass es zu einem Bedeutungsunterschied kommen würde. Im Deutschen kennen wir das von den verschiedenen Realisierungsvarianten des /r/, das anlautend mal als [ʀ], mal als [r] oder [ʁ] realisiert werden kann. Egal, welche Variante z. B. in dem Wort /raʊm/ verwendet wird, die Phonemsequenz bezieht sich immer auf die Bedeutung ›Raum‹. Solche Varianten werden Allophone genannt.

> **Definition**
>
> Unter einem → **Allophon** versteht man eine Realisierungsvariante eines Phonems.

Es gibt zwei **Typen von Allophonen**:

Freie Variation: Das Beispiel der deutschen /r/-Realisierung im Anlaut zeichnet sich dadurch aus, dass die Varianten des /r/ im gleichen Wort an gleicher Stelle frei austauschbar sind. Die Allophonie dieses Typs bezeichnet man als freie Variation. Wie ›frei‹ diese Variation tatsächlich ist, darüber lässt sich allerdings streiten. Die /r/-Varianten im Deutschen sind ja zumindest regional bedingt. ›Frei‹ soll hier also nicht bedeuten, dass die verschiedenen Allophone völlig willkürlich und zufällig vorkommen. Gemeint ist lediglich, dass es keine sprachsysteminternen Bedingungen gibt, die entweder die eine oder die andere Variante erfordern.

Komplementäre Distribution: Hierunter ist zu verstehen, dass die Realisierungsvarianten des Phonems regelhaft in unterschiedlichen, einander ausschließenden phonologischen Kontexten vorkommen. Die lautliche Umgebung schreibt also vor, welche Variante zu wählen ist. Deshalb bezeichnet man solche Allophone als komplementär distribuiert; wo das eine Allophon steht, kann niemals das andere Allophon auftauchen. Dies bedeutet auch, dass die betreffenden Laute phonologisch nicht miteinander kontrastieren können; es lässt sich kein Minimalpaar mit ihnen bilden.

Ein bekanntes und immer wieder beschriebenes Beispiel aus dem Deutschen ist die sogenannte *ich-/ach*-**Allophonie**. Sie betrifft die beiden Laute [ç] und [x], die im Deutschen komplementär distribuiert sind. (Genau genommen tritt sogar noch eine dritte Variante auf, nämlich [χ], die wir hier aber außer Acht lassen wollen; vgl. Wiese 2000; Kohler 1995). Die **Distribution** lässt sich folgendermaßen beschreiben: Der palatale Frikativ [ç] kommt nach Vordervokalen (inklusive den Diphthongen auf [ɪ]), nach den Konsonanten /l, r, n/ sowie am Anfang von Morphemen (= bedeutungstragenden Einheiten) wie *chen* in *Hündchen* oder *Chemie* vor. Der velare Frikativ [x] wird dagegen nach Hintervokalen realisiert. Aufgrund des **phonologischen Kontexts** lässt sich somit vorhersagen, wann welches Allophon auftritt. Das Vorkommen des einen Allophons schließt das Vorkommen des anderen aus. Die beiden Allophone werden als Realisierungsvarianten einem Phonem zugeordnet, in diesem Fall dem /ç/ (zur Begründung dieser Auswahl s. Kap. 2.6.1).

Phonetische Ähnlichkeit: Allerdings sind nicht alle Laute, die komplementär distribuiert sind (oder besser: die keinen phonologischen Kontrast miteinander bilden können), automatisch auch Realisierungsvarianten (Allophone) eines Phonems. So lässt sich im Deutschen kein phonologischer Kontrast mit den Lauten [h] und [ŋ] herstellen. Sie kommen in komplementären phonologischen Kontexten (silbenan- bzw. auslautend) vor. Dennoch lassen sie sich schwerlich als Realisierungsvarianten eines einzigen Phonems begreifen. Im Gegensatz zu den palatalen und velaren stimmlosen Frikativen, die an der *ich-/ach*-Allophonie beteiligt sind, weisen sie keinerlei phonetische Gemeinsamkeit auf. Hier ist übrigens der englische Begriff für die *ich/ach*-Allophone aufschlussreich, nämlich **dorsal fricative assimilation** (dorsal bezieht sich auf das Dorsum, den hinteren Teil der Zunge, den Zungenrücken). Der Begriff weist darauf hin, dass es sich dabei um eine Assimilation, d. h. eine lautliche Angleichung an den Kontext, handelt. Die lautliche Angleichung bezieht sich dabei nur auf eine Dimension (den Artikulations-

2.4 Laute
Distinktive Merkmale

ort) eines ansonsten gleichen Lauts, nämlich des stimmlosen Frikativs. Ein solches Verhältnis lässt sich für [h] und [ŋ] nicht feststellen. Sie haben keine phonetische Eigenschaft gemeinsam: Beim [h] handelt es sich um einen stimmlosen glottalen Frikativ, beim [ŋ] hingegen um einen velaren Nasal. Es lässt sich deshalb kein plausibler Laut angeben, als dessen kontextuell bedingte Varianten sie auftreten könnten. Obwohl die Laute keinen phonologischen Kontrast miteinander bilden können, werden sie folglich nicht als Allophone klassifiziert. Man sagt stattdessen, dass sie eine **defektive Verteilung** haben, also nicht in allen phonologischen Kontexten vorkommen können. Sie stellen aber eigenständige Phoneme dar, denn mit anderen Lauten kontrastieren sie ja (z. B. [zɪn] vs. [zɪŋ] und [hant] vs. [fant]).

Allophone müssen also nicht nur komplementär distribuiert oder im gleichen Kontext frei austauschbar sein, sie müssen auch noch **phonetische Ähnlichkeit** aufweisen.

2.4.3 | Distinktive Merkmale

Als bedeutungsunterscheidend haben wir bisher das Phonem definiert. Genaugenommen lässt sich dieses jedoch noch auf kleinere Bestandteile zurückführen. Diese treten bei einer Minimalpaaranalyse nicht zutage, weil sie die Einheit des Lautes unterschreiten, also auf syntagmatischer oder paradigmatischer Ebene nicht isolierbar sind. Wenn wir jedoch verschiedene Phoneme betrachten, so fällt auf, dass sich einige dieser Phoneme lautlich ähnlicher sind als andere. Oben haben wir schon die Phoneme /h/ und /ŋ/ miteinander verglichen und festgestellt, dass sie in keinem (artikulatorischen) Parameter übereinstimmen. Vergleichen wir hingegen /p/ mit /b/, stellen wir fest, dass sich beide nur in Hinblick auf die Stimmhaftigkeit unterscheiden. Solche Merkmale, die für die Bedeutungsunterscheidung sozusagen verantwortlich sind, die zwei Phoneme einer Sprache leisten können, bezeichnet man deshalb als **distinktiv**. Die heute in der Phonologie übliche Definition der distinktiven Merkmale greift auf die in Kapitel 2.3.2 eingeführten artikulatorischen Parameter zurück. Es ist aber von äußerster Wichtigkeit zu beachten, dass diese nicht eine bloße Substanzbeschreibung geben, sondern eine phonologische Funktion erfüllen; das distinktive Merkmal muss in der untersuchten Sprache bedeutungsunterscheidend sein.

> **Definition**
>
> Unter einem → **distinktiven Merkmal** versteht man ein lautliches Merkmal, das in einer bestimmten Sprache der Welt alleine einen Bedeutungsunterschied hervorrufen kann.

Beschreibung phonologischer Prozesse: Durch distinktive Merkmale lassen sich phonologische Beschreibungen sowohl **präzisieren** als auch **ökonomisieren**.

Dies ist vor allem bei der Beschreibung von sogenannten **phonologischen Prozessen** von Bedeutung (s. 2.5.2). Kommen wir an dieser Stelle auf die *ich-/ach*-Allophonie zurück. Statt einer Auflistung aller Vokale und anderen Laute, die entweder den einen oder den anderen Laut nach sich ziehen, ermöglichen die distinktiven Merkmale hier eine wesentlich einfachere Beschreibung: Die aufeinander folgenden Laute (z. B. [ɔx], [u:x] oder [œç], [y:ç], [lç]) stimmen jeweils in einem distinktiven Merkmal überein, das den Artikulationsort beschreibt, nämlich in dem Merkmal [± hinten]. Die der Allophonie zugrundeliegende Assimilation lässt sich somit als Übereinstimmung in einem distinktiven Merkmal beschreiben. Die Analyse ist präziser, weil sie genau den für die Alternation relevanten Parameter angibt, und sie ist ökonomischer, weil sie alle betroffenen Laute zu einer Gruppe zusammenfasst, so dass diese nicht einzeln aufgelistet werden müssen. Außerdem eröffnet die Beschreibung eine universale Perspektive, da zwar die Allophoniesituation im Deutschen sprachspezifisch ist, der dahinterliegende phonetische Prozess der Artikulationsortsangleichung hingegen in vielen Sprachen vorkommt. (Er kommt auch im Deutschen in anderen Lautabfolgen häufig vor, ist dort aber zumeist fakultativ und nicht phonologisiert, z. B. bei der Angleichung des /n/ an den velaren Folgelaut in Wörtern wie *unglaublich*, [ʊŋˈglaʊplɪç]). Die Hinzuziehung von distinktiven Merkmalen liefert damit nicht nur eine Beschreibung des Phänomens, sondern stellt zumindest in diesem Fall auch noch eine Erklärung bereit, denn sie zeigt, dass die Allophonie nicht willkürlich, sondern artikulatorisch begründet ist.

Beispiel:
ich-/ach-Allophonie

Natürliche Klassen: Laute, die sich aufgrund gemeinsamer distinktiver Merkmale zu einer Gruppe zusammenfassen lassen, bezeichnet man als eine natürliche Klasse. Phonologische Prozesse erfassen häufig natürliche Klassen von Lauten. Sie verwandeln zum Beispiel alle gerundeten Vordervokale in ungerundete (Schwäbisch im Vergleich zum Standarddeutschen) oder alle anlautenden stimmlosen Plosive in Affrikaten (germanische Lautverschiebung).

Überblick über die distinktiven Merkmale

Distinktive Merkmale im Überblick

Auf höchster Ebene der Klassifizierung von Lauten in distinktive Merkmale stehen die **Oberklassenmerkmale**. Sie werden deswegen so bezeichnet, weil sie Klassen definieren, denen jeweils viele Laute angehören, die dann noch weiter unterzuklassifizieren sind. Weiterhin lassen sich die distinktiven Merkmale in **laryngale Merkmale**, **Merkmale der Artikulationsart** und die **Ortsmerkmale** unterteilen (vgl. Hall 2011: 104 ff.). Die Unterteilung orientiert sich also an der Artikulation. Dabei wird eine klare Trennung zwischen den artikulatorischen Vorgängen im Kehlkopf (= laryngale Merkmale) und denen im Ansatzrohr vorgenommen.

Die meisten Merkmale sind **binär**, d. h. sie sind entweder positiv oder negativ ausgeprägt, aber immer in der einen oder anderen Form anwendbar; einige Ortsmerkmale sind allerdings **privativ**, d. h. das Merkmal liegt vor oder nicht. Das bedeutet, dass die Negation des Merkmals nicht automatisch sein Gegenstück ergibt. Ein Beispiel hierfür ist das Merkmal [LAB], d. h. labial. Es bezieht sich darauf, dass der Laut mit den Lippen produziert wird, wie z. B. /m/. Trifft das Merkmal [LAB] jedoch nicht zu, ist noch nichts über den tatsächlichen Artikulationsort ausgesagt; eine binäre Unterteilung in [±lab] ist deshalb nicht sinnvoll.

Oberklassenmerkmale:

- **[±kons]: konsonantisch** [+kons] sind Laute, die mit einer Verengung oder einem partiellen oder totalen Verschluss im Ansatzrohr produziert werden.
- **[±son]: sonorantisch** [+son] sind Laute, die grundsätzlich mit schwingenden Stimmlippen produziert werden.
- **[±appr]: approximantisch** [+appr] sind Laute, bei denen der Luftstrom keiner Verengung und keinem Verschluss ausgesetzt ist. Das Merkmal entspricht nicht [-kons], da in jenem auch partielle orale Verschlüsse betroffen sind. Während Lateral-Approximanten zum Beispiel [+kons], [+son] und [+appr] sind, müssen Nasale als [+kons], [+son] und [-appr] beschrieben werden.

Laryngale Merkmale:

- **[±sth]: stimmhaft** [+sth] sind Laute, bei denen die Stimmlippen sich in Phonationsstellung befinden.
- **[±asp]: aspiriert** [+asp] sind Laute, bei denen die Stimmlippen weit geöffnet sind, so dass sich ihre Annäherung erst im folgenden Laut vollzieht (sofern er stimmhaft ist).
- **[±glottal]: glottalisiert** [+glottal] sind Laute, bei denen die Stimmlippen einen Verschluss bilden oder fast verschlossen sind.

Artikulationsartmerkmale:

- **[±kont]: kontinuierlich** [+kont] sind Laute, bei denen die Luft durch die Mitte (den **medio-sagittalen** Bereich) des Mundraums entströmen kann.
- **[±nas]: nasal** [+nas] sind Laute, bei denen der Nasenraum als Resonanzraum zugeschaltet ist, bei denen das Velum also gesenkt ist.
- **[±lat]: lateral** [+lat] sind Laute, bei denen der medio-sagittale Bereich im Mundraum verschlossen ist und die Luft durch die Seitenbereiche entweicht.
- **[±sibil]: sibilantisch** [+sibil] sind Laute, deren Energieschwerpunkt im hochfrequenten Bereich liegt. Es dient zur Unterscheidung verschiedener Frikative.

Ortsmerkmale:

- **[LAB]: labial:** Dieses privative Merkmal kennzeichnet Laute, die mit Beteiligung der Lippen realisiert werden.
- **[±rund]: gerundet** [+rund] sind Laute, die mit Lippenrundung produziert werden.
- **[KOR]: koronal:** Das privative Merkmal kennzeichnet Laute, die mit der Zungenspitze oder dem Zungenblatt realisiert werden.
- **[±ant]: anterior** [+ant] sind solche Laute, die an den Alveolen oder den oberen Schneidezähnen gebildet werden.
- **[±apik]: apikal** [+apik] sind Laute, die mit der Zungenspitze gebildet werden.
- **[DORS]: dorsal:** Das privative Merkmal kennzeichnet solche Laute, die mit dem Zungenrücken (dem Dorsum) produziert werden.
- **[±hint]: hinten:** Dieses Merkmal bezieht sich auf die Lage des Dorsums; [+hint] sind solche Laute, bei denen das Dorsum nach hinten verlagert wird.
- **[±hoch]: hoch:** Dieses Merkmal bezieht sich auf die Höhe des Dorsums; [+hoch] sind Laute, bei denen das Dorsum angehoben wird.

	iː	ɪ	yː	ʏ	eː	ɛ	ɛː	øː	œ	uː	ʊ	oː	ɔ	a	aː	ə
[kons]	−	−	−	−	−	−	−	−	−	−	−	−	−	−	−	−
[hint]	−	−	−	−	−	−	−	−	−	+	+	+	+	+	+	+
[hoch]	+	+	+	+	−	−	−	−	−	+	+	−	−	−	−	−
[tief]	−	−	−	−	−	−	−	−	−−	−	−	−	−	+	+	−
[LAB]			√	√				√	√	√	√	√	√			
[gesp]	+	−	+	−	+	−	−	+	−	+	−	+	−	−	+	−
[lang]	+	−	+	−	+	−	+	+	−	+	−	+	−	−	+	−

Tab. 2:
Distinktive Merkmale der deutschen Vokalphoneme (vgl. Hall 2011: 131)

[−sth]	p	t	k	f	s	ʃ	ç							h
[+sth]	b	d	g	v	z	ʒ		m	n	ŋ	l	ʁ	j	
[kons]	+	+	+	+	+	+	+	+	+	+	+	+	−	−
[son]	−	−	−	−	−	−	−	+	+	+	+	+	+	+
[kont]	−	−	−	+	+	+	+	−	−	−	+	+	+	+
[nas]	−	−	−	−	−	−	−	+	+	+	−	−	−	−
[LAB]	√			√				√						
[KOR]		√			√	√			√		√		√	
[ant]					+	−								
[DORS]			√				√			√		√		

Tab. 3:
Distinktive Merkmale der deutschen Konsonantenphoneme (vgl. Hall 2011: 132)

- **[± tief]: tief:** Dieses Merkmal bezieht sich ebenfalls auf die Höhe des Dorsums; [+tief] sind Laute, bei denen das Dorsum nach unten gesenkt wird. Die Merkmale [hoch] und [tief] ergeben in ihrer Kombination die Möglichkeit, drei verschiedene Vokalhöhen darzustellen: [-hoch, +tief] sind die in Kapitel 2.3.2 als tief eingeführten Vokale, [+hoch, -tief] ergibt die als hoch eingeführten Vokale, die Kombination [-hoch, -tief] schließlich fasst die mittleren Höhen obermittelhoch und untermittelhoch zusammen.
- **[± gesp]: gespannt:** Dieses Merkmal ist nur für Vokale relevant; [+gesp] bezeichnet solche Vokale, bei denen die Zungenposition peripher ist, also nicht zum Zentrum des Mundraums hin verläuft, sondern davon weg. Das Merkmal differenziert beispielsweise das /i/ ([+gesp]) vom /ɪ/ ([-gesp]).
- **[RAD]: radikal:** Dieses privative Merkmal kennzeichnet solche Laute, die mit der Zungenwurzel gebildet werden.

Diese Auflistung der distinktiven Merkmale orientiert sich an Hall (2011), der wiederum unmittelbar auf Chomsky/Halles **Sound Pattern of English** (SPE; 1968) Bezug nimmt. Jüngere Darstellungen im Rahmen der sog. **Merkmalsgeometrie** (s. Vertiefungskasten S. 66) fassen die distinktiven Merkmale nicht als eine bloße Auflistung von gleichrangigen und voneinander unabhängigen Merkmalen auf, sondern sie gruppieren sie noch zu verschiedenen Merkmalsknoten. Dadurch wir zum Ausdruck gebracht, dass die Merkmale in einem hierarchischen Verhältnis zueinander stehen und dass sie nicht unabhängig voneinander sind.

2.5 | Über Laut und Phonem hinaus

Die vorangegangenen Abschnitte haben sich mit der Substanz und der Funktion von *einzelnen* Lauten beschäftigt. Allerdings kommen isolierte Einzellaute in der gesprochenen Sprache phonetisch gesehen so gut wie nie vor. Sie sind zwar die kleinsten isolierbaren Elemente der Rede, doch bei einer gesprochenen Äußerung sind Sprecher und Hörer zunächst einmal mit einem kontinuierlichen

Über Laut und Phonem hinaus

> **Zur Vertiefung**
>
> **Merkmalsgeometrie und nichtlineare Phonologie**
>
> Um die Entstehung der Merkmalsgeometrie ganz zu verstehen, ist es wichtig, eine weitere Entwicklung in der Phonologie zu beachten, nämlich die Entstehung der **nichtlinearen Phonologie**.
>
> Während der Ansatz der *Sound Pattern of English* (Chomsky/Halle 1968) heute als **linear** bezeichnet wird, entwickeln sich ab den 1970er Jahren nichtlineare Ansätze wie beispielsweise die **Autosegmentale Phonologie** und in deren Gefolge auch die Theorie der Merkmalsgeometrie. Der Ansatz von Chomsky/Halle wird deshalb als linear bezeichnet, weil hier die Segmente in einer linearen Kette aneinandergereiht werden. Jedes Segment ist dabei durch die ihm eigenen distinktiven Merkmale charakterisiert, wobei jedem der Merkmale der gleiche Status zukommt.
>
> Vor allem zwei Beobachtungen sprechen gegen dieses Modell: Erstens zeigt sich, dass sich Laute, die in Nachbarschaft zueinander stehen (z. B. innerhalb eines Wortes), gegenseitig beeinflussen können. Distinktive Merkmale können sich also auf umliegende Laute ausbreiten (**Assimilation**; s. Kap. 2.5.2). Dies legt nahe, dass solche Merkmale sogenannte **Autosegmente** darstellen; sie sind nicht ausschließlich und unveränderlich an ein bestimmtes Segment geknüpft, sondern haben eine eigenständige Existenz, die unabhängig von den Segmenten auf einer eigenen Schicht zu modellieren ist. In formalen Modellen sind Autosegmente durch **Assoziationslinien** mit den Segmenten verbunden; die Assoziationen können jedoch getilgt oder auch neu verknüpft werden.
>
> Die zweite Beobachtung spricht gegen die Gleichrangigkeit aller distinktiven Merkmale und führt unmittelbar zur Merkmalsgeometrie: Bei der Ausbreitung von Merkmalen lassen sich **Gruppen von Merkmalen** feststellen, die sich gemeinsam ausbreiten. Es lässt sich so eine Hierarchie von Merkmalen erstellen, bei der bestimmte Merkmale zu Gruppen zusammengefasst und von einem gemeinsamen Merkmalsknoten dominiert werden. Diese **Hierarchie von Merkmalen (Merkmalsgeometrie)** hat den Anspruch, universal zu sein. An oberster Stelle finden sich die Oberklassenmerkmale, die den **Wurzelknoten** bilden. Dieser verzweigt in den **Laryngal-** und den **Ortsknoten**. Der Laryngalknoten dominiert dabei die binären Merkmale, die sich aus der Artikulation im Kehlkopf ergeben, nämlich [± sth, ± asp, ± glott]. Der Ortsknoten dominiert zunächst vier weitere Merkmalsknoten, die die Artikulatoren wiedergeben [LAB, KOR, DORS, RAD]; jedem der Artikulatoren sind ein bis drei binäre Merkmale zugewiesen, die der Artikulatorknoten dominiert. Direkt dem Wurzelknoten unterstellt sind die binären Merkmale [± kont] und [± nas].
>
>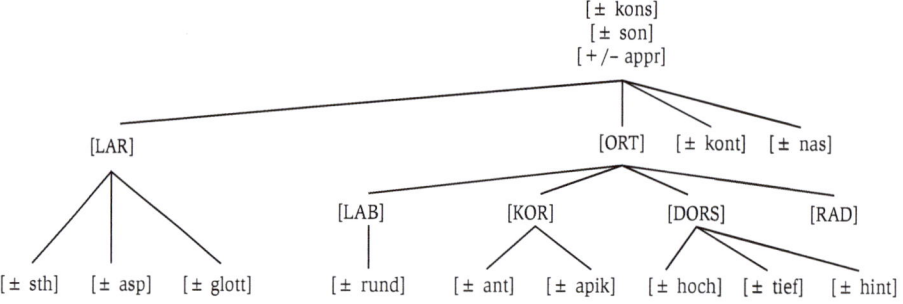
>
> **Die Merkmalsgeometrie (nach Hall 2011: 199)**
>
> Die Merkmalshierarchie findet ihre Bestätigung in **phonologischen Prozessen** (s. Kap. 2.5.2), bei denen Merkmale nicht willkürlich und vereinzelt betroffen sind, sondern häufig in bestimmten, der Hierarchie entsprechenden Gruppen (den natürlichen Klassen) auftreten. Folgen beispielsweise die Laute /n/ und /k/ aufeinander, kommt es häufig zu einer Angleichung des /n/ an den Artikulationsort des /k/; es resultiert also ein /ŋ/ (z. B. in *einkaufen*). Das /n/ ist unter anderem durch den Artikulatorknoten [KOR] definiert, der im Deutschen das binäre Merkmal [± ant] dominiert. Das /k/ hingegen beinhaltet den Artikulatorknoten [DORS] mit den untergeordneten binären Merkmalen [± hoch, ± hint]. Bei der Angleichung des /n/ breitet sich nun [DORS] und damit **alle** vom Artikulatorknoten dominierten Merkmale des /k/ auf das /n/ aus. Die Assoziation des Merkmalsknotens [KOR] mit dem Segment /n/ wird dabei getilgt. Es ist zu beachten, dass sich andere Merkmale des /k/, wie [-son] oder das von [LAR] dominierte [-sth], nicht auf das /n/ übertragen, weshalb sie in der Merkmalsgeometrie nicht von dem sich ausbreitenden Knoten dominiert sein dürfen.

Lautstrom konfrontiert. – In diesem Unterkapitel wird nun die Ebene des Einzellautes überschritten, und zwar sowohl aus phonetischer als auch aus phonologischer Perspektive.

> **Definition**
>
> Unter → Koartikulation versteht man die wechselseitige Beeinflussung von Lauten beim Sprechen.

2.5.1 | Koartikulation

Unter Koartikulation versteht man, dass die Artikulation eines Lautes durch Eigenschaften der benachbarten Laute beeinflusst wird.

Koartikulationsrichtung: Koartikulatorische Effekte lassen sich zunächst danach kategorisieren, ob sie in der Zeit rückwärts oder vorwärts gerichtet wirken, ob sie also einen vorangehenden oder einen nachfolgenden Laut betreffen. Wenn man beispielsweise das Wort *Glück* ausspricht, so stellt man fest, dass bereits beim [g] die Lippen gerundet sind. Dies ist für das [g] natürlich eigentlich vollkommen unnötig, und bei Wörtern wie *Giebel* oder *Gabel* wird es auch nicht passieren. Aber der folgende gerundete Vokal [ʏ] in *Glück* führt dazu, dass schon zu Beginn des Wortes die Lippenrundung vorweggenommen wird. Wir haben es hier also mit **antizipatorischer** Koartikulation zu tun. Dem stehen koartikulatorische Effekte gegenüber, die sich auf den nachfolgenden Laut beziehen. Spricht man zum Beispiel den Satz *Lacht sie?*, so wird der alveolare Frikativ am Beginn von *sie* ziemlich sicher stimmlos realisiert, was bei *Sie lacht* nicht der Fall wäre. Der vorangehende stimmlose Plosiv führt also dazu, dass auch der nachfolgende Laut zumindest zum Teil noch stimmlos produziert wird. Solche Effekte, die sich auf nachfolgende Laute beziehen, bezeichnet man auch als **perseverierende** Koartikulation (*carryover*-Effekte).

Beteiligte Artikulatoren: Zusätzlich zur Wirkungsrichtung lassen sich koartikulatorische Effekte auch noch dadurch unterscheiden, ob einer oder mehrere Artikulatoren beteiligt sind. Beim Beispiel *Glück* sind die Lippen als Artikulatoren am Wortbeginn gewissermaßen frei und können die folgende Rundung schon vorwegnehmen. Wenn man hingegen Wörter wie *Kiel* und *Kohl* miteinander vergleicht, so lässt sich feststellen, dass das /k/ vor dem /iː/ weiter vorne produziert wird als vor dem /oː/. Dieser Effekt kommt aber nicht dadurch zustande, dass ein freier Artikulator eine Bewegung vorwegnimmt, sondern dadurch, dass sich die beiden aufeinanderfolgenden Laute einen Artikulator (die Zunge) teilen; sie werden **homorgan** produziert. Die Zunge antizipiert in ihrer Bewegung den folgenden Vokal und zieht die Verschlussbildung entsprechend weiter nach vorne oder nach hinten.

Ursache für Koartikulation: Die Artikulationsorgane sind bei der Sprachproduktion ständig in Bewegung. Sind mehrere Artikulatoren beteiligt, müssen die verschiedenen Bewegungen (**artikulatorische Gesten**) zeitlich miteinander **koordiniert** werden. Dabei kann es zu zeitlichen Verschiebungen kommen, so dass beispielsweise eine Stimmlippenschwingung für einen stimmhaften Laut aufgrund eines vorangegangenen stimmlosen Lauts erst spät oder die Lippenrundung für einen gerundeten Laut schon vor diesem einsetzt. Werden zwei aufeinanderfolgende Laute homorgan produziert, kommt es zu einer Beeinflussung bei der Lautproduktion. Unter Umständen kann es auch zur Einsparung einer artikulatorischen Bewegung kommen.

Zeitliche Koordination

Eine Konsequenz der Koartikulation ist, dass einzelne Laute je nach dem lautlichen Kontext, in dem sie stehen, eine große **Variationsbandbreite** aufweisen können. Ein eigentlich stimmhafter Laut wird auf einmal stimmlos produziert, Vokale weisen leichte Veränderungen ihres Resonanzraums und damit ihrer spezifischen Formantlagen auf, andere Laute wiederum werden mit gerundeten Lippen realisiert, bei denen dies nicht zur artikulatorischen Beschreibung gehört. Dies wirft die Frage auf, wie die Laute eigentlich noch identifiziert werden können und wie sie ihre distinktive Funktion erfüllen (s. Kap. 2.6.2).

Variation

2.5.2 | Phonologische Prozesse

Unter einem phonologischen Prozess versteht man die regelhafte Veränderung der Lautstruktur von lexikalisch zusammengehörenden Wörtern unter bestimmten Kontextbedingungen. Im Gegensatz zur Koartikulation handelt es sich hier um Phänomene, die zur phonologischen Beschreibung einer Einzelsprache gehören.

Prozesstypen: Die wichtigsten phonologischen Prozesse sind **Epenthese** und **Tilgung**, **Metathese**, **Dehnung** und **Kürzung**, **Assimilation** und

Über Laut und Phonem hinaus

> **Definition**
>
> Unter einem → **phonologischen Prozess** versteht man eine regelhaft auftretende Veränderung der Lautstruktur in lexikalisch zusammengehörenden Wörtern unter bestimmten Kontextbedingungen.

Neutralisierung (vgl. Hall 2011). Diese Prozesse haben in der synchronen Phonologie ihren Platz, wenn sie für lautliche Alternationen innerhalb einer Sprachstufe verantwortlich sind. Allerdings kommen alle genannten Prozesse auch als lautliche Veränderungen in der Geschichte von Einzelsprachen vor. Ein Beispiel hierfür ist die sogenannte Dehnung in offener Tonsilbe im Übergang vom Mittelhochdeutschen zum Frühneuhochdeutschen. Es handelt sich hierbei um die Ersetzung der alten Kurzvokale durch Langvokale in Wörtern wie *Tage*, *legen* oder *haben*. In bestimmten Varietäten des Gegenwartsdeutschen ist die Dehnung immer noch Teil des synchronen phonologischen Systems; etwa variieren in den norddeutschen Varietäten des Standarddeutschen heute die Kurzvokale in geschlossener Silbe ([tax]) mit Langvokalen in offener Silbe ([taːgə]).

Ursachen: Die Tatsache, dass phonologische Prozesse sowohl synchron als auch diachron häufig sind, deutet darauf hin, dass sie gewissermaßen in den natürlichen Gegebenheiten wurzeln, denen alle Menschen beim Sprechen unterworfen sind – also in der Phonetik (z. B. in der Koartikulation). Bei vielen phonologischen Prozessen lässt sich außerdem feststellen, dass sie zu einer einfacheren Aussprache der betroffenen Wörter führen. Die Ursache von vielen phonologischen Prozessen wird deshalb häufig in der Tendenz der Sprache zur **artikulatorischen Vereinfachung** und zum **Abbau von markierten Strukturen** gesehen.

Phonologische Regeln

Regeln: Die wissenschaftliche Beschreibung von phonologischen Prozessen erfolgt in vielen Theorien durch **phonologische Regeln**. Diese geben die betroffenen Laute des Prozesses, die veränderten Merkmale und die Kontextbedingungen an. Phonologische Regeln bedienen sich – falls nötig – der **distinktiven Merkmale**, die wir in Kapitel 2.4.3 eingeführt haben (für ein Beispiel einer phonologischen Regel s. Kap. 2.6.1).

Epenthese und Tilgung sind einander entgegengesetzte Prozesse. Mit Epenthese bezieht man sich auf die **Einfügung** von Lauten. Tilgung hingegen bedeutet den **Verlust** (die **Tilgung**) von Lauten. Eingefügt oder getilgt werden sowohl Konsonanten als auch Vokale. Häufig stehen Epenthese und Tilgung im Zusammenhang mit phonotaktischen Strukturbeschränkungen einer Sprache. Diese bestimmen, welche Laute in der Sprache aufeinander folgen dürfen und welche nicht. Zu Konflikten kommt es, wenn Wörter aus einer Fremdsprache in die eigene Sprache entlehnt werden. So finden sich in deutschen Wörtern, die ins Japanische entlehnt wurden, oftmals epenthetische Vokale, da das Deutsche die Aufeinanderfolge von zwei oder mehr Konsonanten erlaubt, das Japanische jedoch nicht. Beispiele hierfür sind dt. *Gestalt*, *Arbeit*, *Zeitgeist*, die als jp. *gesh<u>u</u>tar<u>u</u>to*, *ar<u>u</u>beito*, *tsait<u>o</u>gais<u>u</u>to* entlehnt wurden. Als epenthetischer Vokal fungiert hier zumeist das [u], das im Japanischen häufig stimmlos ist und als Schwundvokal bezeichnet wird (vgl. Dohlus 2002: 25 ff.). Bei der Vokalepenthese (**Svarabhakti**) wird oft ein solcher eher schwacher Vokal eingefügt, z. B. häufig ein Schwa.

Ein Beispiel für eine Tilgung, die allerdings nicht obligatorisch sondern **fakultativ** auftritt, ist die Tilgung von auslautendem *t* im Deutschen. So werden Wörter wie *kommst* häufig als *komms* (›komms du?‹) realisiert.

Dafür, dass sich phonotaktische Regularitäten einer Sprache im Laufe der Zeit ändern können, ist das Deutsche ein gutes Beispiel. Konsonantenepenthese und Vokaltilgung zeugen hier davon, dass die Sprache vom Mittelhochdeutschen zum Frühneuhochdeutschen wesentlich komplexere Silbenstrukturen entwickelt hat. So wurde z. B. der Auslaut durch Epenthese eines weiteren Konsonanten verstärkt, etwa in den Wörtern mhd. *saf* > fnhd. *saft*, und unbetonte Vokale wurden getilgt, was ebenfalls zu komplexeren Auslautclustern führte, vgl. mhd. *nimest* > fnhd. *nimpst* (vgl. Nübling et al. 2006: 38 ff.).

Als Grund für Epenthese und Tilgung wird oft die Ausspracheerleichterung genannt. Wie schon bei der Beschreibung der VOT in Kapitel 2.3.3 gesehen, spielt aber nicht nur die Erleichterung der Artikulation eine Rolle, sondern vor allem auch das **artikulatorische Timing**. So lassen sich zum Beispiel sowohl der (aus den westdeutschen Dialekten des Deutschen bekannte) epenthetische Vokal in Wörtern wie *fünnef* und *Sennef* für *fünf* und *Senf* als auch der (eher süddeutsche) epenthetische Konsonant in den gleichen Wörtern (*fümpf*, *Sempf*) auf Unterschiede im Timing der artikulatorischen Gesten zurückführen. Dass allerdings beide Varianten vorkommen und auf verschiedene Dialektregionen verteilt sind, zeigt, dass auch unterschiedliche phonotaktische Präferenzen in den Varietäten des Deutschen eine Rolle spielen.

Zur Vertiefung

Phonologische Markiertheit

Die Markiertheit von Lauten oder lautlichen Strukturen (wie beispielsweise der Abfolge von Lauten innerhalb einer Silbe, **Phonotaktik**) wird in der Regel auf der Basis der **Häufigkeit** bestimmt, mit der eine Struktur in allen (bekannten) Sprachen der Welt vorkommt. Bestimmte Laute oder lautliche Strukturen sind in allen Sprachen zu finden, während andere in nur wenigen Sprachen vorkommen.

Das lässt sich am **Beispiel der gerundeten Vordervokale** illustrieren. Gerundete Vordervokale sind gegenüber ihren ungerundeten Entsprechungen markiert: Sie kommen **seltener** vor, und wenn eine Sprache in ihrem Vokalinventar gerundete Vordervokale aufweist, so verfügt sie auch über die ungerundete Entsprechung. Das Französische besitzt beispielsweise die gerundeten Vordervokale /y, ø, œ/ und ihre ungerundeten Entsprechungen /i, e, ɛ/. Das Englische verfügt zwar über die ungerundeten Vordervokale /i, ɪ, e, æ/, aber nicht über die entsprechenden gerundeten Vokale. Die markierte Form **impliziert** also die unmarkierte, aber nicht umgekehrt (zu solchen implikativen Universalien s. Kap. 8.1.1). Weiterhin lassen sich systematische Bedingungen feststellen, bei denen die markierte Form zugunsten der unmarkierten Form **abgebaut** wird. Im Kreol von Mauritius (zu Kreolsprachen s. Kap. 11.3.1) gibt es beispielsweise die Wörter [plimo] und [seve], die auf Französisch [plyˈmo] und [ʃəˈvø] zurückgehen. Das Vokalsystem des Kreol von Mauritius und das des Französischen sehen wie folgt aus (vgl. Jacobs/Gussenhoven 2000: 202):

Kreol: i   u   Französisch: i y   u
           e   o   e ø   o
                a   ɛ œ   a ɔ

Werden Wörter aus dem Französischen in das Kreol übernommen, so werden die markierten gerundeten Vokale durch die ungerundeten ersetzt; es kommt zum phonologischen Prozess der Entrundung (vgl. ebd.). Auch in vielen Dialekten des Deutschen finden sich anstelle der gerundeten Vordervokale im Standarddeutschen die ungerundeten Entsprechungen, was in diesem Fall aber nicht auf Sprachkontakt, sondern auf historische Entrundungsprozesse in den jeweiligen Dialektregionen zurückzuführen ist. Ein weiterer Aspekt bei der Bestimmung von markierten gegenüber unmarkierten Strukturen ist die Erwerbsreihenfolge im kindlichen Erstspracherwerb: Markierte Laute und Strukturen werden für gewöhnlich erst **später erworben**.

Der qualitative Aspekt von Markiertheit, der hinter den genannten Tendenzen im Sprachwandel, Sprachkontakt und Spracherwerb steckt, betrifft die artikulatorische Komplexität: Unmarkierte Laute sind häufig weniger komplex als markierte. Die gerundeten Vordervokale weisen beispielsweise das zusätzliche Merkmal der Lippenrundung auf; ihre Artikulation ist also aufwändiger als die Artikulation der ungerundeten Vordervokale. Natürlich lassen sich Markiertheitsunterschiede nicht nur für Vokale, sondern auch für Konsonanten und vor allem auch für Silbenstrukturen (s. Kap. 2.5.3) feststellen. Einen – wenn auch anekdotischen – Beleg für die Ersetzung markierter Strukturen im Deutschen durch unmarkierte liefert die Erklärung der Gruppe »Die Fantastischen 4« zur Namensgebung ihrer Platte »Fornika« (erschienen 2007). Angeblich sei der Name darauf zurückzuführen, dass sie Pizza auf den Namen »Wernicke« bestellt hätten, die schließlich als Pizza für »Fornika« angeliefert worden sei. Selbst wenn das rein erfunden ist und lediglich die semantische Lesart von *Fornika* ironisch kaschieren sollte, ist die Erklärung doch phonologisch sehr plausibel: Insbesondere die Ersetzung des anlautenden stimmhaften Obstruenten durch den entsprechenden stimmlosen Obstruenten entspricht einem Abbau an Markiertheit, ebenso auch die Ersetzung des auslautenden Reduktionsvokals durch einen Vollvokal, der zu einer weniger markierten, verbesserten Silbenstruktur führt.

Eine moderne phonologische Theorie, die Markiertheit und universale Tendenzen sehr stark berücksichtigt, ist die **Optimalitätstheorie** (s. Vertiefungskasten »Optimalitätstheorie«, S. 85).

Metathese: Als Metathese bezeichnet man die **Vertauschung** von Lauten in einem Wort. So hört man im heutigen Deutsch Versprecher wie *Bedroullie* für *Bredoullie* oder *intregiert* für *integriert*. Diese treten jedoch nur sporadisch auf und stellen keine phonologische Regel dar. Regelmäßig auftretende Metathesen finden wir hingegen beispielsweise im Zoque, einer im Süden Mexikos gesprochenen Sprache. Dort wird Besitz dadurch angezeigt, dass vor dem Wortstamm das Präfix *j* angehängt wird. Zur Metathese kommt es, wenn der Stamm mit einem Konsonanten anlautet (Hall 2011: 96):

(1) /j + pata/   [pjata]   ›seine Matte‹
     /j + gaju/   [gjaju]   ›sein Hahn‹

Diese Metathese vermeidet, wie auch das obige Beispiel zur Epenthese im Japanischen, die Verletzungen von phonotaktischen Beschränkungen, denn anlautend /jp/ und /jg/ wären im Zoque nicht möglich.

Historische Beispiele für Metathese sind das neuhochdeutsche Wort *bersten*, das mit dem althochdeutschen Wort *brestan* verwandt ist, oder das englische Wort *bird*, das auf *brid* zurückgeht. In den germanischen Sprachen sind solche historischen Beispiele nicht systematisch, sondern auf einzelne Wörter beschränkt. Synchron spielt die Metathese keine Rolle im Sprachsystem.

Dehnung und Kürzung von Vokalen oder Konsonanten ist ebenfalls ein phonologischer Prozess, der in vielen Sprachen anzutreffen ist. Im Italienischen tritt z. B. in bestimmten syntaktischen Kontexten die Dehnung eines einfachen Konsonanten zu einem langen Konsonanten (einer **Geminate**) auf (*radoppiamento sintattico*). Dieser Prozess der **Geminierung** erfolgt nur dann, wenn der Konsonant wortinitial steht und das vorhergehende Wort auf einen kurzen, betonten Vokal endet. Weiterhin muss der Konsonant von einem Vokal (s. Bsp. 2a) oder einem Sonoranten gefolgt sein (s. Bsp. 2b; vgl. Nespor/Vogel 2007: 167):

(2) (a) È appena passato con tre c̲ani.
         (›Er ist gerade mit drei Hunden vorbeigegangen.‹)
     (b) Avrá t̲rovato il pescecane.
         (›Er muss den Hai gefunden haben.‹)

Der durch Unterstreichung markierte Konsonant wird in diesen Fällen gedehnt. Ein wichtiger Effekt der Dehnung betrifft die Silbenstruktur im Italienischen (zur Silbe s. Kap. 2.5.3). Es ist hier nicht erlaubt, dass betonte Silben mit einem kurzen Vokal enden. Durch die Dehnung des Konsonanten wird also gewissermaßen Material zur Verfügung gestellt, das die vorherige Silbe schließen kann. Auch bei diesem Beispiel spielen somit phonotaktische Strukturbeschränkungen eine Rolle.

Der umgekehrte Fall einer **Degeminierung** (Kürzung von Doppelkonsonanten) tritt fakultativ im Deutschen auf, und zwar wenn ein wortfinaler und ein wortinitialer, gleicher Konsonant aufeinander folgen, z. B. in zusammengesetzten Wörtern wie *Stadttour* oder *Schifffahrt*.

Assimilation: Unter Assimilation versteht man die Angleichung zweier Laute in wenigstens einem Parameter. Bei den Konsonanten kann dies der Artikulationsort, die Artikulationsart oder die Stimmgebung sein; bei den Vokalen die Zungenlage, die Zungenhöhe oder die Lippenrundung. Kommt es zu einer vollständigen Angleichung von Lauten, spricht man von **totaler Assimilation**, ansonsten von **partieller Assimilation**.

Die **Abgrenzung der Assimilation von der Koartikulation** ist nicht ganz unumstritten. Während die Koartikulation häufig der Phonetik zugeordnet wird, beschreibt man die Assimilation im Rahmen der Phonologie. Das bedeutet, dass sich lautliche Angleichungen bei der Assimilation auf phonologisch relevante, sprachspezifische Eigenschaften beziehen. Die Koartikulation kann hingegen rein phonetische Eigenschaften betreffen und wird häufig als ausschließlich physiologisch bedingter Prozess betrachtet. So üben Vokale, die in Wörtern wie *Tina*, *Tani* oder *Tini* durch einen Konsonanten voneinander getrennt sind, einen koartikulatorischen Einfluss aufeinander aus, der jedoch nicht dazu führt, dass die Laute einer phonologisch relevanten, kategorischen Veränderung unterworfen sind. Das Gleiche gilt für das *t* in Wörtern wie *Teich* oder *Stein*, das nach dem postalveolaren Frikativ weiter hinten produziert wird, als wenn es alleine steht (s. Vertiefungskasten EPG und EMA S. 55), ebenso wie für das *k* in den Wörtern *Kiel* und *Kohl*, das je nach Folgevokal weiter vorne oder hinten produziert wird, ohne dass es dadurch zur Produktion eines anderen Phonems käme.

Man unterscheidet neben totaler und partieller Assimilation auch zwischen **Kontaktassimilation** und **Fernassimilation**. Erstere bezieht sich auf unmittelbar benachbarte Laute, Letztere auf Laute, die nicht direkt aneinander angrenzen. Ein typischer Fall von Fernassimilation ist die sogenannte **Vokalharmonie**. Dabei werden Vokale innerhalb eines Wortes, aber in verschiedenen Silben aneinander angeglichen. Dies ist beispielsweise im Ungarischen der Fall: Morphologische Endungen, die an Wörter angehängt werden, nehmen die Vokalqualität des Wortes in Bezug auf die Zungenlage ([± hinten]) an. Die Pluralendung -*k* (wenn das Wort auf einen Vokal endet) kommt z. B. nach einem konsonantisch endenden Wort in den Varianten -*ok* und -*ek* vor. Das Wort *orvos* (›Arzt‹) wird im Plural folglich zu *orvosok*, das Wort *könyv* (›Buch‹) hingegen zu *könyvek*. Die Angleichung der Vokale überführt den Laut hier – im Gegensatz zum obigen Beispiel für Koartikulation – in einen (sprachspezifisch) kategorisch anderen Laut.

Auch bei der Assimilation ist es wichtig zu unterscheiden, in welche Richtung sie wirkt. Hat ein früherer Laut Auswirkungen auf einen späteren Laut, so spricht man von **progressiver Assimilation**, im umgekehrten Fall von **regressiver Assimilation**. Die progressive Assimilation entspricht also phonetisch der perservierenden Koartikulation, die regressive Assimilation der antizipatorischen. Ein Beispiel für eine progressive Assimilation ist die Assimilation des phonologischen Merkmals [stimmhaft] in Wortfolgen wie *im Gras̱ sitzen* oder *haṯ sie Recht*. Regressive Assimilation liegt beispielsweise in Wörtern wie *uṉgenau* oder *uṉgeschickt* vor, wo der alveolare Nasal häufig den velaren Artikulationsort des folgenden Plosivs annimmt. Diese Beispiele stehen für Assimilationen, die sich nicht obligatorisch, sondern fakultativ vollziehen. Sie können also auftreten, müssen es aber nicht. Anders ist es bei der Kombination der Laute /n/ und /g/ in Wörtern wie *Ungarn* oder *Tango*. Hier ist die Anpassung des Nasals an die velare Artikulationsstelle des Folgelauts obligatorisch. Dies ist darauf zurückzuführen, dass bei *ungenau* und *ungeschickt* eine Morphemgrenze zwischen den Lauten liegt, während dies bei *Ungarn* und *Tango* nicht der Fall ist. Für das Auftreten einer Assimilation (und dies gilt für andere phonologische Prozesse genauso) ist also nicht nur die Abfolge der Laute von Relevanz, sondern auch die Frage, zu welchen sprachlichen Einheiten die Laute gehören. Werden die Grenzen solcher Einheiten überschritten, kann der Prozess fakultativ werden oder ganz blockiert sein.

Oft gehen der Assimilation bereits Tilgungen von Lauten voraus, und wir finden so ganze Ketten von phonologischen Prozessen. Eine übliche Realisierung des Wortes *haben* ist im Deutschen *ham*: Nach der Tilgung des Reduktionsvokals [ə] befinden sich [b] und [n] in Kontaktstellung, woraufhin es zur progressiven Assimilation des Artikulationsorts kommt (*habm*). Schließlich erfolgt in vielen Fällen auch noch die Tilgung des Plosivs (*ham*). Eine Kombination von Tilgung und Assimilation liegt aus historischer Perspektive bei der Entwicklung der Wörter *empfinden* und *empfangen* vor, die sich aus *entfinden* und *entfangen* entwickelt haben. Im heutigen Deutsch deutet sich der gleiche Prozess bei dem Wort *entfernen* an, wobei hier Formen ohne Tilgung mit Formen mit Tilgung (*enfernen*) und solchen mit Tilgung und Assimilation (*emfernen*) koexistieren, beide eventuell mit zusätzlicher Affrizierung (*enpfernen*, *empfernen*).

Neutralisierung: Unter Neutralisierung versteht man, dass ein phonologisches Merkmal in einer Sprache in manchen Umgebungen distinktiv ist, in anderen jedoch nicht. Es trägt also in diesen Positionen nicht dazu bei, Bedeutungsunterscheidungen zu leisten. In dieser Position sind Phoneme, die sonst bedeutungsunterscheidend sind, nicht mehr in der Lage, zwei Wörter zu unterscheiden.

Auslautverhärtung

Ein berühmtes Beispiel aus dem Deutschen für eine Neutralisierung ist die sogenannte Auslautverhärtung. Stimmhafte Obstruenten (das sind Plosive und Frikative) werden im Auslaut von Silben stimmlos realisiert. So zum Beispiel bei:

(a) /liːp̱st/ aber /liː.ḇə/
(b) /hʊnṯ/ aber /hʊn.ḏə/
(c) /zaːḵst/ aber /zaː.g̱ən/
(d) /braːf/ aber /braː.və/
(e) /haʊs̱/ aber /hɔɪ.zɐ/

In diesen morphologisch verwandten Wörtern tritt der Obstruent stimmhaft auf, wenn er im Anlaut einer Silbe steht, aber stimmlos, wenn er im Auslaut einer Silbe steht. Das distinktive Merkmal [± sth] kann im Auslaut seine Wirkung daher nicht entfalten, denn alle Laute, für die dieses Merkmal im Deutschen eine Rolle spielt, werden im Auslaut stimmlos realisiert. Man sagt deshalb auch, die Stimmhaftigkeitsopposition ist im Silbenauslaut neutralisiert. Dass das Merkmal [± sth] im Deutschen eigentlich distinktiv ist, kann man an Minimalpaaren wie /baɪn/ vs. /paɪn/ oder /gaː.bəl/ vs. /kaː.bəl/ sehen. Die Neutralisierung der Stimmhaftigkeitsopposition wird in Minimalpaaren wie /bʊn.tə/ vs. /bʊn.də/ besonders deutlich, denn hier bricht die Distinktion im Einsilber /bʊnt/ (*Bund* oder *bunt*) zusammen, und es kommt zum Phonemzusammenfall.

2.5.3 | Prosodische Domänen und ihre Hierarchie

Wir haben bisher gesehen, dass Laute und Phoneme zwar die kleinsten segmentierbaren Einheiten der gesprochenen Sprache sind, dass sie aber nicht unbeeinflusst sind durch ihre Umgebung. Dieser Einfluss hat allerdings Grenzen: Nicht immer, wenn zwei Laute aufeinandertreffen, kommt es zum Beispiel zu einer Assimilation, auch wenn sie möglich und eigentlich erwartbar wäre. Dies ist ein Hinweis darauf, dass nicht nur die lineare Abfolge der Laute ihre Realisierung reguliert, sondern dass es eine übergeordnete Strukturebene geben muss, die phonologische Prozesse erlaubt oder blockiert. Im vorher erwähnten Beispiel der fakultativen vs. obligatorischen Nasalassimilation in *ungern* vs. *Tango* war diese übergeordnete Strukturebene die Morphologie. Sehr oft lässt sich die übergeordnete Strukturebene jedoch innerhalb der Lautstruktur der Sprache bestimmen. Solche Konstituenten auf übergeordneter lautlicher Strukturebene bezeichnet man als **prosodische Domänen**. Der Begriff ›Prosodie‹ bezieht sich auf Lauteigenschaften, die die Ebene des Einzellautes überschreiten; er wird oft synonym mit ›Suprasegmentalia‹ verwendet (s. Kap. 2.5.4).

Prosodische Domänen

Domänenhierarchie: Die prosodischen Domänen sind hierarchisch strukturiert; sie reichen von der **Silbe (σ)** (in manchen Ansätzen von der noch kleineren Domäne der **More**) bis hin zur Domäne der **phonologischen Äußerung (U)**. Zwischen Silbe und phonologischer Äußerung liegen weitere Domänen, auf die wir hier nicht im Einzelnen eingehen können (zur Silbe s. unten). Die zwischen Silbe und phonologischer Äußerung liegenden Domänen sind der **Fuß (Σ)**, das **phonologische Wort (ω)**, die **klitische Gruppe (C)**, die **phonologische Phrase (Φ)** und schließlich die **Intonationsphrase (I)** (vgl. Nespor/Vogel 2007).

Die Domänen stehen in einem hierarchischen Verhältnis zueinander, bei dem jede übergeordnete Domäne sich aus Konstituenten der unmittelbar darunterliegenden Domäne zusammensetzt. Es darf also keine Domäne übersprungen werden. (Allerdings muss man wohl zumindest beim phonologischen Wort davon ausgehen, dass Domänen auch sich selbst enthalten können, denn wir finden hier zusammengesetzte Wörter wie z. B. *Theaterprobe*, *Baumhaus* oder *Eisenbahn*, die zwei phonologische Wörter beinhalten, gemeinsam aber wohl auch ein übergeordnetes phonologisches Wort konstituieren.) Ebenso sollen untergeordnete Domänen vollständig in der unmittelbar übergeordneten Domäne aufgehen; es darf keine sich überschneidenden Ränder geben, wenn beispielsweise ein Fuß zur Hälfte zu einem phonologischen Wort und zur anderen Hälfte zu einem anderen phonologischen Wort gehört. Weiterhin wird teilweise davon ausgegangen, dass keine Fragmente entstehen dürfen; jeder Laut sollte also in einer prosodischen Konstituente beinhaltet sein. Ob tatsächlich alle prosodischen Domänen in der Sprache eine Rolle spielen, hängt von der jeweiligen Einzelsprache ab. Sprachspezifisch ist auch, welche konkreten Prozesse durch welche Domänen reguliert werden (vgl. Nespor/Vogel 2007; Wiese 2000).

Die Bedeutung solcher Domänen (und ihre Rechtfertigung als phonologische Kategorien) zeigt sich, wie bereits angesprochen, darin, dass sie das Auftreten **phonologischer Prozesse regulieren**. Als Beispiel können wir hier auf die in Kapitel 2.5.2 eingeführte **Vokalharmonie im Ungarischen** zurückgreifen. Auch dieser Prozess der Fernassimilation wirkt nicht uneingeschränkt, sondern er bezieht sich auf die Domäne des phonologischen Worts. Dies wird deutlich, wenn wir die folgenden Wörter miteinander vergleichen (›-‹ markiert Morphemgrenzen; vgl. auch Nespor/Vogel 2007: 122 ff.):

(3) (a) könyv-ek   [könyvek]ω
    (›Buch‹ + Plural)

    (b) könyv-tár   [könyv]ω[tár]ω
    (›Buch‹ + ›Sammlung‹, »Bibliothek«)

    (c) utazás-nak   [utazásnak]ω
    (›Reise‹ + Dat. Sg.)

    (d) be-utazni   [be]ω[utazni]ω
    (›ein‹ + ›reisen‹, »einreisen«)

    (e) könyvtár-ban   [könyv]ω[tárban]ω
    (›Bibliothek‹ + Kasus (inessiv))

In den Beispielen a) und c) liegt Vokalharmonie vor, in den Beispielen b) und d) jedoch nicht. Die Endungen (Suffixe) *-ek* und *-nak* bilden mit dem Wortstamm ein phonologisches Wort, innerhalb dessen die Vokalharmonie wirksam ist. Bei zwei kombinierten Wortstämmen (b) und bei der Kombination von Vorsilbe (Präfix) und Stamm (d) hingegen wird der phonologische Prozess der Fernassimilation nicht durchgeführt. Die Bestandteile konstituieren jeweils ein eigenes phonologisches Wort, über dessen Grenzen hinweg der Prozess blockiert wird. Beispiel (e) verdeutlicht, dass das Suffix *-ban* mit dem angrenzenden zweiten Stamm des komplexen Worts *könyvtár* ein phonologisches Wort bildet. Dieses Beispiel zeigt auch, dass die morphologische Struktur des Worts, d. h. die Zusammensetzung der vollständigen Wortform aus ihren einzelnen Bestandteilen, nicht mit der prosodischen Struktur zusammenfallen muss. Die prosodische Konstituente [tárban] hat keine Entsprechung als morphologisches Wort (vgl. Nespor/Vogel 2007: 122 ff.). Wenn prosodische Konstituenten und morphologische oder syntaktische Konstituenten nicht zusammenfallen, bezeichnet man sie als **nicht-isomorph**. Diese Nicht-Isomorphie ist ein wichtiges Argument für die Relevanz der prosodischen Domänen, denn sie zeigt, dass die phonologischen Prozesse nicht direkt auf morphologische oder syntaktische Strukturen bezogen werden können.

Eine prosodische Domäne, die im Rahmen der Phonologie sehr viel Aufmerksamkeit erfahren hat, ist die Silbe. Wir widmen ihr deshalb einen eigenen Abschnitt.

Die Silbe

Die Silbe ist die prosodische Domäne, die sich unmittelbar oberhalb der Lautebene anschließt. Sie ist die Bezugsdomäne für viele phonologische Prozesse und reguliert auch die mögliche Abfolge von Lauten in einer Sprache. Die sprachspezifischen Beschränkungen über die lineare Abfolge der Laute innerhalb der Silbe haben wir in Kapitel 2.4.1 bereits als **Phonotaktik** bezeichnet. Die typische Lautabfolge ist dabei nicht willkürlich, sondern es lässt sich ein übereinzelsprachlich wirksames Prinzip feststellen, das die Abfolge beeinflusst, allerdings nicht determiniert. Dieses Prinzip ist die sogenannte **Sonoritätshierarchie**.

Sonorität lässt sich umgangssprachlich als die Schallfülle von Lauten fassen; es geht dabei um die mehr oder weniger gute Wahrnehmbarkeit oder Klangfülle von Lauten. Die Laute werden nach ihrer Artikulationsart von minimal sonor bis zu maximal sonor eingeteilt, woraus sich die in Abbildung 13 dargestellte Skala ergibt (mit von links nach rechts zunehmender Sonorität).

Silben zeichnen sich nun dadurch aus, dass sie einen **Kern** mit einem maximal sonoren Element aufweisen, meistens einem Vokal. Um diesen Kern herum können weitere Laute stehen, die in ihrer

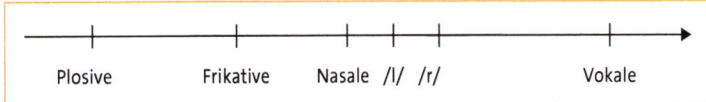

Sonorität zum **Rand** hin nach links und rechts abnehmen. Um den Kern herum gruppieren sich also ein weniger sonorer Anfangsrand und Endrand. Beide sind in sich ebenfalls noch einmal nach dem Sonoritätsprinzip strukturiert. So finden wir in der deutschen Silbe /graust/ (*mir graust davor*) als sonorstes Element den Diphthong, der den Silbenkern bildet. Der Anfangsrand /gr/ setzt sich aus der Abfolge Plosiv + Liquid zusammen, der Endrand hingegen aus der Abfolge Frikativ + Plosiv. Anfangs- und Endrand sind in Hinblick auf die Sonoritätshierarchie also spiegelbildlich zueinander aufgebaut: Die am wenigsten sonoren Plosive stehen ganz außen, die sonoreren Laute weiter innen. Alternativ zu den Bezeichnungen Silbenkern, Anfangsrand und Endrand finden sich auch die Begriffe **Nukleus** (= Kern), **Onset** (= Anfangsrand) und **Koda** (= Endrand).

Das Konstituentenmodell: Eine Darstellungsweise für die Struktur der Silbe ist das sogenannte Konstituentenmodell. **Konstituenten** sind Strukturbestandteile, die in einem hierarchischen Verhältnis zueinander stehen. Für die Bestandteile Nukleus, Onset und Koda bedeutet dies, dass auch sie in ein hierarchisches Verhältnis zu bringen sind. Nukleus (N) und Koda (K) werden deshalb zum **Reim** (R) zusammengefasst, der Onset (O) wird direkt der Silbe zugeordnet. Zusätzlich zu der Aufteilung der Laute in die Silbenkonstituenten gibt das Modell Auskunft über die **Quantitätsstruktur** der Silbe. Jeder Laut wird dabei auf einer zusätzlichen Schicht mit einem oder (bei Langsegmenten) mehreren Quantitätszeichen (X) assoziiert.

Abb. 13:
Sonoritätshierarchie
(nach Ramers 2007: 109)

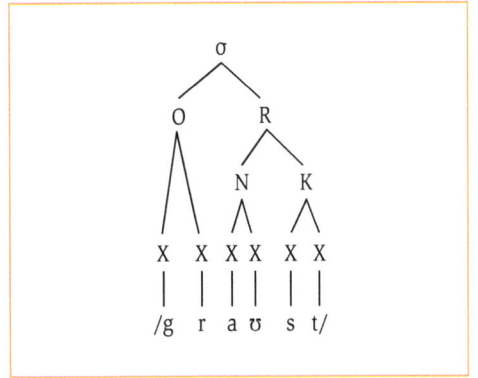

Abb. 14:
Konstituentenmodell der Silbe

2.5 Laute

Über Laut und Phonem hinaus

Die Quantitätsstruktur in der Silbe ist phonologisch bedeutsam. Viele Dehnungs- und Kürzungsprozesse sind auf die Quantitätsverhältnisse in der Silbe bezogen. So haben wir beispielsweise beim *radoppiamento sintattico* (s. 2.5.2) gesehen, dass die Geminierung nur dann erfolgt, wenn der einfache Konsonant auf einen kurzen Vokal folgt, der den primären Wortakzent trägt (zum Wortakzent s. 2.5.5). Unter Einbeziehung der Silbenstruktur lässt sich erklären, warum dies so ist: Mindestvoraussetzung für akzenttragende Silben ist im Italienischen, dass diese Silbe schwer ist, d. h. dass sie einen verzweigenden Reim hat. Offene Silben mit einem kurzen Vokal dürfen deshalb im Italienischen nicht den primären Wortakzent tragen, denn sie haben nur eine Quantitätseinheit im Nukleus der Silbe. Die Dehnung des folgenden Konsonanten resultiert nun in einer zusätzlichen Quantitätseinheit, die durch **Resilbifizierung** vom Onset der Folgesilbe in die Koda der vorangehenden Silbe ›verschoben‹ wird. Der Reim der Folgesilbe verzweigt somit, die Silbe ist schwer und kann den primären Wortakzent tragen.

Das Beispiel zeigt, dass wir es nunmehr nicht mit einer schlichten Dehnung eines konkreten Lautsegments in einer linearen Kette von Lauten zu tun haben. Die Dehnung ist auf die prosodische Domäne der Silbe bezogen, genauer auf die **Konstituente des Reims**. Die zusätzliche Quantitätseinheit ist dabei phonologisch relevant, und zwar unabhängig von dem konkreten Laut, mit dem sie dann jeweils assoziiert wird. (Tatsächlich wird in anderen Kontexten im Italienischen auch der Kurzvokal selbst gedehnt, um eine schwere Silbe für den primären Wortakzent bereitzustellen; relevant ist also das **Silbengewicht**, nicht die Tatsache, ob wir ein langes /eː/, /kː/ oder /tː/ haben; vgl. Nespor/Vogel 2007: 166).

Nicht-Linearität

Im Konstituentenmodell spiegelt sich dies darin wider, dass die Quantitätseinheiten eine eigene, von den Segmenten unabhängige Schicht bilden. Man bezeichnet die Darstellung auch als **nicht-linear**; die Quantitätsschicht wird als **Skelettschicht** mit Skelettpositionen für jede Quantitätseinheit X bezeichnet.

Ein anderes Silbenmodell, das ebenfalls eine Skelettschicht für die Quantität bereitstellt, ist das **CV-Modell**. Im Gegensatz zum Konstituentenmodell ordnet es alle Segmente auf einer Hierarchieebene an; es ist deshalb flacher als das Konstituentenmodell (vgl. Hall 2011; Ramers 2007).

Ein weiteres Argument für das Konstituentenmodell der Silbe. Das oben erläuterte Beispiel aus dem Italienischen hat gezeigt, dass die Konstituente des Reims (nämlich die Tatsache, dass er verzweigt) phonologisch relevant ist. Ein weiteres Argument für die Unterteilung in Konstituenten finden wir in der in Kapitel 2.5.2 eingeführten Auslautverhärtung im Deutschen. Dieser Neutralisierungsprozess bezieht sich nicht auf den letzten Laut einer Silbe, sondern auf die **Konstituente der Koda**. In den Wörtern /jaː.gen/ (*jagen*), /jaːk.den/ (*Jagden*) und /jaːkt/ (*Jagd*) wird dies deutlich, denn in /jaːkt/ wird die Stimmhaftigkeit in beiden Lauten in der Koda aufgegeben; vgl. auch das obige Beispiel /grau.zen/ und /graust/, nicht /grauzt/.

In Sprachen wie dem Deutschen oder Englischen ergeben sich allerdings einige Probleme mit der Domäne der Silbe. Dies betrifft unter anderem die **extrasilbischen** und die **ambisilbischen** Elemente.

Extrasilbisch werden Laute genannt, die sich in der Silbe gegenläufig zur Sonoritätshierarchie verhalten, so beispielsweise in der Silbe /ʃtrɪk/. Im Anfangsrand liegt ein Verstoß gegen die Sonoritätshierarchie vor, da der Frikativ sonorer ist als der folgende Plosiv. Der Laut /ʃ/ wird dann als extrasilbisch bezeichnet (s. Abb. 15a). Verstöße gegen die Sonoritätshierarchie können auch im Endrand der Silbe auftreten, beispielsweise in /ʃtɪŋkst/; sowohl das /ʃ/ als auch das /t/ sind in diesem Fall extrasilbisch. Zwar ist im Deutschen nur eine bestimmte Klasse von Lauten von dieser Ausnahme betroffen, nämlich die **koronalen Obstruenten**, diese Regularität ändert aber nichts an der Tatsache, dass die Silbenstruktur durch die Elemente verschlechtert wird.

Ambisilbisch werden Laute genannt, die sowohl dem Endrand einer Silbe als auch dem Anfangsrand der Folgesilbe zuzuordnen sind. Sie bilden ein sogenanntes **Silbengelenk**. Dies ist der Fall in Wörtern wie *Himmel*, *Butter*, *Fischer* etc., in denen keine klare Grenze zwischen den beiden Silben gezogen werden kann. Auch wenn die Schreibung durch Doppelkonsonanz in Wörtern wie < Him-mel > darüber hinwegtäuscht, wird hier jeweils

---

Definition

Unter → **nicht-linearen Silbenmodellen** versteht man Modelle, die sich aus verschiedenen Schichten für die Segmente und die Quantität zusammensetzen.
Das **Konstituentenmodell** untergliedert die Silbe in die hierarchisch geordneten Konstituenten Onset, Reim, Nukleus und Koda.
Das **CV-Modell** ordnet hingegen alle Segmente auf einer Hierarchieebene an, weshalb man es als ein flaches Modell bezeichnet.

nur ein Segment realisiert, das nicht länger ist als ein einfacher Konsonant. Dieses Segment erhält folglich nur ein Quantitätszeichen (X), das sowohl der Koda der ersten Silbe als auch dem Onset der zweiten Silbe zugehört (s. Abb. 15b).

Extra- und Ambisilbizität sind Hinweise darauf, dass die Silbenstruktur im Deutschen im Vergleich zu anderen Sprachen schlecht artikuliert ist. Nicht nur die Tatsache, dass die Silbenränder so viele Konsonanten aufweisen, dass es zu Verstößen gegen die Sonoritätshierarchie kommt und dass sich keine klaren Silbengrenzen ziehen lassen, machen die Silbenstruktur im Deutschen nicht optimal. Es kommt noch hinzu, dass die Silben im Deutschen sehr uneinheitlich aufgebaut sind, was ihre vokalische Füllung angeht: Es gibt Silben, die **Vollvokale** beinhalten, und solche, die **Reduktionsvokale** beinhalten. Unter Reduktionsvokalen sind alle Zentralvokale zu verstehen, also diejenigen, die im Zentrum des Mundraums ohne große artikulatorische Anstrengung produziert werden ([ə] und [ɐ]).

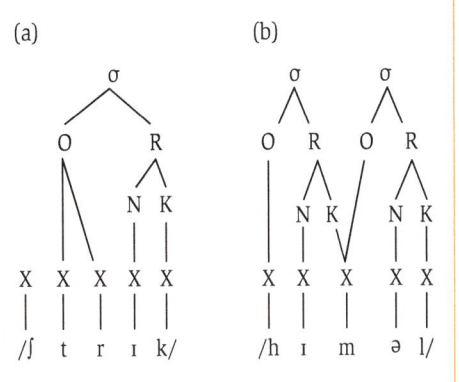

Abb. 15:
(a) Extrasilbische und
(b) ambisilbische
Konsonanten im Konstituentenmodell

Vollvokale sind hingegen die peripheren Vokale im Vokaldreieck, zu deren Produktion größere Auslenkungen der Artikulatoren erforderlich sind (z. B. [a], [i], [u]). Das Vorkommen von Voll- und Reduktionsvokalen hängt im Deutschen mit dem Wortakzent zusammen: Silben, die nur einen Re-

---

Zur Vertiefung

Silben- und Wortsprachen

Es ist interessant, die beschriebenen Schwierigkeiten mit der Domäne der Silbe im Deutschen unter Berücksichtigung einer anderen Domäne zu betrachten, nämlich der des phonologischen Worts (pWort).

Komplexe Silbenränder und ambisilbische Konsonanten führen zu einer Verschlechterung der Silbenstruktur, sie dienen aber zugleich dazu, die Domäne des phonologischen Worts hervorzuheben: Die komplexen Silbenränder fallen im Deutschen häufig auch mit Rändern des phonologischen Worts zusammen und verdeutlichen so seine Grenzen (*Strumpf, (des) Herbsts*), während ambisilbische Konsonanten es unmöglich machen, ein zweisilbiges phonologisches Wort in Silben zu trennen, und dadurch seine Ganzheit stärken (*Himmel, Finger*).

Die Verschlechterung der Silbenstruktur zugunsten des phonologischen Worts lässt sich in den größeren Zusammenhang der **Typologie von Silben- und Wortsprachen** einordnen (Auer 1993a). Viele Sprachen stärken tendenziell die Domäne der Silbe, andere hingegen die des phonologischen Worts. Das heutige Standarddeutsch (Neuhochdeutsch) zählt zu den Wortsprachen, ebenso wie Englisch oder Russisch. Zu den Silbensprachen zählen hingegen Französisch, Spanisch oder Türkisch.

Neben den oben beschriebenen strukturellen Unterschieden geben noch andere phonologische Eigenschaften Aufschluss darüber, ob wir es mit einer silben- oder einer wortoptimierenden Sprache zu tun haben. Ein Beispiel hierfür ist der phonologische Prozess der *liaison* beispielsweise im Französischen, der auch über morphologische Wortgrenzen hinweg auftritt (frz. *six heures*). Durch die Liaison wird der Kodakonsonant als Onset der Folgesilbe resilbifiziert, so dass zu Beginn eine CV-Silbe entsteht ([si.zoer]). Die Abgrenzung der beiden morphologischen Wörter wird dadurch undeutlicher, die Silbenstruktur hingegen besser. In einer Wortsprache wie dem Deutschen tritt dieser Prozess nicht auf; ganz im Gegenteil wird hier der vokalische Wortbeginn durch **Epenthese** eines Glottalverschlusses gestärkt (dt. *sechs Uhr*, [zɛks.ʔuːɐ]). Die beiden Bedeutungsbestandteile bleiben dadurch gut voneinander getrennt; die Silbenstruktur ist aufgrund der komplexen Koda jedoch schlechter.

Silben- und wortoptimierende Strukturen und Prozesse werden oft mit **Vorteilen für Sprecher oder Hörer** in Zusammenhang gebracht. Silbenoptimierende Eigenschaften gelten dabei als sprecherorientiert, da sie artikulatorisch unaufwändiger sind. Allerdings können sie, wie eben gesehen, die Grenzen zwischen bedeutungstragenden Einheiten verschleiern und dem Hörer so den Zugriff auf die Information erschweren. Für wortoptimierende Eigenschaften gilt das Gegenteil; sie sind artikulatorisch häufig aufwändiger, heben aber die Grenzen von Informationsbestandteilen deutlicher hervor; sie gelten deshalb als hörerorientiert.

2.5 Laute

Über Laut und Phonem hinaus

> **Definition**
>
> Mit → Silbifizierung bezeichnet man die Aufteilung einer Lautkette in Silben. Die Silbifizierung richtet sich einerseits nach universalen Prinzipien wie der Sonoritätshierarchie, der Onset-Maximierung und dem Silbenkontaktgesetz und andererseits nach sprachspezifischen phonotaktischen Beschränkungen.

duktionsvokal beinhalten (sog. **Reduktionssilben**), tragen niemals einen Wortakzent. Der Wortakzent ist also immer an eine Silbe mit Vollvokal gekoppelt (vgl. z. B. _Igel_, _Dächer_, _Vereine_, _bereinigen_ etc.).

Onset-Maximierung: Ein weiteres wichtiges Prinzip für die Silbifizierung ist die Onset-Maximierung. Dieses Prinzip besagt, dass ein oder mehrere Konsonanten, die zwischen Vokalen stehen, den Onset der zweiten Silbe bilden, so dass beispielsweise die Lautfolge /kaːbəl/ vor dem /b/ silbifiziert wird und nicht nach dem /b/, oder die Lautfolge /abrʊpt/ als /a.brʊpt/ und nicht als /ab.rʊpt/ oder etwa /abr.ʊpt/. (Im Beispiel _abrupt_ ist die Silbengrenze vor dem /b/ vor allem daran zu erkennen, dass dieses /b/ andernfalls der Auslautverhärtung unterworfen wäre, so dass wir als Resultat /ap.rʊpt/ erwarten würden; s. dazu Kap. 2.5.2 und unten). Die Onset-Maximierung unterliegt natürlich sprachspezifischen phonotaktischen Einschränkungen, denn je nach Sprache können bestimmte Abfolgen von Konsonanten im Onset (Konsonantencluster) zulässig sein oder nicht. Müssen wir beispielsweise das Wort /atlas/ silbifizieren, so ist die Onset-Maximierung dadurch blockiert, dass das Cluster /tl/ im Onset im Deutschen nicht zulässig ist; entsprechend ergibt sich die Silbentrennung /at.las/.

Silbenkontaktgesetz: Die Sonoritätshierarchie liegt nicht nur der Anordnung der Laute innerhalb einer Silbe zugrunde, sondern bildet auch die Grundlage des Silbenkontaktgesetzes, das sich auf die Abfolge von Silben bezieht. Es besagt, dass der Sonoritätsunterschied zwischen aufeinanderfolgenden Konsonanten in zwei verschiedenen Silben möglichst groß sein sollte, wobei bevorzugterweise der auslautende Konsonant höhere Sonorität aufweist als der anlautende Konsonant der zweiten Silbe (vgl. Vennemann 1982). Das Silbenkontaktgesetz ist jedoch nicht als unumstößliches Gesetz zu verstehen, sondern es bietet vielmehr einen Anhaltspunkt für unmarkierte, universal präferierte Strukturen. Verstöße gegen das Gesetz kommen somit durchaus vor. So weisen die deutschen Wörter _Al.bum_ oder _Al.ter_ dem Silbenkontaktgesetz entsprechende Silbenabfolgen auf, die Wörter _Hand.lung_ oder _Mitt.ler_ hingegen nicht.

Universale Silbenstrukturpräferenzen. Die Sonoritätshierarchie, die Onset-Maximierung und auch das Silbenkontaktgesetz erheben den Anspruch, universal zu sein. Ihre Gültigkeit profiliert eine Silbenstruktur, die sich durch maximale Sonoritätskontraste, einen besetzten Onset und eine unbesetzte Koda auszeichnet. Als **universal präferiert** und damit **unmarkiert** gilt somit die **CV-Silbe**, d. h. eine Silbe, die aus einer Abfolge von einem Konsonanten und einem Vokal besteht (s. Vertiefungskasten zur Phonologischen Markiertheit, S. 69).

Die Wirksamkeit universaler silbenstruktureller Präferenzen zeigt sich vor allem bei **morphologischen Prozessen**, etwa der Affigierung. (Mit Affigierung bezeichnet man die Anfügung von Material an einen Wortstamm zur Vermittlung von grammatischer Information, also beispielsweise die Anfügung eines –_n_ an den Wortstamm _Katze_ zur Markierung des Plurals; s. Kap. 3.2.3). So finden wir im Türkischen, dessen Silbenstruktur recht einfach ist und maximal einen Konsonanten im Auslaut zulässt, folgende Regularitäten: Endet der Wortstamm auf einen Vokal, wird der Possessivmarker –_m_ angefügt, endet der Wortstamm jedoch auf einen Konsonanten, so wird unter Berücksichtigung der Vokalharmonie (s. o.) vor dem –_m_ ein Vokal eingefügt:

(4) (a) baba ›Vater‹ baba-m ›mein Vater‹
    (b) ev ›Haus‹ ev-im ›mein Haus‹

Der Possessivmarker tritt hier folglich in verschiedenen Realisierungsvarianten (**Allomorphen**; s. Kap. 3.2.2) auf, deren Vorkommen phonologisch reguliert ist. Die morphologisch komplexen Wörter weisen einfache Abfolgen von Konsonant und Vokal auf; die Koda ist in keinem Fall mit mehr als einem Konsonanten besetzt. (Die Vokalepenthese ermöglicht zudem aufgrund der Onset-Maximierung eine **Resilbifizierung**, so dass /e.vim/ resultiert).

Vergleicht man das Deutsche und Englische auf der einen Seite mit dem Spanischen, Japanischen oder Finnischen auf der anderen, so zeigt sich allerdings, dass Sprachen sehr stark in Hinblick darauf variieren, wie komplex ihre Silben strukturiert sein dürfen, wie sehr sie also dem einfachen CV-Muster entsprechen. Weitere Beispiele für die Wirksamkeit silbenstruktureller Präferenzen finden sich deshalb häufig in der **Lehnwortphonologie**. Ein Beispiel hierfür ist die Vokalepenthese bei Entlehnungen aus dem Deutschen ins Japanische (s. 2.5.2; für ein weiteres Beispiel aus der Lehnwortphonologie s. Vertiefungskasten zur Phonologischen Markiertheit).

2.5.4 | Suprasegmentalia

> **Definition**
>
> Unter → **Suprasegmentalia** versteht man die lautlichen Eigenschaften der gesprochenen Sprache, die die Ebene des Einzellauts überschreiten.

Die wichtigsten suprasegmentalen Merkmale sind die **Tonhöhe**, die **Lautheit** und die **Dauer** von gesprochen-sprachlichen Elementen. Zu nennen ist außerdem die **Stimmqualität**, die beispielsweise das Flüstern und die sogenannte Knarrstimme umfasst. Aus phonetischer Perspektive können wir drei Fragen stellen:
- Wie wird der suprasegmentale Parameter artikulatorisch hergestellt und variiert?
- Was ist das akustisch-phonetische Korrelat des Parameters?
- Wie wird der Parameter wahrgenommen?

Tonhöhe: Die ›Sprachmelodie‹ über eine Äußerung hinweg bezeichnet man oft auch als **Intonation**. Sie entsteht artikulatorisch durch die Modulation der Stimmlippenschwingung. Je schneller die Stimmlippen schwingen, desto höher ist die wahrgenommene Tonhöhe. Die **Geschwindigkeit der Stimmlippenschwingung** lässt sich dadurch variieren, dass die Stimmlippen in der Phonationsstellung in ihrer Länge und Dicke verändert werden. Deshalb haben nur stimmhaft produzierte Laute Tonhöhe. Bei stimmlosen Lauten oder auch beim Flüstern, bei dem die Luft nicht durch die Stimmlippen entströmt, sondern durch das sogenannte Flüsterdreieck (zwischen den Stellknorpeln), entsteht keine Stimmlippenschwingung und folglich auch keine Tonhöhe.

Akustisch korreliert die Tonhöhe mit der **Grundfrequenz** des Sprachsignals. Dies ist die niedrigstfrequente Schwingung des Signals, aus deren Vielfachen sich das gesamte Signal zusammensetzt.

> **Zur Vertiefung**
>
> **Silbifizierung: Das Zusammenspiel von Silbe und phonologischem Wort im Deutschen**
>
> Auswirkungen auf die Silbifizierung im Deutschen haben nicht nur sprachspezifische silbenstrukturelle Beschränkungen, sondern auch die Einheit des phonologischen Wortes. Das phonologische Wort (pWort) vermittelt zwischen Morphologie und Phonologie. Es korrespondiert wenn möglich mit bedeutungs**tragenden** Einheiten. Bedeutungstragende Einheiten (**Morpheme**) sind z. B. *Himmel*, *Katze*, aber auch Wortbestandteile wie *ver-* in *verteilen*, *be-* in *beladen*, und *–ung* in *Handlung* oder *–n* in *Katzen* (s. Kap. 3 »Wörter«). Wie aus der prosodischen Hierarchie zu entnehmen ist, ist das phonologische Wort der Silbe übergeordnet; eine Silbe muss also immer ganz im phonologischen Wort enthalten sein. Daraus wird schon deutlich, dass die Korrespondenz mit bedeutungstragenden Einheiten nicht ungebrochen sein kann. Das Wort *Katzen* bildet in seiner Gesamtheit ein phonologisches Wort, der Pluralmarker *–n* wird also in das phonologische Wort integriert.
>
> Das Zusammenspiel von Silbe und phonologischem Wort lässt sich anhand der Silbifizierung von Wörtern wie *neblig* und *angeblich* veranschaulichen. Beides sind zusammengesetzte Wörter; für uns relevant ist die Rolle der bedeutungstragenden Endungen *–ig* und *–lich* (**Derivationsmorpheme**, die dazu dienen, Adjektive zu erzeugen; s. Kap. 3: »Wörter«).
>
> Zunächst können wir feststellen, dass zumindest nach einer norddeutschen Aussprachenorm des Standarddeutschen in *angeblich* entgegen dem Prinzip der Onset-Maximierung die Silbengrenze nach dem /b/ gesetzt wird: *an.geb.lich*, und zwar obwohl eine Silbifizierung vor dem /b/ aus phonotaktischen Gründen erlaubt wäre, denn das Onset-Cluster /bl/ ist im Deutschen zulässig (vgl. *Blick*, *blind* etc.). Im Wort *neblig* finden wir auch tatsächlich die der Onset-Maximierung entsprechende Silbifizierung *ne.blig*. Evidenz für diese Silbifizierung ergibt sich aus dem phonologischen Prozess der Auslautverhärtung. Während *neblig* nicht als /neplig/ realisiert wird, ist die Realisierung von /angeplich/ durchaus üblich. Dies zeigt, dass das /b/ in *angeblich* dem Prozess der Auslautverhärtung unterworfen wurde, in *neblig* jedoch nicht (vgl. Hall 2011; Wiese 2000; zu Einschränkungen dieser Aussage vgl. allerdings Auer 2002).
>
> Gehen wir an dieser Stelle einmal davon aus, dass die Silbifizierung tatsächlich so stattfindet, wie gerade beschrieben, so lässt sich daraus zweierlei ableiten: Erstens: Etwas verhindert die Silbifizierung von *angeblich* in *an.ge.blich*. Zweitens: Die Silbengrenzen lassen sich nicht direkt aus den Morphemgrenzen ableiten. Wir haben zwar eine Übereinstimmung in *an.geb.+ lich*, nicht aber in *ne.bl + ig* (das » + « kennzeichnet die Morphemgrenze).
>
> Hier kommt nun die prosodische Domäne des phonologischen Worts ins Spiel. Wir können die Silbifizierung erklären, wenn wir davon ausgehen, dass *–lich* ein eigenes phonologisches Wort konstituiert. Da Silben immer ganz in phonologischen Wörtern enthalten sein müssen, ist eine Silbifizierung über eine pWort-Grenze hinweg nicht möglich, also [an]ω[geb]ω[lich]ω. Die Endung *–ig* hingegen stellt kein eigenes pWort dar, sondern wird mit dem Wortstamm zu [ne.blig]ω zusammengefasst. Innerhalb des pWorts steht der Silbifizierung entlang der Onset-Maximierung demnach nichts im Wege.
>
> Das phonologische Wort überführt somit Morpheme in phonologisch zulässige Strukturen der Einzelsprache. Es fällt dabei nicht immer mit den Morphemen zusammen, wie wir am Unterschied von *–ig* gegenüber *–lich* sehen (Nicht-Isomorphie von phonologischer und morphologischer Struktur).

Für die Grundfrequenz findet sich daher auch häufig die Bezeichnung **F0** (sprich: *eff null*); man spricht von Grundfrequenz- oder F0-Verläufen, um sich auf die Veränderungen der Tonhöhe über die Äußerung hinweg zu beziehen.

Aus **auditiver** Perspektive ist zu beachten, dass die wahrgenommene Tonhöhe nicht in einem linearen Verhältnis zur Grundfrequenz steht. Zwar steigt die Höhe der wahrgenommenen Tonhöhe mit einem Anstieg der Grundfrequenz an, doch werden in höheren Frequenzbereichen größere Abstände erforderlich, um den gleichen Tonhöhenunterschied wahrzunehmen wie in niedrigeren Frequenzbereichen. Reetz (2003) vergleicht das mit der Wahrnehmung von Gewicht: Wenn man zuerst ein Kilogramm hochhebt und danach drei Kilogramm, so wird man den Unterschied sehr deutlich wahrnehmen. Hebt man aber ein Gewicht von 25 Kilogramm und danach eines von 27 Kilogramm, so wird man den Unterschied kaum wahrnehmen, obwohl es sich um die gleiche absolute Differenz von zwei Kilogramm handelt. Zur Messung der wahrgenommenen Tonhöhe kann man sich deshalb nicht an der linearen Hertz-Skala orientieren; ein akustischer Unterschied zwischen 250 und 300 Hertz ist auditiv nicht mit einem akustischen Unterschied zwischen 80 und 130 Hertz gleichzusetzen. In der visuellen Darstellung von Grundfrequenzverläufen wird deshalb häufig die Möglichkeit genutzt, die Verläufe in Hertz, aber **logarithmisch skaliert** abzubilden. Weiterhin findet sich häufig die Angabe der Tonhöhe in aus der Musik entlehnten **Halbtönen** (*semitones*, **st**), die in Bezug auf eine Referenztonhöhe angegeben werden. Schließlich wurden auf der Basis von Perzeptionstests Messskalen entwickelt, die sich direkt auf die Wahrnehmung der Tonhöhe beziehen (**Mel**- und **Bark**-Skala).

Lautheit geht **artikulatorisch** mit Atemdruck einher. Ihr **akustisches Korrelat** ist die Amplitude der Schwingungen des Sprachsignals. Sie wird in **Dezibel (dB)** angegeben.

In der Wahrnehmung hängt die Lautheit von der Höhe des Tons ab: Je höher der Frequenzbereich, desto geringer muss die Amplitude sein, um das gleiche Wahrnehmungserlebnis hervorzurufen. Die wahrgenommene Lautstärke misst man in **Phon**.

Die **Dauer** von lautlichen Elementen variiert mit der Artikulationsdauer und -geschwindigkeit. Ihr **akustisches** (physikalisches) Korrelat ist die Zeit, die in **Sekunden** (**s**, häufig auch **Millisekunden, ms**) angegeben wird. **Auditiv** ist auch hier zu beachten, dass Dauerunterschiede nicht absolut wahrgenommen werden, sondern von der Dauer der verglichenen Lautsignale abhängen. Je länger zwei Signale sind, desto größer muss der Unterschied zwischen ihnen sein, um wahrgenommen zu werden.

2.5.5 | Funktionen der Prosodie: Grenzmarkierung und Akzentuierung

In der Einleitung zu diesem Kapitel haben wir behauptet, dass die Lautsprache ihre eigenen Mittel habe, um etwas mit der uns aus der (Alphabet-)Schrift so geläufigen Gliederung der Sprache in Wörter und Sätze Vergleichbares zu leisten. Allerdings sind die Einheiten der geschriebenen Sprache (wie Wort und Satz) nicht mit denen der gesprochenen (wie phonologisches Wort und Intonationsphrase) gleichzusetzen. Das Verhältnis der Einheiten der Schrift zu Einheiten der gesprochenen Sprache ist alles andere als einfach.

Grenzmarkierung

Wie kann es gelingen, aus dem kontinuierlichen Lautstrom so etwas wie Wörter oder andere Einheiten herauszuhören? Schon Trubetzkoy stellte fest, dass Laute oder Lauteigenschaften auch eine **delimitative**, also abgrenzende Funktion haben können. Er bezieht sich dabei auf die Einheiten des Worts, des Morphems und des Satzes (1939/1958: 242). Als ein Beispiel für ein Abgrenzungsmittel auf Wortebene nennt Trubetzkoy die Aspiration im Tamil: Plosive werden am Wortbeginn aspiriert, wortintern jedoch nicht (ebd.: 244); die Aspiration fungiert somit als ein Grenzsignal, das den Beginn eines Wortes anzeigt. Ein solches Grenzsignal wird als ein **positives Grenzsignal** bezeichnet, da sein Auftreten das Vorkommen einer Grenze indiziert. Dem gegenüber stehen **negative** Grenzsignale, deren Auftreten darauf hinweist, dass an der entsprechenden Stelle keine Grenze vorliegt. Dies gilt beispielsweise für den

> **Definition**
>
> Unter → Grenzmarkierung versteht man die Abgrenzung von sprachlichen Einheiten mit Hilfe lautlicher Mittel.

Velarnasal im Deutschen, der nur im Inlaut oder Auslaut eines Wortes stehen kann, nicht aber im Anlaut.

In den meisten modernen phonologischen Theorien werden Grenzsignale allerdings nicht mehr direkt auf morphologische oder syntaktische Einheiten wie Wörter oder Sätze bezogen, sondern es wird die **Hierarchie der prosodischen Domänen** (s. Kap. 2.5.3) dazwischengeschaltet. Sie vermittelt zwischen den grammatischen Einheiten und der lautlichen Realisierung. Die Grenzmarkierung bezieht sich dann nicht unmittelbar auf Wörter oder Sätze, sondern z. B. auf das phonologische Wort oder die Intonationsphrase. Allerdings müssen die Grenzen der morpho-syntaktischen und der prosodischen Einheiten nicht immer zusammenfallen, wie wir bereits anhand der Vokalharmonie im Ungarischen gesehen haben.

Lautliche Mittel für die Abgrenzung der unterschiedlichen Domänen können in verschiedenen **phonologischen Prozessen** wurzeln, die Bezug auf prosodische Domänen nehmen. Das Auftreten oder Ausbleiben des Prozesses ist dann ein Hinweis darauf, dass die entsprechende Grenze vorliegt oder nicht (vgl. Nespor/Vogel 2007). Dazu zählen auch bestimmte Realisierungsvarianten von Phonemen, die, wie beispielsweise die Aspiration stimmloser Plosive, prosodisch bedingt sein können. Auch artikulatorische Stärkungen oder Schwächungen von Lauten finden sich zur Abgrenzung von Domänen. Einen weiteren Hinweis auf Domänengrenzen liefern **phonotaktische Beschränkungen** der jeweiligen Sprache. So ist die Kombination der Laute /ʃtr/ im Deutschen nur im Anlaut von phonologischen Wörtern möglich und somit ein Hinweis auf eine initiale Wortgrenze.

Dies sind alles segmentale Grenzsignale, d. h. sie sind in einem einzelnen Laut realisiert. Darüber hinaus gibt es aber auch suprasegmentale Grenzsignale, die sich der in Kapitel 2.5.4 beschriebenen Mittel bedienen. Dazu gehören **Dauervariationen** wie Dehnungen am Beginn oder am Ende von Einheiten (z. B. Intonationsphrasen). Ferner zählt hierzu die **Tonhöhe**. Beispielsweise werden Tonhöhenbewegungen auf initialen oder finalen (un)betonten Silben als Grenzsignal auf der Ebene der Intonationsphrase interpretiert. Schließlich sind auch noch **Modifikationen der Stimmqualität** wie z. B. die sogenannte **Knarrstimme** (*creaky voice*) zu nennen, die ein Hinweis auf eine Domänengrenze sein können (vgl. dazu auch Turk 2010).

Akzentuierung

Neben der Abgrenzung von prosodischen Domänen dient die Prosodie auch der Hervorhebung (Akzentuierung) von einzelnen Einheiten im Redestrom. Dafür werden **Tonhöhe**, **Dauer** und **Lautstärke** eingesetzt. Einzeln oder in Kombination können sie dazu genutzt werden, einzelnen Silben Prominenz zu verleihen.

> **Definition**
>
> Unter → Akzentuierung versteht man die Hervorhebung einer sprachlichen Einheit gegenüber einer anderen sprachlichen Einheit.

Hervorhebung funktioniert immer **relational**, d. h. eine Silbe kann immer nur im Vergleich zu einer oder mehreren anderen Silben als akzentuiert wahrgenommen und beschrieben werden. Das bedeutet auch, dass eine Silbe, die auf einer niedrigen prosodischen Ebene wie z. B. dem phonologischen Wort gegenüber den anderen Silben hervorgehoben ist, auf einer höheren Ebene wie zum Beispiel der Intonationsphrase nicht mehr die am stärksten hervorgehobene Silbe sein muss. In den Wörtern *Freiburg*, *Blumen* und *kaufen*, die alle einen zweisilbigen Fuß konstituieren, ist jeweils die erste Silbe am stärksten hervorgehoben, sie trägt den sogenannten **Wortakzent**. Verbindet man diese Wörter nun innerhalb einer Intonationsphrase, so werden auf dieser höheren prosodischen Ebene nicht alle der hervorgehobenen Silben gleichrangig sein: In der Intonationsphrase *In Freiburg kann man schöne Blumen kaufen* ist im Normalfall die Silbe *blu* am stärksten hervorgehoben; sie trägt hier den **Satzakzent**. Will man besonders betonen, dass man in Freiburg, nicht aber in Köln schöne Blumen kaufen kann, so wird hingegen *frei* am stärksten hervorgehoben sein. Die Hervorhebung baut also quasi auf den akzentuierten Elementen der darunterliegenden Ebene auf; pragmatische und syntaktische Gründe entscheiden dann, welche der verfügbaren akzentuierten Silben auf höherer Ebene den stärksten Akzent tragen soll.

In diesem Zusammenhang fällt auf, dass die **Zuweisung von Wortakzenten und Satzakzent** unterschiedlich geregelt ist: Der Wortakzent ist (im Deutschen) fest; seine Position gehört zum grammatischen Wissen. Von Ausnahmen abgesehen (ˈüberhaupt/überˈhaupt, Proˈfessor/Profesˈsoren)

Wortakzent und Satzakzent

2.5 Laute

Über Laut und Phonem hinaus

Zur Vertiefung

Intonation im Gespräch

Unter ›Intonation‹ versteht man den Tonhöhenverlauf über eine Äußerung hinweg. In der sogenannten Britischen Schule (vgl. Cruttenden 1997) wird der Tonhöhenverlauf in verschiedene Abschnitte untergliedert. Die Äußerung *In Freiburg kann man schöne Blumen kaufen* würde so eingeteilt:

Vorlauf	Kopf	Nukleus
		Nukleussilbe + Nachlauf
In	FREIburg kann man schöne	BLUmen kaufen

Untergliederung einer Intonationseinheit nach dem britischen Modell

Den Abschnitt vor der ersten Akzentsilbe bezeichnet man als Vorlauf; der Kopf beginnt mit der ersten Akzentsilbe und erstreckt sich bis zur letzten Akzentsilbe der Äußerung. Diese wird als Nukleussilbe bezeichnet; gemeinsam mit dem Nachlauf bildet sie den Nukleus.

In gesprächsanalytischen Arbeiten hat sich herausgestellt, dass der Nukleus eine wichtige Rolle bei der **Organisation von Gesprächen** spielt. Eine wichtige Aufgabe, die die Gesprächsteilnehmer bewerkstelligen müssen, ist der **Sprecherwechsel**; weder sollte es zu langen Pausen zwischen den Redebeiträgen kommen, noch zu langen Phasen des Simultansprechens. Der aktuelle Sprecher muss somit Hinweise geben, ob er nach einer Äußerung weitersprechen, oder ob er das Rederecht abgeben möchte. Ein solcher Hinweis ist der Intonationsverlauf im nuklearen Abschnitt der Äußerung: Fällt die Tonhöhe zum Ende der Äußerung, ist dies ein Hinweis auf die Abgabe des Rederechts. Ist die Tonhöhe am Ende gleichbleibend oder steigt leicht, so zeigt der Sprecher an, dass er das Rederecht behalten will (vgl. Selting 1995).

Nicht immer sind sich die Gesprächsteilnehmer einig über die Abgabe des Rederechts. Manchmal kommt es dabei zu regelrechten Kämpfen. Auch hier spielt der Nukleus eine große Rolle. Es hat sich nämlich gezeigt, dass Simultansprechen (**Überlappung** oder ***overlap***) durchaus recht häufig vorkommt und von den Sprechern nicht immer als problematisch bewertet wird. Es ist dabei aber von Bedeutung, wo das Simultansprechen beginnt und wie es prosodisch gestaltet ist. Wenn der zweite Sprecher im Bereich des Nachlaufs einsetzt, so führt dies meistens nicht zu Problemen; die Überlappung ist nicht-kompetitiv.

Eine **nicht-kompetitive Überlappung** zeigt das folgende Beispiel:

(1) A und B unterhalten sich über die Herkunft von A.

```
01    A:    ich bin gebOren in THÜringen,
02          aber AUfgewachsen in berLIN.
03    B:    und dann hat sie_s nach MÜNchen versch[lagen.
04    A:                                          [NE:,
05          dann Erst nach NORDdeutschland?
06          und DANN nach münchen.
```

Sprecherin A beginnt hier auf der vorletzten Silbe der Äußerung, im Nachlauf der Intonationseinheit. Sprecherin B schließt ihre Äußerung in Überlappung ab (Zeile 3 und 4).

Im Vergleich dazu sehen wir im nächsten Beispiel eine **kompetitive Überlappung**:

(2) A und B unterhalten sich über Laugenbrezeln.

```
01    A:    na die is ja schon FERtig; oder?
02          wenn du das KAUFST?
03    B:    Eben.
04          also diese ROHlinge-
```

2.5 Laute

Funktionen der Prosodie: Grenzmarkierung und Akzentuierung

```
05        und der müller (.) macht [ja auch nix Andres als diese ROHlinge
06   A:                            [<f,h>JA: aber aber diese ROHlinge:>,
07        äh (.) die mÜssen ja schon in der LAUge gewesen sein.
```

Die Überlappung beginnt hier bereits weit vor dem Nukleus. Außerdem spricht A laut und auf insgesamt höherem Tonhöhenniveau (Zeile 6). B spricht noch eine Weile in Überlappung weiter, bricht ihren Beitrag dann aber ab (Zeile 5).

Die frühe Position des Simultansprechens (in oder vor der Nukleussilbe) gemeinsam mit anderen prosodischen Mitteln kennzeichnet die Überlappung somit als kompetitiv; A »nimmt« B hier das Rederecht.

bleibt er auch im Zusammenhang eines Satzes auf dieser Silbe. Der Satzakzent liegt hingegen nicht in derselben Weise fest, sondern er ergibt sich zumindest teilweise daraus, welches Element in der konkreten Äußerungssituation als inhaltlich besonders relevant erachtet und deshalb vom Sprecher hervorgehoben wird. Man bezeichnet den Satzakzent deshalb auch als **Fokusakzent**.

Fokusakzent: Durch den Fokusakzent wird jedoch nicht immer nur die einzelne Silbe, die den Akzent trägt, hervorgehoben oder das Wort, zu dem sie gehört; oft erstreckt sich die Hervorhebung vielmehr auf einen größeren Bestandteil der Äußerung. In dem oben angeführten Satz *In Freiburg kann man schöne Blumen kaufen* wird zum Beispiel durch die Akzentuierung von *blu* inhaltlich nicht notwendigerweise nur diese Silbe und auch nicht nur das Wort *Blumen* hervorgehoben; ist der Satz zum Beispiel die Antwort auf die Frage: *Was ist denn so besonders an Freiburg?*, dann ist lediglich *In Freiburg* schon bekannte Information (denn darüber wurde schon gesprochen), der ganze Rest der Äußerung ist hingegen im Fokus und wird durch den Fokusakzent prosodisch ausgezeichnet. Wenn der Satz die Antwort auf die Frage *Was wolltest du sagen?* ist, wäre sogar der ganze Satz fokussiert. Solche Fälle bezeichnet man als **weiten Fokus**. Demgegenüber steht der sogenannte **enge Fokus**. Darunter ist zu verstehen, dass nur ein kleinerer Bestandteil des geäußerten Satzes – in der Regel ein Wort oder eine Phrase – fokussiert wird. Als Reaktion auf eine unpünktlich eintreffende Verabredung könnte man beispielsweise sagen *Hey, wir waren um fünf verabredet! (Und nicht um halb sechs)* mit *fünf* in engem Fokus.

Lautliche Mittel: Akzentuierung ist zunächst eine abstrakte Funktion, die noch phonetisch realisiert werden muss. Der (Fokus-)Akzent wird im Deutschen in erster Linie über die Tonhöhe und über erhöhte Dauer realisiert; Lautstärke spielt nur eine untergeordnete Rolle. Tonhöhenbewegungen auf akzentuierten Silben sowie Tonhöhensprünge (nach oben oder unten) zu akzentuierten Silben kennzeichnen Akzente auf der Satzebene; sie wer-

Phonetische Realisierung

Zur Vertiefung

Tonsprachen und Autosegmentale Phonologie

Viele Sprachen nutzen das Mittel der Tonhöhe nicht zur Akzentuierung, sondern um Lexeme zu unterscheiden (**Tonsprachen**); die Tonhöhe ist in diesen Sprachen folglich distinktiv. Zu diesen Sprachen zählen beispielsweise Mandarin (Chinesisch), Thai und Vietnamesisch, aber auch viele afrikanische Sprachen sowie nord- und südamerikanische Indianersprachen. Sprachen, bei denen die Tonhöhe die oben beschriebenen Funktionen der Hervorhebung und Grenzmarkierung erfüllt und nicht zur Distinktion auf Wortebene dient, bezeichnet man als **Intonationssprachen**.

Ein Beispiel für eine Tonsprache liefert uns das Nupe, eine westafrikanische Sprache, in der es tiefe, mittlere und hohe Töne mit distinktiver Funktion gibt. Eine gleichbleibende Segmentfolge bedeutet je nach Ton somit drei verschiedene, voneinander völlig unabhängige Dinge (vgl. Hall 2011: 156):

(1)   [bá] (mit hoher Tonhöhe)   ›sauer sein‹
      [bā] (mit mittlerer Tonhöhe) ›schneiden‹
      [bà] (mit tiefer Tonhöhe)   ›zählen‹

> Die theoretische Auseinandersetzung mit den Tonsprachen war wesentlich für die Entwicklung der **autosegmentalen Phonologie** verantwortlich. Diese betrachtet bestimmte phonologische Eigenschaften als sogenannte **Autosegmente**, die gegenüber den Lautsegmenten unabhängig sind (s. Vertiefungskasten »Merkmalsgeometrie« und die obigen Ausführungen zur Quantitätsstruktur der Silbe). Wie auch das prosodische Merkmal der Quantität bilden die Töne eine eigene Schicht (die **Tonschicht**), die über **Assoziationslinien** mit den Segmenten verknüpft wird. Die Notwendigkeit, die Töne einer unabhängigen Schicht zuzuordnen, ergibt sich unter anderem aus der Beobachtung, dass Töne bestehen bleiben, auch wenn Segmente, mit denen sie assoziiert sind, getilgt werden oder anderen Änderungen wie Abschwächungen unterworfen sind. Einheiten, mit denen Töne assoziiert sein können, bezeichnet man als **tontragende Einheiten** (*tone bearing units*). Dies sind in Tonsprachen häufig Vokale.
>
> **Zur Illustration** betrachten wir die in Nigeria gesprochene Tonsprache Margi und das Wort [uʔu] (›Feuer‹), dessen erster Vokal mit einem Hochton (H), der zweite mit einem Tiefton (T) assoziiert ist. Um Definitheit auszudrücken (dies entspricht dem definiten Artikel im Deutschen), wird im Margi dem Wort die Endung [ari] hinzugefügt, also /uʔu + ari/ (›das Feuer‹). Auf segmenteller Ebene löst dies allerdings einen phonologischen Prozess aus, und zwar wird das dem /a/ vorangehende /u/ zu einem /w/ abgeschwächt. Damit geht einher, dass es in dieser Sprache keine zulässige tontragende Einheit mehr ist. Der mit dem /u/ assoziierte **Tiefton** geht nun aber nicht verloren, sondern er wird neu mit dem folgenden Vokal /a/ assoziiert, auf dem auf diese Weise ein komplexer TH-Ton entsteht (vgl. Hall 2011: 164):
>
>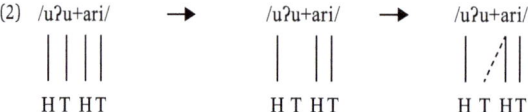
>
> Das Beispiel verdeutlicht, dass die Töne unabhängig von konkreten Segmenten existieren und folglich als Autosegmente zu betrachten sind; Assoziationslinien zu Segmenten können gelöst und neu geknüpft werden.
>
> Die autosegmentale Betrachtungsweise hat sich **auch bei der Betrachtung von Intonationssprachen** wie dem Deutschen weitestgehend durchgesetzt. Die Sprachmelodie (Satzintonation) wird hier auf die Abfolge von Akzenttönen, Begleittönen und Grenztönen zurückgeführt, die mit der Segmentkette assoziiert sind (vgl. Peters 2005).

den als **Tonhöhenakzente** (engl. *pitch accent*) bezeichnet.

Alle Sprachen müssen die Aufgabe der Hervorhebung irgendwie erfüllen, die Mittel hierzu sind allerdings sehr unterschiedlich. Schon das Konzept des Wortakzents lässt sich bei weitem nicht auf alle Sprachen übertragen. Das Französische beispielsweise kennt keinen Wortakzent; der Akzent wird auf Äußerungsebene vergeben und liegt bei einer neutralen Aussage auf der letzten Silbe mit Vollvokal. Andere Sprachen wie das Ungarische oder Finnische haben einen positionell festen Wortakzent (in diesen Sprachen auf der ersten Silbe des Worts), wodurch der Akzent eine deliminative Funktion erfüllt; er zeigt den Beginn des Worts an (vgl. Kohler 1995: 114ff.). Hervorhebung wird dann beispielsweise unter anderem über die Wortstellung im Satz geleistet.

2.6 | Lautsubstanz und Funktion

In den Kapiteln 2.3 und 2.4 wurden Laute in Hinblick auf ihre Substanz und in Hinblick auf ihre Funktion beschrieben. Dieses Kapitel versucht unter Bezug auf jüngere Theorien zur Lautstruktur von Sprache die beiden Perspektiven wieder enger zusammenzuführen.

2.6.1 | Die Trennung von Substanz und Funktion in der strukturalistischen und generativen Phonologie

Die forschungsgeschichtliche Trennung in Phonetik und Phonologie hatte massive Konsequenzen für die Beschäftigung mit Lauten (s. Vertiefungskasten »Nikolay Trubetzkoy: Die Trennung von Phonetik und Phonologie«). Bei der Erforschung ihrer Substanz (im Rahmen der Phonetik) werden seither **naturwissenschaftliche** Methoden eingesetzt, bei der Erforschung ihrer Funktion (im Rahmen der Phonologie) **geisteswissenschaftliche**. Während wir es in der Phonetik mit **kontinuierlichen, graduell** variierenden Größen zu tun haben, arbeitet die Phonologie mit **diskreten, kategorischen** Einheiten. Phonetische Einheiten gehören der **materiellen** Welt an, phonologische Einheiten hingegen dem menschlichen Geist; sie haben einen **kognitiven** Status (vgl. Pierrehumbert 1990). Daraus ergibt sich für die Phonologie die Frage, wie das sprachliche Wissen des Menschen aufgebaut ist: Wie sind die sprachlichen Einheiten im Gedächtnis abgespeichert? Wie sind sie also **mental repräsentiert**?

In der generativen Phonologie gehört zur lautsprachlichen Kompetenz zum einen das Wissen über die zugrundeliegenden Einheiten wie beispielsweise Laute, aus denen die Wörter gebildet sind. Zum anderen gehört dazu das Wissen, wie aus diesen statischen, zugrundeliegenden Einheiten die konkreten realisierten Formen abzuleiten sind, und umgekehrt, wie die konkreten realisierten Formen auf die zugrundeliegenden Einheiten abgebildet werden. Die zugrundeliegende Form wird auch als **Input** bezeichnet, die abgeleitete Oberflächenform als **Output**. In der generativen Phonologie ist man überdies lange davon ausgegangen, dass das sprachliche Wissen **redundanzfrei** ist, d. h. dass der Input keine Information enthält, die sich aus allgemeinen Realisierungsregeln gewinnen lässt. Als Begründung diente die Vermutung, dass das sprachliche Wissen das Gedächtnis möglichst wenig belasten sollte.

Zur Veranschaulichung greifen wir auf die *ich-/ach*-Allophonie zurück (s. Kap. 2.4.2). Es handelt sich dabei um eine Allophonie in komplementärer Distribution; die phonetischen Realisierungsvarianten (Output) werden aus einem Phonem (Input) **abgeleitet**, wobei aufgrund des Lautkontextes vorhersagbar ist, wann welche Variante erscheint. Die allophonischen Varianten müssen in der mentalen Repräsentation (Input) nicht gespeichert sein, da sie ja durch den Kontext vorhersagbar sind. Es genügt, das Phonem so abzuspeichern, dass die Oberflächenform möglichst einfach daraus abgeleitet werden kann.

In der früheren generativen Phonologie wurden zunächst zwei Möglichkeiten einer solchen Ableitung diskutiert: Nach der einen wird der velare Frikativ [x], nach der anderen der palatale Frikativ [ç] als Input gewählt, also /x/ oder /ç/. Um die Inputform in die Outputform zu überführen, kommen **phonologische Regeln** zum Einsatz, die sich der distinktiven Merkmale bedienen. Da die Umgebungen, nach denen der palatale Frikativ verwendet wird, komplexer zu formulieren sind als die Umgebungen, nach denen der velare Frikativ steht, setzte sich die Meinung durch, dass die Regelformulierung mit dem palatalen Frikativ als Input vorzuziehen ist (vgl. Wiese 2000). Es lässt sich dann die folgende Regel formulieren:

(5)   /ç/   →   [x] / $\begin{bmatrix} -\text{kons} \\ +\text{hint} \end{bmatrix}$ _____

Die Regel ist folgendermaßen zu lesen: Der Input /ç/ wird zu (→) [x], wenn er unmittelbar nach Lauten mit den Merkmalen [–kons, + hint] steht. Der Kontext, in dem die Regel in Kraft tritt, steht also nach dem Schrägstrich, die Position des Inputphonems wird durch den Unterstrich angegeben. Die Regel impliziert, dass in allen anderen als den für [x] definierten Lautkontexten der palatale Frikativ vorkommt (z. B. auch im Anlaut).

Unterspezifikation: Eine andere Möglichkeit, dasselbe Problem der Beziehung zwischen Input und Output zu behandeln, bietet die Annahme von Unterspezifikation (vgl. Wiese 2000). Diese besagt, dass ein Phonem in der mentalen Repräsentation für ein bestimmtes Merkmal überhaupt nicht spezifiziert ist – in diesem Fall für das Merkmal [hint]. Das hat den Vorteil, dass man sich nicht für die eine oder die andere Inputform entscheiden muss. Die mentale Repräsentation ist zwar spezifisch genug, um das Phonem von anderen möglichen Phonemen abzugrenzen. Die distinktive Funktion ist also gewahrt. Über das alternierende Merkmal sagt die Repräsentation aber schlicht nichts aus. Wie ist dann aber gewährleistet, dass das Merkmal in der Outputform erscheint? Hier greift automatisch der Kontext ein, der für das Merkmal spezifiziert ist. Er vererbt das Merkmal gewissermaßen an den unterspezifizierten Laut. Man bezeichnet dies als *feature spreading*.

2.6 | Laute

Lautsubstanz und Funktion

> **Definition**
>
> Unter → **Unterspezifikation** versteht man, dass redundante, vorhersagbare Merkmale in der zugrunde liegenden Repräsentation (dem Input) nicht spezifiziert sind.

Methoden

In der Theorie der Unterspezifikation werden also die phonologischen Repräsentationen (der Input) noch abstrakter und die Kluft zwischen Phonologie und Phonetik noch größer. In Hinblick auf die Trennung von Substanz und Funktion ist ein weiterer wichtiger Punkt anzumerken: Die in der generativen Phonologie angeführten Outputformen sind *nicht* ohne weiteres mit der eigentlichen Substanz von Lauten gleichzusetzen. Die Outputformen sollen zwar die phonetische Realisierungsform wiedergeben, sie sparen jedoch ein beträchtliches Ausmaß an Variation aus. Dies ist teilweise den Methoden geschuldet, die im Rahmen generativer Ansätze vorwiegen. Häufig werden auch die Outputformen nur **introspektiv** ermittelt; es obliegt also der Beurteilung des Forschers, welche Outputformen vorkommen und wie sie ausgeprägt sind. Das tatsächliche Ausmaß der Variation inklusive der kontinuierlichen Übergänge zwischen Lauten wird dabei in der Regel nicht berücksichtigt. Der tatsächliche, alltägliche und variable Sprachgebrauch ist somit weit entfernt von dem, was in der Theorie als das relativ abstrakte sprachliche Wissen modelliert wird. Diese Kluft zwischen (generativer) Phonologie und Phonetik ist in jüngerer Zeit oft beklagt worden und hat zur Entwicklung alternativer Modelle und Theorien geführt, von denen einige in den folgenden Kapiteln skizziert werden.

2.6.2 | Das Invarianz-Problem

Das Invarianz-Problem wird in einem viel zitierten Text des schwedischen Phonetikers Björn Lindblom folgendermaßen formuliert:

»The difficulty of giving a physical phonetic definition of a given linguistic category that is constant and always free of context.« (Lindblom 1990: 403)

Es geht also um die Schwierigkeit, lautsprachliche Kategorien konstant und kontextfrei zu definieren. Das Problem der Verbindung von Substanz (die phonetische Realisierung) und Funktion (die phonologischen Kategorien) wird hier aus phonetischer Sicht betrachtet. Das Hauptproblem liegt darin, dass für die funktional definierten Kategorien häufig gar keine invariante phonetische Realisierung zur Verfügung steht. Wenn wir uns nicht mit idealisierten phonetischen Repräsentationen begnügen wollen, sondern Laute in ihrem Äußerungskontext analysieren, zeigt sich häufig, dass diese so variabel sind, dass keine invariante Substanz als ›gemeinsamer Nenner‹ mehr übrig zu bleiben scheint.

Beispiele für dieses Phänomen haben wir bereits im Abschnitt zur Koartikulation kennengelernt. Etwa zeigt sich die Varianz des Sprachsignals bei den Formanttransitionen im Übergang von Konsonanten zu Vokalen. Je nach folgendem Vokal sind die Transitionen verschieden ausgeprägt; der Konsonant selbst und auch der Vokal werden also nicht invariant produziert. Auch aufeinander folgende Vokale in VCV-Abfolgen (*Tina, Tani, Tini*) beeinflussen einander so, dass die Vokale sich verändern. Ein weiteres Beispiel ist die Nasalierung von Vokalen, wenn ein Nasalkonsonant folgt.

Die Beispiele weisen bereits darauf hin, dass der Kontext eine zentrale Rolle bei der Wahrnehmung und Identifikation von Lauten spielt. Die Variation ist durch den **Kontext** bedingt, wird aber auch durch ihn aufgelöst. Dabei spielt auch der **prosodische Kontext** eine wichtige Rolle. Viele Laute variieren kontinuierlich, je nach ihrer Position in der prosodischen Hierarchie (sie sind **gradient**). So zeigen die Mittel zur Abgrenzung von prosodischen Domänen (delimitative Funktion) graduelle Dauervariationen oder Stimmqualitätsmodulationen, und auch die Akzentuierungsfunktion ist zum Teil mit kontinuierlich variierenden suprasegmentalen Mitteln verknüpft (s. Kap. 2.5.5). Die Laute sind also gewissermaßen in ein prosodisches Strukturkorsett gezwungen, das sie sowohl kategorisch als auch graduell beeinflusst.

Schließlich wird die lautliche Variation auch noch vom allgemeinen **Äußerungskontext** beeinflusst. Beim sprachlichen Austausch kommunizieren (zumeist) Menschen in konkreten Interaktionssituationen. Diese bringen bestimmte Bedingungen mit sich, die sowohl die Produktionsseite als auch die Perzeptionsseite betreffen.

Hyper- und Hypoartikulation: Lindblom (1990), dessen Formulierung des Invarianz-Problems wir eingangs zitiert haben, modelliert solche sprecher- und hörerseitigen Bedingungen in seiner sog. **Theorie der Hyper- und Hypoartikulation (H&H-Theorie)**.

Hypoartikulation komme dem Sprecher entgegen, dessen Ziel es ist, möglichst wenig artikulatorischen Aufwand zu betreiben, Hyperartikulation

Zur Vertiefung

Optimalitätstheorie (OT)

Die Optimalitätstheorie versteht sich als eine generative, aber **nicht-regelbasierte** und **output-orientierte** Theorie. Das bedeutet, dass sie zwar auch von einer Trennung in Input und Output ausgeht. Der Mechanismus zur Verbindung der beiden liegt aber nicht in phonologischen Regeln begründet. Stattdessen wird durch den Vergleich und die Bewertung von möglichen und existierenden Outputformen ermittelt, welche Optimierungsteleologien (*constraints*) in einer Sprache relevant sind und wie sie hierarchisiert sind.

Eine wichtige Rolle in der Optimalitätstheorie spielt die Markiertheit von lautlichen Strukturen (s. Vertiefungskasten »Markiertheit«). Sie dient als Grundlage für eine Klasse von Bedingungen, die **Markedness Constraints**. Diese sind universal und fordern unmarkierte Strukturen ein; ein solches *Markedness Constraint* ist z.B. NoCoda:

(1) NoCoda: Eine Silbe hat keine Koda.

Natürlich ist (1) keine universale Aussage über die Sprachen der Welt – als solche wäre sie schlicht falsch. Es handelt sich vielmehr um eine Optimierungsteleologie: eine Silbe ist umso besser, je mehr sie dem Ideal nahe kommt, keine Koda aufzuweisen.

Eine weitere wichtige Klasse von *constraints* sind die **Faithfulness Constraints**. Sie tragen Sorge dafür, dass Input und Output miteinander übereinstimmen. Ein wichtiges *constraint* dieser Art ist Dep-IO (*Dependency-Input Output*), das besagt, dass der Outputform keine Elemente hinzugefügt werden sollen:

(2) Dep-IO: Füge nichts hinzu.

Das Besondere an *constraints* ist also, dass sie im Gegensatz zu phonologischen Regeln verletzt werden können. Dabei haben aber manche *constraints* vor anderen Vorrang. Anhand der Possessivbildung im Türkischen (s. Kap. 2.5.2) lässt sich dies für (1) und (2) zeigen. Wir haben bereits gesehen, dass zur Bildung des Possessivums im Türkischen die Endung –*m* erforderlich ist; wir haben aber auch gesehen, dass das Türkische keine Konsonantencluster im Silbenendrand erlaubt. Die existierende Outputform für ›mein Haus‹ lautet deshalb *evim* und nicht *evm*. NoCoda und Dep-IO stehen also im Konflikt miteinander; entweder die neue Form verletzt zweifach NoCoda oder sie verletzt Dep-IO. (Die Vokalharmonie lassen wir an dieser Stelle außer Acht).

Die **Rangfolge der** *constraints* wird in der Optimalitätstheorie in sogenannten **Tableaus** ermittelt. In diesen werden verschiedene mögliche Outputkandidaten gegeneinander ausgespielt; jede Verletzung eines *constraint* wird durch ein * angezeigt.

(3)

/ev + m/	NoCoda	Dep-IO
evm	**!	
☞ evim	*	*

Die tatsächlich existierende Outputform bestimmt, welche Rangfolge der *constraints* in der Sprache gültig ist. Im Beispiel ist der Outputkandidat *evm* nicht optimal, da er das wichtigere *constraint* NoCoda sogar zweimal verletzt. Die zweite Verletzung lässt ihn gegenüber dem anderen Kandidaten ausscheiden (dies markiert das »!«). Die im Türkischen geltende Rangfolge der *constraints* ist also NoCoda » Dep-IO; man sagt NoCoda dominiert Dep-IO.

Ziel der Analyse ist es also nicht, den richtigen Outputkandidaten zu finden – den weiß man ja –, sondern zu ermitteln, welche Bedingungen in der Sprache eine wichtige oder weniger wichtige Rolle spielen. Die Rangfolge der *constraints* stellt letztendlich die **einzelsprachliche Grammatik** dar. (Es ist beispielsweise leicht zu erkennen, dass NoCoda im Deutschen kein wichtiges *constraint* ist, vgl. *der Baum*, *des Baums*). Die Grammatik wird also auf der Basis der Outputformen ermittelt; die Theorie ist **output-orientiert**.

2.6 Laute

Lautsubstanz und Funktion

> **Definition**
>
> Die → **Theorie der Hyper- und Hypoartikulation** (Lindblom 1990) besagt, dass die lautliche Variation auf einem Kontinuum von Hyper- bis Hypoartikulationen zu verorten ist, wobei Hypoartikulation sich auf ökonomische und reduzierte Artikulation bezieht, Hyperartikulation hingegen auf sorgfältige Artikulation.

dagegen dem Hörer, der möglichst deutliche Sprachsignale braucht, um das Gesagte zu verstehen. Der Hörer ist allerdings in der Lage, aufgrund seines Wissens und seiner (sprachlichen) Erfahrungen, Variation (und besonders Reduktion) im Sprachsignal zu kompensieren (*signal-complementary processes*). Beim Sprechen sind wir demnach widerstreitenden Bedingungen unterworfen, die Lindblom als ein »Tauziehen« bezeichnet. Zwar strebt der Sprecher nach möglichst geringem Energieaufwand, aber er möchte selbstverständlich verstanden werden.

Frequenz

Textfrequenz: Wann darf der Sprecher sich nun artikulatorische Einsparungen erlauben? Lindblom nennt an erster Stelle die **Frequenz** von Wörtern. Es handelt sich dabei um einen **Faktor des Sprachgebrauchs**, denn er gibt an, wie häufig ein Wort verwendet wird. Eine hohe Wortfrequenz erlaubt artikulatorische Reduktionen, da das Wort dem Hörer wohlbekannt und daher leicht zugänglich ist. Die Wortfrequenz interagiert mit einem zweiten Faktor, der sog. *neighborhood density*. Diese gibt an, wie viele Elemente existieren, die dem produzierten Element ähnlich sind, wie dicht also die Nachbarschaft zu dem gesuchten Wort ›besiedelt‹ ist. Gibt es viele ähnliche Wörter, die potenzielle Konkurrenten bei der Identifikation des Zielworts sind, so verringert das die Möglichkeit zur artikulatorischen Reduktion.

Übergangswahrscheinlichkeit: Frequenz ist ein Maß für die (kontextfreie) Vorhersagbarkeit einer sprachlichen Einheit. Ein anderer gebrauchsbasierter Faktor, der die Vorhersagbarkeit misst, dabei allerdings den Kontext berücksichtigt, ist die Übergangswahrscheinlichkeit zwischen Elementen, d. h. die Wahrscheinlichkeit, mit der zwei Elemente aufeinander folgen. Je größer diese Wahrscheinlichkeit ist (das heißt, je häufiger die Elemente miteinander vorkommen), desto größer ist die Möglichkeit zur artikulatorischen Reduktion. Bei hoher Übergangswahrscheinlichkeit ist das Auftreten des angrenzenden Elements relativ erwartbar; dies begründet, warum es weniger deutlich artikuliert werden muss.

Funktions- vs. Inhaltswörter: Beide Typen von **Vorhersagbarkeit** (Textfrequenz und Übergangswahrscheinlichkeit) sind wohl dafür verantwortlich, dass bestimmte Klassen von Wörtern mehr hypoartikuliert werden als andere, nämlich die **Funktionswörter**. Dies sind Wörter wie Konjunktionen, Präpositionen, Artikel oder Hilfsverben, die allein keine oder nur eine vage referenzielle Bedeutung haben, aber eine grammatische Funktion erfüllen, bzw. Bezüge auf der Satz- oder Textebene herstellen. Im Gegensatz zu **Inhaltswörtern** (wie *Tisch*, *Computer*, *Becher* usw.) sind diese Wörter in ihrem Vorkommen relativ gut vorhersagbar. Dies liegt zum einen daran, dass es sich bei ihnen im Gegensatz zu den Inhaltswörtern um kleine und geschlossene Klassen handelt, d. h. es gibt nur eine begrenzte Anzahl z. B. an Konjunktionen und es kommen auch keine neuen hinzu. Zum anderen ist das Vorkommen von Funktionswörtern mehr oder weniger obligatorisch; man kann sie nicht einfach weglassen oder beliebig austauschen. Beides macht sie hochfrequent, besonders in bestimmten grammatischen Kontexten (etwa ist die Wahrscheinlichkeit, dass vor einem Nomen ein Artikel steht, vergleichsweise hoch).

In jüngeren Arbeiten, die den Grundgedanken Lindbloms aufgreifen, wird das kompensatorische Verhältnis von inhaltlichen und lautlichen Anforderungen noch mit der prosodischen Struktur von Sprache in Zusammenhang gebracht. Die **prosodische Struktur** dient dazu, unvorhersagbare Einheiten prominenten Positionen zuzuweisen (Turk 2010). Im Gegensatz dazu bekommen Funktionswörter im Normalfall keine Akzentposition zugewiesen, und sie können entsprechend phonetisch reduziert werden. Oft werden sie auch klitisiert, d. h. sie geben ihre eigene prosodische Domäne auf und werden an eine andere, benachbarte Domäne angeschlossen.

2.6.3 | Eine alternative Modellierung der mentalen Repräsentation: Die Exemplartheorie

Im vorangegangenen Abschnitt wurde argumentiert, dass das Sprachsignal von großer Varianz geprägt ist. Dies macht es schwer, phonologische Kategorien eindeutig auf das sprachliche Signal zu beziehen. Es wurde auch gezeigt, dass ein großer Teil der Variation systematisch beschreibbar ist, wenn man den unmittelbaren Lautkontext, den

Eine alternative Modellierung der mentalen Repräsentation

prosodischen Kontext und den Äußerungskontext (mit konkreten Sprechern und Hörern) einbezieht. Es stellt sich nun die Frage, ob und wie diese Variation mental repräsentiert ist. In Kapitel 2.6.1 haben wir eine Auffassung der mentalen Repräsentation phonologischer Einheiten kennengelernt, die diese als kategorisch, statisch und gewissermaßen unangetastet von der variablen sprachlichen Realität konzipiert. Ein radikal alternatives Modell geht davon aus, dass die sprachliche Realität, mit der jedes Individuum konfrontiert ist, umfassend Eingang in seine mentale Repräsentation findet. Die mentale Repräsentation von Lauten und Wörtern ist also von unserer sprachlichen Erfahrung bestimmt. Diese umfasst auch konkrete Details zur phonetischen Realisierung. Theorien, die diese Auffassung vertreten, bezeichnet man als **gebrauchsbasierte Ansätze** (*usage-based approaches*) (vgl. Bybee 2001; Bybee/Hopper 2001; Pierrehumbert 2001).

Types und Tokens: Ein wichtiger Gebrauchsfaktor ist die **Frequenz**. Es ist hier weiter zu unterscheiden zwischen **Typefrequenz** und **Tokenfrequenz**. Die Tokenfrequenz bezieht sich auf die Vorkommenshäufigkeit einer bestimmten sprachlichen Einheit (zumeist ein Wort, aber auch Silben oder Konsonantencluster u. a.) in einem Text. Die Typefrequenz bezieht sich darauf, wie häufig ein bestimmtes Muster im Sprachsystem einer Sprache vorkommt. Die Typefrequenz könnte also beispielsweise darüber Aufschluss geben, wie viele Wörter es im Deutschen gibt, die mit dem Konsonantencluster /kl/ beginnen. Die Tokenfrequenz würde etwas darüber aussagen, wie häufig das Konsonantencluster in einem bestimmten Text tatsächlich vorkommt, unabhängig davon, auf wie viele verschiedene Wörter es dabei verteilt ist.

Einfluss der Tokenfrequenz: Wörter mit einer hohen Tokenfrequenz sind stärker von Abschwächungen betroffen als weniger frequente Wörter. Ein klassisches Beispiel aus dem Englischen sind Wörter wie *every* (höchst frequent), *memory* (mittlere Frequenz) und *mammary* (sehr selten; dt. ›Adjektiv, das sich auf die weibl. Brust bezieht‹). Alle Wörter sind dreisilbig, haben den Wortakzent auf der ersten Silbe und in der zweiten Silbe ein [ə], das von einem Sonoranten gefolgt wird. Dennoch ist der Schwa-Laut in der zweiten Silbe in unterschiedlichen Ausmaßen von artikulatorischer Reduktion betroffen: Während das höchstfrequente Wort *every* konsistent zweisilbig, d.h. mit Schwa-Tilgung produziert wird, finden sich in *memory* sowohl zwei- als auch dreisilbige Realisierungen. Das seltene Wort *mammary* aus dem medizinischen Fachwortschatz wird hingegen durchgängig dreisilbig produziert, es findet also gar keine artikulatorische Reduktion statt (vgl. Bybee 2001: 40 ff.; weitere Beispiele auch zum Zusammenhang von Frequenz und Lautwandel bei Bybee 2001; Philipps 2006).

Empirische Beobachtungen dieser Art bringen Probleme für die oben diskutierten generativen Modelle der mentalen Repräsentation mit sich. Da dort Wörter im **mentalen Lexikon** unabhängig von ihrer Frequenz aufgelistet sind, sollten sie von Reduktionsprozessen gleichermaßen betroffen sein. Eine Alternative hierzu ist es anzunehmen, dass die Wörter bereits mit ihren konkreten phonetischen Realisierungsvarianten abgespeichert sind. Dies bringt mit sich, dass die Gedächtnisleistung des sprechenden Individuums bedeutend höher anzusetzen ist, als wenn man von abstrakten Einträgen ausgeht, wie wir es in Kapitel 2.6.1 beschrieben haben. Diese sollten ja unter anderem so abstrakt sein, um Gedächtniskapazitäten zu sparen und um dann die möglichen Varianten regelhaft ableiten zu können.

Die Exemplartheorie ist ein solches Modell (Pierrehumbert 2001). Sie postuliert, dass sich konkrete Realisierungen von sprachlichen Einheiten direkt in der mentalen Repräsentation niederschlagen. Das Gedächtnis bewahrt **phonetisch detaillierte Erinnerungen**, die mit bestimmten Kategorien verknüpft werden. Jede Kategorie wird als eine ›Wolke‹ an erinnerten Exemplaren betrachtet. Je nach Variationsbandbreite der Exemplare, mit denen man konfrontiert war, beinhaltet somit auch jede Kategorie ihren Variationsspielraum.

> **Definition**
>
> Die → **Exemplartheorie** geht davon aus, dass die mentale Repräsentation lautlicher Einheiten auf der Basis konkreter Erfahrungen entsteht und phonetische Details beinhaltet.

Hören wir also beispielsweise die Wörter *Türen schließen selbsttätig*, so finden auch die phonetischen Details der Äußerung Eingang in die mentale Repräsentation; sie bilden die Grundlage für mit der Äußerung verknüpfte Kategorien. So speist sich die Kategorie des Phonems /yː/ aus allen Exemplaren von /yː/, mit denen wir im Laufe des Lebens konfrontiert sind. Zugleich können die Realisierungen aber auch mit anderen Kategorien auf

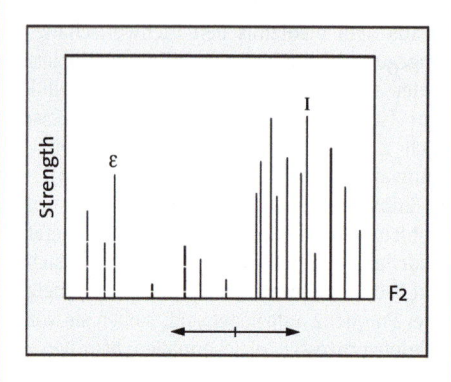

Abb. 16:
F2 verschiedener
Vokalexemplare
(Pierrehumbert 2001: 142)

verschiedenen Ebenen verknüpft sein, also beispielsweise Verknüpfungen zur Kategorie der Silbe /tyː/ aufweisen oder auch zum sozialen Äußerungskontext ›Zugfahrt‹, zum Sprecher ›Schaffner‹, zur ›Lautsprecheransage‹ etc.

Jede **Exemplarwolke** ist nach der Ähnlichkeit der einzelnen Exemplare strukturiert, wobei ähnliche Exemplare dichter beieinander liegen als andere. Zwischen den Kategorien kommt es dabei auch zu Überlappungen, so dass konkrete Exemplare von beispielsweise Vokalen hinsichtlich ihrer akustischen Eigenschaften ambig sein können.

Wir finden in der Exemplartheorie also eine ganz elementare Verknüpfung von Substanz und Funktion, indem die funktionalen Kategorien verschiedener Ebenen sich unmittelbar auf konkrete Realisierungen zurückbeziehen.

Frequenz und Rezenz: Dieses grob skizzierte Modell ermöglicht nun auch, den Gebrauchsfaktor ›Frequenz‹ in die mentale Repräsentation zu integrieren. Die Auswirkungen der Frequenz sind der Funktionsweise des Modells selbst inhärent. Wenn nämlich jedes ›eintreffende‹ Exemplar eines Worts erinnert wird und zur Exemplarwolke der Kategorie beiträgt, so bedeutet das, dass häufig realisierte Kategorien dichteren und damit stärkeren Exemplarwolken entsprechen. Zusätzlich zur Frequenz spielt auch noch die **Rezenz** der eintreffenden Erfahrungen eine Rolle; rezent sind solche Erfahrungen, die in der Zeit nicht weit zurückliegen. Dieser Faktor ist deshalb wichtig, weil das Gedächtnis sich auch wieder abbaut. Liegen die Erfahrungen also lange zurück, so werden die Exemplarwolken der zugehörigen Kategorie nicht mehr stark sein; sie ist neurologisch nur noch gering aktiviert. Geht ein Sprachsignal ein, das akustisch nicht eindeutig ist, also zwei verschiedenen Kategorien zugeordnet werden könnte, setzt sich die Kategorie mit den stärkeren Exemplarwolken durch. Dies veranschaulicht Abbildung 16, in der schematisch der F2-Wert (d. h. der zweite Formant) verschiedener Vokalexemplare abgetragen ist. Der mittlere Bereich konstituiert dabei einen ambigen Übergangsbereich zwischen den Kategorien [ɛ] und [ɪ]. Da die Kategorie [ɪ] in diesem Bereich stärkere (d. h. häufigere und rezentere) Exemplare aufweist, führt dies zur **schnelleren Aktivierung** und damit der Wahrnehmung dieser Kategorie.

Auch bei der Produktion wird schneller auf höher aktivierte Exemplare zugegriffen. Man kann das Modell mit der in Kapitel 2.6.2 eingeführten Annahme der Hypoartikulation bei hochfrequenten Einheiten kombinieren. Die eintreffenden und die produzierten Exemplare zeichnen sich im Laufe der Zeit durch ein zunehmendes Maß an **artikulatorischer Abschwächung** aus, die dann für einen Drift der gesamten Exemplarwolke in Richtung der abgeschwächteren Form sorgt. Zugleich führt die zahlreiche Produktion des Elements von vielen verschiedenen Personen auch dazu, dass sich die **Variationsbandbreite** der Kategorie erhöht.

Entrenchment: Bedeutet das nun aber, dass sich solche Trends zur Reduktion unaufhaltsam fortsetzen und die Variationsbandbreite ständig zunimmt? Die Realität zeigt, dass dies nicht so ist, da höchstfrequente Elemente wie das oben genannte *every* schließlich hinsichtlich der Reduktion stagnieren und auch wieder Stabilität gewinnen, also zu einer geringeren Variationsbandbreite zurückkehren. Dieser Effekt wird als *entrenchment* bezeichnet.

Weiterführende Literatur

Es gibt einige gute **Einführungen in Phonetik und Phonologie**, die zum weiterführenden Lesen geeignet sind. Einen guten Einblick in die akustischen Grundlagen der Phonetik bieten Reetz (2003) und auch Neppert (1999). Eine sehr hilfreiche Anleitung zur Spektrogrammanalyse ist Machelett (http://www.phonetik.uni-muenchen.de/studium/skripten/SGL/SGLHome.html, 3.12.2012).

Für Details zur **artikulatorischen Phonetik** ist Pompino-Marschall (2009) empfehlenswert. Ladefoged und Maddieson (2002) bieten einen interessanten Überblick über die Laute in den verschiedensten Sprachen der Welt.

Zur **Phonologie** ist neben Hall (2011), der viele Beispiele aus unterschiedlichen Sprachen einbringt, auch Maas (2006) zu empfehlen, der einen Schwerpunkt auf die Silbe im Deutschen legt. Zu den Suprasegmentalia ist Fox (2000) empfehlenswert, speziell zur Intonation sind Cruttenden (1997) und vor allem Ladd (2008) einschlägig.

Für verschiedene Bereiche der Phonetik und Phonologie lohnt sich außerdem ein Blick in folgende Handbücher: *The Handbook of Phonetic Sciences* (Hardcastle 2010), *The Cambridge Handbook of Phonology* (de Lacy 2007), *The Oxford Handbook of Laboratory Phonology* (Cohn et al. 2012).

Aufgaben

1. Geben Sie an, wie viele Laute die Wörter *Schmuck, Verein, Pfuhl, Taxi, Zahn, schimmern* und *Dach* haben.

2. Transkribieren Sie die Wörter *Dachstuhl, Regenschirm, Kinderarzt, Zeitreise* und *Milchschaum* in phonetischer Umschrift (IPA).

3. Beschreiben Sie die folgenden Laute nach den artikulatorischen Klassifikationskriterien: [s], [x], [k], [n], [l], [r], [ʃ], [p], [v], [e], [a], [ɪ], [ə], [ɔ] und [y]. Geben Sie jeweils Wörter dazu an, in denen der entsprechende Laut vorkommt.

4. Gegeben ist die Lautung folgender Wörter einer (fiktiven) Sprache. Ermitteln Sie das Phoneminventar (inklusive der Allophone).
pabisa paʃəti kisə kisi pabuti bap pəbisa bakəp pabati bubasi kap pakəti kiʃə bibasi kip sisi kibu ʃakəp sap pakəp

5. Führen Sie sich die Artikulationsbewegungen vor Augen, die zur Bildung der Sequenz [mt] in Wörtern wie *kommt* oder *nimmt* vollzogen werden. Wie lässt sich das Auftreten eines epenthetischen [p] ([kɔmpt]) artikulatorisch erklären?

6. Welche phonologischen Prozesse entdecken Sie in den folgenden Beispielen?
   (a) tschech. *Koruna*; dt. *Krone*
   (b) engl. *illegal, impolite, immoral*
   (c) dt. [hoːxsɪts] ›Hochsitz‹
   (d) dt. [reːgn̩] ›Regen‹

7. Im Englischen gibt es für die regelmäßige Pluralbildung drei Formen: [s] (*cats*), [z] (*dogs*) und [ɪz] (*houses*). Suchen Sie weitere Wörter und überlegen Sie, wodurch die Auswahl der jeweiligen Form bedingt ist.

8. Geben Sie die Silbenstruktur der folgenden Wörter im Konstituentenmodell an: *Pilz, Strahl, Baum, Flotte, Minister, Herbst*

Pia Bergmann

3 Wörter

3.1 Grundbegriffe
3.2 Wie werden Wörter gebildet?
3.3 Die Beziehung von Form und Bedeutung im Wort
3.4 Was bedeuten Wörter?
3.5 Wörter als Informationsträger

3.1 | Grundbegriffe

Für schöne Worte kann man sich ja bekanntlich nichts kaufen, trotzdem wird Wörtern Wert zugesprochen, wenn beispielsweise jemand bedauert, mangels Fleißes in einer Fremdsprache keinen *reicheren* Wort*schatz* erworben zu haben. Wörter sind so offensichtliche Bestandteile der Sprache, dass sie manchmal von Laien für das gehalten werden, was eine Sprache ganz und gar ausmacht, etwa wenn man fälschlicherweise das Büffeln von Vokabeln mit dem Lernen einer Sprache gleichsetzt. In den anderen Kapiteln dieses Buches ist zu lesen, warum zur Sprache weit mehr als nur Wörter gehören. Dieses Kapitel aber handelt von der Vielgestaltigkeit des Wortes als ein Phänomen an der Schnittstelle von Form und Bedeutung. Tatsächlich ist einiges besonders an Wörtern:

Die **Verbindung zwischen Form und Bedeutung** ist meist **willkürlich** und Wörter sind daher in verschiedenen Sprachen völlig unterschiedlich beschaffen. Es gibt keine innewohnende Verbindung zwischen Form und Bedeutung und somit keinen natürlichen Grund, warum wir im Deutschen für unsere Fortbewegung das Wort *gehen* verwenden, Französischsprachige aber *aller* oder Türkischsprachige *gitmek* – trotz ihrer lautlichen Verschiedenheit eignen sich alle drei Formen gleichermaßen gut zur Bezeichnung.

Es gibt weder eine bestimmte Menge an Formen noch an Bedeutungen, die zwingende Bestandteile von Wörtern in allen Sprachen wären. Sprecherinnen und Sprecher verschiedener Sprachen sind bei der Bildung von Wörtern **keinem universellen Katalog an Formen und Bedeutungen verpflichtet**. Deshalb sehen eben Bezeichnungen für dasselbe in den verschiedenen Sprachen so verschieden aus, und Sprachen unterscheiden sich darin, wie sie Bedeutungsinhalte auf einzelne Wörter aufteilen. Während wir z. B. im Deutschen zwei Wörter – nämlich *gehen* und *fahren* – für verschiedene Fortbewegungsarten haben, umfasst sowohl *aller* als auch *gitmek* grob gesprochen beides. (Im Türkischen gibt es allerdings noch ein eigenes Wort für ›zu Fuß gehen‹, nämlich *yürümek*.)

Das verdeutlicht ebenfalls, dass sich Sprachen sehr darin unterscheiden, wie viele Bedeutungsbestandteile sie zu einer wortartigen Einheit verknüpfen. Manche Sprachen verlassen sich mehr auf Morphologie und andere eher auf Syntax, um ähnliche Bedeutungen zu übermitteln. Dennoch lassen sich sprachübergreifend interessante ähnliche Muster zum Aufbau von Wörtern und den darin enthaltenen Bedeutungsbestandteilen beobachten.

Schnittstelle von Form und Bedeutung: Zunächst können wir feststellen, dass das Wort zwei Seiten hat: Form (oder genauer: **Lautform**) und **Bedeutung**. Form und Bedeutung von Wörtern werden traditionell in zwei unterschiedlichen Dis-

> **Definition**
>
> Die →Morphologie befasst sich mit der internen Formstruktur von Wörtern. Sie behandelt, in welcher Weise Form und Bedeutung miteinander systematisch interagieren. Im Unterschied zur Syntax, die man als ›Satzgrammatik‹ bezeichnen könnte, ist Morphologie die Wortgrammatik. Der Name kommt von griechisch *morphḗ* ›Form, Gestalt‹ (›Formenlehre‹). Der Begriff wurde 1860 von August Schleicher aus der Biologie übernommen, wo ›Morphologie‹ die Lehre von der äußeren Struktur der Organismen bezeichnet (geprägt 1790 von Johann Wolfgang von Goethe).
>
> Die →Semantik ist die Lehre von der Bedeutung vornehmlich von Wörtern und Sätzen, wenn man sie isoliert betrachtet. Sie beschränkt sich nicht nur auf die Linguistik, sondern ist auch ein Teilbereich der Semiotik (Zeichentheorie) und der Philosophie. Die auch in der Linguistik oft verwendete Dreiteilung zwischen Syntax, Semantik und Pragmatik geht auf den Semiotiker Charles W. Morris (1938/1971) zurück. Für ihn ist die Semantik die Relation der Zeichen zu ihren »Designata« im Unterschied zur Relation der Zeichen zu ihren »Interpreten« (Pragmatik) und der Relation der Zeichen zueinander (Syntax, bei Morris »Syntaktik«).

3.1 Wörter

Grundbegriffe

> **Definition**
>
> Ein → **Lexem** umfasst alle Wortformen mit derselben lexikalischen Bedeutung, die sich nur in ihrer grammatischen Funktion unterscheiden. Ein Lexem ist ein Eintrag im Lexikon. In gutenbergschen und elektronischen Wörterbüchern wird das Lexem häufig auch → **Lemma** genannt. Ersetzt man in einem Text alle Wortformen durch ihre Zitierform oder eine andere einheitliche Form, nennt man dies → **Lemmatisierung**.

ziplinen, der **Morphologie** und der **Semantik**, abgehandelt. Weil sich diese zwei Seiten im selben Phänomen, nämlich den Wörtern, zeigen, vereinigen wir sie hier in einem Kapitel.

Dieses Kapitel behandelt jedoch nicht nur, wie Wörter gebildet werden (3.2) und was Wörter bedeuten (3.4), sondern auch, in welcher Beziehung Form und Bedeutung zueinander stehen (3.3). Wenn Wörter zwei Teile haben – Form und Bedeutung –, so ist es natürlich von größter Wichtigkeit, dass wir uns auch mit der Frage befassen, auf welche Weise diese Teile denn überhaupt zusammenhängen. Hierbei werden wir u. a. auf die schon in der Definition von Semantik angesprochene Zeichennatur des Wortes zu sprechen kommen. Nach einer gesonderten Betrachtung der Teile und ihrer Beziehungen zueinander kommen wir schließlich in Kapitel 3.5 wieder zu einer Gesamtsicht des Wortes zurück, wobei wir uns die Frage stellen, wie Wörter in Texten auftreten und welchen Informationsgehalt sie haben. Hierbei wird uns besonders beschäftigen, wie der Informationsgehalt von Wörtern im Sprachgebrauch verlorengehen kann, so dass manche Wörter ihre Unabhängigkeit verlieren und Bestandteile von anderen Wörtern werden.

Token und Type: Wort ist nicht gleich Wort. Dieser Satz enthält fünf Wörter, wenn man **Tokens** zählt, d. h. wie viele Wörter nacheinander durch ein Leerzeichen getrennt im Text in einer Reihe stehen. Auf Worttokens kommt es an, wenn man die Aufgabe hat, einen Text mit 1000 Wörtern zu schreiben. Zählt man allerdings Typen (oder **Types**), enthält der Satz »Wort ist nicht gleich Wort« nur vier Wörter. »Wort« wiederholt sich, es ist dieselbe Wort-Einheit, die zweimal vorkommt. Einen Text mit 1000 Worttokens zu schreiben, der auch 1000 Worttypen enthält, ist sehr schwierig, und vor allem unnatürlich; warum, kommt in Kapitel 3.5 zur Sprache.

Die Unterscheidung zwischen Token und Type wurde bereits für die lautliche Ebene in Kapitel 2.6.3 eingeführt. Hier ist die Unterscheidung wichtig und notwendig, weil Wörter, die auf eine Art gleich sind, auf eine andere Art dennoch voneinander unterschieden werden können. Das gilt auch, aber in anderer Weise, für das Begriffspaar ›Wortform‹ und ›Lexem‹.

Wortform und Lexem: Viele Wörter, darunter auch ganz häufige wie *ist*, *den* oder *eine*, wird man kaum je in einem Wörterbuch aufgelistet finden. Es sind Wortformen (›Textwörter‹), aber keine Lexeme (›Wörterbuchwörter‹). Das **Lexem** (oder **Lemma**, wie es auch genannt wird) ist die Abstraktion aus einem Set von Wortformen, die sich nur in ihrer grammatischen Funktion unterscheiden. Im Lexikon bildet dieses Set eine Einheit, da sich die dazu gehörenden Wortformen die lexikalische Bedeutung teilen. So enthält das lateinische Beispiel (1) zwei Wortformen, die zu demselben Lexem gehören: *lapis* und *lapidem*. Beide bedeuten ›Stein‹. Aber sie unterscheiden sich im Kasus; die erste ist ein Nominativ Singular, die zweite ein Akkusativ Singular (s. u.).

In einem Wörterbuch werden dagegen nur Lemmata aufgelistet, und zwar in ihrer **Zitierform**. Während wir im Deutschen daran gewöhnt sind, Verbformen im Infinitiv nachzuschlagen, finden wir in lateinischen Wörterbüchern in aller Regel die erste Person Singular Präsens Indikativ Aktiv. Die lexikalische Bedeutung der Wortform *relinquetur* finden wir deshalb unter *relinquo* erklärt. Substantive müssen wir im Nominativ Singular suchen, also unter *lapis*, wenn wir *lapidem* erklärt haben wollen. Vom Benutzer eines Wörterbuchs werden daher oft beträchtliche Kenntnisse einer Sprache verlangt. Man muss zwar nichts über die Bedeutung der Wörter wissen, aber durchaus darüber, wie die Wortformen in Lexemen zusammenhängen; das erklärt uns das Wörterbuch nicht, wir benötigen dafür vielmehr eine (Referenz-)Grammatik.

(1) Latein

Non	relinqu-etur	lapis	super	lapid-em.
nicht	zurücklass-FUT:PASS:3SG	Stein[NOM:SG]	über	Stein-ACC:SG

›Nicht ein Stein wird auf dem anderen bleiben.‹

Zur Vertiefung

Glossierung

Da wir nicht voraussetzen können, dass alle, die diese Einführung lesen, Latein verstehen, haben wir Beispiel (1) **glossiert**. Das heißt, wir stellen das Beispiel auf drei Zeilen dar. In der ersten Zeile steht der Originaltext. In der zweiten Zeile wird jede Form einzeln erklärt. Die lexikalische Information der Wortformen wird durch eine möglichst nahe Entsprechung in der Übersetzungssprache, hier Deutsch, wiedergegeben. Die grammatische Information, d. h. Kategorien wie Kasus und Numerus, werden durch Abkürzungen in Kapitälchen ausgedrückt, ACC steht z. B. für Akkusativ und SG für Singular. (Eine Liste der gängigsten Abkürzungen findet sich im Anhang dieses Buchs.) Wichtig ist, dass die Glosse genau unter der Wortform steht, und dass, wenn wir verschiedene Teile einer Wortform unterschiedlich erklären, diese sowohl in der Wortform als auch in der Glosse durch Bindestriche abgetrennt sind. Es gibt also immer genau gleich viele Bindestriche in der Wortform und in der Glosse. So können alle – auch ohne des Lateinischen mächtig zu sein – erkennen, dass in der Form *lapidem* die Sequenz *lapid* für die lexikalische Bedeutung ›Stein‹ steht und *em* für die grammatische Bedeutung Akkusativ Singular. Manchmal hat eine bestimmte grammatische Bedeutung keine klar lokalisierbare Formsequenz, die man ihr zuordnen kann. Dann fügen wir die grammatische Bedeutung in eckigen Klammern hinzu wie bei *lapis* Stein[NOM:SG]. Schließlich geben wir in der dritten Zeile eine freie Übersetzung.

Formen, die wir im laufenden Text erwähnen, werden immer kursiv gesetzt; wir fügen ihnen immer eine Übersetzung in einfachen Anführungszeichen hinzu.

Als Standard für Glossierung haben sich die *Leipzig Glossing Rules* etabliert (s. Kap. 12.3.2 (Anhang) und http://www.eva.mpg.de/lingua/resources/glossing-rules.php).

3.2 | Wie werden Wörter gebildet?

3.2.1 | Morphologische Grundbegriffe

In der Morphologie ist man sich einig, dass viele Wörter eine formal komplexe Struktur aufweisen. Um diese zu beschreiben, gibt es im Prinzip drei Möglichkeiten:

1. **Segmentierung:** Man kann Wörter in ihre Grundbestandteile zerlegen und betrachten, wie diese angeordnet sind (*Item-and-Arrangement*).
2. **Aufbau:** Man kann Wörter aus ihren Grundbestandteilen aufbauen (*Item-and-Process*).
3. **Konstellation:** Man kann Wörter als gegebene Einheiten miteinander vergleichen und in Beziehung setzen, ohne sie zu zerlegen oder aufzubauen (*Word-and-Paradigm*).

Das Morphem ist der Grundbaustein der Morphologie. Es ist die kleinste bedeutungstragende Einheit im Wort. Manche Wörter, wie z. B. *viel*, bestehen aus nur einem Morphem, das zwar weiter in Laute, aber nicht in kleinere bedeutungstragende Elemente unterteilbar ist. Andere Wörter, wie z. B. *vielversprechenden*, bestehen aus mehreren Morphemen, hier fünf: *viel*, *ver*, *sprech*, *end* und *en*. Man kann mit denselben Morphemen verschiedene Wörter mit unterschiedlichen Bedeutungen bauen, so wird man einem *vielversprechenden Irrenarzt* mehr vertrauen als einem *viel versprechenden irren Arzt* (man möge uns die Verwendung des veralteten Wortes *Irrenarzt* verzeihen, das sich hier so gut zum Illustrieren eignet).

> **Definition**
>
> Das → Morphem ist das Element, das man erhält, wenn man Wörter in ihre kleinsten bedeutungstragenden Teile segmentiert.

Flexion, Derivation und Komposition: Beim Segmentieren übersieht man leicht, dass Wörter nicht bloß Morpheme in einer spezifischen Reihenfolge sind, sondern durch unterschiedliche Prozesse schrittweise aufgebaut sind. Wir können drei grundsätzlich verschiedene Prozesse des Wortaufbaus unterscheiden, die sich alle an der Form *vielversprechenden* illustrieren lassen:

- Die **Flexion** (engl. *inflection*) bildet **Wortformen** eines Lexems; so ist *-en* in *vielversprechend-en* die Flexionsendung für Dativ Singular unbestimmt.

- In der **Komposition** bildet man **zusammengesetzte Wörter** (**Komposita**): vereinfacht gesagt, Wörter, die aus zwei oder mehreren Wörtern bestehen, z. B. *viel-versprechend*.
- Die **Derivation** ist dagegen die **Wortableitung**; so kann man mit *ver-* aus *sprechen* das Verb *versprechen* ableiten.

Derivation und Komposition werden unter dem Begriff ›**Wortbildung**‹ zusammengefasst. Darunter werden Prozesse verstanden, mit denen Lexeme gebildet werden. Die Flexion hingegen bildet Wortformen. Es gibt verschiedene Kriterien zur Unterscheidung von Flexion und Derivation, die aber nicht immer zu demselben Resultat führen. So ist es z. B. typisch für Flexion, dass die lexikalische Bedeutung nicht verändert wird. Das trifft für das Partizip *versprechend* zu. Es hat genau dieselbe lexikalische Bedeutung wie das Verb *versprechen*. Ein anderes, oft genanntes Kriterium für Flexion ist dagegen, dass Ausgangs- und Zielform zu derselben Wortart gehören müssen. Dies trifft für Partizipien nicht zu. Die Ausgangsform ist ein Verb, die Zielform funktioniert jedoch wie ein Adjektiv. Je nachdem, welches Kriterium man stärker gewichtet, gehören Partizipien eher zur Flexion oder eher zur Derivation.

Relevanz: Eine allgemeine Tendenz, die wir mit Hilfe sprachvergleichender Forschung feststellen können, ist, dass Derivation in der Regel näher an der Wurzel markiert ist als Flexion. Joan Bybee (1985: 13) führt dies auf das Prinzip der **Relevanz** zurück, das sie folgendermaßen definiert: »Ein Bedeutungselement ist relevant für ein anderes, wenn der Bedeutungsinhalt des ersten den Bedeutungsinhalt des zweiten direkt affiziert oder modifiziert« (Übersetzung BW/AE). Nehmen wir beispielsweise die Wortform *rötlicheres* im Satz *Ist ein rötlicheres Ergebnis mit Henna bei braunem Haar überhaupt möglich?* Das am nächsten an der Wurzel stehende Derivationssuffix *-lich* (mit Umlaut) hat verschiedene Funktionen, z. B. dient es der Ableitung von Adjektiven von Substantiven (*hässlich*). Im Beispiel *röt-lich* modifiziert es aber die Bedeutung von *rot*, denn es dient hier zur Abschwächung einer Eigenschaft. Viele Adjektive können allerdings nicht mit *-lich* abgeschwächt werden, z. B. ?*schönlich*, und in recht vorhersagbarer Weise kann das Suffix auch andere Bedeutungsveränderungen bewirken, z. B. *kleinlich*, *neulich*. Diese Abhängigkeit der Suffixbedeutung von der Wurzel zeigt, dass das Suffix dessen Bedeutung direkt modifiziert. Die Komparation (Steigerung) *rötlich-er* verändert die Bedeutung des Adjektivs schon weit weniger (*rötlicher* ist immer noch ›rötlich‹, nur eben mehr), weswegen die Komparation auch recht unabhängig vom gesteigerten Adjektiv ist.

Allerdings gibt es Eigenschaften, die nur mit sehr viel Phantasie graduierbar sind (*tot*, *ledig*), was zeigt, dass die Bedeutung des Adjektivs von der des Suffixes nicht völlig unabhängig ist. Die grammatische Endung *-es* ist am weitesten weg vom Stamm und kumuliert die Kategorien Numerus (Singular), Genus (Neutrum) und Indefinit (schwache Deklination des Adjektivs). Numerus und Genus kommen nicht vom Adjektiv selber, sondern werden ihm vom Substantiv (*Ergebnis*) zugewiesen. Sie haben auf die Bedeutung des Adjektivs selbst keinen Einfluss. Man nennt dies **Kongruenz** (engl. *agreement*). Ebenso kommt die Indefinitheit von außen (der unbestimmte Artikel verlangt die Form *-es*, mit dem bestimmten Artikel wäre es *-e*: *das rötlichere Ergebnis*). Für die Bedeutung des Adjektivs sind Numerus, Genus und Definitheit also am wenigsten relevant.

Derivation und Flexion: Nach Bybee (1985) eignen sich diejenigen Bedeutungen am besten für die Kodierung als grammatische Kategorien, die einerseits wenig relevant und anderseits generell applizierbar sind. Der Unterschied zwischen Derivation und Flexion ist für Bybee daher graduell. Betrachten wir einige typische Kategorien am Verb:

- **Person:** Kongruenz in der Person (erste, zweite, dritte) mit einem Argument des Verbs, im Deutschen mit dem Subjekt (*schreibe*, *schreibst*, *schreibt*). In vielen Sprachen gibt es auch Kongruenz mit dem Objekt.
- **Numerus** (engl. *number*): Kongruenz im Numerus (Singular, Plural, Dual) mit einem Argument des Verbs.
- **Modus** (engl. *mood*): Art, wie der Sprecher die Satzaussage präsentiert (Indikativ, Imperativ, Konjunktiv: *schreibst*, *schreib!*, *schreibest*, *schriebest*).
- **Tempus** (engl. *tense*): lokalisiert die Situation in Bezug auf den Sprechzeitpunkt oder einen anderen zeitlichen Referenzpunkt: Präsens, Präteritum, Futur (französisch *écrit*, *écrira* ›schreibt, wird schreiben‹).
- **Aspekt:** Perspektive des internen Zeitverlaufs des Ereignisses, z. B. **Perfektiv** (abgeschlossen) und **Imperfektiv** (nicht abgeschlossen), wie sie in den französischen Vergangenheitsformen unterschieden werden: Das *passé simple* ist perfektiv (*alla* ›ging‹), das *imparfait* imperfektiv (*allait*), etwa: *Après la mort du père, l'aîné prit*

Morphologische Grundbegriffe

	Präsens			**Präteritum**		
3SG er/sie/es	macht	hat	ist	machte	hatte	war
1SG ich	mache	habe	bin	machte	hatte	war
2SG du	machst	hast	bist	machtest	hattest	warst
3PL sie	machen	haben	sind	machten	hatten	waren
1PL wir	machen	haben	sind	machten	hatten	waren
2PL ihr	macht	habt	seid	machtet	hattet	wart

Tab. 1: Paradigmatische Darstellung der deutschen Verbflexion (Ausschnitt)

*le coq et s'en **alla** dans le monde, mais partout où il **allait** les gens connaissaient les coqs.* ›Nach dem Tod des Vaters nahm der Älteste den Hahn und ging in die Welt hinaus, aber überall, wo er hinging, kannten die Leute Hähne.‹

- **Diathese** (auch Genus verbi, engl. *voice*): regelt die Verteilung der Argumente zu Subjekt und Objekt (Aktiv, Passiv).
- **Valenz:** Unterschied in der Anzahl und Rolle der Argumente, die ein Verb hat, z. B. **Kausativ** (jemanden etwas machen lassen) *setzen* vs. *sitzen*.

Die Reihenfolge, in der diese Kategorien am Verb markiert sind, ist in den Sprachen der Welt tendenziell aufsteigend. Kausativ wird z. B. meist näher an der Wurzel des Verbs markiert als Präteritum, denn er affiziert die Bedeutung der Verbwurzel direkter als das Tempus; das Resultat ist daher nicht immer vorhersagbar. Hier sind einige Beispiele, die im Einklang mit der Hierarchie stehen. (Natürlich gibt es auch Ausnahmen.)

(2) Litauisch
 skamb-in-dav-o-me
 kling-KAUSATIV-FREQUENTATIV-PRÄTERITUM-1.PLURAL
 WURZEL < VALENZ < ASPEKT < TEMPUS < PERSON/NUMERUS
 ›Wir pflegten anzurufen.‹

(3) Türkisch
 in-dir-il-iyor-du-ysa-m
 runtergeh-KAUSATIV-PASSIV-PROGRESSIV-PRÄTERITUM-KONDITIONAL-1.SINGULAR
 WURZEL < VALENZ < DIATHESE < ASPEKT < TEMPUS < MODUS < PERSON/NUMERUS
 ›Wenn ich heruntergebracht worden wäre.‹

(4) Swahili
 wa-na-pik-ish-w-a
 3PL.ANIM-PRÄSENS-koch-KAUSATIV-PASSIV-INDIKATIV
 PERSON/NUMERUS > TEMPUS > WURZEL < VALENZ < DIATHESE < MODUS
 ›Sie sind zum Kochen veranlasst worden.‹

Wurzel und Stamm: Wenn wir von den Komposita absehen, so haben die allermeisten Wörter ein Kern-Morphem, das den **Ausgangspunkt für Derivationsprozesse** darstellt. Dies ist die Wurzel. Im Wort *versprechenden* ist die Wurzel *sprech*. Den **Ausgangspunkt für die Bildung von Flexionsformen** nennt man dagegen ›Stamm‹ oder manchmal auch ›Basis‹. Der Stamm im Wort *versprechenden* ist demnach *versprech-*.

Konjugation und Deklination: Die Aufbauperspektive hat den Vorteil, dass man generelle Regeln formulieren kann, ohne dass man Formen einzeln auflisten muss. Wenn es allerdings darum geht, allgemeine morphologische Muster zu erkennen, kann es sehr sinnvoll sein, ausgewählte Wortformen in einem systematischen Raster anzugeben und sie miteinander zu vergleichen, ohne sie zu zerlegen oder aufzubauen. In Tabelle 1 haben wir einige deutsche Konjugationsformen aufgelistet.

- **Konjugation** ist Flexion beim Verb.
- Von **Deklination** spricht man dagegen bei der Flexion von Nomen (Substantiven und Adjektiven).

Ohne Zerlegung in Morpheme und ohne die Formen von ihren Wurzeln her aufzubauen, können wir durch den bloßen Vergleich der ungeteilten Formen leicht feststellen, dass es beim deutschen Verb systematische Muster von Formenidentitäten gibt. Unabhängig davon, wie die Morpheme aussehen, sind über die ganze Konjugation hinweg betrachtet die Formen der ersten und dritten Person Plural identisch (auch bei unregelmäßigen Verben, wo das Zerlegen in Morpheme besondere Mühe macht). Im Präteritum sind des Weiteren auch im Singular die Formen der ersten und dritten Person

> **Definition**
>
> Ein → **Paradigma** ist eine systematische Auflistung der Formen eines Lexems, das als Muster verwendet werden kann für andere Lexeme, die sich morphologisch gleich oder ähnlich verhalten.

identisch. Solche systematischen Muster (systematischer **Synkretismus**; s. 3.2.4) lassen sich am leichtesten durch den Vergleich von **Paradigmen** beschreiben.

3.2.2 | Das Morphem – oder die Segmentierung von Wörtern

Beim Segmentieren nehmen wir an, dass die Wortstruktur grundsätzlich aus der Aneinanderreihung von Morphemen besteht. Im Idealfall hat jedes Morphem nur eine Bedeutung, und da Wörter lexikalische und grammatische Funktionen haben können, sollten Morpheme im Idealfall entweder nur eine lexikalische oder nur eine grammatische Funktion aufweisen. Nach dieser Vorstellung lassen sich lexikalische und grammatische Bedeutungskomponenten in Wörtern eindeutig entsprechenden Formsequenzen zuordnen, nämlich den lexikalischen bzw. grammatischen Morphemen. Wie bereits oben erwähnt, nennt man die Sequenz mit lexikalischer Bedeutung ›Stamm‹ oder ›Basis‹. Jedes Wort enthält mindestens und meist genau einen **Stamm**. Grammatische Morpheme müssen dagegen nicht in jedem Wort vorkommen, es kann aber pro Wort auch mehrere geben. Sie können vor oder nach dem Stamm stehen, weshalb man **Präfixe** (vorangehend) und **Suffixe** (nachfolgend) unterscheidet. Zusammenfassend für Prä- und Suffixe sagt man **Affixe** (lat. *affigere* ›anstecken‹). Eine Morphologie, die mit den drei Einheiten Stamm, Präfix und Suffix auszukommen versucht, nennt man auch **konkatenative Morphologie** (die Morpheme reihen sich aneinander wie in einer Kette).

Das Beispiel unten behandelt reine konkatenative Morphologie. Nun ist es aber leider so, dass man mit Stämmen, Prä- und Suffixen alleine nicht weit kommt. Anders gesagt, es gibt zahlreiche Ausnahmen vom Prinzip »Eine Lautsequenz entspricht einer Bedeutung«. Wir wollen nun einige dieser Ausnahmen diskutieren.

Allomorphe sind eine erste Ausnahme und betreffen Fälle, in denen ein Morphem je nach Umgebung in anderer Gestalt erscheint. Man unterscheidet phonologische und morphologische Bedingungen für die Verteilung von Allomorphen.

Phonologische Bedingungen für das Auftreten verschiedener Allomorphe eines Morphems gelten z. B. für den Plural beim englischen Substantiv: das Allomorph [əz] steht nach Sibilanten wie in *houses* [hauz-əz], [z] steht nach stimmhaften Segmenten wie in *dogs* [dog-z] und [s] steht nach stimmlosen Segmenten wie in *cats* [kæt-s]. Die naheliegendsten Gründe für das Entstehen von Allomorphen sind lautliche Prozesse wie Assimilation und Dissimilation, d. h. gegenseitige Anpassung oder Differenzierung von Lauten. Allomorphe entstehen also v. a. deshalb, weil nicht alle Laute im Redefluss gleich gut nebeneinander stehen können. Im englischen Beispiel passt sich das Pluralmorphem einerseits an ein vorhergehendes Lautsegment in Bezug auf seine Stimmhaftigkeit an (Assimilation), andererseits wird das Aufeinandertreffen von zwei Sibilanten (/s/-/s/) durch einen eingefügten Schwa-Laut vermieden (Dissimila-

---

Beispiel

Morphemanalyse

Bei der morphologischen Analyse von Sprachbeispielen besteht die Aufgabe darin, Wortformen in die zugrunde liegenden Stämme und Affixe zu zerlegen und deren Bedeutung zu identifizieren. Das Analysebeispiel (aus Nida 1949) zeigt, wie einige Wortformen des Zoque (einer indigenen Sprache in Mexiko) in Morpheme zerlegt werden können.

	Zoque-Form	Übersetzung
1	*pən*	›Mann‹
2	*pənta'm*	›Männer‹
3	*pənkəsi*	›auf einem Mann‹
4	*pənkotoya*	›für einen Mann‹
5	*pənhi'ŋ*	›mit einem Mann‹
6	*pənkəsita'm*	›auf Männern‹
7	*pənkəsišeh*	›wie auf einem Mann‹
8	*pənšeh*	›mannartig‹
9	*pənšehta'm*	›wie Männer‹
10	*nanah*	›Mutter‹
11	*nanahta'm*	›Mütter‹
12	*nanahkotoya*	›für eine Mutter‹
13	*'unehi'ŋ*	›mit einem Kind‹
14	*'unehi'ŋta'm*	›mit Kindern‹

Es kommen die drei Stämme *pən* ›Mann‹, *nanah* ›Mutter‹ und *'une* ›Kind‹ vor. Ansonsten gibt es nur Suffixe (*ta'm* PLURAL, *kəsi* ›auf‹, *hi'ŋ* ›mit‹, *šeh* ›wie‹, -artig‹, und *kotoya* ›für‹).

tion). Detaillierte Erläuterungen zu solchen phonologischen Prozessen finden sich in Kapitel 2.5.2.

Ein Beispiel für eine ursprünglich durch Assimilation entstandene, heute aber **morphologisch bedingte Allomorphie** ist der germanische **Umlaut**. Ein /a/, /o/ oder /u/ wurde z. B. im Althochdeutschen (Ahd.) durch ein /i/ in der Folgesilbe (also einen nachfolgenden vorderen Vokal) artikulatorisch nach vorne verlagert. Als das /i/ im Mittelhochdeutschen (Mhd.) schwand oder mit [ə] zusammenfiel, entfiel der Grund für diese Assimilation, die Unterscheidung im Stammmorphem wurde jedoch beibehalten und führte zu einer nun morphologisch bedingten Allomorphie. So erhielt z. B. der ahd. Stamm *gast* ein Allomorph *gest-* (z. B. ahd. *gest-i*, mhd. *gest-e* ›Gäste‹), oder der ahd. Stamm *maht-* ein Allomorph *meht-*, das von dem i-haltigen ahd. Wortbildungssuffix *-īg* umgelautet wurde (z. B. ahd. *mahtīg*, mhd. *mehtec* ›mächtig‹). Seit dem Mittelhochdeutschen ist die Umlautallomorphie nur noch an bestimmte morphologische Bedingungen gebunden, wie z. B. Plural in bestimmten Deklinationsmustern (*Mütter*, *Häuser*), Konjunktiv II (*brächte*, *sänge*), Diminutiv (*Mäuschen*, *Häschen*) und Feminina mit *-in* (*Hündin*, *Päpstin*).

Kumulation versus Separation: Eine zweite Ausnahme ist die Kumulation. Für indoeuropäische Sprachen ist es charakteristisch, dass ein grammatisches Morphem oft mehr als nur eine Bedeutung ausdrückt. In der lateinischen Form *manibus* ›mit den Händen‹ steht das Suffix *-ibus* für den Dativ oder Ablativ Plural und kann nicht weiter in Kasus und Numerus zerlegt werden. Der Ausdruck von Kasus und Numerus ist im Morphem *-ibus* **kumuliert**. Beim Glossieren kumulierter Bedeutungen verwenden wir einen Punkt anstelle eines Bindestrichs, also beispielsweise *man-ibus* Hand-PL.DAT. Der Gegenbegriff zu Kumulation ist **Separation**. Im türkischen Beispiel *el-ler-im-i* ›Hand-PL-POSS1SG-ACC > meine Hände‹ sind die Kategorien Numerus (Plural), Possession (erste Person Singular ›mein‹) und Kasus (Akkusativ) je durch unterschiedliche Morpheme ausgedrückt.

Diskontinuität: Während bei der Kumulation ein Morphem mehrere Bedeutungen hat, haben beim **Zirkumfix** zwei Bestandteile zusammen eine Bedeutung, genauer: Das Zirkumfix ist eine Kombination eines Präfixes und eines Suffixes, die zusammen nur eine Bedeutung haben. Ein ziemlich gutes Beispiel ist das Perfektpartizip im Deutschen *gebracht*, *gesungen*. Allerdings ist einzuräumen, dass bei Verben mit unbetonten Präfixen das Suffix ausreicht (*erobert*, *gestaltet*, *gesundet*), egal ob das Präfix ursprünglich von einem Verb oder einem Substantiv oder Adjektiv kommt. Glossieren kann man Zirkumfixe, indem man die Glosse wiederholt: *ge-sung-en* PART-sing-PART.

Bei **Infixen** hat zwar jedes Morphem seine Bedeutung, aber das Infix ist in ein anderes Morphem eingefügt, das dadurch in zwei diskontinuierliche Teile zerfällt. Aus dem Deutschen ist uns dieses Prinzip unbekannt. Infigierung ist aber ein häufiges Phänomen in Sprachen Südostasiens. Im Leti, einer austronesischen Sprache, die auf Leti, einer Maluku-Insel in Indonesien gesprochen wird, wird z. B. die Nominalisierung oft durch Infigierung gebildet. Aus *kakri* ›schreien‹ entsteht durch das Infix *-ni- kniakri* ›das Schreien‹ (Yu 2007: 28). Glossiert werden Infixe mit spitzen Klammern: *p<ni>olu* <NMLZ> rufen, wobei man in der Glosse die spitzen Klammern links oder rechts von der Bedeutung des zerschnittenen Morphems setzt.

Innere Flexion ist ein weiteres Beispiel dafür, dass Morphologie häufig nicht nach kettenbildenden Prinzipien funktioniert. (Innere Flexion wird auch **innerer Wandel**, **Interdigitation** oder **Transfigierung** genannt.) Damit wird ein Prozess bezeichnet, bei welchem ein nicht-morphemisches Segment gegen ein anderes ausgetauscht wird, um einen grammatischen Kontrast zu markieren. Aus den germanischen Sprachen ist zum Beispiel die

---

Zur Vertiefung

Kumulation und Kofferwörter

Affixe, die kumulativ mehr als eine grammatische Bedeutung ausdrücken, nennt man manchmal auch **Portmanteau**-Morpheme. Diese Bezeichnung ist aber irreführend. Portmanteau- oder »Koffer«-wörter ist eigentlich ein anderer Name für Kontaminationen oder **blends** wie *Demokratur* (Demokratie + Diktatur), *Smog* (*smoke* ›Rauch‹ + *fog* ›Nebel‹) oder *Zuvielisation*. Zu ihrem Namen gekommen sind sie, weil Humpty Dumpty Alice hinter den Spiegeln im gleichnamigen Buch von Lewis Carroll gegenüber behauptet, die seltsamen Wörter im Gedicht Jabberwocky seien wie Handkoffer (*portmanteau*), bei denen zwei Bedeutungen in ein Wort gepackt sind. *Blends* sind oft ursprünglich Kunstwörter, die durch ihre überraschende Bildungsweise Aufmerksamkeit und Heiterkeit erzeugen. Auch wenn *blends* häufig in zwei Teile zerlegt werden können, sind die Teile keine Morpheme, weil sie für sich genommen nichts bedeuten. Der Brunch besteht zwar aus *br-* aus *breakfast* ›Frühstück‹ und *-unch* aus *lunch* ›Mittagessen‹, aber weder *br-* noch *-unch* sind im Englischen bedeutungstragende Einheiten. In der Kumulation handelt es sich dagegen um eine viel direktere Verknüpfung zweier Bedeutungen mit einer Form. Kein Laut in lateinisch *-ibus* erinnert speziell an Dativ oder Plural. Kumulationen sind auch keine künstlichen Wortschöpfungen von Wortkünstlern und haben nichts Erheiterndes an sich.

> **Zur Vertiefung**
>
> **Nichtkonkatenative Morphologie**
> Nichtkonkatenative Morphologie ist ein ganz typisches Merkmal von semitischen Sprachen. Die meisten arabischen Wörter lassen sich auf eine Wurzel zurückführen, die in der Regel aus drei Konsonanten besteht, auch Radikale oder **Wurzelkonsonanten** genannt. Diese dreiradikalige Wurzel bringt einen bestimmten Begriffsinhalt zum Ausdruck, z. B. die Wurzel *k-t-b* den Inhalt ›schreiben‹ im weitesten Sinn (Ryding 2005: 46–47):
>
> | | |
> |---|---|
> | *kitaab* | ›Buch‹ |
> | *kataba* | ›er hat geschrieben‹ |
> | *uktub* | ›schreib!‹ |
> | *maktaba* | ›Bibliothek‹ |
> | *taktubu* | ›sie schreibt‹ |
>
> Kurz und vereinfachend gesagt, drücken in einem solchen Fall die Wurzelkonsonanten eine lexikalische und die Vokale eine grammatische (bzw. manchmal auch derivative) Funktion aus.

Vokalalternation zum Ausdruck von Tempus, Aspekt und lexikalischer Klasse bekannt, für die auch der Ausdruck **Ablaut** gebräuchlich ist. Ablaute gibt es z. B. in den eng verwandten germanischen Sprachen Deutsch (*sprechen – sprach – gesprochen*), Englisch (*speak* [iː] – *spoke* [əʊ] – *spoken* [əʊ]) und Niederländisch (*spreken – sprak – gesproken* oder *geven – gaf – gegeven*). Der bereits besprochene **Umlaut** im modernen Deutsch ist ein anderes Beispiel für innere Flexion.

Suppletion ist ein morphologisches Phänomen, bei dem ein Morphem innerhalb eines Paradigmas durch ein gänzlich anderes ersetzt wird. Meist beschränkt man den Begriff auf **Stammsuppletion**, weil Affixsuppletion weniger spektakulär ist und viel häufiger vorkommt. Beispiele für Suppletion schließen die englische Vergangenheitsform *went* für *go* ebenso ein wie das französische Partizip *eu* von *avoir* ›haben‹, das deutsche Flexionsparadigma der Kopula *sein* (*bin, ist, sind*) bzw. die Komparativform *besser* von *gut*. Obwohl Suppletion per Definition unregelmäßig ist, folgt sie doch oft Trends, wenn es darum geht, welche Wörter betroffen sind. Es sind in aller Regel die häufigsten Wörter (bei den Verben u. a. ›sein‹, ›gehen‹ und ›kommen‹).

Unikale Morpheme: Schwierigkeiten anderer Art bereiten die unikalen Morpheme; es handelt sich dabei um Elemente in Komposita, die sonst in der betreffenden Sprache nicht zu finden sind. Besonders verbreitet sind unikale Morpheme bei Beerennamen: **Brom**beere, **Him**beere, engl. **cran**berry.

Das erste Element des Kompositums gibt es nur jeweils in genau dieser Kombination. Entgegen üblichen Komposita-Bestandteilen – um bei den Beeren zu bleiben: *Blaubeere* oder *Stachelbeere* – tragen sie keine erkennbare lexikalische Bedeutung. Es gibt überdies ›unikale Wörter‹, die nur in gewissen Redewendungen vorkommen: *in* **Saus** *und* **Braus** *leben*, engl. *to and fro* ›zu und UNIK › hin und her‹, Türkisch **derpiş** *et-mek* ›UNIK mach-INF › ins Auge fassen‹. Hingegen lassen sich die folgenden englischen Verben romanischen Ursprungs zwar vollständig in sich wiederholende Lautsequenzen zerlegen, aber man kann keine Bedeutungen für die Bestandteile angeben: *receive, perceive, conceive, deceive, reform, perform, conform, deform*. Ähnlich verhält es sich im Deutschen mit *bestehen, entstehen, gestehen* und *verstehen*.

3.2.3 | Morphologische Prozesse, oder der Aufbau von Wörtern

Wenn wir die deutsche Form *aufgebaut* analysieren wollen, können wir sie in Morpheme *auf-ge-bau-t* segmentieren. Dies wird aber dem Umstand, dass wir es mit zwei diskontinuierlichen Einheiten, dem Stamm *aufbau-* und dem Zirkumfix mit grammatischer Funktion *ge-t*, zu tun haben, nicht wirklich gerecht. Eine Alternative zur Segmentierung ist, Wortformen als das Resultat morphologischer Prozesse zu verstehen, die schrittweise zuerst aus der Wurzel den Stamm bilden und dann vom Stamm die Flexionsform. Von der Wurzel *bau-* leiten wir also zuerst durch Präfigierung den Stamm *aufbau-* ab; das ist Derivation. In einem nächsten Schritt bilden wir mit einem anderen morphologischen Prozess das Partizip mit Hilfe des Zirkumfixes *ge-t*. Segmentierung und Aufbau müssen nicht unbedingt als sich ausschließende Modelle verstanden werden. Es handelt sich in einem gewissen Sinn um komplementäre Perspektiven auf dasselbe Phänomen. Der Aufbau von Formen mit morphologischen Prozessen nimmt die Perspektive der Sprachproduktion ein (zu bekannten lexikalischen und grammatischen Bedeutungen wird die passende Form gesucht). Die Segmentierung nimmt dagegen eher die Perspektive des Sprachverstehens ein (zu bekannten Formen werden die passenden Bedeutungen gesucht). Einige morphologische Phänomene lassen sich viel besser aus der Aufbau- als aus der Segmentierungsperspektive verstehen.

Subtraktion: Evidenz für morphologische Prozesse liefern beispielsweise Fälle vom Typ der französischen Adjektive in Tabelle 2. Die femininen Formen sehen wie erweitert aus, ohne dass sich aber ein Morphem für ›feminin‹ abstrahieren ließe. Es sind durchweg verschiedene Konsonanten, in denen sich die Formen unterscheiden:

maskulin	feminin	lexikalische Bedeutung
/o/	/ot/	›hoch‹
/du/	/dus/	›süß, mild‹
/lɛ/	/lɛd/	›hässlich‹
/tu/	/tut/	›ganz‹
/blã/	/blãʃ/	›weiß‹

Tab. 2: Maskuline und feminine französische Adjektive

Naheliegender ist es anzunehmen, dass die feminine Form die grundlegendere ist und die maskuline durch **Subtraktion** des auslautenden Konsonanten von der femininen Form abgeleitet wird. Die Schrift, die im Französischen noch auf eine frühere Sprachstufe hinweist, deutet an, dass diachron ein **Schwund** des Auslautkonsonanten vorliegt (maskulin *haut, doux, laid, tout, blanc*). Dass Subtraktion in den Sprachen der Welt weniger verbreitet ist als das Anfügen von Morphemen, liegt einerseits daran, dass es spezieller historischer Entwicklungen bedarf, um eine solche Morphologie zu entwickeln, andererseits auch daran, dass es beim Zuhören aufwändiger ist, Wurzeln und Stämme zu rekonstruieren, die im Signal nicht vorhanden sind. Für die Sprachproduktion ist Subtraktion jedoch kaum mit mehr kognitivem Aufwand verbunden als Affigierung. Für die Artikulation ist es sogar einfacher, wenn etwas weggelassen werden kann.

Reduplikation: Der Prozess, bei dem der Stamm eines Wortes als Ganzes oder Teile davon wiederholt werden, um einen grammatischen oder derivativen Kontrast zu markieren, wird als Reduplikation bezeichnet. Je nachdem, ob es sich um einen Teil oder das Ganze handelt, spricht man von **partieller** oder **totaler Reduplikation**. Im Indonesischen wird beispielsweise der Plural von Substantiven durch totale Reduplikation gebildet: *orang* ›Mensch‹, *orang-orang* ›Menschen‹, *utan* ›Wald‹, *utan-utan* ›Wälder‹. (Beim Kompositum *orang utan* ›Orang Utan‹ werden entweder nur der Kopf oder beide Wörter zusammen verdoppelt: *orang-orang utan* oder *orang utan-orang utan*.) Partielle Reduplikation spielt im philippinischen Tagalog für den Ausdruck von Aspekt eine wesentliche Rolle. So bildet man den sogenannten »contemplated aspect« von Verben (der u. a. zum Ausdruck des Futurs dient) durch Verdoppelung eines Konsonanten (C) und eines Vokals (V): *pasok* ›eintreten‹, *papasok* ›wird eintreten‹. Die Reduplikation interagiert in der Bildung des imperfektiven Aspekts (der u. a. zum Ausdruck des Präsens dient) mit der Infigierung. Dabei sieht man deutlich, dass es sich bei der Reduplikation um einen Prozess handelt, der vor der Infigierung kommt. Die Form *pumapasok* ›tritt ein‹ entsteht dadurch, dass zuerst *pasok* zu *pa~pasok* redupliziert wird, erst nachher wird das Infix *<um>* vor dem ersten Vokal eingefügt. Beim Glossieren markieren wir die Infigierung mit spitzen Klammern und die Reduplikation mit der Tilde, also:

(5) p<um>a~pasok
    <IPFV> CONTEMP~ kauf
    ›kauft‹

Partielle Reduplikation unterscheidet sich von Präfixen und Suffixen darin, dass nur das CV-Gerüst (manchmal auch die Länge eines Segments) affigiert wird, die konkrete Lautsubstanz kommt dagegen vom Stamm. Eine Form mit einer Reduplikation lässt sich daher nicht einfach in Segmente zerteilen. Die partielle Reduplikation verdeutlicht somit zum einen die Prozesshaftigkeit der Morphologie, zum anderen aber auch die Interaktion zwischen Phonologie und Morphologie.

Mit der Aufbauperspektive sind aber keineswegs alle Probleme gelöst, die sich durch die Schwierigkeit der Aufteilung von Wörtern in Morpheme ergeben.

Fugenelemente in Komposita, wie das *-s-* in *Kindsmutter*, haben zwar eine Form, aber es lässt sich ihnen keine Bedeutung zuordnen. In Determinativkomposita gehen sie wohl ursprünglich auf Genitivmarkierungen zurück, aber es gibt auch Fugenelemente, denen keine Genitivform entspricht, wie *Schwanengesang*. (Das Lexem *Schwan* hat heute gar keine Form *Schwanen*. Dass es sich bei *Schwanen* um eine konstruierte ungrammatische Form handelt, wird durch das vorangestellte Sternchen – auch Asterisk – gekennzeichnet.) Ein spezielles Fugenelement in der Flexion in indoeuropäischen Sprachen ist der sogenannte **Themavokal**, der für bestimmte Konjugations- oder Deklinationsklassen charakteristisch ist, etwa im italienischen Verb in der zweiten Person Plural Präsens *mandate* ›(ihr) schickt‹, *temete* ›(ihr)

3.2 Wörter

Wie werden Wörter gebildet?

Zur Vertiefung

Prosodische Morphologie

Die verschiedenen Varianten der nicht-konkatenativen Morphologie haben meist gemeinsam, dass sie stark mit der Phonologie interagieren. Diesen Umstand macht sich die **prosodische Morphologie** zunutze, die annimmt, dass die Lautstruktur von Wörtern in verschiedene Schichten (engl. *tiers*) gegliedert ist (s. dazu Kap. 2.5.3). Für semitische Wortformen kann man z. B. eine Wurzelschicht mit den Konsonanten, eine Skelettschicht mit der CV-Struktur und eine »Melodie«-Schicht mit Vokalen annehmen, mit der sich der interne Wandel gut beschreiben lässt:

Wurzelschicht:	k		t		b	
	|		⌐¬		|	
Skelettschicht:	C	V	C	C V	C	V
			⌐ - - - - - - - - ¬			
Vokalmelodieschicht:		a				

Arabisch kattaba ›schreiben lassen‹

Die gestrichelten Linien zeigen, wo die Konsonanten und Vokale ins Skelett eingefügt werden. Reduplikation und verwandte Phänomene wie Gemination (Verdoppelung eines Lautes) entstehen dadurch, dass ein Laut an zwei (oder drei) verschiedenen Stellen eingefügt wird. Die autosegmentale Phonologie (s. Kap. 2.5.4) dient als Basis für die prosodische Morphologie nach McCarthy (1981). Anschaulich dargestellt ist die prosodische Morphologie in Katamba (1993: 154–202). Ein wichtiges Argument im Rahmen dieses Ansatzes, gerade für die Behandlung der Reduplikation, ist die **Unterspezifikation** (s. Kap. 2.6.1). Nach Broselow/McCarthy (1983: 25) ist nämlich Reduplikation ein Spezialfall gewöhnlicher Affigierung, bei der die Affixe unterspezifiziert sind; Reduplikationsaffixe haben nur eine Skelett-(CV-)Struktur. Bei der Bildung der Formen müssen deshalb benachbarte Segmente in die CV-Struktur kopiert werden. Prosodische Morphologie ist ein Beispiel für einen vorwiegend prozessorientierten Zugang zur Morphologie, bei dem Morpheme eine untergeordnete Rolle spielen.

fürchtet‹, *dormite* ›(ihr) schlaft‹. Der Themavokal trägt keine Bedeutung, also kann er streng genommen kein Morphem sein. Er ist aber auch nicht einfach ein Teil des Stammes, weil er nicht in allen Formen vorkommt.

3.2.4 | Paradigmen, oder die Konstellation von Wörtern

Ein in der europäischen griechisch-lateinischen Grammatiktradition seit alters verbreiteter morphologischer Beschreibungsansatz ist das Paradigma. Wir haben es weiter oben definiert als eine systematische Auflistung der Formen eines Lexems, die als Muster für andere Lexeme verwendet werden kann. In vielen Sprachen reichen auf diese Weise meist einige wenige Lexeme als Modelle für die Beschreibung der allermeisten anderen Lexeme aus. Paradigmen ermöglichen daher eine kondensierte **Gesamtschau des Formenbestandes** einer Sprache. Und sie tun dies, ohne dass man sich um die Zerlegung oder den Aufbau von Formen besonders zu kümmern braucht.

Oben haben wir ein Beispiel der deutschen Konjugation betrachtet. Wenden wir uns hier nun der Deklination in einer anderen indoeuropäischen Sprache, dem Lettischen, zu. Im Lettischen gibt es vier produktive nominale Deklinationsklassen, die sich mit vier durchdeklinierten Wörtern fast vollständig darstellen lassen. Produktiv heißt, dass neue Wörter noch in die Klassen aufgenommen werden können. Dies ist in Tabelle 3 anhand von vier Lehnwörtern illustriert, deren Bedeutung sich leicht erraten lässt. Die meisten Substantive der Klassen 1 und 3 sind maskulin, die meisten in den Klassen 2 und 4 feminin. Die Kasus-Numerus-Formen haben nicht nur in jedem Paradigma charakteristische Endungen, sondern manchmal auch Konsonantenalternationen. So zeigt der Genitiv Plural in Klasse 4, ebenso der ganze Plural und der Genitiv Singular in Klasse 3 einen Konsonantenwechsel (z. B. *l* zu palatalem *ļ*; *t* zu *š*).

Vorteile von Paradigmen: Für Paradigmen spricht zunächst, dass sie den Formenbestand einer Wortart – hier das Substantiv im Lettischen – in einem einfachen Raster durchstrukturieren. Die einzelne Form wird in einen größeren Zusammenhang gestellt und als eine Zelle in einem System verstanden. Die Frage, ob die Form in Morpheme zerlegt oder mit morphologischen Prozessen aufgebaut werden kann, rückt in den Hintergrund, weshalb sich der paradigmatische Ansatz auch besonders gut für unregelmäßige Formen eignet, die eine regelmäßige Funktion im morphologischen System einer Sprache erfüllen.

Nachteile von Paradigmen: Was spricht nun gegen Paradigmen?

Erstens sind sie nicht immer ökonomisch. Kategorien mit mehr Variation (wie der Nominativ Singular mit vier verschiedenen Endungen *-s/a/is/e* im lettischen Beispiel) werden gleich behandelt wie Kategorien mit weniger Variation (der Genitiv Plural mit einer Endung *-u*). Allerdings kann gerade das am besten festgestellt werden, wenn man die Formen in einem Raster zusammengestellt hat.

Zweitens eignen sich Paradigmen mit vollständiger Auflistung aller Formen nur für Sprachen mit mittlerem **Synthesegrad**, d. h. mit keiner allzu großen Anzahl von Morphemen pro Wort. Nicht unty-

Klasse	1	2	3	4
	›Apfelsine‹	›Pizza‹	›Kartoffel‹	›Rote Bete‹
	Singular			
Nominativ	apelsīns	pica	kartupelis	biete
Genitiv	apelsīna	picas	kartupeļa	bietes
Dativ	apelsīnam	picai	kartupelim	bietei
Akkusativ	apelsīnu	picu	kartupeli	bieti
Lokativ	apelsīnā	picā	kartupelī	bietē
	Plural			
Nominativ	apelsīni	picas	kartupeļi	bietes
Genitiv	apelsīnu	picu	kartupeļu	biešu
Dativ	apelsīniem	picām	kartupeļiem	bietēm
Akkusativ	apelsīnus	picas	kartupeļus	bietes
Lokativ	apelsīnos	picās	kartupeļos	bietēs

Tab. 3:
Die produktive lettische Nominalflexion (Deklination) dargestellt an vier Paradigmen

pischerweise sind sie gerade für die Beschreibung indoeuropäischer Sprachen beliebt. Im Lettischen mit 2 Numeri und 5 Kasus kommen wir noch gut zurecht. Aber schon das finnische Substantiv mit – je nach Zählung – mindestens 12 Kasus, 2 Numeri und 5 Possessivsuffixen plus nicht-possessiven Formen (= 12·2·[5 + 1] = 144 potentielle Formen, wobei manche systematisch zusammenfallen) ist eine größere Herausforderung. Besonders bei Verben können Paradigmen sehr umfangreich werden. Man kann sich aber oft gut damit behelfen, dass man nur Teile von Paradigmen aufstellt.

Drittens gibt es immer wieder Kategorien, die sich schlecht Paradigmen zuordnen lassen. So hat das Lettische neben den fünf paradigmatischen Kasus noch einen speziellen Vokativ (Kasus für die Anrede), den es nur bei manchen Substantiven gibt: *kungs* ›Herr‹, *bērns* ›Sohn‹, *tēvs* ›Vater‹ und *zēns* ›Junge‹ gehören alle zur Klasse 1, aber bei der Anrede sagt man meist *tēv!* und *zēn!* mit Vokativform, aber *kungs!*, *bērns!* mit Nominativform. Manche Formen richten sich eher nach dem grammatischen Genus als nach dem Paradigma. So ist lettisch *puika* ›Junge‹ maskulin, obwohl es zur Klasse 2 gehört, und bildet deshalb den Dativ Singular *puikam*, nicht *puikai*, weil im Dativ Singular *-am* immer eine maskuline und *-ai* immer eine feminine Endung ist. Aber auch für die Feststellung dieser Abweichungen ist es vorteilhaft, wenn man zunächst einmal den rasterhaften Teil des morphologischen Systems zusammenstellt.

Synkretismus: Paradigmen haben auf jeden Fall einen heuristischen Vorteil. Viele morphologische Unregelmäßigkeiten fallen nur dann auf, wenn man eine Gesamtschau aller Formen anstrebt. Paradigmen können auf sehr unterschiedliche Weise unvollständig sein, und verschiedene Arten von Flexionsanomalien sind oft alles andere als zufällige Ausnahmen. Das bekannteste Beispiel ist der sogenannte **Synkretismus**. Darunter versteht man den **formalen Zusammenfall** in Flexionsparadigmen, also die Tatsache, dass es weniger verschiedene Formen als Zellen gibt. In der lettischen Klasse 1 sind z. B. Akkusativ Singular und Genitiv Plural synkretisch. Dies sind Beispiele für unsystematischen Synkretismus. Ein Beispiel für systematischen Synkretismus haben wir bereits in Tabelle 1 bei der Diskussion der standarddeutschen Konjugation kennengelernt, ohne das Phänomen so benannt zu haben: Die erste Person Plural und die dritte Person Plural haben immer dieselbe Endung (*wir/sie sind, waren, haben, hatten* etc.). Synkretismus reduziert die Anzahl der Formen, die man sich merken muss. Gleichzeitig erschwert er aber eine einfache Zuordnung von Formen zu den grammatischen Kategorien, die sie bezeichnen.

Paradigmenhafte Beschreibung ist immer dann sinnvoll, wenn die **funktionalen Kategorien** regelhafter sind als die Formen, die sie repräsentieren. Daraus ergibt sich, dass Paradigmen besonders nützlich bei der Beschreibung der Flexion sind. Flexionskategorien wie Kasus, Numerus und Person bilden kohärentere Raster als Wortbildungskategorien. Aber man kann nicht nur die Flexion aus einer paradigmatischen Perspektive betrachten, sondern teilweise auch die Wortbil-

3.2 Wörter

Wie werden Wörter gebildet?

> **Zur Vertiefung**
>
> **Anomalien im Flexionsparadigma**
>
> Neben dem Synkretismus gibt es noch zahlreiche weitere Beispiele für Anomalien in Flexionsparadigmen. Eines davon ist **Heteroklise** (Stump 2006), die Mischung von Flexionsklassen: Manche Formen gehören zum einen Paradigma, manche andere zu einem anderen. Das lettische Wort *suns* ›Hund‹ gehört im Nominativ Singular zur Klasse 1, in allen anderen Kasus-Numerus-Formen zur Klasse 3 (*suņa, sunim, suni* etc.). Ein zweites ist **Defektivität**: Es gibt Formen nur für einen Teil des Paradigmas. Das deutsche Wort *hieb* (*er hieb auf ihn ein*) gibt es nur im Präteritum, es gibt dazu keinen Infinitiv und kein Präsens. Vom lateinischen Wort *aio* ›ich sage‹ gibt es nur einzelne Formen im Präsens, Imperfekt und Perfekt, aber z. B. keinen Infinitiv. Systematische Defektivität ist häufig beim Numerus bei den sogenannten Pluralia tantum oder Singularia tantum: Wörter, die nur im Plural oder nur im Singular vorkommen (lat. *tantum* ›nur‹). Im Deutschen gibt es weniger Pluralia tantum (z. B. *Masern, Windpocken, Ferien*) als in den meisten anderen europäischen Sprachen.
>
> Manche Zellen in Paradigmen haben nur **periphrastische** Entsprechungen, das heißt solche, die aus mehreren Wörtern bestehen. Das bekannteste Beispiel hierfür ist das lateinische Perfekt Passiv: *factus est* ›es ist gemacht worden‹ ist mit dem Perfektpartizip und den Präsensformen des Verbs für ›sein‹ umschrieben, obwohl es für das aktive Perfekt und das passive Präsens Einwortformen gibt. Eine weitere Anomalie in Paradigmen bilden Formen, die zu einer anderen grammatischen Kategorie gehören, als ihre Form anzeigt. Die Bezeichnung dafür lautet **Deponentien** (Baerman et al. 2007). Der Begriff wurde ursprünglich nur für lateinische Passivformen mit aktiver Bedeutung verwendet (z. B. *arbitror* ›ich glaube/meine‹), das Phänomen ist aber viel ausgedehnter. Altenglisch *wāt* ›ich weiß, er/sie weiß‹, *witon* ›wir wissen‹ funktioniert wie das Präteritum *drāf* ›ich/er trieb‹, *drifon* ›wir trieben‹. Im Deutschen kann man *weiß* und den Modalverben *darf, kann, mag, will* etc. an ihrem für das Präteritum typischen Synkretismus von erster und dritter Person Singular noch ansehen, dass sie eigentlich aus dem Präteritum kommen. Diese Verben waren wohl einmal defektiv, bevor ein neues schwaches Präteritum hinzugebildet wurde (*wusste, durfte* etc.).

Das Länderbeispiel zeigt aber auch erneut die Grenzen von Paradigmen auf. Es ist zwar sinnvoll, ein Raster von Formen aufzustellen, aber viele Reihen stehen nur für sich selbst und können nicht als Muster für andere Länder und Einwohner betrachtet werden.

3.2.5 | Zwischen Wort und Satz

Bisher haben wir angenommen, dass der Zuständigkeitsbereich der Morphologie klar abgesteckt ist. Morphologie ist für bedeutungtragende Einheiten im Wort, Syntax für alles außerhalb des Wortes zuständig. Aber lassen sich Wörter immer einfach von wortinternen Morphemen abgrenzen? Betrachten wir dazu die Elemente *mi* ›mir‹ und *je* ›ist‹ im Serbisch-Kroatisch-Bosnischen in (6):

Klitika: Anstelle von (6) kann man auch sagen *Taj mi je pesnik napisao knjigu*. Was nicht geht, ist aber *Mi je napisao, außerdem darf *mi* nicht alleine vorkommen, und es ist immer unbetont. Wenn man ›mir‹ alleine oder am Anfang des Satzes verwenden will, muss man das betonte *mèni* verwenden: *Meni je napisao*. Auch *je* ›ist‹ ist unbetont und kann nicht alleine verwendet werden; dafür gibt es das betonte *jèst*. *Mi* und *je* sind sogenannte **Klitika** (Singular: Klitikon, von griech. *klínein* ›anlehnen‹). Klitika sind unbetont, und sie können nicht alleine stehen, sondern bedürfen eines Stützwortes (engl. *host*), an das sie sich ›anlehnen‹ können. Klitika hinter Stützwörtern heißen **Enklitika**, solche vor Stützwörtern **Proklitika**. Klitika verhalten sich prosodisch ähnlich wie Morpheme, sind aber syntaktisch unabhängiger von einem Wort als gebundene Morpheme. Viele Klitika, wie *mi* und *je* im Serbisch-Kroatisch-Bosnischen, sind Zweitpositionsklitika, sie lehnen sich an das erste Wort (*taj*) oder an die erste Phrase (*taj pesnik*) an. Die Zweitposition wird auch **Wackernagelposition** genannt, nach dem Basler Linguisten Jakob Wackernagel, der sie beschrieben hat. Manchmal schreibt man Klitika wie Wörter getrennt, manchmal werden sie wie Morpheme zusammengeschrieben, wie der bestimmte Artikel im Bulgarischen, der ebenfalls in der zweiten Position vorkommt: *vsičkite mi prijateli* ›alle meine Freunde‹, *prijatelite* ›die Freunde‹. Um Klitika in Glossen von Morphemen und Wörtern unterscheiden zu können, verwendet man das Gleichheitszeichen, also *prijatel-i=te* ›Freund-PL=DEF:PL‹.

dung. Länder, deren Einwohner und die zugehörigen Adjektive verhalten sich beispielsweise semantisch regelmäßig, aber formal unregelmäßig, die Ableitungsrichtung ist unklar und die Formen sind manchmal schwer in Morpheme zu zerlegen.

Tab. 4: Paradigmatische Darstellung der Bezeichnungen von Ländern, ihrer männlichen Bewohner und dem herkunftsbezeichnenden Adjektiv

Ländername	männlicher Bewohner im Nom. Sg.	Adjektiv der geografischen Herkunft
England	Engländer	englisch
Estland	Este	estnisch
Israel	Israeli	israelisch
Monaco	Monegasse	monegassisch
Russland	Russe	russisch
Sachsen	Sachse	sächsisch
Spanien	Spanier	spanisch

(6) Taj   pesnik   mi   je   napisao   knjigu.
    jener   Dichter   1SG.DAT   sein:PRS.3SG PV:schreib:PST:SG:M Buch:ACC
    ›Dieser Dichter hat mir ein Buch geschrieben.‹ (Spencer 1991)

(7) Bukiyip (Torricelli, Kombio-Arapesh; Conrad/Wogiga 1991: 185)
    ... o   apak   *buwul   nubat*,   m-a-kli   orait
    und   wir   Schwein   Hund   1PL-REAL-sagen   OK
    ... und wir ›gewöhnliche Leute‹, wir sagten OK ...

Komposita: Der zweite Bereich neben den Klitika, der systematisch zwischen Wort und Phrase angesiedelt ist, sind die Komposita (dazu gehört im weiteren Sinn gleichfalls die oben behandelte totale Reduplikation). Dies zeigt schon die jedenfalls im englischen Sprachraum verbreitete Definition von ›Kompositum‹ als Konkatenation von Wörtern zur Bildung anderer Wörter (Spencer 1991: 309) bzw. Kombination von (zwei oder mehr) existierenden Wörtern zu einem neuen Wort (Anderson 1992: 292). Phrasen bestehen nämlich genauso aus Wörtern.

Komposita sind eine sehr vielgestaltige Form der Wortbildung. Sie können nicht nur aus Wörtern bestehen, sondern beinhalten manchmal ganze Sätze, z. B. *Vergissmeinnicht* oder *Dieses »Kein-Schwein-ruft-mich-an-Gefühl« kenne ich als Single nur zu gut*. Manche Komposita wie *Vergissmeinnicht* sind konventionell, sie sind daher erwartungsgemäß in Wörterbüchern verzeichnet. Im Deutschen sind Komposita aber auch ein sehr produktives Muster, d. h. man kann ständig neue Komposita bilden. Oft macht man eine Unterscheidung zwischen sog. **endozentrischen** und **exozentrischen Komposita**, je nachdem ob der Kopf (das ›Wortzentrum‹) im Kompositum enthalten ist (*endo-* ›innen‹) oder nicht (*exo-* ›außen‹). Ein *Kein-Schwein-ruft-mich-an-Gefühl* ist ein Gefühl, es handelt sich also um ein endozentrisches Kompositum. Ein *Vergissmeinnicht* ist weder ein *Vergiss* noch ein *Mich* noch ein *Nicht*, sondern eine Blume, und daher exozentrisch. Weitere Beispiele sind *Rotkehlchen* (exozentrisch: hat zwar ein Kehlchen, ist aber keines) und *Singdrossel* (endozentrisch: ist eine Drossel).

Das Deutsche ist zwar bekannt für seinen Reichtum an Komposita, dennoch gibt es auch Kompositionsmuster, die im Deutschen nicht vorkommen. Im Tok Pisin, der englisch-basierten Kreolsprache in Papua Neu Guinea, gibt es ebenso wie in vielen anderen Sprachen Neu Guineas und Asiens sogenannte **Ko-Komposita**, bei denen die Teile des Kompositums einen semantisch übergeordneten, allgemeineren Begriff bezeichnen, z. B. *papa-mama* ›Vater-Mutter > Eltern‹, *brata-susa* ›Bruder-Schwester > Geschwister‹), *han-lek* ›Hand-Fuß > Gliedmaßen‹ oder *su-soken* ›Schuh-Socken > Fußbekleidung‹ (Mühlhäusler 1979: 377; Wälchli 2005). Im Bukiyip, einer Sprache in Neu Guinea, gibt es ein Kompositum *buwul nubat* ›Schwein Hund‹ mit der Bedeutung ›Haustiere‹ (Hund und Schwein sind die wichtigsten Haustiere in Neu Guinea), nicht etwa ›Schweinehund‹. Ebenso wie *Schweinehund* wird es aber auch in übertragener Bedeutung verwendet, wie oben in Beispiel (7) für ›gewöhnliche Leute‹.

Das Deutsche hat zwar auch Komposita, in denen die Teile in einer koordinativen (›und‹) Verbindung stehen, aber diese bezeichnen spezifischere Konzepte als ihre Teile, nicht allgemeinere: *blaugrün* ist ein Farbton zwischen blau und grün, nicht allgemein eine ›kalte dunkle Farbe‹. Ebenso ist *Nordost* eine spezifischere Himmelsrichtung als *Nord* und *Ost*, nicht eine allgemeinere. Man unterscheidet im Deutschen zwischen **Determinativkomposita** (ein Teil bestimmt den andern näher) und **Kopulativkomposita** (die Teile stehen in einer koordinativen Relation zueinander), aber in beiden Fällen bezeichnet das Ganze meist ein spezifischeres Konzept als die Teile. Bei den Kopulativkomposita ist übrigens nicht so ganz klar, ob sie endozentrisch oder exozentrisch sind.

Weiter kann man sich bei Determinativkomposita dafür interessieren, ob der Kopf am Anfang oder am Ende steht. Im Deutschen steht der Kopf am Ende, im Indonesischen aber – man erinnere sich an das oben bei der Reduplikation behandelte *orang utan*, wörtlich ›Mensch Wald‹, also ›Waldmensch‹ – am Anfang. (Orang-Utans sind eine Art Menschen, nicht eine Art Wald, das Kompositum ist also endozentrisch.) Ein weiteres Beispiel ist *mata hari* ›Auge Tag > Sonne‹. Die indonesischen Komposita lassen sich nach rein formalen Kriterien nur sehr schwer von Phrasen unterscheiden. Adnominale Possession (die ›Genitivkonstruktion‹) bildet man nämlich genau gleich, durch die bloße **Juxtaposition** (Aneinanderreihung) von Possessum und Possessor (*mata orang* ›das Auge eines Mannes‹).

3.2 Wörter

Wie werden Wörter gebildet?

Inkorporation: Die traditionelle linguistische Kompositionslehre ist auf Substantive ausgerichtet, auch wenn das nicht ganz ausschließlich gilt; so ist es allgemein üblich, auch bei Bildungen wie *rosarot*, *affengeil* oder sogar *unterwegs* oder *darüber* von Komposition zu sprechen. Bei komplexen Verben spricht man aber meist nicht von Komposita, besonders nicht, wenn die Verben den Kopf bilden. Wenn Substantive mit Verben zusammengesetzt werden, spricht man hingegen meist von **Inkorporation**. Betrachten wir folgende zwei Beispiele aus dem Tschuktschi, einer Sprache, die im Fernen Osten Russlands noch von etwa 10 000 Menschen gesprochen wird. In (8a) erscheint das Objekt ganz normal als Wort nach dem Verb, in (8b) ist das Messer jedoch ins Verb inkorporiert.

(8) Inkorporation im Tschuktschi (Spencer 1991: 255)
    (a) Morgənan   mət-re-mne-ŋənet   walat.
         wir[ERG]   1PL.SBJ-FUT-schärf-3PL.OBJ   Messer[ABS]
         ›Wir werden die Messer schärfen.‹

    (b) Muri   mət-ra-wala-nma-gʔa
         wir[ABS]   1PL.SBJ-FUT-Messer-schärf-1PL.SBJ
         ›Wir werden Messer schärfen.‹

Inkorporation assoziiert man meist mit weit entfernten Sprachen, es gibt sie jedoch auch im Germanischen, besonders im Friesischen. Parallel zu den Tschuktschi-Sätzen bildet das Westfriesische (in den Niederlanden) die folgenden Sätze:

(9) Inkorporation im Friesischen (Dijk 1997: 3)
    (a) Wy   wolle   de   messen   slypje.
         wir   wollen   die   Messer:PL   schleifen
         ›Wir wollen die Messer schleifen.‹

    (b) Wy   wolle   messelypje.
         wir   wollen   Messerschleifen
         ›Wir wollen Messer schleifen.‹

Hierbei ist *messe* eine Form, die es nur in der Inkorporation gibt (Singular *mes*, Plural *messen*). Inkorporation ist nicht einfach zufällig verteilt, sondern die (b)-Sätze im Tschukschi und im Friesischen haben eine andere Funktion. Mit dem Verlust von Unabhängigkeit in der Form geht ein Verlust in der Unabhängigkeit in der Bedeutung einher. In den (b)-Beispielen ist ›Messer‹ nicht referenziell. Das Messerschleifen kann somit als spezifische Tätigkeit konzeptualisiert werden, die nicht auf ein bestimmtes Objekt Bezug nimmt.

Im nordfriesischen Dialekt von Fering (Föhring) ist die Inkorporation noch verbreiteter. Bei der mit *uunt* »auf es« gebildeten Progressivform wird das Objekt generell inkorporiert: *Hat as uunt anhenrupin* ›sie ist dabei, die Enten zu rufen‹. Der Progressiv ist ein Aspekt, der den Handlungsverlauf in seiner andauernden Entwicklung in den Vordergrund stellt, es gibt ihn z. B. auch im Englischen (*She is calling the ducks*). Im Progressiv ist die Tätigkeit generell atelisch (wird nicht abgeschlossen), wodurch Substantiv und Verb gewissermaßen zu einem Begriff (einer typischen Tätigkeit) verschmelzen (Ebert 1989).

Übrigens ist das Friesische hier gar nicht so weit vom Deutschen entfernt. Man findet sowohl die Zusammenschreibung als auch die Getrenntschreibung (z. B. *Der linke Flügel dürfte schon fleißig am Messerschleifen sein. Ich bin schon am Messer schleifen*). Macht man die Messer definit, verschwindet der Inkorporierungseffekt jedoch schon durch die andere Wortstellung: *Ich bin die Messer am Schleifen*.

Eine wichtige Rolle bei der Inkorporation in den germanischen Sprachen spielt die **Nominalisierung**. Je mehr das Verb zu einem Substantiv wird (und der Infinitiv in der Progressivkonstruktion ist auf halbem Weg dazu), desto leichter geht es. Im

---

> **Zur Vertiefung**
>
> **Ergativsprachen**
> Weil Tschuktschi eine sogenannte Ergativsprache ist, hat die Inkorporation in (8b) weitreichende Konsequenzen. **Ergativ** ist ein Kasus, der das transitive Subjekt in transitiven Sätzen, nicht aber in intransitiven Sätzen markiert. Ein transitiver Satz ist einer, der ein direktes Objekt hat. Durch die Inkorporation verschwindet das direkte Objekt aus der Konstruktion, der Satz wird also intransitiv. Das Subjekt steht nun in (8b) nicht mehr im Ergativ, sondern im Absolutiv. Im **Absolutiv** stehen das intransitive Subjekt und das transitive Objekt (ein direktes Objekt kann per Definition nie intransitiv sein). Der Absolutiv fasst also zwei Rollen zusammen, genauso wie der Nominativ in Nominativ-Akkusativ-Sprachen wie dem Deutschen zwei Rollen zusammenfasst (intransitives und transitives Subjekt), nur einfach zwei andere. Nominativ-Akkusativ und Ergativ-Absolutiv sind in der Abbildung schematisch zusammengefasst, wobei für die drei Rollen die Abkürzungen S (intransitives Subjekt), A (transitives Subjekt) und P (Objekt) Verwendung finden. Inkorporation kann also weitreichende syntaktische Konsequenzen haben und hat trotzdem mit der wortinternen Struktur zu tun. Die Sprachforscher sind sich daher nicht einig, ob Inkorporation eher der Morphologie (Mithun 1984) oder eher der Syntax (Baker 1996) zuzuordnen ist.
>
>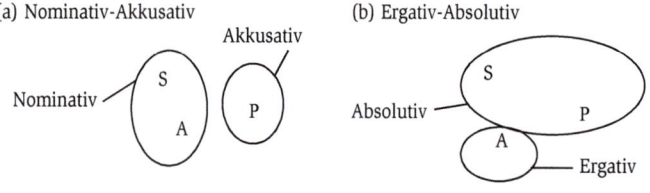

Tschuktschi braucht es dagegen keine Nominalisierung als Bedingung für Inkorporation.

Die konzeptuelle Verschmelzung spielt nicht nur bei der Inkorporation eine Rolle, sondern bei der Komposition ganz allgemein. So hat das Deutsche zwar kaum Ko-Komposita im engeren Sinn, aber die »bloßen Binomiale« – Koordination von Substantiven ohne Artikel, der ohne Koordination eigentlich obligatorisch wäre – wie *Bruder und Schwester* und *Pfeil und Bogen* sind auf dem Weg dazu (Lambrecht 1984). Bloße Binomiale im Deutschen und Ko-Komposita in vielen Sprachen Asiens und Neu Guineas (s. o.) werden besonders zum Ausdruck natürlicher Koordination verwendet (im Gegensatz zu akzidentieller Koordination: *der Pfeil und der Adler*; vgl. Wälchli 2005).

Gruppenflexion: Allerdings stellt sich die Frage, ob das grammatische Wort für sich genommen überhaupt eine Einheit ist. In vielen Sprachen können in einzelnen Konstruktionen Morpheme an Phrasen antreten; man nennt dies Gruppenflexion. Das türkische Pluralsuffix *-ler* in (10), das mit *hürriyet* harmoniert (zur Vokalharmonie s. Kap. 2.5.2), bezieht sich nicht nur auf die ›Freiheiten‹, sondern auch auf die ›Rechte‹; es tritt also, genau wie das Genitivsuffix *-in*, syntaktisch an die ganze lange in (10) mit Klammern bezeichnete Nominalphrase an, obwohl [hürriyetle'rin] ein einziges phonologisches Wort ist.

Für die Gruppenflexion in der Koordination spielt natürlich eine Rolle, dass ›Rechte und Freiheiten‹ ein Beispiel für natürliche Koordination ist. Im Schwedischen, wo beide Wörter das Suffix *-het* ›-heit‹ haben, kommt dies dadurch zum Ausdruck, dass man in der Koordination abkürzt: *fri- och rättigheter*. Man würde dagegen kaum sagen *dum- och friheter* ›Dumm- und Freiheiten‹; hier ist es wegen der größeren konzeptuellen Distanz angezeigt, das Suffix zu wiederholen: *dumheter och friheter*. Bei *fri- och rättigheter* ist die im Vergleich zum Deutschen umgekehrte Reihenfolge fast zwingend, wahrscheinlich wegen einer universellen Präferenz für ›kurz‹ vor ›lang‹. Diese Präferenz hat uns übrigens im Deutschen die ›unlogische‹ Reihenfolge bei den Zahlwortkomposita *einundzwanzig* statt *zwanzigundeins* beschert.

> **Zur Vertiefung**
>
> **Phonologisches Wort**
>
> Die prosodischen Domänen (Nespor/Vogel 1986/2007) und ihre hierarchische Stufung wurden bereits in Kapitel 2.5.3 eingeführt:
>
> Silbe (σ) < Fuß (Σ) < phonologisches Wort (ω) < klitische Gruppe (C) < phonologische Phrase (φ) < Intonationsphrase (I) < phonologische Äußerung (U)
>
> Anhand von Klitika soll die Differenzierung des Wortbegriffs verdeutlicht werden. In ihrem prosodischen Verhalten sind Klitika häufig klar als spezifische Einheiten erkennbar, die sich von Morphemen und Wörtern unterscheiden. Die enklitischen Pronomina, die sich an den Imperativ im Italienischen anschließen können, gehören z. B. nicht zum phonologischen Wort, was etwa daran erkennbar ist, dass sie die Wortbetonung nicht nach hinten ziehen. Im italienischen phonologischen Wort kann nur eine der letzten drei Silben betont sein. In *disegna = me = lo* ›zeichn:IPFV2SG = mir = es‹ ›zeichne es mir‹ ist aber die zweite Silbe ['se], also die viertletzte betont. Die letzten beiden – klitischen – Silben zählen offenbar nicht mit. Die italienischen pronominalen Klitika sind aber gleichzeitig untypischer als die im Serbisch-Kroatisch-Bosnischen, weil sie in ihrem Vorkommen mehr als diese von bestimmten Stützworten abhängig sind: Beim Imperativ (wie oben) und Infinitiv (*puoi disegnar = me = lo* ›du kannst es mir zeichnen‹) sind sie enklitisch, im Indikativ proklitisch (*me lo disegna* ›er/sie zeichnet es mir‹), und sie können sich nur an Verbformen anlehnen, auf die sie sich beziehen; das ist eigentlich ein typisches Verhalten von Affixen.
>
> Das italienische Beispiel zeigt, dass man zwei getrennte prosodische Domänen braucht – phonologisches Wort und klitische Gruppe. Andererseits stimmen aber prosodisches Wort und grammatisches Wort oft nicht miteinander überein; sie werden dann als »nicht-isomorph« bezeichnet (Nespor/Vogel 1986/2007). Im Türkischen ist zum Beispiel die letzte Silbe im phonologischen Wort betont, die Vokalharmonie wirkt dagegen in der klitischen Gruppe. Ein Klitikon im Türkischen ist die Fragepartikel *mi/mı/mu/mü*, deren Vokal mit dem vorhergehenden Wort harmoniert. In ›dün mü? ›gestern?‹ und *bu haf'ta mı?* ›diese Woche?‹ harmoniert das Fragesuffix mit dem Vokal der vorausgehenden Silbe in Bezug auf die Merkmale rund und vorn/hinten, der Akzent liegt jedoch auf der vorletzten Silbe. Die Vokalharmonie wirkt nicht in einem Kompositum wie *bu-gün* ›dies-Tag > heute‹. Entsprechend ergibt sich für die prosodische Analyse [bu]$_\omega$ [[gün]$_\omega$ [mü]$_\omega$]$_C$ für *bugün mü?* ›heute?‹. Die fehlende Vokalharmonie bei den türkischen Komposita (ebenso wie bei den ungarischen Beispielen in Kapitel 2.5.3) deutet klar darauf hin, dass Komposita im Türkischen zwar grammatische Wörter, aber keine phonologischen Wörter sind. Das kann aber von Sprache zu Sprache verschieden sein. In (8b) im Tschuktschi passt sich der Verbstamm in seiner Vokalharmonie an das inkorporierte Nomen an. In dieser Sprache scheint die Inkorporation demnach innerhalb des phonologischen Wortes stattzufinden.

(10) Türkisch (Allgemeine Menschenrechtserklärung, Artikel 28, http://www.ohchr.org/EN/UDHR/Pages/Language.aspx?LangID = trk)
[işbu   Beyanname-de   derpiş   edilen   hak   ve   hürriyet]-ler-in   tam   tatbik
vorliegend   Erklärung-LOC   UNIK   gemacht   Recht   und   Freiheit-PL-GEN   genau   Anwendung
›volle Verwirklichung der in dieser Erklärung verkündeten Rechte und Freiheiten‹

3.2.6 | Lexikon und Wortbildung

Lexikon: Man könnte zunächst annehmen, das Lexikon sei einfach die Gesamtheit aller Lexeme. Aber so einfach machen es sich die Linguist/innen nicht. Es besteht nämlich sehr große Uneinigkeit über die Natur des Lexikons, weshalb eine allgemein gültige Definition schwierig ist. Nehmen wir zunächst zwei Extrempositionen:

Für DiSciullo/Williams (1987: 3) ist das Lexikon einfach eine langweilige Liste aus allen nicht weiter zerlegbaren Einheiten (**Listeme**), die gerade deshalb im Lexikon sind, weil unter ihnen keinerlei interessante Beziehungen bestehen (und nur deshalb müssen sie aufgelistet werden). Das sind nicht nur Wörter, sondern auch feste Ausdrücke und Idiome wie *die Olympischen Spiele* und *an die große Glocke hängen*. Diese in der formalen Linguistik verbreitete Auffassung geht letztlich in ihrem Kern auf Leonard Bloomfield zurück, für den das Lexikon ein Anhang zur Grammatik ist, bestehend aus all den Unregelmäßigkeiten, die die allgemeinen Regeln der Grammatik nicht erfassen können (Bloomfield 1933: 196).

Nach Talmy (2000) dagegen gibt es **Lexikalisierungsmuster**, nach denen Sprachen ihr Lexikon systematisch durchorganisiert haben. So lexikalisiert etwa das Spanische im Bereich der Bewegungsverben die Bedeutungskomponente ›**Pfad**‹ (die Wegstrecke, die durchschritten wird) im Verbstamm, und zwar nicht nur bei einem Verb, sondern systematisch: *entrar* ›hineingehen‹, *hereinkommen*‹, *salir* ›hinausgehen‹, *bajar* ›heruntergehen‹, *subir* ›hinaufgehen‹, *cruzar* ›hindurchgehen‹. Im Deutschen steckt die Pfadkomponente hingegen im trennbaren Präfix oder in der Präposition, und die Verbwurzel lexikalisiert die Komponente ›**Art und Weise**‹ (*hineinrennen*, *hineinstolpern*, *hineinschleichen*, *hineinstolzieren* usw.). Im Standarddeutschen, nicht aber in vielen deutschen Dialekten, muss bei Bewegungsverben auch noch die **Deixis** (zum Sprecher hin oder vom Sprecher weg) in den Präfixen ausgedrückt werden (*her* und *hin*). Der Bezug zum Sprecher kann noch einmal im Verbstamm selbst ausgedrückt sein (*kommen* und *gehen*). In der kognitiven Linguistik gilt das Lexikon also grundsätzlich als systematisch organisiert, während es zumindest einigen Ansätzen der formalen Linguistik zufolge jeglicher Systematik entbehrt.

Lexikalische Integrität: In der formalen Linguistik ist das Lexikon ein unabhängiges Modul in der Sprachproduktion, das vor der Syntax und der Phonologie ›durchlaufen‹ wird. Damit verbunden ist die Hypothese der lexikalischen Integrität (*lexical integrity*), nach welcher Wörter für die Syntax absolut unzugänglich sind. Nach der sog. schwachen lexikalistischen Hypothese ist nur die Wortbildung, nicht aber die Flexion für die Syntax unzugänglich (Aronoff 2000). Die Flexionsmorphologie wird erst in der Syntax hinzugefügt. Dies führt zum Postulat einer strikten Trennung von Derivation und Flexion. Dagegen spricht z. B., dass in manchen Sprachen Derivation auf Flexionsformen basieren kann. Das ist etwa in den bretonischen Beispielen in Tabelle 5 der Fall, in denen Wörter von Pluralformen abgeleitet sind.

Der Vorschlag einer Dreiteilung, in der dem Plural und ähnlichen Kategorien eine Mittelstellung zwischen Derivation und Flexion zukommt, versucht solche Probleme zu vermeiden (vgl. Booij 1996).

Lexikon versus Syntax: Wenn das Lexikon der Teil unseres sprachlichen Wissens ist, der auswendig gelernt wird und auf welchen dann die Regeln der Syntax angewendet werden, dann hebt sich Grammatik deutlich vom Lexikon ab. Nach Bybee (1995) ist hingegen das Lexikon emergent und enthält alle vorfabrizierten Elemente (*prefabs*). Ihre Menge ist weit größer als die der Morpheme und Wörter. Vertreter von konstruktionsgrammatischen Ansätzen (s. 3.3.2) postulieren ein Syntax-Lexikon-Kontinuum und betrachten Wörter ebenso wie komplexere Konstruktionen als Form-Bedeutungs-Einheiten, die sich lediglich in ihrer internen Komplexität unterscheiden (Fillmore et al. 1988; Goldberg 2006). Wo die Grenze zwischen Wörtern und Grammatik gezogen wird, bestimmen verschiedene sprachwissenschaftliche Theorien unterschiedlich.

Mentales Lexikon: Damit sind wir bei der neuro- und psycholinguistischen Frage, wie Wörter im Gehirn abgespeichert sind und wie auf sie zugegriffen wird.

Tab. 5: Vom Plural abgeleitete Wörter im Bretonischen (Stump 1990)

Singular	Plural	Bedeutung	Abgeleitete Form	
evn	*evn-ed*	›Vogel‹	*evn-et-a* ›Vögel jagen‹	abgeleitetes Verb
maen	*mein*	›Fels‹	*mein-ek* ›felsig‹	abgeleitetes Adjektiv
merc'h	*merc'h-ed*	›Mädchen‹	*merc'h-et-aer* ›Schürzenjäger‹	abgeleitetes Tätersubstantiv

3.2 Wörter
Lexikon und Wortbildung

Am einfachsten können wir die Funktionsweise unseres Wortspeichers anhand des »**Pferderennen**«-**Modells** verdeutlichen (Aronoff 2000). Ihm zufolge laufen verschiedene Prozesse parallel ab, und der jeweils schnellste gewinnt. Wir können das Wort *Dummheit* entweder als vorfabrizierte Einheit aus dem Gedächtnis abrufen oder bei Bedarf aus dem Adjektiv *dumm* und dem produktiven Abstraktsuffix *-heit* neu bilden. In diesem und in vielen anderen Fällen macht es für die Sprachproduktion überhaupt keinen Unterschied, wie man verfährt. Abruf der Vorfabrikation und Neuproduktion führen zu genau demselben Resultat. Evidenz für das »Pferderennen«-Modell ergibt sich aus einem Phänomen, das die Morphologen ›Blocking‹ oder ›Blockierung‹ nennen.

Blockierung: In der Wortbildung konkurrieren oft mehrere Muster in derselben Funktion miteinander. So hat das Deutsche verschiedene Abstraktsuffixe: *-heit* brauchen wir für einheimische Adjektive (*Dummheit*), *-keit* nach Adjektiven, die auf *-ig-* und *-lich-* enden (*Flüssigkeit, Willkürlichkeit*; manchmal gibt es auch *-igkeit*, z. B. *Dreistigkeit*), und *-ität* ist vor allem für Fremdwörter reserviert (*Stupidität, Arbitrarität*). Daneben gibt es unregelmäßige kürzere Formen wie *Größe, Alter, Kälte, Blässe*. Die Suffigierung von *-heit* ist im Deutschen sicher ein produktiverer morphologischer Prozess für Abstraktbildungen als der Umlaut und das Suffix *-e*. Aber wenn *-heit* produktiv ist, weshalb können wir dann nicht *Großheit, *Tiefheit, *Nassheit etc. bilden? Der Grund ist eine Blockierung (engl. *blocking*): Die Tatsache, dass es *Größe, Tiefe* und *Nässe* gibt, reicht aus, um die Neubildung von Abstrakta zu blockieren. Allerdings spielt es eine Rolle, wie häufig die weniger produktive Form ist. *Alter* und *Größe* sind sehr viel häufiger als *Blässe* und *Frische*. Entsprechend sind *Frischheit* und *Blassheit* weniger kategorisch ausgeschlossen als *Altheit und *Großheit. Blocking hat viele Ausnahmen, besonders wenn die Form mit dem produktiven Affix eine etwas andere Bedeutung hat (*Hoheit*). Das alles aber lässt sich mit der Vorstellung eines Pferderennens vereinbaren, wonach die schnellere Operation gewinnt. Häufige Formen sind aktivierter und können schneller abgerufen werden. Die Neuproduktion hat geschwindigkeitsmäßig nur eine Chance, wenn die vorgefertigte Form tief aus dem Archiv herausgesucht werden muss. Dazu passt aus dem Bereich der Flexion das Phänomen der Suppletion (s. o.), das besonders bei häufigen Wörtern vorkommt.

> **Definition**
>
> Wir nennen den Teil unseres Langzeitgedächtnisses, in dem das Wissen über Wörter repräsentiert ist, → mentales Lexikon. Dort sind über die Bedeutung hinaus auch die Form, Regeln der Kombination und der Verwendung abgespeichert. Die Struktur des mentalen Lexikons ist von der Häufigkeit der Verwendung und den semantischen Vernetzungen der einzelnen Teile stark beeinflusst und sehr viel umfangreicher und komplexer organisiert als ein mentales Pendant zu einem alphabetischen Wörterbuch (Miller 1993; Aitchison 1997).

Paradigmatische lexikalische Integrität: Ein weiteres Problem für die Vorstellung des Lexikons als einer einfachen Liste von Wörtern stellen fragwürdige Lexeme dar. Damit meinen wir Gruppen von Formen, bei denen nicht eindeutig ist, ob sie zu einem oder zu zwei Lexemen gehören. Ein gutes Beispiel ist das Wort *Wort* mit seinen zwei Pluralformen *Worte* und *Wörter* im Deutschen. Haben wir es in diesem Fall oder bei englisch *brother* ›Bruder‹ mit den beiden Pluralformen *brothers* ›leibliche Brüder‹, *brethren* ›Mitglieder einer religiösen Vereinigung‹ oder bei italienisch *braccio* ›Arm‹ mit den beiden Pluralformen *bracci* ›Arme von Objekten‹, *braccia* ›menschliche Arme‹ jeweils mit einem oder mit zwei Listeneinträgen zu tun (Acquaviva 2008)? Keine der beiden in der Abbildung 1 skizzierten Lösungen vermag wirklich zu befriedigen.

Ebenso umstritten wie die Frage, wie das Lexikon strukturiert ist, ist die Frage, welche Prozesse genau an seiner Erweiterung beteiligt sind. Im Folgenden behandeln wir einige spezielle Wortbildungsprozesse, die die Morphologie gerne kontrovers diskutiert.

Konversion, Rückbildung: In manchen Fällen entstehen neue Lexeme dadurch, dass ein Lexem

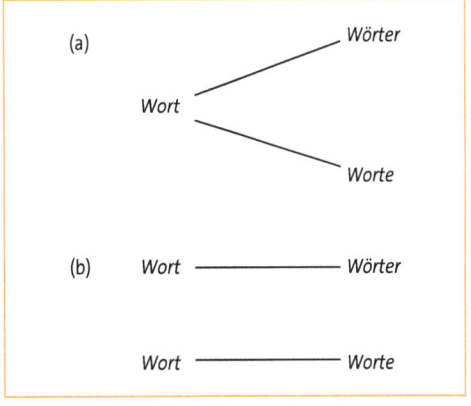

Abb. 1:
Ein Lexem oder zwei?

3.2 Wörter

Wie werden Wörter gebildet?

in eine andere Wortart umgesetzt wird, indem nur die Flexionsendung angefügt wird, die für das neue Lexem notwendig ist. Dies bezeichnet man als **Konversion** (auch Nulltransformation, *zero conversion*). Die besten Beispiele für Konversion gibt es natürlich in Sprachen, in denen es Wortformen in beiden beteiligten Wortarten ohne Flexionsendungen gibt, wie dem Englischen. Ausgeprägte Konversion lässt sich dann kaum mehr von einer fehlenden Wortartenunterscheidung trennen. So hat Charles Hockett (1958: 225–227) einmal vorgeschlagen, dass man im Englischen von einer NV [noun-verb] Wortart (*walk, love, cure, change, air, elbow, finger*), einer AV [adjective-verb] Wortart (*clean, dry, thin, slow*) und einer NAV Wortart (*fancy, faint, black*) reden könnte. Bei manchen Sprachen wie Santali, Tagalog und Samoanisch streiten sich die Sprachforscher darüber, ob es keine Verb-Nomen-Unterscheidung oder einfach eine sehr umfassende Tendenz zur Konversion gibt.

In mancher Hinsicht und ohne sprachhistorisches Wissen ist Konversion schwer von sogenannten **Rückbildungen** zu unterscheiden. Bei ihnen wird ein Wort um ein Wortbildungsmorphem gekürzt bzw. dieses Morphem ausgetauscht; so wird das Wort in eine andere Wortart umgesetzt. So wurde englisch *to babysit* aus *babysitter* zurückgebildet.

Kurzwortbildung, Verschmelzung: Im Falle von Kurzwortbildungen (engl. *clipping*) wird ein Ausgangswort um Bestandteile gekürzt; es entsteht also nicht im eigentlichen Sinn ein neues Lexem. Welcher Bestandteil gekürzt wird, kann sich von Sprache zu Sprache unterscheiden: schwedisch *bil* und deutsch *Auto* gehen beide auf das Kompositum *Automobil* zurück. Ungarisch ist eine Sprache mit vielen langen häufigen Wörtern, die man gerne kürzt: *bocs* für *bocsánat* ›Entschuldigung!‹, *kösz* für *köszönöm* ›(ich) danke!‹, *viszlát* für *a viszontlátásra* ›Auf Wiedersehen!‹. Bei **Wortmischung** oder **Verschmelzungen** (engl. *blends*) werden Teile von Lexemen zu einer neuen Form zusammengesetzt. Das neu gebildete Wort bezeichnet meist mehr als nur die Summe der beiden Bestandteile.

Akronyme sind Abkürzungen, die aus den Anfangsbuchstaben einer Wortreihe gebildet werden, z. B. *UNO* aus **U**nited **N**ations **O**rganization oder *SP* für **S**ozialdemokratische **P**artei. Akronyme sind ein Beispiel für die mögliche Interaktion von Wortbildung und Schrift. (Auch manche Komposita sind nur in Kulturen mit Schrift denkbar, z. B. englisch *U-turn* ›Kehrtwendung‹ oder Mandarin 十字 *shí-zì* ›Kreuzung‹ aus 十 *shí* ›zehn‹ und *zì* ›(Schrift-)Zeichen‹. Bezeichnenderweise schreibt man im Mandarin die Entsprechung *U xíng-zhuǎn-wān* ›U-Form-Wechsel-Kurve‹ wie folgt: U形转弯.) Akronyme werden jedoch in ihrer Struktur nicht nur durch die Schrift geprägt. Akronyme mit einer guten Durchmischung von Konsonanten- und Vokalbuchstaben können sich besser durchsetzen – manchmal, wie etwa bei *Ufo* oder *Aids*, so gut, dass der ursprüngliche Charakter der abkürzenden Buchstabenfolge durch das Schriftbild nicht mehr wiedergegeben wird. In diesen Fällen mag vielen Personen gar nicht mehr bewusst sein, dass es sich ursprünglich um ein Akronym handelte. Die Durchmischung mit Vokal- und Konsonantenbuchstaben beeinflusst meist auch, ob die Sequenz unbuchstabiert, d. h. mit dem phonographischen Lautwert (z. B. Ufo, UNO, NATO) oder als Buchstabenfolge (wie BH [beːˈhaː] oder WWF [veːveːˈʔɛf] gesprochen wird. Selten werden für die Bildung eines Akronyms auch initiale Silben herangezogen: BAFöG für **B**undes**a**us**f**örderungs**g**esetz.

Zusammenwirken von Wortbildungsprozessen: Nicht selten sind neue Lexeme das Endprodukt von mehreren zusammenwirkenden Wortbildungsprozessen. Das Verb *lasern* ist z. B. eine Konversion von *Laser*. Dieses Wort war ursprünglich ein Akronym (**l**ight **a**mplification by **s**timulated

Tab. 6: Wichtige spezielle Wortbildungsprozesse im Überblick

	Ausgangslexeme	neu gebildete Lexeme
Konversion	Substantiv *Säge* Adjektiv *locker*	Verb *sägen* Verb *lockern*
Rückbildung	Substantiv *Notlandung* Substantiv *Staubsauger*	Verb *notlanden* Verb *staubsaugen*
Kurzwortbildung	Universität Fahrrad Professorin	Uni Rad Prof
Verschmelzung	information + entertainment breakfast + lunch	infotainment brunch
Akronym	**U**nited **N**ations **E**ducational **S**ocial **O**rganisation **Ra**dio **d**etecting **a**nd **r**anging	UNESCO RADAR

108

emission of radiation). Seine Integration in den Wortschatz ist jedoch so weit fortgeschritten, dass es nicht mehr als solches erkennbar ist. Clippings werden bisweilen mit Suffixen verbunden, die eigentlich gar keine Suffixe sind, weil sie keine Bedeutung haben, und die man zuweilen Slangsuffixe nennt, weil sie oft mit Substandard assoziiert sind. So hat das Schwedische ein sehr produktives *-is* Slangsuffix: *dagis* ›Kita‹ kurz für *daghem* ›Kindertagesstätte‹, *bästis* kurz für *bäste/bästa vän* ›bester Freund‹. Ähnlich verhält es sich mit deutschen Kosenamen: *Andi, Benni, Edi, Willi, Ulli.*

3.3 | Die Beziehung von Form und Bedeutung im Wort

3.3.1 | Arbitrarität und Konventionalität von Wörtern

Warum heißt eigentlich ›Bett‹ *Bett* und nicht etwa *Bild* oder *Tisch*? Die Laute in den Wörtern *Bett*, spanisch *cama*, tschechisch *postel* und finnisch *sänky* haben nichts Betthaftes an sich. Andere Bezeichnungen, wie sie vom alten Mann in Peter Bichsels Kurzgeschichte »Ein Tisch ist ein Tisch« gewählt werden, könnten theoretisch den Zweck des Benennens ebenso erfüllen:

Dem Bett sagte er Bild.
Dem Tisch sagte er Teppich.
Dem Stuhl sagte er Wecker.
Der Zeitung sagte er Bett.
Dem Spiegel sagte er Stuhl.
Dem Wecker sagte er Fotoalbum.
Dem Schrank sagte er Zeitung.
Dem Teppich sagte er Schrank.
Dem Bild sagte er Tisch.
Und dem Fotoalbum sagte er Spiegel.
Also:
Am Morgen blieb der alte Mann lange im Bild liegen, um neun läutete das Fotoalbum, der Mann stand auf und stellte sich auf den Schrank, damit er nicht an die Füße fror, dann nahm er seine Kleider aus der Zeitung, zog sich an, schaute in den Stuhl an der Wand, setzte sich dann auf den Wecker an den Teppich und blätterte den Spiegel durch, bis er den Tisch seiner Mutter fand. (Bichsel 1995)

Arbitrarität: Es gibt keinen Grund, warum *Bett* eine bessere Bezeichnung für ›Bett‹ sein sollte als *Bild*. Der Grund dafür, dass wir nicht zu experimentierfreudig mit Wörtern sind, ist, dass wir nicht so enden wollen wie Bichsels alter Mann, der am Ende nur noch mit sich selbst sprach. Gerade weil die Beziehung zwischen Form (oder Lautbild) und Bedeutung **willkürlich** oder – mit einem Begriff des Genfer Linguisten Ferdinand de Saussure (1857–1913) – **arbiträr** ist, halten wir an unseren Wörtern fest. Dass wir trotz der Vielgestaltigkeit von Form und Bedeutung übereingekommen sind, gewisse Dinge, Zustände oder Handlungen mit bestimmten Wörtern zu bezeichnen, dient dem gegenseitigen Verständnis.

Konventionalität: Sprache ist also **konventionell**, was nicht heißt, dass die Bedeutung der Wörter einmal offiziell in Versammlungen festgelegt worden wäre. Es bedeutet nur, dass wir uns darauf verlassen können, dass sich die Beziehung zwischen Form und Bedeutung nicht jeden Tag ändert. Solange wir uns in derselben Sprache bewegen, können wir uns auf einen hohen Grad von **Strukturbewahrung** verlassen. Die Wörter einer Sprache werden sogar von Generation zu Generation erstaunlich unverändert weitergegeben, auch wenn sich manchmal die Dinge im Lauf der Zeit ein wenig ändern. Selbstverständlich gibt es historische Gründe, warum die Dinge so heißen, wie sie heißen, um die sich die Sprecher einer Sprache aber nicht scheren, weil sie sie nicht kennen. So war wohl das urgermanische **badja* – am besten erhalten im finnischen Lehnwort *padja* ›Polster‹ – ein mit Fell oder Stroh gepolsterter Erdwall entlang der Hausmauer. Und es gibt natürlich innersprachliche Variation (s. genauer Kap. 7). So sagen die Schweizer und viele Süddeutsche in ihrem Standarddeutsch *läuten* für ›klingeln‹ wie bei Bichsel oben. Aber trotz aller Individualität verhalten sich Sprecher nicht wie Peter Bichsels Protagonist, der aus Langeweile alle Dinge umbenennt.

Morphosemantik: In diesem Unterkapitel befassen wir uns nicht mit Wortform (Morphologie) oder Wortbedeutung (Semantik) im engeren Sinne, sondern mit der **Beziehung von Form und Bedeutung im Wort**. Es gibt hierfür keine traditionelle Bezeichnung, aber man kann diesen Bereich in Anlehnung an Morphologie und Semantik ›Morphosemantik‹ nennen.

Konventionsmodus und Entdeckungsmodus: Form und Bedeutung können in unterschiedlicher Weise miteinander verbunden sein. Ihre Verbindung kann bekannt sein oder die Beziehung zwi-

3.3 Wörter

Die Beziehung von Form und Bedeutung im Wort

schen Form und Bedeutung muss erst hergestellt werden. Wenn uns jemand in unserer Muttersprache anspricht, dann können wir (meist) verstehen, was man uns sagen will, weil wir die zahlreichen konventionellen Beziehungen zwischen Form und Bedeutung bereits kennen. Wir befinden uns also im ›Konventionsmodus‹. Spricht uns aber jemand in einer gänzlich fremden Sprache an, fehlen uns plötzlich all die konventionellen Beziehungen zwischen Form und Bedeutung. Wenn es uns überhaupt gelingt zu kommunizieren, sind wir gänzlich auf den Kontext angewiesen. Wir befinden uns im ›Entdeckungsmodus‹. Viele Sprachtheorien gehen implizit vom Konventionsmodus als Normalfall aus. Eine Ausnahme ist der Philosoph Willard Van Orman Quine (1960: 29). Er stellt das Problem so dar: Ein Kaninchen rennt vorbei, und der Eingeborene, mit dem wir unterwegs sind, sagt *Gavagai*. Wie wissen wir, was er mit *Gavagai* meint? Quine argumentiert zu Recht, dass wir nicht sicher sein können, dass *Gavagai* ›Kaninchen‹ heißt.

Für die Morphosemantik ist nicht nur interessant, wie bestehende Beziehungen zwischen Form und Bedeutung aussehen, sondern auch, wie diese etabliert werden können, anders gesagt, wie man eine Sprache lernt. Konventions- und Entdeckungsmodus treten oft gemischt auf. Selbst in uns bekannten Sprachen treffen wir oft auf Wörter, die wir nicht kennen. Wenn wir z. B. nicht wissen, was *onomasiologisch* heißt, und dieses Wort kommt in einem Text vor, so können wir seine Bedeutung lernen, wenn sie uns der Text erklärt oder es sonst irgendwelche Hinweise im Kontext gibt, aufgrund derer man die Bedeutung des Wortes erraten kann.

Onomasiologie und Semasiologie: Beim Sprachverstehen werden wir mit Wörtern konfrontiert und müssen dazu die Bedeutung finden. Bei der Sprachproduktion müssen wir dagegen zu den Gedanken, die wir ausdrücken wollen, eine passende Form finden. Es kann also die Form oder die Bedeutung gegeben bzw. gesucht sein. Sowohl beim Sprachverstehen wie beim Sprachproduzieren ist es von Vorteil, wenn die **Form-Bedeutungs-Beziehung** bekannt ist. Wenn wir zu einer gegebenen Form die Bedeutung suchen, gehen wir **semasiologisch (bedeutungsgerichtet)** vor, wenn wir zu einer bekannten Bedeutung die Form suchen, gehen wir **onomasiologisch (formgerichtet)** vor (von griech. *sēma* ›Zeichen‹ und *onoma* ›Name‹).

Beschränkte Isomorphie zwischen Form und Bedeutung: Die Unterscheidung von Form- und Bedeutungsgerichtetheit ist deshalb besonders wichtig, weil es in der Regel keine einfache Eins-zu-Eins-Entsprechung oder Deckungsgleichheit zwischen Form und Bedeutung gibt. Wir können onomasiologisch vorgehen und z. B. untersuchen, wie in Raumausdrücken in verschiedenen Sprachen ›Quelle‹ ausgedrückt wird. Eine solche Bedeutung für einen Ausschnitt dessen, was wir mit Sprache ausdrücken können – wie eben Quelle –, für die man Entsprechungen in verschiedenen Sprachen sucht, wird auch **funktionale Domäne** genannt. Im Deutschen gibt es für die funktionale Domäne ›Quelle‹ nicht nur eine Form, sondern mehrere: die Präpositionen *von* und *aus*:

(11) Als Valentin **aus** dem Haus herauskam, tropfte es **vom** Dach herunter.

Das Russische hat dagegen drei Präpositionen *ot* ›von ... her‹, *iz* ›aus‹ und *s* ›von ... herab‹. Es ist also nicht nur die Form konventionell, sondern auch die Abgrenzung von Bedeutungsbereichen. Mit den Präpositionen alleine ist es jedoch nicht getan. Im Deutschen sind *von* und *aus* mit dem Dativ verbunden, der auch zur Konstruktion dazugehört, *von* verschmilzt sogar mit der maskulinen Form des Artikels im Dativ zu *vom*. Im Russischen haben alle Quellpräpositionen den Genitiv. Auch die trennbaren Verbpräfixe *heraus-* und *herunter-* tragen etwas zur Bedeutung ›Quelle‹ im Deutschen bei. Natürlich haben alle diese Formen nebst der Bedeutung ›Quelle‹ noch andere Bedeutungen. So wird *aus* im Unterschied zu *von* bei Bewegung aus einem Innenraum verwendet.

Wenn wir dagegen semasiologisch vorgehen und die Bedeutungen zu den Präpositionen *aus* und *von* suchen, werden wir feststellen, dass diese weit über die funktionale Domäne der räumlichen Quelle hinausreichen. Die Präposition *aus* kann etwa auch zur Angabe des Grundes und des Materials verwendet werden:

(12) **Aus** Freude am Schönen hat sich Anna eine alte Schüssel **aus** Holz gekauft.

Tab. 7: Semasiologisches und onomasiologisches Vorgehen

	Form	Bedeutung	Vorgehen	Perspektive
Semasiologie	gegeben	gesucht	bedeutungsgerichtet	Verstehen
Onomasiologie	gesucht	gegeben	formgerichtet	Sprechen

Man kann weiter untersuchen, ob es so etwas wie eine Gesamtbedeutung für alle Verwendungen gibt und inwiefern die drei Bedeutungen Quelle, Grund und Material ähnlich sind. Wenn es aber Gesamtbedeutungen gibt, sind sie einerseits sehr abstrakt und andererseits sprachspezifisch, was ihre praktische Verwendung einschränkt.

Nachdem wir nun die wichtigsten morphosemantischen Grundbegriffe eingeführt haben, behandeln wir in Kapitel 3.3.2 zunächst zwei zentrale Zugänge zur Morphosemantik. Zum einen ist dies die **Semiotik** (Zeichenlehre), in der das Wort als Zeichen aufgefasst wird. Zum andern handelt es sich um die **Konstruktionsgrammatik**, die Wörter und alle anderen Bestandteile der Sprache als erlernte Paare von Form und Bedeutung versteht und sie alle Konstruktionen nennt. In beiden spielt die Konventionalität der Form-Bedeutungs-Beziehung eine große Rolle. In Kapitel 3.3.3 wird schließlich ausgeführt, dass die Arbitrarität des sprachlichen Zeichens durchaus ihre Grenzen hat, gibt es doch allgemeine ökonomische und ikonische Tendenzen, die generell in der Sprache wirksam sind.

3.3.2 | Zeichen und Konstruktionen

Semiotik: **Zeichen** sind Stellvertreter: *aliquid pro aliquo* ›etwas für etwas anderes‹, wie man dies im Mittelalter ausdrückte. Die Disziplin, die sich mit Zeichen befasst, heißt Semiotik. Das typischste sprachliche Zeichen ist natürlich das Wort, aber Zeichen müssen nicht notwendigerweise sprachlicher Natur sein, wie das folgende Beispiel zeigt:

»Però fra di loro si era stabilito una spontaneo sistema di comunicazione, quando Adelina voleva più denaro per la spisa, gli faceva trovare sul tavolino il caruso, il salvadanaro di creta che lui aveva accattato a una fiera e che teneva per billizza; quando era necessario un rifornimento di calzini o di mutande, gliene metteva un paio sul letto.« (Camilleri 1996: 143)

»Zwischen ihnen [dem Kommissar Montalbano und seiner Haushälterin Adelina] hatte sich ein spontanes Kommunikationssystem herausgebildet. Wenn Adelina mehr Geld für Lebensmittel brauchte, stellte sie die Sparbüchse aus Ton auf das Tischchen [...] wenn ein Nachschub an Socken oder Unterhosen nötig war, legte sie einen Stapel davon aufs Bett.«

Typen von Form-Bedeutungs-Beziehungen: Das Kommunikationssystem zwischen Kommissar Montalbano und Adelina verdeutlicht, dass sich Zeichen dadurch unterscheiden können, in welcher Beziehung Form und Bedeutung zueinander stehen. Nicht immer ist diese Beziehung durch Arbitrarität geprägt. Daher unterscheidet der amerikanische Semiotiker Charles S. Peirce (1839–1914) zwischen drei Arten von Zeichen:

- **Symbol:** rein konventionelles, arbiträres Zeichen;
- **Icon:** Zeichen, das eine Ähnlichkeit mit dem Ding, das es bezeichnet, aufweist;
- **Index:** Verweise auf Dinge wie Wegweiser, Relativpronomen, Ausrufe wie »Hallo, ihr da«, Anrufe wie »Peter!« oder »Junger Mann!« (Peirce 1894).

Adelinas Zeichen in obigem Beispiel sind Icons, da sie das Handeln, auf das sie aufmerksam machen möchte, gewissermaßen abbilden. Hätten sie und der Kommissar sich jedoch auf ein Kommunikationssystem geeinigt, in welchem vier blaue Kreise auf dem Wäscheschrank mehr Geld für Lebensmittel und drei schwarze Striche auf dem Küchentisch einen Nachschub an Socken bedeuten würden (diese Zeichen sind von uns wiederum völlig arbiträr gewählt!), so handelte es sich entsprechend der Peirce'schen Kategorisierung um ein symbolisches System. In der Linguistik überwiegt die Annahme des primär symbolischen Charakters der sprachlichen Zeichen. Mit Symbolen beschäftigen sich daher auch die folgenden vier einflussreichen Auffassungen des sprachlichen Zeichens, die unterschiedliche Aspekte der Zeichennatur hervorheben.

1. **Das strukturalistische Zeichenmodell:** Für Ferdinand de Saussure (1916), Begründer des Strukturalismus, steht der schon oben erwähnte konventionelle Aspekt des Zeichens im Vordergrund. Er betont die Willkürlichkeit des Zeichens (*l'arbitraire du signe*). Für de Saussure besteht das Zeichen nicht bloß aus dem **Bezeichnenden** (*signifiant*) – im Falle der Sprache aus dem Lautbild (*image acoustique*) –, sondern auch aus dem **Bezeichneten** (*signifié*, Konzept) (Abb. 2a). Wichtig ist für de Saussure, dass ein Zeichen nicht alleine betrachtet werden darf, sondern in einem Zeichensystem in Opposition zu anderen Zeichen steht.

2. **Das semiotische Dreieck:** Ein Aspekt, der bei de Saussure bewusst weggelassen wird, ist der **konkrete Gegenstand**, den ein Wort bezeichnet. Das Konzept ›Bett‹ ist nicht ein bestimmtes Bett, sondern ›Bett‹ ganz allgemein. Dies hat die Cambridger Philosophen Charles K. Ogden (1889–1957) und Ivor A. Richards (1893–1979) veran-

3.3 Wörter

Die Beziehung von Form und Bedeutung im Wort

Zur Vertiefung

Referenzielle und nicht-referenzielle Zeichenverwendung

Das real existierende Ding, auf das das Zeichen verweist, nennt man seinen **Referenten** oder sein **Denotat**. Referenz ist die dadurch hergestellte Beziehung zwischen einem sprachlichen Zeichen und seinem Referenten. Es gibt aber ebenso nicht-referenzielle Ausdrücke. So ist in (a) das Objekt von *suchen* referenziell, in (b) nicht.

(a) Ich suche eine ehemalige Freundin in Düsseldorf.
(b) Vergeblich suche ich eine öffentliche Telefonzelle im Abfertigungsraum des Flughafens.

Manchmal lässt sich nicht entscheiden, ob ein Ausdruck referenziell ist, wie z. B. *Godot* in *Wladimir und Estragon warten auf Godot*. Nicht-referenziell sind z. B. auch Wörter wie *nichts* und *niemand*. Mit der Referenzialität von *niemand* spielt die Geschichte von Odysseus und dem Zyklopen Polyphem, die von Homer erzählt wird. Odysseus sagt dem Zyklopen, er heiße *Niemand*. Nachdem Odysseus Polyphem geblendet hat und die anderen Zyklopen zu Hilfe eilen, sagt Polyphem: »Niemand hat mich geblendet«, worauf die anderen Zyklopen finden, dann sei ja alles in Ordnung.

3. Das Organon-Modell: Für den deutschen Psychologen Karl Bühler (1879–1963) ist das Zeichen nicht von der Sprechsituation abstrahierbar, in der ein Sender (»ich«) einem Empfänger (»der andere«) etwas Drittes (»die Dinge«) mitteilt (Bühler 1934). Entsprechend hat das sprachliche Zeichen für ihn drei Funktionen:

- **Ausdruck** (was ich beim Sprechen über mich verrate),
- **Appell** (wie ich das Verhalten meines oder meiner Gesprächspartner durch mein Sprechen beeinflusse) und
- **Darstellung** (der Sachverhalt, den ich mitteile).

Ausdruck, Appell und Darstellung spiegeln sich in der Grammatik in den drei grammatischen Personen ›ich‹, ›du‹, ›sie/er‹ wider. Bühler sieht die Sprache als Werkzeug (griech. *órganon*) der Kommunikation. Das sprachliche Zeichen kommt im Modell in zwei Varianten vor, als konkretes Schallphänomen (Kreis) und als abstrakte Einheit des Sprachsystems (Dreieck), die ähnlich, aber nicht genau deckungsgleich sind. Der Kreis steht also z. B. für die Phonetik und das Dreieck für die Phonologie. Die Linienscharen im Modell bezeichnen die Komplexität der sprachlichen Äußerung. Ein wesentliches Merkmal der Sprache ist für Bühler deren **Mehrstufigkeit**. Komplexe Zeichen (Sätze) sind aus einfachen Zeichen (Wörter) zusammengesetzt. Demgegenüber ist das Zeichensystem der Haushälterin Adelina in obigem Beispiel einstufig. Wörter sind nur in einem mehrstufigen Zeichensystem denkbar. In einem einstufigen Zeichensystem kann man Wörter und Sätze nicht unterscheiden.

Abb. 2: Schematische Darstellungen von Zeichenmodellen

lasst, ein alternatives Zeichenmodell zu entwerfen, in dem auch der **Referent** vorkommt, das konkrete Ding, auf das sich das Zeichen bezieht (Ogden/Richards 1923/1927). Wie Abbildung 2b zeigt, ist das Zeichenmodell von Ogden und Richards ein Dreieck. Es wird auch semiotisches Dreieck genannt. In diesem vermittelt der Inhalt (bzw. Gedanke) zwischen der Lautform (hier ›Symbol‹ genannt und nicht mit Peirces Symbol zu verwechseln) und dem konkreten Referenten. Den Ausdruck ›Bedeutung‹ lehnen Ogden und Richards als zu vage ab.

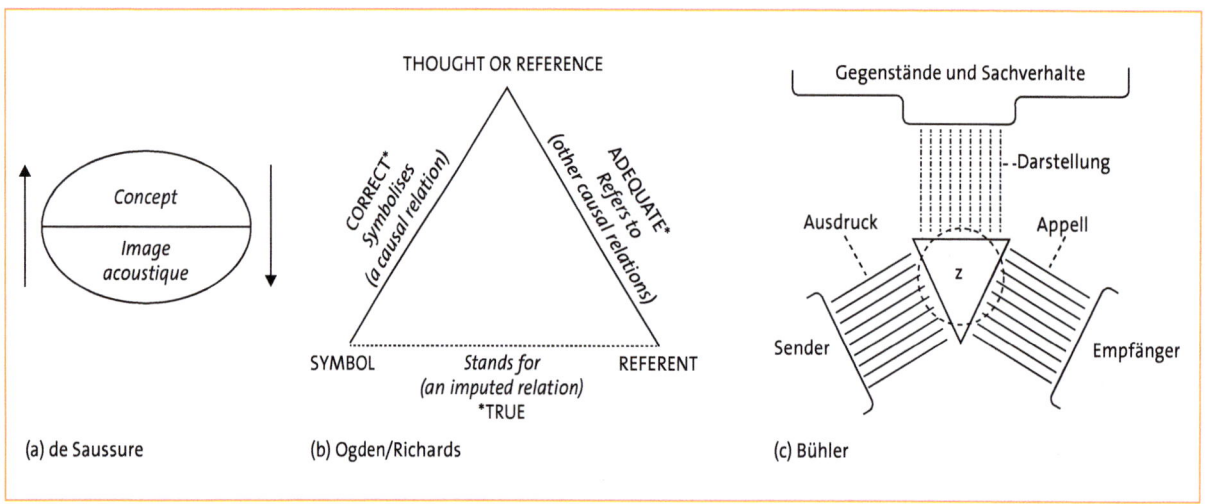

(a) de Saussure (b) Ogden/Richards (c) Bühler

4. Konstruktionsgrammatik: Die bisher erwähnten Zeichenmodelle haben gemeinsam, dass sie die **symbolische Funktion** der Sprache betonen. Dies gilt auch für die Konstruktionsgrammatik, die anstelle des Begriffs »Zeichen« den Begriff »Konstruktion« für alle Ebenen der grammatischen Analyse als sprachliche Grundeinheit ansetzt. Man kann Konstruktionen aber eigentlich auch als Zeichen verstehen. Nach Goldberg (2006: 5) sind Konstruktionen erlernte Paarungen von Form mit semantischer oder Diskursfunktion. Nach Croft (2001: 18) sind Konstruktionen fundamental symbolische Einheiten, d. h. sie enthalten immer eine Form (phonologische, morphologische und syntaktische Eigenschaften der Konstruktion) und eine konventionelle Bedeutung (semantische, pragmatische und Diskurseigenschaften der Konstruktion), die durch eine symbolische Entsprechung verbunden sind. Jedes sprachliche Muster, das einen Form- oder Bedeutungsaspekt aufweist, der nicht strikt aus seinen Bestandteilen vorhersagbar ist, ist eine Konstruktion. Es kann sich hierbei z. B. um ein Morphem, ein einfaches Wort, ein Kompositum, eine Redewendung oder eine grammatische Konstruktion im engeren Sinne (wie z. B. das Passiv) handeln.

Konstruktionen können ›gefüllt‹ oder nur ›teilweise gefüllt‹ sein. Gefüllte Konstruktionen sind nicht variabel. Teilweise gefüllte Konstruktionen beinhalten leere Slots, im Folgenden durch X und Y dargestellt. So hat z. B. die deutsche Konstruktion *X und Y?!* zum Ausdruck der Ungläubigkeit wie in *Peter und Arzt?!* zwei Slots, bei der X typischerweise ein Name und Y typischerweise eine Berufsbezeichnung ist (Sailer 2002; Goldberg 2006: 8). Die konstanten Elemente der Konstruktion sind die Konjunktion *und* und ein spezielles Intonationsmuster (durch die Interpunktion *?!* angedeutet). Dies ist eine Konstruktion für sich, weil kein Bestandteil alleine die spezielle ausgedrückte Bedeutung des ungläubigen Erstaunens enthält. Die Konstruktion ist konventionell, was daran erkennbar ist, dass sie sich nicht eins zu eins in andere Sprachen übersetzen lässt. Englisch würde man diese spezifische Bedeutung der *X und Y?!*-Konstruktion im Deutschen z. B. ohne Konjunktion ›und‹ ausdrücken: *Peter, a doctor?!*

Konstruktionsmorphologie: Die von Geert Booij entwickelte Konstruktionsmorphologie (Booij 2010) betont, dass es bei der Bildung von Komposita verschiedene Abstraktionsebenen der Form-Bedeutungs-Beziehung gibt. Das generelle Schema [Modifikator]$_N$ [Kopf]$_N$ drückt aus, dass der Kopf in irgendeiner Weise durch den Modifikator spezifiziert wird, z. B. *Feldblumen* im Gegensatz zu *Waldblumen* oder *Wiesenblumen*. Daneben gibt es auch eigene Subschemata mit den Modifikatoren *Feld-* und *Feld-, Wald- und Wiesen-*. *Feld-N* bedeutet oft so viel wie ›N für unterwegs bei militärischen Operationen‹. *Feld-, Wald- und Wiesen-N* dagegen hat sich zur abwertenden Bedeutung ›gewöhnlicher N‹ entwickelt:

(13) (a) *Feld-N* ›N für unterwegs bei militärischen Operationen‹: *Feldflasche, Feldlazarett, Feldbibliothek* etc.
Beispiel: *Der weltoffene Monarch bedurfte der Anregung durch Bücher so sehr, dass er eine* **Feldbibliothek** *anlegte.*

(b) *Feld-, Wald- und Wiesen-N* ›gewöhnliches N‹ (abwertend):
Beispiele: *Kriegt Berlin einen* **Feld-, Wald- und Wiesenairport**?
Ich weiß ja nicht, an welcher **Feld-, Wald- und Wiesenuniversität** *Sie promoviert wurden.*

Hierbei gilt das nach dem altindischen Grammatiker Pāṇini benannte Prinzip, dass das spezifischere Schema das allgemeinere außer Kraft setzt. Es ist also nicht mehr möglich, den Gebrauch von *Feld-, Wald- und Wiesenairport* in der Bedeutung ›ein auf Feld, Wald und Wiesen gebauter Flughafen‹ zu lesen.

Während de Saussure das Sprachsystem (*langue*) in den Vordergrund stellt, handelt es sich bei der Konstruktionsgrammatik um ein sprachgebrauchsorientiertes Modell der Grammatik. Sie betont, dass es neben Generalisierungen auch *item*-spezifisches Sprachwissen gibt. Durch den Fokus auf das symbolische Prinzip in der Verbindung von Form und Bedeutung hebt sich die Konstruktionsgrammatik vorwiegend von formalen Grammatikmodellen ab, die eine modulare Strukturierung von Syntax und Semantik postulieren, in denen formale und semantische Einheiten durch Regeln verbunden sind (für solche Ansätze s. Kap. 4).

3.3.3 | Grenzen der Arbitrarität: Ökonomie und Ikonizität

Relative Motiviertheit: Die Arbitrarität des sprachlichen Zeichens hat aber durchaus ihre Grenzen, wie schon Ferdinand de Saussure selbst bemerkt hat (de Saussure 1916, 1967/68: 297). Manche Wörter sind zumindest teilweise dadurch motiviert, dass sie aus anderen Wörtern zusammengesetzt oder von anderen Wörtern abgeleitet sind. Ihre Bedeutung steht daher zwangsläufig in irgendeiner Beziehung zu den Bestandteilen der Zusammensetzung oder Ableitung (zur Komposition und Derivation s. 3.2.1). Bei vielen Komposita lässt sich allerdings die Bedeutung nicht eindeutig aus der Kombination der Teilbedeutungen ableiten. Die Bedeutungszuordnung ist oft nur nach dem Ausschlussprinzip aufgrund von Weltwissen möglich: *Zahnfleisch* ist im weitesten Sinn eine Art Fleisch, das um Zähne herum vorkommt. Auch wenn wir das Wort noch nie gehört hätten, könnten wir das im Ausschlussprinzip aus unserem Weltwissen ableiten: Wir legen keine Fleischstücke auf Zähne auf, Zähne enthalten kein Fleisch, und wir sprechen kaum je von Fleisch, das gerade gekaut wird, weshalb wir für alle diese denkbaren Bedeutungen kein Wort brauchen.

Sprachliche Ökonomie: Warum sind im Deutschen *Auge*, *Nase*, *Ohr*, *Zahn* und *Mund* einfache Wörter, während *Nasenloch*, *Ohrläppchen*, *Zahnfleisch* und *Mundwinkel* Komposita sind? Das hängt mit der unterschiedlichen **Häufigkeit** dieser Wörter zusammen. Es ist ökonomisch, für häufige Begriffe morphologisch einfache Bezeichnungen zu haben und die seltenen unter Verwendung der häufigen zu bilden. Dass die Grenze fließend ist, zeigt uns der Sprachvergleich. So gehört ›Zahnfleisch‹ in manchen Sprachen durchaus noch zu den unmotivierten Wörtern (z. B. englisch *gums*, tschechisch *dáseň*).

Gattungsnamen: Es gibt jedoch keine natürliche Sprache mit einem unendlich großen Repertoire von Namen für Körperteile – um bei diesem Wortfeld zu bleiben. Offensichtlich hat diese Tatsache etwas mit unserem beschränkten Gedächtnis zu tun. Wir neigen dazu, Dinge zu vergessen, die wir nicht ständig gebrauchen. Der argentinische Schriftsteller Jorge Luis Borges (1944/2005) hat dies sehr treffend in seiner fiktiven Kurzgeschichte *Funes el memorioso* ›Funes der Gedächtniskünstler‹ zum Ausdruck gebracht. Funes verändert sich nach einem Unfall so, dass er nichts mehr vergessen kann. Dies hat radikale Auswirkungen auf seine Sprache: »*Cada cosa individual, cada piedra, cada pájaro y cada rama tuviera un nombre propio.*« (Jedes einzelne Ding, jeder Stein, jeder Vogel und jeder Zweig hatten einen eigenen Namen.) Normalerweise verwenden wir jedoch für bestimmte Referenten Bezeichnungen, mit denen wir von ihrer Individualität **abstrahieren** und in Gattungen zusammenfassen. So können wir zwar beispielsweise Nasen ihrer Form nach noch einmal in Gruppen einteilen und von *Adlernase* oder *Stupsnase* sprechen. Aber auch damit abstrahieren wir von der exakten Beschaffenheit von realen Nasen und ordnen sie einer Gattung zu. Mit der Wahl der einen oder anderen Bezeichnung kann dann lediglich mehr oder weniger verallgemeinert bzw. konkretisiert werden:

(14) (a) Erst im Profil lässt sich die charakteristische **Nase** von Heinrich genau erkennen.
(b) Erst im Profil lässt sich die charakteristische **Stupsnase** von Heinrich genau erkennen.

Taxonomie: Eine Taxonomie (aus griech. *táxis* ›Ordnung‹ und *-nomia* ›Verwaltung‹) ist allgemein ein Schema zur Klassenbildung. In der Linguistik wie auch in anderen wissenschaftlichen Disziplinen wird der Begriff ›Taxonomie‹ für eine hierarchische Ordnung verwendet. Begriffshierarchien basieren auf steigender Verallgemeinerung von Bedeutungsanteilen. Wenn wir Konzepte entsprechend ihrer **Taxonomiestufe** einzuordnen versuchen, stellen wir fest, dass die einfachen Wörter meist einer mittleren Hierarchieebene entsprechen, während untergeordnete und übergeordnete Konzepte häufig **relativ motiviert** sind. Hier sind einige Beispiele:

Übergeordnete Konzepte	Basisstufe	Untergeordnete Konzepte
Organ	Nase	Adlernase
Gemüse	Kohl	Blumenkohl
Gliedmaßen	Arm	Oberarm
Schreibzeug	Stift	Bleistift

Tab. 8: Taxonomiestufen

Manchmal ist auch nicht so recht klar, ob ein komplexes Wort noch motiviert ist. *Gemüse* ist zwar eine Kollektivbildung mit *Ge-*, hat aber reichlich wenig mit *Mus* zu tun. Diachron entwickeln sich häufig verwendete Komposita zu Derivation oder unmotivierten Wörtern. Deutsch *Handschuh* ist z. B. im Schweizerdeutschen zu *Händsche* geworden, englisch *lord* ist altenglisch noch ein *hlafweard* ›Brot-Bewahrer‹; *Zahn* geht auf ein Partizip von *essen* zurück, war also früher so etwas wie ›Beißerchen‹. Andererseits werden einfache Wörter manchmal durch Komposita ersetzt, oft um mehr Expressivität oder Witz zu vermitteln: *Es quoll Augenwasser aus mir.*

Zur Vertiefung

Ikonizität in Gebärdensprachen

Den **Gebärdensprachen** (engl. *sign(ed) languages*) wird in der Regel ein höherer Grad von Ikonizität zugeschrieben als den Lautsprachen. Trotzdem haben Gebärdensprachen nichts mit Pantomime oder Lautsprache begleitenden Gesten zu tun. Sie sind ebenso voll ausgebaute Sprachsysteme wie Lautsprachen und haben ihre eigenen Muttersprachler. Allerdings sind Gebärdensprachen immer Minderheitensprachen.

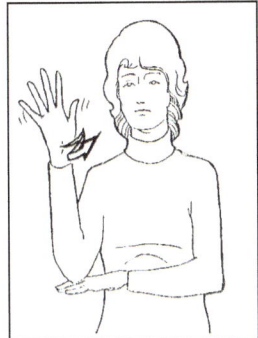  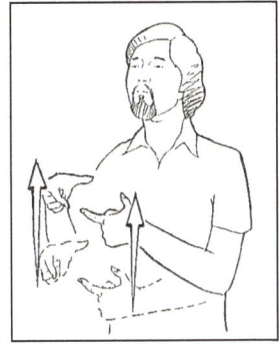

(a) American Sign Language   (b) Danish Sign Language   (c) Chinese Sign Language

Die Gebärde für ›Baum‹ in drei verschiedenen Gebärdensprachen (aus Klima/Bellugi et al. 1979: 21)

Die Tatsache, dass viele sprachliche Zeichen in Gebärdensprachen einen ikonischen Aspekt aufweisen, heißt nicht, dass die Ikonizität die Form der Gebärden determiniert. Die Abbildung zeigt die Gebärde für ›Baum‹ in drei Sprachen; alle drei sind ikonisch, und alle drei sind sie ganz unterschiedlich. In ASL (American Sign Language) ist ›Baum‹ der vertikale Vorderarm der dominanten Hand (Baumstamm) mit gespreizten Fingern (Krone) und hin- und herdrehendem Handgelenk (Wind) auf dem Handrücken des horizontalen Vorderarms der nicht dominanten Hand (Boden). In der dänischen Gebärdensprache bilden die beiden Hände von oben nach unten zuerst einen Kreis (Krone), nachher gehen sie parallel nach unten (Stamm). In der chinesischen Gebärdensprache deuten Daumen und Zeigefinger beider Hände einen Kreis an und werden von unten nach oben bewegt (Stamm).

Obwohl alle diese Gebärden auf unterschiedliche Weise ikonisch sind, heißt das nicht, dass Sprachunkundige diese Gebärden verstehen. Deutschsprachige verstehen auch nicht unbedingt gleich, dass estnische Vogelkundler mit *peoleo* den *Pirol* meinen, obwohl beide Wortformen auf unterschiedliche Art lautmalerisch (**onomatopoetisch**) an den Ruf des gelbschwarzen Zugvogels *Oriolus oriolus* erinnern, also ikonisch sind. Genauso verstehen Gebärdende nicht alle ikonischen Zeichen in allen Gebärdensprachen. Trotz Ikonizität kann die Bedeutung der Wörter in Gebärdensprachen also meist nicht erraten werden. Klima/Bellugi et al. (1979: 22) führten eine Untersuchung mit 90 ikonischen ASL-Gebärden durch, die sie auf Video zehn Testpersonen ohne Kenntnisse in Gebärdensprache vorführten. Die Bedeutung von 81 Gebärden konnte von keiner Testperson richtig angegeben werden. Ikonizität und Arbitrarität schließen sich also nicht aus.

Ikonizität ist neben der Ökonomie eine weitere Gegentendenz zur Willkürlichkeit der symbolischen Beziehung zwischen Form und Bedeutung. Ikonizität heißt, dass Form und Bedeutung einander gegenseitig abbilden. Ikonisch ausnutzen lässt sich z. B. die **Linearität** der Sprache. Wenn wir sagen *er ging ins Bett und zog die Hosen aus* (Grice 1981: 186), legt die sprachliche Reihenfolge der zwei Handlungen nahe, dass sie der Reihenfolge in der dargestellten Wirklichkeit entspricht, auch wenn diese Abfolge ungewöhnlich ist, ohne dass das Wort *und* bedeuten würde »erst A, dann B«.

Die Prinzipien der Ökonomie und der Ikonizität ermöglichen es, Form-Bedeutungs-Beziehungen zu evaluieren. Betrachten wir die folgenden vier Möglichkeiten:

Die Beziehung von Form und Bedeutung im Wort

- **Monosemie:** einer Bedeutung entspricht genau eine Form
- **Homonymie:** unterschiedliche Bedeutungen haben eine Form
- **Polysemie:** ähnliche Bedeutungen teilen sich eine Form
- **Synonymie:** einer Bedeutung entsprechen mehrere Formen

Diese vier Möglichkeiten unterscheiden sich nach William Croft (2003) in Bezug auf ihre Ikonizität und Ökonomie. Am ungünstigsten ist Synonymie, da sie weder ikonisch noch ökonomisch ist. Am vorteilhaftesten ist Polysemie, da sie sowohl ikonisch wie ökonomisch ist. Ihr Vorteil ist, dass man weniger Lautformen als auszudrückende Bedeutungen braucht und die Bedeutungen trotzdem nicht zufällig über Formen verteilt sind. Es gibt zwar keine Eins-zu-Eins-Beziehung zwischen Form und Bedeutung, aber die Form deckt ein zusammenhängendes Areal im konzeptuellen Raum ab.

Tab. 9: Ikonizität und Ökonomie in Form-Bedeutungs-Beziehungen (nach Croft 2003b: 105)

	nicht ikonisch	ikonisch
nicht ökonomisch	Synonymie	Monosemie
ökonomisch	Homonymie	Polysemie

Kollokationen: Vollständige Synonymie ist viel seltener, als man gemeinhin meint. Evidenz dafür kommt unter anderem aus der **Korpuslinguistik**. Die englischen Wörter *strong* und *powerful* bedeuten beide ›stark‹, man könnte sie also für Synonyme halten. Sie unterscheiden sich aber stark in ihren **Kollokationen**, d.h. den anderen Wörtern, mit denen sie normalerweise in Texten vorkommen. So verbindet sich *strong* z.B. eher mit *support* und *powerful* eher mit *force* (Manning/Schütze 1999: 156). Die Stärke von Kollokationen lässt sich statistisch mit sogenannten Kollokationsmaßen messen.

Polysemiemuster: Umgekehrt ist Polysemie in allen Sprachen der Welt sehr verbreitet, wobei verschiedene Sprachen unterschiedliche Polysemiemuster aufweisen. Im Deutschen ist z.B. die Präposition *mit* mehrdeutig. Sie dient unter anderem zum Ausdruck des Begleiters (*mit einem Freund*), des Instruments (*mit einem Hammer*) und des Verkehrsmittels (*mit dem Bus*). Dass diese ähnlichen, aber nicht identischen Bedeutungen nicht in derselben Form zusammenfallen müssen, zeigt beispielsweise das Finnische, wo für den Begleiter die Postposition *kanssa* mit Genitiv (-*n*) steht und für Instrument und Verkehrsmittel der Kasus Adessiv (*bussilla* ›mit dem Bus‹, *ystävän kanssa* ›mit einem Freund‹).

Polysemie versus Homonymie: Die Unterscheidung von **Mehrdeutigkeit** (Polysemie) und reiner **Formgleichheit** (Homonymie) ist alles andere als einfach, weil es keine eindeutigen Kriterien gibt, wie man ähnliche Bedeutungen von unähnlichen unterscheiden kann. Bestimmte **Polysemiemuster** kommen in verschiedenen Sprachen immer wieder vor. So haben z.B. viele Sprachen dasselbe Wort für ›Sonne‹ und ›Tag‹, z.B. Ungarisch *nap* und Tagalog *araw*. Homonymie hat dagegen eher zufälligen Charakter. Dass ›Sohn‹ und ›Sonne‹ gleich heißen, kommt wohl außer im Englischen nur in ganz wenigen Sprachen vor. Sprachen mit einem Zusammenfall von Instrument und Begleiter in einer Präposition oder einem Kasus wiederum gibt es eine ganze Menge (außer Deutsch z.B. Englisch, Französisch, Estnisch), ebenso wie Sprachen ohne Klusivitätsunterscheidung bei ›wir‹ (s. Vertiefungskasten). Manche Linguisten ziehen zur Unterscheidung von Homonymie und Polysemie die Sprachgeschichte heran. Bedeutungen, die diachron auf eine zurückgeführt werden können, wären demnach als Polysemie zu bezeichnen. Diesem Kriterium zufolge wären *Bank* (›Geldinstitut‹ und ›Sitzgelegenheit‹) und *Laden* (›Geschäft‹ und ›Fensterladen‹) Beispiele für Polysemie, wie wir aus etymologischen Wörterbüchern erfahren können.

Das Diachronie-Argument ist aber problematisch, weil die Sprecher/innen in der Regel keinen Zugriff auf Etymologien haben. Die meisten Fran-

---

Zur Vertiefung

›Wir‹ – inklusiv und exklusiv

Ein weiteres Beispiel für Polysemie im Deutschen ist das Wort *wir*, das inklusiv (›du bist dabei‹) und exklusiv (›du bist nicht dabei‹) verwendet werden kann. Außerdem kann es sich auf zwei oder mehr Personen beziehen. In anderen Sprachen gibt es für inklusives und exklusives ›wir‹ verschiedene Pronomina und für zwei Angesprochene ein anderes Wort als für viele (**Dual, Zweizahl**). So hat z.B. die australische Sprache Garawa ein System mit elf Pronomina, wovon vier verschiedene Formen dem deutschen *wir* entsprechen, was mit einem Rahmen dargestellt ist:

Garawa (Furby 1972: 2)

	Singular		Dual	Plural
1	*ngayu*	exkl.	*ngali*	*nurru*
		inkl.	*nunggala*	*ngambaka*
2	*ninjdji*		*nimbala*	*narru*
3	*njulu*		*bula*	*yalu*

zösischsprachigen wissen nicht, dass *grève* ›Streik‹ aus *grève* ›sandiger Platz am Flußufer‹ entstanden ist, weil es einmal in Paris einen Place de Grève gab (jetzt Place de l'Hôtel de Ville), an dem Waren umgeschlagen wurden und die Tagelöhner herumlungernd auf Arbeit warteten.

Ein anderes oft genanntes Unterscheidungskriterium ist, ob die zwei Bedeutungen zu demselben Lexem gehören (Polysemie) oder nicht (Homonymie). Dies ist allerdings in zahlreichen Fällen nicht eindeutig. Wir haben bereits darauf hingewiesen, dass es z. B. nicht leicht ist zu entscheiden, ob es sich bei deutsch *Wort* Plural *Wörter* vs. *Wort* Plural *Worte* oder englisch *brother* Plural *brothers* vs. *brother* Plural *brethren* um ein oder zwei Lexeme handelt (s. 3.2.6). Hier sind die Bedeutungen aber ähnlich, so dass Polysemie wohl besser passt als Homonymie.

3.4 | Was bedeuten Wörter?

3.4.1 | Bedeutungen und ihre Bestandteile

Was bedeutet ›Bedeutung‹? Das Wort *Bedeutung* wird in der Linguistik auf verschiedene Arten verwendet. Welche Bedeutung Wörter haben, lässt sich am besten anhand eines konkreten Beispiels klären. Nehmen wir z. B. das Wort *Berliner*. Am 26. Juni 1963 wurde es von John F. Kennedy in einer sonst englischsprachigen Rede im folgenden Satz geäußert:

(15) Ich bin ein Berliner.

Dieser Satz war in diesem Augenblick also eine konkrete Äußerung einer bestimmten Person (J. F. Kennedy) zu einem bestimmten Zeitpunkt (26.6.1963) an einem bestimmten Ort (in Berlin vor dem Rathaus Schöneberg) und in einem bestimmten Kontext (anlässlich des 15. Jahrestages der Berliner Luftbrücke und des ersten Besuchs eines US-amerikanischen Präsidenten nach dem Mauerbau). Je nachdem, ob wir nun den Status von *Berliner* als Wort, als Teil eines Satzes oder als Bestandteil einer kommunikativen Handlung betrachten, lässt sich die Wortbedeutung von der Satzbedeutung und der kommunikativen Bedeutung unterscheiden.

Die Wortbedeutung von *Berliner* ist ohne die Kenntnis eines speziellen Äußerungskontexts zweideutig: Das Wort kann sich auf einen Einwohner der Stadt Berlin oder auf ein süßes Hefegebäck beziehen – im Zusammenhang des Satzes *Ich bin ein Berliner* ist jedoch Letzteres sehr unwahrscheinlich. Es ist die erstgenannte Bedeutung, die gemeinsam mit *ich* und *bin* zur Satzbedeutung beiträgt. Mit der Bedeutung von *ich* und *bin* verhält es sich jedoch etwas anders: *ich* bezeichnet in der Regel die Person, die gerade spricht, und bezieht sich daher je nach Situation auf wechselnde, von der Situation abhängige außersprachliche Gegebenheiten. Solche Wörter (andere Beispiele sind *du, hier, jetzt*) nennt man (nach griech. *deíknumi* ›zeigen‹) **Deiktika** oder **deiktische Ausdrücke**. Die Kopula *bin* hingegen hat vorwiegend grammatische Bedeutung, da sie vor allem die grammatischen Kategorien Person, Numerus und Tempus trägt und daher die Information vermittelt, dass das Prädikat *Berliner* auf das Subjekt (den Sprecher) zutrifft.

Satzbedeutung: Welche Bedeutung die Kombination von *Berliner*, *ich* und *bin* trägt, ist Gegenstand der Satzsemantik. Sie beschäftigt sich vor allem mit der Frage nach der Satzbedeutung, insbesondere damit, dass diese unter bestimmten Bedingungen wahr oder falsch sein kann. Für den gegebenen Satz gilt, dass er genau dann wahr ist, wenn er zu einem bestimmten Zeitpunkt, an einem bestimmten Ort oder in einer bestimmten möglichen Welt von einer Person geäußert wird, auf die der Inhalt zutrifft. Es ist offensichtlich, dass der Satz *Ich bin ein Berliner*, wie er 1963 von Kennedy in Berlin ausgesprochen wurde, nicht wahr ist. Eigentlich ist alles aber noch viel komplizierter, weil Kennedy lediglich gesagt hat *As a free man, I take pride in the words ›Ich bin ein Berliner‹!«*. (›Als freier Mensch bin ich stolz auf die Wörter ...‹, wobei im Englischen hier *words* nicht so wörtlich wie im Deutschen aufgefasst werden muss.) Er tut also so, als ob er den deutschen Satz nur zitiert. Man kann ihm daher strenggenommen nicht unterstellen, dass er seinen Inhalt behauptet hat.

Kommunikative Bedeutung: Im gegebenen Kontext wurde die Äußerung von Kennedy als ein Ausdruck seiner Solidarität mit der Bevölkerung von West-Berlin verstanden. Eine solche Interpretation stellt die kommunikative Bedeutung in den Mittelpunkt.

3.4 Wörter

Was bedeuten Wörter?

Weil die Beschäftigung mit Bedeutungen komplex ist, beschäftigen sich mit ihr gleich zwei linguistische Disziplinen.

Die Semantik betrachtet Bedeutungen vornehmlich in isolierten Wörtern und Sätzen; so widmet sich die **Wortsemantik** oder **lexikalische Semantik** der Bedeutung von *Berliner* – oder anders gesagt den verschiedenen möglichen Bedeutungen des Wortes ohne jeglichen Kontext: a) Bewohner der Stadt Berlin, b) süßes, mit Konfitüre gefülltes Hefegebäck. In den Aufgabenbereich der **Satzsemantik** hingegen gehört es zu klären, welche Auswirkungen auf die Bedeutung die Kombination von Wörtern im Satz hat.

Die Pragmatik behandelt im Gegensatz zur (Wort- oder Satz-)Semantik die Frage, was mit einer Äußerung in bestimmten Kontexten und Situationen Bedeutungsvolles gemacht wird. Sie beschäftigt sich mit der Funktion von Sprache in der Kommunikation und mit der Wirkung von Äußerungen als sprachliche Handlungen oder Sprechakte (s. dazu Kap. 6). In diesem Kapitel steht die Beschäftigung mit der Bedeutung von Wörtern und deren Beziehungen untereinander im Mittelpunkt. Den syntaktischen und den Äußerungskontext dürfen wir aber trotzdem nicht aus den Augen verlieren, da er die Interpretation der Wortbedeutung in der Interaktion beträchtlich beeinflusst.

Meta- und Objektsprache: Bevor wir uns über Bedeutungen von Wörtern Gedanken machen, müssen wir uns vergegenwärtigen, dass wir uns nur mit Wörtern über Bedeutungen von Wörtern austauschen können. Es fragt sich also, wie sehr die Sprache, mit der wir (im Alltag und in der Wissenschaft) über Sprache sprechen – die sogenannte **Metasprache** –, die Beschreibung der zu untersuchenden **Objektsprache** mitprägt. Ersetzen wir nicht einfach die einen Wörter durch andere? Verschiedene Arten von Paraphrasen (Umschreibungen) spielen tatsächlich in der Semantik eine große Rolle, und es ist notwendig, die beiden Ebenen konsequent auseinanderzuhalten. In einem sprachwissenschaftlichen Text gilt die Konvention, dass objektsprachliche Ausdrücke kursiv gesetzt werden, wie in dem folgenden Beispiel für einen metasprachlichen (linguistischen) Text:

(16) Das Wort *Berliner* kann Bewohner von Berlin heißen oder außerhalb von Berlin auch für ein süßes Hefegebäck verwendet werden. Dasselbe wird in Österreich *Krapfen*, auf Englisch *doughnut*, auf Französisch *beignet* und auf Tschechisch *kobliha* genannt – wobei man gerade bei Gebäcken gut merkt, dass ›dasselbe‹ in verschiedenen Kulturen nicht unbedingt genau dasselbe ist.

Semantische Dekomposition: In Sprachphilosophie und Linguistik gibt es die alte, immer wiederkehrende Idee, dass man Wortbedeutungen in kleinste semantische Einheiten zerlegen kann. Das ist vergleichbar mit dem Versuch, Phoneme auf der Basis einer kleinen Anzahl von phonologischen Merkmalen zu definieren (zu den distinktiven phonologischen Merkmalen s. Kap. 2.4.3). Diese kleinsten semantischen Einheiten heißen in unterschiedlichen Theorien verschieden, z.B. semantische Merkmale, **Seme** oder *semantic primes* (in Anlehnung an die Primfaktoren in der Mathematik). Schon im 17. Jahrhundert folgte der englische Sprachphilosoph John Locke der Idee der Dekomposition, als er vorschlug, die Bedeutung des Wortes *theft* ›Diebstahl‹ folgendermaßen zu zerlegen: »the concealed change of the possession of any thing, without the consent of the proprietor« (Locke 1690/1952).

Natural Semantic Metalanguage: Eine der ausgefeiltesten Theorien zur **semantischen Dekomposition** ist Anna Wierzbickas *Natural Semantic Metalanguage* (vgl. Wierzbicka 1996). Sie kommt in der aktuellen Version mit 64 »semantic primes« aus, die – und das ist für die Theorie wichtig – sämtlich in allen natürlichen Sprachen lexikalisiert sein sollen.

Grundlegende Kategorien, die keine *primes* sind, aber zur Bildung spezifischerer Kategorien benötigt werden, heißen semantische Moleküle [m]. ›Kinder‹ sind z.B. ein semantisches Molekül, das zur Paraphrase von ›Frauen‹ benötigt wird; denn zur Definition von ›Frau‹ gehört »... zu mancher Zeit kann innen im Körper von jemand von dieser Art ein lebender Körper eines Kinds [m] sein«. Die Bedeutung von ›Mann‹ beinhaltet dann wiederum Frau als semantisches Molekül. ›Frauen‹ sind in dieser semantischen Analyse grundlegender als ›Männer‹, weil ›Männer‹ nicht zur Defi-

> **Definition**
>
> Die → Lexikologie ist die linguistische Teildisziplin, die Wörter und ihre Beziehungen zueinander sowie Wortschatz und seine Strukturierung untersucht (Lutzeier 1995; Cruse et al. 2005). Entsprechend der Unterteilung in eine Form- und eine Inhaltsseite der lexikalischen Einheiten liefern → Morphologie und → Semantik verschiedene Kriterien, die als Grundlage für lexikologische Untersuchungen verstanden werden. Die praktische Anwendung in der Erstellung von Wörterbüchern erfährt die Lexikologie in der → Lexikographie.

Semantic primes (Übersetzung der englischen Liste in Goddard 2012: 713)	Ein Beispiel (nach Goddard 2012: 719; Übersetzung aus dem Englischen)
ICH, DU, JEMAND, ETWAS~DING, LEUTE, KÖRPER, ART, TEIL, DIES, DASSELBE, ANDERES, EIN, ZWEI, VIEL, WENIG, EINIGE/MANCHE, ALL, GUT, SCHLECHT, GROSS, KLEIN, WISSEN, DENKEN, WOLLEN, FÜHLEN, SEHEN, HÖREN, SAGEN, WÖRTER, WAHR, TUN, GESCHEHEN, SICH BEWEGEN, BERÜHREN, (WO) SEIN, ES GIBT, (ETWAS) HABEN, (ETWAS/JEMAND) SEIN, LEBEN, STERBEN, WENN~ZEIT, JETZT, VORHER~BEVOR, SPÄTER, LANGE ZEIT, KURZE ZEIT, EINE ZEIT LANG, MOMENT, WO~ORT, HIER, OBEN, UNTEN, FERN, NAH, SEITE, INNEN, NICHT, VIELLEICHT, KÖNNEN, WEIL, WENN (BEDINGUNG), SEHR, MEHR, WIE~SO	›Kinder‹ (a) Leute einer Art (b) Alle Leute sind Leute dieser Art, bevor sie Leute nicht von dieser Art sein können (c) Wenn jemand jemand von dieser Art ist, hat dieser Jemand eine kurze Zeit gelebt, nicht eine lange Zeit (d) Die Körper von Leuten dieser Art sind klein (e) Wenn Leute so sind, können sie einige Dinge tun, sie können viele andere Dinge nicht tun (a) Weil dies so ist, wenn andere Leute nicht gute Dinge tun für sie, können ihnen schlechte Dinge geschehen

Tab. 10: *Natural Semantic Metalanguage*

nition von ›Frauen‹ benötigt werden, umgekehrt aber schon (Goddard/Wierzbicka, im Druck). Wichtig ist, dass die Definitionen sequenziell wie in (17) geordnet sind, damit keine Zirkularität entsteht.

(17) {›Vater‹, ›Mutter‹, ›Gatte‹, ›Gattin‹} < {›Männer‹} < {›Frauen‹} < {›Kinder‹} < {*primes*}

Kompositionalitätsprinzip: Eine Voraussetzung für die Annahme, dass es sinnvoll ist, Wortbedeutungen zu dekomponieren, ist das Kompositionalitätsprinzip. Es besagt, dass sich die Bedeutung eines komplexen Ausdrucks eindeutig aus der lexikalischen und grammatischen Bedeutung seiner Komponenten und aus der semantischen Interpretation der syntaktischen Struktur ergibt (Löbner 2003: 20). Das Kompositionalitätsprinzip ist auch als **Frege-Prinzip** bekannt, weil es dem deutschen Philosophen Gottlob Frege (1848–1925) zugeschrieben wird. Verwendung findet das Prinzip vorwiegend in der Satzsemantik (s. Kap. 4.4.3). Ein Dekompositionsansatz ist jedoch in der Wortsemantik nur sinnvoll, wenn man daran glaubt, dass das Kompositionalitätsprinzip auch innerhalb von Wörtern gilt. Dementsprechend versuchen kompositionelle Ansätze, für die Beschreibung von Bedeutungen für Wörter jeweils **die Menge von semantischen Einheiten** zu definieren, die der Wortbedeutung zugrunde liegt und anhand derer geklärt werden kann, wie das Wort zu anderen Wörtern in Beziehung steht (Erläuterungen zu den paradigmatischen Bedeutungsbeziehungen in 3.4.3 und zu Wortfeldern in 3.4.5).

Grenzen der Kompositionalität: Ungeachtet ihrer Nützlichkeit und intuitiv einleuchtender Anwendung stoßen Dekompositionstheorien schnell an ihre Grenzen. Ein viel diskutiertes Beispiel ist das Wort *Junggeselle*. Eine naheliegende Paraphrase ist »unverheirateter erwachsener Mann«; diese Paraphrase entspricht den Merkmalen [+ MÄNNLICH], [+ ERWACHSEN], [−VERHEIRATET], wobei wir diese drei Merkmale allenfalls weiter zerlegen können. Aber ist dieses Vorgehen tatsächlich immer sinnvoll? Für alle Ausdrücke in (18) trifft die Definition zu, dennoch ist die Bezeichnung *Junggeselle* in keiner Art und Weise ideal für sie (Lakoff 1987: 70):

(18) [+ MÄNNLICH], [+ ERWACHSEN], [−VERHEIRATET],
(a) der Papst
(b) Tarzan
(c) ein erwachsener Mann, der mit seiner Freundin seit Jahren zusammen wohnt
(d) ein erwachsener Mann, der in einer homosexuellen Partnerschaft lebt
(e) ein Neunzehnjähriger, der alleine wohnt, eine erfolgreiche Internetfirma betreibt und mit verschiedenen Frauen ausgeht
(f) ein Vierzigjähriger, der gerade die zweite Scheidung hinter sich gebracht hat

Beispiele wie diese lassen daran zweifeln, ob es in der Semantik immer sinnvoll ist, vom Äußerungskontext zu abstrahieren. Nach Lakoff (1987: 68) organisieren wir unser Wissen in »**idealisierten kognitiven Modellen**«, die nicht den Anspruch haben, der Wirklichkeit in ihrer vollen Komplexität gerecht zu werden. Der Dekompositionsansatz hat darüber hinaus Schwierigkeiten, der kulturellen Einbettung von Wortbedeutungen Rechnung zu tragen. Der Ausdruck *Junggeselle* passt in eine Gesellschaft, in der von erwachsenen Männern erwartet wird, dass sie verheiratet sind. Heutzutage ist eine solche Vorstellung ziemlich angestaubt, weshalb man schon sehr lange nach Kontexten suchen muss, in denen *Ich bin Junggeselle* überhaupt noch eine normale, unmarkierte Äußerung ist. In Kontaktanzeigen z. B. ist *Ich bin Single* wesentlich verbreiteter, ein Begriff, der sich aber wegen seiner meist nicht ungewollt größeren semantischen Vagheit nicht so gut für philosophische Abhandlungen eignet.

Weitere Möglichkeiten der semantischen Beschreibung: Neben der bisher erwähnten Paraphrase durch Zerlegung in kleinere Bedeutungseinheiten gibt es andere semantische Verfahren, mit denen die Bedeutung eines objektsprachlichen Wortes durch andere Wörter beschrieben werden kann. Auch annähernd bedeutungsgleiche Wörter oder Wörter, die das Gegenteil ausdrücken oder die etwas reicher oder weniger reich an Bedeutungsmerkmalen sind, können zur Beschreibung herangezogen werden (s. 3.4.3).

3.4.2 | Familienähnlichkeit und Prototypen

»Was bist du für ein Vogel, wenn du nicht fliegen kannst, sagte der kleine Vogel zur Ente. Was bist du für ein Vogel, wenn du nicht schwimmen kannst, sagte die Ente und tauchte unter.« (*Peter und der Wolf*)

Intension, Extension: In der Semantik wird häufig zwischen der Intension und Extension von Wortbedeutungen unterschieden.

- **Intension** steht dabei für eine Menge von Merkmalen oder den Bedeutungsinhalt,
- **Extension** für eine Menge von Entitäten, für die der verbale Ausdruck zutreffend ist.

Bei der intensionalen Bedeutungsbeschreibung wird in der Regel mehr oder weniger stillschweigend angenommen, dass die relevanten Merkmale immer gleichzeitig notwendig und hinreichend sein müssen (Alles-oder-Nichts). Konkrete Beispiele oder der tatsächliche Umfang der Begriffsverwendung werden vernachlässigt. Wenn wir die Ebene der Merkmale verlassen und uns dem Gebrauch der Wörter zuwenden, stoßen wir dann unweigerlich auf Schwierigkeiten. Das einleitende Beispiel aus ›Peter und der Wolf‹ verdeutlicht die Diskrepanz zwischen den Merkmalen, die in die Definition eines Begriffs eingehen (hier etwa ›kann fliegen‹ oder ›kann schwimmen‹), und der Verwendung des Begriffs für einzelne Vertreter. Es wird klar, dass sich nicht alle Wortbedeutungen durch eine Menge von Merkmalen erschöpfend beschreiben lassen.

Familienähnlichkeit: Der Philosoph Ludwig Wittgenstein spricht in diesem Zusammenhang von Familienähnlichkeit. Sein Beispiel, mit dem er illustriert, dass Merkmalslisten nicht ausreichen, um den adäquaten Gebrauch von Wörtern zu beschreiben, ist das Wort *Spiel* (Wittgenstein 1953):

»66. Betrachte z. B. einmal die Vorgänge, die wir ›Spiele‹ nennen. Ich meine Brettspiele, Kartenspiele, Ballspiele, Kampfspiele usw. Was ist diesen gemeinsam? [...] wenn du sie anschaust, wirst du zwar nicht sehen, was *allen* gemeinsam ist, aber du wirst Ähnlichkeiten, Verwandtschaften, sehen [...] Schau z. B. die Brettspiele an, mit ihren mannigfachen Verwandtschaften. Nun geh zu den Kartenspielen über: hier findest du viele Entsprechungen mit jener ersten Klasse, aber viele **gemeinsame Züge** verschwinden, andere treten auf. Wenn wir nun zu den Ballspielen übergehen, so bleibt manches Gemeinsame erhalten, aber vieles geht verloren. – Sind sie alle ›*unterhaltend*‹? Vergleiche Schach mit dem Mühlfahren. Oder gibt es überall ein Gewinnen oder Verlieren, oder eine Konkurrenz der Spielenden? Denk an die Patiencen. In den Ballspielen gibt es Gewinnen und Verlieren; aber wenn ein Kind den Ball an die Wand wirft und wieder auffängt, so ist dieser Zug verschwunden. Schau, welche Rolle Geschick und Glück spielen. Und wie verschieden ist Geschick im Schachspiel und im Tennisspiel. [...]
71. Man kann sagen, der Begriff ›Spiel‹ ist ein Begriff mit verschwommenen Rändern.«

Seine Beschreibung verdeutlicht, wie schwierig es ist, eine Merkmalsliste für all jene Formen des Zeitvertreibs aufzustellen, die wir als *Spiel* bezeichnen. Keines der Merkmale ›unterhaltend‹, ›Konkurrenz unter den Teilnehmenden‹ oder ›mehr als eine teilnehmende Person‹ treffen auf alle erwähnten Formen von Spielen zu. Es fällt jeweils leicht, Gegenbeispiele zu finden. Auch wenn es nicht einfach ist, klar abzugrenzen, wo ein Spiel endet und Training, Wettkampf oder eine berufliche Tätigkeit beginnt, gibt es Eigenschaften der einzelnen Tätigkeiten, die wir ›Spiele‹ nennen, die zwischen ihnen jeweils verbindend wirken. Es gibt jedoch keinen gemeinsamen Nenner für alle Vertreter, genauso wie in einer Familie nicht alle dieselbe charakteristische Stupsnase haben müssen, um sich irgendwie doch ähnlich zu sein.

Kategorisierung: Wenn für manche Dinge ein Begriff treffender ist als für andere, dann sollte er sich ihnen schneller zuordnen lassen als unsichere Kandidaten. Dies ist in der **kognitiven Psychologie** vielfach untersucht worden. Unscharfe Grenzen von Begriffen lassen sich daran erkennen, wie schnell, treffsicher und übereinstimmend sich Versuchspersonen bei der Kategorisierung von Dingen verhalten (Rosch 1975). Sieht man einen Papagei oder eine Ente (oder ein Bild davon), braucht man durchschnittlich länger, um zu entscheiden, ob der Begriff (die Kategorie) ›Vogel‹ darauf zutrifft, als bei einem Rotkehlchen oder einer Taube. Ebenso sind Säge und Hammer bessere Vertreter der Kategorie ›Werkzeug‹ als etwa eine Schere.

Prototypen: Für den Nachweis der Unschärfe von Kategoriengrenzen wurde das Vogelexperiment von Eleanor Rosch (1975) besonders bekannt. Es verdeutlicht, was in dem einleitenden Ausschnitt aus ›Peter und der Wolf‹ angesprochen wurde, nämlich dass manche Vertreter einer Kategorie bestimmte definierende Merkmale nicht erfüllen – beispielsweise die Fähigkeit zu fliegen. Manche Mitglieder (*Rotkehlchen*) sind **bessere Vertreter** der Kategorie ›Vogel‹ als andere (*Strauß*, *Pinguin*), weil sie diese Eigenschaft aufweisen. Diese Beispiele zeigen, dass viele Alltagsbegriffe offensichtlich nicht nach dem Kompositionalitätsprinzip aufgebaut sind, sondern Kernzonen mit besonders typischen Vertretern – Prototypen – und periphere Zonen mit untypischen Vertretern kennen. Die Richtung in der Semantik, die Bedeutung im Sinne typischerer und weniger typischer Vertreter untersucht, wird **Prototypensemantik** genannt.

Semantik des Mehr oder Weniger: »Wenn man gebräuchliche Objekte klassifiziert, betrachtet man sie nicht alle als gleichrangig. Man scheint eine bestimmte Vorstellung von den Merkmalen eines idealen Häufigkeit, was zum prototypischen Vertreter einer Kategorie wird. Und wir können mit Fug und Recht daran zweifeln, ob so etwas wie ein Heimtrainer überhaupt noch eine Art Fahrrad ist, bei dem zwar die Art der Bewegung und auch die Zahl der tretenden Personen passt, die Maschine aber gar nicht der Fortbewegung dient.

> **Definition**
>
> → **Kategorisierung** ist ein kognitiver Prozess, durch den Entitäten als (mehr oder weniger) ähnlich eingestuft werden können. Die Voraussetzung dafür ist einerseits Abstraktion von den einzelnen Phänomenen und andererseits, dass die Kategorien als mentale Repräsentationen in unserem kognitiven System bereitgestellt oder gebildet werden können.

Was ist die Bedeutung von *Fahrrad*?

Für diesen Begriff, der im Deutschen durch die Form des Kompositums relativ motiviert erscheint, sind aus anderen Sprachen einfache Wörter wie engl. *bike* oder franz. *vélo* bekannt – bei beiden handelt es sich jedoch um Kurzwortbildungen (*bicycle* ›Zweirad‹ oder *velocipède* von lat. *velocipede* ›schneller Fuß‹); auf Deutsch sagt man ja manchmal auch bloß *Rad*. Was ist nun die Bedeutung von *Fahrrad*? Und wie verhält es sich beispielsweise mit einem *Tandem*, einem *Veloziped*, einem *Laufrad* für Kinder, einem *Dreirad* oder einem *Elektrofahrrad*, das gegenwärtig das *Mofa* (Motorfahrrad) abzulösen scheint? Muss also das typischerweise zweirädrige, mit Muskelkraft durch das Treten von Pedalen durch einen Menschen vorangetriebene Fahrzeug tatsächlich zwei, und dann gleich zwei ungefähr gleich große Räder haben? Was ist, wenn es – wie im Falle des Tandems – von mehr als einer Person angetrieben wird?

Wir werden solche Vertreter wahrscheinlich als weniger typisch ansehen und dies sprachlich durch **Heckenausdrücke** (engl. *hedges*) verdeutlichen: *Ein Tandem ist eine Art Fahrrad. Ein Veloziped ist ein seltsames Fahrrad. Streng genommen ist ein Elektrorad kein Fahrrad.* Würde in einem Experiment die Zeit gemessen, wären die teilnehmenden Personen in der Benennung des typischen Fahrrads wohl schneller als im Falle des Velozipeds oder des Dreirads. Zugleich ist es natürlich eine Frage der Geläufigkeit, Relevanz und

Beispiel

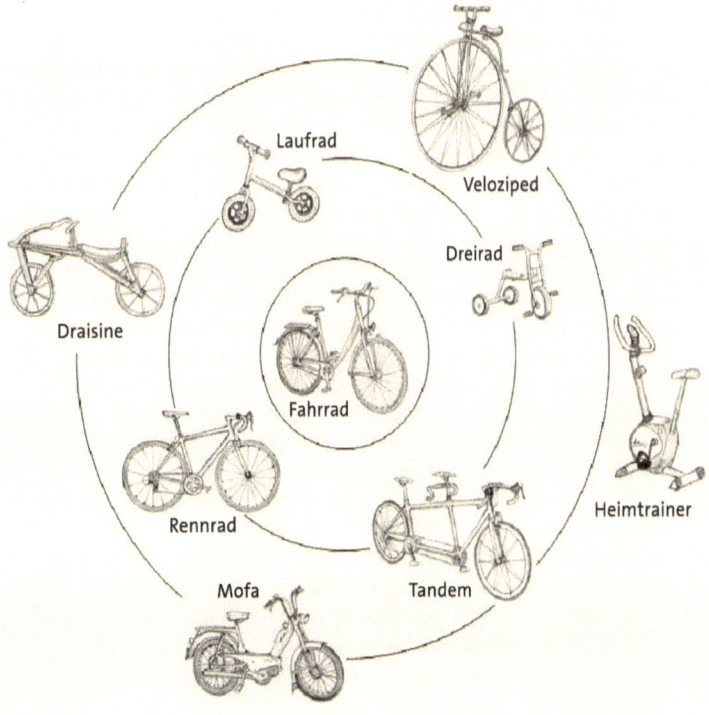

Abb. 3: Kern- und Randbereiche der Kategorie ›Fahrrad‹ (© Gottfried Ender)

alen Exemplars zu haben – eines ›Prototypen‹, wie Rosch sagt. Man prüft andere Objekte auf ihre Mitgliedschaft in derselben Kategorie, indem man sie mit den Merkmalen des Prototypen vergleicht. Dabei müssen die Objekte dem Prototypen nicht genau entsprechen, sie müssen ihm nur ähnlich genug sein – wenn auch nicht unbedingt äußerlich ähnlich« (Aitchison 1997: 69). Ein Gefäß mit einem Höhen-Breiten-Verhältnis von 1:1 und einem Henkel, aus dem getrunken werden kann, ist ein guter Vertreter der Kategorie ›Tasse‹. Jedoch ist keines dieser Merkmale zwingend notwendig und die Grenze zu den Kategorien ›Glas‹, ›Becher‹, ›Schale‹ und ›Vase‹ ist fließend (Labov 1973). Eine **Prototypensemantik** ist folglich keine ›Checklisten-Semantik‹, der zufolge eine bestimmte Menge von Merkmalen verbindlich zutreffen muss, damit eine Entität unter eine Kategorie gefasst werden kann, sondern eine ›Semantik des Mehr oder Weniger‹; ein Vertreter einer Kategorie kann aufgrund seiner Nähe/Distanz zum Kern einer Kategorie ein besserer oder schlechterer Repräsentant derselben sein.

Die oben erwähnten Prototypeneffekte in psycholinguistischen Tests (schnellere und treffsichere Zuordnung etc.) lassen sich auch bei scheinbar eindeutigen Begriffen wie ›Junggeselle‹ oder ›gerade Zahl‹ nachweisen. ›Zwei‹ und ›vier‹ sind prototypischere gerade Zahlen als ›686‹. Das Beispiel *Fahrrad* macht überdies deutlich, dass ›Prototyp‹ nicht in der landläufigen Bedeutung von ›erstem Entwurf einer Erfindung‹ gemeint ist, bevor sie in Serienproduktion geht. Das erste Fahrrad war nämlich die Drais'sche Laufmaschine, ein Gefährt, das heute keinesfalls den Kern der Kategorie besetzen würde, sondern das sehr viel mehr dem kindlichen Laufrad gleicht; dieses ist aber keinesfalls ein typischer Vertreter der Kategorie.

Basisebene: Prototypeneffekte treten besonders auf der Basisebene von Taxonomien auf (s. 3.3.3). Zur Erinnerung: Wir unterscheiden übergeordnete Kategorie (z. B. *Pflanze*), Basisebene (*Baum*) und untergeordnete Kategorie (*Bergahorn*). Wie in (19) deutlich wird, sind diese Ebenen jedoch funktional nicht äquivalent:

(19) (a) Vor meinem Haus steht eine große *Pflanze*.
(b) Vor meinem Haus steht ein großer *Baum*.
(c) Vor meinem Haus steht ein großer *Bergahorn*.

In alltäglicher Kommunikation werden Ausdrücke der Basisebene am häufigsten verwendet, sie werden in Benennungsaufgaben am schnellsten genannt, und auch viele der ersten Wörter im Spracherwerb von Kindern sind Ausdrücke der Basisebene. Bei der Zuweisung zu einer Kategorie ist folglich die Ebene der Basisbegriffe besonders wichtig. Erklärt werden kann dies anhand der Unterscheidung von **sensorischen** und **kategorialen Merkmalen** (Hoffmann 1988). Durch sensorische Merkmale werden Begriffe wahrnehmbar bzw. an-

---

Zur Vertiefung

Grundfarbwörter

Farbwörter haben für die Entwicklung der Prototypentheorie eine wichtige Rolle gespielt. Die Anthropologen Brent Berlin und Paul Kay wurden für ihre Forschung zu den sogenannten **Grundfarbwörtern** (*basic color terms*; vgl. Berlin/Kay 1969) bekannt. Als solche bezeichneten sie Farbwörter, die morphologisch einfach (wie z. B. italienisch *verde*, aber nicht *verde chiaro* ›hellgrün‹) und nicht auf bestimmte Kollokationen oder Anwendungen eingeschränkt sind (wie *blond* für die Farbe von Haar oder von Bier) und deren Bedeutung nicht von einem anderen Farbwort abgedeckt wird (z. B. *anthrazit* als eine Art von *grau*). Sie nennen für das Englische elf solche Grundfarbwörter: *white, black, red, green, yellow, blue, brown, purple, pink, orange* und *grey*.

Sprachen unterscheiden sich ganz wesentlich in ihrer Anzahl von Grundfarbwörtern. Manche Sprachen haben nur zwei, wie Dani (Papua-Neuguinea), das *mola* für helle bzw. warme Farben verwendet (weiß, rot, orange, gelb) und *mili* für dunkle bzw. kalte Farben (schwarz, blau, grün). Ibibio, eine Niger-Kongo-Sprache in Nigeria, kennt Farbwörter für schwarz, weiß, rot und grün. Andere Sprachen – wie eben auch Deutsch oder Englisch – besitzen elf Grundfarbwörter. Umstritten ist, ob Russisch mit seinen zwei Wörtern für ›blau‹ (*sínij* und *golubój*) und Ungarisch mit seinen zwei Wörtern für ›rot‹ (*piros* und *vörös*) diese Zahl noch übertreffen. Die Beschränkung der Grundfarbwörter auf ein Maximum von ca. zwölf bedeutet natürlich nicht, dass Menschen nicht grundsätzlich fähig sind, sehr viele Farben zu unterscheiden und Namen dafür zu finden; ein Blick in Modekataloge in verschiedensten Sprachen würde diese Annahme sofort entkräften. Alle weiteren Farbbezeichnungen sind aber morphologisch komplex (wie oben *hellgrün*), nur eingeschränkt verwendbar (wie *blond*) oder sie benennen hauptsächlich den Farbträger selbst (*anthrazit, gold, brombeer*).

Die Anzahl der Grundfarbwörter und welche Farben damit bezeichnet werden, ist jedoch nicht willkürlich. Es gibt z. B. keine Sprache, die nur zwei Farbwörter kennt und damit gelb und blau bezeichnet, und keine Sprache mit drei Farbwörtern, die rot, grün und blau bezeichnen. Kennt eine Sprache nur zwei Grundfarbwörter, dann unterscheiden sie zwischen *schwarz* und *weiß* (beziehungsweise *hell* und *dunkel*) wie Dani. Bei Sprachen mit drei Farben tritt stets *rot* als nächstes hinzu, danach kommen meist *gelb* oder *grün*, dann *blau* und *braun* und erst dann andere Grundfarbwörter in unbestimmter Reihenfolge. Als Orientierungspunkt für einzelne Farbwörter konnten Berlin und Kay bestimmte Fokuspunkte im Farbkontinuum bestimmen und gute und weniger gute Vertreter für Farbkategorien feststellen.

Ausgehend von diesen Untersuchungen stellte Eleanor Rosch (1971) fest, dass die besten Beispiele für Fokuspunkte im Farbkontinuum sprachübergreifend maximal gesättigte Farben sind, egal ob die Sprache ein Farbwort dafür hat. Diese werden eindeutiger kategorisiert, Personen erinnern sich besser an sie und benennen sie schneller als andere Farben (zur kulturellen Bedingtheit von Sprache s. auch Kap. 10.6).

schaulich beschrieben; für ›Baum‹ wären dies z. B. [STAMM], [ÄSTE], [BLÄTTER], [KRONE]. Kategoriale Merkmale hingegen klassifizieren Begriffe, bestimmen sie funktional oder im Rahmen der Hierarchie oder einer typischen Konstellation: *Eine Fichte und eine Eiche sind Bäume. Eine Fichte steht zu Weihnachten bei uns im Wohnzimmer.* Basisbegriffe sind die Begriffe, die am höchsten in der Hierarchie stehen, die aber noch vorwiegend durch sensorische Merkmale bestimmt werden können. Eine Pflanze ebenso wie ein Werkzeug kann ich nicht mehr gut durch die gleiche Gestalt beschreiben; dafür sind Bäume, Blumen und Kräuter bzw. Hammer, Säge und Feile zu verschieden.

Schemata, *frames*, *scripts*: Die Fähigkeit zur Konzeptbildung und Kategorisierung ist eine der elementarsten Eigenschaften der menschlichen Kognition. Die Konzepte bzw. Kategorien sind jedoch in unserem (sprachlichen) Wissen nicht isoliert repräsentiert. Die **Schema-Theorie** (Bartlett 1932) ist ein Versuch, unseren umfangreichen Wissensbestand zu modellieren. Sie erklärt die Verknüpfungen zwischen Konzepten anhand zweier Typen von Schemata als abstrakte Destillationen unserer Erfahrungen: *frames* und *scripts*.

Als erlernte innere Modelle helfen uns *frames* und *scripts* bei der Verarbeitung von sprachlichen Äußerungen über gleichartige oder ähnliche Situationen. So impliziert ein gemeinsamer Sonntagstee oder Sonntagskaffee gewisse Abläufe, die uns als Wissensmuster zur Verfügung stehen. Auch wenn nicht alle beteiligten Gegenstände oder Teilabläufe in der Äußerung erwähnt werden, so lassen sich aufgrund der Organisation unseres Wissens in *scripts* und *frames* fehlende Komponenten leicht ergänzen.

3.4.3 | Paradigmatische Bedeutungsrelationen

Ähnliche Begriffe können nicht nur in größere Zusammenhänge wie Kategorien oder Schemata gestellt werden, man kann sie auch direkt miteinander vergleichen. Hier konzentrieren wir uns auf Wörter, die sich so ähnlich sind, dass sie an einer bestimmten Position in einer Äußerung gegeneinander ausgetauscht werden können. Auf der Basis dieser denkbaren **Substitutionen** lassen sich paradigmatische Bedeutungsrelationen bilden. Wenn wir ›paradigmatisch‹ sagen, meinen wir jedoch in diesem Fall wesentlich losere Verbindungen als bei

> **Definitionen**
>
> → *Frames* sind statisch organisierte Standardmuster von Wirklichkeitsbereichen. Tassen kommen z. B. häufig zusammen mit anderem Geschirr (Untertasse, Teller), einem Löffel, einem trinkbaren Inhalt usw. vor. In der Form eines semantischen Netzwerkes gibt ein *frame* uns Auskunft über häufige Konstellationen des täglichen Lebens.
> → *Scripts* sind prozessual organisierte Wissensbestände von sich wiederholenden Handlungs- und Ereignisabfolgen. Dazu gehört z. B. unser Wissen, dass wir Kaffee in einer Tasse serviert bekommen und dass der auf der Untertasse befindliche Löffel nicht dazu dient, den Kaffee zu löffeln, sondern höchstens dazu, den Zucker oder die Milch damit zu verrühren.

den in 3.2.4 ausführlich besprochenen morphologischen Paradigmen.

Synonymie: Haben zwei Formen dieselbe Bedeutung, spricht man von Synonymie. Da Synonymie dem Prinzip der Ökonomie zuwiderläuft (s. 3.3.3), ist sie selten. Es gibt jedoch viele Fälle von großer Bedeutungsähnlichkeit mit unterschiedlichem Verhalten in Wortverbindungen oder mit zusätzlichen Bedeutungsnuancen. Ein Beispiel für bedeutungsähnliche Wörter sind die Farbbezeichnungen *gelb* und *blond*. Sie beziehen sich grundsätzlich auf denselben Ausschnitt aus dem Farbspektrum, allerdings kommt *blond* lediglich in Verbindung mit Haaren oder Biersorten zur Verwendung.

Denotation und Konnotation: Auch *Hund*, *Köter* und *Haushund* sind nicht wirklich synonym, obwohl sie jeweils auf dieselbe außersprachliche Größe Bezug nehmen, das heißt, dieselbe **Extension** haben, und sich die lexikalische Bedeutung – z. B. ›Vierbeiner, der bellt und als Haustier gehalten wird‹ – teilen. Für eben solche Fälle kann eine Unterscheidung in Denotation und Konnotation hilfreich sein.

- **Denotation** meint den Kern einer Wortbedeutung, die lexikalische Bedeutung für sich genommen.
- **Konnotation** meint eine sozial, individuell oder anderweitig begründete Überlagerung dieses Wortbedeutungskerns mit zusätzlichen Bedeutungsaspekten wie Gefühlen, Werten usw., die dann Nuancen der Bedeutung verändern. *Haushund* hat eine sachlich distanzierte, *Köter* eine **pejorative** (herabsetzende) Konnotation.

In demselben Sinne sind etwa *Polizist*, *Ordnungshüter* und *Bulle* beinahe bedeutungsgleiche Formen. Sie weisen dieselbe Denotation auf, da der

Ausdruck *Bulle* jedoch gleichzeitig eine abschätzige und negative Haltung impliziert, *Ordnungshüter* dagegen eine formal distanzierte, unterscheiden sich die drei Formen in ihrer Konnotation.

Hypo- und Hyperonyme: Für die Bezeichnung einer Entität stehen uns verschiedene allgemeine oder spezifischere Wörter zur Verfügung. Wörter verschiedener Taxonomiestufen (s. 3.3.3) stehen in Beziehungen der Hyponymie **(Unterordnung)** und Hyperonymie **(Überordnung)** zueinander. Hinsichtlich des Bedeutungsinhalts können wir Implikationsbeziehungen feststellen: A ist genau dann ein Unterbegriff zu B, wenn die Bedeutung von B auch Teil der Bedeutung von A ist und wenn die Bedeutung von A noch weitere Aspekte enthält, die sie spezifischer machen als die von B. Um auf das Beispiel *Adlernase* (s. 3.3.3) zurückzukehren, bedeutet dies: Das Hyponym *Adlernase* enthält im Vergleich zu seinem Hyperonym *Nase* zusätzliche Information über die Form. Solche Determinativkomposita nach dem Prinzip Modifikator – Kopf sind sehr gute Beispiele für Hyponymie. *Adlernase* und *Stupsnase* sind auf derselben Hierarchiestufe Ko-Hyponyme zueinander. Die beiden Komposita veranschaulichen, dass es häufig kein fixes Set an möglichen Bedeutungsbeziehungen zwischen Modifikator und Kopf gibt. Während *Adlernase* die Tatsache bezeichnet, dass die Nase im Profil dem Schnabel eines Adlers gleicht, basiert *Stupsnase* wohl auf der Tatsache, dass eine solche leicht nach oben gebogene Nasenspitze aussieht, als hätte man leicht dagegen gedrückt, nicht aber »die Nase sieht aus wie ein Stups«. Nicht immer drückt sich eine Über- und Unterordnungsbeziehung allerdings in einer formalen Ähnlichkeit aus: Den Ausdrücken *Rose* und *Nelke* sieht man nicht an, dass sie wesentliche Bedeutungsbestandteile von *Blume* beinhalten:

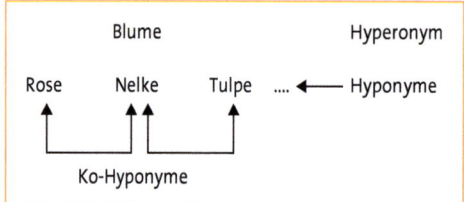

Abb. 4: Beziehungen der Über- und Unterordnung

Antonyme: Oppositionsbeziehungen (Antonymie) können verschiedenartig sein, und entsprechend gibt es dafür verschiedene Termini. Im Falle von
- **Komplementarität** oder **Kontradiktion** schließen sich die beiden Bedeutungen ohne Zwischenstufen vollständig aus (so wie *tot* und *lebendig*), während bei
- **Kontrarität** häufig ein gradueller Übergang oder verschiedene Zwischenstufen ausgemacht werden können, wie grob angedeutet in *heiß – warm – lau – kalt – eisig*.
- **Reversive** sind dagegen entgegengesetzte umkehrbare Vorgänge oder Zustände wie *sinken – steigen*, *oben – unten*, *öffnen – schließen*, *offen – zu* oder *kaufen – verkaufen*.

Viele Wörter haben jedoch nicht nur ein Antonym: Was ist das Gegenstück zu *kaufen*? Je nachdem, welchen Bedeutungsbestandteil man in Opposition stellt, bekommt man einmal *leihen* (beschränkte Zeit versus permanent), einmal *stehlen* (unerlaubterweise ohne Bezahlung versus erlaubterweise gegen Geld) und einmal *verkaufen* (aus der Sicht des Handels versus des Kunden). Überdies sind nicht alle Oppositionsbeziehungen gleich gute Antonyme. Nach Croft/Cruse (2004: 166) weisen bessere Oppositionsbeziehungen folgende Eigenschaften auf: (a) innewohnende Binarität, (b) pure Opposition, (c) Symmetrie und (d) gleiches Register. In den Beispielpaaren in (20a-d) ist jeweils das erste eine bessere Opposition.

(20) Gute und weniger gute Antonymenpaare
(a) innewohnende Binarität: *hinauf* : *hinunter*
    nicht aber *Hund* : *Katze*
(b) pure Opposition: *männlich* : *weiblich*
    nicht aber *Zauberer* : *Hexe*
(c) Symmetrie: *groß* : *klein*, nicht aber *groß* : *winzig*
(d) gleiches Register: *lebendig* : *tot*
    nicht aber *lebendig* : *krepiert*

Meronyme: Vieles in unserer Erfahrungswelt wird nach dem Prinzip des Ganzen mit charakteristischen Teilen betrachtet. **Meronymie** ist die Bedeutungsbeziehung zwischen Teil und Ganzem. *Kopf*, *Hals* und *Rumpf* sind **Meronyme** zum **Holonym** *Körper*; *Gesicht* und *Ohr* sind Meronyme zu *Kopf*; *Nase* und *Mund* sind Meronyme zu *Gesicht* etc. Meronymie bildet oft Ketten; die Nasenspitze ist genauso ein Teil des Körpers wie die Nase, das Gesicht und der Kopf. Sie unterscheidet sich hingegen klar von der Hyponymie: Ein Gesicht ist kein Kopf, aber eine Taube ist ein Vogel, kein Teil eines Vogels. Es gibt jedoch viele unterschiedliche Arten von Meronymie. Croft/Cruse (2004: 160) unterscheiden beispielsweise zwischen intrinsischen (essentiellen) und extrinsischen Teilen; *Finger* ist ein intrinsischer Teil von *Hand*, *See* ist dagegen kein intrinsischer Teil von *Park*, obwohl viele Parks einen oder mehrere Seen enthalten. *See* ist also ein extrinsisches Meronym von *Park*.

Meronymie spielt eine wichtige Rolle in *scripts* und *frames* (s. 3.4.2). Viele Begriffe kommen mit einer ganzen Menge voretablierter Bestandteile daher, die man nicht einzuführen braucht, sondern als bekannt voraussetzen kann. Die Teile sind schon vor ihrer Nennung so im Ganzen verankert, dass man bereits bei der Ersterwähnung direkt mit dem bestimmten Artikel auf sie verweisen kann. Sie sind so erwartbar, dass man speziell darauf hinweisen muss, wenn sie fehlen: *Am Samstag war ich auf einer seltsamen Hochzeit. Die Trauzeugen stritten vor der Kirche lauthals um Parkplätze, die Braut hatte keinen Strauß und der Bräutigam hatte die Ringe vergessen. Anstelle der Brautjungfern liefen in der Kirche zwei Windhunde herum und der Pfarrer war auch nach langem Suchen nicht aufzutreiben.*

Die Meronymie zeigt, wie sehr sprachliche Begriffe miteinander vernetzt sind. Viele Wörter sind wie vorgefertigte Bauteile, die man sehr schnell zu konventionellen Aussagen zusammenbauen kann. Man stelle sich eine Sprache vor, in der es keine Meronymie im Wortschatz gäbe – sie sähe wohl ziemlich ähnlich aus wie die Paraphrasen in der in 3.4.1 besprochenen *Natural Semantic Metalanguage*. Wir finden jedoch sogar dort in der Liste der *primes* ein so typisches Holonym wie *Körper*. Das heißt, sogar einige der allergrundlegendsten Wörter weisen noch konventionelle Teil-Ganzes-Beziehungen auf.

> **Zur Vertiefung**
>
> **Semantische Markiertheit**
> Bei einem Antonymenpaar sind die beteiligten Wörter gewöhnlich nicht gleichwertig, da häufig ein Element auch in semantisch neutralisierten Kontexten verwendet werden kann.
>
> (a) Wie alt ist Eva? Eva ist 7 Jahre alt. – *Eva ist 7 Jahre jung.
> (b) Wie groß ist dein Zwergkaninchen? – *Wie klein ist dein Zwergkaninchen?
>
> Eines der Elemente gilt als markiert (das besondere) und das andere als unmarkiert (das normale, allgemeine). Das unmarkierte Wort – hier *alt* und *groß* – steht in diesem Fall für die ganze Skala. Es kann hinsichtlich eines Wertes neutral gebraucht werden, das andere, markierte Wort hingegen nicht. Solche Markiertheitsunterschiede gibt es nicht nur bei Adjektiven in Gegensatzbeziehung. Auch beim Begriffspaar *Katze/Kater* lässt sich beobachten, dass sich die beiden Elemente hinsichtlich ihrer semantischen Spezifikation unterscheiden.
>
> (c) Die getigerte Katze ist ein Weibchen, die kleine schwarze Katze ist ein Männchen.
> (d) Meine Katze Mucki ist ein Kater.
> (e) Mir fallen absolut keine Namen für meine männliche Katze ein. Wer hilft mir?
>
> Das unmarkierte Element – hier *Katze* – ist semantisch unspezifischer und kann deshalb auch in Kontexten erscheinen, die hinsichtlich dieser Merkmale neutralisiert sind. Es ist durchaus denkbar, von einer *weiblichen/männlichen Katze* zu sprechen, während der Ausdruck *Kater* keine zusätzliche Spezifikation erfordert oder gar erlaubt, da sein semantischer Gehalt bereits die spezifische Geschlechtszuordnung enthält.
> Der Begriff ›Markiertheit‹ wurde in der Phonologie zur Beschreibung von lautlichen Kontrasten geprägt (Trubetzkoy 1931; s. Kap. 2.5.2), fand dann aber auch Anwendung in der lexikalischen Semantik (Jakobson 1932; Lyons 1977) und in vielfältigen linguistischen Beschreibungskontexten (einen kritischen Überblick bietet Haspelmath 2006).

3.4.4 | Übertragene Bedeutung

Metapher, Metonymie: Wörter werden häufig nicht in ihrer eigentlichen Bedeutung verwendet. Die zwei meistdiskutierten Bedeutungsverschiebungen sind Metapher und Metonymie.

Bei der **Metapher** bedient man sich einer Bezeichnung aus einem anderen Bereich (z. B. aus einem anderen Wortfeld; s. hierzu 3.4.5) aufgrund einer wahrgenommenen oder von der sprechenden Person hervorgehobenen Ähnlichkeit. Für die *Computermaus*, den *Fleischwolf*, das *Schlangestehen*, die *Wanze* im Spionagethriller, *Delphin* und *Butterfly* beim Schwimmen, *Hühneraugen* und den *Bullen-* und *Bärenmarkt* sind Zoos, Tierheime und Tierärzte nicht zuständig. Das Tierreich dient als **bildspendender Bereich** für die Bezeichnung anderer Gegebenheiten, deren Ähnlichkeit zum Aussehen oder Verhalten von Tieren dafür die Basis bildet.

Bei der **Metonymie** kommt es dagegen zu einer Verlagerung des Konzepts auf eine seiner Komponenten. Im Restaurant werden Kunden beispielsweise gerne auf ihre Bestellung reduziert; dies ist im folgenden französischen Witz etwas übertrieben zum Ausdruck gebracht:

(21) – C'est vous, la tête de veau?
 – Non, la tête de veau, c'est ma femme. Moi, je suis le pied de porc.
 – Sind Sie der Kalbskopf?
 – Nein, der Kalbskopf ist meine Frau. Ich bin die Schweinshaxe. (Koch et al. 1997).

3.4 Wörter

Was bedeuten Wörter?

> **Definition**
>
> - Eine → **Metapher** (griech. *metaphorá* ›Weg-, Anderswohintragen‹) ist ein bildlicher Ausdruck. Sie bezeichnet die Benennung eines Konzeptes durch einen Ausdruck, der aus einem anderen Bedeutungsbereich stammt. Die Basis dafür ist eine wahrgenommene Ähnlichkeit.
> - Eine → **Metonymie** (griech. *metonomázein* ›umbenennen‹) ist ein anderes häufig verwendetes Mittel, Wörter in uneigentlicher Bedeutung zu verwenden. Die gewählten Ausdrücke stehen in einer geistigen oder sachlichen Beziehung zum eigentlichen Wort (›Erfinder/in‹ für ›Erfindung‹, ›Ort‹ oder ›Land‹ für ›Personen‹ usw.).

Metonymie liegt auch bei den folgenden Beziehungen zwischen Autor und Werk, Stadt und Bewohner/innen, Behälter und Inhalt vor:

(22) (a) Ich habe für diese Seminararbeit den ganzen Auer gelesen.
(b) Frankfurt jubelt – Eintracht hat gewonnen.
(c) Erna hat eine ganze Flasche getrunken.

Konzeptuelle Metaphern: Die kognitive Linguistik (Achtung, das ist eine Metonymie! Wir meinen natürlich bekannte Vertreter/innen der kognitiven Linguistik wie George Lakoff und Marc Johnson 1980) betont, dass Metaphern nicht die Ausnahme darstellen, sondern sich systematisch durch die gesamte Sprache ziehen. Metaphern sind nicht nur Kunstgriffe in poetischen Texten, sondern durchdringen unser tägliches Leben. Lakoff und Johnson sprechen von konzeptuellen Metaphern, die die Form A IST B haben – z. B. HAPPY IS UP, SAD IS DOWN; MORE IS UP, LESS IS DOWN –, und für die es jeweils viele Beispiele aus der Alltagssprache gibt. Ein anschauliches Beispiel ist die konzeptuelle Metapher ARGUMENT IS WAR, wie in den folgenden englischen Beispielen:

(23) (a) Your claims are indefensible.
(b) He attacked every weak point in my argument.
(c) I demolished his argument.
(d) If you use that strategy, he'll wipe you out.

Von großer Bedeutung für unser Bild von Sprache ist Michael Reddys (1979/1993) Leitungsmetapher der Bedeutungsübertragung (*conduit metaphor*), die eigentlich aus drei konzeptuellen Metaphern besteht: IDEAS (OR MEANINGS) ARE OBJECTS, LINGUISTIC EXPRESSIONS ARE CONTAINERS und COMMUNICATION IS SENDING. Hiervon zeugen die Beispiele in (24). Es stellt sich nun natürlich die Frage, ob Wörter, Sätze und Texte wirklich Gefäße sind, die einen Inhalt haben (s. 24 a, b) und ob sie wie Objekte verschoben werden (s. 24 c, d), oder ob uns dies die konzeptuelle Metapher nur vorgaukelt.

(24) (a) The meaning is right there in the words.
(b) Your words seem hollow.
(c) It's hard to get that idea across to him.
(d) I gave you that idea.

Kulturabhängigkeit: Obwohl die kognitive Linguistik die Universalität konzeptueller Metaphern betont, kann nicht geleugnet werden, dass Metaphern häufig sprach- und kulturspezifisch sind. In indoeuropäischen Sprachen ist z. B. die Metapher WISSEN IST SEHEN sehr verbreitet. Das verdeutlicht beispielsweise engl. *I see*, aber auch das altgriechische Verb für ›wissen‹ *oȋda* – es ist eigentlich das Perfekt von ›sehen‹. (Von diesem Stamm kommt auch dt. *er/sie weiß*; s. 3.2.4.) Australische Sprachen rekrutieren dagegen Wissens- und Verstehensausdrücke eher von ›hören‹. Das hängt wahrscheinlich damit zusammen, dass der dyadische Konversationsstil (*face-to-face* mit Augenkontakt) bei den Aborigines weniger üblich ist. Bei den Yolngu z. B. ist Augenkontakt mit Machtanspruch assoziiert, also aggressiv und beleidigend. Kindern wird beigebracht, anderen Leuten nicht in die Augen zu sehen. Andererseits spielen Stätten und Ortsnamen in Geschichten und Liedern eine große Rolle; das Wissen über diese Orte wird also primär

---

> **Zur Vertiefung**
>
> **Ontologische Kategorien**
> Die Philosophie und in ihrem Kielwasser die Sprachforschung versuchen seit Aristoteles auf der Basis von Fragewörtern einen Katalog der grundlegendsten Kategorien zu erstellen. Kandidaten sind Person (*wer?*), Objekt/Prozess (*was?*), Raum (*wo?*), Zeit (*wann?*) und Qualität/Art (*wie?*). Wenn man sich nun ansieht, wie diese **ontologischen Kategorien** durch Metaphern verbunden sind, stellt man eine klare Hierarchie fest:
>
> Person > Objekt > Prozess > Raum > Zeit > Qualität
>
> Zeitausdrücke gehen z. B. häufig auf metaphorisch verwendete Raumausdrücke zurück (**in** zwei Stunden, die Zeit ist ver**gang**en, die Uhr **geht** nach). Ausdrücke für Begleiter (Person) können oft auch für Instrumente (Objekt) und Art und Weise (Qualität) verwendet werden: *Er kämpft **mit** dem Feind, **mit** dem Messer, **mit** einer neuen Brutalität*. Die kognitive Linguistik betont den anthropozentrischen Charakter der Sprache, um die Hierarchie der ontologischen Kategorien zu erklären, wie sie in den Metaphern der Sprache zum Ausdruck kommt. Deshalb steht die Kategorie ›Person‹ ganz oben. Wir drücken das, was uns weniger naheliegt (abstrakte Bedeutungen, weiter rechts in der Hierarchie), gerne durch Dinge aus, die wir besser kennen (die also weiter links stehen).

über das Hören, nicht das Sehen vermittelt: Man kann Orte und Wege ›hören‹ (Evans/Wilkins 2000).

Idiomatik: In enger Verbindung zu metaphorischer Bedeutung stehen **idiomatische Wendungen**. Deutschsprachige haben *einen Frosch im Hals*, während Französischsprachige in vergleichbaren Situationen von einer Katze im Hals sprechen (*un chat dans la gorge*), um das Gefühl von belegtem Rachen oder Heiserkeit auszudrücken. Schwedische Pflanzenliebhaber haben *gröna fingrar*, keinen *grünen Daumen*. Es handelt sich in solchen Fällen also um mehrgliedrige Wortgruppen bzw. Lexikoneinheiten mit bestimmten Eigenschaften: Ihre Gesamtbedeutung kann nicht aus den Einzelelementen abgeleitet werden, der Austausch von Einzelelementen (z. B. *ich habe einen großen Frosch / mehrere Frösche im Hals*) ist nicht systematisch möglich.

3.4.5 | Wortfelder und Bedeutungsspektren

Wortfelder sind die organisierte Darstellung von bedeutungsverwandten Wörtern. Verschiedene Ansammlungen von Wasser werden etwa unter dem Ausdruck *Gewässer* zusammengefasst. Entsprechend der Bewegtheit und Geschwindigkeit, der Größe und anderen Merkmalen wird dann zwischen *Fluss, Bach, See, Teich* usw. unterschieden, und die einzelnen Wortbedeutungen werden gegeneinander abgegrenzt. Das Sammeln von Ausdrücken eines **Bedeutungsspektrums** (z. B. *Gewässer*) ist eine **onomasiologische** Vorgehensweise (s. 3.3.1), wir gehen also bei der Beschreibung eines Wortfelds zunächst von der Bedeutung zur Form. In einem nächsten Schritt werden dann die Beziehungen, die zwischen den einzelnen Wörtern des Wortfelds bestehen, durch eine Merkmalsanalyse herausgearbeitet (Coseriu 1967). Dieser Teil der Wortfeldanalyse ist dann eher ein **semasiologischer** Prozess (von der Form zur Bedeutung). Wortfeldanalysen haben seit Jost Trier (1931) eine lange Tradition in der strukturalistischen Beschreibung des Wortbestands. Hierbei wird oft von einer Gesamtbedeutung des Wortes ausgegangen, ohne seinen konkreten Gebrauch zu untersuchen. Beispiele wie *Die Stadt existiert nicht mehr; dort ist nur noch ein See von Schlamm* werden für die Bedeutungsbestimmung des Wortes *See* im Wortfeld Gewässer nicht herangezogen.

Archilexem: In der systematischen Hierarchie eines Wortfelds kann ein **Hyperonym** (s. 3.4.3) für

> **Definition**
>
> Bei einem → **Wortfeld** handelt es sich um eine Menge an teilweise bedeutungsverwandten Wörtern, die den Bestand an Bezeichnungen für ein Bedeutungsspektrum in einer Sprache repräsentieren. Sie stehen in struktureller Hinsicht durch einfache inhaltsunterscheidende Merkmale in Opposition zueinander.

das gesamte Wortfeld stehen; dieses wird **Archilexem** genannt. Im obigen Fall wäre dies *Gewässer*. Allerdings gibt es auch Wortfelder ohne ein Archilexem, wie dies für die Wortgruppe *Straße, Weg, Pfad, Allee* usw. der Fall ist. Für die verschiedenen Verben des Geräuschemachens wie *klirren, läuten, scheppern, rasseln* usw. ist es fraglich, ob *klingen* ein Archilexem oder nur ein weiteres Ko-Hyponym ist. Die Vertreter eines Wortfeldes stehen in paradigmatischen lexikalischen Beziehungen zueinander und differenzieren das lexikalische Feld. Die semantischen Gliederungspunkte, die für die Skala der Oppositionen zwischen bestimmten Lexemen sorgen, bezeichnet man auch als Dimension. Die Dimensionen für das Wortfeld *Gewässer* wären somit ›relative Größe‹, ›Natürlichkeit‹, ›Bewegung‹, ›Wasserstand‹ usw. Die Dimensionen von alltagssprachlichen Taxonomien sind jedoch nicht immer eindeutig zu ermitteln.

Defektivität: Zudem wäre es falsch anzunehmen, dass Wortfeldstrukturen lückenlos und völlig regelmäßig wären. Vielmehr ist Defektivität ein häufiges Charakteristikum von Wortfeldern. Die **Lücke** im Begriffspaar *durstig : x* als Gegensatz zum Paar *hungrig : satt* und *nüchtern : betrunken* verdeutlicht dies ebenso wie der fehlende Überbegriff für *Onkel* und *Tante* in dem ansonsten so regelmäßig strukturierten deutschen Wortfeld der Verwandtschaftsbezeichnungen. Defektiv in einem weiteren Sinne sind Wortfelder auch dadurch, dass die **Polysemie** eines Wortes nicht ausreichend miteinbezogen werden kann. Die Bedeutung, die beispielsweise *rasseln* in (25) besitzt, wird für eine Analyse der ›Geräuschemachverben‹ außen vor gelassen.

(25) Wenn er nichts lernt, dann rasselt er durch die Prüfung.

Wortfelder sind idealisiert; sie streben eine umfassende Strukturierung des lexikalischen Bestands an. Obwohl durch Wortfeldanalysen Bedeutungsbeziehungen expliziter gemacht werden können, werden sie der Polysemie und Metaphorik von Wörtern nicht gerecht.

3.4 Wörter

Was bedeuten Wörter?

Sprachvergleiche: Oft teilen verschiedene Sprachen ein Bedeutungsspektrum nicht in derselben Weise auf. Wie sich Sprachen in der Bezeichnung von Realitätsausschnitten unterscheiden, verdeutlichen sprachvergleichende Wortfeldanalysen oder ausgewählte Bedeutungsanalysen. Sprachvergleichende Daten zu Bedeutungsspektren lassen sich in sog. semantischen Karten visualisieren, auf die wir hier nicht eingehen können (vgl. z.B. Haspelmath 2003 und Levinson/Meira 2003).

Beispiel — Sprachvergleich zur Bezeichnung von lokalen Konstellationen

Als Beispiel soll die Bezeichnung von statischer räumlicher Konfiguration von Figur- und Grund-Beziehungen behandelt werden. Mit **Figur** ist das Objekt gemeint, auf das ich verweise (**Verweisobjekt**) und dessen Position ich in Bezug auf einen **Grund**, ein anderes Objekt (**Referenzobjekt**), beschreibe. (In dem Satz *Das Pferd steht vor dem Stall.* ist also beispielsweise das ›Pferd‹ Figur oder Verweisobjekt, der ›Stall‹ Grund oder Referenzobjekt.)

Betrachten wir nun die Beispiele (a) bis (g) (Bowerman 1996). Welche sprachlichen Mittel verwenden Englisch, Niederländisch, Finnisch und Lettisch für die verschiedenen Kontaktbeziehungen zwischen Figur und Grund? Wie überlappen oder unterscheiden sich die gewählten Sprachen in der Verwendung von sprachlichen Mitteln für die verschiedenen räumlichen Konstellationen? Wie lassen sich die unterschiedlichen Strukturierungen beschreiben? (N steht für Nomen, GEN und LOC für die Kasus Genitiv und Lokativ.)

Die Sprachen teilen sich den Gültigkeitsbereich für einzelne Möglichkeiten der Versprachlichung der Beziehung zwischen Verweis- und Referenzobjekt unterschiedlich auf. Die räumliche Beziehung, die durch englisch *on* ausgedrückt wird, bedeutet sehr allgemein ›in Kontakt mit der Oberfläche des Referenzobjekts und davon unterstützt (aber nicht darin eingeschlossen)‹. Trotz der relativ nahen Verwandtschaft differenziert Niederländisch diesen Bereich mit den Präpositionen *op*, *aan* und *om*. *Om* steht für die Beziehung des Umschließens, allerdings sehr viel einheitlicher als englisch *around* – oder Deutsch *um ... herum* – und daher auch, wenn Kontakt und Unterstützung durch das Referenzobjekt gegeben wird. *Aan* wird verwendet, wenn die Figur ihre Position beibehält, indem sie irgendwie festgemacht ist, während im Falle von *op* die Figur als stabil betrachtet wird.

Im Finnischen erfolgt die Strukturierung desselben Wirklichkeitsausschnitts noch einmal anders. Der Inessiv (*-ssa/-ssä*), der häufig als ›interner‹ Kasus als Entsprechung zu dt. *in* beschrieben wird, wird für die Beispiele (a) bis (e) verwendet. Bei (f) und (g) kommt der Adessiv-Kasus (*-lla/-llä*) zum Zug, der als ›externer‹ Kasus als Entsprechung zu *an, auf, bei, weg von* übersetzt wird.

Es mag nun eigenartig erscheinen, dass der Henkel gewissermaßen ›im‹ Topf, das Pflaster ›im‹ Bein, der Ring ›im‹ Finger oder die Fliege ›im‹ Fenster sein soll. Das Konzept der **relativen Distanz** (Landau/Jackendoff 1993) zwischen Verweis- und Referenzobjekt hilft besser zu verstehen, was vor sich geht. Im Falle von Eingeschlossenheit (a) ist die Distanz minimal; wenn das

Tab. 11: Statisch räumliche Konfigurationen (nach Bowerman 1996)

    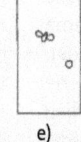  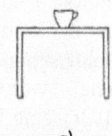

a)   b)   c)   d)   e)   f)   g)

	(a) Apfel – Schale	(b) Henkel – Topf	(c) Pflaster – Bein	(d) Ring – Finger	(e) Fliege – Fenster	(f) Bild – Wand	(g) Tasse – Tisch
Englisch	*in* N	*on* N	*on* N	*on* N	*on* N	*on* N	*on* N
Niederl.	*in* N	*aan* N	*op* N	*om* N	*op* N	*aan* N	*op* N
Finnisch	N-*ssa*	N-*ssa*	N-*ssa*	N-*ssa*	N-*ssa*	N-*lla*	N-*lla*
Lettisch	N-LOC	N-GEN *sānos*	*uz* N-GEN	N-LOC	*pie/uz* N-GEN	*pie* N-GEN	*uz* N-GEN

Verweisobjekt außen an der Oberfläche fix befestigt ist (b und c), ist es immer noch relativ nahe. Relativ groß wird die Distanz durch weniger dauerhafte Befestigung (d und e), und loser Kontakt ohne direkte Befestigung, also maximale Distanz, kennzeichnet die beiden rechten Beispiele (f und g). Englisch und Finnisch teilen sich das Kontinuum von relativer Nähe und Distanz unterschiedlich auf: Während im Englischen nur die Beziehung der Eingeschlossenheit gekennzeichnet ist, wird im Finnischen der lose Kontakt zwischen Verweis- und Referenzobjekt mit dem Adessiv besonders behandelt. Lettisch steht zwischen Finnisch und Niederländisch. Der Ring ist ›im‹ Finger wie im Finnischen, und die Präpositionen *pie* und *uz* mit Genitiv sind ähnlich verteilt wie Niederländisch *aan* und *op*. Bei Henkel/Pfanne muss man ›an der Seite der Pfanne‹ sagen. In den besprochenen Sprachen unterscheiden sich die Benennungen für denselben Wirklichkeitsbereich in Bezug auf unterschiedliche Aspekte von räumlichen Beziehungen. Wenn nun in anderen Sprachen auch noch die Form oder Identität von Figur und Grund eine entscheidende Rolle für die Wahl der sprachlichen Mittel spielt, wird die Sachlage gleichzeitig interessanter und komplizierter.

3.4.6 | Semantik von Eigennamen

Die Semantik der **Eigennamen** (*nomina propria*, in der Einzahl *nomen proprium*) und ihre Abgrenzung von **Gattungsnamen** (*Appelativa*) hat in der Sprachphilosophie und Semantik viel Stoff für Diskussionen geliefert. Dabei spielt besonders die Unterscheidung zwischen Intension und Extension eine wichtige Rolle. Ein Eigenname nimmt auf eine einzelne Entität Bezug, und daher scheint die Bestimmung der Extension für einen Eigennamen typischerweise kein Problem zu sein: *Berlin*, *Matterhorn*, *Wüste Gobi* (geographische Namen), *Leonardo da Vinci*, *Marie Curie* (Personennamen).

Extension ohne Bedeutung: Es gibt zwei verschiedene Ansätze zur Analyse der Bedeutung von Eigennamen (Cruse 2004: 327–330). Manche Forscher/innen argumentieren, dass Eigennamen keine Bedeutung haben, sondern nur durch ihre Extension bestimmt sind. *Bernhard* oder *Andrea* verweisen nicht aufgrund einer deskriptiven Bedeutung auf zwei Personen, sondern weil bestimmten Personen von ihren Eltern dieser Name gegeben wurde. Beide Namen verraten grundsätzlich nichts über die Eigenschaften dieser beiden Personen oder gar über die Eigenschaften mehrerer Personen mit diesen Namen (denn gerade Personennamen sind in den seltensten Fällen wirklich einzigartig).

Intension durch individuelle Konzepte: Ein anderer Ansatz betrachtet Eigennamen als Abkürzungen für Bedeutungsbeschreibungen. Eigennamen erhalten ihre Intension nicht durch generische Konzepte – wie das bei Gattungsnamen der Fall ist –, sondern durch individuelle, und verfügen somit über einen höheren Grad an **Homonymie**.

Wenn ich zwei Personen mit dem Namen *Peter* kenne, dann handelt es sich um Formgleichheit bei unterschiedlicher Bedeutung. Mit dieser Art von Bedeutung, die im Zusammenhang mit der Extension der Bezeichnung steht, darf nicht die Tatsache verwechselt werden, dass Namen historisch betrachtet aus bedeutsamen Bestandteilen bestehen und dass in einem Vornamenlexikon sehr wohl die Bedeutungen von Namen aufgelistet werden. So gehen *Sophie*, *Sofia* auf das griechische *sophía* ›Weisheit‹ und *Peter*, *Pierre*, *Piotr* auf griech. *pétros* ›Fels‹ zurück. Dieses Wissen kann Sprachbenutzern bekannt sein oder auch nicht. Auf alle Fälle aber gibt es keine Auskunft darüber, für welche Personen die jeweiligen Namen verwendet werden können; es ist daher für ihre Bedeutung irrelevant.

Das Benennen mit Eigennamen ist jedoch nicht in jeder Hinsicht anders als das Beschreiben durch Gattungsnamen. Wir verwenden beide, um möglichst eindeutig auf eine Person, ein Ding, ein Wesen etc. Bezug zu nehmen. Auch wenn es sich bei *Epaulettenflughund* um einen Gattungsnamen handelt, wird mancher Leser bzw. manche Leserin über Zugehörige dieser Spezies wenig allgemeines Wissen besitzen, ähnlich wenig wie über einen Nachbarn, der etwa Hermann Sommer heißen könnte und ihm/ihr als älterer, grauhaariger, sockenstrickender Mann mit kleinem Dackel bekannt ist. Falls nun gute Freunde ebenfalls einen ähnlichen älteren, grauhaarigen, sockenstrickenden Nachbarn mit kleinem Dackel haben, ist es durchaus denkbar, dass sie davon mit (26) berichten.

(26) Bei uns wohnt auch ein Hermann.

> **Zur Vertiefung**
>
> **Implizite und explizite Kategorien**
>
> Eine Kategorie unterscheiden die allermeisten Personennamen allerdings, nämlich die Kategorie **Genus**, und zwar meist ohne dass man es ihnen ansieht. Die Namen in den folgenden Paaren klingen fast gleich, sind aber jeweils Frauen- und Männernamen: *Joan* : *John*; *Alice* : *Ellis*; *Winifred* : *Wilfred*; *Ester* : *Lester*.
>
> Nach Benjamin Lee Whorf (1945/1956) ist Genus bei Eigennamen eine implizite Kategorie (*covert category*). Diese steht im Gegensatz zur expliziten Kategorie (*overt category*) Genus etwa bei italienischen oder deutschen Adjektiven (*una bella idea* vs. *un bello aperitivo* ›eine schöne Idee, ein schöner Aperitif‹), wo es eine klare Markierung für Genus gibt. Vielleicht unterstützt gerade die Tatsache, dass es sich um eine nicht äußerlich eindeutig markierte Kategorie handelt, das Vorkommen von geschlechtsneutralen Namen wie *Addison*, *Aubrey*, *Francis* und *Kim*.
>
> In deutschsprachigen Gegenden ist der vokalische Auslaut für Frauennamen (*Pauline*, *Anna*, *Sophie*) und der konsonantische für Männernamen (*Thomas*, *Paul*, *Tim*) ein relativ dominantes, jedoch nicht zwingendes Unterscheidungsmerkmal. Abgesehen davon lässt sich jedoch in der Vornamengebung eine eindeutige Tendenz zur Androgynisierung beobachten (Nübling 2009). Das bedeutet, dass sich Jungen- und Mädchennamen hinsichtlich Länge, Sonoritätswert (für Erläuterung zu Sonorität s. Kap. 2.5.3), Häufigkeit von Konsonantenclustern und Vollvokalen einander annähern. Waren Männernamen früher tendenziell kürzer, mit weniger unbetonten Vollvokalen und Sonoranten (*Heinz*, *Norbert*), und Mädchennamen eher länger, mit mehr unbetonten Vollvokalen und Sonoranten (*Renate*, *Ingrid*), haben sich diese Unterschiede in der modernen Namensgebung abgeschwächt. Die in Deutschland und der Schweiz beliebtesten Vornamen von 2011 verdeutlichen, dass für beide Geschlechter der Trend zur maximalen Sonorität auf minimalem Namenskörper geht. Österreich ist bei den Jungen noch etwas konservativer.
>
> Top Drei der Mädchen- und Jungennamen
> **Deutschland** (www.beliebte-vornamen.de)
>   *Mia, Emma, Hannah*   *Ben, Leon, Lukas*
> **Österreich** (Statistik Austria)
>   *Sarah, Anna, Hannah*   *Lukas, Maximilian, Tobias*
> **Deutschschweiz** (Bundesamt für Statistik)
>   *Mia, Lena, Elena*   *Leon, Noah, Luca*
>
> Auch wenn Geschlechtsoffenkundigkeit der Normalfall der Namensgebung ist – mancherorts ist sie sogar gesetzlich geregelt –, so werden sich dennoch Frauen- und Männernamen in neuerer Zeit bei gleichzeitig zunehmender Individualisierung in der Namensgebung immer ähnlicher. In Schweden dürfen seit einem Gerichtsentscheid von 2009 Erwachsene nicht mehr daran gehindert werden, einen geschlechtskonträren Vornamen anzunehmen. Es gibt nur wenige Sprachen, in denen Männer und Frauennamen grundsätzlich nicht unterscheidbar sind. Im Great Andamanese, einer bedrohten Sprache der Andamaneninseln, erhalten Babies ihre Namen, wenn sie noch im Mutterbauch sind, d.h. wenn man noch nicht weiß, welches Geschlecht sie haben (laut Auskunft von Prof. Anvita Abbi).

Den Prozess, dass Eigennamen zu Gattungsnamen werden, bezeichnet man als **Generifizierung**, bekannt von vielen Produktnamen wie *Kleenex*, *Knirps* und *Flip-Flops*. Aber auch die Guillotine (nach Joseph-Ignace Guillotin) oder die Einheit für elektrischen Widerstand (nach Georg Simon Ohm) sind aus Personennamen entstanden. Das ist eine von vielen Arten, wie unser Bestand an Wörtern erweitert werden kann.

> **Zur Vertiefung**
>
> **Eigennamen in der Satzsemantik**
>
> In der formalen Satzsemantik (vgl. z. B. Dowty/Wall/Peters 1981/1989) sind Eigennamen eine fundamental andere Kategorie als Gattungsnamen (mehr zur formalen Satzsemantik findet sich in Kap. 4.4.1). Eigennamen werden nämlich als Konstanten behandelt, während letztere – ob Substantiv, Verb oder Adjektiv – alle wie Prädikate behandelt werden. Prädikate – wir bleiben hier der Einfachheit halber bei einstelligen – sind im Prinzip Mengen von Entitäten, auf die eine Beschreibung zutrifft. *Hund* ist die Menge aller Hunde und *bellen* ist die Menge von allem, was bellt. Also haben wir in *Ein Hund bellt* zwei Prädikate, die koordiniert werden müssen:
>
> (1) Ein Hund bellt: $\quad \exists x\ (\textbf{Hund}(x) \land \textbf{bell}(x))$
>
> ∃ steht für den Existenz-Quantor, ∧ steht für die logische Verknüpfung und das Beispiel liest sich folgendermaßen: Es existiert ein x, für welches gilt: x ist Element der Menge ›Hund‹ und x ist Element der Menge ›Bellen‹.
>
> Die Darstellung für Eigennamen als Konstanten funktioniert einfacher, da diese mit Variablen (hier x) gleichgesetzt werden können. Über einen Hund namens Fido lässt sich folglich sagen:
>
> (2) Fido bellt: $\quad \exists x\ (x = f \land \textbf{bell}(x))$
>
> Es gibt ein x, für welches gilt: x ist Fido und x ist Element der Menge ›Bellen‹. Mit Eigennamen geht es auch noch einfacher, ohne Variable:
>
> (3) **bell**(f)

3.5 | Wörter als Informationsträger

3.5.1 | Wörter in Texten

Inhalts- und Funktionswörter: Wortformen sind keineswegs zufällig über Texte verteilt. Manche wenige sind sehr häufig, viele andere sehr selten. Tabelle 12 listet z. B. die zwanzig häufigsten Wortformen in Gottfried Kellers *Die Leute von Seldwyla* auf. Die häufigsten Wörter sagen in aller Regel wenig über den Inhalt eines mittellangen oder längeren Textes aus, es sind keine **Inhaltswörter** (wie Substantive und Verben). Aus der Auflistung kann man kaum ablesen, worum es in dem belletristischen Werk geht. Die häufigsten Wörter sind vielmehr allesamt **Funktionswörter**, die vorwiegend grammatikalische Funktionen haben und geschlossenen (unproduktiven) Wortklassen wie Konjunktionen, Artikel, Pronomina und Präpositionen angehören. Der Text enthält 185.377 Types und 23.417 Tokens. Wären alle Typen etwa gleich häufig, käme jeder etwa achtmal im Text vor. Das häufigste Wort *und* kommt aber 9533 Mal vor, mehr als jedes zwanzigste Token im Text ist ein *und*.

Quantitative Linguistik: Schon bevor das Auszählen von Texten mit Computern einfacher wurde, hat der amerikanische Linguist George Kingsley Zipf (1935/1965) herausgefunden, dass Texte in den verschiedensten Sprachen einigen allgemeinen Gesetzen gehorchen. Damit hat er die quantitative Linguistik begründet. Eine dieser allgemeinen Tendenzen ist, dass es eine umgekehrte Korrelation zwischen **Frequenz und Wortlänge** gibt. Das zeigt sich in Tabelle 12 (S. 132) darin, dass alle häufigsten Wörter des Deutschen einsilbig sind. Diese Tendenz hat auch eine historische Dimension: Wörter tendieren zur Verkürzung, wenn sie häufig verwendet werden. So werden Studierende eher selten das Wort *Universität* mit seinen ganzen fünf Silben aussprechen. *Uni* reicht. *Métro* hieß früher französisch umständlicher *train métropolitain*, aber dieser Ausdruck ist heute angesichts seiner Vorkommenshäufigkeit zu lang (Lüdtke 1980).

Zipfs Gesetz: Als Zipfs Gesetz bekannt geworden ist die Beziehung zwischen Frequenz f und Rang r eines Worts in der Frequenzskala, die nach Zipf konstant ist ($f \cdot r = k$), wobei k in Abhängigkeit

Wörter als Informationsträger

von Sprache und Textlänge andere Werte annimmt. Das stimmt bei den allerhäufigsten Formen jeweils nicht ganz – es gibt hierfür eine Korrektur, die wir hier nicht diskutieren können –, aber im mittleren Bereich stimmt es ziemlich gut: In unserem Beispielkorpus *Die Leute von Seldwyla* kommt die 100. Wortform *eines* 208 Mal vor ($k = 20.800$), also rund doppelt so häufig wie die 200. Form *still* (105 Mal, $k = 21.000$).

Frequenz als Informationsgehalt: Die Vorkommensfrequenz ist gleichbedeutend mit der Wahrscheinlichkeit, ein Wort im Text anzutreffen, und entspricht somit dem Informationsgehalt einer Wortform. Häufige Formen sind vorhersagbarer, und daher ist ihr Vorkommen im Text weniger überraschend. Funktionswörter wie *und*, *es*, *in* sind also wesentlich weniger informativ als Inhaltswörter wie *Undank*, *Estragon* und *Intimbereich*. Dass Sprache ein so effektives Kommunikationsinstrument ist, hängt damit zusammen, dass die allermeisten Wörter sehr selten, somit nicht vorhersagbar und daher informativ sind. Anders gesagt, Sprache ist ein Phänomen mit einer großen Anzahl von seltenen Ereignissen (Baayen 1992), wenn wir jedes Wort im Textfluss als neues Ereignis auffassen.

3.5.2 | Informationsgehalt und Sprachwandel

Ökonomie und Ikonizität diachron: Schon 1901 hat der deutsche Sprachforscher Georg von der Gabelentz festgehalten, dass im Sprachwandel zwei gegensätzliche Kräfte am Werk sind:

> »Nun bewegt sich die Geschichte der Sprachen in der Diagonale zweier Kräfte: des Bequemlichkeitstriebes, der zur Abnutzung der Laute führt, und des Deutlichkeitstriebes, der jene Abnutzung nicht zur Zerstörung der Sprache ausarten läßt.« (von der Gabelentz 1901: 256)

Bequemlichkeitstrieb und Deutlichkeitstrieb sind sprachhistorische Pendants zu den Prinzipien der Ökonomie und Ikonizität, die wir in 3.3.3 diskutiert haben.

Grammatikalisierung: Der niedrigere Informationsgehalt von Funktionswörtern in Verbindung mit ihrer höheren Frequenz im Vergleich zu Inhaltswörtern hat eine diachrone Dimension, mit der sich die **Grammatikalisierungstheorie** befasst. Die Grammatikalisierungstheorie nimmt an, dass sich Inhaltswörter zu Funktionswörtern und weiter zu grammatischen Markierungen in Wörtern entwickeln können (s. auch Kap. 9.4.4). Der umgekehrte Prozess, dass Funktionswörter zu Inhaltswörtern werden, kommt kaum vor. Der polnische Linguist Jerzy Kuryłowicz (1965/1976: 69) definiert Grammatikalisierung wie folgt:

> **Definition**
>
> → **Grammatikalisierung** besteht aus der Funktionsausweitung eines Morphems, das von einem lexikalischen zu einem grammatikalischen oder von einem weniger grammatikalischen zu einem grammatikalischeren Status aufsteigt (Übersetzung BW/AE).

Grammatikalisierung ist also in aller Regel unidirektional. Inhaltswörter können sich zu Funktionswörtern entwickeln, aber nicht umgekehrt. So geht das französische Funktionswort *pas* ›nicht‹ auf das Substantiv *pas* ›Schritt‹ zurück. Im Altfranzösischen konkurrierten damit noch mehrere andere Wörter, die minimale Quantitäten bezeichnen, unter anderem *point* ›Punkt‹, *gote* ›Tropfen‹, *mie* ›Brosame‹, und die ursprünglich in expressiver Negation zur Verstärkung dienten (›keinen Schritt gehen, keinen Tropfen trinken, keine Brosame es-

Rang	Wortform	Anzahl	Frequenz
1	und	9533	0.0514
2	die	4475	0.0241
3	der	3654	0.0197
4	sie	3525	0.019
5	er	2942	0.0159
6	zu	2940	0.0159
7	in	2739	0.0148
8	sich	2432	0.0131
9	den	2220	0.012
10	das	1977	0.0107
11	mit	1917	0.0103
12	ein	1855	0.01
13	es	1761	0.0095
14	so	1631	0.0088
15	nicht	1578	0.0085
16	war	1431	0.0077
17	auf	1404	0.0076
18	von	1334	0.0072
19	als	1324	0.0071
20	ich	1245	0.0067

Tab. 12: Die zwanzig häufigsten Wortformen in Gottfried Kellers *Die Leute von Seldwyla*

Grammatikalisierungspfade

Grammatikalisierung kann man besonders gut in Sprachen beobachten, für welche ältere Entwicklungsstufen belegt sind. Man betrachte hierzu das folgende Beispiel aus dem Neugriechischen, das verschiedene Aspekte von Grammatikalisierung illustriert.

Die Satznegation *de(n)* ›nicht‹ ist entstanden aus altgriechisch *ouden* ›nichts‹ (*oud-en* nicht-ein:N). Es handelt sich hierbei um denselben Grammatikalisierungspfad wie im Lateinischen, wo *non* ›nicht‹ aus < **ne oinom* ›nicht eines‹ entstanden ist. Die Partikel *th(a)* Futur ist aus dem Verb *thelō* ›wollen‹ entstanden (ähnlich wie im Englischen das Futur mit dem Hilfsverb *will*). Die Präposition *s* kommt von altgriechisch *eis* ›in ... hinein‹ und hatte früher eine viel weniger generelle Bedeutung. Im Neugriechischen wird sie für Richtung allgemein verwendet (nicht nur ›in ... hinein‹) und hat sich auf statische Lokation ausgedehnt. Zur Verdeutlichung muss man deshalb in folgendem Beispiel das Adverb *pano* ›oben‹ hinzufügen (aus *ep-anō* ›auf-hinauf/oben‹).

Mia	pétra	pano	s-tin	álli	de	th'	apomín-i	ap'	avtá.
ein:F	Stein	oben	zu-DEF:ACC:F	ander:F	nicht	FUT	bleib:SBJV-3SG	von	dies

›Nicht ein Stein wird auf dem anderen bleiben.‹

sen‹). Das lateinische Negationswort *non*, das seinerseits aus **ne oinom* ›nicht eines‹ entstanden ist, wurde altfranzösisch zu *ne* reduziert und verband sich mit den genannten Substantiven, bis die zweiteilige Markierung *ne* VERB *pas* zur Standardnegation wurde. In der modernen französischen Umgangssprache ist der erste Teil *ne* verschwunden, und die Satznegation wird jetzt nur noch mit *pas* markiert. Deutsch *nicht* ist aus *ne wiht* entstanden, wobei *wiht* im Althochdeutschen ein Wort für ›Sache‹ war. Man beobachtet in der Grammatikalisierung immer wieder, dass Wortformen zu Teilen von Wörtern reduziert werden. Diesen Sachverhalt hat der amerikanische Linguist Talmy Givón (1971: 413) in folgendem Slogan zusammengefasst: »Today's morphology is yesterday's syntax.«

Metaphern und Grammatikalisierung: Metaphern (s. 3.4.4) spielen auch bei der Grammatikalisierung eine wichtige Rolle. Adpositionen gehen zum Beispiel in vielen Sprachen auf Körperteile zurück, was den anthropozentrischen Charakter der Grammatikalisierung illustriert (was ist dem Menschen vertrauter als der eigene Körper?). So ist z. B. die finnische Postposition für ›auf‹ *päällä* von *pää* ›Kopf‹ abgeleitet: *pää-n pää-llä* ›Kopf-GEN Kopf-ADESS > auf dem Kopf‹. In der afrikanischen Sprache Ewe kann *megbé* ›Rücken‹ als Postposition für räumlich ›hinter‹, für zeitlich ›nach‹ wie auch für die Eigenschaft ›zu**rück**geblieben, blöd‹ verwendet werden (Heine et al. 1991). Dass ein Futur sich aus einem Bewegungsverb entwickelt, ist entsprechend der Hierarchie von ontologischen Kategorien gut nachvollziehbar, z. B. englisch *he is going to go* oder das französische ›futur proche‹ *il va aller*). Allerdings ist in diesem Fall nicht ganz klar, ob diese Entwicklung nicht auch metonymisch sein könnte. Im Deutschen können wir zwar nicht **er geht gehen* sagen, wohl aber z. B. *er geht essen*. Das Essengehen impliziert zwar einen Standortwechsel, es hat aber gleichzeitig eine Komponente des Zukünftigen, weil bei einem Standortwechsel notwendigerweise auch Zeit vergeht. Das Zukünftige ist also eine Komponente des Standortwechsels, und man kann sich eine schrittweise metonymische Verlagerung der Bedeutung im Diskurs von Raum zu Zeit vorstellen.

Weiterführende Literatur

Es gibt kaum Einführungen zu **Wörtern** im Allgemeinen. Crystal (2006) ist eine Einführung in die (englische) Lexikologie für alle Sprachinteressierten.

Für **Morphologie** empfehlen wir Haspelmath (2002), Katamba (1993) und Spencer (1991) und Booij (2012) sowie aus typologischer Perspektive Bybee (1985). Zu Paradigmen vgl. Carstairs (1987), zur morphologischen Produktivität Bauer (2001).

Löbner (2003) oder Schwarz/Chur (2004) bieten einen guten Einstieg in die **Semantik**. Als Repetitorium der semantischen Grundbegriffe ist Murphy/Koskela (2010) hilfreich. Für die Semantik

3.5 Wörter

Aufgaben

aus der Perspektive der kognitiven Linguistik sind Ungerer/Schmid (1996) und Croft/Cruse (2004) zu empfehlen. Eine psycholinguistische Sicht auf Wörter bieten Miller (1993) und Aitchison (1997).

Für die Grundlagen der **Zeichentheorie** kann es nicht schaden, zu den Originalquellen zu gehen: de Saussure (1916, 1967/68), Ogden/Richards (1923) und Bühler (1934). Ein Standardwerk zur Ikonizität ist Haiman (1985), zur Gebärdensprache Klima/Bellugi et al. (1979).

Eine sehr gute Einführung in die Behandlung von Wörtern aus **quantitativer Sicht** ist Manning/Schütze (1999). In die **Grammatikalisierungstheorie** führen Heine et al. (1991) und Hopper/Traugott (2009) ein. Für das Studium des **Sprachwandels** sind Keller (1994) und Keller/Kirschbaum (2003) sehr zu empfehlen, für fortgeschrittenere Leser Croft (2000).

Für die Sprachgeschichte deutscher Wörter empfehlen wir etymologische Wörterbücher. Wir haben z. B. verschiedentlich Drosdowski (1989) verwendet.

Viele Texte zum Auszählen von Wörtern finden sich bei www.gutenberg.org.

Aufgaben

1. Bilden Sie fünf Sätze, die mindestens zwei verschiedene Wortformen desselben Lexems beinhalten, und glossieren Sie sie.

2. Stellen Sie mit Hilfe eines etymologischen Wörterbuchs des Deutschen fest, welche der folgenden Wörter ursprünglich Komposita und somit relativ motiviert gewesen sind: *Adler, albern, Drittel, elend, heuer, heute, Holunder, Kiefer* [Baum]*, Messer, neben, Nest, Schuster, Sperber, Welt, Wimper, Wurzel.*

3. In dravidischen Sprachen (Indien) gibt es sogenannte Echo-Wörter, die mit *ki-/ki:-* (in manchen Sprachen auch *gi/gi:-*) gebildet werden. Im Kolami heißt *puvul* ›Blumen‹, *puvul givul* heißt ›Blumen oder so Zeugs‹. In der folgenden Geschichte aus der Toḍa-Sprache kommt ein Tiger vor, der das Echowort falsch versteht. Welchen Fehler macht der Tiger? Sie können dies anhand des Zeichenmodells von Ogden und Richards erläutern.

»Nachdem ein Toḍa am Abend alle Büffelkühe gemolken und die Kälber in die Umzäunung gebracht hatte, sagte er: »Möge kein Tiger oder Kiger die Kälber holen!« Ein Tiger saß aber schon auf der Lauer und hörte zu. Er dachte für sich: ›Wenn ich ein Tiger bin, was ist dann dieses andere Ding, der Kiger?‹ Er drang in die Umzäunung ein, um ein Kalb zu reißen. Nun saß aber gerade eine Ratte auf diesem Kalb, das er ausgesucht hatte, und diese sprang sofort auf den Rücken des Tigers. Der Tiger erschrak heftig: ›Das wird jetzt dieser Kiger sein, er tut mir etwas an!‹ Und so rannte er in Angst und Schrecken davon, ohne ein Kalb mitzunehmen«. (Emeneau 1984: 405)

4. Skizzieren Sie das Wortfeld der Verwandtschaftsbezeichnungen im Deutschen und in einer anderen Sprache und notieren Sie Unterschiede in der Struktur. Welche Arten von Verwandtschaftsbeziehungen sind versprachlicht und wo gibt es lexikalische Lücken?

5. Ein Dreijähriger bekommt von seiner Tante einen Pullover und jammert: »Das ist kein Geschenk, das ist ein Pullover.«
Gibt es einen mentalen Prototypen für die Kategorie ›Geschenk‹? Wovon hängt seine Bestimmung ab?

6. Erläutern Sie die Bildungsweise der folgenden estnischen Kasusformen. Welcher Beschreibungsansatz eignet sich dafür am besten?

Nominativ Sg.	Genitiv Sg.	Inessiv Sg.	Elativ Sg.	lexikalische Bedeutung
klaas	klaasi	klaasis	klaasist	›Glas‹
saun	sauna	saunas	saunast	›Sauna‹
talv	talve	talves	talvest	›Winter‹
laul	laulu	laulus	laulust	›Lied‹

7. Erklären Sie, was im folgenden Beispiel (adaptiert nach Löbner 2003: 79) metaphorisch und metonymisch ist: *Sie hätte nie gedacht, dass ihr Fernsehen, Radio und Zeitungen einmal die Türe einrennen.*

8. Diskutieren Sie die Bedeutungsbeziehungen in den folgenden Beispielen!
   (a) Die Fingerspitze ist ein Teil des Fingers.
   (b) Dieser Deckel wird nur zusammen mit der Pfanne da verkauft.
   (c) Das Kind fiel hin, stand wieder auf, fiel wieder hin und stand wieder auf.
   (d) Jungs und andere Esel (Buchtitel)

9. Manchmal sind Nicht-Linguisten sehr gewiefte Semantiker. Ein gutes Beispiel ist Herr Lehmann (Regener 2003: 55):

   »Moment mal«, sagte Herr Lehmann. »Was soll das heißen, Lebensinhalt? Lebensinhalt ist doch ein total schwachsinniger Begriff ... Ist das Leben ein Glas oder eine Flasche oder ein Eimer, irgendein Behälter, in den man was hineinfüllt, etwas hineinfüllen muß sogar, denn irgendwie scheint sich ja die ganze Welt einig zu sein, daß man so etwas wie einen Lebensinhalt unbedingt braucht. Ist das Leben so? Nur ein Behältnis für was anderes? Ein Faß vielleicht? Oder eine Kotztüte?«

   (a) Diskutieren Sie anhand der im Zitat genannten Beispiele die Prototypenstruktur der Kategorie ›Behälter‹.
   (b) Inwiefern könnte man Herrn Lehmann mit dem Begriff der konzeptuellen Metapher hier zu Hilfe kommen?

10. Beispiel (23) nennt englische Beispiele der konzeptuellen Metapher ARGUMENT IS WAR. Gibt es im Deutschen ebenso treffende Argumente für diese konzeptuelle Metapher?

Bernhard Wälchli und Andrea Ender

4 Wörter und Sätze

4.1 Grundlagen und Überblick
4.2 Konstituenten, Phrasen, Köpfe
4.3 Syntaktische Funktionen
4.4 Argumentstruktur
4.5 Topologisches Feldermodell, eingebettete Sätze und Satzarten
4.6 Abfolge der Satzglieder
4.7 Analyse des Gesamtsatzes

4.1 | Grundlagen und Überblick

Was **Wörter** und **Sätze** eigentlich sind und in welchem Verhältnis sie zueinander stehen, ist bei weitem nicht so einfach zu beschreiben, wie man es vor dem Hintergrund selbst eines gut ausgebildeten schulgrammatischen Wissens zunächst glauben mag. Bereits über die Definition der Wörter scheiden sich so manche Geister (s. Kap. 3; vgl. dazu Hoffmann 1992; Wurzel 2000; Dürscheid 2010: 55); umso mehr ist man sich uneinig darüber, wie die Satzstruktur einzelner Sprachen oder gar die in allen Sprachen wiederkehrenden Grundbausteine der Sätze dargestellt und erklärt werden sollen. In diesem Kapitel werden wir, ausgehend von Beobachtungen am Deutschen, Schritt für Schritt die Werkzeuge einführen, die zur Satzanalyse nötig sind (und auch auf andere Sprachen angewendet werden können).

Syntaktische Regularitäten: Mit welcher Art von Regularitäten haben wir es zu tun, wenn wir uns oberhalb der Wortgrenze bewegen? Gehen wir von folgendem einfachen Beispielsatz aus:

(1) Unsere Nachbarin bestellt das ultraschnelle Notebook.

Zunächst ist festzustellen, dass die Wortformen in einer bestimmten **Reihenfolge** auftreten. Eine ganz einfache Manipulation, nämlich die totale Umkehrung dieser Reihenfolge, führt sofort zu absoluter Ungrammatikalität, die wir, gemäß den üblichen Konventionen, mit einem Stern markieren:

(2) *Notebook ultraschnelle das bestellt Nachbarin unsere.

Andererseits sind bestimmte Umstellungen durchaus möglich:

(3) (a) Das ultraschnelle Notebook bestellt unsere Nachbarin.
(b) Bestellt unsere Nachbarin das ultraschnelle Notebook?
(c) (... dass) unsere Nachbarin das ultraschnelle Notebook bestellt.

Offensichtlich ist ein Satz keine einfache lineare Abfolge von Wortformen, sondern er ist so strukturiert, dass bestimmte Wörter enger zusammengehören als andere. In unserem Fall lässt sich der Satz in die drei ›Blöcke‹ *unsere Nachbarin*, *bestellt* und *das ultraschnelle Notebook* unterteilen, die jeweils zwar als Ganzes umgestellt werden können, intern aber eine feste Wortfolge aufweisen und auch nicht aufgespalten werden können:

(4) (a) das ultraschnelle Notebook
(b) *das Notebook ultraschnelle
(c) *ultraschnelle Notebook das (etc.)

Andererseits scheint der Umfang eines solchen ›Blocks‹ unerheblich zu sein; statt der Gruppe *unsere Nachbarin* könnten auch stehen:

(5) (a) [Sie] bestellt das ultraschnelle Notebook.
(b) [Anna] bestellt das ultraschnelle Notebook.
(c) [Unsere Nachbarin mit dem dunklen Haar] bestellt das ultraschnelle Notebook.
(d) [Unsere Nachbarin mit dem dunklen Haar, das sie immer offen trägt,] bestellt das ultraschnelle Notebook.

Konstituenten: Alle Wortformen bzw. Wortgruppen in eckigen Klammern werden von der Syntax gleich behandelt. Daraus lassen sich zwei Schlussfolgerungen ziehen: Erstens gibt es abstraktere Einheiten über den einzelnen Wortformen, etwas, was alle eckig eingeklammerten Sequenzen gemeinsam haben. Die Sprecher wissen dies intuitiv, auch wenn sie nie eine Syntaxvorlesung besucht haben. Zweitens sind diese Einheiten im Prinzip beliebig erweiterbar, so dass eine Wortgruppe Unter- und Unteruntergruppen enthalten kann, woraus sich eine hierarchische Struktur ergibt. Es ist somit unmöglich anzugeben, wie viele verschiedene Sätze es in einer Sprache gibt, weil die Regeln der Syntax so funktionieren, dass unendlich viele verschiedene Sätze erzeugt werden können. Die syntaktischen ›Blöcke‹, die umstellbar bzw. erweiterbar sind, heißen Konstituenten.

Syntaktische Funktionen: Eine weitere Manipulation von Satz (1) führt wiederum zu einem ungrammatischen Ergebnis (6a):

(6) (a) *[Heute] bestellt das ultraschnelle Notebook.
    (b) [Heute] bestellt [unsere Nachbarin] das ultraschnelle Notebook.

In Variante (6a) haben wir die erste Position anstelle der Konstituente *unsere Nachbarin* mit dem Adverb *heute* besetzt. Diesem Element fehlt die Fähigkeit, im Satz die Funktion des Subjekts zu erfüllen, während die Konstituente *unsere Nachbarin* das kann. Offensichtlich muss der Satz ein **Subjekt** enthalten, und dieses muss **nominalen Charakter** haben, das heißt, als Kern ein (nominativisches) Substantiv oder Pronomen aufweisen, nicht ein Adverb. Die Position dieser Konstituente im Satz ist aber dafür nicht ausschlaggebend, denn in der ersten Position kann prinzipiell durchaus ein Adverb wie *heute* stehen (vgl. 6b). Im Unterschied zu (6a) erfüllt Variante (6b) aber die Anforderung, dass der Satz ein Element enthalten soll (*unsere Nachbarin*), das als Subjekt verstanden werden kann, auch wenn dieses Element nun nach dem Verb steht. Die mangelnde Grammatikalität von (6a) geht also offenbar auf das Fehlen einer Konstituente zurück, die eine bestimmte syntaktische Funktion erfüllt, nämlich die Subjektsfunktion.

Gruppen wie *unsere Nachbarin* werden **Nominalphrasen** genannt (von griech. *phrásae* ›Ausdruck‹). In Kapitel 4.2 werden wir auf den hierarchischen Charakter der syntaktischen Phrasenstruktur und die Abfolgeregularitäten innerhalb solcher Phrasen näher eingehen. In 4.3 betrachten wir die Funktionen genauer, die verschiedene Phrasentypen im Satzganzen ausüben können.

Argumentstruktur: Wie die Subjektsanforderung schon gezeigt hat, betreffen syntaktische Regularitäten nicht nur die Position von Wortformen, sondern auch die Frage, welche und wie viele Elemente überhaupt in einem Satz vorkommen können bzw. müssen. Während das zweite der folgenden Beispiele als unvollständig empfunden wird, weil ihm eine Ergänzung wie z. B. *ein preisgünstiges Notebook* fehlt,

(7) (a) Sie entdeckt ein preisgünstiges Notebook.
    (b) *Sie entdeckt.

sieht es im zweiten der folgenden Beispiele gerade umgekehrt ganz so aus, als ob für die Phrase *ein preisgünstiges Notebook* kein Platz wäre:

(8) (a) Sie schnarcht.
    (b) *Sie schnarcht ein preisgünstiges Notebook.

Je nachdem, welches Verb verwendet wird – *entdecken* oder *schnarchen* –, sind bestimmte **Ergänzungen** möglich, nötig oder ausgeschlossen. Man kann daher sagen, dass zwischen dem Verb und *ein preisgünstiges Notebook* ein Abhängigkeitsverhältnis besteht. Dies wird zusätzlich durch die Beobachtung unterstützt, dass auch die morphologische Form vom Verb determiniert wird:

(9) (a) Sie entdeckt ein preisgünstiges Notebook.
    (b) *Sie entdeckt einem preisgünstigen Notebook.
    (c) Sie trauert einem preisgünstigen Notebook nach.
    (d) *Sie trauert ein preisgünstiges Notebook nach.

Abhängigkeiten dieser Art betreffen die sog. Argumentstruktur von Verben und werden in Kapitel 4.4 genauer besprochen. Sie liefern sozusagen die Basisstruktur von Sätzen.

Satzarten und Informationsstruktur: Schließlich ist die syntaktische Form eines Satzes auch abhängig davon, auf welche Weise er in einen größeren Zusammenhang eingebettet wird (s. dazu Kap. 5). Dies betrifft zum einen die Wahl der **Satzart** (Kap. 4.5), zum andern die Art und Weise, wie zwischen gegebener und neuer Information unterschieden wird (die sog. **Informationsstruktur**, Kap. 4.6.1).

Wir können die Syntax als Teilsystem der Grammatik nun folgendermaßen definieren:

> **Definition**
>
> Unter → **Syntax** verstehen wir ein System von Regularitäten, nach denen aus Wörtern Phrasen und Sätze gebildet werden.

Diese Interpretation entspricht zugleich der ursprünglichen Bedeutung des griechischen Wortes *sýntaxis* (aus *sýn* ›zusammen‹ und *taxis* ›Ordnung‹), das wörtlich als ›Zusammenordnung‹ übersetzt werden könnte. Somit stellt die Syntax ein wesentliches **Modul** (d. h. ›Baustein‹) der Grammatik dar.

Syntax als Kombinatorik: Eine sehr interessante Eigenschaft der Syntax ist, dass aus einem begrenzten Inventar an Einheiten und Verknüpfungsregeln **unendlich viele sprachliche Ausdrücke** erzeugt werden können. Was ist damit gemeint? Das Gedächtnis des Menschen ist in Bezug auf sprachliche Ereignisse zwar sicherlich sehr leistungsfähig, aber letztlich doch begrenzt. Wenn wir Sätze nicht aktiv neu bilden könnten, dann könnten wir nur nachsprechen, was wir schon einmal gehört haben, ähnlich wie ein Papagei. Tatsächlich lassen sich aber aus Grundbausteinen (Wortformen mit ihren spezifischen lautlichen, grammatischen und Bedeutungsmerkmalen und auch komplexere Einheiten wie z. B. die schon erwähnte Nominalphrase) immer wieder neue Sätze bilden. Der Grund dafür ist, dass wir über ein Wissen verfügen, auf welche Weise diese Grundbausteine zu größeren Einheiten kombiniert werden können. Wir illustrieren dies mit folgendem Beispiel in zwei Varianten:

(10) (a) Unser Kater Felix bestellt ein Notebook mit Pfefferminzgeschmack.
(b) Mit Pfefferminzgeschmack unser Kater Felix bestellt ein Notebook.

Diese Sätze hat vermutlich vor uns noch nie jemand geäußert. So oder so sind die beiden Sätze Nonsens, oder es ist zumindest sehr schwer, sich einen sinnvollen Verwendungskontext für sie vorzustellen. Und trotzdem verstehen wir genau, wie Variante (10a) aufgebaut ist: Es gibt einen Kater namens Felix, dieser vollzieht eine Handlung, nämlich, etwas zu bestellen, und das, was bestellt wird, ist ein Notebook mit einer bestimmten Geschmackseigenschaft. An andere, rein hypothetisch auch denkbare Interpretationen würde wohl kaum jemand denken: etwa, dass sich der Kater durch Pfefferminzgeschmack auszeichnet, dass es das Notebook ist, das die Handlung des Bestellens ausführt usw. Die Frage ist nun: Woher wissen wir das alles? Offenbar wenden wir automatisch allgemeine Kombinationsregeln auf diesen noch nie gehörten Satz an.

Grammatische Wohlgeformtheit: Vergleichen wir nun die Varianten (10a) und (10b). Ziemlich sicher ist die erste Variante ›besser‹; aber warum? Beide sind neu, und beiden können wir keinen sinnvollen Bedeutungskontext zuschreiben. Der entscheidende Unterschied ist, dass (10a) aufgrund der syntaktischen Regularitäten des Deutschen gebildet werden *könnte* (dass das nicht passiert, ist rein außersyntaktisch bedingt), (10b) hingegen nicht. Wir sagen, dass Variante (10a) grammatisch **wohlgeformt** ist. Was in der Syntaxforschung nun besonders interessiert, ist nicht nur die Analyse von konkreten Einzelsätzen, sondern vor allem die Erschließung des allgemeineren Regelsystems, das die wohlgeformten Einzelsätze überhaupt ermöglicht und andere ausschließt.

In den folgenden Abschnitten werden wir sozusagen eine kleine ›Grammatikmaschine‹ bauen. Anhand einiger einfacher deutscher Beispielsätze werden wir Schritt für Schritt das für die syntaktische Analyse nötige Werkzeug entwickeln, das darüber hinaus noch wesentlich mehr leisten kann, als diese einfachen Sätze zu beschreiben. Dass dieses Werkzeug im Prinzip zur Analyse der syntaktischen Struktur einer jeglichen Sprache fähig ist, illustrieren wir fallweise mit Beispielen aus anderen Sprachen, die uns noch weitere als die im Deutschen bezeugten Möglichkeiten vorführen.

4.2 | Konstituenten, Phrasen, Köpfe

4.2.1 | Konstituentenzerlegung

Konstituentenbaum: Wir haben festgestellt, dass ein Satz nicht einfach eine lineare Verkettung aus Einzelwortformen ist, sondern vielmehr aus ›Blöcken‹ besteht, die wir Konstituenten genannt haben.

Konstituenten können auch ineinander verschachtelt sein. Im Beispielsatz *Unsere Nachbarin bestellt das ultraschnelle Notebook mit schwarzem Gehäuse* können wir eine erste ›Bruchstelle‹ zwischen *unsere Nachbarin* und *bestellt das ultraschnelle Notebook mit schwarzem Gehäuse* ansetzen. Evidenz dafür ist: *Unsere Nachbarin* besetzt als Ganzes eine Position, die im Kontext __*bestellt das ultraschnelle Notebook mit schwarzem Gehäuse* auch beispielsweise mit dem Pronomen *sie* ausgefüllt werden könnte; und *unsere Nachbarin* kann als Ganzes mit *Wer?* erfragt wer-

4.2 Wörter und Sätze

Konstituenten, Phrasen, Köpfe

> **Definition**
>
> Sätze lassen sich in kleinere Einheiten unterteilen, die → **Konstituenten** heißen. Eine Konstituente kann aus mehreren oder auch nur aus einem Wort bestehen. Außerdem kann eine Konstituente wiederum aus kleineren Konstituenten zusammengesetzt sein.

den. Umgekehrt ist in einem Kontext *Unsere Nachbarin__* die Gruppe *bestellt das ultraschnelle Notebook mit schwarzem Gehäuse* als Ganzes austauschbar, z. B. mit dem Verb *schnarcht*:

(11)

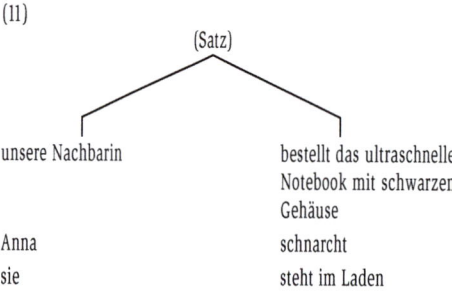

Innerhalb von *bestellt das ultraschnelle Notebook mit schwarzem Gehäuse* wäre dann aufgrund von analogen Überlegungen die nächste Bruchstelle zwischen *bestellt* einerseits und *das ultraschnelle Notebook mit schwarzem Gehäuse* andererseits:

(12)

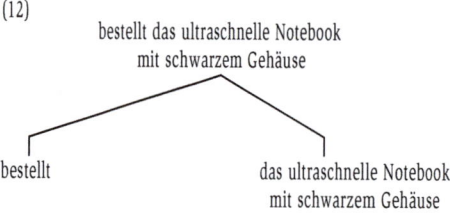

Wenn man diese Zerlegung nun immer weiter bis zu den einzelnen Wortformen durchspielt, wird deutlich, auf welche Weise der Satz in Konstituenten und diese in Unter- und Unterunterkonstituenten gegliedert ist. Die Konstituentenzerlegung ist deshalb seit ihrer Entdeckung im amerikanischen Strukturalismus (Bloomfield 1933; Harris 1951) ein wichtiges Verfahren zur Darstellung der syntaktischen Struktur eines Satzes. Die grafische Darstellung der Konstituentenstruktur hat Ähnlichkeit mit einem (eigentlich auf dem Kopf stehenden) Baum, weshalb wir sie **Konstituentenbaum** nennen. Der Konstituentenbaum für unseren Beispielsatz sieht folgendermaßen aus (wir haben jede Position im Baum mechanisch von 1 bis 17 durchnummeriert):

(13)

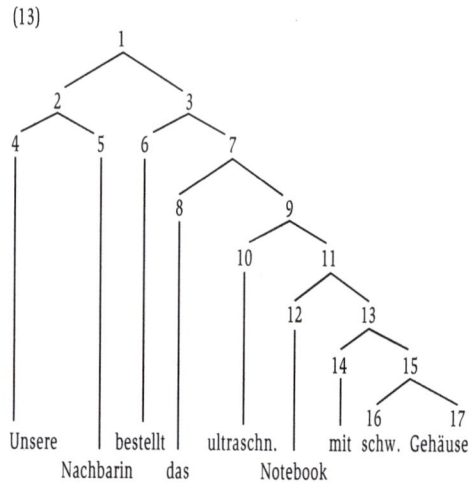

Knoten: Jede – möglicherweise verzweigende – Position im Baum (Nr. 1–17) nennen wir einen Knoten. Jeder Knoten dominiert ein Wort oder eine Wortgruppe. *Das ultraschnelle Notebook mit schwarzem Gehäuse* wird von Knoten 7 dominiert, *mit schwarzem Gehäuse* von Knoten 13, usw.

4.2.2 | Phrasenstruktur

Phrase, Kopf, Rektion: Die in (13) ermittelten Konstituenten haben unterschiedliche grammatische Merkmale. Beispielsweise sind Nr. 2, 4 und 5 Nominativ Singular Feminin, während Nr. 15–17 Dativ Singular Neutrum sind. Zudem haben Konstituenten wortartliche Eigenschaften, z. B. haben Nr. 2, 7 und 15 jeweils als Ganzes betrachtet nominalen Charakter. Auch wenn es die grafische Darstellung zunächst suggerieren mag, sind die beiden Äste unterhalb einer Verzweigung somit nicht völlig symmetrisch: Für die Gruppe *unsere Nachbarin* (Nr. 2) gehen wir davon aus, dass der rechte Ast (Nr. 5) das Kernelement enthält: das Nomen *Nachbarin* gibt der ganzen Gruppe 2 nominalen Charakter und bestimmt weitere grammatische Merkmale der Gruppe als Ganzes, etwa das Genus Feminin. In der komplexeren Konstituente unter dem Knoten Nr. 7 ist das Kernelement *Notebook*, das durch *ultraschnelle* und *mit schwarzem Gehäuse* noch näher spezifiziert wird. Wir nennen das **Kernelement**

Kopf und die durch diesen Kopf geprägte Gesamt-Konstituente **Phrase** (s. Definition). In der Phrase *mit schwarzem Gehäuse* (Nr. 13) ist *mit* der Kopf, da die Präposition den Kasus der eingebetteten Konstituente *schwarzem Gehäuse* (Nr. 15) bestimmt, nämlich Dativ. Nr. 13 ist folglich eine Präpositionalphrase. Phrasen haben also die wortartliche Prägung ihrer Köpfe. Entsprechend sind *unsere Nachbarin* (Nr. 2) oder *das ultraschnelle Notebook mit schwarzem Gehäuse* (Nr. 7) als Nominalphrasen zu klassifizieren, denn in diesem Fall bestimmt das Nomen die morphologische Markierung des Adjektivs und des Artikels.

Jede Phrase hat also einen Kopf und ihre eigene innere Struktur (die **Phrasenstruktur**). Der Kopf ist das regierende Element (das **Regens**), das wesentliche Eigenschaften (z. B. den Kasus) der anderen Elemente in der Phrase bestimmt bzw. verlangt.

Wortkategorien: Da die Phrase die kategoriellen Eigenschaften des Kopfes ›erbt‹, werden Phrasenkategorien nach den Wortkategorien ihrer Köpfe benannt. Entsprechend wurde oben eine Phrase mit einer Präposition als Kopf als Präpositionalphrase bezeichnet und eine Phrase mit einem Nomen als Kopf als Nominalphrase. Die Unterscheidung von Wortkategorien (Wortarten, lexikalischen Klassen) hat in der abendländischen Grammatikschreibung eine lange Tradition. Die Grundidee ist, dass sich das Lexikon in Teilmengen von Wörtern gliedert (z. B. Verben, Präpositionen, Adverbien).

Alle Elemente einer Teilmenge verhalten sich grammatisch ähnlich, aber anders als die Elemente anderer Teilmengen. Etwas genauer lässt sich diese Art von Ähnlichkeit anhand der strukturalistischen Unterscheidung zwischen **syntagmatischen und paradigmatischen Beziehungen** (Saussure 2001: 147) ausdrücken, die wir bereits im Zusammenhang mit der Phonologie (s. Kap. 2.4.1) kennengelernt haben.

- **Syntagmatische Beziehungen** zwischen Wortformen betreffen ihre Kombinationsmöglichkeiten im Redefluss. Zwischen *die*, *Nachbarin* und *schläft* gibt es syntagmatische Beziehungen, die die Kombination zu *die + Nachbarin + schläft* zulassen.
- **Paradigmatische Beziehungen** betreffen die mögliche Austauschbarkeit von Wortformen; sie bestehen zwischen *Nachbarin*, *Person*, *Katze* etc., die alle im Kontext *die __ schläft* stehen können. Dagegen sind *heute*, *sie*, *schnarcht* etc. in diesem Kontext nicht einsetzbar.

Eine Definition von Wortarten steht im Kasten rechts.

> **Definitionen**
>
> Eine → Phrase ist eine Gruppe von zumeist beieinanderstehenden Wortformen, die als Ganzes eine bestimmte wortartliche Prägung und bestimmte grammatische Merkmale zeigt. Phrasen bestehen minimal aus einer, maximal aus potentiell unendlich vielen Wortformen.
> Der → Kopf ist das Kernelement einer Phrase, das die wortartliche Prägung und die grammatischen Merkmale der Phrase bestimmt.
> → Rektion nennt man die Festlegung eines grammatischen Merkmals eines syntaktischen Elements durch ein anderes syntaktisches Element.

Wortarten

Im Einzelnen ist die Einteilung in Wortkategorien weit weniger eindeutig, als es die Aufstellung vermuten lässt. Zum einen herrscht kein Konsens darüber, wie viele Klassen angesetzt und welche Kriterien dabei angewendet werden sollen. Für das Deutsche hat Glinz (1970) zum Beispiel nur fünf Wortarten vorgeschlagen (nämlich Verb, Nomen, Adjektiv, Begleiter/Stellvertreter, Partikel). Das für die Zwecke der Computer- und Korpuslinguistik entwickelte Stuttgart/Tübinger Tagset (d. h. eine vordefinierte Klassifizierung zur Sortierung von Elementen elektronisch untersuchter Textkorpora) unterscheidet hingegen fünfzig Wortkategorien (http://www.ims.uni-stuttgart.de/projekte/corplex/german-tagsets.shtml; Zugriff 11.04.2012). Zum anderen sind die Übergänge zwischen den Klassen bisweilen fließend, so dass sich mehr und weniger prototypische Vertreter für eine Klasse ergeben. Beispielsweise ist ein prototypisches Adjektiv nach Kasus, Genus und Numerus flektierbar und kann in attributiver (*die große Stadt*) oder prädikativer (*die Stadt ist groß*) Funktion verwendet werden. Es gibt aber auch untypische Adjekti-

> **Definition**
>
> → Wortarten (Wortkategorien) sind Klassen von lexikalischen Einheiten mit denselben paradigmatischen und syntagmatischen Eigenschaften. Für unsere unmittelbaren Zwecke sind die Wortkategorien in erster Linie zur Charakterisierung unterschiedlicher Typen von Phrasen relevant, weil, wie erwähnt, die kategoriale Zugehörigkeit des Kopfs den Phrasentyp bestimmt. Als ganz praktikabel erweist sich dabei die folgende, im Wesentlichen Pafel (2011: 7) entnommene Kategorisierung (Liste unvollständig):
> - Verb (V)
> - Nomen / Substantiv (N)
> - Adjektiv (A)
> - Adverb (Adv)
> - Präposition (P)
> - Subjunktion / unterordnende Konjunktion (C)

4.2 Wörter und Sätze

Konstituenten, Phrasen, Köpfe

> **Zur Vertiefung**
>
> **Wortkategorien**
> Interessanterweise kann aber trotz dieser Schwierigkeiten festgestellt werden, dass keine Gebrauchsgrammatik und keine Syntaxtheorie auf Wortkategorien ganz verzichtet und dass trotz einiger Inkonsistenzen ihr praktischer Nutzen die Klassenbildung rechtfertigt. Wir verweisen zur Vertiefung in die Problematik der Wortkategorien auf die Diskussionen in anderen einführenden Darstellungen wie Dürscheid (2010: 20–27), Eisenberg (2013: 1, 33–35) oder Pafel (2011: 7–14) und die dort angegebene Literatur.

ve, die nicht flektierbar sind (*eine prima Arbeit*, **eine primane Arbeit*) und/oder nur in prädikativer, nicht in attributiver Funktion verwendet werden können (*das Notebook ist futsch*, **das futsche Notebook*).

Phrasenkategorien: Entsprechend den Wortkategorien A, N, V usw. unterscheiden wir auf der Ebene der Phrase AP (für Adjektivphrase), NP, VP usw. AP bedeutet also, dass wir es mit einer Phrase zu tun haben, deren Kopf ein Adjektiv ist. Die Aufstellung unten zeigt einige wichtige als solche definierte Phrasenkategorien, auf die wir im Folgenden mit den entsprechenden Beispielen zurückkommen werden (das Regens, d.h. der Kopf der Phrase, ist unterstrichen).

> **Definition**
>
> Die → **Adjektivphrase (AP)** enthält ein Adjektiv (A) als Kopf.
>
> (1) (a) [$_{AP}$ <u>ultraschnell</u>]
> (b) [$_{AP}$ [auf etwas] <u>stolz</u>]
> (c) die [$_{AP}$ [auf ihr ultraschnelles Notebook] <u>stolze</u>] Nachbarin
>
> Die → **Nominalphrase (NP)** enthält ein Nomen (N) als Kopf.
>
> (2) (a) [$_{NP}$ die <u>Nachbarin</u>]
> (b) [$_{NP}$ ihr ultraschnelles <u>Notebook</u>]
> (c) [$_{NP}$ unsere [$_{AP}$ [auf ihr ultraschnelles Notebook] stolze] <u>Nachbarin</u>]
>
> Die → **Präpositionalphrase (PP)** enthält eine Präposition (oder auch Postposition) (P) als Kopf. Dabei regiert die Präposition (Postposition) eine eingebettete NP:
>
> (3) (a) [$_{PP}$ <u>auf</u> [$_{NP}$ ihr ultraschnelles Notebook]]
> (b) [$_{PP}$ [$_{NP}$ ihres ultraschnellen Notebooks] <u>wegen</u>]
>
> Die → **Verbalphrase (VP)** enthält ein Voll- oder Kopulaverb (V) als Kopf. Verben können weitere Phrasen wie NP oder PP regieren, die dann ebenfalls in die VP eingebettet sind:
>
> (4) (a) [$_{VP}$ [$_{NP}$ ein Notebook] <u>bestellen</u>]
> (b) [$_{VP}$ [$_{AP}$ [$_{PP}$ auf etwas] stolz] <u>sein</u>]

Klammer- und Baumdarstellung: Da die in diesen Beispielen verwendete Notation mit Klammern [$_{NP}$ ...] etwas unübersichtlich ist, wird an derer Stelle häufig das überschaubarere Baumdiagramm verwendet:

(14)

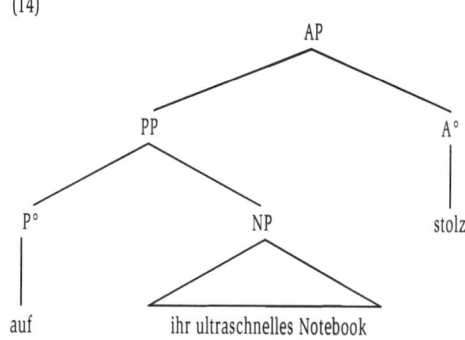

Diese Grafik ist noch recht vereinfacht – z.B. wurde die Phrasenstruktur der von P° (dem Kopf der PP; Köpfe werden in der Regel mit hochgestelltem ›°‹ notiert) regierten NP nicht explizit ausgeführt. Dies ist ein gängiges Verfahren, das der Übersichtlichkeit dient, da diese Detailinformation hier nicht wesentlich ist. Weitere Details vollständiger Phrasenstrukturdiagramme (unterschiedlicher Status von Adjektiven wie *ultraschnell* und Artikelwörtern wie *ihr*; regierte und nicht-regierte Elemente in der Phrase) führen wir später ein. Gut erkennbar ist die hierarchische Struktur: Während die PP unmittelbar von A° (dem Kopf der AP) abhängt (bzw. von diesem regiert wird), gilt dies für die NP nicht: diese ist zwar eine unmittelbare *Konstituente* (d.h. unmittelbarer struktureller Bestandteil) der PP, nicht aber der AP.

Rektion vs. Kongruenz: In den nebenstehenden Beispielen (1–4) sind bereits einige grammatische Eigenschaften von Phrasen zu erkennen, die der Rektion durch den übergeordneten Kopf unterliegen. Hier wiederholt zur Veranschaulichung:

(15) (a) [$_{AP}$ [$_{PP}$ auf etwas] <u>stolz</u>]
   (→ das A *stolz* verlangt eine PP mit *auf*)
(b) [$_{PP}$ <u>auf</u> [$_{NP}$ ihr ultraschnelles Notebook]]
   (→ die P *auf* verlangt eine NP mit Akkusativ)
(c) [$_{PP}$ [$_{NP}$ ihres ultraschnellen Notebooks] <u>wegen</u>]
   (→ die P *wegen* verlangt eine NP mit Genitiv)
(d) [$_{VP}$ [$_{NP}$ ein Notebook] <u>bestellen</u>]
   (→ das V *bestellen* verlangt eine NP mit Akkusativ)

Rektion ist eine asymmetrische Beziehung zwischen einem regierenden Element und den Eigenschaften der Phrasen, die von diesem Regens grammatisch festgelegt werden. Stimmen hingegen zwei (oder mehr) Elemente in grammatischen Merkmalen überein, spricht man von **Kongruenz**. Kongruenz ist also eine symmetrische Beziehung zwischen zwei Elementen. Gängige Beispiele sind die Kongruenz von Artikel, Adjektiv und Substantiv in den Merkmalen Kasus, Genus und Numerus sowie die von finitem Verb und Satzsubjekt in Person und Numerus:

(16) (a) das Notebook [der stolzen Nachbarin] (Gen.Sg.Fem.)
(b) Sie bestellt (3.Sg.) das Notebook.

> **Definition**
>
> → **Kongruenz** nennt man die regelhafte Übereinstimmung von Elementen in bestimmten grammatischen Merkmalen.

Diskontinuität: Wir variieren nun den Beispielsatz aus (13), um auf ein besonderes Problem der Konstituentenzerlegung und phrasenstrukturellen Analyse hinzuweisen:

(17) (a) Dieses ultraschnelle Notebook bestellte unsere Nachbarin.
(b) Dieses ultraschnelle Notebook hat unsere Nachbarin bestellt.
(c) Unsere Nachbarin hat ein ultraschnelles Notebook bestellt, auf das sie sehr stolz ist.
(d) Dieses ultraschnelle Notebook hat unsere Nachbarin bestellt, die darauf sehr stolz ist.

(17a) zeigt zunächst, dass man die Abfolge der Satzglieder variieren kann. Satz (17b) zeigt, dass das Prädikat nicht nur aus mehreren Teilen bestehen kann, nämlich *hat* und *bestellt* (man spricht hier von einem **komplexen Prädikat** bzw. **Verbalkomplex**), sondern dass diese auch voneinander getrennt stehen können. Man spricht in solchen Fällen der Getrenntstellung von Diskontinuität. (17c) und (17d) zeigen, dass auch andere Satzglieder diskontinuierlich sein können, denn in (17c) gehört *auf das sie sehr stolz ist* offensichtlich zum Objekt *Notebook*, während in (17d) *die darauf sehr stolz ist* offensichtlich zum Subjekt *unsere Nachbarin* gehört. Sprachen unterscheiden sich bisweilen erheblich darin, welche Diskontinuitäten sie zulassen. Beispielsweise kann im Englischen der Verbalkomplex nicht durch eine Objekts-NP unterbrochen werden. Andererseits kennt das Englische im Fragesatz diskontinuierliche PPs, was im Deutschen standardsprachlich nicht möglich ist:

(18) (a) *Our neighbour will a notebook order. (Unser Nachbar wird ein Notebook bestellen.)
(b) What is this notebook equipped with? (*Was ist dieses Notebook ausgestattet mit?)

4.2.3 | Konstituententests

In diesem Abschnitt gehen wir der Frage nach, wie man eigentlich nachweisen kann, ob es sich bei einer bestimmten Gruppe aneinandergereihter Wörter um eine Konstituente handelt und ob diese Konstituente tatsächlich vollständig ist. Ein Ausschnitt der in (13) vorgenommenen Zerlegungen ist hier unter (19) nochmals dargestellt:

(19)

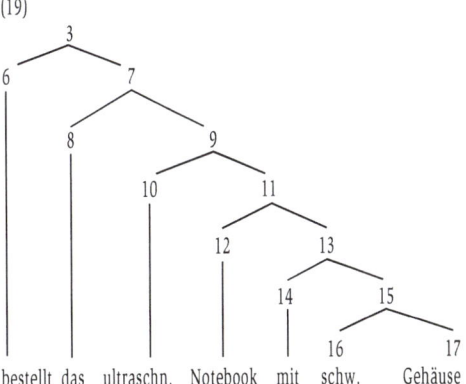

Warum eigentlich gehören *mit* und *schwarzem* und *Gehäuse* auf eine Weise zusammen, die andere Elemente wie z. B. *Notebook* ausschließt? Warum bildet *das ultraschnelle* zusammen mit *Notebook mit schwarzem Gehäuse* eine Konstituente, aber nicht mit *bestellt* und ohne *Notebook mit schwarzem Gehäuse*? Warum also nicht die Zerlegung in (20) (s. folgende Seite)?

Was wir brauchen, sind operationalisierbare Verfahren, mit denen wir überprüfen können, ob es sich bei einer Gruppe von Wortformen um eine Konstituente handelt, sog. Konstituententests.

Permutationstest: Wie wir bereits mehrfach gesehen haben, können bestimmte Wortgruppen als Ganzes im Satz verschoben werden, dann näm-

4.2 Wörter und Sätze

Konstituenten, Phrasen, Köpfe

(20)

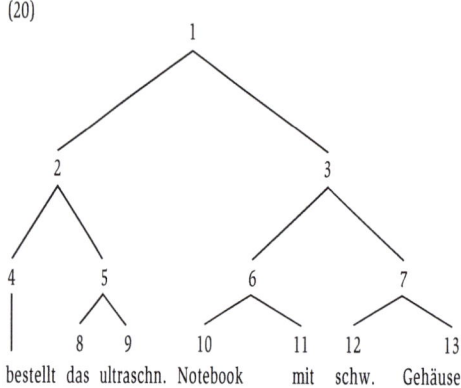

lich, wenn sie gemeinsam eine Konstituente bilden. Hierauf basiert der sog. Permutationstest (auch ›Verschiebeprobe‹ genannt):

(21) (a) leider hat [bereits gestern] [unsere Nachbarin] [dieses Notebook] bestellt
(b) leider hat [unsere Nachbarin] [bereits gestern] [dieses Notebook] bestellt
(c) leider hat [dieses Notebook] [unsere Nachbarin] [bereits gestern] bestellt

Permutation ist auch ein Mittel, das bei der Sprachproduktion zur Informationsstrukturierung verwendet wird (s. 4.6). Hierdurch lassen sich sowohl die Wortgruppe *das Notebook* als auch *unsere Nachbarin* als Konstituenten identifizieren. Der Test liefert auch dann das richtige Ergebnis, wenn diese Konstituenten noch um weitere Subkonstituenten erweitert wären, also etwa *das ultraschnelle Notebook aus China* oder *unsere äußerst liebenswürdige Nachbarin*. Der Permutationstest ist für Sprachen mit relativ freier Satzgliedstellung wie

Vorfeld

Zur Vertiefung

Teilkonstituenten im Vorfeld

Manchmal ist die Verschiebung von Teilkonstituenten möglich. Dabei fällt auf, dass in diesen Fällen immer quantifizierende Indefinitpronomen wie *alle* oder *keiner* vorkommen:

(1) (a) *Notebooks* gab es *keine* zu bestellen, *die ultraschnell waren*.
(b) *Unsere Nachbarn* haben *alle* ein ultraschnelles Notebook bestellt.

Nicht alles, was man *minimal* ins Vorfeld verschieben kann, ist also eine Konstituente, sondern nur, was dort *maximal* stehen kann:

(2) (a) [*Keine Notebooks, die ultraschnell waren*] gab es zu bestellen.
(b) [*Alle unsere Nachbarn*] haben ein ultraschnelles Notebook bestellt.

das Deutsche gut anwendbar, nicht aber für Sprachen mit strikteren Abfolgeregularitäten wie z.B. das Englische.

Vorfeldtest: Allerdings können die Ergebnisse der Verschiebeprobe auch irreführend sein, nämlich dann, wenn mehrere Konstituenten gemeinsam verschoben werden:

(22) weil [*unsere Nachbarin*] [*das Notebook*] [leider] [vor uns] bestellte

Natürlich stellt *unsere Nachbarin das Notebook* keine Konstituente dar. Wie können wir dies aber zeigen? Hier hilft eine Besonderheit des Deutschen, die gewissermaßen einen präziseren Spezialfall des Permutationstests ermöglicht, den sog. Vorfeldtest. Im selbständigen deutschen Aussagesatz folgt das Finitum (d.h. das nach Person und Numerus flektierte Verb) immer unmittelbar auf den Satzanfangsbereich, das sog. Vorfeld – also die Position vor dem Finitum. Dort kann jeweils nur eine einzige Konstituente stehen. (23) zeigt, wie die Finitumsposition durch verschiedene verbale Bestandteile (Vollverben, Hilfsverben, Modalverben) besetzt werden kann, solange sie eben finit sind, hier durch Fettdruck markiert:

(23) (a) Unsere Nachbarin **bestellte** das Notebook.
(b) Unsere Nachbarin **hat** das Notebook bestellt.
(c) Unsere Nachbarin **will** das Notebook bestellen.
(d) Unsere Nachbarin **bestellt** das Notebook wieder ab.
(e) Unsere Nachbarin **scheint** ein Notebook bestellen zu wollen.

Die Bezeichnung ›Vorfeld‹ steht im Zusammenhang des topologischen Feldermodells der deutschen Syntax, das in 4.5.1 ausführlich besprochen wird.

Der Vorfeldtest zeigt eindeutig, dass es sich bei *unsere Nachbarin ein Notebook* nicht um eine Konstituente handeln kann, da diese Wortfolge nicht insgesamt ins Vorfeld gestellt werden kann:

(24) (a) [Unsere Nachbarin] **bestellte** das Notebook leider vor uns.
(b) [Das Notebook] **bestellte** unsere Nachbarin leider vor uns.
(c) *[Unsere Nachbarin] [das Notebook] **bestellte** leider vor uns.

Ersetzungstest: Ein weiterer Test ist die Ersetzung einer gesamten Konstituente durch eine andere. Zur Ersetzung der verschiedenen Phrasenkategorien stehen spezifische Proformen (Pronomen und

Adverbien) zur Verfügung. Nominale Konstituenten lassen sich pronominalisieren:

(25) (a) Unsere Nachbarin hat [$_{NP}$ **das Notebook**] leider vor uns bestellt.
(b) Unsere Nachbarin hat **es** leider vor uns bestellt.

Bei nicht-nominalen Konstituenten erfolgt Ersetzung durch ein Pronominaladverb:

(26) (a) Unsere Nachbarin ist [$_{PP}$ *auf* [$_{NP}$ *ihr Notebook*]] stolz.
(b) Unsere Nachbarin ist [$_{PP}$ ***darauf***] stolz.

Fragetest: Eine Kombination aus Permutation und Pronominalisierung stellt der Fragetest dar, da (zumindest in Sprachen wie Deutsch) in *w*-Fragen eine zu erfragende Konstituente durch ein entsprechendes Interrogativpronomen ersetzt wird, das im Vorfeld steht. Was sich als Ganzes durch ein einziges Interrogativpronomen bzw. eine interrogative Phrase (27e) in Erstposition erfragen lässt, ist also immer eine Konstituente.

(27) (a) Leider hat [unsere Nachbarin] [das ultraschnelle Notebook] [vor uns] bestellt.
(b) *Wer* hat [das ultraschnelle Notebook] [vor uns] bestellt? [Unsere Nachbarin].
(c) *Was* hat [unsere Nachbarin] [vor uns] bestellt? [Das ultraschnelle Notebook].
(d) *Wann* hat [unsere Nachbarin] [das ultraschnelle Notebook] bestellt? [Vor uns].
(e) *Vor wem* hat [unsere Nachbarin] [das ultraschnelle Notebook] bestellt? [Vor uns].

Eliminierungstest: Ein zusätzlicher Nachweis für Konstituenten kann durch das Weglassen von Elementen erbracht werden: Wenn eine Wortgruppe als Ganzes weglassbar ist, handelt es sich bei der Gruppe um eine Konstituente:

(28) (a) Anna freut sich [seit gestern] [auf ihr neues Notebook].
(b) Anna freut sich [seit gestern].
(c) Anna freut sich [auf ihr neues Notebook].
(d) *Anna freut sich seit.
(e) *Anna freut sich auf ihr.
(f) Anna freut sich.

Dieser Test ist allerdings insofern wenig zuverlässig, als häufig durchaus auch gleich mehrere Konstituenten auf einmal weggelassen werden können, die aber dennoch nicht eine einzige Konstituente bilden (28f). Zudem sind vom Verb oder von Präpositionen geforderte Ergänzungen in den meisten Fällen ohnehin nicht weglassbar.

4.3 | Syntaktische Funktionen

Was wir aus der traditionellen Grammatik als **Satzgliedlehre** kennen, ist tatsächlich eine funktionale Klassifizierung der Beziehungen zwischen dem verbalen Kern (dem **Prädikat**) und davon abhängigen Phrasen. Um präzise zu sein, ist es unbedingt nötig, klar zu unterscheiden zwischen ›Satzbestandteilen‹ – verstanden als Phrasen (NP, PP etc.) auf der einen Seite – und der Art ihrer funktionalen Beziehung zum Satzrest auf der anderen. Wir trennen daher terminologisch zwischen Phrasen und syntaktischen Funktionen.

Dass zwischen Phrasentyp und syntaktischer Funktion kein 1:1-Verhältnis herrscht, soll im Folgenden kurz illustriert werden. Gehen wir zunächst von einer Nominalphrase NP aus, die im Akkusativ steht:

(29) Sie hat [$_{NP}$ ihren neuen Laptop (AKK)] ausprobiert.

Die NP ist hier das Akkusativobjekt (auch **direktes Objekt** genannt) zum Prädikat *hat ausprobiert*.

Der gleiche Phrasentyp kann aber in anderer Umgebung andere syntaktische Funktionen haben. Er kann zum Beispiel die Ergänzung einer den Akkusativ regierenden Präposition sein. Was dann vom Prädikat direkt abhängt (und somit traditionell als Satzglied gelten würde), ist die PP als Ganze, nicht die akkusativische NP:

Prädikat

(30) Sie hat lange [$_{PP}$ auf [$_{NP}$ ihren Laptop (AKK)]] gewartet.

Schließlich können akkusativische NPs, hier *den ganzen Sommer*, auch die Funktion eines **temporalen Adverbiales** haben, d.h. von Angaben, die

> **Definition**
>
> Unter → **syntaktischen Funktionen** versteht man die Art der funktionalen Beziehung, die zwischen dem Prädikat und den davon abhängigen Phrasen im Satz besteht.

auch durch Ausdrücke wie *heute, lange, während eines ganzen Jahres* usw. realisiert werden können:

(31) Sie hat [$_{NP}$ den ganzen Sommer (AKK)] auf ihren Laptop gewartet.

Somit kann ein Phrasentyp also unterschiedliche syntaktische Funktionen realisieren. Auch in der umgekehrten Betrachtungsrichtung herrscht kein 1:1-Verhältnis: Eine bestimmte syntaktische Funktion kann durchaus durch unterschiedliche Phrasentypen ausgedrückt sein. Wir haben gesehen, dass *ausprobieren* ein Akkusativobjekt zu sich nimmt. Dieses muss aber nicht unbedingt durch eine NP realisiert sein. Dieselbe syntaktische Funktion kann auch durch einen Nebensatz, hier abgekürzt mit ›S‹, ausgedrückt sein:

(32) Sie hat ausprobiert, [$_S$ ob ihr neuer Laptop wirklich so schnell ist].

Wir werden nun der Reihe nach die Funktionen besprechen, die wir aus der klassischen Satzgliedlehre kennen, und auf deren Besonderheiten hinweisen. Wir beginnen mit den syntaktischen Funktionen der Konstituenten, die direkt vom Verb (bzw. dem komplexen Prädikat) abhängig sind.

4.3.1 | Das Subjekt

Kasus

Die Subjektsfunktion wird meist durch eine NP erfüllt, die im Nominativ steht. Entsprechend kann die Konstituente mit *wer* oder *was* erfragt werden.

(33) (a) *Wer* hat das Notebook bestellt? *Unsere Nachbarin* (NOM) hat das Notebook bestellt.
(b) *Was* liegt unter dem Magnolienbaum? *Das Notebook* (NOM) liegt unter dem Magnolienbaum.

Definitionen

Mit → **morphologischen Kasus** bezeichnen wir die durch Mittel der Flexionsmorphologie ausgedrückten, sichtbaren Kasusdistinktionen.
→ **Abstrakter Kasus** bezeichnet hingegen die Eigenschaft von Nominalphrasen, in einem bestimmten Kasus zu stehen, der in der entsprechenden syntaktischen Funktion verlangt ist. Jede Nominalphrase steht immer in einem bestimmten abstrakten Kasus, auch wenn die Flexionsmorphologie nicht immer die Mittel zur Verfügung stellt, dies eindeutig morphologisch zu markieren.

Abstrakter vs. morphologischer Kasus: Der Kasus Nominativ ist in einer Sprache wie dem Deutschen nicht notwendigerweise eine morphologische Endung, sondern zunächst einfach ein abstraktes Merkmal, das für die Relation zwischen einer Konstituente zu den anderen Satzgliedern und dem Prädikat steht. Man spricht von **abstraktem Kasus**, der nicht zugleich als **morphologischer Kasus** gekennzeichnet sein muss.

So sehen wir dem mit *was* erfragbaren Subjekt *das Notebook* in (33b) nicht direkt an, dass es im Nominativ steht. Wäre es das Objekt, wie in (33a), würde es gleich lauten, da im Deutschen Nominativ und Akkusativ oft morphologisch nicht unterschieden werden. Dennoch lässt sich aus dem Fragetest erkennen, dass es sich um verschiedene Kasus handelt, denn das Interrogativpronomen des Maskulinums ist für Nominativ und Akkusativ unterschiedlich: *wer* vs. *wen*. Dass wir es mit abstrakten Kasus zu tun haben, zeigt auch die Tatsache, dass als Subjekte ganze Sätze auftreten können, die ja im Deutschen keine Kasusmarkierung erhalten:

(34) (a) *Wer / was gefällt Euch?*
(b) [$_S$ *Dass die Nachbarin so ein tolles Notebook bestellt hat*] (gefällt uns) (Subjektsatz)

Außer *dass*-Sätzen können auch indirekte Fragesätze und freie Relativsätze Subjekte sein:

(35) (a) *Welches Notebook unsere Nachbarin bestellt hat/ ob unsere Nachbarin ein Notebook bestellt hat, ist uns nicht bekannt.* (indirekte Fragesätze)
(b) *Was dieses Notebook alles kann, hat uns überrascht.* (freier Relativsatz)

Eine weitere wichtige Eigenschaft des Subjekts in Sprachen wie Deutsch ist, dass es mit dem finiten Verb in den Merkmalen *Person* und *Numerus* **kongruiert** (s. die Definition auf S. 143). Somit kann das Subjekt auch dadurch ermittelt werden, dass man den Numerus des finiten Verbs ändert. Diejenige Konstituente, deren Numerus sich dann auch ändern muss, damit der Satz nicht ungrammatisch wird, ist das Subjekt (36a). Subjektsätze zählen für die Kongruenz als 3. Person Singular; das Verb kann also ebenfalls nur im Singular stehen (36b).

(36) (a) *Unsere Nachbarin***nen** ha**ben** *das ultraschnelle Notebook bestellt.*
(b) *[$_S$ Dass die Nachbarin so ein tolles Notebook bestellt hat], gefall**en** uns.*

Subjekte kommen nur in finiten Sätzen vor, da die Kongruenz mit dem Prädikat eine Voraussetzung für das Auftreten des Subjekts ist (s. 4.7). Ein nicht-finiter Infinitiv-Satz wie in (37b) kann also kein Subjekt enthalten.

(37) (a) Unsere Nachbarin bestellte das Notebook, [$_S$ ohne dass *sie* uns informiert hätte].
(b) Unsere Nachbarin bestellte das Notebook, [$_S$ ohne (*sie*) uns zu informieren].

4.3.2 | Objekte

Während in Sprachen wie Deutsch bis auf wenige Ausnahmen (z.B. im Satz *mich friert*) alle finiten Sätze Subjekte haben, ist das Auftreten von Objekten nicht obligatorisch. Zahl und Art der Objekte werden vom Verb bestimmt. Es gehört somit zu den Rektionseigenschaften (s. S. 141) des Verbs, welche Objekte es zulässt und durch welche formalen Merkmale diese gekennzeichnet sind. Folgende Objekte werden unterschieden:

Akkusativobjekt (direktes Objekt, DO): Da das Objekt den (abstrakten) Kasus Akkusativ trägt, kann es mit *wen* oder *was* erfragt werden. Ähnlich wie das Subjekt, kann auch das direkte Objekt in Form einer NP oder in der Form eines Satzes vorliegen; im letzteren Fall spricht man von **Objektsätzen**. Außer *dass*-Sätzen (oftmals mit optionalem **Korrelat** *es*) können auch *indirekte Fragesätze* und *freie Relativsätze* als Objektsätze auftreten.

(38) *Was* findest Du klasse?

(39) (a) Ich finde [$_{NP}$ das ultraschnelle Notebook unserer Nachbarin] klasse.
(b) Ich finde (es) klasse, [$_S$ dass unsere Nachbarin das ultraschnelle Notebook bestellt hat].
(c) Ich finde (es) klasse, [$_S$ welches Notebook unsere Nachbarin bestellt hat]. (freier Relativsatz)

(40) Ich frage mich, [$_S$ ob unsere Nachbarin das ultraschnelle Notebook bestellt hat] / [$_S$ welches Notebook unsere Nachbarin bestellt hat]. (indirekte Fragesätze)

Eine der wichtigsten Eigenschaften, die das direkte Objekt von den anderen Objektarten unterscheidet, ist, dass es bei der Passivierung über **Kasuskonversion** zum Subjekt wird (s. 4.4.5). Das Subjekt des korrespondierenden Aktivsatzes kann dann mit einer *von*-PP wieder aufgenommen werden.

(41) (a) *Was* wurde bestellt? *Das ultraschnelle Notebook* (wurde bestellt).
(b) *Von wem* wurde es bestellt? (Es wurde) *von unserer Nachbarin* (bestellt).

Dativobjekt (indirektes Objekt, IO): Das indirekte Objekt kommt hauptsächlich als NP vor, lediglich freie Relativsätze sind als Dativ-Objektsätze möglich; dies lässt sich durch den Fragetest mit *wem* zeigen.

(42) (a) *Wem* hat sie das Notebook schon vorgeführt? (Sie hat es schon) *allen Nachbarn* (vorgeführt).
(b) Soll sie das Notebook doch vorführen, [$_S$ *wem sie will*].

Lexikalischer vs. struktureller Kasus: Nach etablierter Auffassung ist im Deutschen das indirekte Objekt nicht passivierbar, zumindest nicht in der Standardvarietät (s. Vertiefungskasten). Sein Kasus ist also gegenüber syntaktischen Operationen wie der Passivierung immun. Man spricht hier von **lexikalischem Kasus** gegenüber dem **strukturellen Kasus**, der veränderbar ist.

Kasus

> **Definitionen**
>
> → **Lexikalischer Kasus** ist ein bestimmter Kasus, der von einem bestimmten Lexem (z. B. einem Verb) an eine Nominalphrase vergeben wird und sich auch bei Umformung des Satzes nicht ändert.
> → **Struktureller Kasus** wird von der Art der syntaktischen Konfiguration festgelegt, ist also vom Einzellexem unabhängig. Bei Veränderung der syntaktischen Konfiguration kann sich struktureller Kasus ebenfalls ändern.

Lexikalischer Kasus ist somit eine inhärente Eigenschaft des regierenden Lexems, in unserem Fall des Verbs *vorführen*. Da struktureller Kasus demgegenüber durch die Satzstruktur festgelegt wird, kann er sich bei Veränderung der Satzstruktur ebenfalls verändern. Nun kann das indirekte Objekt zwar ins Vorfeld geschoben werden und zusammen mit einem passivierten Verb vorkommen, es behält aber dabei den Kasus Dativ bei, was für lexikalischen Kasus typisch ist; das heißt, das indirekte Objekt wird nicht zum Subjekt:

(43) (a) *Ihm* wurde von der Nachbarin das Notebook (NOM) vorgeführt.
(b) *Er wurde von der Nachbarin das Notebook (AKK) vorgeführt.

Dies unterscheidet das Deutsche vom **Englischen**. Im Englischen gibt es ebenfalls Verben, die neben

> **Zur Vertiefung**
>
> **Das *bekommen*-Passiv im Deutschen**
> In Nichtstandardvarietäten des Deutschen ist seit längerem ein Grammatikalisierungsprozess (s. Kap. 9.4.4) im Gange, in dem Konstruktionen mit *bekommen* oder *kriegen* und Partizip Präteritum sich zu Passivperiphrasen entwickeln. Dabei erscheint das IO des Aktivsatzes als Subjekt des *kriegen*-Passiv-Satzes: *Anna wäscht ihm die Haare.* → *Er kriegt (von Anna) die Haare gewaschen.* Dieser Prozess ist in verschiedenen Sprachschichten und Regionen unterschiedlich weit fortgeschritten (vgl. Leirbukt 1997; Lenz 2008). Dabei verhält sich der Dativ als ein struktureller Kasus, da er echt passivierbar ist und auf Veränderung der Satzstruktur reagiert (Wegener 1991).

dem Subjekt zwei Objekte verlangen, wobei die beiden Objekte im Kasus nicht unterschieden sind. Im Englischen können aber beide Objekte durch Passivierung zum Subjekt werden:

(44) (a) The notebook was shown to him (by his neighbour).
(b) He was shown the notebook (by his neighbour).

Genitivobjekt: Während in früheren Sprachstufen des Deutschen der Objektsgenitiv noch eine tragende Rolle spielte (vgl. Leiss 2000: 185 ff.), ist er im modernen Standarddeutsch auf ein paar wenige Verben wie *gedenken*, *sich schämen* oder *sich erinnern* beschränkt, die noch den Genitiv regieren (können). An die Stelle der Genitivobjekte sind andere Konstruktionen mit Dativ und/oder Präposition getreten:

(45) (a) Sie erfreut sich [$_{NP}$ ihres Notebooks]. – Sie erfreut sich [$_{PP}$ an ihrem Notebook].
(b) Wir gedenken *unseres Notebooks*.

Auch der Genitiv als Objektskasus ist lexikalisch festgelegt, d.h. er kann keiner Kasuskonversion unter Passivierung unterzogen werden.

(46) [*Unser Notebook] (NOM) wird von uns gedacht.

Dass es durchaus auch **Genitiv-Objektsätze** gibt, mag vielen nicht auf den ersten Blick offensichtlich scheinen, doch kann man dies leicht durch den entsprechenden Fragetest nachweisen. Möglich sind *dass*-Sätze und indirekte Fragesätze:

(47) Wessen schämt er sich denn?

(48) (a) Er schämt sich *seines langsamen Notebooks*.
(b) Er schämt sich (*dessen*), dass er nicht schon lange ein neues bestellt hat.
(c) Ich erinnere mich (*dessen*) gar nicht mehr, wann er das erste Mal von diesem Notebook sprach.

Dass die meisten dieser Sätze archaisch und stilistisch markiert wirken, liegt daran, dass im neueren Deutsch Präpositionalobjekte eine immer bedeutendere Rolle spielen.

Präpositionalobjekt (PObj): Bei den PObj erfüllt eine Präposition den gleichen Zweck wie bei den vorher besprochenen Objekten der Kasus: Sie dient der Markierung einer bestimmten Relation der Konstituente zum Prädikat. Wie jeder Objektskasus ist die Präposition vom Verb regiert, und wie der lexikalische Objektskasus kann die Präposition nicht unter Passivierung durch den Nominativ ersetzt werden.

> **Zur Vertiefung**
>
> **Freie Dative**
> Nicht alle Konstituenten, die den Dativ tragen, sind Objekte. Sogenannte freie Dative stehen nicht nur in einer weniger engen Beziehung zum Prädikat, sie können sogar zusammen mit einem IO vorkommen. Diese Dative spezifizieren die Sprechereinstellung zu dem im Satz dargestellten Sachverhalt; dazu gehören der *dativus ethicus*, der oft in Befehls- und Ausrufesätzen auftritt und die Gefühlsbeteiligung des Sprechers signalisiert, und der *dativus iudicandis* (Dativ des Beurteilens).
>
> (1) (a) Führe *mir* das Notebook ja nicht allen Nachbarn vor! (*dativus ethicus*)
> (b) Diesem Nachbarn hat sie *mir* das Notebook ein wenig zu oft vorgeführt. (*dativus iudicandis*)
>
> Doch auch andere Dative sind keine IO, obwohl sie nicht mit IO kombiniert werden können: der *dativus commodi* (Dativ des Nutznießens), der *dativus incommodi* (Dativ des Geschädigten) und der **Pertinenzdativ** (Zugehörigkeitsdativ). Im Gegensatz zu indirekten Objekten können sie allesamt durch eine umschreibende Phrase ersetzt oder auf andere Weise alternativ ausgedrückt werden.
>
> (2) (a) Sie zeigte *ihm* das Notebook. – *Sie zeigte das Notebook *zu ihm/ für ihn*. (*Dativobjekt*)
> (b) Sie bestellte *ihm* das Notebook. – Sie bestellte das Notebook *für ihn*. (*dativus commodi*)
> (c) *Ihm* ist das Notebook runtergefallen. – *Durch sein Verschulden* ist das Notebook runtergefallen. (*dativus incommodi*)
> (d) Er reparierte *ihr* das Notebook. – Er reparierte *ihr* Notebook. (*Pertinenzdativ*)

(49) (a) Unsere Nachbarin wartet auf das Notebook.
(b) Auf das Notebook wird gewartet.
(c) *Das Notebook wird gewartet. (im Sinne von b)

Anders als bei den weiter unten behandelten adverbialen Präpositionalphrasen trägt die Präposition von Präpositionalobjekten keine eigene lexikalische Bedeutung. Sie stellt wie der Kasus ein rein formales, grammatisches Merkmal dar und kann deshalb auch nicht durch einen Kasus oder durch eine andere Präposition ersetzt werden.

(50) (a) Unsere Nachbarin wartet *auf/vor/neben der Terrasse*. (Adverbiale)
(b) Unsere Nachbarin wartet *auf/*für das Notebook/ *des Notebooks*. (PObj)

Welche Präposition ein Verb regiert, ist Teil seiner lexikalischen Eigenschaften: *glauben an, taugen zu, achten auf* etc. Die Auswahl der Präpositionen ist ein sprachhistorischer Zufall, weshalb selbst zwischen relativ nah verwandten Sprachen wie Deutsch und Englisch Unterschiede bei Verben identischer Bedeutung zu verzeichnen sind (51). Es kann auch sein, dass Präpositionalobjekten in der einen Sprache kasusmarkierten Objekten in der anderen entsprechen (51b).

(51) (a) *abhängen von ~ depend on, sich beziehen auf ~ refer to, glauben an ~ believe in* etc.
(b) *sich erinnern an ~ remember, sich freuen über ~ enjoy, hinwegsehen über ~ disregard* etc.

Ob es auch ein sprachhistorischer Zufall ist, dass im Deutschen keine Präpositionalobjekte existieren, deren Präposition den Genitiv regiert, ist unklar; jedenfalls werden von Verben nur Präpositionen regiert, die wiederum den Dativ oder Akkusativ regieren.

Auch für Präpositionalobjekte steht uns ein **Fragetest** zur Verfügung. Als Fragewort wird stets ein **Pronominaladverb** (auch ›Präpositionaladverb‹ genannt) verwendet, also eine Proform, die aus einem Adverb und einer Präposition gebildet wird, eventuell mit einem aus phonotaktischen Gründen notwendigen eingeschobenen Laut [r]: *davon, wovon; darauf, worauf; daran, woran*. Die verwendete Präposition entspricht stets derjenigen der korrespondierenden bzw. zu erfragenden Präpositionalphrase.

(52) (a) *Woran* denkt er? Er denkt [$_{PP}$ *an das superschnelle Notebook der Nachbarin*].
(b) Sie wartet noch *darauf*.

Adverbiale Präpositionalphrasen werden dagegen immer durch einfache Adverbien ersetzt bzw. mit solchen erfragt.

(53) (a) *Wo* wartet unsere Nachbarin? – Sie wartet *auf/vor/neben der Terrasse*./ Sie wartet *dort*.
(b) *Worauf* wartet unsere Nachbarin? – Sie wartet *auf das ultraschnelle Notebook*./ Sie wartet *darauf*.

Eine Ausnahme hierzu stellen lediglich **Instrumentale** (s. 4.3.3) dar, die durch das Pronominaladverb *womit* erfragt werden, da ihnen keines der einfachen Adverbien entspricht.

(54) *Womit* rechnet unsere Nachbarin? – *Mit einem ultraschnellen Notebook./ Damit*. (zweideutig)

Auch Präpositionalobjekte können satzwertig sein und als *dass*-Sätze, freie Relativsätze und indirekte Fragesätze auftreten.

(55) (a) *Worüber* freut sie sich? Sie freut sich (*darüber*), dass das Notebook gekommen ist.
(b) *Woran* denkt er? Er denkt, *woran* alle denken.
(c) *Woran* zweifelst Du? Ich zweifle (*daran*), ob die noch ein Notebook vorrätig haben.

Präposition und Pronominaladverb

4.3.3 | Adverbiale

Adverbiale können im weiteren Sinne als Umstandsangaben verstanden werden, die in einigen Fällen vom Verb gefordert, häufiger aber frei hinzufügbar sind. Sie werden also in der Regel nicht vom Verb regiert. Selbst wenn vom Verb ein Adverbial gefordert ist, legt dieses weder einen Kasus noch eine bestimmte Präposition fest:

(56) (a) Das Notebook liegt *auf dem Kaffeetisch/ unter dem Magnolienbaum*. (Ortsangabe gefordert)
(b) Er benimmt sich *vorbildlich/ wie ein Clown*. (Angabe über die Art und Weise gefordert)

Zur Vertiefung

Unterscheidung AP und AdvP

Im Satz (57b) wird *täglich* als AP klassifiziert, also als Adjektivphrase. So mancher mag hier den Einspruch erheben, das Wort sei doch ein Adverb. Doch kann man das Wort wie ein Adjektiv nominal flektieren (*die tägliche Lektüre*); es ist darum, wie alle Adjektive, die auch adverbial verwendet werden können, der Kategorie A zuzuordnen. Schwieriger ist es bei reinen Adverbien wie *dort*, die niemals nominal flektieren (es sei denn in derivierter Form, wie in *die dortigen Ereignisse*). In manchen Phrasenstrukturmodellen wird der Einfachheit halber auf die Unterscheidung der Kategorien AP und AdvP verzichtet. Wenn man sie treffen möchte, sollten die Phrasen jedoch nur nach der Kategorie ihrer Kopfelemente unterschieden werden und nicht nach ihrer Funktion. Somit sind nur reine Adverbien wie *dort* und *dann* Kopf einer AdvP, während Adjektive wie *täglich* oder *lange* Köpfe von APs sind, auch wenn sie adverbial verwendet werden.

(a) [$_{AdvP}$ *Dann*] ist es endlich doch gekommen.
(b) [$_{AP}$ *Lange*] hatten wir darauf gewartet.

In den meisten Fällen werden Adverbiale jedoch dem Satz frei hinzugefügt und liefern eine zusätzliche Information zum dargestellten Sachverhalt. Semantisch kennzeichnen sie, vereinfacht gesagt, die Umstände, unter denen ein Sachverhalt besteht oder sich vollzieht. Im Prinzip kann jede der bislang eingeführten Phrasenkategorien (außer VP) als Adverbial dienen. Aus diesem Grund werden sie in der Regel nach rein semantischen Gesichtspunkten unterteilt, so wie auch die korrespondierenden Fragewörter (bzw. Interrogativphrasen) rein semantisch zu unterscheiden sind.

Temporale Adverbiale beziehen sich auf eine Zeit, eine Zeitdauer oder eine Häufigkeit und werden mit *wann, wie lange* und *wie oft* erfragt.

(57) (a) [$_{NP}$ *Die ganze Woche*] freuten wir uns auf das neue Notebook. (Wie lange?)
 (b) Wir standen [$_{AP}$ *täglich*] früh auf und warteten. (Wie oft?)
 (c) [$_{PP}$ *Nach Sonnenuntergang*] haben wir dann zu warten aufgehört. (Wann?)
 (d) [$_S$ *Als es dann schließlich doch noch klingelte*], wollte es schon keiner mehr hören. (Wann?)

Lokale Adverbiale geben einen Ort oder eine Richtung an. Meist sind es PPs oder AdvPs, doch sind auch freie Relativsätze möglich:

(58) (a) [$_{PP}$ *Unter dem Magnolienbaum*] hat er das Notebook ausprobiert.
 (b) [$_{AdvP}$ *Dorthin*] hat er das Notebook bestellt.
 (c) [$_S$ *Wo wir jetzt sitzen*], stand früher ein Magnolienbaum.

Zur Vertiefung

Unterscheidung Modaladverbial vs. freies Prädikativ (prädikatives Attribut):
Oftmals scheint es nicht eindeutig, ob es sich bei einer Phrase um ein Adverbial oder um ein freies Prädikativ handelt. Letztere geben keine Informationen über den Sachverhalt, sondern Auskunft über den Referenten, auf den sich das Subjekt oder das Objekt beziehen. Z. B.:

(1) Völlig übernächtigt hat er das Notebook ausprobiert.

Hier bestimmt *völlig übernächtigt* nicht die Art und Weise der Untersuchung, sondern drückt eine Eigenschaft desjenigen aus, der die Untersuchung vornahm. Welche Art der Bestimmung vorliegt, lässt sich entscheiden, indem man den Satz in zwei koordinierte Sätze auflöst – was sowohl bei Adverbialen als auch bei freien Prädikativen geht.

(2) (a) Er probierte das Notebook aus und das geschah *gründlich/ mit großer Ausdauer/ indem er es an einen Koprozessor anschloss*.
 (b) *Er probierte das Notebook aus und das geschah *völlig übernächtigt*.
 (c) Er probierte das Notebook aus und (er) war (dabei) *völlig übernächtigt*.

Modale Adverbiale geben Auskunft über die Art und Weise, in der ein Sachverhalt besteht oder sich vollzieht. Es lassen sich unterscheiden: Umstandsbestimmung im engeren Sinne (wie?), instrumentale Adverbien (Mittel zum Zweck; womit?), Komparation (vergleichend), evtl. auch adversative Adverbien (Gegensatz). Modaladverbiale können als APs, PPs, AdvPs und Sätze auftreten:

(59) (a) Er hat das Notebook [$_{AP}$ *gründlich*] und [$_{PP}$ *mit großer Ausdauer*] ausprobiert, [$_S$ *indem er es an einen ultraschnellen Koprozessor anschloss*]. (Wie?)
 (b) [$_{AdvP}$ *So*] hat er das Notebook ausprobiert.
 (c) [$_{PP}$ *Mithilfe eines ultraschnellen Koprozessors*] hat er das Notebook ausprobiert. (Womit?)
 (d) Der Prozessor arbeitet *schneller als das Notebook*. (Komparation)
 (e) [$_S$ *Während sie Linguistin ist*], ist er Profifußballer. (adversativ)
 (f) [$_{PP}$ *Gegenüber Linguisten*] haben Fußballer wirklich einen langweiligen Job. (adversativ)

Kausale Adverbiale: Adverbiale, die Grund-Folge-Beziehungen ausdrücken, fasst man unter den kausalen Adverbialen (im weiteren Sinne) zusammen. Auch hier lassen sich wiederum Untertypen unterscheiden: **kausal** im engeren Sinne (Ursache), **konzessiv** (Gegengrund), **konditional** (Bedingung), **konsekutiv** (Folge), **final** (Zweck). Jede dieser Adverbialklassen kann durch eine PP oder einen Satz wiedergegeben werden. Es gibt spezifische Adverbien, durch die diese Adverbialklassen ersetzt oder erfragt werden können.

(60) (a) *Interessehalber/ aus Interesse/ weil es ihn interessierte*(,) probierte er das Notebook aus.
 (b) *Weshalb/ deswegen* probierte er das Notebook aus(?). (kausal)

(61) (a) *Trotz seines Interesses/ obwohl er interessiert war*(,) kam er zu keinem Ergebnis.
 (b) *Dennoch/ trotzdem* kam er zu keinem Ergebnis. (konzessiv)

(62) (a) *Bei gründlicher Untersuchung/ untersucht man es gründlich*(,) findet man die Fehler.
 (b) *Wann/ dann* findet man die Fehler(?). (konditional)

(63) (a) Der Prozessor hat *so* ultraschnell gerechnet, *dass ihm keiner folgen konnte*. (konsekutiv)
 (b) Der Prozessor hat [$_{PP}$ *zu unser aller Erstaunen*] wirklich ultraschnell gerechnet. (konsekutiv)

(64) (a) *Damit ihm keiner folgen kann*, soll der Prozessor ultraschnell sein. (final)
(b) Wir haben das Notebook [$_{PP}$ *zum Rechnen*]/ [$_S$ *um zu rechnen*]. (final)

Satzadverbiale: Die Satzadverbialen stellen eine eigene Funktionsklasse dar, da sie, anders als die bislang besprochenen Adverbialen, keine Angaben zu einem Sachverhalt oder dessen Verlauf machen, sondern die Darstellung des Sachverhalts insgesamt rahmen. Man nennt den Teil des Satzes, auf den sich ein Adverb bezieht, seinen **Skopus**. Satzadverbiale haben also den gesamten übrigen Satz im Skopus. Unter den Satzadverbialen stechen wiederum die sog. **Sprechereinstellungsadverbialen** hervor, die eine Stellungnahme des Sprechers zum Inhalt des Satzes ausdrücken (z. B. Einschätzung des Realitätsgrades oder Bewertung).

(65) (a) Das Notebook ist *vielleicht/ aller Wahrscheinlichkeit nach/ bestimmt* ausverkauft.
(Einschätzung des Realitätsgrades)
(b) Das Notebook war *leider/ zu unserem Bedauern/ bedauerlicherweise* ausverkauft. (emotionale Stellungnahme)

4.3.4 | Das Pronomen *es*

Da das Pronomen *es* im Deutschen äußerst vielschichtige Funktionen erfüllt, die sich jeweils aus der syntaktischen Umgebung bestimmen lassen, wollen wir diesen in diesem Abschnitt besondere Aufmerksamkeit widmen (vgl. ausführlicher Pittner/Berman 2010: 126 ff.).

***Es* als Stellvertreter:** In diesem Fall hat das Pronomen *es* Satzgliedwert und verweist auf ein Element aus dem situativen Kontext (**deiktische**/hinweisende Verwendung) oder aus dem sprachlichen Kontext (**Kotext**). Im letzteren Fall wird zwischen **anaphorischer** (d. h. rückverweisender) oder **kataphorischer** (vorausweisender) Verwendung unterschieden.

(66) (a) Hast du *es* gesehen? (deiktisch)
(b) Gestern stand *es* noch im Katalog, und heute gilt *das Notebook* als veraltet. (kataphorisch)
(c) Heute gilt *das Notebook* als ultraschnell, morgen würde *es* keiner mehr bestellen. (anaphorisch)

Es kann eine NP, eine VP oder einen Satz vertreten. Es hat dann die prototypische Stellvertreterfunktion eines Pronomens:

(67) (a) [$_{NP}$ Das Notebook] ist heute angekommen. *Es* ist noch in der Verpackung.
(b) Gustav will [$_{VP}$ das Notebook auspacken], aber er schafft *es* nicht.
(c) [$_S$ Der Prozessor wird ultraschnell sein]. Ich hoffe *es* zumindest.

***Es* als Platzhalter:** In dieser Funktion tritt das Pronomen *es* genau dann auf, wenn in einem deklarativen Hauptsatz (also bei V2-Stellung) alle anderen phrasalen Konstituenten im Mittelfeld oder Nachfeld stehen. Sobald man eine andere Konstituente ins Vorfeld stellt, rückt dieses reine **Expletiv** (›Füllelement‹) also nicht ins Mittelfeld, sondern verliert seine Funktion im Satz und verschwindet ganz.

Expletiv

(68) (a) *Es* kamen schon viele Notebooks auf den Markt.
(b) Schon viele Notebooks kamen (*es) auf den Markt.

Dieses *es* ist also kein Satzglied und kann deshalb nicht erfragt werden; schon gar nicht ist *es* ein Subjekt, mit dem das Finitum kongruieren müsste (s. 4.3.1).

(69) (a) *Was kamen schon viele Notebooks auf den Markt?
(b) *Es kam schon viele Notebooks auf den Markt.

> **Definition**
>
> → **Expletive** sind Wörter ohne eigene Bedeutung, die in Positionen stehen, die nicht leer sein dürfen.

***Es* als Korrelat:** Wenn eine satzwertige Konstituente (etwa aus Gründen der Informationsstrukturierung) im Nachfeld steht, kann es möglich oder gar notwendig sein, dass im Mittelfeld oder Vorfeld ein sog. **Korrelat** auftritt, das den extraponierten Satz sozusagen mit dem Satzinneren des Hauptsatzes verknüpft. Steht der subordinierte Satz im Vorfeld, verschwindet auch dieses *es*.

(70) (a) Uns hat (*es*) sehr gefreut, dass das Notebook heute gekommen ist.
(b) *Es* hat uns sehr gefreut, dass das Notebook heute gekommen ist.

Syntaktische Funktionen

(c) Dass das Notebook heute gekommen ist, hat (*es) uns sehr gefreut.

Korrelate Wie auch als Stellvertreter direkter Objekte, kann *es* als Korrelat für Objektsätze nicht im Vorfeld stehen. Dort können allerdings andere Korrelate (z. B. *das*) oder der Objektsatz selbst stehen:

(71) (a) Ich habe (*es*) gehofft, dass der Prozessor ultraschnell sein wird.
(b) *Das/ *es* habe ich gehofft, dass der Prozessor ultraschnell sein wird.
(c) *Dass der Prozessor ultraschnell sein wird*, habe ich gehofft.

Zur Vertiefung

Weitere Korrelate

Bei Subjektsätzen und direkten Objektsätzen kann *es* (neben *dies* und *das*) als Korrelat auftreten. Bei anderen Arten satzwertiger Konstituenten werden andere Korrelate verwendet. So haben Präpositionalobjektsätze als Korrelat immer ein Pronominaladverb; es kann (je nach Verb) obligatorisch oder optional sein.

(1) (a) Man muss beim Notebookkauf *darauf* achten, wie schnell der Prozessor ist.
(b) Wir verließen uns *darauf*, dass das Notebook modern war.
(c) Wir hatten ihn (*dazu*) überredet, das Notebook zu kaufen.
(d) Er hat sich (*darüber*) geärgert, dass er das Notebook nicht früher gekauft hat.

Beim Genitivobjektsatz wird als Korrelat *dessen* verwendet.

(2) Er rühmte sich (*dessen*), dass er das schnellste Notebook aller Zeiten besäße.

Auch extraponierte Adverbialsätze haben Korrelate, die optional oder obligatorisch sein können.

(3) (a) Das ist (*deshalb*) schade, weil wir es gleich ausprobieren wollten.
(b) Das Ding ist *so* ultraschnell, dass man kaum schauen kann.
(c) Das haben die *dadurch* hingekriegt, dass sie den Prozessor getuned haben.

Formale Satzglieder *Es* **als formales Satzglied:** Satzglieder müssen nicht unbedingt referentiell sein. So können Verben durchaus ein Subjekt fordern, auch wenn dieses keinerlei Denotat hat. Ein gängiges Beispiel sind die Wetterverben, die ein Ereignis bezeichnen, an dem keine individualisierbaren Mitspieler beteiligt sind.

(72) Es schneit/ regnet/ hagelt/ donnert.

Es handelt sich hier also um ein rein **formales Subjekt**. Da es nicht referentiell ist, kann es – anders als andere Satzglieder – nicht erfragt werden:

(73) *Wer oder was regnet? – Es.

Dennoch besteht es den Konstituententest der Verschiebbarkeit, denn es kann auch im Mittelfeld stehen:

(74) Gestern hat *es* fürchterlich geregnet.

Weitere Beispiele für Verben mit formalem Subjekt:

(75) (a) Er fürchtet, dass *es* keine Notebooks mehr gibt.
(b) Hierbei handelt *es* sich um einen Irrtum.

Manche Verben erlauben ein formales Subjekt alternativ zu einem referentiellen:

(76) (a) Unsere Nachbarin/ *es* hat geklingelt.
(b) Wer hat geklingelt? – Unsere Nachbarin/ *Es.

Auch als **formales Objekt** kann *es* verwendet werden. Wie alle Objekts-*es* (s. o.) kann dieses *es* aber nicht im Vorfeld stehen.

(77) (a) Unsere Nachbarin hat *es* zu etwas gebracht.
(b) *Es hat unsere Nachbarin zu etwas gebracht.

4.3.5 | Attribute

Anders als die bislang besprochenen Funktionen, die Satzgliedern bzw. phrasalen Satzkonstituenten zukommen, sind Attribute keine Funktionen von Satzgliedern, sondern von **Erweiterungen von Satzgliedern** (d. h. Satzgliedteilen). Sie haben die Funktion, zusätzliche Eigenschaften der jeweiligen Kopfelemente auszudrücken. In der Regel sind sie daher nicht alleine verschiebbar (eine Ausnahme stellt die bereits angesprochene Extraposition von Relativsätzen dar, die nichts anderes sind als satzwertige Attribute) und niemals vorfeldfähig.

Definition

→ **Attribute** sind Erweiterungen von schon vorhandenen Satzgliedern, die zusätzliche Eigenschaften des Kopfelements ausdrücken. Attribute haben daher nicht den Status eigenständiger syntaktischer Funktionen.

Adjektivattribute (genau wie **Partizipialattribute**, die sich genauso verhalten und daher oft in derselben Gruppe zusammengefasst werden) gehen im Deutschen dem Bezugsnomen in der Regel voran

Attribute

und kongruieren dann mit diesem in Genus und Numerus:

(78) (a) das [$_{AP}$ *ultraschnelle*] Notebook
 (b) der [$_{AP}$ [stets] [seiner Theorie] *treue*] Linguist
 (c) ein [$_{AP}$ *modern aussehendes*] Notebook
 (Partizip Präsens)
 (d) das [$_{AP}$ *kürzlich verschickte*] Notebook
 (Partizip Perfekt)

Nur in Ausnahmefällen folgen adjektivische Attribute dem Substantiv. So werden ›schwere‹ APs (d.h. solche, die viel lexikalisches Material enthalten) oft nachgestellt. Sie sind dann unflektiert und deutlich durch Komma abgesondert. Außerdem gibt es gewisse idiomatische Wendungen, oft in Form von Adjektivkoordination, die nachgestellte Attribute aufweisen.

(79) (a) Unsere Nachbarin, *auf ihr neues Notebook stolz und vor Glück strahlend*, saß im Garten.
 (b) Forelle *blau*; ein Mädchen *lieb und nett* (idiomatisiert)
 (c) *ein Notebook *modern und schnell*
 (nicht idiomatisiert)

Ob Adjektivattribute dem Kopfnomen vorangehen oder folgen, ist von Sprache zu Sprache unterschiedlich. Beispielsweise geht das Adjektiv dem Nomen im Tschechischen voran, während es im Polnischen auf dieses folgt:

(80) (a) Tschechisch: *dobrý den* = ›guten + Tag‹
 (b) Polnisch: *dzień dobry* = ›Tag + guten‹

Genitivattribut: Auch NPs im Genitiv können als Attribute dienen; diese sind in der Regel nachgestellt:

(81) (a) das Notebook *der Nachbarin* (genetivus possessivus)
 (b) die Überprüfung *des Prozessors* (genetivus objectivus)
 (c) der Absturz *des Notebooks* (genetivus subjectivus)
 (e) ein Prozessor *hoher Rechengeschwindigkeit*
 (genetivus qualitatis)

Manche Genitivattribute, insbesondere von Eigennamen, können auch vorangestellt werden (**pränominaler Genitiv**) und stehen dann in komplementärer Verteilung mit Determinantien (Artikelwörtern).

(82) (a) Petras Notebook
 (b) *das Petras Notebook

Dies weist darauf hin, dass der pränominale Genitiv eher die Funktion eines Determinans erfüllt als die eines Attributs.

Präpositionalattribut: Auch PPs können in Attributfunktion verwendet werden:

(83) (a) ein Prozessor *aus Titanium*
 (b) das Notebook *auf dem Kaffeetisch*

Attributive Adverbien: Vor allem lokale Adverbien können in Attributfunktion verwendet werden.

(84) das Notebook *dort*

Relativsätze sind, funktional betrachtet, nichts anderes als Attribute, nur eben solche, die das Format eines ganzen Nebensatzes haben. Dass Relativsatz und Bezugsnomen zusammen eine Konstituente bilden, zeigen Vorfeldtest und Fragetest:

(85) (a) [$_{NP}$ Ein [[ultraschnelles Notebook] [$_S$ auf das sie sehr stolz ist]]], hat unsere Nachbarin bestellt.
 (b) Wer hat dieses ultraschnelle Notebook bestellt? [$_{NP}$ Unsere [Nachbarin, [$_S$ die darauf sehr stolz ist.]]]

Gliedsätze: Da Attributsätze durchaus häufig auftreten, ist es sinnvoll, eine grundsätzliche Klassifikation der Nebensätze nach der Funktion im Matrixsatz vorzunehmen. Gliedsätze sind Nebensätze mit Satzgliedfunktion; dazu gehören Subjektsätze, Objektsätze, Prädikativsätze und verschiedene Adverbialsätze (temporal, kausal, konditional etc). Diese sind immer erfragbar, pronominalisierbar und können vor dem Finitum im Hauptsatz stehen:

(86) (a) Was hat er gesagt?
 (b) Das hat er gesagt.
 (c) Dass er unserer Nachbarin eine Magnolie schenken will, hat er gesagt.

Gliedteilsätze sind Teile eines Satzgliedes, die keine selbständige Funktion im übergeordneten Satz haben. Es sind Attributsätze, die in der Regel nachgestellt sind und vor dem finiten Verb nur zusammen mit einem Bezugselement auftreten. Sie sind weder erfragbar noch auf eine andere Weise pronominalisierbar:

(87) (a) Sie hat ein Notebook bestellt, *auf das sie sehr stolz ist.*
 (b) **Auf das sie sehr stolz ist*, hat sie ein Notebook bestellt.
 (c) **Was hat sie ein Notebook bestellt? – Auf das sie sehr stolz ist.*

Klassifikation der Nebensätze

Allein die **freien Relativsätze**, die Pittner (2007: 737) »verkappte Attributsätze« nennt, können als selbständige Satzglieder auftreten.

(88) [$_S$ *Was dieses Notebook alles kann*], hat uns überrascht.

Außer den nicht-freien Relativsätzen kommen als Attributsätze außerdem verschiedene Arten von eingeleiteten Nebensätzen vor, zudem auch V2-Sätze und Infinitivsätze.

(89) (a) die Hoffnung, *das Notebook bald zu bekommen*
(b) die Befürchtung, *der Prozessor wäre nicht schnell genug*
(c) die Tatsache, *dass die Nachbarin ein ultraschnelles Notebook hat*
(d) die Frage, *ob es am Prozessor liegt*
(e) die Unkenntnis, *wo der Fehler liegt*
(f) die Zeit, *als die Notebooks noch langsam waren*
(g) der Ort, *wo er das Notebook ausprobierte*

4.4 | Argumentstruktur

Schon bei der Diskussion des Begriffs der Rektion (s. S. 141) haben wir festgestellt, dass manche Elemente im Satz die Anwesenheit anderer erfordern. Insbesondere hängt es von der Art des Verbs ab, welche und wie viele weitere Mitspieler im Satz auftreten können oder müssen. Verben können sich also in ihrer Argumentstruktur unterscheiden.

(90) (a) Mapplosaft ist *ein Notebook*. (= besitzt die Merkmale eines *Notebooks*)
(b) Mapplosaft ist *ultraschnell*. (= besitzt das Merkmal, *ultraschnell* zu sein)
(c) Das Notebook *läuft* (endlich). (= besitzt die Merkmale des am *Laufen*-Seins)
(d) Gustav *liebt* Mapplosaft. (= Gustav und Mapplosaft sind an einem Sachverhalt beteiligt, der durch die Merkmale von *lieben* und *geliebt werden* gekennzeichnet ist.)

> **Definition**
>
> Mit → **Argumentstruktur** bezeichnen wir die Anforderungen des verbalen Kerns (d. h. des Prädikats), weitere, von ihm abhängige Mitspieler zu sich zu nehmen.

4.4.1 | Grundlagen

Prädikat und Argument: Vor der systematischen Betrachtung der Argumentstruktur gilt es zunächst, die Begriffe ›Prädikat‹ und ›Argument‹ zu klären. Kern einer Proposition, einer (Satz-)Aussage, stellt die Prädikation dar. Prädikate sind alle Ausdrücke, die Individuen oder Sachverhalten eine Anzahl von Merkmalen bzw. Eigenschaften zuschreiben können.

> **Definitionen**
>
> Ein → **Prädikat** ist ein Ausdruck, durch den einem Individuum oder mehrere Individuen oder einem Sachverhalt, an dem ein Individuum oder mehrere Individuen beteiligt sein können, eine Anzahl kennzeichnender Eigenschaften bzw. Merkmale zugeschrieben werden.
> Als → **Argumente** bezeichnet man diejenigen Individuen, denen (in einem Satz/einer Phrase) durch ein Prädikat eine Anzahl kennzeichnender Eigenschaften zugeschrieben wird oder die an einem durch ein Prädikat denotierten Sachverhalt beteiligt sind.

4.4.2 | Dependenz und Valenz

Dependenzgrammatik: Der Kern der Dependenzgrammatik ist die Annahme, dass sich das Bauprinzip des ganzen Satzes (bzw. von Phrasen) aus lexikalischen Eigenschaften des Verbs (bzw. anderer Kopfelemente) ergibt. Diese Idee hat nach gängigen Annahmen erstmals Lucien Tesnière 1959 in seinem Buch *Eléments de syntaxe structurale* beschrieben. In diesem Werk führte Tesnière auch den in der Chemie gebräuchlichen Terminus ›**Valenz**‹ (= *Wertigkeit*) in die Sprachwissenschaft ein (Tesnière 1959: 161):

> »Man kann so das Verb mit einem Atom vergleichen, an dem Häkchen angebracht sind, so daß es je nach der Anzahl der Häkchen eine wechselnde Zahl von Aktanten an sich ziehen und in Abhängigkeit halten kann. Die Anzahl der Häkchen, die ein Verb aufweist, und dementsprechend die Anzahl der Aktanten, die es regieren kann, ergibt das, was man die Valenz des Verbs nennt.«

Die Eigenschaft des Verbs, Valenzträger zu sein, ist somit Bestandteil eines Syntaxmodells. Das Verb als **Nukleus** regiert die **Aktanten** (auch **Dependentien**), die an dem vom Verb denotierten Sachverhalt beteiligt sind (also der **Argumente** nach

Zur Vertiefung

Prädikatenlogik

Prädikatenlogik ist eine wissenschaftliche Metasprache, die eigens dazu entwickelt wurde, **Aussagendenotate** formallogisch zu explizieren (vgl. Schwarz/Chur 2007: 142 ff.; Lohnstein 2011: 55 ff., 155 ff.). Da sie ein nützliches Instrument darstellt, um die Argumentstruktur zu formalisieren, wollen wir diese im Folgenden in stark vereinfachter Form vorstellen.

In einer Prädikatenlogik erster Stufe sind sowohl Prädikate als auch Eigennamen nicht-logische (d. h. nicht herleitbare) Konstanten. **Prädikatskonstanten** können **Individuenkonstanten** als **Argumente** nehmen. Dies lässt sich wie folgt formalisieren:

(1) (a) *Felix weint*: wein'(Felix'); bzw. kurz: W(f)
 (b) *Felix ist eine Katze*: katze'(Felix'); bzw. kurz: K(f)
 (c) *Gustav liebt Felix*: lieb'(Gustav',Felix'); bzw. kurz: L(g,f)

Hierbei steht *wein'* für das semantische Prädikat, der Apostroph kennzeichnet den Ausdruck als metasprachlich; anders als im Satz werden die Prädikate unflektiert dargestellt. Prädikate werden wie in der mathematischen Logik als **Funktionen** über die Argumente aufgefasst, die in der darauffolgenden Klammer stehen. Die besondere Funktion eines Prädikats ist es, **Wahrheitsbedingungen für Propositionen zu denotieren**, d. h. Bedingungen, unter denen Aussagen über (Mengen von) Individuen oder Sachverhalte wahr oder falsch sein können. Weitere Wahrheitsbedingungen liefern die sog. **Funktoren** bzw. **Operatoren**: **Junktoren** und **Quantoren**.

(2) (a) Junktoren: ∧, ∨, → stehen für *und, oder, wenn-dann*
 (b) Quantoren: ¬, ∃, ∀ stehen für *Negation, Individualquantor, Universalquantor*

(3) (a) ¬Katze'(Gustav'): *Gustav ist keine Katze*.
 (b) Katze'(Felix')∧getigert'(Felix'): *Felix ist eine getigerte Katze*.
 (genauer: Felix hat die Eigenschaften einer Katze und außerdem, getigert zu sein)

Quantoren benötigt man in dieser Metasprache dann, wenn als Argument keine Individuenkonstante vorliegt, sondern eine Variable. Eine Formel der Prädikatenlogik, in der alle Variablen gebunden sind, bezeichnet man als **geschlossene Formel**. Eine Formel mit mindestens einer freien Variablen heißt **offene Formel** (Lohnstein 2011: 82). Offene Formeln lassen sich nicht ohne weiteres interpretieren, da den Prädikaten kein Denotat zugewiesen werden kann.

(4) (a) ∀x[getigert'(x)→Katze'(x)]: *Wenn etwas getigert ist, dann ist es eine Katze*.
 (d. h. für alle Individuen x gilt, dass, wenn x getigert ist, dann ist x eine Katze.)
 (b) ∃x[Katze'(x)∧getigert'(x)]: *Eine Kàtze ist getigert*.
 (d. h. etwas hat die Eigenschaften einer Katze und außerdem, getigert zu sein)

Intuitiv lässt sich das so verstehen: Der Begriff *eine Katze* bezeichnet *etwas, das eine Katze ist*. Diejenigen Individuen x, die Katzen sind, können als *Katze* bezeichnet werden. Um das Denotat der Bezeichnung *Katze* darzustellen, benötigt man noch einen weiteren Operator, der die gesamte Klasse eines Begriffs fassen kann: den klassenbildenden λ-**Operator**, der immer dann verwendet wird, wenn Denotate von Prädikaten dargestellt werden sollen, deren Argumente vor der Prädikation ja nicht festgelegt sind.

(5) (a) λx[getigert'(x)]
 »diejenigen Individuen x für die gilt, dass x getigert ist«

 (b) λyλx[lieb'(x,y,z)]
 »diejenigen Individuen y und x für die gilt, dass x y liebt«

 (c) λzλyλx[schenk'(x,y,z)]
 »diejenigen Individuen z, y und x für die gilt, dass x y z schenkt«

4.4 Wörter und Sätze

Argumentstruktur

Dependenz unserer obiger Definition), deren Anwesenheit somit vom Verb ›gefordert‹ ist. Die Dependenz kann in Baumdiagrammen dargestellt werden, sog. **Stemmata**.

(91) Unsere schlaue Nachbarin hat das ultraschnelle Notebook bestellt.

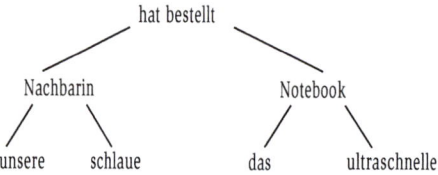

Dependentien, die nicht vom Verb gefordert werden (Tesnière nennt sie *circonstants*, d.h. Umstandsangaben, **freie Angaben**), bilden lediglich die ›Kulisse‹ des Satzes (im folgenden Beispiel das Lokaladverbial *im Garten*).

(92) Unsere schlaue Nachbarin hat das ultraschnelle Notebook im Garten getestet.

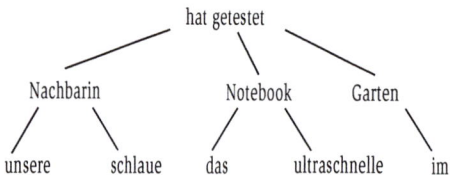

Der Dependenzgedanke ist in der einen oder anderen Gestalt nach wie vor Element aller Grammatikmodelle, deren Ziel es ist, die interne Struktur von Sätzen zu beschreiben. Er kann jedoch keine vollständige syntaktische Beschreibung liefern, und zwar (mindestens) aus zwei Gründen. Zum einen sind Verknüpfungsregularitäten (d.h. der eigentliche ›Satzbau‹) nicht Teil des Dependenzmodells (s. Vertiefungskasten), d.h. es fehlen Angaben zur Konstituenten- bzw. Phrasenstruktur. Zum Zweiten ist hier die Unterscheidung zwischen Argumenten und Angaben zunächst nicht klar. So ist z.B. nicht jedes Adverbial eine freie Angabe, denn Adverbiale können durchaus auch notwendige Ergänzungen (also Argumente) sein, wie in den Beispielen in (93).

(93) (a) Er wohnt *vor/hinter/in/bei der Stadt*.
(b) Stuttgart liegt *am Neckar*.
(c) Gustav legt das Buch *hinter das Klavier*.
(d) Er wirft den Fernseher *aus dem Fenster*.
(e) Er benimmt sich *schlecht*.

Ein Stemma zeigt nur, was wovon abhängt, nicht aber, welcher Art diese Abhängigkeit ist. Die Dependenzdarstellung muss durch eine differenzierte Betrachtung der Valenz (s. 4.4.3) präzisiert werden: Was macht Valenz überhaupt aus? Welcher Natur ist die *Rektion* bzw. die Forderung bestimmter Ergänzungen durch das Verb und andere Kopfelemente?

4.4.3 | Arten der Valenz

Bereits Helbig/Schenkel (1971/1991) nahmen in ihrem *Wörterbuch zur Valenz und Distribution deutscher Verben* drei Valenzebenen an: eine syntaktische, eine semantische und eine logische.

Die logische Valenz, nämlich »die Tatsache, daß Sachverhalte der Wirklichkeit als Aussagestrukturen, d.h. als Prädikate mit mehreren Leerstellen formulierbar sind« (ebd.: 65), bezieht sich zunächst rein auf die **Quantität** der Argumente.

Nicht nur Verben, sondern auch Adjektive und Nomen können ein- bis (mindestens) dreistellige Prädikate sein. Zur Überprüfung empfehlen wir, für die folgenden Vertreter der jeweiligen Valenzklasse Beispielsätze zu formulieren.

(94) (a) einstellige Verben: schielen, gähnen, niesen, schlafen etc.
(b) zweistellige Verben: suchen, entdecken, beantworten, essen, stehen, wohnen etc.
(c) dreistellige Verben: verkaufen, geben, mitteilen, schenken, stellen etc.

Zur Vertiefung

Dependenzielle und konstituentenstrukturelle Ansätze im Vergleich

Dependenzgrammatische Ansätze stellen ausschließlich Abhängigkeitsverhältnisse dar und abstrahieren dabei von Abfolgeregularitäten. In der Konstituentenstruktur sind dagegen Abfolge (Links- vs. Rechtsköpfigkeit von Phrasen) und Abhängigkeitsverhältnisse (Kopf als regierendes Element) in einer Darstellung vereint. Man kann darin Vor- und Nachteile sehen. Eine dependenzielle Darstellung bietet sich insbesondere für Sprachen mit freier Wortstellung an, etwa das Deutsche. (Nicht zufällig gibt es in der Germanistik eine ausgeprägtere dependenzgrammatische Tradition als in der Anglistik.) Die relativ freie Abfolge im deutschen Mittelfeld ist konstituentenstrukturell schwierig (aber nicht unmöglich) darzustellen. Gleiches gilt für diskontinuierliche (unterbrochene) Konstituenten. Prinzipiell ist allerdings eine Theorie überlegen, die möglichst viele Generalisierungen in einer einzigen Darstellung vereint. Diese Überlegung spricht grundsätzlich für die Konstituentenstruktur.

(95) (a) einstellige Adj.: flach, belebt, blau, grün, gesund etc.
     (b) zweistellige Adj.: nahe, treu, ansässig etc.
     (c) dreistellige Adj.: überlegen, schuldig, behilflich etc.

(96) (a) einstellige Nom.: Baum, Auto etc.
     (b) zweistellige Nom.: Sturz, Vater, Studium etc.
     (c) dreistellige Nom.: Vermietung, Auslieferung etc.

Wertigkeit höher als drei: Manche Valenzforscher klassifizieren bis zu fünfstellige Prädikate (vgl. Wotjak/Wotjak 1983), doch ist es dann oft umstritten, ob es sich bei manchen der Ergänzungen nicht eigentlich um freie Angaben handelt (s. dazu 4.4.4).

(97) Die Nachbarin$_1$ hat uns$_2$ für Gustav$_3$ ein ultraschnelles Notebook$_4$ in den Garten$_5$ gestellt.

Semantische Valenz: Von der rein quantitativen logischen Valenz unterscheiden Helbig/Schenkel (1971: 65) die wesentlich spezifischere semantische Valenz, nämlich die Tatsache, dass »Verben bestimmte Kontextpartner fordern«. Die semantische Valenz eines Wortes legt nicht nur fest, wie viele Ergänzungen der Wortbedeutung für die Besetzung ihrer Valenzstellen zuzuordnen sind, sondern auch, ob die in den Satz eingehenden Ergänzungen mit dem Prädikat bzw. miteinander vereinbar sind oder nicht.

(98) (a) Gustav schickt seinem Bruder einen Brief nach München.
     (b) *Gustav schickt München einen Brief an seinen Bruder.
     (c) *Gustav gibt dem Regal ein Buch.

(99) (a) Gustav ist in München ansässig.
     (b) *Gustav ist bei Gesine ansässig.
     (c) Gustav wohnt in München/ komfortabel/ bei Gesine.

(100) Gustavs Sturz aus dem Hubschrauber/ über den Bordstein/ in den Fluss/ *nach Buxtehude.

Θ-Rollen: In neueren Ansätzen ist in diesem Zusammenhang häufig von der **semantischen Rolle** (auch **thematische Rolle** bzw. **Θ-Rolle**, sprich »Theta-Rolle«, genannt) die Rede, die das Verb an seine Argumente vergibt und mit der deren **semantische Merkmale** wiederum vereinbar sein müssen (vgl. Schwarz/Chur 2007: 69 ff.; Engelberg 2000: 156 ff.; Pittner/Berman 2007: 50 f.). Im Kasten oben führen wir die in der Literatur am häufigsten genannten semantischen/thematischen Rollen auf und veranschaulichen sie anhand von Beispielsätzen. Allerdings besteht in der Forschung

Semantische Rollen / Θ-Rollen	
AGENS:	Täter, Handelnder (in der Regel das Subjekt des Satzes)
THEMA:	Gegenstand einer Handlung (in der Regel das direkte Objekt)
PATIENS:	erduldet eine Handlung; auch Opfer (in der Regel das direkte Objekt; eigentlich ein belebtes THEMA, darum häufig einfach unter THEMA subsumiert)
REZIPIENT:	Empfänger des THEMAS einer Vergabehandlung (in der Regel das Dativobjekt); meist mit dem Merkmal belebt assoziiert
INSTRUMENT:	Mittel, das zu einem Zweck eingesetzt wird; auch zur Benennung unbelebter Verursacher eines Ereignisses verwendet
ZIEL:	Ziel, Endpunkt einer Bewegungshandlung
QUELLE:	Ausgangspunkt einer Bewegungshandlung
BENEFAKTIV:	zu dessen Nutzen/Schaden etwas geschieht (einen ›Malefaktiv‹ unterscheidet man davon in der Regel nicht)
LOKATION:	der Ort, an dem ein Sachverhalt gilt
EXPERIENS:	Träger eines mentalen oder emotionalen Prozesses (z. B. erschrecken) (engl. experiencer)
STIMULUS:	Auslöser eines solchen Prozesses (manchmal auch unter THEMA subsumiert)

nicht wirklich Einigkeit darüber, welche und wie viele Θ-Rollen angenommen werden sollten.

Das Subjekt eines **Aktionsverbs** trägt immer die Rolle des AGENS (vgl. 101a, b, e, f, i). Ein **kausatives Verb** ist dadurch gekennzeichnet, dass ein Ereignis vorliegt, in dem der Zustand, die LOKATION o. Ä. eines THEMA-Arguments verändert wird (101b, c, e, f) und es einen identifizierbaren **Verursacher** gibt. Dieser Verursacher muss nicht immer ein AGENS sein (zu dessen Merkmalen gehört nämlich, dass etwas willentlich oder unwillentlich geschehen kann), sondern es kann sich dabei auch um ein INSTRUMENT handeln (101c).

Wie (101d und g) zeigen, kann es sich beim Subjekt eines Satzes sogar um ein THEMA handeln. Weitere mögliche semantische Rollen sind ZIEL und QUELLE (101e, f, h). Der Gegensatz zwischen (101g: das Subjekt ist ein THEMA) und (101h: es trägt die Rolle QUELLE) zeigt, dass sich die Prädikatsbedeutung dadurch unterscheiden kann, welche semantische Rolle das jeweilig hinsichtlich der Funktion vergleichbare Argument trägt (hier veranschaulicht an dem **polysemen** Verb *laufen*, d. h. ein Ausdruck mit mehreren möglichen, semantisch korrelierenden Denotaten). In (101i) sehen wir den in der Literatur umstrittenen BENEFAKTIV (oft auch als freie Angabe klassifiziert); (101h) ist

4.4 Argumentstruktur

Verbklassen ein Beispiel dafür, dass auch die LOKATION ein Argument darstellen kann. Beispielsatz (101k) veranschaulicht wieder die Möglichkeit der Polysemie von Prädikaten aufgrund der semantischen Rolle des Subjekts, hier durch den Gegensatz EXPERIENS vs. STIMULUS einer Sinneswahrnehmung.

(101) (a) Gustav küsst Gesine.
　　　　　AGENS und THEMA/ PATIENS　　(Aktionsverb)
　　　(b) Gustav gibt dem Kind den Ball.
　　　　　AGENS, REZIPIENT und THEMA　(Aktionsverb, kausativ)
　　　(c) Der Ball zerschmettert das Fenster.
　　　　　INSTRUMENT und THEMA　　(Vorkommnis, kausativ)
　　　(d) Der Ball rollt ins Tor.
　　　　　THEMA und ZIEL　　(Vorgangsverb)
　　　(e) Gustav rollt den Ball ins Tor.
　　　　　AGENS, THEMA und ZIEL　(Aktionsverb, kausativ)
　　　(f) Ich hole den Wein aus dem Keller.
　　　　　AGENS, THEMA und QUELLE　(Aktionsverb, kausativ)
　　　(g) Das Wasser läuft.　THEMA　(Vorgangsverb)
　　　(h) Die Nase läuft.　QUELLE　(Zustandsverb)
　　　(i) Ich kaufe meiner Oma Blumen.
　　　　　AGENS, BENEFAKTIV, THEMA　(Aktionsverb)
　　　(j) Sie wohnt in Stuttgart/ angenehm.
　　　　　LOKATION　(Zustand)
　　　(k) Wer erkältet ist, riecht schlecht.
　　　　　EXPERIENS oder STIMULUS　(Eigenschaft oder Zustand)

Zur Vertiefung

Inkongruenzen von syntaktischer und semantischer Valenz

Die syntaktische und die semantische Valenz müssen einander nicht entsprechen. Die syntaktische Valenz kann z. B. höher sein als die semantische, wenn ein *formales Subjekt* oder *Objekt* vorliegt. Dies gilt auch für die *inhärent reflexiven Verben*, bei denen ein Reflexivum rein syntaktisch notwendig ist.

(1) (a) weil *es* regnet; weil *es* noch viele Probleme gibt
　　(b) Sie freut *sich* über ihr Notebook; *es* handelt *sich* dabei um einen Skandal.

In (1a) liegen formale Subjekte vor, die keine semantische Rolle tragen. Der Vergleich mit anderen Sprachen, wie z. B. Italienisch (2), zeigt, dass formale Subjekte bei Verben, deren semantische Valenz gar kein Subjekt vorsieht, keineswegs universal sind. Das Gleiche gilt für Verben, die im Deutschen inhärent reflexiv sind und deswegen in der Syntax ein Reflexivpronomen fordern, das ebenfalls keine semantische Rolle trägt (1b). Verben mit der gleichen Bedeutung können in anderen Sprachen durchaus nicht-reflexiv vorkommen (vgl. 2b).

(2) (a) It. *piove* (regn-3sg) ›es regnet‹
　　(b) She enjoys her notebook.

Der umgekehrte Fall, in dem die semantische Valenz höher ist als die syntaktische, liegt dann vor, wenn ein Argument mitverstanden wird, das aber nicht durch eine konkrete Ergänzung realisiert werden könnte:

(3)　Da musste ich einfach zugreifen.　　(PATIENS mitverstanden)

Syntaktische Valenz: Schließlich unterscheiden Helbig/Schenkel (1971: 65) noch die syntaktische Valenz, d. h. die »obligatorische oder fakultative Besetzung von Leerstellen in einer bestimmten, vom Verb her geforderten Zahl und Art, differenziert nach den Einzelsprachen«. Es geht hier also um die Frage nach der Kategorie von Ergänzungen (NP, PP, S) sowie ihrer Realisierungsform (Kasus; Art der Präposition; Art des Satzes), d. h. die morpho-syntaktischen Merkmale, die die Ergänzung charakterisieren.

(102) (a) [$_{NP}$ Gustav] (NOM) *schenkt* [$_{NP}$ der Nachbarin] (DAT) [$_{NP}$ eine Magnolie] (AKK).
　　　(b) [$_{NP}$ Die Nachbarin] (NOM) ist [$_{PP}$ über die Magnolie] *erfreut*.
　　　(c) [$_{NP}$ Gustav] (NOM) *hofft*, [$_S$ dass das Notebook bald kommt].

Zwar legt der Kopf die syntaktische Kategorie seiner Ergänzung(en) fest (NP, PP, Satz), jedoch sind oft verschiedene Realisierungsformen alternativ möglich:

(103) (a) Die Magnolie *zeigt* sein Interesse am Notebook.
　　　　　　　　　　　　　　　　　　　　(2 NPs)
　　　(b) Dass er ihr eine Magnolie schenkte, *zeigt* sein Interesse am Notebook.　　(1S, 1NP)
　　　(c) Dass er ihr eine Magnolie schenkte, *zeigt*, dass er das Notebook wirklich sehen wollte.　　(2S)

Abhängig von der syntaktischen Valenzstruktur eines Verbs sind zum Beispiel auch verschiedene Arten von Komplementsätzen erlaubt:

(104) (a) Gustav *bedauert*, [$_S$ DASS das Notebook nicht kommt].
　　　　　　　(*dass*-Satz/ abhängiger Deklarativsatz)
　　　(b) Wir *fragen* uns, [$_S$ OB das Notebook bald kommt].
　　　　　　　(*ob*-Satz/ indirekter Interrogativsatz)
　　　(c) Du *glaubst nicht*, [$_S$ WER das Notebook bekommen hat].
　　　　　　　(indirekter W-Interrogativsatz)
　　　(d) Wir *hoffen*, [$_S$ das Notebook kommt bald].
　　　　　　　(abhängiger Verbzweitsatz)
　　　(e) Sie *versprachen*, [$_S$ das Notebook bald zu schicken].
　　　　　　　(Infinitivsatz)

Die syntaktische Valenz kann zwischen den Sprachen variieren:

(105) (a) Er wartet [$_{PP}$ *auf* das Notebook].
　　　(b) Er erinnert sich [$_{PP}$ *an* seinen Traum].

(106) (a) He is waiting [$_{PP}$ *for* the Notebook].
　　　(b) He remembers [$_{NP}$ his dream] (AKK).

4.4.4 | Freie Angaben vs. obligate und fakultative Argumente

Die Trennung von semantischer und syntaktischer Valenz ist jedoch noch komplexer, als man zunächst annehmen mag; das zeigt sich an der Weglassbarkeit von Ergänzungen. Bekanntlich können nicht nur Angaben, die bei allen Verben frei hinzufügbar sind, weggelassen werden, sondern manchmal auch Ergänzungen. Aus diesem Grund nimmt man in der neueren Valenztheorie (wohl erstmals Helbig/Schenkel 1971: 31 ff.) eine Untergliederung in fakultative und obligatorische Argumente vor.

Beispiele für fakultative und obligatorische Argumente:

(107) (a) Unsere Nachbarin freut sich (über ihr Notebook).
(*über ihr Notebook* weglassbar)
(b) Unsere Nachbarin bestellte (... das ultraschnelle Notebook). (Objekt nicht weglassbar)

Unter geeigneten kontextuellen Bedingungen können allerdings auch viele Ergänzungen fehlen, die für gewöhnlich nicht weglassbar sind, z. B.:

(108) Unsere Nachbarin hat schon bestellt.

Es handelt sich um die **Ellipse** eines an sich obligatorischen Arguments, das aus dem Kontext ergänzt werden kann bzw. muss. Ein weiteres Beispiel für eine kontextuelle lizenzierte (also vom Kontext erlaubte) Ellipse eines Pronomens ist die sog. **Topikauslassung im Vorfeld**, die besonders in der gesprochenen Sprache häufig ist:

(109) (a) Was ist mit dem Notebook? (Das) hab ich schon bestellt.
(b) Wo bleibst Du? (Ich) komme!

Das Weglassen echt fakultativer Ergänzungen muss hingegen nicht vom Kontext lizenziert sein.
Homonyme oder weglassbare Ergänzung? Doch selbst wenn man ohne kontextuelle Lizenz eine obligate Ergänzung weglässt, kommt es nicht zwangsläufig zu Ungrammatikalität. In der Tat erscheint es in bestimmten Fällen sinnvoller, statt *eines* Verbs mit festgelegter Valenzstruktur zwei oder mehrere Verben mit unterschiedlichen Valenzen anzusetzen (vgl. Pittner/Berman 2007: 45). Dies ist offensichtlich bei **Homonymen**, d. h. Wörtern, deren Bedeutung völlig unterschiedlich ist, die aber durch einen historischen Zufall die gleiche phonologische Form haben (s. Kap. 3.3.3).

Definitionen

→ **Fakultative Argumente** sind zwar valenzgebunden, jedoch im Satz weglassbar.
→ **Obligatorische Argumente** sind solche, die nicht weggelassen werden können, ohne dass der Satz ungrammatisch würde oder aber der Satzsinn sich ändert.

(110) (a) Unsere Nachbarin hat sich (ein schnelleres Notebook) versprochen.
(b) Gustav steht (auf ultraschnelle Notebooks).

In (110a) entsteht durch das Weglassen des Arguments *ein schnelleres Notebook* ein völlig neuer Satzsinn, da *sich versprechen* ohne direktes Objekt etwas völlig anderes bedeutet. Das Gleiche gilt für *stehen* mit oder ohne Präpositionalobjekt. Der jeweilige Satz wird nur deshalb nicht ungrammatisch, weil es sich nicht mehr um dasselbe Verb handelt. Somit hat man kein für den ursprünglichen Satz obligatorisches Argument weggelassen, sondern das Verb ausgetauscht.
Polysemie oder weglassbare Ergänzung? Die Bedeutungsdifferenz kann jedoch auch viel geringfügiger sein, so z. B. bei **Polysemen** (s. Kap. 3.3.3), die sich nur durch die Anzahl ihrer Ergänzungen unterscheiden. Teilweise führt die Argumentreduktion (bzw. -hinzufügung) dazu, dass sich der semantische Prädikatstyp (etwa Eigenschaft, Zustand, Vorgang, Vorkommnis, Handlung oder Ausführung) ändert. Hierdurch ändert sich natürlich auch der Satzsinn:

(111) (a) Gustav ist eifersüchtig (auf Gesine).
(Eigenschaft/ Zustand)
(b) Gustav schielt (auf Gesine).
(Eigenschaft/ Handlung)
(c) Das Messer schneidet (gut/ durch das Küchenbrett).
(Eigenschaft/ Vorgang)
(d) Dagobert gibt (gerne/ Donald einen Taler).
(Eigenschaft/ Handlung)
(e) Schnee fällt (zu Boden). (Vorgang/ Vorkommnis)
(f) Gustav tritt den Ball (ins Tor).
(Handlung/ Ausführung)

Lässt man dagegen eine fakultative Ergänzung weg, ändert sich der Prädikatstyp nicht, das Weggelassene bleibt jedoch implizit:

(112) (a) Bei der Kollekte hat Gustav (jemandem/ der Gemeinde) fünf Mark gegeben. (Handlung)
(b) Gustav kocht heute (etwas/ Ratatouille). (Handlung)

Weglassbarkeit

(c) Gustav singt (etwas/ einen Kanon). (Handlung)
(d) Gustav setzt sich (wohin/ auf den Stuhl). (Ausführung)
(e) **Aber:** Der Kaffee setzt sich (*auf den Boden).
(→ idiomatisiert) (Vorgang)

Fakultativität Die entscheidenden Kriterien für die Fakultativität einer Ergänzung sind also, dass diese ohne kontextuelle Lizenzierung und ohne Änderung des Satzsinns weglassbar sein muss; die semantische Rolle der weggelassenen Ergänzung bleibt weiter implizit am Sachverhalt beteiligt. Lässt man dagegen eine freie Angabe weg, ändert sich weder der Prädikatstyp, noch ist das Weggelassene implizit. Vgl. die folgende Antwort auf die Frage *Warum riecht es hier so angebrannt?*:

> **Zur Vertiefung**
>
> **Zur Notation von fakultativen Argumenten, Homonymie, Polysemie**
> Eine mögliche Notation zur Unterscheidung von fakultativen Argumenten und solchen bei homonymen bzw. polysemen Prädikaten schlägt Eisenberg (2013, II: 62) vor:
>
> (a) **essen**: NOM | (AKK) (›Paul isst (etwas).‹)
> (b) **brennen**$_1$: NOM (›Das Haus brennt.‹)
>   **brennen**$_2$: NOM | auf AKK (›Paul brennt auf das Ergebnis seiner Klausur.‹)
> (c) **bauen**: NOM (›Paul ist Bauherr.‹)
>   NOM | AKK (›Paul baut einen Hühnerstall.‹)
>
> Während *essen* einen Lexikoneintrag hat, der anzeigt, dass das Akkusativobjekt fakultativ ist, besitzt *brennen* (mindestens) zwei Einträge, die sich nicht nur in der Argumentstruktur unterscheiden, sondern deren Bedeutung grundsätzlich verschieden ist. *Bauen* ist laut Eisenberg ein polysemes Verb, das zum einen eine Eigenschaft, zum anderen eine Handlung denotieren kann. Da man aber eigentlich immer *etwas* baut, ist *bauen* u. E. jedoch nicht unbedingt zwingend ein Beispiel für Polysemie. Klarer ist die Sachlage z. B. bei Bewegungsverben. *Schwimmen* in *Holz schwimmt* bezeichnet eine Eigenschaft, *Das Holz schwimmt im Bach* einen Zustand.

> **Übersicht**
>
> → **Ergänzungen/Argumente** sind verbspezifisch.
> → **Obligatorische Ergänzungen** sind – außer bei Kontextellipse – nicht weglassbar, ohne dass der Satz ungrammatisch wird oder sich mit dem Prädikatstyp der Satzsinn ändert.
> → **Fakultative Ergänzungen** sind weglassbar, aber implizit am Satzsinn beteiligt.
> → **Freie Angaben** sind im Prinzip bei jedem Verb frei hinzufügbar und darum auch immer weglassbar, ohne implizit semantisch relevant zu sein. Sie können stets mithilfe eines geeigneten Verbs in einem separaten Satz umschrieben werden.

(113) Gustav kocht (*heute*; fr. Ang.) (*etwas*; fak. Erg.) (*für die ganze Familie*; fr. Ang.).

Freie Angaben: Im Gegensatz zu Argumenten sind freie Angaben nicht valenzgebunden. Beispiele für freie Angaben:

(114) Unsere Nachbarin hat (gestern, letzte Woche, in Frankfurt, beim Händler) ein Notebook gekauft.

> **Definition**
>
> → **Freie Angaben** sind Zusätze, die in der Argumentstruktur des Verbs nicht schon vorprogrammiert sind, aber im Prinzip jederzeit frei hinzutreten können. Freie Angaben sind immer weglassbar.

Tests für fakultative Argumente: Die Abgrenzung zwischen fakultativen Argumenten einerseits und freien Angaben andererseits ist nicht immer einfach, da ja beide weglassbar sind und somit der Eliminierungstest versagt. Dass fakultative Angaben trotz ihrer Weglassbarkeit immer noch valenzgebunden sind, zeigt sich meist daran, dass das regierende Verb die formale Realisierung genau festlegt. Beispielsweise nimmt *warten* ein fakultatives Argument zu sich, das zwingend die Präposition *auf* + Akkusativ enthält. Um freie Angaben von weglassbaren Ergänzungen abzugrenzen, wurden in der Literatur verschiedene Verfahren entwickelt. (vgl. Jacobs 1994: 18). Zum Beispiel handelt es sich um eine freie Angabe, wenn die fragliche Konstituente mit einem *geschehen*-Satz aus dem Satz ausgelagert werden kann:

(115) (a) Er schreibt einen Brief mit dem Computer.
      (b) Er schreibt einen Brief, und das geschieht mit dem Computer.

(116) (a) Er trifft seinen Lehrer.
      (b) *Er trifft, und das geschieht seinem Lehrer.

Ähnlich geeignete Tests stellen die Umschreibung mit *tun* und *sich zutragen* dar:

(117) (a) Gustav schläft. Das tut er in der Badewanne.
      (b) Gustav steht. *Das tut er auf dem Boden.

(118) (a) Gustav saß. *Das trug sich auf einem Stuhl zu.
      (b) Gustav stolperte. Das trug sich im Garten zu. (vs. *Das tat er über den Bordstein.)

Man beachte jedoch, dass keiner dieser Tests bei allen Verben gleich gut funktioniert, so dass es auch hier ratsam scheint, mehrere Tests durchzuführen.

4.4.5 | Passivierung und Transitivität

Das Deutsche ist eine sog. **Nominativ-Akkusativ-Sprache** (im Gegensatz zu sog. **Absolutiv-Ergativ-Sprachen**, s. Kap. 8.2.1). Das bedeutet, dass (zumindest die meisten) Sätze ein Subjekt haben, das im Nominativ steht. Was dies in struktureller Hinsicht bedeutet, wird in 4.5 weiter besprochen. Zunächst beschäftigt uns hier die Frage: Was für ein Argument ist eigentlich das Subjekt?

Das Subjekt als designiertes Argument: Die transitiven und viele intransitive Verben haben eine Argumentstruktur, die einem Argument eine besonders prominente syntaktische Rolle gibt, nämlich die des Subjekts. Dieses Argument wird manchmal das designierte Argument (vgl. Haider 1993: 108; wörtlich in etwa: ›vorherbestimmt‹) genannt. Dass dieses Argument zum Satzsubjekt wird, folgt aus verschiedenen Eigenschaften. So ist es stets mit besonderen semantischen Rollen assoziiert. Ein AGENS wird z. B. immer zum Subjekt, wie auch alle anderen Argumente, die bei einer kausativen Prädikation die Rolle des Verursachers tragen (z. B. ein INSTRUMENT; s. o. 101c). Welches Argument als designiert gilt, bzw. ob ein Verb überhaupt ein designiertes Argument hat, ist lexikalisch festgelegt; in (119) finden sich einige Beispiele. (Die Argumente sind in Form von numerisch indizierten Θ angegeben, dahinter die spezifizierten semantischen Rollen; das designierte Argument ist jeweils unterstrichen.)

(119) (a) [geb']$_1$: [$\underline{\Theta_1}$, Θ_2, Θ_3] (AGENS, REZIPIENT, THEMA)
  (vgl. *Er schenkt ihr ein Notebook.*)
 (b) [helf']: [$\underline{\Theta_1}$, Θ_2] (AGENS, REZIPIENT)
  (vgl. *Er hilft ihr.*)
 (c) [frier']$_1$: [Θ_1] (EXPERIENS)
  (vgl. *Mich friert.*)

Das Verb *frier(en)* in (c) hat kein designiertes Argument und der entsprechende Satz kein Subjekt. Doch stellen subjektlose Sätze in Sprachen wie Deutsch eine Ausnahme dar. Oft werden in solchen Fällen formale Subjekte verwendet:

(120) *Mich friert es.*

Eine weitere Möglichkeit, einem Prädikat ohne designiertem Argument ein Subjekt zu geben, besteht darin, dass ein nicht-designiertes Argument zum Subjekt erhoben wird. Dies lässt sich gut an der Passivierung veranschaulichen.

Passivierung: Ein wichtiges strukturelles Merkmal des designierten Arguments ist es, dass es beim Passiv unterdrückt wird. Es erscheint im Passivsatz entweder gar nicht oder als PP. Dann wird eines der verbliebenen Argumente zum Subjekt, und zwar dasjenige, das keinen lexikalisch festgelegten Kasus hat. Bei transitiven Verben bedeutet das, dass das direkte Objekt zum Subjekt wird: Das heißt, es bekommt den Nominativ und kongruiert mit dem finiten Verb. Ein Präpositionalobjekt kann hingegen nicht zum Subjekt werden, weil es keinen strukturellen Kasus trägt:

(121) (a) Er (NOM) schenkte mir (DAT) das Notebook (AKK).
 (b) Das Notebook wurde mir (DAT) (von ihm) geschenkt.
 (c) Er (NOM) hat sich lange auf das Notebook (PRÄPOBJ) gefreut.
 (d) *Das Notebook (NOM) wurde lange (von ihm) gefreut.

Das Passiv stellt somit eine **Diathese** (d. h. regelhafte Umformung) der Argumentstruktur dar, durch die das Subjekt des Aktivsatzes verdrängt wird. Bei den transitiven Verben ist das immer möglich. Allerdings gibt es auch nicht-transitive Verben mit designiertem Argument, was sich daran erkennen lässt, dass auch deren Subjekte aus der Argumentstruktur verdrängt werden können. So kann bei intransitiven Verben mit designiertem Argument in Sprachen wie Deutsch das sog. **unpersönliche Passiv** gebildet werden:

(122) (a) Sie arbeiteten die ganze Nacht hindurch.
 (b) Die ganze Nacht hindurch wurde (von ihnen) gearbeitet.

Designierte Argumente sind also diejenigen Subjekte, die bei der Passivierung wegfallen und ggf. durch ein Argument ohne lexikalisch festgelegten Kasus ersetzt werden können, das dann den Nominativ trägt.

Das Beispiel von *frier(en)* zeigt, dass es auch Verben gibt, die von vornherein kein designiertes Argument besitzen. Deshalb kann bei diesen Verben auch kein Argument wegfallen und somit kein unpersönliches Passiv gebildet werden. Ein anderes dieser Verben ist *(um)fallen*:

(123) (a) Die ganze Nacht hindurch sind Bäume (NOM) umgefallen.

(b) *Die ganze Nacht hindurch wurde (von Bäumen) umgefallen.

Ergative (unakkusativische) Verben: Intransitive Verben, die ein nicht-designiertes Argument als Subjekt haben, werden oft als ergative (manchmal auch unakkusativische) Verben bezeichnet, weil in **Ergativsprachen** gewöhnlich ein nicht-agenshaftes Argument die prominenteste Rolle im Satz spielt (s. Kap. 8.2.1).

Ergative Verben stehen oft zu transitiven Verben in einer Minimalpaar-Relation, denn sie unterscheiden sich von ihnen ja nur durch die Abwesenheit eines designierten Arguments. Ihre Semantik lässt sich dann mit der des Passivs des transitiven (in der Regel kausativen) Verbs vergleichen.

(124) (a) *fällen:* verlangt zwei Argumente bzw. vergibt zwei Theta-Rollen: ein Individuum wird durch eine Zustandsveränderung betroffen, das andere löst diese Veränderung aus (→ agentisches Subjekt; designiert)
(b) *fallen/gefällt werden*: bezeichnet einen Prozess, der ein Individuum involviert, wobei eine Veränderung dessen Zustands stattfindet (→ nicht-agentisches Subjekt; nicht-designiert)

Vollständige Beschreibung der Argumentstruktur: Somit ist offensichtlich, dass eine vollständige Beschreibung der Argumentstruktur weit mehr umfasst, als Angaben über die ›Wertigkeit‹ von Prädikaten (d.h. wie viele Argumente sie binden). Es müssen ebenso die wesentlichen Eigenschaften der Argumente erfasst werden, insbesondere ihr obligatorischer vs. fakultativer Charakter, die morphosyntaktischen Merkmale und die semantischen Rollen; hierbei kann man auch die Sonderrolle des designierten Arguments hervorheben.

Die folgenden Tabellen geben einige Beispiele. In der ersten Zeile steht ein Beispielsatz mit einer freien Angabe im Vorfeld sowie einem Auxiliar in der linken Klammer. Sämtliche Argumente stehen also im Mittelfeld, lediglich die satzwertigen Argumente danach, im Nachfeld (zu den Begriffen Vorfeld, Mittelfeld, Nachfeld s. 4.5). Darunter folgen Informationen über die logische/quantitative Valenz, hier in Form von Variablen (x, y, z), und die Obligatheit oder Fakultativität des Arguments. In den weiteren Zeilen folgt die qualitative Valenzbeschreibung, das designierte Argument ist unterstrichen.

> **Zur Vertiefung**
>
> **Ergative Verben**
>
> Aus der Argumentstruktur ergativer Verben folgt eine Reihe spezifischer Eigenschaften. Der Vergleich mit dem Englischen zeigt, dass es sich hierbei durchaus um ein sprachübergreifendes Phänomen handelt, das nicht nur für das Deutsche gilt; in der Tat finden sich viele dieser Eigenschaften in allen Nominativ-Akkusativ-Sprachen:
>
> - Das Perfektpartizip kann attributiv auf das Subjekt bezogen werden: *der gefallene Baum/ the fallen tree*.
> - Es ist keine *-er*-Nominalisierung möglich: *der *Faller/ the *faller*.
> - Es sind resultative Prädikate möglich, die sich auf das Subjekt beziehen: *Der Baum fällt zu Boden/ The tree is falling to the ground*.
> - Ergative Verben bilden im Deutschen ihr Perfekt mit *sein*: *Der Baum ist gefallen*. (Dies ist allerdings im Englischen nicht möglich, da es dort nur die eine Perfektform mit *have* gibt.)
> - Mit ergativen Verben lässt sich kein unpersönliches Passiv bilden: **Es wurde (von den Bäumen) die ganze Nacht gefallen*. (Im Englischen existiert kein unpersönliches Passiv.)
> - Subjekte ergativer Verben können mit diesen zusammen im Vorfeld auftreten: *Bäume gefallen sind beim letzten Sturm viele*. (Im Englischen existiert aus unabhängigen Gründen kein komplexes Vorfeld; s. 4.5.1.)
>
> Die Subjekte ergativer Verben verhalten sich syntaktisch genau gegenteilig zu denen transitiver Verben, haben jedoch Ähnlichkeiten mit den Objekten dieser Verben, wie der Vergleich der obigen mit den folgenden Beispielen zeigt.
>
> Designierte Argumente:
> (1) (a) *der gearbeitete Student
>   (b) der Arbeiter
>   (c) *Die Studenten arbeiten zugrunde.
>   (d) *Der Student ist gearbeitet.
>   (e) Es wurde (von den Studenten) die ganze Nacht gearbeitet.
>   (f) *Studenten gearbeitet haben heute nicht viele.
>
> Direkte Objekte:
> (2) (a) der gefällte Baum
>   (b) *der Gefälltwerder
>   (c) Bäume werden zu Boden gefällt.
>   (d) Der Baum ist gefällt.
>   (e) *Es wird heute 20 Bäume gefällt.
>   (f) Bäume gefällt wurden letzten Winter viele.

Vollständige Argumentstruktur ausgewählter Verben

*geben*₁ (vs. unpersönliches [geb']₂: *Es gibt noch Fragen.*)

Beispielsatz:	Gestern hat	Fritz	dem August	ein Buch	gegeben
Quantitativ:	(freie Angabe)	x (obligat)	y (obligat)	z (obligat)	⇒ 3-wertig
Qualitativ:	a) morphosyntaktisch	NP (NOM)	NP (DAT)	NP (AKK)	
	b) synt. Funktion	Subjekt	indir. Objekt	dir. Objekt	
	c) Θ-Rollen	Θ₁: AGENS	Θ₂: REZIPIENT	Θ₃: THEMA	

schneien

Beispielsatz:	Gestern hat	es		geschneit	
Quantitativ:	(freie Angabe)			⇒ logisch 0-wertig	
Qualitativ:	a) morphosyntaktisch	NP (NOM)		⇒ syntaktisch 1-wertig	
	b) synt. Funktion	formales Subjekt			

*einfallen*₁

Beispielsatz:	Um 370 n. Chr. sind	die Hunnen	in Europa	eingefallen
Quantitativ:	(freie Angabe)	x (obligat)	y (fakultativ)	⇒ 2-wertig
Qualitativ:	a) morphosyntaktisch	NP (NOM)	PP (in+DAT)	
	b) synt. Funktion	Subjekt	Direktionaladverbial	
	c) Θ-Rollen	Θ₁: THEMA	Θ₂: ZIEL	

*einfallen*₂

Beispielsätze:	Oft schon ist	mir	irgendein Blödsinn	eingefallen
	Oft schon ist	ihm	dass ... (gehört dann an den Schluss)	eingefallen
Quantitativ:	(freie Angabe)	x (obligat)	y (obligat)	⇒ 2-wertig
Qualitativ:	a) morphosyntaktisch	NP (DAT)	NP (NOM)/ S	
	b) synt. Funktion	indir. Objekt	Subjekt	
	c) Θ-Rollen	Θ₁: REZIPIENT	Θ₂: THEMA	

beunruhigen

Beispielsätze:	Schon immer hat	der Donner	die Kinder	beunruhigt	
	Schon immer hat		die Kinder	beunruhigt	dass Ruprecht auch mitkam
Quantitativ:	(freie Angabe)	x (obligat)	y (obligat)	⇒ 2-wertig	x (obligat)
Qualitativ:	a) morphosyntaktisch	NP (NOM)	NP (AKK)		(dass) – S
	b) synt. Funktion	Subjekt	dir. Objekt		Subjekt
	c) Θ-Rollen	Θ₁: STIMULUS	Θ₂: EXPERIENCER		Θ₁: STIMULUS

Topologisches Feldermodell, eingebettete Sätze und Satzarten

> **Zur Vertiefung**
>
> **Unterspezifikation, *default*, Linking**
>
> Die oben dargestellten Argumentstrukturen einzelner Verblexeme sind voll ausspezifiziert, das heißt, sie enthalten vollständige Angaben über Quantität und Qualität (Phrasentyp, Kasus, Θ-Rolle etc.) der Argumente. Man kann sich fragen, wie viel von dieser Information wirklich bei jedem einzelnen Lexikoneintrag abgespeichert werden muss.
>
> Gehen wir vom einfachen Fall eines einwertigen Verbs aus. Dass das einzige Argument als NP im Nominativ erscheint (*er schläft*), stellt gewissermaßen den Normalfall (engl. *default*) dar, der immer dann gilt, wenn nichts Spezifischeres gilt (*ihn friert*). Wir können dann den Kasus des einzigen Arguments für die meisten einwertigen Verben unterspezifiziert lassen und müssen nur den Akkusativ bei *ihn friert* extra im Lexikoneintrag von *frieren* spezifizieren. Neben rein ökonomischen Überlegungen (nur so viel Information ins Lexikon wie notwendig) besteht der intellektuelle Gewinn eines solchen Vorgehens darin, dass Generalisierungen explizit gemacht werden können, die sonst (d. h. bei ständiger Wiederholung der immer gleichen Information in etlichen Lexikoneinträgen) unklar bleiben: Was aufgrund allgemeiner Prinzipien voraussagbar ist, soll nicht im Lexikon nochmals und nochmals wiederholt werden.
>
> Im Detail ist die (voraussagbare, d. h. grammatisch gesteuerte) Zuweisung von syntaktischer Funktion, Position und Kasus von Argumenten an die minimale, idiosynkratische (d. h. nicht voraussagbare), im einzelnen Lexikoneintrag abgespeicherte Information sehr anspruchsvoll und wird in sog. **Linking-Theorien** abgehandelt (vgl. den Überblick bei Butt 2006, Kap. 5). Die Grundidee ist, dass es ausreicht, wenn im einzelnen Lexikoneintrag nichts als Anzahl und Θ-Rollen der Argumente abgespeichert sind. Die Theorie setzt voraus, dass die Θ-Rollen in einer universalen Hierarchie angeordnet sind (s. Kap. 4.6.2) Bei einem zweiwertigen Verb weist die Grammatik dann im Normalfall (*default*) dem auf dieser Hierarchie höheren Argument die Subjektsfunktion (NP im Nominativ) zu, das andere bildet das direkte Objekt (NP im Akkusativ). Bei dreiwertigen Verben bildet das höchste Argument wiederum das Subjekt, während von den beiden verbleibenden Argumenten das höhere das indirekte Objekt (NP im Dativ) bildet:
>
> (1) Hans   schenkt   Petra   ein Notebook.
>   AGENS   REZIPIENT   THEMA
>
> Aus der Hierarchie AGENS > REZIPIENT > THEMA folgen also die Zuweisungen AGENS = Subjekt, REZIPIENT = indirektes Objekt, THEMA = direktes Objekt. Die gleiche Hierarchie sorgt bei einem zweiwertigen Verb ebenfalls für die erwartete Zuweisung: REZIPIENT ist höher als THEMA, daher REZIPIENT = Subjekt, THEMA = direktes Objekt:
>
> (2) Petra   bekommt   ein Notebook.
>   REZIPIENT   THEMA

4.5 | Topologisches Feldermodell, eingebettete Sätze und Satzarten

4.5.1 | Das topologische Feldermodell

Die wesentlichen Begriffe des topologischen Feldermodells (zu griech. *tópos* ›Ort, Platz‹, also die Lehre von der Platzierung von Elementen) gehen auf den deutschen Sprachwissenschaftler Erich Drach zurück (Drach 1963; vgl. Dürscheid 2010: 87). Es dient u. a. dazu, die Stellung der Satzglieder und der Elemente des Verbal- oder Prädikatskomplexes systematisch zu erfassen. Wie ursprünglich auch Drach, stellen wir das Modell im Folgenden zunächst in einer Fassung dar, die nur die Hauptsätze berücksichtigt. Die mittlerweile in der Literatur übliche Ausweitung auf die Analyse der Nebensätze folgt im darauffolgenden Abschnitt.

Diskontinuierliche Elemente: Die Elemente des Verbalkomplexes sind, wie bereits oben gezeigt (4.2.2), in vielen Fällen diskontinuierlich. Dies ist die Regel, wenn das Verb im Hauptsatz mithilfe von **Auxiliaren** (Hilfsverben) flektiert wird (125a + b; Perfekt und Futur). Diskontinuierliche Verbalkomplexe können auch bei **Modalverben** (125c), **Modalitätsverben** (125d), trennbaren Verbzusätzen (auch **Verbpartikeln** genannt) (125e) und nominalen Bestandteilen des Satzprädikats wie z.B. den **Funktionsverbgefügen** (125f) entstehen (auf nichtverbale Prädikatselemente wird auf S.167 näher eingegangen).

(125) (a) Unsere Nachbarin **hat** das ultraschnelle Notebook **bestellt**.
   (b) Unsere Nachbarin **wird** das ultraschnelle Notebook **bestellen**.
   (c) Gustav **will** das Notebook auch **bestellen**.
   (d) Gustav **scheint** das Notebook auch **bestellen zu wollen**.
   (e) Gustav **bestellt** das Notebook wieder **ab**.
   (f) Unsere Nachbarin **stellt** uns ihr Notebook zur **Verfügung**.

Satzklammer: Da der diskontinuierliche Verbalkomplex einen Teil des Satzes einrahmt bzw. einklammert, spricht man auch von der **Satzklammer** oder der **Verbalklammer**. Den linken Teil davon (**linke Klammer**, LK; auch ›klammereröffnender Ausdruck‹, KLE, genannt; vgl. Altmann/Hofmann 2008) bildet im deutschen Hauptsatz eine finite (d.h. nach Tempus, Person und Numerus flektierte) Verbform, den rechten Teil bilden die infiniten Teile des Verbalkomplexes (**rechte Klammer**, RK, auch ›klammerschließender Ausdruck‹, KLS).

Im deutschen Hauptsatz kommt es stets zur Klammerbildung, wenn sich ein nicht-finiter Teil des Prädikats vom Finitum trennen lässt, auch wenn zwischen den Klammern keine anderen Konstituenten auftreten; dies ist allein schon aus der veränderten Reihenfolge der Prädikatsteile ersichtlich:

(126) (a) Gustav **bestellte** (es) **ab** (, nachdem das Notebook lange nicht geliefert wurde).
   (b) *Gustav **abbestellte** (das Notebook wieder).

> **Merksatz**
>
> Im deutschen Hauptsatz steht in der linken Klammer das kleinste isolierbare finite Element des Satzprädikats.

Das Deutsche als Verbzweitsprache: Da in deutschen Aussagesätzen vor dem finiten Verb in der Regel nur eine Konstituente (zu Ausnahmen vgl. z.B. Müller 2003) stehen kann, spricht man von

> **Definition**
>
> Mit → Satzklammer werden die Positionen bezeichnet, in denen im deutschen Hauptsatz die finiten (linke Satzklammer) und die infiniten (rechte Satzklammer) Bestandteile des verbalen Prädikats stehen. Im untergeordneten Nebensatz stehen in der linken Satzklammer Subjunktionen und in der rechten die (finiten und infiniten) Prädikatsteile.

Verbzweitstellung (V2-Stellung) bzw. vom Deutschen als Verbzweitsprache (V2-Sprache). Um präzise zu sein, sollte man eigentlich von Finitumszweitstellung ($V^{FIN}2$) und dem Deutschen als Finitumszweitsprache sprechen, was hinsichtlich der Wortstellungstypologie einen nicht unwesentlichen Unterschied macht (s. S. 180). Aus diesem Grund bezeichnen Autoren wie Pafel (2011: 58 ff.) die LK mitunter auch als Finitumsposition (FINIT). Um theoretische Diskussionen an dieser Stelle zu vermeiden, verwenden wir im Folgenden dagegen weiterhin die herkömmliche Terminologie.

Mithilfe der Satzklammer lässt sich ein Satz in drei Abschnitte untergliedern, die in der gängigen Terminologie **Vorfeld**, **Mittelfeld** und **Nachfeld** genannt werden.

Das Ganze stellt man oft in tabellarischen Schaubildern wie folgt dar. Zum Zweck der schematischen Darstellung vernachlässigen wir die satzorthographischen Konventionen wie die Satzendpunktion und satzinitiale Majuskeln.

Satzklammer

VF	LK	MF	RK	NF
unsere Nachbarin	hat	ein ultraschnelles Notebook	bestellt	auf das sie sehr stolz ist

Besteht das Satzprädikat aus nur einem einfachen, finiten Verb, so bleibt die rechte Klammer leer. Dass dennoch eine Unterteilung in drei Felder vorgenommen werden kann, lässt sich leicht zeigen, indem man statt des einfachen ein mehrgliedriges Prädikat einsetzt.

> **Definition**
>
> Als → Vorfeld (VF) bezeichnet man den Abschnitt vor dem finiten Verb, als → Mittelfeld (MF) den Abschnitt zwischen dem finiten Verb und den übrigen, nicht-finiten Teilen des Verbalkomplexes, als → Nachfeld (NF) den Abschnitt, der dem rechten Klammerelement nachfolgt.

4.5
Wörter und Sätze

Topologisches Felder-modell, eingebettete Sätze und Satzarten

VF	LK	MF	RK	NF
unsere Nachbarin	zeigt	uns ihr ultraschnelles Notebook		auf das sie sehr stolz ist
unsere Nachbarin	will	uns ihr ultraschnelles Notebook	zeigen	auf das sie sehr stolz ist

Besetzungsoptionen der Felder und Klammern

Im Folgenden wollen wir nun auf die **Besetzungsoptionen** der Felder und der Klammern dieses topologischen Modells näher eingehen.

Das Vorfeld wird im Deutschen in der Regel mit genau einer Konstituente/ Phrase besetzt, die beliebig komplex sein kann. Es kann sich dabei auch um einen Nebensatz handeln.

(127) (a) [Unsere Nachbarin] hat ein ultraschnelles Notebook bestellt.
    (b) [Ein ultraschnelles Notebook, auf das sie sehr stolz ist], hat unsere Nachbarin bestellt.
    (c) [Dass unsere Nachbarin ein ultraschnelles Notebook bestellt hat, auf das sie sehr stolz ist], stört ihn.

Bis auf eine vergleichbar geringe Anzahl von Ausnahmen (z. B. das Objekt-*es*, s. 4.3.4) kann jede Konstituente, die im Mittelfeld oder Nachfeld auftritt, auch ins Vorfeld gestellt werden. Liegt jedoch Finitumserststellung vor, wie es u. a. in Entscheidungsinterrogativsätzen (ja/nein-Fragen) und Befehlsätzen der Fall ist (s. 4.5.3), bleibt das Vorfeld unbesetzt.

(128) (a) Stört dich das?
    (b) Kauf endlich das Notebook!

Das Nachfeld: Befinden sich Konstituenten oder Teilkonstituenten rechts vom Prädikatskomplex, also im Nachfeld, spricht man von **Extraposition** (auch **Ausklammerung**; vgl. Altmann/Hofmann 2007: 100). Ausgeklammert werden vor allem finite Sätze (129a); bei Infinitivergänzungen mancher Verben, wie hier *versprechen*, gibt es Variation (129b + c). Relativsätze können bei ihrem Bezugsnomen stehen, werden aber meist extraponiert (129d) und wirken im Mittelfeld oft markiert (d. h. weniger akzeptabel; 129e). Insbesondere im gesprochenen Deutsch können auch nicht-satzwertige Konstituenten im Nachfeld stehen, besonders wenn sie viel lexikalisches Material enthalten (132f).

(129) (a) Gustav hat bedauert, *dass unsere Nachbarin dieses Notebook vor uns bestellte.*
    (b) Gustav hat versprochen, *auch ein ultraschnelles Notebook zu bestellen.*
    (c) Gustav hat *auch ein ultraschnelles Notebook zu bestellen* versprochen.
    (d) Unsere Nachbarin hat ein ultraschnelles Notebook bestellt, *auf das sie sehr stolz ist.*
    (e) ?Unsere Nachbarin hat ein ultraschnelles Notebook, *auf das sie sehr stolz ist,* bestellt.
    (f) Unsere Nachbarin hat sich sehr gefreut *über dieses ultraschnelle Notebook von Mapplosaft.*

Das Mittelfeld ist die Normalposition der meisten Konstituenten, wenn also eine Konstituente nicht ins Vorfeld gestellt oder extraponiert wird. Die Stellung der Konstituenten im Mittelfeld ist variabel, d. h. die Konstituenten können (unter bestimmten pragmatischen Bedingungen; s. 4.6.2) verschoben bzw. bewegt werden. Diese Mittelfeldumstellung wird (vor allem in der englischsprachigen Literatur) oft *scrambling* genannt (wohl in Anlehnung an den amerikanischen Schriftsteller Mark Twain, der den aus seiner Sicht ungeordneten deutschen Satzbau mit *scrambled eggs* ›Rührei‹ – verglichen haben soll; vgl. DUDEN 2009: 881).

(130) (a) Leider hat | [unsere Nachbarin] [das Notebook] [vor uns] | bestellt.
    (b) Leider hat | [das Notebook] [unsere Nachbarin] [vor uns] | bestellt.
    (c) Leider hat | [unsere Nachbarin] [vor uns] [das Notebook] | bestellt.
    (d) Leider hat | [vor uns] [unsere Nachbarin] [das Notebook] | bestellt.

Die linke Satzklammer: Anders als in den Feldern befinden sich in der linken Klammer niemals Phrasen, sondern immer nur der oben erwähnte kleinste isolierbare finite Teil des Verbalkomplexes und somit nicht mehr als ein Kopf; über dessen Status im Verhältnis zum Satz wird noch einiges in 4.7.3 gesagt.

(131) (a) Sie *bestellt* ein ultraschnelles Notebook.
    (b) Sie *hat* ein ultraschnelles Notebook bestellt.

Die rechte Satzklammer nimmt im deutschen Hauptsatz alle nicht-finiten Teile des Prädikatkomplexes auf. Also ist bei Infinitivsätzen wie dem folgenden die LK leer:

(132) Das Notebook bitte nicht in der Spülmaschine waschen!

Es spricht einiges dafür, auch phrasale Elemente (s. 4.2.2) eines komplexen Satzprädikats in der RK zu verorten. Solche kommen u. a. in sog. **Funktionsverbgefügen** vor. Als Funktionsverben werden solche Verben bezeichnet, deren Bedeutung unvollständig ist und die durch eine Phrase zum Satzprädikat ergänzt werden, wie *stellen* im folgenden Beispielsatz, das zusammen mit der PP *zur Verfügung* das Satzprädikat bildet. Eine so verwendete Phrase ist grundsätzlich nicht mit den Konstituenten im Mittelfeld permutierbar.

VF	LK	MF	RK	NF
unsere Nachbarin	hat	uns ihr Notebook	zur Verfügung gestellt	
angeblich	soll	das Notebook	richtig schnell sein	

(133) (a) Unsere Nachbarin hat uns ihr Notebook [$_{PP}$ *zur Verfügung*] *gestellt*. (Funktionsverbgefüge)
    (b) *Unsere Nachbarin hat uns [$_{PP}$ *zur Verfügung*] ihr Notebook *gestellt*.

Der direkteste Weg, diesen Umstand im Feldermodell wiederzugeben, ist es, die Phrase gar nicht im MF zu verorten, sondern, wie hier vorgeschlagen, in der RK.

Ähnliches gilt für die sog. **Prädikativkonstruktionen**, in denen phrasale Elemente als **Prädikativum** zusammen mit den ebenfalls semantisch weitgehend leeren **Kopulaverben** (*sein*, *werden*, *bleiben*) das Satzprädikat bilden.

(134) (a) Angeblich soll das Notebook [$_{AP}$ *richtig schnell*] *sein*. (Prädikativkonstruktion mit Kopula *sein*)
    (b) *Angeblich soll [$_{AP}$ *richtig schnell*] das Notebook *sein*.

(135) (a) *Hoffentlich wird [$_{AP}$ *ultraschnell*] das Notebook *bleiben*.
    (b) *Somit kann [$_{NP}$ *ein Erfolg*] der Notebookkauf *werden*.

Ist das Kopulaverb finit und steht in der LK, bildet somit das Prädikativum die RK:

(136) Angeblich *ist* (LK) das Notebook *richtig schnell* (RK).

Allerdings ist es in der Literatur umstritten, welche Prädikative zu den klammerschließenden Ausdrücken gezählt werden sollten; zumindest die nominalen und präpositionalen Prädikative werden oft als lediglich ›ortsfeste‹ Konstituenten angesehen (vgl. Altmann/Hahnemann 2005: 53; 75 ff.). Die Details dieser Diskussion vernachlässigend, können wir jedoch schlicht feststellen, dass sich auch die phrasalen Teile komplexer Prädikate topologisch wie die infiniten Verbformen verhalten. Somit lassen sich Sätze wie (133a) und (134a) im topologischen Feldermodell (s. o.) analysieren.

4.5.2 | Verbstellung in eingebetteten Sätzen

Hypotaxe/Subordination: Manche subordinierten Sätze unterscheiden sich vom Satzbau her überhaupt nicht von Hauptsätzen – es handelt sich um **eingebettete Verbzweitsätze** (V^{FIN}2). Im folgenden Schaubild stehen die Abkürzungen HS und NS für Hauptsatz und Nebensatz:

	VF	LK	MF	RK	NF
HS	die Nachbarin	hat	ernsthaft	geglaubt	Notebooks könne man in der Spülmaschine waschen
NS	Notebooks	kann	man in der Spülmaschine	waschen	

In Sprachen wie Deutsch stellt dies jedoch eine Ausnahme dar, die vor allem nach Verben des Sagens und Denkens (lat. *verba dicendi et sentiendi*) möglich ist. Normalerweise sind finite Nebensätze, d. h. solche, deren Satzprädikat eine finite Verbform enthält, von einem spezifischen Element eingeleitet. Zu diesen spezifischen Elementen gehören die **Subjunktionen** (auch **subordinierende Konjunktionen** oder **Komplementierer** genannt). Ein weiteres Kennzeichen eingeleiteter Nebensätze besteht darin, dass das Finitum nicht, wie in Hauptsätzen, die linke Klammer besetzt, sondern im Verbalkomplex verbleibt, also in der rechten Klammer steht. Im Deutschen folgt einer Subjunktion niemals ein V^{FIN}2-Satz:

(137) (a) *dass* man Notebooks in der Spülmaschine *waschen kann*
    (b) **dass* Notebooks *kann* man in der Spülmaschine *waschen*

Stattdessen wird die linke Klammer durch die Subjunktion gebildet. Das Vorfeld bleibt dann in aller Regel unbesetzt. Somit sieht die Analyse einer hypotaktischen Struktur im topologischen Feldermodell wie folgt aus:

Nebensatzeinleitende Elemente

4.5 Wörter und Sätze

Topologisches Feldermodell, eingebettete Sätze und Satzarten

	VF	LK	MF	RK	NF
HS	die Nachbarin	hat	ernsthaft	geglaubt	dass man Notebooks in der Spülmaschine waschen kann
NS		dass	man Notebooks in der Spülmaschine	waschen kann	

Doch ist das Vorfeld nicht in allen eingeleiteten Nebensätzen unbesetzt. Zu den Elementen, die subordinierte Sätze einleiten können, gehören nämlich auch die **Relativ- und Interrogativpronomen**:

(138) (a) die Nachbarin, *die* das Notebook bestellt hat
     (b) Ich weiß, *wer* das Notebook bestellt hat.

Obgleich diese Elemente mit den Subjunktionen die Funktion teilen (nämlich die Einleitung des Nebensatzes), gibt es doch Argumente dafür, sie im Vorfeld zu verorten. So stehen sie sowohl formal wie auch funktional in einem Paradigma mit den Phrasen, für die sie als Ersatzformen dienen. In (138a + b) stehen zum Beispiel *die* und *wer* für die Phrase, die das Subjekt von *bestellt* ist (vgl. den Fragetest in 4.2.3, der ja eine Kombination aus Permutation und Pronominalisierung darstellt). Zudem können beide Arten von nebensatzeinleitenden Elementen auch als Bestandteil komplexer Phrasen vorkommen:

(139) (a) die Nachbarin, [_NP_ deren Notebook] Ø ich heute gesehen habe
     (b) Ich weiß, [_NP_ welcher Hausbewohner] Ø dieses Notebook auch gerne hätte.

Wenn, wie oben festgestellt, Phrasen wohl im VF, nicht aber in der LK stehen können, liegt es daher nahe, in diesen Fällen die LK als leer zu betrachten. Eine gängige Notation ist es, dies durch das Symbol Ø zu kennzeichnen. Dass die LK leer sein kann, haben wir überdies schon an dem Beispiel des infiniten Satzes in (132) beobachten können. **Infinitivsätze** kommen im Deutschen in der Regel in eingebetteter Form vor. **Subjekt- und Objektsätze** mit dem Verb im Infinitiv sind stets uneingeleitet und haben somit eine leere LK.

	VF	LK	MF	RK	NF
HS	er	wollte	das ultraschnelle Notebook	bestellen	um die Nachbarin zu beeindrucken
NS		um	die Nachbarin	zu beeindrucken	

(140) (a) Ø Ein Notebook in der Spülmaschine zu waschen, ist nicht besonders ratsam.
     (b) Er hatte vergessen, Ø das Notebook zu waschen.

Doch kann auch das Verb im Infinitiv mit einer besetzten LK ko-okkurieren. So haben **infinitivische Finalsätze** ein spezifisches einleitendes Element (*um*), das in der LK zu verorten ist (s. u. links).

Die Blockierung der linken Klammer durch nebensatzeinleitende phrasale Ausdrücke ist offensichtlich eine Restriktion, die zwar für das Standarddeutsche Gültigkeit hat, jedoch nicht für alle deutschen Varietäten gilt. Stellen wir ähnliche Sätze aus deutschen Mundarten wie Alemannisch im topologischen Feldermodell dar, sticht als augenfälligster syntaktischer Unterschied hervor, dass hier dem einleitenden Pronomen spezifische Partikeln bzw. Subjunktionen folgen, die in die LK zu stellen sind. Das Finitum befindet sich jedoch auch in diesen Mundarten im eingeleiteten Nebensatz niemals in der LK, sondern stets in der RK.

(141) (a) d'Nachbarin, de *wo* des Notebook bstellt hat (alem.)
     (b) I wais, weli *ass* des Notebook bstellt hett. (alem.)

VF	LK	MF	RK
de	wo	des Notebook	bstellt hat
weli	ass	des Notebook	bstellt hett

4.5.3 | Verbstellungstypen und Satzarten

Satzart: Der in der Schulgrammatik gebräuchliche Begriff **Satzart** (manchmal auch **Satztyp**) stellt einen wenig präzisen Versuch dar, grammatische Merkmale von Sätzen (**Formtyp**), den semantischen **Satzmodus** und die pragmatische Verwendung (**Funktionstyp**) vereinheitlichend zu fassen, um deren sprachspezifisch unterschiedlich vorliegende Korrelation zu beschreiben. In der neueren einschlägigen linguistischen Literatur wird dagegen eine differenziertere Betrachtung favorisiert, die wir im Folgenden kurz darstellen (vgl. auch Altmann 1993: 1007).

Satzmodus: Gemeinhin werden zu den **Satzmodi** der **Deklarativ**, der **Interrogativ** und auch der **Imperativ** gezählt, der in Sprachen wie Deutsch gleichzeitig ein **Verbmodus** ist. Da die Satzmodi in den meisten Sprachen eng mit bestimmten Formtypen assoziiert sind, spricht man auch vom ›Deklarativ(satz)‹, ›Interrogativ(satz)‹ etc. als Satzarten. Will man die Satzart vom Satzmodus differenzieren, bietet es sich an, dafür Termini wie **Aussagesatz, Entscheidungs-** und **Ergänzungsfragesatz** etc. zu verwenden (s. Bsp. 142–146). Eine solche Differenzierung ist auch deshalb sinnvoll, weil der Begriff ›Satzart‹ oft weit über den Begriff des Satzmodus hinausgehend verwendet wird. Er umfasst dann auch Sätze mit weiteren Funktionen, wie z. B. die unterschiedlichen Arten von Nebensätzen: Argumentsätze, Attributsätze, Adverbialsätze (Kausalsätze, Konditionalsätze etc.; s. dazu Kap. 5).

Bei den in der Literatur oft diskutierten **Ausrufe-** und **Wunschsätzen** ist es umstritten, ob sie tatsächlich die syntaktischen Entsprechungen (Formtypen) zu Satzmodi wie **Exklamativ** oder **Optativ** sind oder ob ›Exklamation‹ (auch in Form einer Wunschäußerung) nicht lediglich einen besonderen pragmatischen Verwendungstyp bestimmter Satzarten darstellt (vgl. die Beispiele unten). Nach Rosengren (1992; 1993) ist der ›Satzmodus‹ eine rein semantische Kategorie, die Sätze jedoch für bestimmte pragmatische Verwendungen (wie *Aussagen machen*, *Fragen stellen*, *befehlen*) geeignet macht; allein Letztere stellen den Funktionstyp von Sätzen dar. Eine solche Ansicht erscheint plausibel, weil pragmatische Motive gesprochensprachlich die Verwendung verschiedener formaler Merkmale für die Signalisierung bestimmter Illokutionen (also Äußerungsabsichten; s. Kap. 6) erlauben, die nicht immer durch logisch-semantische Satzmerkmale zu begründen sind:

(142) (a) Das stimmt doch?
(Versicherungsfrage; Verbstellungstyp Aussagesatz)
(b) Hat der das tatsächlich gesagt!
(Exklamation; Verbstellungstyp Entscheidungsfragesatz)
(c) Wer soll das glauben!
(Exklamation; Verbstellungstyp Ergänzungsfragesatz)

Verbstellungstypen: Hinsichtlich der **Verbstellung** lassen sich im Deutschen zunächst drei syntaktische Formtypen unterscheiden. Für diese ist immer die Stellung des *finiten* Verbs entscheidend: Verbzweitstellung ($V^{FIN}2$), Verberststellung ($V^{FIN}1$) und Verbletzt- oder Verbendstellung ($V^{FIN}End$):

(143) (a) Gustav *schenkt* der Nachbarin eine Magnolie ($V^{FIN}2$)
(b) *schenkt* Gustav der Nachbarin eine Magnolie ($V^{FIN}1$)
(c) dass Gustav der Nachbarin eine Magnolie *schenkt*
($V^{FIN}End$)

Durch Kombination mit weiteren unterscheidenden Merkmalen (wie Intonation) lassen sich verschiedene Form-Untertypen differenzieren.

Verbzweitstellung: Zahlreiche Satzarten können in Form von $V^{FIN}2$-Sätzen auftreten, jeweils durch Kombination mit weiteren Indikatoren:

(144) (a) Gustav *schenkt* der Nachbarin eine Magnolie.
(Aussagesatz)
(b) Was *schenkt* Gustav der Nachbarin?
(Ergänzungsfragesatz, auch: *w*-Fragesatz)
(c) Gustav *schenkt* der Nachbarin eine Magnolie?
(Assertions- oder Versicherungsfrage)
(d) Wie schön *ist* diese Magnolie! (*w*-Exklamation)
(e) Gustav *will* der Nachbarin eine Magnolie schenken!
(V2-Exklamation)
(f) Gesine sagt, Gustav *will* der Nachbarin eine Magnolie schenken. (deklarativer Objektsatz
nach *Verben des Sagens und Denkens*)

Verberststellung: Auch $V^{FIN}1$-Sätze können für verschiedene Funktionen stehen; die Überschneidungen mit den Funktionstypen von $V^{FIN}2$-Sätzen sind offensichtlich.

(145) (a) *Schenk* ihr (bitte) keine Magnolie!
(imperativischer Begehrsatz)
(b) *Schenkt* Gustav der Nachbarin eine Magnolie?
(Entscheidungsfragesatz)
(c) *Kommt* die Nachbarin rein und sagt: »...«.
(V1-Aussagesatz; ›narrativer Stil‹)
(d) *Schenkt* Gustav der Nachbarin doch eine Magnolie!
(V1-Exklamation)
(e) *Würde* Gustav der Nachbarin doch keine Magnolie schenken! (V1-Wunschsatz)
(f) *Schenkt* Gustav der Nachbarin eine Magnolie, bin ich sauer. (uneingeleiteter Konditionalsatz)

Verbendstellung: $V^{FIN}End$-Stellung weisen zunächst alle eingeleiteten Nebensätze auf:

(146) (a) Was er ihr schenken *will*, wissen wir nicht.
(indirekter Fragesatz)
(b) Wer mir nichts *schenkt*, dem schenk ich auch nichts.
(freier Relativsatz)
(c) Dem, der ihr eine Magnolie *schenkt*, leiht sie das Notebook. (attributiver Relativsatz)
(d) Wenn Gustav der Nachbarin eine Magnolie *schenkt*, bin ich sauer. (eingeleiteter Konditionals.)

4.6 | Wörter und Sätze
Abfolge der Satzglieder

> **Zur Vertiefung**
>
> **Morphologische Differenzierung von Satzmodus**
> Manche Sprachen kennzeichnen den Satzmodus **Interrogativ** morphologisch, z. B. durch Verbalsuffixe wie das Koreanische oder durch Partikeln wie das Persische oder Mandarin (vgl. Öhl/Korn 2006: 137 ff.; 167 ff.):
>
> (1) (a) ku-ka   seoul-e   ka-ass-***nunya***.   (Koreanisch; vgl. Shin 1993: 53 f.)
>   er-NOM Seoul-nach ging-INT
>   ›Ist er nach Seoul gegangen?‹
>
>   (b) Neige   nanhaizi du yüyanxue   ***ma***?   (Mandarin; Öhl//Korn 2006: 168)
>   DEM   Junge   liest Sprachwissenschaft INT
>   ›Studiert der Junge Sprachwissenschaft?‹
>
>   (c) man nemīdānam ***ke***   āyā ān   pesar zabānšenāsī   mīxānad.
>   ich   NEG-weiß SUBJUNKTION INT DEM Junge Sprachwissenschaft studiert
>   ›Ich weiß nicht, ob der Junge Sprachwissenschaft studiert.‹
>   (Persisch; Öhl/Korn 2006: 138)
>
> Im Deutschen sind Interrogative durch die Verbstellung bzw. durch lexikalische Mittel (Interrogativpronomen) zu identifizieren (gesprochensprachlich zudem durch intonatorische Kennzeichnung). Lediglich der *Imperativ* ist im Deutschen auch ein **Verbmodus**, was nichts anderes heißt, als dass es sich um einen Satzmodus handelt, der außer durch die Verbstellung auch durch die Verbalmorphologie gekennzeichnet ist.
>
> (2)   Erklär-e mir das doch bitte genauer!
>   erklär-IMP –...

(e) Weil sie ein ultraschnelles Notebook *hat*, freut sie sich.
(Kausalsatz)
(f) Dass sie ein ultraschnelles Notebook *hat*, freut sie.
(eingeleiteter Subjektsatz)
(g) Dass/ob/wann es *kommen soll*, haben wir nicht gewusst.   (eingeleiteter Objektsatz)

Doch auch als selbständige Sätze kommen V^{FIN}-End-Sätze vor, dann jedoch stets in pragmatisch markierten Kontexten. Wiederum lassen sich Überschneidungen mit den Funktionstypen von Sätzen mit anderer Verbstellung verzeichnen.

(147) (a) Wie schnell dieses Notebook ist!   (W-Exklamation)
        (b) Ob wir wohl auch so eines bekommen?
                                        (selbständiger Verbend-Fragesatz)
        (c) Wenn es nur heute schon käme!
                                        (eingeleiteter Wunschsatz)
        (d) Bitte kein Wasser in das Notebook füllen!
                                        (infinitivischer Begehrsatz)

Bei genauerer Betrachtung können die sogenannten Satzarten also keine genau definierten Paare von Form- und Funktionstyp darstellen, sondern lediglich eine Grobklassifizierung von Sätzen hinsichtlich ihrer Funktion. Die strukturellen Merkmale der entsprechenden Sätze können völlig unabhängig von dieser Funktion beschrieben und die vorliegenden Satzarten dadurch weiter differenziert werden.

4.6 | Abfolge der Satzglieder

4.6.1 | Basisstruktur und Informationsstruktur

Fokus vs. Hintergrund

Obgleich das Deutsche als Sprache mit relativ freier Satzgliedstellung gilt (s. Kap. 8.2.2), lässt sich eine sog. Normalabfolge feststellen, d. h. eine Satzgliedstellung, die vorzufinden ist, wenn keine weiteren kontextuellen Faktoren diese beeinflussen.
Der Begriff ›**Basisstruktur**‹ wird verwendet, wenn man die rein grammatischen Faktoren der Abfolge von Satzgliedern besprechen will. Weitere Faktoren, die die Satzgliedstellung beeinflussen, sind dagegen oft pragmatischer Natur, d. h. sie betreffen den Zweck der sprachlichen Handlung im sprachlichen und nicht-sprachlichen Kontext (s. Kap. 6).

Informationsstruktur: Viel Beachtung in der Grammatiktheorie fanden jene Faktoren der *Sprachproduktion*, die sowohl *pragmatisch* als auch *grammatisch* motiviert sind. Hierzu gehört die **Informationsstrukturierung** (vgl. hierzu Vallduví/Engdahl 1996; eine bereits für Anfänger leicht verständliche Übersicht findet sich in Pittner/Berman 2007: 141 ff.).

Fokus-Hintergrund-Gliederung: Wie kann man überhaupt zeigen, dass es eine Normalabfolge der Satzglieder gibt? Ein möglicher Nachweis, der im engen Zusammenhang mit der Informationsstrukturierung von Sätzen steht, zeigt sich in der regulären Abfolge ›alte vor neuer Information‹. Was

> **Definition**
>
> Mit → **Basisstruktur** wird die unmarkierte Normalabfolge der Satzglieder bezeichnet, von der allerdings in Sprachen mit relativ freier Wortstellung durch den Einfluss von weiteren kontextuellen Faktoren leicht abgewichen werden kann.

Wörter und Sätze

Abfolgeregularitäten im Mittelfeld

> **Definition**
>
> Unter → **Informationsstruktur** versteht man die formalen und funktionalen Mittel, die zur Verfügung stehen, um die im Satz enthaltenen Informationseinheiten zu portionieren, um gegebenenfalls einem Rezipienten Hinweise auf deren intendierte Gewichtung zu geben.

der Satz an neuer Information bringt, steht im Fokus der Aussage (sog. **Satz-** oder **Informationsfokus**) und folgt dem bereits Bekannten, das als Hintergrundinformation bezeichnet wird.

> **Definition**
>
> Als → **Fokus** bezeichnen wir das relevanteste, meist neue Stück Information einer Aussage, das sich gegenüber der Hintergrundinformation hervorhebt.

Mit der Fokus-Hintergrund-Gliederung steht auch die Abfolgetendenz *definit* vor *indefinit* im Zusammenhang (der sog. **Definitheitseffekt**; vgl. Öhl 2010: 265 f.).

(148) (a) Schenkst du der Nachbarin eine MAGNOLIE?
(b) Schenkst du die Magnolie einer NACHBARIN?

Zur Identifikation des Satzfokus kann, wie so oft in der Syntax, ein Fragetest dienen: Was als Antwort auf eine Frage nach neuer Information hinzukommt, stellt den Fokus des Satzes dar. Phonologisch betrachtet ist der Satzfokus (wie auch andere Foki) durch einen spezifischen **Fokusakzent** gekennzeichnet, der im Deutschen im Normalfall auf der letzten akzentuierten Silbe der Konstituente links vom Prädikatskomplex liegt (s. Kap. 2.5.5). In den folgenden Beispielen ist die Fokuskonstituente unterstrichen; die Fokusakzentsilbe ist durch KAPITÄLCHEN gekennzeichnet:

(149) (a) **Was** hat er der Nachbarin geschenkt? – Ich glaube, dass er der Nachbarin eine MAGNOLIE geschenkt hat.
(b) **Wem** hat er die Magnolie geschenkt? – Ich glaube, dass er die Magnolie der NACHBARIN geschenkt hat.

Fokusprojektion: Der Fokusakzent kann zwar auch auf eine Konstituente gelegt werden, die der alten Information vorangeht:

> **Zur Vertiefung**
>
> **Disambiguierung**
> Aufgrund dieser Gesetzmäßigkeiten sind Sätze mit Normalabfolge und Normalakzent ambig: Wegen der Regel *alte vor neuer Information* können entweder alle Konstituenten im Fokus stehen oder aber nur die hinteren bzw. die allerletzte.
>
> (1) (a) **Was** hat Gustav getan? – Ich glaube, dass Gustav der Nachbarin eine MAGNOLIE geschenkt hat.
> (b) **Was** hat Gustav der Nachbarin geschenkt? – Ich glaube, dass Gustav der Nachbarin eine MAGNOLIE geschenkt hat.
>
> Hier kann der Disambiguierung wiederum die Voranstellung der fokussierten Konstituente(n) dienen (sog. **Fokusscrambling**). Diese Abweichung von der Normalabfolge wird jedoch oft als markiert empfunden.
>
> (2) (a) **Wem** hat Gustav **was** geschenkt? – ?Ich glaube, dass der Nachbarin eine MAGNOLIE Gustav geschenkt hat.
> (b) **Was** hat Gustav der Nachbarin geschenkt? – ?Ich glaube, dass eine MAGNOLIE Gustav der Nachbarin geschenkt hat.

(150) **Wem** hat er die Magnolie geschenkt? Ich glaube, dass er der NACHBARIN die Magnolie geschenkt hat.

Dies würde jedoch eine Informationsstrukturierung durch Akzentverschiebung darstellen, also eine Abweichung von der Normalbetonung (s. o.). Hieraus folgt wiederum der seit Höhle (1982) gängige **Frage-/Antworttest für die Normalabfolge** der Satzglieder im Mittelfeld bei neutraler Betonung. Nur beim gemeinsamen Auftreten von **Normalabfolge** und **Normalbetonung** kann die gesamte Proposition fokussiert sein und somit als neue Information dienen. Man spricht dann auch von **maximaler Fokusprojektion** (vgl. Höhle 1982):

(151) **Was** glaubst du? – Ich glaube, dass Gustav der Nachbarin eine MAGNOLIE geschenkt hat.

4.6.2 | Abfolgeregularitäten im Mittelfeld

Wenn weder von Normalabfolge noch von Normalbetonung abgewichen wird, lassen sich aus den dann zu beobachtenden Abfolgeregularitäten im Mittelfeld die bestimmenden Faktoren der Basisstruktur von Sätzen ableiten.

Argumentstruktur: Im Abschnitt 4.4.5 wurde bereits angedeutet, dass die Argumentstruktur ei-

171

nen Einfluss auf die Abfolge der Konstituenten hat. So wurde z. B. festgestellt, dass ein bestimmtes Argument vorherbestimmt sein kann, das Satzsubjekt zu werden, was sich wiederum in dessen prominenter Stellung vor den anderen Satzgliedern niederschlägt. In ähnlicher Weise kann auch eine Normalabfolge für die Konstituenten mit anderen Funktionen abgeleitet werden; in Anlehnung an gängige Vorschläge ist diese Reihenfolge:

(152) Subjekt > Modaladverbial > Dativobjekt > Akkusativobjekt > PP-Argumente
(vgl. Eisenberg 2013, II: 381 f.; Pittner/Berman 2007: 144 ff.)

(153) (a) weil die Studentin^{SUBJ} dem Staat$^{DAT-OBJ}$ die Gemälde$^{AKK-OBJ}$ geschenkt hat
(b) dass Gustav^{SUBJ} gerne$^{MOD-ADV}$ ein Auto$^{AKK-OBJ}$ zum TÜV^{PP-ARG} gebracht hätte
(c) weil eine Dame^{SUBJ} gerne$^{MOD-ADV}$ einen Polizisten$^{AKK-OBJ}$ auf einen Einbrecher^{PP-ARG} aufmerksam machen wollte

Anhand des besprochenen Fragetests lässt sich diese Normalabfolge überprüfen. In der Tat wären (153a und c) mögliche Antworten auf (154b), und (153b) eine mögliche Antwort auf (154a).

(154) (a) Was sagtest Du?
(b) Weshalb regst Du Dich auf?

Belebtheit: Ein weiterer semantischer Faktor, der die Stellung der Satzglieder im Mittelfeld beeinflusst und direkt mit der Argumentstruktur im Zusammenhang steht, ist die Belebtheit: Belebte Argumente tendieren dazu, vor unbelebten zu stehen.

(155) (a) weil Gustav das Kind$^{AKK-OBJ}$ der Kälte$^{DAT-OBJ}$ ausgesetzt hat
(b) indem sie Kandidaten$^{AKK-OBJ}$ einer eingehenden Prüfung$^{DAT-OBJ}$ unterziehen
(c) dass einem Linguisten$^{DAT-OBJ}$ ein Fehler^{SUBJ} unterlaufen ist
(d) weil einem Patienten$^{DAT-OBJ}$ ein Medikament^{SUBJ} helfen wird

Θ-Hierarchie

Dass dieses Kriterium die soeben eingeführte Normalabfolge der syntaktischen Funktionen aufzubrechen scheint, hängt mit der **Hierarchie der semantischen Rollen** (s. S. 157) zusammen, die in einer konzeptuellen Struktur angeordnet sind. Wie über ihre Anzahl (s. o.), so herrscht zwar auch über ihre Anordnung in der Literatur keine völlige Einigkeit (vgl. Levin/Rappaport 1996), die folgende Hierarchie ist jedoch relativ unstrittig:

(156) Agens > Rezipient > Instrument > Thema > Quelle > Ziel

(157) (a) dass ein Arzt^{AG} einem Patienten^{REZ} (mit einem Medikament^{INSTR})$^{freie\ ANG}$ geholfen hat
(b) dass einem Patienten^{REZ} ein Medikament^{INSTR} geholfen hat

(158) (a) dass Gustav^{AG} der Nachbarin^{REZ} (mit dem Flaschenzug^{INSTR})$^{freie\ ANG}$ das NotebookTH aus dem Brunnen^{QU} gefischt hat
(b) dass Gustav^{AG} das NotebookTH aus dem Brunnen^{QU} direkt auf den Kaffeetisch^{ZIEL} geholt hat

Die semantischen/thematischen Rollen sind also nicht willkürlich über den Satz verteilt. Die ›ranghöchste‹ Rolle ist das Agens. Somit ist der Gegensatz zwischen (153) und (155) so zu verstehen: In vielen Fällen entsprechen einander die Rolle des Agens und die Markierung der entsprechenden Konstituente mit dem Kasus Nominativ (d. h. der Kasus des Subjekts). Ähnliches gilt für die Rolle des Rezipiens und den Dativ bzw. die des Themas und den Akkusativ. In (155a + b) ist das Dativobjekt kaum ein Rezipiens, eher plausibel erscheint – auch aufgrund der Unbelebtheit -, dass die semantische Rolle des Ziels vorliegt. Somit muss das Dativobjekt dem Akkusativobjekt folgen. Ähnliches gilt für den Satz in (155c), wo das Subjekt sicher kein Agens ist, sondern wohl die Rolle Thema trägt, und darum dem Dativobjekt – hier ein Rezipient – folgt. In (155d) ist das Subjekt ebenfalls kein Agens, sondern eher ein Instrument. Somit stellt eine semantische Komponente der Argumentstruktur (s. o., 4.4.3) gleichzeitig einen grundlegenden Faktor der Satzgliedabfolge dar.

Wackernagelposition: Eine rein formal syntaktisch zu begründende Abfolgeregel betrifft die Position der unbetonten **Proformen** in Sprachen wie Deutsch. Diese stehen immer in der sog. Wackernagelposition, die sich am Anfang des Mittelfelds befindet.

> **Definition**
>
> Die → **Wackernagelposition** ist die Position, in der unbetonte Proformen stehen. Sie befindet sich im Deutschen ganz am Anfang des Mittelfelds.

Die Wackernagelposition ist nach dem Schweizer Indogermanisten Jacob Wackernagel benannt, der 1892 herausfand, dass sich solche Elemente im Indogermanischen in der Regel an eine Konstituente am Satzanfang anlehnen (›Wackernagels Gesetz‹). Wegen des später entwickelten Finitheitszweitcharakters (V^Fin2) germanischer Sprachen (s. S. 165), der ja im Deutschen (im Gegensatz zu Sprachen wie Englisch) erhalten geblieben ist, befindet sich dort diese Position am Anfang des Mittelfelds. Lediglich das Subjekt und manche Rahmenadverbiale können auch vor der Wackernagelposition stehen.

(159) (a) weil sie ihr Gustav geschenkt hat
(b) weil (damals) Gustav sie ihr geschenkt hat

Die Normalabfolge in der Wackernagelposition ist nicht gemäß den semantischen Rollen festgelegt, sondern relativ strikt nach Kasus: NOM > AKK > DAT. Abweichung hiervon wird kaum toleriert. Betonte Pronomina können dagegen auch weiter hinten im Mittelfeld stehen:

(160) weil es Gustav IHR geschenkt hat

(161) (a) weil er sie ihr geschenkt hat
(b) ?weil er ihr sie geschenkt hat
(c) weil sie ihr Gustav geschenkt hat
(d) * weil ihr sie Gustav geschenkt hat
(e) weil er ihr die Magnolie geschenkt hat
(f) * weil ihr er die Magnolie geschenkt hat
(g) weil er sie der Nachbarin geschenkt hat
(h) * weil sie er der Nachbarin geschenkt hat

4.6.3 | Topik-Kommentar-Gliederung in Hauptsätzen

Als **Topik** (auch **Satzgegenstand**) wird – etwas vereinfacht ausgedrückt – eine Konstituente bezeichnet, über die im Satz eine Aussage gemacht werden soll; diese Aussage wird dann **Kommentar** genannt (auch **Satzaussage**).

> **Definition**
>
> Mit → Topik wird der Satzgegenstand bezeichnet, d. h. das Stück Information, über welches eine Aussage (ein **Kommentar**) gemacht werden soll.

Im gleichen Sinne werden manchmal die Begriffe **Thema** und **Rhema** verwendet, wobei diese allerdings mehrdeutig sind, da sie in der Literatur oft auch im Sinne von Fokus und Hintergrund (s. 4.6.1) auftauchen; entsprechend wird neue Information oft als ›rhematisch‹ bezeichnet. Dass die Begriffe ›Kommentar‹ und ›Fokus‹ alles andere als synonym sind, ist leicht zu zeigen: Erstens kann eine neue Information durchaus ›kommentiert‹ werden (162a); zweitens kann ein (potentieller) ›Kommentar‹ offensichtlich auch alte Information enthalten (162b) (zu Kriterien der Topikalität vgl. z. B. Öhl 2010: 237 ff.; 268 ff.):

(162) (a) Was ist geschehen? – *Unsere Nachbarin*^TOP hat ein neues LAPtop gekauft.
(b) Wo hast Du das Laptop her? – *Unsere Nachbarin*^TOP hat es mir AUSgeliehen.

Topiks können durchaus im Nebensatz auftreten; sie stehen dann in der Regel vor den Satzadverbialen (s. 4.3.3) im Mittelfeld (vgl. Frey 2004; 2007):

(163) weil er *die Magnolie*^TOP **leider** (Satzadverbial) der NACHbarin geschenkt hat

Topikalisierung: In diesem Abschnitt interessiert uns v. a. die formale Kennzeichnung einer Konstituente als Topik im Hauptsatz (Topikalisierung). Das Vorfeld ist nämlich alles andere als eine spezifische Topikposition. Dort können sowohl Topiks (164a) als auch fokussierte Konstituenten aus dem Kommentar (164b) auftreten, außerdem auch referenzlose Konstituenten wie z. B. Satzadverbiale (164c), die ihrer Natur nach weder Topik noch Kommentar sein können; nicht zuletzt existieren sogar Expletive (164d), die nichts anderes tun, als das Vorfeld zu füllen (s. S. 151):

(164) (a) *Diese Magnolie*^TOP hat er der NACHbarin geschenkt.
(b) Der NACHbarin würde *diese Magnolie*^TOP bestimmt gefallen.
(c) Glücklicherweise wurden selten so viele MAGNolien verschenkt. (kein Topik vorhanden)
(d) Es wurden selten so viele MAGNolien verschenkt. (kein Topik vorhanden)

In Sprachen wie dem Japanischen existiert zur Kennzeichnung eines Topiks ein spezifischer morphologischer Marker, nämlich die Partikel *wa* (Li/Thompson 1976: 468; nach Öhl 2010: 238):

(165) sakana *wa* tai *ga* oisii
Fisch TOP *Tai* NOM *delikat*
›Was Fisch betrifft, da ist Tai delikat.‹

VVF	VF	LK	MF	RK	NF
unsere Nachbarin	*die*	hat	ein ultraschnelles Notebook	bestellt	*auf das sie sehr stolz ist*
unsere Nachbarin	ein ultraschnelles Notebook	hat	*die*	bestellt	
der Gustav	warum	schenkt	**der** denn der Nachbarin eine Magnolie?		
der Gustav		schenkt	**der** doch der Nachbarin eine Magnolie!		

Linksversetzung: Über eine vergleichbare Möglichkeit verfügt das Deutsche nicht. Jedoch kann ein Topik dort durch eine spezifische syntaktische Operation besonders gekennzeichnet werden, die sog. Linksversetzung. Diese wird in der Literatur deshalb auch als zuverlässiger Test für Topikalität verwendet: Wenn eine Konstituente linksversetzt werden kann, ist sie potentiell topikalisch, andernfalls nicht (vgl. Jacobs 2001: 659). Topologisch betrachtet, steht dabei ein linksversetztes Topik vor dem Vorfeld und wird von einem sog. Resumptivum (zu lat. *resumere* ›wieder aufnehmen‹) im Satz wieder aufgenommen. Bei Letzterem handelt es sich um ein Pronomen oder ein Adverb, das sich meist im Vorfeld des Satzes befindet und mit dem linksversetzten Element referenzidentisch ist. Wie in den folgenden Beispielen zu sehen ist, sind nicht nur Nominalphrasen als Topiks geeignet (166a), sondern auch Argument- (166b) und Adverbialsätze (166c), die alle durch ein Resumptivum wieder aufgenommen werden können.

(166) (a) *Die Magnolie*, **die** (Resumptivum) hat er der Nachbarin geschenkt.
 (b) *Dass Gustav der Nachbarin eine Magnolie schenken würde*, **damit** hatte keiner gerechnet.
 (c) *Wenn Gustav der Nachbarin eine Magnolie schenkt*, **dann** freut sie sich bestimmt.

Die durch Linksversetzung entstandene topologische Position wird auch **Vor-Vorfeld** genannt. In der Tabelle oben präsentieren wir die schematische Darstellung einiger Sätze mit Linksversetzung im topologischen Feldermodell. Dort ist auch zu sehen, dass sich das Resumptivum nicht unbedingt im Vorfeld befinden muss, sondern auch im Mittelfeld stehen kann. Dabei kann das Vorfeld auch leer bleiben. Dies kommt in der Regel bei Satzarten vor, die normalerweise durch $V^{FIN}1$-Stellung gekennzeichnet sind.

4.7 | Analyse des Gesamtsatzes

4.7.1 | Vollständige topologische Satzanalyse

Subordination und Koordination

Somit sind wir nun in der Lage, so gut wie jeden Satz topologisch zu analysieren, nicht nur einfache Sätze verschiedener Art, sondern auch komplexe Sätze, die mehrere Teilsätze enthalten, also die **Hypotaxe** (Satzgefüge). Mit einer weiteren Annahme können wir auch die formal markierte **Parataxe** (Satzreihung) darstellen, in der mehrere Hauptsätze meist mithilfe koordinierender Konjunktionen (*und, aber, oder, denn, doch* etc.) aneinandergeknüpft werden.

Koordinierende Konjunktionen sind strenggenommen nicht Teil eines Satzes, sondern reine Verknüpfungselemente. Sie stehen deshalb im Feldermodell vor allen übrigen Feldern, und zwar sowohl vor $V^{FIN}1$- wie vor $V^{FIN}2$-Sätzen. Die Position koordinierender Konjunktionen vor dem (Vor-)Vorfeld wird meist mit KOOR abgekürzt und Koordinationsfeld genannt (Pittner/Berman 2007: 88; ›Anschlussposition‹ bei Pafel 2011: 73 f.). Das erweiterte topologische Modell stellt sich dann wie folgt dar:

Definition

→ **Hypotaxe** ist ein Satzgefüge aus mehreren Teilsätzen, zwischen denen ein Abhängigkeitsverhältnis besteht, d. h. ein Ungleichgewicht zwischen Haupt- und Nebensatz.
→ **Parataxe** ist die Aneinanderreihung von Teilsätzen, zwischen denen dieses Ungleichgewicht nicht besteht.

Wörter und Sätze

Satzanalyse in einer Phrasenstrukturgrammatik

Beispiel

	KOOR	VVF	VF	LK	MF	RK	NF
HS1			Wir	arbeiten	noch mit Mapplosaft		
HS2	aber	unsere Nachbarin	die	hat	ein ultraschnelles Notebook	bestellt	auf das sie sehr stolz ist

Topologische Analyse

Wir analysieren in der Regel zuerst den Gesamtsatz, dann die untergeordneten Sätze, gestaffelt entweder nach Reihenfolge oder nach Einbettungstiefe. Die optionalen KOOR, VVF und NF müssen nur angeführt werden, wenn sie tatsächlich besetzt sind.

	VF	LK	MF	RK
HS	unsere Nachbarin	bestellt	das ultraschnelle Notebook	

	VF	LK	MF	RK	NF
HS	wer noch einen Mapplosaftprozessor verwendet	hat	noch nicht	gesehen	welch ultraschnelle Notebooks es mittlerweile gibt
NS1	wer		noch einen Mapplosaftprozessor	verwendet	
NS2	welch ultraschnelle Notebooks		es mittlerweile	gibt	

	VF	LK	MF	RK	NF
HS	wir	haben		geglaubt	dass unsere Nachbarin ein ultraschnelles Notebook bestellte, auf das sie sehr stolz ist
NS1		dass	unsere Nachbarin ein ultraschnelles Notebook	bestellte	auf das sie sehr stolz ist
NS2		auf das	sie sehr	stolz ist	

4.7.2 | Satzanalyse in einer Phrasenstrukturgrammatik

In diesem Kapitel werden wir im Sinne einer Synthese viele der zuvor schon eingeführten Aspekte in den Rahmen eines kohärenten Grammatikmodells integrieren. Wir werden uns dabei auf eine Variante aus der Familie der generativen Syntaxtheorien beziehen, das sog. ›Prinzipien- und Parametermodell‹ (s. 4.7.3). Es handelt sich dabei um eine weit entwickelte Theorie über das Wissen eines kompetenten Sprechers, das ihn befähigt, aufgrund einer begrenzen Anzahl von Bildungsprinzipien eine unendliche Anzahl grammatischer Satzstrukturen zu erzeugen. Da in der konkreten Ausführung dieses Ansatzes die Bildung von Phrasenstrukturen eine zentrale Rolle spielt, wird die Denkweise eines generativen Modells zunächst

Zur Vertiefung

Probleme bei der Identifizierung der Verbstellungstypen?

Weiter oben haben wir schon einen Fall kennengelernt, wo die lineare Struktur nach $V^{FIN}2$ aussieht, doch in Wahrheit $V^{FIN}1$-Sätze vorliegen – die Linksversetzung bei leerem Vorfeld:

(1) *Der Gustav*, **schenkt** *der* unserer Nachbarin doch eine Magnolie!   ($V^{FIN}1$)

Da die Verwendung einer koordinierenden Konjunktion keine Vorfeldbesetzung darstellt, sondern diese in ihrem eigenen Feld KOOR steht, wird sie bei der Bestimmung des Verbstellungstyps nicht mitgezählt.

(2) (a) Und sie **bewegt** sich doch.   (keine »Verbdrittstellung«)
    (b) Aber **hast** du ihm geantwortet?   (Verberststellung)

Bei Parataxe kann es im zweiten Koordinat bei Koreferenz zur Vorfeldellipse kommen; hier liegt dennoch Verbzweitstellung vor!

(3) Gustav [besuchte unsere Nachbarin] und (er) [**schenkte** ihr eine Magnolie].

4.7 Wörter und Sätze

Analyse des Gesamtsatzes

anhand eines sehr reduzierten Grammatikausschnitts eingeführt.

In Kapitel 4.2.2 wurde bereits gezeigt, dass es sinnvoll ist, Köpfe, Phrasen sowie unterschiedliche Phrasentypen voneinander zu unterscheiden. Wir haben diese Instrumente der Konstituentenstrukturanalyse bisher vor allem beschreibend verwendet. Aber wir können mit diesen Analyseinstrumenten viel mehr erreichen. Wir können sie zur Konstruktion eines **Modells** verwenden, das einen Ausschnitt der sprachlichen Wirklichkeit simuliert und empirisch überprüfbare **Voraussagen** erzeugt. Ein Modell ist dann erfolgreich, wenn sich seine Voraussagen mit den tatsächlichen Beobachtungen decken. Wenn dies nicht der Fall ist (und meistens ist das zunächst so), muss das Modell verworfen oder modifiziert werden, damit es bessere Voraussagen erzeugt.

> **Definition**
>
> Eine → **Phrasenstrukturgrammatik** ist ein Modell, das Sätze in ihre Phrasenstruktur zerlegen (parsen) und aus einzelnen Wortformen Phrasenstrukturen aufbauen (generieren) kann.
> → **Phrasenstrukturregeln** geben an, aus welchen Elementen Phrasen bestehen können.

Phrasenstrukturgrammatiken sind hervorragend dazu geeignet zu illustrieren, was mit Modell, Voraussagen etc. gemeint ist. Eine konkrete Phrasenstrukturgrammatik kann bestimmte Satzstrukturen erzeugen und andere nicht, und sie kann bestimmte Satzstrukturen ›parsen‹ (zerlegen, ›verstehen‹), andere nicht. Und genau dies ist erwünscht, denn je nachdem, wie gut unser Grammatikmodell genau die Strukturen erzeugen und parsen kann, die wir in der betrachteten Sprache auch tatsächlich vorfinden, können wir angeben, in welchen Punkten sich das Grammatikmodell bewährt und wo es Modifikationen bedarf.

Phrasenstrukturregeln: Vor allem ältere Versionen der generativen Grammatik und aktuelle computerlinguistische Theorien wie die *Lexical-Functional Grammar* (Bresnan 2001) arbeiten mit sog. Phrasenstrukturregeln.

Dabei handelt es sich um Ersetzungsregeln des folgenden Formats:

(167) VP → V NP
»Ersetze den Knoten VP durch die Abfolge [V NP]!«

»V und NP werden von VP dominiert.«
»Ein Knoten VP ist äquivalent mit der Abfolge [V NP].«

Diese Regel kann also Verbalphrasen, die aus einem Verb und einer Nominalphrase bestehen, parsen, wenn das Verb der Nominalphrase vorangeht. In einer Sprache, in der die Abfolge von Verb und Nominalphrase umgekehrt ist, müsste die Regel dementsprechend lauten:

(168) VP → NP V

Eine Spielzeug-Grammatik: Wir schreiben nun eine kleine Spielzeug-Phrasenstrukturgrammatik des Deutschen. Sie enthält die folgenden Phrasenstrukturregeln (S = Satz):

(169) Spielzeug-Deutsch (I): Grammatik
    S → NP VP
    NP → Det N
    VP → V NP

Zudem gehen wir von folgendem, extrem reduziertem Lexikon aus:

(170) Spielzeug-Deutsch (I): Lexikon
    findet (V)
    schläft (V)
    Tante (N)
    Katze (N)
    die (Det)

Spielzeug-Deutsch (I) kann u. a. die folgenden Strukturen generieren und parsen:

(171) (a) Die Tante findet die Katze.
    (b) Die Katze findet die Tante.

Da dies mögliche deutsche Sätze sind, scheint Spielzeug-Deutsch (I) ein adäquates Modell eines winzigen Ausschnitts der tatsächlichen deutschen Syntax zu sein. Dieser Eindruck wird dadurch bestärkt, dass Spielzeug-Deutsch (I) die folgenden, ungrammatischen Strukturen nicht erzeugen kann (d. h., unser Modell sagt voraus, dass die folgenden Sätze nicht vorkommen):

(172) (a) *Die Tante findet Katze.
    (b) *Die Tante findet.
    (c) *Tante Katze findet die die.

Beispielsweise verletzt Variante (b) die Anforderung, dass eine VP aus V und NP bestehen soll.

Leider erzeugt Spielzeug-Deutsch (I) aber auch Sätze, die ungrammatisch sind:

(173) *Die Tante schläft die Katze.

Über- und Untergenerierung: Spielzeug-Deutsch (I) sagt fälschlicherweise voraus, dass der Satz (173) grammatisch ist. Wenn ein Modell Strukturen erzeugt, die es nicht erzeugen soll, sagen wir, dass es **übergeneriert**. Das ist unerwünscht: Ein Modell soll so **restriktiv** sein, dass es nur das erzeugen kann, was wir auch tatsächlich vorfinden. Ein häufiger, meist gut gemeinter Denkfehler ist es, ein Modell zu bevorzugen, dass mit allem Möglichen und Unmöglichen irgendetwas anfangen kann.

Andererseits kann Spielzeug-Deutsch (I) den folgenden (erwünschten) Satz nicht erzeugen:

(174) Die Katze schläft.

Der Satz ist nicht kompatibel mit den bisher aufgestellten Phrasenstrukturregeln, da nach diesen eine VP immer aus V und NP bestehen müsste. In Spielzeug-Deutsch (I) sind Sätze mit intransitiven Verben wie *schläft* bis jetzt nicht vorgesehen und können nicht korrekt erzeugt werden. Wenn ein Modell Strukturen nicht erzeugen kann, die es erzeugen sollte, sagen wir, dass es **untergeneriert**.

Folglich müssen wir unsere Spielzeug-Grammatik modifizieren, und zwar dergestalt, dass sie zwischen transitiven und intransitiven Verben unterscheiden kann. Eine einfache Möglichkeit, dies zu erreichen, ist es, zwei getrennte Wortklassen anzunehmen, IV für intransitives Verb und TV für transitives Verb. Die modifizierte Version sieht nun folgendermaßen aus:

(175) Spielzeug-Deutsch (II): Grammatik
    S   → NP VP
    NP → Det N
    VP → TV NP
    VP → IV

(176) Spielzeug-Deutsch (II): Lexikon
    findet (TV)
    schläft (IV)
    Tante (N)
    Katze (N)
    die (Det)

In Spielzeug-Deutsch (II) gibt es zwei Möglichkeiten, eine VP zu realisieren: entweder als Abfolge

> **Definition**
>
> → **Übergenerierung** heißt, dass ein Modell mehr Sätze erzeugen bzw. analysieren kann, als wir wünschen.
>
> → **Untergenerierung** heißt, dass ein Modell nicht alle Sätze erzeugen bzw. analysieren kann, die wir wünschen.

aus transitivem Verb und NP oder als bloßes intransitives Verb. Da die Lexikoneinträge *findet* und *schläft* nun unterschiedliche Wortklassenlabels (TV und IV) tragen, ›weiß‹ unsere Spielzeuggrammatik beispielsweise, dass auf *schläft* nicht eine weitere NP folgen kann, und das Problem der Übergenerierung ist vorderhand gelöst.

Eine erwünschte Eigenschaft von Phrasenstrukturgrammatiken ist die folgende. Eine NP kann durch eine im Prinzip beliebig umfangreiche Gruppe von attributiven Adjektiven erweitert werden:

(177) (a) die Katze
    (b) die liebe Katze
    (c) die liebe intelligente Katze
    (d) die liebe intelligente lebhafte Katze
    (e) die liebe intelligente lebhafte zutrauliche Katze (etc.)

Eine zunächst naheliegend scheinende Möglichkeit (die wir gleich wieder verwerfen werden), um unsere Grammatik für solche Konstruktionen fit zu machen, wäre es, für jede dieser Varianten eine eigene Phrasenstrukturregel anzunehmen. Die Regeln für den Aufbau einer NP sähen dann so aus:

(178) NP → Det N
    NP → Det A N
    NP → Det A A N
    NP → Det A A A N
    NP → Det A A A A N

Eine solche Lösung ist aber unbefriedigend. Im Prinzip kann eine NP endlos um Adjektivattribute erweitert werden, und um der Tatsache Rechnung zu tragen, müssten wir endlos viele Phrasenstrukturregeln in unsere Grammatik einbauen. Das widerspricht der Grundidee, aufgrund einer *begrenzten* Anzahl Regeln eine *unendliche* Anzahl Sätze zu generieren. Wir können die erwünschten Varianten problemlos auch mit weniger als den oben vorgeschlagenen fünf Regeln erzeugen, indem wir den folgenden Trick anwenden:

(179) NP → Det N
    N → (A) N

Analyse des Gesamtsatzes

Definition

Unter → Rekursion versteht man in der Mathematik die Wiederanwendung von Regeln auf durch sie selbst entstandene Ausdrücke. In der generativen Syntaxtheorie wird der Begriff z. B. für die wiederholte Anwendung von Bildungsregeln auf Ausdrücke unterschiedlicher Komplexität verwendet.

Ein Beispiel, das mit diesen Regeln erzeugt werden kann, wäre etwa:

(180)

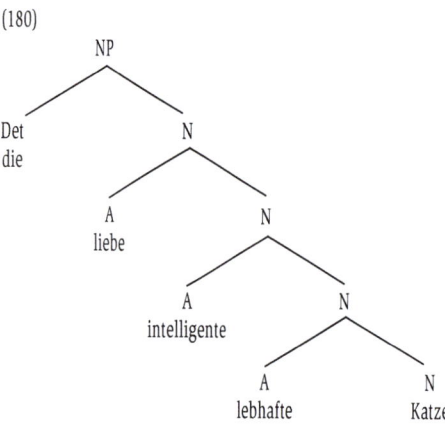

Der Trick bei dieser Lösung besteht darin, dass wir die Regeln so formuliert haben, dass sie wiederverwendet werden können. Bei der Regel NP → (A)NP steht links und rechts vom Pfeil jeweils NP. Dadurch können prinzipiell unendlich lange Ketten nur durch Wiederverwendung dieser Regel gebildet werden. Eine solche im Prinzip endlose Wiederanwendung einer Regel wird als **Rekursion** bezeichnet und ist eine ganz wesentliche Eigenschaft der generativen Syntax.

4.7.3 | Das generative Phrasenstrukturmodell

Im Rahmen dieser Einführung beschränken wir uns auf eine Version der generativen Grammatiktheorie, das **Prinzipien- und Parametermodell**, und wir führen nur einige wenige Analyseinstrumente dieses Modells ein, um exemplarisch zu demonstrieren, wie damit syntaktische Probleme angegangen und Zusammenhänge klargemacht werden können.

Das Prinzipien- und Parametermodell geht auf die 1980er Jahre zurück und ist in den letzten Jahren in verschiedene Richtungen weiterentwickelt worden. Die Grundidee ist, dass es eine Reihe von formalen Prinzipien gibt, die in allen Sprachen gelten, und eine (endliche) Menge von Parametern, aus denen eine Sprache die eine oder andere Option ›wählt‹. Beides, Prinzipien und Parameter, gehört nach dieser Auffassung letztlich zur biologischen Grundausstattung des Menschen.

Zur Vertiefung

Occam's Razor

Wir haben versucht, möglichst viele Einzelstrukturen aus dem Zusammenspiel von möglichst wenigen Regeln abzuleiten. Hinter dieser Art von Reduktion auf das absolut Notwendige steckt ein allgemeineres wissenschaftstheoretisches Prinzip, das in der englischsprachigen Literatur als *Occam's Razor* bekannt ist: Wenn zwei Theorien die gleichen Sachverhalte erklären können, dann ist derjenigen Theorie der Vorzug zu geben, die einfacher ist, das heißt, die weniger Annahmen beinhaltet (das Prinzip wird dem Scholastiker William of Ockham, 1285–1347, zugeschrieben).

Auf die Syntax bezogen, könnte man dieses Prinzip zugespitzt folgendermaßen formulieren: Ein Weg, um die Struktur aller möglichen Nominalphrasen z. B. des Deutschen zu ›erklären‹, wäre es, alle vorgefundenen Baupläne einzeln aufzuzeichnen. Man hätte dann eine sehr lange (wie wir gesehen haben, eine unendlich lange) Liste von Bauplänen und damit letztlich doch nichts erklärt, sondern eigentlich lediglich die Vielzahl der Oberflächenphänomene wiederholt. Wissenschaft versucht aber, die Vielfalt der Phänomene auf möglichst wenige allgemeine Prinzipien zurückzuführen. Der andere, in der generativen Grammatik bevorzugte Weg ist es daher, die vielfältigen Strukturen von Nominalphrasen aus wenigen Grundbausteinen und deren Kombinatorik herzuleiten.

Definition

Nach Auffassung des Prinzipien- und Parametermodells der generativen Grammatik umfassen
→ **Prinzipien** die in allen Sprachen gültigen Strukturregularitäten,
→ **Parameter** die Möglichkeiten der Variation zwischen einzelnen Sprachen.

Mit der Isolierung der relevanten syntaktischen Prinzipien und Parameter soll es möglich sein, das empirisch erarbeitete Wissen der Sprachtypologie und Universalienforschung (s. Kap. 8.1.1) auf den kleinsten gemeinsamen Nenner zu bringen. Gleichzeitig sollen Prinzipien und Parameter darüber Auskunft geben, welche Strukturen in den Sprachen der Welt *nicht* vorkommen. Eine prinzipielle, also übereinzelsprachlich geltende Strukturregularität wäre beispielsweise die Rekursivität der Syntax (s. 4.7.2).

Das generative Phrasenstrukturmodell

Module: Das Prinzipien- und Parametermodell ist eigentlich eine Ansammlung von relativ selbständigen, intern jeweils einfach gebauten Einzeltheorien über bestimmte Phänomenbereiche, die Module genannt werden. Selbstverständlich interagieren diese Module, so dass ihr Zusammenspiel die Komplexität von syntaktischen Strukturen ergibt. Wir werden im Folgenden drei solcher Module näher erläutern und anwenden: das X'-Schema, die Kasustheorie und move-α, die alle drei jeweils einen Prinzipien- und einen Parameterteil enthalten.

X'-Schema (sprich: X-Strich oder X-bar): Wir kennen aus Kapitel 4.2.2 schon die Grundbestandteile der Konstituentenstruktur, nämlich Phrasen und Köpfe, z. B. NP und N. Auch haben wir bereits in Kapitel 4.7.2 die Möglichkeit kennengelernt, eine Grammatik bzw. einen Ausschnitt davon mittels Phrasenstrukturregeln auszudrücken, z. B. VP → NP V, AP → Adv A. Wir haben dabei immer Phrasen von einem ganz bestimmten Format angenommen, das für alle Wortklassen gilt. Wir haben z. B. nie Phrasenstrukturregeln wie die folgenden angenommen:

(181) PP → V
PP → P P
NP → PP

Vielmehr sind wir davon ausgegangen, dass eine Phrase der Kategorie PP immer genau einen Kopf der Kategorie P haben muss. (Analoges gilt für VP und V, NP und N etc.). Dieser kann links oder rechts stehen, und vor oder nach ihm kann weiteres Material vorkommen. Anscheinend haben Phrasen egal welchen Wortklassentyps immer denselben Aufbau, den man folgendermaßen darstellen kann, wobei ›X‹ für eine beliebige Wortklasse steht:

(182) XP → X (weiteres Material) oder XP → (weiteres Material) X

Die X'-Theorie ist nun der Versuch, das allgemeine Bauschema von Phrasen als Prinzipien zu formulieren sowie festzulegen, innerhalb von welchem Rahmen verschiedene Parametersetzungen möglich sind. Einige zentrale Prinzipien und Parameter sind die folgenden:

(183) Kopf-**Prinzip**: Jede Phrase XP hat genau einen Kopf X.
Phrasen-**Prinzip**: Jeder Kopf X projiziert genau eine Phrase XP.
Binaritäts-**Prinzip**: Knoten verzweigen binär.
Kopf-**Parameter**: Der Kopf steht innerhalb der Phrase entweder links oder rechts.

Module des Modells

Das Kopf-Prinzip schließt die unerwünschten Phrasen aus (181) bereits alle aus. Die Legitimation für das Binaritäts-Prinzip leuchtet hingegen nicht unbedingt schon auf Anhieb ein: Bei Verben, die neben dem Subjekt zwei weitere Argumente zu sich nehmen, würde sich doch zunächst eine ternäre Verzweigung aufdrängen:

(184)
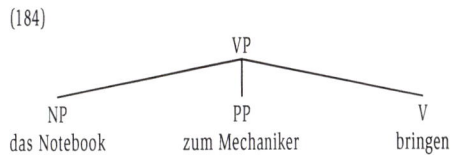

Jedoch zeigt die Verschiebeprobe, dass *zum Mechaniker bringen* als Ganzes ins Vorfeld verschoben werden kann, etwa in:

(185) [zum Mechaniker bringen] will Anna das Notebook

Adäquater ist daher eine Struktur mit einer Zwischenstufe zwischen VP und V:

(186)
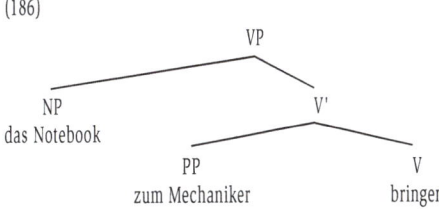

Wir nennen eine solche Zwischenstufe innerhalb einer Verbalphrase V', im allgemeinen Strukturschema X'. Dieses sieht dann folgendermaßen aus (YP und ZP bezeichnen Phrasen, die von XP verschieden sind):

(187)
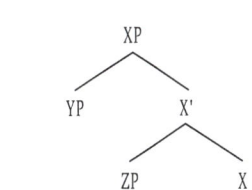

Parametrisch, also in unterschiedlichen Sprachen möglicherweise verschieden, ist nun die Platzierung des Kopfs am Anfang oder am Ende der Phrase. Im Englischen sind beispielsweise sowohl VP als auch PP linksköpfig (188); im Türkischen sind VP und PP dagegen rechtsköpfig (189):

X'-Schema

Kopfparameter

(188) (a) Hasan [$_{VP}$ bought an ox.]
     (b) [$_{PP}$ with Hasan]

(189) (a) Hasan [$_{VP}$ bir öküz aldı.]
                                    wörtlich ›Hasan einen Ochsen kaufte‹
     (b) [$_{PP}$ Hasan ile]   wörtlich ›Hasan mit‹

Der **Kasusfilter** ist ein weiteres Modul des Prinzipien- und Parametermodells. Er besagt, dass jede Nominalphrase genau einen Kasus erhalten muss. Dahinter steckt die Vorstellung, dass Kasus nicht ›einfach so‹ an der NP klebt, sondern von irgendwo her kommen muss – also von einem anderen Kopf, der den Kasus zuweist. Auch hier gibt es wieder prinzipielle und parametrische Aspekte:

(190) Kasusfilter:
   Prinzip: Jede NP muss genau einen Kasus erhalten.
   Prinzip: Ein Kopf X kann Kasus nur innerhalb der Grenzen der XP zuweisen.
   Prinzip: Zuweiser von Kasus ist V.
   Parameter: Zuweiser von Kasus ist auch P.
   Parameter: Zuweiser von Kasus ist auch N.
   Parameter: Zuweiser von Kasus ist auch A.
   Parameter: Kasus wird nach links oder nach rechts zugewiesen.

Im Deutschen können bestimmte Adjektive Kasuszuweiser sein (*jemandem treu*), aber nicht im Englischen (*faithful to someone*). In Bezug auf die Zuweisungsrichtung lässt sich eine sehr interessante Beobachtung am Deutschen anstellen. Die folgenden Beispiele suggerieren, dass die Argumente eines Verbs grundsätzlich links davon stehen:

(191) (a) Petra hat [$_{VP}$ [$_{NP}$ ein Notebook] gekauft.]
     (b) Otto will [$_{VP}$ [$_{NP}$ Petra] [$_{NP}$ ein Notebook] schenken.]

Zur Vertiefung

VO- vs. OV-Sprachen

Unter diesem Stichwort ist eine der ganz grundlegenden sprachtypologischen Unterscheidungen zu verstehen. Die Bezeichnung bezieht sich auf die relative Abfolge des Verbs und des von ihm regierten Objekts, also auf Links- vs. Rechtsköpfigkeit innerhalb der Verbalphrase. Es gibt nun interessante Beziehungen zwischen der Abfolge von Verb/Objekt und anderen Kopf-/Komplement-Paaren. Sprachen wie das Französische, die generell stark zu Linksköpfigkeit tendieren, zeigen diese Tendenz nicht nur in der Abfolge VO, sondern auch darin, dass sie Präpositionen haben, die dem von ihnen regierten Nominalausdruck vorangehen. Dagegen gibt es in typischen OV-Sprachen wie dem Türkischen oder dem Japanischen keine Prä-, sondern Postpositionen, denn in diesen Sprachen ist die Tendenz zur Rechtsköpfigkeit sehr stark (mehr dazu in Kap. 8).

Allerdings sieht die Sache differenzierter aus bei Verben, die entweder eine NP oder eine Infinitivkonstruktion regieren können. Während (wie erwartet) eine NP dem Verb vorangehen muss (192a, b), ist die Position eines abhängigen Infinitivs variabel (192c, d), was vor dem Hintergrund des Gesagten eigentlich nicht zu erwarten wäre:

(192) (a) Otto hat [$_{VP}$ [$_{NP}$ seine Arbeit] angefangen.]
     (b) *Otto hat [$_{VP}$ angefangen [$_{NP}$ seine Arbeit.]]
     (c) Otto hat [$_{VP}$ [$_{VP}$ zu arbeiten] angefangen.]
     (d) Otto hat [$_{VP}$ angefangen [$_{VP}$ zu arbeiten.]]

Eine Erklärungsmöglichkeit für diesen auffälligen Unterschied liefert nun der Kasusfilter. Wenn es stimmt, dass im Deutschen Verben Kasus nach links zuweisen, dann kann in Variante (b) die NP *seine Arbeit* keinen Kasus erhalten. Der Kasusfilter würde dadurch verletzt. Aber der Infinitiv *zu arbeiten* ist keine NP, er unterliegt dem Kasusfilter also nicht. Dass Kasus von V nur nach links zugewiesen wird, ist für den Infinitiv irrelevant, da er gar keinen Kasus braucht. Daher kann er auch rechts von V stehen (d). Der Kasusfilter ist ein schönes Beispiel dafür, wie es eine Theorie wie das Prinzipien- und Parametermodell ermöglicht, zunächst scheinbar unverbundene Sachverhalte wie Kasus und Stellungsregularitäten zu verbinden und einheitlich zu erklären.

Finitheit (I und IP): Nicht ganz trivial ist die Frage, woher das Subjekt seinen Kasus bekommt. Wenn wir zunächst annehmen (und gleich wieder verwerfen), der Subjektsnominativ werde ebenfalls von V zugewiesen, müsste gemäß dem zweiten Prinzip aus (190) das Subjekt wie alle anderen Argumente des Verbs innerhalb der VP stehen. Nun gibt es aber eine auffällige Asymmetrie zwischen dem Subjekt einerseits und anderen Argumenten des Verbs andererseits: Das Subjekt kann nur mit dem Verb kombiniert werden, wenn dieses finit ist. Wenn das Verb nicht finit ist (im Infinitiv oder in einer Partizipform steht), scheint die Subjektsposition wegzufallen. Andere Argumente, z. B. das direkte Objekt, sind hingegen durchaus mit nicht-finiten Verben kombinierbar:

(193) (a) Hans pfeift ein Lied. (finit)
     (b) Hans hat ein Lied gepfiffen. (finit)
     (c) [$_{VP}$ Ein Lied pfeifend] ging er zum Bahnhof. (nicht finit, ohne Subjekt innerhalb der VP von pfeifen)

(d) *[$_{VP}$ Hans ein Lied pfeifend] ging er zum Bahnhof. (nicht finit, mit Subjekt innerhalb der VP von pfeifen)
(e) [$_{VP}$ Ein Lied pfeifen] macht Spaß. (nicht finit, ohne Subjekt innerhalb der VP von pfeifen)
(f) [$_{VP}$ Hans ein Lied pfeifen] macht Spaß. (nicht finit, mit Subjekt innerhalb der VP von pfeifen)

Ohne Zusatzannahmen zu den Instrumenten, die wir bis jetzt haben – X'-Schema und Kasusfilter –, kann das nur heißen: Die Finitheit weist dem Subjekt den Nominativ zu. Finitheit verhält sich also gleich wie andere Köpfe (V, P etc.), die Kasus zuweisen. Wir denken uns also Finitheit als kasuszuweisenden Kopf, I (für engl. *inflection*) und ergänzen den Kasusfilter um folgenden Eintrag:

(194) Kasusfilter (Ergänzung):
    Prinzip: Zuweiser von Kasus ist I.

Es mag unplausibel erscheinen, Finitheit als Kopf zu behandeln. Allerdings gibt es Sprachen, in denen semantisch vollkommen leere Hilfsverben vorkommen können oder müssen, die Finitheitsmerkmale (etwa Person) mit einer eigenen Wortform realisieren. Wir gehen zudem davon aus, dass bei periphrastischen Verbformen wie dem deutschen Perfekt das Vollverb (Partizip Präteritum) in V, das Hilfsverb (*haben* oder *sein*) in I steht:

(195) Englisch: *Please **do** (= I) not smoke (= V).*
    Englisch: ***Do** (= I) you like (= V) French cuisine?*
    Deutsch: *Rauchen (= V) **tut** (= I) er nicht, aber trinken (= V)!*
    Deutsch: *Er **hat** (= I) eine ganze Flasche getrunken (= V).*

Wenn nun das X'-Schema gilt, muss unser I auch eine Phrase IP projizieren, innerhalb welcher der Subjektsnominativ von I an die Subjekt-NP zugewiesen wird. Damit sieht die Grundstruktur eines Satzes mit transitivem Verb nun folgendermaßen aus:

(196)

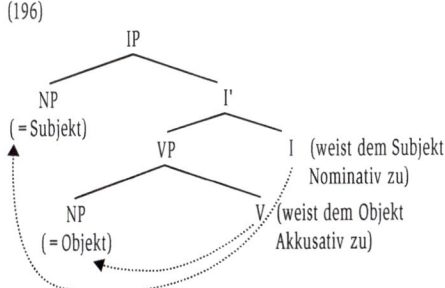

Das generative Phrasenstrukturmodell

Subordinierende Konjunktionen (C und CP): In der bisherigen Grundstruktur sind die Prädikatsteile, Subjekt und weitere Argumente des Verbs in bestimmten Positionen des Strukturbaums ›versorgt‹. Die Position der subordinierenden (nebensatzeinleitenden) Konjunktionen wie *ob, dass, nachdem* etc. ist hingegen noch nicht geklärt. Auch hier folgen wir ohne Zusatzannahmen einfach der Logik des X'-Schemas: Subordinierende Konjunktionen kürzen wir mit C ab (für engl. *complementizer*). C projiziert gemäß X'-Schema die Ebenen C' und CP, und C verlangt eine Ergänzung eines bestimmten Typs, nämlich einen finiten Satz, also eine IP. Somit ist CP in der Grundstruktur des Satzes die zuoberst anzusetzende Phrase:

Komplementiererphrase

(197)

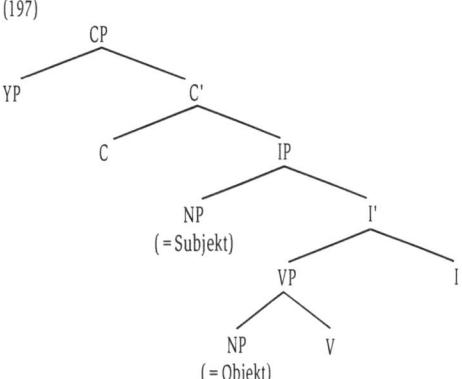

Aus den Annahmen des X'-Schemas folgt außerdem, dass sich unterhalb von CP neben C' noch eine weitere mögliche Phrasenposition eröffnet, die wir hier einfach YP genannt haben. Wichtig ist für den Moment, dass es sich um eine *Phrasen*position handelt, denn in die Struktur XP → X' → X können nur Phrasen eingehängt werden (in dem Schema (187) YP und ZP genannt). Das sieht zunächst wie eine völlig arbiträre Festlegung aus, aber wir werden gleich sehen, dass gerade die Stellungsregularitäten des Deutschen diese Beschränkung sehr deutlich nahelegen.

Bewegung (*move-α*): Die deutsche Syntax macht besonders deutlich, dass die Positionen von einzelnen Phrasen im Satz beweglich sind, aber auch, dass diese Bewegungen bestimmten Beschränkungen unterliegen. Die Operation *move-α* bedeutet zunächst einfach: Bewegung eines beliebigen Elements in eine beliebige Position. Dabei gelten für Bewegung wiederum einige universelle Beschränkungen, während Parameter einzelsprachliche Variationsmöglichkeiten erfassen.

move-α

Analyse des Gesamtsatzes

Ein Beispiel: Wir exemplifizieren nun diese Grundstruktur mit dem dreiwertigen Verb *bringen*. Wir beginnen mit einem Nebensatz, der mit einer subordinierenden Konjunktion (*ob*) eingeleitet ist, einem Satz also, in dem die C-Position mit *ob* gefüllt ist:

(198) (ich weiß nicht ...) ob Petra das Notebook zum Mechaniker gebracht hat

Die Argumentstruktur des Verbs *bringen* umfasst drei Argumente: ein obligatorisches NP-Argument im Nominativ (Subjekt, *Petra*), ein obligatorisches NP-Argument im Akkusativ (direktes Objekt, *das Notebook*) sowie ein fakultatives Argument, das als NP im Dativ (indirektes Objekt) oder wie im Beispiel als PP (lokales Adverbiale, *zum Mechaniker*) auftritt.

Gebracht steht in V, *hat* in I. V weist dem direkten Objekt den Akkusativ zu, I dem Subjekt den Nominativ. Das Ganze wird von einer CP mit *ob* als Kopf in C dominiert, so dass sich ergibt:

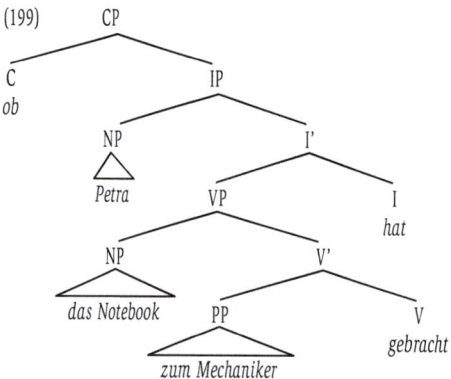

Nun reden wir ja nicht nur in Nebensätzen. In selbständigen Hauptsätzen erscheinen einzelne Elemente an anderer Stelle. Um dies zu gewährleisten, müssen wir unser Modell noch um ein Modul erweitern: Bewegung.

(200) *move-α*

Prinzip: Bewegung ist nur in vorhandene Leerpositionen möglich.
Prinzip: Phrasen werden in Phrasenpositionen bewegt.
Prinzip: Köpfe werden in Kopfpositionen bewegt.
Parameter: Es kann nicht aus {NP, PP etc.} heraus bewegt werden.

Gehen wir nochmals von (199) aus. Durch zwei Bewegungen kann daraus der folgende Satz abgeleitet werden:

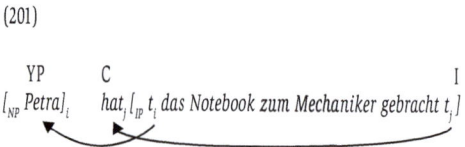

Zur Notation: Es ist üblich, den Ausgangspunkt einer Bewegung mit *t* zu bezeichnen (für engl. *trace*, ›**Spur**‹). Die Zusammengehörigkeit von Ausgangs- und Zielpunkt der Bewegung wird mit demselben tiefgestellten Index, hier $_i$ bzw. $_j$ gekennzeichnet. Das ist wichtig, um bei Vorhandensein von mehreren Bewegungen den Überblick zu behalten. (199) stellt also die Bewegung von I (*hat*) in die Position C sowie die Bewegung der NP *Petra* in die Position YP dar. Die Beschränkungen, die wir für Bewegung definiert haben, sind erfüllt: Beide Bewegungen führen in vorhandene Leerpositionen. Die NP wird in eine Phrasenposition, der Kopf I in eine Kopfposition bewegt.

Wie zu erwarten, gibt es auch in Bezug auf Bewegung typologische Variation zwischen Sprachen. Ein besonders augenfälliger Unterschied besteht etwa zwischen dem Deutschen und Englischen in Bezug auf Bewegung aus Präpositionalphrasen: Im Englischen kann aus einer PP heraus ein fragendes w-Pronomen nach vorne bewegt werden, wobei die Präposition an ihrem Ort bleiben kann (man spricht hier von *preposition stranding*). Im (Standard-)Deutschen ist Bewegung aus der PP heraus nicht möglich. Wird das von der Präposition regierte Element erfragt, wird die PP als ganze Konstituente nach vorne bewegt (zu Ansätzen zu *preposition stranding* in Dialekten des Deutschen vgl. Fleischer 2002):

(202) (a) What is she talking about ___?
(b) *Was spricht sie über ___?
(c) Über was / worüber spricht sie ___?

4.7.4 | Das CP-IP-Modell in Bezug auf das topologische Feldermodell

Wir haben in den vorigen Abschnitten einige Werkzeuge der generativen Syntax eingeführt: unter anderem das X'-Schema, die Kategorien I/IP und C/CP oder Bewegung (*move-α*). Wir haben alle diese Werkzeuge unabhängig motiviert. Das heißt, wir haben versucht zu zeigen, dass wir sie ohnehin brauchen, und schließlich sind sie ja auch nicht speziell für das Deutsche entwickelt worden. Wir werden nun zeigen, dass aus ihrem Zusammenspiel diejenigen Generalisierungen automatisch folgen, die wir schon in 4.5 unter dem Stichwort des topologischen Feldermodells ganz oberflächennah eingeführt haben.

Gehen wir davon aus, dass die drei Stellungstypen Verberst-, Verbzweit- und Verbletztstellung auf eine gemeinsame Grundstellung beziehbar sind, dass also die Beziehungen zwischen den Stellungstypen durch *move-α* vermittelt sind. Verbletztstellung entspricht der Struktur in (199): Das Finitum *hat* steht in der Position I, während die Position C durch die Subjunktion *ob* besetzt ist (in der Terminologie der topologischen Felder steht C in der linken und I in der rechten Satzklammer). Ein selbständiger Hauptsatz ist nun aber nicht von einer subordinierenden Konjunktion eingeleitet; dadurch ist die C-Position unseres Grundschemas (197) leer und somit als Landeposition einer Bewegung verfügbar. C ist wie I eine Kopfposition, was nun die Bewegung von *hat* von I nach C erlaubt. Denn bei leerer C-Position sind die allgemeinen Bedingungen, denen Bewegung unterliegt, erfüllt: Bewegung erfolgt in leere Positionen, und Bewegung eines Kopfes erfolgt in eine Kopfposition. Das Resultat dieser Bewegung ist ein Verberstsatz:

(203)

C   I
hat$_i$ [$_{IP}$ Petra das Notebook zum Mechaniker gebracht t$_i$]

Wir nehmen also an, dass Subjunktionen und (bewegte) finite Verbformen sich dieselbe strukturelle Position teilen, die C-Position, und dort komplementär verteilt sind (zu diesem Begriff s. Kap. 2.4.2).

Zur Herleitung eines Verbzweitsatzes ist eine weitere Bewegung nötig. Gemäß unserem Grundschema (197) ist die einzige verfügbare, noch freie Position derjenige Knoten, den wir dort YP genannt haben. Da YP gemäß X'-Schema eine Phrasenposition ist, müssen die dorthin bewegten Elemente Phrasen sein. Und da YP genau *eine* Phrasenposition ist, kann nur maximal *eine* Phrase dorthin bewegt werden. In der Terminologie der topologischen Felder nannten wir diese YP-Position Vorfeld. Eine mögliche Phrasenbewegung in diese Position war bereits in (204) exemplifiziert. Eine andere wäre die folgende:

(204)

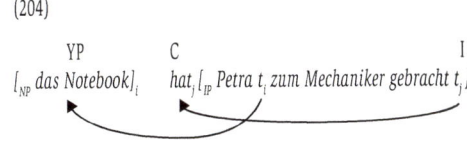

YP   C   I
[$_{NP}$ das Notebook]$_i$ hat$_j$ [$_{IP}$ Petra t$_i$ zum Mechaniker gebracht t$_j$]

Dass also das Vorfeld eine Position für genau eine Phrase ist, folgt ebenfalls aus den allgemeinen Beschränkungen über Bewegung: Bewegung erfolgt in Leerpositionen, und Bewegung von Phrasen erfolgt in Phrasenpositionen. Zusammenfassend und verallgemeinernd können die Entsprechungen zwischen topologischen Feldern und Positionen im Strukturbaum folgendermaßen abgebildet werden:

(205)

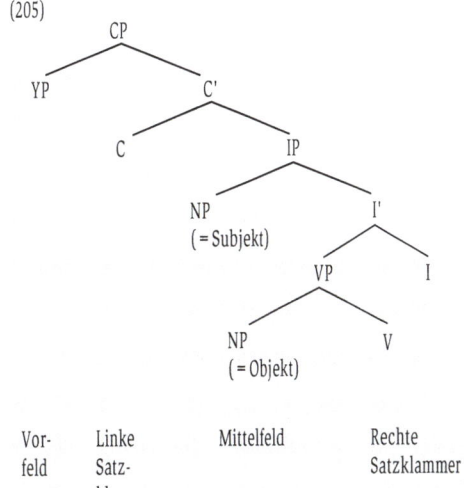

Besonders faszinierend ist, dass diese allgemeinen Prinzipien nicht nur die verschiedenen Stellungsmöglichkeiten zulassen, sondern gleichzeitig und ohne weitere Zusatzannahmen angeben, wo die Grenzen der Stellungsvariation liegen. Anders gesagt: X'-Schema und *move-α* sagen zusammen die Ungrammatikalität der folgenden hypothetischen Varianten voraus:

(206) (a) *Petra das Notebook hat zum Mechaniker gebracht.
(b) *(ich weiß nicht ...) ob hat Petra das Notebook zum Mechaniker gebracht.

Variante a) ist deshalb nicht möglich, weil zwei NPs, *Petra* und *das Notebook*, in eine einzige Phrasenposition bewegt worden sind. Die Bewegung wäre höchstens dann möglich, wenn der ganze

Komplex *Petra das Notebook* eine einzige Phrase bilden würde, was aber nicht der Fall ist. In Variante b) ist die C-Position bereits mit *ob* besetzt. Es kann keine Finitumsvoranstellung von *hat* stattfinden, da hierfür keine freie Kopfposition zur Verfügung steht.

Weiterführende Literatur

Zum Selbststudium geeignete **Einführungswerke** in die (deutsche) Syntax sind Pittner/Berman (2010) und Pafel (2011). Insbesondere zur Examensvorbereitung sind Altmann/Hahnemann (2005) und (2010) sowie Altmann/Hofmann (2008) empfehlenswert. Ausführliche Diskussionen der sprachlichen Fakten im Deutschen aus funktionaler Sicht finden sich in Eisenberg (2013).

Für Einsteiger in die **generative Syntax** gut lesbare und dennoch sehr informative Einführungen stellen die entsprechenden Kapitel in Dürscheid (2010) sowie die Bücher von Philippi/Tewes (2010) und Cook/Newson (2007) dar; für weiter fortgeschrittene, insbesondere an Problemen der deutschen Syntax interessierte Leser empfehlen wir Haider (2010) und Sternefeld (2009). In diesen Darstellungen dominiert das Prinzipien- und Parametermodell; Dürscheid (2010) bietet darüber hinaus einen Überblick über das Minimalistische Programm sowie die optimalitätstheoretische Syntax. Zur Vertiefung in das Minimalistische Programm empfehlen wir zudem Grewendorf (2002) und Radford (2004), für die optimalitätstheoretische Syntax Müller (2000). Zahlreiche Darstellungen und Diskussionen zu verschiedenen Aspekten des Themas *Syntax* finden sich in Jacobs et al. (1993; 1995).

Aufgaben

1. Zeigen Sie anhand einschlägiger Konstituententests, dass der folgende Satz ambig ist und wie viele und welche Lesarten möglich sind.

    Er hat das Notebook mit dem ultraschnellen Koprozessor im Hobbyraum ausprobiert.

2. Zerlegen Sie die folgenden Sätze in die unmittelbaren Konstituenten (Tests!) und bestimmen Sie die Phrasenkategorien und die Satzfunktionen.

    (a) Manchmal frage ich mich händeringend, ob ich nicht besser BWL studiert hätte.
    (b) In ihrer Rede am Montagmorgen hat die Bundeskanzlerin eine höhere Leistungsfähigkeit vom deutschen Bildungssystem gefordert.
    (c) Heutzutage erwarten die Fußballfans von den Spielern, dass sie nach jedem Spiel eine Ehrenrunde laufen.
    (d) Aber gestern, da hat dieser Kerl tatsächlich gesagt, wir sollen BWL studieren!

3. Machen Sie eine topologische Felderanalyse der Sätze in (2).

4. Zeigen Sie anhand einschlägiger Tests, ob die unterstrichenen Phrasen in folgenden Sätzen die Funktion von Objekten oder von Adverbialen haben.

    (1) (a) Gustav wartet auf den Zug.
        (b) Gustav wartet auf dem Bahnsteig.
    (2) (a) Gustav hängt an dem Notebook.
        (b) Der Flyer hängt an dem Notebook.
    (3) (a) Gustav rechnete mit den Fingern.
        (b) Gustav rechnete mit dem/ohne das Notebook.
    (4) (a) Er sitzt den ganzen Tag am Computer.
        (b) Er verbringt den ganzen Tag am Computer.

5. Erläutern Sie die zahlreichen Funktionen des Pronomens *es* mit ihren spezifischen Eigenschaften.

6. Welche Elemente dienen als Attribute?

    (a) Hans hat gestern im Computershop ein tolles Notebook gesehen.
    (b) Der Verleih ihres Notebooks an einen ungeübten Hacker schockierte dessen Besitzerin zutiefst.
    (c) Gustav hat seinen Kindern ein superschnelles Notebook geschenkt, das aus der Sammlung von Computern seiner Nachbarin kommt.

7. Geben Sie bitte eine vollständige Beschreibung der Valenz folgender Verben:

    schenken, ankommen, erhoffen, zugeben, überbringen, erschrecken

8. Zeichnen Sie einen Strukturbaum der Phrase *viele schöne Bücher über Linguistik*.

9. Entscheiden Sie, ob die folgende Phrasenstrukturgrammatik die Beispielsätze erzeugen kann (Lexikon wird vorausgesetzt, also N → *Kind* etc.):

    S → NP VP
    NP → Det NP
    NP → A NP
    NP → N
    VP → V NP
    (a) das Kind ruft die Lehrerin
    (b) die Lehrerin sieht Anna
    (c) sieht die Lehrerin Anna?
    (d) Peter aß einen faulen Apfel
    (e) Peter aß einen faulen einen Apfel

10. Überlegen Sie sich, inwiefern die folgende Phrasenstrukturgrammatik über- bzw. untergeneriert. Argumentieren Sie anhand der Beispielsätze. Wie könnte man die auftretenden Probleme lösen?

    S → NP VP
    NP → Det N
    VP → V NP
    (a) der Kater fängt die Maus
    (b) der Kater fängt
    (c) der Kater schläft
    (d) den Kater schläft
    (e) der Kater schläft die Maus

11. Stellen Sie folgende Sätze sowohl im topologischen Feldermodell als auch im CP-IP-Modell dar; beziehen sie dann die beiden Modelle aufeinander und zeigen Sie, welche Positionen einander entsprechen.

    (a) weil Gustav vorhin seinen Studenten ein schönes Buch über Syntaxtheorie vorgelesen hat
    (b) die Studenten sind gestern alle pünktlich um 10 zu Bett gegangen

Peter Öhl und Guido Seiler

5 Satz und Text

5.1 Grundbegriffe
5.2 Typen integrierter Sätze
5.3 Zur Entstehung der Hypotaxe
5.4 Satz- und Textverstehen – Modelle und Mechanismen

Ein Spruch, den man einige Sommer lang auf T-Shirts lesen konnte, war *Bitte sprechen Sie in ganzen Sätzen: Ich lese die ZEIT*. Der Begriff des Satzes, noch dazu des »ganzen Satzes«, ist wie vielleicht kein zweiter mit einer normativen Idealvorstellung von Sprache verknüpft, die sich in Form und auch Inhalt stark an der Schrift orientiert. Geordnete Gedanken, so die Idee, finden ihren Ausdruck am besten in ›grammatikalisch korrekten‹ Formen, die einer Übermittlung von komplizierten Informationen besonders zuträglich sind. Für einen Zeitungsartikel trifft diese Annahme sicherlich zu, für andere Formen der Sprache eher nicht: Tonaufnahmen von spontanen Sprachdaten belegen, dass es Sprechern in der alltäglichen Konversation weder primär darauf ankommt, möglichst effizient Fakten zu vermitteln, noch darauf, dass dies in einer möglichst ›grammatischen‹ Form geschieht. Die Struktur gesprochener Interaktion folgt regelhaften Mustern, die jedoch wenig mit denen eines Zeitungsartikels gemein haben. Nichtsdestotrotz ist ein gemeinsamer Nenner die Struktureinheit des Satzes, die hier wie da eine wichtige Rolle in der Organisation zusammenhängender Sprache spielt. Ob Feuilletonartikel oder Gespräch an der Supermarktkasse, einige sprachliche Strukturen werden sich immer unkontrovers als Sätze identifizieren lassen, auch wenn die genauen Grenzen des Begriffs schwer zu fassen sind.

Dieses Kapitel wird den **Satzbegriff** und verwandte Konzepte problematisieren und erörtern. Dabei soll es neben der Frage, was ein Satz eigentlich ist, insbesondere um die Strukturen gehen, die unterhalb und oberhalb der Satzebene Zusammenhänge zwischen sprachlichen Äußerungen herstellen. In den ersten Abschnitten dieses Kapitels werden diese Strukturen vorgestellt. Welche Werkzeuge erlauben es Sprechern, einzelne Ideen miteinander in Bezug zu setzen? Die Beantwortung dieser Frage erfordert einen kurzen Exkurs in die Diachronie: Wie kommen **textverknüpfende Strukturen** historisch eigentlich zustande? Auch die Perspektive des Hörers, und damit die Ebene der **Kognition**, soll in diesem Kapitel berücksichtigt werden: Wie versteht man als Hörer einen Satz, und wie fügt man das Verstandene in die vorangegangene Thematik eines Textes ein? Ausblicke in die Kognitionswissenschaft, die Computerlinguistik und die Textlinguistik zeigen, wie diese Ideen in verschiedenen Forschungstraditionen aufgegriffen werden.

5.1 | Grundbegriffe

5.1.1 | Satz

Was ist ein Satz? Umgangssprachliche und sprachtheoretische Verwendungen dieses Begriffs überschneiden sich in ihren jeweiligen Bedeutungen, so dass es einer genaueren Klärung bedarf. Um sich dem Begriff etwas anzunähern, lohnt es, sich einige Beispiele im Detail anzusehen.

(1) (a) Die Schwimmwesten befinden sich unter Ihrem Sitz.
    (b) Hoffentlich gibt es bald Kaffee.
    (c) Her mit dem Geld!
    (d) Hm.
    (e) Ich nicht!

Wenn man eine Äußerung wie (1a) betrachtet, scheint es nicht weiter schwer, einen Satz zu definieren. Das Beispiel bildet eine in sich vollständige Einheit: Es besteht aus mehreren Wörtern und Phrasen, die sich zu einem übergeordneten Ganzen zusammenfinden, an dem nichts ›fehlt‹. Auch auf der inhaltlichen Ebene ist das Beispiel in sich geschlossen, so dass es einen Gedanken ausdrückt, der eine kohärente Aussage über die au-

Grundbegriffe

ßersprachliche Wirklichkeit macht. Weiterhin ließe sich anführen, dass das Beispiel eine Handlung repräsentiert, mit der der Sprecher etwas ›macht‹, also die außersprachliche Wirklichkeit in irgendeiner Weise beeinflusst. In diesem Fall dient die Handlung dazu, einen Hörer auf den Aufbewahrungsort der Schwimmwesten aufmerksam zu machen. Im Medium der gesprochenen Sprache bekäme das Beispiel außerdem eine eigene, vollständige Intonationskurve, die den Abschluss der Äußerung als Satzende hörbar macht. All das sind Kriterien, mit denen ein Satz in ganz allgemeinen Begriffen beschrieben werden kann, ohne auf sprachtheoretische Konzepte zurückzugreifen.

Sprachwissenschaftliche Definitionen des Satzbegriffes wenden zum Teil genau die Kriterien an, die oben beschrieben wurden, fassen diese jedoch in theoretisch unterfütterte Begriffe. Die Idee der vollständigen Einheit beispielsweise entspricht einer **Konstituentenstruktur** von Subjekt-Nominalphrase (*Die Schwimmwesten*) und Verbalphrase (*befinden sich unter Ihrem Sitz*), in die das Beispiel zerlegt werden kann (s. Kap. 4). Auch das Kriterium der inhaltlichen Vollständigkeit lässt sich mit theoretischen Begriffen näher definieren: Das Beispiel bringt eine sogenannte **Proposition** zum Ausdruck, also eine Aussage, die entweder wahr oder falsch ist. Die Idee sprachlicher Handlungen ist in der sogenannten Sprechakttheorie zu einer Typologie verschiedener **Sprechakte** ausgebaut worden (vgl. Levinson 1983), von denen deklarative Sprechakte, also Aussagen über Tatsachen in der Welt, nur einen Typus von mehreren darstellen (s. Kap. 6.2; zur Intonation von Äußerungen s. Kap. 2.5.5).

Sowohl umgangssprachliche als auch sprachtheoretische Definitionen des Satzes stoßen aber schnell an ihre Grenzen, wenn man sie auf Äußerungen anwendet, die von ganz und gar eindeutigen Beispielen wie (1a) abweichen. Beispiel (1b) etwa erfüllt das formale Kriterium einer Struktur aus Subjekt und Verbalphrase und das inhaltliche Kriterium einer vollständigen Idee, verletzt allerdings das Kriterium, nach dem ein Satz eine Aussage über die sprachexterne Welt macht, der ein Wahrheitswert zukommt. Beispiel (1c) verletzt sogar beide Kriterien, es enthält weder ein Subjekt noch ein Verb, noch lässt sich dem Beispiel ein Wahrheitswert zuweisen. Nichtsdestotrotz lässt sich das Beispiel als Satz auffassen, da es hinsichtlich seiner Struktur und Intonation vollständig und unabhängig ist. Auch Beispiel (1d) erfüllt diese Kriterien, allerdings besteht es nur aus einem einzigen Element und lässt sich daher nicht als syntaktische Fügung bezeichnen. Trotzdem würde das Beispiel unter eine Definition fallen, die darauf abhebt, dass ein Satz eine unabhängige Form ist, mit der eine sprachliche Handlung vollzogen wird, und sei diese auch nur der Ausdruck von Ratlosigkeit. Beispiel (1e) schließlich wirft Zweifel auf, ob das Kriterium der Unabhängigkeit in jedem Fall gegeben sein muss. Wohl ist das Beispiel als eigenständige sprachliche Handlung zu werten, allerdings ist ihre Form reduziert und ihre Bedeutung nur in Abhängigkeit zu einer vorangegangenen anderen Äußerung zu verstehen. Die Kriterien der formalen und inhaltlichen Vollständigkeit und Unabhängigkeit sind somit verletzt. Da diese Kriterien des Satzbegriffs in verschiedenen Ansätzen unterschiedlich gewertet werden und sich darüber hinaus in Teilen widersprechen, ist eine einheitliche und abschließende Klärung des Begriffs nicht möglich, so dass im weiteren Verlauf dieses Kapitels nach und nach eine alternative Terminologie für die Beschreibung von satzartigen Strukturen entwickelt wird.

> **Definition**
>
> Einige gebräuchliche Kriterien für → **Sätze**:
> - sie enthalten ein Subjekt und ein Prädikat,
> - sie treffen eine Aussage über die sprachexterne Welt,
> - sie sind hinsichtlich ihrer Struktur und Intonation vollständig und unabhängig,
> - sie stellen eine sprachliche Handlung dar.

Neben Satzdefinitionen nach formalen und funktionalen Kriterien gibt es Versuche, den Satz in Abhängigkeit von einer bestimmten Grammatiktheorie zu definieren. Die **Generative Grammatik** (s. Kap. 4) definiert beispielsweise den Satz als die höchste sprachliche Ebene, auf der syntaktische Regeln Anwendung finden. Der Satz entspricht damit einfach dem höchsten Knoten in einem syntaktischen Strukturbaum, wobei dieser Knoten in verschiedenen Ausprägungen generativer Theorien unterschiedlich benannt wird.

> **Definition**
>
> Eine → **Proposition** ist eine Aussage, die entweder wahr oder falsch ist (d. h. sie hat einen Wahrheitswert), sie enthält ein (üblicherweise verbales oder adjektivisches) Prädikat sowie ›Mitspieler‹ des Prädikats, die sogenannten → **Argumente** und weist den Argumenten ihre semantischen Rollen und Funktionen zu (s. Kap. 4.4).

Für die weitere Diskussion in diesem Kapitel sind die Grenzfälle des Satzbegriffs und auch theoriegeleitete Definitionen des Satzes allerdings von untergeordneter Bedeutung. Weit wichtiger sind Begrifflichkeiten, die die Einbettung von Sätzen in Texte sowie die interne Struktur von komplexen Sätzen betreffen.

5.1.2 | Text

Ein Satz kommt, wenn man einmal von Tweets, Sprüchen auf T-Shirts und Schildaufschriften wie *Den Anweisungen des Personals ist Folge zu leisten* absieht, immer in einem sprachlichen Zusammenhang vor, der hier als ›Text‹ bezeichnet werden soll. Ein Satz ist also in weiteres sprachliches Material eingebettet, zu dem inhaltlich und strukturell Bezüge hergestellt werden. Dabei ist nachrangig, in welchem Medium das geschieht. Schriftliche Texte wie ein Zeitungsartikel oder eine E-Mail sind genauso textualisiert wie ein Gespräch.

Selbstreferenzialität: Im geschriebenen wie im gesprochenen Medium hat jeder Text selbstreferenzielle Eigenschaften: Der Hörer oder Leser kann anhand struktureller Merkmale erkennen, um was für eine Textsorte es sich handelt. Dies verrät in den meisten Fällen natürlich schon der außersprachliche Kontext – wer ein Kochbuch aufschlägt, erwartet Kochrezepte und keine Kurzgeschichten. Trotzdem ist es notwendig, dass auch der Text selbst Merkmale aufweist, durch die er sich selbst erkennbar macht. Das Wissen um die **Textsorte** weckt nämlich konkrete Erwartungen an die weiteren Bestandteile des Textes und steuert damit, wie die einzelnen Teile und im Endeffekt das Gesamte interpretiert werden. Der Leser eines wissenschaftlichen Aufsatzes erwartet beispielsweise nach dem Lesen des Titels die Namen der Autoren und ein zusammenfassendes Abstract. Werden diese Erwartungen enttäuscht, fällt es dem Leser zunehmend schwer, sich in dem Text zu orientieren und seinen Inhalt zu verstehen; eventuell kommt auch Unsicherheit auf, um welche Textsorte es sich überhaupt handelt. Die Selbstreferenzialität des Textes erschöpft sich nicht in der strukturellen Orientierung an einer Textsorte, sondern sie wird auch durch metatextuelle Verweise (*wie eingangs erwähnt, im Folgenden, zusammenfassend* etc.) produziert.

Kohärenz: Ein Text referiert aber natürlich nicht nur auf seine eigene Struktur, sondern er hat primär ein **Thema** zum Inhalt, das durch einen Textteil wie die Überschrift vorgegeben sein kann. Das Thema selbst dient als inhaltlicher Angelpunkt für die einzelnen Textteile, die sich in unterschiedlicher Weise darauf beziehen. In einem Kochrezept sind die Textteile der Zutatenliste und der Zubereitungsbeschreibung für gewöhnlich getrennt, aber beide beziehen sich aufeinander und auf das übergeordnete Thema des Rezepts. Die wechselseitigen inhaltlichen Bezüge innerhalb eines Textes werden unter dem Begriff der Kohärenz diskutiert.

Sowohl in einem Kochrezept als auch in erzählenden Texten oder Gesprächen knüpfen neue Teile des Textes an bereits gegebene an. Wenn beispielsweise ein Rezept den Leser dazu auffordert, Milch, Eier und Zucker schaumig zu schlagen, und der folgende Satz verlangt, der Masse zweihundert Gramm Mehl hinzuzufügen, dann stellt der Leser den Zusammenhang her, dass mit der ›Masse‹ die vermengten Zutaten aus dem vorangegangenen Satz gemeint sind. Diese Art von Zusammenhang wird als **Koreferenz** bezeichnet, ein Begriff, der später in diesem Abschnitt noch weiter diskutiert wird.

Andere inhaltliche Bezüge sind **temporaler oder kausaler Natur:** In einem erzählenden Text bildet die Reihenfolge mehrerer Äußerungen typischerweise die zeitliche Abfolge der beschriebenen Ereignisse ab; eine Gegenüberstellung zweier Aussagen wie *Ich muss dir leider absagen, ich bin total erkältet* ermuntert den Hörer zur Herstellung eines kausalen Zusammenhangs. Texte können sich in der jeweiligen Stärke ihrer Kohärenz unterscheiden. Insbesondere schriftliche Textsorten wie berichtende Zeitungsartikel zeichnen sich durch eine starke Bindung an ein einmal gewähltes Thema aus, während Gespräche auch unter Wahrung der Kohärenz einen flexiblen Wechsel zwischen unterschiedlichen Themen erlauben.

> **Definition**
>
> Unter → Kohärenz verstehen wir den inhaltlichen Zusammenhang eines Textes. Kohärenz zeigt sich in semantischen Bezügen wie Koreferenz, temporaler Sequenz oder Kausalität.

Kohäsion: Der Begriff der Kohärenz beschreibt die Bedeutungsbeziehungen zwischen verschiedenen Teilen des Textes. Mit dem Begriff der Kohäsion werden die strukturellen Mittel erfasst, die für die

Grundbegriffe

> **Definition**
>
> Unter → Kohäsion verstehen wir die Markierung von Zusammenhängen im Text.
> Kohäsion zeigt sich z. B. in metatextuellen Kommentaren, Pronominaladverben, anaphorischen Elementen und Paraphrasen.

Herstellung dieser inhaltlichen Zusammenhänge genutzt werden. Sie ist sozusagen der ›Kleber‹, der Einzelteile des Textes zusammenhält. Kohärenz zeigt sich also auf der inhaltlichen Seite eines Textes, Kohäsion auf der Seite der Form.

Mit **metatextuellen Kommentaren** wie *Um das bereits Gesagte zusammenzufassen* oder *Wie eingangs erwähnt* kann der Verfasser eines geschriebenen Textes Bezüge explizit machen. Wechselseitige Bezüge sind nicht nur auf der Gesamtebene eines Textes auszumachen, sondern dienen auch zur Verbindung kleinerer Textteile. Pronominaladverben wie *darum* oder *also* können aufeinanderfolgende Sätze miteinander in Bezug setzen. Ein anaphorisches Element wie *er* kann einen im Satz zuvor namentlich genannten Referenten wieder aufnehmen (die Begriffe **anaphorische Referenz** und **kataphorische Referenz** werden in Kapitel 5.1.5 genauer erläutert). Ein anderes Mittel der Kohäsion ist die **Paraphrase** bereits eingeführter Referenten, wie etwa im Satzpaar *Angela Merkel reist heute nach Paris. Die Kanzlerin wirbt dort für ihre Krisenpolitik*.

Wie viele Begriffe der Sprachwissenschaft erbt auch der Textbegriff eine starke und nicht unproblematische Orientierung an der Schriftlichkeit. Diese Orientierung suggeriert beispielsweise, dass ein Text gesprochener Sprache in etwa das ist, was in Wörtern und Sätzen transkribiert und damit verschriftlicht werden kann. Aspekte wie Mimik und Gestik, die integral für sprachliche Interaktion sind, finden so nur teilweise Eingang in den Textbegriff (s. dazu aber Kap. 6).

> **Definition**
>
> Einige gebräuchliche Kriterien für → Texte:
> - Texte sind selbstreferenziell, d. h. sie signalisieren ihre eigene Textsorte;
> - Texte haben ein Thema, das eine übergeordnete inhaltliche Klammer bildet;
> - Texte zeigen Kohärenz, d. h. die Teile eines Textes beziehen sich inhaltlich aufeinander;
> - Texte enthalten strukturelle Mittel der Kohäsion, mit denen textinterne Bezüge explizit gemacht werden.

5.1.3 | Parataxe und Hypotaxe

Haupt- und Nebensatz: In der bisherigen Diskussion des Satzes wurde ausgespart, dass sich Sätze in ihrer internen Komplexität stark unterscheiden können. Im Schulunterricht werden hierzu die Begriffe ›Haupt- und Nebensatz‹ verwendet. Wie im Folgenden gezeigt werden soll, bieten diese Begriffe zwar einen Einstiegspunkt in die Problematik, reichen aber für eine differenzierte Betrachtung nicht aus. Die Grundidee der Unterscheidung von Haupt- und Nebensätzen ist die, dass sich aus einfachen Teilsätzen komplexe Sätze zusammenfügen lassen. Dies kann auf unterschiedliche Weisen erfolgen.

Im einfachsten Fall wird durch die Verknüpfung zweier eigenständiger Sätze eine sogenannte **Parataxe** gebildet. Je nachdem, ob die beiden Sätze durch eine Konjunktion verbunden sind, spricht man entweder von **Syndese** (mit Konjunktion) oder **Asyndese** (ohne Konjunktion). Im komplexeren Fall, der sogenannten **Hypotaxe**, sind die Teilsätze hierarchisch geordnet. Etwa lassen sich die Beispiele in (2) strukturell in einen Hauptsatz und einen untergeordneten, mit einer Konjunktion eingeleiteten Nebensatz (unterstrichen) gliedern:

(2) (a) Das Benzin ist schon wieder teurer, <u>obwohl der Ölpreis sogar gesunken ist</u>.
 (b) Ich trainiere drei Tage in der Woche, <u>um fit zu bleiben</u>.

> **Definition**
>
> Der Begriff → Parataxe beschreibt die Aneinanderreihung von einfachen, in sich vollständigen Sätzen. Wenn die Sätze durch ein beiordnendes Element verknüpft sind, spricht man von **Syndese**, bei bloßer Aneinanderreihung ohne verknüpfendes Element von **Asyndese**.
> Der Parataxe gegenüber steht die → **Hypotaxe**, die die syntaktische Verschränkung von zwei oder mehreren Sätzen erfasst. Parataxe und Hypotaxe werden häufig gleichbedeutend mit Beiordnung/Koordination und Unterordnung/Subordination verwendet.

Haupt- und Nebensätze lassen sich anhand struktureller und funktionaler Kriterien unterscheiden, wobei der schulgrammatische Begriff des Hauptsatzes sich stark mit dem des Satzes im Allgemeinen überschneidet. Ein funktionales Kriterium hebt auf die **sprachliche Handlung** ab, die mit einem Satz vollzogen wird. Anders als bei Hauptsätzen ist die in Nebensätzen zum Ausdruck gebrachte Information in der Regel keine eigene sprachliche Handlung. Die Information in den unterstrichenen Strukturen von (2a) und (2b) hat dementsprechend eher ergänzenden Charakter. Strukturell wird ein Nebensatz als **unselbständige Struktur** definiert, die von einem Hauptsatz abhängt. Nebensätze erfüllen also nie die Kriterien der strukturellen und inhaltlichen Vollständigkeit und Unabhängigkeit, die oben vorgestellt wurden.

Die **hierarchische Unterordnung** ist dementsprechend das entscheidende Merkmal, unter dem zum Teil höchst verschiedene grammatische Strukturen als Nebensätze zusammengefasst werden. Einige Nebensatztypen, z. B. Konditionalsätze oder Konzessivsätze, lassen sich tatsächlich anhand ihrer internen Struktur leicht als solche erkennen. Im Deutschen etwa bilden Satzstrukturen mit einer unterordnenden Konjunktion (*obwohl, weil, nachdem* etc.) und Verbletztstellung (*... der Ölpreis gesunken ist*) so etwas wie den Prototypen des Nebensatzes. Trotzdem ist die strukturelle Vielfalt, sowohl im Deutschen als auch im sprachübergreifenden Vergleich, so groß, dass von einer einheitlichen Kategorie mit scharfen Grenzen keine Rede sein kann.

Kritik: Die Begriffe aus der traditionellen Grammatik sind für eine erste Orientierung zwar nützlich, aber man stößt mit ihnen recht schnell auf Problemfälle. Zum Beispiel lassen sich in den Satzgefügen in (3a) und (3b) zwar die unterstrichenen Nebensätze eindeutig als solche analysieren, es bleiben allerdings Strukturen übrig, die sich nicht ohne Weiteres als Hauptsätze einordnen lassen, weil sie ohne die ihnen folgenden Nebensätze gar nicht geäußert werden können.

(3) (a) Die Polizei nimmt an, <u>dass der Täter mit einem Fahrrad flüchtete</u>.
 (b) Ich bewundere, <u>wie du das immer hinkriegst</u>.
 (c) Ich weiß, dass du weißt, wovon ich hier rede.

Eine Phrase wie *Ich bewundere* erfüllt das Kriterium der Unabhängigkeit und Vollständigkeit nicht, das Hauptsätze ausmacht. Liegt hier also ein Satzgefüge von Haupt- und Nebensatz vor?

Matrixsatz: Um auch solche Strukturen behandeln zu können, müssen wir auf den Hauptsatzbegriff der Schulgrammatik verzichten und werden stattdessen von einem Matrixsatz sprechen. Ein

> **Definition**
>
> Ein → Matrixsatz ist ein Teilsatz, dem ein weiterer Teilsatz untergeordnet ist. Matrixsätze sind nicht notwendigerweise syntaktisch unabhängig und vollständig. Sie können selbst wieder in einen übergeordneten Matrixsatz eingebettet sein.

Matrixsatz ist strukturell definiert als ein Teilsatz, dem ein weiterer Teilsatz untergeordnet ist. Syntaktische Vollständigkeit und Unabhängigkeit gehen in diese Definition nicht ein. So lassen sich auch komplexere Verschachtelungen von Teilsätzen analysieren, in denen Matrixsätze selbst in einen hierarchisch höheren Matrixsatz eingebettet sind, wie in (3c).

Alleinstehende Nebensätze: Der Verzicht auf strukturelle Unabhängigkeit als Kriterium für den Satzbegriff hat noch einen weiteren Vorteil. Man findet nämlich durchaus auch nebensatzartige Strukturen als alleinstehende Äußerungen, wie in (4):

(4) (a) Dass du mir keinen Unsinn machst!
 (b) Als ob du das wüsstest!
 (c) Wenn das rauskommt!

Eine Analyse dieser Äußerungen als defizitäre Hauptsätze, beruhend auf der Annahme, dass ein ausgelassener Matrixsatz irgendwie vom Hörer mitverstanden wird, hätte nur eine Aussicht auf Erfolg, wenn entsprechende komplette Strukturen ebenso häufig und idiomatisch wären. Für Sätze wie *Ich möchte, dass du mir keinen Unsinn machst* oder *Du tust ja so, als ob du das wüsstest!* trifft das aber nicht zu. Weiterhin zeigen Beobachtungen aus dem kindlichen Spracherwerb, dass nebensatzartige Strukturen typischerweise erst als eigenständige Äußerungen auftreten, ehe sie in komplexen Satzgefügen auftauchen (Diessel 2004). Es scheinen sich hier also Nebensatzstrukturen zu syntaktisch eigenständigen Konstruktionen verselbständigt zu haben. Dieses Phänomen wird unter dem Begriff der **Insubordination** gefasst (Evans 2007).

Die traditionelle Unterscheidung von Haupt- und Nebensätzen muss also aufgegeben werden, um solche und andere Daten zu erfassen. An ihre Stelle tritt die Unterscheidung zwischen Matrixsätzen und untergeordneten Teilsätzen. Um die Tragfähigkeit einer solchen Unterscheidung zu prüfen, müssen wir nun genauer bestimmen, was mit dem Konzept der Unterordnung gemeint ist.

5.1.4 | Koordination, Subordination, Integration

Um die verschiedenen Typen von Teilsätzen und ihre hierarchische Organisation besser beschreiben zu können, bietet sich die Unterscheidung von Koordination, Subordination und Integration an.

Koordination (Beiordnung) beschreibt die oben schon erwähnte Parataxe von zwei oder mehreren Sätzen. Eine Koordination kann als Asyndese unmarkiert bleiben (wie in 5a) oder als Syndese durch eine koordinierende Konjunktion wie *und*, *aber*, *denn* oder *sondern* erfolgen, wie in (5b).

(5) (a) Morgens ist es noch freundlich, am Nachmittag ist mit Schauern zu rechnen.
 (b) Sabine hat auch so ein iPhone, <u>aber</u> sie gibt damit wenigstens nicht so an.

Koordinierende Konjunktionen dienen darüber hinaus zur Verknüpfung von Phrasen und ihren Konstituenten; in diesem Kapitel soll aber ihre Rolle auf der Satzebene im Vordergrund stehen.

Subordination (Unterordnung, Hypotaxe) beschreibt eine hierarchische Ordnung verschiedener Teilsätze in einem Satzgefüge. Wie oben bereits anhand der Beispiele in (2) und (3) diskutiert, können beispielsweise subordinierende Konjunktionen einen Teilsatz einleiten, der von einem anderen Satz abhängig ist. Darüber hinaus gibt es weitere strukturelle Muster der Subordination. Die folgenden Beispiele illustrieren einige Möglichkeiten im Deutschen:

(6) (a) Ich suche diesen Stift, <u>der gerade noch hier beim Telefon lag</u>.
 (b) <u>Hätte ich das gewusst</u>, wäre ich zu Hause geblieben.
 (c) Weißt du, <u>mit welchem Knopf man hier das Datum einstellt</u>?
 (d) Mich hat überrascht, <u>wer alles gekommen ist</u>.
 (e) Er versprach mir, <u>das gleich in Ordnung zu bringen</u>.
 (f) <u>Am Flughafen angekommen,</u> gingen wir direkt zum Check-in.
 (g) Das Hotel würde ich <u>ohne zu zögern</u> nochmal buchen.

Integration: Intuitiv ist bei diesen komplexen Sätzen zu bemerken, dass eine syntaktische Gliederung in Haupt- und Nebensatz von Beispiel zu Beispiel schwerer fällt. Dies ist so, weil die untergeordneten Strukturen sich mehr und mehr von der prototypischen Form eines Satzes lösen und gleichzeitig stärker in ihre Matrixstrukturen integriert werden. Der **Relativsatz** in Beispiel (6a) enthält im Wesentlichen alle Bestandteile eines vollwertigen Satzes: ein Subjekt, das hier durch das Relativpronomen *der* ausgedrückt wird, ein konjugiertes Verb, nämlich *lag*, und eine Ortsangabe, wie sie das Verb *liegen* verlangt. Der Matrixsatz könnte auch ohne den Relativsatz geäußert werden. Gleiches gilt für die **Konditionalkonstruktion** in (6b). In den Beispielen (6c) und (6d) ist es hingegen nicht möglich, die unterstrichenen Satzstrukturen auszulassen, denn hier bilden sie das Subjekt oder Objekt des Verbs im Matrixsatz: *wer alles gekommen ist* dient als Subjekt des Verbs *überraschen*, *mit welchem Knopf man hier das Datum einstellt* ist Objekt zu *wissen*. Die untergeordneten Teilsätze hingegen sind einfach als Sätze zu identifizieren, weil sie jeweils ein Subjekt und ein finites Verb enthalten. Eine noch stärkere Verschränkung ist in Beispiel (6e) zu sehen. Der untergeordnete Teilsatz dient wieder als Objekt des Matrixsatzes, aber darüber hinaus fehlt dem Teilsatz ein eigenes, explizit zum Ausdruck gebrachtes Subjekt, und statt eines finiten Verbs ist nur eine infinite Form vorhanden. (Zum Vergleich: das inhaltlich äquivalente Satzgefüge *Er versprach mir, dass er das sofort in Ordnung bringen würde* enthält diese Strukturen, die Teilsätze sind deshalb deutlich besser voneinander zu trennen.) Ebenfalls stark in den Matrixsatz integriert sind die untergeordneten Teilsätze in den Beispielen (6f) und (6g). Zwar haben die Strukturen *Am Flughafen angekommen* und *ohne zu zögern* keinen eigenen Status von Subjekt oder Objekt, dafür beziehen sich ihre nicht-finiten Verben aber auf das Subjekt des Matrixsatzes und bilden so eine semantische Einheit mit ihm.

> **Definition**
>
> Der Begriff → **Integration** beschreibt die syntaktische Verschränkung zweier Sätze. Die Integration zweier Sätze kann schwächer oder stärker sein.
> Sie ist am schwächsten bei finiten untergeordneten Teilsätzen, die ein eigenes Subjekt haben. Sie ist am stärksten bei nicht-finiten untergeordneten Teilsätzen, die als Subjekt oder Objekt in den Matrixsatz eingegliedert sind.

5.1.5 | Koreferenz

In vielen komplexen Sätzen beschreiben der Matrixsatz und der untergeordnete Satz zwei Situationen oder Ereignisse, die auf dieselben Personen oder Objekte Bezug nehmen. Wenn in solch einem Satzgefüge derselbe Referent durch zwei unterschiedliche sprachliche Formen ausgedrückt wird, spricht man von Koreferenz.

Ein erstes Beispiel von Koreferenz findet sich in (7). Im Matrixsatz geht es darum, dass ein Versprechen geleistet wird; der untergeordnete Teilsatz beschreibt den Inhalt dieses Versprechens, nämlich dass eine Katze während der Ferien versorgt wird. In beiden Teilsätzen ist dabei von denselben Personen die Rede.

(7) Britta versprach Katrin, dass sie in den Ferien auf ihre Katze aufpassen würde.

Einem Muttersprachler bereitet es keinerlei Schwierigkeiten zu verstehen, wer auf die Katze aufpasst und wem sie gehört: Britta wird auf Katrins Katze aufpassen, vermutlich weil Katrin plant, in den Urlaub zu fahren. Weit größere Schwierigkeiten haben eben jene Muttersprachler, wenn man sie fragt, woher sie eigentlich wissen, dass diese Interpretation die richtige ist. Weswegen bezieht sich das Pronomen *sie* auf Britta, auf keinen Fall aber auf Katrin? Warum interpretiert man *ihre Katze* eher als Katrins Katze? Eine alternative Interpretation wäre schließlich ja möglich, wie Beispiel (8) zeigt.

(8) Britta hat eine graugetigerte Katze.

Britta und ihre Mutter Katrin hatten Streit, weil Britta gern ihre Katze mit in die Ferien nehmen wollte.

Katrin befürchtete, das Tier würde sich in der fremden Umgebung verlaufen.

Britta versprach Katrin, dass sie in den Ferien auf ihre Katze aufpassen würde.

Koreferenz tritt nicht nur zwischen Matrixsatz und untergeordnetem Satz auf, sondern sie findet sich auch in einfachen Sätzen und über Satzgrenzen hinweg, wie in (9) dargestellt. Oft stellen pronominale Formen den Bezug her, aber auch synonyme lexikalische Formen oder sogenannte **Pronominaladverben** (*dort, dann, da* etc.) kommen dafür in Frage. Koreferenzielle Formen sind in (9) jeweils mit einem Index gekennzeichnet.

> **Definition**
>
> → **Koreferenz** liegt vor, wenn zwei sprachliche Formen auf denselben außersprachlichen Referenten referieren. Die zwei Formen sind üblicherweise nominal oder pronominal; typischerweise tritt zunächst eine nominale Form auf, danach verweist eine pronominale Form auf diese zurück (s. u. die Diskussion der anaphorischen Referenz).

(9) (a) Britta$_i$ freut sich$_i$ über ihr$_i$ Geschenk.
(b) Angela Merkel$_i$ reist heute nach Paris. Die Kanzlerin$_i$ wirbt dort für ihre$_i$ Krisenpolitik.
(c) Ich war schon zweimal in Paris$_i$ und mir hat's da$_i$ gut gefallen.

Des Weiteren bezeichnet man mit dem Begriff der Koreferenz auch Bezüge, bei denen ein bereits genannter Referent als Subjekt oder Objekt eines weiteren Satzes ›mit verstanden‹, aber nicht ausgedrückt wird. Die Beispiele in (10) verdeutlichen dies.

(10) (a) Britta versprach Katrin, besser auf ihre Katze aufzupassen.
(b) Britta ermahnte Katrin, besser auf ihre Katze aufzupassen.

In Beispiel (10a) ist *Britta* als Subjekt des Matrixsatzes koreferent mit dem ›logischen‹ Subjekt des untergeordneten Infinitivsatzes. In (10b) hingegen ist *Katrin*, also das Objekt des Matrixsatzes, in dieser Rolle.

Anaphorische Referenz: Mit dem Begriff der anaphorischen Referenz bezeichnet man die spezifische Koreferenz zwischen einer lexikalischen Form (etwa *Die Kanzlerin*) und einer pronominalen Form (*sie, ihre* etc.). Die lexikalische Form wird dabei als **Antezedens**, also als ›vorausgehendes‹ Element bezeichnet, das ihm folgende Pronomen als **Anapher**. In manchen Fällen anaphorischer Referenz bezieht sich die Anapher nicht auf eine Nominalphrase, sondern auf einen ganzen Satz oder eine Verbalphrase.

(11) (a) Boris hat Übergewicht$_i$, obwohl er das$_i$ nicht wahrhaben will.
(b) Wenn du jetzt dein Studium schmeißt$_i$, bereust du es$_i$ dein Leben lang.

Die Beispiele in (12) illustrieren Anaphern, denen ein Antezedens gänzlich zu fehlen scheint (in (12a) ist *er* nicht koreferent mit *seinen Schirm*, in (12b) ist *ihn* nicht koreferent mit *keinen Schirm*). Trotzdem bereitet es Hörern keine Schwierigkeiten, zu einer sinnvollen Interpretation der Sätze zu gelangen. In der Linguistik werden Fälle dieser Art als ***lazy anaphora*** bezeichnet (Karttunen 1976), weil das Antezedens durch den Kontext konzeptuell präsent ist und nicht gesondert verbalisiert wird.

(12) (a) Frank hat seinen Schirm verloren und mir ist er$_i$ im Zug geklaut worden.
 (b) Ich hatte keinen Schirm dabei, Frank aber schon, und er hat ihn$_i$ mir geliehen.

Eine weitere Besonderheit stellen Beispiele dar, bei denen das Antezedenz von einem Quantifikator (*jeder, alle, kein* etc.) modifiziert ist. Sätze wie in (13) haben in der semantischen Forschung eine gewisse Berühmtheit erlangt, weil sie in einem formal-logischen Ansatz nur sehr schwierig zu fassen sind (Heim 1982). Die anaphorischen Pronomen sind deswegen mit einem Fragezeichen indiziert.

(13) (a) Alle Kinder$_i$ bekommen einen Stift in ihrer$_i$ Lieblingsfarbe.
 (b) Jedes Kind$_i$ nennt seine$_i$ Lieblingsfarbe.

Beispiel (13a) hat die Interpretation, dass jedes einzelne Kind einen Stift bekommt, wobei die Farbe der Stifte von Kind zu Kind unterschiedlich sein kann. Die Phrase *in ihrer Lieblingsfarbe* lässt sich also nicht ersetzen durch *in der Lieblingsfarbe aller Kinder*, obwohl hier eigentlich nur die Anapher durch das Antezedens ersetzt wird. Parallel dazu nennt in Beispiel (13b) jedes Kind jeweils nur die eigene Lieblingsfarbe, nicht etwa die Lieblingsfarbe jedes einzelnen Kindes oder eine gemeinsame Lieblingsfarbe aller Kinder.

Kataphorische Referenz: Wenn eine pronominale Form (*er, sie*) einer koreferenziellen lexikalischen Form (*unser Vater, Angela Merkel*) vorausgeht, spricht man von kataphorischen Pronomen. Diese Ausprägung von Koreferenz ist deutlich seltener als die der anaphorischen Referenz, und sie ist stilistisch auf wenige, zumeist geschriebene Textsorten beschränkt. Das hat damit zu tun, dass sie einen größeren kognitiven Aufwand erfordert, da der Hörer ein nicht zugeordnetes Pronomen bis zu seiner Auflösung im Arbeitsgedächtnis behalten muss.

(14) (a) Warum er$_i$ die Firma verkaufte, hat unser Vater$_i$ uns nie richtig erklärt.
 (b) Auf ihrer$_i$ neuen Platte haben die Schmonzetten-Rocker von Coldplay$_i$ auch ein Duett mit Rihanna eingespielt.
 (c) Ohne die Hilfe seiner$_i$ Mutter hätte der 19-Jährige$_i$ das niemals durchgestanden.

Häufig ist die kataphorische Verwendung eines Pronomens nicht möglich, ohne dass dadurch die Koreferenz zunichte gemacht würde. Die folgenden Sätze sind mithin nur verständlich, wenn keine Koreferenz vorliegt, sich also beispielsweise Katrin über Brittas Geschenk freut oder Boris das Übergewicht eines Freundes ignoriert.

(15) (a) * Sie$_i$ freut sich über Brittas$_i$ Geschenk.
 (b) * Er$_i$ hat Übergewicht, obwohl Boris$_i$ das nicht wahrhaben will.

Warum sind nun die Beispiele in (14) nicht weiter problematisch, die Beispiele in (15) aber unmöglich? In der generativen Linguistik sind zur Beantwortung dieser Frage strukturelle Gründe herangezogen worden (Reinhart 1981): Die kataphorischen Pronomen in (14) befinden sich in syntaktisch untergeordneter Position. Eine typische Ausprägung kataphorischer Referenz ist also das Auftreten in abhängigen Sätzen. Weiterhin findet man kataphorische Pronomen in vorangestellten Präpositionalphrasen, wie in (14b) illustriert ist. Beispiel (14c) zeigt einen dritten typischen Kontext, in dem das kataphorische Pronomen in untergeordneter Position innerhalb einer komplexen Nominalphrase auftaucht. Kataphorische Referenz tritt also zumeist dann auf, wenn eine dem Matrixsatz untergeordnete Phrase, die ein Pronomen enthält, aus diskurspragmatischen Gründen an den Anfang eines Satzes gestellt wird. In (14c) beispielsweise erfährt die Phrase *Ohne die Hilfe seiner Mutter* durch die Anfangsstellung eine besondere Betonung. Die Verwendung kataphorischer Pronomen lässt sich aber nicht ausschließlich durch Rückgriff auf syntaktische Strukturen erklären. In Sätzen wie *Alle ihre$_i$ Freunde waren zu Brittas$_i$ Abschiedsparty gekommen* steht das Pronomen nicht in einer untergeordneten Satzstruktur, trotzdem stellen die Hörer Koreferenz her.

5.2 | Typen integrierter Sätze

5.2.1 | Koordinierte Sätze

Die Koordination mehrerer Sätze mit oder ohne verbindende Konjunktion wurde bereits im vorigen Abschnitt behandelt. Koordination von Sätzen ist, sowohl mit als auch ohne explizite Markierung durch eine Konjunktion, ein Mittel der Kohäsion, denn durch sie werden semantische Inhalte verknüpft.

Ikonische Reihenfolge: Ein häufiger Bezug zwischen koordinierten Sätzen ist die zeitliche Abfolge. Bevorzugt werden in asyndetischen, also unmarkierten Koordinationen aufeinanderfolgende Ereignisse ikonisch angeordnet, wie im Beispiel *Morgens ist es noch freundlich, am Nachmittag ist mit Schauern zu rechnen* illustriert: Zuerst ist es freundlich, später regnet es. Semantische Bezüge, die einem ikonischen Verhältnis zuwiderlaufen, können durch eine koordinierende Konjunktion explizit gemacht werden.

Kontrast: Eine andere typische Relation zwischen koordinierten Sätzen ist der Kontrast, der mit Konjunktionen wie *aber* und *sondern* zum Ausdruck gebracht wird.

Kausalität: Weiterhin besteht häufig ein kausaler Zusammenhang zwischen beigeordneten Sätzen, der mit *denn* ausgedrückt wird.

Darüber hinaus können koordinierte Sätze semantische Inhalte gegenüberstellen, deren Relation der Hörer sich aus seinem **Weltwissen** oder dem außersprachlichen Kontext erschließen muss. Beispielsweise stellt die Beiordnung *Britta hat die Prüfung bestanden und sie hat überhaupt nicht gelernt* einen konzessiven Bezug zwischen den Sätzen her: Britta hat die Prüfung bestanden, *obwohl* sie gar nicht gelernt hatte.

Koordinationsellipse: Ein typisches strukturelles Merkmal von koordinierten Sätzen ist die teilweise Reduktion der einzelnen Teilsätze (vgl. Klein 1993). Koordinierte Sätze zeichnen sich häufig durch semantische und strukturelle Parallelität aus. Die Beispiele in (16) zeigen, wie es Sprecher vermeiden, die in solchen Fällen doppelt angelegten Teilstrukturen zu wiederholen.

(16) (a) Ich bringe das Altpapier weg und du die leeren Flaschen.
(b) Mittwoch fahre ich nach Köln, Donnerstag dann nach Aachen.
(c) Der eine Strumpf liegt auf und der andere unter dem Sofa.

> **Definition**
>
> → **Ikonizität** bedeutet, dass ein sprachliches Zeichen und sein Referent sich strukturell ähnlich sind (s. auch Kap. 3.3.3). Ikonizität kann z. B.
> - die sequenzielle Ordnung betreffen: Was früher passiert ist, wird früher verbalisiert;
> - die relative Nähe von Elementen betreffen: Was in der Bedeutung eng zusammengehört, wird in nah beieinander stehenden Formen verbalisiert.

Solche Koordinationsellipsen betreffen typischerweise den zweiten koordinierten Satz, in dem das Verb (16a) und evtl. auch noch weitere Strukturen, wie etwa das Subjekt (16b), ausgelassen werden können. Auslassungen mehrerer Konstituenten werden als **gapping** bezeichnet. In Beispiel (16c) erstrecken sich die Auslassungen auf beide Teilsätze. Wie in den beiden anderen Beispielen fehlt dem zweiten Satz das Verb, dem ersten Satz fehlt aber darüber hinaus auch ein Teil der lokativen Adverbialbestimmung. Diese im Deutschen eher seltene Konstruktion wird in der anglistischen Linguistik *right-node raising* genannt. Reduktionsphänomene wie diese zeigen, dass auch in Beiordnungen Subjekte oder Objekte der Teilsätze verschränkt sein können, was mit einer formalen und funktionalen Integration der Sätze einhergeht.

5.2.2 | Adverbialsätze

Die Gruppe der Adverbialsätze bildet ein weites Spektrum integrierter Satzstrukturen ab, in dem die Inhalte von Satzstrukturen durch unterordnende Konjunktionen (*weil*, *obwohl*, *damit* etc.) in verschiedene semantische Bezüge zueinander gesetzt werden. Diese untergeordneten, aber nur schwach integrierten Teilsätze erfüllen dabei die Funktion einer Adverbialbestimmung, sie sagen also etwas zu den näheren Umständen des Matrixsatzes aus. Semantisch lassen sich hierbei, neben einigen anderen, drei Hauptarten von Bezügen ausmachen, nämlich temporale, kausale und finale Bezüge.

Die Beschreibung der zu diesen semantischen Bezügen gehörenden Typen von untergeordneten Teilsätzen lässt sich im Prinzip leicht durch die Auflistung der entsprechenden unterordnenden Konjunktionen bewerkstelligen. Ein Problem ist dabei allerdings, dass die allermeisten dieser Konjunktionen mehrere Funktionen haben. So kommt das temporale *während* auch als Markierung eines Kontrastes vor:

(17) (a) Während der Teig geht, können Sie die Füllung zubereiten. (temporal)
(b) Während das Design überzeugt, ist die Technik nicht besonders ausgereift. (kontrastiv)

Temporalität: Satzgefüge mit temporalen Adverbialsätzen bringen mehrere Ereignisse in eine zeitliche Reihenfolge. Wie auch bei Satzreihen ist die Tendenz zu beobachten, dass Sprecher Matrix- und Adverbialsatz ikonisch anordnen, so dass die Ereignisse, die zuerst stattgefunden haben, auch zuerst verbalisiert werden.

(18) (a) Sobald ich im Hotel bin, schicke ich dir eine SMS.
(b) Ich kriege einfach nichts hin, bevor ich (nicht) meinen Kaffee getrunken habe.

Kausalität: Kausale Adverbialsätze im engen Sinn des Wortes bringen die verknüpften Teilsätze in den Zusammenhang von Ursache und Wirkung. Dabei wird die Ursache im untergeordneten Adverbialsatz verbalisiert, der Effekt dieser Ursache im Matrixsatz.

(19) (a) Das Huhn überquerte die Straße, weil dies in der Natur von Hühnern liegt.
(b) Da wir wenig Zeit haben, fasse ich das Wichtigste mal kurz zusammen.

Konsekutivität: In einem konsekutiven Adverbialsatz (dt. **Folgesatz**) ist das eben beschriebene Verhältnis umgekehrt: die Matrixsätze in (20) bezeichnen eine Ursache, deren Effekt im untergeordneten Satz zum Ausdruck kommt. Im Deutschen kann durch die komplexe Konjunktion *ohne dass* auch das Ausbleiben eines erwarteten Effekts ausgedrückt werden.

(20) (a) Ich war todmüde, so dass ich sofort eingeschlafen bin.
(b) Ich färbe meine Haare schon jahrelang, ohne dass sie ausfallen.

In einem Konditionalsatz ist der kausale Zusammenhang hypothetischer Natur. Konditionalsätze drücken eine Bedingung aus, unter der das im Matrixsatz verbalisierte Ereignis stattfinden kann. Im typologischen Vergleich tendieren Konditionalsätze dazu, ihren Matrixsätzen vorangestellt zu sein (Diessel 2001), da sie auf konzeptueller Ebene eine Voraussetzung für den weiteren semantischen Inhalt des Satzgefüges darstellen. In der deutschen Schriftsprache sind aber auch nachgestellte Konditionalsätze nicht unüblich.

Eine besondere Konditionalsatzkonstruktion sind sogenannte **verbinitiale Konditionalsätze**, wie in (21b) illustriert. Sie zeigen nicht die für Nebensätze typische finale Verbstellung und werden auch nicht durch eine unterordnende Konjunktion eingeleitet. Vielmehr steht das finite Verb hier am Anfang:

(21) (a) Falls ich gewinne, gebe ich meinem Chef als Erstes die Kündigung.
(b) Fallen die Triebwerke aus, muss der Pilot blitzschnell reagieren.

Konzessivität: Auch in konzessiven Adverbialsätzen spielen Ursache und Wirkung eine Rolle, allerdings in etwas komplexerer Weise. Ähnlich wie im Fall der ›negativen Finalität‹ (20b) hat eine Ursache nicht die erwartete Wirkung. Die Ursache wird dabei im Adverbialsatz ausgedrückt. In Beispiel (22a) ist davon die Rede, dass der Ölpreis gesunken ist. Dies, so könnte man annehmen, wäre ein Grund dafür, dass auch das Benzin billiger wird. Offenbar ist aber das Gegenteil der Fall. Analog führt in (22b) eine im Adverbialsatz ausgedrückte Bemühung nicht zu dem erhofften Ergebnis.

(22) (a) Das Benzin ist schon wieder teurer, obwohl der Ölpreis gesunken ist.
(b) So sehr er sich auch bemühte, er fand einfach keine Arbeit.

Finalität: Finale Adverbialsätze geben eine Absicht oder einen Zweck an. Dabei kommt der Zweck im untergeordneten Satz zum Ausdruck:

(23) (a) Ich habe das Fahrrad reingestellt, damit es nicht nass wird.
(b) Pass auf, dass der Hund nicht wieder abhaut!

Neben den üblichen Konjunktionen der Finalität (*damit, so dass* etc.) gibt es auch Formen, die einen negativen Zweck ausdrücken, im Deutschen *damit nicht* oder *bevor*.

Am Anfang dieses Abschnitts wurde erwähnt, dass unterordnende Konjunktionen häufig **polysem**, also mehrdeutig sind und damit mehrere semantische Typen von Adverbialsätzen einleiten können. Dies ist ein Hinweis darauf, dass die diskutierten Kategorien durchlässig sind und durch semantisch-pragmatischen Wandel eine aus der anderen entstehen kann.

Insbesondere temporale Konjunktionen werden häufig im Sprachgebrauch in ihrer Bedeutung erweitert. Die Prozesse der **Metapher** und **Metonymie** sind hierfür zentral. Im Laufe solcher Erweiterungsprozesse treten Beispiele mit vagen oder ambigen Lesarten auf. Der Begriff der **Ambiguität** beschreibt die Zweideutigkeit von sprachlichen Formen und wird in Abschnitt 5.4 noch genauer besprochen. Die Sätze in (24) liefern ein konkretes Beispiel. Hier wird eine ursprünglich temporale Konjunktion wie *bevor* mit der Bedeutung eines negativen Zwecks angereichert und später zum Ausdruck völlig atemporaler Zusammenhänge genutzt:

(24) (a) Bevor wir anfangen, möchte ich kurz die neuen Gesichter vorstellen. (temporal)
(b) Bevor wir die Suche aufgeben, sollten wir noch einmal unter dem Sofa nachschauen. (ambig)
(c) Bevor hier Panik ausbricht, möchte ich nochmal Eines klarstellen. (negativer Zweck)

5.2.3 | Relativsätze

Ein Relativsatz ist ein untergeordneter Teilsatz, der in der Regel von einer nominalen Struktur abhängt und diese modifiziert. Dieser Teilsatz ist inhaltlich mit seinem Matrixsatz verschränkt: Ein Element des Relativsatzes ist koreferenziell mit einem Element des Matrixsatzes. Dieses wird im Folgenden als das **verschränkte Element** bezeichnet. Zur Illustration: In Beispiel (25a) ist *Der Typ* das Subjekt des Matrixsatzes und ebenfalls das Subjekt des Relativsatzes, ausgedrückt durch das Relativpronomen *der*. In (25b) ist das Objekt des Matrixsatzes (*meinen Kalender*) inhaltlich zugleich das Objekt des Relativsatzes (*den*). Die grammatische Relation des verschränkten Elements muss aber über beide Teilsätze hinweg nicht dieselbe sein: Beispiel (25c) zeigt, dass ein Objekt des Matrixsatzes (*meinen Kalender*) inhaltlich auch das Subjekt des Relativsatzes bilden kann (*der*). Darüber hinaus kann das verschränkte Element auch andere Funktionen als Subjekt oder Objekt innehaben. In Beispiel (25d) etwa ist das verschränkte Element *die Folge* ein Prädikatsnomen des Matrixsatzes und im Relativsatz lediglich eine Adverbialbestimmung.

> **Definition**
>
> → **Polysemie** bezeichnet eine Art der Mehrdeutigkeit von sprachlichen Formen, etwa: *Arm* – ›menschlicher Körperteil‹, ›Körperteil eines Tiers‹, ›Teil eines Kleidungsstücks‹, ›Teil einer Maschine‹, ›Teil eines Flusses‹, ›Teil einer Organisation‹ etc. Polysemie liegt vor, wenn sich die unterschiedlichen Bedeutungen einer Form in einen gemeinsamen Bezug setzen lassen, etwa: Ein menschlicher Arm dient zur Bewältigung von Aufgaben, der Arm einer Baumaschine ebenso.
> Polysemie entsteht, wenn sich eine neue Bedeutung aus einer alten heraus entwickelt.
> Dem Begriff der Polysemie steht der Begriff der → **Homonymie** gegenüber, bei dem sich die einzelnen Bedeutungen eines Worts nicht miteinander in Beziehung setzen lassen, etwa: *Ton* – ›Klang‹, ›Töpfermaterial‹ (s. auch Kap. 3.3.3).

(25) (a) Der Typ, <u>der vorhin hier war,</u> ist mein Physiotherapeut.
(b) Ich suche meinen Kalender, <u>den ich schon wieder verlegt habe</u>.
(c) Ich suche meinen Kalender, <u>der hier irgendwo rumliegen muss</u>.
(d) Das war die Folge, <u>wo Bart bei Mr. Burns lebt</u>.

Die nominale Struktur, von der der untergeordnete Satz abhängt, also etwa *Der Typ* in (25a), wird als **Kopf** der Relativsatzkonstruktion bezeichnet. Den Relativsatz selbst, also die unterstrichene Struktur, leitet ein sogenannter **Relativanschluss** (manchmal auch bezeichnet als **Relativum**) ein. Im Deutschen ist dies typischerweise ein Relativpronomen, das über seine Funktion als Marker des Relativsatzes hinaus auch noch grammatische Eigenschaften des verschränkten Elements anzeigt, nämlich Kasus, Numerus und Geschlecht. Bei einem sogenannten **Relativadverb** wie *wo* in (25d) ist diese Art der Markierung nicht vorhanden.

Restriktive und appositive Relativsätze: Auf der inhaltlichen Ebene sagen Relativsätze etwas über das verschränkte Element aus. Dabei wird zwischen zwei Arten von Relativsätzen unterschieden. **Restriktive Relativsätze** dienen dazu, einen Referenten aus einer größeren Menge heraus zu identifizieren, wie etwa in (25a). Wenn eine einfache Nominalphrase wie *Der Typ* nicht ausreicht, eine eindeutige Referenz herzustellen, kann ein restriktiver Relativsatz zur weiteren Eingrenzung dienen. Dem gegenüber stehen **appositive** (synonym: **nicht-restriktive**) **Relativsätze**, bei denen eine solche Eingrenzung gar nicht nötig ist, aber trotzdem zusätzliche Information zu einem Referenten geliefert wird. So besitzt der Sprecher von (25b) wahrscheinlich nur einen einzigen Kalender;

der Relativsatz ergänzt lediglich die Information, dass dieser schon wieder verlorengegangen ist.

Während restriktive Relativsätze sehr stark mit ihrem Matrixsatz verbunden sind, gibt es mit sogenannten **weiterführenden Relativsätzen** eine Art Satzgefüge, die Relativsätzen zunächst zwar ähnlich sieht, wobei allerdings mehrere formale Kriterien gegen eine eindeutige Klassifizierung als Relativsatz sprechen. So haben die Beispiele in (26a) und (26b) etwa keinen nominalen Kopf; weiterhin ist die Verbindung zwischen Matrixsatz und Relativsatz sehr locker. Die Lockerheit der Verbindung zeigt sich unter anderem darin, dass der weiterführende Satz prosodisch abgegrenzt werden kann und somit seine eigene Intonationskurve erhält, wie es etwa in (26a) denkbar ist. Weiterführende Sätze dieser Art können sogar von einem anderen Sprecher an eine vorausgegangene Äußerung angeknüpft werden (26b).

(26) (a) Wir sind letztes Jahr nach Teneriffa gefahren ... wo es mir aber überhaupt nicht gefallen hat.
  (b) A: Britta hat endlich ihr Abitur gemacht!
    B: Was euch als Eltern sicherlich freut, was?

Freie Relativsätze: Die sogenannten freien Relativsätze (oder: **kopflosen Relativsätze**) weichen in ihrer Struktur von dem oben beschriebenen Schema ab. Ein Beispiel wie (27a) ist in seiner Funktion Beispiel (27b) sehr ähnlich, allerdings ›fehlt‹ dem Relativsatz im ersten Beispiel die nominale Struktur, die den Kopf bildet. Manche Syntaxtheorien gehen daher von einem ›leeren‹ Element aus, das in den Beispielen strukturell angelegt, aber nicht verbalisiert ist.

(27) (a) Er macht nur, was er will
  (b) Er macht nur das, was er will.
  (c) Was er klaute, hat er sofort weiterverkauft.
  (d) Das, was er klaute, hat er sofort weiterverkauft.

Freie Relativsätze gleichen in ihrer Oberflächenstruktur manchen Komplementsätzen, die im nächsten Abschnitt besprochen werden. Warum sollte man die Strukturen in (27a) und (27c) also nicht als Komplementsätze interpretieren? Ein Grund ist die Tatsache, dass die Verben *machen* und *weiterverkaufen* prinzipiell nicht mit satzwertigen Ergänzungen vorkommen. Wenn aber das Objekt von *machen* immer eine nominale Struktur ist, dann muss auch *was er will* nominal sein.

> **Zur Vertiefung**
>
> **Die Zugänglichkeitshierarchie von Keenan und Comrie**
>
> Die Typologen Edward Keenan und Bernard Comrie haben in einer vergleichenden Studie (Keenan/Comrie 1977) untersucht, welche Arten von Relativsatzkonstruktionen in den Sprachen der Welt vorkommen. Das zentrale Ergebnis ihrer Studie ist die sogenannte Zugänglichkeitshierarchie. Sprachen unterscheiden sich darin, welche grammatische Funktion das verschränkte Element im Relativsatz haben kann. Die weitaus üblichste Funktion ist, dass das verschränkte Element das Subjekt des Relativsatzes bildet. Wie bereits gezeigt, erlaubt das Deutsche darüber hinaus noch weitere Funktionen, wie etwa das direkte Objekt oder das indirekte Objekt. Keenan und Comrie stellen die folgende Hierarchie auf:
>
> **Subjekt > Direktes Objekt > Indirektes Objekt > Obliques (präpositionales) Objekt > Possessor > Vergleichsobjekt**
>
> Subjekt: *Der Typ, der gerade hier war, heißt Olli.*
> Direktes Objekt: *Der Typ, den du gerade gesehen hast, heißt Olli.*
> Indirektes Objekt: *Der Typ, dem ich die Hand gegeben habe, heißt Olli.*
> Obliques Objekt: *Der Typ, von dem ich dir schon erzählt habe, heißt Olli.*
> Possessor: *Der Typ, dessen Fahrrad draußen steht, heißt Olli.*
> Vergleichsobjekt: **Der Typ, als welcher ich besser Relativsätze bilde, heißt Olli.*
>   Englisch: *I have a boyfriend that I'm taller than.*
>   Schwedisch: *Jag har en pojkvän som jag är längre än.*
>
> Die Zugänglichkeitshierarchie (oben, fett gedruckt) ist von links nach rechts zu lesen: Zuerst das Subjekt, dann das direkte Objekt, danach das indirekte Objekt etc. Kernaussage ist, dass in einer Sprache, die eine bestimmte Funktion auf dieser Hierarchie zulässt, auch alle Funktionen links davon ›zugänglich‹, also möglich sind. Das Deutsche erlaubt alle Funktionen mit Ausnahme der letzten, nämlich der des Vergleichsobjektes. Wie die Beispielsätze zeigen, ist im Englischen und Schwedischen auch diese Funktion möglich. Die Hierarchie macht die Voraussage, dass eine Sprache, die z. B. keine Possessoren als verschränktes Element im Relativsatz zulässt, ebenfalls keine Vergleichsobjekte zulässt.

5.2.4 | Komplementsätze

In manchen komplexen Sätzen wird das grammatische Subjekt oder Objekt durch satzwertige Strukturen ausgedrückt, wie etwa in den Beispielen in (28).

(28) (a) Dass der Hund schon wieder weggelaufen ist, nervt mich total.
  (b) Den Hund im Auge zu behalten, ist gar nicht so leicht.
  (c) Ich habe noch gesehen, wie er durch die Gartentür entwischt ist.
  (d) Du vergisst halt immer, die Tür richtig zuzumachen.

Diese Strukturen sind in den Matrixsatz integriert, weil sie das Subjekt oder Objekt des finiten Verbs bilden: In (28a) ist der Satz *Dass der Hund schon wieder weggelaufen ist* das Subjekt des Verbs *nerven*; in (28d) ist das Objekt von *vergessen* der Satz *die Tür richtig zuzumachen*. Subjekt- und Objektsätze können unter dem Begriff des Komplementsatzes zusammengefasst werden (Payne 1997), häufig jedoch beschränkt sich der Begriff auf Objektsätze. Komplementsätze unterscheiden sich hinsichtlich ihrer Finitheit und damit auch im Grad ihrer relativen Integration.

Die Komplementsätze in (28a) und (28c) enthalten flektierte Verben und ein explizit ausgedrücktes Subjekt; sie sind damit weniger stark integriert als die Infinitivkonstruktionen in (28b) und (28d). In nicht-finiten Komplementsätzen ist das Subjekt typischerweise identisch mit dem des Matrixsatzes; in (28d) ist derjenige, der etwas vergisst, derselbe, der eigentlich die Tür schließen soll.

Komplementsätze treten sprachübergreifend besonders mit **Verben der Perzeption** (*sehen*, *hören*), **Kognition** (*glauben*, *vergessen*) und **Kommunikation** (*sagen*, *meinen*) auf. Solche Verben sind semantisch besonders dafür geeignet, mit einem satzwertigen Objekt verwendet zu werden: Wenn man etwas gesehen hat, etwas vermutet oder etwas mitteilen will, und das Gesehene/Vermutete/Mitzuteilende ein komplexes Ereignis darstellt, dann lässt sich dieses Ereignis am ehesten durch eine Satzstruktur verbalisieren. Zum Vergleich: Wenn man etwas gegessen hat, lässt sich das Gegessene in aller Regel durch eine Nominalphrase ausdrücken. Neben Perzeption, Kognition und Kommunikation gibt es noch einige andere Verbklassen, die üblicherweise mit Komplementsätzen auftreten. Verben wie *beginnen* oder *aufhören*, die etwas über die interne zeitliche Struktur eines Ereignisses aussagen, eignen sich ebenso für satzwertige Komplemente wie Verben, die etwas über Handlungsabsichten aussagen, wie etwa *versuchen* oder *versprechen*.

Komplementsätze wurden hier eng definiert als satzwertige Ausdrücke von Subjekt oder Objekt eines Verbs. Diese Definition stößt allerdings bei den folgenden Beispielen auf Probleme:

(29) (a) Es nervt mich, dass dieser Hund schon wieder weggelaufen ist.
(b) Blöd, dass dieser Hund schon wieder weggelaufen ist.
(c) Die Tatsache, dass der Hund immer wegläuft, raubt mir den Schlaf.
(d) Ich bin mir sicher, dass der Hund das mit Absicht macht.

In (29a) ist im Matrixsatz *Es nervt mich* das Subjekt bereits durch das Pronomen *es* ausgedrückt. Welcher Status kommt also dem untergeordneten Teilsatz zu? Für eine Analyse als Komplementsatz spricht, dass das Subjektpronomen *es* und der untergeordnete Satz koreferenziell sind, also auf denselben semantischen Inhalt verweisen. Beispiel (29b) zeigt in der Position des Matrixsatzes ein einfaches Adjektiv. Der untergeordnete Satz lässt sich als Komplementsatz analysieren, wenn man das Adjektiv als reduzierten Matrixsatz ansieht, bei dem Kopula und Subjektpronomen nicht verbalisiert werden. Ein Ausdruck wie *Blöd* wäre dann funktional gleichwertig zu Phrasen wie *Blöd ist* oder *Es ist blöd*.

Beispiele (29c) und (29d) machen größere Schwierigkeiten. In (29c) hängt der untergeordnete Satz direkt von einem Substantiv ab: Ähnlich wie ein Relativsatz schließt der untergeordnete Satz hier an eine nominale Struktur an und liefert ergänzende Information. In (29d) ist der untergeordnete Satz von dem Adjektiv *sicher* abhängig. Die Kategorien Subjekt und Objekt greifen bei diesen Beispielen nicht, weil diese Teilsätze nicht von einem Verb abhängig sind, sondern von einem Substantiv oder einem Adjektiv. Wir müssen unsere Definition von Komplementsatz also so erweitern, dass auch die Mitspieler eines Substantivs oder eines Adjektivs darunter fallen. Substantive wie *Tatsache*, *Vorstellung* oder *Problem* erlauben den Anschluss von satzwertigen Strukturen, die eine nähere Beschreibung liefern, wie etwa *die Vorstellung, es könnte etwas passiert sein*. Dasselbe gilt für Adjektive wie *sicher*, *neugierig* oder *enttäuscht*. Sätze, die von solchen Elementen abhängen, können damit als **nominale** oder **adjektivische Komplementsätze** bezeichnet werden.

5.2.5 | Infinitiv- und Partizipialsätze

Eng in den Matrixsatz integrierte Satzstrukturen haben üblicherweise kein finites Verb und übernehmen die grammatischen Relationen von Subjekt und Objekt ganz oder teilweise von ihrem Matrixsatz. Im Deutschen betrifft dies vor allem **Infinitiv- und Partizipialsätze**. Finite Verbformen zeichnen sich dadurch aus, dass an ihnen grammatische Kategorien wie **Tempus**, **Modus** oder **Person** ausgedrückt sind; bei **nicht-finiten Formen** sind diese Kategorien nur teilweise oder gar nicht vorhanden, so dass sie aus dem sprachlichen Kontext erschlossen werden müssen. Aus diesem Grund können Infinitive und Partizipien in Konstruktionen manchmal nominale oder adjektivische Formen ersetzen. In dem Satz *Das Verkaufen von Bierdosen ist untersagt* ist zum Beispiel der substantivierte Infinitiv ersetzbar durch das Substantiv *der Verkauf*, und das Partizip *untersagt* kann durch das Adjektiv *illegal* ersetzt werden.

Es ist wichtig zu betonen, dass Infinitive und Partizipien nicht universal sind. Die Sprachen der Welt verfügen zwar üblicherweise über verschiedene Verbformen, die mehr oder weniger Finitheitsmerkmale tragen; allerdings ist es nicht immer sinnvoll, diese in die Kategorien von Infinitiv und Partizip einzuteilen. Im Folgenden soll es um Satzstrukturen gehen, deren zentrales verbales Element eine nicht vollständig finite Verbform ist.

Infinitivsätze: Wie in den Beispielen (28b) und (28d) oben schon gezeigt wurde, übernehmen satzwertige Infinitivkonstruktionen manchmal die Funktion des Subjekts oder Objekts des Matrixsatzes, so dass sie als nicht-finite Komplementsätze einzuordnen sind. Dies ist jedoch nicht bei allen Infinitivsätzen der Fall. Die Infinitivsätze in (30) werden ähnlich wie Adverbialsätze durch eine unterordnende Konjunktion eingeleitet:

(30) (a) Uns blieben noch drei Minuten, um den Zug zu erreichen.
(b) Anstatt nach Hause zu gehen, blieben sie einfach da.
(c) Sie ging weiter, ohne sich noch einmal umzudrehen.

Anhebung: In diesen Beispielen wird das Subjekt des Matrixsatzes als das Subjekt des untergeordneten Teilsatzes mitverstanden. Matrixsatz und Infinitivsatz können aber auch auf andere Weise verschränkt sein. Eine Art dieser Verschränkung wird unter dem Begriff der Anhebung (engl. *raising*) diskutiert. Die Idee ist, dass ein Phrase aus dem untergeordneten Teilsatzes in den Matrixsatz heraufgehoben wird. Ein Beispiel dafür sind sogenannte **AcI-Konstruktionen** (*accusativus cum infinitivo*), bei denen das Akkusativobjekt des Matrixsatzes gleichzeitig das Subjekt der untergeordneten Satzstruktur ist, wie etwa in (31a). Beispiel (31b) zeigt eine Anhebungskonstruktion, in der das Objekt des untergeordneten Satzes in die Position des Subjekts im Matrixsatz angehoben ist (engl. **tough-movement**, weil Adjektive wie *tough* typischerweise als Angelpunkt der Konstruktion dienen, vgl. *The hotel was tough to find* ›Das Hotel war schwierig zu finden‹ = *It was tough to find the hotel* ›Es war schwie-

rig, das Hotel zu finden). Beispiel (31c) schließlich zeigt die Anhebung vom Subjekt des untergeordneten Satzes zum Subjekt des Matrixsatzes.

(31) (a) Wir hörten das Meer rauschen. (= Wir hörten, wie das Meer rauschte.)
(b) Das Hotel war leicht zu finden. (= Es war leicht, das Hotel zu finden.)
(c) Der Hund scheint die Freiheit zu lieben. (= Es scheint (mir), dass der Hund die Freiheit liebt.)

Der zentrale Bestandteil einer Anhebungskonstruktion ist das sogenannte **Anhebungsprädikat**: Ein Verb wie *scheinen* erlaubt die Anhebung von Subjekt zu Subjekt, prädikativ verwendete Adjektive wie *leicht* oder *schwierig* erlauben die Anhebung von Objekt zu Subjekt, und Verben wie *hören* oder *sehen* kommen in AcI-Konstruktionen vor. Der Unterschied zwischen Anhebungskonstruktionen wie in (31) und Infinitivsätzen wie in (30) ist der, dass in den Infinitivsätzen zwar eine Verschränkung vorliegt, dafür aber beide Teilsätze jeweils eine Situation oder eine Handlung zum Ausdruck bringen. In den Anhebungskonstruktionen verschmelzen nicht nur die Satzstrukturen, sondern auch die Bedeutungen dieser Strukturen, so dass die Beispiele in (31) intuitiv eher als ein einziger Satz wahrgenommen werden. Es gibt allerdings theoretische Gründe, dennoch von einer Verschmelzung zweier Sätze auszugehen: Zum einen lässt sich die Bedeutung von einem Beispiel wie (31c) in zwei Propositionen aufteilen, die sich dann in einem komplexen Satz wie *Es scheint (mir), dass der Hund die Freiheit liebt* ausdrücken lassen. Zum anderen ist die Subjekt-Nominalphrase *der Hund* kein Mitspieler des Anhebungsprädikats *scheinen*. *Scheinen* erfordert semantisch ein belebtes Wesen, dem ein Phänomen erscheint, und dann natürlich als zweiten Mitspieler eben jenes Phänomen, bei dem der Hund eine gewisse Rolle spielt. Es bietet sich hier ein Vergleich zwischen Anhebungskonstruktionen auf der einen Seite und sogenannten **Kontrollkonstruktionen** auf der anderen Seite an, wie in (32) dargestellt.

(32) (a) Der Hund scheint die Freiheit zu lieben.
(b) Der Hund darf die Reste auffressen.

Im zweiten Beispiel ist *der Hund* semantisch wie grammatisch das Subjekt des Verbs *dürfen*. Im ersten Beispiel ist dies nicht der Fall. *Der Hund* ist lediglich strukturell das Subjekt des Matrixsatzes, semantisch verbindet ihn nichts mit dem Matrixverb *scheinen*.

Partizipialsätze: Strukturen dieser Art stellen einen zweiten Typ eng in den Matrixsatz integrierter Sätze dar. Im Deutschen treten sie in den typischen Funktionen von **Adverbialsätzen** auf, indem sie zwei Ereignisse in einen zeitlichen oder kausalen Zusammenhang setzen. Die Partizipialsätze in (33) lassen sich dementsprechend durch finite Adverbialsatzstrukturen ersetzen, in denen die grammatische Relation des Subjekts explizit ausgedrückt ist.

(33) (a) Am Flughafen <u>angekommen</u>, gingen wir direkt zum Check-In.
    (b) <u>Laut protestierend</u> verließen die Abgeordneten der FDP den Saal.

In anderen Sprachen treten partizipiale Verbformen in einem weiteren Spektrum satzwertiger Strukturen auf. Die Beispiele in (34) zeigen einige Strukturen aus dem Englischen, zu denen sich keine Entsprechungen im Deutschen finden. In Beispiel (34a) lässt sich die Partizipialphrase *discussed in this book* als reduzierter Relativsatz analysieren; Beispiel (34b) und (34c) sind Partizipialsätze, deren Subjekt nicht mit dem Subjekt des Matrixsatzes identisch ist.

(34) (a) The ideas <u>discussed in this book</u> are highly controversial.
    (b) I looked at him <u>stretched out in his bed</u>.
    (c) Brown bear, brown bear, what do you see? I see a red bird <u>looking at me</u>.

Partizipialsätze treten weiterhin manchmal in der Funktion eines **metasprachlichen Kommentars** auf, der sich nicht einfach durch einen Adverbialsatz paraphrasieren lässt, wie in (35) illustriert ist. Bei diesen partizipalen Konstruktionen decken sich die grammatischen Relationen des Matrixsatzes überhaupt nicht mit denen des Partizipialsatzes, so dass die mangelnde Finitheit des eingebetteten Satzes und seine syntaktische Integration in den Matrixsatz mit seiner semantischen Unabhängigkeit kontrastieren. Konstruktionen dieser Art werden deshalb oft als parenthetische (›eingeschobene‹) Strukturen diskutiert.

(35) (a) Boateng sitzt, jetzt mal überspitzt formuliert, öfter auf der Bank, als dass er spielt.
    (b) Wie oben schon angedeutet, sind Partizipialsätze ein kompliziertes Thema.

Zur Vertiefung

Typologischer Ausblick

Neben den oben besprochenen Strukturen gibt es in den Sprachen der Welt zahlreiche weitere Strategien, um zwei oder mehr Propositionen miteinander in Bezug zu setzen. Eine sprachübergreifend häufige Strategie sind sogenannte **Verb-Serialisierungen**, wie im folgenden Beispiel aus der westafrikanischen Sprache Akan (Beispiel aus Osam 1997; PRT = Präteritum, DEF = definit).

Kofi	soa-a	adaka-no	ko-o	skuul.
Kofi	tragen-PRT	Kiste-DEF	gehen-PRT	Schule

›Kofi brachte die Kiste zur Schule.‹

Wie der Name bereits andeutet, werden in Verb-Serialisierungen mehrere Verben aneinandergereiht. Jedes Verb für sich drückt dabei einen Teil einer komplexen Situation aus. Die aneinandergereihten Verben bringen teilweise eigene Objekte in die Satzstruktur hinein, andererseits ›teilen‹ sie sich typischerweise das Subjekt des Satzes. Verb-Serialisierungen zeichnen sich formal dadurch aus, dass keines der aneinandergereihten Verben als untergeordnet markiert ist, dass es keine Anzeichen von Koordination gibt und dass die gesamte Struktur in ihrer Intonation nicht in mehrere Teile zerfällt, also als eine einzige Intonationskontur (oder intonatorische Phrase) geäußert wird.

Eine weitere Art der Satzverknüpfung ist die **Satzverkettung**, die in den Sprachen Papua-Neuguineas und Australiens besonders verbreitet ist. Während Verb-Serialisierungen typischerweise nur eine einzige Intonationskurve aufweisen, sind Satzverkettungen eher mit koordinierten Strukturen zu vergleichen. Ihr auffälligstes formales Merkmal ist, dass von den aneinandergereihten Satzstrukturen nur eine, häufig die letzte, komplett finit ist. Den vorangegangenen Verbformen fehlen Finitheitsmarkierungen entweder ganz, oder sie sind durch eine besondere Markierung als untergeordnet gekennzeichnet. Im folgenden Beispiel aus der sino-tibetanischen

Sprache Tshangla sind die ersten beiden Sätze durch das Verbalsuffix -*nyi* als untergeordnet gekennzeichnet; nur der letzte Satz hat eine vollständig finite Verbform. Die deutsche Übersetzung kommt dieser Struktur nur durch zwei gereihte Partizipialsätze nahe, die etwas umständlich wirken (Beispiel aus Andvik 2010; NF = nicht finit).

Jang	Amerikan	charo	thur	rum-nyi
ich	amerikanisch	Freund	ein	treffen-NF

ro-ka	Tshangla chas	yen	ge	dak-nyi
er	Tshangla Sprache	lehren	gib	sagen-NF

ji-gi	Tshangla chas	yen	bi-n-ca
ich	Tshangla Sprache	lehren	gebe

›Einen amerikanischen Freund getroffen habend, von ihm um Unterricht im Tshangla gebeten, unterrichte ich nun Tshangla‹.

Ein funktionales Problem, das die Reihung mehrerer satzwertiger Strukturen mit überlappenden Strukturen mit sich bringt, betrifft die richtige Zuordnung von Subjekt- und Objektfunktion. In manchen Sprachen gibt es daher spezielle Markierungen für **Wechselreferenz** (*switch reference*), mit denen am Verb markiert wird, ob das aktuelle Subjekt auch noch für das nächste Verb gilt oder ein Wechsel bevorsteht. Im folgenden Beispiel aus der sibirischen Sprache Kolyma Yukaghir ist das erste Verb für ein folgendes gleiches Subjekt (GS) markiert, das zweite für ein folgendes anderes Subjekt (AS). Das dritte Verb bezieht sich daher auf ein anderes Subjekt als die beiden vorangegangenen (Beispiel aus Maslova 2003).

čaj	ože-t	nodolu-ke	met	ejnem adān	pugežes
Tee	trinken-GS	sitzen-AS	ich	hier heraus	sauste

›Als ich saß und Tee trank sauste es hier heraus.‹

Einige Sprachen verfügen über Markierungen der Wechselreferenz, mit denen zugleich auch semantische Relationen wie Gleichzeitigkeit, Nachzeitigkeit, Kausalität oder Absicht ausgedrückt werden können, also genau solche Funktionen, die im Deutschen und in anderen europäischen Sprachen von Adverbialsätzen übernommen werden.

Typisch für Turksprachen sind sogenannte **Konverb**-Konstruktionen, die in ihrer Funktion ebenfalls Adverbialsätzen ähneln. Während Adverbialsätze aber durch ein freistehendes Element (die subordinierende Konjunktion) eingeleitet werden, wird der untergeordnete Teilsatz bei Konverb-Konstruktionen durch ein Affix an der nicht-finiten Verbform markiert, das den semantischen Bezug zum Matrixsatz herstellt. Im folgenden Beispiel aus der Tibeto-Burmesischen Sprache Mongsen Ao ist es das Affix -*kùla*, das einen konditionalen Zusammenhang ausdrückt. Andere vergleichbare Affixe in Mongsen Ao haben kausale, temporale oder konzessive Bedeutung (Beispiel aus Coupe 2007).

ikhu	tʃu	atsə	mə-khì?-kùla
Garten	der	Wasser	nicht-geben-KONVERB

hnaɹu	tʃu	mə-puŋ-ì-ù?
Blumen	die	nicht-blühen-IRREALIS-DEKLARATIV

›Wenn (du) den Garten nicht bewässerst, blühen die Blumen nicht.‹

5.3 | Zur Entstehung der Hypotaxe

Von der Parataxe zur Hypotaxe: Generell lässt sich festhalten, dass komplexe Satzmuster häufig aus der Nebenordnung unabhängiger einfacher Sätze entstehen. Dafür gibt es einleuchtende Gründe: Wie im einleitenden Abschnitt dieses Kapitels schon besprochen, nehmen zwei aufeinanderfolgende Sätze typischerweise Bezug aufeinander. Die Sätze können z. B. zwei Handlungen schildern, die sich gleichzeitig oder in enger zeitlicher Abfolge ereignet haben, die am selben Ort stattfanden, oder dieselben Referenten betreffen. Diese inhaltlichen Entsprechungen bleiben nicht ohne Einfluss auf die Struktur: Für den Sprecher liefern sie zum Beispiel den Anreiz, einen im ersten Satz eingeführten Referenten im zweiten Satz nur noch durch ein Pronomen auszudrücken oder ihn sogar gänzlich implizit zu lassen. Starke inhaltliche Zusammenhänge zwischen Sätzen würden den Sprecher weiterhin dazu bewegen, beide unter eine einzige Intonationskurve zu bringen. Entsprechungen in der Bedeutung zweier Sätze werden also durch strukturelle Mittel kenntlich gemacht. Geschieht dies oft genug in ähnlicher Weise, bildet sich eine Konvention dafür, wie ein bestimmter semantischer Bezug zwischen zwei Sätzen formal gekennzeichnet wird: Es entsteht ein Schema für eine komplexe Satzkonstruktion. Wenn ein solches Schema erst einmal existiert, kann es weiter reduziert und kondensiert werden, so dass z. B. Markierungen für Tempus und Person an bestimmten Verben wegfallen, weil sie vom Kontext bereits bestimmt und damit redundant sind. Auf diese Weise führt die Entwicklung zu syntaktisch dicht verschränkten Konstruktionen, wie sie im vorherigen Abschnitt besprochen wurden. Dabei existiert ein klarer Zusammenhang zwischen Bedeutung und Form: Je enger der semantische Bezug zwischen zwei satzwertigen Strukturen, desto enger die syntaktische Bindung dieser Strukturen.

Es gibt also einen sprachübergreifenden Entwicklungsweg von der Parataxe zur Hypotaxe, also von der bloßen Aneinanderreihung zweier Sätze zu ihrer formalen Verschränkung. **Der umgekehrte Fall**, wonach sich aus komplexen syntaktischen Strukturen wieder zwei separate Sätze ergeben, ist zwar auch sporadisch nachweisbar, allerdings scheint er die Ausnahme darzustellen.

Das oben geschilderte Szenario der Entwicklung von der Parataxe zur Hypotaxe wirft die Frage auf, ob es eine historische Phase in der Entwicklung menschlicher Sprachen gab, in der Sprecher ausschließlich einfache Sätze äußerten. In der Gegenwart sind Sprachen dieser Art nicht bekannt bzw. ihre Beschreibung ist einigermaßen kontrovers (vgl. etwa die Beschreibung der Pirahã-Sprache in Everett 2005), so dass Zweifel an einer solchen hypothetischen Sprachstufe berechtigt sind. Vielmehr ist von einer Entwicklung in der Form einer Spirale auszugehen: Zu jeder Zeit verfügen menschliche Sprachen über einfache satzwertige Strukturen, die nebengeordnet und teilweise verschmolzen werden können. Wie stark von dieser Möglichkeit Gebrauch gemacht wird, variiert freilich von Sprache zu Sprache, und auch zwischen den historischen Entwicklungsphasen ein und derselben Sprache. Zum Beispiel zeichnen sich althochdeutsche Dokumente durch einen stark parataktischen Stil aus; spätere Formen der deutschen Schriftsprache neigen mehr und mehr zur Hypotaxe (Nübling et al. 2010: 96). Auch in der Gegenwartssprache lassen sich Tendenzen der zunehmenden Hypotaxe beobachten. Die Forschung zur Grammatikalisierung zeigt beispielsweise, wie in verschiedenen Sprachen unterordnende Konjunktionen neu entstehen (Diessel 1999).

Die folgenden Abschnitte gehen näher auf zwei diachrone Prozesse ein, die in der Entstehung von Hypotaxe eine Rolle spielen. Der erste dieser Prozesse wird hier als **Verkettung** bezeichnet. Die Entwicklung von hypotaktischen Strukturen durch Verkettung ist vergleichbar mit dem Entstehen einer dichten Hecke aus ehemals einzeln nebeneinanderstehenden Pflanzen. Je mehr die Pflanzen ineinander wachsen, desto schwerer fällt es dem Betrachter, die eine von der anderen zu trennen.

Definition

Der Begriff der → Grammatikalisierung beschreibt einen Sprachwandelprozess, in dem lexikalische Elemente und Fügungen von solchen Elementen allmählich grammatische Funktionen annehmen (s. auch Kap. 3.5.2). Beispielsweise geht die deutsche Präposition *wegen* (*Wegen des Regens fiel das Spiel aus*) auf die Fügung *von wegen* ›von Seiten‹ zurück, die das mhd. Lexem *weg* ›Seite‹ enthält. Grammatikalisierende Elemente wandeln sich somit von Mitgliedern einer lexikalischen Kategorie (wie etwa Substantiv, Vollverb) zu Mitgliedern einer grammatischen Kategorie (wie etwa Präposition, Auxiliar). Die Grammatikalisierung von lexikalischen Formen geht mit Änderungen in ihrer Form und Bedeutung einher. Im Beispiel von *wegen* hat die ursprüngliche Form einen Reduktionsprozess unterlaufen; die ursprünglich räumliche Bedeutung ist einer abstrakteren, kausalen Bedeutung gewichen (zur ausführlichen Diskussion des Grammatikalisierungsbegriffes vgl. Diewald 1997; Hopper/Traugott 2003; Szczepaniak 2011).

5.3 Satz und Text

Zur Entstehung der Hypotaxe

Der zweite Prozess, hier als **Satzexpansion** bezeichnet, ist weniger typisch für die deutsche Sprache, soll aber doch kurz Erwähnung finden. Der Begriff beschreibt das Entstehen hypotaktischer Strukturen, in denen eine prinzipiell nominale Konstituente durch eine satzwertige Struktur ausgedrückt wird. Der Struktur wird also ein weiterer Satz ›aufgepfropft‹, wodurch aus einer einfachen Satzstruktur eine Hypotaxe entsteht.

Verkettung: Als Verkettung (engl. *clause chaining*, vgl. Givón 2009) werden solche Prozesse bezeichnet, bei denen hypotaktische Strukturen aus der Reihung und Verflechtung von gleichwertigen Satzstrukturen hervorgehen. Wie im vorangegangenen Abschnitt diskutiert, können z. B. zwei prinzipiell eigenständige Sätze durch eine beiordnende Konjunktion verbunden werden, wodurch dann ein semantischer Bezug explizit gemacht wird. Die am Verb markierten Finitheitsmerkmale sind in so einem Fall in allen Teilstrukturen noch vorhanden, und die grammatischen Relationen finden jeweils ihren eigenen Ausdruck. Eine etwas engere Form der Integration wurde mit der Satzverkettung in Tshangla vorgestellt. Hier zeigt sich ein erstes Ungleichgewicht, indem nur in der letzten Satzstruktur alle Finitheitsmerkmale vorhanden sind. Auch Adverbialsatzkonstruktionen stellen eine Form der Verkettung dar, wobei hier in manchen Sprachen, wie beispielsweise dem Deutschen durch die Verbstellung, klare formale Markierungen der Abhängigkeit vorliegen. Relativsatzkonstruktionen sind ein Beispiel für Verkettung auf der Phrasenebene. In einem Satz wie *Ich suche meinen Kalender, den ich schon wieder verlegt habe* besteht das Objekt des Matrixsatzes aus einer Nominalphrase, die mit einer beschreibenden satzwertigen Struktur verkettet ist. Relativsätze sind stärker als die bereits besprochenen Strukturen in den Matrixsatz integriert, unter anderem weil sie ein Subjekt oder Objekt des Matrixsatzes implizit aufgreifen. Dennoch lässt sich der Ursprung ihrer Entwicklung als Verkettung identifizieren.

Sprachliche Verkettungskonstruktionen entwickeln sich dadurch, dass Bezüge zwischen zwei Sätzen durch bestimmte sprachliche Ausdrücke deutlich gemacht werden und diese Ausdrücke einen Prozess der **Grammatikalisierung** durchlaufen. Sprecher verbinden z. B. zwei Sätze mit lexikalischem Material wie *einen Tag später* oder *ungeachtet dieser Sache,* um einen bestimmten Bezug deutlich zu machen. Wenn sich eine solche Wendung im Sprachgebrauch etabliert, kann sich aus dem ehemals lexikalischen Material ein grammatisches Mittel zur Satzverknüpfung, also eine Konjunktion oder ein anderes einleitendes Element, entwickeln. Dabei reduziert sich typischerweise die Form des verknüpfenden Elements, bis hin zur Einsilbigkeit vieler häufiger grammatischer Elemente, etwa Konjunktionen, Artikel oder Präpositionen. Nübling et al. (2010: 233) diskutieren die Grammatikalisierung der unterordnenden Konjunktion *weil* anhand der folgenden Beispiele.

(36) (a) ahd. *(h)wila*, mhd. *wîle*, nhd. *Weile*
 (b) mhd. *die wîle daz sie leben* ›während sie leben‹
 (c) fnhd. *dieweil Mose seine hände emporhielt, siegete Israel*
 (d) fnhd. *weyl die paten das kind noch hallten ynn der tauffe, sol yhm der priester die hauben auffsetzen*
 (e) fnhd. *Weil der meister die werkstatt verliesz, arbeitete der gesell lässiger*

Die Abfolge der Beispiele illustriert, wie aus einer ursprünglich nominalen Form *wîle* ›Weile‹ eine adverbiale Fügung *die wîle daz* ›während‹ hervorgeht, die dann, ermöglicht durch die Mitwirkung der Konjunktion *daz*, insgesamt als komplexe unterordnende Konjunktion verstanden werden kann. Dieses ›Missverständnis‹ – in der Grammatikalisierungsforschung spricht man von **Reanalyse** – läuft darauf hinaus, dass einer sprachlichen Fügung eine neue Struktur zugewiesen wird.

Im weiter oben erwähnten Beispiel der Relativsätze begann das verbindende Element seine Entwicklung als ein demonstrativer Artikel (im Deutschen *der*, *dieser* etc.), mit dem ein neuer Satz eingeleitet wird, um einen Rückbezug zu einem bereits genannten Referenten herzustellen. Ein Beispiel dafür wäre die Folge *Ich treffe mich heute mit Harald. Den habe ich schon ewig nicht mehr gesehen*. Ein Hörer könnte diese Folge als einen einzigen komplexen Satz interpretieren, bei der die Form *den* eine nähere Beschreibung von *Harald*

Definition

→ **Reanalyse** (engl. auch *rebracketing*) liegt vor, wenn Hörer die Struktur einer sprachlichen Fügung ›umdeuten‹.
Ein Beispiel auf morphologischer Ebene: Das englische Substantiv *hamburger* geht auf eine Bildung aus *Hamburg* und dem Suffix *-er* zurück. Sprecher des Englischen haben diese Struktur allerdings reanalysiert, so dass der *hamburger* in die zwei Konstituenten *ham* und *burger* zerfällt, was wiederum die Neuformation von Wörtern wie *veggieburger* und *fishburger* erlaubt:
[hamburg]er > [ham]burger > [veggie]burger

einleitet. Damit würde der demonstrative Artikel als Kennzeichen eines folgenden Relativsatzes re-analysiert und nahm so eine neue grammatische Funktion an. Bei Adverbialsätzen sind es häufig lexikalische Elemente mit zeitlicher, räumlicher oder kausaler Bedeutung, die sich im Laufe der Zeit zu unterordnenden Konjunktionen entwickeln. Die nicht-finiten Markierungen, die in den Satzverkettungen der Papuasprachen zu finden sind, haben häufig ihren Ursprung in lexikalischen Elementen mit den Bedeutungen ›dann‹ oder ›gleichzeitig‹ (vgl. dt. *während*).

Satzexpansion: Auf ganz andere Weise entsteht Hypotaxe durch den Prozess der Satzexpansion (engl. *clause expansion*; vgl. Heine 2009). Viele syntaktische Konstruktionen sind deswegen komplex, weil in ihnen eine prinzipiell nominale Konstituente durch eine satzwertige Struktur gebildet wird. Der nominalen Planstelle im Satz wird also eine komplexere, satzartige Struktur ›aufgepfropft‹. Die weiter oben beschriebenen Komplementsätze sind ein zentrales Beispiel dafür. Die grammatische Relation eines Subjekts oder Objekts, die typischerweise durch eine Nominalphrase oder ein Pronomen ausgedrückt wird, erscheint hier als ein ganzer Satz, wie in dem Beispielpaar in (37) dargestellt.

(37) (a) Ich bewundere deine Ausgeglichenheit.
    (b) Ich bewundere, wie du es schaffst, immer so gelassen zu bleiben.

Semantisch wird in (37b) eine komplexe Folge von mehreren Situationen, in denen der Addressat es jeweils schafft, gelassen zu reagieren, zu einer einzigen Idee verdichtet, nämlich zur Charaktereigenschaft der Ausgeglichenheit, die der Sprecher bewundert. Auf der Ebene der sprachlichen Struktur führt eine solche Verdichtung dazu, dass auch ein Satz dort auftauchen kann, wo man eigentlich eine nominale Struktur vermuten würde. Anders als bei der Verkettung sind aufgepfropfte Strukturen immer **hierarchisch untergeordnet**, eine Satzstruktur, die eine nominale Konstituente ›ersetzt‹, ist immer ein Teil eines übergeordneten Matrixsatzes. Komplexe Satzmuster, die durch Satzexpansion entstehen, unterscheiden sich dementsprechend im sprachübergreifenden Vergleich auch in verschiedener Hinsicht von Mustern, die das Resultat von Verkettung sind (Heine 2009). So finden sich an ›aufgepfropften‹ Sätzen häufig Markierungen, die eigentlich typisch für nominale Strukturen sind, wie z. B. von Kasus, Geschlecht oder Definitheit. Weiterhin enthalten die Endprodukte von Satzexpansion typischerweise weniger Finitheitsmerkmale als verkettete Sätze.

Die Sprachen der Welt unterscheiden sich hinsichtlich ihrer relativen Vorlieben für die Prozesse der Verkettung und der ›Pfropfung‹. Zusammen mit den meisten anderen europäischen Sprachen lässt sich dem Deutschen eine starke Präferenz für den Prozess der Verkettung attestieren. Selbst Komplementsätze, die eigentlich den Idealtypus für ›aufgepfropfte‹ Sätze bilden, sind im Deutschen das Ergebnis von Verkettung, so dass aus der parataktischen Sequenz *Ich weiß das: Er kommt* die Hypotaxe *Ich weiß, dass er kommt* hervorgegangen ist (Nübling et al. 2010: 228).

5.4 | Satz- und Textverstehen – Modelle und Mechanismen

Wie verstehen Hörer komplexe Sätze und ganze Texte? Nach welchen Prinzipien sind Modelle des Satz- und Textverstehens aufgebaut? Was sind die konkreten Probleme, die beim Satz- und Textverstehen auftreten und welche Mechanismen können zu ihrer Lösung beitragen?

5.4.1 | Parsing einfacher Sätze

Als Einstieg in die Erforschung des Satzverstehens bietet es sich an zu überlegen, welche Aufgaben beim Verständnis eines einfachen Satzes wie *Die Schwimmwesten befinden sich unter Ihrem Sitz* anfallen könnten, wenn man diesen Satz in einem Flugzeug auf der Rückenlehne des Vordersitzes entdeckt. Notwendig sind natürlich die Fähigkeit zu lesen und die Kenntnis der lexikalischen Elemente; diese Voraussetzungen sollen in dieser Diskussion ausgespart werden, da es ja um das Satzverstehen geht.

Der Kern des Satzverstehens ist das sogenannte **Parsing**, bei dem ein Satz in seine einzelnen Bestandteile zerlegt wird, die wiederum hierarchisch gruppiert werden. Beim Parsing wird jedes einzelne Wort auf seine grammatischen Eigenschaften hin analysiert, und aus der Gesamtmenge

5.4 Satz und Text

Satz- und Textverstehen – Modelle und Mechanismen

> **Definition**
>
> Unter → **Parsing** versteht man die Segmentierung und hierarchische Analyse eines Satzes, die von Hörern unbewusst und automatisch durchgeführt wird.
> Parsing erfolgt nach bestimmten Strategien; es kann scheitern, wenn der zugrundeliegende Satz ungrammatisch oder strukturell zu komplex ist.

der Wörter wird ein in sich stimmiger ganzer Satz konstruiert. Im Beispielsatz werden unter anderem *Die* und *Schwimmwesten* als zusammengehörig analysiert; Subjekt-Nominalphrase und Verbalphrase werden getrennt, die Verbalphrase wird darüber hinaus in Verb, Reflexivobjekt und ein obligatorisches Adverbiale aufgeteilt.

Serielle und parallele Modelle: Manche psycholinguistischen Theorien des Satzverstehens, insbesondere solche, die sich auf generative Grammatiktheorien beziehen, verstehen sich als serielle Modelle des Satzverstehens. Diese gehen davon aus, dass Hörer zunächst die syntaktische Struktur eines Satzes vollständig erfassen und erst dann in einem zweiten Schritt eine semantische Analyse vornehmen, bei der die Bedeutungen der einzelnen Satzteile miteinander in Beziehung gesetzt werden und eine Gesamtbedeutung erschlossen wird. Alternativ zu solchen seriellen Modellen gibt es parallele Modelle des Satzverstehens, denen die Annahme zugrunde liegt, dass Hörer syntaktische, semantische und pragmatische Informationen gleichzeitig auswerten. Über diese beiden Modellarten hinweg herrscht relative Einigkeit, dass das Parsing ein **inkrementeller** (dt. Stück für Stück voranschreitender) Prozess ist, der bereits mit dem Hören des ersten Wortes beginnt und der den Hörer dazu bringt, sofort ein provisorisches Modell der laufenden Satzstruktur zu entwickeln und dieses immer wieder zu ergänzen bzw. zu revidieren.

So weckt im Falle des Beispielsatzes der Anfang *Die Schwimmwesten* die Erwartung, dass diese Phrase das Subjekt des Satzes darstellt und nun ein Verb folgt, das mit diesem Subjekt kongruiert. Diese Erwartungen werden nicht enttäuscht: Das Verb *befinden* bestätigt durch seine Semantik und seine Pluralmarkierung, dass *Die Schwimmwesten* in der Tat das Subjekt ist und dass die nächsten Elemente ein Reflexivpronomen und eine Ortsangabe sein müssen. Für den Hörer ergibt sich also keine Notwendigkeit, seine Hypothese vom Beginn zu korrigieren.

Parsing-Ambiguitäten: Von besonderem Interesse für das Parsing sind Fälle von syntaktischer **Ambiguität**, in denen ein nach und nach gehörter Satz zunächst mehrere Strukturanalysen als Hypothesen zulässt, wie etwa in dem folgenden Beispiel:

(38) Die Schwimmwesten haben einen verstellbaren Hüftgurt.
    wir leider nicht mehr auf Lager.

Ein Satzbeginn wie *Die Schwimmwesten haben* deckt sich mit der Hypothese, dass der laufende Satz mit einer Subjekt-Nominalphrase und einem Verb beginnt. In der zweiten Fortsetzungsvariante erweist sich jedoch diese Hypothese als falsch, denn hier tritt das Subjekt erst mit dem Personalpronomen *wir* auf. Für den Hörer bedeutet das, dass die strukturelle Analyse des Satzes gegebenenfalls neu ausgerichtet und mit der verfügbaren Information in Einklang gebracht werden muss. Man spricht in so einem Fall von **temporärer** oder **lokaler Ambiguität** – die strukturelle Zweideutigkeit ist nur von begrenzter Dauer und wird im Verlauf des Satzes vollständig aufgelöst. Die Neuausrichtung der Interpretation bezeichnet man als **Reanalyse**, was sich mit der weiter oben gelieferten Definition von Reanalyse als struktureller Umdeutung deckt.

Syntaktische Täuschungen: Besonders spektakuläre Fälle von lokaler Ambiguität sind die sog. **Gartenpfad-Sätze**. (Der englische Ausdruck *garden path sentences* leitet sich aus dem Idiom *to be led down the garden path*, ›getäuscht werden‹, ab.) In den beiden folgenden Beispielen legt die jeweils erste Zeile eine in sich stimmige Hypothese zur Struktur des Satzes nahe, die so plausibel erscheint, dass es für manche Leser/innen mühevoll und zeitaufwändig ist, diese Hypothese zu verwerfen und den kompletten Satz noch einmal neu zu interpretieren. Die Stelle in einem Gartenpfad-Satz, an der sich eine Hypothese zweifelsfrei als Irrtum herausstellt, nennt man den **Disambiguierungspunkt**. In den folgenden Beispielen liegt dieser Punkt jeweils am Anfang der zweiten Zeile. Im ersten Beispiel muss die Phrase *die Prüfungen bestehen* als Relativsatz zu *Studenten* interpretiert werden, um eine funktionierende Gesamtstruktur möglich zu machen. Im zweiten Beispiel liegt die temporäre Ambiguität darin, dass »*Das Bildnis des Dorian Gray*« zunächst als direktes Objekt des Matrixsatzes interpretiert werden kann, obwohl es, wie sich anschließend herausstellt, das Subjekt eines Komplementsatzes ist. (Im Deutschen funktionieren die Beispiele nur unter Missachtung der Interpunktion.)

(39) (a) Ich hoffe, dass die Studenten die Prüfungen bestehen später auch im Beruf erfolgreich sind.
(b) 1890 schrieb Oscar Wilde »Das Bildnis des Dorian Gray« habe ihm nichts als Ärger eingebracht.

In vielen Fällen kommt die syntaktische Ambiguität eines Gartenpfad-Satzes nur dadurch zustande, dass gleichzeitig eine **lexikalische Ambiguität** vorliegt, also ein Wort verschieden interpretiert werden kann. Eine Besonderheit des Englischen ist die Häufigkeit von Wörtern, die in der gleichen Form als Verb und als Substantiv verwendet werden. So bedeutet beispielsweise die Form *fly* nicht nur als Verb ›fliegen‹, sondern darüber hinaus auch als Substantiv ›Fliege‹. Wenn es hier also zu einem Missverständnis kommt und beispielsweise eine nominale Form verbal ausgelegt wird, führt die lexikalische Ambiguität automatisch zu einer syntaktischen Ambiguität.

Beispiel: Berühmte Gartenpfad-Sätze

Nur syntaktische Ambiguität:
The horse raced past the barn fell.
Since Jay always jogs a mile seems like a short distance to him.

Lexikalische und syntaktische Ambiguität:
The old man the boat.
The man who hunts ducks out on weekends.
Time flies like an arrow. Fruit flies like a banana.

Globale Ambiguitäten: Neben Gartenpfad-Sätzen sollen hier noch Strukturen erwähnt werden, in denen eine globale Ambiguität vorliegt, die auch nach Abschluss des Satzes bestehen bleibt. So kann das Beispiel (40a) auf zwei verschiedene Fragen Antwort geben, nämlich *Wen tragen die Schwimmwesten?* oder *Was tragen die Passagiere?* In Beispiel (40b) kommen sowohl der Detektiv als auch der Verdächtige als Besitzer des Fernglases in Betracht.

(40) (a) Die Schwimmwesten tragen die Passagiere.
(b) Der Detektiv beobachtete den Verdächtigen mit dem Fernglas.

Definition

→ **Lokale Ambiguitäten** sind Mehrdeutigkeiten, die im zeitlichen Verlauf der Satzanalyse an einer bestimmten Stelle, nämlich am Disambiguierungspunkt, aufgeklärt werden, so dass von mehreren möglichen Interpretationen nur eine übrig bleibt.
→ **Globale Ambiguitäten** sind Mehrdeutigkeiten, die auch nach Abschluss der Satzanalyse bestehen bleiben.

Weswegen sind nun Gartenpfad-Sätze und ähnliche Strukturen von Interesse für die Erforschung des Satzverstehens? Ein berechtigter Einwand ist ja, dass solche Beispiele im natürlichen Sprachgebrauch entweder überhaupt nicht vorkommen oder aber dort ihre Ambiguität durch die Satzmelodie oder den sprachlichen Kontext bereits verloren haben. Die Tatsache, dass viele Sätze lediglich auf dem Papier ambig sind, ist unbestritten. Trotzdem ist es sinnvoll zu untersuchen, welche Verfahren Hörer-/innen anwenden, wenn sie solche problematischen Sätze ›unter Laborbedingungen‹ analysieren.

Eine zentrale Frage ist dabei das **Verhältnis von grammatischer, semantischer und pragmatischer Information.** Welche Arten von Information werden zu welchem Zeitpunkt zur Bildung einer Strukturanalyse herangezogen? Indem man Muttersprachler mit verschiedenen Beispielsätzen konfrontiert, die sich jeweils nur in einem bestimmten Detail unterscheiden, kann man untersuchen, welche Faktoren ihr Verhalten beeinflussen. So können Strategien sichtbar gemacht werden, die beim Satzverstehen unter natürlichen Bedingungen im Verborgenen bleiben, und man gewinnt einen Einblick in die *black box* der Sprachverarbeitung.

Serielle Parsingmodelle: Eine Grundfrage beim Satzverstehen ist, ob man sich als Hörer beim Parsing sofort für eine Hypothese entscheidet oder am Anfang mehrere alternative Strukturanalysen verfolgt, von denen sich später nur eine als richtig erweist. Sogenannte serielle Parsingmodelle gehen davon aus, dass zunächst nur eine einzige Strukturanalyse erstellt wird, die später gegebenenfalls revidiert wird. Die Schwierigkeiten, die Hörer bei der Reanalyse von Beispielen wie denen in (39) haben, unterstützen solche Modelle. Problematisch für serielle Parsingmodelle sind allerdings Sätze, die eigentlich einen Gartenpfad-Effekt zeigen sollten, dabei aber für den Hörer gänzlich unproblematisch sind.

(41) (a) Ich mag Kaffee nicht riechen.
(b) Ich fürchte meine Steuererklärung ist bald wieder fällig.

5.4 Satz und Text

Satz- und Textverstehen – Modelle und Mechanismen

> **Zur Vertiefung**
>
> **Selbstbestimmtes Lesen**
>
> Ein übliches experimentelles Verfahren für Untersuchungen zum Satzverstehen ist das sogenannte **selbstbestimmte Lesen** (*self-paced reading*), bei dem die Lesegeschwindigkeiten von Versuchspersonen über die Wörter eines Satzes hinweg gemessen werden. Zu Beginn einer Messung erscheinen dabei alle Wörter als Striche auf dem Testbildschirm. Durch das Drücken einer Taste kann die Versuchsperson nach und nach jedes Wort des Satzes aufrufen, wobei immer nur ein einziges Wort sichtbar ist und die vorangegangenen wieder durch Striche ersetzt werden.
>
>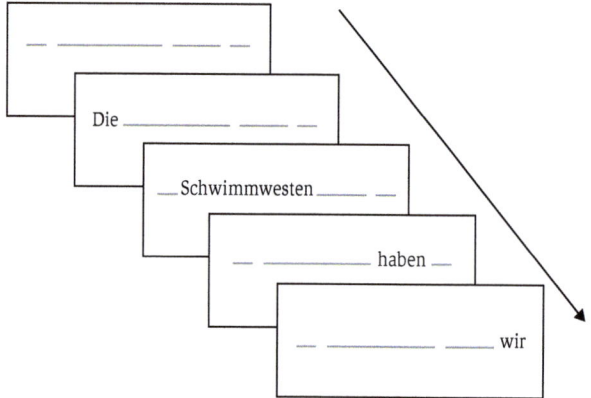
>
> Während dieses Prozesses wird fortlaufend festgehalten, wie schnell die Versuchsperson das nächste Wort aufruft. Eine Verzögerung des Prozesses lässt sich vor allem an Disambiguierungspunkten messen, was darauf schließen lässt, dass dort der Prozess der Reanalyse angestoßen und durchgeführt wird.

In Beispiel (41a) sollte der Anfang *Ich mag Kaffee* die starke Hypothese generieren, dass ein abgeschlossener, sinnvoller Satz vorliegt; die Reanalyse des Satzes, der in seiner Gesamtheit etwas ganz anderes bedeutet, sollte Hörern dementsprechend schwer fallen. Augenscheinlich ist dies aber nicht der Fall. Auch in (41b) findet sich eine lokale Ambiguität, denn *meine Steuererklärung* kann zunächst als Objekt des Matrixsatzes interpretiert werden, ähnlich wie dies oben mit dem *Bildnis des Dorian Gray* der Fall war. Trotzdem führt der Satz zu keinen nennenswerten Verständnisproblemen. **Parallele Parsingmodelle** halten eine Erklärung dafür bereit, weshalb der Gartenpfad-Effekt in Beispielen wie (41a) und (41b) ausbleibt: Wenn Hörer mehrere Strukturanalysen gleichzeitig parallel erstellen, können sie bei Bedarf flexibel reagieren, falsche Hypothesen aussortieren und einfach die richtige beibehalten. Gleichzeitig müssen parallele Parsingmodelle natürlich erklären, weshalb bei manchen Sätzen eben doch Gartenpfad-Effekte entstehen. Ein Ansatz dazu ist die Annahme, dass Hypothesen relativ zügig verworfen werden, sobald sie sich nicht erhärten. Beispielsweise würde der Satzanfang *1890 schrieb Oscar Wilde* die Hypothese eines folgenden Komplementsatzes, mit oder ohne Einleitung durch die unterordnende Konjunktion *dass*, erlauben. Da auf diesen Anfang aber mit »*Das Bildnis des Dorian Gray*« eine Nominalphrase folgt, deren Kasusmarkierung als Akkusativ interpretiert werden kann, wird diese Hypothese erst einmal verworfen oder zumindest als randständig beurteilt.

Frequenzeffekte: Ein Ergebnis aktueller Forschung ist es, dass Hörer zwar verschiedene Hypothesen parallel aufrechterhalten, diese aber nicht als gleichwertig betrachten. Sprecher und Hörer haben vielmehr verinnerlicht, wie **häufig** ein bestimmtes Verb mit unterschiedlichen syntaktischen Mustern gebraucht wird (Gahl/Garnsey 2004). Hierzu ist ein Vergleich zweier bereits diskutierter Beispiele nützlich.

(42) (a) 1890 schrieb Oscar Wilde »Das Bildnis des Dorian Gray« habe ihm nichts als Ärger eingebracht.
(b) Ich fürchte meine Steuererklärung ist bald wieder fällig.

Die Beobachtung, dass (42a) einen stärkeren Gartenpfad-Effekt auslöst als (42b), lässt sich dadurch erklären, dass *fürchten* häufiger mit Komplementsätzen vorkommt als *schreiben*. Hörer sind deswegen eher geneigt, bei Sätzen mit *fürchten* die Hypothese eines folgenden Komplementsatzes noch eine Zeit lang aufrechtzuerhalten. Bei Sätzen mit *schreiben* ist die Komplementsatz-Hypothese von vornherein eine eher unwahrscheinliche Option, die schon bei geringfügiger Gegenevidenz verworfen wird. Zu der Unterscheidung von seriellen und parallelen Parsingmodellen kann abschließend festgehalten werden, dass zahlreiche Kompromisse zwischen den beiden Extrempolen erarbeitet worden sind (vgl. Gibson 1991).

Parsing-Strategien: Bei Experimenten zum Satzverstehen wurden drei Strategien beobachtet (Frazier/Fodor 1978; Frazier 1987; Clifton/Frazier 1989): **minimale Anbindung** (engl. *minimal attachment*), **später Abschluss** (*late closure*) und **aktive Füllung** (*active filler strategy*). Diese Strategien erheben den Anspruch auf sprachübergreifende Anwendbarkeit (Frazier/Clifton 1997), allerdings haben experimentelle Studien auch einzelsprachliche Unterschiede zutage gefördert, die später in diesem Abschnitt behandelt werden (Hemforth/Konieczny/Scheepers 2000). Der theoretische Hintergrund dieser Strategien ist ein seriell arbeitendes Parsingmodell. Da sich aber auch alternative Modelle des Parsing mit den Wirkungsweisen dieser Strategien beschäftigen müssen, sollen sie im Folgenden kurz beschrieben werden.

Minimal attachment: Die Strategie der minimalen Anbindung besagt, dass beim Parsing eines laufenden Satzes jedes neue Wort möglichst ›sparsam‹ in den bisherigen Satz integriert werden soll, d. h. es soll möglichst vermieden werden, die bisher analysierte Struktur durch syntaktische Knoten zu erweitern, die sich möglicherweise als unnötig erweisen könnten. Für den Satzanfang *1890 schrieb Oscar Wilde »Das Bildnis des Dorian Gray«* favorisiert die Strategie der minimalen Anbindung die Annahme, dass »Das Bildnis des Dorian Gray« das direkte Objekt des Matrixsatzes ist. Die Gegenhypothese eines beginnenden Komplementsatzes ist um einiges komplexer: Sie würde mit der Vermutung einhergehen, dass mindestens noch eine Verbalphrase folgt, für die dann sofort syntaktische Knoten als Platzhalter angelegt würden. Das Erstellen und Behalten einer solchen Repräsentation ist einigermaßen aufwändig, und mit jeder zusätzlichen Alternativhypothese wächst der Bedarf an mentalem Speicherplatz. Die Strategie der minimalen Anbindung dient also zur Vermeidung kognitiven Aufwands; es werden einfache Strukturen vermutet, solange keine direkte Evidenz dagegen spricht.

Late closure: Die Strategie des späten Abschlusses hebt darauf ab, dass ein neues Wort möglichst in eine aktuell verarbeitete Phrase integriert werden sollte. Der späte Abschluss favorisiert also lokale Anbindungen anstelle von solchen Anbindungen, die eine bereits früher begonnene Phrase weiterführen. Im Beispiel (43a) erklärt die Strategie des späten Abschlusses also, weshalb der Verdächtige durchaus als Besitzer des Fernglases in Frage kommt, obwohl eigentlich deutliche semantische Gründe gegen diese Interpretation sprechen. In Beispiel (43b) zeigt sich ein noch stärkerer Effekt des späten Abschlusses. Die adverbiale Ergänzung *on her way home* lässt sich prinzipiell auf zwei Ereignisse beziehen. In der bevorzugten Lesart bezieht sie sich auf den Satz *she met John*, der aktuell verarbeitet wird. Darüber hinaus ist es aber auch möglich, dass sich die Ergänzung auf den vorher verarbeiteten Matrixsatz, also auf den Zeitpunkt des Erzählens, bezieht. Diese Möglichkeit ist für die meisten Leser so sekundär, dass sie den Satz zunächst nicht als mehrdeutig wahrnehmen.

(43) (a) Der Detektiv beobachtete den Verdächtigen mit dem Fernglas.
  (b) Mary told me that she met John on her way home.

Active filler strategy: Die Strategie der aktiven Füllung bezieht sich auf Satzmuster, die von einfachen deklarativen Sätzen abweichen. Zu diesen Satzmustern gehören **Fragen** (*Wem wolltest du das Buch geben?*), sogenannte **Spaltsätze** (*Es war die Haushälterin, die die Eheleute ermordeten*), oder **Topikalisierungen** (*Filme von Quentin Tarantino kann ich einfach nicht ausstehen*). Diese Satzmuster zeichnen sich dadurch aus, dass bereits früh im Satz ein Element vorkommt, dessen übliche Position in einfachen deklarativen Sätzen eine andere, spätere ist. Der Frage **Wem** *wolltest du das Buch geben?* steht also die Feststellung *Du wolltest* **ihm** *das Buch geben* gegenüber. In generativen Grammatiktheorien wird aus diesem Grund bei syntaktischen Analysen von Fragen und ähnlichen Konstruktionen eine sogenannte **Leerstelle** angenommen (s. Kap. 4), wie in (44) dargestellt.

(44) (a) Wem$_i$ wolltest du __$_i$ das Buch geben?
  (b) Es war die Haushälterin$_i$, die die Eheleute ermordeten __$_i$.
  (c) Filme von Quentin Tarantino$_i$ kann ich einfach __$_i$ nicht ausstehen.

Funktionale Grammatiktheorien haben zumeist keine direkte Entsprechung für Leerstellen dieser Art, aber in jedweder Theorie ergibt sich bei komplexen Sätzen die Frage, ob und in welcher Funktion das Subjekt oder Objekt des Matrixsatzes auch als Subjekt oder Objekt eines untergeordneten Satzes mitverstanden wird. Die Metapher einer Leerstelle ist also auch theorieübergreifend eine nützliche Hilfsannahme. In manchen komplexen Sätzen tritt nun das Problem auf, dass beim Satzverstehen mehrere mögliche Leerstellen in Betracht kommen, die zu verschiedenen Interpretationen des bisher verarbeiteten Materials führen. Beispielsweise könnte ein Hörer in Beispiel (44b) bis zum Ende des Satzes vermuten, dass die Leerstelle im Relativsatz dessen Subjekt, und nicht das Objekt, repräsentiert, wie in (45) illustriert ist. Erst die Pluralform des Verbs zeigt, dass diese Interpretation nicht stimmen kann, so dass die Ambiguität aufgelöst und die Analyse in (45) durch die in (44b) ersetzt wird.

(45) Es war die Haushälterin$_i$, die __$_i$ die Eheleute ermordete ...

Wonach bestimmt sich nun, welche Interpretation ein Hörer beim Satzverstehen favorisiert? Die Strategie der aktiven Füllung besagt, dass Hörer es vorziehen, mögliche Leerstellen so früh wie möglich anzusetzen. Diese Strategie vermeidet kognitiven Aufwand und erklärt, weshalb Hörer beim Verstehen von (44b) vorübergehend die Hypothese einer mordenden Haushälterin aufstellen. Allerdings ist eine wichtige Einschränkung notwendig: Eine Leerstelle wird nicht angenommen, wenn es als Alternative ein direkt ausgedrücktes Objekt des Verbs gibt. Ein Beispiel für einen solchen Fall ist (46a). Hier hat man als Hörer die starke Präferenz, *eine Belohnung* zunächst als Objekt des Verbs *versprechen* anzunehmen, so dass sich ein Satz wie in (46b) ergibt. Diese Interpretation hat die Folge eines Gartenpfad-Effekts: Hörer mit der Interpretation in (46b) müssen den Satz neu analysieren und eine Leerstelle einfügen, um zu der Struktur von (46c) zu gelangen. Dies ist Evidenz dafür, dass Hörer nicht sofort jede Option nutzen, um eine frühe Leerstelle einzufügen.

(46) (a) Wem versprachst du eine Belohnung würde es auf jeden Fall geben?
     (b) Wem versprachst du eine Belohnung?
     (c) Wem$_i$ versprachst du __$_i$ eine Belohnung würde es auf jeden Fall geben?

5.4.2 | Verarbeitung von Anaphern

In vielen sprachlichen Strukturen bestehen Koreferenzen zwischen einer pronominalen Form und einer lexikalischen Phrase. Dieser Abschnitt geht näher darauf ein, wie solche Strukturen vom Hörer eigentlich verstanden werden (vgl. Nicol/Swinney 2002).

Anaphernzuordnung: Genau wie das Parsing beginnt die sogenannte Anaphernzuordnung unmittelbar und inkrementell, Hörer analysieren also Sätze während des Hörens Wort für Wort und erstellen zeitnah Hypothesen zur Bedeutung des Satzes. Wenn eine pronominale Form im Satz auftaucht, beginnen die Hörer unbewusst die Suche

---

Zur Vertiefung

Sprachunterschiede beim Parsing

Für die Strategie der späten Schließung sind Unterschiede zwischen dem Englischen und anderen Sprachen nachgewiesen worden (Hemforth/Konieczny/Scheepers 2000). So gibt es im englischen Beispielsatz (a), ganz nach der Strategie der späten Schließung, eine Präferenz für *the teacher* als Kopf des folgenden Relativsatzes. Diese Präferenz gibt es interessanterweise im Deutschen nicht in derselben Weise: Beispielsatz (b) wird von Versuchspersonen eher so gelesen, dass *die Tochter* aus Deutschland kommt.

(a) The daughter of the teacher who came from Germany met John.
(b) Die Tochter der Lehrerin, die aus Deutschland kam, traf John.

Eine Erklärung könnte darin liegen, dass die Strategien des Parsing sich nicht nur aus generellen kognitiven Prinzipien ergeben, sondern dass dabei auch einzelsprachliche Gegebenheiten eine Rolle spielen. Beispielsweise wird vermutet, dass die Häufigkeit eines sprachlichen Musters in einer Sprache die Verarbeitung dieses Musters beeinflusst. Wir haben bereits bei der Diskussion von Beispiel (42b) darauf hingewiesen, dass ein Verb wie *fürchten*, das typischerweise einen Komplementsatz nach sich zieht, den Hörer zu einer solchen Erwartung verleitet, obwohl die Strategie der minimalen Anbindung eine einfache folgende Nominalphrase favorisieren würde.

Gebrauchsbasierte Parsingmodelle unterscheiden sich darin, dass manche lediglich lexikalische Informationen nutzen, wie zum Beispiel die Präferenz von *fürchten* für verschiedene Ergänzungen, während andere auch abstraktere syntaktische Muster mit einbeziehen, wie etwa die Folge { NOMINALPHRASE$_{NOM}$ NOMINALPHRASE$_{GEN}$ RELATIVSATZ }, die in Beispiel (b) als *Die Tochter der Lehrerin, die aus Deutschland kam* realisiert ist. Die Präferenz deutscher Sprecher/innen für eine Anbindung an die erste Nominalphrase könnte daher rühren, dass eine solche Anbindung häufiger ist als eine Anbindung an die zweite. Das würde bedeuten, dass Hörer/innen sich diese abstrakten Muster ›merken‹ und unbewusst Statistiken dazu führen, wie oft sie in verschiedenen Varianten vorkommen. Ein Überblick zu gebrauchsbasierten Parsingmodellen findet sich in Mitchell/Cuetos/Corley/Brisbaert (1995).

nach einem Antezedens. Aktuelle psycholinguistische Theorien gehen davon aus, dass für ein bestimmtes Bezugswort zunächst eine Gruppe von möglichen Kandidaten ermittelt wird, von denen dann im Idealfall alle bis auf einen eliminiert werden. Offene Fragen sind, wie schnell dieser Prozess vor sich geht und welche Informationen zur Auswahl und zur Eliminierung der Kandidaten genutzt werden.

Verzögerte Anaphernzuordnung: Empirische Studien zeigen, dass die Suche nach einem Antezedens zwar mit dem Auftauchen eines Pronomens beginnt, dass Leser/innen einen Satz aber bereits weiterlesen, ehe die Suche abgeschlossen ist. Eventuelle Schwierigkeiten zeigen sich also nicht direkt beim Lesen des Pronomens, sondern erst im späteren Verlauf des Satzes.

Faktoren für die Anaphernzuordnung: Für die Anaphernzuordnung relevante Informationen sind beispielsweise morphologisch markierte Eigenschaften wie Numerus und Genus, die syntaktische Position von Nominalphrase und Pronominalform, die thematische Prominenz eines Referenten sowie Weltwissen über mögliche und unmögliche oder zumindest unwahrscheinliche Situationen und Ereignisse. Morphologische und syntaktische Informationen werden vermutlich zuerst genutzt, um die Anzahl der Kandidaten einzuschränken. Beispielsweise lässt sich zeigen, dass Hörer ein Reflexivpronomen wie *sich* immer auf die direkt übergeordnete Nominalphrase beziehen, ohne dass alternative Nominalphrasen im Satz in Betracht gezogen würden. Die weitere Auswahl bestimmen mehrere Faktoren. Anaphernzuordnung nach syntaktischer Parallelität beschreibt beispielsweise die Vorliebe, ein anaphorisches Pronomen einer Nominalphrase zuzuordnen, die dieselbe syntaktische Funktion (Subjekt, Objekt) innehat. Thematische Prominenz spielt ebenfalls eine wichtige Rolle, denn je prominenter ein Referent im vorangegangenen Text war, desto eher bietet er sich für einen pronominalen Ausdruck an. Letztlich kommt auch das Weltwissen zum Tragen.

Konflikte zwischen den Faktoren: Diese Faktoren zur Auswahl des Antezedens können miteinander im Konflikt stehen, wie etwa in Beispiel (47).

(47) Britta lobte Katrin, weil sie die Katze gut versorgt hatte.

Nach dem Faktor der syntaktischen Parallelität wäre *Britta* das ›bessere‹ Antezedens, da das anaphorische Pronomen *sie* das Subjekt des Adverbial-

> **Zur Vertiefung**
>
> **Anaphernzuordnung in der Computerlinguistik**
>
> Wie bringt man einen Computer dazu, einen Satz wie *Britta versprach Katrin, dass sie in den Ferien auf ihre Katze aufpassen würde* richtig zu verstehen? Die Algorithmen, die zu diesem Zweck programmiert werden, versuchen, jede pronominale Form in einem Text einer passenden Nominalphrase zuzuordnen (vgl. Mitkov 2002).
>
> Für eine solche Zuordnung greift das Programm auf verschiedene Kriterien zurück. Wichtig sind zum Beispiel die grammatischen Kategorien eines Pronomens. Eine Form wie *er* ist für die Kategorien Maskulinum und Singular markiert – eine passende Nominalphrase muss sich in diesen Kategorien mit dem Pronomen decken, Phrasen mit anderem Genus oder im Plural kommen für eine Koreferenz nicht in Frage. Weiterhin ist die hierarchische Struktur eines Satzes von Bedeutung. Ein Pronomen koreferiert fast nie mit einer syntaktisch untergeordneten Nominalphrase (s. die Diskussion der kataphorischen Referenz in 5.1.5). Programme zur Anaphernzuordnung verfügen darüber hinaus häufig über semantische Informationen, die angeben, ob eine Nominalphrase als Mitspieler eines bestimmten Verbs in Frage kommt. Beispielsweise besteht in dem Satz *Britta holte eine Banane aus der Tüte und aß sie auf* eine semantische Verbindung zwischen dem Verb *aufessen* und der *Banane*, nicht aber zwischen dem Verb und der *Tüte*.
>
> Viele **Kriterien der Anaphernzuordnung** beschreiben lediglich Tendenzen, also Zusammenhänge, die zwar relativ häufig sind, aber nicht immer zutreffen. Eine solche Tendenz ist, dass in parallel strukturierten Sätzen Bezüge zwischen Formen hergestellt werden, die die gleiche syntaktische Position haben. Ein Satz wie *Britta mag Kaffee mit Zucker, Katrin mag ihn mit Milch* bedeutet also, dass Katrin *Kaffee mit Milch* mag und nicht etwa *Zucker mit Milch*. Ebenfalls von Bedeutung sind Parallelismen in der semantischen Struktur eines Satzes. In dem Satz *Frank bekam von seinem Opa ein iPhone und Britta schenkte ihm eine Armbanduhr* beziehen Hörer das Pronomen auf *Frank*, weil so die Anapher dieselbe semantische Rolle einnimmt wie das Antezedens, nämlich die eines Rezipienten. Um eine solche Zuordnung vornehmen zu können, muss das Computerprogramm sämtlichen Nominalphrasen und Pronomen semantische Rollen zuweisen.
>
> Bei manchen anaphorischen Pronomen reichen die Informationen auf der Satzebene nicht aus, um ein Antezedens zweifelsfrei zu identifizieren, wie in dem Satz *Britta nahm die Zeitung von der Tischdecke und faltete sie zusammen*. Sowohl Zeitungen als auch Tischdecken lassen sich zusammenfalten, und auch die syntaktische Struktur des Beispiels lässt offen, worauf die Anapher referiert. In so einem Fall kann ein Computerprogramm ermitteln, ob entweder die *Zeitung* oder die *Tischdecke* bereits im vorangegangenen Kontext erwähnt worden ist. Wenn die Textpassage Brittas Vorlieben für bestimmte Tischdecken thematisiert, ist es wahrscheinlich, dass sich das Pronomen auf die Tischdecke bezieht. In einer Beschreibung von Brittas morgendlicher Lektüre ist die Zeitung hingegen der wahrscheinlichere Kandidat.
>
> Die meisten Algorithmen ähneln sich darin, welche Informationen sie zur Anaphernzuordnung verwenden. Unterschiede ergeben sich daraus, ob diese Informationen in einem seriell arbeitenden Ausschlussverfahren verwendet werden oder ob für jedes prinzipiell mögliche Antezedens mithilfe sämtlicher Informationsquellen eine statistische Wahrscheinlichkeit errechnet wird, nach der sich die Auswahl des ›besten‹ Kandidaten bestimmt.

satzes ist, während *Britta* das Subjekt des Matrixsatzes ist. Das Weltwissen des Hörers suggeriert andererseits, dass typischerweise gelobt wird, wer etwas Lobenswertes gemacht hat. Für die allermeisten Leser setzt sich damit die Interpretation durch, dass *Katrin* die Katze versorgt hat. Wie genau das Tauziehen verschiedener Faktoren bei der Ermittlung eines Antezedens vor sich geht, ist Gegenstand aktueller psycholinguistischer Forschung.

5.4.3 | Textverstehen

Sagen und Meinen: In einem Gespräch oder beim Lesen eines Textes versteht man normalerweise eine ganze Reihe von Dingen, die nicht direkt in den einzelnen Wörtern und Sätzen verbalisiert sind. Dieser Prozess wird manchmal bildhaft als das Auffüllen eines Bedeutungsskeletts beschrieben, manchmal auch als das Überbrücken und Vernetzen einzelner Informationsteile, durch das eine Gesamtschau der Bedeutung möglich wird. An dem folgenden Beispiel lässt sich das nachvollziehen.

(48) Britta lief durch den Regen nach Hause.
Ihr Blick fiel auf ein altes Fahrrad.
Das Schloss war einfach auf den Gepäckträger geklemmt.
Sie zögerte einen Moment, ging dann aber schnell weiter.

Diese vier Sätze erzählen eine komplette Geschichte, wobei das Wesentliche der Handlung zwischen den Zeilen steht: Britta überlegt für einen Moment, das nicht abgeschlossene Fahrrad zu nehmen, um damit im Regen schneller nach Hause zu kommen, sie entscheidet sich aber letztlich dagegen. Der Begriff der **Inferenz** bezeichnet die Anreicherung einer sprachlichen Äußerung mit zusätzlicher Bedeutung, die sich der Hörer erschließt. In der Sprachwissenschaft befasst sich der Bereich der **Pragmatik** mit der Frage, nach welchen Strategien Hörer zu Inferenzen über das vom Sprecher Ge-

meinte kommen. Es muss bei diesem Prozess Beschränkungen geben, da sonst eine einfache Äußerung im Hörer eine unendliche, sich selbst verstärkende Assoziationskette auslösen würde. Da dies nicht der Fall ist, unterliegt die Herstellung von Inferenzen offenbar einigen Spielregeln, die beispielsweise in den Arbeiten von Grice (1975), Levinson (1983) oder Sperber/Wilson (1986) behandelt werden (s. auch Kap. 6).

Dass das Gemeinte fast immer über das Gesagte hinausgeht, lässt sich leicht funktional erklären; das Verbalisieren von Bedeutungen ist für den Sprecher aufwändig und kostet Zeit, das Implizieren von Bedeutungen senkt diesen Aufwand und steigert gleichzeitig den Umfang der Information, die in kurzer Zeit vermittelt werden kann (Levinson 2000b: 29). Hörern fällt es dementsprechend geradezu schwer, die einzelnen Elemente eines Textes *nicht* durch Inferenzen in einen wie auch immer gearteten Zusammenhang zu bringen. Das folgende Beispiel von Vater (2001: 127) verknüpft zwei gänzlich unzusammenhängende Sätze.

(49) Es regnet. Gib mir die Bibel.

In zwei schlüssigen Interpretationen dieser Sätze soll die Bibel entweder vor Regen geschützt werden oder aber der Sprecher plant, sie ihrerseits als Regenschutz zu verwenden. Die Herstellung von derartigen Zusammenhängen im Text wurde schon in Abschnitt 5.1. unter dem Begriff der **Kohärenz** diskutiert. Die folgenden Abschnitte stellen einige Theorien vor, die den Prozess des Textverstehens durch Kohärenzbildung näher beschreiben.

Propositionen: Nach einer einflussreichen psycholinguistischen Theorie des Textverstehens (Kintsch/van Dijk 1978; Kintsch 1998) verarbeiten Hörer Texte so, dass sie Teile des laufenden Textes zu Bedeutungseinheiten, sogenannten **Propositionen,** verbinden. Eine Proposition besteht aus einem zentralen Element, dem **Prädikat**, und mehreren Mitspielern, den sogenannten **Argumenten** des Prädikats (s. auch Kap. 4.4). Üblicherweise ist das Prädikat eine verbale oder adjektivische Struktur, die Argumente sind durch Nominalphrasen und adverbiale Bestimmungen repräsentiert. Den Argumenten kommen in Relation zum Prädikat verschiedene Rollen und Funktionen zu. Ein Argument kann etwa als Agens bezeichnet werden, also als Ausführender einer Handlung, oder als Patiens, dem eine Handlung widerfährt. Ort und Zeit sind weitere wichtige Rollen, die als Argumente eines Prädikats eine bereits bestehende Propositi-

> **Definition**
>
> → **Inferenz** bezeichnet die Anreicherung des Gesagten mit zusätzlicher Bedeutung.
> Inferenzen können vom Sprecher des Gesagten explizit zurückgenommen werden:
> A: Nachtisch?
> B: Ich bin total satt → Inferenz: *Nein danke, keinen Nachtisch!*
> ... aber ein Eis esse ich noch! → Zurücknahme der Inferenz

on erweitern können. Eine Proposition verbindet die Argumente in ihren verschiedenen Funktionen mit dem Prädikat und nimmt damit eine Beschreibung einer Situation vor. Ein typisches Merkmal von Propositionen ist, dass ihnen Wahrheitswerte zuerkannt werden können, d.h. eine Proposition ist entweder wahr oder falsch. Eine Äußerung wie *Her mit dem Geld!* ist also keine Proposition. Der erste Satz aus Beispiel (50) hingegen enthält eine Proposition, die sich, lose auf der Theorie von Kintsch und van Dijk basierend, vereinfacht wie folgt darstellen lässt.

(50) (a) Britta lief durch den Regen nach Hause.
    (b) Prädikat: laufen
       Agens: Britta
       Pfad: durch den Regen
       Ziel: nach Hause
       Zeit: Vergangenheit

Mikro- und Makrostruktur von Texten: Propositionen können ineinander eingebettet sein, so dass **komplexe Propositionen** entstehen. Der Satz *Britta lief durch den kalten Regen nach Hause* beispielsweise enthält neben der in (50) dargestellten Proposition noch das Prädikat *kalt*, das sich auf das Argument *Regen* bezieht. Die Proposition ›der Regen ist kalt‹ mit dem Argument ›Regen‹ und dem Prädikat ›kalt‹ bettet sich also in die übergeordnete Proposition ›Britta lief durch den Regen nach Hause‹ ein.

Kintsch und van Dijk (1978) beschreiben den semantischen Aufbau eines Textes auf zwei Ebenen:

Die Mikrostruktur eines Textes ist ein Netzwerk von miteinander verbundenen Mikro-Propositionen. In einem Text wäre beispielsweise die Proposition aus Beispiel (50) eine solche Mikro-Proposition. Manche Mikro-Propositionen werden direkt aus den Wörtern und Sätzen des Textes abgeleitet, andere hingegen kommen als Inferenzen ins Spiel. Die Kohärenz eines Textes bestimmt sich danach, ob seine Mikro-Propositionen sich in ihren Argumenten überschneiden. Dies ist Voraussetzung dafür, dass Hörer aus den einzelnen Details eine zusammenhängende Situation konstruieren können. Leser eines Textes erschließen sich dessen Makrostruktur, indem sie die Mikro-Propositionen zusammenfügen und auf ein übergeordnetes Textthema beziehen. Dabei steuert das Wissen um verschiedene Texttypen die Erwartungen, die Leser an den Text stellen. Propositionen auf der Mikroebene werden also danach beurteilt, ob sie sich leicht in ein übergeordnetes Thema einfügen oder ob sie den Text lediglich ausschmücken. Unwichtige Propositionen werden dabei ausgeblendet, um das Wesentliche, die Makrostruktur, schneller zu erfassen.

Die Makrostruktur eines Textes lässt sich als seine **Quintessenz** umschreiben, die der Leser im Langzeitgedächtnis behält. So können beispielsweise viele deutsche Erwachsene das Märchen von Schneewittchen und den sieben Zwergen in groben Zügen nacherzählen, allerdings wird sich kaum jemand an den genauen Wortlaut erinnern, nach dem sie oder er als Leser (oder Hörer) Mikro-Propositionen aus den einzelnen Sätzen erstellt hat.

Mentale Modelle: Eine andere Herangehensweise an das Textverstehen ist die Theorie der Mentalen Modelle (Johnson-Laird 1980, 1983), die in der Kognitionswissenschaft auch unter dem Stichwort des **verkörperlichten Denkens** (engl. *embodied cognition*) eine bedeutende Rolle spielt (Glenberg 1999). Diese Theorie versteht sich als Kritik an der Annahme, dass Bedeutung in der Form von miteinander verbundenen Propositionen verarbeitet wird. Johnson-Laird (1980) diskutiert dazu ein Beispiel wie das folgende:

(51) Britta sitzt rechts von Katrin.
     Frank sitzt rechts von Britta.
     Boris sitzt rechts von Frank.

In einem Modell des Textverstehens, das Propositionen nacheinander in eine logische Beziehung bringt, wäre zu inferieren, dass Boris weiter rechts sitzt als Katrin. Diese Inferenz kann sich jedoch als falsch erweisen, wenn zum Beispiel die vier Freunde an einem runden Tisch sitzen. Johnson-Laird argumentiert deshalb, dass das Textverstehen immer vor dem Hintergrund einer bestimmten Situation stattfinden muss, die Einfluss darauf nimmt, wie neue Information in bereits verarbeitete integriert wird. Sein Vorschlag ist, dass Leser beim Lesen eines Textes ein mentales Modell der geschilderten Situation erstellen. Neue Informationen werden so in das Modell eingefügt, dass sie das Gesamtbild berücksichtigen. Sie müssen also sowohl in ihren unmittelbaren Kontext wie auch in den globalen Zusammenhang passen.

Der wesentliche Unterschied zwischen mentalen Modellen und Propositionen liegt in der Natur der mentalen Repräsentation von Texten. Propositionen reduzieren den Inhalt eines Textes auf seine logischen Zusammenhänge, also auf die schon erwähnte makro-propositionale Quintessenz. Diese

5.4 Satz und Text

Satz- und Textverstehen – Modelle und Mechanismen

Repräsentation ist vergleichbar mit der Speicherung von Information in einem Computersystem; sie ist symbolisch, diskret und digital, also sehr ›sparsam‹ und auf das Wesentliche reduziert. Demgegenüber sind mentale Modelle eine sehr ›reichhaltige‹ Form der kognitiven Repräsentation. Ein mentales Modell kann Sinneseindrücke wie beispielsweise Farben, Klänge oder Temperatur enthalten, die über den propositionalen Gehalt des zugrundeliegenden Textes weit hinausgehen. Aus dem Satz *Britta lief durch den Regen nach Hause* könnte ein Leser beispielsweise ein Modell konstruieren, in dem Britta eine dunkelblaue Regenjacke trägt. Selbst Leser/innen, die sich keine solchen Details vorstellen, würden immer noch angeben, dass Britta in ihrer Vorstellung zumindest irgendeine Art von Kleidung am Leibe trägt. Für ein Propositionsmodell des Textverstehens sind solche Eindrücke nur mit zusätzlichen Annahmen zu erklären, bei mentalen Modellen folgen sie von allein aus der Theorie.

Verkörperlichtes Denken: Viel deutet darauf hin, dass beim Verstehen von Sätzen in der Tat perzeptuelle Eindrücke eine Rolle spielen. Dies wurde unter anderem in Experimenten gezeigt, in denen Hörer mit Sätzen wie den folgenden konfrontiert wurden (Stanfield/Zwaan 2001; Zwaan/Stanfield/Yaxley 2002).

(52) (a) He hammered the nail into the floor.
  (b) He hammered the nail into the wall.

Diese Sätze beschreiben nahezu identische Handlungen, unterscheiden sich aber in einem wichtigen Detail. In (52a) hat der Nagel eine vertikale Ausrichtung, in (52b) eine horizontale. In einem Propositionsmodell des Textverstehens wäre ein solcher Aspekt nicht repräsentiert, in einem mentalen Modell schon. Im Verlauf des Experimentes sahen Versuchspersonen nach dem Lesen eines Satzes Zeichnungen wie die in Abbildung 1, die sich ebenfalls lediglich in der Ausrichtung des dargestellten Gegenstandes unterscheiden. Anders als in Abbildung 1 sahen Versuchspersonen jedoch immer nur eine Zeichnung.

Die Versuchspersonen waren aufgefordert, per Tastendruck so schnell wie möglich zu beantworten, ob der abgebildete Gegenstand in dem zuvor gelesenen Satz vorgekommen war. Wenn also eine Versuchsperson Beispiel (52a) gelesen hatte, erforderten beide Bilder gleichermaßen ein ›ja‹ als Antwort. Messungen der Geschwindigkeit, mit der die Antworten gegeben wurden, zeigen, dass die Versuchspersonen schneller waren, wenn die Orientierung des Gegenstands im Satz mit seiner Orientierung in der Abbildung übereinstimmte. Hieraus lässt sich ableiten, dass Leser perzeptuelle Eindrücke, wie beispielsweise Orientierung im Raum, bei der Satzverarbeitung berücksichtigen und nicht etwa als irrelevant herausfiltern. Beim Verstehen von Sprache sind offenbar dieselben neurologischen Strukturen aktiv, die für körperliche Wahrnehmungen und Handlungen selbst verantwortlich sind.

Semantische Rahmen: Eine linguistische Theorie, die sich mit den psychologischen und kognitionswissenschaftlichen Arbeiten zu mentalen Modellen gut vereinbaren lässt, ist die der semantischen Rahmen (engl. *frame semantics*, vgl. Fillmore 1982, 1985). Ein semantischer Rahmen wird als eine mentale Repräsentation eines Ereignisses, eines Objekts oder einer Situation verstanden, auf die Hörer beim Textverstehen zurückgreifen. Semantische Rahmen kommen durch Erfahrungen in der außersprachlichen Welt zustande; sie sind nichts anderes als mentale Modelle häufig wiederkehrender Situationen. Die Bedeutung von Sätzen ergibt sich dann nicht zuvorderst aus den einzelnen Wortbedeutungen, sondern eher im Rückgriff auf semantische Rahmen. Die folgenden Beispiele illustrieren dies:

(53) (a) Britta ist schon wieder unhöflich zu einem Kunden gewesen.
  (b) Hast du die Post schon reingeholt?
  (c) Morgen gibt's Zeugnisse.
  (d) Abseits!

Um Beispiel (53a) zu verstehen, muss ein Leser ein gewisses Vorwissen über situative Kontexte mitbringen, in denen bestimmte Leute als *Kunden* bezeichnet werden und in denen andere Leute zu diesen unhöflich sind. Erwachsene haben keinerlei Schwierigkeiten zu verstehen, dass Britta offenbar im Kontext ihrer Arbeit zu jemandem unfreundlich war, der sich für Produkte oder Dienste interessierte, die Britta ihm, vermutlich als Angestellte, also im Auftrag ihres Arbeitgebers, gegen

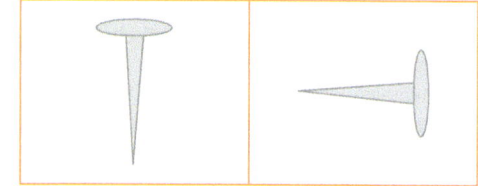

Abb. 1: Visuelle Stimuli in Relation zu Beispielen (52a) und (52b)

Bezahlung vermitteln sollte. Das Adverbiale *schon wieder* indiziert weiterhin, dass ähnliche Situationen schon früher in genau dieser sozialen Konfiguration vorgekommen sind. Die Umständlichkeit dieser Beschreibung zeigt, wie ausufernd das Weltwissen ist, das Leser zum Verständnis eines eigentlich einfach klingenden Satzes aufbringen müssen. Beispiel (53b) referiert auf die Konvention, dass Briefträger täglich Schriftstücke transportieren, die üblicherweise im Laufe des Vormittags in einem Behältnis außerhalb der Wohnung des Empfängers deponiert und dort auch täglich von ihm abgeholt werden. In ähnlicher Weise setzt Beispiel (53c) ein Wissen um die kulturelle Institution der Schule voraus, und der Sinn von (53d) erschließt sich nur Lesern mit einem Vorwissen über Fußball und seine Regeln.

Der wesentliche Punkt der Theorie der semantischen Rahmen ist also, dass Wörter Bedeutung erhalten, weil sie mit semantischen Rahmen assoziiert werden. Ein Wort wie *Abseits* ist mit dem Rahmen eines Fußballspiels assoziiert; ein Wort wie *Hypotenuse* ist mit dem Rahmen eines rechtwinkligen Dreiecks verbunden. Ein semantischer Rahmen hat typischerweise verschiedene **Rahmenelemente**, die zusammen ein Ganzes ergeben. Wörter und Sätze bezeichnen diese Rahmenelemente. Angewandt auf das Textverstehen bedeutet das, dass Leser einzelne Textelemente als Verweise auf semantische Rahmen auffassen, die ihnen ein Verständnis des Textes ermöglichen. Sätze, die auf genau dieselben Tatsachen referieren, können deshalb durchaus auf unterschiedliche semantische Rahmen verweisen, wie etwa die Sätze in (54):

(54) (a) An diesem Tag blieb Kapitän Schmidt an Land.
 (b) An diesem Tag blieb Kapitän Schmidt am Boden.

Die Tatsache, dass jemand sich auf festem Boden befindet, bedeutet im semantischen Rahmen der Seefahrt und der Luftfahrt etwas anderes, nämlich dass sich jemand entweder nicht auf einem Schiff oder nicht in einem Flugzeug befindet.

Texte verweisen üblicherweise auf eine Vielzahl semantischer Rahmen, von denen manche sehr konkret sind und für Details des Textes eine Rolle spielen, während andere abstrakter sind und damit den Text auf einer thematischen Ebene verständlich machen. Die Geschichte von Britta und dem alten Fahrrad evoziert zum Beispiel eine Reihe von semantischen Rahmen, von denen zwei auf der Makroebene Interpretationen anbieten, nämlich ›etwas finden‹ und ›Diebstahl‹. Der erste Rahmen hat die Elemente eines Finders, eines Gefundenen und eines Ortes, an dem etwas gefunden wird. Für den Finder ist das Gefundene von Wert oder Nutzen, so dass er es in Besitz nimmt und vom Ort des Findens entfernt. Die Geschichte in Beispiel (48) ließe sich nach diesem Schema so auffassen, dass Britta ein Fahrrad findet. Allerdings lässt Britta in der Geschichte das Fahrrad stehen, was sich durch den zweiten semantischen Rahmen erklären lässt. Bei einem Diebstahl nimmt ein Stehlender ein Diebesgut in Besitz und entfernt es von dem Ort, an dem der Vorbesitzer es gelassen hat. Während die beiden semantischen Rahmen zentrale Strukturelemente teilen, blendet der Rahmen des Findens den Vorbesitzer des Gutes komplett aus, im Rahmen des Diebstahls hingegen kommt er als geschädigte Partei vor. Die Geschichte lässt die Interpretation zu, dass Britta abwägt, welcher semantische Rahmen ihrer eigenen Situation am nächsten kommt, und dass sie das Mitnehmen des Fahrrads letztlich als Diebstahl einschätzt, sich mit der Rolle des Stehlenden nur ungern identifiziert und darum zu Fuß weitergeht.

Weiterführende Literatur

Gute Überblicke zu satzwertigen Konstruktionen finden sich in den **Referenzgrammatiken** einzelner Sprachen, wie z. B. Eisenberg (2006) für das Deutsche oder Quirk et al. (1985) bzw. Huddleston/Pullum (2002) für das Englische. Eine sehr empfehlenswerte typologisch angelegte Übersicht gibt Payne (1997). Zur **diachronen Analyse** syntaktischer Komplexität bieten Hopper/Traugott (2003) sowie Heine/Narrog (2011) einen Einstieg, Szczepaniak (2011) diskutiert speziell Beispiele aus der Sprachgeschichte des Deutschen. Ein Standardwerk zum Prozess des **Parsing** ist Frazier/Clifton (1996), zur **anaphorischen Referenz** empfehlen sich die Beiträge in Barss (2002). Kintsch (1998) liefert eine aktualisierte Darstellung **propositioneller Theorien des Textverstehens**, Johnson-Laird (1980) eine nach wie vor treffende Beschreibung der Theorie **mentaler Modelle**. Die Theorie der **semantischen Rahmen** ist in Petruck (1996) zugänglich dargestellt.

5.4 Satz und Text

Aufgaben

1. Die folgenden Beispiele illustrieren verschiedene Probleme, mit denen übliche Definitionskriterien des Satzbegriffes behaftet sind. Diskutieren Sie diese Probleme anhand der Beispiele.

   (a) Ich und CDU wählen?
   (b) Je später der Abend, desto schöner die Gäste.
   (c) Ja wenn, dann nicht nach acht Uhr abends.
   (d) Pffh.

2. Identifizieren Sie alle Mittel der Kohäsion in dem folgenden kurzen Textausschnitt aus Kapitel 2:

   »Die Laute einer Sprache fallen einem zunächst gar nicht auf. Wenn wir Sprache hören oder auch selbst sprechen, machen wir uns im Normalfall keine Gedanken über die einzelnen Laute, aus denen sich der Redestrom zusammensetzt. Erst wenn wir auf Probleme stoßen, kommt uns diese Seite der Sprache zu Bewusstsein, zum Beispiel beim Erwerb einer Fremdsprache, wenn wir bemerken, dass es dort Laute gibt, die es in unserer eigenen Sprache nicht gibt, oder wenn wir uns versprechen und *DV-Tuell* statt *TV-Duell* sagen.
   Ein wichtiger Punkt bei der Beschäftigung mit Lauten ist, dass sie auf keinen Fall mit Buchstaben gleichgesetzt werden dürfen. Das zeigt sich zum Beispiel schon darin, dass mehrere Buchstaben für einen Laut stehen können, wie bei der Buchstabenkombination *sch* in *Asche*. Wenn von Lauten die Rede ist, so bezieht sich das immer auf Bestandteile der gesprochenen Sprache und nicht auf Bestandteile der Schrift.«

3. Identifizieren Sie in dem Textausschnitt die folgenden Strukturen:

   (a) eine Komplementsatzkonstruktion
   (b) eine Adverbialsatzkonstruktion
   (c) eine Relativsatzkonstruktion

4. Welcher semantische Bezug zeigt sich in dem Satzgefüge?

   Das zeigt sich zum Beispiel schon darin, dass mehrere Buchstaben für einen Laut stehen können.

5. Auf einer sprachwissenschaftlichen Tagung berichtet eine Teilnehmerin von ihrer Feldforschung, bei der sie eine Sprache dokumentiert hat, in der es ausschließlich Objektrelativsätze zu geben scheint (etwa: *Das Tier, das wir jagen, muss hier entlanggelaufen sein*). Nach dem Vortrag gibt es zahlreiche Wortmeldungen. Wie lautet wohl die erste Frage?

6. Diskutieren Sie die folgenden Beispielsätze im Hinblick auf die Vorhersagen von seriellen Parsingmodellen.

   (a) Ich habe das Geld gestern überwiesen.
   (b) Wir sahen die Katze gerade noch über die Mauer springen.
   (c) Ich kann Englisch bis zur 10. Klasse unterrichten.

7. Welche semantischen Rahmen sind für das Verständnis der folgenden Beispielsätze notwendig und was sind die Elemente dieser semantischen Rahmen?

   (a) Wir haben 18 Stimmen dafür, drei dagegen und zwei Enthaltungen.
   (b) Ich habe gestern eine Stunde lang meine Vorhand trainiert.
   (c) In der Kreidezeit war der Brachiosaurus längst ausgestorben.

Martin Hilpert

6 Sprachliche Interaktion

6.1 Grundbegriffe: Sprache als Handeln
6.2 Sprechakttheorie
6.3 Ethnomethodologie
6.4 Konversationsanalyse
6.5 Interaktionale Linguistik
6.6 Multimodalität

6.1 | Grundbegriffe: Sprache als Handeln

Wenn wir miteinander sprechen, dann *tun* wir zugleich etwas: Wir handeln. Aber wir handeln nicht als Einzelne, sondern immer miteinander. Unsere Handlungen sind aufeinander bezogen, sie greifen ineinander, konstituieren und reflektieren sich gegenseitig, d. h. wir *agieren* nicht nur, sondern wir *inter*-agieren. Sprachliche Interaktion kann sich als freundlicher Plausch, als Fachdiskussion, Streit, Therapiegespräch, Gerichtsverhandlung, Schulstunde etc. vollziehen.

Linguistische Pragmatik: Der Teilbereich der Linguistik, der sich mit sprachlichem Handeln befasst, wird ›Pragmatik‹ genannt. Die Bezeichnung geht auf das griechische Wort *pragma* zurück, das ›Handlung‹ bedeutet. Die Pragmatik beschäftigt sich mit der Frage, wie verbale Interaktion zwischen den Menschen abläuft und gestaltet wird, was ihre Regeln sind, wie sie lokal organisiert und strukturiert ist und welchen übergreifenden Ordnungsprinzipien sie folgt. Die Pragmatik hat sich zu einem weiten Forschungsfeld entwickelt und umfasst mittlerweile viele, zum Teil sehr unterschiedliche Forschungstraditionen. Der Schwerpunkt dieses Kapitels liegt auf denjenigen Ansätzen, die empirisch arbeiten, deren Methoden, Theorien und Ergebnisse sich also auf systematisch erhobene Sprachdaten gründen. Dabei bilden sich neuerdings Forschungsansätze heraus, die über die verbale Interaktion hinaus auch nonverbale bzw. visuelle Aspekte, d. h. den Gebrauch von Gestik, Mimik, Blick, Körperorientierung, Bewegung im Raum sowie den Einsatz materieller Objekte und medialer Technologien in der Interaktion untersuchen.

Sprache als grammatisches System und als Interaktionsressource: Sprache als grammatisches System und Sprache als Interaktionsressource werden oft als gegensätzlich betrachtet. Doch ist der Zusammenhang zwischen beiden weitaus komplexer. Statt Sprachsystem und sprachliches Handeln als unverbundene Gegenstandsbereiche einander dichotomisch gegenüberzustellen, gilt es zu fragen, »ob und wie sich im Handeln überhaupt erst Sprache (qua Grammatik) konstituiert, und ob und wie andererseits Handeln erst durch Sprache (qua Grammatik) möglich wird« (Auer 2013: 6). Eine solche Fragestellung ermöglicht es, Grammatik und Interaktion in ihrem wechselseitigen Konstitutionszusammenhang zu untersuchen. Dementsprechend richtet das Kapitel den Fokus auf Ansätze in der Pragmatik, die mit einem funktionalen Grammatikkonzept vereinbar sind, das grammatische Strukturen als sedimentierte, historisch entstandene Lösungen für wiederkehrende kommunikative Aufgaben begreift.

> **Definitionen**
>
> Die → **linguistische Pragmatik** beschäftigt sich mit der Frage, wie verbale Interaktion zwischen den Menschen abläuft und gestaltet wird, was ihre Regeln sind, wie sie lokal organisiert und strukturiert ist und welchen übergreifenden Ordnungsprinzipien sie folgt.

6.2 | Sprechakttheorie

Die Sprechakttheorie geht auf den Sprachphilosophen John L. Austin (1911–1960) zurück und wurde von seinem Schüler John Searle (*1932) weiterentwickelt. Austins zentraler Gedanke lautet, dass mit jeder sprachlichen Äußerung zugleich eine Handlung ausgeführt wird. Dieser Gedanke ist prägnant in dem Titel seines Hauptwerks zusammengefasst: *How to Do Things With Words*. Es ist postum im Jahr 1962 erschienen und hat zusammen mit John Searles einflussreichem Werk *Speech Acts* (1969) in der Linguistik die sog. **pragmatische Wende** eingeläutet: Sprache wurde nun nicht mehr ausschließlich als abstraktes System betrachtet, sondern im Hinblick auf ihre Gebrauchsbedingungen und als Instrument des Handelns untersucht. Austins Schlüsselfrage lautet, inwieweit etwas zu sagen etwas zu tun bedeutet und inwieweit wir etwas tun, indem bzw. dadurch dass wir etwas sagen (Austin 1962: 91). Der Gedanke, dass ›etwas sagen‹ zugleich ›etwas tun‹ bedeutet, ist im Begriff des **Sprechakts** auf den Punkt gebracht. Ein Sprechakt ist eine sprachliche Äußerung, durch die ein Sprecher nicht nur redet, sondern faktisch eine Handlung (Akt) vollzieht. Die Theorie der Sprechakte wird von Austin in mehreren Gedankenschritten entwickelt.

Performative und konstative Äußerungen: Austin unterscheidet zunächst zwei Typen von Äußerungen:

- **konstative Äußerungen**, in denen Aussagen über die Welt getroffen werden und denen man die Wahrheitswerte ›wahr‹ oder ›falsch‹ zuweisen kann, und
- **performative Äußerungen**, für die eine solche Zuweisung nicht möglich ist. Ihre Besonderheit besteht darin, dass sie keine deskriptive Aussage über die Welt machen, sondern etwas tun. So vollzieht die Äußerung *Hiermit verurteile ich Sie zu einer Geldstrafe von 10 000 Euro* den Akt der Verurteilung, der damit rechtsgültig wird. Der Verurteilte kann darüber verzweifelt sein oder in Revision gehen, aber es wäre sinnlos, wollte er darauf mit *Nein, das ist unwahr* reagieren. Im Gegensatz zu solchen performativen Äußerungen vollziehen wir mit Äußerungen wie *Mein Kater Kasimir frisst keine Vögel* keine Handlungen, sondern wir sagen etwas über die Welt aus. Diese Aussage ist entweder wahr oder falsch, je nachdem, ob der Kater Kasimir Vögel frisst oder nicht. Austins besonderes Interesse galt den performativen Äußerungen.

Sprechaktverben *(performative verbs)*: Zu der Unterscheidung zwischen performativen und konstativen Äußerungen gelangte Austin, indem er eine Gruppe von Äußerungen näher betrachtete, in denen sog. Sprechhandlungsverben oder Sprechaktverben (*performative verbs*) vorkommen. Dabei handelt es sich um Verben wie *taufen, ernennen, versprechen, verurteilen, gratulieren, bitten, raten, grüßen* usw., die eben jene Handlungen bezeichnen, die durch die entsprechende Äußerung vollzogen werden. Damit Äußerungen, die solche Verben enthalten, Handlungen konstituieren können, müssen sie überdies in der 1. Person Singular Präsens Indikativ Aktiv verwendet werden. Gelegentlich tritt die Formel *hiermit* hinzu, die sich wie die in der 1. Ps. Sg. enkodierten Sprecherdeixis auf die unmittelbare Sprechsituation bezieht. Betrachten wir dazu die Beispiele (1a) und (1b):

(1) (a) Ein Priester in einer Kirche spricht, während er einem Baby Wasser aus dem Taufbecken über den Kopf gießt, den Satz *Ich taufe dich auf den Namen Hannah* aus.
   (b) Eine Standesbeamtin sagt zu dem vor ihr stehenden Paar: *Hiermit erkläre ich euch zu Mann und Frau*.

Die Standesbeamtin und der Priester machen mit ihren jeweiligen Äußerungen keine deskriptiven Aussagen über die Welt, sondern sie vollziehen Handlungen: Die Standesbeamtin vollzieht durch ihre Äußerung den Akt des Vermählens, so wie der Priester durch seine Äußerung den Akt der Taufe vollzieht. Äußerungen dieser Art können zwar nicht wahr oder falsch sein, wohl aber können sie misslingen, verunglücken oder sich als ungültig erweisen. Das heißt, sie unterliegen bestimmten Bedingungen, die die Voraussetzung für ihre erfolgreiche Durchführung sind.

Gelingensbedingungen: Das Aussprechen des Satzes *Ich taufe dich auf den Namen Hannah* allein reicht nicht aus, damit der Taufakt erfolgreich, d. h. im Sinne der entsprechenden Konvention oder Institution (in diesem Fall einer Kirche) rechtmäßig und gültig vollzogen wird. Die Person, die die Taufe ausführt, muss dazu befugt sein. Wenn also die Großmutter oder der Nachbarsjunge ans Taufbecken tritt und denselben Satz äußert, ist das Kind nicht im Sinne der Kirche (gültig) getauft worden. Sprechakte sind also nur dann erfolgreich, wenn sie die geltenden Bedingungen erfüllen und korrekt ausgeführt werden. Umgekehrt können Sprechakte aus unterschiedlichen Gründen scheitern. Austin unterscheidet zwischen **Fehlzündungen** (*misfires*), die auftreten, wenn der Sprechakt fehlerhaft ausgeführt bzw. die entsprechende Konvention verletzt wird, und **Missbräuchen** (*abuses*), die zustande kommen, wenn jemand eine performative Äußerung artikuliert, dabei aber nicht ehrlich ist. In solchen Fällen stehen die in der Äußerung verkündeten Absichten, Verpflichtungen und Gefühle in Widerspruch zur wahren Einstellung und Handlungsintention des Sprechers. Ein Missbrauch liegt beispielsweise vor, wenn ich sage, *Ich verspreche dir, dass ich morgen dein Fahrrad repariere*, in Wirklichkeit aber eine Reise nach Paris gebucht habe und (weiß, dass ich) am Folgetag bereits im Zug sitzen werde. Dann ist zwar ein Versprechen gegeben worden, aber es wird nicht eingelöst und der Adressat im Nachhinein betrogen. **Aufrichtigkeit** stellt folglich eine Schlüsselvoraussetzung dar, die die Beteiligten einander in der Regel wechselseitig unterstellen. Es gibt noch weitere Differenzierungen, die wir hier nicht weiter ausführen.

Explizite und implizite Performative: Bei seiner Analyse der performativen Äußerungen richtete Austin sein Augenmerk auf zwei Aspekte: erstens den Grad an **Konventionalisierung** und zweitens den Gebrauch von **explizit-performativen Verben**. Dabei stellte er zum einen fest, dass keineswegs alle Performative so stark konventionalisiert und zu Ritualen verfestigt sind wie die in den Beispielen (1a) und (1b). Zum anderen erkannte er, dass nicht alle Performative notwendigerweise ein explizit-performatives Verb, d.h. ein Sprechaktverb, in der ersten Person Präsens (z.B. *ich verspreche hiermit, ich gelobe, ich gratuliere* etc.) enthalten müssen. Auch eine Äußerung wie *Ich bin morgen um drei zum Fahrradreparieren da* kann ein Versprechen sein; Äußerungen wie *Kann jemand das Fenster zumachen?* oder *Es ist kalt hier drin* können eine Bitte oder eine Aufforderung konstituieren. Wenn nun mit einer scheinbar konstativen Äußerung wie *Es ist kalt hier drin* auf der Handlungsebene eine Aufforderung vollzogen wird, die den Adressaten dazu bewegt, aufzustehen und das Fenster zu schließen, bricht der Unterschied zwischen performativen und konstativen Äußerungen zusammen. Auch mit konstativen Äußerungen tun wir also mehr, als lediglich etwas über die Welt auszusagen. Das zeigt auch ein genauerer Blick auf die Bedingungen ihres Gelingens und Misslingens. Wenn ich behaupte, dass der Jaguar vor dem Universitätsgebäude mein Auto ist, was aber gar nicht stimmt, liegt, wie bei dem Versprechen, morgen das Fahrrad zu reparieren, obwohl ich gar nicht da bin, ein Missbrauch vor, denn in beiden Fällen wird die Aufrichtigkeitsbedingung verletzt.

Damit erweist sich die ursprünglich getroffene Unterscheidung zwischen performativen Äußerungen, die eine Handlung vollziehen, und konstativen Äußerungen, die wahre oder falsche Aussagen über die Welt machen, als hinfällig. In der elften und zwölften Vorlesung seines Buchs gibt Austin die performativ-konstativ-Unterscheidung folglich auf (Austin 1994: 167). Die Unterschiede liegen lediglich im Grad der **Explizitheit**: Während es auf der einen Seite Äußerungen gibt, in denen die Handlung durch ein performatives Verb (ein Sprechaktverb wie *taufen, versprechen, bitten*) zugleich metasprachlich benannt wird, gibt es auf der anderen Seite Äußerungen, in denen die Handlung, die durch sie vollzogen wird, implizit bleibt. Wir haben es also nicht mit performativen gegenüber nicht-performativen Äußerungen zu tun, sondern mit expliziten und impliziten Performativen. Daraus folgert Austin, dass *alles* Sprechen immer zugleich Handeln ist.

Strukturaufbau und Klassifikation von Sprechakten: Sprechakte – und das heißt alle sinnvollen sprachlichen Äußerungen – lassen sich in drei Teilhandlungen oder Teilakte zergliedern: den lokutionären Akt, den illokutionären Akt und den perlokutionären Akt.

- Mit dem **lokutionären Akt** ist das Äußern von Lauten, Wörtern und Sätzen gemeint.
- Von dieser reinen Äußerungsebene unterscheidet Austin die damit vollzogene Handlung, die eine Warnung, eine Bitte, ein Versprechen, eine Drohung, eine Empfehlung etc. sein kann. Dieser Teilakt wird **illokutionärer Akt** genannt.
- Der **perlokutionäre Akt** bezeichnet die Konsequenzen und Auswirkungen, die der illokutionäre Akt auf den Adressaten hat, ob er etwa von einer Drohung eingeschüchtert, von einem Argument überzeugt oder überredet wird.

Die illokutionären Akte bilden den theoretischen Kern der Sprechakttheorie. So haben Austin und Searle sich bemüht, durch die Zusammenstellung von illokutionären Verben die Vielfalt an Sprechakten in eine umfassende Klassifikation zu bringen. Während Austin ausführliche Listen von einzelsprachspezifischen Sprechaktverben erstellt und diese in bestimmte Gruppen zu unterteilen versucht hat, war Searles Interesse auf ein einzelsprachunabhängiges, universales Inventar von Sprechakten gerichtet. In seiner Typo-

Sprachliche Interaktion

Ethnomethodologie

> **Definitionen**
>
> Ein → **Sprechakt** ist der Vollzug einer Handlung durch eine sprachliche Äußerung. Ein Sprechakt wird in drei Teilakte zergliedert:
> - den **lokutionären Akt**, der im Äußern von Lauten, Wörtern und Sätzen besteht,
> - den **illokutionären Akt**, durch den eine Handlung wie z. B. eine Warnung, eine Frage, eine Aufforderung, ein Befehl, eine Bitte etc. vollzogen wird,
> - den **perlokutionären Akt**, mit dem eine bestimmte Wirkung auf den Adressaten ausgeübt wird.
>
> **Sprechaktverben** (performative Verben) sind Verben wie *bitten, taufen, geloben, verurteilen*, die eine sprachliche Handlung bezeichnen, die durch die Verwendung dieser Verben in der 1. Person Präsens Indikativ Aktiv vollzogen wird. Eine solche **performative Verwendung** eines performativen Verbs kann durch den Gebrauch des Pronominaladverbs *hiermit* zusätzlich unterstrichen werden. Es verdeutlicht, dass die Handlung im Äußerungsmoment selbst vollzogen wird: *Ich taufe dich hiermit auf den Namen Hannah.*

logie unterscheidet er **fünf Grundtypen von Sprechakten**:
- **Repräsentativa**, mit denen als wahr behauptete Aussagen über die Welt gemacht werden (behaupten, feststellen, aussagen),
- **Direktiva**, mit denen eine Handlungsforderung an den Adressaten gerichtet wird (auffordern, befehlen, bitten),
- **Kommissiva**, mit denen der Sprecher eine Selbstverpflichtung eingeht (versprechen, anbieten),
- **Expressiva**, mit denen der Sprecher einen psychischen Zustand im sozialen Kontakt zum Ausdruck bringt (sich entschuldigen, (be-)danken), gratulieren, grüßen), und schließlich
- **Deklarativa**, mit denen in institutionalisierter Form stark ritualisierte, offizielle Handlungen vollzogen werden (taufen, verurteilen).

Vorschläge zu einer exhaustiven Typologie werden bis heute vorgelegt und diskutiert, ohne dass es einen abschließenden Konsens gäbe.

Anders als die illokutionären Akte, die auf Konventionen beruhen und sich in fünf Arten klassifizieren lassen, entziehen sich die **perlokutionären Akte** einer Klassifikation.

Die vom Sprecher intendierte Wirkung und die tatsächliche Wirkung auf den Adressaten (also Illokution und Perlokution) müssen nicht deckungsgleich sein. So mag ein Erwachsener von der Drohung eines Kindes *Ich hau dich* nicht eingeschüchtert, sondern amüsiert sein. Bewirkungsabsicht und tatsächliche Wirkung fallen auseinander. Der perlokutionäre Akt lässt sich folglich nicht an dem jeweiligen Sprechakt selbst, sondern erst im nächsten Zug an der Reaktion des Adressaten ablesen. Mit dieser Feststellung sind wir an einen neuralgischen Punkt bei der Betrachtung von sprachlicher Interaktion gelangt, der uns in der Folge weiter beschäftigen wird. Dabei steht der Gedanke, dass sprachliches Handeln immer im Bezug auf ein Gegenüber vollzogen und von diesem Gegenüber mitgestaltet wird, im Vordergrund.

Würdigung und Kritik: Die Sprechakttheorie ist nicht empirisch fundiert, sondern gründet auf Introspektion und bleibt damit spekulativ. Sie arbeitet mit erfundenen Beispielen, deren Richtigkeit nicht durch Daten belegt wird, sondern der Intuition der Wissenschaftlerinnen und Wissenschaftler überlassen bleibt. Während die Sprechakttheorie versucht hat, Äußerungen abstrakt und kontextunabhängig zu klassifizieren, untersuchen die im Folgenden ausführlich behandelten Ansätze sprachliche Äußerungen in ihren tatsächlichen Verwendungskontexten.

6.3 | Ethnomethodologie

Die Ethnomethodologie ist ein Forschungsansatz, der in den 1960er Jahren in der amerikanischen Soziologie entwickelt wurde. Begründer und Namensgeber der Ethnomethodologie ist Harold Garfinkel (1917–2011), dessen grundlegende Arbeiten in dem 1967 erschienenen Buch *Studies in Ethnomethodology* veröffentlicht sind. Auch wenn die Ethnomethodologie ursprünglich aus der Soziologie stammt, übt sie, vermittelt über die Konversationsanalyse (s. 6.4), bis heute einen wichtigen Einfluss auf die Analyse der verbalen Interaktion aus.

Der Terminus ›Ethnomethodologie‹ setzt sich aus den Bestandteilen ›Ethno-‹ und ›Methodologie‹ zusammen. Pate für diese Begriffsbildung stand das Konzept der *ethno-science* (Bergmann 2000b; Streeck 2005), eine Forschungsrichtung in der nordamerikanischen Kulturanthropologie, die die kognitive Organisation von Wissens-, Vorstellungs- und Orientierungssystemen sozialer Gemeinschaf-

6.3 Sprachliche Interaktion

Ethnomethodologie

ten untersucht. In Wortbildungen wie *ethno-medicine*, *ethno-semantics* oder *ethno-botanics* verweist die Komponente *ethno-* auf das, was die Gemeinschaftsmitglieder selbst (von griech. *ethnos* ›Volk‹) über den jeweiligen Bereich (z. B. die Medizin, die Botanik etc.) wissen, glauben und für selbstverständlich halten. Der Name ›Ethnomethodologie‹ reiht sich in diese Tradition ein und ist programmatisch: Die Ethnomethodologie beschäftigt sich nicht mit den einzelnen Wissenssystemen wie die *ethno-science*, sondern mit den übergreifenden Verstehens-, Verständigungs- und Sinngebungsmethoden, derer wir uns in unserem Alltagshandeln bedienen. Für Garfinkel lautet die zentrale Forschungsfrage, wie soziale Ordnung überhaupt möglich ist (Bergmann 2000a: 52). Die Antwort auf diese Frage sucht er nicht in abstrakten Handlungstheorien, sondern in situierten **Alltagspraktiken**. Dem liegt die Annahme zugrunde, dass die alltäglichen Praktiken der Sinnerzeugung methodischen Ordnungsprinzipien folgen, die es wissenschaftlich herauszuarbeiten gilt. Soziale Ordnung wird durch die detailgenaue Betrachtung eben dieser Praktiken erforschbar.

Ethno-Methoden: Wenn sich die Ethnomethodologie darum bemüht, die Ethno-Methoden zu rekonstruieren, die die Grundlage unseres Alltagslebens und unseres alltäglichen Umgangs miteinander bilden, dann geht es um die Verfahren der Teilnehmer selbst, nicht um von außen vorgegebene Kategorien eines soziologischen Beschreibungsapparats. Sowohl die Fragestellungen als auch die Beschreibungskategorien müssen am Datenmaterial und am Gegenstand selbst entwickelt werden. Nur so lassen sich die Alltagskategorien der Handelnden rekonstruieren. Diese Laien- bzw. Ethno-Methoden sind daher keine von der sozialen Praxis losgelösten, abstrakten Prinzipien oder Normen, sondern sie sind im Hinblick auf die Situationen, in denen sie zur Anwendung kommen und auf die sie zugeschnitten sind, aufzufassen. Das alltagsweltliche Verstehen und Sich-Verständigen erfolgt lokal und situativ »for all practical purposes« (Garfinkel 1967: vii) und bedient sich all der **Vagheiten** und **Unbestimmtheiten** des alltäglichen Handelns, die in den exakten Wissenschaften keinen Platz haben.

Kontextabhängigkeit: Der Sinn einer Handlung oder Äußerung speist sich aus dem Kontext, in den sie eingebettet ist und auf den sie verweist. Frage ich zum Beispiel meine Nachbarin, wie es ihr geht, so wird sie in der Regel mühelos darauf antworten mit *gut* oder *ganz okay* oder *geht schon*

> **Definition**
>
> → **Ethnomethodologie** »bezeichnet einen soziologischen Untersuchungsansatz, der soziale Ordnung bis in die Verästelungen alltäglicher Situationen hinein als eine methodisch generierte Hervorbringung der Mitglieder einer Gesellschaft versteht und dessen Ziel es ist, die Prinzipien und Mechanismen zu bestimmen, mittels derer die Handelnden in ihrem Handeln die sinnhafte Strukturierung und Ordnung dessen herstellen, was um sie vorgeht und was sie in der sozialen Interaktion mit anderen selbst äußern und tun« (Bergmann 2000b: 119).
>
> Die Ethnomethodologie untersucht durch die empirische Beobachtung der sozialen Wirklichkeit die Methoden, mittels derer die Gesellschaftsmitglieder intersubjektive Wirklichkeit und soziale Ordnung herstellen, indem sie ihre Aktivitäten füreinander als geordnet und verstehbar ausführen (Streeck 2005: 1416 ff.). Das Ziel besteht darin, die Methodizität des Alltagshandelns offenzulegen, d. h. »die als selbstverständlich hingenommenen Praktiken und Verfahren (Methoden) zu bestimmen, mittels derer die Mitglieder einer Gesellschaft (*ethnos*) in ihrem Handeln das eigene Tun wahrnehmbar und erkennbar machen und die Wirklichkeit um sich sinnhaft strukturieren und ordnen« (Bergmann 2000a: 51). Diese Alltagsmethoden und -praktiken werden als **Ethno-Methoden** bezeichnet.

wieder viel besser. Eine Erläuterung oder Spezifizierung dessen, worauf sich meine Frage bezieht (ob auf ihren Körper, ihre Psyche, ihre familiäre Situation, ihre finanzielle Lage und auf welchen Zeitraum), ist ebenso wenig erforderlich wie eine Erläuterung dessen, was ›geht schon viel besser‹ in der dritten Antwort bedeutet. So wie ich in meiner Frage voraussetze, dass meine Nachbarin schon weiß bzw. dass wir beide wissen, worauf sich meine Frage bezieht und welche Art von Handlung (höfliche Kontaktaufnahme, besorgte Nachfrage) ich damit vollziehe, setzt auch sie in ihrer Antwort ein eben solches Wissen und praktisches Situationsverstehen voraus.

Reflexivität bedeutet, dass Äußerung und Kontext sich wechselseitig hervorbringen und in ihrer

> **Definitionen**
>
> Mit dem schwer zu übersetzenden Begriff → *accountable* ist gemeint, dass Handelnde ihre Alltagsaktivitäten so gestalten und interaktiv organisieren, dass der intendierte Sinn dieser Aktivitäten für die Interaktionspartner intersubjektiv zugänglich, d. h. wahrnehmbar und verstehbar wird. Garfinkel selbst definiert dieses Füreinander-verstehbar-Machen – das *making accountable* – unserer Alltagsaktivitäten als »making those same activities visibly-rational-and-reportable-for-all-practical-purposes, i.e., ›accountable‹, as organizations of commonplace everyday activities« (Garfinkel 1967: vvii).

221

6.3 Sprachliche Interaktion

Ethnomethodologie

Wechselbedingtheit untrennbar miteinander verbunden sind. Unsere (sprachlichen und nichtsprachlichen) Handlungen sind insofern reflexiv, als sie den Kontext miterzeugen, in dem sie verstanden und interpretiert werden müssen.

Indexikalität meint die Kontextabhängigkeit und Kontextbezogenheit sprachlicher Ausdrücke (s. auch Kap. 10.3). Im Unterschied zu symbolischen Zeichen, die eine kontextunabhängige lexikalische Bedeutung haben, ergibt sich die Bedeutung indexikalischer Ausdrücke erst aus ihrem Verwendungskontext. So kann die Äußerung *Wir waren ja lange nicht mehr hier!* ohne kontextuelle Hinweise auf die zeitliche (was heißt *lange*?), räumliche (wo ist *hier*?), soziale (wer ist mit *wir* gemeint?) und situative (auf welches konkrete Ereignis bezieht sich *hier sein*?) Einbettung nicht verstanden werden. Die Indexikalität sprachlicher Zeichen ist kein Mangel, sondern im Gegenteil ein Vorteil, der es uns ermöglicht, den lokalen Kontext als Ressource in die Kommunikation einzubeziehen und den Deutungshorizont, in dem unsere Äußerungen im Hier und Jetzt zu verstehen sind, jeweils neu zu gestalten.

Herstellung *(accomplishment)*: Der Gedanke der wechselseitigen Konstituierung von Äußerung und Kontext hängt mit einer ganz bestimmten Auffassung der sozialen Wirklichkeit zusammen. Die soziale Wirklichkeit wird nicht als etwas objektiv Gegebenes und Vorfindliches aufgefasst, sondern als fortwährende Hervorbringung, als interaktive **Herstellungsleistung** *(accomplishment)*. Die Herstellung von sozialer Wirklichkeit, von Sinn und Bedeutung ist ein ständiger Prozess, bei dem sich die Gesellschaftsmitglieder bestimmter Verfahren bedienen, die durch die wissenschaftliche Analyse aufgedeckt werden sollen. Die ethnomethodologische Untersuchung verfährt daher **konstitutionsanalytisch**, d. h. sie richtet ihren analytischen Fokus auf die Vollzugswirklichkeit, auf die prozessualen und lokalen Herstellungsaspekte, auf die Interaktionsvorgänge in ihrer zeitlichen Entfaltung.

> **Definition**
>
> Der Begriff → **Vollzugswirklichkeit** bezieht sich auf die Erzeugung von Wirklichkeit durch die soziale Praxis, auf die sich von Augenblick zu Augenblick (*moment-by-moment*) entfaltende, durch Interaktion hergestellte Wirklichkeit der Handelnden. Nach dieser Auffassung ist Wirklichkeit nicht als objektiv gegebene, extern vorgefundene Realität vorhanden, sondern sie wird durch das alltägliche, geordnete Handeln der Menschen selbst erzeugt. In der wissenschaftlichen Analyse liegt der Fokus auf der Prozesshaftigkeit der Wirklichkeitserzeugung, d. h. auf den *online*-Aktivitäten, mit denen Handelnde die Wirklichkeit stets von Neuem hervorbringen.

Krisenexperimente: Die Alltagsregeln (Ethno-Methoden) werden im Normalfall stillschweigend und selbstverständlich aufrechterhalten und angewendet. Auf diese Weise entziehen sie sich unserem bewussten Zugriff. Erst wenn sie durch abweichendes Verhalten in Frage gestellt werden, wenn der Normalablauf gestört wird, treten ihre Gültigkeit und ihre ordnungsstiftende Funktion zutage. Garfinkel hat sich eines besonderen Verfahrens bedient, um die Alltagsroutinen zu durchbrechen und deren Regeln ex negativo sichtbar zu machen. In sog. Krisenexperimenten (*breaching experiments*) werden die Erwartungen der Beteiligten und deren Orientierung am Normalablauf dadurch an die Oberfläche gelockt, dass gegen eben jene Alltagsregeln verstoßen und dadurch Irritation bei den Beteiligten ausgelöst wird.

Um solche Irritationen zu erzeugen und Sand ins Getriebe routinehafter Alltagsverfahren zu streuen, instruierte Garfinkel zum Beispiel seine Studierenden, ihre Bekannten in ein Alltagsgespräch zu verwickeln und bei jeder Bemerkung

> **Zur Vertiefung**
>
> **Indexikalität – ein Originalzitat von Garfinkel**
>
> Der Begriff der Indexikalität hat einen zentralen Stellenwert in Garfinkels Theorie. So erläutert er im Einleitungskapitel »What is ethnomethodology?« seine Auffassung, dass die sprachliche Indexikalität kein willkürliches und unliebsames Nebenprodukt unseres Sprechens und Handelns, sondern ein geordnetes Phänomen ist, das eine unverzichtbare Ressource im Alltagshandeln darstellt und von den Interaktionsbeteiligten methodisch angewendet wird (Garfinkel 1967: 11):
> »The properties of indexical expressions and indexical actions are ordered properties. These consist of organizationally demonstrable sense, or facticity, or methodic use, or agreement among ›cultural colleagues‹. Their ordered properties consist of organizationally demonstrable rational properties of indexical expressions and indexical actions. […] I use the term ›ethnomethodology‹ to refer to the investigation of the rational properties of indexical expressions and other practical actions as contingent ongoing accomplishments of organized artful properties of everyday life.«

des Anderen durch Rückfragen Detailklärungen einzufordern. 23 Studierende kamen mit 25 solcher Fälle zurück und berichteten über die irritierten Reaktionen ihrer Gesprächspartner/innen. Exemplarisch wollen wir dazu folgendes Beispiel betrachten:

(2) (aus: Garfinkel 1967: 44, Übersetzung Anja Stukenbrock)

S: How are you?
   Wie geht es dir?
E: How am I in regard to what? My health, my finances, my school work, my peace of mind, my ...?
   Wie geht es mir in Hinblick auf was? Meine Gesundheit, meine Finanzen, meine Schularbeiten, mein Seelenfrieden, mein ...?
S: (Red in the face and out of control.) Look! I was just trying to be polite. Frankly, I don't give a damn how you are.
   (Rot im Gesicht und außer sich.) Pass auf! Ich wollte bloß höflich sein. Ehrlich gesagt, es ist mir völlig wurscht, wie es dir geht.

> **Zur Vertiefung**
>
> **Ethnomethodologische Einklammerung/phänomenologische Epoché**
> Um einen wissenschaftlichen Blick auf Phänomene zu werfen, die uns in unserem Alltag ständig begegnen und vertraut sind, gilt es, den intuitiven Zugang dazu zu suspendieren und sich vom eigenen Alltagsverstehen in methodologisch reflektierter Weise zu distanzieren. Auf der wissenschaftlichen Beschreibungsebene heißt das, dass Ethnomethodolog/innen die zu untersuchenden Phänomene im Verhalten eines Handelnden nicht einfach als ›wütend‹ oder ›vorwurfsvoll‹ interpretieren, sondern die Herstellung dieser Interpretation aus der Perspektive der Handelnden beschreiben. Dasselbe gilt für Handlungen wie ›beschwichtigen‹, ›provozieren‹ und soziale Kategorien wie ›Patient‹, ›Ärztin‹, ›Professor‹ etc. Der Trick, den man zur Suspension der Alltagsintuitionen und zur Fokussierung auf die Herstellungspraktiken anwenden kann, besteht darin, den Ausdruck *doing being* vor die interpretative Kategorie zu setzen und eine detaillierte Beschreibung dessen vorzunehmen, worin das *doing* – also die Herstellungshandlungen – bestehen. Die Formel *doing (being)* X (z. B. *doing a reproach, doing being furious, doing being a professor*) fungiert als phänomenologische Einklammerung, die es ermöglicht, die Praktiken in den Blick zu nehmen und der empirischen Beobachtung zu unterwerfen, die das Phänomen konstituieren.

6.4 | Konversationsanalyse

Die Konversationsanalyse (*conversation analysis*, oft abgekürzt CA) ist wie die Ethnomethodologie in den 1960er Jahren im Rahmen der amerikanischen Soziologie entstanden. Sie hat sich als eigenständige Forschungsrichtung aus der Ethnomethodologie entwickelt. Um dies zu betonen, ist oft auch von ethnomethodologischer Konversationsanalyse die Rede. Im Deutschen werden neben der Übersetzung des englischen Terminus *conversation analysis* durch ›Konversationsanalyse‹ auch die Bezeichnungen ›Gesprächsforschung‹ und ›Gesprächsanalyse‹ verwendet. Der deutsche Ausdruck ›Konversationsanalyse‹ ist insofern nicht ganz passend, als ›Konversation‹ im Sinne von ›gepflegtem Gespräch‹ den Forschungsgegenstand nur unzureichend kennzeichnet. Denn die Konversationsanalyse beschäftigt sich nicht mit diesem bestimmten kommunikativen Subtyp von Gesprächen, sondern mit **allen Formen mündlicher Kommunikation**, von Streit und Klatsch bis hin zu institutionellen Gesprächstypen (z. B. im Rahmen der Arzt-Patient-Kommunikation, der schulischen Interaktion, der Behörden- oder Unternehmenskommunikation, Bewerbungs-, Beratungs- oder Prüfungsgesprächen etc.).

> **Definition**
>
> Die → **(ethnomethodologische) Konversationsanalyse** ist eine aus der amerikanischen Soziologie stammende Forschungsrichtung, die durch die empirische Analyse von authentischen Alltagsgesprächen verbale Praktiken ermittelt, die sowohl **kontextsensitiv** als auch **kontextunabhängig** sind. Kontextsensitiv bedeutet, dass die Praktiken auf die lokalen Umstände des konkreten Gesprächs zugeschnitten sind; mit Kontextunabhängigkeit ist gemeint, dass diese Praktiken zugleich systematisch als abstrakte, gesprächsübergreifende Regelmechanismen beschreibbar sind.

6.4.1 | Grundannahmen und Methoden

Man kann die Konversationsanalyse als forschungspraktische Umsetzung des von der Ethnomethodologie entwickelten Programms in die empirische Sprachanalyse verstehen. Um was für Daten handelt es sich? Wie werden sie erhoben, der Analyse zugänglich gemacht, ausgewertet und dargestellt?

Gegenstand und Ziel: Gegenstand der Konversationsanalyse ist die sich reflexiv konstituierende interaktive **Geordnetheit des Gesprächs**. Das Ziel besteht darin, die Mittel der interaktiven Herstellung konversationeller Ordnung aus der Perspektive der Beteiligten und in der **Prozessualität** des Entstehens zu beschreiben. Die Methode dazu ist die **Sequenzanalyse** (s. 6.4.2). Die Beschreibung der konversationellen Phänomene erfolgt mit dem Anspruch, zugleich **kontextsensitiv** und **abstrakt** zu sein. Das heißt, dass Mikrobeobachtungen zu bestimmten verbalen Praktiken (z. B. einer konkreten Gesprächseröffnung oder -beendigung, zu Verzögerungen, Sprecherwechsel, Unterbrechung usw.) in ihrem Kontext systematisch auf kontextunabhängige, übergeordnete Regelmechanismen zurückgeführt werden.

Order at all points: Die Grundannahme der Konversationsanalyse lautet, dass alles geordnet ist und dass umgekehrt nichts im Gespräch als zufällig angesehen werden sollte. Auch so unscheinbare Phänomene wie Verzögerungssignale (*äh, ähm*), Abbrüche, Pausen usw. treten systematisch auf und müssen als Bestandteile der interaktiven Mikro-Ordnung analysiert werden. Aus der Annahme, dass alles geordnet ist, folgt, dass bereits die Transkription des Datenmaterials (s. u.) ein wichtiger, mit großer Sorgfalt zu erledigender Arbeitsschritt und eine professionelle Praxis ist.

Einzelfallanalyse und Bildung von Kollektionen: Zu den methodologischen Grundprinzipien der Konversationsanalyse gehört weiterhin, dass die Untersuchungsfragen nicht von außen an das Datenmaterial herangetragen werden, sondern aus den Daten selbst, d. h. induktiv, entwickelt werden. Die Analyse beginnt damit, dass man zunächst eine minutiöse Einzelfallbeschreibung eines interessanten Phänomens wie zum Beispiel einer Gesprächseröffnung, einer Alltagserzählung, einer Vorwurfsaktivität, eines syntaktischen Formats, eines prosodischen Phänomens etc. anfertigt. Im nächsten Schritt sucht man nach ähnlichen Fällen und erstellt Sammlungen rekurrenter Fälle. Diese Beispielsammlungen werden **Kollektionen** genannt. Auf der Grundlage größerer Kollektionen, in denen ein Phänomen immer wiederkehrt und unter Umständen auch in bestimmter Weise variiert wird, lässt sich das Phänomen systematisch im Hinblick auf übergreifende Strukturmuster analysieren und beschreiben. Auf diese Weise wird das Ziel (s. o.), verbale Praktiken sowohl kontextsensitiv als auch kontextunabhängig zu bestimmen, in methodologisch reflektierter Weise verfolgt.

Authentisches Datenmaterial: Der ethnomethodologisch fundierten Konversationsanalyse geht es darum, die im Gespräch auftretenden Praktiken der Beteiligten als konversationelle Ethno-Methoden zu ermitteln. Daher legt sie größten Wert darauf, authentische Gespräche zu untersuchen, in denen sich die konversationellen Alltagspraktiken unverstellt zeigen. Konversationsanalytiker provozieren weder absichtlich bestimmte Situationen, noch generieren sie Daten in künstlich arrangierten experimentellen Settings, die mit der sozialen Wirklichkeit wenig oder gar nichts zu tun haben. Stattdessen erheben sie ihr Datenmaterial dort, wo es tatsächlich vorkommt, indem sie in den entsprechenden Situationen das Gesprächsgeschehen mit Audio- bzw. Videogeräten aufzeichnen.

Beobachterparadoxon: Die Anforderung, real ablaufende Gespräche in natürlichen Vorkommenszusammenhängen zu untersuchen, konfrontiert die Konversationsanalyse mit einem Problem, das auch in der Soziolinguistik (Labov 1970: 47) bekannt ist: das Beobachterparadoxon. Es besteht darin, dass man die Welt der Sprache und der sprachlichen Interaktion wissenschaftlich beobachten will, aber durch eben jene Beobachtung den Gegenstand beeinflusst. Die beobachtenden Wissenschaftlerinnen und Wissenschaftler sind also paradoxerweise bestrebt, etwas zu beobachten, das sich so nur dann beobachten ließe, wenn die Beteiligten gerade unbeobachtet wären. Das Problem betrifft auch den Einsatz von **audio-visuellen Aufzeichnungsmedien** als technische Verlängerung des Auges des Beobachters. Die Lösung dieses Problems besteht nicht darin, ohne das Wissen der Beobachteten heimlich Daten aufzunehmen, sondern in methodisch kontrollierter Weise mit dem Beobachterparadoxon umzugehen. Dazu gehört zum einen, Persönlichkeitsrechte und Datenschutzbestimmungen zu respektieren (s. u.), und zum anderen, die Datenaufnahme so einzurichten, dass die natürlichen Interaktionsabläufe nicht behindert oder gestört werden.

Datenschutz und Ethos: Für eine wissenschaftliche Analyse ist die technische Aufzeichnung von Gesprächen unumgänglich. Allerdings verbieten das wissenschaftliche Ethos und die Achtung der **Persönlichkeitsrechte** der Betroffenen die Aufzeichnung und Nutzung von Gesprächen ohne deren Erlaubnis. Man muss sich das **Einverständnis** der Betroffenen einholen, sie über die Nutzungszwecke der Daten aufklären und bei der Datenaufbereitung, -nutzung und -veröffentlichung auf Datenschutzmaßnahmen achten. Letzteres bedeutet, dass die Daten **anonymisiert** werden müssen, indem persönliche Informationen, die Aufschluss über die Identität der Betroffenen geben können wie z. B. Personen-, Orts- und Institutionsbezeichnungen, geändert bzw. durch Pseudonyme ersetzt werden.

Datenaufzeichnung: Ein Gespräch ist ein flüchtiges Ereignis, das in der Zeit stattfindet und vergeht. Dem Problem der **Flüchtigkeit des Gesprächs** begegnet die Konversationsanalyse mit bestimmten Methoden und Ansprüchen an die Datenerhebung, Aufzeichnung und Bearbeitung. Ein Gespräch soll in seiner Ereignishaftigkeit, seiner Dynamik und seinem zeitlichen Verlauf von Anfang bis Ende, mit allen seinen Details und in seiner räumlich-situativen Ökologie festgehalten werden. Zugleich muss man sich als Konversationsanalytiker/in bewusst sein, dass Audio- oder Videoaufnahmen nicht das Ereignis selbst, sondern Repräsentationen davon sind, die die Wirklichkeit zwangsläufig **reduzieren**. So erfassen Audioaufnahmen zwar das gesprochene Wort, nicht aber das körperlich-visuelle Verhalten der Beteiligten. Dies kann durch Videoaufnahmen aufgezeichnet werden, doch diese werden immer aus einer bestimmten Perspektive und einem Kamerawinkel angefertigt, so dass unter Umständen nicht zu jedem Augenblick in der Interaktion alle visuell bedeutungsvollen Aspekte erfasst werden. Darüber hinaus gibt es viele Phänomene, die von den Beteiligten wahrgenommen und interaktiv relevant werden können, die sich aber der audio-visuellen Aufzeichnung entziehen. Das betrifft zum Beispiel Wahrnehmungen, die über die anderen drei der fünf menschlichen Sinne vermittelt werden, also olfaktorische (Geruchs-), gustatorische (Geschmacks-) und taktile (Berührungs-/Tast-)Wahrnehmungen. Auch für den nächsten Arbeitsschritt, die Transkription, gilt, dass die Komplexität des Originalereignisses einem erneuten **Transformations- und Reduktionsprozess** unterworfen wird, der gleichwohl unumgänglich ist.

Transkription: Audio- bzw. Videoaufzeichnungen sind nur der erste Schritt, um ein Gesprächsereignis der Flüchtigkeit des Augenblicks zu entreißen. Um Gespräche oder bestimmte Gesprächsausschnitte im Detail analysieren zu können, müssen sie der wiederholten, detaillierten Betrachtung zugänglich gemacht werden. Dazu werden sie verschriftlicht bzw. transkribiert. Wie der Ausdruck ›trans-scribere‹ besagt, handelt es sich dabei um eine Übertragung aus dem akustischen Medium ins Medium der Schrift. Resultat der Transkription ist das **Transkript**. Erst das Transkript ermöglicht es, systematische Beobachtungen zur Geordnetheit der Fülle an Einzelphänomenen anzustellen, indem es einerseits einen Überblick über den Gesamtverlauf eines Gesprächs, seine organisatorischen Strukturen und interessante Stellen gewährt und andererseits das detaillierte Betrachten und Vergleichen von Einzelsequenzen gestattet.

Das Transkript stellt nicht nur ein ganz wesentliches Arbeitsinstrument der Konversationsanalyse dar, sondern es fungiert auch als erstes, wichtiges Erkenntnisinstrument im Umgang mit dem Datenmaterial. Transkribieren stellt keine mechanische Tätigkeit dar, sondern ist bereits Teil der analytischen Praxis, die Professionalität im Hören bzw. Sehen und eine Theorie der gesprochenen Sprache verlangt. Grundlegend ist dabei die Auffassung der *order at all points* (s. o.). Nimmt man das Postulat von der Geordnetheit ernst, bedeutet das für die Praxis des Transkribierens, dass auch die kleinsten und unscheinbarsten Phänomene mit notiert werden müssen, da sich auch in ihnen jene Geordnetheit manifestiert. Dazu gehören Versprecher, Korrekturen, Abbrüche, Pausen und deren Dauer, Stottern, Überlappungen, Verzögerungssignale, dialektale Lautungen, Ausrufe, schnelleres und langsameres Sprechen, Lachen, Weinen, Stimmqualität wie gepresste Stimme usw. Transkripte müssen bestimmte Standards erfüllen und werden nach Transkriptionskonventionen angefertigt, die eigens für die Verschriftlichung gesprochener Sprache entwickelt wurden.

Transkriptionskonventionen: Es gibt unterschiedliche Transkriptionskonventionen, die in der mittlerweile über 60-jährigen Entwicklungsgeschichte der Konversationsanalyse entstanden sind. In der anglo-amerikanischen Forschungstradition der Konversationsanalyse werden in der Regel die

> **Hinweis**
>
> Im Anhang dieses Buches sind diese → Transkriptionskonventionen aufgelistet. Die im Folgenden angeführten deutschen Beispiele sind nach GAT2 (Neufassung von GAT) transkribiert; fremdsprachige Beispiele werden in zum Teil vereinfachter Form aus den jeweiligen Publikationen zitiert.
> Das Layout des Bandes verlangte es, in Transkriptionen gelegentlich Zeilenumbrüche zuzulassen.

von Gail Jefferson entwickelten Transkriptionskonventionen verwendet. Im deutschsprachigen Raum stellt **GAT (Gesprächsanalytisches Transkriptionssystem)** (Selting et al. 2009) mittlerweile das geläufigste Transkriptionssystem dar.

Detaillierungsstufen: Die GAT-Konventionen gründen auf dem **Zwiebelprinzip**. Es besagt, dass Transkripte auf unterschiedlichen Detaillierungsstufen angefertigt und schrittweise ausgebaut werden können. Die niedrigste Stufe bildet das **Minimaltranskript**, das durch weitere Ergänzungen zum **Basistranskript** und schließlich zum **Feintranskript** erweitert werden kann. Auf diese Weise können Transkripte je nach Forschungsinteressen, Analysezwecken und Präzisionsanforderungen unterschiedlich stark ausdifferenziert werden und bleiben zugleich dadurch kompatibel, dass sie einheitlichen, aufeinander aufbauenden Notationsregeln folgen. Sie können im Untersuchungsprozess durch wiederholtes Anhören bzw. Ansehen der Audio- bzw. Videodaten fortschreitend verfeinert werden. Neben dem Kriterium der stufenweisen Verfeinerbarkeit liegen den GAT-Konventionen als weitere Kriterien Lesbarkeit, Eindeutigkeit, Relevanz und formbezogene Parametrisierung zugrunde.

Lesbarkeit wird dadurch sichergestellt, dass anstelle einer spezialisierten phonetischen Umschrift eine literarische Umschrift benutzt wird. Allerdings gibt es einige Abweichungen von der Standardorthographie. Dies betrifft vor allem die Interpunktionszeichen (Komma, Semikolon, Punkt, Fragezeichen, Gedankenstrich, Doppelpunkt, Ausrufezeichen), die keine syntaktische Funktion, sondern spezifische prosodische bzw. lautsprachliche Merkmale indizieren: So stehen Komma und Fragezeichen für mittel und stark ansteigende Intonation am Ende einer Äußerungseinheit, Semikolon und Punkt für mittel und stark fallende Intonation am Ende einer Äußerungseinheit. Der Gedankenstrich wiederum zeigt gleich bleibende Intonation an. Ein Doppelpunkt markiert, dass ein Laut oder eine Silbe gedehnt wird: Je nach Anzahl der eingefügten Doppelpunkte lässt sich im Transkript die Dauer einer Dehnung ablesen, mit der z. B. das Verzögerungssignal *ähm* (nämlich als *ä:hm*, *ä::hm* oder *ä:::hm*) ausgesprochen wird. Eine ausführliche Charakterisierung dieser und weiterer GAT-Zeichen findet sich im Anhang dieses Buches (s. Kap. 12.4).

Eindeutigkeit bedeutet, dass jedem auditiven Phänomen, das in der Transkription erfasst werden soll, eindeutig ein Transkriptionszeichen zugeordnet wird.

Ikonizität bedeutet, dass die Konventionen nach Möglichkeit Ähnlichkeitsbeziehungen zwischen gewähltem Zeichen und dargestelltem Phänomen berücksichtigen.

Relevanz besagt, dass die Konventionen für alle diejenigen Phänomene Transkriptionszeichen bereitstellen, die sich als einschlägig für die Analyse erwiesen haben.

Formbezogene Parametrisierung schließlich ist ganz entscheidend: Sie bedeutet, dass nicht interpretativ, sondern formbezogen transkribiert werden soll. Statt also die Stimme eines Sprechers als ›wütend‹ oder ›aggressiv‹ zu interpretieren, sollen im Transkript die **prosodischen Parameter** (z. B. erhöhte Lautstärke, gesteigerte Geschwindigkeit) erfasst werden, die dann erst im nächsten Schritt im Zusammenhang mit anderen Merkmalen interpretativ ausgewertet werden.

Aufbau eines GAT-Transkripts: In einem GAT-Transkript stehen die Beiträge der unterschiedlichen Sprecherinnen und Sprecher untereinander in eigenen Transkriptionszeilen. Die Zeilen werden durchnummeriert. Jeder Sprecher erhält eine Sprechersigle, die ein Kürzel seines (anonymisierten) Namens (z. B. ›AS‹ für ›Anja Stukenbrock‹ oder ›Sa‹ für ›Sabine‹) darstellt. Sofern institutionelle Interaktionen untersucht werden, können rollenbezogene Sprechersiglen verwendet werden (z. B. ›Pa‹ für ›Patient‹, ›Th‹ für ›Therapeut‹ usw.).

Zur Transkription wird eine **äquidistante Schriftart** (Courier) verwendet, damit die Abstände zwischen den Zeichen gleich bleiben. Dies ist erforderlich, um die zeitlichen Beziehungen zwischen den transkribierten Einheiten (einzelnen Lauten, Wörtern, Phrasen, Pausen, Überlappungen usw.) im Transkript exakt abzubilden. Beginnt beispielsweise ein zweiter Sprecher während eines noch andauernden Redezugs des ersten Sprechers zu reden, können so Anfangs- und Endpunkt der überlappenden Rede bis auf den einzelnen Laut genau dargestellt werden, indem die überlappenden Segmente beider Sprecher untereinander notiert werden. Der rechts stehende Auszug stellt ein GAT2-Transkript auf mittlerer Stufe dar. Das heißt, es handelt sich um ein Basistranskript. Phillip (Phi) beschwert sich bei Marco (Mar) darüber, dass Susan und Ingrid über alle möglichen Dinge lästern.

Sprachliche Interaktion

Ein GAT-Transkript

In der ersten Transkriptzeile können wir sehen, dass auf die durchgängige Zeilennummerierung (a) die Spechersigle (b) und anschließend die transkribierte Äußerungs- bzw. Turnkonstruktionseinheit (c) folgt. In der ersten Phrase trägt das Pronomen *JE:des* den Hauptakzent (d), der durch Großbuchstaben für die akzentuierte Silbe markiert wird. Wie an dem Doppelpunkt außerdem zu erkennen ist, wird das Pronomen obendrein gedehnt ausgesprochen. Eine weitere durch Doppelpunkt markierte Dehnung findet sich in der Antwortpartikel in Zeile 9. Die erste Äußerungseinheit endet mit mittel fallender Tonhöhenbewegung, wie das Semikolon indiziert (e), gefolgt von einer Mikropause (f). Es findet ein Sprecherwechsel statt. Dies erkennen wir daran, dass in der zweiten Transkriptzeile eine neue Sprechersigle auftaucht. Die Antwort des zweiten Sprechers erfolgt sehr leise. Dies indiziert das in spitze Klammern (g) gesetzte »p« für »piano«, »leise«. Auch in Zeile 4 reagiert der zweite Sprecher wieder mit verminderter Lautstärke. Solche Angaben werden normalerweise erst auf der nächsten Transkriptionsstufe, d.h. im Feintranskript, gemacht. Allerdings gestattet uns das Zwiebelprinzip, das Basistranskript an bestimmten Stellen mit Merkmalen aufzufüllen, die uns besonders wichtig oder auffällig erscheinen.

Auf die Rückfrage des zweiten Sprechers in Zeile 4 antwortet der erste Sprecher mit einer doppelten Bejahung; der Unterstrich (h) zwischen den beiden *ja*-Partikeln zeigt die Verschleifung zwischen den beiden Silben an. Nachdem die Personenreferenz geklärt ist, fährt der erste Sprecher fort (Z. 7) und überlappt dabei kurz mit dem zweiten Sprecher, der seinerseits eine kurze Bestätigung liefert (Z. 6). Die untereinanderstehenden eckigen Klammern (i) in den Zeilen 6 und 7 geben genau an, wann die Überlappung der beiden Sprecher beginnt und wo sie endet. Hier handelt es sich nur um einen einzigen Laut. Zuletzt verzeichnet das Transkript in Zeile 10 einen besonders starken Akzent auf dem Wort *!LÄS!tern*. Dieser wird dadurch markiert, dass zusätzlich zu den Großbuchstaben für den Hauptakzent Ausrufezeichen (j) für einen extra starken Akzent hinzugesetzt werden.

Beispiel

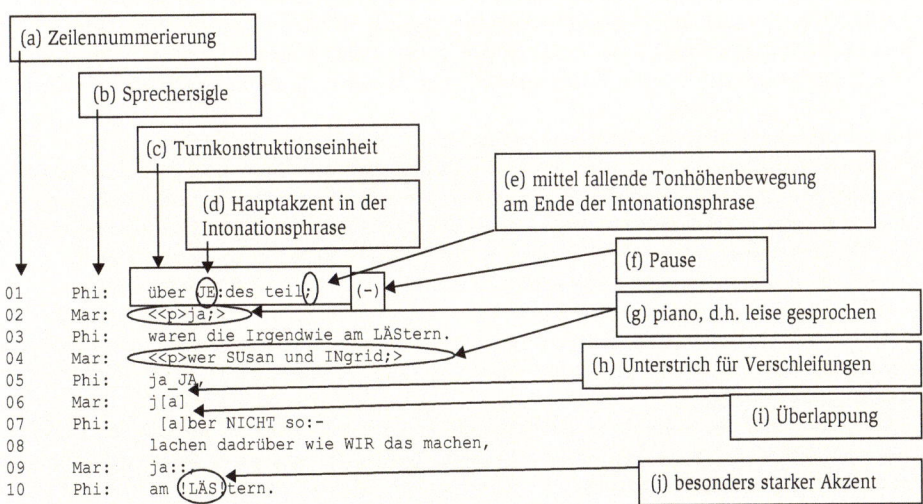

Status von Transkripten: Wir haben bereits festgestellt, dass Audio- und Videoaufnahmen keine neutralen Repräsentationen des Originalereignisses sind. Dasselbe trifft noch weit mehr auf die Transkription zu. Transkripte sind keine objektiven Repräsentationen dessen, was in den Audio- bzw. Videoaufnahmen aufgefunden wird. Durch die Transkription wird das Originalereignis einem weiteren Transformationsprozess unterworfen, der die Beziehung zwischen dem Originalereignis und dem Datum erneut verändert (vgl. Stukenbrock 2009b). Auch wenn die Transkription mit dem Anspruch und dem Ziel erfolgt, das Audio- oder Videodatum so wenig wie möglich zu interpretieren, tragen Transkripte immer die Spuren des Verstehens desjenigen, der sie angefertigt hat. Dies zeigt sich zum Beispiel darin, in welchem Maß prosodische Merkmale in der Transkription mit berücksichtigt werden, welcher Stellenwert paraverbalen Signalen wie Lachen, Weinen, stimmlichen Qualitäten und nonverbalen Aspekten eingeräumt wird. Transkripte sind wissenschaftliche Konstrukte, die wie die Audio- und Videodaten von Wissenschaftler/innen konstituiert werden.

Zur Vertiefung

Multimodale Transkription

In den Anfängen der Konversationsanalyse wurde fast ausschließlich mit Audiodaten gearbeitet. Eine häufig genutzte Datenquelle bildeten Tonaufzeichnungen von **Telefongesprächen**. Telefongespräche haben den Vorteil, dass der visuelle Kommunikationskanal wegfällt und das Datenmaterial folglich weniger komplex ist. Bei Telefongesprächen ist diese Reduktion methodologisch unproblematisch, da die Einschränkung auf den akustisch-auditiven Kanal gleichermaßen für die telefonisch verbundenen Gesprächsbeteiligten wie für den auf Audioaufzeichnungen angewiesenen Konversationsanalytiker gilt. Hat man jedoch lediglich Tonaufnahmen von Ereignissen zur Verfügung, in denen sich die Beteiligten in einer *face-to-face*-**Interaktion** befinden und neben dem auditiven auch visuellen Zugang zueinander und zu ihrer Umgebung haben, entsteht eine Diskrepanz zwischen der Teilnehmerperspektive und der Perspektive des Konversationsanalytikers. Eine solche Diskrepanz widerspricht dem Grundanliegen der Ethnomethodologie und der Konversationsanalyse, die Teilnehmerpraktiken zu rekonstruieren.

Aus diesem Grund werden in aktuelleren Untersuchungen zur *face-to-face*-Interaktion von kopräsenten, sich wechselseitig wahrnehmenden Personen zunehmend **Videokameras** zur Aufzeichnung des körperlichen Verhaltens der Beteiligten eingesetzt. Damit stellt sich das Problem der Verschriftlichung gestischer Verhaltensweisen, von Mimik, Blickorganisation, Körperorientierung etc. – kurz: der nonverbalen oder körperlich-visuellen Ausdrucksressourcen. Bis heute liegen keine einheitlichen Konventionen für die Transkription visueller Ausdrucksressourcen vor. Klar ist, dass sie immer nur selektiv erfolgen kann und dabei stark reduktionistisch verfahren muss. Es haben sich zwei Verfahrensweisen eingebürgert, die auch miteinander kombiniert werden können: erstens die Erstellung und Integration von **Standbildern** in das Verbaltranskript und zweitens die **symbolische Transkription körperlich-visueller Ausdrucksmittel** auf jeweils eigenen Transkriptionszeilen. Beide Verfahren haben ihre Vor- und Nachteile.

Beim Standbildverfahren werden wenige ausgewählte Momente in der Interaktion zeitlich eingefroren und auf anschauliche Art ganzheitlich präsentiert, allerdings auf Kosten einer durchgängigen, kategorial getrennten Erfassung der verschiedenen körperlichen Ausdrucksebenen. Demgegenüber leistet die symbolische Transkription auf gesonderten Zeilen eine fortlaufende Alignierung von sprachlichen und körperlichen Ausdrucksmitteln, doch gehen dabei zwangsläufig Anschaulichkeit und die Gestalthaftigkeit der Phänomene verloren. Stattdessen müssen die Leser/innen eines solchen Transkripts in einem inneren Visualisierungsprozess erst mühsam rekonstruieren, wie sich das Ereignis als Ganzes abgespielt hat. Zudem werden solche Transkripte sehr schnell extrem komplex und verlangen ihren Lesern eine hohe Dechiffrierungsleistung ab. Beide Verfahren sind auf unterschiedliche Art interpretativ und erzwingen Entscheidungen darüber, was man für relevant erachtet und was nicht.

Im Folgenden werden die beiden Verfahren anhand desselben Ausschnitts kontrastiert. Der Ausschnitt stammt aus einer Stadtführung. Um die Komplexität zu reduzieren, konzentrieren wir uns ausschließlich auf die die **Rede begleitende Gestik** des Stadtführers.

Standbildverfahren: Die Standbilder werden aus der Videoaufnahme ausgewählt; sie erfassen entscheidende Momente für ein bestimmtes Phänomen (z. B. den Gestenverlauf). Verbindungslinien verankern die Standbilder im Verbaltranskript, indem sie sie so exakt wie möglich den simultan gesprochenen Lauten bzw. Silben zuordnen. Zur Anonymisierung der aufgenommenen Personen sind in diesem Text alle Standbilder aus der Videoaufnahme durch Zeichnungen ersetzt worden.

(Ich danke Ina Hörmeyer für die Transformation der Standbilder in originalgetreue Zeichnungen.)

6.4 Sprachliche Interaktion

Grundannahmen und Methoden

1   Sf: wir stEhen HIER,

2   vor einem (.) verWALtungsgebäude der eon;

Symbolische Transkription auf gesonderten Transkriptzeilen:
Für die symbolische Transkription der Geste werden die folgenden Zeichen verwendet: Das an die Sprechersigle (Sf) angefügte »v« bezeichnet die Transkriptzeile für die Verbaläußerung. Das angefügte »g« markiert die Transkriptzeile, auf der die symbolische Darstellung des gestischen Verhaltens erfolgt. Dabei wird die Tilde ~ ~ ~ für die Vorbereitungsphase verwendet, der Stern *** für den Gestenhöhepunkt (Apex) und das Semikolon ;;; für die Retraktionsphase; die Senkrechtstriche markieren Anfangs- und Endpunkt der Gestenbewegung:

```
1/2    Sf-v:     wir stEhen HIER, vor einem (.) verWALtungsgebäude der eon;
       Sf-g:     |~~~~~~~*****;;;;;;;|
```

Beide Transkripte erlauben es uns, jeweils unterschiedliche Dinge zu erkennen. An beiden ist der Gestenhöhepunkt als das zentrale Phänomen abzulesen. Doch während man auf den Bildern zusätzlich die Blickausrichtung, die Körperorientierung und ausgewählte Momente des Zusammenspiels dieser Ausdrucksressourcen sehen kann, vermittelt die symbolische Transkription den exakten Moment, an dem die Gestenbewegung in Relation zur Sprache einsetzt. Sie zeigt außerdem, wann und wie lange sie den Höhepunkt erreicht, wann die Rückzugsbewegung einsetzt und wann die Gestenbewegung vollständig abgeschlossen ist. Wollten wir in das symbolische Transkript außerdem Informationen für Kopf- bzw. Blickausrichtung und Körperorientierung aufnehmen, müssten wir dafür eigene Transkriptionszeilen anlegen und dort die relevant erscheinenden Parameter mit der Verbalzeile sowie mit der Gestenzeile alignieren. Je mehr Ebenen (Blick, Gestik, Körperorientierung, Mimik etc.) beschrieben werden sollen, desto komplexer wird das Transkript.

6.4.2 | Sequenzielle Organisation

Zu den grundlegenden Eigenschaften von Gesprächen gehört, dass sie sich Schritt für Schritt in der Zeit vollziehen. Ein Gespräch zwischen zwei oder mehr Gesprächsbeteiligten ist durch deren abwechselndes Sprechen charakterisiert. Dieser Wechsel der Gesprächsbeteiligung wird als **Sprecherwechsel** (*turn-taking*) bezeichnet und unterliegt bestimmten Regeln, auf die wir später noch genauer eingehen werden. Ein einzelner Redebeitrag wird auch als Redezug (oder *turn*) bezeichnet.

Der Sprecherwechsel ist eine zentrale Voraussetzung für den Prozess des Verstehens im Gespräch. Verstehen ist ein interaktiver Prozess, das Verstandene ständig im Fluss. Es wird von den Gesprächsbeteiligten *online* bearbeitet, revidiert, korrigiert und metasprachlich thematisiert, und zwar von Gesprächsschritt zu Gesprächsschritt (*turn by turn*). An der Art und Weise, wie mein Gesprächspartner auf meine Äußerung reagiert, kann ich ablesen, wie er meine Äußerung verstanden hat. Seine sprachliche Erwiderung oder Folgehandlung zeigt mir an, wo wir uns im gemeinsamen Verstehensprozess befinden, so wie mein darauf folgender, im dritten Schritt vollzogener Redezug ihm wiederum zu verstehen gibt, wie ich seine Äußerung verstanden habe, und so fort. Auf diese Weise verketten sich einzelne Redezüge zu Sequenzen, die sich nach unterschiedlichen Formaten typisieren lassen und sich z. B. zu Paaren (Paarsequenzen) oder zu Formaten aus mehr als zwei Zügen zusammenfügen können.

Bevor wir uns die sequenzielle Organisation genauer anschauen, wollen wir uns zunächst an einem einfachen Beispiel die interaktive Herstellung von Intersubjektivität, d. h. von Verstehen als Prozess, anschauen:

(3) »Stadtauto«

```
 1 P:   bei UNS- (- -)
 2      gibt_s so PARKplätze,
 3      da sind Extra so: da stEht (.)
        sind so AUFkleber dran,
 4      CIty ca:rs;
 5 Su: [hm_hm,]
 6 Sd: [hm_hm,]
 7 I:  [hm_   ]hm,
 8 Su: hm: STADTauto heißt[das bei uns-   ]
 9 P:                     [so STADTautos;]
10      geNAU;
```

Die WG-Bewohner unterhalten sich über Carsharing. Phillip führt das Thema ein, indem er auf Parkplätze referiert, die durch die englische Bezeichnung *city cars* ausgewiesen sind (Z. 1–4). Alle drei Mitbewohnerinnen produzieren in Überlappung Rückmeldesignale, die anzeigen, dass sie entsprechende Parkplätze kennen bzw. sich vorstellen können. Über dieses minimale Display gemeinsamen Wissens und Verstehens hinaus übernimmt Susan das Rederecht und liefert eine alternative deutschsprachige Bezeichnung für *city cars* (Z. 8): *STADTauto heißt das bei uns*. Indem Susan ein Synonym produziert und dadurch Phillips Bezeichnung in diejenige übersetzt, die ihr aus ihrer Lebenswelt vertrauter ist, dokumentiert sie in expliziter Weise ihr Verstehen. Susans Verstehensdokumentation wird im nächsten Schritt von Phillip wieder aufgegriffen, der den von Susan eingeführten Ausdruck *stadtautos* wiederholt und als gültige Übersetzung für seinen Ausdruck ratifiziert (Z. 9–10: *so STADTautos; geNAU;*).

Sinnüberprüfung an der Folgeäußerung (*next turn proof procedure*): Nicht nur die Gesprächsbeteiligten nutzen die Erwiderung des Interaktionspartners, um zu überprüfen, ob sie richtig verstanden worden sind, sondern diese Möglichkeit steht auch den Konversationsanalytikern als analytische Ressource zur Verfügung. Man spricht von *next turn proof procedure*, was sich mit ›Sinnüberprüfung an der Folgeäußerung‹ übersetzen lässt. Wenn man diese Ressource nutzen will, muss man **sequenzanalytisch** vorgehen und den Prozess der Sinnkonstitution, so wie er von den Beteiligten selbst in der Interaktion vollzogen wird, Schritt für Schritt – von Redezug zu Redezug – rekonstruieren. Die Sequenzanalyse verlangt also, aus der

---

Definitionen

→ **Sprecherwechsel** bezeichnet das abwechselnde Sprechen von zwei oder mehr Gesprächsbeteiligten. Wenn A das Rederecht hat und spricht, befindet sich B und jeder weitere Gesprächsteilnehmer in der Rezipientenrolle; hört A auf zu sprechen und übernimmt B das Wort, so wechselt A in die Rezipientenrolle und B in die Sprecherrolle.
Die einzelnen Redebeiträge der Gesprächsbeteiligten nennt man **Redezug** (*turn*) oder **Gesprächsschritt**. Ein Redezug beginnt, wenn Sprecherwechsel stattgefunden hat und endet damit, dass erneut ein Sprecherwechsel vollzogen wird. Der Umfang eines Redezugs ist in Alltagsgesprächen nicht vorab festgelegt. Ein Redezug kann aus einem einzigen Wort, einer Phrase, einem Satz oder einem längeren, komplexen Redebeitrag wie z. B. einer kleinen Geschichte bestehen. Die Äußerungseinheiten, aus denen sich ein Redezug zusammensetzt, werden **Turnkonstruktionseinheiten** (*turn constructional unit*) genannt.

6.4 Sprachliche Interaktion
Sequenzielle Organisation

Sicht der Beteiligten zu jedem Zeitpunkt im Gespräch zu fragen: Was sagt die hier gemachte Äußerung darüber aus, wie ihr Sprecher die davorliegende(n) Äußerung(en) verstanden hat?

Sequenzialität bedeutet zunächst, dass zwei oder mehr Ereignisse in einem zeitlichen Nacheinander zueinander stehen. Allerdings haben wir den Begriff der Sequenzialität in seiner interaktionsstrukturierenden und -organisierenden Funktion damit noch nicht vollständig erfasst: In der Interaktion stehen kommunikative Handlungen nicht bloß zeitlich nacheinander, sondern sie sind zugleich aufeinander bezogen. Im Folgenden werden einige dieser Bezüge zwischen Redebeiträgen genauer betrachtet.

Paarsequenzen: Es gibt Äußerungstypen, die so eng miteinander verbunden sind, dass sie in der Regel als Paar auftreten. Diese Äußerungen werden Paarsequenzen (*adjacency pairs*) genannt. Bei einer Paarsequenz strukturiert die erste Position systematisch die zweite Position vor. Der Aktivitätstyp in der zweiten Position wird also durch den Aktivitätstyp in erster Position bestimmt. Dieser baut eine Erwartung darüber auf, was folgt. Die Reaktionsmöglichkeiten für den zweiten Interaktionspartner sind entsprechend eingeschränkt. Äußert ein Sprecher A zum Beispiel in erster Position eine Frage, so fordert die Paarsequenz Frage/Antwort in zweiter Position eine Antwort des Gesprächspartners B. B kann im nächsten Gesprächsschritt die Erwartung erfüllen oder von dieser Erwartung abweichen, indem er z. B. eine Rückfrage stellt (die seine Verpflichtung zur Antwort zwar nicht aufhebt, aber verschiebt). Äußert jemand einen Gruß, so wird als Folgehandlung ein Gegengruß erwartbar oder – wie es in der Terminologie der Konversationsanalyse heißt – **konditionell relevant** gesetzt.

Zwei solche Paarsequenzen liegen in folgendem Beispiel (4) vor. Bei dem Ausschnitt handelt es sich um den Beginn eines Telefongesprächs. Die erste Paarsequenz besteht aus dem Telefonklingeln (Z. 1), das eine **Fokussierungsaufforde-**

Definitionen

→ **Sequenzanalyse** bezeichnet das methodische Vorgehen der Konversationsanalyse, Gesprächsschritt für Gesprächsschritt (*turn-by-turn*) analytisch zu rekonstruieren, wie die Beteiligten im emergierenden Gesprächsprozess interaktiv, d. h. in wechselseitigem Bezug auf ihre aufeinander folgenden Äußerungen, Bedeutung herstellen.

→ **Next turn proof procedure** bedeutet, dass im sequenzanalytischen Vorgehen jeweils an der auf eine Äußerung folgenden nächsten Äußerung überprüft werden kann, welchen Sinn die Gesprächspartner ihren Äußerungen wechselseitig zuschreiben, d. h., ob Gesprächspartner B die Äußerung von A als Frage, Aufforderung, Vorwurf etc. interpretiert. Die *next turn proof procedure* ist ein Verfahren, das in der Analogie zwischen dem sich Schritt für Schritt in der Zeit entfaltenden Verstehensprozess der Gesprächsbeteiligten (der Teilnehmerperspektive) und dem sequenzanalytischen Verstehen des Konversationsanalytikers (der vollzugsrekonstruktiven Beobachterperspektive) gründet.

rung an den Angerufenen darstellt, den Anruf entgegenzunehmen und dadurch eine **Fokussierungsbestätigung** zu liefern. Dessen *H'llo* (Z. 2) ist also nicht als Gruß, sondern als Reaktion auf das Telefonklingeln zu verstehen. Paarsequenzen dieser Art, deren erster Teil aus einer Fokussierungsaufforderung (*summons*) besteht, die für den zweiten Teil eine Fokussierungsbestätigung (*answer*) konditionell relevant setzt, bilden einen eigenen Typ von Paarsequenzen. Sie werden im Englischen als ***summons-answer*-Sequenzen** bezeichnet. In der zweiten Paarsequenz bildet der Gruß den ersten Paarteil und der Gegengruß den zweiten. Im Folgenden wird die Abkürzung EPT für ›erster Paarteil‹ und ZPT für ›zweiter Paarteil‹ verwendet:

(4) »hi« (aus Schegloff 2007: 23)

```
1   ring                EPT: Fokussierungsaufforderung
2   Ava: H'llo:?        ZPT: Fokussierungsbestätigung

3   Bee: hHi:,          EPT: Gruß
4   Ava: Hi:?           ZPT: Gegengruß
5   Bee: hHow uh you:?
```

Weitere typische Paarsequenzen sind Frage und Antwort. Im nächsten Ausschnitt aus einem Gespräch in einer Wohngemeinschaft stellt Josef fest, dass noch Pudding im Kühlschrank ist, und fragt Martin, ob er den Pudding essen möchte. Dieser antwortet mit einer Verneinung und liefert nach einer kurzen Pause eine Begründung für seine Ablehnung:

Definition

Der Begriff → **Sequenzialität** erfasst das zeitliche und interaktionale Organisationsprinzip, wonach Äußerungen und Äußerungseinheiten im Gespräch in geordneter Weise aufeinanderfolgen, ineinandergreifen und sich zu größeren Einheiten verketten.

6.4 Sprachliche Interaktion

Konversationsanalyse

> **Definitionen**
>
> → **Paarsequenzen** sind in Paaren auftretende Redezüge von zwei verschiedenen Sprechern, bei denen der erste Paarteil den zweiten Paarteil interaktiv fordert bzw. hochgradig erwartbar macht. Erster und zweiter Paarteil sind daher strukturell eng miteinander verbunden. In der Terminologie der CA ausgedrückt **setzt der erste Paarteil den zweiten Paarteil konditionell relevant.**
> Typische Paarsequenzen, die durch konditionelle Relevanz miteinander verbunden sind, sind Frage – Antwort, Gruß – Gegengruß, Angebot – Annahme (präferiert) / Ablehnung (dispräferiert).

(5) »Pudding«

```
              1  Jo:  hier is noch_n PUTting;
EPT: Frage    2       willse den noch ESsen,
ZPT: Antwort  3  Ma:  <<t>nä den ESS_isch ni_mehr.> (.)
              4       der steht da schon VIER TAge;
```

Konditionelle Relevanz: Die Erwartbarkeit oder Projektion, die durch den ersten Paarteil aufgebaut wird, bezeichnet man als konditionelle Relevanz. Konditionelle Relevanzen können unterschiedlich stark ausgeprägt sein. Dies führt dazu, dass das Nicht-Einlösen eines konditionell relevant gesetzten nächsten Redezugs mal mehr, mal weniger stark markiert ist.

Expansionen (*expansions*): Paarsequenzen bilden die Grundeinheit von Sequenzen; sie sind aber erweiterbar. Diese Erweiterungen oder Expansionen können an verschiedenen Stellen eingefügt werden. **Prä-Expansionen** stehen vor der eigentlichen Paarsequenz, **Post-Expansionen** werden an die Basissequenz angehängt, und **Einschübe** (*insertions*) treten zwischen den Bestandteilen einer Basissequenz auf. Dies soll an einigen Beispielen verdeutlicht werden. Die Paarsequenz, die die Basis bildet, wird mit tiefgestelltem $_b$ markiert, so dass EPT$_b$ den ersten Paarteil und ZPT$_b$ den zweiten Paarteil der Basissequenz bezeichnet. Prä-Expansionen werden mit einem tiefgestellten $_{prä}$, Post-Expansionen mit einem tiefgestellten $_{post}$ und Einschübe mit einem tiefgestellten $_{ein}$ markiert.

Prä-Expansionen (*pre-expansions*): Eine Basissequenz kann vor dem ersten Paarteil erweitert (expandiert) werden. Im folgenden Beispiel möchte der Anrufer, Nelson, die Angerufene, Clara, zu einem Drink einladen:

(6) »a drink« (aus Schegloff 2007: 30)

```
1  Cla: Hello
2  Nel: Hi.
3  Cla: Hi.
4  Nel: Whatcha doin'.        EPT_prä
5  Cla: Not much.             ZPT_prä

6  Nel: Y'wanna drink?        EPT_b
7  Cla: Yeah.                 ZPT_b

8  Nel: Okay.
```

Bei der Basissequenz haben wir es im vorliegenden Fall mit einer klassischen Paarsequenz zu tun: Einladung – Annahme/Ablehnung. Die vorgeschaltete Prä-Sequenz besteht aus einer Frage und einer Antwort; sie stellt eine untergeordnete Paarsequenz dar. Sie dient Nelson dazu, interaktiv ›vorzufühlen‹, ob die Einladung Aussicht auf einen erfolgreichen, d.h. zur Annahme der Einladung führenden zweiten Paarteil hat. Da die Adressatin bereits aus der Initiierung der Prä-Expansion durch Nelson vermuten kann, dass eine Einladung folgen wird (auch wenn diese Einladung noch gar nicht explizit erfolgt ist), hat sie im nächsten Gesprächsschritt (der Antwort innerhalb der Prä-Expansion) die Möglichkeit, ihre Haltung gegenüber dieser projizierten nächsten Handlung zum Ausdruck zu bringen. Die Prä-Expansion ist hier also aktivitätsspezifisch auf das Sequenzformat der Einladung zugeschnitten. Clara kann durch den Zuschnitt ihrer Antwort Nelson entweder ermutigen, fortzufahren und eine explizite Einladung auszusprechen (*go ahead-response*), oder sie kann einen solchen Redezug blockieren (*blocking response*). Clara entscheidet sich für die erste Option; eine erfundene *blocking response* haben wir zum Vergleich daruntergestellt:

```
 4  Nel: Whatcha doin'.
 5  Cla: Not much.
*5  Cla: *I'm studying for my exam.
```

Aufgrund ihrer paarweisen Sequenzstruktur werden solche Prä-Expansionen in der konversationsanalytischen Literatur auch als Prä-Sequenzen (oder **Vorlaufsequenzen**) bezeichnet (Sacks 1992: 685 ff.; Schegloff 2007: 28).

Einschübe (*insertions*) treten zwischen dem ersten Paarteil der Basissequenz (EPT$_b$) und dem projizierten zweiten Paarteil (ZPT$_b$) der Basissequenz auf und verzögern daher die Einlösung der durch den ersten Paarteil der Basissequenz hergestellten konditionellen Relevanzen. Während Prä-Expansionen vom ersten Sprecher durchgeführt werden, um das Terrain für die nachfolgende Paarsequenz zu sondieren, werden Einschübe vom zweiten Sprecher initiiert. Genauer gesagt wird der erste Teil einer Einschub-Sequenz (EPT$_{ein}$) vom zweiten Sprecher an der Stelle produziert, an der von ihm eigentlich der zweite Paarteil der Basissequenz erwartet wird. Die Produktion des zweiten Paarteils der Basissequenz wird jedoch nicht abgeblockt oder verweigert, sondern lediglich sequenziell auf den Zeitpunkt verschoben, zu dem die Bedingungen (z. B. Verstehens- oder Wissensvoraussetzungen) dafür geschaffen worden sind.

Im folgenden Beispiel nimmt Sandro bei seinem Freund Julius eine Unregelmäßigkeit der Haut wahr und fragt ihn danach (Z. 1). Julius stellt zunächst eine Gegenfrage (Z. 2), da er nicht weiß, worauf sich Sandros Frage bezieht. Nach einer kurzen Pause, in der Julius seinem Freund gestisch die entsprechende Stelle zeigt, sind die Voraussetzungen für eine Antwort erfüllt und Julius produziert seine Antwort (Z. 4–6):

(7) »Bobbel«

```
1  Sa:  was hasch_n du da      EPTb
         für_n BOBbel;
2  Ju:  wo;                    EPTein
3        [(-)]
         [((Sa zeigt Ju den
         Bobbel, indem er seinen
         Freund an der
         entsprechenden         ZPTein (nonverbal)
         Körperstelle
         mit dem Zeigefinger
         berührt))]
4  Ju:  ach so NICH da;        ZPTb
5       das_s_n LEberfleck;
6       nicht das du_n ABreißt;
```

Post-Expansion: Erweiterungen können schließlich auch auf die Basissequenz folgen und bilden dann einen Sequenz-Nachlauf/eine **Nachlaufsequenz**:

(8) »alleine wohnen«

```
1  M:  wohnst du jetzt noch bei    EPTb
        deiner MUTter?=
2       =oder wohnst du alLEIne;
3  F:  ICH wohn alleine.           ZPTb
4  M:  [du wohnst] alLEIN;         EPTpost
5  F:  [also ich ]                 ZPTpost
        wohn jetzt schon seit geRAUmer-
6       also seit etlichen jahren alLEIne,
```

Martin stellt Frank eine aus zwei Turnkonstruktionseinheiten bestehende Frage (Z. 1–2), die zwei Antwortalternativen eröffnet. Diese Frage bildet den ersten Paarteil einer Paarsequenz, die eine Antwort konditionell relevant setzt. Frank gibt diese Antwort, indem er die zweite Alternative bestätigt (Z. 3: *ICH wohn alleine.*). Damit ist die Basissequenz aus erstem (Frage) und zweitem Paarteil (Antwort) abgeschlossen. Allerdings wiederholt Martin im nächsten Redezug Franks Antwort (Z. 4: *du wohnst alLEIN;*). Dieser wiederum setzt überlappend mit Martins Rückfrage zu einer Reformulierung seiner Antwort an (Z. 5: *also ich ...*) und präzisiert seine erste Antwort dann (*... wohn jetzt schon seit geRAUmer- also seit etlichen jahren alLEIne,*). In diesen beiden Post-Expansionen wird eine Basissequenz interaktiv weiterbearbeitet, die bereits als abgeschlossen gelten kann. Grundsätzlich sind alle Sequenzen auch nach ihrem Abschluss potenziell erweiterbar. Im vorliegenden Fall initiiert Martin durch seine Wiederholung, die von Frank als Rückfrage verstanden wird, eine Reparatur. Reparaturen und ihre sequenziellen Positionen werden wir in Kapitel 6.4.5. kennenlernen.

Schematisch lassen sich die dargestellten Expansions-Varianten wie folgt veranschaulichen:

		Prä-Expansion
Sprecher A:	erster Paarteil	
		Einschub
Sprecher B:	zweiter Paarteil	
		Post-Expansion

Abb. 1: Expansionsformate

6.4.3 | Präferenzorganisation

Bestimmte Typen von Paarsequenzen wie Einladungen, Bitten oder Bewertungen eröffnen alternative Möglichkeiten für den zweiten Paarteil. Auf eine Einladung kann z. B. eine Annahme oder eine Ablehnung erfolgen. Gespräche sind so organisiert, dass im Fall von Alternativen strukturell eine Präferenz für eine der beiden Alternativen festgestellt werden kann; im Fall der Einladung wird beispielsweise die Annahme der Einladung präferiert. Damit unterscheidet sich der Begriff von unserem Alltagsverständnis, demzufolge Präferenz psychologisch im Sinne von persönlichem Geschmack, subjektiven Neigungen und Einstellungen verstanden wird. Im Gegensatz dazu erfasst der konversa-

6.4 Sprachliche Interaktion

Konversationsanalyse

> **Definition**
>
> In der Konversationsanalyse bezeichnet der Terminus → **Präferenz** ein gesprächsorganisatorisches Ordnungsprinzip, wonach Paarsequenzen so organisiert sind, dass bestimmte zweite Paarteile systematisch gegenüber alternativen zweiten Paarteilen begünstigt werden. Der strukturell bevorzugte, **präferierte** zweite Paarteil stellt die unmarkierte Variante dar und schließt sich prompt an den ersten Paarteil an (Einladung – Annahme; Bitte – Erfüllung). Der **dispräferierte** zweite Paarteil stellt die markierte Variante dar (Einladung – Ablehnung; Bitte – Zurückweisung): Er wird mit mehr Aufwand realisiert und durch Verzögerungssignale, Pausen, Vorankündigungen, Erklärungen usw. gerahmt. Elemente, die einen dispräferierten zweiten Paarteil ankündigen, nennt man **Dispräferenzmarker**.

tionsanalytische Präferenz-Begriff die strukturell ungleichgewichtige Beziehung zwischen zwei alternativen Möglichkeiten, auf den ersten Paarteil einer Paarsequenz zu reagieren.

Im vorigen Abschnitt wurde ein Beispiel (4) vorgestellt, dessen erster Paarteil aus einer Einladung bestand, die als zweiten Paarteil eine Annahme (präferiert) oder eine Ablehnung (dispräferiert) konditionell relevant gesetzt hat. Hier folgt nun ein weiteres Beispiel für eine konversationelle Präferenzstruktur. Es handelt sich um eine **Bewertungssequenz**. Sprecher A produziert im ersten Paarteil eine positive Bewertung, die einen zweiten Paarteil konditionell relevant setzt. Dieser zweite Paarteil muss ebenfalls eine Bewertung sein. Eine gleichlaufende zweite Bewertung (Übereinstimmung) ist gegenüber einer gegenlaufenden (Nichtübereinstimmung) präferiert. In dem Ausschnitt unterhalten sich die Beteiligten über Erfindungen. Der erste Sprecher hält Toilettenpapier für eine *schöne erfindung* (Z. 1). Während einer der Adressaten auf den humorvollen Aspekt der Bemerkung orientiert ist und lacht (Z. 3), stimmt die zweite Adressatin durch eine gleichlaufende Bewertung, die ebenfalls ein wertendes Adjektiv enthält, zu (Z. 4) und bekräftigt ihre Übereinstimmung durch eine zusätzliche metapragmatische Validierung der Bewertungshandlung, indem sie ihre Äußerung durch *das STIMMT* (Z. 5) expandiert:

(9) »Toilettenpapier«

```
1  Jhn: ich find ja auch ne JANZ schöne
        erfindung is toiLETtenpapier.
2       (---)
3  Jrg: ((lacht kurz))
4  Adr: das_s was FEInes;=
5       =das STIMMT-
```

Ein Charakteristikum gleichlaufender Bewertungen besteht darin, dass die Bewertung des zweiten Sprechers als Steigerung gegenüber der Bewertung des ersten Sprechers formuliert werden muss, um als vorbehaltlose Übereinstimmung verstanden zu werden. In Beispiel (9) stellt die zweite Bewertung durch *was FEInes* (Z. 4) mit anschließender Bekräftigungsformel (Z. 5: *das STIMMT*) eine Steigerung der ersten Bewertung *ne JANZ schöne erfindung* (Z. 1) dar.

An Beispiel (10) werden kontrastiv unterschiedliche zweite Bewertungen erkennbar. In dem Ausschnitt unterhalten sich drei Frauen über die Haarfarbe einer vierten Frau. Nachdem Hanna vom Haarausfall einer gemeinsamen Bekannten erzählt hat (Z. 1–2), entwickelt sich zwischen Hanna und Maria das Thema Haarfarbe. Die Sequenz gipfelt darin, dass als dritte Sprecherin Sonja das Wort ergreift und eine sehr positive Bewertung vornimmt (Z. 11: *SUperschön*). Auf diese erste Bewertung reagieren ihre beiden Interaktionspartnerinnen unterschiedlich. Maria produziert mit raschem Anschluss eine Übereinstimmung, die jedoch in Gestalt des Bestätigungssignals *ja* (Z. 12) minimal ausfällt. Im Gegensatz zu der unaufwändigen, tendenziell herunterstufenden zweiten Bewertung durch Maria stellt Hannas Bewertung durch den Extremausdruck *toTAL* (Z. 13) eine Steigerung des hyperbolischen Adjektivs *SUperschön* in der ersten Bewertung dar.

(10) »Haarausfall« (Korpus Jana Brenning)

```
01 Hanna:  sie hatte schon geSACHT,
02         sie hätte im WINter bisschen HAAraus[fall;
03 Maria:                                      [und die hat
           ja so lange schwarze HAAre;=ja,
04 Hanna:  [WAHNsinn-
05 Maria:  [und überall fandste HAAre;
06 Hanna:  NACHTschwarz;
07         weisse SO- (.)
08 Maria:  WIRKlich; (.)
09         da denkste [die wären geFÄRBT;]
10 Hanna:             [denkste die wären ] geFÄRBT; (-)
11 Sonja:  ah des isch doch SUperschön;=[oder,
12 Maria:                               [ja,
13 Hanna:  toTAL
```

Im Gegensatz zu den meist prompt produzierten präferierten Redezügen werden dispräferierte zweite Paarteile verzögert realisiert. Es treten Pausen, Verzögerungssignale und andere Arten von Dispräferenzmarkern (wie *naja* und ähnliche Diskursmarker) auf, die dem Interaktionspartner anzeigen, dass die präferierte Erwiderung nicht erfolgen kann.

Im folgenden Beispiel sind die beiden Teilnehmer damit beschäftigt, draußen ein Nachtlager einzurichten, und unterhalten sich über die Temperatur, die von ihnen unterschiedlich empfunden wird:

(11) »frisch«

```
1  Arndt: schon FRISCH;=ne,
2         (1.3)
3  Josef: ach KALT find ick_s NICH,=
4         =aber: (.) hier die SCHLAFsäcke,
5         die ham (-) OFfen uff_m RAsen
          jelegen.
```

Der erste Sprecher äußert eine Bewertung, indem er die nächtliche Temperatur als frisch bezeichnet (Z. 3: *schon FRISCH;=ne,*). Die Äußerung schließt mit einem *question tag* (*ne*), der den Adressaten zu einer – übereinstimmenden – Folgeäußerung einlädt. Doch anstelle einer präferierten Übereinstimmung produziert der zweite Sprecher eine gegenlaufende zweite Bewertung, die er allerdings nicht unmittelbar anschließt, sondern durch eine Pause deutlich verzögert (Z. 2) und durch *ach* (Z. 3) als dispräferiert markiert (Z. 3: *ach KALT find ick_s NICH*). Besonders auffällig ist die lange Pause (Z. 2), durch die der zweite Sprecher seine Folgeäußerung verzögert. Solche Verzögerungen sind bereits ein Signal, das eine drohende gegenlaufende Bewertung indiziert.

6.4.4 | Sprecherwechsel (*turn-taking*)

Die Beteiligten eines Gesprächs reden normalerweise nicht wild durcheinander, sondern nacheinander. Es entstehen weder größere Pausen noch längere Phasen gleichzeitigen Redens. Es muss also einen Mechanismus geben, der den Wechsel zwischen den Redezügen verschiedener Sprecher reibungslos möglich macht. Das erscheint uns auf den ersten Blick selbstverständlich, ist aber angesichts der Tatsache, dass die Sprecherbeiträge in ihrer Länge und Dauer variabel sind, durchaus bemerkenswert. In Alltagsgesprächen steht weder von vornherein fest, *wer* als nächstes drankommt, noch *wann* der Nächste oder die Nächste drankommt, d. h. wie lange der letzte Sprecher das Rederecht behält. (In institutionellen Settings ist das teilweise anders; in einer Gerichtsversammlung kontrolliert z. B. der vorsitzende Richter die **Zuweisung des Rederechts** sowie die Inhalte der Redebeiträge.) Woher wissen die Gesprächsbeteiligten also, wann ein vorheriger Beitrag abgeschlossen ist und sie selbst das Wort ergreifen können? Wie organisieren sie den nahtlosen zeitlichen Anschluss an den vorangehenden Beitrag, und wie lösen sie das Problem, dass weitere Teilnehmerinnen und Teilnehmer möglicherweise im selben Moment zu Wort kommen möchten?

Die Fragen zeigen, dass die **Regulierung des Sprecherwechsels** und die Verteilung des Rederechts keineswegs banal sind, sondern eine interaktive Koordinationsleistung aller Beteiligten darstellen, die immer wieder und in jedem Moment aufs Neue erbracht werden muss. Dies ist kaum möglich, ohne dass es Mechanismen bzw. Verfahrensweisen gibt, die – wie das Ampelsystem an einer Kreuzung – den ›Verkehr‹ zwischen den Teilnehmern regeln. Übertragen auf die Gesprächsorganisation bedeutet das, dass Gesprächsbeteiligte über Verfahrensweisen bzw. Methoden verfügen, um die geordnete Abfolge einzelner Redebeiträge (*turns*) ›lokal‹ (d. h. im jeweiligen sequenziellen Kontext) und situativ zu organisieren und den Sprecherwechsel (*turn-taking*) zu regeln. Mit ethnomethodologisch geschultem Bewusstsein können wir fragen, wie diese Methoden aussehen, mittels derer den Beteiligten immer wieder ein erfolgreicher Sprecherwechsel gelingt, auch wenn Gespräche sich ungeplant von Augenblick zu Augenblick entwickeln.

Die Regeln des Sprecherwechsels wurden von Sacks, Schegloff und Jefferson in einem inzwischen klassischen konversationsanalytischen Aufsatz aus dem Jahr 1974 (»A simplest systematics for the organization of turn-taking for conversation«, in erweiterter Form als Sacks/Schegloff/Jefferson 1978) untersucht. Danach besteht das **Turn-Taking-System** aus zwei Komponenten: zum einen der Turnkonstruktionskomponente, die den inneren, formalen Aufbau der einzelnen Redezüge betrifft, und zum anderen die Turnzuteilungskomponente, die die Regeln für die Verteilung des Rederechts enthält.

1. Turnkonstruktionskomponente: Redezüge können aus ganz unterschiedlichen Elementen bestehen und daher auch ganz unterschiedlich lang sein. Manche Redezüge bestehen nur aus einem einzelnen Wort, wie z. B. der Begrüßungsformel *hallo* oder den Höflichkeitsfloskeln *bitte* und *danke*, andere aus Phrasen (*meine kleine Schwester*), aus einem einzelnen Satz (*mein Bruder kommt nicht mit*) oder auch aus mehreren aufeinander folgenden Sätzen (*mein Bruder kommt nicht mit, aber mein Cousin wollte noch vorbeikommen*) oder einer Mischung aus diesen sprachlichen Formen (*nein danke, ich komm nicht mit*). Solche minimalen Einheiten, nach denen Sprecherwechsel möglich ist, werden **Turnkonstruktionseinheiten** (*turn construction units*, TCUs) genannt. Oft sind Redezüge aber aus mehreren TCUs zusammengesetzt, wie das folgende Beispiel veranschaulicht, in dem ein Arzt seinen Patienten dazu befragt, ob bestimmte Bewegungen besonders starke Schmerzen verursachen:

(12) »Schmerz«

```
01  A:  gibt_s bestimmte beWEgungen,
02      die den (.) den SCHMERZ, (-)
03      sofOrt verSTÄRken?
04  P:  JA:,
05      also alle beWEgungen,
06      wenn der arm ABgespreizt isch- °h
07      oder wenn ich jetzt ne beWEgung- (.)
08      SCHNELL- (.)
09      nach Oben, (.)
10      und dann MERK ich,
11      JETZT kommt_s REIN;
12  A:  und so nach HINten?
13  P:  nach hInten GEHT gar nicht so VIEL,
14  A:  hm;
```

Die Frage des Arztes (Z. 1–3) besteht aus drei Intonationsphrasen, die auf syntaktischer Ebene ein zweigliedriges, hypotaktisches Satzgefüge (aus Fragesatz und abhängigem Relativsatz) bilden. Auf konversationeller Ebene liegt eine einzige, wenngleich recht komplexe Turnkonstruktionskomponente vor. Erst mit dem Ende der dritten Intonationsphrase (Z. 3) ist eine redeübergaberelevante Stelle erreicht. Das heißt Sprecherwechsel ist möglich und wird faktisch auch vollzogen. Die Antwort des Patienten erschöpft sich nicht mit der Antwortpartikel *JA* (Z. 4), die für sich genommen bereits eine Turnkonstruktionskomponente bildet und Sprecherwechsel gestatten würde, sondern entfaltet sich in der Folge über sieben weitere Intonationsphrasen (Z. 5–11). Erst dann wird die nächste redeübergaberelevante Stelle erreicht, an der Sprecherwechsel erfolgen kann. Daran orientiert sich auch der Arzt. Denn obwohl in der Rede des Patienten mehrere Mikropausen auftauchen, ergreift er erst nach Abschluss des gesamten Redebeitrags des Patienten das Wort, indem er eine Anschlussfrage stellt (Z. 12), auf die der Patient nahtlos antwortet (Z. 13), woraufhin der Arzt wiederum nahtlos ein Rückmeldesignal produziert. Der Sprecherwechsel funktioniert hier also vollkommen reibungslos.

Es stellt sich die Frage, wie die Gesprächsbeteiligten erkennen, dass ein Redebeitrag abgeschossen ist. Um diese Frage zu beantworten, müssen wir uns den inneren Aufbau der Turnkonstruktionseinheiten genauer ansehen. Jede solche Äußerung entwickelt im Prozess ihrer Produktion bestimmte formale Gestaltungseigenschaften, die den Grad ihrer Vollständigkeit und Abgeschlossenheit anzeigen. So weisen eine geschlossene syntaktische Struktur (die allerdings nicht aus einem ›vollständigen Satz‹ bestehen muss!), semantisch-pragmatische Vollständigkeit (Interpretierbarkeit) und eine fallende oder deutlich steigende Intonationskontur darauf hin, dass eine Äußerung als abgeschlossen gelten und folglich Sprecherwechsel stattfinden kann.

Betrachten wir dazu das folgende Beispiel:

(13) »Sauerteigbaguette«

```
1  J:  SAUerteigbaguette-
2  C:  geNAU;
3  J:  kann man sOwas im LAden kaufen?
4  C:  JOa;
5  J:  was ist SAUerteigbaguette;
6  C:  die Ursprüngliche (-) form des
       französischen WEISSbrots-
7      (0.5)
8      ä:h (.) war eigentlich gar keine STANge?
```

Die Beteiligten, Jonas und Christoph, unterhalten sich über ein Kochrezept, in dem Sauerteigbaguette vorkommt. Jonas fragt nach, was Sauerteigbaguette ist (Z. 5). Es findet Sprecherwechsel statt (Z. 6), und Christoph beginnt, die Frage mit einer etwas weiter ausholenden – hier nicht vollständig wiedergegebenen – Erklärung zu beantworten. Im Augenblick interessiert uns nur der innere Aufbau von Jonas' Frage. Wir können feststellen, dass

```
5  Jo:  was
```

im vorliegenden Kontext keine vollständige Äußerung darstellt. Anders verhielte es sich, wenn der Sprecher Überraschung, Erstaunen oder Entsetzen zum Ausdruck bringen oder ein akustisches Verständnisproblem signalisieren würde. In einem solchen Fall könnte *was* allein stehen und entweder als Affekt ausdrückende Interjektion oder zur unspezifischen Reparaturinitiierung dienen (zu Reparaturen s. 6.4.5).

Doch in unserem Beispiel fungiert es als Interrogativpronomen, das eine unbekannte Sachverhaltskomponente im Hinblick auf den Gesprächsgegenstand erfragt und nicht für sich allein stehen kann. Christoph wird also, nachdem Jonas das Wort *was* artikuliert hat, noch nicht zum Sprecherwechsel ansetzen, sondern den weiteren Verlauf von Jonas' Äußerung abwarten. Doch weiß er bereits an dieser Stelle, dass es sich bei dessen Äußerung um eine Frage und damit um den ersten Teil einer Paarsequenz handeln wird, die als zweiten Paarteil eine Antwort konditionell relevant setzt; diese Antwort wird er selbst geben müssen, sobald er als Sprecher dran ist. Gehen wir einen Schritt weiter, so sehen wir, dass auch die Äußerungskette

```
5   Jo:    was ist
```

noch nicht die Kriterien erfüllt, um als vollständiger Turn zu gelten. Die Äußerungskette aus Fragewort und Kopula verlangt zumindest ein weiteres Element (in der Regel eine NP), damit grammatische Wohlgeformtheit und syntaktische, semantische und pragmatische Abgeschlossenheit vorliegen. Christoph kann an dieser Stelle nun bereits antizipieren, dass die konditionell relevant gesetzte Antwort, zu der er aufgefordert ist, eine Beschreibung desjenigen Objekts sein wird, das in der syntaktisch projizierten Nominalphrase genannt wird. Betrachten wir zuletzt die folgende Äußerungskette

```
5   Jo:    was ist SAUerteigbaguette;
```

so können wir ihr ohne Zweifel Abgeschlossenheit und Vollständigkeit attestieren. Die Äußerung ist syntaktisch abgeschlossen und semantisch interpretierbar. Und auch die Gesprächsbeteiligten sehen das so: Es findet ein nahtloser Sprecherwechsel statt, d. h. Jonas hört auf zu sprechen, und Christoph setzt unmittelbar darauf mit seiner Antwort an. Es entsteht weder eine Pause noch eine Überlappung.

> **Zur Vertiefung**
>
> **Sprecherwechsel in der institutionellen Kommunikation**
> Die in Alltagsgesprächen geltenden Regeln des Sprecherwechsels können in institutionellen Kontexten (Schule, Gericht, Dienstbesprechung, Arzt-Patient-Gespräch, Konferenz etc.) außer Kraft gesetzt bzw. modifiziert werden. Nehmen wir als Beispiel die **schulische Interaktion** zwischen einer Lehrperson und einer Gruppe von Schülern und Schülerinnen, die im Unterricht über ein bestimmtes Thema diskutieren. In der Regel obliegt es in solchen Fällen der Lehrperson, das Rederecht durch (namentliches) Aufrufen des nächsten Sprechers zu organisieren, während die Schüler und Schülerinnen durch Wortmeldungen (Meldegesten) signalisieren, dass sie das Rederecht erhalten möchten. In asymmetrischen Situationen wie diesen kann es sowohl geschehen, dass der Rederechtswunsch eines Schülers nicht berücksichtigt wird, als auch, dass ein Schüler, der keinen Rederechtswunsch angemeldet hat und nicht sprechen will, vom Lehrer durch namentliches Aufrufen gegen seinen Willen zum Sprecher gewählt wird.
> In Dienstbesprechungen, auf Tagungen, Konferenzen etc. werden häufig Moderatoren eingesetzt. Diese sammeln die durch Meldegesten o. Ä. angezeigten Rederechtswünsche, bringen sie in eine listenförmige Reihenfolge und organisieren eine entsprechende Abfolge der Redebeiträge, indem sie nach jedem Beitragsende das Rederecht explizit erneut zuweisen.
> Auch wenn die Verteilung des Rederechts nicht durch Moderatoren erfolgt, ergibt sich in institutionellen Kontexten häufig eine asymmetrische Verteilung des Rederechts, was mit institutionsbedingten Statusunterschieden, Hierarchien und Machtstrukturen zu tun hat, die sich in der Rederechtsverteilung spiegeln und dadurch zugleich immer wieder neu hergestellt werden. Aus konversationsanalytischer Perspektive ist es entscheidend festzuhalten, dass eine asymmetrische Rederechtsverteilung zwar aufgrund der institutionellen Situation erwartbar ist, dass Asymmetrien jedoch immer auch durch das entsprechende Interaktionsverhalten der Beteiligten in konkreten Situationen aktualisiert, bestätigt, aufrechterhalten und zementiert oder in manchen Fällen eben auch untergraben werden (Drew/Heritage 1992).

Zur Abgeschlossenheit trägt ganz wesentlich die **Prosodie** bei (s. dazu Kap. 2.5.3). Durch die fallende Intonation am Ende der Nominalphrase hören wir diese Äußerungseinheit als beendet. An der zentralen Rolle, die die Prosodie für die Interpretation gesprochensprachlicher Äußerungen spielt, erkennen wir bereits, dass die Grammatik nicht allein ausschlaggebend dafür ist, ob Gesprächsbeteiligte eine sprachliche Äußerung als vollständig interpretieren oder nicht. Zu den Signalen möglicher Abgeschlossenheit gehören in der Kommunikation von Angesicht zu Angesicht (*face-to-face*-Interaktion) auch **nonverbale Aspekte**: So kann die Rückkehr einer die Rede begleitenden Geste in die Ruheposition anzeigen, dass der gegenwärtige Sprecher zum Abschluss kommt. Turnabschluss kann ebenso wie der Wunsch nach Turnübernahme durch eine Veränderung der Körperposition angezeigt werden. Auch der Blick spielt eine wichtige Rolle beim Turn-Taking: Ein gegenwärtiger Sprecher kann z. B. dadurch, dass er einen Blick auf eine spezielle Person richtet, diese aus dem Kreis der Adressaten als Folgesprecher auswählen.

Neben der Prosodie und den nonverbalen Signalen ist auch der **Kontext** entscheidend dafür, was von den Interaktionsbeteiligten als vollständiger Redebeitrag aufgefasst wird. So ist das Fragewort *was* im Beispiel »Sauerteigbaguette« allein nicht in der Lage, eine abgeschlossen Äußerung zu bilden; im folgendem Kontext konstituiert es hingegen sehr wohl einen vollständigen Redebeitrag. Die mittel fallende Intonationsbewegung, die die Intonationsphrase abschließt, markiert dies:

(14) »Fett absaugen«

```
1  Ve:  würdste des MAchen lassen? (.)
2  Sa:  WAS;
3  Ve:  würdste würdste dir FETT absaugen lassen?
```

Zwei Frauen, Vera und Sandra, unterhalten sich über ihre Figurprobleme und die Möglichkeit operativer Schönheitskorrekturen. Auf Veras Frage (Z. 1) antwortet Sandra nicht sofort, sondern stellt mit dem Interrogativpronomen *was* (Z. 2) eine Verständnisrückfrage. Dadurch signalisiert sie, dass sie Veras Frage nicht verstanden hat, und initiiert eine Reparatur, die Vera im nächsten Turn durchführt (zu Reparaturen s. ausführlich Kap. 6.4.5). Vera wiederholt ihre Frage, indem sie die durch das Pronomen *des* unspezifisch bezeichnete Behandlungsart als *FETT absaugen* (Z. 3) präzisiert.

Übergaberelevante Stellen (*transition-relevance space*): Der Ort, an dem ein Sprecherwechsel stattfinden kann, weil die Äußerung sichtbar abgeschlossen ist, wird als übergaberelevante Stelle bezeichnet. Er stellt aber nur einen *möglichen* Übergabepunkt dar, der erst dadurch *faktisch* zum Sprecherwechsel führt, dass der gegenwärtige Sprecher tatsächlich aufhört zu reden und ein anderer Sprecher zu reden beginnt. Gelegentlich kommt es an solchen möglichen Übergabepunkten zu **Überlappungen (*overlap*)** zwischen gegenwärtigem und künftigem Sprecher oder zwischen mehreren künftigen Sprechern, die in gleicher Weise das Ende des vorherigen Beitrags antizipiert haben und simultan zu sprechen beginnen (**Simultanstart**).

2. Turnzuweisungskomponente: Die Regeln der Turnzuweisungskomponente erklären, warum der Sprecherwechsel meist reibungslos und geordnet abläuft, indem sie die Rechte und Pflichten der Gesprächsbeteiligten in eine hierarchisch organisierte Struktur bringen. Die Turnzuweisungskomponente charakterisiert den Sprecherwechsel in jedem beliebigen Alltagsgespräch in abstrakter, verallgemeinernder Form. Sie ist in diesem Sinn **kontextfrei**. Andererseits definiert sie die Art und Weise, wie der jeweilige Kontext das Turn-Taking beeinflussen kann, d. h. sie ist zugleich auch **kontextsensitiv**. Das Regelsystem gilt für informelle Alltagsgespräche. In institutionellen Kontexten können regelhafte Abweichungen vom Turn-Taking-System festgestellt werden (s. Vertiefungskasten S. 237).

Zunächst einige allgemeine Beobachtungen zum Sprecherwechsel (Sacks/Schegloff/Jefferson 1974: 700 f.):

- Sprecherwechsel findet immer wieder statt.
- In den allermeisten Fällen spricht nur einer.
- Gleichzeitiges Sprechen ist üblich, aber nur für kurze Zeit.
- Übergänge ohne Pause oder Überlappung bilden zusammen mit Übergängen mit geringfügigen Pausen oder Überlappungen die überwältigende Mehrheit der beobachteten Fälle.
- Die Reihenfolge der Redezüge (*turns*) ist nicht festgelegt, sondern variiert.
- Die Länge der Redezüge (*turns*) ist nicht festgelegt, sondern variiert.
- Die Länge des Gesprächs ist nicht vorab festgelegt.
- Die Redeinhalte sind nicht festgelegt.
- Die Verteilung der Redezüge ist nicht vorab festgelegt.
- Die Zahl der Gesprächsbeteiligten ist variabel.
- Innerhalb eines Redebeitrags können längere Pausen, Schweigephasen oder Abbrüche auftreten.
- Es werden bestimmte Verfahren der Rederechtsverteilung angewendet. So kann ein gegenwärtiger Sprecher durch eine adressierende Frage den nächsten Sprecher auswählen, oder Gesprächsbeteiligte können sich selbst zu nächsten Sprechern machen, indem sie zu sprechen beginnen.
- Die Turnkonstruktionseinheiten (TCUs) sind strukturell variabel.
- Es gibt Reparaturmechanismen für Fehler beim Sprecherwechsel oder bei Rederechtsverletzungen. Wenn zwei Sprecher gleichzeitig sprechen, wird z. B. einer vor Beendigung seines Beitrags aufhören zu sprechen und der andere seinen überlappten Redebeitrag eventuell nach Ende der Simultansprechphase wiederholen und dadurch das Problem reparieren.

Sprachliche Interaktion

Sprecherwechsel (turn-taking)

Der Regelapparat: Im nächsten Schritt werden wir nun die Turn-Taking-Regeln (Sacks/Schegloff/Jefferson 1974) betrachten, die die Zuweisung des Rederechts beim Sprecherwechsel organisieren und die obigen Beobachtungen erklären:

Regel 1: (a) Wählt der Sprecher (S) im Laufe seines Redebeitrags einen nächsten Sprecher (N) aus, so muss dieser als Nächster sprechen und es findet Sprecherwechsel statt. Dabei handelt es sich um **Fremdwahl** (*current speaker selects next*).

(b) Wählt der Sprecher (S) im Laufe seines Redebeitrags keinen nächsten Sprecher (N) aus, kann sich jeder andere Gesprächsbeteiligte selbst zum nächsten Sprecher machen. Dabei bekommt der, der als Erster zu sprechen beginnt, das Rederecht (*first starter*-Prinzip). Es findet Sprecherwechsel durch **Selbstwahl** statt.

(c) Hat der Sprecher (S) im Laufe seines Redebeitrags keinen nächsten Sprecher (N) ausgewählt und wählt sich niemand sonst selbst zum Folgesprecher, so kann der augenblickliche Sprecher (S) fortfahren, bis ein nächster möglicher Abschlusspunkt erreicht ist.

Regel 2: Ist Regel 1c zur Anwendung gekommen und der augenblickliche Sprecher (S) fährt fort zu sprechen, dann gelten beim nächsten übergaberelevanten Ort (TRP) erneut die Regeln 1a-c, und zwar so lange, bis es zum Sprecherwechsel kommt.

Die Regeln sind hierarchisch geordnet: Als Erstes gilt Regel 1a. Wenn jedoch Regel 1a nicht zur Anwendung kommt, greift als Nächstes Regel 1b. Wird diese nicht realisiert, greift Regel 1c. Im Anschluss daran geht mit Regel 2 der ganze Mechanismus – beginnend bei Regel 1a – in eine neue Runde, und so immer fort (s. Abb. 2).

Ein Redebeitrag ist nicht vorab in seiner Länge und seinem Aufbau festgelegt. Länge und Aufbau werden von den Gesprächsbeteiligten gemeinsam und interaktiv hergestellt. Der Sprecher zeigt im Prozess seines sich entwickelnden Redebeitrags an, wann eine TCU abgeschlossen ist und ob an deren Ende auch der gesamte Redebeitrag beendet werden soll, d. h. ob Sprecherwechsel stattfinden kann oder ob er seinen Turn weiterführen möchte. Während sich der Sprecherbeitrag entfaltet, analysieren die Hörer ihn darauf hin, wann ein übergaberelevanter Punkt erreicht werden wird und sie folglich selbst die Chance haben, das Wort zu ergreifen.

Doch nicht nur Anfang und Ende eines Turns sind Resultat der Zusammenarbeit zwischen den Beteiligten, sondern auch die *online*-Gestaltung eines Turns selbst. Sein Aufbau ist das Ergebnis der verbalen und nonverbalen Signale, die der Sprecher während des Sprechens von seinen Hörern erhält, die auf diese Weise mitgestaltend tätig werden (s. 6.6). Die Konversationsanalyse geht davon aus, dass Turns gemeinsame, interaktive Hervorbringungen von Sprecher und Hörer darstellen und auf deren enge wechselseitige Orientierung und Koordinierung gegründet sind. Anhand des Beispiels im folgenden Vertiefungskasten lässt sich das nachvollziehen.

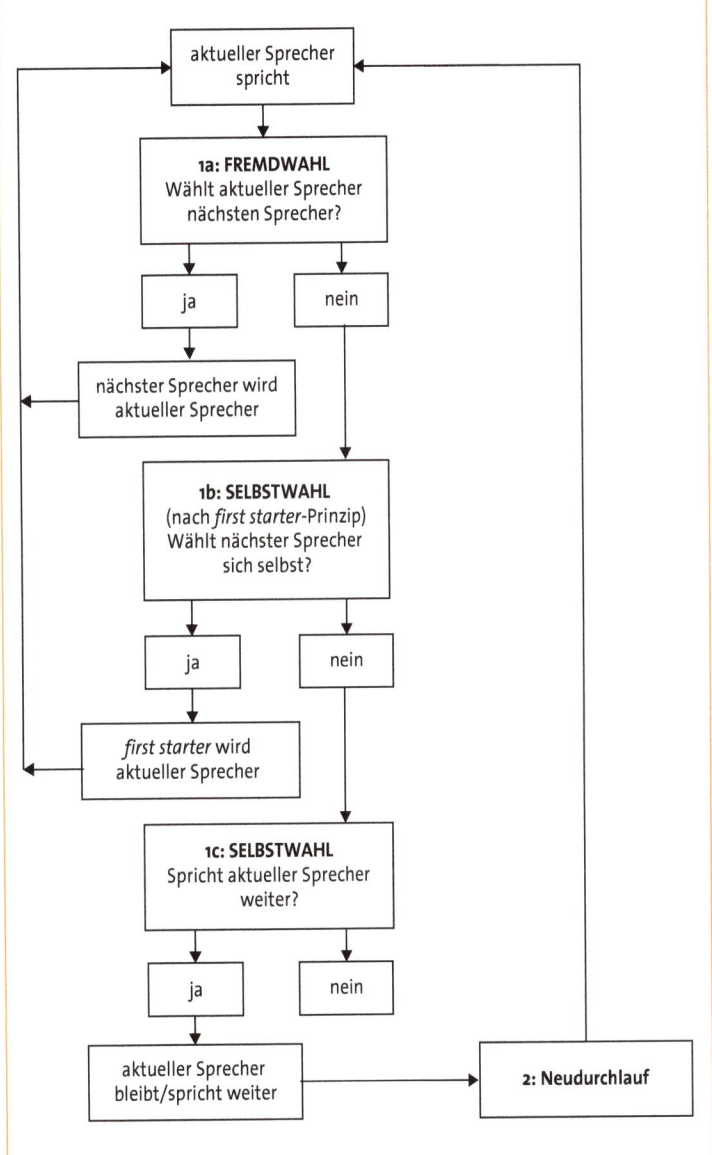

Abb. 2:
Das Turn-Taking-System

6.4 Sprachliche Interaktion

Konversationsanalyse

> **Zur Vertiefung**
>
> **Der Turn als interaktive Hervorbringung der Beteiligten**
> In der Sequenz erzählt die Sprecherin, Tina (T), dass ihr Freund sich ohne Vorwarnung von ihr getrennt hat. Ihr Adressat, Dirk (D), bringt sein Erstaunen zum Ausdruck, indem er mehrere Rückfragen stellt und Verhaltensweisen thematisiert, durch die sich in einer Beziehung Probleme und eine mögliche Trennung ankündigen.
>
> Beispiel: »plötzliche Trennung«
>
> ```
> 01    T:    [vor] (allen dingen) es kam ja auch überRAschend,=
> 02    D:    [ja ]
> 03    T:    =also (-) [wirk]lich von einem tag nach dem ANderen;
> 04    D:              [ja]
> 05          °hh
> 06          er hat keinerlei ANdeutungen vorher gemacht;
> 07    T:    ne: überhaupt GAR [nich;]
> 08    D:                      [er  ] hat sich nicht beSCHWE:RT,
> 09          nicht irgendwas kritiSIERT,
> 10          !DICH! kritisiert,
> 11    T:    °h [ne es is]
> 12    D:       [sein    ] !UN!mut geäußert irgend sowas;
> 13    T:    ne: also es is auch SO,
> 14          also: ähm: (-) ich bin halt franZÖsin (h),
> 15    D:    hm_HM,
> ```
>
> Tina erzählt, dass die Trennung für sie sehr überraschend kam (Z. 1, Z. 3). Ihr Gesprächspartner signalisiert durch das zweimalige Bestätigungssignal *ja* (Z. 2, Z. 4), dass er aktiv zuhört. Kurze Rückmeldungen dieser Art, die in einer Vielzahl von segmentalen und prosodischen Varianten vorkommen, stellen keine Turnübernahmen dar. Sie werden als **Fortsetzungssignale** (*continuer*) bezeichnet, die dem augenblicklichen Sprecher signalisieren, dass er die Sprecherrolle weiterhin behalten kann und soll. Auf diese Weise kann der Rezipient durch sein Verhalten mitbestimmen, wie lange der Redebeitrag des Sprechers wird. Allerdings gibt es keine 1:1-Zuordnung von Formen und Funktionen. Formen wie *ja*, *ja_ja*, *hm_hm* haben nicht per se die Funktion, aktive Zuhörerschaft zu signalisieren, sondern immer nur in Bezug auf bestimmte sequenzielle Kontexte und Sprecherhandlungen. Nehmen wir z. B. die sehr häufig auftretende Form *hm_hm*, so kann sie – mit steigend-fallender Intonation auf der zweiten Silbe – in bestimmten Kontexten auch Erstaunen oder plötzliches Erkennen (*change of state token*) signalisieren. In wieder anderen Kontexten kann sie – mit steigender Intonation auf der zweiten Silbe – aber auch Zweifel zum Ausdruck bringen.
> Zurück zu unserem Beispiel: In Zeile 5 atmet Dirk hörbar ein (Z. 5: °hh) und zeigt dadurch an, dass er den Turn übernehmen möchte. In direktem Anschluss formuliert er eine **Rückfrage** (Z. 6), die sich auf das Verhalten von Tinas Exfreund bezieht. Als die Rückfrage syntaktisch und semantisch-pragmatisch vollständig ist, signalisiert auch die fallende Intonation, dass die Turnkonstruktionseinheit beendet und eine turnübergaberelevante Stelle erreicht ist. Dirks Frage bildet den ersten Paarteil einer Paarsequenz und setzt als zweiten Paarteil eine Antwort von Tina konditionell relevant. Tina übernimmt daraufhin den Turn und beantwortet Dirks Frage (Z. 7). Dieser schließt sofort eine weitere Rückfrage an (Z. 8), deren Beginn mit der letzten Turnkonstruktionskomponente von Tinas Äußerung überlappt. Solche **Überlappungen** (*overlaps*) werden laut Transkriptionskonventionen durch eckige Klammern markiert (s. die Erläuterungen in Kap. 6.4.1). Dabei zeigt die linke Klammer den Beginn der Redeüberlappung und die rechte Klammer deren Ende an:
>
> ```
> 07    T:    ne: überhaupt GAR  [nich;]
> 08    D:                       [er  ] hat sich nicht beSCHWE:RT,
> ```

Überlappungen kurz vor Ende von Turnkonstruktionseinheiten sind nicht als Verstöße gegen die Regeln des Turn-Taking zu verstehen, sondern als Indiz dafür, dass Hörer während des Redebeitrags des Sprechers bereits das Ende einer Äußerung antizipieren, also übergaberelevante Stellen voraussehen und ihr eigenes Verhalten daran ausrichten (**Projektion**). So kann Dirk in Tinas Äußerung, die von einer Negationspartikel eingeleitet wird, nach den emphatischen Adverbien *überhaupt* und *GAR* das Negationsadverb *nich* antizipieren und schon simultan zum voraussichtlich letzten Wort in Tinas TCU das Wort ergreifen und seine erste Rückfrage beginnen (Z. 8: *er*).

Auf diese erste folgen noch zwei weitere Rückfragen, so dass sich eine dreigliedrige **Liste** ergibt (Z. 8, 9, 10). Die dritte Konstruktionskomponente enthält das akzentuierte Anredepronomen *DICH* (Z. 10). Diese Dreierstruktur und die Tatsache, dass Tinas Person durch das Personalpronomen so stark in den Fokus gerückt wird, macht eine turnübergaberelevante Stelle in hohem Maß erwartbar: Tina ist nun aufgefordert, Stellung zu nehmen.

Die Tatsache, dass Tina in Z. 11 das Wort ergreift, zeigt, dass sie Dirk so verstanden hat (*next turn proof procedure*). Doch überlappt ihre Turnübernahme mit einer Turnfortsetzung des ursprünglichen Sprechers Dirk, der nämlich eine weitere (vierte) Reformulierung seiner Rückfrage produziert:

```
11    T:      °h [ne es is ]
12    D:         [sein     ] !UN!mut geäußert irgend sowas;
```

Dieser Fall von Simultansprechen stellt nun anders als die vorher beobachtete Überlappung eine Turbulenz im Gespräch dar, denn die Interaktionsteilnehmer verstoßen gegen das fundamentale Prinzip des Turn-Taking, wonach immer nur eine Person zu einem bestimmten Zeitpunkt spricht (*one speaker at a time*). Eine solche Verletzung muss interaktiv bearbeitet werden. Das geschieht, indem Tina ihren Beitrag zunächst zurückzieht. Sie bricht ihre begonnene Äußerung ab und ergreift erst wieder das Wort, nachdem Dirk seine vierte Rückfrage beendet hat:

```
11    T:      °h [ne es is]
12    D:         [sein    ] !UN!mut geäußert irgend sowas;
13    T:      ne: also es is auch SO,
```

In ihrer Antwort negiert Tina zunächst Dirks Mutmaßungen (Z. 13: *ne:*) und projiziert dann mit dem Reformulierungsindikator (Gülich/Kotschi 1987) *also* und der darauf folgenden so-Konstruktion (Z. 13: *also es is auch SO,*) eine längere Erklärung. Damit macht die Sprecherin klar, dass sie einen längeren Turn für sich reklamiert, der erforderlich ist, um das begonnene Argument zu vervollständigen.

6.4.5 | Reparaturen

Der reibungslose Ablauf des Gesprächs kann aus unterschiedlichen Gründen gestört werden. Einer davon – nämlich die Verletzungen der Turn-Taking-Regeln – wurde schon im letzten Abschnitt besprochen. Aber auch falsche Wortwahl oder Versprecher, Wortsuche, akustische Schwierigkeiten, ungenaue Formulierungen und Missverständnisse stellen Problemquellen dar, die aufgrund der Spontaneität und Planungsunsicherheit der gesprochenen Sprache immer wieder auftreten. Zugleich gibt es in der mündlichen Kommunikation Mittel und Wege, solche Störungen interaktiv zu bearbeiten. Wie der Sprecherwechsel geschieht dies nach bestimmten Ordnungsprinzipien. Die Verfahren der interaktiven Bearbeitung von Störfällen (*troubles*) werden in der Konversationsanalyse **Reparaturen** genannt. Neben dem Turn-Taking-System gehören Reparaturen zu den grundlegenden selbstregulativen Mechanismen von Gesprächen.

Wie Schegloff, Jefferson und Sacks (1977) in einem wichtigen Aufsatz darlegen, bezieht sich der Begriff der Reparatur auf interaktive Ereignisse, die von den Beteiligten selbst als reparaturbedürftig behandelt werden, auch wenn für Konversationsanalytiker nicht immer sofort ersichtlich ist, worin das Problem besteht. Es geht also nicht um Fehler im Sinne von ›richtig und falsch‹, sondern um Probleme ganz unterschiedlicher Art. Umgekehrt können auch Elemente unkorrigiert bzw. unrepariert bleiben, die ein Außenstehender durchaus als Fehler kategorisieren würde, die aber von den Beteiligten entweder nicht bemerkt oder stillschweigend übergangen werden. Um den Phänomenbereich nicht auf missverständliche Weise einzuschränken, bevorzugt die Konversationsanalyse anstelle des engen Begriffs der Korrektur deshalb den weiteren Begriff der Reparatur.

Das Interesse der Konversationsanalyse an Reparaturen liegt auf der Hand: Da sie sich mit den Methoden der interaktiven Herstellung von Sinn und sozialer Ordnung beschäftigt, interessiert sie sich auch für diejenigen Verfahren, mittels derer Gesprächsbeteiligte potenzielle oder aktuelle Problemquellen identifizieren und interaktiv bearbeiten, um im Verständigungsprozess Intersubjektivität wieder herzustellen.

Selbstreparatur und Fremdreparatur: Je nachdem, wer die Reparatur durchführt – der gegenwärtige Sprecher selbst oder ein Gesprächspartner –, wird zwischen **Selbstreparatur** und **Fremdreparatur** unterschieden. Im folgenden Beispiel handelt es sich um eine Selbstreparatur. Der gegenwärtige Sprecher A repariert seinen eigenen Redebeitrag, indem er seinen Satz (Z. 4) nach dem Indefinitpronomen *kein* abbricht, um anschließend erneut anzusetzen. Dabei ersetzt er das Verb *haben* seiner ursprünglichen Äußerung (Z. 4: *ham*) durch das Verb *kriegen* (Z. 4):

(15) »Hausbesetzer«

```
1  A:  also !DIE! kann ich gut verSTEhen;
2      dass die sowas MAchen, (-)
3      (also) so HAUSbesetzer,
4      die ham SELber kein kriegen keine WOHnung-
5      weil WOHnungsnot is?
6      und dieses haus steht LEER,
```

Der Sprecher im nächsten Ausschnitt setzt nach einer kurzen Pause erneut an und initiiert mit dem gedehnten Verzögerungssignal *äh::* (Z. 2) eine Selbstreparatur, die die Zeitangabe präzisiert:

(16) »ein Uhr«

```
1  S:  und SCHON wieder is_es ein UHR,(-)
2      äh:: genauer gesagt Ein uhr °hh
       äh:  und DREIßig seKUNden,
```

Im Gegensatz zu den beiden vorherigen Beispielen haben wir es im Folgenden mit einer Fremdreparatur zu tun. Das Beispiel stammt aus Schegloff/Jefferson/Sacks (1977: 365) und folgt daher anderen Transkriptionskonventionen als den im Deutschen üblichen GAT-Konventionen. In dem Ausschnitt ist es nicht der gegenwärtige Sprecher B, der seine eigene Äußerung repariert, sondern sein Gesprächspartner A, der den von B gesuchten Vornamen nennt:

(17) »Dan Watts« (Schegloff/Jefferson/Sacks 1977)

```
1  B:    He had dis uh Mistuh W- whatever
         k- I can't
2        think of his first name, Watts
         on, the one that
3        wrote [that piece,
4  A:          [Dan Watts.
```

Selbstinitiierung und Fremdinitiierung: Neben der Frage danach, wer die Reparatur durchführt, können wir außerdem danach fragen, wer die Reparatur initiiert. Dementsprechend wird zwischen Selbstinitiierung und Fremdinitiierung einer Reparatur unterschieden. In den Beispielen (15) (»Hausbesetzer«) und (16) (»ein Uhr«) liegt jeweils eine **selbstinitiierte Selbstreparatur** vor: Der gegenwärtige Sprecher bricht mitten im Verlauf seinen eigenen Redebeitrags ab und setzt neu an, um ein Element zu reparieren. Er initiiert die Reparatur selbst und führt sie auch selbst durch. Selbstinitiiert ist auch die Reparatur in Beispiel (17) (»Dan

---

Definitionen

Unter → Reparatur (*repair*) wird die interaktive Bearbeitung eines von einem Gesprächsteilnehmer als problematisch markierten Elements im Gespräch verstanden. Dabei kann es sich um Sprachproduktions-, Sprachrezeptions- oder um intersubjektive Verstehensprobleme handeln. Der Ausdruck → Reparandum (Pl. Reparanda) bezeichnet dasjenige Element, das als reparaturbedürftig markiert und ersetzt wird. Im Englischen wird das reparaturbedürftige Element als *repairable* oder *trouble source* (Störungsquelle) bezeichnet (Schegloff/Jefferson/Sacks 1977). Reparaturbedürftige Elemente werden sprecherseitig teils durch Verzögerungen, Abbrüche, Pausen, Neustarts, Konstruktionswechsel, hörerseitig durch reparaturinitiierende Wiederholungen, Rückfragen unter Verwendung von Fragepronomen etc. als problematisch markiert und im sequenziellen Verlauf interaktiv bearbeitet. Reparaturen dienen dazu, Intersubjektivität aufrechtzuerhalten bzw. so rasch wie möglich wiederherzustellen, wenn sie durch Problemquellen unterschiedlicher Art gefährdet erscheint.

6.4 Sprachliche Interaktion
Reparaturen

Watts), denn der ursprüngliche Sprecher B signalisiert, dass er sich an den Vornamen nicht erinnern kann. Im Unterschied zu Beispiel (15) und (16) wird die Reparatur in Beispiel (17) jedoch nicht vom Sprecher selbst, sondern vom Gesprächspartner durchgeführt. Insofern handelt es sich also um eine **selbstinitiierte Fremdreparatur**.

Beispiel (18) führt demgegenüber eine **fremdinitiierte Selbstreparatur** vor. Den Ausschnitt (»Fett absaugen«) kennen wir bereits aus dem Kapitel über Turn-Taking. Nachdem Vera ihrer Adressatin Sandra eine Frage gestellt hat (Z. 1), antwortet diese nicht sofort, sondern initiiert mit der Verständnisrückfrage *was* im zweiten Turn eine Reparatur (Z. 2), die dann von der ursprünglichen Sprecherin im dritten Turn durchgeführt wird:

(18) »Fett absaugen«

```
1  Ve: würdste des MAchen lassen? (.)
2  Sa: WAS;
3  Ve: würdste würdste dir FETT absaugen
       lassen?
```

Zusätzlich tritt hier noch eine weitere Reparatur auf: Zu Beginn ihres neuen Turns (Z. 3) wiederholt Vera das Hilfsverb *würdste* und führt dadurch innerhalb der fremdinitiierten Selbstreparatur obendrein noch eine selbstinitiierte Selbstreparatur durch.

Ein weiteres Beispiel für eine fremdinitiierte Selbstreparatur stellt der folgende Ausschnitt (»Vater«) dar. Darin berichtet A, dass er erst als Erwachsener davon erfahren hat, dass sein leiblicher Vater ein anderer als sein sozialer Vater ist. Im Verlauf dieser Ausführungen entsteht für den Adressaten B das referenzielle Problem, welcher der beiden Väter – der leibliche oder der Ziehvater – gestorben ist:

(19) »Vater«

```
01 A: ja ähm (- -) also bei mir is es SO,
02    (1.7)
03    dass ich ähm: mit ZWEIunddreißig jahren erfahren habe,
04    dass ich_n andern VAter hatte,
05    (-)
06 B: ja
07 A: HATte deshalb weil °h der vater (-)
08    äh (—) neunzehnhundertsiebenundachtzig verSTORben is,
09 B: der WIRKliche vater;
10 A: der [WIRKl]iche vater,
11 B:     [hm_hm]
12 A: und meine (—) mutter mir das erst offenBART hat,
13    als ich zweiundDREIßig war.
```

B initiiert mit der Rückfrage (Z. 9: *der WIRKliche vater;*) eine Reparatur, indem er selbst einen plausiblen Kandidaten benennt. Das Adjektiv *wirklich* schränkt den Referenzbereich auf den leiblichen Vater ein. A bestätigt im nächsten Redezug die Mutmaßung von B, indem er die Formulierung wiederholt (Z. 10) und damit die referenziell ambige Personenbezeichnung *vater* (Z. 8) durch die attributive Erweiterung *der WIRKliche vater* (Z. 10) repariert.

Das letzte Beispiel (»Black Panthers«) illustriert abschließend, wie sowohl die Initiierung als auch die Durchführung der Reparatur nicht vom gegenwärtigen Sprecher A, sondern vom Adressaten B unternommen werden können. Solche **fremdinitiierten Fremdreparaturen** kommen weitaus seltener vor als ihr diametrales Gegenteil, die selbstinitiierten Selbstreparaturen. Die Gründe dafür werden weiter unten erläutert (s. Vertiefungskasten »Präferenz für Selbstreparatur«). Erneut weicht die englische Originaltranskription von den GAT-Konventionen ab:

(20) »Black Panthers« [GJ: FN] (aus: Sidnell 2010: 134)

```
01 Pat: ... the Black Muslims are certainly
            more provocative
02         than the Black Muslims ever were.
03 Jo:  The Black Panthers.
04 Pat: The Black Panthers. What'd I
05 Jo:  You said the Black Muslims twice.
06 Pat: Did I really?
07 Jo:  Yes you di:d, but that's alright
            I forgive you,
```

Pat behauptet, dass eine bestimmte politische Gruppierung provokativer auftrete als jemals zuvor

243

(Z. 1). Dabei verwendet er den Ausdruck *Black Muslims*, der von seinem Adressaten Jo im nächsten Redezug durch *Black Panthers* (Z. 3) repariert wird. Die fallende Intonation am Turn-Ende zeigt, dass Jo nicht etwa eine Rückfrage stellt, sondern den Ausdruck *Black Muslims* in Pats Äußerung durch *Black Panthers* ersetzt. Damit initiiert Joe nicht nur eine Reparatur, sondern führt sie auch zugleich selbst durch. Der erste Sprecher ratifiziert die Reparatur durch eine Wiederholung des reparierenden Ausdrucks (Z. 4). Es schließt sich eine Klärungssequenz an, in der Pat sein Erstaunen über seine fehlerhafte Referenzherstellung zum Ausdruck bringt (Z. 6).

Die vier Reparaturtypen im Überblick: Aus der doppelten Unterscheidung zwischen Selbst- und Fremdreparatur einerseits (Frage: Wer führt die Reparatur durch?) sowie zwischen selbstinitiiert und fremdinitiiert andererseits (Frage: Wer leitet die Reparatur ein?), ergeben sich insgesamt vier Möglichkeiten. Die Kreuzklassifikation (Abb. 3) fasst die vier Möglichkeiten tabellarisch zusammen.

Reparaturen sind ein sequenzielles Phänomen (Schegloff/Jefferson/Sacks 1977: 365). Sie sind zum einen eingebettet in das System des Sprecherwechsels, mit dem die Differenzierung zwischen *Selbst*- und *Fremd*initiierung sowie zwischen *Selbst*- und *Fremd*durchführung eng zusammenhängt. Zum anderen bestehen Reparaturen selbst aus unterschiedlichen Segmenten, die ihrerseits in einer geregelten Abfolge stehen und dadurch ebenfalls Bestandteile der sequenziellen Organisation bilden. Die beiden Segmentteile sind Reparaturinitiierung und Reparaturdurchführung. Im Folgenden wollen wir uns ansehen, welches die verschiedenen sequenziellen Positionen sind, die die vier Reparaturtypen einnehmen.

Sequenzielle Positionen für Reparaturen: Kehren wir noch einmal zu den Beispielen zurück, so können wir feststellen, dass die vier Reparaturtypen systematisch ganz bestimmte sequenzielle Positionen einnehmen. Sie befinden sich an jeweils unterschiedlichen Positionen in Relation zur Problemquelle.

Abb. 3:
Formen von Reparaturen

	Selbstreparatur	Fremdreparatur
selbstinitiiert	selbstinitiierte Selbstreparatur: Beispiel 15, 16	selbstinitiierte Fremdreparatur: Beispiel 17
fremdinitiiert	fremdinitiierte Selbstreparatur: Beispiel 18, 19	fremdinitiierte Fremdreparatur: Beispiel 20

Reparatur in 1. Position: Die erste Möglichkeit zu einer Reparatur besteht entweder innerhalb oder unmittelbar nach der Turnkonstruktionseinheit, in der das Reparandum (R) aufgetreten ist, d. h. am nächsten redeübergaberelevanten Punkt. In jedem Fall ist die Reparatur sequenziell so organisiert, dass Reparandum und Reparaturdurchführung vom selben Sprecher kommen. Um eine solche Reparatur in erster Position handelt es sich im Beispiel (15) (»Hausbesetzer«). Die hier vorliegende sequenzielle Organisation – Reparandum (R), Reparaturinitiierung (RI) und Reparaturdurchführung (RD) im selben Turn – ist konstitutiv für die selbstinitiierte Selbstreparatur:

1.	Sprecher A:	R	RI	RD

Abb. 4: Selbstinitiierte Selbstreparatur in 1. Position

Reparaturen an der redeübergaberelevanten Stelle finden ebenfalls noch vor einem Sprecherwechsel statt. Für diesen Fall haben wir oben das Beispiel (16) (»ein Uhr«) gesehen. Er lässt sich wie folgt darstellen:

1.	Sprecher A:	R	RI	RD

Abb. 5: Selbstinitiierte Selbstreparatur in 1. Position (Variante)

Reparatur in 2. Position: Die Reparatur tritt hier im Folgeturn auf, im ersten Turn steht also das Reparandum (R). In der zweiten Position besteht nun erstens die Möglichkeit zu einer selbstinitiierten Fremdreparatur. Dies ist dann der Fall, wenn die Reparaturinitiierung vom ersten Sprecher noch in demjenigen Turn vollzogen wird, in dem auch das Reparandum selbst auftritt, die Reparaturdurchführung hingegen vom zweiten Sprecher und damit erst nach dem Sprecherwechsel geleistet wird. Diesen Fall haben wir in Beispiel (17) (»Dan Watts«) gesehen:

1.	Sprecher A:	R	RI
2.	Sprecher B:	RD	

Abb. 6: Selbstinitiierte Fremdreparatur in 2. Position

Außerdem besteht die Möglichkeit, dass sowohl die Reparaturinitiierung als auch die Reparaturdurchführung nach dem Sprecherwechsel vom zweiten Sprecher vollzogen werden. Reparaturinitiierung und Reparaturdurchführung werden also in demjenigen Turn ausgeführt, der unmittelbar auf den Turn folgt, der die Problemquelle enthält. Der zweite Sprecher identifiziert ein Element aus der Rede seines Vorgängers als problematisch und repariert es sofort. Bei der fremdinitiierten Fremdreparatur liegen Reparaturinitiierung und Reparaturdurchführung also gleichermaßen im zweiten Turn. Diesen Fall repräsentiert das Beispiel (20) (»Black Panthers«):

1.	Sprecher A:	R	
2.	Sprecher B:	RI	RD

Abb. 7: Fremdinitiierte Fremdreparatur in 2. Position

Reparatur in 3. Position: Liegt hingegen eine fremdinitiierte Selbstreparatur vor, werden vom Auftreten des Reparandums im ersten Turn bis zur Reparaturdurchführung zwei Sprecherwechsel vollzogen. Nachdem der erste Sprecher in seinem ersten Turn ein Reparandum produziert hat, das im zweiten Turn vom Adressaten als reparaturbedürftig markiert wird, folgt auf die Reparaturinitiierung im zweiten Turn nach einem weiteren Sprecherwechsel die Reparaturdurchführung vom ursprünglichen Sprecher im dritten Turn. Dieser Fall liegt in Beispiel (18) (»Fett absaugen«) vor:

1.	Sprecher A:	R
2.	Sprecher B:	RI
3.	Sprecher A:	RD

Abb. 8: Fremdinitiierte Selbstreparatur in 3. Position

Darüber hinaus gibt es Fälle, bei denen erst in dritter Position eine Reparatur initiiert wird. Dies geschieht dann, wenn der erste Sprecher A anhand des Verständnisses, das der zweite Sprecher B durch seine Reaktion im zweiten Turn zum Ausdruck bringt, schlussfolgert, dass ein Missverständnis vorliegt:

1.	Sprecher A:	R	
2.	Sprecher B:		
3.	Sprecher A:	RI	RD

Abb. 9: Selbstinitiierte Selbstreparatur in 3. Position

Für diesen Fall haben wir bislang noch kein Beispiel betrachtet. Folgender Ausschnitt illustriert die Reparatur in dritter Position:

(21) »screws« (aus Liddicoat 2007: 198)

```
1  Gary:   yuh got anymore screws.
2  Harry:  yeah I got lo:ts.
3  Gary:   Well, I wanted one
4  Harry:  O:H okay.
```

Auf Garys Frage, ob Harry noch Schrauben habe, antwortet dieser mit einer Bejahung. Wie sich im dritten Turn herausstellt, war Garys Turn nicht als Frage, sondern als Bitte (*request*) gemeint, wie er durch seine fremdinitiierte Reparatur (Z. 3) verdeutlicht.

Reparatur in 4. Position: In diesem extrem seltenen Fall initiiert der zweite Sprecher eine Reparatur, nachdem im dritten Turn ein anhaltendes Problem offenbar geworden ist:

1.	Sprecher A:	R	
2.	Sprecher B:		
3.	Sprecher A:		
4.	Sprecher B:	RI	RD

Abb. 10: Fremdinitiierte Fremdreparatur in 4. Position

Zur Verdeutlichung auch hier ein Beispiel:

(22) »calendar« (aus Schegloff 1992)

```
1  Marty:  Loes, do you have a calendar
2  Loes:   Yeah (reaches for desk calendar)
3  Marty:  Do you have one that hangs on the wall?=
4  Loes:   Oh you want one.
5  Marty:  Yeah
```

Wie in (21) (»screws«) besteht das Problem darin, dass eine Bitte nicht als Bitte, sondern als Frage verstanden wurde. In unserem Fall liegt jedoch keine selbstinitiierte Selbstreparatur in dritter Position, sondern eine fremdinitiierte Selbstreparatur in vierter Position vor, bei der der zweite Sprecher durch seine Rückfrage (Z. 4) eine Klärung bewirkt.

> **Zur Vertiefung**
>
> **Präferenz für Selbstreparatur**
> In Bezug auf das Reparatursystem haben wir festgestellt, dass die vier Reparaturtypen unterschiedliche sequenzielle Positionen einnehmen (Prinzip der sequenziellen Organisation). Diese sind aber nicht unabhängig voneinander, sondern hängen in der Gesamtsystematik der Reparaturorganisation eng zusammen. Dazu trägt ein zweites Prinzip bei, das zum sequenziellen Prinzip hinzutritt und eng mit ihm zusammenhängt: das Präferenzprinzip (s. 6.4.3). Im Reparatursystem gilt eine Präferenz für Selbstreparaturen. Selbstreparaturen kommen weitaus häufiger vor als Fremdreparaturen. Die Frage lautet, wie diese Vorrangstellung der Selbstreparaturen zustande kommt. Zunächst lässt sich feststellen, dass die Positionen für Selbstreparaturen sequenziell vor denen für Fremdreparaturen auftreten. Dabei ist zwischen Selbstinitiierung und Selbstdurchführung zu unterscheiden. Die folgende Darstellung zeigt, dass die Selbstinitiierung der Fremdinitiierung im Reparatursystem sequenziell vorgeordnet ist:
>
> | | |
> |---|---|
> | erster/ursprünglicher Redezug: | *Selbstinitiierung* |
> | redeübergaberelevante Stelle: | *Selbstinitiierung* |
> | zweiter Redezug: | *Fremdinitiierung* |
> | dritter Redezug: | *Selbstinitiierung* |
> | vierter Redezug: | *Fremdinitiierung* |
>
> Die sprachlich und interaktiv unaufwändigste Reparatur ist die selbstinitiierte Selbstreparatur, die positionell an erster Stelle kommt. Reparaturinitiierung und Reparaturdurchführung liegen sequenziell am dichtesten am Reparandum. Die selbstinitiierte Selbstreparatur stellt die schnellstmögliche Reparatur in Relation zum Reparandum dar und wird vom Gesamtsystem vor allen anderen Reparaturtypen schon deshalb präferiert, weil sie einer möglichen Gefährdung von Intersubjektivität sofort begegnet. Fremdreparaturen werden demgegenüber sequenziell verzögert und dadurch tendenziell verhindert, dass dem ursprünglichen Sprecher erst noch eine Chance zur Selbstreparatur eingeräumt wird. Dies zeigt sich auch darin, dass Reparaturen, sofern sie keine selbstinitiierten Selbstreparaturen sind, typischerweise lediglich fremdinitiiert, aber nicht fremddurchgeführt werden, womit der ursprüngliche Sprecher eine weitere Gelegenheit zur (fremdinitiierten) Selbstreparatur erhält. Zuletzt schließlich manifestiert sich die Präferenz für Selbstreparatur bzw. umgekehrt die Tatsache, dass Fremdreparaturen dispräferiert sind, darin, dass fremdreparierende Sprecher ihre Äußerungen oftmals abschwächen.

6.5 | Interaktionale Linguistik

In den vorherigen Abschnitten haben wir uns mit unterschiedlichen sprachlichen Organisationsmechanismen beschäftigt, die den geordneten Ablauf von Alltagsgesprächen regeln. Dabei ist die Frage aufgetreten, welches die linguistischen Einheiten sind, an denen sich Interaktionsbeteiligte orientieren, wenn sie Turns konstruieren, den Sprecherwechsel organisieren, Reparaturen durchführen usw. Die **Frage nach den linguistischen Einheiten**, die den interaktiven Praktiken zugrunde liegen und diese strukturieren, bildet das zentrale Forschungsinteresse der Interaktionalen Linguistik, die in diesem Unterkapitel vorgestellt wird.

Entstehungskontext: Die wichtigste wissenschaftsgeschichtliche Voraussetzung für die Entstehung der Interaktionalen Linguistik bildete die Hinwendung zu **gesprochener Sprache** als genuinem Untersuchungsgegenstand und die damit einhergehende Einsicht in die Schlüsselrolle der Prosodie. Einen weiteren Einflussfaktor stellten Untersuchungen zur **Diskursfunktion** von Sprache dar, die sprachliche Strukturunterschiede auf ihre Funktionen im situierten Gebrauch zurückführen. Zuletzt schließlich steht die Interaktionale Linguistik in enger Beziehung zur (ethnomethodologischen) **Konversationsanalyse**, aus der sie hervorgegangen ist und auf deren methodologische Prinzipien sie zurückgreift. Die Interaktionale Linguistik hat sich vor allem in Europa als eine linguistisch geprägte Weiterentwicklung der Konversationsanalyse herausgebildet, die den Beitrag sprachlicher Strukturen zur **Organisation von Ge-**

sprächen untersucht. In der Interaktionalen Linguistik werden die methodischen Prinzipien der Konversationsanalyse verwendet, um genuin linguistische Fragestellungen zu beantworten. Es liegen mittlerweile Untersuchungen zur Phonetik und Phonologie, Prosodie, Morphologie, Semantik, Syntax, Diskurspragmatik und Sprachvariation vor (vgl. u. a. Auer 1996, 2005, 2007; Couper-Kuhlen/Auer/Müller 1999; Couper-Kuhlen/Ford 2004; Couper-Kuhlen/Selting 1996; Ford 1993; Hakulinen/Selting 2005; Mondada 1998; Ochs/Schegloff/Thompson 1996; Selting/Couper-Kuhlen 2001a, 2001b). Diese Auflistung lässt bereits ahnen, dass das Erkenntnisinteresse der Interaktionalen Linguistik etwas anders gelagert ist als das der Konversationsanalyse: Die Konversationsanalyse betrachtet sprachliche Phänomene nicht um ihrer selbst willen, sondern als Manifestation der interaktionalen Ordnung und daher als Instrument, um soziale Interaktion zu verstehen. Sie untersucht (sprachliche) Praktiken daraufhin, wie sie interaktionale Ordnung herstellen (Bergmann 1981: 33). Im Unterschied dazu versteht sich die Interaktionale Linguistik explizit als linguistischer Ansatz, dessen primärer Gegenstand grammatische Phänomene in ihrer interaktionalen Verwendung sind.

Gegenstand und Fragestellung: Die Interaktionale Linguistik untersucht, in welcher Weise Interaktionsstrukturen die sprachlichen Strukturen prägen und wie diese wiederum auf die Anforderungen der Interaktion zugeschnitten sind. Dabei werden die grammatischen Kategorien der Linguistik, die anhand der Schriftsprache entwickelt wurden und sowohl gesprochensprachliche als auch pragmatische Aspekte außer Acht lassen, einer kritischen Überprüfung unterzogen. Die Interaktionale Linguistik geht wie die Konversationsanalyse von der **Perspektive der Gesprächsteilnehmer** aus und fragt danach, welche sprachlichen Kategorien für die Beteiligten selbst in der Gesprächsorganisation eine Rolle spielen.

Sprachkonzept und zentrale Annahmen: Das Sprachkonzept der Interaktionalen Linguistik unterscheidet sich von anderen linguistischen Schulen wie der Generativen Grammatik, die sich in erster Linie für die dem Menschen angeborene Universalgrammatik interessiert, und dem Strukturalismus, dessen Gegenstand das abstrakte Regelsystem einer Einzelsprache ist, dadurch, dass **Sprache und Handeln als untrennbar verbunden** gelten. Anstelle der Kompetenz steht die Performanz, Sprache-in-Interaktion (*talk-in-interaction*), im Vordergrund.

> **Definition**
>
> Die → Interaktionale Linguistik ist ein linguistischer Forschungsansatz, der sich theoretisch und methodisch auf die (ethnomethodologische) Konversationsanalyse gründet und diese mit genuin linguistischen Fragestellungen verbindet. Das heißt sie widmet sich der empirischen Untersuchung gesprochensprachlicher Strukturen mit einem besonderen Fokus auf phonologisch-phonetischen und grammatisch-syntaktischen Phänomenen.

Die Interaktionale Linguistik geht davon aus, dass sprachliche Strukturen interaktionale Produkte sind: Sie werden gemeinsam in der Interaktion hergestellt. Die Formen und Strukturen einer Einzelsprache werden nicht als statische Einheiten, sondern als flexible und anpassungsfähige Ressourcen aufgefasst, die auf die **Bedürfnisse der Sprecher** bei der Organisation der Interaktion zugeschnitten sind. Auf der Ebene der Syntax z. B. zeigt sich die Flexibilität darin, dass Sätze im Gespräch über ihren möglichen Endpunkt hinaus vom Sprecher erweitert oder durch Fortführung nach einem Sprecherwechsel gemeinsam konstruiert werden können. **Sprachstrukturen werden von der Interaktionsstruktur geprägt** und tragen umgekehrt zur Herstellung einer ganz bestimmten Interaktionsstruktur bei. Daher können sie nur dann adäquat untersucht werden, wenn ihre linguistischen Formeigenschaften auf den Interaktionskontext rückbezogen werden.

Methodologische Prinzipien: Die Interaktionale Linguistik beschreibt auf der Basis von **Audio- bzw. Videodaten natürlicher Interaktionen** und im Rekurs auf **konversationsanalytische Methoden** die Strukturen und Funktionen einer Sprache in ihren konkreten Verwendungszusammenhängen. Sprachstrukturen werden als interaktive Ressourcen ihrer Benutzer verstanden und auf unterschiedlichen Ebenen (Phonetik/Phonologie, Prosodie, Morphologie, Syntax, Semantik, Pragmatik) als Produkte und strukturelle Verfestigungen (Sedimentierungen) der sozialen Interaktion untersucht. Das heißt, sprachgeschichtlich bilden sich durch die wiederholte Produktion und Reproduktion bestimmter sprachlicher Formen in bestimmten interaktiven Kontexten enge Form-Funktionsgefüge heraus, die sich strukturell verfestigen und mehr oder minder stark konventionalisiert werden. Neben der interaktionsgrammatischen Beschreibung der sprachlichen Kategorien und Strukturen einer Einzelsprache arbeitet die Interaktionale Linguistik durch **sprachvergleichende Analysen** Gemeinsamkeiten und

Unterschiede zwischen typologisch ähnlichen und weit voneinander entfernten Sprachen heraus.

Im Folgenden soll die Arbeitsweise der Interaktionalen Linguistik anhand einiger einschlägiger Beispiele aus dem Deutschen erläutert werden.

Weil-Sätze mit Verbzweitstellung: Sätze, die mit *weil* eingeleitet werden, werden im Deutschen normalerweise zu den Nebensätzen gerechnet. Nebensätze sind durch Verbletztstellung gekennzeichnet. Doch kann man in der gesprochenen Sprache häufig *weil*-Sätze beobachten, bei denen das Verb statt in der nebensatztypischen Verbletztstellung in der hauptsatztypischen Verbzweitstellung auftritt. Interaktionslinguistische Studien haben nachgewiesen (Günthner 1993), dass solche Nebensatzkonstruktionen keineswegs als Fehler oder als Bedrohung für die Regel der deutschen Nebensatzstellung (Verbletztposition) und damit als Evidenz für einen grundlegenden syntaktischen Wandel zu bewerten sind, sondern systematisch ganz bestimmte **Funktionen in der Interaktion** erfüllen. Ihr Vorkommen stellt daher weder einen Verlust noch einen Beleg für den ›Niedergang der deutschen Sprache‹ dar, sondern im Gegenteil eine Ausdifferenzierung unserer kommunikativen Möglichkeiten und Ressourcen.

Im folgenden Beispiel geht es um eine junge Frau (S) und ihren Ex-Freund, der sich ohne eine Erklärung von ihr getrennt hat:

(23) »Hoffnung«

```
1   D:   äh_äh steht daHINter noch die HOFFnung,
2        dass es vielleicht DOCH wieder äh:
         in die GÄNge kommen könnte;
3   S:   °h ich WEISS es nich,=
4        =weil er hat äh:m_er_hat mir LETZtens gesagt,
5        dass (.) dass er mich nich mehr LIEBT,
```

Nachdem Sabine (S) das Bedürfnis geäußert hat, ihren Ex-Freund zu einem klärenden Gespräch wiedersehen zu wollen, fragt Doris (D), ob sich hinter diesem Wunsch die Hoffnung auf Versöhnung verbirgt (Z. 1–2). In der Antwort bringt Sabine ihre Skepsis gegenüber einem solchen Gedanken zum Ausdruck (Z. 3: *ich WEISS es nich,*) und schließt einen *weil*-Satz mit Verbzweitstellung an (Z. 4). Dieser *weil*-Satz stellt jedoch keine Begründung dafür dar, dass sie nicht weiß, ob sie noch Hoffnungen hegen kann. Das wäre unlogisch, denn die Aussage des Ex-Freundes, sie nicht mehr zu lieben, versetzt sie im Gegenteil in die Lage zu wissen, woran sie ist. Anstatt eine Kausalbeziehung zwischen den beiden Teilsätzen herzustellen, liefert der *weil*-Satz die Erfahrungsgrundlage für die im Bezugssatz geäußerte emotionale Ambivalenz der Sprecherin: Einer möglichen Hoffnung auf eine erneute Liebesbeziehung steht die definitive Aussage des Ex-Freundes gegenüber. Die Umstellprobe zeigt, dass die beiden Stellungsvarianten, *weil* + Verbzweitstellung und *weil* + Verbletztstellung, im vorliegenden Fall nicht austauschbar sind:

*ich weiß es nicht, weil er mir letztens gesagt hat, dass er mich nicht mehr liebt.

Das Beispiel gehört zur Gruppe der epistemischen *weil*-Verknüpfungen (Günthner 1993a: 42). Epistemische *weil*-Sätze stellen keine kausale Begründung im Sinne einer Ursache-Folge-Beziehung für den Sachverhalt des Bezugssatzes dar. Stattdessen liefern sie die Wissens- bzw. Erfahrungsgrundlage für die im Bezugssatz geäußerte Annahme. In unserem Beispiel wird im Bezugssatz keine Annahme, sondern ein Zustand der Verunsicherung und des Zwiespalts formuliert.

Neben epistemischen *weil*-Sätzen gibt es noch andere Typen von *weil*-Sätzen mit Verbzweitstellung, die hier nicht weiter ausgeführt werden können (vgl. ausführlich Günthner 1993a). Auch für sie gilt, dass anstelle einer inhaltlichen Kausalbeziehung alternative funktionale Beziehungen zwischen den beiden Teilsätzen signalisiert werden. Über die syntaktische Besonderheit der Verbzweitstellung und die dadurch gelockerte Bindung zwischen den beiden Teilsätzen ist diesen Konstruktionen auf prosodischer Ebene gemeinsam, dass die jeweiligen Teilsätze getrennte Intonationskonturen aufweisen. Dieses Merkmal trägt ebenfalls zur größeren Eigenständigkeit der beiden Teilsätze bei. Verallgemeinernd ist festzuhalten, dass die *weil*-Sätze mit Verbzweitstellung andere Funktionen haben als die klassischen *weil*-Sätze mit Verbletztstellung. Die beiden Stellungstypen sind nicht beliebig austauschbar.

Obwohl-Sätze mit Verbzweitstellung: Untersuchungen zu den funktionalen Unterschieden zwischen unterschiedlichen Satzstellungsmustern liegen auch zu *obwohl*-Sätzen und *wobei*-Sätzen vor. Im Folgenden betrachten wir ein Beispiel für einen *obwohl*-Satz mit Verbzweitstellung. Klassische *obwohl*-Sätze sind durch Verbletztstellung gekennzeichnet. *Obwohl*-Sätze mit Verbletztstellung formulieren eine konzessive Beziehung (s. Kap. 5.1.3) zwischen den Sachverhalten der beiden Teilsätze, die sich dadurch auszeichnet, dass etwas ausnahmsweise gilt, das aufgrund der grundsätzlichen Unvereinbarkeit der beiden Sachverhalte normalerweise nicht gilt. Im *obwohl*-Satz wird etwas eingeräumt, das in Widerspruch zu dem steht, was aus dem Inhalt des Bezugssatzes zu folgern wäre. Dadurch wird aber die Gültigkeit dieser Schlussfolgerung nicht außer Kraft gesetzt. Dies verdeutlicht das folgende Beispiel:

(24) »Preisabsprache«

```
1  S: m_vater ham_se ja sogar mal verKLAGT,
2     wegen PREISabsprache;
3     obwohl wir keine preisabsprache
      geHABT ham,
```

In dem Ausschnitt gründet die konzessive Beziehung zwischen den Teilsätzen darauf, dass man normalerweise nicht verklagt wird wegen Dingen, die man nicht getan hat, der Vater des Sprechers aber dennoch verklagt wurde. Auch wenn Unschuld und Anklage eigentlich unvereinbar sind, wird in der vorliegenden Äußerung das Eintreten beider Sachverhalte festgestellt. Zugleich bringt der Sprecher zum Ausdruck, dass dadurch die grundsätzliche Unvereinbarkeit der beiden Sachverhalte nicht außer Kraft gesetzt wird, sondern dass nach wie vor die Annahme gilt, dass man nicht unschuldig verklagt wird.

Als Kontrast betrachten wir im Folgenden einen *obwohl*-Satz mit Verbzweitstellung. In dem Ausschnitt unterhalten sich zwei Frauen, Jana und Vera, über ihre sportlichen Aktivitäten:

(25) »laufen«

```
1  Ja: gehst du sonst normal auch (.) äh LAUfen,
2  Ve: ja_JA;
3  Ja: ja
4  Ve: hm_hm
5      ja obwohl durch den BRUCH- (.)
6  Ja: WAS?
7  Ve: durch den BRUCH-
8      bin ich ja nicht mehr LAUfen gegangen;
```

Nachdem Vera Janas Frage (Z. 1) danach, ob sie regelmäßig laufen geht, bejaht hat (Z. 2), nimmt sie ihre Aussage durch einen *obwohl*-Satz mit Verbzweitstellung wieder zurück (Z. 5, Z. 7). Hier haben wir es nicht mit einem konzessiven *obwohl*-Satz zu tun, der etwas einräumt, das in Widerspruch zum Bezugssatz steht, ohne dass die Gültigkeit deswegen ausgehebelt wird. Stattdessen leitet die Sprecherin (Ve) mit dem *obwohl*-Satz eine **Selbstreparatur** ein, mit der die Gültigkeit der Aussage im vorangegangenen Satz außer Kraft gesetzt wird. Typisches Merkmal von *obwohl*-Sätzen mit Verbzweitstellung ist, dass die beiden Teilsätze in zwei verschiedenen Schritten getrennt assertiert werden können, d.h. unabhängig voneinander wahr oder falsch sind. Sie werden obendrein prosodisch deutlich voneinander abgesetzt. Im Beispiel (25) findet sogar ein mehrfacher Sprecherwechsel zwischen dem ersten und dem zweiten Teilsatz statt. Solche *obwohl*-Konstruktionen mit Verbzweitstellung werden nicht nur zu selbstinitiierten Selbstreparaturen eingesetzt, sondern sie können auch vom zweiten Sprecher zur Initiierung einer Fremdreparatur bzw. als Vorlaufelement zur Markierung einer Nichtübereinstimmung gebraucht werden.

Im nächsten Beispiel wird eine *obwohl*-Konstruktion mit Verbzweitstellung zur Einleitung einer Nichtübereinstimmung mit der vorangehenden Sprecherin verwendet. Dort unterhalten sich zwei Frauen, Sarah und Vera, über Mode:

(26) »Mode«

```
1  Sa: ist ja ganz moDERN,=ne,
2      [(hm:) dass die sich TRAUen;]
3  Ve: [ja_ja obwohl das_is         ] ja schon wieder vorBEI,
4  Sa: JA?
```

Nachdem Sarah festgestellt hat, das ein bestimmter Kleidungsstil modern ist (Z. 1), stimmt Vera zwar mit der Affirmationspartikel *ja_ja* zu (Z. 3), doch dann leitet sie mit *obwohl* eine Sarah widersprechende Äußerung ein. Hier fungiert *obwohl* als Vorlaufelement zur Kontextualisierung einer kommenden Nichtübereinstimmung der zweiten Sprecherin (vgl. ausführlich Günthner 1999a: 420 ff.).

Nachdem wir am Beispiel von *weil-* und *obwohl-*Sätzen mit Verbzweitstellung typische Konstruktionen der gesprochenen Sprache kennengelernt und gesehen haben, dass sie spezifische Funktionen in der Interaktion ausüben, wenden wir uns zum Schluss einem Phänomen zu, dass in besonderer Weise mit der Zeitlichkeit gesprochener Sprache zusammenhängt. Die Strukturen der mündlichen Sprache können nur adäquat erklärt werden, wenn als prägender, bedingender Faktor ihre *online*-Emergenz im Gespräch berücksichtigt wird. Das bedeutet, dass einfache Sätze ebenso wie komplexere Strukturen nicht als ganze, vorab verpackte Fertigstrukturen produziert und rezipiert werden, sondern linear in der Zeit konstruiert und ko-konstruiert werden: Sie können vom Sprecher flexibel gestaltet, umgestaltet, aufgegeben und vom Rezipienten mitgestaltet werden. Das Paradebeispiel für die zeitliche Flexibilität grammatisch-syntaktischer Einheiten sind unterschiedliche Typen der Erweiterbarkeit.

Rechtsexpansionen: Bei Rechtsexpansionen werden abgeschlossene syntaktische Einheiten über ihren möglichen Endpunkt hinaus durch weiteres sprachliches Material erweitert bzw. expandiert; diese Erweiterungen sind von der Vorgängeräußerung grammatisch abhängig. Es werden mehrere Typen von Rechtsexpansionen unterschieden (Auer 1991, 1996, 2006; Schegloff 1996; Ford/Fox/Thompson 2002). Dabei ist die Terminologie im Englischen und Deutschen nicht einheitlich, was unter anderem darauf zurückzuführen ist, dass die Frage, welche Phänomene hinzugerechnet werden und welche nicht, unterschiedlich beantwortet wird. Diese Frage hängt wiederum davon ab, in welchem Maß neben syntaktischen Kriterien zusätzlich prosodische, semantische und pragmatische Kriterien in die Definition einbezogen werden. Für das Deutsche gibt es unterschiedliche Klassifikationsvorschläge (z.B. Altmann 1981; Auer 1991, 1996, 2006). Bei der Darstellung der folgenden Beispiele bildet die Typologie von Auer (1991) die Grundlage. Definitionskriterium ist dort neben der Frage nach dem syntaktischen Aufbau von Expansionen die Frage nach deren prosodischer Integration bzw. Nichtintegration in die Vorgängeräußerung. Die im Folgenden diskutierten Beispiele werfen lediglich ein Schlaglicht auf das vielschichtige Phänomen der Rechtsexpansionen, das hier nicht erschöpfend behandelt werden kann.

In Ausschnitt 27 schauen sich die Beteiligten gemeinsam Photos an. Die Sprecherin gibt dazu folgende Erklärung ab:

(27) »Baby«

```
1  A:  also da:
2      bei den ersten photos is_es noch ganz KLEIN,
3      unser (.) BAby;
```

Die in Zeile 3 angehängte Nominalphrase *unser BAby* stellt eine Erweiterung des Satzes über sein mögliches Ende hinaus dar. Nachdem der Satz hinter *KLEIN* (Z. 2) bereits einen Abschlusspunkt besitzt, wird er über die Satzgrenze hinaus durch die angefügte Nominalphrase *unser BAby* (Z. 3) expandiert. Die nachgeschobene Nominalphrase steht in einem Substitutionsverhältnis zum Personalpronomen *es* (Z. 2) im Vorgängersatz. Es liegt ein bestimmter Typus von Rechtsexpansion vor: Bei diesen sog. **Rechtsversetzungen** wird die Vorgängerstruktur durch die Expansion lediglich modifiziert, nicht jedoch durch neue Informationen rhematisch weitergeführt. Die Expansion tritt paradigmatisch an die Stelle einer Konstituente im Vorgängersatz. Rechtsversetzungen (Auer 1991) können sowohl prosodisch integriert als auch nicht integriert sein. Im vorliegenden Beispiel ist sie nicht integriert und bildet eine eigene Intonationsphrase.

Ein anderer Typ von Rechtsexpansion liegt im nächsten Beispiel vor. Erneut handelt es sich um eine Modifikation des Vorgängersatzes, doch im Unterschied zur Rechtsversetzung in Beispiel (27) gibt es in Beispiel (28) keine Konstituente, die durch die Expansion ersetzt werden könnte. Stattdessen ist die Expansion als nachträgliche Einfügung aufzufassen, die eigentlich in die Vorgängerstruktur hätte integriert werden können. Im Transkript markiert das Zeichen @ die Stelle, an der die Expansion hätte stehen sollen. In dem Ausschnitt unterhalten sich M und F über eine Probefahrt mit einem Mercedes:

(28) »Mercedes« (aus Auer 2006: 288)

```
1  M:  des_hab_i_der ganz vergessen zu
       berICHten,
2      h dass ich gestern morgen:,
       eh @ PRObe gefahren bin mit_m (.)
3      merCEdes;
```

Prosodisch integrierte nachträgliche Einfügungen wie die vorliegende werden **Ausklammerungen** genannt. Im Unterschied dazu bezeichnet man prosodisch nicht integrierte nachträgliche Einfügungen als **Nachtrag** (Auer 1991: 146). Das folgende Beispiel führt solch einen Fall vor:

(29) »Kaltenbach«

```
1  M:  im vordern haus ha_me:r (.)
       a e_kunststofftür @ NEIgmacht,
2      vom KAltenbach,
```

Wie an der eigenständigen Intonationskontur der Expansion (Z. 2) zu erkennen ist, wird sie nicht in die Vorgängerstruktur integriert.

Das folgende Beispiel funktioniert ähnlich wie das vorherige. Die Expansion, um die es geht, befindet sich in Zeile 4. Die Sprecherin H erzählt eine Geschichte, in der ein afrikanischer Student von chinesischen Studenten zusammengeschlagen wurde, weil er eine Chinesin zum Tee eingeladen hatte:

(30) »Chinesin zum Tee« (aus Auer 2006: 283)

```
1  H:  der Eine:.hhwa mal verDROSChen
        worden vonner ganzen °h
2       HORde: chinesischer kommilitonen °h
3       weil er (-) sich erDREIStet hatte:
        °h eine chiNEsin zum TEE
4       einzulad[en.=↑NACHmittags
5  S:           [NEI:N
```

Am Ende erweitert H ihren Redebeitrag, indem sie die adverbiale Bestimmung *NACHmittags* anfügt, nachdem der Satz bereits abgeschlossen ist. Die tief fallende Intonation am Ende des Verbs *einzuladen* (Z. 4) signalisiert Abgeschlossenheit; die über die Satzgrenze hinausgehende Erweiterung *NACHmittags* ist prosodisch nicht integriert. Wie in Beispiel (29) wäre folgende Veranschaulichung mit dem Zeichen @ als Stellvertreter für die Stelle, an der das Adverb in die Vorgängerstruktur eingefügt werden könnte, denkbar:

```
3       weil er (-) sich erDREIStet hatte:
        °h eine chiNEsin @ zum TEE
4       einzulad[en.=↑NACHmittags
5  S:           [NEI:N
```

Allerdings geht bei dieser Interpretation ein ganz wesentlicher Aspekt der interaktiven Funktion verloren, die gerade durch die Platzierung des Adverbs just an der Stelle, wo Sprecherwechsel stattfinden kann, zustande kommt. Durch die Erweiterung wird die Vorgängerstruktur nicht lediglich modifiziert wie im vorherigen Beispiel, sondern es wird eine wichtige neue Information nachgeliefert, die für die Bewertung der Harmlosigkeit der Einladung relevant ist. Stellt nach gängigen Vorstellungen eine Einladung zum Tee einen moralisch unbedenklichen Akt dar, so unterstreicht die Tatsache, dass die Einladung obendrein zur harmlosen Nachmittagszeit stattfinden sollte, die Integrität des Afrikaners. Unter diesen Vorzeichen erscheint der körperliche Gewaltakt der Chinesen umso unangemessener. Die Bedeutsamkeit, die die Sprecherin dem Informationswert ihrer Expansion unterlegt, manifestiert sich prosodisch in dem Tonhöhensprung – angezeigt durch den Pfeil (s. GAT2-Konventionen in Kap. 12.4). Syntax, Prosodie und zeitliche Platzierung bewirken eine Steigerung des Informationswerts der Expansion und konstituieren sie als Pointe der Erzählung: Sie bildet nicht nur informationsstrukturell den Höhepunkt, indem durch die neue Information das Verhalten der Chinesen ins Absurde gewendet wird, sondern sie ist Teil der sozialen Bewertungsaktivitäten und des moralischen Konsens, den die beiden Sprecherinnen an dieser Stelle herstellen. Die Reaktion von S, die mit der stark akzentuierten Negation *NEIN* (Z. 5) Ungläubigkeit und Empörung zum Ausdruck bringt, zeigt deren Affiliation mit Hs Bewertung.

Am letzten Ausschnitt, der in kürzerer Form bereits bekannt ist (s. Beispiel 28), lässt sich abschließend nachvollziehen, dass Rechtsexpansionen auch von beiden Beteiligten gemeinsam konstruiert bzw. weiterbearbeitet werden können:

(31) »Probefahrt« (aus Auer 2006: 288)

```
1  M:  des_hab_i_der ganz vergessen zu
        berICHten,
2       h dass ich gestern morgen:,
        eh PRObe gefahrn bin mit_m (.)
3       merCEdes;
4  F:  mit dem GROßn,
5  M:  eh mit dem dreihundertACHder
```

Die erste Erweiterung wird von M in Zeile 2–3 durch die nachgeschobene Präpositionalphrase (*mit_m merCEdes*) vollzogen. Sie ist prosodisch integriert und fällt in die Kategorie der **Ausklammerungen** (s. o.). Anschließend fragt F nach, indem sie die finale Präpositionalphrase durch *mit_dem GROßn* (Z. 4) ersetzt und dabei syntaktisch auf die Vorgängerstruktur rekurriert. In seiner Antwort ersetzt M diese wiederum durch *mit dem dreihundertACHder* (Z. 5).

Expansionen finden sequenziell an dem Ort statt, an dem auch Turn-Taking stattfinden kann. Es ist der ›interaktivste Ort‹ im Gespräch, wo Sprecherwechsel, aber auch gemeinsames Wissen ausgehandelt wird. Rückblickend auf das konversationsanalytische Kapitel zu den Reparaturen (s. 6.4.5) können wir anhand dieses Beispiels außerdem feststellen, dass Rechtsexpansionen auch die Funktion von Reparaturen ausüben bzw. dass Reparaturen syntaktisch die Form von Rechtsexpansionen annehmen können. Im vorliegenden Fall handelt es sich um eine fremdinitiierte Selbstreparatur, bei der F durch ihre Rückfrage (Z. 4) M zu einer Präzisierung (Z. 5) veranlasst.

Erweiterungen sind weder ein Kuriosum noch grammatische Schönheitsfehler, sondern sie gehören zu den Kerntechniken der mündlichen Kommunikation, die durch die Zeitlichkeit des Gesprochen-Gehörten bedingt sind und eine Ressource dialogischer Rückkoppelungs-, Aushandlungs- und Ko-Konstruktionsprozesse zwischen Sprecher und Adressaten darstellen.

Was wir an den vorherigen Beispielen exemplarisch für die Syntax gesehen haben, gilt auch für Strukturen auf anderen Sprachebenen: Sie sind keine vom sequenziellen Kontext unabhängigen, abstrakten Einheiten, sondern situativ emergierend, auf die Erfordernisse des lokalen Interaktionsprozesses zugeschnitten und aus kontextspezifischen Routinen hervorgegangen. Die Betrachtung konkreter Gesprächsausschnitte lehrt uns, dass die gesprochene Sprache in der *face-to-face*-Interaktion oft anderen Regeln gehorcht als den in Standardgrammatiken zur Schriftsprache aufgestellten Normen.

6.6 | Multimodalität

In den vorherigen Abschnitten wurde bereits darauf hingewiesen, dass die Konversationsanalyse lange Zeit vor allem mit Audiodaten (insbes. Telefongesprächen) gearbeitet und die körperlich-visuellen Aspekte der Kommunikation unberücksichtigt gelassen hat. Seit die Forschung begonnen hat, auf der Grundlage von Videoaufnahmen visuelle Ausdrucksressourcen wie **Gestik, Mimik, Blickverhalten, Körperorientierung** etc. mit in die Analyse einzubeziehen, zeigt sich, dass auch körperlich-visuelle Ressourcen eine systematische Rolle bei der Organisation so grundlegender Regelsysteme wie dem Turn-Taking und den Reparaturen spielen.

Die Anfänge zu dieser Perspektiverweiterung können in der langen Entwicklung der **Gestenforschung** (Efron 1941/1972; Ekman/Friesen 1969; Kendon 1972; 1980, 1990, 2004; McNeill 1992, 2000, 2005) gesehen werden. Während sich frühere Untersuchungen vor allem mit der Rolle von Blick und Gestik beschäftigt haben (Goodwin 1980; Streeck 1993, 2002, 2009), sind im Lauf der Zeit weitere körperliche Ressourcen dazugekommen, und mittlerweile werden auch der Umgang mit Objekten und der Raum als interaktive Ressource (Goodwin 2000, 2003, 2007; Hausendorf/Mondada/Schmitt 2012) mit in die Analyse einbezogen. Auf diese Weise etabliert sich als neues, innovatives Forschungsparadigma die **Multimodalitätsforschung**.

Grundannahmen: Die Multimodalitätsforschung begreift Sprache als »multi-channel communication system« (Stivers/Sidnell 2005) und geht davon aus, dass eine angemessene Behandlung von Sprache in der Interaktion nicht nur eine Hinwendung zum Gesprochen-Gehörten, sondern auch eine Integration des Gezeigt-Gesehenen (Hausendorf 2007: 12) in die linguistische Theorie, Methodologie und Empirie erfordert. Um der postulierten Gleichrangigkeit des Gesprochen-Gehörten und des Gezeigt-Gesehenen auch terminologisch gerecht zu werden, werden anstelle des Terminus ›nonverbal‹ die Bezeichnungen ›körperlich‹, ›visuell‹, ›körperlich-visuell‹ oder ›kinesisch‹ bevorzugt.

Partizipationsrahmen, Partizipationsstatus und Produktionsformat: Wird Interaktion als multimodales Gesamtgeschehen verstanden, müssen die isolierten Konzepte von Sprecher und Hörer aufgegeben werden zugunsten einer Betrachtung aller Beteiligten, die durch den Begriff des **Partizipationsrahmens** (*participation framework*, Goffman 1981: 137) erfasst wird. Innerhalb des Partizipationsrahmens konstituieren sich die Status der Beteiligten wechselseitig durch ihre interaktiven Praktiken (Goodwin 2008), die neben dem Verbalen auch das Körperlich-Visuelle umfassen. Die Art der Beteiligung ist nicht allein auf die Sprecher- und Hörer-Rolle beschränkt, sondern weitaus komplexer.

Sprecherrolle: Goffman unterscheidet auf der Seite des Sprechers unterschiedliche **Produktionsformate** (Goffman 1981: 144): die Sprecherrolle des **Animators** (*talking machine* bzw. *sounding box*), der einen fremden Text lediglich artikuliert; die Sprecherrolle des **Autors** (*author*) bzw. sprachlichen Urhebers der geäußerten Wörter und schließlich die Sprecherrolle des **Auftraggebers** (*principal*), dessen Auffassung repräsentiert wird und der folglich die soziale, juristische etc. Verantwortung für das Geäußerte trägt (z. B. ein Regierungsverantwortlicher). Die unterschiedlichen Produktionsformate manifestieren sich nicht nur auf verbaler und prosodischer, sondern auch auf körperlich-visueller Ebene in Gestik, Blickverhalten, Körperpositur usw. des Sprechenden. Ein Sprecher kann die Rede eines Anderen wiedergeben, ihn zitieren oder parodieren und dabei obendrein dessen Blick, Gestik und Körperbewegung animieren, d. h. er kann eine multimodale *performance* der zitierten Person aufführen und dabei die Worte in Übereinstimmung oder in Widerspruch zu den körperlichen Ausdrucksformen setzen. Sprecherinnen und Sprecher können ihren eigenen Auffassungen Ausdruck verleihen oder z. B. in der Rolle eines Pressesprechers lediglich die Worte und Meinungen eines Anderen verkünden. Je nach dem gewählten Redeformat gestaltet sich auch die Beziehung zum Rezipienten anders: Dieser nimmt gegenüber der genuinen Meinungs- oder Gefühlsäußerung seines Interaktionspartners eine andere Rezipientenrolle ein als gegenüber dem Verkünder fremder Botschaften.

Hörerrolle: Umgekehrt erschöpft sich die Rolle derjenigen, die nicht sprechen, nicht in einer einzigen Hörerrolle, sondern differenziert sich aus in verschiedene **Partizipationsstatus** (*participation status*; Goffman 1981: 137). Hörer können explizit – z. B. durch namentliche Ansprache oder durch Blickzuwendung – adressiert, dadurch aus dem Kreis der Zuhörerschaft herausgehoben und in besonderem Maß aktiviert werden (**Adressaten**), sie können **Randpersonen** (*bystanders*), zufällig **Mithörende** (*overhearers*), heimlich **Lauschende** (*eavesdroppers*) etc. sein. Auch wenn sie nicht sprechen, können sie sehr aktiv an der Interaktion beteiligt sein und durch ihr körperliches Verhalten sogar *online* Einfluss darauf nehmen, wie der aktuelle Sprecher seinen Redebeitrag gestaltet.

Dies kann am Beispiel nonverbaler Reparaturinitiierungen illustriert werden. So muss ein Adressat zur Fremdinitiierung einer Reparatur nicht notwendigerweise eine Rückfrage oder ein anderes verbales Reparaturinitiierungsmittel produzieren, sondern er kann auch durch Stirnrunzeln, Schulterzucken, Kopfschütteln oder eine entsprechende Handgeste Nichtverstehen, Nichtübereinstimmung etc. signalisieren und dadurch eine Reparatur fremdinitiieren, die der Sprecher dann selbst durchführt. Je nachdem wann ein Stirnrunzeln in zeitlicher Relation zum emergierenden Sprecherbeitrag einsetzt, kann dies den Sprecher sogar zum vorzeitigen Abbruch seines Redebeitrags veranlassen oder Turbulenzen in seiner Rede verursachen. Goodwin hat solche Turbulenzen untersucht und festgestellt, dass Verzögerungen, Pausen, Neustarts etc., die ein Sprecher zu Beginn eines neuen Turns produziert, systematisch mit dem Blickverhalten seines Interaktionspartners zusammenhängen (s. Vertiefungskasten).

Sequenzialität und Simultaneität: In Kapitel 6.4 wurde der zentrale theoretische, methodische und empirische Stellenwert der **Sequenzialität** erläutert und anhand von Beispielen zu Paarsequenzen, Expansionen, Präferenzen, Turn-Taking und Reparaturen demonstriert. Wenn man neben den verbalen Ressourcen der *face-to-face*-Kommunikation auch die körperlich-visuellen Ressourcen in die Analyse einbezieht, treten zum geordneten zeitlichen Nacheinander des Gesprochenen weitere Ordnungsebenen, die sich ebenfalls in der Zeit entfalten. Diese stehen nicht nur zum Gesprochenen, sondern auch zueinander in Beziehung. Dadurch dass die verschiedenen Ausdrucksebenen jeweils ihre eigenen Temporalitätsstrukturen entfalten und zudem zeitlich miteinander interagieren, entsteht eine vielschichtige Dynamik unterschiedlicher Nach- und Gleichzeitigkeiten (vgl. Stukenbrock 2010).

Zusätzlich zum Begriff der Sequenzialität wird als weiteres Konzept einer multimodalen Interaktionsanalyse das Konzept der **Simultaneität** benötigt. Die Simultaneität betrifft nicht nur die (teilweise) Gleichzeitigkeit des Gebrauchs unterschiedlicher Ausdrucksressourcen durch ein und denselben Sprecher, der gleichzeitig redet und seinen Redebeitrag prosodisch ausgestaltet, dazu gestikuliert, gelegentlich seine Blickorientierung ändert und seinen Körper repositioniert. Simultaneität kennzeichnet auch das multimodale Wechselspiel zwischen den Ressourcen unterschiedlicher Sprecher in der Interaktion. Was für verbale Gesprächsbeiträge gilt – dass nur ein Sprecher spricht und erst durch Sprecherwechsel ein

> **Definition**
>
> Der Begriff → **Multimodalität** (i. S. v. Modalität = Ausdrucksressource) begründet ein neues Forschungsparadigma, das sich im Kontext der Konversationsanalyse und der Interaktionalen Linguistik herausgebildet hat und das neben den verbalen auch die nonverbalen – körperlich-visuellen – Ausdrucksressourcen (Blick, Gestikulation, Körperpositur, Körperorientierung, Bewegung, Manipulation von Objekten etc.) als gleichrangige Bestandteile der *face-to-face*-Interaktion untersucht.

6.6 Sprachliche Interaktion

Multimodalität

> **Zur Vertiefung**
>
> **Gesprächsturbulenzen beim Sprecher und Blickverhalten des Hörers**
>
> In einer frühen Untersuchung (1980) hat Goodwin anhand von Videoaufnahmen die interpersonelle Koordinierung der verbalen Aktivitäten des Sprechers mit den nonverbalen Aktivitäten des Hörers, und zwar mit dessen Blickverhalten, untersucht. Den Ausgangspunkt der Untersuchung bildete die Beobachtung, dass Sprecher zu Turnbeginn manchmal Neustarts produzieren, d. h. sie beginnen ihren Turn, brechen ab und setzen neu an. Es entsteht ein Format, das sich strukturell aus einem Fragment und einem kohärenten Folgesatz zusammensetzt: [Fragment] + [Coherent Senctence] (Goodwin 1980: 274).
>
> Goodwin machte weiter die Beobachtung, dass Turbulenzen zu Turnbeginn systematisch dann auftreten, wenn der Hörer nicht zum Sprecher blickt, und dass sie genau dann aufhören und durch Neustart ein kohärenter Satz produziert wird, wenn der Hörer seinen Blick auf den Sprecher orientiert hat. Daraus folgert Goodwin, dass der Blick des Adressaten relevant für die beginnende Turnkonstruktion des Sprechers sein muss und dass die Blickzuwendung des Adressaten am Beginn eines Sprecherbeitrags präferiert wird (ebd.: 276).
>
> Goodwin geht noch weiter und argumentiert, dass Neustarts eine interaktive Ressource darstellen, die Sprecher dazu einsetzen, den Blick des Adressaten zu gewinnen. Anhand multipler Neustarts, die erst dann enden, wenn der Blick des Adressaten endlich auf den Sprecher gerichtet ist, zeigt er, dass Neustarts die Funktion einer Fokussierungsaufforderung (*summons*) haben können und damit aktiv den Blick des Adressaten einfordern. Es ergibt sich eine multimodale Paarsequenz, deren erster Paarteil eine Fokussierungsaufforderung in Form eines Neustarts ist und die als zweiten Paarteil eine Fokussierungsbestätigung (*answer*) in Form der Blickzuwendung konditionell relevant setzt.
>
> Als Ergebnis bleibt festzuhalten, dass die interne Turnstruktur und die *online*-Konstruktion eines Turns in entscheidender Weise auf die Kopartizipation des Hörers angewiesen sind. Sprecher konstruieren Turns für ihre Adressaten; die emergierende Rede ist nicht allein Sache des Sprechers, sondern ein interaktiv hergestelltes Gemeinschaftsprodukt (ebd.: 294).

> **Definition**
>
> → **Intrapersonelle Koordinierung** betrifft die koordinativen Aktivitäten, die Bestandteil der multimodalen Selbstorganisation eines Interaktanten sind. → **Interpersonelle Koordinierung** betrifft demgegenüber die koordinativen Aktivitäten, die am Verhalten anderer ausgerichtet sind und der interaktiven Abstimmung der Beteiligten untereinander dienen (vgl. Deppermann/Schmitt 2007: 33 f.). Ein Beispiel für selbststeuernde, d. h. der intrapersonellen Koordinierung dienende Verhaltensweisen, ist der auf die eigenen Hände gerichtete Blick beim Ergreifen eines Weinglases, beim Zwiebelschneiden oder beim Klavierspielen. Der interpersonellen Koordinierung dient der Blick beispielsweise dann, wenn mir das Weinglas von einem Interaktionspartner gereicht wird und ich meine Greifbewegung mit dessen Bietgeste koordinieren muss, wenn ich beim kammermusikalischen Zusammenspiel den durch eine Körpergeste markierten Einsatz der Ersten Geigerin nicht verpassen will etc.

anderer zu Wort kommt (*one speaker at a time*) –, muss nun in einem neuen Licht betrachtet werden. Zwar ist das *one speaker at a time*-Prinzip aufgrund der Beschränkung des akustisch-auditiven Kommunikationskanals so tief in den Grundbedingungen menschlicher Kommunikation verankert, dass es durch die multimodale Betrachtung nicht in Frage gestellt wird. Wohl aber verändert sich mit dem neuen Stellenwert, der den körperlich-visuellen Aspekten der Interaktion zuerkannt wird, die Bewertung dessen, wie relevant es für die Ordnung der Interaktion insgesamt ist.

Wenn sich nämlich zeigt, dass zum Beispiel die **Blickorientierung** des Adressaten einen systematischen Einfluss darauf hat, wie ein Sprecher seinen Redebeitrag *online* gestaltet, ob und wann er eine sprachliche Form mit einer begleitenden Geste koppelt oder seinen Redebeitrag syntaktisch expandiert, dann machen diese Erkenntnisse neue Konzepte zur Beschreibung der multimodalen Vielschichtigkeit menschlicher Interaktion erforderlich. Das betrifft so grundlegende Fragen wie die nach dem Status von Selbst- und Fremdinitiierung bei Reparaturen. Führen die körperlich-visuellen Aktivitäten, die der Adressat **simultan** zur emergierenden Rede des Sprechers ausführt (z. B. Stirnrunzeln, Zurücklehnen, Kopfschütteln), zu einer Selbstreparatur, die der Sprecher im selben Turn ausführt, handelt es sich dann noch um eine selbstinitiierte Selbstreparatur in erster Position?

Entscheidend ist, dass sich das Gesamtgeschehen nicht mehr nur als sequenzielles Nacheinander, sondern auch als simultanes bzw. teilsimultanes Miteinander präsentiert. Für eine multimodale Analyse lautet die Aufgabe zu rekonstruieren, wie die verschiedenen Ausdrucksmittel zeitlich miteinander koordiniert werden, und zwar zum einen auf der Ebene des Einzelnen, d. h. **intrapersonell**, und zum anderen auf der Ebene des Interaktionsensembles, d. h. **interpersonell**. So können wir zum einen fragen, wie ein Sprecher seine Gesten mit der Artikulation bestimmter sprachlicher Formen in seiner Verbaläußerung koordiniert und wie das Ganze mit seiner Blickorientierung zusammenspielt. Zum anderen können wir fragen, wie der Sprecher seine Geste mit der Blick- und Körperorientierung seines Interaktionspartners koordiniert und welche Rolle dabei die Reziprozität der Wahrnehmung spielt.

Im Folgenden wollen wir in aller Kürze ein multimodales Schlaglicht auf einige der Kernthemen werfen, die in den vorangegangenen Kapiteln behandelt wurden. Seit die Multimodalitätsforschung

6.6 Sprachliche Interaktion
Multimodalität

begonnen hat, Kernbereiche der (ethnomethodologischen) Konversationsanalyse einer kritischen Prüfung zu unterziehen, erweisen sich einige Grundannahmen als ergänzungsbedürftig.

Multimodalität und Paarsequenzen: In Kapitel 6.4.2 haben wir die verbale Struktur von Paarsequenzen betrachtet. Bitten und Aufforderungen stellen klassische erste Paarteile dar, deren präferierter zweiter Paarteil das Gewähren der Bitte bzw. das Erfüllen der Aufforderung darstellt. Solche zweiten Paarteile müssen jedoch nicht zwangsläufig verbal eingelöst werden. Im Gegenteil bedeuten Bitten und Aufforderungen ja häufig, dass der Adressat zu ihrer Erfüllung nicht nur verbal, sondern gerade auch körperlich etwas tun muss.

Beispiel (32) stammt aus einer Arzt-Patient-Interaktion. Der Patient leidet seit einer Hüftoperation unter starken Schmerzen. In der Sequenz fordert der Arzt den Patienten auf, wieder aufzustehen und im Raum auf und ab zu laufen.

Wie auf dem ersten Standbild (links) zu sehen ist, sitzt der Patient, als der Arzt seinen Redebeitrag beginnt. Der Redebeitrag des Arztes stellt eine Aufforderung dar und bildet den ersten Teil einer Paarsequenz (Z. 1). Der durch den ersten Paarteil konditionell relevant gesetzte zweite Paarteil besteht darin, dass der Patient der Aufforderung nachkommt und in der 0.8-sekündigen Pause (Z. 2) aufsteht (zweites und drittes Standbild). Damit, dass der Patient aufgestanden ist, hat er auf körperliche Weise den erforderlichen zweiten Paarteil produziert und die konditionellen Relevanzen erfüllt, wie der Arzt im dritten Schritt durch das Bestätigungssignal (Z. 3) anzeigt.

An dem Beispiel wird nicht nur deutlich, dass unsere Aktivitäten multimodal organisiert sind, sondern es zeigt auch, dass wir die Zeitlichkeit der Interaktion unter multimodalen Gesichtspunkten neu betrachten müssen. Der Patient beginnt bereits aufzustehen (zweites Standbild) und den zweiten Paarteil zu produzieren, bevor der Arzt seinen Redebeitrag beendet hat. Es gibt also eine Simultaneität im multimodalen Zusammenspiel zwischen den Beteiligten, die auf der verbalen Ebene allein so nicht vorkommt, wo das *one speaker at a time*-Prinzip gilt (s.o.).

Multimodalität und Turn-Taking: Sacks', Schegloffs und Jeffersons Untersuchungen zum Turn-Taking-System basierten auf Audioaufnahmen von traditionellen Telefongesprächen. Die neuen technologischen Entwicklungen (Videofonie, Mehrparteienkommunikation, Datenaufzeichnungs-, -speicherungs- und -übermittlungfunktionen etc.) haben das Telefon allerdings inzwischen in ein mobiles, teils multimodales Medium verwandelt. Die multimodale Untersuchung der Interaktion zeigt, dass neben syntaktischen, prosodischen und semantisch-pragmatischen Faktoren auch das Blickverhalten, Körperorientierung und Gestik eine wichtige Funktion für die Rederechtsorganisation spielen (vgl. Goodwin 1980; Mondada 2007; Schmitt 2005).

(32) »aufstehen«

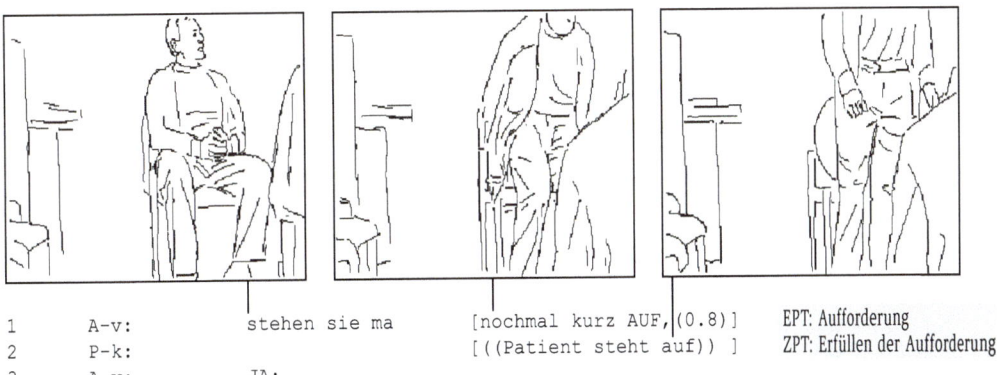

```
1   A-v:         stehen sie ma   [nochmal kurz AUF,(0.8)]   EPT: Aufforderung
2   P-k:                         [((Patient steht auf)) ]   ZPT: Erfüllen der Aufforderung
3   A-v:         JA;
```

6.6 Sprachliche Interaktion

Multimodalität

Multimodalität und Grammatik: Zum Abschluss soll dargestellt werden, dass die multimodale Perspektive auf sprachliche Interaktion linguistische Kernbereiche neu beleuchten kann. Am deutlichsten wird dies am Phänomen der **Deixis** in der Sprache (vgl. Stukenbrock 2009a; Stukenbrock i. Dr.). Das folgende Beispiel soll dies zeigen und überdies einige der behandelten Themen unter multimodaler Perspektive zusammenführen. Das Beispiel stammt aus einer Kochsendung. Betrachten wir zunächst seine sequenzielle Organisation:

```
(33) »Pfanne« (vereinfacht)

01  K:    a:ber sie können auch mal die PFANne hier,    EPTb
02        °hh die hIer schon AUFsteht-
03        =n_bIsschen Höher stellen,
(...)
07  G:    HIER draufdrücken;=ne?                        EPTe1
08  K:    ge[NAU,                                       ZPTe1
09  G:      [in die MItte;                              EPTe2
10  K:    EINfach nur so-                               ZPTe2
11        also ich sag mal mIttlere temperaTUR,
12        so sEchs SIEben?
13        (-)
14  G:    JA,                                           ZPTb
```

In der Sequenz fordert die Fernsehköchin (K) ihren Gast (G) auf, die Herdtemperatur für eine Pfanne höher zu stellen (Z. 1–3). Da G mit dem Herd nicht vertraut ist, vergewissert sie sich mit der Rückfrage *HIER draufdrücken*, dass sie den richtigen Herdknopf betätigt. Grammatisch setzt sich ihre Rückfrage aus dem deiktischen Lokaladverb *HIER* und dem Infinitiv des Verbs *draufdrücken* zusammen. Es fehlen das Subjekt und ein finites Verb (*soll ich hier draufdrücken/auf diesen Knopf drücken?*). Welche Faktoren tragen dazu bei, dass die Äußerung verständlich ist?

Paarsequenz, Präferenz und sequenzieller Kontext: Zunächst wird durch den unmittelbaren sequenziellen Kontext eine Paarsequenz konstituiert, deren erster Paarteil aus der Aufforderung der Köchin besteht und deren präferierter zweiter Paarteil das Ausführen der Aufforderung durch G wäre. Die entstandenen konditionellen Relevanzen legen es nahe, eine Verzögerung des zweiten Paarteils darauf zurückzuführen, dass die zweite Sprecherin erst die Voraussetzungen schaffen muss, unter denen sie sich zur Durchführung des zweiten Paarteils imstande sieht.

Erste Einschub-Sequenz: Die zweite Sprecherin verschafft sich diese Voraussetzungen, indem sie durch eine Rückfrage eine Einschub-Sequenz initiiert. Die Rückfrage stellt eine Reparaturinitiierung dar und ist im Kontext der zu erfüllenden Aufforderung als Gegenaufforderung an die erste Sprecherin zu verstehen, ihre ursprüngliche Aufforderung zu präzisieren. Dabei liefert die zweite Sprecherin selbst einen möglichen Kandidaten zur Präzisierung ihrer Handlung (Z. 7). Dieser wird durch die Antwort der ersten Sprecherin (Z. 8) ratifiziert. Doch damit ist die Sache noch nicht beendet.

Zweite Einschub-Sequenz: Überlappend mit der Antwort der ersten Sprecherin initiiert die zweite Sprecherin bereits die nächste Einschub-Sequenz, indem sie erneut eine Klärung der von ihr auszuführenden Aufgabe verlangt (Z. 9). Eine solche Klärung leistet die erste Sprecherin im nächsten Gesprächsschritt in ausführlicher Form (Z. 10–12).

Erst nach Abschluss der zweiten Einschub-Sequenz und einer Mikropause bestätigt die zweite Sprecherin mit *JA* (Z. 14), dass sie die Aufforderung ausführt.

Die Äußerung *HIER draufdrücken* ist nicht personenmarkiert. Wer was womit tun soll, erhellt also in hohem Maß erst aus dem sequenziellen und handlungspraktischen Kontext. Das gilt auch für die referenzielle Bedeutung des Lokaladverbs *HIER*. Worauf es sich bezieht, wird nur verständlich, wenn die Sprecherin zugleich körperlich zeigt, welche räumliche Gegebenheit (welchen Herdknopf) sie meint, und wenn die Adressatin in diesem Augenblick auch sieht, worauf die Sprecherin zeigt. Um sehen zu können, worauf die Sprecherin gestisch zeigt, muss die Adressatin ihren Blick zunächst auf den Körper der Sprecherin orientieren, deren Zeigegeste wahrnehmen, den Blick anhand der Zeigegeste auf den Suchraum richten und dort schließlich das Zeigeziel ermitteln (vgl. Stukenbrock 2009a; Stukenbrock i. Dr.). Wie genau dieser Prozess der interpersonellen Koordinierung unter Beteiligung von Sprache, Blick und Gestik abläuft, veranschaulicht das multimodale Transkript (s. nächste Seite) desselben Ausschnitts.

Das erste Bild zeigt, dass der Gast perzeptorisch auf die Köchin ausgerichtet ist, diese aber noch auf ihre eigenen Hände blickt. Erst auf dem zweiten Bild blickt sie auf die gemeinte Pfanne und orientiert die Wahrnehmung ihrer Adressatin mit dem deiktischen Lokaladverb *hIer* (Z. 2) und einer

6.6 Sprachliche Interaktion

Multimodalität

Zeigegeste auf die Pfanne. Der Gast blickt bereits in Bild 1 zur Sprecherin und kann daher deren Zeigegeste unmittelbar wahrnehmen. Auf Bild 3 können wir die suchende Körperorientierung des Gasts erkennen, der sich mit Kopf und Oberkörper dem Herd genähert, den rechten Arm jedoch in einer Suchhaltung eingefroren hat. Da der Blick der Köchin zu diesem Zeitpunkt wieder auf die eigenen manuellen Aktivitäten gerichtet ist, kann sie nicht wahrnehmen, dass ihr Gast offenbar Probleme hat, die Aufforderung auszuführen. Die Standbilder 4 und 5 veranschaulichen den zeitlichen Prozess, bei dem die Köchin ihren Blick im Verlauf der Rückfrage des Gasts von den eigenen Händen auf die Sprecherin reorientiert. Erst nachdem sie das getan hat, kann sie mit der Bestätigungsform *geNAU* (Z. 8) die Rückfrage beantworten.

Wir können festhalten: Als Basispaar liegt eine (multimodale) Paarsequenz aus Aufforderung und Erfüllung vor, die sequenziell durch zwei Einschub-Sequenzen erweitert wird. In diesen Einschub-Sequenzen werden – ebenfalls multimodal – die Bedingungen für die Durchführung des zweiten Paarteils aus der Basissequenz hergestellt. Das **deiktische Lokaladverb** *HIER* (Z. 7) in der Rückfrage der zweiten Sprecherin (G) wird nur im Verbund mit der Zeigegeste verständlich, die diese simultan zu ihrer Verbaläußerung ausführt und die von ihrer Adressatin (K) notwendigerweise wahrgenommen werden muss. Die Deixis führt uns aber auch wieder zu unserem Ausgangspunkt zurück: der von der Ethnomethodologie gestellten Frage nach der Kontextabhängigkeit und Kontextkonstituiertheit unserer Alltagsinteraktion (s. 6.3). Das Beispiel führt uns vor Augen, dass zur Indexikalität verbaler Interaktion nicht nur der sprachliche Kontext, das geteilte Wissen und die gemeinsame situative Verankerung der Beteiligten, sondern auch die räumlichen, gestischen und perzeptorischen Mikrodetails in ihrer Entfaltung von Augenblick zu Augenblick gehören (Stukenbrock i. Dr.).

```
01   K:      a:ber sie können auch mal die PFANne hier,
```

```
02           .hh die hIer schon AUFsteht-
03           =n_bIsschen HÖher stellen,
```

(...)

```
07   G:      HIER draufdrücken;=ne?
08   K:      ge[NAU,
09   G:        [in die MItte;
10   K:      EINfach nur so-
11           also ich sag mal mIttlere temperaTUR,
12           so sEchs SIEben?
13           (-)
14   G:      JA,
```

6.6 Sprachliche Interaktion

Weiterführende Literatur

Als **Überblicksdarstellungen**, in denen grundlegende Autoren, Werke und Theoreme der Pragmatik und der Interaktionsforschung behandelt werden, eignen sich Auer 2013 und Levinson 2000a; zur **Ethnomethodologie und ethnomethodologischer Konversationsanalyse** insbes. Bergmann 1981, 2000a, 2000b; Goodwin/Heritage 1990; Gülich/Mondada 2008; Streeck 1983; zu einer Kritik an der Sprechakttheorie aus der Sicht der Konversationsanalyse Streeck 1980. Einführungen in die **Konversationsanalyse** sind Deppermann 2008; Hutchby/Wooffitt 2008; Liddicoat 2007; Sidnell 2010 und (zur Sequenzialität) Schegloff 2007. Als **praktische Anleitung zum Transkribieren** sei das Online-Tutorial GAT-TO von Bergmann/Mertzlufft empfohlen (http://paul.igl.uni-freiburg.de/gat-to/); zur multimodalen Transkription Stukenbrock 2009b. Das Forschungsprogramm der **Interaktionalen Linguistik** wird in Selting/Couper-Kuhlen 2000 vorgestellt. Einblick in die **Multimodalitätsforschung** geben Deppermann/Schmitt 2007 sowie die weiteren Beiträge in Schmitt 2007, zudem auf Englisch Stivers/Sidnell 2005. Speziell zur **Gestik** vgl. die beiden unterschiedlich ausführlichen Artikel von Haviland 2001 und 2004 sowie Kendon 2004.

Aufgaben

1. Wiederholen Sie das Garfinkel'sche Krisenexperiment und notieren Sie den exakten Wortlaut sowie die körperlich-visuellen Reaktionen (Gestik, Blick, Körperorientierung, Bewegung im Raum etc.) Ihrer Interaktionspartner/innen.

2. Notieren Sie auf der linken Seite einer zweispaltigen Tabelle einen kurzen Dialog von 3–4 Sätzen, so wie er real stattgefunden hat. Alternativ können Sie auch eine Audioaufnahme eines kleinen Dialogs machen. Erklären Sie anschließend, was Sie genau unter den jeweiligen Äußerungen verstanden haben und was zu diesem Verständnis an Wissen beigetragen hat, indem sie diese verstehensbildenden Komponenten parallel zu den Äußerungen jeweils in die gegenüberliegende Tabellenspalte eintragen. Vergleichen Sie anschließend die beiden Spalten. Was fällt Ihnen auf?

3. Identifizieren Sie die Paarsequenzen in folgenden Ausschnitten und bestimmen Sie, um welchen Typ von Paarsequenzen es sich jeweils handelt. Benennen Sie dazu bei jedem Beispiel den ersten und den zweiten Paarteil.

    (a) Beispiel »Grüße« (leicht modifiziert nach: Auer 1993b)
    ```
    01 T:    GRÜSS alle;
    02 R:    MACH ich;
    03       du AUCH.
    ```

    (b) Beispiel »bügeln« (leicht modifiziert nach: Auer 2006)
    ```
    01       ((Telefonklingeln))
    02 F:    hallo?
    03 M:    halLO::-
    04 F:    GRüss dich,
    05 M:    bisch(d) fest(e) am PUTzen;
    06 F:    nein, BÜgeln tu_i
    ```

4. Um welche Art von Reparatur handelt es sich in den folgenden Ausschnitten:

(a) Beispiel: »Al« (aus: Schegloff/Jefferson/Sacks 1977; GTS: 5: 3)
```
01 Ken:    is Al here today?
02 Dan:    Yeah.
03        (2.0)
04 Roger:  He is? hh eh heh
05 Dan:    Well he was.
```

(b) Beispiel »kochen«
Die Beteiligten kochen zusammen und witzeln darüber, wie das Kochen durch bereits zubereitete Zutaten erleichtert wird.
```
01 A:   weißt du was ICH mir beim kochen wünsche? (-)
02      dass jemand das SO: schonmal-
03      dass DAS [schon mal steht-=   ]
04 B:            [ja DAS is super ne, ]
05 A:   =wenn man [in die Küche] kommt;
06 B:             [FIND_i au;  ] (.)
07      bolognese FERtig;
08 A:   ja
09 B:   <<kichernd>toMAtensauce>  [fertig,]
10 A:                             [FERtig.]
```

5. Identifizieren Sie typische syntaktische Merkmale der gesprochenen Sprache in folgendem Auszug. – Die Beteiligten unterhalten sich darüber, dass tägliches Treppensteigen fit hält.

Beispiel (mu05)
```
01 A:   und wenn du des jEden tag MACHST, (.)
02      dann MACHST (.) MERKST da gar nix mehr; (.)
03 I:   °h und man rennt ja IMmer-
04      =äh wobei,
05      °h wie geSAGT,
06      ich FIND einglich,
07      ich hab_s mir SCHLIMmer vorgestellt;
08      weil mir hatten ja vorher die WOHnung auf-
09      =alles auf einer FLÄche,
10      das wAr natürlich-
11      hat AUCH was gehabt.
```

Anja Stukenbrock

7 Variation und Wandel

7.1 Begriffsklärung und Überblick
7.2 Sprachinterne Einflussfaktoren auf sprachliche Variation
7.3 Außersprachliche Dimensionen sprachlicher Variation
7.4 Sprachwandel im Licht der Variationslinguistik

7.1 | Begriffsklärung und Überblick

Variationslinguistik: Die linguistische Disziplin, die sich mit sprachlicher Variation befasst, ist die Variationslinguistik. Unter sprachlicher Variation verstehen wir das Vorkommen von zwei oder mehr funktional äquivalenten sprachlichen Ausdrucksformen, sogenannten **Varianten**, in einer Sprachgemeinschaft, bei einem Sprecher oder sogar in einem Text. So etwas mag Sprachpuristen ein Dorn im Auge sein, gleichwohl durchdringt Variation Sprache auf allen Ebenen. Da Variation nicht nur zwischen Sprechern (und Schreibern) zu beobachten ist, sondern auch die Sprache einzelner Individuen prägt, sprechen Variationslinguisten von ›inhärenter Variabilität‹ (engl. *inherent variability*).

Hier einige Beispiele für miteinander im Wettbewerb stehende Varianten:

- **Lexikon:** Sprecher und Schreiber des Deutschen können gewisse gepolsterte Sitzmöbel entweder als *Sofa* oder aber als *Couch* bezeichnen. Fleischverarbeitende Handwerker können als *Metzger, Fleischer, Fleischhauer, Fleischhacker* oder aber *Schlachter* bezeichnet werden.
- **Lautung:** Im Englischen kann das Wort für ›Auto‹ als [kɑː] (eine sog. ›nicht-rhotische‹ Aussprache) oder aber als [kɑːr] (rhotisch) ausgesprochen werden. Diese Variable betrifft alle Wörter, in denen /r/ in der Silbenkoda steht. Ein ähnliches Variationsmuster ist im Deutschen zu beobachten: *Kerze* kann als [kɛʁtsə] (also mit einem vokalisierten /r/) oder aber in manchen Dialekten rhotisch als [kɛʁtsə] (mit einem uvularen Approximanten) oder [kɛɣtsə] (mit einem uvularen Frikativ) ausgesprochen werden.
- **Morphologie:** Im puertoricanischen Spanisch (und in einer Reihe von weiteren Varietäten des Spanischen) ist aufgrund lautlicher Prozesse die nominale Pluralmarkierung optional, so dass *la-Ø cosa-Ø bonita-Ø* eine morphologische Variante von *las cosas bonitas* (›die schönen Dinge‹) darstellt.
- **Syntax:** In vielen Sprachen und Varietäten wie z. B. Dialekten des Deutschen konkurrieren einfache Negationsmuster (*ich habe kein Geld*) mit semantisch äquivalenten Mehrfachnegationsmustern vom Typ *ich habe kein Geld nicht*.

Die Gesamtheit solcher Varianten bezeichnet man jeweils als eine **sprachliche Variable**.

Die Regelhaftigkeit sprachlicher Variation: Manchmal scheint die Variation keinen klar erkennbaren Regeln zu folgen. Oft aber ist es dem Linguisten möglich, die Wahl zwischen Varianten bis zu einem gewissen Grade vorauszusagen, da die Variation quantitativen Regularitäten folgt (man spricht hierbei von ›geordneter Heterogenität‹, engl. *orderly heterogeneity*). Die Faktoren, die zur quantitativen Erklärung eines gewissen Teils der Variation herangezogen werden können, fallen in zwei Gruppen. Zum einen haben wir es mit **sprachinternen Faktoren** zu tun, die aus dem sprachlichen Kontext selbst heraus die Wahl zwischen den sprachlichen Varianten beeinflussen. Zum Beispiel verhält es sich mit der Pluralmarkierung im puertoricanischen Spanisch so, dass Nullmarkierungen am ehesten bei Adjektiven und am wenigsten häufig bei Artikeln auftreten (Poplack 1980). Wir werden solche sprachinternen Faktoren in 7.2 genauer diskutieren.

Varietäten und Sprechweisen: Neben den sprachinternen Faktoren gibt es auch **außersprachliche Faktoren,** die sprachliche Variation beein-

Sprachliche Variable

> **Definitionen**
>
> Die → Variationslinguistik ist jener Zweig der Sprachwissenschaft, der sich mit der Variation zwischen verschiedenen sprachlichen Ausdrucksformen befasst.
> Eine → sprachliche Variable bezeichnet die Gesamtheit der Varianten (= verschiedene sprachliche Ausdrucksformen), die dieselbe sprachliche Funktion ausdrücken können.

7.1 Variation und Wandel

Begriffsklärung und Überblick

Definition

Als → **Varietät** kann man ein System (partiell) distinkter Sprachgebrauchsformen definieren, die in Abhängigkeit vom außersprachlichen Kontext variieren. Man unterscheidet v. a. eine **diatopische** (= regionale), **diachrone** (= zeitliche), **diastratische** (= schichtenbezogene) und **diaphasische** (= situationsbezogene) Dimension sprachlicher Variation (s. 7.3).

flussen. Zum Beispiel wird man die Ausprachevariante /kɑː/ für ›Auto‹ eher in England und /kɑːr/ eher in den USA hören. (Allerdings gibt es auch in den USA nicht-rhotische und in England rhotische Dialekte.) In Deutschland ist die Lautvariante [kɛytsə] eher in ripuarischen (rheinländischen) und die lexikalische Variante *Metzger* eher in süddeutschen Dialekten verortet. Also scheint die Geografie ein Faktor zu sein, der die Variation in diesen Fällen steuert.

Soziale Bedeutung sprachlicher Variation: Varianten haben oft soziale Bedeutung. Die Mehrfachnegation ist z. B. im Englischen ein auffälliges Merkmal, das sanktioniert wird. Sie ist aber trotzdem durchaus gängig. Ein Sprecher, der Mehrfachnegationsmuster verwendet, kann damit z. B. bewusst oder unbewusst seine Identität als Angehöriger einer unteren sozialen Schicht kommunizieren. Sprecher, die Mehrfachnegationsmuster bewusst vermeiden, kommunizieren dagegen vielleicht ihre Identität als (gebildete) Sprecher aus den bürgerlichen Schichten. Die ›einfache‹ Negation hat also **offenes Prestige** (d. h. Prestige, das durch die hegemonialen gesellschaftlichen Normen diktiert wird, also z. B. in normsetzenden Wörterbüchern und von den Normen durchsetzenden Institutionen wie der Schule vorgeschrieben wird). Hingegen haben Varianten wie Mehrfachnegation ein **verdecktes Prestige** (d. h. Prestige, das sich aus der Abgrenzung von hegemonialen gesellschaftlichen Normen speist und die Zugehörigkeit zu einer sozialen oder regionalen Gruppe kennzeichnet). Das Wechselspiel zwischen offenem und gegensteuerndem verdecktem Prestige erklärt, warum in modernen Gesellschaften Nichtstandardvarietäten (z. B. Dialekte des Deutschen) nicht schon längst – trotz fehlendem offenen Prestige – gänzlich durch die Standardvarietät(en) verdrängt wurden: Der Grund ist ihr verdecktes Prestige.

Prestige

Variation und Wandel: Jeder sprachliche Wandel ist von einer Phase der Variation begleitet, in der die alte und die neue Form noch nebeneinander existieren. Nicht alle Variation führt jedoch zu Sprachwandel – sie kann vielmehr auch über lange Zeit stabil bleiben (z. B. ist die lexikalische Variation zwischen *Metzger*, *Fleischer* usw. im Zeitverlauf relativ stabil). Kehren wir zur Variation zwischen /kɑː/ und /kɑːr/ ›Auto‹ zurück. Man weiß, dass der traditionelle Stadtdialekt New York Citys nicht-rhotisch (/kɑː/) war, also dem dominanten britischen Muster folgte. Spätestens seit dem Zweiten Weltkrieg ist jedoch die nationale Prestigevariante in den USA die rhotische (/kɑːr/). Dieser Umstand führt dazu, dass nicht-rhotische Aussprachen wie in (/kɑː/) in New York City und auch sonst in weiten Teilen des Landes langsam verschwinden. Der amerikanische Sozio- und Variationslinguist William Labov (vgl. z. B. Labov 1966) – auf ihn geht übrigens die Terminologie ›Variante‹/›Variable‹ zurück – hat gezeigt, dass während dieses Sprachwandelprozesses soziologische Kennwerte wie Klassenzugehörigkeit (je höher die Klasse eines Sprechers, desto rhotischer die Aussprache) die beobachtbare Variation signifikant beeinflussen. In New York City drängt also eine neue Prestigevariante eine traditionellere Variante aus sozialen Gründen vom Markt (s. 7.4).

Methoden: Die in der Variationslinguistik dominierende Methode ist die quantitative Analyse natürlicher Sprachdaten. Natürliche Sprachdaten sind echte, d. h. nicht künstlich (z. B. experimentell) elizitierte Daten, die zumeist aus mitgeschnittener und anschließend transkribierter mündlicher Sprache oder aus Stichproben geschriebener Sprache (Zeitungstexte etc.) bestehen. Eine Ansammlung von solchen Sprachdaten bezeichnet man als ein **Korpus**. Die Fallstudien in diesem Kapitel basieren alle auf der Analyse von Korpusdaten.

Definition

→ **Offenes Prestige** ist Prestige, das durch die hegemonialen gesellschaftlichen Normen definiert wird.

→ **Verdecktes Prestige** ist Prestige, das sich aus der Abgrenzung von hegemonialen gesellschaftlichen Normen speist.

7.2 | Sprachinterne Einflussfaktoren auf sprachliche Variation

In diesem Kapitel werden einige sprachinterne Faktoren vorgestellt, von denen bekannt ist, dass sie die sprachliche Variation in vielen Varietäten beeinflussen. Man kann hier **lautliche Faktoren**, **grammatische Faktoren**, **lexikalisch-semantische Faktoren**, **pragmatische Faktoren** und **Prozessierungsfaktoren** unterscheiden. Wir exemplifizieren die Funktionsweise dieser Faktoren primär anhand einer sehr gut untersuchten syntaktischen Variable aus der Grammatik des Englischen, nämlich der Variation zwischen dem *s*-Genitiv (1a) und dem *of*-Genitiv (1b).

(1) (a) [Mr. Clinton]$_{Possessor}$'s [speech]$_{Possessum}$
    (b) [the speech]$_{Possessum}$ of [Mr. Clinton]$_{Possessor}$

Wie in der variationslinguistischen Literatur üblich, werden wir uns nur für solche Genitivkontexte interessieren, in denen die eine Konstruktion durch die andere ersetzbar ist, ohne dass sich der Bedeutungsinhalt der Proposition ändert. Nicht beachtet werden daher im Folgenden Fälle wie in (2), wo das Kriterium der Ersetzbarkeit verletzt wird.

(2) a glass of beer (nicht paraphrasierbar durch *a beer's glass*)

Das Korpus kommt aus dem geschriebenen amerikanischen Englisch der frühen 1990er Jahre (vgl. Hinrichs/Szmrecsanyi 2007 und Vertiefungskasten).

7.2.1 | Lautliche Faktoren

Possessor-finale Sibilanten: Einer der sprachinternen Steuerungsfaktoren, der Genitivvariation bedingt, hat mit lautlichen Eigenschaften der Possessorphrase zu tun. Genauer gesagt wird der *s*-Genitiv – der ja selbst lautlich durch einen Sibilanten markiert wird, nämlich durch die Allomorphe [s], [z] oder [ɪz] – dann vermieden, wenn die Possessorphrase ebenfalls in einem Sibilanten endet. Als Sibilanten bezeichnet man die Laute [s, z, ʃ, ʒ, tʃ, dʒ]. Die Wahrscheinlichkeit, (3a) zu hören oder auch zu lesen, ist also höher als die Wahrscheinlichkeit, (3b) zu hören oder zu lesen:

(3) (a) the sad and angry side of [Bush]$_{Possessor}$
        (Possessorphrase endet in einem Sibilanten: [bʊʃ])
    (b) [Bush]$_{Possessor}$'s sad and angry side
        (Haplologieeffekt in der Possessorphrase: [bʊʃɪz])

Dies hat sprachphysiologische Gründe: Sequenzen ähnlicher Laute im Allgemeinen bzw. zwei benachbarte Sibilanten im Besonderen sind schwer (getrennt) auszusprechen. Man spricht hierbei von sog. **Haplologie- oder *Horror Aequi*-Effekten** (Rohdenburg 1996), die Sprachbenutzer eher zu vermeiden suchen.

Während insgesamt 21 % aller Genitive im Datensatz eine in einem Sibilanten endende Possessorphrase aufweisen, stehen nur 14 % aller *s*-Genitivkonstruktionen in einem derartigen lautlichen

> **Zur Vertiefung**
>
> **Ein typischer Korpustext**
> Die Fallstudie, die in diesem Abschnitt diskutiert wird, basiert empirisch auf dem *Freiburg-Brown Corpus of American English* (›Frown‹) (Hundt et al. 1999), genauer gesagt auf den Pressetexten, die in diesem Korpus gesammelt wurden. Frown umfasst insgesamt eine Million Wörter, besteht aus 500 Texten à 2000 Wörtern und beinhaltet neben Pressetexten auch Prosatexte (z. B. Biographien), akademische Prosa und fiktionale Texte. Es folgt zur Illustration ein Ausschnitt aus einem repräsentativen Pressetext (A01) aus Frown.
>
> **After 35 straight veto victories, intense lobbying fails president with election in offing**
> By Elaine S. Povich
> CHICAGO TRIBUNE
>
> WASHINGTON – Despite intense White House lobbying, Congress has voted to override the veto of a cable television regulation bill, dealing President Bush the first veto defeat of his presidency just four weeks before the election. Monday night, the Senate overrode the veto 74–25, the same margin by which the upper house approved the bill last month and comfortably above the two-thirds majority needed. Not one senator changed sides, a blow to Bush's prestige after he had heavily lobbied Republican senators, urging them not to embarrass him this close to the election. […].
>
> Moderne Korpora, wie eben das Frown-Korpus, verfügen zusätzlich oft über eine Wortartannotierung, die die zielgerichtete Suche nach bestimmten Wortarten oder Wortartkombinationen ermöglicht. Diese Annotation kann linguistische Analysen oft erheblich vereinfachen:
>
> < w II > After < w MC > 35 < w JJ > straight < w NN1 > veto < w NN2 > victories < c YCOM > , < w JJ > intense < w NN1 > lobbying < w VVZ > fails < w NN1 > president < w IW > with < w NN1 > election < w II > in < w NN1 > offing
>
> < w II > By < w NP1 > Elaine < w NP1 > S. < w NP1 > Povich
>
> < w NP1 > CHICAGO < w NN1 > TRIBUNE

7.2 Variation und Wandel

Sprachinterne Einflussfaktoren auf sprachliche Variation

```
< w NP1 > WASHINGTON  < w YDSH > –  < w II > Despite  < w JJ > intense
< w NP1 >  White  < w NN1 > House  < w NN1 > lobbying < c YCOM > ,
< w NN1 >  Congress  < w VAHZ > has  < w VVN > voted  < w TO > to  < w VVI >
override  < w AT > the  < w NN1 > veto  < w IO > of  < w AT1 > a  < w NN1 > cable
< w NN1 >  television  < w NN1 > regulation  < w NN1 > bill < c YCOM > ,
< w VVG >  dealing  < w NNB > President  < w NP1 > Bush  < w AT > the
< w MD >  first  < w NN1 > veto  < w NN1 > defeat  < w IO > of  < w APPGE > his
< w NN1 >  presidency  < w RR > just  < w MC > four  < w NNT2 > weeks
< w II >  before  < w AT > the  < w NN1 > election < c YSTP > .  < w NPD1 >
Monday  < w NNT1 > night < c YCOM > ,  < w AT > the  < w NN1 > Senate
< w VVD >  overrode  < w AT > the  < w NN1 > veto  < w MCMC > 74–25
< c YCOM > ,  < w AT > the  < w DA > same  < w NN1 > margin  < w II > by
< w DDL >  which  < w AT > the  < w JJ > upper  < w NN1 > house  < w VVD >
approved  < w AT > the  < w NN1 > bill  < w MD > last  < w NNT1 > month
< w CC >  and  < w RR > comfortably  < w II > above  < w AT > the  < w MF >
two-thirds  < w NN1 > majority  < w VVN > needed < c YSTP > .  < w XX > Not
< w MC1 >  one  < w NN1 > senator  < w VVD > changed  < w NN2 > sides
< c YCOM > ,  < w AT1 > a  < w NN1 > blow  < w II > to  < w NP1 > Bush
< w GE >  's  < w NN1 > prestige  < w CS > after  < w PPHS1 > he  < w VAHD >
had  < w RR > heavily  < w VVN > lobbied  < w NN1 > Republican  < w NN2 >
senators < c YCOM > ,  < w VVG > urging  < w PPHO2 > them  < w XX > not
< w TO > to  < w VVI > embarrass  < w PPHO1 > him  < w RG > this  < w RR >
close  < w II > to  < w AT > the  < w NN1 > election < c YSTP >  […].
```

In der wortannotierten Version des Korpustextes bezeichnet z. B. der Tag < w II > Präpositionen, < w GE > indiziert den *s*-Genitiv und < w AT > annotiert Artikel.

signifikant ist. Das lautliche Umfeld kann also syntaktische Variation beeinflussen.

Lautliche (phonologische und phonotaktische) Faktoren spielen bei sehr vielen Variationsphänomenen in vermutlich allen Sprachen dieser Welt, nicht nur im Englischen, eine gewichtige Rolle. Im **Französischen von Québec** finden wir beispielsweise nicht weniger als fünf Varianten der Fragesatzbildung (Beispiele nach Elsig/Poplack 2006):

- Subjekt-Verb-Inversion: ***As-tu** déjà parlé avec un vrai Français de France là?*
- komplexe Inversion: *Et **le roi** est-il icitte?*
- Intonation: *Ah, toi **tu restes** pas avec tes parents?*
- die phraseninitiale Interrogativpartikel *est-ce que*: *Mes bombes **est-ce que** je les largue ici?*
- die post-verbale Partikel *tu*: *Tu vas-**tu** être plus marié oubedonc moins marié?*

Elsig und Poplack (2006) zeigen, dass es unter anderem von phonologischen Eigenschaften des Satzverbs abhängt, welche Variante gewählt wird: Mehrsilbige Verben begünstigen Inversion und *est-ce que*, einsilbige Verben machen die Wahl der post-verbalen Partikel *tu* wahrscheinlicher.

7.2.2 | Grammatische Faktoren

Rekursion: Nicht nur die lautliche, sondern auch die grammatische Umgebung einer Variante ist wichtig. Die Variation zwischen englischen Genitivtypen – auch bekannt als die Genitiv*alternation* – beispielsweise reagiert auf Rekursion. Der Begriff ›Rekursion‹ bezeichnet die wiederholte Anwendung einer syntaktischen Regel (s. Kap. 4.7.2), und obwohl der Rekursion in der menschlichen Sprache theoretisch keine Grenzen gesetzt sind, scheinen Sprachbenutzer im praktischen Sprachgebrauch eine gewisse Abneigung gegen Rekursion zu haben, wenn sie vermeidbar ist. Bei der englischen Genitivalternation schlägt sich das folgendermaßen nieder: der *s*-Genitiv wird vermieden, wenn der Possessor bereits eine eingebettete *s*-Genitivkonstruktion enthält. Beispiel (4a) ohne Rekursion hört sich also für die meisten Sprecher und Schreiber des Englischen wesentlich besser an als (4b) mit Rekursion:

(4) (a) [the recent death] of [[the bride]'s [father]]
    (b) [[the bride]'s [father]]'s [recent death]

Umfeld (s. Abb. 1). Bei den *of*-Genitiv-Konstruktionen liegt der Anteil bei überdurchschnittlich hohen 29 %. Ein 2×2-Chi-Quadrat-Test auf Unabhängigkeit belegt, dass dieser Unterschied statistisch

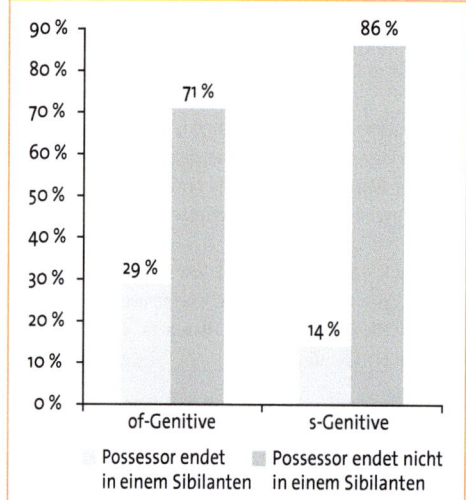

Abb. 1: Distribution von Genitivkonstruktionen in Abhängigkeit der lautlichen Umgebung

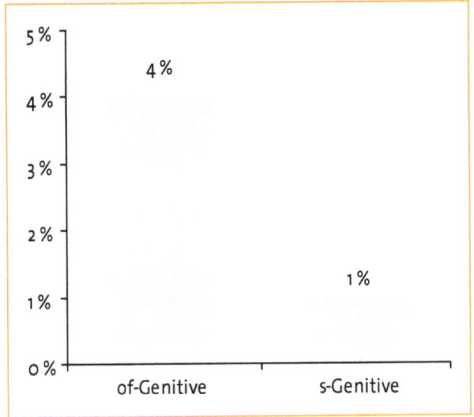

Abb. 2: Anteil der Genitivkonstruktionen, bei denen der Possessor eine s-Genitivkonstruktion enthält (Rekursion)

Wir können aus Abbildung 2 ersehen, dass die Tendenz zur Rekursionsvermeidung die beobachtbare Variabilität tatsächlich beeinflusst. Possessoren, die wie in Beispiel (4) eine s-Genitivkonstruktion aufweisen, sind zwar insgesamt selten (insgesamt machen sie nur ca. 2 % aller Possessoren im Datensatz aus), sie sind aber auf statistisch signifikante Weise ungleich verteilt: 4 % aller *of*-Genitivpossessoren weisen eine eingebettete s-Genitivkonstruktion auf, aber nur 1 % aller *s*-Genitivposessoren. Tatsächlich also ist Rekursion unbeliebt (wenn auch möglich), und diese Tatsache findet ihren Niederschlag in den Verteilungen der im Korpus gefundenen Genitivformen.

7.2.3 | Lexikalisch-semantische Faktoren

Belebtheit: Oftmals können auch semantische Eigenschaften der lexikalischen Einheiten, die im Variationskontext auftauchen, die sprachliche Variation steuern. Bei der englischen Genitivalternation ist dies klar der Fall – und übrigens teilweise auch bei der Genitivvariation im Deutschen, wo es manchmal ebenfalls von semantischen Eigenschaften des Possessors abhängt, ob der Genitiv pränominal (*Marias Buch*) gebildet werden kann oder nicht (*??des Hauses Dach*). Verglichen mit dem Deutschen aber besteht im Englischen eine sehr viel stärkere Tendenz, dass der Grad der Belebtheit eines Possessors direkt proportional zur Wahrscheinlichkeit ist, dass der pränominale s-Genitiv gewählt wird. Wie kann der Wirksamkeit dieses Faktors empirisch nachgegangen werden? Zunächst empfiehlt es sich, die an sich gradiente, d.h. ohne scharfe Kategoriengrenzen daherkommende Belebtheitsskala in ein paar relativ gut abgrenzbare Kategorien zu unterteilen. Eine mögliche derartige Kategorisierung wird in Tabelle 1 (nächste Seite) vorgeschlagen.

Zum Beispiel ist eine Regierung (*government*) zwar an sich eine abstrakte Entität und deshalb unbelebt, andererseits besteht sie aber aus Men-

> **Zur Vertiefung**
>
> **Deskriptive Statistik und Inferenzstatistik**
> Analytisch bedienen wir uns in diesem Abschnitt Methoden der deskriptiven Statistik und der Inferenzstatistik. Die **deskriptive Statistik** ist mit der Beschreibung von Daten befasst. So beschreibt Abbildung 1 prozentuale Häufigkeiten. Im weiteren Verlauf dieses Kapitels werden wir auch Durchschnittswerte (beispielsweise die durchschnittliche Länge oder durchschnittliche Texthäufigkeiten) betrachten. Dagegen ist die **Inferenzstatistik** an der Frage interessiert, ob auf der Basis von Stichproben generalisierbare Aussagen gemacht werden können. (Jede Korpusuntersuchung ist im Prinzip eine Stichprobenuntersuchung, da jedes Korpus eine endliche Sammlung sprachlicher Belege ist.) Der **2×2-Chi-Quadrat-Test** auf Unabhängigkeit, der in 7.2.1 zur Anwendung gekommen ist, ist ein solcher inferenzstatistischer Test: Man überprüft, inwiefern Unterschiede zwischen zwei Stichproben (z. B. zwei Genitivdistributionen) Rückschlüsse auf Unterschiede zwischen den beiden Grundgesamtheiten, aus denen die Stichproben entnommen wurden, zulassen.
>
> Im Datensatz, der hier untersucht wird, stützen sich die in Abbildung 1 angegebenen Prozentzahlen auf 998 *of*-Genitiv-Beobachtungen (von denen 292 einen finalen Sibilanten im Possessor aufweisen) und 1134 *s*-Genitiv-Beobachtungen (von denen 156 einen finalen Sibilanten im Possessor aufweisen). Die vier Felder, die der 2×2-Chi-Quadrat-Test untersucht, sind also 998/292/1134/156. Der Test kommt auf der Basis einer mathematischen Formel, die hier nicht weiter interessiert, zu dem Ergebnis, dass in Anbetracht der relativ hohen Stichprobengröße davon auszugehen ist, dass ein echter, d. h. nicht nur zufällig durch die Auswahl der Stichprobe bedingter Unterschied zwischen *of-* und *s*-Genitiven besteht.
>
> Verringern wir nun versuchsweise die Stichprobengröße um den Faktor 100, halten aber die Distributionen (= Prozentsätze) konstant. Dies führt zu den folgenden vier Feldern: 9,98/2,92/11,34/1,56. Angesichts der radikal verringerten Stichprobengrößen verbietet uns der Chi-Quadrat-Test nun eine Generalisierung. Dies deshalb, da nun die Wahrscheinlichkeit, dass wir fälschlicherweise einen Unterschied zwischen den Genitivtypen annehmen, obwohl die numerische Fluktuation rein zufällig sein mag, bei nicht akzeptablen 38 % liegt. In der wissenschaftlichen Literatur darf konventionell eine Generalisierung erst dann vorgenommen werden, wenn die Irrtumswahrscheinlichkeit geringer als 5 % ist.
>
> Wir fassen zusammen: Der 2×2-Chi-Quadrat-Test testet Unterschiede zwischen zwei Distributionen auf ihre statistische Signifikanz, wobei sowohl die Größe der Stichproben als auch die Verschiedenheit der Distributionen in Betracht gezogen wird. Gries (2008, s. Kap. 3 und 4) bietet eine sprachwissenschaftlich orientierte Einführung in die deskriptive Statistik sowie in die Inferenzstatistik.

Sprachinterne Einflussfaktoren auf sprachliche Variation

Tab. 1: Belebtheitskategorien

Kategorie	Beispiel
menschlich	girl, Jonas
kollektiv	the UN, the government
unbelebt	rock, morning

schen, die ein Kollektiv formen. Wendet man nun die in Tabelle 1 skizzierte Kategorisierung auf den englischen Genitivdatensatz an, ergeben sich die prozentualen Verteilungen in Abbildung 3.

Man erkennt, dass die Belebtheit des Genitivpossessors in der Tat ein wichtiger Faktor ist – die aus Abbildung 3 ersichtlichen Unterschiede sind statistisch signifikant. Mehr als zwei Drittel (72 %) aller *s*-Genitive haben menschliche Possessoren, gleichzeitig haben fast zwei Drittel aller *of*-Genitive (64 %) unbelebte Possessoren. Kollektive Possessoren scheinen den *s*-Genitiv zu bevorzugen (62 % zu 38 %), jedoch ist hier die Präferenz nicht allzu stark ausgeprägt.

Ein weiteres Beispiel zur Bedeutung lexikalisch-semantischer Faktoren: Viele europäische Sprachen verwenden als **Hilfsverben der Perfektkonstruktionen** HABEN-Verben und/oder SEIN-Verben. In Sprachen, die beide Hilfsverben benutzen (wie z. B. das Deutsche und das Französische), hängt die Selektion des Hilfsverbs oft unter anderem von der **Aktionsart** (= der inhärenten Semantik) des Hauptverbs bzw. der Verbalphrase ab. Man unterscheidet so z. B. unter anderem zwischen:

- **durativen** Verben und Verbalphrasen, die einen andauernden Vorgang beschreiben (z. B. *fernsehgucken, leiden*),
- **telischen** bzw. **zustandsändernden** Verben und Verbalphrasen, die einen Vorgang beschreiben, der einen natürlichen Endpunkt hat (z. B. *einen Apfel essen, verbrennen* als intransitives Verb),
- **Bewegungsverben** (*gehen, fahren*).

Im Deutschen wird das Hilfsverb SEIN primär bei zustandsändernden Verben und bei Bewegungsverben ausgewählt (*ich bin gefahren, das Holz ist verbrannt*), andernfalls wird HABEN verwendet (*er hat gelitten*). Wo echte Variation besteht (z. B. *das Unkraut hat/ist gewuchert*) gibt es Interpretationsspielraum hinsichtlich der Aktionsart des Verbs. Übrigens ist die Hilfsverbselektion notorisch anfällig für Sprachwandelprozesse: Während beispielsweise im modernen Spanisch nur *haber* (HABEN) verwendet werden kann, war die Selektion des Hilfsverbs im Spanischen bis etwa zum Ende des 17. Jahrhunderts variabel und – ähnlich wie im modernen Deutschen – stark beeinflusst durch die Aktionsart des Hauptverbs (Rosemeyer, im Druck).

7.2.4 | Pragmatische Faktoren

Sprachliche Variation kann weiter von pragmatischen (oder textlinguistischen) Faktoren abhängen. Wir wollen in diesem Kapitel zwei pragmatische Faktoren genauer betrachten: Informationsstruktur und Thematizität.

Informationsstruktur: Das Thema ›Informationsstruktur‹ spielt in der modernen Linguistik in verschiedenen Ansätzen eine wichtige Rolle. Hier wollen wir den Begriff eng im Sinne des sog. ›alt-vor-neu‹-Prinzips verstehen: Sprachbenutzer neigen dazu, **diskurs-alte** (d. h. aus dem vorherigen Diskurs bereits bekannte) Entitäten vor **diskurs-neuen** Entitäten zu platzieren. Dieses Prinzip führt hinsichtlich der englischen Genitivalternation zu zwei Hypothesen: Wenn der Possessor diskurs-alt ist, sollte der *s*-Genitiv präferiert werden, da diese Konstruktion den Possessor vor dem Possessum platziert. Wenn dagegen der Possessor diskurs-neu ist, sollte umgekehrt eine Präferenz für den *of*-Genitiv erkennbar sein. Empirisch lässt sich der Informationsstatus (diskurs-alt versus diskurs-neu) auf vielerlei Weise operationalisieren. Im Folgenden wird eine sehr einfache Kodierungsmethode benutzt: Ein gegebener Genitivpossessor soll dann als ›diskurs-alt‹ gelten, wenn die

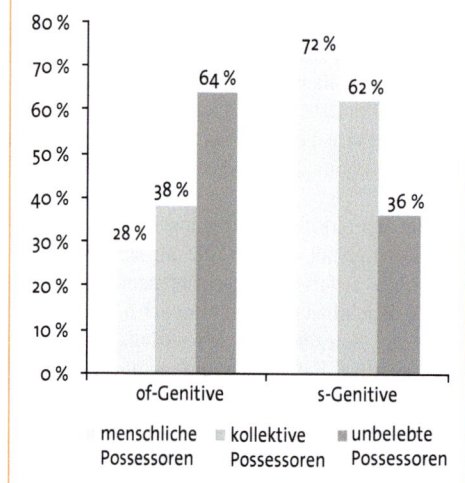

Abb. 3: Distribution von Genitivkonstruktionen nach Belebtheit des Possessors

exakt selbe Zeichenfolge in einem Fenster von 50 Wörtern vor dem Auftreten der Genitivkonstruktion aufzufinden ist. Dies ist z. B. in (5) der Fall:

(5) The explosion sent *the hood of the car* flying over the roof of the house. The left front wheel landed 100 feet away. Police laboratory technicians said the explosive device, containing either TNT or nitroglycerine, was apparently placed under the left front wheel. It was first believed the bomb was rigged to *the car's starter*.

In Beispiel (5) ist der Genitivpossessor *car* (in *the car's starter*) also als diskurs-alt zu klassifizieren, da das Auto bereits ein paar Zeilen vorher erwähnt wird (*the hood of the car*). Im Einklang mit unseren Erwartungen wird dieser Genitivpossessor in (5) mit einem *s*-Genitiv kodiert, wodurch eine ›alt-vor-neu‹-Reihenfolge realisiert wird.

Eine quantitative Analyse (s. Abb. 4) ergibt, dass die Bedingung ›Possessor ist diskurs-neu‹ kaum eine Auswirkung auf die Wahl der Genitivkonstruktionen hat: Der Anteil von *of*-Genitiven ist unter dieser Bedingung nur unmerklich höher als im Datensatz insgesamt (50 % gegen 47 %). Jedoch ist die Verteilung unter der Bedingung ›Possessor ist diskurs-alt‹ auffällig. Unter diesen Umständen ist der *s*-Genitiv – wie erwartet – deutlich häufiger vorzufinden als sonst (65 % gegen 53 %; der Unterschied ist statistisch signifikant). Der Informationsstatus einer Entität (hier: des Genitivpossessors) beeinflusst also tatsächlich die Wahl der Genitivkonstruktion.

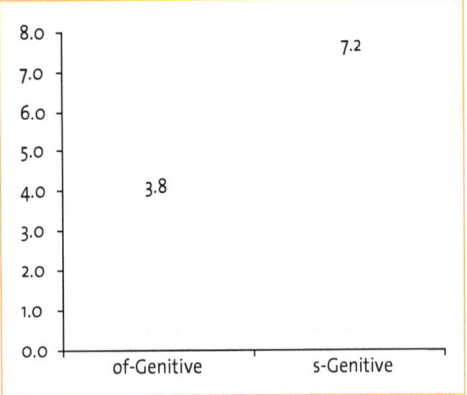

Abb. 5: Durchschnittliche Textfrequenz des Genitivpossessors je nach Genitivkonstruktion

Thematizität: Hier geht es um die Frage, ob Texteinheiten mit hervorgehobener thematischer Bedeutung einen Einfluss auf die Wahl einer Variante haben. So verweist Osselton (1988: 143) darauf, dass unbelebte, abstrakte Nomen wie *inflation* zwar normalerweise nicht mit dem *s*-Genitiv kodiert werden, dass man aber in einem Lehrbuch zur Volkswirtschaftslehre sehr wohl Phrasen wie *inflation's consequences* finden kann. ›Thematizität‹ in diesem Sinne überlappt zu einem gewissen Grad mit ›Informationsstatus‹, denn Possessoren mit hervorgehobener thematischer Bedeutung sind natürlich in der Regel diskurs-alt (sonst wären sie nicht thematisch hervorgehoben). Man kann den Grad der Thematizität eines Possessors relativ unkompliziert messen, indem man die Textfrequenz eines Genitivpossessors in dem Korpustext, in dem die Konstruktion auftaucht, bestimmt.

Abbildung 5 belegt, dass starke und statistisch signifikante Thematizitätsunterschiede zwischen den beiden Genitivkonstruktionen bestehen: *s*-Genitive scheinen also tatsächlich der Kodierung textuell häufigerer und daher thematischerer Possessoren zu dienen.

Pragmatische Faktoren in anderen Sprachen: Im belgischen Niederländisch ist die Wortfolge in **Präsentativkonstruktionen**, die mit *er* (›da‹) eingeleitet werden, variabel. Im Normalfall folgt die Ortsangabe dem Subjekt (*Er ligt een bompakket op de zesde verdieping*, ›Da liegt eine Bombe im sechsten Stock‹). Manchmal aber geht die Ortsangabe dem Subjekt voran: *Er zijn in Brussel geen getto's*, ›Es gibt in Brüssel keine Ghettos‹. Grondelaers und Speelman (2007) zeigen, dass es unter anderem von der relativen Diskurs-Neuheit und thematischen Prominenz der Ortsangabe und des Subjekts abhängt, welche Wortfolge gewählt wird: Wenn das Subjekt wichtiger, diskurs-neuer oder promi-

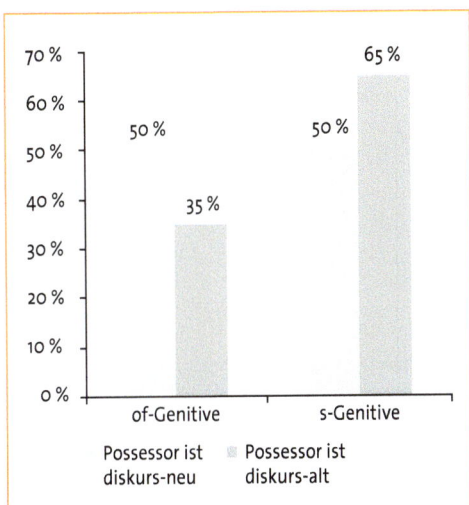

Abb. 4: Distribution von Genitivkonstruktionen nach Informationsstatus

nenter ist als die Ortsangabe, so wird das Subjekt eher der Ortsangabe folgen, wie im Beispiel *Er zijn in Brussel geen getto's* – hier ist die Ortsangabe weniger überraschend als die Tatsache, dass es keine Ghettos gibt. Im ersten Beispiel (*Er ligt een bompakket op de zesde verdieping*) hingegen ist der Standort der Bombe durchaus genauso interessant wie die Tatsache, dass es eine Bombe gibt.

7.2.5 | Prozessierungsfaktoren

Das Gesetz der wachsenden Glieder: Wir wenden uns nun jenen sprachinternen Faktoren zu, die ihre Existenz letzten Endes der Natur der menschlichen Sprachverarbeitung verdanken. Dazu gehört das sogenannte Gesetz der wachsenden Glieder (Behaghel 1909), das für VO-Sprachen wie das Englische gilt (wo also das Objekt typischerweise dem Verb folgt; s. Kap. 8.2.2; in OV-Sprachen wie dem Japanischen gilt die umgekehrte Präferenz). In solchen Sprachen besteht die Tendenz, längere Konstituenten kürzeren Konstituenten folgen zu lassen. Man hat argumentiert (Hawkins 1994), dass diese Tendenz dem System der menschlichen Sprachverarbeitung insofern entgegenkommt, als dieses Information so effizient wie möglich zu prozessieren versucht. Das Gesetz der wachsenden Glieder ermöglicht eine effizient frühe Identifizierung der emergenten syntaktischen Struktur, da umfängliche Konstituenten nicht die Prozessierung weniger umfänglicher Konstituenten aufhalten.

Welchen Einfluss könnte das Gesetz der wachsenden Glieder auf die Genitivvariation im Englischen haben? Die Erwartung ist, dass ein längerer Possessor präferentiell mit dem *of*-Genitiv kodiert wird (denn dieser platziert den Possessor nach dem Possessum), während umgekehrt ein längeres Possessum wenn möglich mit dem *s*-Genitiv kodiert werden sollte.

Man kann in Abbildung 6 sehen, dass diese Erwartung zutrifft: Die durchschnittliche Länge eines *of*-Genitiv-Possessors im Datensatz (in dem es sehr viele Genitivkonstruktionen gibt, weswegen wir Durchschnittswerte berechnen) beträgt 2,6 Wörter, die eines *s*-Genitiv-Possessors aber nur 1,8 Wörter. Umgekehrt beträgt die durchschnittliche Länge eines *of*-Genitiv-Possessums nur 1,5 Wörter, die eines *s*-Genitiv-Possessums aber immerhin 1,8 Wörter. Beide Differenzen sind statistisch signifikant.

Die Tendenz, die umfangreicheren Satzglieder den weniger umfangreichen Gliedern folgen zu lassen, lässt sich auch in vielen anderen Sprachen beobachten. Otto Behaghels grundlegende Überlegungen zum Gesetz der wachsenden Glieder fußen z. B. auf Textbelegen aus dem Altgriechischen, Lateinischen und Deutschen. Und man wird Behaghel wohl zustimmen, dass sich Goethes Formulierung »muß man [leben]$_{Glied\,1}$ und [Menschen sehen, die sich recht lebendig bemühen]$_{Glied\,2}$« in *Wilhelm Meisters Lehrjahre* (zitiert in Behaghel 1909: 128) besser anhört als die konstruierte Alternative »muß man [Menschen sehen, die sich recht lebendig bemühen]$_{Glied\,1}$ und [leben]$_{Glied\,2}$.«

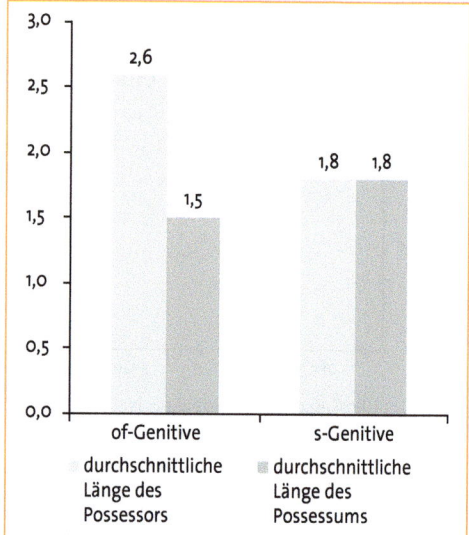

Abb. 6: Durchschnittliche Länge des Possessors und Possessums (in orthographischen Wörtern) und Typ der Genitivkonstruktion

Zur Vertiefung

Multivariate Analysemethoden

Sämtliche bisher diskutierten sprachinternen Faktoren sind nicht-kategorisch. Das heißt, dass zwar beispielsweise die starke Tendenz bestehen mag, belebte Possessoren mit der englischen *s*-Genitiv-Konstruktion zu kodieren, dass jedoch diese Tendenz dennoch nicht ausnahmslos ist (z. B. weist die Genitivkonstruktion in (5), *the car's starter*, zwar einen unbelebten Possessor auf, dieser wird aber dennoch mit einer *s*-Genitiv-Konstruktion kodiert). Ein Grund für die Existenz solcher Gegenbeispiele ist die Tatsache, dass verschiedene relevante Faktoren genau entgegengesetzte Effekte haben können: Der Belebtheitsgrad des Genitivpossessors mag den *s*-Genitiv favorisieren, aber die Informationsstruktur des Textes (alt-vor-neu) kann gleichzeitig den *of*-Genitiv wahrscheinlicher machen. Verschiedenste Faktoren beeinflussen ein sprachliches Ereignis, aber lediglich probabilistisch. Seit den 1970er Jahren bedient sich die Variationslinguistik daher sogenannter **multivariater Analyseverfahren**, um den Effekt einzelner sprachinterner Determinanten in der Zusammenschau aller relevanten Faktoren zu bestimmen. Multivariate Verfahren benutzen die Mathematik der Ungewissheit, um die Chancen, dass ein bestimmtes sprachliches Ereignis eintritt, zu modellieren. Am populärsten in der Variationslinguistik sind **logistische Regressionsverfahren**. Sie sind beispielsweise die Grundlage des ›Variable Rule (Varbrul)‹-Programmpakets, das in der Labovianischen Variationslinguistik oft benutzt wird.

Hier ist ein Regressionsmodell, das den probabilistischen Einfluss der bislang besprochenen Faktoren auf die Wahl der englischen Genitivstruktur (possessor-finale Sibilanten, im Possessor eingebettete *s*-Genitiv-Konstruktionen, Belebtheit des Possessors, Informationsstruktur, Thematizität und das Gesetz der wachsenden Glieder) auf die Wahrscheinlichkeit des Auftretens einer *s*-Genitiv-Konstruktion modelliert.

	Quotenverhältnis
Possessor enthält eine *s*-Genitiv-Konstruktion (Rekursion)	0,69
Possessor hat einen finalen Sibilanten	0,23
Belebtheit des Possessors (Referenzkategorie: unbelebt)	
Possessor ist menschlich	7,14
Possessor ist kollektiv	3,17
Possessor ist diskurs-alt	1,04
Thematizität (1 Einheit entspricht 1 textuellen Vorkommen)	1,10
Das Gesetz der wachsenden Glieder	
Possessorlänge (1 Einheit entspricht 1 Wort)	0,46
Possessumlänge (1 Einheit entspricht 1 Wort)	1,53

Das sog. Quotenverhältnis (auch bekannt als *odds ratio*) quantifiziert den probabilistischen Einfluss der einzelnen Faktoren. Werte > 1 bedeuten, dass ein Faktor bzw. eine Faktorenausprägung den *s*-Genitiv wahrscheinlicher macht; Werte < 1 bedeuten dagegen, dass Faktor/Faktorenausprägung den *of*-Genitiv wahrscheinlicher macht. (Ein Wert von 1 würde also bedeuten, dass ein Faktor keinerlei Einfluss auf die Genitivauswahl hat.) Die Quotenverhältnisse im obigen Modell sind also folgendermaßen zu interpretieren: Ein finaler Sibilant am Ende des Genitivpossessors verändert *ceteris paribus* die Chancen, dass das sprachliche Ereignis ›*s*-Genitiv‹ auftritt, um einen Faktor von 0,23; die Chancen *verringern* sich also um 77 %. Verglichen mit einem unbelebten Possessor erhöhen sich *ceteris paribus* dagegen die *s*-Genitiv-Chancen um das 7,14-fache, wenn der Possessor menschlich ist. Ferner verringert jedes zusätzliche Wort in der Possessorphrase die *s*-Genitiv-Chancen um einen Faktor von 0,46 und so weiter. Insgesamt sagt das oben skizzierte, sehr einfache Modell beträchtliche 77 % der Genitivvorkommen im Datensatz korrekt voraus. Der analytische Vorteil einer multivariaten Analyse ist, dass die relative Wichtigkeit einzelner Faktoren elegant und zugleich präzise quantifiziert werden kann.

Tagliamonte (2006, Kap. 7) und Gries (2008, Kap. 5.4) bieten gut nachvollziehbare Einführungen in die multivariate Regressionsmodellierung.

7.3 | Außersprachliche Dimensionen sprachlicher Variation

Sprachliche Variation wird nicht nur durch sprachinterne Faktoren beeinflusst, sondern ist auch außersprachlich konditioniert: Wo wir herkommen, in welcher Sprech- oder Schreibsituation wir uns befinden, in welcher Zeit wir leben und welchem sozialen Milieu wir uns zuordnen – all dies bedingt die Wahl der sprachlichen Varianten. Dieses Kapitel wendet sich deshalb vier wichtigen außersprachlich bedingten Dimensionen sprachlicher Variation zu: diatopische Variation (7.3.1), diaphasische Variation (7.3.2), diachrone Variation (7.3.3) und diastratische Variation (7.3.4). In 7.3.5 diskutieren wir einige systematische Unterschiede zwischen den Sprechweisen von Frauen und Männern.

7.3.1 | Diatopische Variation

Geolinguistik: Diatopische Variation bezieht sich auf Verschiedenheit in der Dimension **Raum**. Die grundlegende räumliche Indexikalität (s. Kap. 10.3) sprachlicher Variation funktioniert zum einen in Bezug auf die verschiedenen Sprachen. Wenn wir in Zentraleuropa jemanden tschechisch sprechen hören, können wir mit hoher Wahrscheinlichkeit voraussagen, dass dieser Sprecher aus dem geografischen Raum ›Tschechien‹ kommt. Räumliche Verortung funktioniert aber natürlich auch auf innersprachlicher, d. h. dialektaler Ebene: Bewohner der norddeutschen Tiefebene vermögen einen Sprecher des Schwäbischen recht schnell räumlich ungefähr einzuordnen. Sprachen wie auch Dialekte bieten also ein räumliches Signal. Der Zweig der Linguistik, die dieses Signal untersucht, ist die Geolinguistik.

Sprachen versus Dialekte: Dialekte sind als regionale Varietäten innerhalb einer Sprache definiert. Es ist jedoch nicht ohne Weiteres möglich, anhand linguistischer Kriterien eine klare Abgrenzung zwischen Sprachen und Dialekten vorzunehmen, denn die Unterscheidung zwischen Dialekten und Sprachen ist oft eher politisch als linguistisch motiviert. Dem Linguisten und Jiddisch-Spezialisten Max Weinreich wird das Diktum *a shprakh iz a dialekt mit an armey un flot* zugeschrieben, das diese politische Komponente der Unterscheidung zwischen Sprachen und Dialekten aphoristisch auf den Punkt bringt. Die Idee des europäischen Nationalstaats ist nicht nur damit verbunden, dass dieser Staat über eine eigene Armee verfügt, sondern auch damit, dass er eine für ihn symbolisch konstitutive Nationalsprache hat – auch wenn diese Sprache linguistisch gesehen genauso gut als Dialekt einer anderen Sprache bezeichnet werden könnte. Man kann dies am Beispiel des Serbischen und Kroatischen oder des Tschechischen und Slovakischen gut sehen. Zwar gibt es linguistische Daumenregeln, um Dialekte von Sprachen zu unterscheiden; z. B. sollten Dialekte gegenseitig verständlich sein. Aber nicht jeder Sprecher des Schwäbischen ist für Sprecher des Bairischen verständlich und umgekehrt. Es gibt jedenfalls keinen guten sprachstrukturellen (und schon gar nicht geolinguistischen) Grund, z. B. das Schwäbische als Dialekt des Deutschen, das Niederdeutsche als deutsche Regionalsprache, das Elsässische als Regionalsprache Frankreichs und das Niederländische als eine eigene Sprache zu sehen.

Dialektologie – traditionelle und moderne Ansätze: Die Dialektologie ist jene Teildisziplin der Linguistik, die sich mit der primär diatopisch – also räumlich – bedingten, innersprachlichen Variation beschäftigt. Das zentrale Erkenntnisinteresse der traditionellen Dialektologie ist »die basilektale Bewirtschaftung des Naturraums durch homo loquens« (Goebl 2008: 67). In der traditionellen Dialektologie wird deshalb vor allem die Sprache ländlicher, wenig mobiler, älterer Sprecher untersucht. Im Vordergrund des Untersuchungsinteresses stehen typischerweise die Lexis und die Lautung. Neuere Ansätze, vor allem in

---

Definitionen

→ **Diatopische Varietäten (Dialekte)** sind sprachliche Varietäten, deren Variationsmuster primär durch den Faktor ›Raum‹ bzw. ›Geografie‹ erklärt werden können. Die linguistischen Subdisziplinen, die sich mit diatopischer Variation befassen, sind die Geolinguistik, insbesondere Dialektologie und Dialektometrie.

→ **Diaphasische Sprechweisen (Register)** korrelieren mit der Kommunikationssituation und dem Kommunikationsmedium. Man unterscheidet insbesondere zwischen formellen und informellen Registern.

→ **Diachrone Sprachstufen oder Stadien** können bestimmten zeitlichen Perioden zugeordnet werden und bilden einen Untersuchungsgegenstand der historischen Sprachwissenschaft.

→ **Soziolekte** sind **diastratische Sprechweisen**, deren Variationsmuster primär durch soziale Merkmale ihrer Sprecher und Sprecherinnen erklärt werden können. Soziolekte sind ein Untersuchungsgegenstand der Soziolinguistik.

der anglo-amerikanischen *social dialectology*, kombinieren zwar mitunter klassisch-dialektologische mit soziolinguistischen Fragestellungen und zeigen ein gesteigertes Interesse an städtischen Dialekten sowie an Morphologie und Syntax. Trotzdem ist und bleibt das zentrale Erkenntnisinteresse der Dialektologie die Beziehung zwischen Sprache und Raum (und nicht etwa zwischen Sprache und sozialer Klasse).

Um die Beziehung zwischen Sprache und Raum zu beleuchten, benutzen Dialektologen seit jeher vielfältige **Kartierungstechniken** und -methoden.

Datenquellen: Woher wissen wir, wie linguistische Varianten räumlich verteilt sind? Die traditionelle Methode in der Dialektologie besteht darin, durch geschulte Feldarbeiter fragebogenbasierte Erhebungen in oftmals hunderten von Orten durchzuführen. Ausgewählte Dialektsprecher werden befragt, die **Fragebögen** werden ausgewertet, und die geografischen Verteilungen in Dialektkarten dargestellt (in welchen Gegenden finden wir welche Dialektvarianten?). Neuere Ansätze benutzen nicht mehr (ausschließlich) die Fragebogenmethode – schließlich füllen Dialektsprecher normalerweise nicht dialektologische Fragebögen aus, sondern *sprechen* Dialekt. Stattdessen analysiert man heute immer öfter **natürliche Sprachdaten** (d. h. mitgeschnittene und transkribierte Interviews mit Dialektsprechern).

Abbildung 7 zeigt eine Karte, die die Textfrequenz von Mehrfachnegationsmustern des Typs *I haven't got no money* in britischen Dialekten des Englischen visualisiert (Szmrecsanyi 2010). Die sog. Ortsmesspunkte auf dieser Karte sind 34 Grafschaften, zu denen transkribierte Interviews mit Dialektsprechern in einem Dialektkorpus vorliegen. Die Karte wurde erstellt, indem gezählt wurde, wie oft Dialektsprecher Mehrfachnegationsmuster in den Interviews verwenden (vgl. Szmrecsanyi 2012). Orange Farbtöne signalisieren vergleichsweise hohe, weniger orange Farbtöne vergleichsweise geringe Textfrequenz. Die Karte zeigt eine deutliche geografische (und daher diatopische) Verteilung: Mehrfachnegation ist in traditionellen Dialekten im Süden Großbritanniens sehr häufig, wird aber zunehmend seltener, je weiter man in den Norden kommt.

Dialektometrie: Moderne dialektologische Ansätze untersuchen immer öfter nicht nur einzelne dialektale Merkmale, sondern Bündel von Merkmalen. Beispielsweise könnte man sich die kombinierte Vorkommenshäufigkeit von Mehrfachnegation und weiteren grammatischen Merkmalen (also z. B. Subjekt-Verb-Inkongruenzen, Nicht-Standard-Präteritumsformen etc.) im Englischen in Großbritannien anschauen. Wenn der dialektologische Fokus also sozusagen auf den ›Wald‹ und nicht auf die einzelnen ›Bäume‹ gerichtet ist, spricht man von dialektometrischen Verfahren. Sie sind geeignet, **höherrangige** (d. h. abstrakte) **Variationsmuster** herauszuarbeiten, da das geolinguistische Signal (d. h. die diatopische Strukturierung) durch die massivere Datenbasis robuster wird.

Abbildung 8 (S. 273) zeigt eine synoptische Dialektkarte, die auf der regionalen Verteilung von 38 lautlichen Merkmalen in einem Korpus spontansprachlicher Dialektdaten aus Südwestdeutsch-

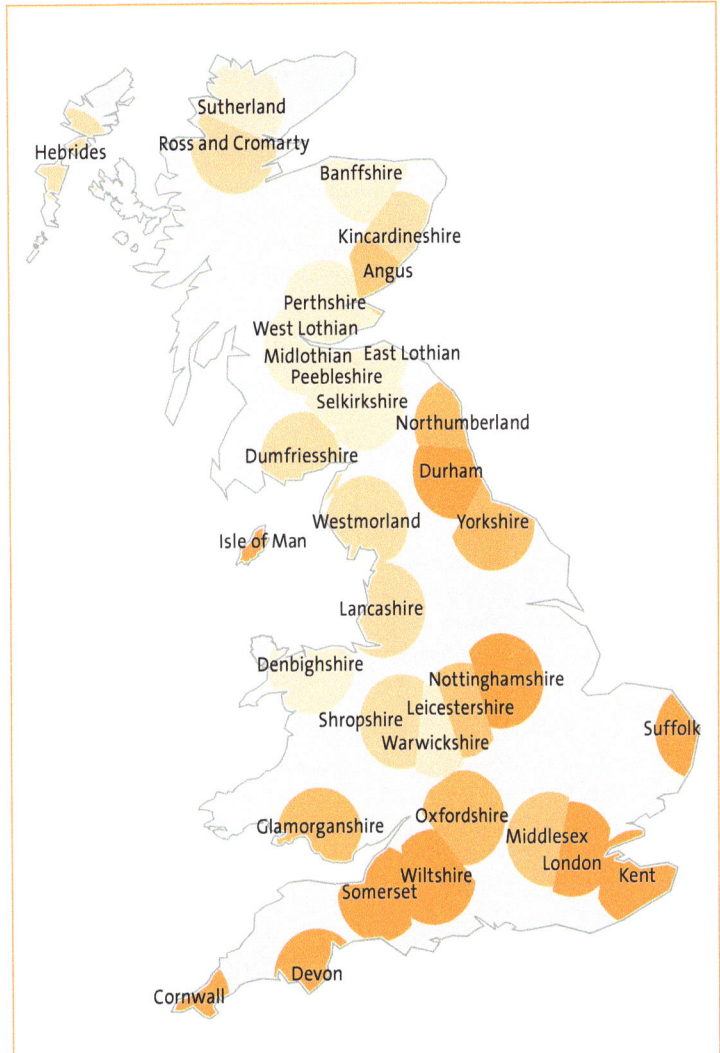

Abb. 7: Die Vorkommenshäufigkeit von Mehrfachnegation in Interviews mit Dialektsprechern in Großbritannien. Zunehmend orange Farbtöne signalisieren zunehmende relative Textfrequenz.

7.3 | Variation und Wandel

Außersprachliche Dimensionen sprachlicher Variation

Zur Vertiefung

Ein transkribiertes Interview mit einem Dialektsprecher aus dem Südwesten Englands

Abbildung 7 wurde auf der Basis von Daten aus dem *Freiburg Corpus of English Dialects* (FRED) (Szmrecsanyi/Hernández 2007) erstellt. Zur Veranschaulichung findet sich nachfolgend ein Ausschnitt aus einem Interview mit einem Dialektsprecher aus dem Südwesten Englands (Gurnards Head, Cornwall), der 1904 geboren wurde. Das Interview wurde 1978 aufgezeichnet. Das Kürzel ›IntRS‹ bezeichnet den Interviewer, das Kürzel ›CAVA_WJB‹ bezeichnet den Informanten. ›(unclear)‹ bezeichnet schwierig zu transkribierende Stellen.

IntRS: ... recording of Wallace Jeff Baggerly of Porthmeor Farm, near Zennor, was made on the fifth of September nineteen seventy-eight. When were you born?
CAVA_WJB: in nineteen hundred and four. Seventeenth of December.
IntRS: And had your — and your family had lived here ...?
CAVA_WJB: Yes, my father was born here. Not in this house!
IntRS: No.
CAVA_WJB: But in the old house, you know. And so was my grandfather.
IntRS: Yeah. And that's the old house across the road, is it?
CAVA_WJB: No, no, gone. Used to be here. You know, under this, see — or, under — somewhere, like. And that's gone. And let's see. His father again <u>come</u> up from down Lower Porthmeor.
IntRS: Mhm.
CAVA_WJB: Now I don't know quite how long they'd been here, but they come from St. Hilary, somewhere. To start with, if you understand what I mean. That might 've been my great-grandfather's (pause) grandfather, perhaps. Somebody come, and a — with a baby. And that was one of the oldest old men that was here 'round, you know, but I couldn't tell you exactly which generation, you know.
IntRS: No.
CAVA_WJB: I do know my great-grandfather was born down Lower Porthmeor, and he had uh, one, two, three brothers. I knew them by name but I didn't know them (unclear) that well Uncle Richard and Uncle Jack, and Uncle Albert, you know, <u>they was</u> uncles to my grandfather, see, and, and you pick up the (unclear) sayin' from years ago.
IntRS: Yeah.
CAVA_WJB: That old house there, I <u>did hear</u> a great-uncle of mine say that he could mind somebody living in en. And that, he was, he was little. Well this is Tim's house to this day.
IntRS: Oh yes?
CAVA_WJB: You know, (unclear) if I was trying to get — Wallace or Mammy said, so-and-so — not we (unclear) kid much in 'em — but, Where you put the shovel? Oh, I dropped en in Tim's house — you know, that's, that's that, like.

Der kurze Ausschnitt weist eine ganze Reihe von Dialektmerkmalen auf:
- unmarkierte Präteritumformen (*father come*; Standardenglisch: *father came*),
- Subject-Verb-Inkongruenzen (*they was*; Standardenglisch: *they were*) und
- das sog. periphrastische DO, das ganz besonders charakteristisch für Dialekte im Südwesten Englands ist (*I did hear*; Standardenglisch: *I heard*).

land basiert. Die Ortsmesspunkte (dargestellt durch Polygone) wurden durch ein statistisches Verfahren (eine sog. Clusteranalyse, s. Vertiefungskasten) in fünf Gruppen eingeteilt, die durch unterschiedliche Farben markiert wurden. Es ergibt sich in der Zusammenschau eine Gruppierung, die relativ gut mit der aus der Literatur bekannten **Gliederungen der südwestdeutschen Dialekte** korrespondiert, auch wenn die Ausdehnung dieser Dialektgebiete nicht vollständig mit der traditionellen Auffassung übereinstimmt (dunkelgrau: Südfränkisch; hellorange: Oberrheinalemannisch; dunkelorange: Südalemannisch; weiß: Bodenseealemannisch; hellgrau: Schwäbisch; vgl. Streck/Auer 2013).

7.3.2 | Diaphasische Variation

Situative Variabilität von Sprache: Sprachliche Variation hat immer auch eine situationsbezogene (oder: diaphasische) Komponente. Das heißt: Derselbe Sprecher – beispielsweise ein aus dem Bayrischen kommender männlicher Mittelschichtsprecher im frühen 21. Jahrhundert – wird unterschiedliche sprachliche Varianten wählen, je nachdem in welcher Sprech- oder Schreibsituation er sich befindet. Zum Beispiel mag die Mehrfachnegation (s. o.) in informellen Konversationen im Familienkreis durchaus angemessen sein (mehr noch: von den Interaktionspartnern geradezu erwartet werden). Bei einer formellen Ansprache vor Würdenträgern irgendwelcher Art aber wird unser Mittelschichtsprecher die Mehrfachnegation tunlichst vermeiden, da in dieser Kommunikationssituation solche Nichtstandardvarianten (die im Standarddeutschen stigmatisiert sind) normativ unangebracht sind. Diaphasische Variation ist deshalb grundsätzlich funktional und hörerbezogen.

Register: Es gibt eine große Anzahl von Untersuchungen, die Situationstypen sowie situativ induzierte Variation der eben vorgestellten Art in verschiedensten Sprachen minutiös katalogisieren. Zentral bei alledem ist der **Registerbegriff**.

Definition

Ein → **Register** ist eine Sprechweise, deren typische sprachliche Merkmale durch den situativen Kontext erklärt werden können.

Das *British National Corpus* (Aston/Burnard 1998), ein Standardkorpus in der anglistischen Sprachwissenschaft, das als Basis für vielerlei aktuelle Forschung über diaphasische Variation dient, unterscheidet unter anderem zwischen den Registern in Tabelle 2 (s. nächste Seite).

Ein Beispiel – Passivkonstruktionen: Exemplarisch für registerinduzierte sprachliche Variation vergleichen wir ein ziemlich formales, geschriebenes Register – nämlich akademische Prosa – mit Alltagskonversation als *dem* prototypischen informell-gesprochenen Register. Unsere erste Fallstudie beschäftigt sich mit einer syntaktischen Variable, nämlich der Alternation zwischen Aktiv- und Passivkonstruktionen, wie in Beispiel (6):

(6) (a) They robbed the man. (Aktivkonstruktion)
    (b) The man was robbed. (Passivkonstruktion)

Semantisch sind die beiden Varianten austauschbar, sie werden aber je nach Register unterschiedlich häufig verwendet. Wie Abbildung 9 zeigt, sind Passivkonstruktionen im Englischen sehr viel häufiger in akademischer Prosa anzutreffen als in alltagssprachlicher Konversation: In akademischer Prosa beobachten wir eine Vorkommenshäufigkeit von 13.916 Belegen pro Million Wörtern, während wir lediglich 951 Belege pro Million Wörter in Konversationen finden. Passivkonstruktionen sind also im Vergleich zu Aktivkonstruktionen eher ein Merkmal akademischer Prosa als von Alltagskonversation.

Ein zweites Beispiel – *begin* **und** *start***:** In unserer zweiten Fallstudie geht es um einen Fall lexikali-

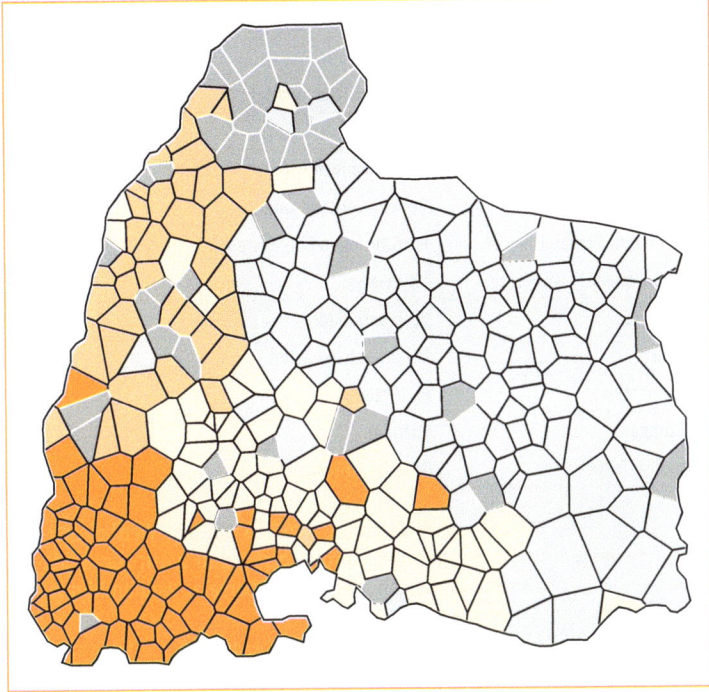

Abb. 8: Clusteranalyse dialektaler Distanzen in traditionellen südwestdeutschen Dialekten. Datenbasis: 28 lautliche Merkmale, die aus spontansprachlichen Korpusdaten extrahiert wurden (nach Streck 2012, Abb. 13.7; unterschiedliche Farben und Farbtöne indizieren die 5 verschiedenen Dialektgruppierungen)

Zur Vertiefung

Explorative statistische Analyseverfahren

Die **Clusteranalyse**, die zur Herleitung der Gruppierungen in Abbildung 8 verwendet wurde, gehört zu den sog. **explorativen statistischen Analyseverfahren** ohne Zielvariable. Das heißt, es wird nicht – wie etwa bei einer Regressionsanalyse – eine bestimmte Variable vorhergesagt, vielmehr wird ein Datensatz durch den Einsatz komplexer statistischer Verfahren ›ausgekundschaftet‹. Explorative Verfahren dienen allesamt der Komplexitätsreduzierung und sind in all jenen linguistischen Teildisziplinen (wie z. B. in der Dialektometrie) gängig, in denen ganzheitliche Betrachtungsweisen im Vordergrund stehen. Die Dialektologie steht vor dem Problem, dass die synoptische Erfassung vieler sprachlicher Variablen in vielen Dialekten zwar erfreulich umfassend möglich ist, weil diese Dialekte gut dokumentiert sind, gleichzeitig aber einen unerfreulich hohen Komplexitätsgrad aufweist. Man beachte, dass in dem der Abbildung 8 zugrundeliegenden Datensatz jeder einzelne Ortsmesspunkt (in der Karte durch Polygone dargestellt) durch seine linguistischen Ähnlichkeiten zu allen anderen Ortsmesspunkten im Datensatz charakterisiert wird! Man benutzt daher explorative Analyseverfahren, um komplexe Variationsmuster anschaulich zu machen und somit die Erkennung der ›großen Muster‹ zu erleichtern.

Zur Illustration: Nehmen wir an, der Dialektologe steht vor der Aufgabe, einen Datensatz zu analysieren, der eine Anzahl von *p* verschiedenen sprachlichen Merkmalen in einer Anzahl von *N* verschiedenen Dialekten beschreibt. Wie wir bereits gesehen haben, würde eine Clusteranalyse die Komplexität dieses Datensatzes reduzieren, indem die *N* verschiedenen Dialekte rechnerisch in wenige große Dialektgruppen eingeteilt würden, die man danach in Karten wie Abbildung 8 visualisieren kann. Die linguistische Interpretation solcher Cluster kann die derart hergeleiteten Dialektgruppen dann als Dialektgebiete beschreiben. Eine Einführung in explorative statistische Analyseverfahren aus der Sicht der Dialektometrie bietet Szmrecsanyi (2013).

Außersprachliche Dimensionen sprachlicher Variation

geschriebene Register	gesprochene Register
akademische Prosa	Vorträge
Werbetexte	Rundfunk (Nachrichten, Talkshows, Reportagen)
Biografien	Unterricht
E-Mails	spontansprachliche Konversation
Essays	Gerichtsverhandlungen
Erzähl- und Romanliteratur	Vorführungen (z. B. Erste-Hilfe-Kurse)
institutionelle Dokumente	Interviews
Lehrtexte	Besprechungen
Briefe	Parlamentsdebatten
Nachrichten	Predigten
Zeitungen	Vorträge
religiöse Texte	Sportberichterstattung

Tab. 2: Wichtige im *British National Corpus* abgebildete Register nach Kommunikationsmedium (geschrieben oder gesprochen)

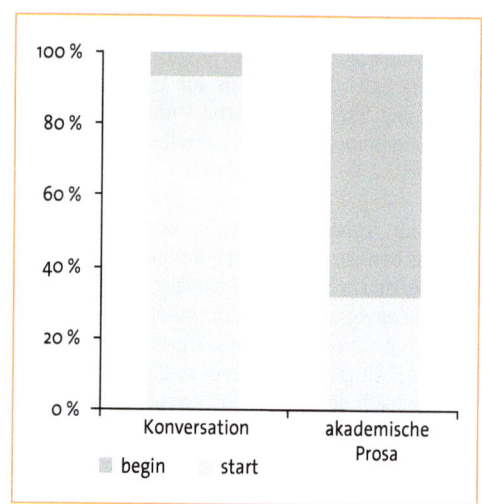

Abb. 10: *start* und *begin* (Anteil in % der relevanten Kontexte) in zwei Registern des *British National Corpus*

scher Variation, nämlich um den Wettbewerb zwischen den Verben *begin* und *start*, die beide mit ›anfangen, beginnen‹ übersetzt werden können.

(7) (a) The meeting *begins* at 4pm.
    (b) The meeting *starts* at 4pm.

Die relative Vorkommenshäufigkeit der beiden Verben ist stark situativ beeinflusst, wie in Abbildung 10 zu sehen ist. In Konversation hat *begin* einen Anteil von lediglich ca. 7 % (*start*: 93 %), während *begin* in akademischer Prosa deutlich populärer ist und in ca. 68 % (*start*: 32 %) aller möglichen Kontexte verwendet wird.

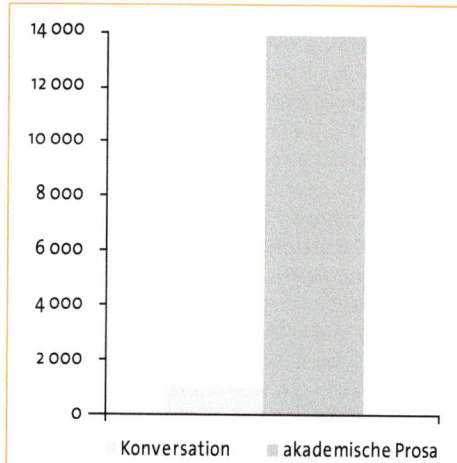

Abb. 9: Vorkommenshäufigkeit von Passivkonstruktionen (pro Million Wörter) in zwei Registern des *British National Corpus*

7.3.3 | Diachrone Variation

Diachrone Variation und Periodisierung: Diachrone Variation ist Variation in der Dimension ›Zeit‹, d. h. sie ist das Ergebnis von Sprachwandel. Wir werden uns der Beziehung zwischen synchroner sprachlicher Variation und diachronem Wandel im Detail in 7.4 widmen. Hier wollen wir zunächst anhand des Deutschen darstellen, wie man eine komplexe Sprachgeschichte in diachrone Varietäten (oder: Sprachstufen, Stadien) zerlegen kann. In der **Sprachgeschichte des Deutschen** wird üblicherweise unterschieden zwischen:
- dem Althochdeutschen (frühmittelalterlich)
- dem Mittelhochdeutschen (spätmittelalterlich)
- dem Frühneuhochdeutschen (frühmodern)
- und dem Neuhochdeutschen (modern).

Es gibt andere Vorschläge zur Periodisierung des Deutschen. Unbestritten ist aber, dass man unter linguistischen Gesichtspunkten die obigen vier diachronen Varietäten des Deutschen unterscheiden kann.

Ein Beispiel – die Markierung des Dativs im Deutschen: Dies bedeutet natürlich nicht, dass z. B. das Neuhochdeutsche eine homogene Varietät ist. Vielmehr hat man es zu jedem Zeitpunkt mit synchroner Variation, also mit vielen kleineren oder größeren Sprachwandelprozessen zu tun. Dies lässt sich am Beispiel der Dativmarkierung in der neuhochdeutschen Periode illustrieren. Im Neuhochdeutschen konkurriert die traditionelle Dativendung *-e* bei den Maskulina, wie in (8a), mit der moderneren Nullendung, wie in (8b).

(8) (a) dem Mann-e kann geholfen werden.
    (b) dem Mann kann geholfen werden.

Abbildung 11 visualisiert die Frequenzentwicklung der Dativmarkierung im Deutschen in der späten neuhochdeutschen Periode (1800–2000); die vertikale Achse stellt die relative Häufigkeit der Phrasen *dem Manne* (schwarz) und *dem Mann* (orange) in Abhängigkeit von der Zeit (horizontale Achse) dar. Die relative Häufigkeit steigt proportional zum Grad, in dem die neue Variante die Sprecher- und Schreibergemeinschaft durchdrungen hat. Wir können sehen, dass die explizite Dativmarkierung am Nomen in den letzten 200 Jahren abnimmt, während die Nullmarkierung sich verbreitet. Es lassen sich zwei Phasen unterscheiden: Zwischen 1800 und der Mitte des 20. Jahrhunderts ist die explizite Markierung die dominante Variante, während seit der Mitte des 20. Jahrhunderts der Gebrauch der Nullvariante überwiegt.

Ein zweites Beispiel – Wandel im niederländischen Wortschatz: Die zweite Fallstudie zur diachronen Variation befasst sich mit dem Lexikon und hat gleichzeitig auch eine diatopische Seite. In den Niederlanden und in Flandern findet man zwei nationale (also diatopische) Standardvarietäten des Niederländischen: das Niederländisch der Niederlande und das belgische Niederländisch (Flämisch). Eine viel diskutierte Frage ist, ob die beiden Standardvarietäten konvergieren (d. h. einander ähnlicher werden) oder divergieren (d. h. einander unähnlicher werden). Geeraerts, Grondelaers und Speelman (1999) sind dieser Frage mit empirischen Methoden nachgegangen. Das Wort *spijkerbroek* (›Nagelhose‹) ist z. B. eine charakteristisch niederländische Variante, die semantisch äquivalent durch *jeans* (dem in Flandern vorherrschenden Begriff) umschrieben werden kann.

(9) (a) Denk je dat deze spijkerbroek me goed past?
        ›Denkst du, dass mir diese Jeans/diese Nagelhose
                                            gut passt?‹
    (b) Denk je dat deze jeans me goed past?
        ›Denkst du, dass mir diese Jeans gut passt?‹

Geeraerts, Grondelaers und Speelman analysieren eine große Anzahl solcher Synonyme in niederländischen und belgischen Zeitungs- und Zeitschriftentexten der 1950er, 1970er und 1990er Jahre. Auf dieser Basis berechnen die Autoren die Ähnlichkeiten zwischen den diatopischen Datenpunkten (niederländisch oder belgisch) für jede Periode in Prozentsätzen. Ein Ähnlichkeitswert von 0 % würde bedeuten, dass zwei Datenpunkte durch die konsequente Verwendung unterschiedlicher Synonyme charakterisiert sind; ein Wert von 100 % würde indizieren, dass zwei Datenpunkte durch die konsequente Verwendung desselben Worts geprägt sind. Die Ergebnisse der Studie sind in Abbildung 12 zusammengefasst.

In lexikalischer Hinsicht sind sich das Niederländische der Niederlande und Belgiens im Zeitverlauf ähnlicher geworden. Die Standardvarietäten konvergieren also.

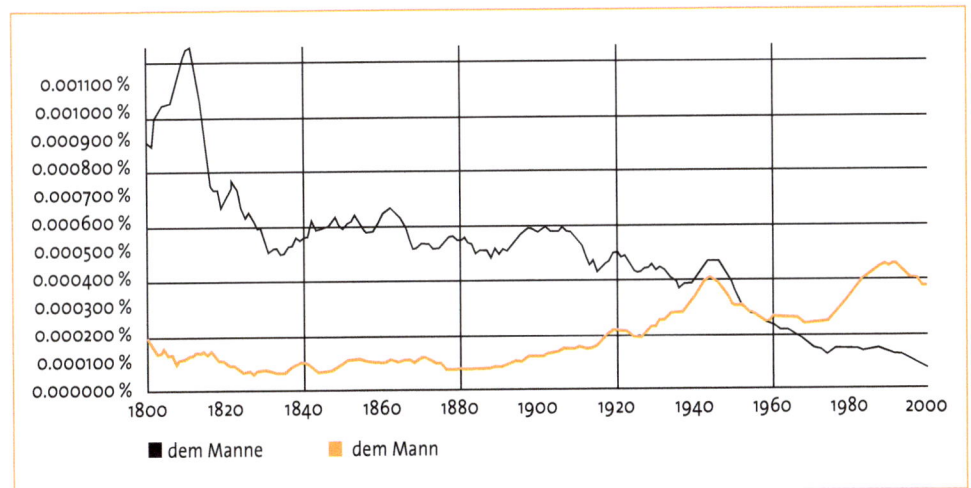

Abb. 11: Vorkommenshäufigkeit der Phrasen *dem Manne* und *dem Mann* in der Google-Buchdatenbank (in % aller Phrasen in der Datenbank, vertikale Achse) zwischen 1800 und 2000 (Suchabfrage über http://books.google.com/ngrams/; Michel et al. 2011)

7.3 Variation und Wandel

Außersprachliche Dimensionen sprachlicher Variation

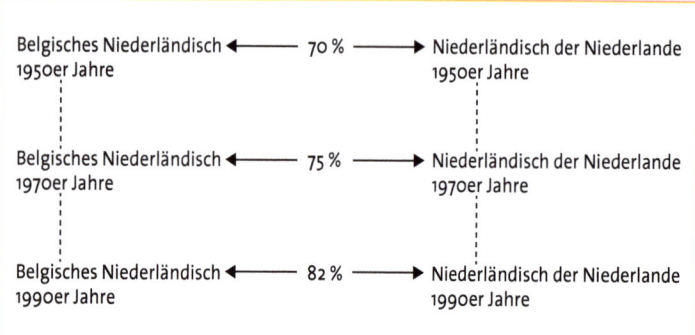

Abb. 12: Lexikalische Konvergenz zwischen dem Niederländischen der Niederlande und dem belgischen Niederländisch; Prozentsätze indizieren lexikalische Ähnlichkeit (nach Geeraerts et al. 1999)

7.3.4 | Diastratische Variation

Soziolekte: Bestimmte sprachliche Varianten verraten erstaunlich viel über soziale Merkmale des Sprechers. Diese diastratische Variation schlägt sich in Soziolekten nieder.

Ein Beispiel – Satzkomplexität im gesprochenen Französisch: Wir illustrieren die Rolle von Soziolekten anhand eines Beispiels aus dem Französischen, das den Begriff ›Soziolekt‹ absichtlich weit fasst. In der Forschung (nicht nur zum Französischen) wurde besonders in den 1970er Jahren vermutet, dass eine Korrelation zwischen der sozialen Klasse und syntaktischer Komplexität besteht. Je höher die soziale Schicht, so die Hypothese, desto komplexer die sprachlichen Äußerungen. Dieselben Propositionen können entweder syntaktisch einfacher, z. B. durch Parataxe (10a), ausgedrückt werden, oder syntaktisch komplexer, z. B. durch Hypotaxe (10b):

(10) (a) César est venu. Puis il a vaincu.
›Cäsar kam. Dann siegte er.‹

(b) Avant de vaincre, César est venu.
›Bevor er siegte, kam Cäsar.‹

Robach (1974) (zusammengefasst in Berschin et al. 2008) überprüfte dies auf der Grundlage von Interviews mit Sprechern und Sprecherinnen verschiedener sozialer Schichten in Orléans. Auf der Basis von Beruf und Bildungsgrad der Sprecher sowie ihrer Eltern wurden die Sprecher in drei soziale Klassen eingeteilt: Oberschicht, Mittelschicht und Unterschicht. Robach misst die Komplexität sprachlicher Äußerungen an der durchschnittlichen Länge der Sätze (in Wörtern) – eine Metrik, die für Beispiel (10a) eine durchschnittliche Satzlänge von 3,5 Wörtern und für Beispiel (10b) eine Satzlänge von 6 Wörtern liefert. Abbildung 13 zeigt die durchschnittliche Satzlänge weiblicher und männlicher Sprecher des Jahrgangs 1919 bis 1938.

Man sieht, dass tatsächlich ein Zusammenhang zwischen sozialer Schichtung und Satzkomplexität besteht: In Robachs Material produzieren beispielsweise weibliche Sprecher der Oberschicht Sätze, die durchschnittlich 13,5 Wörter lang sind; der entsprechende Wert für weibliche Sprecher der Unterschicht liegt bei nur 9,1 Wörtern. Man kann auch einen gewissen Unterschied zwischen weiblichen und männlichen Sprechern erkennen; männliche Sprecher der Ober- und Mittelschicht produzieren im Schnitt längere Sätze als weibliche Sprecher.

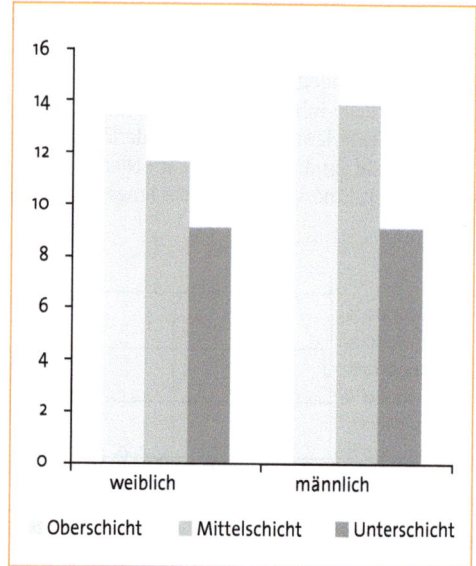

Abb. 13: Durchschnittliche Satzlänge (in Wörtern) im gesprochenen Französisch in Abhängigkeit von sozialer Schicht und Geschlecht der Sprecher (Zahlen nach Berschin et al. 2008); längere Sätze indizieren größere syntaktische Komplexität

Definition

→ **Soziolekte** sind diastratische Sprechweisen, in denen die Benutzung bestimmter sprachlicher Ausdrucksformen (ob lautlich, lexikalisch, grammatisch oder diskursiv) mit der sozialen Klasse/Schicht (z. B. Arbeiterklasse/Bürgertum/Adel oder Unterschicht/Mittelschicht/Oberschicht), Berufsgruppe (z. B. Handwerker, Angestellte und so weiter), Ausbildung und anderen sozialen Merkmalen der Sprecher korreliert.

7.3.5 | Gender

In Bezug auf genderbedingte Variation in der Sprache wird von einigen Linguisten der Begriff ›Genderlekt‹ verwendet. Da Gender aber ein soziales Konstrukt ist (s. Kap. 10.5), haben wir es bei Genderlekten streng genommen mit Soziolekten zu tun.

Wer benutzt neue sprachliche Varianten? Der amerikanische Soziolinguist William Labov hat die Bedeutung der Kategorie ›Gender‹ im Sprachwandelprozess so zusammengefasst: »Women deviate less than men from linguistic norms when the deviations are overtly proscribed, but more than men when the deviations are not proscribed« (Labov 2001: 367). Das heißt: Wo sich neue, von den höheren sozialen Schichten gebilligte Prestigevarianten in einer Sprechergemeinschaft ausbreiten, neigen Frauen im Vergleich zu Männern zur früheren und häufigeren Verwendung der neuen Prestigevarianten. So konnte Labov in der bereits in 7.1. angesprochenen Studie zu Rhotizität in New York City zeigen, dass Frauen besonders häufig die neuen rhotischen Prestigevarianten (also /kaːr/ ›Auto‹ anstelle von /kaː/) benutzten. Wo aber neue, womöglich stigmatisierte sprachliche Varianten mit etablierten Prestigevarianten konkurrieren, sind Frauen eher konservativer als Männer (s. 7.4).

Genderstile: Labovs Beobachtungen beziehen sich auf Gender-Unterschiede bei der Verwendung genau definierter, zählbarer Varianten im Sprachwandel. Wenn man von dieser variationslinguistischen Betrachtungsweise abrückt und stattdessen die sprachliche Interaktion mit Mitteln der Konversationsanalyse (s. Kap. 6) betrachtet, stellt sich zudem heraus, dass Frauen und Männer in Alltagskonversationen oft verschiedene Stile benutzen. Die Konversationsanalytikerin und Soziolinguistin Deborah Tannen hat die folgenden Unterschiede zwischen weiblichen und männlichen Genderstilen vorgeschlagen (Tannen 2001):

- Frauen fokussieren oft auf *rapport talk*, der die zwischenmenschliche Nähe der Gesprächspartner in den Vordergrund stellt (Motto: ›Wir sitzen im selben Boot‹). Die Mittel, mit denen dieses Ziel erreicht wird, umfassen die Vermeidung ich-bezogener Gesprächsthemen, einen aufmerksamen Zuhörerstil (Augenkontakt, konstruktive Zwischenfragen etc.) und eine gewisse Konfliktscheue.
- Im Gegensatz zu Frauen priorisieren Männer *report talk*, der eher statusorientiert ist und die Unabhängigkeit des Sprechers betont (Motto: ›Ich möchte von meinen Gesprächspartnern respektiert werden‹). Merkmale dieses Stils sind ich-zentrierte Themen, relativ häufige und teilweise aggressive Unterbrechungen der anderen Gesprächsteilnehmer und allgemein eine Neigung zur Konfliktinitiation.

Tannens Ergebnisse passen zu einem gewissen Grad zu Labovs Beobachtungen: Die weibliche Präferenz für hegemonial definierte Prestigeformen kann z. B. durchaus mit weiblicher Konfliktvermeidung im Sinne Tannens in Einklang gebracht werden.

In neueren Ansätzen in der Gender-Forschung würde man sagen, dass es bestimmte weibliche und männliche Stilmerkmale (wie eben die oben aufgeführten) gibt, die man/frau einsetzen kann, um sich einer bestimmten Vorstellung von Männern oder Frauen folgend *darzustellen*. Allerdings gibt es in spätmodernen Gesellschaften sehr verschiedene, miteinander konfligierende Gender-Stereotypen (s. Kap. 10.5).

Eine kleine Fallstudie: Das spontansprachliche Material des *British National Corpus* (s. 7.3.2) (insgesamt über 4 Millionen Wörter) ist nach Geschlecht der Sprecher und Sprecherinnen annotiert. Diese Annotation benutzten Rayson, Leech und Hodges (1997), um unter anderem jene Wörter zu identifizieren, die signifikant häufiger von Frauen als von Männern verwendet wurden:

- ›**Weibliche**‹ **Wörter:** *she, her, said, -n't, I, and, to, 'cos, Christmas, thought, lovely, nice, had, did, going, because, him, really, school, he, think, home, me*
- ›**Männliche**‹ **Wörter:** *fucking, the, yeah, aye, right, fuck, is, of, two, three, a, four, no, number, quid, one, mate, which, okay, that, guy, yes*

Es fällt auf, dass einige der ›weiblichen‹ Schlüsselwörter (*Christmas, lovely*) einen positiv-emotionalen Charakter haben (vgl. Tannen 2001), während viele der ›männlichen‹ Schlüsselwörter (z. B. *fuck, mate*) durch ihren umgangssprachlichen Charakter hervorstechen (vgl. Labov 2001).

7.4 | Sprachwandel im Licht der Variationslinguistik

Stabile und dynamische Variation: Variable Strukturen in einer Sprache können über Jahrhunderte hinweg bestehen bleiben. Variationsphänomene können aber auch mit sprachlichem Wandel verbunden sein; wir erinnern uns beispielsweise an die variable Dativmarkierung im Deutschen. Verschiedene sprachliche Varianten können also auf Dauer koexistieren (Stabilität), oder eine neue Variante kann eine oder mehrere ältere Varianten verdrängen (Dynamik).

Quantitative Soziolinguistik: Die Beziehung zwischen dynamischer Variation, Sprachwandel und seiner Einbettung in Gesellschaft und Kultur ist ein zentrales Thema der Variationslinguistik. Der Zweig der Variationslinguistik, der sich diesem Themengebiet widmet, ist die von William Labov begründete quantitative Soziolinguistik, auch bekannt als das *Variationist Sociolinguistics* oder *Language Variation and Change* (LVC)-Paradigma.

Die zentralen Annahmen der quantitativen Soziolinguistik sind:

1. Variation ist eine notwendige – jedoch keine hinreichende! – Bedingung für Wandel. Jeder Wandel setzt eine Phase der Variation voraus, und zwar bei einzelnen Sprechern sowie zwischen Sprechern.
2. Sprachwandel kann rein sprachinterne Gründe haben; nicht jeder Sprachwandelprozess ist aber durch sprachinterne Faktoren vollständig erklärbar. Ein Beispiel für sprachinternen Druck ist die **Analogie**. Wenn z. B. die Vorderzungenvokale (etwa /e/, wie im mittelenglischen *meet*) angehoben werden, gibt es systematische Gründe, warum auch die Hinterzungenvokale (etwa /o/, wie im mittelenglischen *root*) angehoben werden. Das ist oft, aber nicht immer der Fall.
3. Oft hat dynamische Variation soziale Bedeutung; d. h. eine bestimmte sprachliche Variante hat aus verschiedensten Gründen Prestige in einer Sprachgemeinschaft.
4. Wenn die soziologischen Umstände günstig sind, werden Sprechergruppen, die die prestigeträchtige neue Variante bislang nicht benutzt haben, sie übernehmen. So kann die neue Variante die konkurrierende(n) ältere(n) Variante(n) in der Sprechergemeinschaft verdrängen – ein Prozess, der zu Sprachwandel führt.
5. Unter den in (4) geschilderten Bedingungen spiegelt die Struktur synchroner Variation (z. B. Unterschiede zwischen Altersgruppen, Berufsgruppen usw.) den historischen Verlauf des Variationsmusters wider.

Labovs Martha's Vineyard-Studie: Wir wollen im Folgenden den Ansatz der quantitativen Soziolinguistik anhand einer grundlegenden und äußerst einflussreichen Studie illustrieren: William Labovs »Martha's Vineyard«-Studie (1963). Martha's Vineyard war in den 1960er Jahren eine kleine, recht arme Insel vor der Küste von Massachusetts, USA. Sie hatte damals um die 5000 Einwohner (Zahlen nach Labov 1963). Die Insel war ein beliebter Ferienort und wurde vor allem im Sommer von zehntausenden Touristen und Sommerbewohnern (*summer people*) heimgesucht, was zu Ressentiments in Teilen der einheimischen Bevölkerung führte. Wie wir sehen werden, hatten diese Ressentiments sprachliche Konsequenzen.

Dialektologisch gilt Martha's Vineyard als ein Reliktgebiet, d. h. als ein Gebiet mit konservativen Merkmalen. Labov beobachtete aber eine interessante Entwicklung, die die Qualität der Diphthonge /aɪ/ und /aʊ/ in Wörtern wie *knife* und *house* betraf: Anstelle der US-Standardaussprache [aɪ] und [aʊ] schienen auf Martha's Vineyard zumindest Teile der einheimischen Bevölkerung Varianten zu benutzen, in denen das erste Element der Diphthonge zentralisierter ist: nämlich [ɐɪ] und [ɐʊ] und sogar [əɪ] und [əʊ] (›zentralisiert‹ nennt man diese Diphthonge deshalb, weil ihr erstes Element im Vokalraum eine recht zentrale Position hat). Wir erwähnen nur am Rande, dass diese Zentralisierung im Prinzip einem langfristigen Trend in der englischen Sprache entgegenläuft: [aɪ] und [aʊ] sind eigentlich die phonetischen Endstufen des sog. *Great Vowel Shift*, der ab dem Ende der mittelenglischen Periode lange Vorder- und Hinterzungenvokale erhöhte und diphthongierte. So veränderte sich die Aussprache des Verbs *meet* von /meːt/ zu /miːt/ und die des Adjektivs *right* zunächst (ungefähr im 16. Jahrhundert) von /riːt/ zu /reɪt/ und dann von /reɪt/ zu /raɪt/ (parallel: *house*: /huːs/ → /hoʊs/ → /haʊs/).

> **Definition**
>
> Die → **quantitative Soziolinguistik** ist diejenige Schule der Soziolinguistik, die durch quantitative Analysen linguistischer Variation die sozialen Triebfedern und sprachinternen Bedingungen sprachlicher Wandelphänomene sowie deren Prozesshaftigkeit untersucht.

Die Zentralisierung auf Martha's Vineyard macht diesen letzten Schritt teilweise rückgängig.

Labov zeigte nun, dass die /aɪ/ und /aʊ/-Variation auf Martha's Vineyard außerordentlich systematisch war und sowohl sprachinterne als auch – und vor allem – sprachexterne Facetten hatte. Er führte Erhebungen mit 69 einheimischen Bewohner/innen durch. Sie bestanden zum einen aus einem lexikalischen Fragebogen, der den Grad der Zentralisierung von /aɪ/ und /aʊ/ in einer Reihe von Lexemen (z. B. *spider, dowdy*) überprüfte, zum anderen aus einem Interview zur sozialen Orientierung der Informanten. Schließlich ließ er zum Zweck instrumentalphonetischer Analysen teilweise auch Texte vorlesen. Um den Grad der Zentralisierung seiner Informanten quantitativ zu erfassen, ordnete Labov jeder /aɪ/ und /aʊ/-Äußerung einen Wert auf einem Zentralisierungsindex zu, der von 0 (keine Zentralisierung) bis 3 (maximale Zentralisierung) reichte. Auf diese Weise war es Labov möglich, einzelne Sprecher oder Sprechergruppen durch ihre durchschnittlichen Zentralisierungswerte zu charakterisieren.

Sprachinterne Faktoren: Ähnlich wie in der Fallstudie zur Genitivvariation fand Labov, dass der durchschnittliche Zentralisierungsgrad von /aɪ/ und /aʊ/ von einer überschaubaren Anzahl von sprachinternen Faktoren abhing, unter anderem:

- **vom phonetischen Kontext:** Zum Beispiel begünstigte ein folgender [t]-Laut (wie in *bite*) die Zentralisierung, ein folgender [m]-Laut (wie in *time*) machte Zentralisierung unwahrscheinlicher.
- **von der Prosodie:** Die Zentralisierung war stärker, wenn das Wort im Satzakzent stand.
- **vom Lexem:** Einige Lexeme (z. B. *sliding*) neigten besonders stark zur Zentralisierung.

Sprachwandel in Echtzeit: Labov untersuchte zunächst, wie sich die Zentralisierung im Material seiner Studie (also in den frühen 1960er Jahren) zu den früheren Erhebungen auf Martha's Vineyard verhielt. Labov berücksichtigte dazu die Daten aus dem *Linguistic Atlas of New England* (LANE) aus den 1930er Jahren. Der LANE dokumentiert vier Sprecher auf Martha's Vineyard, die zum Erhebungszeitpunkt 56 bis 82 Jahre alt waren. Diese Sprecher weisen Zentralisierungsgrade von 0,86 für /aɪ/ und von nur 0,06 für /aʊ/ auf. Im Vergleich dazu zeigten viele von Labovs Informanten höhere Zentralisierungsgrade (besonders was /aʊ/ angeht). Labov schloss aus diesem Vergleich von Echtzeitdaten, dass zwischen den 1930er und 1960er Jahren Sprachwandel stattgefunden haben musste. In dieser Zeit hatte besonders die Zentralisierung des Diphthongs /aʊ/ stark zugenommen. Labov folgerte daraus (im Sinne der strukturellen Analogie, s.o.), dass auf Martha's Vineyard die Zentralisierung des /aɪ/-Diphthongs die primäre Innovation war. Da die Sprecher (zumindest auf Martha's Vineyard) symmetrische Vokalräume (d.h. symmetrische Vorder- und Hinterzungenvokale) zu präferieren scheinen, löste die Zentralisierung des /aɪ/-Diphthongs die parallele Zentralisierung des /aʊ/-Diphthongs aus.

Sprachwandel in der scheinbaren Zeit: Oft verfügt man in der Soziolinguistik jedoch nicht über den Luxus guter Echtzeitdaten. Geht man von der nicht ganz unvernünftigen Annahme aus, dass Sprecher Aussprachemuster und deren soziale Bedeutung vor dem Ende der Pubertät erlernen und dann nicht mehr nennenswert verändern, kann man jedoch aus der altersbedingten Variation auf Sprachwandel schließen. Dies tat auch Labov. Abbildung 14 visualisiert die Zentralisierungsgrade von vier Altersgruppen. Es wird deutlich, dass ältere Informanten auf Martha's Vineyard weniger zentralisieren. Diese Tatsache interpretierte Labov als Evidenz dafür, dass auf Martha's Vineyard der Lautwandel in vollem Gange war. Der Echtzeitvergleich zwischen dem LANE und Labovs selbst erhobenem Material (1930er versus 1960er Jahre) spiegelte sich also in der synchronen Variation zwischen den Alterskohorten auf Martha's Vineyard in den frühen 1960er Jahren.

Die jüngste Altersgruppe in Labovs Material (14 bis 30 Jahre) wies übrigens nur durchschnittliche Zentralisierungsindices auf (/aɪ/: 0,37; /aʊ/: 0,46) – hier überlagerten andere gesellschaftliche Faktoren wie die Einstellung zum Inselleben den Einfluss des Sprecheralters.

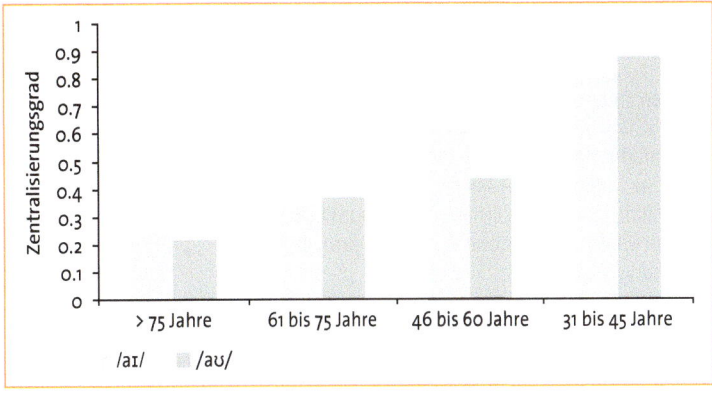

Abb. 14: Zentralisierungswerte von /aɪ/ und /aʊ/ für ausgewählte Altersgruppen in Labovs Material; höhere Indexwerte bedeuten stärkere Zentralisierung

Echtzeit vs. scheinbare Zeit

7.4 Variation und Wandel

Sprachwandel im Licht der Variationslinguistik

> **Definitionen**
>
> → **Echtzeit-Paradigma:** die direkte Untersuchung von Wandelprozessen, indem zu verschiedenen Zeitpunkten erhobene Stichproben verglichen werden.
>
> **Paradigma der → scheinbaren Zeit:** Vergleich des sprachlichen Verhaltens verschiedener Alterskohorten innerhalb einer Sprechergemeinschaft zum selben Erhebungszeitpunkt (Annahme: Sprecher erlernen Sprache als Kinder und verändern dann ihr Variationsprofil nicht mehr maßgeblich).

Geografische Variation: Die Insel besteht aus zwei Teilen: im Norden das (klein-)städtische *down-island*, wo fast drei Viertel der einheimischen Bevölkerung leben; im Süden das wesentlich ländlichere *up-island*. Labovs Datenbasis erlaubte die Berechnung von durchschnittlichen Zentralisierungswerten für insgesamt acht Ortschaften (drei in *down-island* und fünf in *up-island*). Abbildung 15 zeigt die Ergebnisse. Es fällt erstens auf, dass die Zentralisierungswerte in *up-island* im Großen und Ganzen höher waren als in *down-island*. Zentralisierung scheint also auf Martha's Vineyard ein eher ländliches Phänomen zu sein. Zweitens waren die höchsten Zentralisierungsgrade in Chilmark zu beobachten, einem Dörfchen, das nah am Meer gelegen ist und als Stützpunkt des Fischereigewerbes auf der Insel überlebt hatte.

Unterschiede zwischen Berufsgruppen: Aufschlussreich ist auch die Betrachtung einzelner Berufsgruppen. Traditionell war das wirtschaftliche Leben auf der Insel durch das Fischereigewerbe (Walfang) und durch die Landwirtschaft geprägt. Später war der Tourismus hinzugekommen. Aufgrund dieser Struktur unterschied Labov drei Berufsgruppen: Fischerei, Landwirtschaft und ›andere‹. Man sieht in Abbildung 16, dass die Zentralisierung der Diphthonge /aɪ/ und /aʊ/ bei den Vertretern des Fischereigewerbes deutlich am weitesten fortgeschritten ist.

Einstellungen zum Inselleben: Viele der bislang vorgestellten Korrelationen zwischen dem Grad an Zentralisierung und den sprachexternen Faktoren können durch einen weiteren Faktor erklärt werden, den man ›Einstellung zum Inselleben‹ nennen könnte. Wie bereits am Anfang dieses Abschnittes festgestellt, führte die ›Invasion‹ von *summer people* zu Ressentiments in Teilen der einheimischen Bevölkerung auf Martha's Vineyard:

> »Those who feel that they truly own this island, the descendants of the old families, have a hard time holding on. Summer people, who have earned big money in big cities, are buying up the island. As one Chilmarker said, »You can cross the island from one end to the other without stepping on anything but *No Trespassing* signs.« The entire northwest shore has fallen to the outsiders. In Edgartown, the entire row of spacious white houses on the waterfront has capitulated to high prices, with only one exception, and the descendants of the whaling captains who built them have retreated to the hills and hollows of the interior. This gradual transition to dependency on, and outright ownership by the summer people, has produced reactions varying from a fiercely defensive contempt for outsiders to enthusiastic plans for furthering the tourist economy.« (Labov 1963: 297)

Mit anderen Worten: der Tourismus spaltet die einheimische Bevölkerung. Ein Teil lehnt die Touristifizierung und Gentrifizierung der Insel ab (und wünscht sich das traditionelle Inselleben zurück), ein anderer Teil begrüßt sie aus primär ökonomischen Gründen. Labov gruppierte daher seine Informanten nach ihrer Einstellung zum traditionellen Inselleben in drei Kategorien: solche mit ›positiver‹, ›neutraler‹ und ›negativer‹ Einstellung.

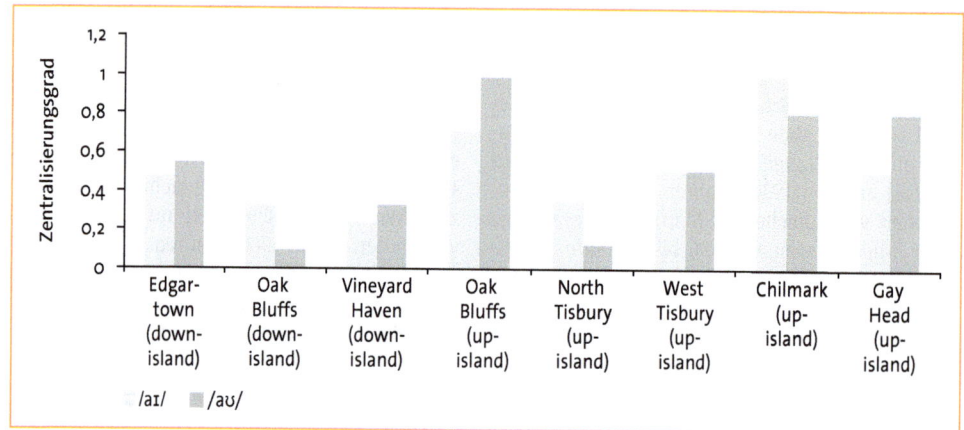

Abb. 15: Zentralisierungswerte von /aɪ/ und /aʊ/ nach Orten auf Martha's Vineyard. Höhere Indexwerte indizieren stärkere Zentralisierung

Abbildung 17 belegt auf eindrucksvolle Weise, dass die Zentralisierung von /aɪ/ und /aʊ/ stark mit den Einstellungen der Informanten zum traditionellen Inselleben korreliert. Diejenigen Informanten, die dem traditionellen Inselleben gegenüber positiv eingestellt sind, weisen die höchsten Zentralisierungswerte auf, die Informanten mit negativen Einstellungen die niedrigsten. Informanten mit neutralen Einstellungen haben durchschnittliche Zentralisierungswerte.

Aufschlussreich sind in diesem Zusammenhang auch vier 15-jährige Informanten, von denen zwei nach eigener Auskunft planten, die Insel zu verlassen, und zwei langfristig auf der Insel leben wollten. Laut Labovs Daten weisen die ›Fahnenflüchtigen‹ Zentralisierungswerte zwischen 0,00 und 0,40 auf, die ›Bleiber‹ dagegen hatten wesentlich höhere Indexwerte – zwischen 0,90 und 1,19.

In diesem Licht fügt sich also aus dem Puzzle der vielfältigen Korrelationen zwischen Zentralisierung und sozialen Faktoren das folgende **Gesamtbild** zusammen: Die soziale Triebfeder des Wandels hin zu stärkerer Zentralisierung der Diphthonge /aɪ/ und /aʊ/ auf Martha's Vineyard ist der bedrohte – bzw. der als bedroht empfundene – Status des traditionellen Insellebens. Labovs Studie beschreibt einen mit sozialer Bedeutung aufgeladenen Wandelprozess: Die Zentralisierung der Diphthonge /aɪ/ und /aʊ/ signalisierte eine positive Einstellung des Sprechers zum traditionellen Inselleben und hob die Identität des Sprechers als ›Vineyarder‹ hervor. Deshalb hatten die zentralisierten Diphthonge auf der Insel ein verdecktes Prestige, denn die soziale Bedeutung der zentralisierten Diphthonge ist nur Eingeweihten auf Martha's Vineyard zugänglich. Die Variation zwischen den Alterskohorten (s. Abb. 14) spiegelt einerseits den diachronen Wandelprozess wider. Andererseits sind die hohen Indexwerte für die Altersgruppe der 31- bis 45-Jährigen auch ein Zeichen dafür, dass diese Altersgruppe in besonderer Weise unter sozialem Druck stand: Die Individuen dieser Kohorte hatten sich in ihrer Mehrheit bewusst dafür entschieden, ihr Leben auf der Insel zu verbringen, was in ökonomischer Hinsicht nicht immer einfach war. Umso stärker bekannten sie sich zum Inselleben und signalisierten dies durch extrem hohe Zentralisierungswerte. So berichtete eine Informantin Labovs, dass ihr Sohn, der laut Labovs Metrik ungewöhnlich stark zentralisierte, den Inselakzent erst dann wirklich zu benutzen anfing, als er aus dem College auf die Insel zurückkehrte: »You know, E. didn't always speak that way ... it's

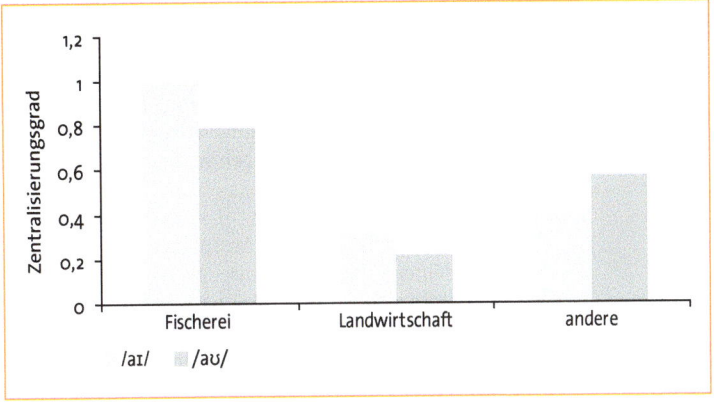

only since he came from college. I guess he wanted to be more like the men on the docks ...« (1963: 300). Fälle wie die dieses jungen Mannes bezeichnet man als Fälle von **Hyperkorrektur**: Sprecher imitieren eine prestigeträchtige Variante und schießen dabei manchmal sogar über das Ziel hinaus, indem sie extremeres sprachliches Verhalten an den Tag legen als die Sprechergruppe, die sie eigentlich imitieren wollen. Hyperkorrektur verstärkt sozial motivierte Wandelprozesse zusätzlich.

Der größte Widerstand gegen die Bedrohung durch die *summer people* war, wie wir gesehen haben, im ländlichen *up-island*-Teil der Insel vorzufinden (s. Abb. 15), besonders im Dörfchen Chilmark, dessen Bewohner – zumeist Fischer (s. Abb. 16) – als besonders ›gute‹ Vineyarder galten. In der Tat beobachtete Labov bei diesen Sprechern die höchsten Zentralisierungswerte. Daher vermutete Labov, dass die zentralisierten Diphthongvarianten in dieser Gruppe entstanden sein müssen. Andere Gruppen auf der Insel, die dem Inselleben gegenüber positiv eingestellt und zu seiner Verteidigung bereit waren, imitierten bzw.

Abb. 16: Zentralisierungswerte von /aɪ/ und /aʊ/ nach Berufsgruppe; höhere Indexwerte indizieren stärkere Zentralisierung

Abb. 17: Zentralisierungswerte von /aɪ/ und /aʊ/ in Abhängigkeit von der Einstellung zum traditionellen Inselleben; höhere Indexwerte indizieren stärkere Zentralisierung

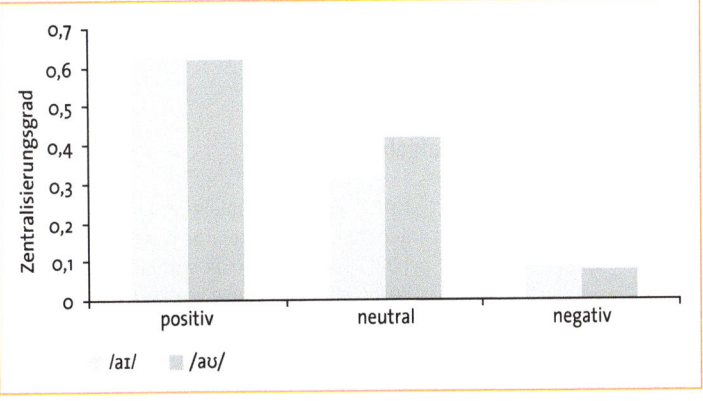

7.4 Variation und Wandel

Sprachwandel im Licht der Variationslinguistik

> **Definition**
>
> → **Hyperkorrektur:** eine Gruppe B von Sprechern oder ein einzelner Sprecher übernimmt das sprachliche Verhalten von Gruppe A und geht dabei über das Vorbild hinaus (indem z. B. eine innovative Variante häufiger oder in mehr linguistischen Umgebungen verwendet wird).

hyperkorrigierten die Aussprache der Fischer in Chilmark, die auf der Insel als *die* Verteidiger des traditionellen Insellebens und deshalb als Rollenmodelle galten. Am Ende des Prozesses stand die Verbreitung der neuen Variante(n) in der Sprechgemeinschaft.

Wir merken abschließend an, dass Zentralisierung im frühen 21. Jahrhundert – also 40 Jahre nach Labovs klassischer Studie – ihre identitätsstiftende Bedeutung auf Martha's Vineyard weitgehend verloren hat. Dies ist hauptsächlich auf sozioökonomische Veränderungen im Inselleben zurückzuführen (vgl. Blake/Josey 2003).

Ein Fazit: Frühere Ansätze in der Sprachwandelforschung waren primär am Anfangs- und Endpunkt eines sprachlichen Wandelphänomens interessiert und blendeten den Prozess des Wandels selbst eher aus. Wer wann welche Variante benutzte, als der Wandelprozess noch im vollen Gange war, interessierte nicht recht. Diese intellektuelle Enthaltsamkeit hatte freilich auch praktische Gründe, da man Wandel*prozesse* für schwer beobachtbar hielt. Typisch ist das folgende Zitat Leonard Bloomfields aus den 1930er Jahren:

The process of linguistic change has never been directly observed; we shall see that such observation, with our present facilities, is inconceivable. (1933: 347)

30 Jahre später zeigte Labov in der Martha's Vineyard-Studie, dass man manche Sprachwandelprozesse sehr wohl direkt beobachten kann. Man muss lediglich den sozialen und sprecherbezogenen Determinanten synchroner Variation mit rigoros quantitativen Methoden zu Leibe rücken.

Labovs Methodologie wurde seither auf viele andere Wandelphänomene in einer großen Anzahl von Sprechergemeinschaften angewendet. Die Martha's Vineyard-Studie wurde aber auch im Licht alternativer Ansätze in der Soziolinguistik neu interpretiert. Die amerikanische Soziolinguistin Penelope Eckert hat z. B. argumentiert (2004), dass die sprachliche Variation auf Martha's Vineyard durch die variablen phonetischen Eigenschaften bestimmter Diphthonge und deren Korrelationen mit sprachexternen sozialen Kategorien nicht völlig verstanden werden kann. Vielmehr sei der ›soziale Stil‹ der Fischerkulturverfechter ausschlaggebend gewesen: Dieser *beinhaltete* zwar die Anhebung von /aɪ/, könne aber – so Eckert – nicht auf diese reduziert werden. Während der Ansatz Labovs also die soziale Bedeutung einzelner linguistischer Variablen in den Vordergrund stellt, betont Eckert das identitätsstiftende Element sozialer Stile, die aus vielerlei linguistischen Variablen bestehen, in eher kleinen Gemeinschaften entwickelt werden und oft sehr dynamisch sein können.

Weiterführende Literatur

Als Überblickswerke zu empfehlen sind Chambers (2003), Downes (1998) und Tagliamonte (2006, 2011). Chambers/Trudgill (1998) bieten eine Einführung speziell in die soziolinguistisch orientierte Dialektologie. Als Überblick über die dialektale Variation im deutschen Sprachraum lassen sich Barbour/Stevenson (1998) und Niebaum/Macha (1999) empfehlen, als Einführung in die Soziolinguistik Dittmar (1999).

Aufgaben

1. In 7.1 wurden Beispiele für lexikalische, lautliche, morphologische und syntaktische Variablen genannt. In der Literatur wurden in jüngster Zeit auch diskurspragmatische Variablen besprochen. (Die Diskurspragmatik widmet sich sprachlichen Mitteln, mit denen geschriebene und besonders gesprochene Diskurse strukturiert werden). Finden Sie Beispiele für derartige Variablen.

2. Im Deutschen kann man Wortstellungsvariation beobachten, wenn das Mittelfeld ein nominal realisiertes Subjekt und ein pronominal realisiertes Objekt aufweist (vgl. Heylen 2005):

(a) Nach einiger Zeit nahm [ihn] [der diensthabende Offizier] ins Gebet.
(b) Nach einiger Zeit nahm [der diensthabende Offizier] [ihn] ins Gebet.

Identifizieren Sie sprachinterne Einflussfaktoren auf diese Variation.

3. In der bekannten »department store«-Studie untersuchte William Labov, wie oft Angestellte in drei Kaufhäusern in New York City (Saks – gehobene Preisklasse; Macy's – mittlere Preisklasse; S. Klein – niedrige Preisklasse) das postvokalische /r/ in Lexemen wie *fourth* und *floor* artikulieren. Was die Aussprache von *floor* anbelangt, so ergab sich dabei das folgende Bild (nach Labov 1972, Abb. 13.2; Prozentsätze bezeichnen die relative Häufigkeit, mit der das postvokalische /r/ artikuliert wird):

	ungezwungener Sprechstil	sorgfältiger Sprechstil
Saks	63 %	64 %
Macy's	44 %	61 %
S. Klein	8 %	18 %

Warum variiert wohl die Häufigkeit der rhotischen Variante mit dem Kaufhaus? Wie interpretieren Sie die je nach Kaufhaus mehr oder weniger ausgeprägten Unterschiede zwischen ungezwungenem und sorgfältigem Sprechstil?

4. Sprecher und Schreiber des Deutschen haben die Wahl, Relativsätze entweder durch D-Pronomina (*der, die, das* etc., wie in *das Haus, das ich sah*) zu markieren oder aber durch W-Pronomina (*welcher, welche, welches* etc., wie in *das Haus, welches ich sah*).

   (a) Wie würden Sie die Bedingungen dieser Variation im Gegenwartsdeutschen charakterisieren?
   (b) Greifen Sie auf die Google-Buchdatenbank (http://www.culturomics.org/) zu, um festzustellen, ob die Popularität der beiden Varianten im geschriebenen Standarddeutschen seit 1750 diachronen Veränderungen unterworfen war. Benutzen Sie zur Suche geeignete N-Gramme wie z. B. *auf den er* und *auf welchen er*.
   (c) Welche zusätzlichen Relativsatzmarkierer findet man in umgangssprachlichen oder dialektalen Varietäten des Deutschen?

5. Im Englischen besteht bei einer Reihe von Adjektiven die Möglichkeit, Steigerungsformen entweder morphologisch (z. B. *friendlier*) oder aber periphrastisch (z. B. *more friendly*) zu bilden. Hilpert (2008, Tab. 5) berechnet ein logistisches Regressionsmodell, das den Einfluss einer Anzahl von sprachinternen Faktoren auf die Wahl der Steigerungsvariante modelliert. Es folgt ein Auszug aus dem Modell; die vorhergesagte Variante ist die periphrastische Steigerung mit *more* (die Zahlen nennen jeweils das Quotenverhältnis).

Anzahl der Silben des morphologisch unmarkierten Adjektivs: 563,41
(1 Einheit entspricht 1 Silbe)

Phonetische Eigenschaften des unmarkierten Adjektivs
– Finales /i/   0,29
– Finales /l/   36,71
– Finales /r/   6,18
– Finales /li/   21,32
– Finale Konsonantenhäufung   4,22

Betonung auf der letzten Silbe   13,38

7.4 Variation und Wandel

Aufgaben

Anzahl der Morpheme im Adjektiv (1 Einheit entspricht 1 Morphem)	1,22
Komplementierung mit einer Infinitivphrase	3,60
Funktion – Attributive Verwendung (*a friendlier man*) – Prädikative Verwendung (*the man is friendlier*)	0,51 1,58

Interpretieren Sie das Modell. Welche Faktoren begünstigen die periphrastische Variante, welche die morphologische Variante? Was sind die drei wichtigsten Faktoren?

Benedikt Szmrecsanyi

8 Die Verschiedenheit der Sprachen

8.1 Grundbegriffe
8.2 Wichtige typologische Parameter
8.3 Arealtypologie (am Beispiel Europas)

8.1 | Grundbegriffe

8.1.1 | Sprachtypologie und Universalien

Jeder, der in seinem Leben eine Fremdsprache gelernt hat – und sei es nur eine eng mit dem Deutschen verwandte wie das Englische –, hat dadurch einen kleinen Einblick darin erhalten, wie unterschiedlich Sprachen sein können. In der Welt werden heute **6000 bis 7000 Sprachen** aus ganz unterschiedlichen Sprachfamilien gesprochen. Eine wichtige Aufgabe der Sprachwissenschaft ist es, diese Sprachen sorgfältig zu dokumentieren und die Unterschiede und Gemeinsamkeiten zwischen ihnen wissenschaftlich zu beschreiben. Den linguistischen Datenbestand der Welt zu sichern ist schon deshalb wichtig, weil viele Sprachen akut vom Aussterben bedroht sind. Laut Schätzungen stirbt derzeit etwa alle zwei Wochen mit ihrer letzten Sprecherin oder ihrem letzten Sprecher eine Sprache aus.

Sprachfamilien: Laut *Ethnologue*, einem umfassenden Referenzwerk, das die Sprachen der Welt katalogisiert, existieren auf der Welt 116 Sprachfamilien.

Ordnet man die Sprachfamilien der Welt nach der Anzahl der heute noch gesprochenen Sprachen, stellt man fest, dass die sechs größten Sprachfamilien ca. 4400 Sprachen abdecken, die

> **Definition**
>
> Eine → Sprachfamilie ist eine Gruppe von Sprachen, die genetisch verwandt sind, also auf eine gemeinsame Vorgängersprache zurückgehen.

von über 5 Milliarden Sprecher/innen gesprochen werden (s. Tab. 1).

Typologische Klassifikation: Bei der typologischen Klassifikation von Sprachen wird eine möglichst große und repräsentative Stichprobe von genetisch, historisch und geografisch unverbundenen Sprachen in Bezug auf einen Parameter untersucht, der vornehmlich funktional (also semantisch oder pragmatisch) definiert ist. Im Lauf dieses Kapitels werden mehrere solche Parameter besprochen (s. 8.2). Hier ein einfaches Beispiel: Mit Sprache kann man ausdrücken, was wem gehört (**Possessivität**). Man kann sich nun fragen, wie Sprachen Besitzverhältnisse in Nominalphrasen kodieren. Der systematische empirische Vergleich ergibt, dass einige Sprachen Besitzverhältnisse an dem Wort markieren, das sich auf den besessenen Gegenstand (das **Possessum**) bezieht (Helmbrecht 2008). Andere Sprachen hin-

Tab. 1: Sprachfamilien, die mindestens 5% der auf der Welt gesprochenen Sprachen umfassen

Sprachfamilie	Anzahl lebendiger Sprachen	Anzahl von Sprecher/innen	Beispiele für Länder und Sprachen
Niger-Kongo	1510	ca. 382 Millionen	Igbo (Nigeria), Susu (Guinea), Swahili (Tanzania), Lingala (Demokratische Republik Kongo), Xhosa (Südafrika)
Austronesisch	1231	ca. 354 Millionen	Bunun (Taiwan), Fiji (Fiji), Malagasy, Antankarana (Madagaskar), Maori (Neuseeland), Motu (Papua Neuguinea)
Transneuguinea	475	ca. 3 Millionen	Fataluku (Ost Timor), Aghu (Indonesien), Huli (Papua Neuguinea)
Sinotibetisch	445	ca. 1,3 Milliarden	Mru (Bangladesh), Mandarin (China), Karbi (Indien), Dungan (Kyrgyzstan), Lisu (Thailand)
Indoeuropäisch	426	ca. 2,7 Milliarden	Hindi (Indien), Paschtu (Pakistan), Armenisch (Armenien), Griechisch (Griechenland), Ukrainisch (Ukraine), Spanisch, Deutsch, Russisch
Afro-Asiatic	353	ca. 360 Millionen	Kabylisch (Algerien), Arabisch (Lybien), Hebräisch (Israel), Gude (Kamerun), Somali (Somalia)

8.1 Die Verschiedenheit der Sprachen

Grundbegriffe

> **Definition**
>
> Die linguistische Teildisziplin, die sich mit der Suche nach **Verallgemeinerungen** über die Vielfalt der Sprachen beschäftigt, ist die → Sprachtypologie. Eine ganz grundlegende Art der Verallgemeinerung, die für die Sprachtypologie als Disziplin historisch auch die erste und somit für sie namensgebend war, besteht darin, Sprachen in Bezug auf bestimmte Eigenschaften oder **Parameter** zu vergleichen und zu **klassifizieren**. Sprachen, die sich in Bezug auf einen Parameter strukturell gleich verhalten, bilden einen → Typ. Bekannte Beispiele für typbildende Parameter sind Systeme der Kodierung von Argumenten des Verbs, die Grundwortstellung von Subjekt, Verb und Objekt in einfachen Aussagesätzen und Art und Umfang der Flexionsmorphologie (mehr dazu in 8.2). Wenn sich in Bezug auf einen bestimmten Parameter alle Sprachen der Welt gleich verhalten – es für diesen Parameter also keine unterschiedlichen Typen gibt –, hat man es mit einer absoluten → typologischen Universalie zu tun. Typologische Universalien sind Generalisierungen, die die empirisch belegten Grenzen sprachlicher Verschiedenheit beschreiben. Sprachtypen und Universalien sind also als verschiedene Seiten derselben Medaille zu betrachten.

Strukturelle Strategien gegen markieren Besitzverhältnisse ausschließlich am Besitzer des Gegenstands (dem **Possessor**). Schließlich gibt es auch Sprachen, die Besitzverhältnisse sowohl am Possessor als auch am Possessum markieren, und solche, die Besitzverhältnisse gar nicht morphologisch markieren, sondern Possessor und Possessum nur aneinanderreihen. Man kann also sagen, dass es in Bezug auf den untersuchten Parameter ›Ausdruck von Besitzverhältnissen in Nominalphrasen‹ vier strukturelle Strategien gibt.

Sehen wir uns einige Beispiele an. In der deutschen Standardsprache wird in **possessiven Nominalphrasen** das Besitzverhältnis nur am Possessor markiert. So wird in Beispiel (1) die Art des Verhältnisses zwischen dem Haus und dem Vater durch den Genitiv am Besitzer ausgedrückt.

(1) das Haus des Vater-s

Im Gegensatz dazu werden im Abchasischen, einer kaukasischen Sprache, Besitzverhältnisse morphologisch am Possessum markiert. Beispiel (2) zeigt, dass dies durch ein gebundenes Morphem erfolgt, das durch Kongruenz in Kasus und Numerus auf den Besitzer verweist (also wörtlich etwa: ›der-Junge sein-Haus‹) (Helmbrecht 2008: 1426):

(2) à-č'k'ʼən yə-yʼnə
 ART-Junge 3SG-Haus
 ›das Haus des Jungen‹

In der Sprache Miwok in Kalifornien existiert eine Possessivkonstruktion, in der sowohl der Possessor als auch das Possessum in der Nominalphrase flektiert sind (also etwa: ›des-Hundes sein-Schwanz‹) (Broadbent 1964: 133, zitiert in Nichols/Bickel 2011):

(3) cuku-ŋ hu:ki-ʔ-hy:
 Hund-GEN Schwanz-3SG
 ›der Schwanz des Hundes‹

Die Strategie der Doppelmarkierung von Besitzverhältnissen ist übrigens auch aus Nicht-Standard-Varietäten des Deutschen bekannt (*der Mutter ihr Haus*). Beispiel (4) zeigt schließlich anhand der Sprache Tiwi aus Nordaustralien, dass es auch Sprachen gibt, in denen Besitzverhältnisse durch flexionslose Aneinanderreihung von Besitzer und Besessenem erfolgt (Osborne 1974: 74; zitiert in Nichols/Bickel 2011):

(4) jərəkəpai tuwaRa
 Krokodil Schwanz
 ›der Schwanz des Krokodils‹

Kopf- und dependensmarkierende Sprachen: In possessiven Nominalphrasen ist das Possessum der **Kopf** – also das Element, das die syntaktische Kategorie der gesamten Phrase bestimmt und ihren Kern ausmacht. Der Possessor fungiert – gegebenenfalls neben anderen Elementen wie Adjektiven, Possessivpronomen und Relativsätzen – als **Modifikator** oder **Dependens** des Kopfes. Phrasen, die Verhältnisse zwischen ihren Konstituenten am Kopf markieren, werden als **kopfmarkierend** bezeichnet. Phrasen, die entsprechende Markierungen nur am Modifikator vornehmen, nennt man **dependensmarkierend** (Nichols 1986).

Absolute Universalien sind Eigenschaften, die ausnahmslos für alle Sprachen gelten oder für die zumindest bisher noch keine Gegenbeispiele gefunden worden sind. Eigenschaften, die zu den Definitionskriterien für Sprache schlechthin gehören – also solche, ohne die eine funktionierende menschliche Sprache undenkbar wäre –, werden allerdings nicht als Universalien betrachtet (Greenberg 1963: 73). Zu diesen Definitionskriterien für Sprache gehören zum Beispiel die folgenden (Hockett 1960; Hockett/Altmann 1968):

→ Alle Sprachen können Dinge und Ereignisse benennen, die räumlich oder zeitlich distant sind.
→ Alle Sprachen verfügen über Einheiten und konventionalisierte Muster, um diese zu verknüpfen.

8.1 Die Verschiedenheit der Sprachen

Sprachtypologie und Universalien

Zur Vertiefung

Holistische und partielle Typologie

Die Bezeichnung ›Typologie‹ geht auf Georg von der Gabelentz (1840–1893) zurück. Wie andere Sprachwissenschaftler des 19. Jahrhunderts, die sich vor ihm mit der Klassifizierung von Sprachen beschäftigten (s. Vertiefungskasten zur Geschichte der morphologischen Typologie, S. 305 ff.), verfolgte von der Gabelentz das Ziel einer holistischen (ganzheitlichen) Typologie. Darunter versteht man die Vorstellung, dass der Gesamtcharakter oder der Sprachtyp einer Sprache aus einigen wenigen Eigenschaften – im Idealfall nur einer – ableitbar ist:

»Jede Sprache ist ein System, dessen sämmtliche Theile organisch zusammenhängen und zusammenwirken. Man ahnt, keiner dieser Theile dürfte fehlen oder anders sein, ohne dass das Ganze verändert würde. Es scheint aber auch, als wären in der Sprachphysiognomie gewisse Züge entscheidender als andere. Diese Züge gälte es zu ermitteln; und dann müsste untersucht werden, welche andere Eigenthümlichkeiten regelmässig mit ihnen zusammentreffen. Ich denke an Eigenthümlichkeiten des Wort- und des Satzbaues, an die Bevorzugung oder Verwahrlosung gewisser grammatischer Kategorien. Ich kann, ich muss mir aber auch denken, dass alles dies zugleich mit dem Lautwesen irgendwie in Wechselwirkung stehe. Die Induction, die ich hier verlange, dürfte ungeheuer schwierig sein; und wenn und soweit sie gelingen sollte, wird es scharfen philosophischen Nachdenkens bedürfen, um hinter der Gesetzlichkeit die Gesetze, die wirkenden Mächte zu erkennen. Aber welcher Gewinn wäre es auch, wenn wir einer Sprache auf den Kopf zusagen dürften: Du hast das und das Einzelmerkmal, folglich hast du die und die weiteren Eigenschaften und den und den Gesammtcharakter! – wenn wir, wie es kühne Botaniker wohl versucht haben, aus dem Lindenblatte den Lindenbaum construiren könnten. Dürfte man ein ungeborenes Kind taufen, ich würde den Namen *Typologie* wählen.« (Gabelentz 1901/1995: 481)

Heutzutage herrscht hingegen eine partielle Sicht der Typologie vor, d. h. typologische Klassifikationen zielen nicht mehr primär auf globale Charakterisierungen des Wesens einzelner Sprachen ab (Shibatani/Bynon 1999: 1–16; Whaley 1997: 23; Song 2001: 41–45). Vielmehr ist man darum bemüht, in möglichst detaillierter Form die Bandbreite der strukturellen Variation einer Vielzahl von Sprachen in Bezug auf einen bestimmten Parameter zu beschreiben. Dabei ist man zu der Erkenntnis gelangt, dass Sprachen oft über mehrere Konstruktionstypen für einen gegebenen Parameter verfügen. Im Yukagir, einer sibirischen Sprache, hängt die Markierung von Besitz in possessiven Nominalphrasen beispielsweise vom Possessor ab: Ist der Possessor ein Pronomen (Beispiel a), verwendet man flexionsfreie Aneinanderreihung. Ist der Possessor ein Nomen (Beispiel b), kann das Verhältnis durch eine Genitivmarkierung am Nomen markiert werden (Nichols 1999: 53):

(a) met   nime
    ich   Haus
    ›mein Haus‹

(b) ile-n   jawul
    Hirsch-GEN   Spur
    ›Spur eines Hirschs, Hirschspur‹

Die Idee, Sprachen immer eindeutig Sprachtypen zuordnen zu können, ist daher von der Vorstellung abgelöst worden, dass einzelne Sprachen die in der Welt für einen Parameter existierenden Konstruktionstypen in unterschiedlichem Ausmaß realisieren, wobei ein Konstruktionstyp dominant (also im Sprachgebrauch am häufigsten) sein kann. Wenn man sagt, dass eine Sprache einem bestimmten Typ angehört, meint man also, dass in dieser Sprache in Bezug auf einen Parameter ein bestimmter Konstruktionstyp dominant ist (Croft 2002: 42–45). Ein wichtiges Erkenntnisziel aus den Anfängen der Typologien ist jedoch erhalten geblieben: Die Identifizierung von Korrelationen zwischen einzelnen Parametern. Zum Beispiel lässt sich die folgende Korrelation aufstellen: Wenn in einer Sprache die dominante Anordnung von Subjekt (S), Objekt (O) und finiter Verbform (V) in Hauptsätzen SOV ist, werden in dieser Sprache unterordnende Konjunktionen am Ende von Adverbialsätzen stehen und die Sprache wird Postpositionen (und nicht Präpositionen) verwenden (mehr dazu in 8.2.2). Allerdings handelt es sich bei solchen Korrelationen nur um Tendenzen und man kann auf diese Weise bei weitem nicht alle Charakteristika einer Sprache vorhersagen.

8.1 Die Verschiedenheit der Sprachen

Grundbegriffe

> **Definition**
>
> → **Arten von typologischen Universalien**
> - **Absolute Universalien** sind Allaussagen über Eigenschaften von Sprachen.
> - **Nicht-implikative Universalien** sind Aussagen, die keine Bedingung enthalten.
> - **Implikative Universalien** sind Aussagen, die sich auf alle Sprachen beziehen, die eine bestimmte Bedingung (X) erfüllen. Sie haben die Form: ›Wenn eine Sprache die Eigenschaft X hat, dann hat sie auch die Eigenschaft Y‹.
> - Eine Verkettung von implikativen Universalien bezeichnet man als **Implikationshierarchie**. Implikationshierarchien haben die Form: ›Wenn eine Sprache die Eigenschaft X hat, dann hat sie auch die Eigenschaft Y. Wenn eine Sprache die Eigenschaft Y hat, dann hat sie auch die Eigenschaft Z. (etc.)‹.
> - **Statistische oder relative Universalien** sind keine Allaussagen, sondern Aussagen über typologische Präferenzen. (›Die große Mehrheit der Sprachen hat die Eigenschaft X‹.)
> - Die genannten Arten von Universalien können paarweise wie folgt kombiniert werden:
>
>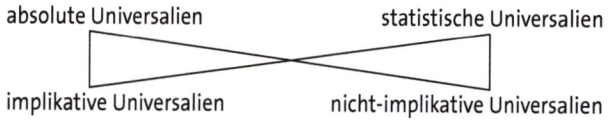

Typen von Universalien

→ Die Beziehung zwischen der Form und der Bedeutung sprachlicher Zeichen ist arbiträr. Dies bedeutet, dass sprachliche Formen ihre Bedeutung primär aufgrund menschlicher Konvention tragen und nicht aufgrund naturgegebener Gesetzmäßigkeiten. Wären Bedeutungen naturnotwendig an Formen gebunden, wären alle Sprachen gleich. Dies ist jedoch selbst im Fall von Onomatopoetika – also lautmalerischen Nachahmungen akustischer Phänomene wie Hahnenschrei – nicht der Fall (vergleiche französisch *cocorico* mit deutsch *kikeriki*).

→ Alle Sprachen ermöglichen es, mit einer endlichen Menge an Wörtern und Regeln eine unendliche Menge an neuen Äußerungen zu bilden und zu verstehen.

Nicht-implikative und implikative Universalien: Universalien können nicht-implikativer oder implikativer Natur sein.

Nicht-implikative Universalien sind Aussagen, die keine Bedingung enthalten. Beispiele für nicht-implikative absolute Universalien sind (Quelle: Konstanzer Universalienarchiv, http://typo.uni-konstanz.de/archive/):

→ In allen Sprachen dient die Wiederholung syntaktischer Konstituenten entweder dem Ausdruck von Kontinuität einer Handlung (z.B. *sie lief und lief*) und/oder der Intensivierung (z.B. *sehr sehr laut*) (Moravcsik 1980: 27).

→ Für alle Sprachen gilt, dass in Konditionalsätzen die Protasis (der Teilsatz, der die Voraussetzung enthält und mit *wenn* oder *falls* beginnt) normalerweise vor der Apodosis steht (dem Teilsatz, der die Konsequenz enthält) (Greenberg 1963: 84).

→ Unbestimmte Artikel bestehen nie aus mehr als zwei Silben (Moravcsik 1969: 86).

Implikative Universalien haben im Gegensatz dazu die folgende Form: Wenn eine Sprache die Eigenschaft X hat, dann weist sie auch die Eigenschaft Y auf. Beispiele für solche Beziehungen sind:

→ Wenn eine Sprache Frikative hat (wie z.B. /f, s, v, z/), hat sie auch Verschlusslaute (wie /p, b, k, g/) (Jakobson 1971: 526).

→ Wenn in einer Sprache das Zahlwort (Num) dem Nomen (N) folgt, folgt auch das Adjektiv (Adj) dem Nomen (Hawkins 1983: 82).

Tetrachorische Tabellen: Die Existenz von implikativen Universalien zeigt, dass die Sprachen der Welt nicht alle logisch möglichen Merkmalskombinationen ausschöpfen. Den Zusammenhang zwischen prinzipiell denkbaren und real attestierten Merkmalskombinationen, der durch implikative Universalien zum Ausdruck gebracht wird, kann man anhand einer sog. tetrachorischen Tabelle veranschaulichen. Eine tetrachorische Tabelle enthält vier Zellen, wobei jede Zelle für eine logisch mögliche ›Kreuzung‹ von Merkmalskombinationen steht. In Tabelle 2 ist die Zelle, in der sich die Merkmalskombinationen Adj N und N Num kreuzen, leer. Dies bedeutet, dass in der Stichprobe von Hawkins (1983) keine Sprache belegt war, in der das Nomen vor dem Zahlwort (N Num) und zugleich das Adjektiv vor dem Nomen steht (Adj N). Alle anderen Merkmalskombinationen sind

	N Adj	Adj N
N Num	Baskisch, Kokama, Ubykh	–
Num N	Gugada, Lisu, Walapai	Finnisch, Hindi, Quechua

Tab. 2: Tetrachorische Tabelle zur implikativen Universalie »Wenn in einer Sprache das Zahlwort (Num) dem Nomen (N) folgt, folgt auch das Adjektiv (Adj) dem Nomen« mit Beispielen für Sprachen (aus Hawkins 1983: 82)

belegt, z. B. durch das Englische (5), das Kosraeanische (Caroline-Atoll) (6) und Jamiltepec Mixtec (Mexico) (7) (Croft 2003a: 343):

(5) (a) *red*   *book*
        ADJ   N

    (b) *three*   *books*
        NUM   N

(6) (a) *mwet*   *kuh*
        N   ADJ
        Männer   stark

    (b) *mwet*   *luo*
        N   NUM
        Männer   zwei

(7) (a) *vēhē*   *lúhlu*
        N   ADJ
        Haus   klein

    (b) *uvi*   *vēhē*
        NUM   N
        zwei   Haus/Häuser

Implikationshierarchien: Implikative Universalien lassen sich manchmal miteinander verketten. Man spricht dann von einer Implikationshierarchie.

Ein Beispiel ist das **Vorkommen von Adverbien, Adjektiven, Nomen und Verben** in den Sprachen der Welt (Hengeveld 1992: 68):
→ Wenn eine Sprache Adverbien als eigene lexikalische Kategorie hat, dann hat sie auch Adjektive, Nomen und Verben.
→ Wenn eine Sprache Adjektive hat, dann hat sie auch Nomen und Verben.
→ Wenn eine Sprache Nomen hat, dann hat sie auch Verben.

In einer Formel ausgedrückt (⊃ bedeutet ›impliziert‹):

        Adv ⊃ Adj ⊃ N ⊃ V

Ein bekanntes Beispiel für eine Implikationshierarchie aus dem Bereich des Wortschatzes (genauer: der einfachen, nicht zusammengesetzten Farbwörter) ist folgendes (Berlin/Kay 1969):
→ Wenn eine Sprache acht Farben lexikalisch unterscheidet, dann hat sie ein Wort für ›lila‹, ›rosa‹, ›orange‹ oder ›grau‹.
→ Wenn eine Sprache sieben Farben unterscheidet, dann hat sie ein Wort für ›braun‹.
→ Wenn eine Sprache sechs Farben unterscheidet, dann hat sie ein Wort für ›blau‹.
→ Wenn eine Sprache fünf Farben unterscheidet, dann hat sie sowohl ein Wort für ›gelb‹ als auch für ›grün‹.
→ Wenn eine Sprache vier Farben unterscheidet, dann hat sie entweder ein Wort für ›grün‹ oder für ›gelb‹.
→ Wenn eine Sprache drei Farben unterscheidet, dann hat sie ein Wort für ›rot‹.
→ Alle Sprachen haben ein Wort für ›schwarz‹ und eines für ›weiß‹.

In einer Formel ausgedrückt:

Lila/rosa/orange/grau ⊃ braun ⊃ blau ⊃ gelb und grün ⊃ rot ⊃ weiß und schwarz

Relative oder statistische Universalien schließen im Gegensatz zu absoluten Universalien keinen Sprachtyp prinzipiell aus, sondern bringen lediglich **typologische Tendenzen und Präferenzen** zum Ausdruck. Tabelle 3 zeigt die Verteilung der vier oben genannten Strukturmöglichkeiten für den Ausdruck von Possessivität auf der Grundlage einer Stichprobe von 236 Sprachen (Nichols/Bickel 2011). Die Verteilung zeigt, dass alle vier Kombinationsmöglichkeiten belegt sind. Sie zeigt aber auch die Seltenheit der flexionsfreien Aneinanderreihung von Possessor und Possessum (ca. 14 %) und vor allem der Doppelmarkierung von Besitzverhältnissen sowohl am Possessor als auch am Possessum (ca. 9 %) im Vergleich zu den beiden anderen Optionen – Markierung entweder nur am Possessor (ca. 33 %) oder nur am Possessum (ca. 42 %).

Tab. 3: Häufigkeitsverteilung der vier Grundstrategien für den Ausdruck von Possessivität in einer Stichprobe von 236 Sprachen (6 Sprachen verwenden andere Strategien)

	Markierung am Possessum	Keine Markierung am Possessum
Markierung am Possessor	22 Sprachen	78 Sprachen
Keine Markierung am Possessor	98 Sprachen	32 Sprachen

Wenn alle möglichen Merkmalskombinationen belegt sind, eine aber aus statistischer Sicht signifikant seltener vorkommt als die anderen, hat man es mit einer statistischen Implikationsbeziehung zu tun.

Ein berühmtes Beispiel für eine Implikationshierarchie, die eine relative Universalie ist, ist die sog. **Sonoritätshierarchie** (s. Kap. 2.5.3). Sie ergibt sich aus einer typologischen Generalisierung zur präferierten Abfolge der Laute vom Silbenrand zum Silbenkern. Sprachen bevorzugen Silben, bei denen die Sonorität oder Schallfülle der Phone zum Silbenkern hin ansteigt. Am wenigsten sonor sind Obstruenten, also Verschlusslaute (z. B. /p, t, k, b, d, g/; Sonoritätsstufe 1) und Frikative (z. B./ v, f/; Sonoritätsstufe 2), gefolgt von Nasalen (z. B. /n, m/; Sonoritätsstufe 3) und Liquiden (/r, l/; Sonoritätsstufe 4). Die höchste Schallfülle haben Halbvokale (z. B. /j/; Sonoritätsstufe 5) und Vokale (Sonoritätsstufe 6). In beliebten Konsonantenabfolgen vom Typ /bl/ am Silbenanfang steigt die Sonorität relativ stark an, in diesem Fall um 3 Sonoritätsstufen. In am Silbenanfang stark dispräferierten Abfolgen wie /lb/ hingegen sinkt die Sonorität. Für die mögliche Kombination zweier Konsonanten im Silben-Onset besagt die Sonoritätshierarchie, dass Sprachen mit dispräferierteren Konsonantenabfolgen auch präferiertere Abfolgen erlauben (Berent et al. 2008: 5321):

Sonoritätsabfall ⊃ konstante Sonorität ⊃ schwacher Sonoritätsanstieg ⊃ starker Sonoritätsanstieg (z. B. /lb/ ⊃ /bd/ ⊃ /bn/ ⊃ /bl/)

Alle Arten von Universalien sind erklärungsbedürftig. Wie ist es zu erklären, dass die Mehrheit der Sprachen Besitzverhältnisse am Possessum von Nominalphrasen markieren, aber kaum eine Sprache dies sowohl am Possessor als auch am Possessum tut? Warum ist es für Sprachen (bzw. Sprachbenutzer) wichtiger, schwarz und weiß zu unterscheiden als lila und rosa? Warum gibt es kaum eine Sprache, in der das Zahlwort nach dem Nomen steht, das attributive Adjektiv aber davor? Mögliche Antworten auf Fragen dieser Art werden in 8.1.3 diskutiert.

8.1.2 | Typologie als Zweig der komparativen Linguistik

Die Typologie ist als Disziplin, die sich mit dem Vergleich von Sprachen beschäftigt, ein Zweig der komparativen Linguistik und als solche mit der historisch-vergleichenden Sprachwissenschaft, der Arealinguistik und der kontrastiven Linguistik verwandt. Trotz ihrer gemeinsamen Ausrichtung unterscheiden sich diese Zweige der Linguistik jedoch in ihrer Schwerpunktsetzung und ihren Zielen. Im Folgenden sollen zur besseren Einordnung der Typologie kurz einige Abgrenzungsmerkmale zu ihren Nachbardisziplinen skizziert werden.

Historisch-vergleichende Sprachwissenschaft: Die zu Beginn des 19. Jahrhunderts vornehmlich in Deutschland begründete historisch-vergleichende Sprachwissenschaft ist der älteste Zweig der komparativen Linguistik. Sie ist bemüht, aufgrund des Vergleichs von Sprachen **genetische Verwandtschaftsbeziehungen** festzustellen (z. B. zwischen Englisch und Deutsch als westgermanischen Sprachen oder Dänisch und Isländisch als nordgermanischen Sprachen). Dabei wird angenommen, dass der Grad der Ähnlichkeit zwischen Sprachen mit dem Grad ihrer genetischen Verwandtschaft korreliert. So zeigt beispielsweise ein Vergleich einiger Wörter aus dem Grundwortschatz der in Tabelle 4 genannten toten und lebendigen Sprachen, dass das Deutsche dem Gotischen (einer ausgestorbenen ostgermanischen Sprache) und Schwedischen näher steht als dem Lateinischen und Französischen. Der Stammbaum in Abbildung 1 stellt die rekonstruierten Verwandtschaftsbeziehungen zwischen diesen und anderen Sprachen der **indoeuropäischen Sprachfamilie** dar.

Die hypothetische (rekonstruierte) Vorläufersprache für alle indoeuropäischen Sprachen wird als **Proto-Indoeuropäisch** (in deutschsprachigen Fachkreisen auch **Urindogermanisch**) bezeichnet, was darauf zurückzuführen ist, dass sich ihre Nachfolgesprachen von Indien bis Europa erstrecken. Es wird angenommen, dass das Proto-Indoeuropäische um die Mitte des 4. Jahrtausends v. Chr. in der Gegend des Schwarzen Meeres gesprochen wurde. Die indoeuropäische Sprachfamilie ist mit etwa drei Milliarden Sprecher/innen (darunter mehr als 90 % aller Einwohner Europas) die heute am weitesten verbreitete und besterforschte Sprachfamilie der Welt.

Ein weiteres Ziel der historisch-vergleichenden Sprachwissenschaft besteht in der **Rekonstruktion ausgestorbener Sprachstufen** einer Sprachfamilie. Dies geschieht einerseits durch den systematischen Vergleich ihrer attestierten Folgesprachen,

Tab. 4: Exemplarischer Vergleich grundlegender Wörter in einigen indoeuropäischen Sprachen

Latein	Französisch	Spanisch	Gotisch	Englisch	Schwedisch	Deutsch
pater	père	padre	fadar	father	far	Vater
pes	pied	pie	fōtus	foot	fot	Fuß
decem	dix	diez	taíhun	ten	tio	zehn

8.1 Die Verschiedenheit der Sprachen

Typologie als Zweig der komparativen Linguistik

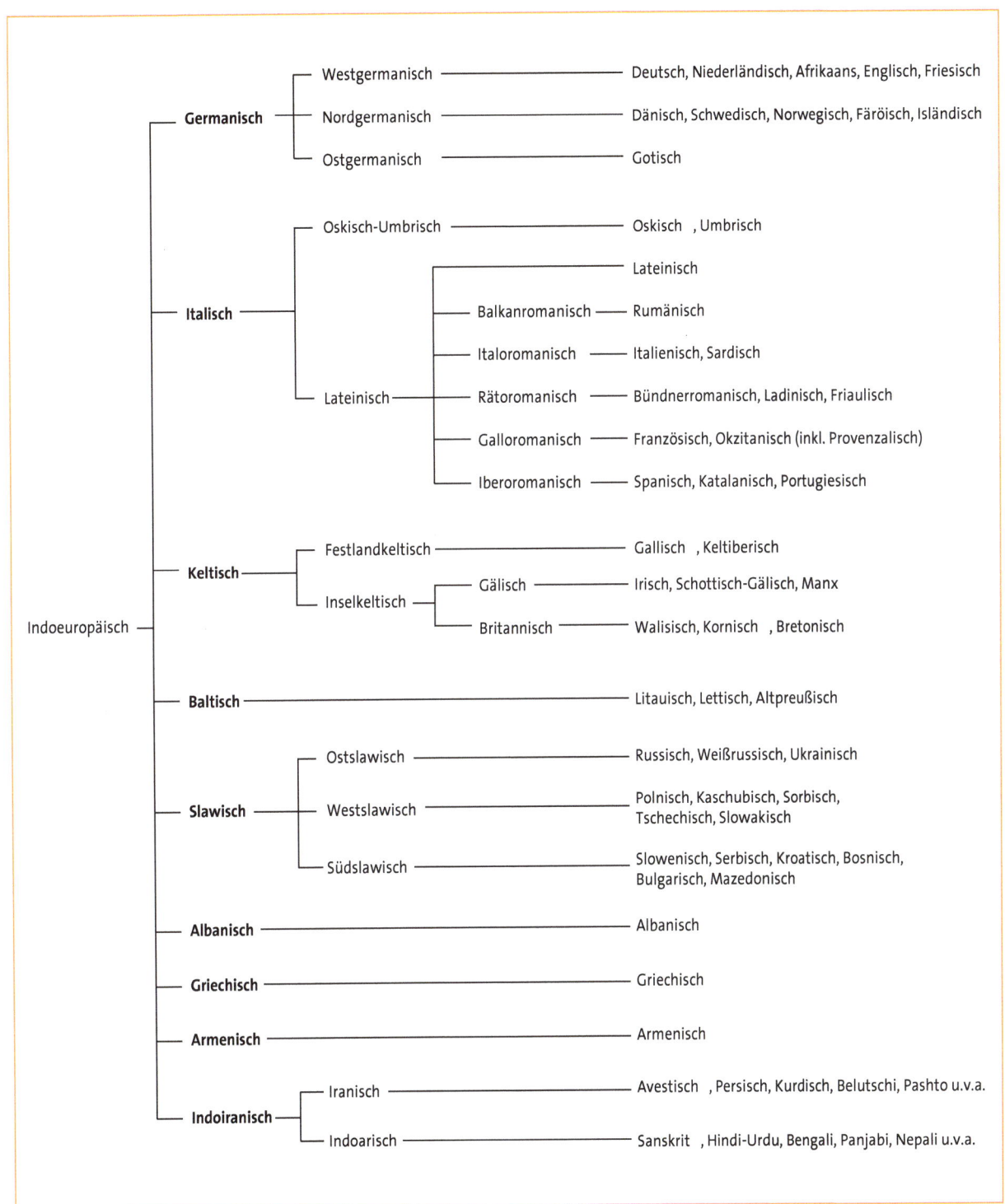

Abb. 1: Vereinfachter rekonstruierter Stammbaum der indoeuropäischen Sprachen (auf der Grundlage von Kausen 2011: 12; ▫ bezeichnet eine ausgestorbene Sprache)

Grundbegriffe

andererseits auf der Grundlage postulierter Sprachwandelprozesse, von denen angenommen wird, dass sie regelhaft und ausnahmslos verlaufen. So besagt beispielsweise die sogenannte erste **Lautverschiebung**, dass die indogermanischen Verschlusslaute *p und *d (ein Sternchen vor dem Laut bedeutet in der historisch-vergleichenden Sprachwissenschaft, dass er nicht aus historischen Quellen nachgewiesen werden kann, sondern rekonstruiert wurde) im ersten Jahrtausend v. Chr. in bestimmten lautlichen Umgebungen zu urgermanisch *f bzw. *t wurden. Tabelle 4 zeigt, dass diese Differenzierung zwischen den germanischen und den anderen indoeuropäischen Sprachen in den Reflexen einiger urgermanischer Wörter noch heute sichtbar ist: So weisen beispielsweise das englische und das schwedische Wort für *Fuß* am Wortanfang einen stimmlosen Frikativ auf, während die französischen und spanischen Entsprechungen, welche die germanische Lautverschiebung nicht mit vollzogen haben, an dieser Stelle einen Verschlusslaut aufweisen.

Kontrastive Linguistik: Während die historisch-vergleichende Sprachwissenschaft eine Vielzahl von Sprachen zur Erschließung genetischer Beziehungen und früherer Sprachstufen untersucht, konzentriert sich die kontrastive Linguistik auf den ausführlichen **synchronen Vergleich von zwei Sprachen**, und dies hinsichtlich einer großen Bandbreite von Strukturmerkmalen. Dabei stehen traditionell vor allem die Unterschiede zwischen den beiden untersuchten Sprachsystemen im Vordergrund. Grund für diese Ausrichtung ist eine zentrale Hypothese aus der Frühphase der kontrastiven Linguistik in den 1950er und 1960er Jahren, der zufolge beim Fremdsprachenerwerb vor allem solche Strukturen Schwierigkeiten bereiten, in denen Ziel- und Ausgangssprache sich voneinander unterscheiden (**kontrastive Hypothese**, vgl. Lado 1957). Die kontrastive Linguistik war anfänglich also rein pädagogisch orientiert. Von detaillierten kontrastiven Befunden erhoffte man sich die Möglichkeit, Fehlerquellen und Lernschwierigkeiten im Fremdspracherwerb vorhersehen und auf dieser Grundlage verbesserte Lehr- und Lernmaterialien entwickeln zu können. Inzwischen gelten die Grundannahmen der frühen kontrastiven Linguistik als teilweise grob vereinfachend. Zwar trifft es zu, dass Eigenschaften der Muttersprache manchmal fälschlich auf die Fremdsprache übertragen werden (z. B. wenn Muttersprachler des Deutschen im Englischen *get* mit *become* verwechseln; man spricht dann von **negativem Transfer** oder **Interferenz**). Mittlerweile ist aber auch empirisch erwiesen, dass nicht immer nur Unterschiede, sondern gerade auch Ähnlichkeiten zwischen Sprachen Fehler begünstigen können (so stellt der korrekte Gebrauch des englischen Present Perfect gerade aufgrund seiner formalen Ähnlichkeit zum deutschen Perfekt eine Herausforderung für deutsche Muttersprachler dar). Darüber hinaus weiß man heute auch, dass besonders im Bereich der Grammatik häufig Fehler begangen werden, die nicht durch strukturelle Ähnlichkeiten oder Unterschiede erklärbar sind, sondern ganz andere Ursachen haben. Trotz dieser Vorbehalte muss jedoch betont werden, dass sich die Vorhersagen der kontrastiven Linguistik in den Bereichen der Phonetik und Phonologie als verlässlich herausgestellt haben (Kortmann 1999, Kap. 5).

Die Tatsache, dass der kontrastive Vergleich von Sprachen nicht im erwarteten Maß zu unmittelbar umsetzbaren Erkenntnissen für den Fremdsprachenunterricht führte, bedingte einerseits vertiefte Untersuchungen und die Entwicklung differenzierterer Modelle im Bereich der Zweitspracherwerbs-

---

Beispiel | **Typologie und Fremdsprachenerwerb**

Die *Markedness Differential Hypothesis* lässt sich anhand eines Beispiels aus der kontrastiven Phonologie Deutsch-Englisch illustrieren. Im Deutschen gibt es im Silben- und Wortauslaut keine stimmhaften Obstruenten; Wörter wie *Stab, Rad, Tag* werden also /ʃtaːp/, /raːt/, /taːk/ ausgesprochen. Diese sogenannte **Auslautverhärtung** (s. Kap. 2.5.2) führt bei deutschen Lernern des Englischen zu vielen Interferenzfehlern, da sie dazu neigen, englische Minimalpaare (s. Kap. 2.4.1) wie *dove – duff, rib – rip, ridge – rich, dog – dock* oder *lose – loose* gleich auszusprechen. Umgekehrt bereitet die Auslautverhärtung englischsprachigen Lernern des Deutschen meist keinerlei Probleme. Diese Asymmetrie im Spracherwerbsprozess erklärt die *Markedness Differential Hypothesis* dadurch, dass Auslautverhärtung als typologisch verbreiteter Prozess auch leicht zu erlernen ist. Die Situation im Englischen ist aus typologischer Sicht hingegen relativ ungewöhnlich und bereitet Lernern daher besondere Schwierigkeiten (Kortmann 1999, Kap. 5).

forschung. Andererseits entstanden spätestens ab den 1970er Jahren auch Ableger der kontrastiven Linguistik, die nicht mehr in erster Linie angewandte Ziele verfolgten, sondern primär als Zweige der theoretischen und deskriptiven Linguistik zu betrachten sind (Kortmann 1998; Shibatani/Bynon 1999: 14). Beide Richtungen haben sich teilweise von der Typologie als neuem Bezugsrahmen inspirieren lassen.

Beispielsweise hat sich erwiesen, dass die Typologie einer Fremdsprache einen nachweisbaren Einfluss auf ihren Erwerb hat. So hat sich gezeigt, dass im Fremdsprachenerwerb nicht alle Unterschiede zur Muttersprache Schwierigkeiten bereiten, sondern besonders solche, in denen die Fremdsprache aus typologischer Sicht ungewöhnlicher ist als die Muttersprache (*Markedness Differential Hypothesis*, s. das Beispiel auf der gegenüberliegenden Seite).

In der eher theoretisch ausgerichteten kontrastiven Linguistik hat der Bezug auf die Typologie zu der Erkenntnis geführt, dass es lohnend ist, Unterschiede zwischen Sprachsystemen nicht als unverbundene Kontraste bei einzelnen Merkmalen aufzufassen. Vielmehr ist es oft möglich, systematische Zusammenhänge zwischen ganzen Bündeln von Kontrasten aufzuzeigen. Beispielsweise hängt die Tatsache, dass das Englische im Vergleich zum Deutschen nur wenig Kasusmorphologie aufweist (Adjektive und Artikel werden gar nicht dekliniert, Nomen existieren neben der Grundform nur noch in der Possessivform, z. B. *dog, dog's*), mit seiner relativ festen Wortstellung zusammen: Während das Deutsche grammatische Relationen mit Hilfe verschiedener Kasusformen markiert (das Subjekt durch den Nominativ, das direkte Objekt durch den Akkusativ und das indirekte Objekt durch den Dativ), verwendet das Englische zu diesem Zweck die feste Abfolge Subjekt – Verb – Objekt. Die Korrelation zwischen flexionsarmer Morphologie und fester Wortstellung ist aus der Typologie schon lange bekannt.

Die Areale Linguistik (oder: areale Typologie) ist synchron orientiert und befasst sich mit Ähnlichkeiten zwischen **genetisch nicht verwandten Sprachen**, die in geografisch angrenzenden Regionen gesprochen werden und sich aufgrund von **Sprachkontakt angeglichen** haben. Berühmt in diesem Zusammenhang ist der **Balkan-Sprachbund**. Die ihm angehörigen Sprachen (im Wesentlichen das Griechische, Albanische, Rumänische, Bulgarische und Mazedonische) weisen eine Reihe von Eigenschaften auf (z. B. nachgestellter definiter Artikel, Verlust des Infinitivs), die beispielsweise das Rumänische mit keiner anderen romanischen Sprache oder das Bulgarische und Mazedonische mit keiner anderen slawischen Sprache teilen (s. dazu 8.3).

Die Typologie unterscheidet sich von diesen Disziplinen sowohl in ihrer Breite als auch in ihrer Zielsetzung. Wie oben bereits erwähnt, vergleicht sie eine sehr große Anzahl von Sprachen, die im Idealfall weder genetisch noch geografisch verbunden sind, im Hinblick auf nur einige wenige Variationsparameter. Als Gründervater der modernen Sprachtypologie gilt der US-amerikanische Linguist **Joseph Harold Greenberg** (1915–2001), der ab den 1950er Jahren unter anderem aufgrund zahlreicher von ihm vorgeschlagener typologischer Universalien und seiner Beiträge zur genetischen Klassifikation afrikanischer, amerikanischer, eurasiatischer und indopazifischer Sprachen Berühmtheit erlangte.

8.1.3 | Funktionale Gründe für Ähnlichkeiten zwischen Sprachen

Funktionale Typologie: Die Tatsache, dass die Unterschiedlichkeit der Sprachen begrenzt ist und bestimmten Ordnungsmustern folgt, verlangt nach einer Erklärung. In der Sprachtypologie geht man davon aus, dass hier außersprachliche, **funktionale Prinzipien** am Werk sind. Das bedeutet, dass universelle Ähnlichkeiten in der Form von Sprachen nicht auf angeborene sprachspezifische Prinzipien zurückgeführt werden, wie es von anderen linguistischen Schulen getan wird (s. Vertiefungskasten zu Universalien in der Generativen Grammatik S. 297). Vielmehr wird angenommen, dass Sprache universell bestimmte kommunikative Funktionen erfüllt, die – zusammen mit allgemeinen kognitiven und physiologischen Prinzipien – ihre Struktur formen. Da es ein Markenzeichen der modernen Typologie ist, die Formen sprachlicher Konstruktionen in Bezug auf ihre Funktionen zu erklären, wird sie auch als **funktionale Typologie** bezeichnet (Evans/Green 2006: 758–761; Hawkins 1994: 1–3).

Ökonomie und Ikonizität: Als wichtigste strukturformende Kräfte gelten in der funktionalen Typologie die Ökonomie und die Ikonizität (Haiman 1983; Haspelmath 2008; s. auch Kap. 5.2.1). Das Prinzip der **Ökonomie** besagt in seiner allgemeinsten Form, dass Sprachen universell die Tendenz

8.1 Die Verschiedenheit der Sprachen

Grundbegriffe

aufweisen, auf überflüssiges Material zu verzichten. Sprachliche Ausdrucksmittel können aus einer Vielzahl von Gründen verzichtbar sein, von denen einige unten vorgestellt werden. Konstruktionen, die in ihrer Form Eigenschaften ihres Referenten (also dessen, worauf sie sich beziehen) widerspiegeln, bezeichnet man als ikonisch (Haiman 2006). Ein bereits in 8.1.1 erwähntes Beispiel für Ikonizität auf der Wortebene sind Onomatopoetika, also Wörter, die in ihrer Lautstruktur akustische Phänomene imitieren (z.B. *tschiep, tschiep* für Vogelgezwitscher). In der Sprachtypologie interessiert man sich besonders für eine andere Art der Ikonizität, die über die Ebene der Lautstruktur einzelner Wörter hinausgeht. Unter dem Begriff der **diagrammatischen Ikonizität** versteht man, dass das Verhältnis mehrerer sprachlicher Formen zueinander das Verhältnis zwischen den ihnen entsprechenden Bedeutungselementen widerspiegelt. Ein berühmtes Beispiel für diagrammatische Ikonizität ist Cäsars Äußerung *veni, vidi, vici* (›ich kam, ich sah, ich siegte‹), in der die Reihenfolge der Wörter die Reihenfolge der Ereignisse in der realen Welt abbildet.

Arbitrarität Diagrammatische Ikonizität ist neben den Onomatopoetika ein weiteres Beispiel dafür, dass das Verhältnis zwischen der Form und dem Denotat sprachlicher Formen nicht völlig arbiträr (also rein zufällig und nur durch Konvention gegeben), sondern zumindest teilweise motiviert ist. Einige weitere wichtige Arten der diagrammatischen Ikonizität werden unten eingeführt. Man geht davon aus, dass Sprachen durch ikonische Konstruktionen einem menschlichen Bedürfnis nach Expressivität und Klarheit nachkommen.

Konkurrenz zwischen funktionalistischen Prinzipien: Wenn die Strukturen aller Sprachen durch dieselben universellen Prinzipien geformt werden, stellt sich die Frage, warum nicht alle Sprachen strukturell gleich sind. Dies wird in der funktionellen Typologie dadurch beantwortet, dass unterschiedliche strukturformende Prinzipen miteinander konkurrieren. So ist beispielsweise die flexionsfreie Aneinanderreihung von Possessor und Possessum in Nominalphrasen durchaus ökonomisch, widerspricht aber dem Bedürfnis nach Klarheit, da eine vorhandene Bedeutungsbeziehung unausgesprochen bleibt. In den Bereichen, in denen keine optimale Lösung im Sinne einer gleichzeitigen Befriedigung aller funktionalistischen Prinzipien existiert, wird der Konflikt auf sprachspezifische Weise gelöst. Dort, wo unterschiedliche Prinzipien konvergieren, ist hingegen weitgehende Uniformität zu erwarten. Dies erklärt z.B., warum sogenannte leere Zeichen – also formale Elemente ohne semantische oder pragmatische Funktion – in den Sprachen der Welt selten attestiert sind: Eine Form ohne Inhalt oder Funktion ist weder ikonisch noch ökonomisch. Ein häufig zitiertes Gegenbeispiel sind Fugenelemente, wie sie in manchen deutschen Komposita wie *Tag-e-buch* oder *Liebe-s-leid* zur Verbindung der Teile verwendet werden (Bergenholtz/Mugdan 2004). Möglicherweise liegt die Erklärung darin, dass solche Fugenelemente die Prozessierung komplexer Komposita (wie sie im Deutschen besonders häufig sind) erleichtern. Ein Beispiel für den Balanceakt zwischen antagonistischen Kräften wird uns in Form der Prinzipien der **Dominanz** und **Harmonie** begegnen, die zur Erklärung von Wortstellungsuniversalien angeführt werden (s. S. 296).

Vermeidung von Redundanz: Das Prinzip der Ökonomie kommt beispielsweise bei der Vermeidung von Redundanz zum Tragen. So ist die Doppelmarkierung von Besitzverhältnissen sowohl am Possessum als auch am Possessor von Nominalphrasen funktional überflüssig, weil sie genau dieselbe Information zwei Mal kodiert. Die Vermeidung von Redundanz ist eine plausible Erklärung dafür, dass Doppelmarkierung in possessiven Nominalphrasen in den Sprachen der Welt wenig verbreitet ist (s. Tab. 3).

Sehen wir uns nun eine andere Implikationsbedingung und die dazugehörige tetrachorische Tabelle an:

→ Wenn eine Sprache den Singular morphologisch markiert, so tut sie das auch für den Plural (Croft 2002: 89).

Wie Tabelle 5 zeigt, sind Sprachen ausgeschlossen, in denen es einen morphologisch markierten Singular, aber keinen morphologisch markierten Plural gibt. Anders gesagt: Der Plural muss mindestens genauso explizit markiert sein wie der Singular. Auch diese Universalie lässt sich auf das Prinzip der Ökonomie zurückführen. Pluralformen sind im Sprachgebrauch allgemein seltener als Sin-

---

Definition

→ **Ökonomie:** Sprachen tendieren dazu, auf überflüssiges Material zu verzichten.
→ **Ikonizität:** Sprachen tendieren dazu, in ihrer Form Struktureigenschaften des Referenten auszudrücken.
→ **Diagrammatische Ikonizität:** Das Verhältnis mehrerer sprachlicher Formen zueinander spiegelt das Verhältnis zwischen den ihnen zugeordneten Bedeutungen wider.

	morphologischer Plural	kein morphologischer Plural
kein morphologischer Singular	X	X
morphologischer Singular	X	–

Tab. 5:
Tetrachorische Tabelle zur implikativen Universalie »Wenn eine Sprache den Singular morphologisch markiert, so tut sie das auch für den Plural.«

gularformen. Wenn man eine morphologische Markierung nur am Singular *oder* am Plural vornehmen möchte, ist es am ökonomischsten, die seltenere Form zu markieren. Dies erklärt auch, warum in einigen Sprachen bei bestimmten Ausnahmewörtern die Pluralform kürzer ist als die Singularform. Vergleichen wir z. B. die walisischen Wortformen für *Feder* und *Federn*, so stellen wir fest, dass die Singularform im Vergleich zur Pluralform ein zusätzliches Morphem trägt (Haspelmath 2006: 44):

(8) (a) plu-en (Singular)
    (b) plu-Ø (Plural)

Diese Ausnahme ist darauf zurückzuführen, dass von *Federn* (eines Vogels) im Allgemeinen im Plural die Rede ist und es somit ökonomischer ist, für das häufigere Wort die kürzere Form zu verwenden.

Die obigen Beispiele für Ökonomie betreffen die **syntagmatische** Achse, das heißt die Achse der linearen Aneinanderreihung von Morphemen zu komplexen Sequenzen. Ökonomie kann aber auch auf der **paradigmatischen** Achse wirksam werden, z. B. bei den unterschiedlichen Flexionsformen eines Wortes.

Wie Tabelle 6 zeigt, werden im deutschen Plural weniger formale Unterscheidungen getroffen als im Singular, da die erste und dritte Person zusammenfallen. Dies ist insofern ökonomisch, als Sprecher sich weniger Formen zu merken brauchen. Die maximale morphologische Unterscheidung findet bei den Formen des Singular-Paradigmas statt, die zum einen häufiger vorkommen als die im Plural und zum anderen die für die Sprechsituation zentrale Unterscheidung zwischen Sprecher, Angesprochenem und Diskursobjekt kodieren. Noch deutlicher ist die formale Untermarkierung im Flexionsparadigma des englischen Verbs *be* im Präsens, das im Plural keinerlei Unterscheidung zwischen verschiedenen Personen trifft (s. Tab. 7).

In etwas abgeschwächter Form lässt sich diese Auswirkung des Ökonomieprinzips auf die morphologischen Paradigmen einer Sprache in die folgende implikative Universalie gießen:

→ Wenn eine Sprache beim seltener verwendeten Wert einer grammatischen Kategorie eine formale Unterscheidung trifft, so trifft sie diese auch beim häufiger verwendeten Wert derselben Kategorie.

Syntagmatischer Isomorphismus: Als syntagmatischer Isomorphismus wird die Tendenz zur **1:1-Beziehung zwischen Form und Funktion auf der syntagmatischen Achse** bezeichnet (Croft 2003a: 356; Haspelmath 2008). Dies bedeutet, dass Sprachen (oder genauer ihre Sprecherinnen und Sprecher) eine Vorliebe für Morphemsequenzen zeigen, in denen jede Bedeutung explizit durch ein Morphem ausgedrückt wird. Eine Sprache, die keinerlei Singular- und Pluralmarkierungen verwendet, ist nach dieser Auffassung bezüglich des Parameters Numerus nicht-ikonisch, weil Bedeutungen unausgesprochen bleiben.

Komplexitätsikonizität: Eine andere Art der syntagmatischen Ikonizität besagt, dass **sprachliche Komplexität Quantität in der Welt widerspiegelt**. Diese Art der Ikonizität erklärt z. B., warum universell die Tendenz besteht, den Plural im Gegensatz zum Singular explizit zu markieren. Sie ist auch geeignet, eine oben bereits erwähnte Universalie zu erklären, die hier noch einmal wiederholt wird:

→ In allen Sprachen dient die Wiederholung syntaktischer Konstituenten entweder dem Ausdruck von Kontinuität einer Handlung (z. B. *sie lief*

		Numerus	
		Singular	Plural
Person	1.	spiele	spielen
	2.	spielst	spielt
	3.	spielt	spielen

Tab. 6:
Flexionsparadigma für das Wort *spielen* im Präsens Indikativ

		Numerus	
		Singular	Plural
Person	1.	am	are
	2.	are	are
	3.	is	are

Tab. 7:
Flexionsparadigma für das Wort *be* im Präsens

und lief) und/oder der Intensivierung (z. B. *sehr sehr laut*) (Moravcsik 1980: 27).

Hier wird deutlich, dass selbst unterschiedliche Spielarten desselben Ikonizitätstyps nicht unbedingt konvergieren: Der syntagmatische Isomorphismus bevorzugt die Wiedergabe jeglicher Bedeutung, während die Komplexitätsikonizität nur die Wiedergabe komplexer Bedeutungen favorisiert.

Distanzikonizität ist eine weitere Art der Ikonizität auf der syntagmatischen Achse. Sie besagt, dass die Nähe zwischen zwei sprachlichen Konstituenten in einem Satz ihre konzeptuelle Nähe oder ihre Relevanz füreinander widerspiegelt. Ein Beispiel ist der Ausdruck von veräußerlichem und unveräußerlichem Besitz, der von manchen Sprachen morphologisch unterschieden wird. Als unveräußerlicher Besitz zählen in diesen Sprachen z. B. Körperteile oder Verwandte. Viele Sprachen, wie z. B. das Abun (West Papua), verwenden für den Ausdruck von unveräußerlichem Besitz eine Konstruktion, in der Possessor und Possessum sich näher stehen als in anderen Possessivkonstruktionen. So wird in Beispiel (9) der unveräußerliche Besitz des Arms durch einfache Juxtaposition von Possessor und Possessum ausgedrückt, während der Ausdruck von veräußerlichem Besitz wie in Beispiel (10) zusätzliche Morphologie erfordert, die Possessor und Possessum auf der syntagmatischen Achse voneinander trennt (Haspelmath 2008: 15).

(9) ji syim
 ich Arm
 ›mein Arm‹

(10) ji bi nggwe
 ich von Garten
 ›mein Garten‹

Distanzikonizität kommt auch bei der **Reihenfolge der Verkettung von Morphemen zu komplexen Wörtern** zum Tragen. Empirische typologische Untersuchungen haben ergeben, dass Morpheme, die die lexikalische Bedeutung einer Wurzel stärker modifizieren, auch näher bei ihr stehen (Greenberg 1963: 93; Bybee 1985). Auf diese Spielart der Distanzikonizität wird unter dem Stichwort ›Relevanz‹ ausführlicher in Kapitel 3.2.1 eingegangen.

Paradigmatische Ikonizität: Dieses Prinzip besagt, dass ein Morphem nicht mehr als eine Funktion haben sollte; es zielt somit auf die Vermeidung von Homonymie ab. Wie wir jedoch oben gesehen haben (s. Tab. 6 und 7), ist Homonymie – also der Zusammenfall mehrerer Flexionsformen – bei seltenen Formen aus ökonomischen Prinzipien gerade ein präferiertes Muster.

Reihenfolgeikonizität: Diese Art der Ikonizität lässt sich anhand der bereits erwähnten Universalie zur Abfolge von Protasis und Apodosis in Konditionalsätzen veranschaulichen (s. 11). Die Tatsache, dass zumindest in gesprochenen Varietäten von Sprachen die Voraussetzung bevorzugt vor der Konsequenz steht, hängt mit der Abfolge der Ereignisse in der realen Welt zusammen (s. auch Kap. 5.2). In (11a) spiegelt die Reihenfolge der Teilsätze die reale Reihenfolge der Handlung wider. Hingegen sind Sätze wie (11b) in sehr vielen Sprachen zwar ebenfalls möglich, aber weniger häufig; umgekehrt gibt es aber keine Sprache, die nur die Nachstellung erlaubt.

(11) (a) Wenn du dein Zimmer aufräumst, gehen wir auf den Spielplatz.
 (b) Wir gehen auf den Spielplatz wenn du dein Zimmer aufräumst.

Dominanz und Harmonie: Unter einer **dominanten Wortstellung** versteht man eine, die universell präferiert ist. Bezüglich der Reihenfolge von Zahlwörtern (Num) und Nomen (N) gilt z. B. die Reihenfolge Num N als dominant, während N Num **rezessiv** ist. Bei der Reihenfolge von Adjektiven (Adj) und Nomen gilt N Adj als dominant und Adj N als rezessiv (Croft 2003a: 344). Wie das Prinzip der Dominanz mit dem der **Harmonie** interagiert, lässt sich anhand einer bereits in 8.1.1 erwähnten implikativen Universalie illustrieren, deren tetrachorische Tabelle hier in veränderter Form nochmals wiedergegeben wird (dominante Wortstellungen sind fett markiert, Felder sind nummeriert):

	N Adj	Adj N
N Num	(1) belegt	(3) nicht belegt
Num N	(2) belegt	(4) belegt

Tab. 8: Tetrachorische Tabelle zum Zusammenhang zwischen den Parametern ›Reihenfolge von Zahlwort und Nomen‹ und ›Reihenfolge von Adjektiv und Nomen‹

Aus der Tabelle ist ersichtlich, dass nur die Sprachen in Feld (2) beide dominante Wortstellungen zugleich erfüllen. Die Kombination N Num und

Die Verschiedenheit der Sprachen

Funktionale Gründe für Ähnlichkeiten zwischen Sprachen

> **Zur Vertiefung**
>
> **Universalien in der Generativen Grammatik**
>
> Die Existenz von Universalien wird in unterschiedlichen Schulen der Sprachwissenschaft angenommen; unter diesem Begriff wird jedoch nicht immer dasselbe verstanden.
>
> In der von Noam Chomsky in den 1950er Jahren begründeten Generativen Grammatik (s. Kap. 1.3.4) bezieht sich der Begriff zunächst auf strukturelle Merkmale, die Sprachen aufweisen können (aber nicht müssen). Strukturelle Merkmale können substantieller oder formaler Natur sein. Unter **substantiellen Universalien** wird das Inventar an Grundbausteinen verstanden, aus dem sich alle menschlichen Sprachen bedienen. Dazu gehören z. B. Wortarten wie Nomen, Adjektiv, Verb und Adverb oder die phonologischen Merkmale, die in der Phonologie einzelner Sprachen distinktiv (s. Kap. 2.4.3) sein können. **Formale Universalien** hingegen bezeichnen abstrakte Einschränkungen, die bei der Kombination der Grundbausteine zu komplexeren Einheiten gelten (Chomsky 1965: 27–30; Jackendoff 2002: 77; s. Beispiele in Kap. 4.1.3.4).
>
> Unter **Universalgrammatik** wird in der Generativen Grammatik darüber hinaus auch die universelle mentale Grundausstattung (*initial prespecification*) verstanden, über die Menschen laut Chomsky verfügen müssen, um Sprache erwerben zu können (Chomsky 1972). Der wichtigste Grund für die Annahme einer solchen Grundausstattung ist die Vermutung, dass der frühkindliche Spracherwerb im Verhältnis zur Komplexität natürlicher Sprachen zu schnell und uniform verlaufe, um rein induktiv durch sprachlichen Input aufgebaut werden zu können (zur Kritik an dieser Auffassung s. Kap. 9.3). Zur Grundausstattung gehört nach Chomsky zum einen angeborenes Wissen über das Inventar aller Regeln, die menschliche Sprachen potentiell verwenden können. Zum anderen umfasst sie auch den sogenannten Spracherwerbsmechanismus (*language acquisition device*, **LAD**), der es Kindern ermögliche, ihr angeborenes Sprachwissen unter dem Einfluss sprachlichen Inputs in eine Zielsprache zu überführen (Cristofaro 2006). Moderne Spielarten der Generativen Grammatik (Prinzipien und Parametermodell, Minimalismus) beschreiben das LAD als eine Reihe universeller Prinzipien, die zum Teil mit Parametern ausgestattet sind – also binären Variablen, von denen ein Wert gewählt werden muss (Chomsky 1981; Chomsky 1995). Ein Beispiel für eine solche Schaltstelle ist der sogenannte Kopfparameter. Laut diesem Parameter stehen die Köpfe von Phrasen in einer Sprache entweder konsistent vor oder nach ihren Modifikatoren. In der folgenden japanischen Verbalphrase steht der Kopf (also das Verb *essen*) rechts von seinen Modifikatoren.
>
> ringo-o   tabe-ru
> Apfel-ACC   ess-NPST
> ›einen Apfel essen‹ (Cristofaro 2006: 223)
>
> In der englischen Version dieser Phrase (*eat an apple*) steht der Kopf hingegen links. Man sagt, dass das Japanische eine kopffinale (*head-final*) Sprache ist, während das Englische eine kopfinitiale (*head-initial*) Sprache ist. Sprachen (und ihre Lerner/innen) müssen sich bezüglich der Variable Kopfparameter also entweder für den Wert kopfinitial oder kopffinal entscheiden. »Prinzipien und Parameter« erklären auch, warum Sprachen trotz einer angenommenen Universalgrammatik strukturell unterschiedlich sein können (s. Kap. 4.7.3).
>
> Die Tatsache, dass Chomsky'sche Universalien Aussagen über potentiell in Sprachen vorhandene Strukturen treffen, impliziert, dass selbst eine Struktur, die in keiner Sprache belegt ist, theoretisch eine Universalie sein kann (Evans/Levinson 2009: 436). Das bedeutet auch, dass Universalien auf der Grundlage der Untersuchung einer einzelnen Sprache postuliert werden können (Chomsky 1980: 48). Chomsky'sche Universalien sind also im Vergleich zu typologischen Universalien keine deskriptiven Generalisierungen über empirisch belegte Grenzen sprachlicher Verschiedenheit (s. 8.1.1), sondern mental angelegte, wenn auch in Einzelsprachen nicht unbedingt realisierte Strukturen.

Adj N (Feld 3) ist nicht belegt, was auch nicht verwunderlich ist, da keiner dieser Wortstellungstypen dominant ist. Wie ist es aber zu erklären, dass es Sprachen gibt, die eine dominante Wortstellung mit einer rezessiven kombinieren? Hier greift das Prinzip der Harmonie. Innerhalb von Nominalphrasen erfüllen Zahlwörter und Adjektive dieselbe Funktion als Modifikatoren eines Nomens. Sprachen, die eine dominante mit einer rezessiven Sprachstellung kombinieren, sind in syntaktischer Hinsicht konsistent, weil ihre Modifikatoren entweder immer vor (Adj N und Num N) oder nach (N Adj und N Num) dem Kopf stehen. Man sagt, dass in diesen Sprachen die rezessive mit der dominanten Wortstellung harmoniert. Sprachen können also entweder zwei dominante Wortstellungen miteinander verbinden, die nicht miteinander harmonieren, oder harmonierende Wortstellungen miteinander kombinieren, die nicht dominant sind. Wortstellungen, die weder dominant noch harmonisch sind, sind ausgeschlossen.

8.2 | Wichtige typologische Parameter

In diesem Kapitel sollen einige Parameter vorgestellt werden, denen in der bisherigen Geschichte der Typologie besondere Aufmerksamkeit geschenkt worden ist. Die durch die relationale Typologie definierten Sprachtypen (8.2.1) sind deshalb von wissenschaftlichem Interesse, weil sie die Universalität bestimmter linguistischer Kategorien infrage stellen, die in der eurozentrisch geprägten Linguistik lange als gegeben betrachtet wurden (Croft 2001: 136; Evans/Levinson 2009: 439 f.). Die Wortstellungstypologie (8.2.2) erfreut sich besonderer Beliebtheit, weil der von ihr zentral gesetzte Parameter der Satzgliedstellung gleich mit einem ganzen Bündel von anderen Merkmalen korreliert. Die morphologische Typologie schließlich (8.2.3) steht an den Anfängen der Sprachtypologie und war für die Geschichte der Disziplin wegweisend.

8.2.1 | Relationale Typologie

Kodierungen von Argumenten

Die Relationale Typologie vergleicht, wie Sprachen Nominalphrasen kodieren, die Argumente von Verben sind. Intransitive Verben wie *schlafen* verlangen ein einziges Argument (S – intransitives Subjekt). Transitive Verben sind solche, die – wie z. B. das Verb *sehen* – zwei Argumente verlangen. Als Agens (A) bezeichnet man das Argument, das die von einem transitiven Verb bezeichnete Handlung verursacht, ausführt oder kontrolliert. Als Patiens (P) bezeichnet man das Argument, das bei transitiven Verben die Handlung ›erleidet‹.

Nominativ-Akkusativsprachen: In den indoeuropäischen Sprachen werden S und A typischerweise durch die gemeinsame syntaktische Funktion des Subjekts ausgedrückt; die syntaktische Funktion des P wird durch das direkte Objekt erfüllt.

(12) Der Junge (S) schläft.

(13) Der Mann (A) trägt den Jungen (P).

Die Sätze in (12) und (13) zeigen dies am Beispiel des Deutschen. Beide Sätze verwenden für S und A denselben Kasus: Sie stehen jeweils als Subjekt im Nominativ, während das P als direktes Objekt im Akkusativ steht. Sprachen, die für S und A denselben Kasus verwenden, das P aber anders markieren, werden als **Nominativ-Akkusativ-Sprachen** (oder kurz: Akkusativsprachen) bezeichnet. Akkusativsprachen sind auf allen Kontinenten vertreten und gelten als der auf der Welt am meisten verbreitete Typ der Argumentkodierung. Allerdings verwenden nicht alle Akkusativsprachen zur Argumentkodierung morphologische Mittel wie Kasusmarkierungen oder Adpositionen. Der Unterschied zwischen Subjekt und Objekt kann auch durch Wortstellungsunterschiede zum Ausdruck gebracht werden. So besteht aufgrund der festen Wortstellung des Englischen kein Zweifel daran, dass *the child* in (14) und *the father* (15) eine gemeinsame – und von *the child* in (15) unterschiedliche – syntaktische Funktion haben.

(14) The child (S) is sleeping.

(15) The father (A) is bathing the child (P).

Ergativ-Absolutiv-Sprachen: Es gibt jedoch auch Sprachen, in denen P und S einen gemeinsamen Kasus verwenden (den sog. **Absolutiv**), während es für A einen separaten Kasus – den **Ergativ** – gibt. (Man sagt, dass in diesen Sprachen S nach P ausgerichtet ist.) Ein Beispiel für eine solche Ausrichtung ist die australische Sprache Dyirbal (Booij 2007: 193; Dixon 1994: 166 ff.):

(16) ŋuma   banaga-nʸu
      Vater.ABS   zurückkehr-NFUT
      ›Der Vater (S) kehrte zurück.‹

(17) yabu   ŋuma-ŋgu   bura-n
      Mutter.ABS   Vater-ERG   seh-NFUT
      ›Der Vater (A) sah die Mutter (P).‹

Der Absolutiv des S in (16) und des P in (17) ist in diesen Beispielen durch die Abwesenheit zusätzlicher Kasusflexionen gekennzeichnet. Sprachen wie das Dyirbal werden als **Ergativ-Absolutiv-Sprachen** (oder kurz: Ergativsprachen) bezeichnet (s. Kap. 3.2.5). Ergativsprachen werden vor allem im Kaukasus, in Nord- und Mittelamerika sowie in Australien gesprochen.

Dreigeteilte Ausrichtung: Ein weiteres System der Argumentkodierung ist die sogenannte dreigeteilte Ausrichtung. Dieser äußerst seltene und vor allem im asiatischen Raum belegte Typ existiert z. B. in einigen Konstruktionen des Hindi. In (18) trägt S keinerlei Kasusmarkierung. In (19) ist das A durch eine Postposition als Ergativ markiert, während das P durch eine Postposition als Akkusativ markiert ist (McGregor 1977 in Comrie 2011).

(18) laRkaa   kal   aay-aa
     Junge   gestern   komm.AOR-SG.M
     ›Der Junge (S) kam gestern.‹

(19) laRke   ne   laRkii   ko   dekh-aa
     Junge.OBL ERG   Mädchen   ACC   seh SG.M
     ›Der Junge (A) sah das Mädchen (P).‹

Aktiv-Inaktiv-Sprachen: Schließlich gibt es noch sogenannte Aktiv-Inaktiv-Sprachen (oder kurz: Aktivsprachen), in denen S je nach Bedeutung eine unterschiedliche Kodierung erhält: Wenn S die vom Verb ausgedrückte Handlung kontrolliert, wird es morphosyntaktisch nach A ausgerichtet (Sa), ansonsten nach P (Sp). Dies zeigen folgende Beispiele aus dem Georgischen, einer südkaukasischen Sprache (Harris 1981 in Comrie 2011):

(20) vaxt'ang-i   ekim-i   iqo
     Vakhtang-PAT   Doktor-PAT   sein.AOR.3SG
     ›Vakhtang (Sp) war Arzt.‹

(21) nino-m   daamtknara
     Nino-AGT   gähn.AOR.3SG
     ›Nino (Sa) gähnte.‹

(22) nino-m   ačvena   surat-eb-i   gia-s
     Nino-AGT   zeig.AOR.3SG > 3SG > 3SG Bild-PL-PAT Gia-DAT
     ›Nino (A) zeigte Gia die Bilder (P).‹

Das Sp der Kopula *sein* in (20) steht im selben Kasus (-*i*) wie das P des ditransitiven Verbs *zeigen* in (22) (ditransitive Verben wie *zeigen* und *geben* sind im Vergleich zu transitiven Verben um ein weiteres Argument – das indirekte Objekt – erwei-

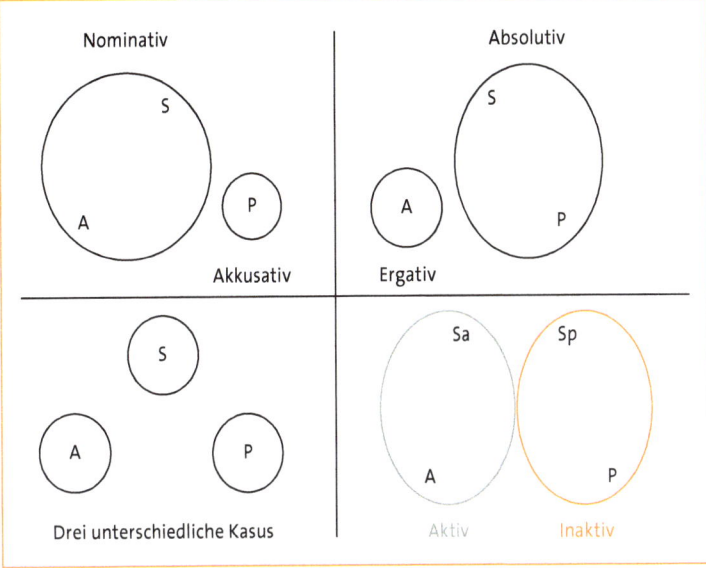

tert). Dieser Kasus wird oft als **Patientiv** oder **Inaktiv** bezeichnet. Den gemeinsamen Kasus (-*m*) von Sa in (21) und A in (22) nennt man **Agentiv** oder **Aktiv**.

Abbildung 2 stellt die unterschiedlichen Arten der morphosyntaktischen Ausrichtung in schematischer Form dar und veranschaulicht, dass grammatikalische Kategorien wie Nominativ und Akkusativ keineswegs universell sind.

An dieser Stelle soll noch erwähnt werden, dass *ein* an sich logisch mögliches formales Kategorisierungssystem für Argumente in der Welt nicht attestiert ist: Es ist keine Sprache bekannt, in der Agens und Patiens transitiver Verben in eine gemeinsame – und vom Agens intransitiver Verben distinkte – formale Kategorie fallen. Dies ist auch nicht verwunderlich, denn eine Sprache, die es nicht ermöglichen würde, Argumente zu unterscheiden, die gemeinsam in einem Satz vorkommen, wäre nicht funktional.

Abb. 2: Schematische Darstellung der Ausrichtungstypen Nominativ-Akkusativ (oben links), Ergativ-Absolutiv (oben rechts), dreigeteilt (unten links) und Aktiv-Inaktiv (unten rechts) (angelehnt an Croft 2002: 145)

8.2.2 | Wortstellungstypologie

Grundwortstellung: Die Wortstellungstypologie klassifiziert Sprachen nach ihrer Grundwortstellung (genauer sollte man sagen: nach der unmarkierten Satzgliedstellung) und untersucht systematische Korrelationen zwischen der Grundwortstellung und anderen typologischen Merkmalen von Sprachen. Unter der Grundwortstellung einer

8.2 Die Verschiedenheit der Sprachen

Wichtige typologische Parameter

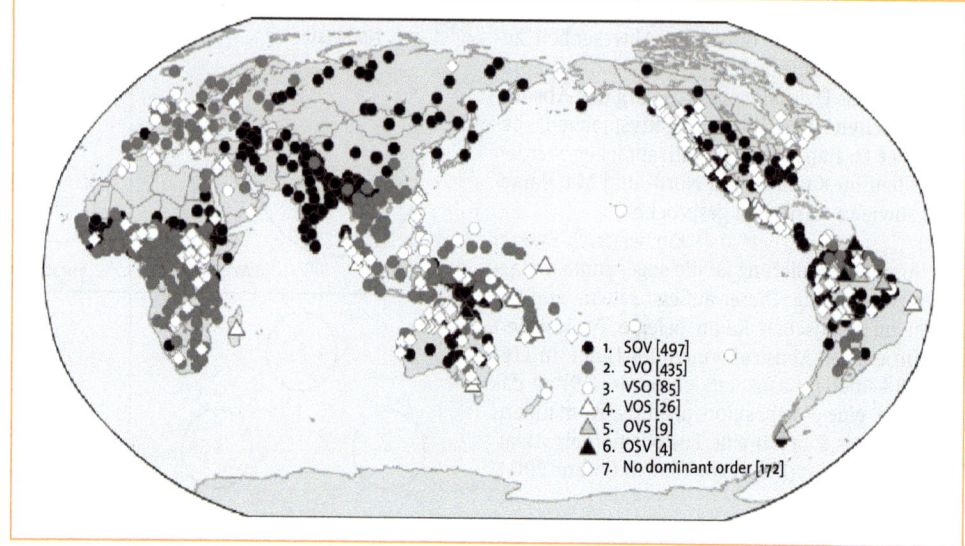

Abb. 3: Verteilung der Grundwortstellungstypen in einer Stichprobe von 1228 Sprachen (aus Dryer 2005: 332–33/WALS)

Sprache versteht man die gewöhnliche Anordnung von nicht-pronominalem Subjekt (S), nicht-pronominalem Objekt (O) und finiter Verbform (V) in Haupt- und Aussagesätzen, die nur aus diesen drei Satzgliedern bestehen. Als gewöhnlich gilt dabei die Anordnung, die in einer Sprache am häufigsten ist. So ist im Englischen die Reihenfolge OVS zwar möglich, kommt aber viel seltener vor als SVO:

(23) John (O) I (V) see (S).

(24) I (S) see (V) John (O).

Verbreitung der Grundwortstellungstypen: Wie Abbildung 3 zeigt, sind die sechs logisch möglichen Wortstellungstypen (SOV, SVO, VSO, VOS, OSV, OVS) in der Welt nicht gleichermaßen verbreitet (Dryer 2011).

SOV-Sprachen wie das nordamerikanische Slave, das kaukasische Lesgisch oder das papua-neuguineische Siroi repräsentieren den in der Welt häufigsten Wortstellungstyp, der hier anhand des Lesgischen veranschaulicht wird (alle Beispiele aus Dryer 2007: 61–63):

(25) Alfija-di   maq̇ala   kx̃e-na
    Alfija-ERG   Artikel   schreib-AOR
    S   O   V
    ›Alfija schrieb einen Artikel.‹

Für SOV-Sprachen ist ein Bündel von Wortstellungsmerkmalen charakteristisch, die im ersten Beispielkasten auf der Seite gegenüber vorgestellt werden.

Verberstsprachen: Die Gruppe der Verberstsprachen (V1-Sprachen) umfasst die Grundwortstellungstypen VSO und VOS. V1-Sprachen wie das austronesische Fiji (VSO/VOS), das kenianische Turkana (VSO) oder das mexikanische Lealao Chinantec (VOS) sind in der Welt viel seltener als SOV-Sprachen. Das Fiji ist ein Beispiel für eine V1-Sprache, in der die Anordnung von S und O frei ist. Daher ist im folgenden Satz nicht eindeutig, welche Konstituente das Subjekt darstellt (das Klitikum e, das am Satzanfang steht und mit dem Subjekt kongruiert, kann den Satz nicht disambiguieren, da ›das Kind‹ und ›der alte Mann‹ beide in der dritten Person Singular stehen):

(26) e   rai-ca   a   gone   a   qase
    3SG   seh-TRANS   ART   Kind   ART   alt.Mensch
        V   S/O   S/O
    ›der alte Mensch sah das Kind‹ oder ›das Kind sah den alten Menschen‹

Die Beispiele aus dem Fiji (im unteren Kasten) zeigen, dass die Worstellungsmerkmale von V1-Sprachen denen von SOV-Sprachen systematisch entgegengesetzt sind (alle Beispiele aus Dryer 2007: 65).

Wortstellungsmerkmale von SOV-Sprachen anhand des Lesgischen

1. Adverbien der Art und Weise stehen vor dem Verb:

Mirzebeg-a   k'ewi-z   haraj-na: ›…‹
Mirzebeg-ERG stark-ADV   ruf-AOR
›Mirzebeg rief laut: »…«‹

2. Als Adpositionen werden Postpositionen verwendet:

duxtur-rin   patariw
Arzt-GEN.PL   zu
›zu Ärzten‹

3. In possessiven Nominalphrasen steht der Possessor vor dem Possessum:

Farid-an   wax
Farid-GEN   Schwester
›Farids Schwester‹

4. In Komparativkonstruktionen gilt die Reihenfolge Standard (St; die Einheit, die im Vergleich als Maßstab dient) vor Marker (M; das grammatische Morphem, das die Art des Qualitätsunterschieds markiert), vor Adjektiv (Adj):

sad   müküda-laj   žizwi   ask'an-zawa
ein   ander-SUPEREL   ein.bisschen tief-IPFV
      St   M   Adj
›Der eine ist ein bisschen kürzer als der andere.‹

5. Unterordnende Konjunktionen stehen am Ende von Adverbialsätzen (hier als Suffix am Verb):

ruš-az   reğü   xana   k'an   tuš-ir-wiläj
Mädchen-DAT   schamvoll   sein   wollen sein.NEG-PTCP-BECAUSE

›Weil er nicht wollte, dass das Mädchen sich schämt.‹

Beispiel

Wortstellungsmerkmale von V1-Sprachen anhand des Fiji

1. Adverbien der Art und Weise stehen nach dem Verb:

bau   'ada   va'a-totolo   noo
etwas   lauf   ADV-schnell   ASP
›Versuche schneller zu rennen.‹

2. Als Adpositionen werden Präpositionen verwendet:

mai   Wairi'i
von   Wairi'i
›von Wairi'i‹

3. In possessiven Nominalphrasen steht der Possessor nach dem Possessum:

a   liga-i   Jone
ART   Hand-POSS   John
›Johns Hand‹

4. In Komparativkonstruktionen ist die Reihenfolge Adj M St:

e   vina'a   ca'e   o   Waitabu   mai   Suva
3SG   gut   mehr   ART   Waitabu   von   Suva
      Adj   M   St
›Waitabu ist besser als Suva.‹

5. Unterordnende Konjunktionen stehen am Anfang von Adverbialsätzen:

ni =   [u   sa   daga.daga   va'a-levu]
wenn = 1SG   ASP   müde   ADV-groß
›wenn ich sehr müde bin‹

Beispiel

Wichtige typologische Parameter

> **Beispiel**
>
> **Wortstellungsmerkmale von SVO-Sprachen anhand des Tetelcingo Nahuatl**
>
> 1. Grundwortstellung:
>
> [sen-te tlɔkatl] (Ø-)kɪ-pɪya-ya [sen-te puro]
> ein-NUM Mann er-es-hab-IPFV ein-NUM Esel
> S V O
> ›Ein Mann hatte einen Esel.‹
>
> 2. Als Adpositionen werden Präpositionen verwendet:
>
> i-pa i-čɔ
> 3SG-bei sein-Haus
> ›bei seinem Haus‹
>
> 3. In possessiven Nominalphrasen steht der Possessor nach dem Possessum:
>
> i-čɔ mali
> 3SG-Haus Mary
> ›Marys Haus‹
>
> 4. In Komparativkonstruktionen ist die Reihenfolge Adj M St:
>
> yaha kačɪ wieyɪ ke taha
> er mehr groß als du
> Adj M St
> ›Er ist dicker als du.‹
>
> 5. Unterordnende Konjunktionen stehen am Anfang von Adverbialsätzen:
>
> [kwɔk walɔ-s] nɪ-tla-cɪlini-s
> wenn komm-FUT 1SG-UNSPEC.OBJ-klingel-FUT
> ›Wenn er kommt, werde ich klingeln.‹

SVO-Sprachen wie das Englische, das mexikanische Tetelcingo Nahuatl und das chinesische Hmong Njua stellen den auf der Welt zweithäufigsten Grundwortstellungstyp dar. Für SVO-Sprachen sind die Worstellungsmerkmale von V1-Sprachen charakteristisch (alle Beispiele oben aus Dryer 2007: 70), allerdings mit einer Ausnahme: in possessiven Nominalphrasen sind die Reihenfolgen GN und NG gleichermaßen attestiert. In einigen SVO-Sprachen wie dem Englischen existieren sogar beide Anordnungen:

(27) The dog's ear.

(28) The ear of the dog.

Objekt-Erst-Sprachen sind auf der Welt so selten, dass es nicht möglich ist, verlässliche Aussagen über ihre typischen Wortstellungsmerkmale zu machen. Die Tatsache, dass Sprachen mit der Grundwortstellung VSO, VOS und SVO bezüglich ihrer Wortstellungsmerkmale eine relativ homogene und von SOV abgrenzbare Gruppe bilden, legt die Vermutung nahe, dass es letzten Endes die Reihenfolge von Objekt und Verb ist, die typbildend ist. Vor diesem Hintergrund ist es nicht verwunderlich, dass die seltenen attestierten OVS- und OSV-Sprachen in der Regel dem Muster von SOV-Sprachen folgen.

8.2.3 | Morphologische Sprachtypen

Diese Spielart der Typologie klassifiziert Sprachen danach, ob ihre Wörter aus mehreren Morphemen bestehen können und was für einen Grad an **Fusion** (Verschmelzung) diese Morpheme gegebenenfalls aufweisen.

Fusionierende Sprachen: Ein **hoher Grad an Verschmelzung** ist für fusionierende Sprachen wie das Lateinische oder das Russische charakteristisch. Fusionierende Sprachen sind durch **multimorphemische Wörter** gekennzeichnet, bei denen die klare Zuweisung einer Bedeutung zu einer Form unmöglich ist. Dies bedeutet zum einen, dass ein Flexionsmorphem mehrere grammatikalische Bedeutungseinheiten zugleich vermitteln kann. So vermittelt die Flexionsendung *-o* in der russischen Wortform *slovo* (›Wort‹) sowohl Informationen über Kasus (Nominativ oder Akkusativ) als auch über Numerus (Singular) und Genus (Neutrum). Zum anderen kann einer gegebenen Flexionsform nicht immer eindeutig eine Kombination von grammatikalischen Bedeutungen zugewiesen werden. Das russische Affix *-i* in *knigi* kann beispielsweise je nach Kontext für Genitiv Singular, Nominativ Plural oder Akkusativ Plural stehen (s. Tab. 10). Ein weiteres Charakteristikum für fusionierende Sprachen ist die für diese Sprachen typische **allomorphische Variation** im Wort-

8.2 Die Verschiedenheit der Sprachen

Morphologische Sprachtypen

Zur Vertiefung

Grundwortstellung im Deutschen

Die Charakterisierung der Grundwortstellung im Deutschen ist dadurch erschwert, dass die Stellung der Satzglieder relativ frei ist, was das Deutsche letzten Endes zu einem Mischtyp macht (Roelcke 2011: 57). Zieht man unterschiedliche Satzarten in Betracht, stellt man sogar fest, dass im Deutschen alle sechs logisch möglichen Stellungsvarianten existieren (s. Kap. 4.5.1).

Stellung	Satzbeispiel	Satzart
SVO	*Friedrich schreibt Gedichte* *Wer schreibt Gedichte?*	Aussagesatz Fragesatz (Ergänzungsfrage)
OVS	*Gedichte schreibt Friedrich* *Was schreibt Friedrich?*	Aussagesatz (mit Emphase) Fragesatz (Ergänzungsfrage)
VSO	*Schreibt Friedrich Gedichte?*	Fragesatz (Entscheidungsfrage)
VOS	*Schreibt Gedichte Friedrich?*	Fragesatz (Entscheidungsphrase mit Emphase)
SOV	*dass Friedrich Gedichte schreibt* *[Friedrich] der Gedichte schreibt*	(eingeleiteter) Nebensatz Relativsatz (mit Subjektbezug)
OSV	*[dass] Gedichte Friedrich schreibt* *[Gedichte] die Friedrich schreibt*	Eingeleiteter Nebensatz (mit Emphase) Relativsatz (mit Objektbezug)

Stellung von Subjekt, Objekt und Verb im Deutschen (nach Roelcke 2011: 58)

Bei genauerer Betrachtung der Beispiele fällt allerdings auf, dass die Typen, bei denen das Objekt vor dem Subjekt steht (also OVS, VOS und OSV) der Emphase oder relativ außergewöhnlichen syntaktischen Konstruktionen (Relativsätzen mit Objektbezug) vorbehalten sind. Interessanterweise sind diese drei Typen auch die, die in der Welt besonders selten vorkommen (s. Abb. 3).

Wendet man das in der funktionalen Typologie gängige Prinzip an, dem zufolge die Grundwortstellung einer Sprache durch die gewöhnliche Reihenfolge von S, O und finitem V in nicht-emphatischen Haupt- und Aussagesätzen definiert ist, ist das Deutsche als SVO-Sprache zu betrachten.

Es muss jedoch hervorgehoben werden, dass andere Schulen der Linguistik zur Feststellung der Grundwortstellung ganz andere Kriterien anwenden. So gehen einige Modelle der Generativen Grammatik davon aus, dass der universelle Satzbauplan menschlicher Sprachen ein satzeinleitendes Element (einen Komplementierer) vorsieht. Sätze, die mit einem solchen Element anfangen – also Nebensätze, die mit einer unterordnenden Konjunktion eingeleitet werden –, spiegeln diesen Satzbauplan am besten wider; alle anderen Satzarten werden als davon abgeleitet betrachtet. Da deutsche eingeleitete Nebensätze üblicherweise die Satzgliedfolge SOV aufweisen, muss diese als die Grundwortstellung betrachtet werden (s. Kap. 4.7.3). Diese Auffassung wird auch unterstützt, wenn ein weiteres Kriterium angewendet wird, demzufolge die Reihenfolge von O und V in subjektlosen syntaktischen Konstruktionen für die Grundwortstellung ausschlaggebend ist. Zu diesen Konstruktionen gehören u. a. substantivierte Infinitive mit Objekt (*Bücher lesen ist Hugo eine Freude*) und subjektlose Antworten auf Ergänzungsfragen (*Was möchtest du tun? Bücher lesen*). Solche Konstruktionen zeichnen sich im Deutschen durch die Reihenfolge OV aus, was erneut für die Grundwortstellung SOV spricht (Roelcke 2011: 59f.).

stamm (s. Kap. 3.2.3). Der Wortstamm bezeichnet den Bestandteil eines Worts, der seine lexikalische Bedeutung trägt und als Basis zur Bildung flektierter Wortformen dient. In fusionierenden Sprachen kann sich die Realisierung des Wortstamms unter dem Einfluss von Flexionsaffixen verändern. So erhält das Wort *Zahn* im Nominativ Plural einen Umlaut (*Zähne*), und das russische Wort für Nagel enthält im Nominativ Singular *nogot'* einen Vokal, den es im Nominativ Plural *nogti* nicht aufweist. Typisch für fusionierende Sprachen ist schließlich auch die **Existenz von Flexionsklassen**. Alle Wörter, die in einer Sprache nach demselben Muster flektiert werden, gehören einer gemeinsamen Flexionsklasse an.

Tabelle 9 macht dies am Beispiel der Deklination einiger russischer Wörter deutlich. Im Russischen gibt es z. B. keine allgemeinverbindliche Endung,

Wichtige typologische Parameter

	Singular	
Nominativ	slov-o	knig-a
Genitiv	slov-a	knig-i
Dativ	slov-u	knig-e
Akkusativ	slov-o	knig-u
Instrumental	slov-om	knig-oj
Präpositiv	slov-e	knig-e

	Plural	
Nominativ	slov-a	knig-i
Genitiv	slov	knig
Dativ	slov-am	knig-am
Akkusativ	slov-a	knig-i
Instrumental	slov-ami	knig-ami
Präpositiv	slov-ax	knig-ax

Tab. 9:
slovo und *kniga* als Beispiele für Wörter unterschiedlicher Flexionsklassen im Russischen

um den Instrumental Singular zu bilden, sondern man muss wissen, welcher Flexionsklasse ein Nomen angehört, um es deklinieren zu können. Die Flexionsklasse, der das Wort *slovo* ›Wort‹ angehört, bildet den Instrumental Singular mit dem Affix *-om*; hingegen wird in der Flexionsklasse, der *kniga* ›Buch‹ angehört, dieselbe Form mit dem Affix *-oj* gebildet.

Fusionierende Sprachen weisen außerdem eine Tendenz zur freien Wortstellung auf, obwohl durchaus auch fusionierende Sprachen mit einer festen Wortstellung belegt sind (Iacobini 2006).

Isolierende Sprachen wie die Niger-Kongo-Sprache Igbo, das Vietnamesische oder das Mandarin stellen aus Sicht der morphologischen Typologie den maximalen Gegensatz zu den fusionierenden Sprachen dar. In isolierenden Sprachen besteht **jedes Wort aus einem einzigen invariablen Morphem**. Die Kodierung von Bedeutungen, die in fusionierenden Sprachen typischerweise durch Flexionsmorphologie vermittelt werden (z. B. Kasus, Numerus, Tempus), erfolgt – wenn überhaupt – durch separate Wörter. Im folgenden Satz der westafrikanischen Sprache Yoruba wird der progressive Aspekt beispielsweise durch ein freies

Morphem (*maa*) zum Ausdruck gebracht (Haspelmath/Sims 2010: 4):

(29) Nwọn ó maa gbà pónùn mẹ́wă lọ́sọ̀sẹ̀.
sie werd PROG bekomm Pfund zehn pro.Woche
›Sie werden 10 Pfund pro Woche erhalten‹.

Der syntaktische Zusammenhang zwischen Wörtern wird in isolierenden Sprachen über die normalerweise **feste Wortstellung** vermittelt. Die Markierung grammatikalischer Bedeutungen ist oft optional, was dazu führt, dass die Bedeutung eines Lexems in einem höheren Maße durch kontextuelle Information bestimmt wird als beispielsweise in fusionierenden Sprachen. Dies veranschaulicht folgendes Beispiel aus dem Vietnamesischen (Aikhenvald 2007: 3):

(30) Chị ấy quên.
er/sie ANAPHORIC vergess
›Sie (oder er) vergisst‹, oder ›Sie (oder er) hat vergessen‹, oder ›Sie (oder er) wird vergessen‹.

Agglutinierende Sprachen wie das Türkische, das Finnische oder das Ungarische ähneln isolierenden Sprachen insofern, als jedes Morphem nur eine Bedeutungseinheit (wie Plural, Vergangenheit oder Diminutiv) vermittelt und jede Bedeutungseinheit nur durch ein Morphem ausgedrückt werden kann (1:1-Beziehung zwischen Form und Bedeutung). Dies impliziert, dass es im Idealtyp einer agglutinierenden Sprache keine Flexionsklassen gibt – alle Wörter einer Wortart werden gleich flektiert. Ein weiterer Unterschied zu fusionierenden Sprachen ist, dass Morpheme eine **invariante phonologische Form** aufweisen – es gibt also keinerlei allomorphische Variation. Im Gegensatz zu isolierenden Sprachen verfügen agglutinierende Sprachen aber über **multimorphemische Wörter**. Tabelle 10 verdeutlicht dies anhand von Deklinationsformen für das ungarische Wort *ember* (Mann) (Aikhenvald 2007: 4).

Analytische, synthetische und polysynthetische Sprachen: Sprachen, die wie das fusionierende Russisch und das agglutinierende Ungarisch durch **komplexe Wörter** gekennzeichnet sind, werden auch als **synthetisch** bezeichnet, Sprachen, die wie das Yoruba nur monomorphemische Wörter aufweisen, als **analytisch**. Der Unterschied zwischen analytischen und synthetischen Sprachen ist **graduell**. Um Sprachen auf dem Kontinuum zwischen extremer Analytizität und extremer Synthetizität zu verorten, bedient man sich seit Green-

	Singular	Plural
Nominativ	ember	ember-ek
Akkusativ	ember-et	ember-ek-et
Dativ	ember-nek	ember-ek-nek
Lokativ	ember-ben	ember-ek-ben

Tab. 10:
Deklinationsformen für das ungarische Wort *ember* (Mann)

berg (1960) des sogenannten **Syntheseindexes**, der die Anzahl der Morpheme in einem Text auf die Gesamtzahl seiner Wörter bezieht. Je höher das Verhältnis zwischen Morphemen und Wörtern, desto weniger analytisch und desto synthetischer ist die betreffende Sprache (s. Tab. 11).

Polysynthetische Sprachen sind solche, die einen extremen Synthesegrad aufweisen. Ein Beispiel hierfür ist das Westgrönländische, in dem ein einzelnes Wort aus einer Vielzahl von gebundenen lexikalischen und grammatikalischen Morphemen bestehen kann (Aikhenvald 2007: 5):

Sprache	Morpheme pro Wort
Westgrönländisch	3,72
Sanskrit	2,59
Swahili	2,55
Altenglisch	2,12
Deutsch	1,92
Englisch	1,68
Vietnamesisch	1,06

Tab. 11: Syntheseindex für 8 Sprachen (auf der Grundlage von Greenberg 1960: 193 und Haspelmath/Sims 2010: 6)

(31) anigu-ga-ssa-a-junna-a-ngajal-luinnar-simassa-galuar-put
vermeid-PASS-PART-FUT-sein-nicht.mehr-fast-tatsächlich-jedoch-3PL.IND
›Sie müssen wirklich fast unvermeidbar geworden sein aber ...‹

Polysynthese gibt es vor allem in Nord- und Südamerika, Sibirien, dem Norden Australiens und Teilen Papua Neuguineas. Polysynthetische Sprachen können – wie auch synthetische Sprachen – mehr oder weniger agglutinierend oder fusionierend sein. Der **Fusionsindex** quantifiziert den Grad, zu dem (poly-)synthetische Sprachen fusionierend sind. Je mehr grammatikalische Bedeutung pro Flexionsaffix eine Sprache zulässt, desto fusionierender (und desto weniger agglutinierend) ist sie.

Zur Vertiefung

Geschichte der morphologischen Typologie

Die Klassifizierung von Sprachen nach ihrem morphologischen Typ geht auf die Arbeiten der Brüder Friedrich und August Wilhelm Schlegel (1772–1829 und 1767–1845) sowie von Wilhelm von Humboldt (1767–1835) zurück (vgl. Lehmann 2012: Kap. 2).

Friedrich Schlegel, dessen Werk *Über die Sprache und Weisheit der Indier* (1808) als Gründungswerk der Sprachtypologie gilt, unterscheidet zwischen fusionierenden Sprachen wie dem Sanskrit und isolierenden Sprachen wie dem Chinesischen und führt aus:

»[D]iese beiden einfachsten Fälle bezeichnen auch die beiden Hauptgattungen aller Sprache. Alle übrigen Fälle sind bei näherer Ansicht nur Modifikationen und Nebenarten jener beiden Gattungen; daher dieser Gegensatz auch das ganze in Rücksicht aus die Mannichfaltigkeit der Wurzeln unermeßliche und unbestimmbare Gebiet der Sprache umfaßt und völlig erschöpft.« (Schlegel 1808: 45)

Auf dem Kontinuum zwischen diesen beiden Extremen verortet er unter anderem die agglutinierenden Sprachen und vermutet, dass Sprachen sich diachron entlang des Kontinuums entwickeln (z. B. vom agglutinierenden zum fusionierenden Sprachtyp).

August Wilhelm Schlegel arbeitete in seinem Werk *Observations sur la langue et la littérature provençales* (1818) die Ausführungen seines Bruders Friedrich aus. Wie auch sein Bruder betrachtet er das Sanskrit und die mit ihm verwandten indoeuropäischen Sprachen als den allen anderen Sprachen überlegenen Sprachtyp. A. W. Schlegel bezeichnet die indoeuropäischen Sprachen als flektierend und nimmt innerhalb der flektierenden Sprachen eine Unterteilung in synthetische (z. B. Sanskrit, Altgriechisch und Latein) und analytische Sprachen (z. B. romanische Sprachen und Englisch) vor. Analytische Sprachen unterscheiden sich in seiner Terminologie insofern von synthetischen Sprachen, als sie anstelle gebundener Flexionsformen periphrastische Konstruktionen verwenden. Das bedeutet, dass grammatikalische Bedeutungen nicht durch Affixe, sondern durch separate Wörter ausgedrückt werden (z. B. Adpositionen anstelle von Kasusendungen, flektierte Hilfsverben anstelle gebundener Flexionsmorpheme). Ein weiterer Unterschied zu synthetischen Sprachen bestehe in der Tendenz, syntaktische Beziehungen durch Wortstellung auszudrücken. Im Gegensatz zu isolierenden Sprachen – und wie in synthetischen Sprachen – werden Flexionsbedeutungen aber obligatorisch ausgedrückt,

8.2 Die Verschiedenheit der Sprachen

Wichtige typologische Parameter

und zwar durch Formen, die teilweise selbst flektiert werden können (Hilfsverben). Innerhalb der indoeuropäischen Sprachen sind laut A. W. Schlegel die analytischeren Sprachen historisch aus synthetischeren Sprachen entstanden (z. B. beim Übergang vom Altgriechischen zum Neugriechischen).

Wilhelm von Humboldt fügte in seinem posthum veröffentlichten Werk *Über die Verschiedenheit des menschlichen Sprachbaus und ihren Einfluss auf die geistige Entwicklung des Menschengeschlechts* (1836) den von seinen Vorgängern vorgeschlagenen Sprachtypen den polysynthetischen Typ hinzu. Wie diese vertritt er eine ganzheitliche (holistische) Typologie – er geht also davon aus, dass der morphologische Typ einer Sprache ein grundlegender Wesenszug ist, der etwas über die Sprache als Ganzes aussagt.

In Übereinstimmung mit der modernen funktionalen Typologie nimmt Humboldt an, dass alle menschlichen Sprachen unabhängig von genetischen Verwandtschaftsbeziehungen Ähnlichkeiten aufweisen, die durch außersprachliche Faktoren wie die physiologische Beschaffenheit des Artikulationsapparats determiniert sind:

»Die Formen mehrerer Sprachen können in einer noch allgemeineren Form zusammenkommen, und die Formen aller thun dies in der That, insofern man überall bloß von dem Allgemeinsten ausgeht: von den Verhältnissen und Beziehungen der zur Bezeichnung der Begriffe und der zur Redefügung nothwendigen Vorstellungen, von der Gleichheit der Lautorgane, deren Umfang und Natur nur eine bestimmte Zahl articulirter Laute zuläßt, von den Beziehungen endlich, welche zwischen einzelnen Consonant- und Vocallauten und gewissen sinnlichen Eindrücken obwalten, woraus dann Gleichheit der Bezeichnung, ohne Stammverwandtschaft, entspringt. Denn so wundervoll ist in der Sprache die Individualisirung innerhalb der allgemeinen Übereinstimmung, daß man ebenso richtig sagen kann, daß das ganze Menschengeschlecht nur Eine Sprache, als daß jeder Mensch eine besondere besitzt.« (von Humboldt 1836: 63)

Der US-amerikanische Ethnologe und Linguist **Edward Sapir** (1884–1939) schlug in seinem Buch *Language: An Introduction to the Study of Speech* (1921) formale Parameter vor, auf deren Grundlage Unterschiede zwischen morphologischen Sprachtypen objektiv erfasst werden können. Zu diesen heute noch gängigen Kriterien gehören insbesondere der Grad, zu dem die Wörter einer Sprache aus mehreren Morphemen bestehen können (analytisch-synthetisch-polysynthetisch), und der Grad an Verschmelzung, den ihre Morpheme gegebenenfalls aufweisen (agglutinierend-fusionierend). Sapir grenzte sich explizit von seinen Vorgängern ab, die von der Überlegenheit der indoeuropäischen Sprachen ausgingen:

»Es gibt noch einen vierten Grund dafür, daß die Typologie der Sprachen gewöhnlich zu keinem befriedigenden Ergebnis geführt hat. [...]. Es handelt sich um die auf dem Evolutionismus fußende Denkart, die um die Mitte des vorigen Jahrhunderts ihren Weg in die Geisteswissenschaften fand und die erst heute ihre Herrschaft über die Geister zu lockern beginnt. Ein anderes Motiv mehr persönlicher Art ebnete diesem aus den Naturwissenschaften übernommenen Vorurteil den Weg und verband sich mit ihm. Dies entsprang dem Umstand, daß die Muttersprache der weitaus meisten Sprachforscher einem ganz bestimmten Typ zugehörte, dessen ausgeprägteste Varianten Latein und Griechisch waren, zwei Sprachen, die diese Forscher in ihrer Kindheit erlernt hatten. Auf solche Weise bildete sich in ihnen ganz natürlich die Überzeugung, daß sich in den ihnen so vertrauten Sprachen das »Höchsterreichbare« aller bisherigen Sprachentwicklung finde und daß alle anderen Typen nur Stufen auf dem Weg zur Schaffung des von ihnen so verehrten »flektierenden Typs« seien. Alles was dem im Sanskrit, im Lateinischen, im Griechischen und im Deutschen vorliegenden Modell entsprach, wurde als Ausdruck des »Höchsterreichbaren« akzeptiert, alles was davon abwich, wurde mit scheelen Augen angesehen oder bestenfalls als bemerkenswerte Verirrung zur Kenntnis genommen. Eine aus solchem voreingenommenen Denken und Fühlen geborene Typologie ist natürlich ohne weiteres als unwissenschaftlich gebrandmarkt. Ein Sprachforscher, für den der morphologische Typus des Lateinischen den naturgegebenen Höhepunkt jeder möglichen Sprachentwicklung darstellt, gleicht dem Zoologen, der die Welt des Organischen als ein riesiges Komplott zur Schaffung des Rennpferdes oder der Holsteiner Kuh betrachtet. Die Sprache in ihren Urformen ist der symbolische Ausdruck menschlicher Intuition. Diese Intuition kann hundertfältige Gestalt annehmen, wobei die Art der sich ergebenden Formen nichts mit dem materiellen Fortschritt oder der materiellen Rückständigkeit der menschlichen Verbände zu tun hat, die sich ihrer bedienen. Wenn wir daher die Sprache ihrem tiefstinneren Wesen nach verstehen wollen, müssen wir uns von allen lieb gewordenen Wertmaßstäben freimachen und uns daran gewöhnen, an Englisch, Deutsch oder Hottentot mit der gleichen kühlen Objektivität heranzutreten.« (Sapir 1921/1961: 116 ff.)

Morphologische Sprachtypen

Der US-amerikanische Typologe **Joseph Harold Greenberg** (1915–2001) quantifizierte diese und andere morphologische Parameter in einem wegweisenden Artikel, der als Gründungswerk der quantitativen Typologie gilt (Greenberg 1960) (s. Tab. 12). Neben verfeinerten Indizes, die den Grad der Ausprägung bestimmter Parameter in Sprachen messbar und somit vergleichbar machen, sind seither zahlreiche weitere Methoden zur Quantifizierung typologisch relevanter Eigenschaften von Sprachen vorgeschlagen worden. Dazu gehören beispielsweise Methoden, um Korrelationen zwischen Parametern fassbar zu machen, und Methoden, die es ermöglichen, die Distanz zwischen Sprachen in Bezug auf ganze Bündel von Parametern zu messen (Cysouw 2005, 2007; Kempgen/Lehfeldt 2000; Maslova 2000).

8.3 | Arealtypologie (am Beispiel Europas)

Die Wurzeln der Arealtypologie liegen in Europa, und der europäische Sprachraum bildet nach wie vor den Hauptfokus von Sprachbund-Studien. Sprachbünde (oder: **sprachliche Konvergenzareale**) außerhalb Europas wurden für Südasien (vgl. Ebert 2001) und Mittelamerika (vgl. Stolz/Stolz 2001) beschrieben. In der sprachvergleichenden Forschung des 20. Jahrhunderts bis hin zur modernen Typologieforschung seit den 1960er Jahren spielte die Arealtypologie lange Zeit eine eher untergeordnete Rolle. Breiteres Interesse, speziell aus dem Kreis der funktionalen Typologie, hat sich erst seit den 1990er Jahren entwickelt. Die neue Perspektive lässt sich leicht illustrieren, wenn man sich die typologischen Karten zu ca. 20 phonologischen und mehr als 120 morphologischen und syntaktischen Merkmalen im *World Atlas of Language Structures* (**WALS**) auf hervorstechende areale Phänomene hin ansieht. Hier einige Beispiele für phonologische Merkmale:

- Die große Mehrheit an Sprachen mit gerundeten Vorderzungenvokalen (wie in *Hütte, Hüte, Öfen, öffnen*) befinden sich im Norden Europas und Asiens (Maddieson 2011a).
- Sprachen mit bedeutungsunterscheidendem Kontrast zwischen nasalen und nicht-nasalen Vokalen (wie im Französischen /pɛ̃/ *pain* ›Brot‹ im Gegensatz zu /pɛ/ *paix* ›Frieden‹) kommen fast ausschließlich in tropischen Regionen Südamerikas und Afrikas, dem nördlichen Teil des südasiatischen Subkontinents und in großen Gebieten Nordamerikas vor (Hajek 2011).
- Labio-velare Plosive (also Konsonanten, die einen labialen Laut wie /p/ oder /b/ mit einem velaren Laut wie /k/ oder /g/ verbinden) kommen nur in West- und Zentralafrika und im Osten Papua Neuguineas vor (Maddieson 2011b).
- Schnalzlaute gibt es als Phoneme nur in süd- und ostafrikanischen Sprachen (Maddieson 2011b).
- Die weitaus meisten Sprachen verfügen über mindestens einen bilabialen Laut wie /p/, /b/ oder /m/. Die einzige bekannte Ausnahme sind fünf nordamerikanische Sprachen, die genetisch nicht oder zumindest nicht direkt verwandt sind (Maddieson 2011c).

Die europäische Sonderrolle: Ist man speziell an den Sprachen Europas interessiert, dann wird man eine Reihe von WALS-Karten entdecken, auf denen diese in Bezug auf ein bestimmtes Strukturmerkmal eine Sonderrolle unter den Sprachen der Welt einnehmen. Die uns bekannten germanischen, romanischen oder slawischen Sprachen stehen recht isoliert da und muten geradezu exotisch an.

Als ein Beispiel sei die **Bildung von Perfektformen** mit Hilfe von Possessivkonstruktionen mit einem Verb wie *haben* oder *have* genannt, wie in

Europaspezifika

> **Definition**
>
> Nach einer engen, seit Trubetzkoy (1923, 1930) üblichen Definition steht im Zentrum der → Arealtypologie das Phänomen der sprachlichen Konvergenz und damit der Begriff des **Sprachbunds**. Unter Arealtypologie wird die Suche nach und Erforschung von salienten sprachstrukturellen Ähnlichkeiten zwischen geografisch benachbarten Sprachen verstanden, insbesondere wenn sie unterschiedlichen Sprachfamilien angehören. Seit den 1990er Jahren hat sich im Rahmen der funktionellen Typologie eine **weite bzw. neutrale Definition** entwickelt, wonach sich die Arealtypologie mit der arealen Verteilung typologisch relevanter (d. h. in der Regel morphologischer und syntaktischer) Merkmale beschäftigt (vgl. Dahl 2001). Im Gegensatz zur älteren Definition ist in dieser Sicht auf Arealtypologie die durch Sprachkontakt bedingte Konvergenz zwischen nicht verwandten Sprachen kein zentrales Thema mehr.

8.3 Die Verschiedenheit der Sprachen

Arealtypologie (am Beispiel Europas)

ich habe geschrieben, *I have written* oder Schwedisch *jag har skrivit*. In einer repräsentativen Stichprobe von insgesamt 222 Sprachen der Welt, die Dahl und Velupillai (2011) untersucht haben, gab es überhaupt nur in ca. der Hälfte (108 Sprachen) eine Perfektkonstruktion. Diese Perfektkonstruktionen speisten sich grob aus drei Quellen:

Quellen für Perfektkonstruktionen

- Possessivkonstruktionen mit Verben des Habens (7 von 108 Sprachen = 6,5 % und damit lediglich ca. 3 % aller 222 untersuchten Sprachen);
- Konstruktionen mit einem Verb des Aufhörens/Beendens oder einem Adverb mit der Bedeutung ›schon‹ (21 von 108 Sprachen = 19,4 %);
- anderen Konstruktionen (80 von 108 Sprachen = 74 %).

Die Perfektkonstruktionen des ›haben‹-Typs, also der weltweit seltenste Konstruktionstyp eines Perfekts (s. die weißen Punkte in Abb. 4), sind ausschließlich auf Europa, vor allem das westliche Europa beschränkt.

Eine ähnliche Sonderrolle spielt Europa in Bezug auf die Verwendung von **Relativpronomen** zur Einleitung von Relativsätzen, also von flektierten Formen wie *welcher/welche/welches* oder *who/whose/whom* im Gegensatz z. B. zu (unflektierten) Relativpartikeln wie engl. *that*. Diese Option ist charakteristisch für die **geschriebenen** (!) **Standardsprachen Europas**, ganz besonders Westeuropas, findet sich aber in den Sprachen der Welt nur höchst selten. Ähnliches gilt für den westeuropäischen ›Normalfall‹, dass Sprachen sowohl **definite** (*der/die/das*, *the*) **als auch indefinite Artikel** (*ein/eine*, *a/an*) haben. Selbst innerhalb Europas gibt es schon in den meisten slawischen Sprachen gar keine Artikel; andere europäische Sprachen haben entweder nur definite (z. B. keltische Sprachen) oder indefinite Artikel (z. B. Türkisch). Weltweit sind es weniger als 8 % aus einer Stichprobe von 400 Sprachen, die sowohl über definite als auch indefinite Artikel verfügen.

Europa als Kontinent vs. Europa als Kulturraum: Nach einer weiten, seit den 1990er Jahren in der Sprachwissenschaft bevorzugten geografischen Definition von Europa werden die europäischen Sprachen von ca. 700 Millionen Menschen in einem Gebiet gesprochen, das im Osten durch den Ural, das Kaspische Meer und im Süden durch den Kaukasus, das Schwarze Meer und den Bosporus begrenzt ist. Daneben gibt es eine engere, bis dahin weithin akzeptierte Definition (Hinrichs 2010), die Europa in erster Linie kulturhistorisch und -anthropologisch versteht, also als einen über viele Jahrhunderte gewachsenen Kulturraum, der – grob gesprochen – im Osten mit Moskau und im Südosten mit dem Balkan endet. Während es nach der traditionellen, kulturraumbasierten Definition ca. 60 bis 70 indigene Sprachen in Europa gibt, steigt diese Zahl gemäß der weiten, geografiebasierten Definition auf ca. 120 an. (Schwankungen in den Zahlenangaben haben mit dem Problem der unklaren, teilweise politischer Willkür unterworfenen oder historischen

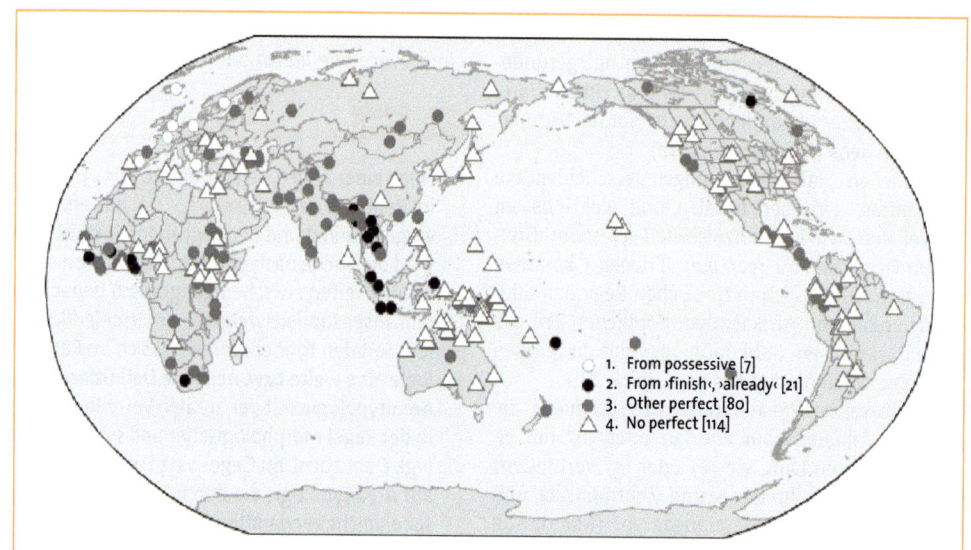

Abb. 4: Perfektkonstruktionen des ›haben‹-Typs (aus Dahl/Velupillai 2005: 280–281/WALS)

8.3 Die Verschiedenheit der Sprachen

Arealtypologie (am Beispiel Europas)

Zufällen geschuldeten Grenzziehungen zwischen Dialekt, Regionalsprache, Minderheitensprache und Sprache zu tun.) Dieser immense Unterschied ist nicht nur quantitativer, sondern auch qualitativer Natur.

Die Sprachen im Kulturraum Europa sind weit homogener als im geografischen Europa – sowohl genetisch (Germanisch und Romanisch in West-, Slawisch in Zentraleuropa, fast nur indoeuropäische Sprachen) als auch typologisch. Das zeigt sich an Merkmalen wie der dominanten SVO-Grundwortstellung, finiter Subordination, Präpositionen oder einleitenden adverbialen Konjunktionen in Adverbialsätzen. Im viel weiter in Richtung Asien ausgedehnten geografischen Europa bereichern dagegen eine Vielzahl altaischer (besonders Turk-)Sprachen, uralischer Sprachen und typologisch höchst heterogener kaukasischer Sprachen die europäische Sprachenlandschaft. Die indoeuropäischen Sprachen machen so nur noch ca. 44 % der Sprachen Europas aus (s. Tab. 12). Hinzuzufügen ist allerdings, dass immer noch mehr als 90 % der ca. 740 Millionen Einwohner des europäischen Kontinents eine indoeuropäische Erstsprache haben. Viele der neu hinzutretenden Sprachen in der östlichen Peripherie Europas unterscheiden sich von den indoeuropäischen des kulturhistorisch definierten Europa durch die folgenden Grammatikmerkmale:

- **SOV** (als Grundwortstellung; s. 8.2.2)
- **Postpositionen** (wie *halber* in *der Ehre halber* im Gegensatz zur Präposition *wegen* in *wegen der Ehre*)
- **nicht-finite Subordination** (u.a. durch sog. **Konverben** bzw. Konverb-Konstruktionen statt finiter Adverbialsätze mit einleitenden Konjunktionen, grob vergleichbar adverbialen Partizipialkonstruktionen im Deutschen wie *In der Ecke sitzend, beobachtete sie die spielenden Kinder*; s. Kap. 5.2.5)
- in den altaischen Sprachen (z. B. Türkisch) außerdem durch adverbiale **Konjunktionen am Ende** des Adverbialsatzes

Ausbausprachen: Gemessen an den ca. 6000 bis 7000 Sprachen der Welt machen aber auch die ca. 120 Sprachen des geografischen Europa lediglich einen Anteil von maximal 2 % aus, die vom Gros der Bevölkerung Europas gesprochenen indoeuropäischen Sprachen sogar weniger als 1 %. Charakteristisch gerade für die Sprachen im kulturhistorisch definierten Europa ist jedoch die Tatsache, dass sie im weltweiten Vergleich einen deutlich

INDO-EUROPÄISCH	53
Keltisch	5
Romanisch	14
Germanisch	12
Slawisch	12
Baltisch	2
Hellenisch	1
Albanisch	1
Armenisch	1
Indo-Iranisch	5
URALISCH	15
Finno-Ugrisch	14
Samoyedisch	1
ALTAISCH	12
Turksprachen	11
Mongolisch	1
KAUKASISCH	37
Kartvelisch	4
Abkhazo-Adyghisch	4
Nakho-Daghestanisch	29
SEMITISCH	2
Maltesisch	
Neo-Aramäisch	
ISOLIERT	1
Baskisch	

Tab. 12: Verteilung der europäischen Sprachen nach Sprachfamilien

höheren Anteil an sog. Ausbausprachen aufweisen, d. h. an voll entwickelten Schriftsprachen, die (in den meisten Fällen über viele Jahrhunderte hinweg) ein geschriebenes Register für alle kommunikativen Zwecke entwickelt haben. Diese lange Tradition hochentwickelter Schriftsprachlichkeit in Europa wird später noch eine wichtige Rolle spielen (s. u. S. 312).

***Standard Average European* (SAE) als Sprachbund:** Benjamin Lee Whorf formulierte 1939 eher nebenbei die von ihm nie ausgearbeitete Hypothese eines Durchschnittstyps der europäischen Sprachen:

Grammatische Merkmale osteuropäischer Sprachen

»Since, with respect to the traits compared, there is little difference between English, French, German, or other European languages with the POSSIBLE (but doubtful) exception of Balto-Slavic and non-Indo-European, I have lumped these languages into one group called SAE, or ›Standard Average European‹.« (Whorf 1939/1956: 138)

8.3 Die Verschiedenheit der Sprachen

Arealtypologie (am Beispiel Europas)

> **Zur Vertiefung**
>
> **Renaissance einer europazentrierten sprachwissenschaftlichen Forschung**
> Nach ihrer Begründung in den 1920er Jahren durch Nikolaj Trubetzkoy (1923, 1930), einem berühmten Phonologen und Mitglied der Prager Schule, fristete die Sprachbundforschung in und zu Europa über mehr als ein halbes Jahrhundert hinweg ein Schattendasein in der vergleichenden Sprachwissenschaft. Sie wurde nur wenig (und wenig systematisch) und höchstens von Einzelpersonen beforscht (vgl. Décsy 1973 und Haarmann 1976) und von der internationalen Typologieforschung weitgehend ignoriert.
> Dies änderte sich erst zu Beginn der 1990er Jahre mit Anlaufen des wahrscheinlich größten pan-europäischen Forschungsprogramms: ›Typologie europäischer Sprachen‹ (EUROTYP). In diesem auf fünf Jahre angelegten Forschungsprogramm (1990–1994), an dem mehr als 100 internationale Sprachwissenschaftler/innen mitarbeiteten, wurde vor dem Hintergrund des verfügbaren Wissens um Parameter der sprachtypologischen Variation und ausgerüstet mit dem Werkzeugkasten der funktionalen Typologie eine bestimmte Weltregion in den Blick genommen, nämlich der zweitkleinste Kontinent: Europa. Aus diesem Forschungsstrang heraus sind im Lauf der letzten 15 Jahre Arbeiten zu den Kernbereichen typologischer Variation wie Wortstellung, Tempus und Aspekt, Struktur der Nominalphrase, Subordination, Adverbialkonstruktionen, Klitika, aber auch zu den Bereichen Wortprosodie und pragmatische Diskursorganisation entstanden: Neben acht EUROTYP-Bänden (erschienen im Zeitraum 1997–2006) im Gesamtumfang von mehr als 7000 Seiten gehören dazu auch Arbeiten zur Genese grammatischer Konstruktionen und zu Grammatikalisierungsprozessen in den europäischen Sprachen (wie Heine/Kuteva 2006) und als Überblickswerk zu Themen wie Typologie der Sprachfamilien, Sprachkontakt, Sprachgeschichte oder Sprachpolitik im geografischen Europa der von Kortmann/van der Auwera 2011 herausgegebene Band. Parallel dazu entwickelte sich primär aus der Slawistik und Balkanlinguistik heraus die sog. *Eurolinguistik* (Hinrichs 2010), die insbesondere durch die politischen Umbrüche in Osteuropa in den frühen 1990er Jahren stimuliert wurde.

Whorf wollte in seinem Artikel zu den amerikanischen Indianersprachen in erster Linie darauf hinweisen, dass diese sich typologisch radikal von den am besten bekannten Sprachen Europas unterscheiden und Letztere zudem aus der Außensicht einander doch erstaunlich ähnlich erscheinen.

Ein gutes Dutzend der besten **Kandidaten für SAE-Strukturmerkmale** wurde von Haspelmath (2001) zusammengestellt. Sie sind charakteristisch für die Sprachen des engen, kulturhistorisch definierten Europas und kommen außerhalb dieser Sprachen in Europa und in der Welt kaum oder gar nicht vor. Eine Auswahl findet sich in Tabelle 13, darunter auch die drei Struktureigenschaften, die oben bereits aus globaler Perspektive als ›exotische‹ Europa-Spezifika genannt wurden (vgl. die Merkmale 1–3).

Allerdings kommen nicht sämtliche der Eigenschaften in Tabelle 13 in allen vermeintlichen SAE-Sprachen vor, wie die **Cluster-Karte** in Abbildung 5 zeigt. Sämtliche 9 Merkmale lassen sich lediglich im orange schattierten Gebiet (mit dem Französischen, Deutschen und Niederländischen im Kern) nachweisen; van der Auwera (1998, 2011) nennt es nach der Ausdehnung des Frankenreichs im frühen 8. Jahrhundert unter Kaiser Karl dem Großen den *Charlemagne Sprachbund*. Es folgen ausgreifend von diesem Gebiet weitere Areale mit Sprachen, die jeweils 8, 7 oder 6 der Merkmale in Tabelle 13 zeigen. Sprachen außerhalb der durch Schattierung, Linien oder Punkte markierten Areale (z. B. alle Mitglieder der keltischen, nordgermanischen, baltischen und slawischen Sprachfamilien) weisen 5 oder weniger der postulierten SAE-Strukturmerkmale auf.

Wählt man andere oder zusätzliche Strukturmerkmale aus (wie z. B. in Kortmann 1997 zur Typologie adverbialer Subordination, speziell adverbialer Konjunktionen) oder legt man andere Mindestwerte für die erforderliche Anzahl von Kriterien fest, die eine Sprache erfüllen muss, um als (zumindest periphere) SAE-Sprache zu gelten, wird der Kreis von SAE-Sprachen größer als in Abbildung 5. Hinzu treten dann die slawischen, die baltischen und die (zumindest festlands-)skandinavischen Sprachen. Somit können die folgenden Sprachen als **SAE-Sprachen** gelten: alle romanischen, germanischen und slawischen Sprachen; die baltischen Sprachen Lettisch und Litauisch; Albanisch, Griechisch und Ungarisch (vgl. auch Heine/Kuteva 2006: 25). Als einzige Sprachfamilie in Westeuropa bleiben die keltischen Sprachen außen vor. Sie haben beispielsweise als einzige europäische Sprachfamilie VSO als Grundwortstellung eines Haupt- und Aussagesatzes, also eine Wortstellung, wie sie im Deutschen für Satzfragen typisch ist. Hingewiesen sei auf die teils marginale Rolle, die das Englische im Konzert der SAE-Sprachen spielt. Nicht nur geografisch, auch typologisch ist die **Weltsprache Englisch eher eine untypische Sprache Europas**, was u. a. darauf zurückgeführt werden kann, dass das Englische im Mittelalter stark von Sprachkontakt mit dem Französischen, den skandinavischen und – in weit geringerem Maße – den keltischen Sprachen geprägt wurde.

Welche Kriterien man für SAE-Mitgliedschaft auch anlegen mag, SAE ist kein ›Sprachbund Europa‹ und auch nicht *der* europäische Sprachbund, wohl aber der größte Sprachbund, der bislang für das geografische Europa postuliert wurde. Allerdings ist SAE ein rein kultursprachlicher oder ***Ausbau*-Sprach-**

8.3 Die Verschiedenheit der Sprachen

Arealtypologie
(am Beispiel Europas)

1.	Indefinite/definite Artikel	_ein_ Freund; _der_ Freund
2.	Postnominale Relativsätze mit Relativpronomen	der Freund, _der_ aufgeregt winkte
3.	HABEN-Perfekt	ich _habe_ gelacht
4.	Partizip Passiv	ich wurde _belacht_
5.	Externe Possessoren im Dativ	_ihm_ lief die Nase
6.	Indefinite Negations-Pronomen ohne Negation am Verb	niemand sah [Ø neg] etwas
7.	Äquativ-Konstruktionen basierend auf adverbialen Relativsatzkonstruktionen	er war so groß _wie_ stark
8.	Pronomina statt Affixe als Subjekt-Markierungen (also kein Pro-drop)	_ich_ gehe vs. *gehe
9.	Unterscheidung zwischen Intensifikatoren und Reflexivpronomina	der Präsident _selbst_ (Intens.) verteidigte _sich_ (Refl.)

Tab. 13:
Strukturmerkmale des _Standard Average European_ (nach Haspelmath 2001)

bund, der fast ausschließlich auf den schriftsprachlichen Standardvarietäten der (vor allem west- und zentral-)europäischen Sprachen basiert.

Die Suche nach Belegen für regional beschränktere Sprachbünde als SAE war hingegen nur teilweise erfolgreich. Für vermutete Sprachbünde im Ostsee- und im Mittelmeerraum konnten keine überzeugenden Belege gefunden werden (vgl. Wälchli 2011; Sansó 2011). In beiden Fällen findet man lediglich multiple **Kontaktüberlagerungszonen**, d. h. paarweise Strukturähnlichkeiten von unmittelbar benachbarten Sprachen. Das einzige überzeugende Beispiel für einen kleineren Sprachbund innerhalb von Europa ist der Balkan-Sprachbund.

Der Balkan-Sprachbund ist zweifellos der am längsten und besten dokumentierte und im weltweiten Vergleich nach wie vor wohl überzeugendste Fall eines sprachlichen Konvergenzareals (u. a. auch wegen des systematischen Einbezugs der gesprochenen Varietäten, inklusive der Balkan-Dialekte). Zu den markantesten konstitutiven Strukturmerkmalen des Balkan-Sprachbunds gehören die drei folgenden:

- nachgestellter definiter Artikel (z. B. Rumänisch _om-ul_ ›Mensch-der‹, Albanisch _vajz-a_ ›Mädchen-das‹);
- Infinitiversatz durch finite Nebensätze (z. B. Griechisch _θel-o na maθ-o_ ›will-ich dass lerne-ich ~ ich will lernen‹ und
- die Verdoppelung von direkten und indirekten Objekten durch pronominale Klitika, wie in Beispiel (32) aus dem Mazedonischen (Tomić 2011: 314):

(32) Jana mu go dade pismoto.
Jana 3SG.N.DAT.CL. 3SG.N.ACC.CL geb.3SG Brief+DET.N.SG
na deteto/ na edno dete.
zu Kind+DET.N.SG zu ein.N.SG Kind
›Jana gab den Brief dem/einem Kind (das ich kannte).‹

Wichtig ist, dass genetisch eng verwandte Sprachen außerhalb des Konvergenzareals diese Merkmale nicht aufweisen, d. h. sie sind durch Sprachkontakt entstanden. Häufig ist die Gesamtheit der

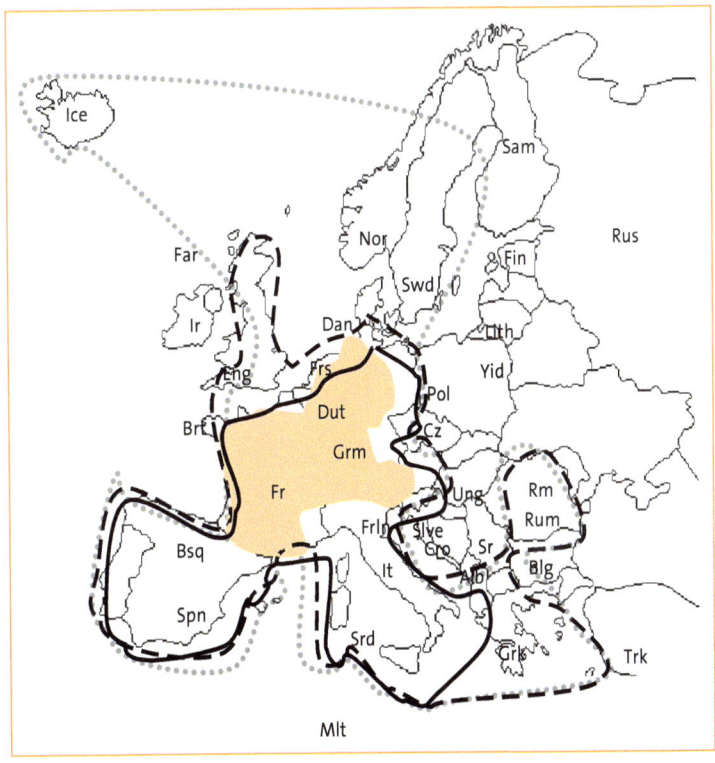

Abb. 5:
SAE-Karte (nach Haspelmath 2001, aus van der Auwera 2011: 296);
9 Merkmale (orange),
8 Merkmale (fette Linie),
7 Merkmale (fett gestrichelte Linie), 6 Merkmale (gepunktete Linie)

Sprachbundmerkmale nur in einer Untermenge der beteiligten Sprachen zu beobachten, während die Sprachen an der Peripherie des Sprachbundes eine deutlich geringere Anzahl dieser Merkmale zeigen. Für den **Balkan-Sprachbund** besteht weitgehend Einigkeit, dass die folgenden Sprachen zum Kern gehören:

- Albanisch
- (Neu-)Griechisch
- die südslawischen Sprachen Bulgarisch und Mazedonisch
- die ostromanischen Sprachen Rumänisch, Megleno-Rumänisch und Aromunisch

Der **Peripherie** werden zugerechnet:
- Serbisch/Kroatisch
- Ungarisch
- Türkisch

Diese Heterogenität ist auch in Tabelle 14 zu erkennen. Die Tabelle zeigt, dass selbst in den sieben Kernsprachen die Merkmale in wechselnden Konstellationen auftreten. Zum Beispiel gibt es keinen nachgestellten definiten Artikel im Neugriechischen (erste Zeile, rechte Spalte); in manchen Sprachen ist ein bestimmtes Merkmal lediglich optional vorhanden (angezeigt durch Klammern). Keine Kernsprache des Balkan-Sprachbunds weist alle 10 gelisteten Merkmale auf – die Schwankungsbreite liegt zwischen 5 (Griechisch) und 9 (Bulgarisch und Albanisch). Auch sind nur drei Strukturmerkmale (4, 5, 7) in allen sieben Kernsprachen dokumentiert; Merkmale 3 und 8 sind lediglich in vier der Kernsprachen belegt.

Die Beispiele (32) bis (37) illustrieren einige der in Tabelle 14 genannten Merkmale (Tomić 2011: 311–317).

Balkanismen, also typische Merkmale des Balkan-Sprachbunds, finden sich auch im lexikalischen Bereich der Grammatik, d.h. bei den **Funktionswörtern**. Ein Beispiel ist die Bildung von Kausalkonjunktionen. In (38) sind Kausalkonjunktionen gelistet, die alle aus einem Partizip des Kopulaverbs ›sein‹ gebildet sind – mit einem Partizip Perfekt (›gewesen‹; wie im Albanischen) oder einem Partizip Präsens (›seiend‹; wie im Rumänischen, Mazedonischen und Serbisch-Kroatischen) – meist gefolgt von einer subordinierenden Konjunktion (COMP) des Typs *dass/that* (vgl. Kortmann 1997: 234).

(38) Alb.   më-qenë-se   mit-sein:PRF.PTCP-COMP
            më-qenë-që   mit-sein:PRF.PTCP-COMP
            duke qenë se   GERUND sein:PRF.PTCP COMP
     Rum.   fiind-că   sein:PRS.PTCP-COMP
            dat fiind că   geb:PAST.PTCP sein:PRS.PTCP COMP
     Mzd.   bidejkí   sein:PRS.PTCP
     Srb./Kr. budući da   sein:PRS.PTCP COMP

Gründe für Konvergenzareale: Ein häufig genannter Grund für die Entstehung von sprachlichen Konvergenzarealen ist lang anhaltender **Sprachkontakt**, verbunden mit verbreiteter Mehrsprachigkeit. Ein bekanntes aus Sprachkontakt resultierendes Phänomen im Bereich des Wortschatzes sind deshalb **Entlehnungen**. Besonders bemerkenswert sind Entlehnungen von Funktionswörtern, da diese sich in der Regel nur schwer und nach langem und intensivem Sprachkontakt von einer in die andere Sprache kopieren lassen. In (39) finden wir die für Turksprachen typische Kausalkonjunktion *çünki/çünkü*, die (aller Wahrscheinlichkeit nach aus dem Türkischen) in umgangssprachliche oder dialektale Varietäten des Mazedonischen, Albanischen und Aromunischen entlehnt wurde. In (40) liegt ein ähnlicher Fall vor: Diesmal handelt es sich um eine Konzessivkonjunktion (zurückgehend auf das Altgriechische), die große Verbreitung in den Balkansprachen gefunden hat (vgl. Kortmann 1997: 234–235):

(39) Blg.   čunkim (umgangssprachlich)
     Mzd.   cunki(m) (umgangssprachlich)
     Alb.   çynqi, çynçi, çimçi (dialektal)
     Arom. ciunke

(40) Blg.   makar ce
     Mzd.   makar (što)
     Srb./Kr. makar (da)
     Rum.   măcar că
     Alb.   makar
     Gr.   makari na

Typologie und Dialektologie: Von der Arealtypologie kommend, ist der Schritt zur Dialektologie ein ganz natürlicher – und ein kleiner dazu. Dies sind schließlich die beiden Standbeine der **Areal- oder Geolinguistik**, in deren Zentrum das Verhältnis von Sprache und Raum, genauer die räumliche Verteilung sprachlicher Merkmale, steht (vgl. Goebl 2001; zu diatopischer Variation s. auch Kap. 7.3.1). Etwa seit dem Jahr 2000 stehen vermehrt große Datenbasen und Korpora zur Verfügung, mit deren Hilfe verlässliche quantitative

	Balkan-Slawisch		Balkan-Romanisch			Albanisch	Neugriechisch	Total
	Mzd	Blg	Rum	M-Rum	Arom			
Kasus und Artikel								
1. nachgestellte Artikel	+	+	+	+	+	+	−	6
2. Präpositionen zum Ausdruck von Kasusrelationen (Bsp. 33)	+	+	(+)	+	(+)	(+)	(+)	3 (4)
Pronominale Klitika								
3. Dativ/Akkusativ-Zusammenfall	+	+	(+)	−	−	−	+	3 (1)
4. Objektverdoppelung durch pronominale Klitika (Bsp. 32)	+	+	+	+	+	+	+	7
Konjunktivkonstruktionen								
5. mit Konjunktivmarkern (Bsp. 34)	+	+	+	+	+	+	+	7
6. Verben mit Konjunktivmorphologie (Bsp. 34a, 35a)	−	−	+	+	+	+	−	4
7. »blanke« (nicht durch Hauptsatz eingeleitete) Konjunktive (Bsp. 35)	+	+	+	+	+	+	+	7
8. mit ›wollen‹ zum Ausdruck des Futurs (Bsp. 36)	−	(+)	(+)	−	+	+	−	2 (2)
9. mit ›haben‹ zum Ausdruck des Futurs (Bsp. 37)	+	+	(+)	+	−	(+)	−	3 (2)
10. **Modus Evidentialis**	+	+	−	+	(+)	+	−	4 (1)
	8	8 (1)	5 (4)	8	6 (2)	7 (2)	4 (1)	

Tab. 14: Auftreten ausgewählter grammatischer Balkanismen in den Kernsprachen des Balkan-Sprachbunds (nach Tomić 2011: 320)

(33) (a) sestrata na profesora (Blg.)
Schwester+DET.F.SG zu Professor+DET.M.SG
›die Schwester des Professors‹

(b) sor-sa a profesorlui (Arom.)
Schwester+POSS.M.SG.CL zu Professor+DET.M.SG.DAT
›die Schwester des Professors‹

(34) (a) Feata lipseaschce (tă) s-neagă. (Arom.)
Mädchen+DET.F.SG soll.3SG dass.SBJV SBJV.MARKER-geh.3SG.SBJ.PRS
›Das Mädchen sollte gehen.‹

(b) Thelo na pao eki. (Gr.)
will.1SG SBJV.MARKER geh.1SG dorthin
›Ich möchte dort hingehen.‹

(35) (a) Të shkosh! (Alb.)
SBJV.MARKER geh.2SG.SBJV
›Du solltest gehen!‹

(b) Da odiš! (Mzd.)
SBJV.MARKER geh.2SG
›Du solltest gehen!‹

(36) Va s-yin măne. (Arom.)
will.MOD.CL SBJV.MARKER-komm.1SG morgen
›Ich werde morgen kommen.‹

(37) Njama da dojdat. (Blg.)
nicht+hab.3SG SBJV.MARKER komm.3PL.PFV.PRS
›Sie werden nicht kommen.‹

8.3 Die Verschiedenheit der Sprachen

Arealtypologie (am Beispiel Europas)

Aussagen (z. B. zur Gebrauchsfrequenz) und qualitative Aussagen (über Vorkommen und Gebrauchsbeschränkungen) zu dialektgrammatischen Phänomenen getroffen und in Bezug zu Klassifizierungen, Generalisierungen und Erklärungen typologischer Parameter der aktuellen sprachtypologischen Forschung gesetzt werden können, die bislang eben noch weitgehend auf den jeweiligen Standardvarietäten basieren. Damit stehen gerade aus Sicht der europäischen Arealtypologie die Chancen sehr gut, dass die Erforschung dialektgrammatischer und – allgemeiner noch – spontansprachlicher Grammatikvariation als Komplement zur etablierten (schrift-)standardsprachlichen Orientierung hinzutritt.

Typologie spontansprachlicher Varietäten

Eine Vielzahl von Studien der letzten zehn Jahre, die im Geiste dieser neuen Partnerschaft zwischen Typologie und Dialektologie durchgeführt wurden (vgl. z. B. in Kortmann 2004; Kortmann/ van der Auwera 2011; Siemund 2011), haben gezeigt, dass die systematische Erforschung von Variation auf der Mikroebene der Dialekte und Nicht-Standard-Varietäten typologische Makrovariation über die Sprachen der Welt hinweg sinnvoll ergänzt und teilweise sogar als Korrektiv für die Befunde zur Makrovariation zu dienen vermag. Dies ist besonders für solche Sprachen zu erwarten, bei denen die (schrift-)sprachliche Standardvarietät in vielerlei Hinsicht eine einsame Sonderstellung im Vergleich mit der großen Mehrzahl von Dialekten und spontansprachlichen Varietäten einnimmt, wie z. B. im Fall des Britischen Standardenglisch. Aus Sprachbundperspektive wird eine der spannendsten Fragen der Zukunft sein, inwieweit die als konstitutiv für *Standard Average European* identifizierten Strukturmerkmale der (Schrift-)Standardvarietäten auch für die spontansprachlichen Varietäten gelten oder ob eine dialektbasierte europäische Arealtypologie nicht zu ganz anderen Schlussfolgerungen und möglichen arealen Mustern gelangt, als sie im Ausbau-Sprachbund SAE zu beobachten sind (vgl. z. B. Murelli 2011 und Murelli/Kortmann 2011).

Zur Vertiefung

Kontroversen um das Konzept des Sprachbundes

Innerhalb der Arealtypologie gibt es in vielen Punkten keinen Konsens in Bezug auf zentrale Fragen wie die folgenden (vgl. Stolz 2010):

1. Wie viele und welche **Kriterien** müssen erfüllt sein, um einen Sprachbund postulieren zu können? Muss ein Sprachbund z. B. aus mindestens drei Sprachen bestehen und müssen diese Sprachen verschiedenen Sprachfamilien angehören? Reicht eine einzige Gemeinsamkeit oder erfordert ein Sprachbund mindestens zwei Gemeinsamkeiten? Gilt nur positive Evidenz oder kann sich ein Sprachbund auch durch die Abwesenheit bestimmter struktureller oder lexikalischer Eigenschaften auszeichnen?

2. Wie sieht es mit der Arealität eines Sprachbunds aus? Wird sie durch geografische, politische oder kulturelle Grenzen bestimmt? Kann man alle Mitglieder eines Sprachbunds klar bestimmen? Sind Sprachbünde eher in **Zentrum** (mit mehr gemeinsamen Merkmalen) **und Peripherie** (mit weniger gemeinsamen Merkmalen) organisiert – und wie legt man in Anbetracht der Peripherie die Grenze eines Sprachbunds fest? Möglicherweise erweisen sich bei genauer Analyse viele der in der Forschung als mögliche Sprachbünde gehandelten Areale als das, was Typologen inzwischen für den Ostsee-Sprachbund und den Mittelmeer-Sprachbund konstatieren mussten: multiple **Kontaktüberlagerungszonen**, d. h. paarweise Strukturähnlichkeiten von unmittelbar benachbarten Sprachen (vgl. Koptjevskaya-Tamm/Wälchli 2001).

3. Wie sind Sprachbünde zu erklären: Durch langen oder doch zumindest zeitweise **intensiven Sprachkontakt** (dies vermutet Haspelmath 2001 hinsichtlich der Genese des SAE, dessen prägende Phase er in der Zeit der Völkerwanderung im Übergang der Spätantike zum frühen Mittelalter sieht), durch ein **gemeinsames Substrat** oder vielleicht durch ein **gemeinsames Superstrat**? (Man denke z. B. beim SAE in seiner Eigenschaft als *Ausbau*-Sprachbund an die – bereits von Whorf 1939 ins Feld geführte – Möglichkeit der Prägung durch das Lateinische und Altgriechische, den beiden **Leit- oder Dachsprachen** für die Entwicklung der modernen europäischen Schriftsprachen; vgl. Décsy 1973.) Vielleicht bedarf es aber auch keiner dieser drei Möglichkeiten, damit sich sehr ähnliche Strukturmerkmale unter geografisch unmittelbar benachbarten Sprachen entwickeln. Es gibt durchaus auch die Möglichkeit von parallelen Strukturentwicklungen (z. B. Grammatikalisierungspfaden wie der Entwicklung von Verben des Wollens zu Futurmarkern, wie im Fall von Englisch *will*). Schließlich darf man (als allerletzte Option) auch den Zufall nicht ausschließen.

Weiterführende Literatur

Die beiden Standardeinführungswerke in die **Sprachtypologie** sind Comrie (1989) und Croft (2002). Empfehlenswert sind darüber hinaus auch Whaley (1997) und Song (2001). Handbücher, die detailliert über alle Facetten der Sprachtypologie informieren, sind Song (2011) und Haspelmath et al. (2001). Online-Ressourcen, die für jede sprachtypologisch interessierte Person von größtem Nutzen sein dürften, sind:

- das von der Universität Konstanz beherbergte Universalienarchiv, das in der Literatur dokumentierte Universalien unterschiedlicher Art elektronisch erfasst und mit verschiedenen Suchoptionen zugänglich macht (http://typo.uni-konstanz.de/archive/intro),
- die elektronische Version des *World Atlas of Language Structures* (WALS), einer systematischen und interaktiven Dokumentation der geografischen Verteilung von mehr als 140 Merkmalen und Merkmalskombinationen in den bisher erfassten Sprachen der Welt (http://wals.info/),
- die Website von *Ethnologue: Languages of the World*, einem umfassenden Referenzwerk, das die Sprachen der Welt katalogisiert und auch Statistiken und Karten enthält (http://www.ethnologue.com/).

Einen umfassenden Überblick über die europäischen Sprachen aus typologischer und **arealtypologischer** Sicht gibt das Handbuch von Kortmann und van der Auwera (2011). Eine sehr informative Wiki-Website zur vergleichenden europäischen **Dialektsyntax** findet sich hier: http://www.dialectsyntax.org/.

Aufgaben

1. Der Unterschied zwischen kopf- und dependensmarkierenden Konstruktionen existiert nicht nur auf der Ebene von Phrasen, sondern auch auf der von Sätzen (hier gilt das Verb als der Kopf; seine Argumente sind die Modifikatoren). Sehen Sie sich die folgenden Beispiele an und klassifizieren Sie! Sind immer eindeutige Zuordnungen möglich?

    (a) Russisch (Van Valin 2005: 16)

Molod-aja	učitel'nic-a	da-l-a	nov-uju
jung-F.SG.NOM	Lehrer-F.SG.NOM	geb-PST-F.SG	neu-F.SG.ACC
knig-u	star-oj	ženščin-e.	
Buch-F.SG.ACC	alt-F.SG.DAT	Frau-F.SG.DAT	

    ›Die junge Lehrerin gab einer/der alten Dame ein/das neue Buch.‹

    (b) Abchasisch (Kaukasisch, Georgien) (Song 2001: 199, Nichols 1986: 61)

a-xàc'a	a-pħ°ə́s	a-š°q°'ə́	Ø-lə́-y-te-yt'
der-Mann	die-Frau	das-Buch	es-ihr-er-gab-FINITE

    ›Der Mann gab der Frau das Buch.‹

    (c) Kroatisch (angepasst von Van Valin 2005: 18)

kupi-l-a	je	knjig-u
kauf-PST-F.SG	sein.3SG	Buch-F.SG.ACC

    ›Sie hat das Buch gekauft.‹

2. Hawkins (1983: 84) stellt die folgende implikative Universalie auf: »Wenn in einer Sprache Nomen vor Demonstrativpronomen stehen, stehen Nomen auch vor Relativsätzen.« Zeichnen Sie eine tetrachorische Tabelle zu dieser Universalie!

8.3 Die Verschiedenheit der Sprachen

Aufgaben

3. Greenberg (1963: 78 f.) stellt die folgende statistische Universalie auf: »In Sprachen mit Präpositionen folgt der Genitiv fast immer dem Bezugsnomen; in Sprachen mit Postposition geht er ihm fast immer voran.« Zeichnen Sie eine tetrachorische Tabelle zu dieser Universalie. Warum handelt es sich hier nicht um eine implikative Universalie?

4. Sehen Sie sich die folgenden Beispiele aus dem Dyirbal an (Song 2001: 147). Welcher Faktor spielt bei der morphosyntaktischen Kodierung der Argumente eine Rolle? Inwiefern ergibt sich dadurch ein differenzierteres Bild als in 8.2.1 dargestellt? (Denken Sie an den Unterschied zwischen holistischer und partieller Typologie!)

   (a) ŋuma   yabu-ŋgu   bura-n
       Vater.ABS Mutter-ERG   seh-NFUT
       ›Die Mutter sah den Vater.‹

   (b) ŋuma   banaga-nyu
       Vater.ABS zurückkehr-NFUT
       ›Der Vater kehrte zurück.‹

   (c) ŋana   nyurra-na   bura-n
       wir.NOM   euch-ACC   seh-NFUT
       ›Wir haben euch gesehen.‹

   (d) nyurra   banaga-nyu
       ihr.NOM   zurückkehr-NFUT
       ›Ihr seid zurückgekehrt.‹

5. Im Deutschen kann eine Nominalphrase im Nominativ zugleich als Agens eines transitiven Verbs und als einziges Argument eines intransitiven Verbs fungieren, wie im Satz *Der Vater sah den Jungen und stolperte*. Im Dyirbal hingegen kann eine Nominalphrase im Absolutiv zugleich als Patiens eines transitiven Verbs und als einziges Argument eines intransitiven Verbs fungieren (Song 2001: 195). Übersetzen Sie die folgenden Sätze (die Reihenfolge der Verben spiegelt auch im Dyirbal ikonisch die Reihenfolge der Handlung wider):

   (a) ŋuma   banaga-nyu   yabu-ŋgu   bura-n
       Vater.ABS zurückkehr-NFUT   Mutter-ERG   seh-NFUT
   (b) ŋuma   yabu-ŋgu   bura-n   banaga-nyu
       Vater.ABS Mutter-ERG   seh-NFUT   zurückkehr-NFUT

6. Vergleichen Sie die folgenden Beispielpaare und überlegen Sie, warum sie als Standardbeispiele für Distanzikonizität gelten.

   Buru (Austronesisch; Indonesien) (Haspelmath 2008: 14)
   (1) (a) Da   puna   ringe   gosa.
           3SG.A   verursach   3SG.P   gut.sein
           ›He (did something which, indirectly,) made her well.‹

       (b) Da   pe-gosa   ringe.
           3SG.A   CAUS-gut.sein   3SG.P
           ›He healed her (directly, with spiritual power).‹

Japanisch (Haspelmath 2008: 14)
(2) (a) John-wa   Mary-ni   huku-o   ki-se-ta.
        John-TOP   Mary-DAT   Kleider-ACC trag-CAUS-PST
        ›John put clothes on Mary.‹

    (b) John-wa   Mary-ni   huku-o   ki   sase-ta.
        John-TOP   Mary-DAT   Kleider-ACC trag verursach-PST
        ›John made Mary wear clothes.‹

Englisch (Lakoff/Johnson 1980: 131)
(3) (a) Sam killed Harry.
    (b) Sam caused Harry to die.

Alice Blumenthal-Dramé und Bernd Kortmann

9 Die Entstehung von Sprache

9.1 Grundlagen
9.2 Sprachentstehung in der Phylogenese
9.3 Sprachentwicklung beim Kind
9.4 Die Entstehung von Pidgins und Kreolsprachen

9.1 | Grundlagen

Die Entstehung von Sprache kann man aus verschiedenen Perspektiven betrachten:
- Wie kam der Mensch zur Sprache (**Phylogenese**)? Genauer: Worin besteht eigentlich die menschliche Sprachfähigkeit?
- Wie erwerben Kinder Sprache (**Ontogenese**)?
- Wie sind die jüngsten Sprachen entstanden (**Kreolgenese**)?

Die Forschungsliteratur zu jedem dieser Themen füllt viele Bände; insofern erscheint der Versuch, sie in einem Kapitel zu behandeln, vermessen. Jedoch haben sie auch einen gemeinsamen Nenner, der im Folgenden herausgearbeitet werden soll: Sie beruhen alle auf der **menschlichen Fähigkeit zur Kommunikation und der Fähigkeit zum Lernen** von grammatischen, semantisch-pragmatischen und sozialen Strukturen.

Phylogenese: Bei der Entstehung von Sprache in der menschlichen Phylogenese (aus griech. *phýlon* ›Stamm‹ und *génesis* ›Ursprung‹) fragen wir danach, wie unsere Vorfahren ein Sprachsystem entwickelt haben, d. h. nach der **Evolution** von Sprache (Kap. 9.2). Dabei mussten Symbole ausgebildet werden, also konventionalisierte Form-Funktionseinheiten wie etwa das Wort *Bild* mit der Bedeutung ›ikonische Darstellung in einem materiellen Medium‹. Charakteristisch für das menschliche Sprachsystem ist aber mehr: Es erlaubt es, solche Symbole zu verknüpfen, um komplexe Ausdrücke zu bilden, wie etwa *das rote Bild* oder *das ist mein Bild*. Mit solchen komplexen Ausdrücken kann man Aussagen über etwas machen; sie gehen über die Symbolfunktion einzelner Wörter hinaus. Genau hierin liegt aber die entscheidende Qualität der menschlichen Kommunikation: Menschen teilen einander etwas mit, und sie machen Aussagen über etwas (Prädikation).

Die menschliche Sprachfähigkeit

Ontogenese: Beim **Erstspracherwerb** (Kap. 9.3) wird das Kind schon in eine kommunizierende und sprechende Gemeinschaft hineingeboren und muss beim Kommunizieren die Umgebungssprache(n) erlernen. Die Untersuchung der Entstehung von Sprache im Individuum (Ontogenese, aus griech. *on* ›das Seiende‹ und *génesis* ›Geburt‹) gibt uns also vor allem Aufschluss über die Lernmechanismen und die kognitiven und sozialen Fähigkeiten, die Kinder brauchen, um Sprache lernen zu können.

Kreolsprachen: In der kommunikativen Ausnahmesituation, die zur Ausbildung von **Pidgin- und Kreolsprachen** führt (Kap. 9.4), treffen erwachsene, schon der Sprache mächtige Menschen aufeinander, ohne dass es eine gemeinsame Sprache gibt. Hier stellt sich ein zweifaches Problem: Die Erwachsenen müssen eine Verkehrssprache entwickeln, um überhaupt miteinander kommunizieren zu können; die Kinder müssen eine Umgebungssprache erwerben, die gerade erst im Entstehen und daher (noch) nicht konsolidiert ist. Das Kind kann also nicht einfach die Umgebungssprache reproduzieren, sondern muss aus dem heterogenen Sprachinput ein eigenes Sprachsystem schaffen.

9.2 | Sprachentstehung in der Phylogenese

Für die Entstehung der menschlichen Sprache in der Phylogenese gibt es keine materielle Evidenz, mit anderen Worten: Wir können nur darüber spekulieren, wann, wo, wie oder gar worüber die frühen Hominiden gesprochen haben. Das Rätsel des Entstehens der Menschheit und der Entwicklung ihrer kommunikativen Fähigkeiten einschließlich der Ausbildung von grammatischen Strukturen in vielen tausend Sprachen lässt sich nur lösen, wenn Linguisten mit Kognitionswis-

9.2 Die Entstehung von Sprache

Sprachentstehung in der Phylogenese

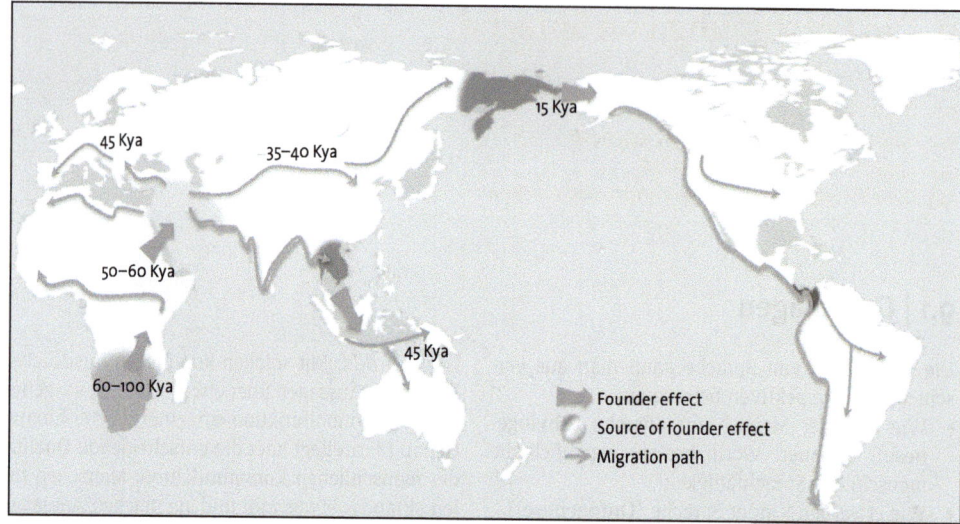

Abb. 1:
Die Wiege der Menschheit stand in Afrika
(aus Henn et al. 2012: 2; Kya = 1000 Jahre)

senschaftlern, Paläontologen, Genetikern, Anthropologen und anderen zusammenarbeiten, um zu einer biologisch und kulturell plausiblen Rekonstruktion der menschlichen Sprachfähigkeit zu kommen (vgl. Christiansen/Kirby 2003; Evans/Levinson 2009). Im Zentrum unserer Diskussion des Sprachursprungs steht daher die Integration sprachwissenschaftlicher Erkenntnisse in einem interdisziplinären Diskurs.

Die Sprachfähigkeit ist nicht nur das zentrale Merkmal, das Menschen von anderen Spezies unterscheidet, sie prägt das Miteinander der Menschen auch so nachdrücklich, dass man sich gemeinsames Handeln ohne Sprache gar nicht vorstellen kann. Die Erklärung der menschlichen Sprachfähigkeit hat also mindestens zwei Komponenten: Die **genetisch-biologische Evolution**, die die Sprech- und Sprachfähigkeit des Menschen ermöglicht, und **die kulturelle Evolution,** die die Übermittlung von Symbolsystemen und Wissen von Mensch zu Mensch ermöglicht.

Die biologische und die kulturelle Evolution **interagieren,** weil die kulturelle Evolution die biolo-

gische *fitness landscape* (also die Reproduktionsrate bestimmter Genotypen) beeinflussen kann: Nicht nur die rein körperliche Stärke, sondern auch die soziale Kompetenz oder der geschickte Einsatz von kulturellen Artefakten wie Brillen oder Fluchtautos beeinflussen unsere Überlebenschancen entscheidend. Levinson (2006) spricht von einer *twin track evolution*, um die Interaktion von biologischer und kultureller Evolution zu betonen. Tomasello fügt hinzu, dass die kulturelle Tradierung von Wissen einen Wagenheber-Effekt (*ratchet effect*) hat: Die Menschheit kann sich selbst auf höhere Stufen der Entwicklung hieven (Tomasello 2010). Wir überwinden heute unsere biologischen Grenzen mittels vieler kultureller Artefakte von einfachen Sehhilfen bis hin zu immer schnelleren Fortbewegungsmitteln. Ebenso dient Sprache heute nicht mehr nur der direkten Kommunikation, sondern wir können unsere Gedanken in Schrift fixieren und auf vielfältige Weise über die Grenzen von Zeit und Raum hinweg übermitteln.

Gesichertes Wissen: Als gesichert kann allerdings das Folgende gelten:

- **Die Wiege der Menschheit** stand in Afrika. Die späteren Wanderungen erfolgten immer wieder nach einer gewissen Siedlungsstabilität (*founder effect*) in Schüben (s. Abb. 1).
- Es gilt jedoch bis heute als weitgehend ungeklärt, welche Wanderungsbewegungen der Menschheit es gab und wie sie mit der Ausprägung der menschlichen Sprache und den Sprachfamilien korrelieren; dies analysieren Sprachwissenschaftler heute im Zusammenschluss mit Genetikern (Hurford/Dediu 2009).

Definition

→ **Genetische Evolution** findet durch Übertragung des Erbguts oder Mutation statt. Bei biologischen Adaptationen führen Veränderungen im Phänotyp zu einer verbesserten Anpassung an die Umgebung.
→ **Kulturelle Evolution** findet durch Übertragung von Information statt, sei es durch Imitation oder Instruktion. Durch kulturelle Übertragung verfestigen sich Verhaltensweisen in einer Gesellschaft, sie können von mehreren Individuen ausgeübt und von der nächsten Generation gelernt werden (nach Christiansen/Kirby 2003).

9.2 Die Entstehung von Sprache

Sprachentstehung in der Phylogenese

- **Ein Sprach- oder Sprechgen** gibt es nicht. Stattdessen gibt es extrem komplexe Interaktionen von DNA-Sequenzen und Stoffwechselprozessen und damit nur einen sehr indirekten Zusammenhang zwischen Sprache und DNA (Fisher 2006).
- **Sprache ist ein komplexes System**, das nicht auf die Struktureigenschaften reduziert werden kann, sondern physiologische, kognitive, und soziale Aspekte umfasst (Beckner et al. 2009; Hurford 2008).

Universalgrammatik: Da nur die menschliche Spezies Sprache ausgebildet hat, liegt die Vermutung nahe, dass sie auf genetischen Unterschieden zu anderen Spezies beruht. Diese Hypothese stellte Noam Chomsky 1959 auf: Er geht davon aus, dass Sprache – genauer: die Fähigkeit zur Bildung von grammatischen Sätzen – auf einer angeborenen, also genetisch definierten Universalgrammatik beruht. Nur mit dieser Annahme ließe sich erklären, dass alle menschlichen Sprachen ähnliche Struktureigenschaften aufweisen und alle Kinder dieser Welt in überraschend kurzer Zeit Sprache lernen können (vgl. Chomsky 2011). Aus genetischer Perspektive kann der Zusammenhang zwischen Genom und Sprache jedoch nur ein sehr vermittelter sein: Es ist nicht davon auszugehen, dass bestimmte Struktureigenschaften von Sprache direkt auf dem Genom kodiert sind (Marcus/Fisher 2011). Eine plausiblere Auffassung von der Entstehung von Sprache ist, dass sie einerseits auf allgemeinen kognitiven Fähigkeiten zur Mustererkennung und Regelabstraktion beruht, andererseits auf den in der menschlichen Spezies besonders ausgeprägten sozialen Fähigkeiten (Tomasello 2010). In dieser Sichtweise beruht der wesentliche Schritt zur Sprache nicht auf einer genetischen Adaptation für Sprache, sondern auf der kulturellen Evolution. In diesem Sinne wäre Sprache wie ein sich entwickelnder und diversifizierender Organismus, und sprachliche Vielfalt ein Resultat der Ausbreitung kommunikativer Systeme (Evans/Levinson 2009).

Prä-Adaptationen: Was ist dann aber der Anteil der biologischen Adaptation an der Entstehung von Sprache? Er liegt in den Prä-Adaptationen, d.h. biologischen Veränderungen, die nicht an sich zu Anpassungen führen, aber diese möglich machen. Zum Beispiel sind die biologischen Veränderungen im menschlichen Vokaltrakt keine Veränderungen zum Zweck des Sprechens, aber sie machen Sprechen möglich, indem sie differenziertere Lautproduktionen erlauben. Biologische Prä-Adaptationen betreffen vor allem die Entwicklung der **Physiologie und Motorik**, die das Sprechen, Gebärden und Schreiben möglich machen (s. Vertiefungskasten; für eine ausführliche Darstellung vgl. Duncker 2011), sowie die Entwicklung bestimmter kognitiver Fähigkeiten wie die der Gedächtnisleistung und der Mustererkennung.

Mit Prä-Adaptationen lässt sich erklären, dass die Sprache zwar ein universales Merkmal der Menschen ist, aber nicht selbst durch Mutation entstanden, also direkt genetisch spezifiziert ist. Eine Analogie kann das veranschaulichen: Körperlich normal entwickelte Menschen haben gut be-

Sprache als Adaptation

> **Zur Vertiefung**
>
> **Biologische Prä-Adaptationen für Sprache**
>
> Vor etwa 1,5 Millionen Jahren begann ein überdurchschnittliches Hirnwachstum; dadurch konnten sich parallel zur Zunahme der Intelligenz der Hominiden auch langsam die neuronalen Voraussetzungen für die entstehende Sprachfertigkeit entwickeln (vgl. MacNeilage 2008).
>
> Vor etwa 100.000 Jahren entwickelten sich die physiologischen Voraussetzungen der menschlichen Lautsprache (Johansson 2005: 153). Grundlegend für die Bildung von Vokalen und Konsonanten war die veränderte Form des Ansatzrohrs sowie dessen Flexibilität. Die tief ansetzende Zungenwurzel erlaubte in Verbindung mit einer engen Stimmritze in einer stark gewölbten Mundhöhle die differenzierte Artikulation von Lauten.
>
> Notwendig für die Lautproduktion war zudem eine genaue neuronale Steuerung der einzelnen Elemente, die sich etwa in der allmählichen Vergrößerung des thorakalen Nervenkanals zeigt. Sie machte die für das Sprechen (und Singen) wichtige Atemkontrolle möglich (Fitch 2009). Ausgehend von der Erkenntnis, dass Menschen ebenso wie Säugetiere für die Vokalisierung Körperteile nutzen, die ursprünglich nur für Ernährung und Atmung entstanden waren, wird auch dem Vorgang des Kauens eine grundlegende Bedeutung als Wegbereiter der artikulatorischen Kontrolle des Sprechens zugewiesen (MacNeilage 2008: 91 f.).
>
> Bislang konnte ein Gen identifiziert werden, das in Zusammenhang mit der menschlichen Sprechfähigkeit steht. Eine bestimmte Variante des Fox-P2 Gens scheint an der Steuerung der Feinmotorik im Rachenraum beteiligt zu sein, so dass bestimmte Mutationen auf diesem Gen zu Sprachstörungen führen können (Fisher 2006; Ramus/Fisher 2009).

9.3 | Die Entstehung von Sprache

Sprachentwicklung beim Kind

> **Zur Vertiefung**
>
> **Der evolutionäre Nutzen von Sprache**
> Wenn Sprache primär der Weitergabe von Informationen diente, wäre dies aus evolutionärer Sicht für den einzelnen Menschen nicht unmittelbar von Vorteil, da man durch altruistische Informationsweitergabe seinen Informationsvorsprung aufgibt. Dessalles (2007: 316) argumentiert dagegen, dass der **Selektionsvorteil** eines symbolischen Kommunikationssystems zwar nicht für den Einzelnen, aber für die Gruppe besteht.
> **Informationsübertragung** durch Sprache stärkt das Wissen der Gruppe, was letztlich wieder dem Individuum nutzen kann. Dieser Vorteil ist additiv, wenn wir unser Wissen auf die nächsten Generationen übertragen, da die nachwachsende Generation das Wissen früherer Generationen mittels Sprache lernen kann. Zudem sind viele kulturelle Artefakte und Innovationen nicht in Einzelarbeit und innerhalb einer Lebensspanne realisierbar: Auch als Individuum gewinnen wir, wenn wir kooperieren (Tomasello 2010). Bezogen auf das Teilen von Informationen zahlt sich Altruismus also aus, allerdings nur, wenn wir Trittbrettfahrer ausschließen können. Insofern sind Altruismus und Normativität in der Kommunikation eng miteinander verbunden (Melis/Semmann 2010).
> Neben der Vergrößerung des Wissenshaushaltes dient Sprache mindestens sekundär auch dem **Gruppenzusammenhalt** und ist daher ein Vorteil im Wettbewerb ums Überleben. Sprache als »verbale Fellpflege« analog zum Lausen der Affen zu sehen (Dunbar 1993, 2003) scheint zwar übertrieben, beruht jedoch auf der zutreffenden Beobachtung, dass wir einen guten Teil unserer Zeit nicht damit verbringen, Informationen auszutauschen, sondern mittels Sprache auch den sozialen Zusammenhalt sichern, indem wir z. B. über andere Menschen und deren Reden sprechen. Dies mag evolutionär den Vorteil gehabt haben, über das normabweichende Verhalten von Mitgliedern der Gruppe informiert zu sein und durch den Klatsch das erprobte, normierte Verhalten zum stabilisierenden Standard zu erheben (Tomasello 2010).

Selektive Vorteile durch Sprache

wegliche Hände und benutzen diese zum Essen. Dies beweist aber weder, dass sich die Hände zum Zwecke des Essens entwickelt haben, noch, dass es ein ›Essen mit der Hand‹-Gen gibt, das uns dazu bringt, mit den Händen zu essen. Ein solches universales Verhalten muss überhaupt nicht genetisch spezifiziert sein, sondern ist wahrscheinlich einfach die Konsequenz der Tatsache, dass alle Menschen die gleiche Problemlösungsstrategie verfolgen: Sie möchten Nahrung in ihren Mund bekommen, und dazu bieten sich im Normalfall die Hände an. Auf Sprache bezogen heißt dies: »language is a new machine made out of old parts« (Bates/MacWhinney 1988: 147). Menschen haben durch Prä-Adaptationen wie der Fähigkeit zum Gestikulieren und zur Lautproduktion sowie der Fähigkeit zum Aufbau von Kategorien (Wissen über Objekte, Sachverhalte, Ereignisse) ein System entwickelt, mit dem wir durch Gesten (Zeichensprache) und/oder Laute (Lautsprache) über Objekte, Sachverhalte, Ereignisse und vieles mehr kommunizieren können (vgl. Bates 1979).

Wenn man davon ausgeht, dass die biologische Evolution dafür sorge, dass Menschen differenziert artikulieren können, bleibt zu erklären, wie und wann sie Symbole bildeten (Deacon 1997) und warum sie diese zur Kommunikation benutzten. Die Frage, welche **selektiven Vorteile die Entstehung von Sprache** brachte, kann als recht gut beantwortet gelten: Sprache ist ein Instrument des Wissensaustausches und Sprache ist ein Mittel zur Pflege sozialer Beziehungen.

9.3 | Sprachentwicklung beim Kind

Die (Erst-)Spracherwerbsforschung konzentriert sich traditionell auf den **Erwerb des Sprachsystems** auf den Ebenen:
- Wortschatz (Lexikon)
- Phonologie
- Morphologie
- Syntax
- Text- und Diskursstruktur

Ebenso muss aber auch die **Funktion sprachlicher Formen** erworben werden, also deren Semantik und Pragmatik.

In der Spracherwerbsforschung geht es nicht nur um die Ermittlung von normalen und abweichenden Spracherwerbsverläufen, sondern auch um **Lernvoraussetzungen** und **Lernmechanismen:** Unter welchen Voraussetzungen lernen Kinder was wie? Spracherwerb ist auch ein Sozialisationsprozess; Kinder erwerben nicht nur ein Sprachsystem, sondern sie wachsen auch in eine bestimmte Sprachgemeinschaft hinein. Dabei werden nicht nur die grammatischen Strukturen und der Wortschatz einer Sprache gelernt, sondern auch die kulturspezifischen Regeln der Kommunikation und die Weltsicht, die durch eine Sprache kodiert wird (s. Kap. 10). Daher stellt sich die Frage, wie die sozial-kommunikative Ontogenese mit der sprachlichen interagiert.

Anders als beim Zweitspracherwerb bringt das Kind beim Erstspracherwerb keine eigene Sprache mit, sondern lernt die Umgebungssprache(n). Kinder müssen aber natürlich die sprachlichen Strukturen nicht neu entwickeln, mit denen sie kommunizieren, sondern sie können sich an den ›Lösungen‹ der Sprachgemeinschaft orientieren. Hierfür haben Kinder in der Regel ein sehr unterstützendes **Umfeld**. Sehr kontrovers diskutiert wird hingegen die Frage, welche **kognitiven Voraussetzungen** die Kinder für diesen Lernprozess mitbringen müssen: Sind es womöglich schon angeborene Strukturen einer Universalgrammatik, die allen menschlichen Sprachen zugrunde liegt, wie es Noam Chomsky vorschlägt (s. Vertiefungskasten)? Oder lernt man Sprache, indem man sich an den kommunikativen Gewohnheiten der Umgebung orientiert und im Laufe der Entwicklung die Ähnlichkeiten und Unterschiede zwischen verschiedenen Äußerungen wahrnimmt und so die Grundkategorien und die Systematik des Systems über Generalisierungsprozesse im Sinne einer Mustererkennung und Musteranpassung abstrahiert (vgl. Behrens 2009a, b; Hohenberger/Peltzer-Karpf 2009; Lindner/Hohenberger 2009)?

Diese Möglichkeiten schließen einander auf den ersten Blick nicht aus, jedoch beruhen sie auf zwei einander fundamental entgegengesetzten Vorstellungen von Sprache: einerseits der Idee einer autonomen, unabhängig von anderen Aspekten der Kognition lernbaren Syntax, die losgelöst von Sprachgebrauch und Kommunikation besteht, andererseits einer gebrauchsbasierten Vorstellung von Sprache, die berücksichtigt, dass wir Sprache zu weit mehr als der Verbalisierung von Gedanken benutzen. Wir können mit Sprache zum Beispiel auch Handlungsanweisungen geben, die Gültigkeit von Behauptungen bezweifeln oder abschwächen, uns selbst positionieren oder Andere aus- und eingrenzen.

> **Zur Vertiefung**
>
> **Sprache als angeborenes Organ?**
> 1959 läutete Noam Chomsky die ›kognitive Wende‹ in der Sprachwissenschaft ein: Im Gegensatz zu der zur damaligen Zeit dominanten Schule des amerikanischen Strukturalismus forderte er, dass die Sprachwissenschaft nicht nur beschreibend, sondern erklärend sein müsse (Chomsky 1959). Insbesondere müsse sie erklären, wie die menschliche Sprachfähigkeit beschaffen sei; zur Klärung dieser Frage müsse sie sich an naturwissenschaftlichen Verfahren orientieren und Hypothesen testen. Chomsky sieht eine strikte Trennung zwischen der menschlichen Sprachfähigkeit und der Kommunikation bei Tieren. Man kann Tieren zwar einen relativ großen Zeichenvorrat beibringen, aber man kann bisher nicht nachweisen, dass nicht-menschliche Kommunikationssysteme eine formale Komplexität erlangen, die über einfache Wortkombinationen hinausgeht. Also scheint vor allem die Syntax das herausragende Merkmal menschlicher Sprachen zu sein, insbesondere die Eigenschaft der Rekursivität, die es erlaubt, durch die wiederholte Anwendung derselben Regeln unendlich viele und unendlich komplexe, aber korrekte Sätze zu bilden (Hauser/Chomsky/Fitch 2002; s. auch Kap. 4.7.2). Chomsky stellt die Hypothese auf, dass die menschliche Sprachfähigkeit auf einer angeborenen **Universalgrammatik** (UG) beruht. Er hält diese Hypothese für logisch zwingend: Kinder lernen die wesentlichen syntaktischen Strukturen jeder möglichen Sprache nicht nur innerhalb weniger Jahre, sondern – so Chomsky – fast fehlerfrei und ohne nennenswertes Training und oft auch ohne hinreichende Evidenz, weil der Input, den sie aus ihrer sprachlichen Umgebung bekommen, nicht ausreichend, widersprüchlich und/oder fehlerhaft ist (Chomsky 2011). Kinder beherrschen grammatische Strukturen, die sie nie gehört haben (fehlende positive Evidenz) und machen andererseits erwartbare Fehler nicht, obwohl niemand ihnen sagt, dass dies keine möglichen Strukturen sind (fehlende negative Evidenz). Dieses logische Problem des Spracherwerbs lässt sich laut Chomsky nur durch die Annahme einer angeborenen Universalgrammatik lösen, die das Kind mit einem spezifischen Vorwissen um mögliche syntaktische Strukturen menschlicher Sprachen ausstattet. Die sprachspezifischen Setzungen dieser Universalgrammatik werden durch bestimmte Merkmale in den Inputsprachen aktiviert (vgl. Eisenbeiß 2009). Alle nicht durch die Universalgrammatik geregelten Aspekte menschlicher Sprachen müssen hingegen gelernt werden (vgl. Ambridge/Lieven 2011).

9.3.1 | Die Rolle der Umwelt für den Spracherwerb

Damit Kinder sprechen lernen, müssen sie in einer kommunizierenden Sprachgemeinschaft aufwachsen. Experimente, in denen man Kinder isoliert hat, um so herauszufinden, welche ›Ursprache‹ sie sprechen, endeten in der Regel mit ihrem Tod. Es sind keine Fälle bekannt, in denen Kinder ohne Input Sprache gelernt hätten. Insofern ist Sprache kein Instinkt, also eine Eigenschaft oder ein Verhalten, das sich in stereotyper Weise bei allen Artgenossen gleich und weitgehend unabhängig von

Das Umfeld des Spracherwerbs

9.3 Die Entstehung von Sprache

Sprachentwicklung beim Kind

Umweltfaktoren entwickelt (Tomasello 1995). Stattdessen lernen Kinder eine oder mehrere von einigen tausend Sprachen in enger Anlehnung an die Konventionen ihrer direkten Umgebung.

Sprachliche Sozialisation

Sozialisationsstile: Die sprachliche Sozialisation ist kulturspezifisch (Keller 2007, 2011). In westlichen Gesellschaften wird die Interaktion mit Kleinkindern primär über die Fernsinne geführt (Sehen, Hören); dabei gilt die Aufmerksamkeit oft ungeteilt dem Kind, indem man sich z. B. über das liegende Baby beugt und mit ihm spricht. Dies bezeichnet man als **distalen Sozialisationsstil** (Keller 2011). Ebenso wird in der Erziehung Wert auf die Selbständigkeit und Autonomie gelegt. Im **proximalen Stil** erfolgt die Sozialisation der Kleinkinder hingegen stark über die Nahsinne (Fühlen), indem Kinder z. B. am Körper getragen werden, wodurch nicht immer *face-to-face*-Kontakt besteht. Die Interaktion ist eher nicht sprachlich, sondern rhythmisch-vokalisch (z. B. Singen mit gleichzeitiger motorischer Stimulation durch Wiegen). Der proximale Stil geht oft einher mit dem Erziehungsziel der Integration in die Gemeinschaft sowie zum Respekt vor Anderen (Keller 2011).

Kindgerichtete Sprache: Im distalen Kommunikationsstil passen sich die Erwachsenen häufig bestimmten Merkmalen der Sprache der Kinder an; wir verwenden kindgerichtete Sprache (KGS, im Englischen *child directed speech*, CDS). Diese Anpassungen machen die Sprache leichter wahrnehmbar und ihre Strukturen leichter erlernbar (vgl. Szagun 2006, Kap. 7): verlangsamte Sprechgeschwindigkeit, höhere Tonlage, klarere Aussprache sowie vereinfachte, aber korrekte Sätze. Hinzu kommen Wiederholungen oder Erweiterungen von kindlichen Äußerungen. Das Kind sagt z. B. *Ball ham!* und die Mutter spielt *Möchtest du den Ball haben?* zurück. Mehrere Studien haben nachgewiesen, dass Erwachsene sich oft sehr subtil auf den Sprachstand des Kindes einstellen und diese Anpassungen die Sprachentwicklung begünstigen (*scaffolding*; vgl. Hoff 2006; Saxton 2010; Chouinard/Clark 2003). Jedoch war die Relevanz solcher Anpassungen für den Spracherwerb lange umstritten, da argumentiert wurde, dass die Erwachsenen nicht in allen Kulturen kindgerichtete Vereinfachungen praktizieren und kindgerichtete Sprache somit keine notwendige Bedingung für den Spracherwerb sein kann. Saxton (2010) relativiert diese Einschätzung allerdings: Zurzeit wissen wir noch vergleichsweise wenig Konkretes über tatsächliches Interaktionsverhalten in verschiedenen Kulturen (vgl. aber Ochs 1988; Schieffelin/Ochs 1986, Brown 2003; sowie die Überblicksdarstellungen Lieven 1994; Saxton 2010). Zudem sind die Selbstaussagen von Eltern über die Art, wie sie mit ihren Kindern interagieren, nicht sehr verlässlich, sondern spiegeln eher ihre kulturellen Erwartungen als das tatsächliche Verhalten.

Sozialisation und Input: Die Frage, wie Sozialisationsstil, Sprachangebot und Spracherwerb interagieren, steht heute im Zentrum der Forschung. Aus der Tatsache, dass möglicherweise einige Kinder nur wenig kindgerichtete Sprache zu hören bekommen, folgt nicht, dass normale Erwachsenensprache als Input den gleichen Lerneffekt hat. Saxton (2010) vergleicht das Sprachangebot mit einem Büfet an Möglichkeiten, von denen wir wissen, dass sie den Spracherwerb erleichtern. Dabei zeichnet sich in der Forschung ab, dass kindgerichtete Sprache den Spracherwerb etwas beschleunigen kann und beim Erwerb bestimmter Strukturen hilft (Szagun 2006: 182–189). Gerade in den frühen Stadien des Spracherwerbs (s. u.) findet das Lernen nur in der direkten Interaktion und in konkreten Handlungskontexten statt. DeLoache (2004) zeigt, dass Kinder für den Erwerb der allerersten Wörter die Objekte im wahrsten Sinne des Wortes begreifen müssen. Daher lernen sehr kleine Kinder z. B. keine Wörter aus dem Fernsehen, selbst wenn sie ihnen in sehr kindgerechter Weise dargeboten werden. Auch danach lernen sie besser in direkter Interaktion (z. B. beim gemeinsamen Lesen von Büchern) als durch passiven Medienkonsum. Generell belegt die Forschung, dass der Effekt von nicht kontextualisiertem Input (Fernsehen, Radio, Liedtexte, Gespräche im Hintergrund) auf den Spracherwerb in der frühen Kindheit marginal ist (vgl. Saxton 2010: 87–88; Kirkorian/Wartella/Anderson 2008).

Minimalinput: Heute wissen wir mehr über die optimierenden Mechanismen des Spracherwerbs als über den unteren Grenzwert, d. h. wir wissen, unter welchen Bedingungen Spracherwerb überhaupt stattfindet und auch, welche Faktoren ihn begünstigen. Jedoch wissen wir nicht, wie viel Input minimal nötig ist, um Sprache zu lernen. Die meisten Kinder haben – zum Glück! – sehr viel mehr Input, als sie zum Sprechenlernen brauchen. Ebenso ist erwiesen, dass Kinder nur das verarbeiten, wofür sie kognitiv bereit sind. Vygotksy definiert die **Zone der proximalen** (also im Bereich des Möglichen liegenden) **Entwicklung** (*zone of proximal development*) als die Distanz zwischen dem, was ein Kind alleine erreichen kann, und dem, was es mit Hilfestellung (*scaffolding*) erreichen kann (Vygotsky 1978: 86). Ein Neugeborenes

Die Entstehung von Sprache

Die Rolle der Umwelt für den Spracherwerb

Verhältnis von Spracherwerb und Input

In einer Langzeitstudie mit 42 US-amerikanischen Familien unterschiedlicher Schichten (Akademiker-, Arbeiter- und Sozialhilfe-Haushalte) fanden Hart/Risley (1995) heraus, dass Qualität und Quantität des sprachlichen Inputs in den ersten drei Lebensjahren der beste Prädiktor für den schulischen Erfolg dieser Kinder waren. Anders ausgedrückt: Kinder, die in den ersten drei Lebensjahren vergleichsweise geringen und wenig variablen Input hatten, konnten dies bis zur Schulzeit nicht kompensieren.

Wie kann man das erklären? Zunächst einmal: Alle Familien waren fürsorglich in ihrer Kindererziehung und um das Wohl der Kinder besorgt, und alle Kinder lernten sprechen. Jedoch zeigte sich, dass in den Akademiker-Haushalten nicht nur weit mehr mit den Kindern gesprochen wurde, sondern typischerweise auch anders: Die Sätze in den Familien, die von Sozialhilfe lebten, waren oft kurz und direktiv. Dies ging mit wenig Varianz im Wortschatz und eher einfachen syntaktischen Strukturen einher. Dagegen war der Interaktionsstil in den Akademikerfamilien häufiger argumentierend und begründend. Dies korrelierte wiederum mit einem größeren Wortschatz und unterschiedlicheren und komplexeren Satzstrukturen.

Besonders beeindruckend ist, dass sich in der Studie der Effekt dieser qualitativen und quantitativen Unterschiede sogar berechnen ließ: Die Kinder aus den Sozialhilfefamilien hörten im Durchschnitt 620 Wörter pro Stunde, die der Akademikerfamilien 2150. Dies heißt, dass die erste Gruppe bis zum Alter von vier Jahren 10 Millionen Wörter Input hatte, die der Akademikerkinder jedoch über 30 Millionen Wörter (Hart/Risley 1995: 132). Auch der größere Wortschatz und die reichhaltigeren Sprachstrukturen im Input beeinflussten den Sprachstand der Kinder nachhaltig: Hart/Risley stellten nicht nur eine hochsignifikante Korrelation im Wortschatz und den grammatischen Strukturen der Eltern und ihrer Kinder fest, sondern auch eine Übernahme des Interaktionsstils: Die Akademiker- und Arbeiterkinder hörten mit 13 bis 18 Monaten vorwiegend affirmative, ermutigende Äußerungen, ihr eigener Sprachgebrauch mit 34 bis 36 Monaten zeigte einen gleichen Anteil an affirmativen Äußerungen (s. Tab. 1). Anders bei den Kindern aus den Familien, die von der Sozialhilfe lebten: Sie hörten vorwiegend negative, verbietende Äußerungen, und zeigten später selbst diesen Redestil.

Wie oben angedeutet, korrelieren ermutigende und entmutigende Elternäußerungen mit der Komplexität der Sprache: Ermutigende Äußerungen waren oft begründend (enthielten also z. B. Nebensätze) und zeichneten sich durch eine größere Differenziertheit in der Wortwahl aus. Entmutigende Äußerungen waren hingegen oft kurz und knapp, imperativisch, und zeigten insgesamt weniger lexikalische Varianz.

Gruppe	Ermutigungen/Bestätigungen		Entmutigungen/Verbote	
	Pro Stunde	Pro Jahr	Pro Stunde	Pro Jahr
Akademiker	32	166.000	5	26.000
Arbeiter	12	62.000	7	36.000
Sozialhilfe	5	26.000	11	57.000

Tab. 1: Frequenz verschiedener sprachlicher Handlungen pro Stunde und pro Jahr (bei angenommenen 5200 Stunden Kommunikation pro Jahr) in verschiedenen US-amerikanischen Schichten (nach Hart/Risley 1995, 132).

wird kein Passiv erwerben, auch wenn es 100 Beispiele pro Stunde hört. Ein Kind, das die Grundstrukturen der Verbflexion und Zeitformen wie z. B. das Perfekt gemeistert hat und ›bereit‹ für das Passiv ist, braucht hingegen nur sehr wenige Beispiele, um es zu lernen (vgl. Abbot-Smith/Behrens 2006).

Langzeiteffekte: Während zurzeit noch unklar ist, wie viel Input ein Kind minimal braucht, um Erwerbsprozesse in Gang zu setzen, ist der Langzeiteffekt der Quantität und Qualität der Umgebungssprache eindeutig nachweisbar.

Die Studie von Hart/Risley (s. Beispiel) und weitere Studien belegen also eindrucksvoll den Effekt des Sprachangebots auf den Spracherwerb (vgl. z. B. Huttenlocher 1998; Huttenlocher/Vasilyeva/Cymerman/Levine 2002; Rowe 2008). Eine spracharme Umgebung in der Familie ist dem Spracherwerb abträglich. Umfangreiche Frühförderung kann dennoch Abhilfe schaffen:

Hart/Risley (1995: 205) extrapolieren, dass Kinder in Sozialhilfefamilien 41 Stunden pro Woche außerhäuslicher Spracherfahrung bedürften, um auf das gleiche Maß an Spracherfahrung zu kommen wie die Kinder aus der Arbeiterschicht.

9.3.2 | Der Verlauf des ungestörten Spracherwerbs

Die wesentlichen **Stadien des Spracherwerbs** lassen sich relativ einfach zusammenfassen: Kinder sprechen zunächst in einzelnen Wörtern und kleinen kurzen Phrasen und lernen dann, diese Wörter zu Zwei- und Mehrwortäußerungen zusammenzusetzen.

Vorsprachliche Phase

Noch bevor Kinder die ersten Wörter produzieren (was typischerweise mit 12 bis 18 Monaten geschieht), lernen sie zu artikulieren, angefangen mit Gurrlauten über Konsonant-Vokal-Silbenreduplikationen (*gagagaga*, *dadada*) bis hin zu komplexeren Lautclustern (Klann-Delius 2008; Szagun 2006). Ebenso durchlaufen Kinder in dieser Zeit schon wichtige Phasen der Entwicklung des Sprachverstehens: Sie lernen die prosodischen und phonetischen Muster ihrer Muttersprache(n), so dass sie Wörter oder kleine Phrasen im Schallstrom wiedererkennen können (Höhle 2005). Und schließlich lernen sie viel über die Welt: nicht nur über Objekte, sondern auch über Ereignisse und deren Abfolgen, wie z. B. Routinen beim Ankleiden, Essen, ins Bett gehen.

Damit sind die **drei Voraussetzungen** gegeben, um Wörter zu lernen:
- Lautformen können aus dem Schallstrom segmentiert werden.
- Lautformen können mit einem Inhalt assoziiert werden.
- Das Kind versteht, dass andere Menschen Wörter benutzen, um auf etwas zu referieren oder um etwas zu erreichen. Das Erkennen der Intention hinter einer Äußerung ist Voraussetzung für das Lernen der Wortbedeutung.

Der erfolgreiche Verlauf des Spracherwerbs hängt davon ab, dass das Kind bestimmte **Meilensteine in der Entwicklung der sozialen Kognition** meistert, nämlich:

- *Joint attention*, die ›kognitive Revolution‹ im Alter von ca. 8–9 Monaten. Das Kind richtet nun seine Aufmerksamkeit gezielt auf Dinge, denen sich auch der Interaktionspartner zuwendet. Dies zeigt sich z. B. daran, dass das Kind der Blickrichtung des Kommunikationspartners oder seinen (Zeige-)Gesten folgt (Tomasello/Carpenter 2011).
- **Intentionen erkennen:** Im Alter von 1–3 Jahren lernen Kinder, die Intention anderer Sprecher zu erkennen, und damit intendierte Handlungen von ›Unfällen‹ zu unterscheiden. Kinder reagieren z. B. unterschiedlich, je nachdem, ob der andere ihre Wünsche (z. B. Essen oder Spielzeug geben) nicht erfüllen kann oder nicht erfüllen will (Tomasello/Rakoczy 2003; Rakoczy/Tomasello 2008).
- *Theory of Mind:* Mit ca. 4 Jahren entwickeln die Kinder eine *Theory of Mind* des Gesprächspartners (Röska-Hardy 2011). Sie erkennen, dass andere Menschen eigene Bewusstseinszustände haben. Damit einher geht die Fähigkeit zur Perspektivenübernahme. Der klassische Test dafür ist der sogenannte *false belief test*: Zwei Puppen, Molly und Sally, spielen und legen das Bonbon in einen von zwei Körben mit Deckeln. Sally geht hinaus, und währenddessen legt Molly das Bonbon in den anderen Korb. Sally kommt zurück, und das Kind wird gefragt, wo Sally das Bonbon wohl suchen wird? Kinder, die bereits zur Perspektivenübernahme fähig sind, zeigen auf den ersten Korb, da sie wissen, dass Sally ja nicht wissen kann, dass sich das Bonbon mittlerweile im anderen Korb befindet. Jüngere Kinder zeigen hingegen auf den zweiten Korb, da sie selbst wissen, dass das Bonbon nun im zweiten Korb ist. Sie lösen die Aufgabe also aus ihrer eigenen Perspektive, nicht aus der Sallys.

Wortschatzerwerb

Das Lernen von Wortbedeutungen lässt sich nicht durch einfache Assoziation zwischen den Dingen und ihren Namen erklären, sondern setzt pragmatische Fähigkeiten voraus. Naiv könnte man denken, dass man Kindern Wörter beibringen könnte, indem man z. B. auf eine Tasse zeigt und *Tasse* sagt (ostentatives oder zeigendes Lernen). Aber Zeigen allein reicht nicht, um herauszufinden, auf welchen Aspekt des Objekts oder der Situation die Zeigegeste gemünzt ist. Tomasello (2009) schildert eine Szene, in der zwei Freunde an einer Bibliothek vorbeigehen und einer auf ein Fahrrad zeigt. Was diese Zeigegeste bedeutet, hängt von dem geteilten Vorwissen dieser Freunde ab: Sie kann bedeuten, dass dort ein hübsches Fahrrad steht oder dass es genau

Die Entstehung von Sprache

Der Verlauf des ungestörten Spracherwerbs

Wortschatzlernen durch Erkennen der Intention

In dem Experiment von Tomasello/Barton (1994) bekamen die Kinder die Anweisung: *let's go find the toma! Toma* ist ein erfundenes Wort (*nonce word*), das Kind kann also nicht wissen, was es bedeutet. Eine Versuchsleiterin schaute nun in fünf verschiedene Behälter und machte viermal ein enttäuschtes, aber einmal ein erfreutes Gesicht, ohne etwas zu sagen. Eine zweite Versuchsleiterin kam herein und bat die Kinder, ihr das *toma* zu zeigen – und die Kinder zeigten das Objekt, bei dem die erste Versuchsleiterin ein erfreutes Gesicht gemacht hatte. Die sozial-kognitive Leistung ist komplex: Die Kinder haben das Wort *toma* nie zusammen mit dem intendierten Gegenstand gehört, denn der war zum Zeitpunkt der Äußerung in einem verschlossenen Behälter. Sie haben das neue Wort auch nicht einfach mit dem erstbesten Gegenstand assoziiert, denn dann hätten sie systematisch auf den Gegenstand aus dem ersten Behälter zeigen müssen. Die korrekte Zuordnung des neuen Wortes zum gemeinten Gegenstand lässt sich also nur aus dem Erkennen der Intention der ersten Versuchsleiterin erklären: Die Kinder haben den Sinn der Aktion verstanden (›Toma finden‹), und sie haben anhand der Reaktion der ersten Versuchsleiterin erkannt, welches der fünf Objekte wohl das *toma* sein muss.

Beispiel

das Fahrradmodell ist, das der Zeigende sich schon lange wünscht, oder das, das ihm gestern gestohlen wurde, oder auch das seiner Ex-Freundin, der er auf keinen Fall begegnen möchte. Damit die Zeigegeste richtig interpretiert werden kann, muss der Zeigende wissen, dass der Freund weiß, was es mit genau diesem Fahrrad auf sich hat *(common ground)*.

Wörter lernen durch Erkennen der Intention: Ein Experiment von Tomasello/Barton (1994) zeigt, wie das Lernen von Wörtern schon bei Zweijährigen funktioniert, ohne dass man auf den Gegenstand zeigt oder gemeinsam auf ihn schaut. Kinder in diesem Alter können neue Wortformen mit Bedeutungen assoziieren, wenn sie die Intention des Sprechers erschließen können (s. Beispiel oben).

Weitere Prinzipien: Clark (1993) formuliert zwei weitere sozial-pragmatische Prinzipien des Wortlernens:
- Das **Prinzip des Kontrasts:** Jeder Unterschied in der Form wird vom Kind als Unterschied in der Bedeutung interpretiert (ebd.: 69).
- Das **Prinzip der Konventionalität:** Wenn es für eine bestimmte Bedeutung einen konventionalisierten Ausdruck gibt, geht das Kind davon aus, dass die Sprecher ihn benutzen, um Missverständnisse zu vermeiden (ebd.: 67).

Die Prinzipien des Kontrasts und der Konventionalität bedingen einander. Ohne Konventionalität wäre jede Bezeichnung willkürlich. Ohne Kontrast ließe sich hingegen die Ausdifferenzierung des Wortschatzes nicht erklären. Wenn das Kind bereits weiß, dass die ganze Tasse *Tasse* heißt, geht es davon aus, dass das Wort *Henkel* etwas anderes bedeuten muss, auch wenn es im Kontext einer Tasse geäußert wird.

Wortgeburten: Die ersten Wörter von Kindern sind an konkrete Handlungskontexte gebunden (s. Beispiel S. 328).

Roy und sein Team belegten durch ihre Studie die Annahme von Entwicklungspsychologen wie Bruner (1987), dass das Wortlernen durch Handlungsroutinen (sog. *scripts*, nach Schank/Abelson 1977) unterstützt wird (Roy/Frank/Roy 2012). Solche *scripts* erlauben Kindern, Ereignisse zu segmentieren und die entsprechenden Komponenten mit Wörtern oder Phrasen zu verbinden. Das Handlungsskript des Essens beinhaltet z. B. nicht nur die Komponenten und Abfolgen der Mahlzeit, sondern auch Verhaltensnormen wie ordentlich am Tisch zu sitzen. Aufgrund dieser Assoziationen geht das konzeptuelle Wissen von Kindern oft weit über die eigentliche Wortbedeutung hinaus; gleichzeitig weiß das Kind sicher noch nicht alles, was man im Sinne einer erwachsenensprachlichen Bedeutung mit diesem Wort verbinden würde. Die weitere Wortschatzentwicklung besteht also auch aus einer Feinanpassung des mentalen Lexikons: Wortbedeutungen werden differenziert und Wörter in ein semantisches Netzwerk integriert (Clark 1993).

Lexikalische Entwicklung und die Zusammensetzung des kindlichen Wortschatzes: Es gibt große individuelle Unterschiede beim Auftreten des ersten Wortes; die meisten Kinder erwerben es zwischen dem ersten und zweiten Geburtstag. (Nach dem zweiten Geburtstag werden Kinder oft, wenn auch nicht immer zu Recht, als *late talker* klassifiziert.) Typischerweise erfolgt der Erwerb der nächsten Wörter eher langsam; es dauert oft mehrere Monate,

Sozial-pragmatische Erwerbsprozesse

Beispiel

Wortgeburten

Der amerikanische Medientechnologe Deb Roy (Roy et al. 2006; Roy/Frank/Roy 2009, 2012) erfasste die ersten 3 Jahre im Leben seines Sohnes durch eine lückenlose Aufnahme mittels Kameras, die in die Decken ihres Hauses eingebaut waren. Durch eine automatisierte und abstrahierende Analyse der Bewegungs- und Sprachprofile der Kleinfamilie konnte er zeigen, dass es im Haus soziale *hot spots* gab: Orte, an denen nicht nur mehr als an anderen kommuniziert wurde, sondern an denen bestimmte Wörter häufiger als anderswo vorkamen. Der Eingangsbereich war ein *hot spot* für soziale Routinen und für Kleidung, die Küche für das Wort *Pasta* und das Badezimmer für *waschen*, *Wasser* etc. (eindrückliche Visualisierungen finden sich im Internet unter dem Stichwort »Human speechome project« und als Vortrag unter http://www.ted.com/talks/deb_roy_the_birth_of_a_word.html). Die Wortschatzentwicklung wird also durch die Umgebung unterstützt, und diese Kontextgebundenheit sagt den Erwerbszeitpunkt voraus. Roy und Kollegen konnten durch ihre lückenlosen Aufnahmen überdies belegen, dass einer ›Wortgeburt‹, also der ersten Verwendung des Worts durch das Kind, nicht nur eine erhöhte Frequenz in der Verwendung durch die Erwachsenen vorherging, sondern die Erwachsenen das betreffende Wort auch in kürzeren Sätzen verwendeten, und es somit dem Kind besonders leicht machten, das Wort mit der Bedeutung zu koppeln (Roy/Frank/Roy 2009).

bis Kinder einen aktiven Wortschatz von ca. 50 Wörtern haben. Oft schließt sich daran ein sogenannter **Vokabelspurt** an: Nachdem Kinder die Funktion und den Nutzen von Wörtern begriffen haben, lernen sie schnell weitere hinzu. Szagun/Stumper/Schramm (2009) geben eine detaillierte empirische und theoretische Analyse der Gemeinsamkeiten und der individuellen Unterschiede im Wortschatz- und frühen Grammatikerwerb und belegen die große Bandbreite der normalen frühen Sprachentwicklung im Deutschen. Die semantischen Gruppen, in die sich die neu erworbenen Wörter zusammenfassen lassen, spiegeln den Alltag der Kinder wider: Zu Objektbezeichnungen (Nomen) kommen Ausdrücke für Aktivitäten und Ereignisse (Verben wie *gehen* oder auch Verbpartikeln wie *auf* oder *hoch*, um den entsprechenden Zustand herbeizuführen). Eine wichtige Rolle spielt auch die relativ große Gruppe sozial-pragmatischer Ausdrücke wie *hallo* oder *tschüss* (Kauschke 1999, 2012).

Über- und Untergeneralisierungen: Der Erwerb eines Worts verlangt nicht nur eine erste Zuordnung von Form und Funktion, sondern auch das sukzessive Lernen des richtigen Bedeutungsumfangs eines Wortes. Hierbei kann es zu Unter- wie auch Übergeneralisierungen kommen. Untergeneralisierung bedeutet z. B., dass nur der Hund des Nachbarn als *Wauwau* bezeichnet wird, bei einer Übergeneralisierung hingegen wird die Wortbedeutung zu weit gefasst, oft auf Basis eines perzeptuellen Merkmals. Zum Beispiel werden alle runden (Mond, Ball, Zitrone) oder halbmondförmigen Objekte (Horn einer Kuh, der Form der Mondsichel entsprechend) als *Mond* bezeichnet (Szagun 2006, Kap. 6; Kauschke 2012, Kap. 5.3).

Erwerb der Grammatik

Zum Grammatikerwerb gehört vor allem

- **der Erwerb der Syntax**, also der Wortstellung und der Regeln der Verknüpfung von Wörtern zu syntaktischen Einheiten;
- **der Erwerb der Morphologie**, der sowohl den Aufbau der Paradigmen als auch die Funktion der Morpheme (im Deutschen vor allem Kasus, Numerus, Genus, Tempus, Modus) umfasst.

In diesem Abschnitt konzentrieren wir uns auf die Verben, da sie im Deutschen eine besonders interessante Schnittstelle zwischen Morphologie und Syntax darstellen. Wir können im Deutschen finite und nicht finite Verbformen unterscheiden: Finite Verben kongruieren nach Person und Numerus mit dem Subjekt und werden für Tempus flektiert (*ich mach-e, du mach-st, sie mach-te-n*), während nicht-finite Verbformen wie Infinitiv und Partizip diese Information nicht tragen (*du sollst machen, du hast das gemacht*). Solch ein morphologisches System ist nicht ungewöhnlich, es findet sich in allen germanischen Sprachen in unterschiedlicher Komplexität. Jedoch zeigt das Deutsche, ebenso wie z. B. das Niederländische und das auf dem Niederländischen beruhende, in Südafrika gesprochene Afrikaans, einen **Verbzweit-Effekt**, der sich in der sog. Satzklammer niederschlägt: Finite und nicht-finite Formen stehen an unterschiedlichen Positionen im

Satz (s. Kap. 4.5.1). In Hauptsätzen stehen finite Verben je nach Satzmodus (Frage- oder Aussagesatz) an der ersten oder zweiten Stelle, im Nebensatz jedoch am Ende. Nicht-finite Formen stehen im Hauptsatz final, im Nebensatz im Deutschen präfinal.

Die Beziehung zwischen Verbflexion und Wortstellung ist im Deutschen sehr systematisch und regelhaft, jedoch für Lerner sehr schwierig zu durchschauen, insbesondere wegen der oft großen Distanz zwischen dem finiten und nicht-finiten Verbteil im Hauptsatz. Viele Zweitsprachlerner des Deutschen, aber auch sprachgestörte Kinder, haben Mühe, diese Strukturen zu erlernen. Hingegen meistern deutsche Kinder sie mühelos: Sie machen fast keine Fehler in der Zuordnung von Wortstellung zu Verbflexion. Finite Verben stehen bei ihnen – sofern man es bei den sehr kurzen Sätzen überhaupt sagen kann – in der Regel in der linken Satzklammer, infinite Verben (Infinitive, Partizipien) am Satzende (vgl. Tracy 2007).

Erwerb der deutschen Verbstellungsregeln: Der Erwerb der Finitheit und der Wortstellung ist sehr gut untersucht und sehr stabil (z. B. Behrens 1993; Szagun 2006; Tracy 2007). Der Entwicklungsverlauf wird im Folgenden anhand der Längsschnittdaten von Simone illustriert, die Max Miller in den 1970er Jahren erhoben hat (Miller 1976); die Daten wurden von Behrens (1993) ausgewertet. Die zitierten Beispiele sind in der CHILDES-Datenbank zugänglich (http://childes.psy.cmu.edu/). Die Altersangaben folgen dem Format JJ;MM.TT, nicht gesprochene Elemente sind zur Verdeutlichung in runden Klammern ergänzt.

Nicht-finite Phase: Fast alle Verbformen sind infinit und stehen meist in finaler Position (sofern sie in Mehrwortsequenzen auftauchen).

(1) (Simone 1;9.11)   Teller ham.

(2) (Simone 1;9.11)   mehr streiche.

(3) (Simone 1;10.20)   (ka)putt dedange (›gegangen‹) Schaukel.

Erwerb finiter Verbformen: Es gibt zunächst wenige, aber dann stetig mehr finite Verbformen, die an der richtigen Position (V1 oder V2) stehen, sofern überhaupt Elemente folgen.

(4) (Simone 1;10.20)   geht nicht des.

(5) (Simone 1;10.21)   Mone (sch)läft.

(6) (Simone 1;10.21)   Elefant (sch)läft.

> **Zur Vertiefung**
>
> **Datenquellen in der Spracherwerbsforschung**
> Spracherwerbsforschung wird sowohl durch die Analyse von Korpora als auch experimentell betrieben. Bei den Korpusuntersuchungen lassen sich Längsschnittstudien von Querschnittstudien unterscheiden (*longitudinal* bzw. *cross-sectional*): In Längsschnittstudien wird die Sprachentwicklung von Kindern regelmäßig erfasst, sei es in Form von Tagebuchaufzeichnungen oder Ton- und Videoaufnahmen (Behrens 2008b). Die Erhebung von Längsschnittdaten ist sehr aufwändig, daher werden meist nur einzelne oder wenige Kinder beobachtet. Jedoch bieten diese Daten eine gute Übersicht über den allgemeinen Spracherwerb und seine Entwicklung. In Querschnittstudien werden größere Kohorten von Kindern untersucht, um z. B. den Wortschatz von Zwei-, Drei- und Vierjährigen zu analysieren. Solche Analysen können durch die Auswertung von natürlichen Daten geschehen (man nimmt die Kinder im freien Spiel oder beim Erzählen auf) oder auch durch gezielte Elizitation bzw. standardisierte Elternfragebögen (z. B. Szagun/Stumper/Schramm 2009). Der Vorteil von Querschnittstudien liegt darin, größere Gruppen von Kindern unter vergleichbaren Bedingungen untersuchen zu können, um so z. B. typische Erwerbssequenzen von atypischen oder verzögerten Entwicklungsverläufen abgrenzen zu können. Dazu werden Kinder nach Alter, Sprachstand und anderen Faktoren wie Schicht und Geschlecht verglichen.
> In Experimenten kann man das sprachliche Wissen von Kindern sowohl in der Sprachproduktion als auch im Sprachverstehen sehr gezielt überprüfen und so spezifische Hypothesen testen (Blom/Unsworth 2011).

Allerdings ist nicht immer deutlich, ob es sich wirklich um finite Verbformen handelt, da oft das Subjekt ausgelassen wird und sowohl die Infinitive als auch viele Präsensformen auf *-en* enden (bei Simone oft dialektal als *-e* realisiert). Wenn wir dennoch unterstellen, dass die Formen finit sind, so beruht dies auf einer Interpretation der Intention des Kindes und auf der Systematik in der Wortstellung, weil z. B. das Negationselement *nicht* im Deutschen dem finiten Verb folgt.

(7) (Simone 1;10.20)   stecke Bauch.

(8) (Simone 1;10.20)   passe nich.

Erwerb der mehrteiligen Verben: Bereits wenige Wochen nach den ersten finiten Verbformen tauchen mehrteilige Verben auf (getrennte Partikelverben oder – etwas später – modale Infinitive und das Perfekt).

(9) (Simone 1;11.23) is Haus bebaub (›gebaut‹).

Im Laufe der Entwicklung werden immer mehr grammatikalische Relationen overt (also durch grammatische Morpheme) kodiert, jedoch ersetzen sie die früheren Formen nicht komplett. Stattdessen finden sich in jedem Stadium der Entwicklung wenige komplexere Äußerungen neben vielen gut beherrschten einfacheren Strukturen (Behrens 2006).

(10) (Simone 2;2.18)
Junge aua (ge)macht hat.

(11) (Simone 2;2.18)
Simone will auch gucke.

Die in den ersten fünf Monaten ihrer Entwicklung typischen Verbformen zeigen, dass Simone viele Aspekte des Deutschen zu lernen beginnt und sich in ihrer Grammatik relativ schnell typische Wortstellungsmuster stabilisieren. Dies ist gemeint, wenn man liest, Kinder erwerben Sprache schnell und fehlerfrei: *Teller ham, stecke Bauch* oder *mehr streiche* sind nicht wirklich korrekt im Sinne einer normativen Erwachsenengrammatik, jedoch repräsentieren sie ein basales Regelsystem. Kinder machen also weniger Fehler, als sie theoretisch machen könnten: Ein Satz wie *du gehen Schule* ist typisch für Zweitsprachlerner des Deutschen, aber nicht für Kinder im Erstspracherwerb.

Generalisierung sprachlicher Regeln

Angeborene Regeln oder Generalisierung über Inputdaten? Dass Kinder viele Fehler nicht machen, die sie theoretisch machen könnten, wurde als Indiz dafür gesehen, dass sie über eine angeborene **Universalgrammatik** verfügen. Sie bewahrt sie davor, unsinnige Annahmen über das Sprachsystem zu machen, denn die Kinder verfügen ja in den durch die Universalgrammatik geregelten Bereichen der Grammatik über die gleiche Kompetenz wie Erwachsene. Die Universalgrammatik würde also auch ohne Lernen dafür sorgen, dass sich z. B. die Verben in den richtigen Positionen befinden (Tracy 2007: 80–81). Die Abweichungen von der Erwachsenensprache ergeben sich nach dieser Auffassung lediglich dadurch, dass die Aktivierung der Universalgrammatik komplex ist und in Schritten verläuft (Eisenbeiß 2009) und dass einzelsprachliche Details wie der Wortschatz gelernt werden müssen.

Doch eine genauere Betrachtung der Erwerbsdaten erlaubt eine viel einfachere Erklärung: Die ersten Äußerungen von Kindern sind kurz und wenig komplex, d.h. die Chance, überhaupt gravierende Grammatikfehler zu machen, ist relativ klein. Zudem folgen die beobachtbaren Entwicklungssequenzen dem, was wir auf Basis des Inputs erwarten würden. Im Deutschen sind ca. 35 % aller Vollverben im Input Modalverb- oder Perfektstrukturen (Behrens 2006). Hier stehen die nicht-finiten Infinitive und Partizipien in der Regel am Ende:

(12) Das kannst du alleine *machen*.

(13) Willst du deinen Schnuller *haben*?

(14) Wer hat die Schaukel *kaputt gemacht*?

Auffällig ist, dass die eigentliche Satzaussage sich in betonter Position am Ende des Satzes befindet, also in sehr salienter Stellung. Geht man davon aus, dass Kinder über einen kleinen Arbeitsspeicher verfügen, sind es die letzten Elemente im Satz, die am besten ›hängen bleiben‹. Es ist also schon aus wahrnehmungspsychologischen Gründen sehr wahrscheinlich, dass im Deutschen (und Niederländischen) infinite Kinderäußerungen wie *(al)leine machen, Schnuller haben, Schaukel (ka-)putt (g)emacht* typisch sind (Wijnen/Kempen/Gillis 2001).

Inputmuster: Dass die Inputmuster bestimmend sind, zeigt sich auch daran, dass der oben skizzierte Erwerbsverlauf nur für Vollverben gilt, und auch hier nur für einige: nämlich solche, die Aktivitäten (*machen, laufen*) und Resultate (*kaputtmachen, fallen*) bezeichnen. **Zustandsverben** wie *lieben, wissen, sitzen* treten bei Kindern wie Erwachsenen fast ausschließlich finit auf. Ebenso werden Kopula und Modalverben von Anfang an im Präsens oder Präteritum, also finit verwendet (Behrens 1993).

Diese funktionale Trennung zwischen finiten und nicht-finiten Formen gilt selbst bei Bedeutungsvariation desselben Verbs. Im Deutschen kann *gehen* z. B. ›funktionieren‹ bedeuten (*das geht nicht*). In dieser Funktion tritt es bei Erwachsenen und Kindern vor allem finit auf, während *gehen* als Bewegungsverb sowohl finit als auch infinit vorkommen kann (*ich gehe nach Hause; willst du weggehen?*). Anhand detaillierter Korpusanalysen lässt sich zeigen, dass deutsche, niederländische und englische Kinder nicht nur die dominanten Muster in der Verwendungsweise dieses vielschichtigen Verbs lernen, sondern auch sehr genau die typischen morphosyntaktischen Gebrauchsmuster für die einzelnen Verbbedeutungen und Flexionsformen aus dem Input aufgreifen (Behrens 2003; Theakston/Lieven/Pine/Rowland 2002).

Frequenzeffekte: Die Studien zum Erwerb der Verbflexion und der Wortstellung im Deutschen

9.3 | Die Entstehung von Sprache

Generalisierung von sprachlichem Wissen

zeigen also, dass sich Kinder dieses Phänomen zielsicher, aber allmählich erschließen: Sie halten sich dabei an die für den jeweiligen Kommunikationszweck typischen Muster der Erwachsenensprache und erwerben nach und nach die Flexionsformen sowie weitere Wortstellungsvariationen. Je vertrauter den Kindern bestimmte Muster sind, desto einfacher ist es für sie, Informationen aus dem Input zu beziehen. Es fällt ihnen leichter, häufige Wortsequenzen nachzusprechen als weniger frequente (*sit on a chair* vs. *sit on a rock*; Bannard/Matthews 2008), und sie können neue Wörter in einem bekannten Satzrahmen leichter erkennen als in Isolation (Hurtado/Marchman/Fernald 2008).

Doch ist der Input reichhaltig genug, um dem Kind die nötigen Informationen über Wortfrequenzen zu geben? In einer Stunde angeregter Kommunikation produzieren Eltern wie Kinder je bis zu 500 Äußerungen, d. h. Kinder hören ca. 500 flektierte Verben in mehr oder weniger komplexen Satzkontexten, darüber hinaus ca. 1400 Pronomen, Artikel und Nomen, die ihnen, zusammen mit ca. 120 Präpositionalphrasen, weitere Informationen über die grammatische Organisation deutscher Sätze geben (Behrens 2006: 21). Es verwundert deshalb nicht, dass sich schon im dritten Lebensjahr die relativen Häufigkeiten der verschiedenen Wortarten an die der Erwachsenen angleichen.

Mechanismen der Generalisierung: Der Spracherwerbsprozess ist wahrscheinlich auch deshalb so effizient, weil Kinder am Anfang mit kleinen Versatzstücken operieren, sogenannten **chunks**. Solche *chunks* sind oft prosodisch und grammatisch nicht segmentiert, und sie sind wenig variabel. Die Kinder lernen sie als Einheiten. So beherrschen Kinder oft nur eine Flexionsform pro Verb, und diese Verbformen kommen immer mit den gleichen Ergänzungen vor:

(15) (Simone 1;10.21)
 dasde lala ›da ist der Schnuller‹

(16) (Simone 1;10.21)
 wosde kisse ›wo ist das Kissen‹

Tomasello (1992) prägte die Metapher der Inseln: Kinder produzieren kleine formelhafte Muster, generalisieren diese aber zunächst nicht auf neue Kontexte. Frühe Mehrwortäußerungen sind also so isoliert wie Inseln, zwischen denen keine Verbindungen bestehen. Wenn Kinder z. B. ein transitives Verb mit Objekt verwenden (*Ball treten*), heißt das nicht, dass sie alle möglichen Verben mit allen möglichen Objekten verwenden könnten, da sie die zugrunde liegenden Regeln noch nicht abstrahiert haben. Frühe Mehrwortäußerungen sind meist nicht produktiv.

Zur Vertiefung

Produktivität

Die Spracherwerbsforschung hat das grundsätzliche Problem, dass man aus Produktions- oder Verstehensdaten ableiten will, was Kinder wirklich über Sprache wissen, wie allgemein oder lexemspezifisch z. B. ihre Syntaxkenntnisse sind. Jedoch lässt sich aus der Tatsache, dass ein korrekter Satz geäußert wird, nicht automatisch schließen, dass das Kind alle diesem Satz zugrunde liegenden Regeln beherrscht. Dieser Satz könnte formelhaft gelernt sein, ebenso wie ein Fremdsprachenlerner in der Fremdsprache nach dem Weg zum Bahnhof fragen kann, ohne deshalb die Fragestrukturen dieser Fremdsprache zu beherrschen. Andererseits kann eine inkorrekte Äußerung durchaus von Regelkenntnis zeugen. Wenn ein Kind z. B. sagt *Der Wecker gehte nicht*, ist die Form *gehte* zwar falsch, aber nach den Regeln der deutschen Vergangenheitsmorphologie gebildet. Das Kind hat die regelmäßige Verbflexion auf ein unregelmäßiges Verb übergeneralisiert.

Anzeichen mangelnder Produktivität: Mangelnde Produktivität zeigt sich in mangelnder Variabilität in der Form und/oder Funktion einer Struktur. Sie wird entweder ganz formelhaft produziert oder zeigt eine weit geringere Variation als in der Zielsprache typisch. Ein weiteres Anzeichen mangelnder Produktivität ist die Unfähigkeit, die Struktur bekannter Sätze auf neue Lexeme anzuwenden. Man kann das z. B. in Experimenten testen, in denen man Kindern neue Wörter beibringt und dann testet, ob sie sie in bestimmte Strukturen einbetten oder in einem anderen Satztyp anwenden können.

Anzeichen von Produktivität: Es ist ein Zeichen von Produktivität, wenn die Sprecher neue Wörter in bekannte Strukturen einpassen können. Ein weiteres Zeichen von Produktivität ist grammatische Variation: Im Zuge der Paradigmenbildung kommen Wörter nicht mehr nur in einer einzigen Flexionsform vor. Ebenso werden syntaktische Strukturen mit variablem lexikalischem Material realisiert. Schließlich spricht es für Produktivität, wenn die Sprecher übergeneralisieren: Sie wenden ein regelhaftes Muster auf neue Lexeme an (*lampte* für *leuchtete*) oder regularisieren unregelmäßige Lexeme (*gehte* statt *ging*). Solche Übergeneralisierungen basieren auf formalen und prosodischen Analogien. So ist z. B. ein Pluralfehler wie *Broten* oder *Fischen* eine Doppelmarkierung, bei der *Brote* und *Fische* wie alle Nomen auf *-e* mit dem *-n*-Plural versehen werden. Jedoch bilden Kinder keine Pluralformen wie *Brotes* oder *Fisches*, weil es im Deutschen keine Pluralform auf *-es* gibt.

9.3.3 | Generalisierung von sprachlichem Wissen

Usage-based theories: Will man den Spracherwerb ohne die Annahme von angeborenen Regeln erklären, müssen diese aus dem Input, der sprachlichen Erfahrung, abstrahiert werden. In sogenannten **gebrauchsbasierten Theorien des Spracher-**

werbs (*usage-based theories*; vgl. Tomasello 2000; Diessel 2004; Behrens 2009a, 2009b) bilden unanalysierte, lexemspezifische Konstruktionen den Anfang der Entwicklung. Im Laufe der Entwicklung setzt eine Schemabildung ein: Wiederkehrende Muster werden erkannt, und ihre Gemeinsamkeiten werden abstrahiert. Aus Beispielen wie *er lacht, er spielt, er wäscht* kann das Muster *er* VERB-*t* ermittelt werden, ebenso kann Variation in der Subjektposition (*Anne lacht, sie spielt, er wäscht*) zur Entwicklung der abstrakten Kategorie ›Subjekt‹ führen.

Statistisches Lernen

Wie wahrscheinlich ist es, dass Kinder das überaus komplexe System der Grammatik über solche Generalisierungen erlernen? Zum einen wissen wir, dass die Fähigkeit zum Erkennen musterhafter Reihen schon in der vorsprachlichen Phase vorhanden ist. Spielt man z. B. 8–9 Monate alten Kindern sinnlose Silbenfolgen vor (wie *bi da gu do ku pi*), reagieren sie bereits nach 2 Minuten anders auf Silbenfolgen, die in der Reihe enthalten waren (etwa *da gu do*), als auf solche, bei denen die Silben nicht in derselben, bekannten Reihenfolge präsentiert werden (etwa *da do pi*; vgl. Gomez/Gerken 2000; Romberg/Saffran 2010; Saffran 2003). Weder die Betonung noch die Bedeutung helfen den Kindern, diese Aufgabe zu lösen. Die unterschiedliche Reaktion auf gehörte und unbekannte sinnlose Silbenfolgen lässt sich nur dadurch erklären, dass die Kinder die Übergangswahrscheinlichkeiten zwischen den Silben abgespeichert haben. Nach nur wenigen Beispielen wissen sie, dass die Wahrscheinlichkeit, dass *gu* auf *da* folgt, höher ist, als die, dass *gu* auf *bi* folgt. Die Kinder können sich diese Fähigkeit auch für den Spracherwerb zunutze machen. Im Laufe der Entwicklung lernen sie nicht nur wahrscheinliche von unwahrscheinliche(re)n Abfolgen zu unterscheiden (*der Mann* vs. *Mann der*), hochfrequente Muster prägen sich auch besser ein (*entrenchment*) und sind leichter zu verarbeiten und zu produzieren.

Hinzu kommt, dass der Einstieg in komplexere sprachliche Strukturen in der Regel über eine bestimmte Funktion erfolgt. In mehreren Studien konnte sowohl an Spontandaten als auch in Experimenten gezeigt werden, dass Kinder die Struktur von Relativsätzen und Komplementsätzen nicht im Ganzen erwerben, sondern über bestimmte Formen in einer bestimmten Funktion. Im Erwerb von Komplementsätzen bildet die Konstruktion *ich glaub* den Einstieg, die zunächst meist ohne nebensatztypische Merkmale wie Komplementierer (*dass*) und Nebensatzwortstellung (verbfinal) benutzt wird (*ich glaub, da steht ein Haus*; vgl. Brandt/Diessel/Tomasello 2008; Brandt/Lieven/Tomasello 2010; Diessel 2004). Der Erwerb der korrekten Wortstellung, der Komplementierer und der Erweiterung des Repertoires an Komplement-Verben ist ein Prozess, der sich über mehrere Jahre erstreckt und sich als graduelle Abstraktion aus Verben und Satzstrukturen erklären lässt (Diessel 2004).

9.4 | Die Entstehung von Pidgins und Kreolsprachen

In diesem Kapitel wird gezeigt, dass sich einige der aus dem Erstspracherwerb bekannten Phänomene auch in Sprachkontaktsituationen wiederfinden, in denen Sprecher verschiedener Sprachen ein neues Kommunikationssystem entwickeln müssen. Das ist der Fall bei Pidgin- und Kreolsprachen, die sich aus der Notwendigkeit zur Kommunikation zwischen Menschen, die nicht die gleiche Sprache sprechen, entwickelt haben – z. B. zwischen Plantagenarbeitern mit verschiedener geografischer Herkunft in den englischen oder französischen Kolonien des 17. und 18. Jahrhunderts.

Entstehungsbedingungen von Pidgins

Pidgins (s. Kap. 11.3) beginnen sich herauszubilden, wenn in solchen Situationen die Menschen individuelle Wege des Kommunizierens entwickeln, oft durch das Benutzen von Wörtern und Sätzen aus anderen als der eigenen Sprache, von denen sie denken, dass andere mit ihnen vertraut sein könnten. Die Kombination dieser individualisierten Wege des Kommunizierens wird **pre-pidgin** genannt. Wenn sich einmal ein neues Pidgin herausgebildet hat, wird es normalerweise als eine Hilfssprache gelernt und nur dann benutzt, wenn es notwendig für die gruppenübergreifende Kommunikation ist. Sein Vokabular bleibt reduziert, und es hat wenig, wenn überhaupt grammatische Morphologie. Wir sprechen dann von einem **stabilisierten Pidgin**.

Stabilisierte Pidgins entstehen in zwei Szenarien, dem sog. Handels- und dem Kolonialszenario.

Im **Handelsszenario** bilden Sprecher aus freien Stücken eine neue Sprache, da sie so Handelssituationen gemeinsam meistern können (s. das Beispiel in Kap. 11.3.1). Aus solchen Pidgins entstehen keinerlei neue Sprachen, denn die Kinder der Handelspartner sprechen ja weiter mit ihren Eltern deren Sprache; das Pidgin wird nur mit Handelspartnern, nie mit den eigenen Kindern verwendet. Die Erwachsenen leben nach wie vor in ihrer Heimat und kehren nach dem vollzogenen Geschäft wieder in ihre Sprachgemeinschaft zurück.

Im viel bekannteren **Kolonialszenario** ist der bekannteste Fall der Sklavenhandel, der vom 16. bis zum 19. Jahrhundert eine große Anzahl von versklavten Arbeitskräften aus Westafrika in die sog. Neue Welt brachte. Dabei entstanden in den afrikanischen Ausgangshäfen, während der mehrmonatigen Überfahrt nach Amerika auf den Schiffen und schließlich auch in den Kolonien selbst erzwungenermaßen Pre-Pidgins, da es keine gemeinsame Sprache und auch keine Anführer gab, die eine bestimmte Sprache als gemeinsames Idiom etabliert hätten. Diese Pre-Pidgins sind im Wesentlichen Ansammlungen von Wörtern, d. h. ihnen fehlt jede systemhafte Grammatik. Sie unterliegen starken sprecherbezogenen und situativen Schwankungen. Ein typisches Pre-Pidgin-Beispiel ist:

(17) Me saba plenty (nach Siegel 2008b: 2)

(17) bedeutet etwa: ›Ich wissen viel‹ – zusammengesetzt aus dem Pronomen *Me* ›Ich‹ sowie einem spanischem Verbstamm (von *saber* ›wissen‹) und einem englischen Adverb. Das kann dann je nach Sprecher und Situation heißen, dass ›ich viel weiß‹, dass ›ich viel wissen will‹ oder aber, dass ›ich viel wusste‹.

Aus einem Pre-Pidgin kann ein **stabilisiertes Pidgin** entstehen, das nicht nur aus lexikalischen Fragmenten besteht, sondern erste grammatische Strukturen enthält, auch wenn diese noch nicht voll ausgebaut und nicht bei allen Sprechern der Gemeinschaft in gleicher Weise konventionalisiert sind. Wir wissen oft nur indirekt von diesen stabilisierten Pidgins. Wenn überhaupt, sind einzelne Sätze überliefert. Dies sei an den folgenden Beispielen (aus Siegel 2008b: 2) demonstriert:

(18) White man allsame woman. ›Weiße Männer sind wie Frauen.‹ (Solomon Islands 1880)

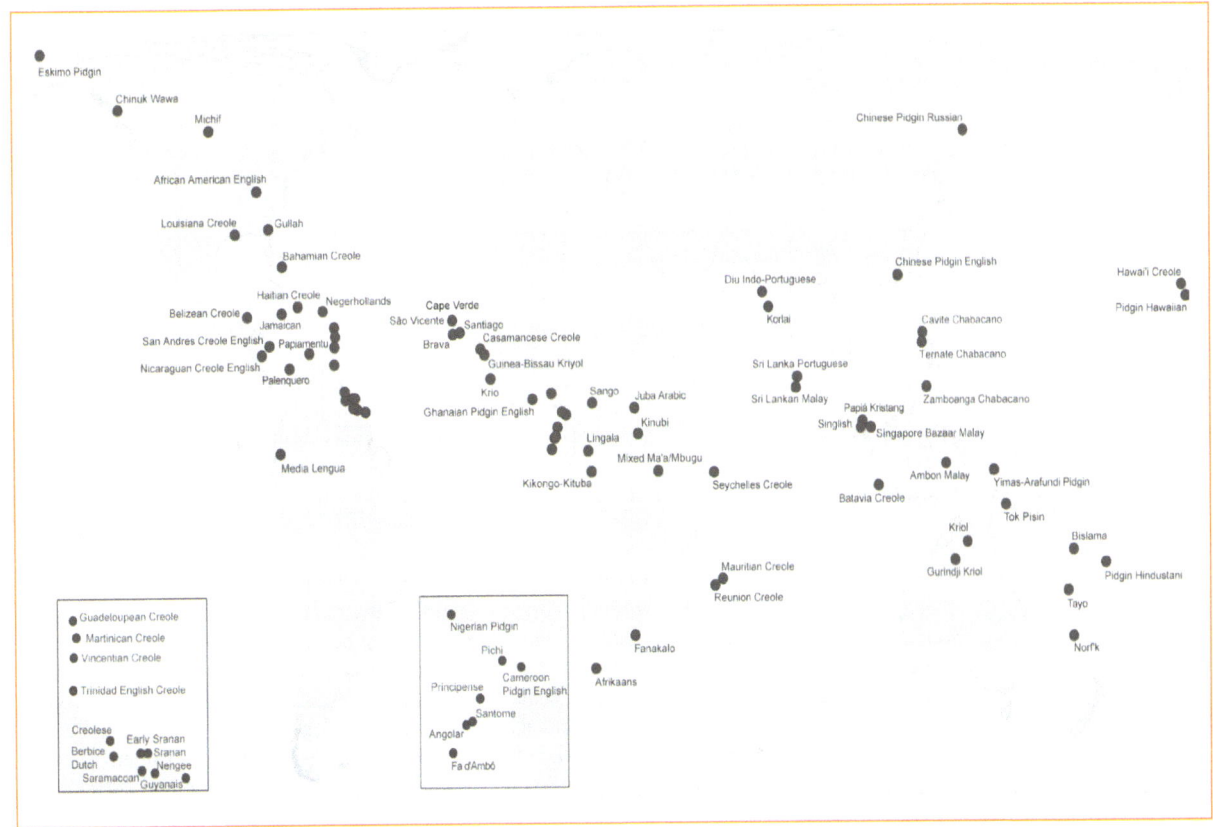

Abb. 2: Pidgins und Kreolsprachen weltweit (nach: Michaelis et al. 2013)

(19) Suppose me come along school, bay-and-bay me no savee fight. ›Stellt Euch vor/stell dir vor, ich komme zur Schule und werde nicht kämpfen können.‹ (Queensland 1886)

Hier werden nicht mehr nur Wörter aneinandergereiht. *Allsame* in (18) bedeutet ›sind genauso wie‹ (wörtlich ›ganz gleich‹), *bay-and-bay* wird in (19) als Futurmarker verwendet (und also nicht mehr in seiner wörtlichen Bedeutung ›nach und nach‹). Es sind also zwei grammatische Marker entstanden.

Entstehung von Kreolsprachen

Kreols: In einigen Fällen benutzten die Menschen ein Pidgin im Alltag, und manche von ihnen verwendeten es auch mit ihren Kindern. Folglich eigneten sich diese Kinder das erweiterte Pidgin als Erstsprache an, und es wurde zu ihrer Gemeinschaftssprache. Man spricht dann von einem **Kreol** oder einer **Kreolsprache**. Anders als ein Pidgin und wie jede andere uns bekannte Sprache hat das Kreol eine volle Lexik und eine vollständige Grammatik, und es ist nicht eingeschränkt im Gebrauch, d. h. alles kann damit ausgedrückt werden. Die meisten Wörter einer Kreolsprache kommen aus einer der Kontaktsprachen, der sog. **Lexifizierersprache** (engl. *lexifier language*, in einer älteren Terminologie manchmal auch **Superstrat** genannt) – in der Regel die Sprache der dominanten Gruppe.

Während also die Lexeme der Kreolsprachen in der Regel sehr gut bezüglich ihrer Herkunft bestimmt werden können, ist dies für die grammatischen Merkmale schwierig; sie können manchmal ganz neu erscheinen, manchmal in Teilen einer oder mehreren anderen Kontaktsprachen ähneln, z. B. den Dialekten der Kolonialsprache und den – oft aus Afrika stammenden – Sprachen der Sklaven, traditionell bezeichnet als **Substratsprachen**.

9.4.1. Roots of Language

In den frühen 1980er Jahren erschien ein weltweit rezipiertes Buch, das die Diskussion über die Entstehung dieser Sprachen bis heute bewegt: *Roots of Language* (1981), verfasst von dem in Hawaii lehrenden Wissenschaftler Derek Bickerton. In diesem Buch nimmt Bickerton einen qualitativen Unterschied zwischen den kaum strukturierten, sehr variablen Pidgins der Erwachsenen und den systematischen Kreolsprachen der Kinder an. Ganz einfach gesagt: Kreolsprachen ergeben sich laut Bickerton immer dann, wenn mit dem fragmenthaften Input eines Pidgins ein neues, vollwertiges Sprachsystem generiert wird. Voraussetzung für diesen Prozess ist nach Bickerton ein »**Bioprogramm**«, die dazugehörige Hypothese heißt deshalb *Language Bioprogram Hypothesis* (LBH). Die Bioprogrammhypothese ist immer wieder bestritten worden (z. B. Patrick 2008; Siegel 2008a,b), dennoch prägt sie die wissenschaftlichen Diskussionen – auch außerhalb der Kreolistik – bis heute nachhaltig (Ennis/Pfänder 2010).

Grundannahmen der LBH: Bickerton selbst formulierte die Annahmen in einem drei Jahre nach dem Buch erschienenen Aufsatz pointiert wie folgt:

»The LBH claims that the innovative aspects of Creole grammar are inventions on the part of the first generation of children who have a pidgin as their linguistic input, rather than features transmitted from preexisting languages. The LBH claims, further, that such inventions show a degree of similarity, across wide variations in linguistic back-ground, that is too great to be attributed to chance. Finally, the LBH claims that the most cogent explanation of this similarity is that it derives from the structure of a species-specific program for language, genetically coded and expressed, in ways still largely mysterious, in the structures and modes of operation of the human brain.« (Bickerton 1984: 173)

Die drei Grundannahmen der LBH sind also (s. 9.4.2–4):

- Kinder erfinden Kreolsprachen in nur einer Generation. Notwendig seien diese Erfindungen durch einen historisch einmaligen **Bruch in der Weitergabe** der Sprachen der Eltern, auf welche die Kinder keinen Zugriff hätten. Der Input sei, so Bickerton, auf fragmentierte, sehr rudimentäre Kommunikationssysteme beschränkt gewesen. Die innovativen Merkmale der Kreolsprachen hätten sich also keinesfalls graduell und über mehrere Sprechergenerationen aus dem Aufeinandertreffen der beteiligten Kontaktsprachen herausgebildet.

- Kreolsprachen haben verschiedene Lexik, aber **dieselbe Syntax**. Diese Ähnlichkeit liegt nicht einfach an der Ähnlichkeit der Kolonialsprachen, die nicht wesentlich am Input beteiligt waren. Vielmehr sei sie eine Konsequenz der allen Menschen eigenen Sprachfähigkeit. Die Kreolgrammatik ist daher sehr nah an der von Chomsky postulierten Universalen Grammatik (s. Kap. 9.2).

- Aus den beiden ersten Annahmen abgeleitet postuliert Bickerton, dass in der Kreolgenese der bisher einzige historisch belegte Fall vorliege, in welchem unsere **genetische Kodierung**, das Bioprogramm für Sprache, von den Kindern direkt abgerufen wurde und sich in den neu entstandenen Kreolsprachen niederschlage.

9.4.2 | Kreolkinder: Sprachlerner ohne grammatischen Input?

Input: Jüngere Untersuchungen zeigen, dass es in keinem bisher aufgearbeiteten Fall von Kreolisierung eine sprichwörtliche babylonische Sprachverwirrung gegeben hat (vgl. z. B. Roberts 1998, 2000). Zwar gibt es Berichte aus den Kolonien, denen zufolge die Sklavenhalter empfahlen, Sklavengruppen mit unterschiedlichem sprachlichen Hintergrund zusammenzustellen, um Aufstände zumindest so lange hinauszuzögern, bis eine minimale soziale Einbindung in die Plantagengesellschaften gewährleistet war. Demographische Untersuchungen zeigen jedoch, dass dieser Empfehlung sehr oft nicht Folge geleistet wurde, da ihr die Alltagslogik der Kolonienbewirtschaftung entgegenstand. Es erwies sich in der Praxis als Vorteil, Sklaven aus ›bewährten‹ ethnischen Gruppen zuzukaufen, da diese von schon beschäftigten Sklaven wesentlich schneller in die Strukturen der Plantage eingebunden werden konnten. Es stimmt, dass Kinder von Eltern getrennt wurden und dass man ihnen die Kolonialsprache lediglich fragmenthaft beibringen wollte. Nicht korrekt ist jedoch die Annahme, dass die Kinder sich untereinander gar nicht verständigen konnten, weil kaum eines die Sprache des anderen sprach. Vielmehr kannten immer kleine Gruppen von Kindern eine von den Eltern aus Afrika mitgebrachte Sprache.

Vorstufen: Jüngere Untersuchungen zeigen auch, dass entgegen Bickertons Generalisierung in vielen Kreolgenesen stabilisierte Pidgins als Vorstufe der Kreolsprachen angenommen werden müssen. Nach heutiger Ansicht ist die Mehrzahl der Kreolsprachen nicht aus Pre-Pidgins, d. h. aus lexikalischen Fragmenten bestehenden Pidgins entstanden, sondern aus stabilisierten Pidgins, die bereits Ansätze von Grammatik zeigten.

9.4.3 | Haben alle Kreolsprachen dieselbe Syntax?

Die Ähnlichkeitsannahme geht von einem Gesamtblick auf die weltweit ca. 30 Kreolsprachen aus, die sich in durch die Kolonialgeschichte bedingten Arealen häufen: insbesondere in den Ausgangshäfen des Sklavenhandels in Westafrika sowie in den Zielgebieten in der Karibik sowie im südlichen Asien (s. Abb. 2). All diese Kreols, so Bickerton, seien von den europäischen Lexifizierersprachen sehr verschieden, zugleich aber untereinander strukturell zu ähnlich, als dass dies zufällig sein könnte.

Suchen wir uns exemplarisch drei Kreolsprachen aus der Karibik aus, die in demselben Areal unter ähnlichen kolonialen Bedingungen, aber mit unterschiedlichen Lexifizierersprachen entstanden sind.

Als **Anglokreolsprache** wählen wir das manchen Lesern und Leserinnen vermutlich aus dem Reggae bekannte **Jamaikakreol** (von den Sprechern selbst meist ›Patwa‹ – von franz. *patois* ›Dialekt‹ – genannt). Es entstand Ende des 17. Jahrhunderts und wird heute von ca. 3 Millionen Menschen gesprochen. Durch die enge Verbindung zur Jugendkultur wird es als Identitätsmarker über die lokale Sprechergemeinschaft hinaus genutzt, z. B. von Jugendlichen im Internet (Mair/Pfänder 2013). Jamaikakreol hat hier klar eine Vorreiterrolle; diese bezieht sich aber vor allem auf informelle oder antiformelle Register.

Als **Iberokreolsprache** wählen wir das **Papiamentu** (zugleich Selbstbezeichnung). Es ist auf den Niederländischen Antillen, den sog. ABC-Inseln (Aruba, Bonaire und Curaçao), zu Beginn des 18. Jahrhunderts entstanden und seit etwa 100 Jahren dort neben dem Niederländischen Schul- und Schriftsprache (Bachmann 2005). Die Zahl der Sprecher wird auf 330.000 geschätzt. Der seit den 1980er Jahren staatlich geförderte Ausbauprozess ist weit fortgeschritten. Evidenz hierfür sind neben drei niederländischen zwölf in Papiamentu erscheinende Zeitungen.

Die **Frankokreolsprache Guyanais** (Selbstbezeichnung u. a. ›Kréyòl‹) wird im Überseedepartement Französisch Guayana nördlich von Brasilien gesprochen. Sie entstand um 1700 und wird heute von ca. 70.000 Menschen im Alltag verwendet; sie hat jedoch nicht den Status einer offiziellen Sprache und wird in den Schulen nur im Anfangsunterricht und bei landeskundlichen Projekten eingesetzt. Dennoch wird sie als Studienfach angeboten und von Jugendlichen derzeit als Form der Identitätsmarkierung in Phone-in-Radiosendern und Internetforen, die Kontakte mit der kreolischen Sprechergemeinschaft in Paris herstellen, genutzt (Pfänder 2013).

In der Syntax zeigen diese drei exemplarisch herausgegriffenen Kreolsprachen tatsächlich augenfällige Unterschiede zu ihren jeweiligen Lexifizierersprachen und starke Parallelen untereinander (s. 20–22).

9.4 Die Entstehung von Sprache

Die Entstehung von Pidgins und Kreolsprachen

Beispielsätze für den Vergleich von drei Kreolsprachen

(20)
Anglokreol:	Di man-dem	dem	a se: ...
Iberokreol:	E homber-nan	nan	ta bisa: ...
Frankokreol:	Wonm-ya(n)	yé	ka di: ...
Glosse:	Mann-die$_I$	sie	am$_{II}$ sagen
Übersetzung:	›Die Männer		sagen: ...‹

(21)
Anglokreol:	Wi	figa	se	unu	neva	du	da wok de	yet.
Iberokreol:	Nos	ta kere	ku	boso	nunka	no a	hasi	e trabou alli.
Frankokreol:	Nou	krè	zòt	pa	jen	fè	sa travay-a.	
Glosse:	wir	glauben (dass$_{III}$)	ihr	nie	nicht$_{IV}$	machen	die Arbeit	da$_V$
Übersetzung:	›Wir glauben, dass ihr diese Arbeit (noch) nie gemacht habt.‹							

(22)
Anglokreol:	Wi a	aks	unu	fi	du	di wok (we)	wi	tel	unu	bout.
Iberokreol:	Nos ta	pidi	boso	pa	hasi	e trabou ku	nos a	papia di		dje.
Frankokreol:	Nou ka	doumandé	zòt	pou	fè	sa travay	nou	palé	zòt	a.
Glosse:	wir	am bitten	euch$_{VI}$	für$_{VII}$	machen	die Arbeit	wir	sagen	euch	die$_{VIII}$
Übersetzung:	›Wir bitten euch, die Arbeit zu machen, von der wir sprachen.‹									

Grammatische Merkmale von Kreolsprachen

I. **Artikel:** Im Unterschied zu europäischen Lexifiziersprachen ist die Setzung von definiten Artikeln in den Kreolsprachen nicht obligatorisch, wenn der Kontext Klarheit schafft. Wenn die Artikel gesetzt werden, so stehen sie im Unterschied zu den Lexifiziersprachen in allen Kreolsprachen *nach* dem Substantiv. Allerdings sieht man an unserem Beispiel, dass die Kreolsprachen in diesem Punkt zwar ähnlich, aber doch nicht ganz gleich sind; im Kreolischen von Jamaika steht zusätzlich zu dem nachgestellten *-dem* auch noch ein vorangestelltes *di-*, d. h. ›die Männer‹ wird übersetzt mit *di man-dem* (s. 20). Aus typologischer Sicht liegen hier also zwei wichtige Unterschiede zwischen den germanischen und romanischen Sprachen einerseits und den Kreolsprachen andererseits vor, da die Artikel in den Kreolsprachen in der Regel nachgestellt und nicht obligatorisch sind.

II. Die **Verben** sind in Kreolsprachen immer unveränderlich. In der Regel wird eine reduzierte Form des Infinitivs (*se* < *say*, *di* < *dire* und *bisa* < *avisar*) verwendet. Numerus und Person werden ausschließlich in den Pronomina ausgedrückt, nicht in Endungen, also z. B. *mi a se, yu a se, i a se*. Soll der Satz präsentische Bedeutung haben, so wird dies nicht durch eine eigene grammatische Tempuskategorie ausgedrückt, sondern es wird der progressive Aspekt genutzt, der durch einen präverbalen Marker (z. B. *a, ka, ta*) kodiert wird (s. die Beispiele unter 20). Diese Marker gehen fast immer auf die Präposition ›an‹ bzw. ›am‹ zurück.

III. **Statische Verben:** Eine kleine Gruppe von Verben, die sogenannten statischen Verben, werden allerdings in der Regel nicht aspektmarkiert, wenn ein gegenwärtiger Zustand ausgedrückt werden soll. ›Wir glauben‹ heißt also einfach *wi figa* oder *nou krè*. Hier zeigen die Beispiele unter (21), dass trotz aller Parallelen diese Regel nicht durchgängig gilt: Das Papiamentu verwendet den Aspektmarker, vgl. *nos ta kere*.

IV. Die **Negation** wird in den Kreolsprachen oft doppelt markiert: ›nie nicht‹ bedeutet einfach ›nicht‹; vgl. etwa Iberokreol *nunka no a* unter (21).

V. **Der bestimmte Artikel** im Plural wird in den Kreolsprachen in der Regel durch Anhängen des Personalpronomens an das Nomen gebildet: *dem/nan/ya*: *kar-dem* (Anglokreol), *auto-nan* (Iberokreol), *oto-ya* (Frankokreol) ›die Autos‹. Der definite Artikel ist in den Kreolsprachen nicht obligatorisch und wird, wo nötig, durch eine Demonstrativkonstruktion ersetzt, welche der im Deutschen in der gesprochenen Sprache gebräuchlichen Klammerkonstruktion *die ... da* entspricht: ›die Arbeit da‹ wird dann ausgedrückt als *da work de* (Jamaikakreol), *sa travay-a* (Guyanais) und *e trabou alli* (Papiamentu) (s. 21).

VI. Einige **pronominale Pluralformen** sind nicht aus der europäischen Sprache übernommen. So verwendet zwar das Guyanais für die Formen der 2. Ps. Pl. ein Wort, das auf das Französische zurückgeht (*zòt* > *vous autres*, wörtlich ›ihr anderen‹), das Jamaikakreol jedoch *unu* (aus Igbo *unu*, in Konvergenz mit Wolof *yena*, Kimbundu *yenu* und Kongo *yeno*, vgl. Patrick 2008: 632; s. 22). Im Papiamentu kommt das Pronomen der 3. Ps. Pl. *nan* (s. 20) aus der Nigerkongosprache Ido.

VII. Die **Präposition** ›für‹ (realisiert als *fi* < *for*, *pa* < *para*, *pou* < *pour*) wird in den Kreolsprachen sehr polyfunktional zur Verknüpfung von Elementen im Satz und zwischen Sätzen eingesetzt (s. 22).

VIII. Das **Relativpronomen** bleibt oft, aber nicht in allen Kreols (vgl. das Iberokreol *ku*, 22) unausgedrückt.

9.4.4 | Ist die Ähnlichkeit der Kreolsprachen biologisch-genetisch oder kognitiv-interaktional bedingt?

Nun ist zu prüfen, ob die bisherige Darstellung auch noch Bestand hat, wenn wir die Kreolsprachen nicht mit der Standardvarietät des Englischen, Französischen usw. vergleichen, sondern mit den **mündlichen, dialektalen Varietäten** dieser Sprachen. Denn es waren ja soziohistorisch betrachtet gerade diese Varietäten, nicht etwa die Standardsprachen, die den (reduzierten) Input in der kolonialen Lebenssituation der Kreolen prägten.

Artikel und Pronomina: Wie am Beispiel des Guyanais zu sehen ist, stehen die definiten Artikel nach dem Bezugsnomen: *wonm-ya* ›die Männer‹, Diese Form ist aus *wonm-yé-là* entstanden (< französisch *les hommes, eux, là*), d. h. wörtlich: ›Männer-die-da‹. Auf den ersten Blick stellt die Nachstellung des definiten Artikels in der Tat einen wesentlichen Unterschied zu den germanischen und romanischen Sprachen dar, wo der definite Artikel mit wenigen Ausnahmen (nordgermanische Sprachen) vor dem Bezugswort steht (*die Männer*). Allerdings ist dieser Unterschied weit geringer, wenn der frankokreolische Artikel nicht mit dem französischen Artikel, sondern dem französischen Demonstrativ verglichen wird. Die Grammatikalisierung (s. Vertiefungskasten S. 338) des Demonstrativums zum Artikel ist in den Sprachen der Welt vielfach belegt. Dies erklärt die Stellung nach dem Nomen: Die Demonstrativkonstruktion ist im Französischen *ces hommes-là*. In dieser Klammerkonstruktion war ohne Zweifel das postnominale *là* wegen seiner betonten Endstellung in der mündlichen Sprache besonders auffällig und daher der primäre Input für die Lerner. (Schriftlichkeit spielte in einer Sklavengesellschaft so gut wie keine Rolle.)

Im mündlichen Sprachgebrauch können auch im Deutschen wie im Französischen die definiten Artikel durch analytische Demonstrativkonstruktionen ersetzt werden. So sagen wir beispielsweise statt *die Leute* in mündlicher, informeller Kommunikation durchaus *die Leute da*. Im Französischen, insbesondere in Varietäten der westafrikanischen Frankophonie, hört man anstelle von *les gens* (Schriftfranzösisch) *ces gens-là* oder *les gens-là*. Geht man davon aus, dass der von den Sklaven zu hörende Input in der Kolonialzeit näher am informellen, mündlichen Sprachgebrauch gelegen hat als am schriftsprachlich-formellen Französisch, so ist der Unterschied womöglich weniger groß, als man dies aus sprachtypologischer Sicht zunächst annehmen könnte. Für diese Hypothese spricht nicht zuletzt, dass der Gebrauch der definiten Artikel in der Wiederaufnahme, d. h. hier in der **Rechtsversetzung** (*right dislocation, dislocation à droite*) in den Kreolsprachen häufiger als im Französischen und in einigen Kreolsprachen sogar obligatorisch Verwendung findet. In unserem Beispiel würde man also in den Kreols in der Regel so etwas sagen wie *die Leute da, die sagen*, anstelle von: *die Leute sagen*.

Verben: Merkmal II besagt, dass Verben im Kreol morphologisch unveränderlich sind. Sie werden also nicht durch Endungen modifiziert, sondern durch vor dem Verb stehende Marker. Auch hier scheint es einen auffälligen Unterschied zu einigen europäischen Sprachen mit mehr oder weniger ausdifferenzierter Verbmorphologie zu geben. Allerdings haben viele europäische Sprachen in ihrer heutigen Form keine sehr differenzierte Morphologie mehr; im Englischen wird im Präsens nur noch die 3. Ps. Sg. von den übrigen Formen durch die Endung *-s* (*she sing-s*) abgesetzt. Im Französischen werden zwar die Singularformen und die 3. Ps. Pl. teils je unterschiedlich geschrieben (*je parl-e, tu parl-es, il parl-e, ils/elles parl-ent*), doch werden sie alle gleich gesprochen.

Für die Entwicklung der Verbalmorphologie der Kreolsprachen sind Vereinfachungsstrategien typisch, die man gut aus dem Spracherwerb unter besonderen Umständen erklären kann. Während sich in den europäischen Sprachen die Kinder im Erstspracherwerb mit regelmäßigen Formen wie *gehte* anstelle von *ging* gegen die Sanktionen ihrer Eltern nicht durchsetzen können, waren die kreolischen Kindern während der Entstehungszeit ihrer Sprache mit ähnlichen Vereinfachungen sehr erfolg-

> **Zur Vertiefung**
>
> **Grammatikalisierung**
> Unter ›Grammatikalisierung‹ verstehen wir das Werden von Grammatik aus der Lexik. Genauer: »Grammatikalisierung ist [...] das allmähliche Entstehen von festen Mustern (= grammatischen Schemata) aus lockeren, diskursiven Strukturen, und das gleichzeitige Entstehen von abstrakten Elementen (= grammatischen Elementen) aus konkreten Elementen. Metaphorisch könnte man also sagen: Grammatik ist geronnener Diskurs« (Haspelmath 2002a: 18; s. auch Kap. 3.5.2 und 3.5.3). Nehmen wir als illustrierendes Beispiel das deutsche Verb *haben*. Es wird als lexikalisches Vollverb in *Wir haben einen Hund* verwendet. Es wird aber auch als grammatischer Marker der Verpflichtung (deontische Modalität) verwendet, wie in *Er hat noch Hausaufgaben zu machen*. Und noch stärker geronnen ist die klar grammatische Verwendung zum Ausdruck des analytischen Perfekts, etwa in *Sie hat das neue I-Phone gekauft*.
>
> Es gibt eine Vielzahl von Kriterien, mit deren Hilfe der Grad der Grammatikalisierung gemessen werden kann; ein sehr nützliches Kriterium ist die Frage, wie **obligatorisch** ein Element ist. In der Lexik gibt es typischerweise eine offene Liste von Alternativen, z. B. im Hundebeispiel das Vollverb *besitzen* als Alternative zu *haben*. Auch im Hausaufgabenbeispiel kann *haben zu* noch durch *müssen* ersetzt werden; für das Perfekt jedoch gibt es (außer bei Verben der Bewegung, *er ist gegangen*) keine Alternative: das Hilfsverb *haben* ist im I-Phone-Beispiel alternativlos.
>
> In den romanischen Sprachen ist das Verb für ›haben‹ sogar noch weiter grammatikalisiert worden; wir finden es in der Morphologie in der Form des Futurs: *je chanter-ai, tu chanter-as* etc. (wörtlich: ›zu singen habe ich‹, ›zu singen hast du‹ etc.; vgl. franz. *j'ai* ›ich habe‹, *tu as* ›du hast‹ etc.). Mit anderen Worten: Das, was die Franzosen selbst für Morpheme halten, ist einmal aus einem Verb entstanden.
>
> Da dieser Weg im Laufe der Zeit in der Sprechergemeinschaft in Vergessenheit gerät, lässt sich die Entwicklung nicht umkehren. Man sagt dann: Grammatikalisierung ist **uni-direktional** (Haspelmath 1998). Daher erlaubt die Grammatikalisierungstheorie den Linguist/innen eine sehr sichere Rekonstruktion von Sprachwandelprozessen. Für die Sprecher/innen hingegen ist das Ergebnis oft nicht mehr transparent; *chanter-ai* ist z. B. ein Wort geworden (**univerbiert**).
>
> Wir haben bisher über morpho-syntaktische Aspekte von Grammatikalisierung gesprochen; es gibt jedoch auch semantische Aspekte. Wenn ein Element aus dem Lexikon in die Grammatik wandert, dann kommt es oft zu einer semantischen Verschiebung: die konkrete Bedeutung eines Bewegungsverbs wird z. B. zum abstrakteren Konzept ›Zukunft‹. Die Ausgangsbedeutung bleibt bei diesen Prozessen nicht immer erhalten: *I will do it* heißt keineswegs immer, dass man es aus ganzem Herzen möchte. Und wenn man sagt: *je vais écrire une lettre*, muss es gar nicht sein, dass man vorher noch irgendwo hingeht. Es gilt also: Die Bedeutung der Elemente wird im Zuge der Grammatikalisierung immer abstrakter. Nehmen wir das erste Beispiel oben noch einmal auf: Die Bedeutung von *haben* in *Sie hat ein I-Phone gekauft* – also ›Vergangenheit‹ – ist abstrakter als die Bedeutung von *haben* i. S. v. ›besitzen‹. Im Französischen und Englischen kann das Tempus Futur auch mithilfe des Verbums *gehen* ausgedrückt werden. Wieder gilt: Als Vollverb drücken *to go* bzw. *aller* konkret eine Fortbewegung aus, als grammatikalisiertes Morphem jedoch abstrakt ›Zukunft‹.
>
> Schon an den wenigen Beispielen wird deutlich: In den Sprachen der Welt dienen immer wieder dieselben sog. Grundkonzepte (Raible 2003) als Ausgangspunkte für Grammatikalisierungen. Das stärkste konzeptuelle Prinzip in Grammatikalisierungen ist die auf Nähe in der Erfahrung der Sprecherin beruhende **Metonymie**. Wenn ich etwas noch zu erledigen habe, oder wenn ich erst irgendwo hingehen muss, um etwas zu tun, dann ist das erfahrungshalber eben noch nicht passiert; das Verb für ›gehen‹ ist also geeignet, ›Zukunft‹ auszudrücken. In den Sprachen der Welt gibt es drei Hauptquellen für Futura, nämlich Verben des Gehens, des Müssens und des Werdens (im Sinne von ›sich entwickeln‹). Das u. a. im Deutschen gebräuchliche *werden* ist allerdings weltweit eher die seltenste der drei Möglichkeiten.
>
> Ausgangspunkt der Grammatikalisierungen ist also einerseits die Kognition, z. B. die Wahrnehmung kategorieller Ähnlichkeiten etc. Ausgangspunkt ist andererseits auch die situierte Interaktion: Sprecher sind immer auch Hörer und nehmen die Lautketten *chanter-ai* oder *going-to* im Laufe der Zeit als ein Wort *chanterai* und *gonna* wahr (**Univerbierung**). Dabei verschmelzen sehr unterschiedliche Elemente miteinander, die nur eine Voraussetzung erfüllen müssen: Sie müssen direkt nacheinander zu hören gewesen sein; vgl. auch engl. *don't < do not*, deutsch *zum < zu dem*; franz. *il y a* ›es gibt‹ *< ille ibi habet*, wörtl. ›es hat dort jenes‹, span. *conmigo < cum me cum*, wörtl. ›mit mir mit‹ etc. Auch die bekannte französische Frageformel *qu'est-ce que*, deren Univer-

9.4 Die Entstehung von Sprache

bierung in SMS-Kommunikationen inzwischen auch grafisch als *keske* realisiert ist, geht auf eine im Gespräch genau so zu hörende Fokusstruktur zurück und hieß ursprünglich ›was ist es, das …‹. Vor diesem Hintergrund wird die in der Eingangsdefinition zitierte Aussage Haspelmaths verständlich, Grammatik sei »geronnener Diskurs« (Haspelmath 2002a, 270).

Ein entscheidendes Ergebnis der Grammatikalisierungsforschung ist, dass diese Prozesse immer wieder neu stattfinden. Derzeit beobachten wir beispielsweise, dass in verschiedenen Varietäten des Englischen (und Deutschen) neue grammatische Marker zur Einleitung von wörtlicher Rede entstehen: *he goes …/she was like …*; vgl. im Deutschen: *sie so …*. Zugleich werden vor langer Zeit begonnene Prozesse der Grammatikalisierung fortgesetzt. Beispielsweise deuten die Restriktionen, mit denen die franz. Präposition *chez* traditionellerweise verwendet wird (*aller chez le docteur* ›zum Arzt gehen‹, aber *aller au supermarché* ›zum Supermarkt gehen‹) für den Linguisten darauf hin, dass diese Präposition aus dem Wort für Haus (*casa/case*) entstanden ist; man geht eben wörtlich ›zum Haus des Doktors‹, aber nicht zum ›Haus des Supermarktes‹. Seit einiger Zeit hört man allerdings durchaus Franzosen, die sich auf den Weg *chez Monoprix* (Name einer Supermarktkette) machen. Daher vertreten einige Linguisten die Auffassung, dass die Grammatik einer Sprache am ehesten als fortlaufende Grammatikalisierung zu modellieren ist (vgl. Hopper/Traugott 2003).

Ähnlichkeit der Kreolsprachen

reich: Verben werden in den Kreolsprachen invariabel nach frequenten und regelmäßigen und daher auch gut perzipierbaren Bildungsmustern in der Ausgangssprache gebildet. Im Französischen sind das die Formen des Partizips, der 2. Ps. Pl. und des Infinitivs der Verben auf *-er*, die gleich gesprochen werden (z. B. [al'e], ›gegangen‹, geschrieben *aller/allé/allez* ›gehen, (ihr) geht, gegangen‹). In den Frankokreolsprachen enden deshalb fast alle Verben, die im Standard-Französischen einen Infinitiv auf *-e*, *-re*, *-oir* haben, auf *-é*, also sowohl *alé* (›gehen‹) als auch *randé* (statt std.franz. *rendre* ›zurückgeben‹ mit vielen unregelmäßigen Formen) oder *savé*, *pouvé* (statt unregelmäßigem *savoir*, *pouvoir* ›wissen/können‹). Im Iberokreol ist analog eine Regularisierung der Verbendungen v. a. auf *-a* festzustellen, also der Form der 3. Ps. Sg. der Verben auf *-ar*. Es erfolgt also keine Regularisierung nach übereinzelsprachlichen Mustern, sondern einzelsprachlich nach dem frequentesten Typ.

Markierung von Aspekt am Verb: Auffällig ist, dass die Kreolsprachen im Unterschied zu den europäischen Standardsprachen kaum Tempus ausdrücken, dafür aber sehr oft Aspekt. In den Dialekten der europäischen Kolonialsprachen sind Aspektmarkierungen allerdings durchaus üblich, wie die folgende Übersicht über einige Verlaufsformen zeigt:

(23) (a) Aspekt in englischen Dialekten:
  I am (at) coming
  Aspekt im englisch-basierten Kreol Jamaikas:
  mi a kom

(b) Aspekt in französischen Dialekten:
  moi, je suis à venir
  Aspekt im französisch-basierten Guyanais:
  mo ka (< qu'à) vini

(c) Aspekt in iberischen Varietäten:
  estoy (a) venir / estoy viniendo
  Aspekt im spanisch-portugiesisch-niederländisch-basierten Papiamentu:
  mi ta (< estoy a) bini

Tempus und Aspekt in Kreolsprachen

Die Dialekte, nicht die Standardvarietäten, haben also offenbar als Input für die Kreolgenese gedient. Das entspricht dem sog. **founder principle** (Mufwene 2001), das besagt, dass die ersten Generationen der Siedler überproportional starken Einfluss auf die Ausbildung von Sprachformen hatten, die in der Kolonialzeit in der Neuen Welt entstanden. Die ersten Siedler waren natürlich Dialekt-, nicht Standardsprecher. So erklärt sich, dass die dialektalen Aspektmarkierungen *be at doing*, *être à faire* und *être après faire* Ausgangspunkt von Grammatikalisierungsprozessen wurden.

In den Dialekten ist die aspektmarkierte Konstruktion mit der Präposition (*be doing / be at doing*; *estar haciendo / estar a fazer*) allerdings nur eine unter vielen, die zudem nicht obligatorisch ist, denn es gibt ja eine Präsensform im Französischen, Englischen etc.; Aspekt ist ein eher marginaler Bereich der Grammatiken. Im Kreol hingegen wird Aspekt auf Kosten von Tempus obligatorisch. Dies ist mit der stärkeren situativen Relevanz von Aspekt in vorwiegend mündlichen Sprachen begründet worden (Pfänder 2000): Während wir in der Schriftkommunikation die Dinge zeitlich ge-

9.4 Die Entstehung von Sprache

Die Entstehung von Pidgins und Kreolsprachen

nau situieren müssen, ist dies aufgrund der kommunikativen Kopräsenz der Teilnehmer im Mündlichen nicht so wichtig. Hier zählt vielmehr, ob etwas abgeschlossen oder noch im Verlauf ist (also aspektuelle Kategorien).

Allerdings lässt sich nicht für alle Kreolsprachen die *an/am*-Periphrase für die Verlaufsaspektform aus den Dialekten der Kolonialsprachen ableiten – manche Kolonialsprachen kennen diese Periphrase auch in den Dialekten nicht. Trotzdem müssen wir kein biologisches Programm annehmen; es reicht *hin*, die Erfahrungswirklichkeit einzubeziehen. Wenn wir jemanden sehen, der gerade im wörtlichen, lokalen Sinn ›am Arbeitsplatz‹, d.h. ›am Arbeiten‹ ist, dann wird der Verlauf der Arbeit wahrgenommen. Die durch die Präposition ›an‹ ausgedrückte räumliche Relation hat also eine konzeptuelle Ähnlichkeit zum zeitlichen Verlauf.

Negation in Kreolsprachen

Auch die grammatischen Marker für Gegenwart und Vergangenheit sind in den Kreolsprachen rar, und auch dafür gibt es ein ausdifferenziertes Repertoire an Aspektmarkern. In Tabelle 2 sieht man, dass dies für Kreolsprachen mit englischem, französischem und iberoromanischem Lexikon gleichermaßen gilt (für das Jamaikakreol vgl. Patrick 2008: 614 f.; für das Papiamentu vgl. Maurer 1998: 161; für das Guyanais und weitere 20 Kreolsprachen vgl. Pfänder 2000: 200–205):

Tab. 2: Aspekt- und Futurmarker in drei Kreolsprachen

	perfektiver Aspekt	imperfektiver Aspekt	Futur
Jamaikakreol	ø/done	a, bin a	go
Papiamentu	ø/kaba	ta, taba ta	lo
Guyanais	ø/fini	ka, té ka	ké

Alle in der Tabelle aufgeführten Aspekt-/Tempusformen sind in den Kreolsprachen durch Grammatikalisierung lexikalischer Mittel neu entstanden oder sie sind zumindest stärker als in den Lexifiziersprachen grammatikalisiert. Im Jamaikakreol wählten die Kreolen *go* für das Futur und *done* für den perfektiven Aspekt, im Papiamentu *lo* (aus port. *logo* / span. *luego* ›dann‹) und *kaba* (port./span. ›beendet/beenden‹) für den perfektiven Aspekt; im Guyanais *ké* aus *qu'aller/qu'allé* (›grad mal gehen‹) für das Futur und *fini* für den resultativen Aspekt. Für die Bildung des Futurs nutzen also zwei der drei Kreolsprachen das Konzept ›gehen‹, und alle drei verwenden für die Bildung der Vergangenheit Verben mit der Bedeutung ›fertig haben‹. Diese Grammatikalisierungspfade entsprechen denen, die wir allgemein in den Sprachen der Welt finden; sie sind also keinesfalls kreolspezifisch (vgl. Heine/Kuteva 2005).

Statische Verben: Merkmal III besagt, dass eine kleine Gruppe von Verben, die sogenannten statischen Verben, nicht mit Aspektmarker verwendet wird; dies betrifft Verben wie ›wissen‹, ›glauben‹, ›höflich sein‹. Aber auch in den Non-Standardvarietäten der europäischen Sprachen, die den imperfektiven Aspekt grammatikalisiert haben (*wir sind am Bier Trinken*), gilt dieselbe Einschränkung: Wir sagen nicht – oder doch nur höchst selten – *wir sind das am Wissen, dass du kommst*. Wir können uns eine Handlung TRINKEN gut in ihrem Verlauf vorstellen; gleiches gilt nicht für einen Zustand WISSEN.

Die doppelte Negation (Merkmal IV) ist in den Standardvarietäten der europäischen Sprachen nicht oder nur mit vielen Einschränkungen möglich (z.B. *ne ... pas*, aber nicht *pas jamais*; *no ... nunca*, aber nicht *nunca ... no*); in den Non-Standardvarietäten, z.B. den Dialekten, sind aber doppelte Negationen durchaus geläufig, *nicht nie ist aber auch in den Dialekten nicht belegt.

Eines der gewichtigsten Argumente der Bioprogrammhypothese bezieht sich auf die Stellung des Negators. Tatsächlich haben wir heute in allen Kreolsprachen Strukturmuster wie SBJ-NEG_PST_PROG-VERB-OBJ, z.B. in folgendem Beispiel aus dem französisch-basierten Guyanais:

(24) I   pa   té   ka   fè   sa
SBJ   NEG   PST   PROG   machen   OBJ
wörtlich: er   nicht   war   am   Machen   das
›Er machte das nicht.‹

Vor dem Verb steht ein Aspektmarker, davor ein Tempusmarker, davor ein Negationsmarker. In den europäischen Lexifizierersprachen ist das nicht möglich. Die seit einigen Jahren verfügbaren älteren Dokumente zeigen jedoch, dass die heute vorgefundene Regelmäßigkeit damals noch nicht vorhanden war. Hier kommen auch andere Abfolgen vor; z.B. kann die Negation *pa* auch nach dem Verb (wie im Französischen) stehen, und zwischen dem Tempus- und dem Aspektmarker können Adverbien eingefügt werden. Dies zeigt klar, dass die von Bickerton angenommene frühe Systemhaftigkeit nur teilweise zutrifft. Erst heute, etwa 300 Jahre nach der angenommenen Entstehung der Kreols, sind ihre grammatischen Systeme voll ausgebildet und ›regelmäßig‹. Allerdings hatte Bickerton nicht völlig unrecht: Im Vergleich zu den meisten uns bekannten Sprachgenesen vollzog sich die Kreolgenese im Zeitraffer; nur eben auch nicht so schnell, dass eine Generation genügt hätte. Kreolsprachen entstanden nicht abrupt, sie entwickelten sich graduell.

Definite Artikel: Laut Merkmal V ist der definite Artikel in den Kreolsprachen nicht obligatorisch und wird, wo nötig, durch eine Demonstrativkonstruktion ersetzt. Das kennen wir z. B. auch aus dem gesprochenen Deutschen, wo wir außerhalb formeller Kontexte nicht *diese/jene Arbeit*, sondern *die(se) Arbeit da* sagen. Analog gilt diese Beobachtung auch für die europäischen Nachbarsprachen. Allerdings sind diese Formen in den Kreolsprachen zu einem einzigen Marker grammatikalisiert. Sie bilden auch die Quellstruktur für die in einigen Kreolsprachen neu entstehenden Artikel; franz. ›le travail‹ entspricht im Frankokreol *travay-a* (aus ›ce/le travail-là‹).

Im **Plural der Pronomina** (Merkmal VI) werden einige pronominale Formen nicht aus der europäischen Sprache übernommen. Andere werden aus Material der europäischen Sprache neu grammatikalisiert, so z. B. *zòt > vous-autres* ›ihr‹ (wörtlich ›ihr andere‹). Diese Grammatikalisierung ist kognitiv naheliegend und auch für mehrere Nicht-Kreolsprachen beschrieben worden (vgl. span. *vosotros* ›ihr‹ und Varietäten des Französischen z. B. in Nordamerika).

Präposition ›für‹: Bei Merkmal VII wird deutlich, dass in der Syntax der Kreolsprachen bestimmte grammatische Wörter weiter grammatikalisiert wurden. Dies gilt z. B. für die jamaikakreolische Präposition *fi* (< engl. *for*), analog in den Frankokreolsprachen für *pou*, in den Hispanokreolsprachen für *pa*, in den deutschen Kreolsprachen für *für* (s. Vertiefungskasten; s. Beispiel (25) aus dem Guyanais (Pfänder 2013):

(25) Jan fi give you the book (Anglokreol)
Jean pou wa mo liv-a. (Guyanais)
›John muss dir das Buch geben.‹

Die Präposition *pou* bzw. *fi* wurde hier zu einem Marker für deontische Modalität (Verpflichtung) weiter entwickelt.

Relativpronomen: Merkmal VIII zufolge bleibt das Relativpronomen oft unausgedrückt oder wird durch eine am Ende des Relativsatzes stehende Partikel ersetzt.

(26) Rechtsmarkierung (Guyanais):
travay nou palé a
wörtlich etwa: die Arbeit, wir sprachen davon
›die Arbeit, über die wir sprachen‹

(27) Nullmarkierung (Anglokreol):
da girl her mother stay work Walmart
›das Mädchen, ihre Mutter arbeitet bei Walmart‹

Auch in den gesprochenen Nicht-Standardvarietäten der Kolonialsprachen dürfte man die Relativpronomina zum Ausdruck von ›deren/dessen‹, also engl. *whose*, franz. *dont* und span. *cuyo*, kaum in mündlichen Korpora finden. Vielmehr werden ganz wie im Kreol lose reihende Konstruktionen bevorzugt, die nicht syntaktisch, sondern kontextuell und/oder prosodisch die Integration herstellen (vgl. die Übersetzung des voranstehenden Beispiels: ›das Mädchen, ihre Mutter arbeitet bei Walmart‹). Bei der ersten Vorstellung der Beispiele haben wir gezeigt, dass sich die Kreolsprachen in diesem Merkmal nur oberflächlich ähneln; denn Ausgangspunkt ist für die Anglokreolsprache eine grammatische Option, die schon in der Lexifizierersprache vorhanden war, in der Frankokreolsprache nicht. Schaut man genauer in Daten des gesprochenen überseeischen Französisch der Kolonialzeit, so findet man satzfinales *là* sehr häufig als pragmatischen Marker (z. B. *l'homme-là je le connais bien là il est venu là l'autre jour là* wörtlich: ›der Mann da, ich kenne den da, er ist hierher gekommen da, neulich da‹). Im Input war also *là* als ›Rechtsklammer‹ im Sinne eines strukturierenden Elements durchaus schon zu hören. Allerdings hat die Kreolsprache einen wesentlichen Grammatikalisierungsschritt vollzogen und aus dem mündlich zu hörenden, nicht-obligatorischen Material ein obligatorisches grammatisches Element zur Relativsatzmarkierung gemacht.

Resümee: Unsere Diskussion der acht Merkmale von Kreolsprachen hat ergeben, dass diese in den europäischen Kolonialsprachen keineswegs so exotisch sind, wie Bickerton annimmt. Sie kommen fast alle in ihren Non-Standardvarietäten vor, die vermutlich der primäre Input für die Kreolkinder waren; die europäischen Kolonisten waren in den seltensten Fällen Standardsprecher.

Quantitative Analysen: Die Ähnlichkeit der Kreolsprachen untereinander und mit ihren europäischen Lexifizierersprachen kann man auch quantitativ untersuchen. Dabei zeigt sich: Die Kreolsprachen sind zwar nicht so identisch, wie Bickerton

9.4 Die Entstehung von Sprache

Die Entstehung von Pidgins und Kreolsprachen

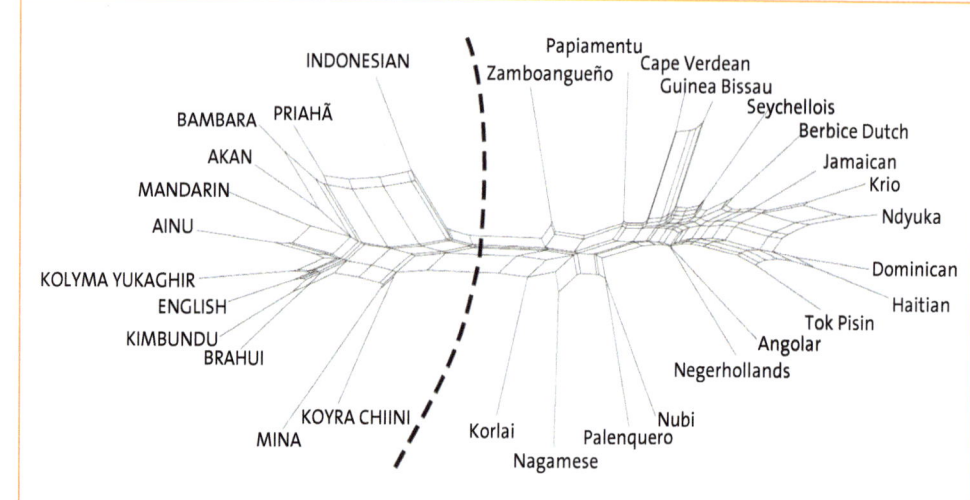

Abb. 3:
Phänogramm zur Darstellung der Ähnlichkeit zwischen 18 Kreolsprachen (rechts) und 12 Nicht-Kreolsprachen (links) (aus Bakker et al. 2011: 32)

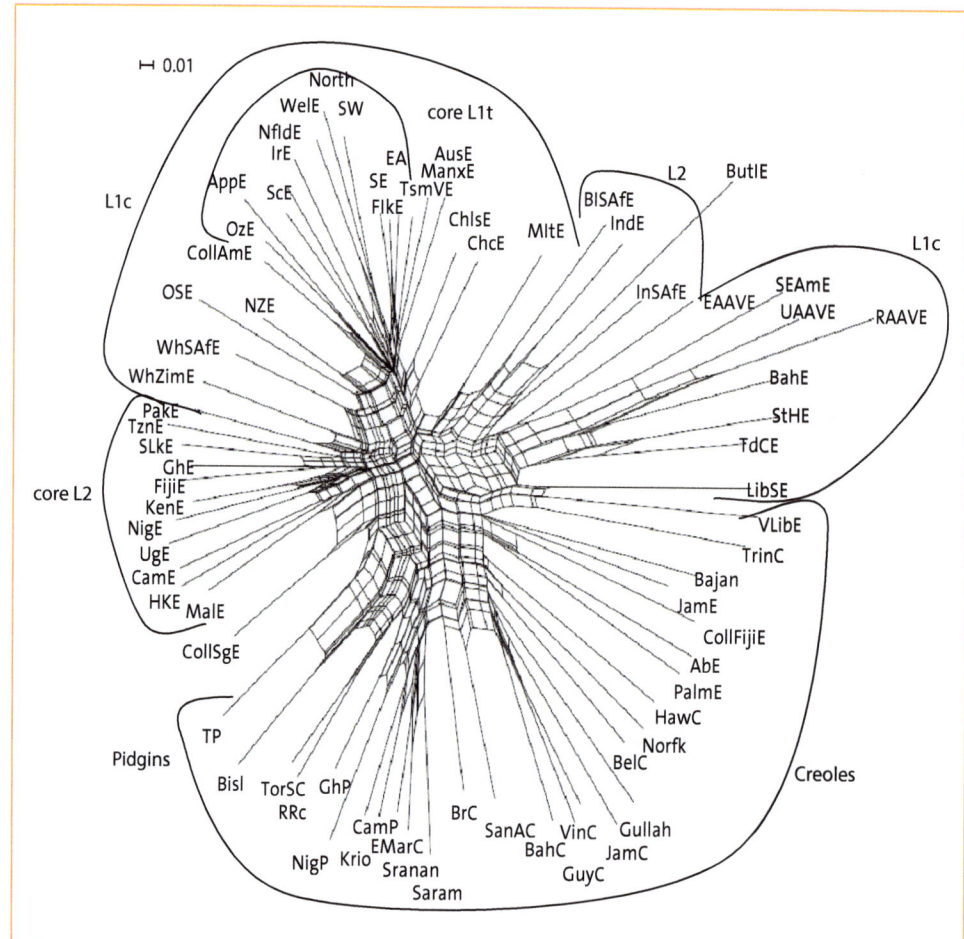

Abb. 4:
Phänogramm zur Darstellung der Ähnlichkeiten zwischen 74 Varietäten des Englischen bzw. englischbasierten Pidgins und Kreolsprachen auf der Grundlage von 235 Merkmalen (aus Kortmann 2013; die Abkürzungen werden in Tab. 3 erläutert)

9.4 Die Entstehung von Sprache

Ähnlichkeit der Kreolsprachen

	Erstsprache L1 (31)		Zweitsprache L2 (17)	Pidgins P (7) & Creoles C (19)
	low-contact L1 (10)	*high-contact L1 (21)*		
British Isles (11):	Orkney and Shetland E (O&SE), North of England (North), SW of England (SW), SE of England (SE), East Anglia (EA), Scottish E (ScE)	Irish E (IrE), Welsh E (WelE), Manx E (ManxE), Channel Islands E (ChIsE) [Maltese E (MltE)]		British Creole (BrC)
Africa (16):		Liberian Settler E (LibSE), White South African E (WhSAfE), White Zimbabwean E (WhZimE)	Ghanaian E (GhE), Nigerian E (NigE), Cameroon E (CamE), Kenyan E (KenE), Tanzanian E (TznE), Ugandan E (UgE), Black South African E (BISAfE), Indian South African E (InSAfE)	Ghanaian Pidgin (GhP), Nigerian Pidgin (NigP), Cameroon Pidgin (CamP), Krio, Vernacular Liberian E (VLibE)
America (10):	Newfoundland E (NfldE), Appalachian E (AppE), Ozark E (OzE), Southeast American Enclave dialects (SEAmE)	Colloquial American E (CollAmE), Urban African American Vernacular E (UAAVE), Rural African American Vernacular E (RAAVE), Earlier African American Vernacular E (EAAVE)	Chicano E (ChcE)	Gullah
Caribbean (13):		Bahamian E (BahE)	Jamaican E (JamE)	Jamaican C (JamC), Bahamian C (BahC), Barbadian C (Bajan), Belizean C (BelC), Trinidadian C (TrinC), Eastern Maroon C (EMarC), Sranan, Saramaccan (Saram), Guyanese C (GuyC), San Andrés C (SanAC), Vincentian C (VinC)
South and Southeast Asia (7):		Colloquial Singapore E (CollSgE)	Indian E (IndE), Pakistan E (PakE), Sri Lanka E (SLkE), Hong Kong E (HKE), Malaysian E (MalE)	Butler E (ButlE)
Australia (5):		Aboriginal E (AbE), Australian E (AusE), Australian Vernacular E (AusVE)		Torres Strait C (TorSC), Roper River C (RRC [Kriol])
Pacific (8):		New Zealand E (NZE)	Colloquial Fiji E (CollFijiE), Acrolectal Fiji E (FijiE)	Hawaiian C (HawC), Bilama (Bisl), Norfolk Island/Pitcairn E (Norf'k), Palmerston E (PalmE), Tok Pisin (TP)
South Atlantic (3):		St. Helena E (StHE), Tristan da Cunha E (TdCE), Falkland Islands E (FlkE)		

annahm, aber sie bilden doch eine Gruppe, wenn man sie syntaktisch mit Nicht-Kreolsprachen vergleicht. Abbildung 3 zeigt das Ergebnis einer Untersuchung von 50 syntaktischen Merkmalen in 30 Sprachen, dabei 18 Kreolsprachen (Bakker et al. 2011: 32). Die Autoren zeigen mittels moderner statistischer Methoden (phylogenetisches Netzwerk), dass die Kreolsprachen sich untereinander ähneln und von anderen Sprachen der Welt verschieden sind; auf der rechten Seite von Abbildung 3 sind im oberen Bereich zwei der drei oben näher besprochenen Kreolsprachen zu erkennen, das *Papiamentu* (2. von links ab der gestrichelten Linie) und das *Jamaican* (7. von links); das *Guyanais* wurde in der Studie von Bakker et al. nicht berücksichtigt; doch ist das in demselben Sektor liegende *Seychellois* (5. von links) dem oben besprochenen *Guyanais* sehr ähnlich.

Die Abbildung macht deutlich, dass die Kreolsprachen rechts als eine Gruppe stehen. Man sieht, dass das Jamaikakreol vom Englischen weiter entfernt ist als von den Kreolsprachen mit französischer oder iberischer Lexifizierersprache.

Bakker et al. (2011: 32) haben allerdings in ihrer Studie das Englische lediglich in seiner schriftsprachlichen Standardform berücksichtigt. Kort-

Tab. 3: Die Englischvarietäten und englischbasierten Pidgins und Kreolsprachen aus Abb. 4

9.4 Die Entstehung von Sprache

Die Entstehung von Pidgins und Kreolsprachen

> **Zur Vertiefung**
>
> **Gibt es eigentlich deutsch-basierte Pidgins und Kreolsprachen?**
>
> Über Kreolsprachen mit deutschem Lexikon wird in der Fachliteratur wenig berichtet. Die Erklärung dafür liegt in der Kolonialgeschichte. Deutschland besaß im Vergleich zu England, Holland, Frankreich, Spanien und Portugal kaum Kolonien und diese nur für sehr kurze Zeit; keine dieser Kolonien ist bis heute in einem wie immer gearteten politischen Verhältnis zu Deutschland geblieben.
>
> Das laut Mühlhäusler (2001) einzige deutsch-basierte Kreol ist das Kreoldeutsche von Rabaul auf dem neuguinesischen Bismarckarchipel (›Unserdeutsch‹ in der Selbstbezeichnung). Es entstand in einer Internatsschule für Kinder mit deutschen Vätern und indigenen Müttern (die neben ihrer Erstsprache noch ein englischbasiertes Pidgin sprachen, nämlich Tok Pisin). Das verweist bereits darauf, dass es sich um einen Sonderfall handelt. Trotzdem ähnelt die Struktur des Rabauldeutschen in vielen Merkmalen dem bekannten Muster: Der Plural ist nicht obligatorisch, wir finden vereinfachte Verbformen, die von der hochfrequenten 3. Ps. Sg. abgeleitet sind (*i wird bleiben* ›ich werde bleiben‹, teils *alle Kinder muss bleiben*); der Zweck wird wie in vielen anderen europäisch basierten Kreolsprachen mit *fi* (›für‹) versprachlicht (*fi holen was*) etc. Rabauldeutsch ist vermutlich als Geheimsprache der Kinder entstanden. Von der üblichen Kreolgenese unterscheidet es sich neben der starken Beeinflussung durch Tok Pisin (Bsp. a, f, g) auch durch die Tatsache, dass deutscher Input ausreichend vorhanden war (Beispiele nach Volker 1991: 154–156):
>
> (a) Genitivkonstruktionen
>   Haus fi Tom
>   Haus für Tom
>   ›Toms Haus‹
>
> (b) Komparativ
>   Maria is mehr klein denn Des.
>   Maria ist mehr klein als Des
>   ›Maria ist kleiner als Des.‹
>
> (c) Satzstellung bei Hilfsverben
>   I wird bleib zwei Woche in Lae.
>   ich werde bleiben zwei Wochen in Lae
>   ›Ich werde zwei Wochen in Lae bleiben.‹
>
> (d) Serielle Verben
>   Du holen diese Eimer komm!
>   du holen diesen Eimer komm
>   ›Hol diesen Eimer.‹
>
>   Du laufen geht wo?
>   du laufen gehen wo
>   ›Wo läufst Du hin?‹
>
> (e) Progressive Formen
>   Er wollte wissen ob Yvonne is am spielen.
>   er wollte wissen ob Yvonne ist PROG spielen
>   ›Er wollte wissen, ob Yvonne am spielen war.‹
>
> (f) Passiv
>   Sein Schtoa war gefärbt bei ein Chinesen.
>   sein Laden wurde bemalt von einem Chinesen
>   ›Sein Laden wurde von einem Chinesen bemalt.‹
>
> (g) Infinitivanschluss mit *fi* ›für‹
>   I bin am denken fi kaufen ein Ferd.
>   ich bin PROG denken für kaufen ein Pferd
>   ›Ich denke darüber nach, ein Pferd zu kaufen.‹
>
> Aus Neuguinea wird von Mühlhäusler (2001: 245) berichtet, dass dort auf den Inseln Tumleo und Ali noch ein deutschbasiertes, stabilisiertes Pidgin gesprochen wird. Es ist in jüngerer Zeit stark vom Englischen beeinflusst worden, wie das folgende Beispiel zeigt:
>
> *ich gut arbeiten, planti work, ich hauskuk bleiben, … orait, mi wok long schneider, wantime …*
> ›ich hab gut gearbeitet, hab (immer) viel Arbeit (gehabt), ich bin (nach wie vor) Köchin, … okay, ich arbeite(te) lange (als/mit) Schneider, eine gewisse Zeit …‹

mann/Szmrecsanyi (vgl. Kortmann 2013, Abb. 4) haben hingegen den strukturellen Abstand zwischen drei Gruppen von Varietäten gemessen: englischbasierte Kreolsprachen, als Erstsprache erworbene Varietäten des Englischen (etwa Dialekte oder nationale Varietäten) und Varietäten des Englischen, die als Zweitsprache gesprochen werden (etwa das Englische, das in Indien oder Singapur gesprochen wird). In dieser Studie bestätigt sich, dass die Pidgins und Kreolsprachen eine Gruppe bilden, auch wenn die Unterschiede zwischen ihnen erheblich sind.

Weiterführende Literatur

Einen guten, wenn auch an der Oberfläche bleibenden **Überblick** über die in diesem Kapitel besprochenen Themen bieten Deutscher (2008) und in ausgesprochen gut lesbarer Form Zimmer (1981), der auch die Kreolsprachen diskutiert.

Für die **Phylogenese** bietet sich als Einstieg Aitchison (1996) an. Die evolutionären Vorteile der Entwicklung von Sprache erörtert Dessalles (2007). Zur Sprache als soziales adaptives System verweisen wir auf Steels (2009) und Beckner et al. (2009) sowie Evans/Levinson 2009. Die Grundlage der Sprache in der Kooperation erläutert besonders Tomasello (2010).

Tomasello (2009, 2010, Tomasello/Carpenter 2011) arbeitet die sozialen und kulturellen Wurzeln des **Spracherwerbs** heraus, Rakoczy/Haun (2012) geben einen Überblick über die Entwicklung der allgemeinen und sozialen Kognition in der vorsprachlichen Phase. Kulturspezifische Interaktionsmuster (*parenting styles*) werden von Keller (2011) sehr anschaulich dargestellt. Empfehlenswerte Einführungen zum Spracherwerb sind besonders E. Clark (2009), Saxton (2010) und Brooks/Kempe (2012) sowie für das Deutsche Szagun (2006), Tracy (2007), Kauschke (2012) sowie Klann-Delius (2008).

Als vertiefende Lektüre zur **Kreol-Genese** eignet sich Siegel (2008b) am besten, der einen Einblick in die konkurrierenden Genesemodelle gibt und auch Fallstudien englisch- und französischbasierter Kreolsprachen vorstellt. Über die spanischen und portugiesischen Kreolsprachen kann man bei Maurer (1998) sowie aus diskursanalytischer Sicht bei Bachmann (2005) mehr erfahren. Den ohne Zweifel faszinierendsten Überblick über 30 Kreolsprachen mit Einzelbeschreibungen, Text- und Tonbeispielen und typologischen Karten geben Michaelis et al. (2013).

Aufgaben

1. Analysieren Sie die Pluralfehler (Übergeneralisierungen) der Kinder Simone und Pauline.

    (a) Welche Plural-Morpheme dominieren (-s, -er, -e, -(e)n, Nullmorphem)?
    (b) Beruhen diese Pluralmorpheme auf Analogie zu anderen Pluralformen oder lassen sich die Fehler mit anderen Faktoren erklären (vgl. Köpcke 1998 sowie Szagun 2006, Kap. 4)?

    (1) Ohre wasche
    (2) mehr Bauklötz
    (3) Balle
    (4) mit'n Bauklötzer spieln wer
    (5) nein, mach nur Pünkte
    (6) Pünkter
    (7) hole Blatter
    (8) weil se immer Schnullers nehme
    (9) die kann man totschießen die Wolfen
    (10) aber wir solln zwei Mutters sein
    (11) Hans hat die Rädern da ranmachen
    (12) hier sin ja zwei (S)tuhlen

9.4 Die Entstehung von Sprache

Aufgaben

(13) auf den weichen Deckens
(14) für die Tieren braucht die des
(15) aber sonst ham wir doch keine Schmelz-Eisen (= Eis, das schmilzt)
(16) des is für die Vögeln
(17) ähm, Papageie
(18) Haaren
(19) ich hab in den Schuhen Löchern
(20) ich kann auch Hühnern reiten
(21) hm hm [verneinend] nee, sind Huhne
(22) ich hab zwei Korbe
(23) guck dann – da kommen ja alle Messers hin
(24) Tellers
(25) die Löffeln sind die meisten
(26) da unten sind die Hasens

2. Entscheidend für den Spracherwerb ist, festzustellen, ob kindliche Äußerungen produktiv sind, also nicht nur imitiert und nicht nur an einzelne Lexeme gebunden. Diskutieren Sie, wie ein ideales Forschungsparadigma für eine Langzeitstudie aussehen müsste, bei dem sie den Erwerb von Fragestrukturen eines Kindes analysieren möchten (zur Methodik vgl. auch die Aufsätze in Behrens 2008a).

3. Arends/Muysken/Smith (1995) definieren Kreolsprachen über den kolonialen Bruch (»break«) in der Sprachweitergabe:

»It is clear in fact that creole languages develop as the result of ›linguistic violence‹ (and, as we shall see, frequently social violence too). In other words, we have to reckon with a break in the natural development of the language, the natural transmission of a language from generation to generation.« (Arends/Muysken/Smith 1995: 4)

Kramer (2004) hingegen hält den Bruch in der Weitergabe der Sprache für überall in der Sprachgeschichte gegeben, d.h. er ist nicht als definierendes Element für Kreolisierung geeignet:

»Die Schwäche dieser Erklärung liegt auf der Hand: Auch beim Übergang vom Keltischen zum Lateinischen im antiken Gallien liegt ein »break in the natural development of language« vor, die Neuzeit kennt genügend Fälle von »linguistic violence« beim Wechsel von einer Staatssprache zu einer anderen Staatssprache bei Grenzverschiebungen. Die »natural transmission of a language from generation to generation« ist überall dort unterbrochen, wo statt des Lokaldialektes die Standardsprache an die nachfolgende Generation vermittelt wird – aber mit Kreolisierung hat das alles nicht zu tun.« (Kramer 2004: 69–70)

Nennen Sie Argumente für die eine und die andere Position.

4. In einer Diskussion der Terminologie der Kontaktlinguistik plädiert Mufwene (1997) dafür, die Termini ›Pidgin‹ und v.a. ›Kreol(-Sprache)‹ nicht als streng voneinander abgrenzbare Varietätentypen zu operationalisieren, sondern als Zeichen der Abgrenzung von Sprechweisen in der kolonialen und postkolonialen Zeit, die nur diskursiv-identitär begründet sind.

»The terms *pidgin* and *creole* have less to do with how the categories, or families, are conceptualized than with some sociohistorical circumstances which prompted the names.« (Mufwene 1997: 55)

Nehmen Sie zu dieser Position Stellung.

Heike Behrens und Stefan Pfänder

10 Sprache und Kultur

10.1 Einleitung
10.2 Die Erforschung sprachlicher Handlungen im kulturellen Kontext
10.3 Schlüsselkonzepte
10.4 Kommunikative Gattungen
10.5 Sprache und Geschlecht
10.6 Sprache, Denken, Wirklichkeit
10.7 *Doing Culture* – die interaktive Konstruktion von Kultur

10.1 | Einleitung

Sprache ist nicht nur ein Mittel zum Ausdruck von Gedanken, sondern Sprache und Sprechen sind vor allem **kulturelle Praktiken**, mit denen wir soziale Handlungen durchführen. Wie, auf welche Weise und mit welchen Konsequenzen Sprache, sprachliche Praktiken und Kultur vernetzt sind, ist Thema dieses Kapitels.

Beispiel

Das Ritual des zerstampften Reises

An einem Februarnachmittag 1993 in Junigau/Nepal:
Der Sedan-Stuhl mit der Braut wird von einigen Männern den Berg hinuntergetragen. Am Fuß des Berges setzen sie den Stuhl ab, denn nun soll das »Ritual des zerstampften Reises« durchgeführt werden, bevor die Braut ins Haus des Bräutigams gebracht wird. Die Angehörigen der Braut reichen ihr ein großes Blatt (das als Teller dient) mit zerstampftem Reis und legen es auf ihren Schoß. Zerstampfter Reis ist in Nepal ein beliebtes Gericht. Nachdem der Bräutigam von seinen Verwandten angehalten wurde, seine zukünftige Frau um Reis zu bitten, geht er auf den Sedan-Stuhl zu, auf dem die Braut sitzt. Zunächst redet er sie mit der Höflichkeitsform »Sie« (*tapāi* in Nepali) an und richtet die folgende sehr höflich gehaltene Bitte an sie – als einer Person mit höherem Status: »Bitte liebe Frau, wären Sie so lieb und würden mir den zerstampften Reis geben, denn die Hochzeitsgesellschaft hat Hunger.« Die Bitte bleibt jedoch recht erfolglos: Die Braut und ihre Angehörigen geben dem Bräutigam nur ein paar wenige Körner Reis. Nach einer Beratung mit seinen Angehörigen darüber, wie er nun weiter vorgehen solle, bittet der Bräutigam die Braut ein zweites Mal um Reis. Dieses Mal verwendet er die informelle Anredeform *timi*; eine Art »Du«, das in Nepal gegenüber engen Verwandten bzw. Familienmitgliedern mit gleichem Status verwendet wird: »Frau, gib mir den zerstampften Reis, denn die Hochzeitsgesellschaft hat Hunger.« Wieder erhält der Bräutigam nur ein paar wenige Reiskörner. Daraufhin beraten sich die Angehörigen des Bräutigams erneut, woraufhin dieser ein drittes Mal zu seiner zukünftigen Frau geht. Nun redet er sie mit *ta* an, einer Anredeform, die man gegenüber sozial Niedrigstehenden (kleinen Kindern, Ehefrauen, Tieren etc.) verwendet. Dem Bräutigam ist seine Nervosität und Unsicherheit hinsichtlich dieser respektlosen Anredeform anzumerken. Doch nachdem er seine Bitte als Aufforderung an eine sozial niedrigstehende Person vorgebracht hat, geben die Angehörigen der Braut sowie sie selbst ihm gehorsam den gesamten Reis, so dass er ihn an die Hochzeitsgesellschaft verteilen kann (Ahearn 2011: 5; Übersetzung S.G.).

Eine rein linguistische Beschreibung der in dieser Episode verwendeten Anredeformen als distanzsprachliches »Sie« (*tapāi*) vs. nähesprachliches »Du« (*timi* und *ta*) würde deren Funktionen nicht hinreichend erfassen. Stattdessen müssen komplexe kulturspezifische Konventionen als Teil des Gebrauchskontexts berücksichtigt werden: Die Anredeformen signalisieren nicht einfach nur Distanz und Nähe, sondern sie gehören zur rituellen Aushandlung der kulturell geprägten Rollen des Ehemanns und der Ehefrau, im Zuge derer die Braut mit dem Wechsel der Anrede- und Höflichkeitsformen Schritt für Schritt die Rolle der gehorsamen Gattin annimmt.

10.1 Sprache und Kultur

Einleitung

Diese Episode zeigt, dass Kultur und Sprache nicht als zwei voneinander unabhängige Erscheinungen betrachtet werden können. **Sprache ist ein kulturelles Phänomen par excellence** und **Kultur ein integraler Bestandteil jeder sprachlichen Interaktion**: Um eine Sprache zu verstehen, müssen wir die sozialen und kulturellen Kontexte kennen, in denen sie gebraucht wird und zu deren Konstitution sie beiträgt. Dies zu untersuchen, ist Ziel der Anthropologischen Linguistik.

> **Definition**
>
> Die Forschungsrichtung, die sich systematisch dem Zusammenhang von Sprache und Kultur widmet, ist die linguistische Anthropologie bzw. → **anthropologische Linguistik**. (Aufgrund der sprachwissenschaftlichen Ausrichtung dieser Einführung soll im Folgenden der Begriff der ›anthropologischen Linguistik‹ verwendet werden.) Sie untersucht Sprache als Ressource und sprachliche Handlungen als kulturelle Praktiken, die zur Konstruktion sozialer Wirklichkeiten beitragen.

Anstatt also Sprache als vom Kontext losgelöstes, autonomes System zu betrachten, hat die anthropologische Linguistik das Ziel, die sprachlichen **Prozesse der Herstellung von Kultur in der konkret situierten Interaktion** zu erforschen. Ihre theoretischen und methodologischen Grundlagen befinden sich folglich an der Schnittstelle von Sprachwissenschaft und Anthropologie. Sie befasst sich mit einer Vielzahl an Fragestellungen, die allesamt auf die enge Verwobenheit zwischen menschlichen Daseinsformen, Sprache und Kultur verweisen (Günthner 2010).

Fragestellungen und Ziele der anthropologischen Linguistik

Die zentralen Fragestellungen der anthropologischen Linguistik sind:
- **Die Entwicklung menschlicher Sprachfähigkeit:** Wie hat sich die menschliche Sprachfähigkeit entwickelt und welche Unterschiede gibt es zwischen tierischer und menschlicher Kommunikation? (s. Kap. 9: Ursprung der Sprache).
- **Der Zusammenhang von Sprache, Denken und Wirklichkeit** (›sprachliches Relativitätsprinzip‹): Inwiefern beeinflusst unsere Sprache die Art, wie wir die Welt wahrnehmen?
- **Universalien menschlicher Sprachen und menschlichen Kommunikationsverhaltens:** Wo zeigen sie sich und worauf lassen sie sich gegebenenfalls zurückführen? (s. Kap. 8: Die Verschiedenheit der Sprachen und Kap. 9: Die Entstehung von Sprache).
- **Kulturspezifische kommunikative Praktiken:** Wie werden bestimmte Genres, mündliche *performances*, kommunikative Rituale etc. in unterschiedlichen kulturellen Kontexten realisiert? Wie werden soziale Bedeutungen wie Alter, Geschlecht, soziale und kulturelle Zugehörigkeit/Distinktion, Status, institutionelle Rollen, Höflichkeit etc. sprachlich indiziert? Wie interagieren soziale Normen, kulturelle Erwartungen und sprachliche Praktiken? (s. Kap. 6: Sprachliche Interaktion).
- **Kulturelle Aspekte sprachlicher Verschiedenheit, Sprach- und Kulturkontakte:** Hierzu zählen Untersuchungen zu Pidgin- und Kreolsprachen, zur Interkulturellen Kommunikation, zu Mehrsprachigkeit und Sprachmischungen etc. (s. Kap. 11: Mehrsprachigkeit und Sprachkontakt).
- **Standardisierung von Sprache und die Entstehung von Nationalsprachen:** Welche Prozesse der sprachlichen Standardisierung und der Entstehung von Nationalsprachen lassen sich insbesondere in multiethnischen und multilingualen Gemeinschaften beobachten? In welcher Beziehung stehen sie zu den vorhandenen politischen und ökonomischen Machtstrukturen?
- **Schrift, Schriftlichkeit und Schriftsysteme (*literacy*):** Hierzu gehören u. a. Fragen nach den Auswirkungen von Schrift, Schriftlichkeit und Schriftsystemen auf Sprache, Sprachgebrauch und kulturelle Praktiken, aber auch Fragen nach unterschiedlichen Schrifterfahrungen in verschiedenen Gesellschaften, den verschiedenen Gebrauchsweisen von Schrift im Alltag sowie nach schriftsprachlichen Normierungsprozessen.
- **Sprachwandel und Sprachtod im Kontext kultureller Wandelerscheinungen:** Aufgrund von Globalisierung und zunehmender Mobilität verlieren kleinere lokale Sprachen immer mehr an Bedeutung. Welche sozialen und kulturellen Prozesse führen letztendlich zum Aussterben von Sprachen? Welche Dimensionen sozialer und kultureller Lebenswelten gehen mit dem Tod einer Sprache verloren? Wie kann man eine vom Aussterben bedrohte Sprache dokumentieren?

Definitionen von Kultur: Trotz der Schwierigkeit einer Definition sollen im Folgenden vier prominente Auffassungen von ›Kultur‹ vorgestellt werden.

Kultur als Wissen: Diese vor allem auf den US-amerikanischen Anthropologen Ward Goodenough (1957/64) zurückgehende Auffassung betrachtet Kultur nicht als eine Ansammlung von materiellen Gegenständen oder Verhaltensweisen, sondern als Wissenssystem: Mitglieder einer Kultur haben aufgrund ihres gemeinsamen Wissens vergleichbare Denkweisen, verarbeiten ihre Umwelt ähnlich und interpretieren alltägliche Gegebenheiten auf über-

10.1 Sprache und Kultur

Einleitung

Zur Vertiefung

Sprache und Kultur

Der Zusammenhang zwischen Sprache und Kultur wurde seit dem 18. Jahrhundert in der Philosophie, Sprachwissenschaft und Kulturanthropologie immer wieder thematisiert. So betonte **Johann Gottfried Herder** (1772) in seiner von der Berliner Akademie der Wissenschaften preisgekrönten Abhandlung *Über den Ursprung der Sprache*, dass Sprache stets Ausdruck und Manifestation der Kultur der jeweiligen Sprachgemeinschaft ist:

»Die Analogien aller wilden Sprachen bestätigen meinen Satz: jede ist auf ihre Weise verschwenderisch und dürftig, nur alle auf eigne Art. Wenn der Araber für Stein, Kamel, Schwert, Schlange (Dinge, unter denen er lebt!) so viel Wörter hat, so ist die ceylanische Sprache, den Neigungen ihres Volks gemäß, reich an Schmeicheleien, Titeln und Wortgepränge. Für das Wort Frauenzimmer hat sie nach Stand und Range zwölferlei Namen, da selbst wir unhöflichen Deutschen z. E. hierin von unsern Nachbarn borgen müssen. Nach Stand und Range wird das Du und Ihr auf achterlei Weise gegeben, und das sowohl vom Taglöhner als vom Hofmann; der Wust ist Form der Sprache. In Siam gibt es achterlei Manieren, ich und wir zu sagen, nachdem der Herr mit dem Knechte oder der Knecht mit dem Herren redet. Die Sprache der wilden Kariben ist beinahe in zwei Sprachen der Weiber und Männer verteilt, und die gemeinsten Sachen, Bette, Mond, Sonne, Bogen, benennen beide anders – welch ein Überfluß von Synonymen! Und doch haben eben diese Kariben nur vier Wörter für die Farben, auf die sie alle anderen beziehen müssen – welche Armut! Die Huronen haben jedesmal ein doppeltes Verbum für eine beseelte und unbeseelte Sache, so daß Sehen bei ›einen Stein sehen‹ und Sehen bei ›einen Menschen sehen‹ immer zween verschiedene Ausdrücke sind; man verfolge das durch die ganze Natur – welch ein Reichtum! In der peruanischen Hauptsprache nennen sich die Geschlechter so sonderbar abgetrennt, daß die Schwester des Bruders und die Schwester der Schwester, das Kind des Vaters und der Mutter ganz verschieden heißt; und doch hat eben diese Sprache keinen wahren Pluralismus! Jede dieser Synonymien hängt so sehr mit Sitte, Charakter und Ursprung des Volks zusammen; überall aber charakterisiert sich der erfindende menschliche Geist.« (Herder 1772/1975: 149 f.)

Im 19. Jahrhundert erreichte die Debatte um den Ausdruck der Kultur einzelner Völker in sprachlichen Strukturen u. a. durch die Schriften von **Wilhelm von Humboldt** einen Höhepunkt. Man war der Überzeugung, dass Kultur nicht ohne Rückgriff auf Sprache und Sprache nicht ohne Bezug auf Kultur adäquat untersucht und beschrieben werden können. So betrachtete Humboldt (1830–35/1963) Sprache als »äußerliche Erscheinung des Geistes der Völker«. Der Mensch lebt mit seiner Umwelt so, wie das Netz der Sprache diese ihm zuführt:

»Durch denselben Act, vermöge dessen er die Sprache aus sich herausspinnt, spinnt er sich in dieselbe ein, und jede zieht um das Volk, welchem sie angehört, einen Kreis, aus dem es nur insofern hinauszugehen möglich ist, als man zugleich in den Kreis einer andren hinübertritt. Die Erlernung einer fremden Sprache sollte daher die Gewinnung eines neuen Standpunkts in der bisherigen Weltansicht seyn.« (Humboldt 1830–35/1963; VII 6: 107–108)

Auch **Hermann Paul** (1880/1975: 6) vertrat die Position, dass das Sprechen eine zentrale kulturelle Tätigkeit darstellt und die Sprachwissenschaft folglich sowohl aufgrund ihres Gegenstandes als auch angesichts der Elaboriertheit ihrer Methoden *die* Kulturwissenschaft par excellence repräsentiert:

»Es gibt keinen zweig der cultur, bei dem sich die bedingungen der entwicklung mit solcher exactheit erkennen lassen als bei der sprache, und daher keine culturwissenschaft, deren methoden zu solchem grade der vollkommenheit gebracht werden kann wie die der sprachwissenschaft.«

einstimmende Weise. Die Kultur einer Gesellschaft besteht folglich aus dem, was man wissen und glauben muss, um als Mitglied der Gesellschaft zu gelten, und somit aus dem, was Menschen ›im Kopf haben‹, um am alltäglichen Handeln angemessen teilnehmen zu können.

Kultur als Text: Diese semiotisch fundierte Auffassung geht auf den US-amerikanischen Anthropologen Clifford Geertz zurück (1983/91). Dieser spricht von Kultur als einem System an Bedeutungen, in das der Mensch ›verstrickt‹ ist: Die Analyse von Kultur »ist daher keine experimentelle Wissenschaft, die nach Gesetzen sucht, sondern eine interpretierende, die nach Bedeutungen sucht« (ebd.: 9). Eine entscheidende Rolle in dieser Konzeption spielt die Metapher ›Kultur als Text‹, die sich auf die ›Lesbarkeit‹ kultureller Praktiken mittels hermeneutischer und interpretativer

Auffassungen von Kultur

Methoden bezieht. Analysegrundlage bilden dabei nicht (nur) schriftliche Texte, sondern auf einer grundlegenderen Ebene Bedeutungssysteme in konkreten Handlungszusammenhängen. Die Symbole, die kulturelle Bedeutungen herstellen (z. B. die Farbe der Kleidung bei Hochzeiten, die speziellen Hochzeitsgerichte und die Hochzeitstänze etc.), sind stets Formen interpretativer Auslegung von der Welt. Kultur zu untersuchen, heißt folglich, Bedeutungsgewebe, die mittels Symbolen kodiert sind, zu entschlüsseln.

Kultur als (verkörperte) Praxis: In diesem insbesondere mit den Arbeiten des französischen Soziologen Pierre Bourdieu (1987) verbundenen Ansatz wird Kultur als alltägliche Praxis betrachtet, und zwar insbesondere als ein Pool verfestigter Handlungsformen. Diese Handlungsformen sind eng mit dem menschlichen Körper verbunden. So ist die Art und Weise, wie wir unseren Körper einsetzen, um zu gehen, essen, trinken, reden, lachen etc. immer schon kulturell überformt: Wir haben diese Praktiken im Laufe unserer Sozialisation von unseren Eltern, Geschwistern, Freund/innen, sozialen Netzwerken etc. erworben und geben sie an andere weiter.

Kultur als emergenter Prozess in zwischenmenschlichen Interaktionen: Diese dynamische, interaktional ausgerichtete Konzeption von Kultur hat sich seit den 1990er Jahren in den Subdisziplinen der Sprachwissenschaft, Anthropologie und Psychologie herausgebildet, die soziale Interaktion in Hinblick auf kulturbezogene Fragestellungen untersuchen (vgl. Gumperz 1982; Gumperz/Cook-Gumperz 2007; Duranti 1997 oder Brown 2006). Kultur gilt hierbei sowohl als Wissen als auch als Form sozialen Verhaltens in zwischenmenschlicher Interaktion. Durch ihre Sozialisation (und ermöglicht durch ihre biologische Ausstattung) entwickeln Menschen sich im Laufe der Zeit zu ›kulturierten‹ Mitgliedern einer Gesellschaft. Zentral für diesen Ansatz ist die Auffassung von Kultur als einem emergenten Phänomen; d. h. kulturelle Konventionen, Denk- und Interpretationsweisen, Werte und Schemata etc. sind nicht fest, sondern werden in der sozialen Interaktion in Auseinandersetzung mit der jeweiligen Umgebung und dem Gegenüber aktualisiert, bestätigt und modifiziert. Um kulturelle Phänomene verstehen zu können, muss man folglich konkrete Prozesse sozialer Interaktion erforschen (Brown 2006).

Bei allen vier Kulturbegriffen kommt **Sprache und Kommunikation eine zentrale Rolle** zu: Im kognitiven Konzept gilt Sprache als Fenster zum menschlichen Denken und Wissen. Der symbolischen Auffassung von Kultur zufolge ist Sprache deshalb zentral, weil sie unser wichtigstes Zeichensystem ist. Im Rahmen eines Praxisansatzes wird Sprache für besonders relevant erachtet, weil eine Vielzahl an zentralen alltäglichen Praktiken sprachlich fundiert ist. Im dynamischen Kulturkonzept schließlich kommt der Sprache insofern eine besondere Rolle zu, als sie einerseits eng mit kognitiven Prozessen vernetzt und andererseits das zentrale Mittel alltäglicher Wirklichkeitskonstitution ist. Somit ist es auch wenig überraschend, dass alle genannten Kulturkonzepte zu einer intensiven Diskussion über das Verhältnis von Sprache, Kultur und Kognition und um die ›Kulturalität von Sprache‹ bzw. die ›Sprachlichkeit von Kultur‹ geführt haben (Günthner/Linke 2006).

Im Folgenden werden wir uns ausgewählten Themenbereichen der anthropologischen Linguistik zuwenden und einige Schlüsselbegriffe, die für die Erforschung des Zusammenhangs von Sprache und Kultur zentral sind, einführen.

10.2 | Die Erforschung sprachlicher Handlungen im kulturellen Kontext

Ethnografie der Kommunikation: Als Reaktion auf die Vernachlässigung der kulturellen Einbettung von Sprache in der strukturalistischen Linguistik begründeten die US-amerikanischen Anthropologen und Sprachwissenschaftler Dell Hymes und John Gumperz Ende der 1960er Jahre die Ethnografie der Kommunikation (Gumperz/Hymes 1964, 1972). Programmatisches Ziel war die **Erforschung von Sprache und Sprechen im situativen Kontext ihres Gebrauchs** und damit die Analyse kommunikativer Aktivitäten in ihren funktionalen, medialen und soziokulturellen Vernetzungen.

Auch wenn Menschen mit der Fähigkeit geboren werden, Sprachen zu erwerben, so unterscheiden sie sich nicht nur darin, welche Sprache sie als Mitglieder kultureller Gemeinschaften lernen, sondern auch darin, wie sie diese verwenden bzw. wie sie kommunikative Handlungen durchführen (wie sie sich beispielsweise begrüßen, wie sie dem Gegenüber ihren Respekt bekunden, wie sie mitei-

10.2 Sprache und Kultur

Die Erforschung sprachlicher Handlungen im kulturellen Kontext

Stellen Sie sich die folgende Situation vor:

Sie arbeiten als Deutschlehrer/in an einer chinesischen Hochschule und gehen an einem Spätnachmittag auf dem Campus Ihrer Hochschule spazieren. Ein chinesischer Kollege kommt Ihnen entgegen und begrüßt Sie auf Deutsch mit »Guten Tag, Frau X (Herr Y). Haben Sie schon gegessen?« Eventuell werden Sie diese Äußerung als Einleitung zu einer nun folgenden Essenseinladung interpretieren und voller Erwartung antworten: »Nein, noch nicht«. Doch Ihr Kollege reagiert zu Ihrer Verwirrung mit: »Na, dann möchte ich Sie nicht weiter stören. Sie haben sicherlich Hunger.«

In dieser Episode treffen unterschiedliche kommunikative Praktiken und divergierende Erwartungen an soziale Begegnungen unter Bekannten aufeinander: Der chinesische Sprecher hat die idiomatische Grußformel *Chī guò le ma?* (»Haben Sie schon gegessen?«) aus dem Chinesischen wörtlich ins Deutsche übersetzt, und die deutsche Teilnehmerin hat die übersetzte Floskel als eine Hinleitung zu einer Essenseinladung interpretiert, wie sie im Deutschen gebräuchlich ist. Im chinesischen Kontext kann man auf die Grußformel beispielsweise mit *Chī guò le* (»Ja, ich hab schon gegessen«) reagieren und damit signalisieren, dass alles in Ordnung ist und man Zeit zum Plaudern hat. Man kann aber auch *Hái méiyǒu chī guò, wǒ xiànzài huí jiā chī fàn* (»Nein, noch nicht, ich gehe gerade nach Hause zum Essen«) antworten und damit indizieren, dass man keine Zeit hat.

Dieses Beispiel zeigt, dass für die adäquate Bewältigung von Begrüßungen nicht nur sprachliches, sondern auch kulturelles Wissen notwendig ist.

Beispiel

nander witzeln, wie sie ihr Interesse oder Desinteresse am Gegenüber zum Ausdruck bringen, wie sie ihre Gesprächspartner um etwas bitten, sie beleidigen oder ihre Entrüstung zeigen). Zur Erforschung der Rolle von Sprache und Sprechen im Alltagsleben der Menschen genügt es folglich nicht, die Grammatik einer Sprache losgelöst von ihrem sozialen Kontext zu beschreiben, sondern es ist notwendig zu erforschen, wie Sprache im Alltag verwendet wird – also dort, wo sie in kulturelle Zusammenhänge und soziale Aktivitäten eingebettet ist. Dies wird oben anhand von Begrüßungskonventionen illustriert.

Begrüßungsrituale: Alle menschlichen Gesellschaften kennen Begrüßungsrituale. Sie sind nach Duranti (2001c: 212) kulturübergreifend durch folgende sechs Merkmale gekennzeichnet:

- Begrüßungen werden zu Beginn einer sozialen Begegnung ausgetauscht.
- Sie etablieren (vor allem in der *face-to-face*-Interaktion) ein geteiltes Wahrnehmungsfeld.
- Sie sind paarweise organisiert, wobei der erste Teil der Begrüßung einen zweiten Paarteil als Reaktion des Gegenübers erwartbar macht.
- Sie sind relativ vorhersagbar in Bezug auf Form und Inhalt.
- Sie bilden insofern eine räumlich-zeitliche Interaktionseinheit, als sie pro Interaktion nur einmal (zu Beginn) auftauchen.
- Sie haben die Funktion, dem Gegenüber zu zeigen, dass er/sie eine Person ist, die Kenntnisnahme verdient.

Begrüßungen können sich jedoch – wie das oben angeführte Beispiel zeigt – in der Form und Handhabung deutlich voneinander unterscheiden: In einigen Gesellschaften haben sie die Form einer Frage nach der Gesundheit, in anderen bestehen sie aus einer Erkundigung danach, wohin die/der Andere gerade geht bzw. was er oder sie gerade vorhat, und in wieder anderen Gesellschaften erkundigt man sich, ob das Gegenüber bereits gegessen hat. Selbst innerhalb eines Sprachraums existieren oftmals regionale und soziale Varianten sowie persönliche Vorlieben der Begrüßung wie *Grüß Gott! Wie geht's?*, *Servus, Tach! Wie isses?*, *Moin moin!* etc. Im arabischen Raum grüßt man u. a. mit *as-salâmu alaykum* (»Unversehrtheit sei auf Dir/Friede sei mit Dir.«), woraufhin der Begrüßte mit *wa-alaykum as-salâm* (»Auch auf Dir sei Unversehrtheit/Auch mit Dir sei Friede.«) antwortet. Oftmals zeichnen sich in der Art der Begrüßung kulturelle Konventionen hinsichtlich sozialer Beziehungen, Hierarchien und Machtverhältnisse ab.

Markierung sozialer Hierarchien: Während Begrüßungen in den heutigen westeuropäischen und nordamerikanischen Gesellschaften tendenziell soziale Gleichheit symbolisieren, was sich in identischen oder nur leicht modifizierten Begrüßungsformeln der Gesprächsteilnehmer manifestiert, zeichnen sich Begrüßungsrituale in vielen anderen Kulturen durch eine klare Markierung sozialer Hierarchien aus. Bei den Wolof, einer hierarchisch organisierten, muslimischen Gesellschaft im Sene-

Soziale Hierarchien

351

10.2 Sprache und Kultur

Die Erforschung sprachlicher Handlungen im kulturellen Kontext

Beispiel

Begrüßungs- und Anredeformen vor und während der Kulturrevolution in China

Vor der Kulturrevolution (d. h. vor 1966) waren die Begrüßungsformeln in schulischen Klassenzimmern stark ritualisiert: Die Lehrerin begrüßte zunächst die Schüler mit der Formel *tóngxuémen hǎo!* (›Schüler gut!‹), und diese antworteten mit *lǎoshī hǎo!* (›Lehrerin gut!‹). Dieses Begrüßungsritual war von nonverbalen Handlungen begleitet: Die Schüler mussten als Zeichen des Respekts gegenüber der Lehrerin aufstehen. Während der Kulturrevolution wurde dieses Begrüßungsritual jedoch durch die Redewendung *ràng wǒmen jìng zhù Máo zhǔxí wàn shòu wú jiāng!* (›Lasst uns voller Respekt dem Vorsitzenden Mao ein langes Leben wünschen!‹) ersetzt. Der erste Teil der Äußerung *ràng wǒmen jìng zhù Máo zhǔxí* wurde vom Klassensprecher vorgetragen, der zweite Teil *wàn shòu wú jiāng*, der aus einer idiomatischen Redewendung besteht, die vor der Revolution nur gegenüber dem Kaiser verwendet werden durfte, wurde drei Mal von allen Schülern sowie der Lehrerin geäußert.

Ferner wurden in der Kulturrevolution sogenannte feudalistische Anredeformen (wie »Herr«, »Meister«, »Frau«, »Madame«, »Fräulein« etc.) sowie Berufsbezeichnungen bei der Anrede (wie ›Lehrerin Wang‹) durch die geschlechtsneutrale, alle sozialen Schichten umfassende Form *tóngzhì* (›Genosse/Genossin‹) ersetzt. Im Zuge der chinesischen Öffnungspolitik in den 1980er und 1990er Jahren wurde *tóngzhì* allerdings wieder zugunsten einer Wiederbelebung der traditionellen Anredeformen *xiǎojiě* (›Fräulein‹), *xiānsheng* (›Herr‹), *tàitai* (›Madame/Frau‹) etc. zurückgedrängt.

Heutzutage wird *tóngzhì* (›Genosse/Genossin‹) in der Volksrepublik China fast nur noch in offiziellen Parteikontexten verwendet. Zugleich gilt *tóngzhì* seit der in den 1990er Jahren (vor allem in Hongkong und Taiwan) aufgekommenen Bewegung für die Gleichberechtigung von sexuellen Minderheiten auch als Bezeichnung für Homosexuelle. Mit dem der Arbeiterbewegung entstammenden und Solidarität markierenden Begriff *tóngzhì* wollte man eine positiv konnotierte und Gemeinschaft suggerierende Anredeform unter sexuellen Minderheiten schaffen und Gleichgesinnte ermutigen, gemeinsam für soziale Gleichberechtigung zu kämpfen.

Der skizzierte Wandel der Anredeformen in China spiegelt die enge Verwobenheit von kommunikativen Praktiken (wie Begrüßungs- und Anredeformen) und soziopolitischen Entwicklungen innerhalb einer Gesellschaft wider.

Methoden der Ethnografie der Kommunikation

gal, werden Eloquenz und Redseligkeit prinzipiell negativ bewertet und gelten als Zeichen für den niedrigen Status einer Person (Irvine 1974). Es wird daher erwartet, dass sozial Niedrigstehende ihren Status dadurch zum Ausdruck bringen, dass sie verbal aktiver sind, während sozial hochstehende Personen wortkarg und passiv sind. Das kommunikative Verhalten der oberen Gesellschaftsschicht reflektiert insofern diese sprachliche Ideologie, als ihre Vertreter (insbesondere Männer) wenig und unartikuliert reden. Häufig stellen Männer der sozialen Elite gar professionelle Sprecher an, um in der Öffentlichkeit nicht selbst reden zu müssen. Diese Verflechtung von Redseligkeit und niedrigem sozialen Status kommt auch bei Begrüßungen zum Ausdruck: Von der sozial niedrigstehenden Person wird erwartet, dass sie auf den Höherstehenden zugeht und die Grußsequenz initiiert. Auf diese Weise signalisiert sie ihren Respekt vor dem Gegenüber und reproduziert zugleich ihren eigenen niedrigstehenden Status. Weitere Strategien zur Selbstherabsetzung sind Folgefragen an das Gegenüber nach dessen Familie, Gesundheit etc. (Irvine 1974: 168).

Methoden: Ethnografische Studien zu kulturspezifischen Kommunikationsweisen (wie Begrüßungsritualen oder Anredeformen) beleuchten nicht nur die Vielfalt sprachlicher Formen und Funktionen in unterschiedlichen kulturellen Kontexten, sondern auch den engen Zusammenhang zwischen soziokulturellem Wandel und Sprachwandel.

Die Fragestellungen, Methoden und theoretischen Annahmen der Ethnografie der Kommunikation stehen in mehrfacher Hinsicht im Gegensatz zur strukturalistischen und generativen Linguistik, die die Sprachwissenschaft in den 1960er bis 1990er Jahren dominierte: Statt die Sprachkompetenz eines idealen Sprechers in einer homogenen Sprachgemeinschaft zu modellieren, setzt sie sich zum Ziel, Sprache in den Alltag zurückzuholen und damit zu den Menschen, die mittels Sprache (mündlich oder schriftlich, in informellen oder formellen, in privaten oder institutionellen Kontexten, medial vermittelt oder nicht vermittelt) kommunizieren. Dabei bedient sie sich zum einen **ethnografischer Methoden** (teilnehmende Beobachtung, ethnografische Protokolle, Informantenbefragung und narrative Interviews), zum anderen der **Methoden der Gesprächs- bzw. Konversationsanalyse** (s. Kap. 6: Sprachliche Interaktion). Diese methodische Kopplung setzt die lokale Produktion von Bedeutung in konkreten Gesprächssituationen in Beziehung zu gesellschaftlich-kulturellen Erwartungen und Konventionen, die die Interaktionsteilnehmer/innen in die Kommunikationssituation mitbringen.

Die Erforschung des Fremden: Während die Ethnografie der Kommunikation zunächst ihren Fokus auf die Erforschung des ›exotisch‹ Fremden – im Sinne eines Kontrasts zur eigenen Kultur – legte, hat sie im Zuge der Globalisierung sowie der umfassenden Migrationsbewegungen seit den 1970er Jahren und der daraus resultierenden sprachlich-kulturellen Diversitäten in Nordamerika und Europa ihren Untersuchungsgegenstand um die **Erforschung multilingualer und multikultureller Zugehörigkeiten und Identitäten in westlichen Gesellschaften** erweitert. Aktuelle ethnografische Ansätze berücksichtigen zunehmend, wie in spätmodernen Gesellschaften Felder zwischenmenschlicher Beziehungen durch unterschiedliche kommunikative Praktiken konstituiert werden, wie sprachliche Ideologien und kommunikative Strategien soziale Beziehungen (Macht, Gender, soziale Rollen etc.) indizieren und zugleich reproduzieren und wie sprachlich-kommunikative Diversitäten funktionieren. Statt von festen Sprechgemeinschaften und homogenen kulturellen Gruppen auszugehen, sieht die Ethnografie der Kommunikation ihre Aufgabe darin, die wachsende Deterritorialisierung kultureller Konventionen, die Vermischung vielfältiger kommunikativer Praktiken und die Entstehung neuer sozialer und kommunikativer Formationen zu erfassen.

Zur Vertiefung

Verwandtschaftsbezeichnungen als Anredeformen

In zahlreichen asiatischen Gesellschaften (China, Vietnam, Thailand u. a.) werden zur Begrüßung und als Anredeform Verwandtschaftsbezeichnungen (Oma, Onkel, ältere Schwester, jüngerer Bruder etc.) auch bei nicht-verwandten Personen verwendet.

In der folgenden chinesischen SMS-Mitteilung begrüßt Yan seine Tischtennispartner/innen mit der Anredeform 弟妹们！(弟弟和妹妹们) (›Jüngere Brüder und jüngere Schwestern!‹):

弟妹们！(弟弟和妹妹们)乒乓球训练停止

›Jüngere Brüder und Schwestern! Das Tischtennistraining hört auf.‹

Die Verwendung von Verwandtschaftsbezeichnungen ist eine interaktive Strategie, um entweder soziale Nähe und Vertrautheit oder hierarchische Beziehung und Status zwischen den Teilnehmenden herzustellen. Dabei spielen die Faktoren Alter (d. h. Großeltern, Eltern, eigene Generation, Kinder etc.) und Geschlecht eine zentrale Rolle, die wiederum in enger Verbindung mit sozialer Nähe bzw. Distanz sowie Solidarität bzw. Respekt stehen: So indiziert im Chinesischen die Anrede eines Bekannten mit *bóbo* (›Onkel, und zwar älterer Bruder des Vaters‹) größeren Respekt, aber auch größere soziale Distanz, als wenn derselbe Bekannte mit *shūshu* (›Onkel, und zwar jüngerer Bruder des Vaters‹) angeredet wird. Die Anredeformen, die ein geringeres Alter als das des Vaters markieren (oder aber die Zugehörigkeit zur mütterlichen Verwandtschaftsseite indizieren), kontextualisieren zwar weniger Respekt und Distanz, aber dafür größere soziale Nähe und Solidarität. Folglich kann es durchaus vorkommen, dass jemand, der respektvoll mit *bóbo* (›Onkel, und zwar älterer Bruder des Vaters‹) angesprochen wird, dem Gegenüber anbietet: *Jiào shūshu, jiù hǎo le* (›Nenn mich einfach *shūshu*, das ist okay.‹).

10.3 | Schlüsselkonzepte

Für Studien zur **Erforschung sprachlichen Handelns** in kulturellen Kontexten spielen u. a. die folgenden Konzepte eine zentrale Rolle:

- Kommunikative Praxis/kommunikative Praktiken
- Indexikalität und Kontextualisierung
- Sprachliche Ideologie
- Partizipationsstruktur
- Sprechgemeinschaft
- Soziale Identität
- Performanz (*performance*)

Kommunikative Praxis/kommunikative Praktiken: Anstelle von festen, homogenen Sprachstrukturen gehen Arbeiten der anthropologischen Linguistik davon aus, dass sprachliche Formen und Funktionen sich in der kommunikativen Praxis herausbilden, sedimentieren und transformieren und folglich auch dort zu untersuchen sind (Günthner 2003, 2010; Ahearn 2011). Sie wenden sich damit insbesondere gegen die Annahme eines idealisierten grammatischen Regelapparates, der als in sich geschlossenes System frei von allen kommunikativen, funktionalen, medialen und soziokulturellen

Kommunikative Praxis

Vernetzungen ist. Stattdessen zielt die Analyse auf die Beschreibung verfestigter sprachlich-kommunikativer Formen und Funktionen – kommunikativer Praktiken – in ihrem **lebensweltlich verankerten Gebrauch**. Gesprächsteilnehmer/innen verwenden sprachlich-kommunikative (grammatische, semantische, pragmatische, prosodische, gestisch-mimische und interaktiv-sequenzielle) Verfahren, um in enger Koordination mit ihrem Gegenüber soziale Handlungen zu vollziehen.

Der Praxisbegriff verweist dabei auf den **Prozesscharakter der Konstitution sozialer Wirklichkeit durch sprachliches Handeln:** Eine grundlegende Idee des Konzepts der kommunikativen Praxis ist, dass sprachlich-kommunikative Verfahren menschliche Handlungen, soziale Strukturen und kulturelle Konzepte einerseits erzeugen, andererseits die kommunikativen Verfahren selbst wiederum durch Handlungen, soziale Strukturen und kulturelle Kontexte geprägt, reproduziert und modifiziert werden.

Im Falle des eingangs skizzierten »Rituals des zerstampften Reises« verwendet der Bräutigam in den verschiedenen Versionen seiner Bitte bzw. Aufforderung unterschiedliche sprachliche Mittel zum Ausdruck von Höflichkeit, sozialer Nähe und Status, die bestimmte Beziehungen zur Braut herstellen. Diese sprachlichen Praktiken der Anrede und Gestaltung von Aufforderungshandlungen stehen selbst wiederum in enger Verknüpfung zu kulturellen Vorstellungen von sozialen Beziehungen – insbesondere der Beziehung zwischen den Geschlechtern bzw. zwischen Braut und Bräutigam.

Indexikalität **Indexikalität und Kontextualisierung:** Der Begriff der **Indexikalität** verweist auf die **umfassende Kontextbezogenheit sprachlicher Äußerungen**. Jede Äußerung enthält Hinweise auf ihre kontextuelle und situative Einbettung. Hierzu zählen neben den klassischen deiktischen Sprachmitteln wie Pronomina, Demonstrativa und bestimmten Adverbien, die auf die Gesprächsteilnehmer sowie Dinge bzw. Orte im situativen Umfeld verweisen, und grammatischen Formen zur Markierung von Person, Tempus und Aspekt auch prosodische, syntaktische, kommunikative, gestisch-mimische Verfahren sowie die Auswahl sprachlicher Mittel aus einem u. U. mehrsprachigen Repertoire. So kann beispielsweise die Stimmhöhe (in Kombination mit Schwankungen in der Sprechgeschwindigkeit, Tonhöhe und Lautstärke) auf die Geschlechtszugehörigkeit der/des Sprechenden hindeuten, der Akzent eines Sprechers gibt oft Hinweise auf seine regionale Herkunft, der Gebrauch von Anredeweisen und Höflichkeitsformen kann die soziale Beziehung der Interagierenden indizieren, die Verwendung bestimmter lexikalischer Ausdrücke oder Strategien des Code-Switching können Hinweise auf die soziale Identität eines Sprechers liefern, die Reduzierung des Sprechtempos kann anzeigen, dass nun eine wichtige Mitteilung kommt etc.

Im Gegensatz zu symbolischen Zeichen haben die indexikalischen **keine kontextfreie referenzielle Bedeutung:** Die Reduzierung des Sprechtempos markiert nicht immer die Überlieferung einer zentralen Information. Eine Sprecherin kann mit der Verlangsamung der Sprechgeschwindigkeit auch bestimmte Emotionen (Langeweile, Gereiztheit etc.) ausdrücken, sie kann markieren, dass sie trotz einer Überlappung mit der Äußerung des Gegenübers ihr Rederecht behalten möchte oder dass sie die Rede einer phlegmatischen Person lediglich wiedergibt etc. Kontextübergreifend gültige Bedeutungszuschreibungen sind daher bei indexikalischen Zeichen nicht möglich, auch wenn die situative Bedeutungsentfaltung oftmals bestimmten Tendenzen bzw. Bedeutungskernen folgen kann (z. B. wird eine Reduzierung der Sprechgeschwindigkeit in der Regel nicht zur Markierung einer schnell ablaufenden Handlungsfolge eingesetzt).

Eng verwoben mit dem Prinzip der Indexikalität ist das von John Gumperz und Jenny Cook-Gumperz (Gumperz 1982) entwickelte Konzept der **Kontextualisierung**. Dieses besagt, dass Interagierende durch die Art der Ausführung ihrer (verbalen und nonverbalen) Handlungen diese **interpretierbar** machen und dadurch zugleich den Kontext, in den die Handlungen eingebettet werden, **selbst mitkonstruieren** (Auer 1986). Man geht also nicht davon aus, dass der jeweils relevante soziale Kontext einfach als eine Ansammlung materiell gegebener Entitäten vorhanden ist, an die sich die Interagierenden sprachlich anpassen müssen, sondern der Kontext gilt als ein **soziales und interaktives Konstrukt**, das durch die sprachlich-kommunikativen Praktiken der Interagierenden einerseits (mit-)erzeugt wird und andererseits die Praktiken der Interagierenden beeinflusst und prägt (**reflexiver Kontextbegriff**).

Der Prozess der aktiven Kontextherstellung durch die Interagierenden wird als Kontextualisierung bezeichnet, für die kulturell geprägte, indexikalische Zeichen, die sogenannten **Kontextualisierungshinweise**, zur Verfügung stehen.

So berichtet Gumperz (1982), wie Mütter in spanisch-englischen Gemeinschaften in New York

Code-Switching zur Kontextualisierung eines autoritären Rahmens einsetzten. Mütter, die ihre Kinder vom Spielen auf der Straße nach Hause zurückholen wollten, riefen ihnen zunächst auf Spanisch zu: *ven accà*. Blieb dieser Aufruf folgenlos, wechselten sie ins Englische: *come here*. Dieses Code-Switching fungierte insofern als Kontextualisierungshinweis, als mit dem Wechsel ins Englische eine autoritäre Stimme indiziert wurde, die einen Befehl äußerte, dem es zu gehorchen galt. Im »Ritual des zerstampften Reises« dienen die Anredeformen *tapāi, timi* und *ta* nicht nur der Anrede des Gegenübers, sondern sie werden zugleich zur ualisierung sozialer Beziehungen zwischen dem Sprecher (dem Bräutigam) und der Rezipientin (der Braut) eingesetzt.

Ein **gemeinsames Repertoire an Kontextualisierungskonventionen** stellt eine wesentliche Voraussetzung für erfolgreiche Kommunikation dar. Sprachlich bzw. kulturell divergierende Kontextualisierungskonventionen können – wie insbesondere Studien der Interkulturellen Kommunikationsforschung belegen (s. auch 10.7) – zu unterschiedlichen Inferenzen führen und das gemeinsame Aushandeln von Kontext und Bedeutung erschweren.

Sprachliche Ideologien: Das Konzept der sprachlichen Ideologie (Duranti 1997; Ahearn 2011) verweist auf den kulturell geprägten und sozial situierten Charakter vorherrschender Konzeptionen über Sprache und sprachliche Praktiken in bestimmten Gruppen oder Gesellschaften.

Sprachliche Ideologien umfassen sozial geteilte Einstellungen, Meinungen und ›Theorien‹, die wir über Sprache (Sprachstrukturen und Sprachgebrauch) haben und die uns zugleich als Hintergrund und Rechtfertigung für das eigene Sprachverhalten und die Interpretation des Sprachgebrauchs Anderer zur Verfügung stehen. Sie können zum Beispiel die Vorstellung beinhalten, dass Frauen mehr reden als Männer, dass Chinesisch eine schwierige, Italienisch eine schöne und Englisch eine einfache Sprache ist (oder umgekehrt), dass Possessiv-Dativkonstruktionen (*meiner Mutter ihr Auto*) oder *tun*-Periphrasen (*Der tut mich ständig ärgern!*) Zeichen schlechter Bildung sind oder dass die deutsche Sprache verlottert. Sprachliche Ideologien sind – wie die Beispiele verdeutlichen – häufig moralisch aufgeladen; sie enthalten Vorstellungen über einen guten und schlechten Sprachgebrauch. Oftmals zementieren sie die Interessen spezifischer sozialer Gruppen.

Verschiedene Gesellschaften verfügen über recht unterschiedliche (teilweise sogar sich widersprechende) sprachliche Ideologien. So wird beispielsweise in europäischen und nordamerikanischen Gesellschaften (sowohl von Laien als auch von Sprachwissenschaftlern, Soziologen und Psychologen) einerseits die Ideologie vertreten, dass Frauen aufgrund der biologischen Disposition der Geschlechter in ihrem Gesprächsverhalten kooperativer, höflicher und harmonieorientierter seien, Männer hingegen kompetitiver, direkter und dominanzorientierter; zum anderen trifft man aber auch auf die Annahme, dass es keine biologisch vorgeprägten Verhaltensvorgaben gebe, sondern vielmehr die kulturell divergierende Sozialisation als Mädchen bzw. als Junge zu möglichen Unterschieden im Kommunikationsverhalten führe (s. auch 10.5).

Da sprachliche Ideologien wichtige **Brücken zwischen kommunikativen Praktiken und sozialen Strukturen** darstellen, trägt ihre Analyse zur Erforschung der Frage bei, wie Sprache, kulturelle Werte sowie spezifische Vorstellungen von Sprache und Sprachgebrauch sich gegenseitig beeinflussen und wie sie unser soziales Handeln prägen.

Partizipation: (Goffman 1974; Duranti 1997; Goodwin 2001) meint die **Beziehungen, Positionierungen und interaktiven Rollen**, die Gesprächsteilnehmer/innen in der jeweiligen Interaktionssequenz in Bezug auf die betreffenden kommunikativen Praktiken und das Gegenüber einnehmen (s. Kap. 6.6). Eine Sprecherin kann beispielsweise mit der Initiierung einer Alltagserzählung die Rolle der Erzählerin und zugleich die der Protagonistin in der erzählten Welt einnehmen. Sie kann aber auch ein Ereignis aus der Perspektive einer dritten Person rekonstruieren. Hörer können aktive Rezipienten sein, die den Erzählvorgang durch engagierte Nachfragen, Hörersignale, emotionale Bekunden etc. unterstützen oder sich durch Kopfschütteln, Korrekturen oder ausbleibende Rezipientensignale von der Erzählung distanzieren, sie können das betreffende Ereignis selbst miterlebt haben (als Ehepartner, Freund) und folglich ihre Version der Geschichte einbringen, sie können aber auch zufällig vorbeikommende Passanten sein, die die Erzählung ›aufschnappen‹.

Partizipationsrollen beschreiben also, wie sich Teilnehmer/innen an kommunikativen Ereignissen orientieren. Die genaue Betrachtung der Partizipationsstruktur spielt für die Analyse kommunikativer Gattungen (s. auch 10.4) und die Erforschung institutioneller Kommunikation eine zentrale Rolle: Je nach Gattung (Witze, Klatschgeschichten, wissenschaftliche Vorträge, Arzt-Patienten-Gespräch etc.) werden den Beteiligten Partizipationsrollen zugeteilt, die von spezifischen Erwartungen begleitet werden.

Auch am »Ritual des zerstampften Reises« sind Braut und Bräutigam mit jeweils spezifischen Partizipientenrollen beteiligt, die wiederum eng mit entsprechenden kommunikativen Praktiken sowie mit kulturell geprägten Erwartungen an Genderrollen verwoben sind.

Sprechgemeinschaft: Auch wenn zahlreiche Arbeiten zu Sprache und Kultur mit dem Begriff der Sprechgemeinschaft arbeiten, so ist dieser Begriff durchaus umstritten. In der Ethnografie der Kommunikation versuchte man zunächst, mithilfe dieses Konzepts eine Verbindung zwischen bestimmten sprachlichen Praktiken einerseits und kulturellen Gruppen andererseits herzustellen (Hymes 1979; Duranti 1997).

Nach Gumperz (1968/2001: 50) basiert das Konzept der Sprechgemeinschaft auf folgenden (idealisierten) Annahmen:

- Die Mitglieder einer Sprechgemeinschaft interagieren häufig miteinander.
- Sie verfügen über ein gemeinsames ›verbales Repertoire‹, auch wenn sie teilweise unterschiedliche Dialekte sprechen.
- Ferner teilen sie gewisse soziale Normen hinsichtlich angemessenen Sprachgebrauchs (d. h. sie verfügen über dieselben sprachlichen Ideologien).

Doch gerade im Zuge aktueller Globalisierungstendenzen und Migrationsbewegungen erweisen sich diese Annahmen, die eine gewisse Homogenität in der Gemeinschaft unterstellen, als nicht unproblematisch. So zeichnen sich spätmoderne Gesellschaften durch eine **Pluralisierung der Lebensformen** aus, die die Annahme eines kohärenten Normen- und Kommunikationssystems zunehmend problematisch erscheinen lässt. Folglich rücken mittlerweile vermehrt Untersuchungen zur Variabilität und zu den unterschiedlichen Funktionen **kommunikativer Praktiken** und den damit verbundenen **Ideologien** innerhalb einer Gruppe bzw. Gemeinschaft ins Zentrum der Betrachtung. Auch Erfahrungen transitorischer Zugehörigkeiten sowie nation- bzw. raumübergreifender Minderheitengemeinschaften, die dank moderner Medien in engem Kontakt stehen, sind Gegenstand linguistischer Studien zu sprachlichen Vergemeinschaftungsprozessen geworden (Rampton 2010: 274).

Um den dynamischen Prozess sozialer Gruppen, multipler Zugehörigkeiten mit den jeweiligen kommunikativen Praktiken sowie die kommunikative Konstitution von Gemeinsamkeit und Exklusion erfassen zu können, wurden in den letzten Jahren alternative Konzepte sozialer Formationen diskutiert wie **communities of practice** (Eckert/McConnell-Ginet 1999) und **soziale Netzwerke** (Milroy 1980; Rampton 2010).

Soziale Identität wird nicht etwa als eine feste, dem Individuum anhaftende, unveränderliche Eigenschaft, sondern als kommunikative Markierung der **Zugehörigkeit zu sozialen Gruppen oder Kategorien** verstanden (Kroskrity 2001: 106). Individuen verfügen über multiple soziale (gender-, alters-, berufs-, lebensstil-, interessenbezogene, ethnische, nationalitätsspezifische etc.) Identitäten, die sie gemäß kulturell konventionalisierter Praktiken aktualisieren (Dirim/Auer 2004; Eckert 2000).

Identitätsbezogenes Handeln (*acts of identity*; LePage/Tabouret-Keller 1985) kann indexikalisch u. a. durch die Verwendung bestimmter Sprachen, Varietäten, Variablen, Stile etc. erfolgen, die mit nationalen, regionalen, ethnischen oder sozialen Typisierungen assoziiert sind, oder es kann durch bestimmte kommunikative Praktiken geleistet werden (spezifische Begrüßungsformeln, Partizipationsstrukturen, bestimmte Höflichkeitskonventionen etc.). Darüber hinaus können *acts of identity* aber auch durch direkte Selbst- bzw. Fremdzuschreibungen vorgenommen werden (wie *ich als Studentin …* oder *du als Österreicher …*).

Auch wenn soziale Identitäten situationsspezifisch aktiviert werden, so heißt dies nicht, dass diese beliebig und frei wählbar sind: *Acts of identity* unterliegen nämlich durchaus sozialer Kontrolle und situativ erwartbaren Anforderungen (seien dies institutionelle Erwartungen an professionelle Identitäten oder familien- bzw. gruppenbezogene Erwartungen an Mitglieder etc.). Auch können z. B. ethnische, kasten- und statusbezogene Zuschreibungen gegen den Willen einer Person für sie vorgenommen werden.

So werden im »Ritual des zerstampften Reises« die sozialen Identitäten der Teilnehmenden als Braut bzw. Bräutigam sowie als Angehörige der Braut bzw. des Bräutigams durch spezifische kommunikative Praktiken (u. a. durch den graduellen Wechsel der Anredeformen) konstituiert. Sie sind aber innerhalb des Rituals der Hochzeit nicht frei wählbar.

Sprache und Kultur

Kommunikative
Gattungen

Performanz *(performance)*: Der Begriff verweist auf Formen des kommunikativen Ausdrucks, die den situierten kommunikativen Prozess als spezifische, kontextuell verankerte Vorführung rahmen (Bauman/Briggs 1990) und dabei u. a. die Sprachverwendung selbst ins Zentrum der Aufmerksamkeit rücken. (Der englische Begriff der *performance* wird häufig auch im Deutschen verwendet, um Verwechslungen mit dem Performanzbegriff der Generativen Grammatik zu vermeiden, der sich allgemein auf die beobachtbare Sprache – *E-language* – bezieht.)

In der Tradition der Generativen Grammatik wird Performanz in Opposition zur **Kompetenz** (dem Wissen um die formale Struktur der Sprache als einem abstrakten, idealisierten und kognitiven Regelsystem) verstanden und mit der (unter Umständen) defizitären und fehlerhaften Umsetzung formaler sprachlicher ›Regeln‹ im konkreten Sprachgebrauch gleichgesetzt. Das insbesondere auf Noam Chomsky zurückgehende Postulat, die Kompetenz sei der zentrale Untersuchungsgegenstand der Linguistik, wurde in mehrfacher Weise kritisiert. Einerseits wurde der Begriff auf den kommunikativen Bereich ausgedehnt (zur ›**kommunikativen Kompetenz**‹ vgl. Hymes 1972), andererseits rückte – u. a. durch die Arbeiten der Ethnografie der Kommunikation – die Performanz ins Zentrum der Sprachbeschreibung, zumal sich Kompetenz ohnehin primär in der Performanz zeige (Bauman/Briggs 1990; Duranti 1997).

Mittlerweile wird meist zwischen einem weiten und einem engen Performanzbegriff unterschieden:

Der **weite Performanzbegriff** versteht Performanz (u. a. im Sinne einer Weiterentwicklung des der Sprechakttheorie entstammenden Konzeptes der **Performativität**, s. Kap. 6.2) als sprachlich-kommunikativen Prozess der Herstellung von sozialen Wirklichkeiten durch soziale Handlungen (z. B. des *doing gender* oder *doing culture*; s. 10.5 und 10.7).

Der **engere Performanzbegriff** bezieht sich hingegen auf die Darbietung verbaler Kunstfertigkeiten vor einem Publikum. *Performance* wird hier als eine (alltags-)ästhetisch markierte Kommunikationsform betrachtet, die auf spezifische Art gerahmt ist und vorgeführt wird (Bauman 1989; s. auch 10.4). Diese Art der *performance* kommt u. a. bei verbalen Debatten, Erzählungen, Festtagsreden etc. zum Ausdruck, bei denen das Gesagte im Rahmen der betreffenden Vorführung nach ästhetischen Kriterien beurteilt wird (z. B. »eine gelungene Rede«, »ein guter Erzähler« etc.). Was die beiden Performanz-Konzepte verbindet, ist die Perspektive auf kommunikative Praktiken im situierten Vollzug und die Blickrichtung auf die jeweiligen sozialen bzw. ästhetischen Faktoren, die zugleich zur Markierung sozialer Zugehörigkeiten eingesetzt werden.

Performanz

10.4 | Kommunikative Gattungen

Das der Wissenssoziologie und anthropologischen Linguistik entstammende Konzept der kommunikativen Gattungen bzw. Genres (Luckmann 1986; Bergmann 1987; Hanks 1987; Günthner/Knoblauch 1994, 2007) wird zur Untersuchung verfestigter kommunikativer Praktiken (wie Heilrituale, Heiratsanträge, Klagelieder, verbale Duelle, Witze, Alltagserzählungen, Klatschgeschichten, Sprechstundengespräche, universitäre Vorlesungen etc.) in unterschiedlichen kulturellen Gruppen eingesetzt.

Gattungen als Orientierungsmuster: Kommunikative Gattungen bilden nicht nur wichtige Orientierungsmuster für traditionelle Gesellschaften, auch in der spätmodernen Welt haben sie ihren Platz. So zeichnen sich soziale Institutionen oftmals durch für sie typische Gattungen aus: In der deutschen Universitätskultur existieren neben bestimmten **schriftlichen Genres** (Hausarbeiten, Protokolle, Klausuren, Bewerbungsschreiben, wissenschaftliche Artikel, Abstracts, Gutachten etc.) auch **mündliche Gattungen** wie Vorlesungen, Sprechstunden- und Beratungsgespräche, Referate, Prüfungsgespräche, Vorträge etc. Studierende werden beispielsweise im Studium mit den Konventionen der akademischen Gattung ›Vorlesung‹ ver-

> **Definition**
>
> → **Kommunikative Gattungen** stellen historisch und kulturell spezifische, gesellschaftlich verfestigte Lösungen kommunikativer Probleme dar, deren Funktion in der Bewältigung, Vermittlung und Tradierung intersubjektiver Erfahrungen der Lebenswelt besteht. Sind diese Lösungen nicht nur musterhaft verfestigt bzw. routinisiert, sondern weisen sie darüber hinaus auch eine gewisse sequenzielle Komplexität auf (wie im Fall von Festvorträgen, Witzen, Klatschgeschichten, Klageliedern etc.), werden sie als ›kommunikative Gattung‹ bzw. als ›Genre‹ bezeichnet.

10.4 Sprache und Kultur

Kommunikative Gattungen

> **Beispiel: Lamentos**
>
> Als Beispiel einer kommunikativen Gattung betrachten wir die georgischen Klagelieder. Zahlreiche Kulturen im Mittelmeerraum, im Kaukasus, in Zentral- und Ostasien und Afrika kennen die rituelle Gattung der Klagelieder bzw. Lamentos zur Bekundung von Trauer bei einem Todesfall (Kotthoff 1999). In den ländlichen Gegenden Georgiens wird eine verstorbene Person für mehrere Tage zuhause aufgebahrt, und Frauen des Dorfes beweinen gemeinschaftlich deren Tod (»Xmit Natirlebi«). Der Sarg mit der verstorbenen Person steht meist offen in deren Zimmer, und um ihn herum positionieren sich die trauernden Frauen (Verwandte, Bekannte, Nachbarn etc.). Die dem/der Toten nahestehenden Personen wie die Mutter, die Ehefrau, die Töchter und Schwestern sitzen am Kopf des Sarges und halten seine/ihre Hand, streicheln seine/ihre Haare und küssen ihn/sie. Der Körperausdruck der im Raum Anwesenden indiziert Trauer: Ihr Blick ist gesenkt, oftmals halten sie ihren Kopf in den Händen, es wird weder gelacht noch gelächelt, und außerhalb des Lamentierens fallen kaum Worte. In den von den Frauen vorgetragenen melodiösen Klagen (die in langgezogenen Seufzern mit fallender Intonationskontur auslaufen) werden Themen angesprochen, die die verstorbene Person, die Dorfgemeinschaft, zentrale Aspekte von Leben und Tod, soziale Normen sowie bereits verstorbene Dorfmitglieder betreffen. Oftmals enthalten die Klagelieder narrative Passagen, die Ausschnitte aus dem Leben des/der Verstorbenen rekonstruieren. Hauptadressat der Lamentos ist die verstorbene Person, die meist liebevoll mit Kosenamen angesprochen wird. Da sie als Mittler zwischen dem Diesseits und dem Jenseits gilt und nun ihren Weg ins Reich der Toten antritt, werden ihr mittels der Lamentos auch Botschaften an andere verstorbene Personen übergeben. Die Klagenden können dem/der Toten aber auch ihren persönlichen Kummer vortragen und moralisch aufgeladene Erlebnisse erzählen.
>
> Lamentos sind somit eng mit moralischen Normen und Werten verknüpft: In den Klagen werden vergangene Ereignisse wertend rekonstruiert und Facetten eines guten, lebenswerten Lebens vorgestellt. Lautes Weinen und klagende Ausrufe tragen dazu bei, sämtliche im Raum Anwesenden emotional in die Trauer einzubeziehen. Typisch für georgische Lamentos sind Formeln der Leidübernahme (»Ich übernehme dein Leid«, »Lass mich an deiner Stelle sterben«) sowie Formeln, die indizieren, dass die Lamentierenden die Trauer um den Verstorbenen nur schwer aushalten können (»Wie lange soll ich leiden? Ich will nicht mehr leben«). Die Gattung ist einerseits als Ausdruck von individueller Trauer, Schmerz und Hilflosigkeit zu verstehen, andererseits ist sie eng mit kulturspezifischen Vorstellungen von Gender und Körper verbunden (Wer kann in welchen Kontexten auf welche Weise weinen?). In Georgien gilt es für Frauen als Kompliment, wenn man ihnen sagt, dass sie gut weinen (d. h. lamentieren) können. Sie werden als Motiralebi (»Künstlerinnen des Schmerzes«) bezeichnet, die die Anwesenden mit der Performanz einer oftmals stark stilisierten und kunstvoll ausgedrückten Trauer anstecken sollen. Nach eigenen Aussagen ist den Frauen das Lamentieren ein Bedürfnis. Dieses Bedürfnis besteht jedoch nicht nur darin, individuellen Schmerz auszudrücken und zum gemeinschaftlichen Trauern zu animieren, sondern auch darin, für den Toten ›etwas Gutes zu tun‹, denn man geht davon aus, dass die Tränen dem Toten den Übergang ins Jenseits erleichtern.
>
> Die alltagspoetische Gattung des Lamentierens erfüllt somit mehrere soziale Aufgaben: Sie dient der individuellen Verarbeitung von Trauer und Schmerz, zugleich aber auch der Vergemeinschaftung des Leids über den Verlust nahestehender Personen. Darüber hinaus stellt sie eine wichtige Aktivität dar, um das Gedächtnis der Dorfgemeinschaft an vergangene Ereignisse und verstorbene Personen aufrechtzuerhalten, moralische Normen und Werte zu explizieren und zu bestätigen.

traut gemacht und lernen, dass diese Gattung strukturelle Verfestigungen auf unterschiedlichen Ebenen aufweist (wie Ort und Verlauf, zeitlicher Rahmen, sequenzielle Organisation, Einstieg ins Thema, Präsentation des Stoffes etc.) und den Beteiligten spezifische Partizipationsrollen (Professor/in vs. Student/in) zuweist. Die Teilnehmer verwenden die der Gattung entsprechenden sprachlich-kommunikativen Praktiken und aktivieren so kulturelles Wissen und soziale Konventionen. Gattungen fungieren folglich als Schnittstelle zwischen der konkreten kommunikativen Praxis und dem soziokulturellen Kontext. Sie stellen jedoch keine statisch fixierten Gebilde dar, sondern lediglich Muster, an die sich Interagierende mehr oder weniger eng anlehnen können: So unterscheiden sich nicht nur Vorlesungen an deutschen, US-amerikanischen und chinesischen Hochschulen voneinander, sondern auch Vorlesungen in unterschiedlichen Disziplinen. Interagierende orientieren sich an dem jeweiligen Gattungswissen, zugleich stellt dieses Wissen stets Optionen bereit, innerhalb derer ein Variationsspielraum für jede lokale Aktualisierung besteht.

Gattungswissen und Gattungserwartungen: Gattungswissen ist sowohl für Sprecher/innen als auch für Rezipient/innen relevant. Wenn beispielsweise eine Sprecherin ihre Äußerung mit *Kennst du den schon? Kommt Fritzchen nach Hause ...* bzw. *Vor langer, langer Zeit lebte einmal ein König ...* beginnt, so erwarten wir in der Regel einen Witz bzw. ein Märchen. Hören wir *Hast du schon gehört: Die Frau Müller von nebenan ...*, erzeugt auch hier die Sprecherin bestimmte Gattungserwartungen, nämlich in Richtung Klatsch. Solche Erwartungen beziehen sich einerseits auf die Form (d. h. wir erwarten im Fall von Klatsch eine Ereignisrekonstruktion über eine uns bekannte, abwesende Person), andererseits aber auch auf den Inhalt (beim Klatsch erwarten wir eine Neuigkeit über das Privatleben des Klatschobjektes) (vgl. Bergmann 1987). Gattungen werden nicht nur durch spezifische Einleitungsformeln indiziert, sondern sie können sich auch durch besondere syntaktische Konstruktionen (wie die Verberststellung zur Initiierung von Witzen: *Kommt Fritzchen nach Hause ...*), bestimmte stilistische Verfahren, spezifische sprachliche Varietäten oder durch die Verwendung eines gattungsbezogenen Vokabulars auszeichnen. Die rituelle Gattung der Heilgesänge (*ikarkana*) der Kuna-Indianer in Panama (s. Tab. 1) zum Beispiel weist ein von der Alltagssprache divergierendes, gattungsspezifisches Vokabular auf (Sherzer 1983).

Ferner macht eine Gattung auch bestimmte **Rezipientenaktivitäten** erwartbar. Während Klatschgespräche die Rezipient/innen zu entrüsteten Ausrufen bzw. Nachfragen und Witze zum Lachen einladen, zeichnen sich universitäre Vorlesungen u. a. dadurch aus, dass von den Hörer/innen keine verbalen Rezipientenreaktionen wie *Ah ja, echt?, Find ich auch!* etc. erwartet werden; am Ende der Vorlesung erfolgt vielmehr das ›akademische Klop-

Alltagssprache	Heilgesang	deutsche Übersetzung
ipya	tala	Auge
ome	walepunkwa	Frau
neka	posumpa	Haus

Tab. 1: Unterschiedliche Vokabulare für verschiedene Register bei den Kuna (aus: Sherzer 1983)

fen‹ (eine kulturspezifische Gattungskomponente, die sich innerhalb der deutschen Studentenkultur im 18. Jahrhundert als Zeichen des Beifalls entwickelt hat). Das Wissen, dass kommunikative Vorgänge mit bestimmten Funktionen in typischen Situationszusammenhängen auf spezifische Weise verlaufen, steuert also nicht nur das kommunikative Handeln des Sprechers, sondern auch das des Rezipienten.

Kulturell divergierende Repertoires: Genres sind soziokulturell abgeleitet, d. h. sie werden nicht von einzelnen Interagierenden ständig neu konstituiert. Folglich ist es naheliegend, dass unterschiedliche kulturelle Gemeinschaften vergleichbare kommunikative Aufgaben teilweise unterschiedlich lösen bzw. über Gattungen (wie Lamentos, Heilgesänge, Büttenreden) verfügen, die anderen Gruppen nicht zur Verfügung stehen. Mit anderen Worten: Das Repertoire der Gattungen variiert von einer Gemeinschaft zur anderen. Beispielsweise ist die universitäre Sprechstunde in Deutschland eine feste Einrichtung. Studierende erwerben relativ rasch Erfahrung im Umgang mit Sprechstundengesprächen. Diese umfasst Wissen darüber, dass ein Sprechstundengespräch im Büro einer Professorin bzw. eines Dozenten stattfindet, dass es zeitlich festgelegt ist (d. h. an einem bestimmten Wochentag und zu einer bestimmten Zeit stattfindet) und dass es bestimmte Partizipationsrollen beinhaltet (Professor/in vs. Student/in). Ferner gehört dazu auch Wissen darüber, welche Fragen und Probleme man in einer Sprechstunde bespricht und welche nicht, wie ein solches Gespräch beendet wird etc. In zahlreichen Universitätskulturen existiert diese institutionelle Gattung nicht. Dies kann dazu führen, dass Studierende aus diesen Kulturen zunächst Probleme mit der kommunikativen Gattung des Sprechstundengesprächs an deutschen Hochschulen haben (Günthner/Luckmann 2002).

Kulturell divergierende Konventionen: Scheinbar gleiche Gattungen werden oftmals kulturell unterschiedlich realisiert. So unterscheiden sich Vorlesungen, Prüfungsgespräche oder wissenschaftliche Vorträge in ihren Realisierungsformen teilweise erheblich. Beispielsweise weist ein geisteswissenschaftlicher Vortrag in Russland

Kulturelle Gattungskonventionen

10.4 Sprache und Kultur

Kommunikative Gattungen

Beispiel

Fan, eine chinesische Germanistin, berichtet:

»Diese Sprechstunden, die gibt es bei uns in China nicht. In China besuchen die Studenten den Prof zu Hause. Das bedeutet: man hat was, man will was von dem Lehrer. Normalerweise. Als ich dann nach Deutschland kam, wusste ich wirklich am Anfang gar nicht, was man in diesen Sprechstunden macht. Ich kannte die Form Sprechstunde überhaupt nicht. Und da hab ich dann andere Chinesen gefragt, was man denn in den Sprechstunden eben reden sollte. Und da haben die gesagt: übers Studium. Man sollte denen erzählen, was man alles gemacht hat. Man geht mit einem Ziel hin. Und man muss eben das Ziel erreichen, wenn man rauskommt.«

starke Unterschiede zu einem entsprechenden Vortrag in Deutschland auf (Kotthoff 2002). Während deutsche Wissenschaftler/innen den Zuhörenden meist zu Beginn eine Orientierung zum thematischen Aufbau des Vortrags und zur Fragestellung liefern, fehlt in russischen Vorträgen in der Regel eine solche Orientierungshilfe. Ferner sind die deutschen Vorträge thematisch meist stark fokussiert, während der thematische Skopus der russischen Vorträge sehr weit reichen kann und damit oftmals eher einem Festvortrag bei uns entspricht. Bei den deutschen Vorträgen werden Unterthemen häufig explizit genannt, dies ist bei den russischen nicht der Fall. Auch ist bei den russischen Vorträgen gelegentlich nicht klar auszumachen, was eigene Thesen und Gedanken sind und was von anderen Forschenden stammt; d. h. die Zitationskonventionen unterscheiden sich.

Historischer Wandel

Gattungswandel: Mit sozialen und kulturellen Wandelprozessen ändert sich auch das Repertoire der kommunikativen Gattungen. So bildeten **Telegramme** Ende des 19. und Anfang des 20. Jahrhunderts ein wichtiges Genre, um dringende Mitteilungen über räumliche Distanzen hinweg zu kommunizieren (vor allem in Zeiten, in denen es noch keine oder kaum Privattelefone gab). Im Jahr 1978 übermittelte die Deutsche Bundespost noch rund 13 Millionen Telegramme, doch mit der Entwicklung neuer medialer Formen wurde das Telegramm schließlich durch andere Kommunikationsformen (wie SMS, E-Mail, Handy-Telefonat etc.) ersetzt.

Im 19. Jahrhundert war **die Visite** als spezifische Art des Höflichkeitsbesuchs eine gebräuchliche Alltagsgattung, die tief in die sozialen Konventionen bestimmter Gesellschaftsschichten eingebettet war. (Heutzutage verwenden wir den Begriff fast ausschließlich in Zusammenhang mit dem Arztbesuch bei Patienten im Krankenhaus.) Felix Mendelssohn-Bartholdy schrieb 1836 an seine Schwester Fanny: »Zuweilen möchte ich ein klein wenig toll werden, wenn ich an die Visiten denke, die morgen losgehen, es sind denen - - - 163, wohlgezählt! Was sagst du nun, Kantor? Und bei meinem Bart, ich muß sie alle machen« (Linke 1996: 180).

Doch sterben nicht nur Genres aus, sondern wir können auch die Entstehung neuer Gattungen beobachten, die sich gegenwärtig u. a. für die **Internet-** bzw. **Mobilfunkkommunikation**, für das **Fernsehen**, für **wirtschaftliche Unternehmen**, für den **akademischen Bereich** und für das **Privatleben** ausbilden: SMS-Mitteilungen unter Jugendlichen, Casting-Shows im Fernsehen, Headhunting-Telefonate, universitäre Sprechstunden per Skype, Speed-Dating-Veranstaltungen und vieles mehr. Mit diesen Gattungen werden Beziehungen gestaltet, Institutionen mit konstituiert, Machtstrukturen verfestigt und soziale/kulturelle In- und Exklusionen erzeugt. Da verfestigte kommunikative Formen einen wesentlichen Teil der Architektur sozialer Institutionen und kultureller Gemeinschaften bilden, ist es ein zentrales Anliegen der Gattungsanalyse, diese Verflechtungen zwischen sprachlich-kommunikativen Strategien und soziokulturellen Strukturen aufzuzeigen (Günthner/Knoblauch 2007).

Speed-Dating als institutionalisierte Form des Erstkontaktes bei der Partnersuche

Als neue Gattung der Partnersuche hat sich das Speed-Dating entwickelt, bei dem sich potenzielle Partner/innen in zeitlich begrenzten (5–10-minütigen) Zweiergesprächen kennenlernen. Die Teilnehmer/innen sind hierbei mit der kommunikativen Aufgabe betraut, sich innerhalb weniger Minuten so zu präsentieren, dass das Gegenüber Interesse an weiteren Kontakttreffen entwickelt. Folglich sind diese kurzen Gespräche darauf angelegt, viele und möglichst aussagekräftige Informationen über das Gegenüber zu erhalten, um Gemeinsamkeiten und Differenzen zu eruieren, sich ›näher zu kommen‹ und eine Passungsprüfung vorzunehmen. Wie Franz' (2010) Analyse zum Ablauf dieser Gattung verdeutlicht, zeichnen sich die Interaktionen u.a. durch rasch aufeinander folgende Frage-Antwort-Sequenzen aus: In rasantem Tempo werden möglichst viele Informationen zur Biographie, zur Freizeitgestaltung und zu sonstigen Vorlieben des Gegenübers eingeholt.

Der folgende Ausschnitt, der einem Speed-Dating-Gespräch zwischen Tanja (Ta) und Matthias (Mt) entstammt, veranschaulicht das typische Fragemuster in diesen Gesprächen:

```
SPEED-DATING (FRANZ 2010)
345 Ta: [((lacht ca. 1.2 Sek))]
346     (1.3)
347     ja wunderBAR.
348     wie alt BIST du dEnn.
349 Mt: ä:h zweiundZWANzig.
350 Ta: <<p> dreiundZWANzig.>
351 Mt: dreiundZWANzig, (--)
352 Ta: mh?
353 Mt: dU bist dreiundZWANzig? (--)
354     [ich;]
355 Ta: [ich ]WERD jetzt VIERundzwanzig.
356 Mt: du bIst VIERundzwanzig;
357     JA.
358 Ta: also im aPRIL;
359     in DIEsem sinn. (-)
360     JA.=
361     =und was MACHST du?
362 Mt: äh ich stuDIER ja_germanIstik,
363     und psychologIE,
        und kommunikaTIONSwissenschaften.
```

Auch der 2009/10 im Fernsehen ausgestrahlte Werbespot von Kinderschokolade greift diese rasch aufeinanderfolgenden Frage-Antwort-Sequenzen als typisches Gattungsmerkmal von Speed-Dating-Gesprächen auf. Im folgenden Ausschnitt sind die Milch (M) und die Schokolade (S) in ein Speed-Dating-Gespräch involviert:

```
»Kinderriegel«
01      ((Speed-Dating-Klingel))
02 Mod: meine DAmen,
03      PLATZwechsel bItte, ((die Milch
        geht zum Tisch der Schokolade und
        setzt sich))
04 M:   HAllo;
05 S:   HI.
06      bist du kompliZIERT?
07 M:   NEIN.
08 S:   mh (.)geNUSSmensch oder HEKtiker;
09 M:   ↑ah (.) geNUSS.
```

(Der dazugehörende Spot war 2010 im Internet unter http://www.kinderriegel.de/index2.html zu finden; 4.12.2010)

10.5 | Sprache und Geschlecht

Ein relevanter Teil dessen, was wir als ›Kultur‹ bezeichnen, ist die spezifische Indizierung von Geschlechtszugehörigkeiten. Wie bzw. durch welche sprachlich-kommunikativen Praktiken werden in unterschiedlichen Kulturen Weiblichkeit und Männlichkeit konstruiert? In welcher Beziehung stehen sprachliche Praktiken der Geschlechtsindizierung zu kulturellen Vorstellungen von der scheinbaren ›Natur‹ der Geschlechter?

Aktuelle Studien zu Sprache und Geschlecht basieren meist auf den folgenden Annahmen:

- **Gender wird erlernt:** Im Lauf ihrer kulturellen Sozialisation erwerben Kinder zusammen mit anderen sozialen Verhaltensmustern auch die jewei-

10.5 Sprache und Kultur

> **Zur Vertiefung**
>
> **Gender als soziale Konstruktion**
> (Im Gegensatz zu engl. *sex*, dem biologischen Geschlecht, wird engl. *gender* – auch im Deutschen – eingesetzt, um auf Geschlecht als Ergebnis sozialer Prozesse zu verweisen.)
>
> **Die alltäglichen Methoden** (*everyday methods*) **der Geschlechterkonstruktion** untersuchte der Soziologe Harold Garfinkel (1967) in seiner mittlerweile klassischen Studie zur transsexuellen Agnes. Er beschreibt darin die Strategien, die Agnes beherrschen musste, um in der amerikanischen Gesellschaft der 1960er Jahre als Frau wahrgenommen und behandelt zu werden. Diese umfassten neben der gestisch-mimischen Selbstdarstellung, der Art sich zu kleiden, zu gehen, zu sitzen etc. vor allem auch sprachlich-kommunikative Verfahren.
> Mit der sozialen Konstruktion der Geschlechtszugehörigkeit beschäftigte sich auch Erving Goffman (1977/94). Seine interaktionssoziologische Arbeit zu Techniken des **gender display** beschreibt die tief im Alltag verankerten Praktiken der ›Inszenierung‹ dieser unsere Gesellschaft so beherrschenden Zweiteilung der Menschen in Männer und Frauen. Dabei wirft er die Frage auf: »Wie kommt es, daß so geringfügige biologische Unterschiede wie die zwischen Frauen und Männern eine solche zentrale Rolle erhalten, daß sie unsere gesamte soziale Organisation, unser Alltagsleben, unsere Machtverteilung etc. bestimmen?« (Goffman 1977/94: 139). Er argumentiert, dass moderne westliche Gesellschaften den nicht sehr großen biologischen Unterschied zwischen den Geschlechtern geradezu rituell überhöhen, so dass das Geschlecht als Prototyp sozialer Kategorisierung behandelt wird: Die Zweiteilung der Geschlechter fängt bereits mit der Geburt an und verfolgt uns unser Leben lang. Sie findet sich in der Arbeits- und Rollenaufteilung in der Familie, im Sport, in der Berufswahl und auf dem Gehaltszettel, in den Abteilungen von Kaufhäusern, auf fast jedem offiziellen Antragsformular, wo wir ankreuzen müssen, ob wir weiblich oder männlich sind; sie dringt bis zu den öffentlichen Toiletten vor, und sie findet sich auch in der (englischen und deutschen) Sprache (z. B. den geschlechtsspezifischen Vornamenregelungen, bei den Anredeformen oder den Pronomen der 3. Person Singular). Die alltägliche Interaktion gilt Goffman als der Ort, an dem Geschlechterdifferenzen entstehen: Hier stellen wir Gender-Identitäten her, und zugleich bestätigen wir mit den kulturell spezifischen Praktiken des *gender display* die jeweiligen Vorstellungen einer scheinbar natürlichen Ordnung zwischen den Geschlechtern, die doch tatsächlich kulturell geprägt ist (s. u.).
> In Anlehnung an die Arbeiten von Garfinkel (1967) und Goffman (1977/94) wurde das ethnomethodologische Konzept des **doing gender** (West/Zimmerman 1987) entwickelt. Die soziale Geschlechtszugehörigkeit wird hierbei nicht länger als etwas gesehen, was *ist* (*being*), sondern als etwas, was *getan* wird (*doing*). ›Geschlecht‹ gilt folglich nicht als ein Merkmal, das eine Person *hat*, sondern als eine im Prozess der Interaktion herzustellende Leistung (*accomplishment*), an der alle Interagierenden beteiligt sind.
> Das eng mit dem *doing gender* verwobene, ebenfalls prozessorientierte Konzept des **indexing gender** (Ochs 1992) verweist darauf, dass es – zumindest in modernen Gesellschaften – kaum sprachlich-kommunikative Praktiken gibt, die exklusiv auf das Geschlecht verweisen. Vielmehr existieren zahlreiche Strategien (z. B. die Verwendung von derben Schimpfwörtern), die in Kombination mit anderen Verfahren (z. B. einer tiefen Stimme, einer stark dialektalen Varietät) Geschlechtszugehörigkeit indizieren (s. o., Stichwort ›Indexikalität‹). *Indexing gender* vernetzt somit sprachlich-kommunikative Praktiken der Gender-Konstruktion mit sozialen Rahmenbedingungen, Rollenerwartungen, kulturellen Gender-Ideologien etc. und stellt damit Bezüge zwischen kontextuellen Indizierungen von Gender und größeren soziokulturellen Erwartungen und Normen her.

ligen kulturspezifischen Praktiken des *doing gender* und damit zugleich kulturspezifische Erwartungen und Vorstellungen gender-adäquaten Verhaltens.

- **Gender ist nichts, was wir einfach ›haben‹, sondern etwas, das wir ›tun‹ bzw. indizieren:** Statt an essentialistischen Vorstellungen scheinbar gegebener Geschlechtsidentitäten festzuhalten, die sich in klar zu beschreibenden Verhaltensweisen widerspiegeln, wird Gender als dynamisches Konzept betrachtet, das in sozialen Interaktionen hergestellt wird.

- **Gender kann auf unterschiedlichen sprachlichen Ebenen indiziert werden:** Gender-Zuweisungen können durch eine Vielfalt an sprachlichen Verfahren, die auf recht unterschiedlichen Ebenen (Phonologie, Prosodie, Morphologie, Syntax, Lexikon, Sprechhandlungen, Gattungen, Gesprächsstile, Gestik, Mimik etc.) angesiedelt sind, vorgenommen werden.

- **Gender impliziert meist Asymmetrie:** Gender-Identitäten basieren auf kulturellen Ideologien über die scheinbare Natur der Geschlechterverhältnisse. Frauen und Männer bzw. weibliches und männliches Verhalten werden nicht nur als unterschiedlich betrachtet, sondern die jeweiligen Unterschiede werden in der Regel auch bewertet. In zahlreichen kulturellen Gruppen und Kontexten kommt dabei dem Verhalten bzw. den Attributen, die mit Männlichkeit assoziiert werden, ein höheres Prestige zu. Folglich sind Studien zu Gender oftmals eng mit Fragen nach Macht, Status und Prestige verwoben.

Im Folgenden werden wir einige Bereiche vorstellen, die für die kommunikative Indizierung von Gender-Identitäten in unterschiedlichen Sprachen und kulturellen Kontexten relevant sind (vgl. Günthner/Kotthoff 1991; Günthner 2006; Ahearn 2011; sowie Kap. 7.3.5).

Stimme und Prosodie: In wohl allen kulturellen Gruppen bildet die Stimme ein wesentliches Mittel zur Markierung von Gender-Zugehörigkeit. Im Allgemeinen haben Frauen eine höhere Stimme als Männer. Dies ist teilweise auf anatomische Unterschiede zwischen den Geschlechtern zurückzuführen: Männer haben in der Regel längere Stimmbänder, die langsamer vibrieren und tiefere Töne erzeugen als die von Frauen. Hinzu kommt der Einfluss von Hormonen, die in der Pubertät zum Absinken der Tonhöhe bei Jungen führen. So weist die Stimme europäischer Männer einen Tonhöhenumfang von 75 bis 230 Hertz auf, der von europäischen Frauen liegt zwischen 110 und 330 Hertz (Graddol/Swann 1989: 20 ff.). Allerdings zeigen sich kulturelle Unterschiede: Während in einigen Kulturen die Tonhöhenunterschiede zwischen den Geschlechtern stark ausgeprägt sind, unterscheiden sich weibliche und männliche Stimmen in anderen Kulturen weniger deutlich. Ferner zeigen Untersuchungen bei Kindern, dass Jungen bereits vor der Pubertät, und damit vor dem Stimmbruch, zu tieferen Stimmen neigen, da sie auf diese Weise gesellschaftlich kodierten Rollenerwartungen entsprechen wollen. Die **Stimmhöhe** ist also kein rein anatomisches Phänomen, sondern auch ein soziales. Das Beispiel der Stimme verweist also bereits auf die komplexe Interaktion soziokultureller und biologischer/physikalischer Faktoren beim *gender display*.

Neben der Stimmhöhe tragen auch **prosodische Merkmale** zur Kontextualisierung von Gender bei und fungieren somit als Gender-Marker: Weibliche Stimmen zeichnen sich in europäischen und nordamerikanischen Gesellschaften durch häufigere und schnellere Wechsel der Sprechgeschwindigkeit, Tonhöhe und Lautstärke aus, wodurch die Stimmen involvierter und emotionaler wirken (Graddol/Swann 1989).

Phonologie, Grammatik und Lexikon: Gender kann auch durch grammatische Merkmale indiziert werden. So signalisieren z. B. männliche Sprecher des Koasati (einer indianischen Sprache im Südosten der USA) ihr Geschlecht durch Hinzufügen des Suffixes *-s* an das Verb jeder Äußerung. Nicht nur Verben der 1. Person, die auf den Sprecher selbst verweisen, sondern alle Verbformen erhalten dieses Suffix (Foley 1997: 300). Nach Sapir (1949/1968: 211 f.) weist das Yana (eine Sprache in Nordkalifornien) starke Gender-Differenzierungen im Bereich der **Morphologie** auf: Hier wird nicht nur bei Pronomen und Affixen zwischen weiblichen und männlichen Formen unterschieden, sondern auch die Tempusmarkierung divergiert – je nach Geschlecht des Sprechenden.

Formen der **Gender-Markierung**, die den Interaktionsteilnehmern bzw. dritten Personen feste Gender-Identitäten zuteilen, existieren in unterschiedlichsten Sprachen und zeigen vielfältige Ausprägungen; so zwingen uns im Deutschen die Pronomen der dritten Person Singular (*er* und *sie*) zur Geschlechtszuweisung in Bezug auf die Person, über die wir reden. In anderen Sprachen entfällt diese Pflicht. Im Chinesischen wird z. B. das Pronomen *ta* sowohl zur Referenz auf eine weibliche als auch auf eine männliche Person eingesetzt. In der schriftlichen Kommunikation wird allerdings anhand der betreffenden Schriftzeichen zwischen Männern [他] und Frauen [她] unterschieden.

Im Gegensatz zu diesen obligatorischen Geschlechtszuweisungen belegen die mittlerweile klassischen soziolinguistischen Studien von Labov (1966) und Trudgill (1974) phonologische und morphologische **Gender-Marker**, die sich erst aus der quantitativen Verteilung bestimmter Variablen ergeben (wie die Aussprache des postvokalen /r/ in New York in Worten wie *car*, *card* oder *floor* oder die Realisierung des Suffxes *-ing* mit einem auslautenden alveolaren vs. velaren Nasal in Wörtern wie *moving*, *going* in Norwich, Großbritannien; s. Kap. 7.3.5). In der nordamerikanischen bzw. britischen Gesellschaft vermeiden Frauen der unteren Mittelschicht (im Gegensatz zu den Männern dieser Schicht) stigmatisierte Nicht-Standard-Varianten und tendieren in statistisch signifikanter Weise zu phonologischen und morphologischen

Kommunikative Indizierung von Gender-Identitäten

Formen, die prestigereicher sind und folglich mit einer sozial höheren Schicht assoziiert werden. Dieses Muster ist in modernen westlichen Sprechgemeinschaften derart verbreitet, dass es innerhalb der Soziolinguistik gar als das soziolinguistische Gender-Muster schlechthin bezeichnet wird. Häufig wird argumentiert, dass Frauen in diesen Sprechgemeinschaften ihren niedrigeren sozialen Status zu kompensieren versuchen, indem sie prestigereichere Formen verwenden. Aufgrund ihrer eigenen Stellung in der Gesellschaft zeigen sie in ihrem Sprachverhalten eine soziale Aufwärtsmobilität. Zugleich wurde beobachtet, dass die stigmatisierten Nicht-Standard-Varietäten zwar offiziell als prestigearm gelten, aber trotzdem ein ›verdecktes‹ (*covert*) Prestige haben, da sie mit Eigenschaften wie Solidarität, sozialer Nähe und körperlicher Kraft und Stärke assoziiert werden sowie zur Konstruktion von Männlichkeit beitragen (Trudgill 1974; Kotthoff 1992; Ayaß 2008).

Geschlechtsspezifische Gesprächsstile: Zahlreiche Studien zeigen, dass Frauen in westlichen Gesellschaften einen **kooperativen Gesprächsstil** bevorzugen, der Konfrontationen vermeidet und nach interaktiver Harmonie strebt. Der männliche Stil gilt dagegen als **kompetitiv ausgerichtet** und **dominanzorientiert**. Sprache werde von Männern primär dazu verwendet, Hierarchien herzustellen und zu verfestigen (Tannen 1990). Dies wurde u. a. durch Arbeiten zu wissenschaftlichen Diskussionen im deutschsprachigen universitären Kontext bestätigt (Baron 1998). Selbst statushohe Teilnehmerinnen (Professorinnen) bringen in der Regel ihre Gegenmeinungen recht gemäßigt vor und vermeiden fast gänzlich die bei männlichen Sprechern immer wieder auftretenden Phänomene des Scheinlobes und der Scheinzustimmung. Ironische Formen der Kritik am Gegenüber sind bei weiblichen Diskutierenden in wissenschaftlichen Diskussionen selten nachzuweisen, wodurch ihren Äußerungen die vernichtende Schärfe fehlt, die sich bei einigen ihrer Kollegen findet. Ferner sind Wissenschaftlerinnen in fachlichen Auseinandersetzungen eher zu Konzessionen und Einschränkungen der Gültigkeit ihrer eigenen Aussagen bereit; sie neigen sehr viel stärker als ihre männlichen Kollegen zu Selbstkritik.

Auch wenn diese Ergebnisse die These mangelnder weiblicher Konfrontationsbereitschaft zu bestätigen scheinen, so gelten sie doch nicht pauschal: Dieselben Sprecherinnen verwenden in anderen Kontexten und Gattungen (in privaten Argumentationen, informellen Streitgesprächen etc.) sehr wohl unabgeschwächte Formen der Dissensmarkierung, ironische Angriffe und konfrontative Strategien. Kulturanthropologische Arbeiten belegen außerdem, dass kooperatives und höfliches Verhalten keineswegs ein universelles Merkmal weiblichen Stils ist.

Klassische Gegenbeispiele kommen aus Madagaskar (Keenan 1974/91) und Papua Neuguinea (Kulick 1992). In diesen Gemeinschaften sind es die Männer, die einen indirekten und höflichen Redestil pflegen. Dieser Stil gilt als harmoniefördernd und zielt darauf ab, Konfrontationen und Gesichtsverlust zu vermeiden. Aufgrund seiner Indirektheit hat der männliche Stil in diesen Gemeinschaften einen höheren Status als der weibliche. Dieser zeichnet sich durch Direktheit aus und gilt als Quelle des Konflikts und daher als Bedrohung für soziale Beziehungen. Zugleich wird das Gesprächsverhalten der Frauen als Hinweis darauf gesehen, dass Frauen von Natur aus emotionaler, unbeherrschter und unsozialer sind, während der höfliche Redestil als Indikator für den männlichen Gemeinschafts- und Harmoniesinn gilt. In öffentlichen Gesprächen ist der männliche Stil obligatorisch, da hier Konflikte vermieden werden sollen; aus diesem Grund sind öffentliche Sprecher in der Regel Männer. Muss jedoch eine unangenehme, negative Nachricht übermittelt werden oder liegt ein Problem mit den Nachbarn vor, so wird es den Frauen überlassen, dass sie das Gegenüber beschimpfen und mit ihm streiten; dadurch werden wiederum die Vorstellungen von Frauen als ›unbeherrscht‹ und ›unsozial‹ bestätigt.

Geschlechtsspezifische kommunikative Strategien: Eine Vielzahl linguistischer Arbeiten hat versucht, kommunikative Strategien wie Unterbrechungen, Fragen und Hörersignale in Beziehung zum Geschlecht der Sprecher/innen zu setzen. So wurde z. B. postuliert, dass **Unterbrechungen** als Rederechtsverletzung in Zusammenhang mit männlichem Dominanzverhalten stehen. Mittlerweile belegen allerdings zahlreiche empirische Analysen, dass Männer keineswegs allgemein häufiger unterbrechen als Frauen. Einfache Zuordnungen von bestimmten konversationellen Phänomenen (wie Unterbrechungen) zu einer einzigen Funktion (Dominanz herstellen) sind nicht haltbar. Ein und dieselbe Strategie kann eingesetzt werden, um unterschiedliche, ja sogar diametral entgegengesetzte konversationelle Ziele zu erreichen: Unterbrechungen können auch Zeichen sozialer Nähe sein, Empathie bekunden, die Sprecherin unterstützen oder allgemein Ausdruck einer engagierten Beteiligung am Gespräch sein (Kotthoff 1993).

In der viel diskutierten **Theorie der zwei Kulturen** (Maltz/Borker 1982/91; Tannen 1990; Günthner 1992; Ayaß 2008) wird davon ausgegangen, dass Frauen und Männer unterschiedlichen Kommunikationskulturen mit divergierenden kommunikativen Regeln angehören und ein und dieselbe kommunikative Strategie für Frauen und Männer unterschiedliche Bedeutung hätte. In gemischtgeschlechtlichen Interaktionen würden folglich die Äußerungen der einen Person (z. B. einer Frau) auf der Grundlage eines anderen kommunikativen Systems interpretiert (dem des Mannes), was zu systematischen Missverständnissen und Fehlschlägen führe. Während zum Beispiel **Hörersignale** wie *mhm*, *ja* etc. für Frauen ›Ich höre Dir zu. Mach weiter.‹ bedeuteten, hätten sie für Männer die Bedeutung ›Ich bin einverstanden‹. Dass Frauen häufiger Hörersignale verwendeten als Männer, wäre folglich darauf zurückzuführen, dass sie intensiver zuhörten und dies auch signalisierten, während Männer seltener zustimmten. Wenn eine Frau *mhm* sage, würde der Mann dies – entsprechend seinen eigenen kulturellen Kommunikationskonventionen – als Zustimmung interpretieren. Umgekehrt führten die selteneren Hörersignale der Männer bei weiblichen Gesprächsteilnehmerinnen zu der Interpretation, dass sie ihnen nicht zuhörten. Empirische Studien verdeutlichen jedoch, dass Hörersignale – je nach sequenzieller Platzierung und prosodischer Realisierung – weitaus mehr interaktive Funktionen haben können, als lediglich Zustimmen und Zuhören zu signalisieren. Beispielsweise können sie auch eine kritische Haltung indizieren, zur Klärung auffordern, Empathie zeigen, Erstaunen markieren etc. Frauen und Männer setzen Hörersignale je nach Kontext unterschiedlich ein und können sie auch situationsadäquat interpretieren (Günthner 1992).

Die Theorie der zwei Kulturen mit divergierenden Gesprächsstrategien ist nicht zuletzt auch deshalb äußerst fragwürdig, weil Mädchen und Jungen sowie Frauen und Männer (zumindest in westlichen Kulturen) in ständigem kommunikativen Kontakt miteinander stehen. Folglich müssten sie zumindest über passive Kenntnisse des anderen Stils verfügen und die entsprechenden kommunikativen Strategien interpretieren können (Günthner 1992: 127). Damit soll nicht bestritten werden, dass Interagierende mittels bestimmter kommunikativer Strategien Dominanz, Statusunterschiede, Macht etc. herstellen. In zahlreichen Kontexten werden Unterbrechungen tatsächlich verwendet, um Dominanz auszuüben, und Hörersignale werden systematisch verweigert, um der Sprecherin oder dem Sprecher die konversationelle Unterstützung zu entziehen. Eine Gleichsetzung von kommunikativen Handlungen (wie Unterbrechung, Hörersignal etc.) und einer einzigen Funktion ist allerdings nicht möglich; die jeweilige Funktion ergibt sich erst, wenn man die anderen, zugleich auftretenden kommunikativen Verfahren, ihre sequenzielle Platzierung, ihre Einbettung in die entsprechenden Aktivitätstypen, Gattungen und Sprechereignisse sowie die Form ihrer Durchführung berücksichtigt.

Sprachliche Varietäten: Neben den besprochenen sprachlich-kommunikativen Merkmalen, die der Indizierung von Geschlecht dienen können, sollte nicht unerwähnt bleiben, dass in zahlreichen Kulturen sprachliche Varietäten oder gar Sprachen geschlechtsbezogen verteilt sind. Da Männer in vielen traditionellen Kulturen eine bessere Ausbildung erhalten (bzw. überhaupt in den Genuss einer Schulbildung gelangen), sind sie oftmals diejenigen, die die Standard- und Schriftsprache beherrschen. Aufgrund ihrer größeren Mobilität bzw. bedingt durch Handelskontakte sind Männer in vielen Kulturen auch eher bilingual als Frauen: Die wenigen monolingualen Sprecher von Berbersprachen in Algerien sind beispielsweise allesamt Frauen. Der umgekehrte Fall liegt jedoch in Guatemala vor, wo vor allem die Frauen neben ihrer Muttersprache (einer Mayasprache) noch Spanisch beherrschen, was darin gründet, dass sie durch den Verkauf ihrer Produkte auf den Märkten mit Spanisch in Kontakt kommen (Saville-Troike 1982/2008: 77).

Kommunikative Gattungen: Das **Gattungsrepertoire** kann ebenfalls – je nach geschlechtsspezifischer Arbeitsteilung, Zugang zu unterschiedlichen Alltagsbereichen etc. – gender-bezogen variieren. Während Klagelieder in nahezu allen Gesellschaften eine weibliche Gattung sind (s. 10.4), gelten rituelle Beschimpfungen unter schwarzen Jugendlichen als eine primär männliche Gattung (Abrahams 1974). Auch (männliche) türkische Jugendliche praktizieren rituelle Beschimpfungen, die sich zu Rededuellen entwickeln können (Dundes et al. 1972; Tertilt 1997) und deren *performance* eine hohe Schlagfertigkeit und rhetorisches Geschick erfordert. Oftmals sind bestimmte Gattungen aufgrund der geschlechtsspezifischen Teilnahme an den entsprechenden Ereignissen nur Männern vorbehalten, wie Gattungen im Umfeld der katholischen Kirche, in militärischen Kontexten, aber auch Heilgesänge, öffentliche Reden etc. (Saville-Troike 1982/2008; Günthner/Kotthoff 1991).

In spätmodernen Gesellschaften ist es allerdings aufgrund der Pluralität der Lebensformen und der daraus resultierenden Vielfalt an sozialen Identitäten (wobei Geschlecht nur eine dieser Identitäten ist) nahezu unmöglich, von festen geschlechtsspezifischen Kommunikationsstrategien auszugehen. Die Ergebnisse empirischer Analysen seit den 1980er Jahren zur sprachlichen Konstruktion von Gender zeigen vielmehr, dass die Verfahren, die zur Indizierung von Gender eingesetzt werden, weitaus vielfältiger und heterogener sind als ursprünglich angenommen, zumal sie mit der Indizierung weiterer sozialer Variablen (Status, soziale Nähe/Distanz etc.) überlappen.

> **Zur Vertiefung**
>
> **Debatten zum Verhältnis von Sprache und Weltanschauung**
> Bereits **Wilhelm von Humboldt** (1830–35/1963) thematisierte die **enge Beziehung zwischen Sprache, Kultur und Kognition**. Sein breit angelegtes Studium unterschiedlicher Sprachen (u. a. des Baskischen, des Chinesischen, des Malaysischen) führte ihn zu der Auffassung, dass eine Sprache den ›Geist des Volkes‹ verkörpere und mit dem Erwerb einer Sprache zugleich eine eigene Form der Weltanschauung verknüpft sei. Die ›innere Form der Sprache‹ (die nach Humboldt eine der ›äußeren‹ Sprachform zugrundeliegende Perspektive auf das Sein darstellt) objektiviere eine Weltansicht und übe damit einen entscheidenden Einfluss auf das Denken und Handeln des Individuums aus.
>
> Etwa 100 Jahre nach Humboldt griff der US-amerikanische Kulturanthropologe **Edward Sapir** (1929) die Frage nach dem Verhältnis von Sprache und Weltanschauung erneut auf und wies auf die Macht der Sprache hin, die Wahrnehmung zu beeinflussen:
>
> »Menschliche Wesen leben weder nur in der objektiven Welt noch allein in der, die man gewöhnlich die Gesellschaft nennt. Sie leben auch sehr weitgehend in der Welt der besonderen Sprache, die für ihre Gesellschaft zum Medium des Ausdrucks geworden ist. Es ist durchaus eine Illusion zu meinen, man passe sich der Wirklichkeit im wesentlichen ohne Hilfe der Sprache an und die Sprache sei lediglich ein zufälliges Mittel für die Lösung der spezifischen Probleme der Mitteilung und der Reflexion. Tatsächlich wird die ›reale Welt‹ sehr weitgehend unbewußt auf den Sprachgewohnheiten der Gruppe erbaut […]. Wir sehen und hören und machen überhaupt unsere Erfahrungen in Abhängigkeit von den Sprachgewohnheiten unserer Gemeinschaft, die uns gewisse Interpretationen vorweg nahelegen.« (Sapir 1949/68; zitiert in Whorf 1956/63: 74)
>
> Sapirs Überlegungen zum Zusammenhang zwischen Sprache und Denken wurden von seinem Schüler **Benjamin Lee Whorf** radikalisiert und mündeten in der als **sprachliches Relativitätsprinzip** berühmt gewordenen Hypothese, die Whorf (1956/63: 20) auf der Basis seiner Untersuchungen zur Sprache der Hopi-Indianer wie folgt zuspitzte:
>
> »Aus der Tatsache der Strukturverschiedenheit der Sprachen folgt, was ich das ›linguistische Relativitätsprinzip‹ genannt habe. Es besagt grob gesprochen folgendes: Menschen, die Sprachen mit sehr verschiedenen Grammatiken benützen, werden durch diese Grammatiken zu typisch verschiedenen Beobachtungen und verschiedenen Bewertungen äußerlich ähnlicher Beobachtungen geführt. Sie sind daher als Beobachter einander nicht äquivalent, sondern gelangen zu irgendwie verschiedenen Ansichten von der Welt.« (Whorf 1956/63: 20)
>
> Die Thesen Whorfs lösten eine Reihe empirischer Studien aus, die sich zum Ziel setzten, die Frage nach der linguistischen Relativität zu überprüfen. **Brent Berlins** und **Paul Kays** (1969) Untersuchungen belegten Universalien in der Farbwahrnehmung und schienen zunächst die These von der sprachlichen Relativität zu widerlegen. Seit den 1990er Jahren haben jedoch Untersuchungen wie die von **John Lucy** (1992), **Stephen Levinson** (1996; 2003) und **Penelope Brown** (2006) die Sprachabhängigkeit menschlicher Kognition bestätigt und die Diskussion um ›sprachliche Relativität‹ erneut in Gang gebracht.

10.6 | Sprache, Denken, Wirklichkeit

Der Einfluss der Sprache auf unser Denken und unsere Wahrnehmung beschäftigt die Sprachwissenschaft seit langem. Beeinflusst unsere Sprache die Art, wie wir die Welt sehen? Gibt sie ein ›Raster‹ vor, durch das wir die Welt wahrnehmen? Interpretieren Sprecher/innen verschiedener Sprachen die Welt unterschiedlich? Diese Fragen stehen im Zentrum der Debatte um das sogenannte **sprachliche Relativitätsprinzip** (Sapir-Whorf Hypothese).

> **Definition**
>
> Das → sprachliche Relativitätsprinzip besagt, dass wir mit dem Erwerb einer Sprache zugleich Kategorien erwerben, die unsere Wahrnehmung der Welt beeinflussen. Die in der Grammatik einer Sprache enkodierten Klassifikationen von Dingen und Ereignissen führen also dazu, dass Sprecher/innen verschiedener Sprachen dieselben Dinge und Ereignisse unterschiedlich wahrnehmen, da die Sprache die Funktion eines ›Rasters‹ hat, das die Wahrnehmung der Welt vorstrukturiert.

In einer schwächeren Form der sprachlichen Relativitätshypothese (die u.a. in der Kognitiven Linguistik und der linguistischen Gender-Forschung verbreitet ist) geht man von einer wechselseitigen Beeinflussung von Sprache bzw. sprachlicher Praxis und Wahrnehmung/Denkmustern aus. Sprache, Denken und Verhalten entwickeln sich in derselben kulturellen Umgebung und bringen folglich bestimmte Formen und Muster des Sprechens und Handelns hervor, die wiederum die Art, wie wir Ereignisse kategorisieren und wahrnehmen, beeinflussen.

Räumliches Denken und Sprache: Raum und räumliche Wahrnehmung sind für die menschliche Kognition zentral. Wir greifen auf bestimmte Raumsysteme und unser räumliches Gedächtnis zurück, wenn wir uns beispielsweise in einer Stadt orientieren, wenn wir jemandem den Weg beschreiben, wenn wir nachts das Badezimmer aufsuchen oder wenn wir eine bestimmte Passage in einem Buch suchen (Levinson 2003: 1). Unsere Wahrnehmung von Raum beeinflusst darüber hinaus zahlreiche andere Domänen wie die der Zeit (z.B. Zeitausdrücke wie die folgenden, die auf räumlichen Metaphern beruhen: *innerhalb von zwei Wochen, in diesem Zeitraum, das Jahr vor seiner Geburt* etc.) oder der Sozialstruktur (*Oberschicht, sie steht über ihm, niedrige soziale Schichten* etc.) (Levinson 2003: xvii).

Relative Raumkonzepte (egozentrische Perspektive): Lange Zeit ging man in der westlichen Philosophie und Sprachwissenschaft davon aus, dass die Wahrnehmung von Raum universell sei. Da unser Körper uns die Dimensionen hinten vs. vorne, oben vs. unten bzw. rechts vs. links nahelege, bilde die vom menschlichen Körper ausgehende, relativistische Aufteilung von Raum (in Relation zum Ego) die Grundlage für die menschliche Raumwahrnehmung. Ausgehend von dieser Basis mit Ego als Zentrum würden Gegenstände universell rechts oder links von uns, hinter oder vor uns etc. lokalisiert, und menschliche Sprachen projizierten dieses System dann auch auf weitere Objekte (z.B. *links von dem Baum, hinter der Kirche* etc.). Aktuelle Untersuchungen zur räumlichen Konzeptualisierung in nicht-westlichen Gesellschaften verdeutlichen jedoch, dass diese egozentrische, relative Raumkonzeptualisierung lediglich eine von mehreren Möglichkeiten darstellt und keineswegs universell ist.

Absolute Raumkonzepte – Beispiel 1: Guugu Yimithirr-Sprecher in North Queensland (Australien) orientieren sich zum Beispiel beim sprachlichen Ausdruck von Raumbeziehungen an einem absoluten System mit festen Punkten und Ausrichtungen (ähnlich dem System der Himmelsrichtungen). Statt mit Begriffen wie ›vor‹, ›hinter‹, ›links‹, ›rechts‹ etc. spezifizieren sie räumliche Dimensionen im Sinne von ›nördlich/südlich/östlich/westlich von X‹ (s. Abb. 1).

Dieses System wird im Guugu Yimithirr durchgängig verwendet (während wir es nur bei weiten Entfernungen einsetzen). Statt ›der Tisch steht links von mir‹ heißt es also ›der Tisch steht südöstlich von mir‹ bzw. statt ›vor dem Haus‹ ›westlich des Hauses‹. So unterbrach zum Beispiel Old Tulo, ein Guugu Yimithirr-Sprecher, einst Levinson, um ihn davor zu warnen, dass sich ›nördlich von seinem Fuß‹ eine große Armee von Ameisen befände (Levinson 2003: 4). Ein solches Raumsystem erfordert von den Sprechern, dass diese sich stets absolut orientieren und im Blick haben, wie die lokalen Referenten, auf die sie verweisen möchten, auf den absoluten Achsen einzuordnen sind (und die Hörer brauchen dieselbe Information, um diese Einordnung verstehen zu können).

10.6 Sprache und Kultur

Sprache, Denken, Wirklichkeit

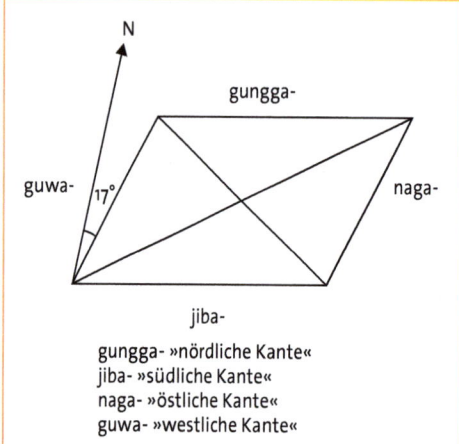

Abb. 1:
Die kardinale Ausrichtung
in Guugu Yimithirr
(Levinson 2003: 116)

gungga- »nördliche Kante«
jiba- »südliche Kante«
naga- »östliche Kante«
guwa- »westliche Kante«

orientiert ist. Es basiert auf einem abstrakten konzeptuellen Winkel auf der Grundlage des fallenden Höhenunterschieds von Süden nach Norden, der die südmexikanische Bergregion auszeichnet, in der die Sprecher des Tzeltal beheimatet sind. Räumliche Bewegung wird hier als ›bergauf‹ (d. h. sich in Richtung Süden bewegend) und ›bergab‹ (d. h. sich in Richtung Norden bewegend) bzw. ›überquerend‹ (d. h. sich in Richtung Osten oder Westen bewegend) konzeptualisiert. Dieses System von Raumausdrücken verwenden die Tzeltal-Sprecher sowohl in hügeligem als auch ebenem Gelände und für den Ausdruck der räumlichen Anordnung von Gegenständen, d. h. auch die Lage von Objekten wird als ›bergauf‹ bzw. ›bergab‹ in

Inwiefern hat nun dieses absolute Koordinatensystem im System der Raumausdrücke Konsequenzen für die Raumwahrnehmung? Experimente mit Guugu Yimithirr-Sprecher/innen zeigen, dass diese – im Gegensatz zu europäischen Vergleichsgruppen – Ereignisse in Hinblick auf die tatsächliche Himmelsrichtung wahrnehmen und diese im Gedächtnis auch so speichern (Levinson 1996, 2003; Brown 2006). Selbst auf Reisen können sie die räumliche Ausrichtung von Gegenständen mit einer Fehlerquote von weniger als 14° angeben; auch erinnern sie sich an Räumlichkeiten hinsichtlich der absoluten Positionierung (›die Hütte stand nordwestlich von einem großen Felsbrocken‹) (Levinson 1996: 181).

Absolute Raumsysteme – Beispiel 2: Tzeltal, eine Maya-Sprache, die u. a. in Tenejapa (Süd-Mexiko) gesprochen wird, weist neben einem intrinsischen System, das sich an Körperteilen ausrichtet, ebenfalls ein absolutes Raumsystem auf, das sich allerdings nicht an die Himmelsrichtungen anlehnt, sondern an regionalen Höhenunterschieden

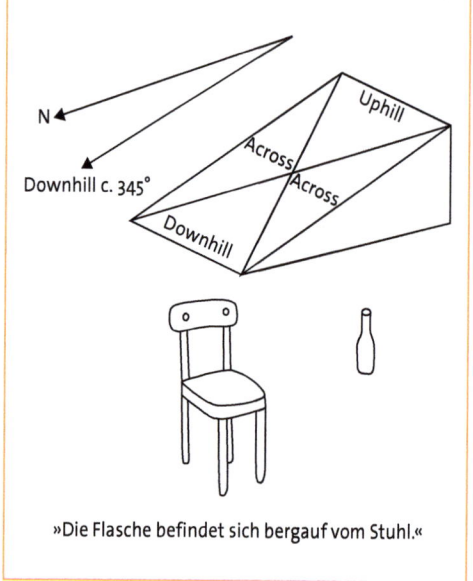

»Die Flasche befindet sich bergauf vom Stuhl.«

Abb. 2: Das Tzeltal-System mit seiner räumlichen
Konzeption (›bergauf‹ vs. ›bergab‹) (Levinson 2003: 148)

Beispiel: Verwendung von Raum-Konzepten bei Guugu-Yimithirr-Sprechern

Der US-amerikanische Anthropologe John Haviland filmte einst Jack Bambi, einen Guugu Yimithirr-Sprecher, als dieser von einem Schiffbruch erzählte. Zwei Jahre später filmte der englische Anthropologe Stephen Levinson denselben Sprecher beim Erzählen derselben Geschichte. Beim ersten Mal saß Jack Bambi so, dass er nach Westen blickte; beim zweiten Mal blickte er nach Norden. Trotz dieses Unterschieds bewahrte der Erzähler mit seinen Gesten exakt die absoluten Himmelsrichtungen, in denen sich die geschilderten Ereignisse abspielten. Bei den Beschreibungen, wie das Boot kenterte, wo ein großer Hai auftauchte etc., stimmten beide Male die sprachlichen und gestischen Details hinsichtlich der Himmelsrichtungen genau überein; d. h. die Ereignisse waren im Gedächtnis des Erzählers in Ausrichtung auf die Himmelsrichtungen gespeichert (Levinson 2003: 5).

Bezug auf andere Objekte beschreiben. Möchte jemand beispielsweise eine bestimmte Machete, so kann er sagen: ›Gib mir mal die Machete, bergaufgelegen von der Tür‹. Auch Äußerungen wie ›In der Flasche, die bergab vom Tisch liegt, ist Wasser‹ spiegeln diese räumliche Orientierung wider. Dies erfordert, dass die Sprecher stets wissen, wo sie sich bzgl. der Ausrichtung ›bergauf/bergab‹ befinden (Brown 2006).

Wie bei den Guugu Yimithirr hat auch das sprachliche System der Tzeltal-Sprecher/innen weitreichende kognitive Auswirkungen, da auch sie räumliche Anordnungen in Bezug auf feste Richtungen memorieren. Wird beispielsweise ein Tenejapa-Indianer mit einem Tablett konfrontiert, auf dem sich ein Glas vor einer Flasche befindet, und wird dieses Tablett um 180° gedreht und man bittet ihn, die Flasche und das Glas wieder wie vorher hinzustellen, so wird er die Flasche vor das

Verwendung von Raum-Konzepten bei Tzeltal-Sprechern

Levinson (2003: 4) berichtet, wie Slus, eine Tzeltal-Sprecherin, mitten in der Nacht in einem Hotel in einer ihr fremden Stadt ankam. Sie näherte sich einem Waschbecken und fragte ihren Mann: ›Ist der Hahn mit dem Warmwasser derjenige Richtung bergauf?‹ Sie wollte wissen, ob der Warmwasserhahn derjenige ist, der in Bergrichtung liegt – von zuhause aus betrachtet.

Beispiel

Glas stellen, damit die ursprüngliche Orientierung in Bezug auf die Dimension bergauf vs. bergab wieder hergestellt wird (Brown 2006).

10.7 | *Doing Culture* – die interaktive Konstruktion von Kultur

Durch die zunehmende Internationalisierung unserer Lebenswelt und die sich über Sprach- und Kulturgrenzen hinweg entwickelnden wirtschaftlichen, wissenschaftlichen und kulturellen Beziehungen werden immer mehr Menschen mit **sprachlicher Diversität** konfrontiert. Sprachliche Vielfalt, Mehrsprachigkeit, multikulturelle Identitäten und kulturell divergierende kommunikative Praktiken sind nicht länger nur außerhalb unserer eigenen Lebenswelt angesiedelt, sondern Teil unseres Alltags. Doch welche Konsequenzen haben die divergierenden sprachlichen Praktiken der Beteiligten auf Alltagsinteraktionen? Woran zeigen sich kulturelle Unterschiede im Gespräch? Wie markieren Interagierende ihre kulturelle Zugehörigkeit und wie indizieren sie kulturelle Fremdheit?

Interkulturelle Kommunikation: Erste systematische Untersuchungen zur Kommunikation zwischen Mitgliedern verschiedener kultureller Gruppen führte in den 1970er Jahren u. a. John Gumperz (1982) durch. Gumperz untersuchte interkulturelle Gesprächssituationen in verschiedenen institutionellen Kontexten (z. B. Bewerbungsgespräche, Interaktionen im Sozialamt und vor Gericht) und verdeutlichte, dass in modernen Gesellschaften unterschiedliche Kommunikationstraditionen mit kulturell divergierenden Kontextualisierungskonventionen aufeinandertreffen. Kulturell unterschiedliche Formen der Markierung von Höflichkeit, divergierende Konventionen bzgl. der Informationsstrukturierung, unterschiedliche Formen der Kontextualisierung von Kooperation, von Emotionen und Einstellungen etc. können zu gravierenden Fehlinterpretationen und Kommunikationsproblemen führen.

Unter dem Einfluss der Ethnografie der Kommunikation, der Pragmatik und der Soziolinguistik entwickelte sich die Erforschung interkultureller Kommunikationssituationen zu einem eigenen Forschungsfeld, das sich mit kulturell divergierenden Kommunikationspraktiken, unterschiedlichen Kontextualisierungskonventionen und deren Auswirkungen auf interkulturelle Begegnungen befasst (Gumperz 1982; Günthner 1993b; Di Luzio et al. 2001).

Kulturelle Zugehörigkeiten und Differenzen: Lange Zeit wurden in den Geistes- und Sozialwissenschaften soziale Phänomene – wie soziale Rollen, Geschlecht, Statusdifferenzen, institutionelle Rollen und eben auch kulturelle Zugehörigkeiten etc. – als objektive Tatsachen betrachtet, die gesellschaftlich gegeben sind. *Wie* jedoch diese Tatsachen produziert werden, *wie* gesellschaftliche Wirklichkeit durch menschliche Handlungen erzeugt wird und *wie* kulturelle Zugehörigkeiten bzw. Differenzen konstruiert werden, rückte erst mit stärker interaktiv ausgerichteten Ansätzen in den Geistes- und Sozialwissenschaften in den

10.7 Sprache und Kultur

Doing Culture – die interaktive Konstruktion von Kultur

Beispiel **Interkulturelle Kommunikation an einem Londoner Flughafen**

Eines der mittlerweile klassischen Beispiele zur Interkulturellen Kommunikation entstammt Gumperz' Untersuchung an einem Londoner Flughafen. Dort beschwerten sich Kunden Ende der 1970er Jahre immer wieder über die scheinbare Unhöflichkeit des indischen und pakistanischen Personals. Detaillierte Beobachtungen zeigten, dass vor allem die Prosodie der Äußerungen des Personals zu diesem Eindruck beitrug. Statt der von Briten erwarteten steigenden Intonation in Äußerungen wie *gravy?*, mit denen die Kunden gefragt wurden, ob sie Extrasoße zu ihrem Essen wünschten, realisierten die indischen und pakistanischen Angestellten diese Fragen mit einer fallenden Intonationskontur. Dies trug dazu bei, dass die Äußerung nicht etwa als zusätzliches Angebot, sondern als eine in diesem Kontext unnötige und unhöfliche Aussage interpretiert wurde (Gumperz 1982: 173).

Blick. Kulturelle Identität wurde in traditionellen Untersuchungen oft pauschal aus der Sprache oder Nationalität abgeleitet. Dies führte dazu, dass die interaktionale Konstruiertheit kultureller Zugehörigkeit vernachlässigt wurde und stattdessen teils lediglich kulturelle Stereotypen und Ideologien reproduziert wurden (›Die Deutschen sind direkt‹, ›Die Japaner sind höflich‹, ›Die Chinesen sind undurchschaubar‹ etc.).

Aktuelle sprach- und sozialwissenschaftliche Untersuchungen gehen demgegenüber jedoch davon aus, dass kulturelle Differenzen bzw. Fremdheit oder Andersheit nicht objektiv das Verhältnis zweier Personen oder Gruppen zueinander kennzeichnen, sondern als Ergebnis **interaktiver Erzeugung und Zuschreibung** gesehen werden müssen (Günthner 1993b, 1999b). Mit anderen Worten: Kulturelle Zugehörigkeiten und Abgrenzungen sind nicht einfach vorhanden (z.B. aufgrund verschiedener Muttersprachen, Geburtsorte, Hautfarben, Nationalitäten etc.), sondern sie werden in zwischenmenschlichen Interaktionen (re-)produziert, fokussiert, bestätigt oder modifiziert.

Darüber hinaus lässt sich **kulturelle Zugehörigkeit** insbesondere in der globalisierten Welt nicht territorial verorten: So findet man beispielsweise chinesische Praktiken und Wissensbestände nicht nur in China, Taiwan, Hongkong oder Singapur, sondern auch in den China-Towns amerikanischer und europäischer Großstädte, in der Praxis deutscher Ärzte, die Akupunkturbehandlungen durchführen, bei Feng-Shui-Beratern in Deutschland etc. Schließlich ist zu berücksichtigen, dass sich kulturelle Fremdheit auch in Interaktionen zwischen Personen mit derselben Sprache oder Nationalität manifestieren kann (Auer/Kern 2001). Folglich richtet sich der Blickwinkel aktueller Arbeiten zu interkulturellen Begegnungen zunehmend auf die lokalen kommunikativen Prozesse der Konstruktion kultureller Zugehörigkeiten und auf Differenzen in konkreten Interaktionszusammenhängen: Die Fragestellung verlagert sich entsprechend von ›Was sind die gegebenen kulturellen Differenzen?‹ zu ›Was *tun* die Interagierenden, um kulturelle Differenzen bzw. Zugehörigkeiten zu indizieren?‹ Der Prozess, durch den kulturelle Zugehörigkeit bzw. Andersheit relevant gesetzt wird, wird dabei als ***doing culture*** bezeichnet.

Stereotype: Eine wesentliche Strategie des *doing culture* stellen Zuschreibungen kultureller Stereotypen dar. Dies soll im Folgenden anhand eines Gesprächsausschnitts erläutert werden (s. S. 371).

Dieser Gesprächsausschnitt veranschaulicht, wie Guo kulturelle Differenzen zwischen ›uns‹ (den Chinesen) und ›ihnen‹ (den Deutschen) situativ konstruiert und als Erklärung einsetzt. Seine Frau ist mit einer kommunikativen Praktik konfrontiert, die ihr nicht vertraut ist: Die Gäste haben ihre Aufforderung zu essen direkt abgelehnt und auch ihr Essen nicht mehrfach gelobt. (Im chinesischen Kontext sind Aufforderungen zum Weiteressen häufig lob-elizitierende Strategien: Mehrfaches Lob des Essens während des Abends wird erwartet.) Ihr Mann schreibt diese (Nicht-)Handlung der fremden Kultur zu und nutzt sie für eine Differenzierung zwischen ›denen‹ und ›uns‹. Indem er die Deutschen als »nicht so sehr ja beSCHEI:den.« (Z. 19) kategorisiert, konstruiert Guo zugleich – auf

Definition

Mit dem der Ethnomethodologie entstammenden Konzept des
→ *doing culture* (s. auch 10.5 zu *doing gender*) wird auf den Aspekt der interaktiven Hervorbringung kultureller Zugehörigkeiten bzw. Fremdheiten fokussiert. Hierbei rücken die interaktiven Verfahren, mit denen Gesprächsteilnehmer/innen kulturelle Zuschreibungen produzieren, ins Zentrum der Analyse.

10.7 Sprache und Kultur

*Doing Culture –
die interaktive
Konstruktion von Kultur*

Doing Culture bei einer Essenseinladung

Kurt und Uli sind bei Bao und Guo zum Essen eingeladen. Guo lebt bereits seit einigen Jahren in der Bundesrepublik, während Bao, seine Frau, erst vor einigen Monaten nach Deutschland gezogen ist. Nachdem bereits mehrere Gerichte aufgetragen wurden und die Gäste (Kurt und Uli) darauf hingewiesen haben, dass sie »VÖLL.IG. SATT.« (Z. 3) sind, stellt Bao einen weiteren Teller mit chinesischem Essen auf den Tisch und fordert – gemäß der chinesischen Etikette – ihre Gäste auf, weiter zuzugreifen:

Beispiel

```
ESSEN BEI GUO UND BAO
1   Bao:            eß- ESSen sie.
2   Kurt:           hh° nein. hh° danke.
3                   ich bin sch- schon <<f> VÖLL.IG. SATT.>
4   Bao:            ja. nehm- NEHmen sie.
5   Guo:            du MUSSt nicht I:MMer sAgen. eh.
6                   das NICHt notwendig bei DEUtschen. ja?
7   Kurt&Uli:       hihihihi
8   Uli:            eh: nein.
9                   VIE:len dank.
10                  wir habn ECHT (-) sind ECHT SATT.
11                  aber s_hat ganz TOLL geschmEckt.=
12  Kurt:           =WIRKlich.
13  Guo ((zu Bao)): die DEUtschen soll man n'nicht so DRÄNG?
14                  DRÄNgeln ja.
15                  sie NEHMen wann sie wollen. ja.
16                  macht mal keine SO:Rge.
17  Bao:            hihihihi
18  Kurt:           jaja. ich NEHM dann schon.
19  Guo:            die deutschen ja. (-) sind so nicht so sehr
                    ja beSCHEI:den.
20                  hahahah. SO. ist dAs. hihi[hihi]
21  Kurt:                                     [hihi]hihi.
```

Nach dem wiederholten Ablauf der Aufforderung zum Essen durch die Gastgeberin Bao und der Ablehnungen durch Kurt schaltet sich Guo in Zeile 5 ein. Aufgrund seiner jahrelangen Deutschlanderfahrung präsentiert er sich als Experte und belehrt seine Frau über die deutschen Tischsitten (Z. 5-6) und somit über die kommunikativen Konventionen der für sie fremden Kultur: »du MUßt nicht I:MMer sAgen. eh. das NICHt notwendig bei DEUtschen. ja?«. Guo setzt dabei das für Bao ungewöhnliche Verhalten von Kurt und Uli (die Tatsache, dass diese Baos Aufforderung, weiter zuzugreifen, direkt ablehnen; Z. 2-3 und 9-10) in Bezug zur kulturellen Kategorie ›Deutsche‹ (Z. 6). In Zeile 19 expliziert Guo seine Interpretation des Verhaltens der Gäste: »die deutschen ja. (-) sind so nicht so sehr ja beSCHEI:den.«

der Folie der Fremdidentifikation – die kulturelle Selbstidentifikation der ›bescheidenen Chinesen‹.

Die Gesprächssequenz verdeutlicht, dass **Fremdkulturalität als Erklärungsressource** stark an die Umstände der Gesprächssituation gebunden ist. Wie im vorliegenden Beispiel greifen Interagierende häufig in Situationen interpretativer Unsicherheiten auf kulturelle Stereotype zurück, um Nichtzugängliches erklärbar zu machen und in dieser Form Verstehensprobleme zu bewältigen. Zugleich wird ersichtlich, dass keine einfache Zweiteilung der Gesprächsteilnehmenden in ›Einheimische‹ vs. ›Fremde‹ möglich ist: Während Bao die Rolle der mit den deutschen Konventionen nicht Vertrauten einnimmt bzw. zugewiesen bekommt, konstituiert Guo für sich den Status des Wissenden und damit den einer Mittlerperson zwischen den Kulturen.

*Kulturalität als
Erklärungsmuster*

10.7 Sprache und Kultur

Weiterführende Literatur

Nahezu alle Einführungen in die **anthropologische Linguistik** sind englischsprachig. Besonders zu empfehlen sind die Monographien von Ahearn (2011), Duranti (1997) und Foley (1997). Eine gute Grundlage zu den Schlüsselbegriffen der anthropologischen Linguistik liefert Duranti (2001b); in Duranti (2001a) sind einige klassische Aufsätze der anthropologischen Linguistik zu finden. Das 2006 erschienene Themenheft »Linguistik und Kulturanalyse« der *Zeitschrift für Germanistische Linguistik* (ZGL) bietet weitere grundlegende Einblicke in den Zusammenhang von Sprache und Kultur aus linguistischer Perspektive. Der darin enthaltene Aufsatz von Brown (2006) sowie die Monografie von Levinson (2003) sind aktuelle Darstellungen zum Zusammenhang von Sprache und Kognition am Beispiel divergierender Raumkonzepte.

Saville-Troike (1982/2008) bietet eine grundlegende Einführung in die **Ethnografie der Kommunikation**. In Günthner/Kotthoff (1991) finden sich zahlreiche klassische Aufsätze zu **Sprache und Geschlecht** im Kulturvergleich. Ayaß (2008) ist eine gelungene Einführung in Fragen der kommunikativen Konstruktion von Geschlecht. Eine exzellente Einführung in das Konzept der **kommunikativen Gattung** liefert die Arbeit von Bergmann (1987). Aber auch Luckmann (1986) und Günthner/Knoblauch (1994, 2007) führen in die Gattungsanalyse ein. Eine noch immer aktuelle Monographie zu Fragen **Interkultureller Kommunikation** sowie zu Diskursstrategien im Kulturkontakt bietet Gumperz (1982).

Aufgaben

1. Diskutieren Sie die folgenden beiden Definitionen von linguistischer Anthropologie und anthropologischer Linguistik!

   »Anthropological linguistics is that sub-field of linguistics which is concerned with the place of language in its wider social and cultural context, its role in forging and sustaining cultural practices and social structures. [...] Anthropological linguistics views language through the prism of the core anthropological concept, culture, and as such, seeks to uncover the meaning behind the use, misuse or non-use of language, its different forms, registers and styles. It is an interpretative discipline peeling away at language to find cultural understandings.« (Foley 1997: 3)

   »[...] linguistic anthropology will be presented as *the study of language as a cultural resource and speaking as a cultural practice*. As an inherently interdisciplinary field, it relies on and expands existing methods in other disciplines, linguistics and anthropology in particular, with the general goal of providing an understanding of the multifarious aspects of language as a set of cultural practices, that is, as a system of communication that allows for interpsychological (between individuals) and intrapsychological (in the same individual) representations of the social order and helps people use such representations for constitutive social acts.« (Duranti 1997: 2-3)

2. Inwiefern werden durch die unterschiedlichen Formen der Begrüßung in den folgenden deutschen und chinesischen SMS-Mitteilungen soziale Bedeutungen kommuniziert?

   (a) »Gestresstes Bruderherz«
       Miri an Lothar: 19.6.2008, 20:06
           Hi Bruderherz, biste vom Erdboden wegfegt oder warum schweigst du so stille? LG, Miri

   (b) »Maus«
       Lea an Frieda: 16.6.2007, 11:45
           Hey Maus, hab mich leider super verspätet u. bin erst um halb 3 in B-Stadt. Können wir auch morgen nachmittag cafe trinken? o. heute später? wie ist es dir wegen deinem arbeiten lieber? Ich bleib bis montag. Tut mir leid;-)

(c) »Brasserie«
   Rolf an Sebastian: 24.10.2009, 18:44
   Hey haste bald mal wieder Lust n Bierchen zu schlürfen? Meld dich mal die Tage bei mir! LG

(d) »Gastvortrag«
   Lena Müller an Frau Prof. Bucher: 23.1.2009, 12:04
   Liebe Frau Prof. Bucher, ich warte direkt am Gleis auf Sie. Herzlich, Lena Müller.

(e) »Einladung«
   Lijie an Zhu Han: 2010, genaues Datum unbekannt
   亲爱的 想我没
   Liebe *(Attribut-)* PART denken ich nicht
   ›Mein Liebster denkst du an mich?‹

(f) »Nachfrage«
   Jiazhi an Yi: 2010, genaues Datum unbekannt, 14:00
   妈妈，你好吗？
   Mama, du gut *(Frage-)* PART?
   ›Mama, geht es dir gut?‹

(g) »Dummkopf«
   Ping an Jiasheng: 2010, genaues Datum unbekannt, 21:30
   笨蛋,睡了吗？
   Dummkopf, schlafen *(Aspekt-)* PART *(Frage-)* PART?
   ›Dummkopf, hast du (schon) geschlafen?‹

3. Auch wenn in westlichen Gesellschaften oftmals die Ideologie vertreten wird, dass unsere Anredepraktiken symmetrisch seien, so existieren dennoch verschiedenste Kontexte, die sich durch asymmetrische Anredeformen (wie *du* auf der einen Seite und *Sie* auf der anderen; bzw. Vorname vs. Frau/Herr + Nachname) auszeichnen. Skizzieren Sie Kontexte, in denen im Deutschen asymmetrische Anredeformen durchaus verwendet werden!

4. Erläutern Sie mithilfe der Konzepte der Kontextualisierung und Indexikalität die Sprachverwendung in den folgenden Redewiedergabepassagen!

Der Gesprächsausschnitt entstammt einem Familiengespräch. Udo berichtet seinen Geschwistern und Eltern, wie er, der vor kurzem einen größeren Kredit bei seiner Bank aufgenommen hat, mittlerweile von den Angestellten begrüßt wird:

```
BANK ((SCHWABEN))
42  Udo:       seit i auf d_BANK geh,
43             SAget se,
44             <<prononciert> grüß GOTT herr WEISSmann;
45             womit kann ich DIEnen herr WEISSmann;>
46  alle: ((lachen))
47  Udo:       seit mir den kreDIT HÄN; gell,
48             VORher händ se
49             <<herablassend, mürrisch> aah de: WEISSmann;>
```

10.7 Sprache und Kultur

Aufgaben

5. Arbeiten Sie *doing culture*-Phänomene anhand des folgenden Gesprächsausschnitts heraus!

Die Studentin Ira unterhält sich mit den Jugendlichen Samir, Ali, Mesut und Karim über Jugendsprache und deren Unterschiede zur Sprache der Erwachsenen. Der folgende Ausschnitt setzt ein, nachdem Samir und Ali Ausdrücke in Arabisch, Kurdisch und Deutsch präsentiert haben, die sie als typisch für ihre Jugendsprache betrachten und die sich ihrer Meinung nach von der Sprache der Erwachsenen unterscheiden. Ab Zeile 114 führt Samir typische Begrüßungsformeln an, die die Jugendlichen (»wir alle«; Z. 115) bzw. Vertreter der jeweiligen kulturellen Gruppen verwenden:

```
JUGENDZENTRUM NORDDEUTSCHLAND: Interview 17 (2009)
113 Ali:    das sind ja die UNterschiede eigentlich hh° von jetzt so
            ge[sehen von-      ]
114 Samir:    [das sind die-]das sind die ähm WÖRter
115           was wir alle sagen-
116           zum beispiel,
117           der ARaber sagt immer (<<f> WORE:::k;>)
118           der KURde sagt immer (.) ez kurbAne cane te.
              ((wörtliche Übersetzung: >ich opfere mein Leben für dein
              Leben<))
119           [der deu ] ja der TEU- DEUtsche sagt zum beispiel MOIN MOI:N;
120 Ali:      [(     )]
121 Ira:    ((lacht))
122 Samir: oder (    )
123 Ali:    diese wörter (und) sätze setzen eigentlich nur wir
            kaNACken ein;
124         also bei beispiel jetzt die DEUtschen, hOlländer die
            und diese REST;
125         <<freundlich, beschwingt> guten ↑TAG,
126         wie ↑gEhts;>
127         und das ist ja eigentlich in DIEse richtung;
128         ss (bisschen) FRÖHlicher; (-)
129         [bei uns ist] wollen wir einfach nich EINsetzen;
130 ???:    [((lacht))  ]
131         weil bei uns geht SO was nicht AB.
132         und das hört sich bisschen (.) verSCHWULT an;
133         [das ist einfach] bei uns dieser SLANG,
134 ???:    [(           )]
135 Ali:    und das auch das ist EINfach so.
136 Samir: zum beispiel bei uns ist das so,
137         weiß nicht-
138         wenn wir zigaretten GEben,
139         dann sagen wir <<f> NIMM.>
140         aber die deu- ey
141         <<p, sanft> ich geb dir das morgen WIEder nä,>
142 S?:    ((lacht))
143 Samir: <<p, sanft> ich geb dir mOrgen eine zigaratte WIEder;>
144         da komm ich drauf nIE so klar,
145         zum beispiel in der BErufsschuLE?
146         die sagen ey
147         <<p> kannst du mir ne ZIgarette geben,
148         ich geb sie dir mOrgen WIEder;>
149         da DENK ich immer so-
150         ey wegen so einer ZIgarette,
```

```
151        und dann sagen die auch noch DANkeschön,
152        dann bedanken sie sich für den to- für den TOD,
153        was eigentlich RICHtig [(        )]
154 Karim:                       [(     )] JUgendsprache (     )
155 Samir: ja ja WEIß ich ja und zum beispiel,
```

6. Erläutern Sie folgende Situation:

   Xpet, ein Tzeltal-sprechender Teenager, schaut sich zwei Fotos an, die – bis auf die spiegelverkehrte Darstellung – identisch sind. Penny Brown fragt nun Xpet nach dem Unterschied zwischen den beiden Fotos. Nachdem Xpet mehrmals von einem Foto auf das andere starrt, runzelt sie ihre Stirn: »Sie sind gleich. Lediglich auf dem hier sind ein paar schmutzige Fingerabdrücke drauf.« Sie ist also überzeugt, dass die beiden Abzüge identisch sind (Levinson 2003: 4–5; dt. Übersetzung S. G.).

7. Diskutieren Sie folgende Episode aus einer Interaktion zwischen X, einem deutschen Lektor in Thailand, und Y, einem thailändischen Studenten. Beschreiben Sie das Missverständnis zwischen X und Y und erläutern Sie, worauf es basiert.

   Der deutsche Lektor, der vor kurzem ein neues Haus in Thailand bezogen und dort auch einige Wertgegenstände untergebracht hat, begegnete bei einem kleinen Spaziergang einem jungen Mann. Dieser initiiert folgenden Dialog:

   ```
   Y:  »Sàwàddii, where are you going?« (lächelnd)
   X:  »Why do you want to know where I'm going?«
       (X war erstaunt und dachte sofort an sein Haus und
       seine Wertsachen.)
   Y:  »I? I want to know that? No!« (erschrocken)
   ```

   Erläutern Sie, was bei dieser Begegnung passierte und worauf das Missverständnis basiert!
   (Hierzu: Kimsuvan 1984: 124–125)

8. Wie fällt ein Stein in verschiedenen Sprachen – oder ist ein fallender Stein stets ein fallender Stein? Lesen Sie den untenstehenden Text und beschreiben Sie, welche kulturellen Relevanzen durch welche Ausdrucksweisen markiert werden.

   1924 schrieb Edward Sapir:

   »Thus, when we observe an object of the type that we call a ›stone‹ moving through space towards the earth, we involuntarily analyze the phenomenon into two concrete notions, that of a stone and that of an act of falling, and, relating these two notions to each other by certain formal methods proper to English, we declare that ›the stone falls.‹ We assume, naively enough, that this is about the only analysis that can properly be made. And yet, if we look into the way that other languages take to express this very simple kind of impression, we soon realize how much may be added to, subtracted from, or rearranged in our own form of expression without materially altering our report of the physical fact.
   In German and in French we are compelled to assign ›stone‹ to a gender category — perhaps the Freudians can tell us why this object is masculine in the one language, feminine in the other; in Chippewa we cannot express ourselves without bringing in the apparently irrelevant fact that a stone is an inanimate object. If we find gender beside the point, the Russians may wonder why we consider it necessary to specify in every case whether a stone, or any other object for that matter, is conceived in a definite or an indefinite manner, why the difference between ›the stone‹ and ›a stone‹ smatters. ›Stone falls‹ is good enough for Lenin, as it was good enough for Cicero. And if we find barbarous the neglect of the distinction as to definiteness, the Kwakiutl Indian of British Columbia may sympathize with us but wonder why we do not go a step further and indicate in some way whether the stone is visible or invisible to the speaker at the moment of speaking and whether it is nearest to the speaker, the person addressed, or some third party. ›That would no doubt sound fine in Kwakiutl, but we are too busy!‹ And yet we insist on expressing the singu-

10.7 Sprache und Kultur

Aufgaben

larity of the falling object, where the Kwakiutl Indian, differing from the Chippewa, can generalize and make a statement which would apply equally well to one or several stones. Moreover, he need not specify the time of the fall. The Chinese get on with a minimum of explicit formal statement and content themselves with a frugal ›stone fall.‹«

(Sapir, Edward (1924): »The Grammarian and his language«. In: *American Mercury* 1, 149-155)

Susanne Günthner

11 Mehrsprachigkeit und Sprachkontakt

11.1 Mehrsprachigkeit
11.2 Sprachkontakt
11.3 Mischsprachen

Mehrsprachigkeit und Sprachkontakt sind Begriffe, die sich wechselseitig bedingen: Denn Sprachkontakt findet in der Regel dort statt, wo Individuen oder Sprachgemeinschaften mehrere Sprachen nebeneinander verwenden. Der Begriff ›Mehrsprachigkeit‹ bezieht sich dabei auf die psycho- und soziolinguistischen Eigenschaften oder Verhaltensweisen der Menschen, die diese Sprachen sprechen, oder der gesellschaftlichen Gruppen, in denen diese Sprachen verwendet werden. Unter ›Sprachkontakt‹ versteht man dagegen die wechselseitige Beeinflussung von zwei oder mehreren Sprachen, d. h. der Begriff rückt die Struktur der beteiligten Sprachen ins Zentrum.

11.1 | Mehrsprachigkeit

11.1.1 | Typen von Mehrsprachigkeit

Es mag aus unserer mitteleuropäischen Perspektive befremdlich klingen: Statistisch gesehen gibt es weltweit mehr mehrsprachige als einsprachige Menschen. Man denke nur an die afrikanischen Staaten, den indischen Subkontinent, weite Teile Asiens und Osteuropas. Viele Forscher sind daher der Meinung, dass Mehrsprachigkeit die Regel und Einsprachigkeit die Ausnahme ist.

Bei der Definition von Mehrsprachigkeit werden in der Regel drei verschiedene Formen unterschieden (Lüdi 1996):
- **Individuelle Mehrsprachigkeit** bezieht sich auf den einzelnen Sprecher.
- **Gesellschaftliche Mehrsprachigkeit** meint den Sprachgebrauch in mehrsprachigen Staaten oder Regionen.
- **Institutionelle Mehrsprachigkeit** meint die Verwendung mehrerer Arbeitssprachen in Institutionen.

Diese verschiedenen Perspektiven auf Mehrsprachigkeit sind aneinander gekoppelt; vor allem geht gesellschaftliche und institutionelle Mehrsprachigkeit meist mit individueller Mehrsprachigkeit einher.

Individuelle Mehrsprachigkeit: Bei der Bestimmung von individueller Mehrsprachigkeit neigen die Linguisten heute nicht mehr zu normativen Definitionen wie noch vor 50 oder 60 Jahren, als man davon ausging, dass jemand nur dann als zweisprachig bezeichnet werden kann, wenn er die gleiche Kompetenz in beiden Sprachen besitzt und sie gleichzeitig von Kind auf erlernt hat (vgl. Oksaar 2003: 27 ff.). Diese Annahme ist deswegen unrealistisch, weil eine mehrsprachige Person selten alle Situationen des Lebens in beiden (oder mehreren) Sprachen meistern muss; außerdem kann man auch noch nach dem Kindesalter eine sehr hohe Kompetenz in einer Sprache erwerben. Grundsätzlich muss man davon ausgehen, dass ›perfekte‹ Mehrsprachigkeit, d. h. quasi-muttersprachliche Kompetenz in zwei oder mehr Sprachen, die Ausnahme bildet. Im Allgemeinen ist für die Herausbildung der Kompetenzen in den zwei oder mehr Sprachen der Sprachgebrauch in unterschiedlichen Domänen (oder in unterschiedlichen sozialen Rollen) ausschlaggebend.

Meist ist bei einem mehrsprachigen Individuum eine Sprache dominant, wobei sich aber diese Dominanz im Lauf des Lebens immer wieder verschieben kann. Die Gebrauchsbedingungen für

Typen von Mehrsprachigkeit

> **Definition**
>
> → »**Mehrsprachigkeit** definiere ich funktional. Sie setzt voraus, daß der Mehrsprachige in den meisten Situationen ohne weiteres von der einen Sprache zur anderen umschalten kann, wenn es nötig ist. Das Verhältnis der Sprachen kann dabei durchaus verschieden sein – in der einen kann, je nach der Struktur des kommunikativen Aktes, u. a. Situationen und Themen, ein wenig eloquenter Kode, in der anderen ein mehr eloquenter verwendet werden.« (Oksaar 1980: 43)

die jeweiligen Sprachen können ganz unterschiedlich sein. So kann ein mehrsprachiger Sprecher beispielsweise zwei (oder mehrere) Gebrauchssprachen haben, die täglich in einer Vielfalt von Situationen gesprochen werden. Manche Sprecher haben auch eine ›Wochenendsprache‹, die bei der wöchentlichen Heimkehr in die Familie gesprochen wird, und eine ›Wochentagssprache‹, die alle täglichen Bedürfnisse während der Arbeitswoche erfüllt. Außerdem kann es sein, dass ein Sprecher eine Sprache nur in ihrer gesprochenen Form und die andere überwiegend als geschriebene Form verwendet (vgl. Lüdi/Py 1984: 8).

Gesellschaftliche Mehrsprachigkeit: Unter gesellschaftlicher Mehrsprachigkeit versteht man die Tatsache, dass auf ein und demselben Territorium mehrere Sprachen gesprochen werden. Das ist in der Regel in Gebieten der Fall, in denen sog. Sprachminderheiten leben, z. B. im Baskenland oder in Südtirol. In diesen Gebieten haben nicht alle dort lebenden Menschen die gleiche Sprache als Erstsprache. Manche sprechen zu Hause nur Baskisch oder Deutsch, andere nur Spanisch oder Italienisch. Manche sprechen beide Sprachen des Territoriums von klein an, nämlich Kinder aus gemischtsprachigen Familien (zum bilingualen Erstspracherwerb s. nächste Seite). Diese unterscheiden sich von den ›sekundär zweisprachigen‹ Sprechern, die die zweite Sprache erst im Kindergarten oder gar in der Schule erlernen (vgl. Riehl 2001: 57). Seltener dagegen ist eine Konstellation wie in der Schweiz, wo jede der Staatssprachen in einem eigenen Gebiet gesprochen wird. In diesem Fall spricht man von **territorialer Mehrsprachigkeit**. In dieser Form von mehrsprachigen Staaten können die Individuen, die in dem jeweiligen Gebiet leben, in allen Institutionen und Situationen ihre Erstsprache verwenden, nicht jedoch in den anderen Staatsgebieten (dazu ausführlich Riehl 2009a: 60 ff. und Matras 2009: 47 ff.).

Dieser Typus von gesellschaftlicher Mehrsprachigkeit ist jedoch eher selten. So wird etwa in fast allen afrikanischen Ländern nicht nur innerhalb der Staatsgrenzen eine Vielzahl verschiedener Sprachen gesprochen, sondern auch in ein und demselben Territorium. Auch in den modernen europäischen Staaten ist dies mittlerweile keine Ausnahme mehr. In Europa verschiebt sich das Verhältnis zwischen bodenständigen (**autochthonen) Minderheiten** – wie etwa die Deutschen in Südtirol und im Elsass oder die Dänen und Sorben in Deutschland – und zugewanderten (**allochthonen) Minderheiten** zugunsten der Letzteren (vgl. Nelde 1994: 119).

Institutionelle Mehrsprachigkeit ist dann gegeben, wenn die Verwaltung einer Stadt, eines Bezirks, eines Landes oder einer Organisation ihre Dienste in mehreren Sprachen anbietet. Das ist z. B. in den territorial mehrsprachigen Staaten der Fall, aber natürlich auch in internationalen Organisationen wie der UNO, dem Europa-Parlament usw.

Diskursive Mehrsprachigkeit: Zusätzlich zu diesen bisher in der Forschung diskutierten Formen von Mehrsprachigkeit schlägt Franceschini (2011: 347) eine vierte Dimension vor, nämlich die diskursive Mehrsprachigkeit. Franceschini grenzt diese von der individuellen Mehrsprachigkeit dadurch ab, dass sie sie als eine mehrsprachige Praxis definiert, nämlich als die Herstellung von Sinn im Dialog. Darunter sind etwa die verschiedenen Praktiken des **Code-Switchings** (s. 11.1.4), Gespräche zwischen Muttersprachlern und Nicht-Muttersprachlern, der Gebrauch einer **Lingua Franca**, von **Ethnolekten** u. Ä. zu zählen.

11.1.2 | Erwerb von Mehrsprachigkeit

Bei individueller Mehrsprachigkeit haben Sprecher im Laufe ihres Lebens mehrere Sprachen erworben. Die Dominanz der Sprachen kann sich im Laufe des Lebens immer wieder verschieben. Man kann Sprachen auch wieder vergessen, und davon kann sogar die Erstsprache betroffen sein. In diesem Falle spricht man von **Spracherosion** (*language attrition*; vgl. Schmid 2011).

Typen des Erwerbs: Beim Erwerb mehrerer Sprachen muss man grundsätzlich unterscheiden zwischen:

- **ungesteuertem** (spontanem) **Zweitspracherwerb** (*second language acquisition*)
- **gesteuertem Zweitspracherwerb**, d. h. Zweitspracherwerb durch Unterricht (*second language learning*)

In vielen Fällen sind beide Möglichkeiten gekoppelt, z. B. bei Kindern aus Migrantenfamilien. Diese lernen die Sprache des Gastlandes spontan im Umgang mit Gleichaltrigen und aus ihrer sonstigen sprachlichen Umwelt (*acquisition*) und gleichzeitig durch gezielten Sprachunterricht in der Schule (*learning*). Die Übergänge zwischen (bewusstem) Lernen und (unbewusstem) Erwerb muss man sich daher fließend vorstellen (Butzkamm 2002: 96).

Dabei ist es wichtig zu berücksichtigen, dass man zwar die gesprochene Varietät einer zweiten Sprache einfach durch das Eintauchen in eine anderssprachige Gesellschaft erlernen kann, dass aber **Schriftspracherwerb** in der Regel an institutionelle Vermittlung, d. h. an Schulunterricht, gekoppelt ist (vgl. Riehl 2001: 71). Das gilt umgekehrt auch für die Erstsprache: Wenn Kinder aus Migrantenfamilien in Deutschland in die Schule gehen, lernen sie in der Regel nur das Deutsche als Schriftsprache, ihre Erstsprache erwerben sie oft lediglich in ihrer mündlichen Form. Doch auch in vielen offiziell mehrsprachigen Gesellschaften ist die Sprache, in der in der Schule unterrichtet wird, nicht die Erstsprache der Sprecher. Das gilt für die meisten Staaten in Afrika, für Indianer, australische *aborigines* und eine große Zahl von anderen Sprachminderheiten, denen nicht das Recht auf Schulunterricht in der Erstsprache eingeräumt wird. Diese Gruppen sind dann in der Schriftlichkeit einsprachig.

Bilingualer Erstspracherwerb

Lernt ein Kind zwei Sprachen gleichzeitig von klein auf, so spricht man von bilingualem Erstspracherwerb. Dabei geht man in der Regel davon aus, dass die zweite Sprache bis zum Alter von drei Jahren hinzukommen muss. Die beiden Sprachen können unterschiedlichen Status haben:

- eine Sprache ist **Familiensprache** (S1), die andere **Umgebungssprache** (S2)
- beide Sprachen sind Familiensprachen (Vater hat als Erstsprache S1, Mutter S2), die Umgebung spricht S1 oder S2
- beide Sprachen sind Familiensprachen (Vater hat als Erstsprache S1, Mutter S2) in einer anderssprachigen Umgebung (S3) (weitere Unterscheidungen bei De Houwer 2009)

Ein oder zwei Systeme? Im Zusammenhang mit dem frühen Erwerb von zwei Sprachen wird diskutiert, ob die Kinder zunächst nur ein gemischtes Sprachsystem oder von Anfang an zwei Systeme erwerben (Müller et al. 2011). Würde es sich um ein System handeln, müssten die Kinder in allen Kontexten Muster beider Sprachen benutzen. Dies ist aber nicht der Fall. So hat etwa Genesee (z. B. 2005) in verschiedenen Versuchsreihen herausgefunden, dass zweisprachige Kinder durchaus in der Lage sind, je nach **Gesprächspartner** stärker gemischte oder weniger stark gemischte Äußerungen zu verwenden. Das heißt, wenn sie mit einem unbekannten Gesprächspartner konfrontiert werden, dehnen sie den Gebrauch der von diesem Gesprächspartner gesprochenen Sprache so weit wie möglich aus und unterdrücken die andere Sprache, soweit sie können. Dies deutet darauf hin, dass Kinder schon ganz früh beide Sprachen auseinanderhalten können und sich nur bei Ausdrucksproblemen mit der anderen Sprache behelfen müssen. Bei der Fähigkeit, zwischen den beiden Sprachen zu differenzieren, spielt allerdings auch der Input durch die Eltern eine Rolle, d. h., wenn die Eltern im Umgang mit dem Kind die Sprachen mischen, finden sich bei den Kindern ebenfalls mehr gemischte Äußerungen. Wenn die Eltern ganz streng nach dem ›Eine Person – eine Sprache‹-Prinzip vorgehen, ist das dagegen weniger der Fall (vgl. Nicoladis 2008).

Entwicklung des Lexikons: Die Tatsache, dass ein mehrsprachig aufwachsendes Kind ein gemischtes Lexikon verwendet, ist demnach kein zuverlässiges Kriterium dafür, dass dem Kind nicht bewusst ist, dass es zwei Sprachen benutzt. Am Anfang legt das Kind mehr Wert darauf, neue Bezeichnungen für die Objekte und Konzepte seiner Umwelt zu lernen, als darauf, Übersetzungsäquivalente zu erwerben. Ein Wort für ein Objekt ist erst einmal genug. So sind zweisprachige Kinder in der Regel in der Lage, genauso viele Dinge zu benennen wie gleichaltrige einsprachige Kinder, aber eben nicht in einer einzigen Sprache. Die

> **Zur Vertiefung**
>
> **Das ›Eine Person – eine Sprache‹-Prinzip**
> Gibt es zwei Familiensprachen, so stellt sich die Frage, ob die Sprachen von beiden Eltern gemischt verwendet werden oder ob nach dem Prinzip ›Eine Person – eine Sprache‹ vorgegangen wird. Dieses Prinzip, das auf Ronjat (1913) zurückgeht, besagt, dass jeder Elternteil mit den Kindern seine eigene Erstsprache sprechen soll. Dies sei für den Spracherwerb der Kinder förderlich, weil Kinder Sprachen personenspezifisch gebrauchen, d. h. sie haben kein Konzept ›Deutsch‹ oder ›Türkisch‹, sondern ein Konzept ›Papasprache‹ bzw. ›Mamasprache‹. Außerdem drücken die Eltern durch den Gebrauch ihrer jeweiligen Sprache eine gewisse Solidarität mit dieser Sprache aus, was deren Prestige stärkt. Allerdings zeigen neuere Forschungen, dass die Chance, dass die Kinder beide Sprachen sprechen, höher ist, wenn beide Elternteile abwechselnd beide Sprachen verwenden (De Houwer 2009: 107 f.). Der Hauptunterschied liegt wohl im **Bewusstsein** des Kindes darüber, dass es zwei Sprachen spricht (eine ›Muttersprache‹ und eine ›Vatersprache‹). Dieses ist bei den Kindern, die nach dem ›Eine Person – eine Sprache‹-Prinzip erzogen werden, schon sehr früh ausgeprägt. Etwa mit drei Jahren können die Kinder die Sprachen auch benennen (Genesee/Nicoladis 2007).

11.1 Mehrsprachigkeit und Sprachkontakt

Mehrsprachigkeit

Sprachmischung lässt nach, wenn das Vokabular in jeder der beteiligten Sprachen so groß ist, dass die Kinder keine Notwendigkeit mehr sehen, sich mit einem Wort aus der anderen Sprache zu behelfen. Als Kriterium für die Existenz zweier getrennter Lexika kann deshalb gelten, dass die Kinder eine ausreichende Zahl von **Übersetzungsäquivalenten** zur Verfügung haben (Yip/Matthews 2008: 35). Die Trennung der Lexika ist darüber hinaus auch vom **Sprachbewusstsein** abhängig, also von der Frage, ob die Kinder wissen, dass es zwei Sprachen gibt.

Formen des Transfers

Grammatischer Transfer: Bisher haben wir nur von einem gemischten Lexikon gesprochen. Wie sieht es nun mit der Grammatik aus? Kinder übertragen im doppelten Erstspracherwerb bisweilen grammatische Strukturen der einen Sprache auf die andere. Im folgenden Beispiel weitet das deutsch-englisch zweisprachige Kind Hildegard die Regel von der Zweitstellung des deutschen Verbs nach dem Muster *Dann ist hier deine Schule* auf das Englische aus (Leopold 1949, zit. nach Romaine 1995: 209):

(1) Then is here your school.

Bei Kindern, bei denen das Englische dominant ist, findet sich der umgekehrte Fall für das Deutsche. Hier wird z. B. das finite Verb im Nebensatz wie im Englischen an die zweite Position gesetzt (2a). Ähnliches findet sich auch bei italienisch-deutsch aufwachsenden Kindern in früheren Phasen (2b):

(2) (a) Und das ist, was ich hab heute gemacht.
(Louise 5;8, Aufnahme Washington, 2003, unveröff.)

(b) Guck mal was mach ich.
(Carlotta 2;8; vgl. Müller et al. 2011: 179)

> **Definition**
>
> Der Begriff → *cross language cue competition* besagt, dass die Sprecher bestimmte Strukturregelmäßigkeiten der beiden Sprachen kennen, etwa dass die Abfolge OV (Objekt-Verb) für das Deutsche, aber nicht für das Englische typisch ist (z. B. *Tennis spielen*), und dass VO in beiden Sprachen möglich ist (z. B. *Vater spielt Tennis – Father plays tennis*). Die Kinder wissen aber nicht, **unter welchen Bedingungen** VO im Deutschen auftritt, d. h. nur im Aussagesatz (Hauptsatz). Studien von Genesee (2005 ff.) und anderen zeigen, dass die Kinder nur dort mischen, wo die Sprachen eine ähnliche Struktur aufweisen. Wie die Erwachsenen befolgen auch sie bestimmte Beschränkungen für Code-Switching (s. u. 11.1.4) (vgl. auch den Überblick bei De Houwer 2009: 277 ff.).

Die dominante Sprache hat also einen stärkeren Einfluss auf die schwächere Sprache als umgekehrt. In neueren Forschungen wird deshalb nicht mehr die Frage gestellt, ob es ein oder zwei Systeme gibt, sondern wie stark der Kontakt zwischen den Sprachen ist und in welchen Bereichen es zur Trennung kommt (vgl. J. Paradis 2007). So hat etwa Döpke (2001) in ihrer Studie zu deutsch-englisch aufwachsenden Kindern die Äußerungen der mehrsprachigen Kinder mit denen gleichaltriger einsprachiger verglichen. Sie untersuchte dabei besonders die Position des Verbs (*Mum play tennis / Mama Tennis spielen*), die Finitheit (häufiger im Deutschen) und die Stellung von Negation oder Modalpartikel (*I don't go – Ich gehe nicht, He also goes – er geht auch*). Dabei konnte sie folgende Beobachtungen machen:

- Die zweisprachig aufwachsenden Kinder produzierten in allen Entwicklungsstadien wesentlich mehr korrekte Strukturen für die jeweiligen Sprachen als abweichende.
- Fast alle von der Erwachsenensprache abweichenden Strukturen kommen auch bei einsprachigen Kindern vor, nur verwenden die zweisprachigen sie häufiger.
- Die beiden Sprachsysteme entwickeln sich von Anfang an, aber es gibt wechselseitige Einflüsse (*cross language cue competition*).

Grundsätzlich kann man sagen, dass diejenigen Strukturen zuerst erworben werden, die in beiden Sprachen gleich sind. So verwenden etwa französisch-deutsch zweisprachige Kinder hauptsächlich die Wortstellung SVO (Subjekt-Verb-Objekt), die in beiden Sprachen vorkommt, während einsprachige französische Kinder häufiger das Subjekt ans Satzende stellen und einsprachige deutsche das Verb. Deutsch-italienisch aufwachsende Kinder erkennen, dass im Deutschen wie im Italienischen das Verb an zweiter Stelle des Satzes auftreten kann (wobei der Sequenz SVO in einer Verbzweitsprache wie dem Deutschen eine andere syntaktische Analyse zugrunde liegt als der SVO-Abfolge im Italienischen). Sie lernen deshalb früh SVO-Strukturen, aber nicht, dass die Anwesenheit einer subordinierenden Konjunktion diese Stellungsmöglichkeit im Deutschen ausschließt und die Schlussstellung des Verbs (SOV) erzwingt. Somit wird die Hauptsatz-Nebensatz-Symmetrie von der romanischen auf die deutsche Sprache übertragen (Müller et al. 2011: 174 ff.).

Die Bevorzugung bestimmter Strukturen der beiden Sprachen kann auch dadurch bedingt sein, dass der **Input** in der anderen Sprache unklar ist. So kann man im Französischen Adjektive vor oder nach dem Nomen platzieren, während sie im Englischen oder Deutschen immer voranstehen. Der Grund, warum im Französischen die Adjektive einmal vor, einmal nach dem Nomen stehen, ist für das Kind zunächst nicht durchschaubar. In einer zweisprachigen Situation präferiert das Kind daher zu Beginn die Voranstellung nach dem Muster des Englischen oder Deutschen, weil dort die Inputdaten eindeutig sind (vgl. Yip/Matthews 2008: 46 ff.).

<u>Beschleunigung durch Transfer:</u> Die gegenseitige Beeinflussung der Sprachsysteme im doppelten Erstspracherwerb kann aber auch zur Folge haben, dass der Erwerb bestimmter Strukturen in einer Sprache beschleunigt wird. So konnten etwa Yip/Matthews (2008) zeigen, dass mit Englisch und Chinesisch aufwachsende zweisprachige Kinder schneller die *w*-Fragen im Englischen lernen als gleichaltrige monolinguale englische Kinder. Der Grund liegt darin, dass *w*-Fragen im Chinesischen weniger komplex sind und daher auch von einsprachigen chinesischen Kindern schneller erworben werden als die englischen *w*-Fragen von einsprachig englischen Kindern. Wenn nun die bilingualen Kinder die **Kategorie der *w*-Frage** bereits aus dem Chinesischen kennen, fällt es ihnen leicht, die Struktur auch im Englischen zu erwerben. Das heißt, in diesem spezifischen Fall beschleunigt der bilinguale Erstspracherwerb sogar den Erwerb einer bestimmten grammatischen Konstruktion.

<u>Auswirkungen des bilingualen Spracherwerbs:</u> Insgesamt kann man daher die Frage nicht beantworten, ob bilingual aufwachsende Kinder die Grammatik der beiden Sprachen gleich schnell erwerben wie monolinguale, da dies vom Typus der grammatischen Konstruktion in den jeweiligen Sprachen abhängt. Es gibt drei Möglichkeiten (nach Müller et al. 2011):

- **Beschleunigung:** Weniger häufige Konstruktionen in einer Sprache können durch Einfluss der anderen Sprache schneller erworben werden.
- **Verzögerung:** Sind Strukturen in einer Sprache besonders komplex, kann das zur Verlangsamung des Erwerbs führen.
- **Transfer:** Es kommt zu Abweichungen, die bei monolingualen Kindern nicht vorkommen.

Zweitspracherwerb

Erwirbt ein Mensch seine zweite Sprache nach dem Alter von etwa drei Jahren, spricht man nicht mehr von bilingualem Erstspracherwerb, sondern von Zweitspracherwerb. Auch hier unterscheidet man weiter zwischen dem sog. **frühkindlichen Zweitspracherwerb** (bis zum Alter von sechs Jahren) und dem Erwerb in einem späteren Stadium als älteres Kind oder Erwachsener. Die Problematik, die im zweiten Fall auftritt, ist, dass beim Erwerb in einem späteren Stadium (etwa ab zehn Jahren) ein akzentfreies Beherrschen einer Sprache kaum mehr möglich ist. Man spricht daher von einer **kritischen Periode** für Zweitspracherwerb (neuerdings wird auch häufiger der Terminus ›**sensitive Periode**‹ verwendet).

<u>Die kritische Periode:</u> Für die Unterschiede zwischen dem Zweitspracherwerb vor dem Alter von zehn Jahren und dem späterem Erwerb gibt es verschiedene Erklärungsmöglichkeiten:

- Prozess der Lateralisation
- Zusammenhang zwischen Persönlichkeit und Akzent
- Verminderte Wahrnehmung phonetischer Kontraste

Der Prozess der **Lateralisation** bezeichnet die Spezialisierung der Großhirnhemisphären auf bestimmte Funktionen wie Sprache, Händigkeit und Gestalterfassung. Durch die Lateralisation entsteht eine anatomische und vor allem funktionelle Ungleichheit der beiden Hirnhälften (funktionelle Asymmetrie). In Bezug auf die sprachliche Entwicklung fällt eine deutliche Dominanz der linken Hemisphäre für Sprache auf (vgl. Hanser 2000: 114 f.). Die **Hemisphärendominanz** für Sprache entwickelt sich aber erst im Verlauf der Hirnreifung (Corballis 1991). Für die grundlegenden Fähigkeiten der Lautsprache ist eine erste Spezialisierung mit fünf bis sechs Jahren erreicht. Im Verlauf der Schulzeit nimmt mit dem Erlernen der Schriftsprache die Spezialisierung weiter zu und ist mit dem Eintritt in die Pubertät weitgehend abgeschlossen. Bei Kindern, bei denen der Prozess der Hemisphärenspezialisierung noch nicht ganz abgeschlossen ist, wird auch die rechte Hemisphäre noch stärker zum Spracherwerb herangezogen.

Die zweite Erklärung besteht darin, dass die **Ausbildung der Persönlichkeit** sehr stark mit der eigenen Stimme und dem eigenen Akzent zusammenhängt. Das würde bedeuten, dass man nach dem Eintritt in die Pubertät die Aufgabe von Persönlichkeitsmerkmalen fürchtet, wenn man einen anderen Akzent oder eine andere Sprache annimmt (vgl. Oksaar 2003: 64 f.).

Die dritte Erklärungsmöglichkeit, die verminderte **Wahrnehmungsfähigkeit für phonetische**

Kontraste, besagt, dass die Fähigkeit, bestimmte Nuancen zwischen den Lauten einer Sprache zu unterscheiden, von frühester Kindheit an immer mehr abnimmt. Allerdings weisen neuere Studien darauf hin, dass auch Erwachsene eine zweite Sprache bei entsprechendem Training durchaus noch perfekt erlernen können (vgl. Gass/Selinker 2008: 405 ff.; Oksaar 2003: 52 ff.).

Interlanguage: Für den späteren Zweitspracherwerb (ungesteuert wie gesteuert) spielt die Theorie der *interlanguage* eine entscheidende Rolle. Eine *interlanguage* (Lernervarietät) ist aufzufassen als **eigenes System** auf dem Weg zu einer Zielsprache:

- Jede solche Lernervarietät besitzt neben vielen instabilen Komponenten eine innere Systematik (**Lernergrammatik**). Die Funktionen von Wörtern oder Strukturen innerhalb dieser Systematik lassen sich nicht alleine aus der Zielsprache ableiten.
- Der gesamte Spracherwerb lässt sich als eine Reihe von Übergängen von einer Lernervarietät zur nächsten auffassen; die Übergänge zeigen ebenfalls eine gewisse Systematik.
- Die Lernergrammatik ist durchlässig für Input aus der Zielsprache und für Transfer aus der L1 (oder einer anderen bereits gelernten Sprache).
- Die Lernergrammatik ist veränderlich: Sie kann sich von einem Tag auf den anderen ändern, wenn neue Regeln dazukommen.

Nach Selinker (1972 ff.) ist die Systematik der *interlanguage* das Ergebnis eines psycholinguistischen Zusammenspiels zwischen zwei Sprachsystemen, das der Erstsprache und das der Zielsprache. *Interlanguages* zeigen mehr Variation als natürliche Sprachen. So kann es sein, dass ein und derselbe Sprecher, der das Englische als Zweitsprache erwirbt, in der einen Äußerung *don't* verwendet und in der nächsten *no*, um ein Verb zu verneinen:

(3) (a) No look my card.
 (b) Don't look my card. (Gass/Selinker 2008: 260)

Beide Möglichkeiten sind für den Lerner des Englischen zunächst austauschbar. Zuerst wird sehr viel häufiger *no* verwendet, dann immer mehr *don't*. In der Übergangsphase ist die Variation zwischen *no* und *don't* besonders stark (vgl. Gass/Selinker 2008: 260). Der Lerner macht zunächst auch keinen Unterschied in der Bedeutung. Erst allmählich entwickelt er Hypothesen über den unterschiedlichen Gebrauch der beiden Negationsverfahren.

Wichtig für das Weiterkommen von Stufe zu Stufe und damit für die Entwicklung einer komplexeren Lernergrammatik ist ein verstehbarer Input: Zu lange Monologe und zu viele unbekannte Wörter behindern den Erwerb und die Weiterentwicklung der Lernergrammatik (vgl. Ellis 1997: 47). Unterschiedliche Lernergrammatiken entstehen aber auch dadurch, dass die Lerner verschiedene Strategien des Spracherwerbs entwickeln und je nach ihrer Erstsprache (oder anderer vorher gelernter Sprachen) bestimmte Strukturen dieser L1 als in die *interlanguage* übertragbar erachten und andere nicht (ebd.: 76 f.).

11.1.3 | Mentale Repräsentation von Mehrsprachigkeit

Wichtige Fragen im Zusammenhang der individuellen Mehrsprachigkeit betreffen die Organisation der Sprachen im menschlichen Gehirn:

- Sind die Sprachen eines mehrsprachigen Individuums in unterschiedlichen oder gemeinsamen Bereichen des Gehirns lokalisiert?
- Wie sind die Sprachen miteinander vernetzt?
- Wie werden die jeweiligen Sprachen bei der Sprachproduktion von mehrsprachigen Sprechern aktiviert?

Die Organisation des mehrsprachigen Lexikons ist dabei ein zentrales Forschungsthema. Frühere Untersuchungen erbrachten widersprüchliche Ergebnisse, die von der Art der Aufgabenstellung abzuhängen schienen: Die Ergebnisse aus freien Assoziationstests unterstützten die Idee eines gemeinsamen Speichers, während lexikalische Entscheidungsaufgaben für ein Zwei-Speicher-Modell sprachen (Kroll/de Groot 1997). Inzwischen ist jedoch die auf Paradis (2004: 210 ff.) zurückgehende Meinung vorherrschend, dass die Sprachen in unterschiedlicher Weise mit ein und demselben konzeptuellen Erfahrungsspeicher verbunden sind. Die Konzepte sind unabhängig von der Sprache, enthalten aber sprachspezifische Merkmale. Nach dieser sog. **Subset-Hypothese** befinden sich alle Wörter in *einem* mentalen Lexikon und werden durch die gemeinsame Verwendung enger miteinander verbunden. Wörter, die besonders häufig miteinander auftreten, sind also besonders stark miteinander verknüpft. Da in der Regel Wörter aus der gleichen Sprache miteinander auftreten, erklärt sich auch ihre gemeinsame Speicherung in einem eigenen Subset. Die Bildung von Untergruppen kann auch Wörter von bestimmten Registern oder aber Wortarten betreffen, so dass ein und dasselbe Wort unterschiedlichen Subgruppen angehören kann. In der folgenden Abbildung wird dies durch jeweils unterschiedliche Farbschattierungen der lexikalischen Einheiten (kleine Kreise) zum Ausdruck gebracht (s. Abb. 1).

Diese Annahme liegt auch dem sog. *Distributed Feature Model* von Kroll und de Groot (1997) zugrunde: Es nimmt an, dass die verschiedenen Sprachen über dieselben semantischen Grundeinheiten (*features*) verfügen. Die Ähnlichkeit der Konzepte hängt dann davon ab, wie die einzelnen Sprachen diese Grundeinheiten kombinieren: Je ähnlicher zwei Begriffe sind, desto mehr Grundeinheiten auf der konzeptuellen Ebene haben sie gemeinsam (vgl. Kroll/Tokowicz 2005: 537 f.). In der Regel setzen sich dabei konkrete Wörter häufiger aus den gleichen Grundeinheiten auf der Konzeptebene zusammen als abstrakte Wörter: So können Übersetzungsäquivalente für konkrete Wörter bisweilen alle konzeptuellen Grundeinheiten gemeinsam haben und solche für abstrakte manchmal nur eine einzige (s. Abb. 2).

Das Modell der Sprachmarkierung: Green (1998) schlägt ein Modell vor, das einen gemeinsamen Speicher für die verschiedenen Sprachen vorsieht, in dem die jeweiligen Lemmata mit sog. Sprachmarkierungen (*language tags*) versehen sind, so dass beim Zugriff auf das mentale Lexikon das Lemma in der richtigen Sprache gewählt wird. Diese Sprachmarkierungen muss man sich so vorstellen wie die konnotative Markierung von Wörtern (s. Kap. 3.4.3). Bei der Sprachproduktion werden zunächst alle semantisch in Frage kommenden Lemmata aktiviert, dann aber durch einen sog. Inhibitionsmechanismus diejenigen Lemmata blockiert, die nicht die Sprachmarkierung der gerade ausgewählten Sprache tragen.

Die Aktivierung der Sprachen: Damit ist bereits eine andere wichtige Frage angesprochen, die über die reine Speicherung der Sprachen hinausgeht, nämlich die Frage, wie bilinguale Sprecher die jeweilige Sprache **aktivieren** (de Bot 1992; Riehl 2005, 2010a; Dijkstra/van Heuven 2002). Das **interaktive Aktivierungsmodell** von Dell et al. (vgl. Dell/Burger/Svec 1997) geht von der Vorstellung aus, dass von der Bedeutungskomponente eines Wortes Impulse auf die dazugehörige Wortmarke (Lemma) ausgehen. Bevor aber die endgültige Wahl für eine bestimmte Wortmarke getroffen wird, werden semantisch benachbarte Wortmarken aktiviert. Daneben werden auch die jeweiligen Lautmarken (phonologischen Repräsentationen) und deren benachbarte (lautlich ähnliche) Lautmarken aufgerufen; diese aktivieren wieder neue Begriffe auf der Bedeutungsebene, die ihrerseits neue Wortmarken aufrufen. Der anfängliche Impuls breitet sich also immer mehr aus und aktiviert immer mehr Wörter. Lexeme, die lautlich und semantisch ähnlich oder sogar identisch sind, werden besonders stark aktiviert und verstärken sich damit gegenseitig, egal welcher Sprache sie angehören. Schwache Kandidaten dagegen werden immer mehr ausgeblendet, so dass der wahrscheinlichste Kandidat am Ende die meiste Aktivierungsenergie bekommt und artikuliert wird. Das kann dann auch ein Kandidat aus der jeweils anderen Sprache sein. Dass es bei der Aktivierung der Wort- und Lautmarken keine Rolle spielt, welcher Sprache sie angehören, erklärt, warum in beiden Sprachen gleich oder ähn-

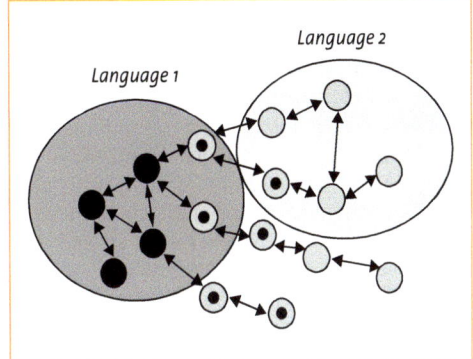

Abb. 1:
Repräsentation von Subsets in einem lexikalischen Netzwerk (aus: de Bot/Lowie/Verspoor 2006: 47)

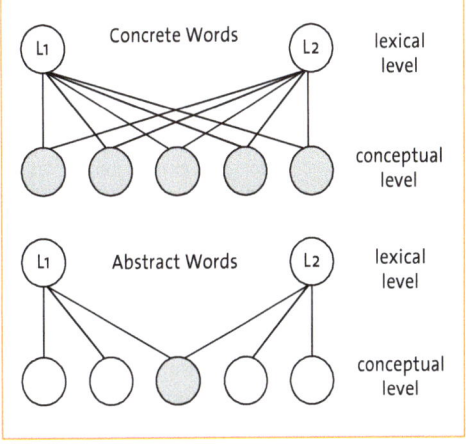

Abb. 2:
Distributed Feature Model (L1 = First Language; L2 = Second Language; aus: Kroll/Tokowicz 2005: 537)

Sprachaktivierung

Mehrsprachigkeit

> **Beispiel** | **Aktivierung benachbarter Lautmarken**
>
> Ein deutsch-französisch bilingualer Sprecher äußerte folgenden Satz: *Wir finden ein* **Büro** *für Sie*. Er meinte damit ›wir finden einen Schreibtisch für Sie‹ (frz. *bureau* ›Büro, Schreibtisch‹). Diese semantische Übertragung lässt sich folgendermaßen erklären: Der Sprecher aktiviert zuerst auf der Bedeutungsebene das Konzept ›Schreibtisch‹ und dazu die entsprechende Wortmarke *Schreibtisch*. Es werden aber gleichzeitig auch benachbarte Lemmata aktiviert (z. B. *Tisch*, *Tresen*, *Pult*), außerdem Lemmata aus der anderen Sprache, in diesem Falle französisch *bureau*. Die Aktivierung der entsprechenden Lautmarke zu diesem Lemma, also des französischen phonologischen Wortes [byʁo], aktiviert die fast identisch klingende Lautmarke im Deutschen [byro] mit, da beide durch starke Nervenbahnen miteinander verbunden sind (vgl. Riehl 2002).

Zur Vertiefung

Lokalisierung der Sprachen im Gehirn

Neben klinischen Befunden aus der Aphasieforschung (Paradis 2004, 2007) nutzt man neurologische Verfahren wie fMRT (funktionale Magnetresonanztomographie) oder EEG (Elektroencephalografie), um herauszufinden, in welchen Arealen im Gehirn die jeweiligen Sprachen angesiedelt sind. Dabei geht es nicht nur um das mentale Lexikon, sondern um die Lokalisierung der **Bereiche für Sprachproduktion** einerseits und **Sprachrezeption** andererseits. Grundsätzlich zeigt sich, dass im Gehirn keine getrennten Areale für die verschiedenen Sprachen vorgesehen sind. Allerdings kann man feststellen, dass sich bei Spät-Mehrsprachigen (Sprechern, die die zweite Sprache erst ab etwa neun Jahren gelernt haben) die Sprachen im Broca-Areal, das für die Sprachproduktion zuständig ist, nur teilweise überlappen. Im Wernicke-Areal, in dem v. a. Sprachverstehen und semantische Prozesse abgewickelt werden, überlappen sich dagegen die Aktivierungen für die beiden Sprachen (Marian 2008: 24). Untersuchungen zu frühen Mehrsprachigen, die die zweite Sprache noch vor dem Alter von fünf Jahren erworben haben, zeigen dagegen, dass die beiden Sprachen auch im Broca-Areal sehr kompakt repräsentiert sind und sich fast vollständig überlappen (Kim et al. 1997; Wattendorf et al. 2001). Denselben Untersuchungen zufolge müssen frühe Mehrsprachige weniger neuronales Substrat aktivieren, wenn sie ihre zweite Sprache sprechen, als späte Mehrsprachige. Frühe Mehrsprachige haben auch beim Erlernen einer dritten (oder weiteren) Sprache einen erheblichen Vorteil, weil sie die weiteren Sprachen an die Areale der ersten beiden Sprachen ›andocken‹ können (vgl. Wattendorf et al. 2001).

Allerdings muss man in Rechnung stellen, dass die Befunde aus neurologischen Studien manchmal auch widersprüchlich sind. Das hängt damit zusammen, dass die Sprachprozessierung durch die Art der Aufgabe, durch den Typ der Stimuli und die individuelle Sprachbiografie beeinflusst wird (Vaid 2008). So zeigen etwa Untersuchungen zur Sprachrezeption, dass hier die Kompetenz und nicht das Alter des Erwerbs dafür ausschlaggebend ist, wie viel neuronales Substrat aktiviert werden muss. Wenn ein Sprecher eine Sprache auf sehr hohem Niveau erworben hat, egal in welchem Alter, kann er die gleichen Aktivierungsmuster bei der Sprachrezeption zeigen wie ein Muttersprachler (Wartenburger et al. 2003 ff.). Allerdings könnte dieses Ergebnis auch einfach darauf zurückzuführen sein, dass es offensichtlich nur im Bereich des Broca-Areals, das für die Sprachproduktion zuständig ist, Unterschiede zwischen Früh- und Spätbilingualen gibt.

---

lich lautende Wörter häufig verwechselt werden (vgl. Poulisse 1999).

Das Wort aus der anderen Sprache kann aber auch aktiviert werden, ohne dass die Wörter lautlich ähnlich sind. Das passiert v. a. dann, wenn die Sprecher sich in einem sog. **bilingualen Sprachmodus** befinden (Grosjean 1982). In diesem Modus sind beide Sprachen annähernd gleich aktiviert, und die Sprecher wechseln viel zwischen den Sprachen oder mischen diese. Das tun sie in informellen Situationen und wenn sie mit anderen bilingualen Sprechern zusammen sind. Im **monolingualen Modus** passen sich mehrsprachige Sprecher hingegen der Sprache eines einsprachigen Kommunikationspartners an und inhibieren – so gut wie möglich – ihre andere(n) Sprache(n) (vgl. Riehl 2005).

11.1.4 | Code-Switching

Ein typisches Merkmal mehrsprachiger Sprecher ist es, dass sie in Gesprächen untereinander innerhalb des Gesprächs und manchmal sogar innerhalb eines Satzes die Sprache wechseln. In diesem Fall spricht man von Code-Switching. – Ein Beispiel:

(4) (deutsche Auswanderer in Australien; Clyne 1994: 112)
Es war Mr Fred Burger, der wohnte da in Gnadenthal *and he went out there one day and Mrs Roehr said to him:* Wer sind denn die Männer do her?

In diesem Fall wechselt der Sprecher zunächst vom Deutschen zum Englischen und dann wieder zurück ins Deutsche. Der Wechsel kann sogar zwischen drei Sprachen erfolgen. Im folgenden Beispiel wechselt der Sprecher zwischen Italienisch (Kursivschrift), Spanisch (Fettschrift) und Englisch (normale Schrift):

(5) (italienisch-spanische Einwanderer der zweiten Generation in Australien; Clyne/Cassia 1999: 69)
Un giorno normale **en la** city *la cosa che* **me sorprende de Australia que el lunes el martes el miercoles** *tu va a la* city **plenty people**
›ein ganz normaler Tag in der Stadt, die Sache, die mich überrascht in Australien, dass am Montag, Dienstag, Mittwoch, du gehst in die Stadt, voller Leute‹

Da Code-Switching ein sehr verbreitetes Phänomen in mehrsprachigen Gesellschaften und Gruppen ist, ist es nicht verwunderlich, dass sich sehr viele Forscher damit beschäftigt haben. Code-Switching wird dabei aus unterschiedlichen Perspektiven untersucht, z. B. als Diskursstrategie (wie etwa von Gumperz 1982) oder als psycholinguistisches Phänomen (z. B. von Clyne 1972). Ein weiteres Forschungsfeld ist die Grammatik: Dabei steht im Vordergrund, welche grammatischen Beschränkungen es für das Wechseln zwischen zwei Sprachen im Satz gibt. Bevor wir auf diese einzelnen Untersuchungsfelder eingehen, wird zunächst Code-Switching von Entlehnungen abgegrenzt.

Code-Switching vs. Ad-hoc-Entlehnungen: In der Forschung wird viel darüber diskutiert, ob man nur dann von Code-Switching sprechen kann, wenn es sich bei der anderssprachigen Äußerungskomponente um eine ganze Phrase oder einen Teilsatz handelt (s. o. Bsp. 4), oder auch schon dann, wenn nur ein Wort aus der anderen Sprache kommt, wie in dem folgenden Beispiel:

(6) (russlanddeutsche Sprecherin; Riehl 2009a: 21)
Wir waren verschickt. Und er kam auf *otpusk* [›Urlaub‹].
Do is er gleich gelaufen in die Apteke.

Hier ist die ganze Äußerung deutsch, nur das Wort *otpusk* (›Urlaub‹) russisch. Viele Forscher (z. B. Myers-Scotton 2002: 153) zählen auch solche Fälle zum Code-Switching, vorausgesetzt dass das inserierte Wort spontan geäußert wird und nicht schon ein fester Bestandteil des Lexikons in der Varietät dieser Sprachgemeinschaft ist. Andere sprechen hier von *nonce borrowing* (Poplack 2004; MacSwan 2005: 7) bzw. **Ad-hoc-Entlehnung** oder **Ad-hoc-Übernahme** (Riehl 2001: 61), d. h. einer Form von Entlehnung, nicht von Code-Switching. Poplack begründet diese Auffassung damit, dass sich sehr oft etablierte Entlehnungen von ihrer Struktur her nicht von Ad-hoc-Entlehnungen unterscheiden. Ein Beispiel: Ein ganz spontan aus dem Englischen entlehntes Verb wie

> **Definition**
>
> Unter → Code-Switching versteht man den Wechsel zwischen zwei (oder mehr) Sprachen oder Varietäten innerhalb ein und derselben kommunikativen Interaktion. Der Wechsel kann sowohl einzelne Lexeme als auch einen ganzen Diskursabschnitt betreffen.

collecten hat die gleiche morphologische Struktur wie ein schon etabliertes Wort wie *checken*.

In sprachübergreifenden Studien haben Poplack/Meechan et al. (1998) herausgefunden, dass im Falle von Sprachwechsel bei einzelnen Wörtern diese strukturell in das System der Basissprache eingepasst waren. Das heißt, dass morphologische Markierungen wie Plural- und Kasusendungen der Basissprache an die jeweiligen Wörter angefügt werden. Besonders gut lässt sich das bei Sprachen zeigen, die eine reiche Flexion aufzeigen, wie etwa Persisch oder Ukrainisch. Hierzu zwei Beispiele:

(7) (a) (Persisch-Englisch; Samar/Meechan 1998: 208)
ba:yad   tu-ye   *house*-ha: beshin-e
sollte   in-EZ   diesen Haus-PL sitzen-3SG
›Er sollte in diesen Häusern leben.‹

(b) (Ukrainisch-Englisch; Budzhak-Jones 1998: 174)
Vin tam prodavav *sod*-u,   vsjaki   taki rody   *sod*-y.
er dort verkaufte Soda-F.ACC verschieden-PL.ACC solch-PL.ACC   Sorten-ACC Soda-F.GEN
›Er verkaufte dort Soda, verschiedene Sorten von Soda.‹

Der Unterschied zwischen solchen Ad-hoc-Entlehnungen und ›echten‹ Entlehnungen liege lediglich darin, dass die kodifizierten Lehnwörter eben häufiger vorkommen, das sei aber ein soziolinguistisches Phänomen und kein systemlinguistisches.

Gastwörter: Eine andere Position vertritt Grosjean (1995), der in diesem Zusammenhang von »Gastwörtern« (*guest words*) spricht. Nach seiner Definition ist die phonetisch-phonologische Einpassung entscheidend. Werden die Wörter gemäß der Phonologie der Gastsprache ausgesprochen, dann handelt es sich um Code-Switching, werden sie aber entsprechend der Phonologie der Basissprache artikuliert, handelt es sich um eine Ad-hoc-Entlehnung. Allerdings bemerkt Grosjean zu Recht, dass eine binäre Entscheidung kaum möglich ist, sondern höchstens ein Kontinuum graduierlich zunehmender lautlicher Integration angesetzt werden kann. Grund dafür ist, dass viele Sprecher trotz hoher Kompetenz in ihrer L2 einen fremdsprachlichen Akzent haben, so dass sie die Wörter gar nicht ganz korrekt wie in der Zielsprache aussprechen können (vgl. dazu auch Bullock 2009). Beispiele für Gastwörter im Sinne von Grosjean sind die folgenden aus dem Englischen stammenden Wörter *to switch* und *to slash*, die lautlich und morphologisch völlig an das Französische angepasst werden (Grosjean 2008: 161):

(8) (a) On peut *switcher* les places?
 ›Können wir die Plätze tauschen?‹
 (b) Il a *slashé* le rideau.
 ›Er hat den Vorhang zerrissen.‹

Nach der unten in 11.2.2 gegebenen Definition wäre es sinnvoll, in diesem Zusammenhang von Transfer zu sprechen: Ein individueller Sprecher übernimmt Elemente aus der einen Sprache und passt sie in das System der anderen Sprache ein, d. h. er schaltet nicht in die andere Sprache um, wie es der Terminus Code-›Switching‹ nahelegt, sondern er überträgt sprachliche Zeichen von der einen Sprache in die andere.

In der mehrsprachigen Rede kommt oft der Sprachwechsel bei einzelnen Wörtern bzw. Wortstämmen zusammen mit dem Sprachwechsel von längeren Einheiten gemeinsam vor, wie etwa in dem folgenden Beispiel:

(9) (Deutsche Auswanderer in Australien, Aufnahme 2006; unveröffentl.)
 Na sacht der Adolf: Ja, wir wollen net, dass s' *suffert*. Wir wollen net äh —. Ja, hat er gsacht, des is — *not much we can do*, hat er gsacht. [...] Und dann am nächsten Tag, da hat der Tierarzt angrufen, hat er gsacht, ich hab es richtig - meine, mein - *decision*, die war richtig, hat er gsagt. Die äh Ich - da war ich *relieft*, ich sach - ah, sach ich: *I feel* - ich sach *I feel uh relieved*.

Während die englischen Verben *suffer* und *relieve* eindeutig in das System der deutschen Sprache integriert sind (vgl. die Suffixe der 3. Pers. bzw. des Partizips), stellt *decision* einen Grenzfall dar, über den man sich streiten könnte, da das Nomen selbst nicht flektiert wird. Eindeutige Fälle von Code-Switching sind dagegen die Mehrwortverbindungen *not much we can do* und *I feel uh relieved*, die jeweils ein Zitat wiedergeben (s. u.).

Code-Mixing: Eine andere Einteilung der Phänomene des Sprachwechsels nimmt Muysken (2000) vor: Er vermeidet den Terminus Code-Switching und spricht stattdessen von Code-Mixing als übergreifendem Phänomen in einer bilingualen Rede. Der Begriff steht also für alle Fälle, in denen lexikalische Einheiten und grammatische Strukturen aus zwei verschiedenen Sprachen in einem Satz vorkommen (ebd.: 1). Muysken (ebd.: 3) geht davon aus, dass dabei drei verschiedene Prozesse am Werk sind: Insertion, Alternation und kongruente Lexikalisierung.

Im Falle der **Insertion** werden Einheiten aus einer anderen Sprache in eine Basissprache eingebettet. Dies können entweder einzelne Wörter/ Stämme oder auch komplexe Konstituenteneinheiten sein (s. 10a). Beginnt ein Satz dagegen in einer Sprache und endet in der anderen, handelt es sich um eine **Alternation** (10b). Haben die beiden Sprachen in dem jeweiligen gemischten Satz (partiell oder vollständig) dieselbe grammatische Struktur, aber benutzen Material aus unterschiedlichen mentalen Lexika (s. o.), spricht Muysken von **kongruenter Lexikalisierung** (10c):

(10) (a) yo anduve *in a state of shock* por dos días
 (Muysken 2000: 5)
 ›Ich fiel für zwei Tage in einen Schockzustand.‹

 (b) Wenn ich mich so fühle, geh' ich 'raus in den Garten und/*well look after my flowers*. (Clyne 1991: 194)

 (c) Weet je *what she is doing*? (Muysken 2000: 149)
 ›Weißt Du was sie tut?‹

Im Fall von (10c) beginnt der Satz auf Niederländisch und an der Stelle von *what* wird die Sprache gewechselt. Dies wird dadurch begünstigt, dass hier die syntaktische Struktur für beide Sprachen gleich ist, d. h. Niederländisch und Englisch kennen den gleichen Typus von indirektem Fragesatz. In solchen Fällen ist die Matrixsprache, d. h. die Basissprache, die dem Satz zugrunde liegt (s. u. S. 390), nicht bestimmbar.

Neben diesen Abgrenzungsaspekten interessieren vor allem die Funktionen und Motivationen des Code-Switchings. Dabei ist zu unterscheiden zwischen:
- pragmatisch motiviertem oder funktionalem Code-Switching
- psycholinguistisch motiviertem oder nicht-funktionalem Code-Switching

Funktionales Code-Switching: Wie bereits erwähnt, geht die Forschung über die Funktion von Code-Switching im Diskurs vor allem auf die Arbeiten des amerikanischen Soziolinguisten und Anthropologen John Gumperz zurück (vgl. Blom/ Gumperz 1972). Code-Switching hat nach seiner

Definition vor allem eine Kontextualisierungsfunktion und ist ein wichtiger Teil sprachlichen Handelns. Daneben gibt es rein durch die Situation bedingte Gründe, die ebenfalls Code-Switching auslösen können. Man unterscheidet daher zwischen situativem und konversationellem Code-Switching (vgl. Auer/Eastman 2010: 95 ff.).

Situatives Code-Switching: Beim situativen Code-Switching ändert sich die Sprache als Folge einer neuen Situation. So wechselt man etwa die Sprache, wenn ein neuer Gesprächspartner adressiert wird, mit dem man normalerweise eine andere Sprache spricht. Diese Funktion wird auch als **direktive Funktion** bezeichnet (vgl. Appel/Muysken 1987: 119). In anderen Fällen ist auch das Thema ausschlaggebend: Gerade Kinder und Jugendliche wechseln häufig in ihre Schulsprache, wenn sie sich über Schulfächer unterhalten, weil diese in der Regel nur in dieser Sprache vorkommen:

(11) (Deutsche in Australien, 2. Generation; Clyne 2003: 161)
Denn gehen mer zu unsen Raum und warten, bis der Lehrer 'reinkommt und fangen an. Mir lernen Englisch und ... *Well, we learn English, geography, history, science.*

Bisweilen spielt auch der **Typ der Interaktion** eine Rolle: Man kann mit ein und derselben Person für ein privates Gespräch die eine Sprache wählen, beim Wechsel in eine geschäftliche Interaktion aber in die andere Sprache übergehen. Auch ein Wechsel der Örtlichkeit kann Sprachwechsel bewirken: Bei vielen Sprachminderheiten sprechen die Sprecher zu Hause ihre Minderheitensprache und wechseln in die andere Sprache, wenn sie in einen öffentlichen Raum treten. Hier eine Beschreibung dieser Situation durch eine Russlanddeutsche:

(12) (Russlanddeutsche Sprecherin; Riehl 2009a: 24)
Dort waren Nachbarn, deutsche Frauen. No und wir haben immer - gesprochen Deutsch. Und wo wir kamen raus aufn Hof, hab ich angefangen Russisch sprechen dort.

Konversationelles Code-Switching: In einer mehrsprachigen Gemeinschaft kann aber auch bei gleich bleibender Situation Code-Switching auftreten. Das hat meist diskursstrategische Gründe und erzielt einen kommunikativen Effekt, z. B. wenn ein wörtliches Zitat auf diese Weise markiert wird (s. dazu aus Beispiel 9):

(13) Ah, sach ich: *I feel* - ich sach *I feel uh relieved.*

Das Zitieren in einer Sprache ist eine der häufigsten Formen von Code-Switching und kommt in allen mehrsprachigen Gruppen vor. Das hat zum einen damit zu tun, dass man oft die Stimmlage und den Wortlaut eines Zitats wiedergeben möchte, aber es findet auch der umgekehrte Fall statt. Das zeigt, dass es sich bei dieser Form des Code-Switchings um einen sog. **Kontextualisierungshinweis** (*contextualisation cue*) handelt, d. h. ein Signal, das einen Wechsel des Gesprächskontextes ankündigt.

So wechseln etwa Sprecher häufig die Sprache, wenn sie eine persönliche Einstellung oder Bewertung zum Ausdruck bringen wollen – in diesem Falle sprechen Appel/Muysken (1987: 119 f.) von **expressiver Funktion**, z. B.:

(14) (a) (italienische Auswanderin in Australien; Corpus 2009, unveröff.)
Siamo ritornati a Roma e poi l'abbiamo lasciato. It was just amazing. *Era proprio perfetto.*
›Wir sind nach Rom zurückgekehrt und dann haben wir es wieder verlassen. *Es war einfach unglaublich. Es war wirklich perfekt.*‹

(b) (Lovari Romani-Deutsch; Matras 2009: 119)
Las ekh roj, aj kamelas te phagel pesko dand. Ta sar zumadas kodo nakhadas e roj, aj mulas. *Das war Tragödie.* Ale či žanelas [...]
›Sie nahm einen Löffel und sie wollte den Zahn aus ihrem Mund rausbohren. Aber als sie das versuchte, verschluckte sie den Löffel und starb. *Das war Tragödie.* Aber sie wusste nicht [...]‹

Auch metakommunikative Äußerungen, d. h. Äußerungen über Sprache, werden häufig durch Code-Switching in die andere Sprache kontextualisiert. In folgendem Beispiel fällt der Sprecherin die Bezeichnung *Tierarzt* nicht ein, und sie kommentiert dies auf Russisch:

(15) (Russlanddeutsche Sprecherin; Riehl 2009a: 25)
Meine Mutter, die hat gearbeit als Köcherin und mein – Opa – der war — kak veterinar kak u nich govoritsja?
›wie heißt Tierarzt, wie sagt man bei Ihnen?‹

Weitere Funktionen von Code-Switching: Über die bei Gumperz erwähnten Funktionen des konversationellen Code-Switchings hinaus lassen sich noch weitere anführen (vgl. Appel/Muysken 1987: 119 ff.). Eine dieser Funktionen kommt besonders bei Sprechern von Sprachminderheiten häufig vor, die eine unvollständige Kompetenz in ihrer Erstsprache erworben haben, nämlich die **re-**

ferentielle Funktion. Diese besagt, dass der Sprecher dann in die andere Sprache wechselt, wenn er Schwierigkeiten hat, das, was er sagen möchte, in der Sprache der Interaktion auszudrücken:

(16) (Russlanddeutsche Sprecherin; Riehl 2009a: 25)
KS: Wir haben die Fische - *sortirovat'* [= ›sortieren‹] wie?
CR: sortiert.
KS: in die Käste uflege alles. Gesaulzn haben mer immer. Der Winter habn mer *zamoraživali i ukladyvali v jaščiki, letom solili i na nitki nanizyvali, vot èto byla naša rabota.* [...] – [zu OT] *Perevedite*
›zum Gefrieren gebracht und in die Kisten gelegt, im Sommer haben wir gepökelt und auf die Fäden aufgereiht, so das war unsere Arbeit [...].‹ – [zu OT] ›Übersetzen Sie‹

Die Sprecherin KS möchte hier erklären, was sie während ihres Aufenthaltes in Sibirien machen musste. Da sie mit einer monolingualen Sprecherin CR spricht, versucht sie das zunächst auf Deutsch. Offensichtlich misslingt dies aber, und sie fährt auf Russisch fort. Am Ende fordert sie dann eine mitanwesende zweisprachige Sprecherin (OT) auf, zu übersetzen (*perevedite*).

Es gibt noch einige weitere Funktionen, wie z. B. die bei Appel/Muysken (1987) erwähnte **poetische Funktion des Code-Switchings** (Sprachspiele, Witze; ausführliche Darstellungen finden sich bei Auer 2010; Auer/Eastman 2010; Gardner-Chloros 2009: 66 f. und Matras 2009: 121 ff.).

Code-Switching und Identität

Code-Switching und soziale Identität: Sehr viele Untersuchungen gehen davon aus, dass Code-Switching zwischen zwei Sprachen einem Wechsel zwischen einem **we-code** und einem **they-code** gleichkommt und dass daher beim Code-Switching verschiedene soziale Identitäten der Sprecher aktiviert werden (vgl. etwa die Beiträge in Auer 1998 oder Mair 2003). Dies deutet der Sprecher im folgenden Beispiel an:

(17) Manchmal wenn ich deutschsprachige Bekannte treffe, spreche ich deutsch, *otherwise I speak only English* (Clyne 2003: 160).

Unter den Zuwanderern in Australien, von denen dieses Beispiel stammt, entspricht jede der beiden Sprachen einer anderen Identität: Deutsch hat die Funktion des *we-code* und Englisch die Funktion des *they-code*. Gumperz (1982: 93) hat anhand von Sprecherbefragungen festgestellt, dass jeder der beiden Codes mit bestimmten diskursiven Funktionen assoziiert ist. Der *we-code* passt eher zu einer persönlichen Aufforderung, zu Involviertheit oder persönlichen Meinungsäußerungen, der *they-code* eher zu einer sachorientierten Warnung, zu Distanz zum Geschehen oder zur Darstellung allgemeiner Fakten. Deshalb hat das Wechseln von der einen in die andere Sprache in vielen Fällen eine kommunikative Bedeutung.

Diese Identitätsfunktion der Sprache kann aber auch der Grund sein, warum es überhaupt zu Code-Switching kommt: Bei Forschungen zum Code-Switching bei deutschsprachigen und italienischsprachigen Einwanderern in Australien stellte sich heraus, dass häufig der *we-code* (also in diesem Fall das Deutsche oder Italienische) die schwächere Sprache der Probanden war. Sie wählten aber aus Identitätsgründen diese Sprache als Konversationssprache; wurden dann aber Themen angesprochen, die in dieser Sprache nicht adäquat behandelt werden konnten, wechselten sie in die dominantere Sprache, in diesem Fall das Englische. In diesen Fällen wurde dann der Sprachwechsel häufig kommentiert, z. B. mit *Ich muss das jetzt auf Englisch sagen, weil ich nicht weiß, wie es auf Deutsch heißt*. Meist kehrte der Sprecher danach wieder zur Ausgangssprache zurück, indem er einfach den letzten Satz in dieser Sprache wiederholte (vgl. Riehl 2009a: 26).

Wie diese Beispiele zeigen, wird der Wechsel der Sprache immer erst im Gespräch ausgehandelt. Wichtig ist dabei, wie der Gesprächspartner auf einen Codewechsel eingeht, ob er ihn aufgreift oder zur Ausgangssprache zurückkehrt. Oft endet ja das Gespräch nicht in der Sprache, in der es begonnen hat. Hier finden interessante Prozesse der wechselseitigen Anpassung der Gesprächspartner statt, die sog. **Akkommodation** (Giles 1980).

Nicht-funktionales Code-Switching: Neben dem gerade besprochenen Typ von Code-Switching, der kommunikative Funktionen hat, gibt es noch einen zweiten, der auf interne Prozesse der Sprachproduktion zurückzuführen ist. Hier geschieht der Wechsel von der einen in die andere Sprache ohne Absicht des Sprechers. Clyne (1967 ff.) bezeichnet dies als **psycholinguistisch motiviertes Code-Switching**. Ein Beleg für nicht-intentionales Code-Switching sind Äußerungen, bei denen die Sprecher sich nach dem Code-Switching selbst korrigieren:

(18) (Sprecherin aus Südtirol; Riehl 2002: 73)
Da hängen dann die *drogati* 'rum (-) äh die Drogierten (-) oder wie sagt man auf Deutsch (..) Drogenabhängige.

In diesem Beispiel zeigen die Pausen und der Verzögerungsmarker *äh* an, dass die Sprecherin das Code-Switching erst nachträglich bemerkt und sich verbessern will. Der Grund ist, dass sie mit einem monolingualen Sprecher spricht und daher italienische Ausdrücke vermeiden möchte. Daher ersetzt sie das italienische Wort *drogati* in einem zweiten Anlauf durch eine Ad-hoc-Entlehnung (*die Drogierten*). Auch hier bemerkt sie, dass das Wort so nicht existiert: *oder wie sagt man auf Deutsch?*

Trigger-Effekte: Der nicht-intendierte Wechsel von einer Sprache in die andere kann durch bestimmte **Auslösewörter** (*trigger words*) hervorgerufen werden (in Anlehnung an Clyne 1991: 1993 ff. und 2003: 162 ff.). Dies sind in der Regel in beiden Sprachen identische oder ähnlich klingende Wörter. Clyne (1967) bezeichnet diese als sog. ***homophonous diamorphs***. Nach Clyne (2003: 162 ff.) fallen darunter folgende Phänomene:

1. **Eigennamen** sind in der Regel in beiden Sprachen identisch:

(19) Es war Mr Fred Burger, der wohnte da in ***Gnadenthal*** *and he went out there one day and Mrs Roehr said to him* (Clyne 1994: 112)

Gnadenthal ist der Name einer alten deutschen Siedlung in Australien und tritt im Englischen und im Deutschen in der gleichen Form auf. Das Vorhandensein des Wortes in beiden Sprachen bewirkt hier den Übergang zum Englischen.

2. **Lexikalische Entlehnungen** können Ad-hoc-Entlehnungen (Bsp. 20, deutsch/englisch) oder schon etablierte Entlehnungen (Bsp. 21, deutsch/italienisch bzw. deutsch/russisch) sein.

(20) Ich les grade eins/ das is'/ ein/ handelt von einem alten/ ***secondhand-dealer*** *and his son* (Clyne 1991: 194)

(21) (a) *Come che l'ha conosciuto su i **film**? Not in the films, are you, these pornographic films he gets in?*
›Wie, Sie haben ihn über die Filme kennen gelernt? Nicht in diesen Filmen, oder, diese pornographischen Filme, in die er reingeht.‹ (Bettoni, zit. Clyne 1991: 194)

(b) Der war über die ganze ***Oblast'***. *Nu on mne srazu dal napravlene.*
›Der war zuständig für den ganzen Verwaltungsbezirk. Also, er hat mich sofort in die Arbeit eingewiesen.‹ (Riehl 2009a: 28)

Während es sich in (21a) *film* um ein allgemein im Standarditalienischen etabliertes Lehnwort handelt, ist das Lehnwort *Oblast'* (›Verwaltungsbezirk‹) in (21b) ein Wort, das nur in der russlanddeutschen Sprachgemeinschaft vorkommt, dort aber bereits konventionalisiert ist (vgl. Riehl 2010b).

3. **Bilinguale Homophone:** Darunter sind in beiden Sprachen ähnlich lautende Wörter zu verstehen, wie in folgendem englisch-niederländischen Beispiel:

(22) *Dit **kan** be anywhere.* (Clyne 1991: 194)

Solche Formen kommen natürlich in genetisch eng verwandten Sprachen weitaus häufiger vor als in nicht verwandten. Aber es gibt auch in weniger eng verwandten Sprachen Homophone, die ähnliche Bedeutungen haben. Im Russlanddeutschen klingen beispielsweise die deutsche dialektale Diskurspartikel *no* (›nun‹) und die russische Adversativpartikel *no* (›aber‹) identisch:

Nicht-funktionales Code-Switching

(23) Gib mir her deine Frau, wir gehen zusammen da in die Wiste. ***No***, *kak ja i ne mogla ego videt'.*
›Gib mir deine Frau her, wir gehen zusammen in die Wüste. Nun/aber wie, ich konnte ihn auch nicht sehen.‹ (Riehl 2009a: 28)

Die Auslösewörter erleichtern den Übergang von einer Sprache in die andere, weil sie in beiden Sprachsystemen vorhanden sind.

Neben den erwähnten lexikalischen Übereinstimmungen können auch syntaktische oder phonetisch-phonologische Ähnlichkeiten zwischen den Sprachen den Wechsel von der einen in die andere auslösen. Das heißt überall da, wo sich Elemente des Systems überlappen, wird der Übergang von einer Sprache zur anderen erleichtert (s. o. zu kongruente Lexikalisierung). Diesen Effekt belegten Broersma/de Bot (2006) in einer Untersuchung zum Code-Switching bei Niederländisch-Arabisch-Sprechern: Bei Wörtern, die in einem Basissatz vorkamen, der auch ein *trigger word* enthielt, switchten die Probanden in 29,6 % der Fälle, bei Wörtern, bei denen im Basissatz kein *trigger word* vorkam, dagegen nur in 12,6 %. Das bedeutet, dass die Anwesenheit von Auslösewörtern oder anderen strukturellen Ähnlichkeiten den Wechsel von der einen Sprache in die andere zwar nicht erzwingt, dass er aber in diesen Fällen signifikant öfter vorkommt.

Die grammatische Struktur des Code-Switchings: Eine Reihe von Arbeiten beschäftigen sich mit der

Sprachkontakt

grammatischen Seite von Code-Switching (vgl. den Überblick bei Gardner-Chloros 2009: 91 ff.). In ihnen wird versucht, allgemeine Regeln zu finden, an welcher Stelle im Satz oder innerhalb einer Phrase man von einer Sprache in die andere wechseln kann.

Grammatische Strukturen des Code-Switchings

Die umfassendste und einflussreichste Theorie ist in diesem Zusammenhang das *Matrix Language Frame Model* (MLF) von Myers-Scotton (etwa Myers-Scotton 2002, 2006). Danach gibt eine Sprache, die sog. **Matrixsprache**, den morphosyntaktischen Rahmen für die Äußerung vor, d. h. sie bestimmt die Reihenfolge der Elemente (*Morpheme Order Principle*) und die Auswahl der syntaktisch relevanten grammatischen Morpheme (*System Morpheme Principle*), die andere Sprache wird in diese Matrixsprache **eingebettet** (*embedded language*). Nach dieser Theorie kann man z. B. nicht sagen: *You will die Kirche see.* Denn hier ist die Matrixsprache Englisch, und deshalb sollte auch die Wortstellung dem englischen Muster folgen (in diesem Fall: *You will see die Kirche*).

In einer neueren Version, dem sog. 4-M-Modell, gehen Myers-Scotton und Jake (2001) davon aus, dass es unterschiedliche Typen von Morphemen gibt, nämlich Inhaltsmorpheme und Systemmorpheme. Während bei Inhaltsmorphemen problemlos von einer in die andere Sprache gewechselt werden kann, muss man bei den Systemmorphemen differenzieren: Nur solche, die früh im Sprachproduktionsprozess aktiviert werden (*early system morphemes*) – wie Determinanten (unbestimmter/bestimmter Artikel) und Partikeln bei Partikelverben –, erlauben den Sprachwechsel. Bei Morphemen, die Beziehungen innerhalb einer Phrase oder eines Satzes anzeigen (*late system morphemes*) – wie Verb-Subjekt-Kongruenz –, ist dagegen kein Code-Switching möglich (vgl. Myers-Scotton 2006: 267 ff.). Man muss hier aber wissen, dass in diesem Modell unter Code-Switching sehr häufig das verstanden wird, was in anderen Modellen als Ad-hoc-Entlehnung definiert wird, nämlich die Übernahme eines Elements aus einer Sprache S1 in eine Sprache S2.

11.2 | Sprachkontakt

11.2.1 | Was ist Sprachkontakt?

Wenn Sprachen sich wechselseitig beeinflussen, dann spricht man von Sprachkontakt. Diese wechselseitige Beeinflussung kann natürlich nur stattfinden, wenn zumindest ein Teil der Sprecher der beiden Sprachen bilingual ist. Dass Sprachkontakt zunächst beim einzelnen bilingualen Sprecher stattfindet, spiegelt sich auch in der Definition Weinreichs (1953) wider: Zwei oder mehrere Sprachen stehen miteinander in Kontakt, wenn sie von ein und demselben Individuum abwechselnd gebraucht werden. Der eigentliche Ort des Sprachkontakts ist damit das Gehirn des mehrsprachigen Sprechers. Dieser psycholinguistischen Begriffsbestimmung steht eine soziolinguistische Begriffsbestimmung gegenüber, die im Wesentlichen von Nelde (1983) etabliert wurde. Nach dieser Auffas-

> **Definition**
>
> Unter → **Sprachkontakt** versteht man die wechselseitige Beeinflussung von zwei oder mehreren Sprachen oder Varietäten. Zwei oder mehrere Sprachen stehen miteinander in Kontakt, wenn sie von ein und demselben Individuum abwechselnd gebraucht werden oder wenn sie in derselben Gruppe gebraucht werden.

sung sind der Ort des Sprachkontakts Gesellschaften oder soziale Gruppen: Zwei oder mehrere Sprachen stehen dann in Kontakt miteinander, wenn sie in derselben Gruppe gebraucht werden.

Beim Sprachkontakt innerhalb einer Sprachgemeinschaft ist es allerdings nicht notwendig, dass jedes einzelne Mitglied der Gruppe beide Sprachen spricht, denn der Ort des Sprachkontakts ist die Gruppe im Ganzen (s. Abb. 3).

Neben einer bestimmten Zahl von Sprechern, die nur die eine (S1) oder nur die andere Sprache (S2) sprechen, gibt es Sprecher, die entweder beide Sprachen als Erstsprachen oder eine Sprache als Erstsprache und die andere als Zweitsprache in

Abb. 3: Sprachgebrauch in einer gemischtsprachigen Gruppe (aus Riehl 2009a: 12)

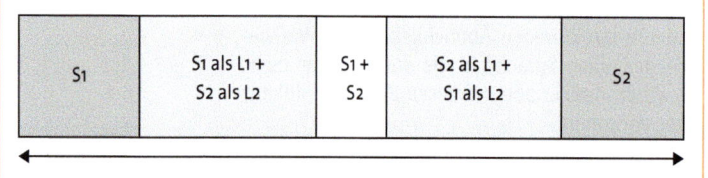

unterschiedlichem Maße beherrschen. Besonders deutlich wird das beispielsweise in Südtirol, wo eine bestimmte Anzahl von Sprechern nur Deutsch oder nur Italienisch beherrscht und die größte Gruppe entweder Deutsch als L1 und Italienisch als L2 oder umgekehrt, mit eindeutiger Dominanz der L1. Sprachkontakterscheinungen entstehen zunächst in der bilingualen Rede. Von dort gelangen dann bestimmte Kontaktformen auch in den Sprachgebrauch einsprachiger Sprecher, das heißt, sie werden Teil des Sprachsystems. So hat das gegenwärtige Deutsch sehr viele Wörter aus dem Englischen in seinen Wortschatz integriert, obwohl ein gewisser Prozentsatz der deutschsprachigen Bevölkerung kein oder nur wenig Englisch spricht. Trotzdem benutzen auch Menschen, die nie Englisch gelernt haben, Wörter wie *T-Shirt*, *Jeans*, *Computer* oder *checken*.

Der Begriff ›Sprachkontakt‹ lässt sich auch auf einzelne Varietäten einer Sprache ausdehnen, z. B. einen Dialekt und die überdachende Standardsprache. In diesem Falle spricht man von **Varietätenkontakt** (Riehl 2009a: 134 ff.). Der Dialekt nimmt in der Regel die Position einer Erstsprache und die Standardsprache die der Zweitsprache ein. Zusammenfassend lässt sich daher sagen: Sprachkontakt ist immer da, wo verschiedene Sprachen oder Varietäten einer Sprache aufeinandertreffen. Er macht Sprachen ähnlicher, d. h. die Ausdrucksseite für ein und denselben Inhalt wird in beiden Sprachen stärker zur Deckung gebracht (**Konvergenz**).

11.2.2 | Formen des Sprachkontakts

Die Sprachkontaktforschung beschäftigt sich also mit dem Einfluss eines Sprachsystems auf das andere, d. h. mit einer bestimmten Form von Sprachwandel; den Vorgang des durch Systemkontakt bedingten Wandels in einer Sprache bezeichnet man als **Entlehnung** (*borrowing*). Wenn man hingegen den einzelnen Sprecher im Auge hat, der mit zwei Sprachen umgeht und in dessen Rede eine Sprache die andere beeinflusst, spricht man von **Transfer** (Clyne 1991). Dieser Begriff ersetzt den in der älteren Sprachkontaktforschung und Sprachlehrforschung oft verwendeten Begriff der **Interferenz**.

Transferrichtung: Beim Transfer von einer Sprache in die andere ist die Richtung des Einflusses wichtig: Denn die Erstsprache (L1) hat auf die Zweitsprache (L2) andere Auswirkungen als um-

> **Definition**
>
> Der Begriff → Transfer wird verwendet für einen Prozess, in dem ein bestimmtes sprachliches Element (z. B. ein Wort, ein Laut oder ein Morphem), eine abstrakte sprachliche Struktur (z. B. Aspektmarkierung oder Auslautverhärtung) oder eine Regel (z. B. wann man Futur verwendet) von einer Sprache in die andere übertragen wird. Der Terminus wird darüber hinaus auch für das Ergebnis dieses Prozesses verwendet (nach Clyne 1991: 160).

gekehrt, d. h. es sind verschiedene **strukturelle** Bereiche des Sprachsystems betroffen. Die L1 wirkt auf die L2 vor allem sprachstrukturell, d. h. in Phonologie, Morphosyntax und Semantik. Der Einfluss der L2 auf die L1 betrifft vor allem die Lexik, und dabei besonders Inhaltswörter (Substantive, Adjektive oder Verben). Wird der Einfluss der Zweitsprache auf die Erstsprache (im Sinne der zuerst gelernten Sprache!) immer größer und wird die Zweitsprache irgendwann die dominante Sprache, können aber auch alle strukturellen Bereiche vom Sprachkontakt betroffen sein. Was sich zunächst auf der Ebene des individuellen Sprechers abspielt, kann in den Sprachgebrauch einer ganzen Sprachgemeinschaft übergehen und wird dann in der Regel als ›Entlehnung‹ bezeichnet.

Stufen des Kontakts: Die Einflüsse der Zweitsprache auf die Erstsprache und ihre Durchsetzung in der Sprachgemeinschaft machen Thomason/Kaufman (1988: 74 ff.) abhängig von unterschiedlichen Stufen des ›Drucks‹ einer gesellschaftlich dominanten (Mehrheits-)Sprache auf eine gesellschaftlich dominierte (Minderheits-)Sprache:

- **Stufe 1:** Ist der Kontakt gering, gibt es nur lexikalische Entlehnungen, die sich auf Inhaltswörter beschränken und in der Regel nicht den Grundwortschatz betreffen.
- **Stufe 2:** Bei etwas intensiverem Kontakt findet man neben lexikalischen auch strukturelle Einflüsse, die sich aber in der Übernahme neuer Phoneme in Lehnwörtern und der Entlehnung von syntaktischen Strukturen, die Funktionen

> **Definition**
>
> Der Begriff → Entlehnung wird im Deutschen vor allem in der historischen Sprachwissenschaft verwendet. Er bezeichnet Übernahmen aus einer anderen Sprache (der **Geber- oder Quellsprache**), die in das System einer Sprache (der **Nehmer- oder Aufnahmesprache**) integriert und dort kodifiziert oder zumindest konventionalisiert sind.

Sprachkontakt

> **Zur Vertiefung**
>
> **Substrat und Superstrat**
> Sowohl in der Kreolistik als auch in der historischen Linguistik bezeichnet **Substrat** die Sprache der unterlegenen Gruppe und **Superstrat** die Sprache der überlegenen Gruppe. Von Substratwirkung ist dann die Rede, wenn nach der Eroberung eines Gebietes die einheimische Bevölkerung ihre Sprache zugunsten der Eroberersprache aufgibt, im Prozess des Erwerbs der Sprache der Eroberer aber strukturelle Merkmale ihrer ursprünglichen Sprache behält. So wurde etwa auf dem Gebiet des heutigen Frankreich die einheimische keltische Bevölkerung romanisiert, aber das Lateinische, das dort gesprochen wurde, übernahm auch Elemente der alten keltischen Sprache (= keltisches Substrat). Substratwirkung tritt also bei Sprachwechsel auf. Umgekehrt übernehmen die germanischsprachigen Franken, nachdem sie Gallien erobert hatten, die dort gesprochene romanische Sprache; einige Elemente aus ihrer Sprache flossen aber auch in diese Sprache ein. Hier spricht man von einer **Superstratwirkung** des Germanischen (vgl. Riehl 2009a: 192).
>
> In der **Kreolistik** verwendet man den Begriff ›Substrateinfluss‹, um den Einfluss der Sklavensprachen auf die Bildung von Pidgins und Kreols zum Ausdruck zu bringen. Substrateinfluss ist damit gleichzusetzen mit dem Transfer aus der Erstsprache der Sprecher (ähnlich wie beim Zweitspracherwerb). Er ist daher besonders stark im Bereich der Syntax und Phonologie (vgl. Winford 2003: 17).

übernehmen, die in der Aufnahmesprache nicht grammatisch ausgedrückt werden, erschöpfen.

- **Stufe 3:** Bei intensivem Kontakt ist die strukturelle Entlehnung stärker: Adpositionen (Präpositionen oder Postpositionen), Wortbildungsaffixe und Pronomina werden übernommen, Allophone aus der Kontaktsprache werden zu eigenen Phonemen.
- **Stufe 4 und 5:** Wenn die Mehrheitssprache sehr dominant ist, z. B. die alleinige Schriftsprache ist und fast in allen Domänen verwendet wird, kommt es zu umfassenden strukturellen Entlehnungen, die zu einem typologischen Wechsel der Sprache führen können und in Extremfällen auch zur völligen Aufgabe der Sprache (**Sprachwechsel**, engl. *language shift*).

Reihenfolge der Entlehnbarkeit: Die Ergebnisse sprachtypologischer Forschungen zum Sprachkontakt legen nahe, dass keine linguistische Einheit, sei es eine einzelne Form oder eine grammatische Struktur, völlig ›entlehnungssicher‹ (*borrowing-proof*; Aikhenvald 2008: 2) ist. Allerdings lässt sich beobachten, dass bestimmte grammatische Elemente sehr schnell in ein anderes System übernommen werden, andere dagegen nur unter besonderen Umständen. Dabei wird im Allgemeinen die folgende Reihenfolge der Entlehnbarkeit angenommen (Field 2002; vgl. Matras 2010: 76 ff.):

Inhaltswörter >
  Funktionswörter >
    agglutinierende Affixe >
      fusionierte Affixe

Diese Unterschiede haben zum einen mit einer gewissen Stabilität im grammatischen System zu tun, das bedeutet, dass gebundene Morpheme in der Regel resistenter sind gegen Transfer als ungebundene. Zum anderen spielen aber auch außersprachliche Faktoren wie Häufigkeit in der Verwendung eine Rolle (vgl. van Coetsem 2000). In mehrsprachigen Gemeinschaften lässt sich in der Regel feststellen, dass es bei den jüngeren Sprechern einer sprachlichen Minorität mehr und häufigere Sprachkontakterscheinungen gibt als bei den Vertretern der älteren Generation. Außerdem zeigen verschiedene Register unterschiedliche **Sprachkontaktmuster**. In der Regel ist der sprachkontaktbedingte Wandel in den informellen Registern weiter fortgeschritten als in den formellen.

Es gibt allerdings auch Sprachkontakt, der von der geschriebenen Sprache ausgeht; das ist v. a. aus den Anfängen der Schriftlichkeit in Europa bekannt. Hier haben viele Volkssprachen das Vokabular, aber auch die Strukturen der lateinischen Schriftsprache übernommen. Im Beispiel (24) aus einer Evangelien-Übersetzung des 9. Jahrhunderts (sog. ›Althochdeutscher Tatian‹) wird das lateinische Partizip *cadens* mit dem im Deutschen dafür neu gebildeten Präsenspartizip *nidarfallenti* (›niederfallend‹) wiedergegeben.

Im Sprachkontakt können konkretes Sprachmaterial (***matter borrowing***), abstrakte Strukturmuster (***pattern borrowing***; Matras 2009) oder Bedeutungen bzw. Gebrauchskontexte für Wörter oder Strukturen von einer Sprache in die andere übertragen werden. Im Bereich des Wortschatzes werden sowohl Wörter als auch Bedeutungen aus der anderen Sprache übernommen und in das System der Nehmersprache integriert. In der Morphosyntax ist struktureller Transfer häufiger, weil insbesondere syntaktische Muster kopiert werden (z. B. in der Wortstellung). Es können aber auch Morpheme übernommen werden (z. B. Wortbildungsaffixe oder Pluralsuffixe). Schließlich ist es möglich, **dass**

(24) (Tatian 15,5; Beispiel aus Riehl 2009a: 196)

et dixit	illi:	haec	tibi omnia dabo,	si	cadens	adoraveris me.
inti quad	imo:	thisu	allu gibu ih thir,	oba	thû nidarfallenti	betôs mih.
›und sagte	ihm:	dieses	alles gebe ich dir,	wenn	du niederfallend	mich anbetest‹

sich die Gebrauchskontexte von schon vorhandenen Strukturen unter dem Einfluss der Gebersprache verändern: Dann bekommen diese bereits existenten Muster noch zusätzliche Funktionen. In der Phonologie und Prosodie ist das materielle Entlehnen häufiger, z. B. der Ersatz von Phonemen der Aufnahmesprache durch die entsprechenden Phoneme oder Muster der Gebersprache.

Entlehnung lexikalischer Einheiten: Am häufigsten übernommen werden Inhaltswörter, die zur Anpassung an sich verändernde Lebenswelten benötigt werden (sog. **cultural borrowings**; vgl. Myers-Scotton 2006: 212). Nach Clyne (2003: 111 ff.) sind das vor allem Lexeme, die keine direkte Entsprechung in der eigenen Sprache haben, weil sie einem sozialen Bereich (Domäne) angehören, in dem normalerweise nur die Kontaktsprache verwendet wird (z. B. die Domäne ›Arbeitswelt‹ bei Migranten und Sprachminderheiten). Es kann aber auch **sprachinterne Gründe** dafür geben, warum Wörter entlehnt werden. Zum Beispiel hat im australischen Deutsch (d. h. der Varietät des Deutschen, die von deutschen Auswanderern nach Australien gesprochen wird) das englische Wort *butcher* die deutschen Entsprechungen *Metzger, Fleischer, Fleischhauer* etc. ersetzt, möglicherweise weil es im Deutschen kein einheitliches Lexem dafür gab. Verben werden besonders dann übernommen, wenn sie in der Gebersprache eine einfachere Argumentstruktur haben. So ersetzt etwa das einfache transitive Verb *remembern* das im Deutschen reflexive *sich erinnern* mit Präpositionalkasus oder *servicen* (*lassen*) das Funktionsverbgefüge *einen Service machen* (*lassen*) (Riehl 2009a: 93).

Integration in das zielsprachliche System: Die entlehnten Lexeme werden in unterschiedlichem Maße in das zielsprachliche System integriert: Hier kann man zwischen phonologischer und morphologischer Einpassung unterscheiden. Die phonologische Integration ist häufig graduell (s. o. zu Grosjean S. 384) und teils auch in unterschiedlichen Entlehnungsphasen verschieden. So wurden etwa frühe Entlehnungen aus dem Englischen im Deutschen lautlich angepasst (*Streik* < *strike, Keks* < *cakes*), während das heute nicht mehr geschieht. In manchen Sprachen ist die phonologische Anpassung so stark, dass das Ausgangswort gar nicht mehr zu erkennen ist: z. B. Pirahã *topagahai* < engl. *tape-recorder*, Jordanisches Arabisch *banšer* < engl. *puncture* (Beispiele aus Matras 2009: 149).

Morphologisch werden **Nomina** in der Regel durch Anhängen von Flexionsaffixen integriert, z. B. aus dem Deutschlandtürkischen: *šimdi haupt-bahnhof-a gidiyorum* (›jetzt fahre ich zum Hauptbahnhof‹, mit Dativsuffix am entlehnten deutschen Wort *Bahnhof*, das entsprechend der türkischen Grammatik die Richtung einer Bewegung angibt). Allerdings ist die Integration von Lexemen nicht bei allen Sprachen oder Wortarten in gleich einfachem Maße durchführbar. Dies lässt sich etwa bei der Integration von **Verben** in verschiedenen Sprachen zeigen. Im Deutschen funktioniert die Einpassung von Verben aus Kontaktsprachen gut, sie lassen sich entweder mit Hilfe des aus dem französisch-deutschen Sprachkontakt erprobten Suffix *-ieren* oder aber mit dem einfachen deutschen Suffix *-en* integrieren, vgl.:

- Südtiroler Deutsch: *stuffieren* (> ital. *stufarsi* ›überdrüssig sein‹)
- Brasilianisches Deutsch: *incomodieren* (> port. *incomodar* ›belästigen‹)
- Australisches Deutsch: *collecten* (> engl. *to collect* ›sammeln‹)
- Russlanddeutsch: *snaje* (*snat'* ›wissen‹, mit deutschem Infinitivsuffix *-e* ~ standarddt. *-en*)

Wenn dagegen deutsche Verben in andere Sprachen integriert werden sollen, gibt es öfter Schwierigkeiten, die zu einer analytischen Form der Entlehnung mit Hilfe eines Passepartout-Verbs (in der Regel mit der ursprünglichen Bedeutung ›machen‹) führen. So werden etwa im Deutschlandtürkischen deutsche Verben mithilfe des türkischen Verbs *yapmak* ›machen‹ integriert, das deutsche Verb bleibt dabei im Infinitiv (z. B. *tauschen yapmam* ›ich tausche nicht‹, wörtlich ›ich mache nicht tauschen‹); dasselbe geschieht im Deutschlanditalienischen mit *fare* ›machen‹ (*fa una Pokemon-Karte einsetzen* ›er setzt eine Pokemon-Karte ein‹, *facciamo schmücken* ›wir schmücken‹; vgl. Krefeld 2004: 105). Analoge Strukturen sind auch aus anderen Sprachpaaren bekannt.

Dies lässt vermuten, dass ähnliche phonotaktische Regeln bzw. die gleiche Silbenstruktur von Sprachen die morphologische Integration erleichtern oder vielleicht sogar erst möglich machen. Das kann man an aus dem Englischen entlehnten Verben im Australiendeutschen zeigen, auf die man deutsche Verben reimen kann: *expiren – verfeiern, showern – dauern, gehookt – gespukt, invaden – entscheiden* (Riehl 2009a: 97). Auf **tauschmak* oder **schmückiare* würde man dagegen im Türkischen oder Italienischen kein Verb reimen können, sie klingen daher in den Zielsprachen sehr ungewöhnlich. Das macht auch plausibel, warum Sprachen wie Pirahã oder Arabisch die

Sprachkontakt

Semantische Übernahmen

entlehnten Wörter dann lautlich extrem verändern müssen (wie oben gezeigt), um sie in ihr System einpassen zu können.

Neben der Entlehnung von Inhaltswörtern ist auch die Entlehnung von **Diskursmarkern** sehr beliebt. Das sind Wörter, die das Gespräch steuern und keine eigentliche semantische Bedeutung haben, z. B. dt. *na ja*. Sie haben »interaktionsstrategische« Funktionen oder tragen zur Strukturierung von Äußerungen bei (Blankenhorn 2003: 75 ff.). Aufgrund dieser Funktion stehen sie nach Matras (1998: 310) dem Kommunikationssystem der Gestik nahe und werden umso eher entlehnt, je weniger durchsichtig ihre lexikalische Bedeutung ist, d.h. je gestenhafter sie sind. In bilingualen Sprachgemeinschaften, die einen intensiven Kontakt zur Mehrheitsgesellschaft haben, wie das in fast allen Sprachinseln der Fall ist, durchziehen entlehnte Diskursmarker oft den ganzen Text und geben ihm eine typische Struktur. Fast in allen Sprachkontaktkonstellationen zwischen dem Spanischen und den amerindischen Sprachen werden zum Beispiel die Diskursmarker *pero* und *porque* aus dem Spanischen entlehnt (Stolz/Stolz 1996). (Ursprünglich ist *pero* natürlich eine Konjunktion und *porque* eine Subjunktion, aber beide werden – wie z. B. im Deutschen auch *also* (s. 25a) – im gesprochenen Spanisch als Diskursmarker verwendet.) Beispiele für die Entlehnung von Diskursmarkern sind die folgenden:

(25) (a) (Lovari Romani; Matras 2009: 139)
Laki familija sas *also* kesave sar te phenav, artisturi, *ne*?
Ihre Familie war PART so wie COMP sag.1SG Künstler, PART
›Ihre Familie war also so, wie soll ich sagen, Künstler, nicht?‹

(b) (Australiendeutsch; Riehl 2009b: 205)
I: Was haben Ihre Eltern eigentlich gesagt, als Sie sagten Sie gehen nach Australien?
EM: *Well*, meine Mutter war schon tot.

(c) (Russlanddeutsch, Riehl 2009b: 213)
I: Haben Sie Latein auch gekonnt?
TM: Ja, die Lateina, *konečno*. Lateinisch, die hab ich gelernt, wo ich noch klein war. (russ. *konečno* = ›natürlich‹)

Matras (2009: 100) erklärt die Häufigkeit der Entlehnung von Diskursmarkern damit, dass mehrsprachige Sprecher kommunikative Routinen ohne referentielle Bedeutung weniger stark unterdrücken können als Wörter mit referentiellem Bezug. Das gilt selbst, wenn sie im monolingualen Modus sprechen (s. o. S. 384).

Semantische Übernahmen: Häufig werden Bedeutungen von Wörtern der Kontaktsprache auf Wörter der Nehmersprache übertragen, ohne dass dabei fremdes Wortmaterial übernommen würde. Das passiert am häufigsten bei sog. ***cognates***, also etymologisch miteinander verwandten Wörtern in beiden Sprachen. Je näher Sprachen miteinander verwandt sind, desto mehr gemeinsamen Erbwortschatz haben sie. So hat das Deutsche in Namibia die erweiterte Bedeutung von afrikaans *lecker* ›schmackhaft, herrlich‹, wie in *Das an dem See, das war so lecker*, die Bedeutung von afrikaans *klar* ›fertig, bereit‹ wie in *Hier ist noch ein Happie, dann bist du klar* oder die Bedeutung von afrikaans/engl. *besig/busy* wie in *Diese Straße ist sehr beschäftigt* übernommen (Riehl 2009a: 97).

Semantischer Transfer ist nicht auf Inhaltswörter beschränkt, sondern kann auch bei verwandten Funktionswörtern erfolgen. Hier ist der deutsch-englische Sprachkontakt sehr aufschlussreich, weil bei diesem Sprachenpaar auch Konjunktionen, Präpositionen und Vergleichspartikeln etymologisch verwandt sind (Beispiele nach Riehl 2009a: 98):

(26) (Australiendeutsch)
(a) Der Hase und ich werden jetzt nicht hingucken, *weil* Nikolas die Karten vermischen wird.
(vgl. engl. *while* ›während‹)

(b) *Wenn* ich ein ganz junges Kind war [...]
(vgl. engl. *when* ›wenn, als‹)

(c) Das war *bei* Gesetz verboten.
(vgl. engl. *by law* ›per Gesetz‹)

Es gibt daneben auch semantische Übernahmen bei etymologisch nicht miteinander verwandten Wörtern: so etwa im Russlanddeutschen *Brot* in der Bedeutung ›Getreide‹ (vgl. russ. *chleb* ›Getreide, Brot‹), [*auf Tonband*] *aufschreiben* (vgl. russ. *zapisat'* ›aufschreiben, aufzeichnen‹), *Platz* im Südtiroler Deutsch in der Bedeutung ›Stelle‹ (vgl. it. *posto* ›Platz, Stelle‹) oder im Australiendeutsch in der Bedeutung ›Besitz‹ (vgl. engl. *place* ›Platz, Besitz‹).

Auch die Bedeutungen innerhalb von festen Kombinationen (Kollokationen) werden entlehnt. Darunter fallen etwa Beispiele wie (aus Riehl 2009a: 99):

(27) (a) (Südtiroler Deutsch)
Sie hat den *Bus verloren*.
(vgl. it. *perdere l'autobus* ›den Bus verpassen‹)

(b) (Australiendeutsch)
Du musst *sicher machen*, dass du noch Tickets bekommst.
(vgl. engl. *to make sure* ›sich vergewissern‹)

(c) (Russlanddeutsch)
Ich habe auch immer deutsche *Zeitunge rausgschrieben.*
(vgl. russ. *vypisat' gasetu* ›eine Zeitung abonnieren‹)

Sehr häufig geschieht dies bei Kombinationen mit Passepartout-Verben wie *nehmen* oder *machen*, vgl. Australiendeutsch *ein Foto nehmen, die Gelegenheit nehmen, ein Interview nehmen* (vgl. engl. *to take a foto, the opportunity, an interview* etc.) oder Südtiroler Deutsch *Konfusion machen* (vgl. it. *fare confusione*). Dies entspricht der allgemein im Sprachkontakt festzustellenden Tendenz, dass Sprachen im Kontakt Wort-für-Wort-Übersetzbarkeit anstreben (vgl. Aikhenvald 2008: 28).

Syntaktische Entlehnungen: Bei Sprechern des Deutschen als Erstsprache, die einem langen und intensiven Sprachkontakt ausgesetzt sind, wird die Zweitstellung des Verbs auf alle Typen von Nebensätzen übertragen (Beispiele aus Riehl 2009a: 100):

(28) (a) (Russlanddeutsch)
    Wie wir kommen nach Kasachstan, war Schnee.
    (vgl. russ. *kak my prijechali v Kazachstan, ...*)

(b) (Ungarndeutsch)
    das hilft [...], dass sie können die deutsche Sprache.
    (vgl. ungar. [...], *hogy tudják a német nyelvet.*)

(c) (Australiendeutsch)
    Wenn wir waren Kinder, [...]
    (vgl. engl. *when we were children*)

Es ist zwar nicht ausgeschlossen, dass es sich in Fällen wie (28a) um eine Ausklammerung (s. Kap. 6.5) einer obligatorischen Angabe handelt, wie sie auch im gesprochenen Deutsch vorkommt, Beispiel (28c) lässt sich jedoch auf diese Weise nicht erklären. Wie Clyne (1994) herausgefunden hat, werden in den älteren deutschen Sprachinseln, z. B. im Pennsylvania-Deutsch oder im australischen Deutsch, schon etwa 45 % aller Nebensätze mit Verbzweitstellung gebildet. Hier wird ein syntaktisches Muster der Gebersprache, das in der Aufnahmesprache bereits vorhanden ist (Verbzweitstellung), auf Umgebungen ausgedehnt (Nebensatz), in denen es in der Aufnahmesprache nicht verwendet werden kann. Ähnlich verhält es sich im Namibiadeutschen, das den Infinitiv mit *um ... zu* wie im Afrikaans bildet: *Ich habe keine Lust, um nass zu werden* (afrikaans *Ek het nie lus om nat te word nie*). Hier wird die finale Infinitivkonstruktion mit *um ... zu* auf alle Infinitive übertragen.

Ein weiteres Beispiel: Im Mazedonischen Türkisch (Matras 2009: 250) sind die türkischen Nominal- und Gerundkonstruktionen durch aus dem Mazedonischen entlehnte Nebensatzstrukturen, die mit einer Subjunktion eingeleitet werden, ersetzt worden. Statt *gönder-diğ-i mektup* (›den Brief, den er geschickt hat‹), einer Gerundkonstruktion, in der *mektup* (›Brief‹) von dem davor stehenden, mit dem Suffix *-dik* gebildeten Partizip modifiziert wird, wird jetzt ein Nebensatz verwendet, der mit der Relativpartikel *ne* (entstanden aus dem Fragewort ›was‹) eingeleitet wird:

(29) üç yüz   mark   para   al-ır-dı   bir mektup ne   gönder-ir-di
     drei hundert Mark Geld nehmen-AOR-PAST ein Brief REL schicken-AOR-PAST
     ›Er nahm 300 Mark für jeden Brief, den er verschickt hat.‹

Ähnliches geschieht bei den Possessivkonstruktionen: Auch hier übernimmt das Mazedonische Türkisch aus den benachbarten Sprachen Mazedonisch und Albanisch eine Konstruktion, bei der der Possessor nach dem Possessum steht, statt – wie im Türkeitürkischen üblich – davor (Bsp. aus Matras 2009: 254):

(30) (a) Türkisch:
     damad-ın   eşya-lar-ı
     stallbursche-GEN   kleid-PL-3SG.POSS

(b) Mazedonisch:
     ališta-ta   na zet-ot
     kleid-DEF   zu stallbursche-DEF

(c) Mazedonisches Türkisch:
     ruba-lar-ı   damad-ın
     kleid-PL-3SG.POSS   stallbursche-GEN
     ›die Kleider des Stallburschen‹

Das Mazedonische Türkisch behält also die für das Türkische typische Possessivkonstruktion mit dem Genitiv am Possessor und der Possessivendung am Possessum bei und ahmt nicht etwa die analytische Konstruktion des Mazedonischen (mit der Präposition *na* ›zu‹ und ohne Markierung durch ein Suffix an den beiden Nomen) nach. Der einzige Punkt, in dem das Mazedonische Türkisch mit den Umgebungssprachen konvergiert, ist die Wortstellung.

Sprachkontakt

> **Zur Vertiefung**
>
> **Transfer von idiomatischen Prägungen**
> Außer dem Transfer von Bedeutungen oder Konstruktionen findet man im Sprachkontakt häufig Konstruktionen im Sinne einer 1:1-Übersetzung. Dabei handelt es sich oft um feste Wendungen, sog. idiomatische Prägungen (Feilke 1996). Feilke versteht darunter konventionell im gesellschaftlichen Umgang mit Sprache sich verfestigende Gebrauchsregeln auf verschiedenen Ebenen der Sprache, u. a. figurative Wendungen wie *ins Gras beißen* oder plastische Wendungen wie *ins Bett gehen*.
> Viele Sprecher des Australiendeutschen verwenden, wenn sie jemanden fragen wollen, ob es ihm warm ist, die Wendung:
>
> *Bist du warm?* analog zu engl.
>
> *Are you warm?*
>
> Dieser Satz ist zwar für einen Sprecher des Deutschen durch den konkreten Kontext verständlich, aber entspricht nicht dem Muster, das er in dieser Situation gebrauchen würde. Der Sprecher des Australiendeutschen hat also die Prägung aus der Kontaktsprache übernommen und mit Wortformen aus dem Deutschen gefüllt. Matras (2009: 240 ff.) spricht in diesem Zusammenhang von sog. *pivot-matching*, d. h. der Sprecher zerlegt die Konstruktion zunächst und isoliert ihre Schlüsselcharakteristika (*pivotal features*). Dieses Konstruktionsgerüst mit den jeweiligen Angelpunkten (*pivots*) wird dann auf das entsprechende Formeninventar der anderen Sprache übertragen.

Ausbau grammatischer Kategorien: Eine weitere wichtige Erscheinung im Sprachkontakt ist der Ausbau von grammatischen Kategorien, die in der Gebersprache grammatikalisiert sind, nicht aber in der Nehmersprache. So gibt es etwa im Deutschen kein grammatisches Aspektsystem, zum Beispiel um auszudrücken, ob eine Handlung sich im Verlauf befindet oder abgeschlossen ist. Es gibt dafür zwar Umschreibungsformen (*er ist am Arbeiten*) und lexikalische Mittel (z. B. Adverbien: *er arbeitet gerade*), diese sind aber nur optional. Im Englischen muss dagegen der Verlauf einer Handlung durch die Konstruktion *to be + -ing* zum Ausdruck gebracht werden (sog. Progressiv-Konstruktion). Der Sprachkontakt mit dem Englischen führt nun im Pennsylvania-Deutschen dazu, dass die optionale Umschreibungsform *ist am X-en* als morphosyntaktische Markierung der Kategorie Aspekt allmählich grammatikalisiert und damit obligatorisch wird (vgl. Louden 1994: 85):

(31) (a) Er is in die Schtadt an gehe nau.
(vgl. engl. *he is going to town now*)

(b) Ich bin der Mann, as du an gucke bischt defoor.
(vgl. engl. *I am the man you are looking for*)

Diesen Anstoß aus einer Kontaktsprache zur Grammatikalisierung eigener Formen haben schon viele Sprachen genutzt. Heine/Kuteva (2005: 92 f.) sprechen hier von einer **Replikakonstruktion**.

Entlehnung von grammatischen Morphemen: Während in den bisher besprochenen Fällen grammatische Regeln kopiert werden, sich grammatische Gebrauchskontexte verändern oder bestimmte grammatische Kategorien oder Muster mit dem Inventar der eigenen Sprache nachgebildet werden, gibt es auch einige Fälle, in denen morphologisches Material übernommen wird (**matter borrowing**). So finden sich in vielen Sprachkontaktsituationen Belege dafür, dass bestimmte grammatische Kategorien doppelt markiert werden, nämlich mit Morphemen aus beiden Sprachen (vgl. Aikhenvald 2008: 25). Das ist besonders interessant bei Sprachen, die unterschiedlichen Sprachfamilien angehören, wie Deutsch und Ungarisch. Das Ungarische, eine agglutinierende Sprache, besitzt eine Reihe von Suffixen, um bestimmte grammatische Relationen auszudrücken, die im Deutschen durch Präpositionen bezeichnet werden. So markiert etwa das Suffix -*ba* (bzw. -*be*) eine Ortsbestimmung des inneren Raumes auf die Frage ›wohin?‹ (sog. Illativsuffix). Im Deutschen wird diese Relation in der Regel durch *in* + Akkusativ zum Ausdruck gebracht. Nun finden sich im Ungarndeutschen Fälle wie die folgenden (Földes 1996: 21):

(32) (a) Tuars naj a Suppá*ba*
›Tu es hinein in die Suppe.‹

(b) Schits miar ans Kläsli*ba*
›Schütte es mir ins Glas.‹

Hier wird also die grammatische Kategorie des Illativs doppelt mit ganz verschiedenen grammatischen Mitteln zum Ausdruck gebracht, einerseits mit der deutschen Präposition *an* (= ›in‹), andererseits mit dem ungarischen Suffix -*ba*, das die gleiche Bedeutung hat.

Das angeführte Beispiel aus dem Ungarndeutschen ist eine junge Entwicklung. Es gibt aber auch in der älteren Sprachgeschichte eine Vielzahl von Beispielen für die Entlehnung von Affixen aus der einen in die andere Sprache. Besonders häufig werden Wortbildungsaffixe entlehnt. So bietet das Jiddische viele interessante Belege, in denen Suffixe aus dem Polnischen übernommen wurden, und zwar besonders pejorative Suffixe wie -*atsch*, -*ak* oder -*uk*: *jungatsch* ›Bengel, Grobian‹, *fojlak* ›Faulpelz‹, *schnajderuk* ›Flickschneider‹ (vgl. Weissberg 1988: 233).

Phonologische und prosodische Entlehnungen: Aus der Phonologie einer Kontaktsprache wird oft lautliches Material (d. h. Phoneme) übernommen. Manchmal werden aber auch Strukturen kopiert, z. B. intonatorische Muster oder phonotaktische Regelmäßigkeiten. Für prosodische Muster der Kontaktsprache trifft das schon in sehr frühen Stadien des Kontakts zu. So zeigt Birkner (2004), dass brasiliendeutsche Sprecher bei gemischtsprachigen Aufzählungen nur den im Portugiesischen üblichen Tonhöhenverlauf verwenden, d. h. eine steigend-fallende Kontur, nicht aber die Plateaukontur (mit auf einer Höhe bleibendem Ton), die in diesem Kontext im Deutschen üblich ist. Im Russlanddeutschen wird bei Aufzählungen ein Muster verwendet, das ebenfalls einer russischen Intonationskontur entspricht, der sog. IK 3. Kennzeichnend dafür ist der plötzliche Anstieg des Tones im Intonationszentrum (Riehl 2009a: 107). Außerdem werden phonotaktische Regeln aus dem Russischen ins Deutsche übertragen, so das sog. *a-kanje*. Dies heißt, dass ein *o* oder *a* vor einer Akzentsilbe in einem russischen Wort zu *a* oder Schwa reduziert wird. Beispiele für die Übertragung dieser Regel im Russlanddeutschen sind *telefaniert* statt *telefoniert*, *kanfirmiert* statt *konfirmiert*, *Aperation* statt *Operation*, *Kampanist* statt *Komponist*. Das letzte Beispiel zeigt, dass es sich nicht um eine Übernahme von Lexemen zusammen mit ihrer russischen Aussprache handelt, sondern tatsächlich um die Entlehnung von phonologischen Regeln: Das Übersetzungsäquivalent lautet im Russischen *kompozítor*.

11.2.3 | Entwicklungstendenzen im Sprachkontakt

Stolz (2008: 25) weist darauf hin, dass Entlehnungen regelmäßigen Mustern folgen. So werden zum Beispiel im Kontakt mit dem Italienischen als Gebersprache ähnliche Diskursmarker entlehnt (etwa *allora* und *contra*) wie beim Kontakt amerindischer und austronesischer Sprachen mit dem Spanischen (*pero* und *porque*). In Riehl (2009a) konnte gezeigt werden, dass auch umgekehrt ein und dieselbe Sprache, nämlich das Deutsche, im Kontakt mit den unterschiedlichsten Sprachen ähnliche Entlehnungen aufweist. Hier lassen sich die folgenden Entwicklungen erkennen:

- Beschleunigung von in der Sprache bereits angelegten Entwicklungstendenzen in eine bestimmte typologische Richtung (z. B. Kasusabbau)
- Befolgung bestimmter kognitiver Prinzipien (z. B. Näheprinzip)
- Ausbau latenter Kategorien (z. B. Aspekt)

Beschleunigung von Entwicklungstendenzen: Seit althochdeutscher Zeit wird das Flexionssystem des Deutschen immer mehr reduziert. Besonders die Markierung der Kasus im Nominalparadigma geht immer mehr zurück. Das sieht man sehr schön an den deutschen Dialekten, in denen dieser Prozess schon viel weiter fortgeschritten ist als in der deutschen Standardsprache. Abbau der Kasusmarkierung ist aber auch für Kontaktvarietäten des Deutschen typisch, und zwar sogar im Sprachkontakt mit Sprachen, die eine reiche Flexion haben (wie die slawischen Sprachen). Man kann also von einer typologisch bedingten Sprachvereinfachung sprechen (Rosenberg 2003: 288). Der Sprachkontakt beschleunigt lediglich eine Tendenz, die bereits in der Sprache angelegt ist (vgl. auch Clyne 1991: 179).

Befolgung kognitiver Prinzipien: Manche Erscheinungen im Sprachkontakt folgen bestimmten kognitiven Prinzipien. In diesen Bereich gehört der Abbau der Verbklammer im deutschen Hauptsatz zugunsten der Kontaktstellung der Verbteile. Kontaktsprachen, die selbst die Kontaktstellung kennen, unterstützen diese Entwicklung. Aber auch im Kontakt mit Sprachen wie dem Russischen und Tschechischen, die eine sehr flexible Wortstellung haben, finden wir einen Abbau der Verbklammer. Das könnte damit zusammenhängen, dass nach dem kognitiven Prinzip der Nähe (Givón 1990: 970 f.) Einheiten, die funktional, konzeptionell oder kognitiv zusammengehören, auch an der sprachlichen Oberfläche, d. h. zeitlich oder räumlich, nahe zusammenstehen sollten. Nach diesem Prinzip sollten die zusammengehörenden Teile des Verbs, nämlich der Träger der grammatischen Information (Hilfsverb) und der Träger der semantischen Information (Vollverb), in relativer Nähe zueinander stehen. Das ist aber bei extremer Klammerbildung nicht gegeben.

Ausbau latenter Kategorien: Im Falle der obligatorischen Markierung des progressiven Aspekts im Pennsylvania-Deutschen wird eine bereits in der Sprache vorhandene Ausdrucksweise genutzt, um eine voll grammatikalisierte Kategorie der Kontaktsprache (Verlaufsform, Aspekt) auszudrücken. Statt der Nachbildung der englischen Konstruktion (*ich bin gehend*) wird eine eigene Form benutzt, die im Deutschen schon optional vorhanden war: *ist am Gehen*. Durch den Einfluss der Kontaktsprache Englisch wird nun diese Möglichkeit grammatikalisiert.

Kognitive Ökonomie: Die gerade beschriebenen Tendenzen werden durch ein übergeordnetes Prinzip gesteuert, nämlich das der kognitiven Ökonomie. Die Sprecher versuchen, die unterschiedlichen Sprachsysteme so zu organisieren, dass sie viele der Strukturen möglichst ökonomisch nutzen können. Dabei geht es weniger um die Speicherung – denn hier ist die Kapazität des Gehirns ja sehr hoch –, sondern um die Geschwindigkeit bei Sprachverarbeitung und Sprachproduktion. Im Bereich des Lexikons wird ausdrucksseitige Ökonomie angestrebt: Reduktion von Benennungsvarianten für ein und denselben Referenten und möglichst hohe Deckungsgleichheit von Ausdrucks- und Inhaltsseite in beiden Sprachen. In der Morphologie erzielt man Ökonomie meist durch eine Vereinfachung von Formen und Reduktion des Formenreichtums. Damit muss sich der Sprecher ein kleineres Inventar an Formen merken und nicht so viele Ausnahmen einzeln abgleichen. In der Syntax werden ebenfalls Varianten reduziert, z. B. indem man in der Wortstellung nicht mehr zwischen Haupt- und Nebensatz unterscheidet. Gleichzeitig besteht aber hier viel stärker als in der Morphologie die Möglichkeit, den anderen Code zu kopieren, so dass möglichst viele syntaktische Muster für ähnliche Funktionen eingesetzt werden können. Die Konvergenzprozesse werden durch strukturelle Ähnlichkeit und Verwandtschaft der beteiligten Sprachen sowie durch ähnliche phonotaktische Bedingungen erleichtert.

11.3 | Mischsprachen

Es gibt Fälle von umfassendem und massivem Sprachkontakt, die am Ende zu einer regelrechten Sprachmischung führen, so dass ein Sprecher, der nur die eine oder die andere Sprache spricht, die gemischte Form nicht mehr verstehen kann. Einen Extremfall dieser Sprachmischungsprozesse stellen **Pidgin- und Kreolsprachen** dar, einen anderen **bilinguale Mischsprachen**.

11.3.1 | Pidgin- und Kreolsprachen

Pidginsprachen entwickeln sich in der Regel in Umgebungen, in denen eine allgemeine Sprache der Verständigung benötigt wird, und zeichnen sich durch eingeschränkten Gebrauch und einfache Strukturen aus. In Fällen, in denen der Gebrauch ausgedehnt wird und sich komplexere grammatische Strukturen entwickeln, entstehen aus den Pidgins Kreolsprachen (s. Kap. 9.4).

Am häufigsten treten Pidginsprachen im Zusammenhang mit Handelsbeziehungen auf. Sie entstanden aber auch auf Plantagen, im Bergbau oder in multi-ethnischen Schiffsmannschaften, besonders im Zusammenhang der Sklaverei (Rickford/McWhorter 1997). Viele Pidginsprachen bildeten sich im Kontakt von europäischen mit afrikanischen und austronesischen (überwiegend in Indonesien und Polynesien beheimateten) Sprachen heraus, und zwar mit dem Lexikon einer europäischen Sprache und der Grammatik mehrerer afrikanischer oder austronesischer Sprachen. Neben den auf europäischen Sprachen basierenden Pidginsprachen gibt es eine Reihe von Pidgins, die nicht von europäischen Sprachen beeinflusst sind, z. B. den *Chinook*-Jargon an der Westküste Kanadas (s. u.) oder das Fanakalo (Süd-Afrika), dessen Basis eine Bantusprache ist. Weitere Beispiele sind das chinesische Pidgin-Russisch und das Russenorsk: Ersteres ist eine Verständigungssprache zwischen Chinesen und Russen, Letzteres eine zwischen Russen und Norwegern.

Es gibt drei wichtige **Kriterien für die Bestimmung von Pidginsprachen:**
- Unverständlichkeit im Hinblick auf die Quellsprachen
- Konventionalisierung (Stabilisierung)
- keine Erstsprache einer Sprechergemeinschaft

Unverständlichkeit: Obwohl in der Entstehungsphase eines Pidgins oder im Falle typologisch sehr nah verwandter Sprachen wechselseitige Versteh-

---

Definition

Eine → **Pidginsprache** ist eine vereinfachte Sprache, die sich als Kommunikationsmedium zwischen zwei oder mehreren Gruppen von Menschen herausbildet, die keine gemeinsame Sprache haben. Das Pidgin wird vor allem in Handelskontexten verwendet.

barkeit gegeben sein kann, sind Pidgins in der Regel nicht ohne Weiteres für die Sprecher der Kontaktsprachen verständlich. Ein Beispiel dafür ist das Russenorsk, ein Handelspidgin, das sich vor allem in den Hafenstädten an der nordnorwegischen Küste aufgrund von intensiven Handelsbeziehungen zwischen russischen Kaufleuten und norwegischen Fischern herausbildete. Diese Sprache wurde von den Sprechern auch *moja på tvoja* (›meine für deine‹) genannt. Das bedeutet, dass die Russen meinten, Russenorsk sei Norwegisch, und die Norweger, es sei Russisch (Thomason/Kaufman 1988: 167 f.).

Manchmal wird ein von den Sprechern der Ausgangssprache noch verstehbares Pidgin von Sprechern ganz anderer Sprachen als Verständigungsmittel verwendet. Das war etwa so im Fall des *Chinook*-Jargon: Sprecher des *Lower Chinook*, einer indianischen Sprache am Columbia River, konnten dieses Pidgin verstehen, aber es wurde von den Europäern auch mit anderen Gruppen von Indianern und sogar von bestimmten Sprechern von Indianersprachen selbst verwendet (Thomason/Kaufman 1988: 169).

Stabilisierung: Das zweite wichtige Kriterium für das Vorliegen eines Pidgins ist die **Konventionalisierung**. Eine Pidginsprache muss man lernen, sie kann nicht von einem Sprecher einfach produziert werden, indem er seine eigene Sprache ad hoc simplifiziert und ein paar Begriffe durch anderssprachige ersetzt. Natürlich gibt es auch hier Grenzfälle in der Entstehungsphase einer Pidginsprache (vgl. Thomason/Kaufman 1988: 169).

Keine Verwendung als Erstsprache: Das dritte wichtige Charakteristikum für ein Pidgin ist, dass es von niemandem als Muttersprache gesprochen wird. Alle Pidginsprecher haben noch eine andere Sprache, in der sie sich ausdrücken können. Das hängt natürlich mit den reduzierten Ausdrucksmöglichkeiten von Pidgins zusammen. Sie haben nicht nur einen eingeschränkten Wortschatz und eine vereinfachte Grammatik, sondern es fehlen ihnen auch die Möglichkeiten für stilistische oder pragmatische Differenzierungen (vgl. Rickford/McWhorter 1997: 240). Sobald der Bedarf besteht, die Sprache in weiteren Kontexten anzuwenden, kann sie ausgebaut werden und alle nötigen grammatikalischen und stilistischen Kategorien entwickeln. In der Regel entstehen so **Kreolsprachen** (s. Kap. 6.3).

11.3.2 | Sprachliche Charakteristika von Pidgins

Typisch für Pidgins sind **Wort-Paraphrasen** durch einfachere Wörter. Das betrifft auch den Grundwortschatz; vgl. dazu folgende Beispiele aus dem Tok Pisin, das zwar heute eine Kreolsprache ist, aber in vielen Fällen noch die Paraphrasierungsmuster des Pidgin erhalten hat (aus Mesthrie et al. 2000: 291):

(33) (a) gras bilong fes (›grass belong face‹) ›Bart‹
  (b) gras bilong hed (›grass belong head‹) ›Haare‹
  (c) gras bilong ai (›grass belong eye‹) ›Augenbraue‹

Eine weitere Besonderheit ist die **Vereinfachung der Grammatik**, z. B. das Ersetzen von Tempusmarkierungen am Verb durch einfache Adverbien wie *before*, *today*, *later* (s. Kap. 9.4.3):

(34) (Chinese Pidgin English; vgl. Mesthrie et al. 2000: 292)
  before my sellum for ten dollars
  before I sell for ten dollars
  ›Ich habe es für 10 Dollar verkauft.‹

Morphologische Besonderheiten von Pidgins (vgl. Winford 2003: 276):
- Fehlen von Affixen und Flexion
- Fehlen von funktionalen Kategorien wie Tempus, Aspekt und Modus (TAM)
- Minimales Inventar von Funktionsmorphemen wie Artikel, Quantifizierer, Präpositionen, Konnektoren und Komplementierer
- Begrenzte Anzahl von Fragewörtern und Pronomina
- Verwendung eines universalen Negationsmarkers

Syntaktische Besonderheiten von Pidgins:
- Analytische Strukturen, bei denen grammatische Funktionen durch die Wortfolge ausgedrückt werden
- Begrenzte Anzahl von Satzmustern durch das Fehlen von Bewegungsregeln
- Fehlen von Mechanismen der Subordination und Einbettung

Vereinfachungen in der Phonologie: Vereinfachungen zeigen sich auch auf dem Gebiet der Phonologie. Auch hier findet man ein reduziertes Inventar von Phonemen und einen Verlust von phonologischen Kontrasten im Vergleich zur sog. **Lexifizierersprache**, d. h. der Sprache, aus der das überwie-

Mischsprachen

gende Lexikon stammt. In der Regel werden v. a. Laute eliminiert, die die Kontaktsprachen nicht teilen, besonders solche, die in der Lexifizierersprache markiert sind. Es gibt auch Pidgins, die eine beträchtliche Variation in ihrem Phoneminventar zeigen. Das sind meist solche, die von verschiedenen Sprachgemeinschaften benutzt werden wie *Chinook Pidgin* und *Mobilian Pidgin*. Beide Sprachen werden auf dem amerikanischen Kontinent als Handelssprache zwischen den Sprechern einer Vielzahl verschiedener indianischer Sprachen mit europäischen Siedlern verwendet. Die unterschiedlichen Sprecher haben quasi einen Akzent in der Pidginsprache, der von ihrer jeweiligen Erstsprache beeinflusst ist (Winford 2003: 277 f.).

Formen von Pidgins

Weitere Formen von Pidgins: Pidgins erscheinen in der gerade beschriebenen Form vor allem als radikal vereinfachte Sprachen. Thomason/Kaufman (1988) weisen allerdings darauf hin, dass für diesen Eindruck vor allem die bekannteren und besser untersuchten Pidgins verantwortlich sind, die ein europäisches Lexikon und afrikanische oder austronesische Substratsprachen haben. Betrachtet man dagegen Pidgins außerhalb des europäischen Kontexts, findet man größere Unterschiede und v. a. markierte Strukturen, die in einer maximal vereinfachten Sprache gar nicht vorkommen dürften. So zeigt etwa das Hiri Motu, eine Pidginsprache, die auf der Papuasprache Motu basiert und Einflüsse aus dem Englischen, Tok Pisin und weiteren austronesischen Sprachen aufweist, die Wortfolge OSV (Objekt – Subjekt –Verb). Diese Struktur kommt nur sehr selten in den Sprachen der Welt vor und gilt daher als sehr markiert.

Andere Pidgins wie das Fanakalo, das an der Ostküste Südafrikas entstand, haben eine relativ ausgeprägte Morphosyntax, z. B. Tempussuffixe oder Passivmarkierungen, die sonst für Pidgingrammatiken unüblich ist. Beispiele wie diese deuten darauf hin, dass es sich bei der Herausbildung von Pidgins wohl um eine wechselseitige sprachliche Angleichung der verschiedenen Kontaktsprachen handelt. Der Grad der Vereinfachung wird zwar von allgemeinen Tendenzen gesteuert, hängt aber auch davon ab, ob die Sprecher bereits ähnliche Strukturen aus anderen Sprachen, mit denen sie in Kontakt kommen, kennen. Viele Menschen in Afrika, Südamerika und Austronesien sind vielsprachig und sprechen außer ihrer Erstsprache noch eine ganze Reihe von anderen, meist benachbarten Sprachen. Kennen nun die Sprecher beispielsweise aus einer dieser Nachbarsprachen etwa einen präfigierten Plural, dann kann dieser in das Pidgin übernommen werden, auch wenn er eine markierte Form ist. Wenn die Ausgangssprachen miteinander typologisch verwandt sind, findet man ebenfalls kompliziertere morphosyntaktische Strukturen als bei nicht verwandten Sprachen (Thomason/Kaufman 1988: 192 ff.).

Breitere Definition von Pidgin: Schon diese kurzen Ausführungen deuten darauf hin, dass man sich bei der Beschreibung von Pidgin- (und Kreol-)Sprachen von dem Gedanken verabschieden muss, dass es sich dabei um eine einheitliche Erscheinung handelt. Das ergibt sich schon daraus, dass Pidgins ein weit verbreitetes Phänomen darstellen, das weit über die bekannten, im Zusammenhang mit der Kolonialisierung entstandenen Sprachformen hinausgeht. Die strukturelle Verschiedenheit der Pidgins ergibt sich aus den verschiedenen beteiligten Sprachen, ihren verschiedenen Gebrauchskontexten und der unterschiedlichen Zusammensetzung der Sprechergruppen.

11.3.3 | Zur Entstehung von Pidginsprachen

Wie entstehen die typischen Strukturen eines Pidgins? Zur Beantwortung dieser Frage wurden in der Forschung **drei Prozesstypen** vorgeschlagen:
- Vereinfachung der Lexifizierersprache(n) durch deren Sprecher
- Relexifizierung der Substratsprache(n)
- Universale Tendenzen

Vereinfachter Input: Diese Prozesse schließen einander nicht aus, es ist vielmehr sogar wahrscheinlich, dass sie in der Regel ineinandergreifen. Dennoch ist zu fragen, welcher Prozess die Pidginisierung auslöst. Nach der am häufigsten vertretenen Auffassung ist dies die Vereinfachung der Lexifizierersprache durch ihre Sprecher (Ferguson 1971). Diese hat Gemeinsamkeiten mit sog. Ausländerregistern, also der Art und Weise, wie man mit Fremden, die die Sprache nicht gut beherrschen, spricht. Aus der Genese einiger Pidgins wie dem auf dem Delaware (einer Indianersprache in Nordamerika) basierenden wissen wir, dass die Sprecher manchmal absichtlich eine stark vereinfachte Form ihrer Sprache mit Fremden verwendeten, diese aber glaubten, die ›richtige‹ Sprache zu lernen (Thomason/Kaufman 1988: 175).

Relexifizierung: Die zweite These geht davon aus, dass die Sprecher der Substratsprachen nach und nach ihre Sprache **relexifizierten**, d.h. sie übernahmen die Wörter aus der Lexifiziererspache in ihr eigenes grammatisches System. Um ein Pidgin entstehen zu lassen, würde man also z.B. die deutsche Grammatik mit französischen oder englischen Wörtern benutzen:

(35) Dt.: Ich komme nicht ins Restaurant, weil ich krank bin.
 frz. Pidgin: *Je viens ne pas au restaurant, parce que je malade suis.
 engl. Pidgin: *I come not to the restaurant, because I sick am.

Die Struktur von Pidgins scheint aber auch von soziologischen Faktoren abzuhängen, insbesondere davon, ob sie von gleichberechtigten Partnern, z.B. zum Zweck des Handels, entwickelt wurden (wie z.B. das Russenorsk; vgl. Broch/Jahr 1984) oder in einer hierarchischen Beziehung (Herr-Sklave-Verhältnis) entstanden. Im ersten Fall zeigt das Pidgin eher Anteile aus beiden Sprachen in allen Bereichen, im zweiten Fall wird das Lexikon aus der Sprache der dominanten Gruppe übernommen.

Universale Entwicklungen: Die dritte These hat vor allem in den 1980er Jahren viel Beachtung gefunden. Sie geht davon aus, dass die Art, wie die Sprecher ihre Sprache vereinfachen, universal ist (s. Kap. 6.3). Damit kann man sowohl erklären, warum geografisch weit auseinanderliegende Pidginsprachen strukturelle Ähnlichkeiten aufweisen, als auch, warum eine große Zahl von universalen markierten Strukturen in den Pidginsprachen fehlt.

11.3.4 | Bilinguale Mischsprachen

Media Lengua: Neben Pidginsprachen, die in der Regel auf den Kontakt zwischen mehr als zwei Sprachen zurückgehen, gibt es auch eine Reihe von Mischsprachen, die in bilingualen Gemeinschaften entstanden sind. Auch hier kann die Grammatik aus der einen und das Lexikon aus der anderen Sprache stammen. Ein klassisches Beispiel ist die sog. Media Lengua. Diese Sprache wird in einigen kleinen Städten und Dörfern im Hochland von Ecuador gesprochen, v.a. in der Stadt Salcedo und Umgebung. Sie hat hier die Funktion einer Gruppensprache zwischen indianischen Bauern, Handwerkern und Bauarbeitern. Muysken (1997: 374) konnte feststellen, dass die Media Lengua bei jüngeren Erwachsenen und Kindern in der Nähe der Stadt Salcedo sogar die Stelle

> **Zur Vertiefung**
>
> **Relexifizierung**
> Unter Relexifizierung versteht man einen Prozess, bei dem das Vokabular der einen Sprache durch das der anderen ausgetauscht wird. Der einzige Eintrag im mentalen Lexikon ist dabei die Lautstruktur des Wortes, seine morphosyntaktischen Eigenschaften erhält das Wort dagegen vom Übersetzungsäquivalent aus der Kontaktsprache (zur Media Lengua s. Bsp. 36). Lefebvre (1996: 234 f.) schlägt hier zwei Schritte vor: Zuerst wird der lexikalische Eintrag eines etablierten Lexikons im mentalen Lexikon kopiert und in einem zweiten Schritt die phonetische Repräsentation eines bestimmten mentalen Konzepts durch eine Lautkette, die aus der anderen Sprache stammt, ersetzt. Das ist ähnlich dem Prozess bei Ad-hoc-Entlehnungen in bilingualer Rede (s. S. 385). Die Sprache, die den grammatischen Rahmen vorgibt, bildet im Sinne von Myers-Scotton (2006) die **Matrixsprache**, in die dann die lexikalischen Elemente der anderen Sprache integriert werden.

der Erstsprache einnimmt. Media Lengua ist eine geradezu prototypische Mischsprache, da es die grammatische Struktur des Quechua mit dem Vokabular des Spanischen verbindet. Ein Beispiel (Muysken 1981: 68 f.):

(36) (a) Media Lengua: *unu fabur*-ta *pidi*-nga-bu *bini*-xu-ni
 einen Gefallen.ACC bitten-NOM-BEN komm-PROG-1SG

 (b) Quechua: shuk *fabur*-ta maña-nga-bu shamu-xu-ni
 einen Gefallen-ACC bitten-NOM-BEN komm-PROG-1SG

 (c) Spanisch: Vengo para pedir un favor
 komm-1SG für bitten-INF einen Gefallen

 ›Ich komme, um um einen Gefallen zu bitten.‹

Media Lengua ist weder für Sprecher des Quechua noch für Sprecher des Spanischen verständlich. Die lexikalischen Einheiten des Spanischen *venir* (hier als *bini*), *pedir* (hier: *pidi*) und *favor* (hier: *fabur*) werden nicht nur in das andere grammatische System eingepasst, sondern auch lautlich verändert. Allerdings wäre es zu einfach zu behaupten, die grammatische Struktur der Media Lengua gehe alleine auf das Quechua zurück. Durch den langen Sprachkontakt gibt es Entlehnungen aus dem Spanischen nicht nur bei den Inhaltswörtern, sondern auch bei den Funktionswörtern (v.a. Präpositionen und Konjunktionen). Umgekehrt gibt es auch Wortstämme aus dem Quechua. Durch die Inkorporation von spanischen Lautstrukturen in den morphosyntaktischen Rahmen des Quechua mussten sowohl die spanischen Elemente an die Struktur des Que-

Mischsprachen

(37) La Cendrieuse   mâka   tout   kî-piskeyiht-am   tout
    Das Aschenputtel jedoch   alles   PAST-putzt-es   alles

   la maison,   le plancher   kî-kisîpêkin-am.
   das Haus   den Boden   PAST-wusch mit der Hand- es
   ›Aschenputtel jedoch, machte alles sauber. Sie putzte das Haus, den Fußboden.‹

chua angepasst als auch die Quechua-Grammatik strukturell verändert werden.

Michif: Eine andere bekannte bilinguale Mischsprache, das Michif, das im Westen Kanadas und in North Dakota gesprochen wird, verbindet die französische Nominalgrammatik mit der Verbalgrammatik der Indianersprache Cree, d. h. die grammatische Struktur stammt in diesem Fall aus beiden Sprachen, die an der Entstehung der Mischsprache beteiligt waren (vgl. dazu Beispiel (37) aus Matras/Bakker 2003). In diesem Beispiel sieht man das Nebeneinander von französischsprachigen Nominalphrasen (*La Cendrieuse, tout, la maison, le plancher*) und Verbphrasen aus dem Cree (*kî-piskeyiht-am, kî-kisîpêkin-am*).

Weiterführende Literatur

Zum Thema Mehrsprachigkeit und Sprachkontakt gibt es eine Vielzahl von Einführungsbüchern und Handbuchartikeln, die meisten auf Englisch. Einen allgemeinen Überblick über die **Sprachkontaktforschung** (mit Ausblick auf einige Bereiche der Mehrsprachigkeitsforschung) in deutscher Sprache, auf dem auch Teile dieses Kapitels beruhen, bietet Riehl (2009a). Sehr fundierte Darstellungen in englischer Sprache liefern Thomason (2001), Winford (2003), Clyne (2003), Myers-Scotton (2006) und Matras (2009), wobei die Darstellungen jeweils ganz unterschiedliche Akzente setzen. Während Thomason v. a. die historische Genese und unterschiedliche Konstellationen von mehrsprachigen Gesellschaften betrachtet, legt Winford den Schwerpunkt auf die Konstellation und Genese von Mischsprachen, besonders Pidgin- und Kreolsprachen. Der Schwerpunkt bei Clyne liegt auf der Beschreibung von unterschiedlichsten Transfererscheinungen, dem Phänomen der Erleichterung von Transfer und den jeweiligen psycholinguistischen und soziolinguistischen Erklärungen. Myers-Scotton konzentriert sich auf psycholinguistische und soziolinguistische Aspekte von Code-Switching und Sprachmischung. Matras geht ausgehend vom bilingualen Erstspracherwerb und Zweitspracherwerb v. a. auf den Sprachkontakt bei individuellen Sprechern ein. Die unterschiedlichsten Aspekte des Sprachkontakts sowie verschiedenste Sprachkontaktkonstellationen werden in den Artikeln des von Hickey (2010) herausgegebenen Handbuchs *Language Contact* vorgestellt.

Zum Thema **Mehrsprachigkeit** ist besonders das Einführungsbuch von Altarriba/Heredia (2008) zu empfehlen. Dort werden verschiedenste Aspekte von Mehrsprachigkeit diskutiert, u. a. auch die mentale Repräsentation von Mehrsprachigkeit sowie gesellschaftspolitische Aspekte. Einen sehr umfassenden Überblick über vielfältige Aspekte des Erwerbs von Mehrsprachigkeit, bildungspolitische und individuelle Aspekte der Zweisprachigkeit, mehrsprachigem Verhalten sowie gesellschaftlicher Mehrsprachigkeit bietet auch das von Auer/Wei (2007) herausgegebene Handbuch. Weitere Einführungen befassen sich mit Teilaspekten, wie die Darstellungen zum bilingualen Erstspracherwerb von Müller et al. (2011) und de Houwer (2009) oder zum Code-Switching von Gardner-Chloros (2009) und Müller et al. (in Vorb.).

Aufgaben

1. Vergleichen Sie die folgenden Situationen des Spracherwerbs und geben Sie die unterschiedlichen oder gemeinsamen Faktoren an, die den Erwerb des Deutschen beeinflussen. Berücksichtigen Sie dabei u. a. die verschiedenen Sprachen, die Lernsituation und die Person des Lerners:

   (a) Ein Kind (2 Jahre) wächst in Deutschland auf und lernt Deutsch von der Mutter und Türkisch vom Vater.
   (b) Ein italienisches Kind (5 Jahre) lernt Deutsch als Zweitsprache in Deutschland.
   (c) Ein US-amerikanischer Junge (13 Jahre) lernt Deutsch als Fremdsprache in der Schule in den USA.
   (d) Eine Niederländerin mit höherer Schulbildung (60 Jahre) lernt Deutsch als Fremdsprache im Selbststudium.
   (e) Eine Brasilianerin ohne Schulbildung (28 Jahre) lernt Deutsch als Bedienung in einem Restaurant.

2. Führen Sie die Funktionen an, die Code-Switching im Gespräch haben kann! Welche dieser Funktionen finden Sie in den folgenden Beispielen (Code-Switching Deutsch-Russisch):

   (a) Nu un hot der gschrive: *v aprele – sad'ba*.
   ›Na und dann hat der geschrieben: *Im April ist Hochzeit*.‹

   (b) Wenn ich sie zuhaus gebracht hab, hab angefangt zu sprechen Deutsch mit ihnen, *oni plakali*, haben sie geweint.
   ›Wenn ich sie nach Hause gebracht habe und habe angefangen, mit ihnen Deutsch zu sprechen, *weinten sie*, haben sie geweint.‹

   (c) Der hat ihn' alles verzählt von den Großvater, vom Vater, wie sie in Kriech gezocha sin minnanr un wie sie zurückkamen, wie viel Land das war, wie viel *kak verbljud po-nemecki?*
   ›Der hat ihnen alles erzählt, von dem Großvater, vom Vater, wie sie zusammen in den Krieg gezogen sind und wie sie zurückkamen, wie viel Land das war, wie viel – *wie heißt ›Kamel‹ auf Deutsch?*‹

3. Folgende Beispiele stammen aus dem Deutschen in Namibia, das in Sprachkontakt mit Englisch und Afrikaans tritt. Erläutern Sie für jedes der folgenden Beispiele, um welche Sprachkontakterscheinungen es sich dabei handelt:

   (a) Ich muss diese *aukies* checken. (afr. ugs. *oukie* ›Kerl, Typ‹)
   (b) Ich hab noch *brai-fleisch* in der *deep freeze*.
      (afr. *braii* ›Grill‹, engl. *deep freeze* ›Gefriertruhe‹)
   (c) Sonntag war *mooies* Wetter. (afr. *mooi* ›schön, hübsch‹)
   (d) Wenn es zu viel regnet, *frottet* es. (afr. *om te frot* ›verderben‹)
   (e) Das Telefon ist heute sehr *beschäftigt*.
      (afr. *besig*, engl. *busy* ›beschäftigt, tätig, überlaufen‹)
   (f) Ich habe keine *Lust, um* nass *zu* werden.
      (afr. *Ek het nie lus **om** nat **te** word nie*)
   (g) Er hieß Alberts mit Nachname.
      (Afrikaanse Deklination ist wie im Englischen)
   (h) Ich weiß nicht, das isst der.
      (keine Entsprechung im Afrikaansen/Englischen)

11.3 Mehrsprachigkeit und Sprachkontakt

Aufgaben

4. Diskutieren Sie anhand des folgenden Textausschnitts, inwieweit man hier von Sprachkontakterscheinungen sprechen kann (Ukrainisch hat wie Russisch eine freie Wortstellung, keine Artikel, aber 6 Kasus) und welche Gemeinsamkeiten Sie hier mit Lernervarietäten finden:

   Interview mit einer jungen Kindergärtnerin aus der Ukraine, Magdalena O., die aus der dort ansässigen deutschsprachigen Minderheit stammt. Der Dialekt der Minderheit ist eine Mischung aus Fränkisch und Österreichisch.

   [Über den Vater, der Lehrer ist]

   Magdalena: Er hat unterrichtet die Kinder, was gehen bei uns in die Schule ukrainische, erste, vierte Klasse. Jetzt is pensioniert doch noch hat er eine Stunde in vierte Schule, noch arbeit, ja, noch Stunde hat.
   Interviewer: Und wie viele Kinder haben Sie, zwei, nicht?
   Magdalena: Ja, zwei Sohnen. Einer wird sein fünfzehn und der andere schon hat im Januar zehne. Mit den Freunden nur sprechen nur Ukrainisch sie.

   [Über ihre Arbeit im Kindergarten; wie viele Sprachen sie dort sprechen muss]

   Jetzt ich hab ein Kind in die Gruppe. Sie von Russland hat fahren zuerst und die Großmutter und jetzt geht zum uns in Kindergarten. No, sie ward gor nix Ukrainisch. Und ich muss sie lern jetzt Ukrainisch. Gestern war die Kinder in Musiksaal und ham singen Deutsch und sie fragt: Was ist des? Sie hat nicht hören noch die deutsche Sprach.

5. Der folgende Text stammt von einem Gastarbeiter aus Spanien. Erläutern Sie die sprachlichen Besonderheiten des Textes! Diskutieren Sie, ob man bei diesem Beispiel von Pidgindeutsch sprechen kann oder nicht!

   [Miguel B. beschwert sich beim Interviewer darüber, dass deutsche Arbeiter in der Fabrik sich immer unterhalten dürfen, die ausländischen Arbeiter dagegen würden vom Vorarbeiter immer dazu ermahnt, schneller zu arbeiten.]

   Wann ich arbeite - vielleich andre Mann egal italienisch oder deutsch zusamme spreche un dann Vorarbeiter komme: »Hee, wo du arbeit? Was machen? Aah, des Maschine arebeit! Alla, schnell, schnell, schnell arebeite! Ich sachen: »Langsa, langsa«. Deutsche Mann - swei Mann oder drei Mann imme sprechen, imme sprechen harbe Stunde aber - oder Vorarbeiter keine sachen, abe Ausländer sprechen, sagen: »Was machen?« Imme arebeit, imme arebeit. Ja, langsam machen.

   Claudia Maria Riehl

Anhang

1 Literaturverzeichnis

1.1 | Grundlagenwerke, Zeitschriften, Internet-Ressourcen

Nachschlagewerke

Asher, Ronald E./Simpson, J. M. Y. (Hg.) (1994): *The Encyclopedia of Language and Linguistics*. 10 Bde. Oxford/New York: Pergamon Press.
Bußmann, Hadumod (³2002): *Lexikon der Sprachwissenschaft*. Stuttgart: Kröner.
Crystal, David (1995): *Die Cambridge-Enzyklopädie der Sprache*. Frankfurt a. M.: Campus.
Crystal, David (²2000): *The Penguin Dictionary of Language*. London: Penguin.
Crystal, David (⁵2002): *A Dictionary of Linguistics and Phonetics*. Oxford: Blackwell.
Finch, Geoffrey (2000): *Linguistic Terms and Concepts*. Basingstoke: Macmillian.
Glück, Helmut (Hg.) (⁴2010): *Metzler Lexikon Sprache*. Stuttgart/Weimar: Metzler.
Malmkjær, Kirsten (Hg.) (²2002): *The Linguistics Encyclopedia*. London: Routledge.
Matthews, Peter Hugoe (1997): *The Concise Oxford Dictionary of Linguistics*. Oxford: Oxford University Press.
Newmeyer, Frederick J. (Hg.) (1988): *Linguistics. The Cambridge Survey*. 4 Bde. Cambridge: Cambridge Universtiy Press.
Trask, Robert Lawrence (1993): *A Dictionary of Grammatical Terms in Linguistics*. London: Routledge.
Trask, Robert Lawrence (1995): *A Dictionary of Phonetics and Phonology*. London: Routledge.
Trask, Robert Lawrence (1997): *A Student's Dictionary of Language and Linguistics*. London: Arnold.
Trask, Robert Lawrence (1999): *Key Concepts in Language and Linguistics*. London: Routledge.

Handbücher

Verschiedene groß angelegte Handbuchreihen informieren kompendiumartig über die Teildisziplinen der Linguistik; einige davon sind auch online verfügbar:

Handbücher zur Sprach- und Kommunikationswissenschaft. Handbooks of Linguistics and Communication Science (HSK). Berlin: de Gruyter.
Handbooks of Applied Linguistics. Berlin: de Gruyter.
Blackwell Handbooks in Linguistics. Oxford: Blackwell.
Cambridge Handbooks. Cambridge: Cambridge University Press.
Routledge Handbooks in Applied Linguistics. London: Routledge.
Enzyklopädie der Psychologie [C.III. Sprache]. Hg. von Niels Bierbaumer et al. Göttingen: Hogrefe.
– Bd. 1: Herrmann, Theo/Grabowski, Joachim et al. (Hg.) (2003): *Sprachproduktion*.
– Bd. 2: Friederici, Angela D. (Hg.) (1999): *Sprachrezeption*.
– Bd. 3: Grimm, Hannelore (Hg.) (2000): *Sprachentwicklung*.

Zu den Sprachen der Welt:
Comrie, Bernard (Hg.) (1990): *The World's Major Languages*. Oxford: Oxford University Press.
Dryer, Matthew et al. (Hg.) (2003): *The World Atlas of Language Structures*. Oxford: Oxford University Press.

Zu den Sprachfamilien der Welt sei die Handbuchreihe von Routledge (London) erwähnt, in der z. B. die folgenden Bände erschienen sind:
The Germanic Languages, The Romance Languages, The Celtic Languages, The Slavonic Languages, The Uralic Languages, The Semitic Languages, The Mongolic Languages, The Sino-Tibetan Languages, The Bantu Languages, The Turkic Languages, The Dravidian Languages, The Polynesian Languages.

Bibliographien

BL. *Bibliographie Linguistique/Linguistic Bibliography*. 1939 ff. Dordrecht/Boston/London: Kluwer.
BLL. *Bibliographie linguistischer Literatur*. Bearbeitet von Elke Suchan. 1976 ff. Frankfurt a. M.: Klostermann.
CLL. *Current Contents Linguistik. Inhaltsverzeichnisse linguistischer Fachzeitschriften*. 1976 ff. Frankfurt a. M.: Stadt- und Universitätsbibliothek.
GERMANISTIK. *Internationales Referateorgan mit bibliographischen Hinweisen*. 1960 ff. Tübingen: Niemeyer; jetzt: Berlin: de Gruyter.
LA. *Linguistics Abstracts*. 1985 ff. London: Blackwell.
LLBA. *Linguistics and Language Behavior Abstracts*. 1966 ff. San Diego, Calif.
Nuyts, Jan/Verschueren, Jef (1987): *A Comprehensive Bibliography of Pragmatics*. 4 Bde. Amsterdam/Philadelphia: John Benjamins.

Zeitschriften

Eine kleine Auswahl international relevanter linguistischer Fachzeitschriften (von denen es über 600 gibt):

Anthropological Linguistics
Applied Linguistics
Applied Psycholinguistics
Bilingualism: Language and Cognition
Cognitive Linguistics
Computational Linguistics
Discourse Processes
First Language
Folia Linguistica
Gesprächsforschung (online-Zeitschrift: http://www.gespraechsforschung-ozs.de/)
International Journal of the Sociology of Language
Journal of Bilingualism

1.1 Literaturverzeichnis

Grundlagenwerke, Zeitschriften, Internet-Ressourcen

Journal of Child Language
Journal of Language Contact
Journal of Logic, Language and Information
Journal of Memory and Language
Journal of Multilingual and Multicultural Development
Journal of Neurolinguistics
Journal of Pidgin and Creole Languages
Journal of Pragmatics
Journal of Semantics
Journal of Sociolinguistics
Journal of Speech, Language and Hearing Research
Journal of the Acoustic Society of America
Journal of the International Phonetic Association
Language
Language and Speech
Language in Society
Language Sciences
Language Variation and Change
Langue française
Lingua
Linguistic Inquiry
Linguistic Typology
Linguistics
Linguistische Berichte
Mind & Language
Multilingua
Natural Language & Linguistic Theory
Natural Language Semantics
Nordic Journal of Linguistics
Oceanic Linguistics
Phonetica
Phonology
Pragmatics
Research on Language and Social Interaction
Russian Linguistics
Second Language Research

Sign Language & Linguistics
Speech Communication
Studia Linguistica
Studies in African Linguistics
Studies in Language
Syntax
Text and Talk
The Linguistic Review
The Modern Language Journal
Theoretical Linguistics
Transactions of the Philological Society
Zeitschrift für Germanistische Linguistik
Zeitschrift für Dialektologie und Linguistik
Zeitschrift für Literaturwissenschaft und Linguistik
Zeitschrift für Sprachwissenschaft

Internet-Ressourcen

http://linguistlist.org
Die wichtigste Mailing-Liste für die gesamte Sprachwissenschaft; auf der Homepage finden sich auch vielfältige Links zu linguistischen Ressourcen.

http://www.gespraechsforschung.de/liste.htm
Die Liste der »Gesprächsforschung« ist für einen Teil der Linguistik in Deutschland ein wichtiges elektronisches Forum.

http://www.linse.uni-due.de/index.html
Der »Linguistik-Server« der Universität Essen bietet Links zu zahlreichen linguistischen Seiten und Ressourcen.

http://www1.ids-mannheim.de/start/
Die Homepage des Instituts für Deutsche Sprache ermöglicht den Zugang zu umfangreichen deutschsprachigen Online-Corpora.

1.2 | Zitierte Literatur

Abbot-Smith, Kirsten/Behrens, Heike (2006): How known constructions influence the acquisition of other constructions: the German periphrastic passive and future constructions. In: *Cognitive Science* 30, 995–1026.

Abrahams, Roger (1974): Black talking on the streets. In: Richard Bauman/Joel Sherzer (Hg.): *Explorations in the Ethnography of Speaking*. Cambridge: Cambridge University Press, 240–262.

Acquaviva, Paolo (2008): *Lexical Plurals. A Morphosemantic Approach*. Oxford: Oxford University Press.

Ahearn, Laura M. (2011): *Living Language: An Introduction to Linguistic Anthropology*. Malden u. a.: Wiley-Blackwell.

Aikhenvald, Alexandra Y. (2007): Typological distinctions in word formation. In: Timothy Shopen (Hg.): *Language Typology and Syntactic Description*. Bd. III: *Grammatical Categories and the Lexicon*. Cambridge: Cambridge University Press, 1–64.

Aikhenvald, Alexandra Y. (2008): Grammars in contact: a cross-linguistic perspective. In: Dies./R. M.W. Dixon (Hg.): *Grammars in Contact. A Cross-Linguistic Typology*. Oxford: Oxford University Press, 1–66.

Aitchison, Jean (1996): *The Seeds of Speech: Language origin and evolution*. Cambrigde: Cambridge University Press.

Aitchison, Jean (1997): *Wörter im Kopf. Eine Einführung in das mentale Lexikon*. Aus dem Englischen von Martina Wiese. Tübingen: Niemeyer.

Aitchison, Jean (⁵2007): *The Articulate Mammal: An Introduction to Psycholinguistics*. London: Routledge.

Allan, Keith (Hg.): *The Oxford Handbook of the History of Linguistics*. Oxford: Oxford University Press.

Altarriba, Jeanette/Heredia, Roberto R. (Hg.) (2008): *An Introduction to Bilingualism: Principles and Processes*. New York/London: Lawrence Erlbaum Associates.

Altmann, Hans (1981): *Formen der ›Herausstellung‹ im Deutschen*. Tübingen: Niemeyer.

Altmann, Hans (1995): Satzmodus. In: Joachim Jacobs/Armin von Stechow/Wolfgang Sternefeld/Theo Vennemann (Hg.): *Syntax. Ein internationales Handbuch zeitgenössischer Forschung*. Berlin/New York: de Gruyter, 1006–1029.

Altmann, Hans/Hahnemann, Suzan (²2005): *Syntax fürs Examen*. Opladen/Wiesbaden: Westdeutscher Verlag.

Altmann, Hans/Hahnemann, Suzan (⁴2010): *Prüfungswissen Syntax. Arbeitstechniken – Klausurfragen – Lösungen*. Göttingen: Vandenhoeck & Ruprecht.

Altmann, Hans/Hofmann, Ute (²2008): *Topologie fürs Examen*. Göttingen: Vandenhoeck & Ruprecht.

Ambridge, Ben/Lieven, Elena (2011): *Child Language Acquisition: Contrasting Theoretical Approaches*. Cambridge: Cambridge University Press.

Anderson, Steven R. (1992): *A-Morphous Morphology*. Cambridge: Cambridge University Press.

Andvik, Erik E. (2010): *A Grammar of Tshangla*. Leiden: Brill.

Appel, René/Muysken, Pieter (1987): *Language Contact and Bilingualism*. London u. a.: Arnold (Nachdruck Amsterdam: Amsterdam University Press 2006).

Arends, Jacques/Muysken, Pieter/Smith, Norval (1995): *Pidgins and Creoles. An Introduction*. Amsterdam: Benjamins.

Aronoff, Mark (2000): Generative grammar. In: Geert Booij/Christian Lehmann/Joachim Mugdan (Hg.): *Morphologie/Morphology. Ein internationales Handbuch zur Flexion und Wortbildung*. Bd. I. Berlin: de Gruyter, 195–209.

Aston, Guy/Burnard, Lou (1998): *The BNC Handbook: Exploring the British National Corpus with SARA*. Edinburgh: Edinburgh University Press.

Auer, Peter (1986): Kontextualisierung. In: *Studium Linguistik* 19, 22–47.

Auer, Peter (1991): Vom Ende deutscher Sätze. In: *Zeitschrift für Germanistische Linguistik* 19/2, 141–157.

Auer, Peter (1993a): Is a rhythm-based typology possible? A study of the role of prosody in phonological typology, http://www2.germanistik.uni-freiburg.de/auer/?Personal:Prof._Dr._Peter_Auer:Publikationen

Auer, Peter (1993b): Zur Verbspitzenstellung im Gesprochenen Deutsch. In: *Deutsche Sprache* 21, 193–222.

Auer, Peter (1996): On the prosody and syntax of turn-continuations. In: Elizabeth Couper-Kuhlen/Margret Selting (Hg.): *Prosody in Conversation. Interactional Studies*. Cambridge/New York: Cambridge University Press, 57–100.

Auer, Peter (Hg.) (1998): *Code-switching in Conversation. Language, Interaction and Identity*. London/New York: Routledge.

Auer, Peter (2001): Silben- und akzentzählende Sprachen. In: Martin Haspelmath/Ekkehard König/Wulf Oesterreicher/Wolfgang Raible (Hg.): *Sprachtypologie und sprachliche Universalien*. Berlin: de Gruyter, 1391–1393.

Auer, Peter (2002): Die sogenannte Auslautverhärtung in ne[b]lig vs. lie[p]lich – ein Phantom der deutschen Phonologie? In: Michael Bommes/Christina Noack/Doris Tophinke (Hg.): *Sprache als Form*. Opladen: Westdeutscher Verlag, 74–86.

Auer, Peter (2005): Projection in interaction and projection in grammar. In: *Text* 25/1, 7–36.

Auer, Peter (2006): Increments and more. Anmerkungen zur augenblicklichen Diskussion über die Erweiterbarkeit von Turnkonstruktionseinheiten. In: Arnulf Deppermann/Reinhard Fiehler/Thomas Spranz-Fogasy (Hg.): *Grammatik und Interaktion*. Radolfzell: Verlag für Gesprächsforschung, 279–294.

Auer, Peter (2007): Syntax als Prozess. In: Heiko Hausendorf (Hg.): *Gespräch als Prozess. Linguistische Aspekte der Zeitlichkeit verbaler Interaktion*. Tübingen: Narr, 95–142.

Auer, Peter (2010): Code-switching/mixing. In: Ruth Wodak/Barbara Johnstone/Paul Kerswill (Hg.): *The SAGE Handbook of Sociolinguistics*. London: Sage, 460–478.

Auer, Peter (²2013): *Sprachliche Interaktion. Eine Einführung anhand von 22 Klassikern*. Berlin: de Gruyter.

Auer, Peter (im Druck): »L' idée vient en parlant«: Kleists Entwurf zur dialogischen Emergenz von Sprache und Denken. In: Werner Frick (Hg.): *Heinrich von Kleist. Zum 200. Todesjahr eines rebellischen Klassikers*. Freiburg: Rombach.

Auer, Peter/Eastman, Carol M. (2010): Code-switching. In: Jürgen Jaspers/Jan-Ola Östman/Jef Verschueren (Hg.): *Society and Language Use*. Amsterdam: Benjamins, 84–112.

Auer, Peter/Kern, Friederike (2001): Three Ways of Analysing Communication between East and West

1.2 Literaturverzeichnis

Zitierte Literatur

Germans as Intercultural Communication. In: Aldo Di Luzio/Susanne Günthner/Franca Orletti (Hg.): *Culture in Communication*. Amsterdam: Benjamins, 89–116.
Auer, Peter/Wei, Li (Hg.) (2007): *Handbook of Multilingualism and Multilingual Communication*. Berlin/New York: de Gruyter.
Austin, John (²1969): *How To Do Things With Words*. Cambridge, MA: Harvard University Press. (dt.: *Zur Theorie der Sprechakte*. Stuttgart: Reclam 1994).
Ayaß, Ruth (2008): *Kommunikation und Geschlecht. Eine Einführung*. Stuttgart: Kohlhammer.

Baayen, R. Harald (1992): Quantitative aspects of morphological productivity. In: Geert E. Booij/Marle van Jaap (Hg.): *Yearbook of Morphology 1992*. Dordrecht: Kluwer, 109–149.
Bachmann, Iris (2005): *Die Sprachwerdung des Kreolischen. Eine diskursanalytische Untersuchung am Beispiel des Papiamentu*. Tübingen: Narr.
Baerman, Matthew/Greville, G. Corbett/Brown, Dunstan/Hippisley, Andrew (2007): *Deponency and Morphological Mismatches*. Oxford: Oxford University Press.
Baker, Mark C. (1996): *The Polysynthesis Parameter*. New York: Oxford University Press.
Bakker, Peter/Daval-Markussen, Aymeric/Parkvall, Mikael/Plag, Ingo (2011): Creoles are typologically distinct from non-creoles. In: *Journal of Pidgin and Creole Languages* 26/1, 5–42.
Bannard, Colin/Matthews, Danielle E. (2008): Stored word sequences in language learning: The effect of familiarity on children's repetition of four-word combinations. In: *Psychological Science* 19, 241–248.
Barbour, Stephen/Stevenson, Patrick (1998): *Variation im Deutschen*. Berlin: de Gruyter.
Baron, Bettina (1998): Freiwillige Selbstkontrolle im Fachgespräch. Selbstkritik und Skopuseinschränkung in Beiträgen von Wissenschaftlerinnen. In: *Zeitschrift für Germanistische Linguistik* 139/140, 175–199.
Barss, Andrew (Hg.) (2002): *Anaphora: A Reference Guide*. London: Wiley-Blackwell.
Bartlett, Frederic C. (1932): *Remembering: An Experimental and Social Study*. Cambridge: Cambridge University Press.
Bates, Elizabeth (1979): The emergence of symbols: Ontogeny and phylogeny. In: W. Andrew Collins (Hg.): *The Minnesota Symposia on Child Psychology: Children's language and communication*. Bd. 12. Hillsdale Lawrence Erlbaum Associates, NJ, 121–157.
Bates, Elizabeth/MacWhinney, Brian (1988): What is functionalism? In: *Papers and Reports on Child Language Development* 27, 137–152.
Bauer, Laurie (2001): *Morphological Productivity*. Cambridge: Cambridge University Press.
Bauman, Richard (1989): Performance. In: E. Barnouw (Hg.): *International Encyclopedia of Communications*. Oxford: Oxford University Press, 262–266.
Bauman, Richard/Briggs, Charles L. (1990): Poetics and performance as critical perspectives on language and social life. In: *Annual Review of Anthropology* 19, 59–88.
Beckner, Clay/Blythe, Richard/Bybee, Joan/Christiansen, Morten H./Croft, William/Ellis, Nick C./Holland, John/Ke, Jinyun/Larsen-Freeman, Diane/Schoenemann, Tom (2009): Language is a complex adaptive system. Position paper. In: *Language Learning* 59 (Suppl. 1), 1–27.

Behaghel, Otto (1909): Beziehungen zwischen Umfang und Reihenfolge von Satzgliedern. In: *Indogermanische Forschungen* 25, 110–142.
Behrens, Heike (1993): *Temporal Reference in German Child Language: Form and Function of Early Verb Use*. Universiteit van Amsterdam: Koninklijke Woehrmann.
Behrens, Heike (2003): Bedeutungserwerb, Grammatikalisierung und Polysemie: Zum Erwerb von »gehen« im Deutschen, Niederländischen und Englischen. In: Stefanie Haberzettl/Heide Wegener (Hg.): *Spracherwerb und Konzeptualisierung*. Frankfurt a. M.: Lang, 161–181.
Behrens, Heike (2006): The input-output relationship in first language acquisition. In: *Language and Cognitive Processes* 21/1–3, 2–24.
Behrens, Heike (Hg.) (2008a): *Corpora in Language Acquisition Research: Finding Structure in Data*. Amsterdam: Benjamins.
Behrens, Heike (2008b): Corpora in language acquisition research: History, methods, perspectives. In: Dies. (Hg.): *Corpora in Language Acquisition Research: Finding Structure in Data*. Amsterdam: Benjamins, xi–xxx.
Behrens, Heike (2009a): Konstruktionen im Spracherwerb. In: *Zeitschrift für Germanistische Linguistik* 37/3, 427–444.
Behrens, Heike (2009b): Usage-based and emergentist approaches to language learning. In: *Linguistics (Special Issue: Current approaches to language learning)* 47, 383–411.
Berent, Iris/Lennertz, Tracy/Jun, Jongho/Moreno, Miguel A./Smolensky, Paul (2008): Language universals in human brains. In: *Proceedings of the National Academy of Sciences* 105, 5321–5325.
Bergenholtz, Henning/Mugdan Joachim (2004): Nullelemente in der Morphologie. In: Geert E. Booij/Christian Lehmann/Mugdan Joachim (Hg.): *Morphologie. Morphology. Ein internationales Handbuch zur Flexion und Wortbildung. An International Handbook on Inflection and Word-Formation*. Bd. 1. Berlin: de Gruyter, 435–450.
Bergmann, Jörg (1981): Ethnomethodologische Konversationsanalyse. In: Peter Schröder/Hugo Steger (Hg.): *Dialogforschung. Jahrbuch 1980 des Instituts für Deutsche Sprache*. Düsseldorf: Pädagogischer Verlag Schwann, 9–52.
Bergmann, Jörg (1987): *Klatsch. Zur Sozialform der diskreten Indiskretion*. Berlin: de Gruyter.
Bergmann, Jörg (⁵2000a): Harold Garfinkel und Harvey Sacks. In: Uwe Flick/Ernst von Kardorff/Ines Steinke (Hg.): *Qualitative Forschung. Ein Handbuch*. Reinbek bei Hamburg: Rowohlt, 51–63.
Bergmann, Jörg (⁵2000b): Ethnomethodologie. In: Uwe Flick/Ernst von Kardorff/Ines Steinke (Hg.): *Qualitative Forschung. Ein Handbuch*. Reinbek bei Hamburg: Rowohlt, 118–135.
Bergmann, Pia/Mertzlufft, Christine: GAT-TO. Gesprächsanalytisches Transkriptionssystem Tutorial Online, http://paul.igl.uni-freiburg.de/gat-to/
Berlin, Brent/Kay, Paul (1969): *Basic Color Terms: Their Universality and Evolution*. Berkeley: University of California Press.
Berschin, Helmut/Felixberger, Josef/Goebl, Hans (²2008): *Französische Sprachgeschichte*. 2., überarb. und erg. Aufl. Hildesheim/Zürich/New York: Olms.
Bichsel, Peter (1995): *Ein Tisch ist ein Tisch: eine Geschichte*. Bilder von Angela von Roehl. Frankfurt a. M.: Suhrkamp.

Bickerton, Derek (1981): *Roots of Language.* Ann Arbor: Karoma.
Bickerton, Derek (1983): Creole languages. In: *Scientific American* 249/1, 108–115.
Bickerton, Derek (1984): The language bioprogram hypothesis. In: *Behavioral and Brain Sciences* 7, 173–221.
Bickerton, Derek (2000): How protolanguage became language. In: Chris Knight/Michael Studdert-Kennedy/James R. Hurford (Hg.): *The Evolutionary Emergence of Language. Social Function and the Origins of Linguistic Form.* Cambridge: Cambridge University Press, 264–284.
Birkner, Karin (2004): List intonation of German and Portuguese bilinguals in Southern Brazil. In: Peter Gilles/Jörg Peters (Hg.): *Regional Variation in Intonation.* Tübingen: Niemeyer, 121–144.
Blake, Renée/Josey, Meredith (2003): The /ay/ diphthong in a Martha's Vineyard community: What can we say 40 years after Labov? In: *Language in Society* 32/4, 451–485.
Blankenhorn, Renate (2003): *Pragmatische Spezifika der Kommunikation von Russlanddeutschen in Sibirien. Entlehnung von Diskursmarkern und Modifikatoren sowie Code-switching.* Frankfurt a. M. u. a.: Lang.
Blom, Elma/Unsworth, Sharon (Hg.) (2011): *Experimental Methods in Language Acquisition Research.* Amsterdam/Philadelphia: Benjamins.
Blom, Jan-Petter/Gumperz, John J. (1972): Social meaning in linguistic structure: Code-switching in Norway. In: John J. Gumperz/Dell H. Hymes (Hg.): *Directions in Sociolinguistics: the Ethnography of Communication.* Oxford: Blackwell, 407–434.
Bloomfield, Leonard (1933): *Language.* New York: Holt, Rinehart & Winston.
Booij, Gert (1995): Inherent versus contextual inflection and the split morphology hypothesis. In: Ders./Jaap van Marle (Hg.): *Yearbook of Morphology 1995.* Dordrecht: Kluwer, 27–49.
Booij, Gert (²2007, ³2010): *The Grammar of Words: An Introduction to Linguistic Morphology.* Oxford: Oxford University Press.
Booij, Gert (2010): *Construction Morphology.* Oxford: Oxford University Press.
Borges, Jorge Luis (1944/2005): *Ficciones.* Madrid: El libro de bolsillo.
Bourdieu, Pierre (1987): *Die feinen Unterschiede.* Frankfurt a. M.: Suhrkamp.
Bowerman, Melissa (1996): The origins of children's spatial semantic categories: cognitive vs. linguistic determinants. In: John J. Gumperz/Stephen C. Levinson (Hg.): *Rethinking Linguistic Relativity.* Cambridge: Cambridge University Press, 145–176.
Brandt, Silke/Diessel, Holger/Tomasello, Michael (2008): The acquisition of German relative clauses: a case study. In: *Journal of Child Language* 35, 325–348.
Brandt, Silke/Lieven, Elena/Tomasello, Michael (2010): Development of word order in German complement-clause constructions: Effects of input frequencies, lexical items, and discourse function. In: *Language* 86/3, 583–610.
Bresnan, Joan (2001): *Lexical-Functional Syntax.* Malden, MA/Oxford: Blackwell.
Broadbent, Sylvia M. (1964): *The Southern Sierra Miwok Language.* Berkeley: University of California Press.
Broch, Ingvild/Jahr, Ernst Hakon (1984): Russenorsk: a new look at the Russo-Norwegian pidgin in Northern Norway. In: P. Sture Ureland/Iain Clarkson (Hg.): *Scandinavian Language Contact.* Cambridge u. a.: Cambridge University Press, 21–65.
Broersma, M./de Bot, K. (2006): Triggered codeswitching: a corpus-based evaluation of the original triggering hypothesis and a new alternative. In: *Bilingualism: Language and Cognition* 9, 1–13.
Brooks, Patricia J./Kempe, Vera (2012): *Language Development.* Chichester: BPS Blackwell.
Broselow, Ellen/McCarthy, John J. (1983): A theory of internal reduplication. In: *The Linguistic Review* 3, 25–88.
Brown, Edward Keith/Asher, Ronald E./Simpson, J. M.Y. (²2006) (Hg.): *Encyclopedia of Language & Linguistics.* Amsterdam: Elsevier.
Brown, Penelope (2003): Multimodal multiperson interaction with infants aged 9 to 15 months. In: Nick J. Enfield (Hg.): *Field Research Manual 2003, Part I: Multimodal Interaction, Space, Event Representation.* Nijmegen: Max Planck Institute for Psycholinguistics, 22–24.
Brown, Penelope (2006): Language, culture and cognition. In: *Zeitschrift für Germanistische Linguistik* 34/1(2), 64–86.
Bruner, Jerome (1987): *Wie das Kind sprechen lernt.* Bern: Huber.
Budzhak-Jones, Svitlana (1998): Against word-internal code-switching: Evidence from Ukrainian-English bilingualism. In: *International Journal of Bilingualism* 2, 161–182.
Bühler, Karl (1934): *Sprachtheorie: die Darstellungsfunktion der Sprache.* Jena: Fischer.
Bullock, Barbara E. (2009): Phonetic reflexes of code-switching. In: Dies./Almeida Jacqueline Toribio (Hg.): *The Cambridge Handbook of Linguistic Code-switching.* Cambridge: Cambridge University Press, 163–181.
Butt, Miriam (2006): *Theories of Case.* Cambridge: Cambridge University Press.
Butzkamm, Wolfgang (³2002): *Psycholinguistik des Fremdsprachenunterrichts. Von der Muttersprache zur Fremdsprache.* 3., neubearb. Aufl. Tübingen/Basel: Francke.
Bybee, Joan (1985a): Diagrammatic iconicity in stem-inflection relations. In: John Haiman (Hg.): *Iconicity in Syntax: Proceedings of a Symposium on Iconicity in Syntax, Stanford, June 24–6, 1983.* Amsterdam: Benjamins, 11–47.
Bybee, Joan (1985b): *Morphology. A Study of the Relation Between Meaning and Form.* Amsterdam: Benjamins.
Bybee, Joan (1995): Regular morphology and the lexicon. In: *Language and Cognitive Processes* 10, 425–455.
Bybee, Joan (2001): *Phonology and Language Use.* Cambridge: Cambridge University Press.
Bybee, Joan (2010): *Language, Usage and Cognition.* Cambridge: Cambridge University Press.
Bybee, Joan/Hopper, Paul (2001): Introduction to frequency and the emergence of linguistic structure. In: Dies. (Hg.): *Frequency and the Emergence of Linguistic Structure.* Amsterdam: Benjamins, 1–26.
Bynon, Theodora (1981): *Historische Linguistik.* München: Beck.

Camilleri, Andrea (1996): *Il cane di terracotta.* Palermo: Sellerio.
Carstairs, Andrew (1987): *Allomorphy in Inflexion.* London: Croom Helm.

Chambers, Jack K. (2003): *Sociolinguistic Theory: Linguistic Variation and Its Social Implications*. Oxford Malden: Blackwell.

Chambers, Jack K./Trudgill, Peter (²1998): *Dialectology*. Cambridge/New York: Cambridge University Press.

Chomsky, Noam (1959): Review of B. F. Skinner: »Verbal behavior«. In: *Language* 35/1, 26–58.

Chomsky, Noam (1965): *Aspects of the Theory of Syntax*. Cambridge, MA: MIT Press.

Chomsky, Noam (²1972): *Language and Mind*. New York: Harcourt, Brace and World.

Chomsky, Noam (1980): On cognitive structures and their development: A reply to Piaget. In: *Language and Learning: The Debate Between Jean Piaget and Noam Chomsky*. Hg. von M. Piattelli-Palmarini. Cambridge, MA: Harvard University Press, 35–52.

Chomsky, Noam (1981): *Lectures on Government and Binding*. Dordrecht: Foris.

Chomsky, Noam (1995): *The Minimalist Program*. Cambridge, MA: MIT Press.

Chomsky, Noam (2011): Language and other cognitive systems. What is special about language? In: *Language learning and development* 7/4, 263–278.

Chomsky, Noam/Halle, Morris (1968): *The Sound Pattern of English*. New York: Harper & Row.

Chouinard, Michelle M./Clark, Eve V. (2003): Adult reformulations of child errors as negative evidence. In: *Journal of Child Language* 30, 637–669.

Christiansen, Morten H./Kirby, Simon (2003): Language evolution: consensus and controversies. In: *Trends in Cognitive Sciences* 7, 300–307.

Clark, Eve V. (1993): *The Lexicon in Acquisition*. Cambridge: Cambridge University Press.

Clark, Eve V. (²2009): *First Language Acquisition*. Cambridge: Cambridge University Press.

Clifton, Charles/Frazier, Lyn (1989): Comprehending sentences with long-distance dependencies. In: Greg N. Carlson/Michael K. Tanenhaus (Hg.): *Linguistic Structure in Language Processing*. Dordrecht: Kluwer, 273–317.

Clyne, Michael (1967): *Transference and Triggering*. The Hague: Nijhoff.

Clyne, Michael (1972): *Perspectives on Language Change*. Melbourne: Hawthorne Press.

Clyne, Michael (1991): *Community Languages: The Australian Experience*. Cambridge: Cambridge University Press.

Clyne, Michael (1994): What can we learn from Sprachinseln? Some observations on ›Australian German‹. In: Nina Berend/Klaus Mattheier (Hg.): *Sprachinselforschung. Eine Gedenkschrift für Hugo Jedig*. Frankfurt a. M. u. a.: Lang, 105–121.

Clyne, Michael (2003): *Dynamics of Language Contact. English and Immigrant Languages*. Cambridge: Cambridge University Press.

Clyne, Michael/Cassia, Paola (1999): Trilingualism, immigration and relatedness of languages. In: *Review of Applied Linguistics* 123–124, 57–77.

Coetsem, Frans van (2000): *A General and Unified Theory of the Transmission Process in Language Contact*. Heidelberg: Winter.

Cohn, Abigail C./Fougeron, Cécile/Huffman, Marie K. (Hg.) (2012): *The Oxford Handbook of Laboratory Phonology*. Oxford: Oxford University Press.

Comrie, Bernard (²1989): *Language Universals and Linguistic Typology*. Chicago: University of Chicago Press.

Comrie, Bernard (2011): Alignment of case marking of full noun phrases. In: Matthew S. Dryer/Martin Haspelmath (Hg.): *The World Atlas of Language Structures Online*. Munich: Max Planck Digital Library, feature 98A. Online: http://wals.info/feature/98A (27.1.2012).

Conrad, Robert J./Wogiga, Kepas (1991): *An Outline of Bukiyip Grammar*. Canberra: Australian National University.

Cook, Vivian/Newson, Mark (2007): *Chomsky's Universal Grammar: An Introduction*. Oxford u. a.: Blackwell.

Corballis, Michael C. (1991): *The Lopsided Ape: Evolution of the Generative Mind*. New York u. a.: Oxford University Press.

Coseriu, Eugenio (1967): Lexikalische Solidaritäten. In: *Poetica* 1, 293–303.

Coupe, Alexander Robertson (2007): *A Grammar of Mongsen Ao*. Berlin: de Gruyter.

Couper-Kuhlen, Elizabeth/Ford, Cecilia E. (Hg.) (2004): *Sound Patterns in Interaction*. Amsterdam: Benjamins.

Couper-Kuhlen, Elizabeth/Auer, Peter/Müller, Frank (1999): *Language in Time: The Rhythm and Tempo of Spoken Interaction*. New York: Oxford University Press.

Couper-Kuhlen, Elizabeth/Selting, Margret (Hg.) (1996): *Prosody in conversation. Interactional Studies*. Cambridge/New York: Cambridge University Press.

Cristofaro, Sonia (²2006): Linguistic universals, Chomskyan. In: Edward Keith Brown/Ronald E. Asher/J. M.Y. Simpson (Hg.): *Encyclopedia of Language & Linguistics*. Amsterdam: Elsevier, 222–224.

Croft, William (2000): *Explaining Language Change*. Harlow: Longman.

Croft, William (2001): *Radical Construction Grammar: Syntactic Theory in Typological Perspective*. Oxford: Oxford University Press.

Croft, William (2003a): Typology. In: Mark Aronoff/Janie Rees-Miller (Hg.): *The Blackwell Handbook of Linguistics*. Malden: Blackwell, 337–68.

Croft, William (²2003b): *Typology and Universals*. Cambridge: Cambridge University Press.

Croft, William/Cruse, D. Alan (2004): *Cognitive Linguistics*. Cambridge: Cambridge University Press.

Cruse, Alan (2004): *Meaning in Language. An Introduction to Semantics and Pragmatics*. Oxford: Oxford University Press.

Cruse, Alan/Hundsnurscher, Franz/Job, Michael/Lutzeier, Peter Rolf (Hg.) (2005): *Lexicology/Lexikologie: International Handbook on the Nature and Structure of Words and Vocabulary/Ein internationales Handbuch zur Natur und Struktur von Wörtern und Wortschätzen* (Handbücher zur Sprach- und Kommunikationswissenschaft Bd. 21). 2 Bde. Berlin: de Gruyter.

Cruttenden, Alan (1997): *Intonation*. Cambridge: Cambridge University Press.

Crystal, David (2006): *Words, Words, Words*. Oxford: Oxford University Press.

Cysouw, Michael Alexander (2005): Quantitative methods in typology. In: Gabriel Altmann/Reinhard Köhler/Rajmund G. Piotrowski (Hg.): *Quantitative Linguistics: An International Handbook*. Berlin: de Gruyter, 554–577.

Cysouw, Michael Alexander (2007): New approaches to cluster analysis of typological indices. In: Peter Grzybek/Reinhard Köhler (Hg.): *Exact Methods in the Study of Language and Text*. Dedicated to Gabriel Altmann on the occasion of his 75th birthday. Berlin: de Gruyter, 61–76.

Dahl, Östen (2001): Principles of areal typology. In: Martin Haspelmath/Ekkehard König/Wulf Oesterreicher/Wolfgang Raible (Hg.): *Language Typology and Language Universals: An International Handbook*. Bd. 2. Berlin/New York: de Gruyter, 1456–1470.

Dahl, Östen/Velupillai, Viveka (2005): Tense and Aspect. In: Martin Haspelmath/Matthew S. Dryer/David Gil/Bernard Comrie (Hg.): *The World Atlas of Language Structures*. Oxford: Oxford University Press, 280–281.

De Bot, Kees (1992): A bilingual production model: Levelt's ›speaking‹ model adapted. In: *Applied Linguistics* 13, 1–24.

De Bot, Kees/Lowie, Wander/Verspoor, Marjolijn (Hg.) (2005): *Second Language Acquisition. An Advanced Resource Book*. London/New York: Routledge.

De Houwer, Annick (2009): *Bilingual First Language Acquisition*. Bristol/Buffalo/Toronto: Multilingual Matters.

de Lacy, Paul (Hg.) (2007): *The Cambridge Handbook of Phonology*. Cambridge: Cambridge University Press.

Deacon, Terrence W. (1997): *The Symbolic Species: The Co-evolution of Language and the Brain*. New York: Norton.

Décsy, Gyula (1973): *Die linguistische Struktur Europas*. Wiesbaden: Harassowitz.

Dell, Gary S./Burger, Lisa K./Svec, William R. (1997): Language production and serial order: A functional analysis and a model. In: *Psychological Review* 104, 123–147.

DeLoache, Judy S. (2004): Becoming symbol-minded. In: *Trends in Cognitive Sciences* 8/2, 66–70.

Deppermann, Arnulf (⁴2008): *Gespräche analysieren. Eine Einführung*. Wiesbaden: VS Verlag für Sozialwissenschaften.

Deppermann, Arnulf/Schmitt, Reinhold (2007): Koordination. Zur Begründung eines neuen Forschungsgegenstandes. In: Reinhold Schmitt (Hg.): *Koordination. Analysen zur multimodalen Interaktion*. Tübingen: Narr, 15–54.

Dessalles, Jean-Louis (2007): *Why We Talk. The Evolutionary Origins of Language*. Oxford: Oxford University Press. Aus dem Französischen von James Grieve (franz. *Aux origines du langage*. Paris: Hermès Science Publications 2000).

Deutscher, Guy (2008): *Du Jane, ich Goethe: Eine Geschichte der Sprache*. München: Beck.

Di Luzio, Aldo/Günthner, Susanne/Orletti, Franca (2001): *Culture in Communication*. Amsterdam: Benjamins.

Diessel, Holger (1999): *Demonstratives: Form, Function, and Grammaticalization*. Amsterdam: Benjamins.

Diessel, Holger (2001): The ordering distribution of main and adverbial clauses: a typological study. In: *Language* 77, 345–365.

Diessel, Holger (2004): *The Acquisition of Complex Sentences*. Cambridge: Cambridge University Press.

Diewald, Gabriele (1997): *Grammatikalisierung. Eine Einführung in Sein und Werden grammatischer Formen*. Tübingen: Niemeyer.

Dijk, Siebren (1997): *Noun Incorporation in Frisian*. Dissertation. Rijksuniversiteit Groningen.

Dijkstra, Ton/van Heuven, Walter J. B. (2002): The architecture of the bilingual word recognition system: From identification to decision. In: *Bilingualism: Language and Cognition* 5, 175–197.

Dirim, İnci/Auer, Peter (2004): *Türkisch sprechen nicht nur die Türken. Über die Unschärfebeziehung zwischen Sprache und Ethnie in Deutschland*. Berlin/New York: de Gruyter.

DiSciullo, Anna-Maria/Williams, Edwin (1987): *On the Definition of Word*. Cambridge, MA: MIT Press.

Dittmar, Norbert (1999): *Grundlagen der Soziolinguistik*. Berlin: de Gruyter.

Dixon, Robert M. W. (1994): *Ergativity*. Cambridge: Cambridge University Press.

Dohlus, Katrin (2002): Phonologische Angleichung deutscher Lehnwörter im Japanischen. HU Berlin: Magisterarbeit, http://www2.hu-berlin.de/japanologie/dokumente/studium/dohlus.pdf (6.12.12).

Döpke, Susanne (2001): The interplay between language-specific development and cross-linguistic influence. In: Dies. (Hg.): *Cross-Linguistic Structures in Simultaneous Bilingualism*. Amsterdam/Philadelphia: Benjamins, 79–103.

Downes, William (1998): *Language and Society*. Cambridge/New York: Cambridge University Press.

Dowty, David R./Wall, Robert E./Peters, Stanley (1981/1989): *Introduction to Montague Semantics*. Dordrecht: Reidel.

Drach, Erich (1937, ⁴1963): *Grundgedanken der deutschen Satzlehre*. Frankfurt a. M.: Diesterweg.

Drew, Paul/Heritage, John (Hg.) (1992): *Talk at Work. Interaction in Institutional Settings*. Cambridge: Cambridge University Press.

Drosdowski, Günther (²1987): *Duden Etymologie. Herkunftswörterbuch der deutschen Sprache*. 2., völlig neu bearb. u. erw. Aufl. Mannheim: Duden.

Dryer, Matthew S. (2005): Word order. In: Martin Haspelmath/Ders./David Gil/Bernard Comrie (Hg.): *The World Atlas of Language Structures*. Oxford: Oxford University Press, 332–333.

Dryer, Matthew S. (2007): Word order. In: Timothy Shopen (Hg.): *Language Typology and Syntactic Description*. Bd. I: *Clause Structure*. Cambridge: Cambridge University Press, 61–130.

Dryer, Matthew S./Haspelmath, Martin (Hg.) (2011): *The World Atlas of Language Structures Online*. Munich: Max Planck Digital Library. Online: http://wals.info/

Du Bois, John (1985): Competing motivations. In: John Haiman (Hg.): *Iconicity in Syntax*. Amsterdam: Benjamins, 343–365.

DUDEN (⁷2005, ⁸2009): *Duden, die Grammatik. Unentbehrlich für richtiges Deutsch. Umfassende Darstellung des Aufbaus der deutschen Sprache vom Laut über das Wort und den Satz bis hin zum Text und zu den Merkmalen der gesprochenen Sprache*. 8., völlig neu erarb. und erw. Aufl. Mannheim u. a.: Dudenverlag.

Dunbar, Robin (1993): Coevolution of neocortex size, group size and language in humans. In: *Behavioral and Brain Sciences* 16/4, 681–735.

Dunbar, Robin (2003): The origin and subsequent evolution of language. In: Morten H. Christiansen/Simon Kirby (Hg.): *Language Evolution*. Oxford: Oxford University Press, 219–234.

Duncker, Hans-Rainer (2011): Die Entwicklung der Menschen zu Sprach- und Kulturwesen. In: Ludger Hoffmann/Kerstin Leimbrink/Uta Quasthoff (Hg.): *Die Matrix der menschlichen Entwicklung*. Berlin: de Gruyter, 15–58.

Dundes, Allen/Leach, Jerry W./Özkok, Bora (1972): The strategy of Turkish boys' verbal dueling rhymes. In: John J. Gumperz/Dell H. Hymes (Hg.): *Directions in* the Ethnography of Communication. New York/Chicago: Holt, Rinehart and Winston, 130–160.

Duranti, Alessandro (1997): *Linguistic Anthropology*. Cambridge: Cambridge University Press.

Duranti, Alessandro (2001a): *Linguistic Anthropology. A Reader*. Malden: Blackwell.

Duranti, Alessandro (2001b): *Key Terms in Language and Culture*. Malden/Oxford: Blackwell.

Duranti, Alessandro (2001c): Universal and culture-specific properties of greetings. In: Ders. (Hg.): *Linguistic Anthropology. A Reader*. New York: Blackwell, 208–238.

Dürscheid, Christa (2006): *Einführung in die Schriftlinguistik*. Wiesbaden: VS Verlag für Sozialwissenschaften.

Dürscheid, Christa (⁵2010): *Syntax. Grundlagen und Theorien*. Wiesbaden: Westdeutscher Verlag.

Ebert, Karen H. (1989): Aspektmarkierung in Fering (Nordfriesisch) und verwandten Sprachen. In: Werner Abraham/Theo Jansen (Hg.): *Tempus – Aspekt – Modus. Die lexikalischen und grammatischen Formen in den germanischen Sprachen*. Tübingen: Niemeyer, 293–322.

Ebert, Karen H. (2001): Südasien als Sprachbund. In: Martin Haspelmath/Ekkehard König/Wulf Oesterreicher/Wolfgang Raible (Hg.): *Language Typology and Language Universals: An International Handbook*. Bd. 2. Berlin/New York: de Gruyter, 1529–1539.

Eckert, Gabriele (1986): *Sprachtypus und Geschichte*. Tübingen: Narr.

Eckert, Penelope (2000): *Linguistic Variation as Social Practice: The Linguistic Construction of Identity in Belten High*. Malden: Blackwell.

Eckert, Penelope (2004): The meaning of style. In: *Texas Linguistic Forum* 47, 41–53.

Eckert, Penelope/McConnell-Ginet, Sally (1999): New generalizations and explanations in language and gender research. In: *Language in Society* 28, 185–201.

Efron, David (1941/1972): *Gesture, Race and Culture*. The Hague: Mouton.

Ehmer, Oliver/Pfänder, Stefan (2009): Sprache kann in jedem Moment ganz anders sein. Improvisationstechniken im Gespräch. In: Maximilian Gröne/Hans-Joachim Gehrke/Frank-Rutger Hausmann/Stefan Pfänder/Bernhard Zimmermann (Hg.): *Improvisation. Kultur- und lebenswissenschaftliche Perspektiven*. Freiburg: Rombach, 175–195.

Eisenbeiß, Sonja (2009): Generative approaches to language learning. In: *Linguistics (Special Issue: Current approaches to language learning)* 47, 273–310.

Eisenberg, Peter (³2006, ⁴2013): *Grundriss der deutschen Grammatik*. Bd. I: *Das Wort*. Bd. II: *Der Satz*. Stuttgart/Weimar: J. B. Metzler.

Ekman, Paul/Friesen, Wallace V. (1969): The repertoire of nonverbal behaviour: Categories, origins, usage, and coding. In: *Semiotica* 1, 49–98.

Ellis, Rod (1997): *Second Language Acquisition*. Oxford u. a.: Oxford University Press.

Elsig, Martin/Poplack, Shana (2006): Transplanted dialects and language change: Question formation in Québec. In: *U. Penn Working Papers in Linguistics* 12/2, 77–90.

Emeneau, Murray B. (1984): *Toda Grammar and Texts*. Philadelphia: American Philosophical Society.

Engelberg, Stefan (2000): *Verben, Ereignisse und das Lexikon*. Tübingen: Niemeyer.

Ennis, Juan/Pfänder, Stefan (2010): Zur – fragwürdigen – Legitimation des Laboratoriums Kreol(istik). In: Ralph Ludwig/Dorothee Röseberg (Hg.): *Tout-monde. Kreolität und Kulturkontakt in der Frankophonie*. Frankfurt a. M.: Lang, 257–282.

EUROTYP. *Typology of Languages in Europe* (1997–2006). Bde. 20/1–20/8. Berlin/New York: de Gruyter.

Evans, Nicholas (2007): Insubordination and its uses. In: Irina A. Nikolaeva (Hg.): *Finiteness. Theoretical and Empirical Foundations*. Oxford: Oxford University Press, 366–431.

Evans, Nicholas/Levinson, Stephen C. (2009): The myth of language universals: Language diversity and its importance for cognitive science. In: *Behavioral and Brain Sciences* 32/5, 429–492.

Evans, Nicholas/Wilkins, David P. (2000): In the mind's ear: The semantic extensions of perception verbs in Australian languages. In: *Language* 76, 546–592.

Evans, Vyvyan/Green, Melanie (2006): *Cognitive Linguistics: An Introduction*. Mahwah, NJ: Lawrence Erlbaum Associates.

Everett, Daniel L. (2005): Cultural constraints on grammar and cognition in Pirahã. In: *Current Anthropology* 46/4, 621–634.

Feilke, Helmuth (1996): *Sprache als soziale Gestalt. Ausdruck, Prägung und die Ordnung der sprachlichen Typik*. Frankfurt a. M.: Suhrkamp.

Ferguson, Charles A. (1971): Absence of copula and the notion of simplicity. A study of normal speech, baby talk, foreigner talk, and pidgings. In: D. Hymes (Hg.): *Pidginization and Creolization of Languages*. Cambridge: Cambridge University Press, 141–150.

Fillmore, Charles J. (1982): Frame semantics. In: *Linguistics in the Morning Calm*. Seoul: Hanshin Publishing Company, 111–37.

Fillmore, Charles J. (1985): Frames and the semantics of understanding. In: *Quaderni di Semantica* 6/2, 222–54.

Fillmore, Charles J./Kay, Paul/O'Connor, Catherine (1988): Regularity and idiomaticity in grammatical constructions: The case of *let alone*. In: *Language* 64, 501–538.

Fisher, Simon E. (2006): Tangled webs: Tracing the connections between genes and cognition. In: *Cognition* 101, 270–297.

Fisher, Simon E./Francks, Clyde (2006): Genes, cognition and dyslexia: Learning to read the genome. In: *Trends in Cognitive Sciences* 10, 250–257.

Fitch, W. Tecumseh (2009): Fossil cues to the evolution of speech. In: Rudolf Botha/Chris Knight (Hg.): *The Cradle of Language*. Oxford: Oxford University Press.

Fleischer, Jürg (2002): *Die Syntax von Pronominaladverbien in den Dialekten des Deutschen: eine Untersuchung zu Preposition Stranding und verwandten Phänomenen*. (*Zeitschrift für Dialektologie und Linguistik*, Beiheft 123). Stuttgart: Steiner.

Földes, Csaba (1996): Mehrsprachigkeit, Sprachenkontakt und Sprachenmischung. In: *Flensburger Papiere zur Mehrsprachigkeit und Kulturenvielfalt im Unterricht* 14/15, 5–79.

Foley, William A. (1997): *Anthropological Linguistics. An Introduction*. Malden/Oxford: Blackwell.

Ford, Cecilia E. (1993): *Grammar and Interaction: Adverbial Clauses in American English Conversations*. Cambridge: Cambridge University Press.

Ford, Cecilia E./Fox, Barbara A./Thompson, Sandra A. (Hg.) (2002): *The Language of Turn and Sequence*. Oxford/New York: Oxford University Press.

Zitierte Literatur

Fox, Anthony (2000): *Prosodic Features and Prosodic Structure: The Phonology of Suprasegmentals*. Oxford: Oxford University Press.

Franceschini, Rita (2011): Multilingualism and multicompetence: A conceptual view. In: *The Modern Language Journal* 95, 344–355.

Franz, Elisa (2010): Kommunikative Verfahren beim SpeedDating – eine empirische Gattungsanalyse. Universität Münster, http://noam.uni-muenster.de/sasi/Franz_SASI.pdf (2.4.2012).

Frazier, Lyn (1987): Sentence processing: A tutorial review. In: Max Coltheart (Hg.): *Attention and Performance XII: The Psychology of Reading*. Hillsdale u. a.: Lawrence Erlbaum Associates, 559–586.

Frazier, Lyn/Clifton, Charles (1996): *Construal*. Cambridge, MA: The MIT Press.

Frazier, Lyn/Clifton, Charles (1997): Construal: Overview, motivation and some new evidence. In: *Journal of Psycholinguistic Research* 26, 277–295.

Frazier, Lyn/Fodor, Janet D. (1978): The sausage machine: A two stage parsing model. In: *Cognition* 6, 291–325.

Frey, Werner (2004): A medial topic position for German. In: *Linguistische Berichte* 198, 153–190.

Frey, Werner (2007): Some contextual effects of aboutness topics in German. In: Andreas Späth (Hg.): *Interfaces and Interface Conditions*. Berlin/New York: de Gruyter, 329–348.

Fuhrhop, Nanna/Peters, Jörg (2013): *Einführung in die Phonologie und Graphematik*. Stuttgart/Weimar: J. B. Metzler.

Furby, Christine E. (1972): The pronominal system of Garawa. In: *Oceanic Linguistics* 11, 1–31.

Gabelentz, Georg von der (1891/²1901/1972): *Die Sprachwissenschaft: ihre Aufgaben, Methoden und bisherigen Ergebnisse*. Leipzig: Weigel (Nachdruck der 2., vermehrten und verbesserten Auflage von 1901, mit einer Studie von Eugenio Coseriu neu hg. von Gunter Narr. Tübingen: Narr 1972).

Gahl, Susanne/Garnsey, Susan M. (2004): Knowledge of grammar, knowledge of usage: Syntactic probabilities affect pronunciation variation. In: *Language* 80/4, 748–775.

Gardner-Chloros, Penelope (2009): *Code-Switching*. Cambridge: Cambridge University Press.

Garfinkel, Harold (1967): *Studies in Ethnomethodology*. Englewood Cliffs, NJ: Prentice-Hall.

Garfinkel, Harold (1967): What is ethnomethodology? In: Ders. (Hg.): *Studies in Ethnomethodology*. Englewood Cliffs: Prentice Hall, 1–34.

Gass, Susan M./Selinker, Lary (³2008): *Second Language Acquisition. An Introductory Course*. New York/London: Routledge.

Geeraerts, Dirk/Grondelaers, Stefan/Speelman, Dirk (1999): *Convergentie en divergentie in de Nederlandse woordenschat: een onderzoek naar kleding- en voetbaltermen*. Amsterdam: Meertens Instituut.

Geertz, Clifford (1983/²1991): *Dichte Beschreibung. Beiträge zum Verstehen kultureller Systeme*. Frankfurt a. M.: Suhrkamp.

Genesee, Fred (2005): The capacity of the language faculty: contributions from studies of simultaneous bilingual acquisition. In: James Cohen et al. (Hg.): *ISB 4. Proceedings of the 4th International Symposium on Bilingualism*. Somerville, MA: Cascadilla Press, 890–901.

Genesee, Fred/Nicoladis, Elena (2007): Bilingual first language acquisition. In: Erika Hoff/Marilyn Shatz (Hg.): *Blackwell Handbook of Language Development*. Malden, MA/Oxford/Carlton: Blackwell, 324–242.

Gibson, Edward (1991): *A Computational Theory of Human Linguistic Processing: Memory Limitations and Processing Breakdown*. Dissertation, Carnegie Mellon University.

Giles, Howard (1980): Accommodation theory: some new directions. In: *York Papers in Linguistics* 9, 105–136.

Givón, Talmy (1971): Historical syntax and synchronic morphology: an archeologist's field trip. In: *Chicago Linguistic Society* 7, 391–415.

Givón, Talmy (1990): *Syntax. A Functional-Typological Introduction*. Bd. 2. Amsterdam/Philadelphia: Benjamins.

Givón, Talmy (2009): Multiple routes to clause union: The diachrony of complex verb phrases. In: Ders./Masayoshi Shibatani (Hg.): *Syntactic Complexity: Diachrony, Acquisition, Neurocognition, and Evolution*. Amsterdam: Benjamins, 81–118.

Glenberg, Arthur (1999): Why mental models must be embodied. In: Gert Rickheit/Christopher Habel (Hg.): *Mental Models in Discourse Processing and Reasoning*. Amsterdam u. a.: Elsevier, 77–90.

Glinz, Hans (1970): *Linguistische Grundbegriffe und Methodenüberblick*. Frankfurt a. M.: Athenäum.

Goddard, Cliff (2012): Semantic primes, semantic molecules, semantic templates: Key concepts in the NSM approach to lexical typology. In: *Linguistics* (Special issue: »Lexical Typology«. Hg. von Maria Koptjevskaja-Tamm and Martine Vanhove) 50/3, 711–743.

Goddard, Cliff/Wierzbicka, Anna (im Druck): *Words and Meanings: Lexical Semantics Across Domains, Languages, and Cultures*. Oxford: Oxford University Press.

Goebl, Hans (2001): Arealtypologie und Dialektologie. In: Martin Haspelmath/Ekkehard König/Wulf Oesterreicher/Wolfgang Raible (Hg.): *Language Typology and Language Universals: An International Handbook*. Bd. 2. Berlin/New York: de Gruyter, 1471–1491.

Goebl, Hans (2008): Die korrelative Dialektometrie. Eine Kurzvorstellung anhand von Beispielen aus AIS und ALF. In: G. Bernhard/H. Siller-Runngaldier (Hg.): *Sprache im Raum – Raum in der Sprache*. Frankfurt a. M.: Lang, 67–90.

Goffman, Erving (1974): *Frame Analysis: An Essay on the Organization of Experience*. New York: Harper & Row.

Goffman, Erving (1977/1994): *Interaktion und Geschlecht*. Frankfurt a. M.: Campus.

Goffman, Erving (1981): *Forms of Talk*. Philadelphia: University of Pennsylvania Press.

Goldberg, Adele (2006): *Constructions at Work: The Nature of Generalization in Language*. Oxford: Oxford University Press.

Gomez, Rebecca L./Gerken, Louann (2000): Infant artificial language learning and language acquisition. In: *Trends in Cognitive Science* 4, 178–186.

Goodenough, Ward (1957/1964): Cultural anthropology and linguistics. In: Dell H. Hymes (Hg.): *Language in Culture and Society. A Reader in Linguistics and Anthropology*. New York: Harper.

Goodwin, Charles (1980): Restarts, pauses, and the achievement of a state of mutual gaze at turn-beginning. In: *Sociological Inquiry* 50/3–4, 272–302.

Zitierte Literatur

Goodwin, Charles (2000): Action and embodiment within situated human interaction. In: *Journal of Pragmatics* 32, 1489–1522.

Goodwin, Charles (2003): Pointing as situated practice. In: Sotaro Kita (Hg.): *Pointing: Where Language, Culture and Cognition Meet*. Mahwah, NJ: Lawrence Erlbaum Associates, 217–241.

Goodwin, Charles (2007): Environmentally coupled gestures. In: Susan Duncan/Justine Cassell/Elena Levy (Hg.): *Gesture and the Dynamic Dimensions of Language*. Amsterdam/Philadelphia: Benjamins, 195–212.

Goodwin, Charles (2008): *The Categories Speaker and Hearer as Interactive Processes*. Plenary at the 17th Sociolinguistics Symposium 3rd-5th April 2008 in Amsterdam.

Goodwin, Charles/Heritage, John (1990): Conversation analysis. In: *Annual Review of Anthropology* 19, 283–307.

Goodwin, Marjorie H. (2001): Participation. In: Alessandro Duranti (Hg.): *Key Terms in Language and Culture*. Malden/Oxford: Blackwell, 172–175.

Graddol, David/Swann, Joan (1989): *Gender Voices*. Oxford: Blackwell.

Green, David W. (1998): Mental control of the bilingual lexico-semantic system. In: *Bilingualism: Language and Cognition* 1, 67–81.

Greenberg, Joseph H. (1960): A quantitative approach to the morphological typology of language. In: *International Journal of American Linguistics* 26, 178–194.

Greenberg, Joseph H. (1963): Some universals of grammar, with particular reference to the order of meaningful elements. In: Ders. (Hg.): *Universals of Language*. Cambridge, MA: MIT Press, 73–113.

Greenberg, Joseph H. (Hg.) (1963): *Universals of Language*. Cambridge, MA: MIT Press.

Greenberg, Joseph H. (Hg.) (1986): On being a linguistic anthropologist. In: *Annual Review of Anthropology* 15, 1–24.

Grewendorf, Günther (2002): *Minimalistische Syntax*. Tübingen: UTB/Francke.

Grice, H. Paul (1975): Logic and conversation. In: Peter Cole/Jerry L. Morgan (Hg.) *Syntax and Semantics*. Bd. 3. New York: Academic Press, 41–58.

Grice, H. Paul (1981): Presupposition and conversational implicature. In: Peter Cole (Hg.): *Radical Pragmatics*. New York: Academic Press, 183–198.

Gries, Stefan (2008): *Statistik für Sprachwissenschaftler*. Göttingen: Vandenhoeck & Ruprecht.

Grondelaers, Stefan/Speelman, Dirk (2007): A variationist account of constituent ordering in presentative sentences in Belgian Dutch. In: *Corpus Linguistics and Linguistic Theory* 3/2, 161–193.

Grosjean, François (1982): *Life with Two Languages. An Introduction to Bilingualism*. Cambridge, MA/London: Harvard University Press.

Grosjean, François (1995): A psycholinguistic approach to code-switching: the recognition of guest words by bilinguals. In: Lesley Milroy/Pieter Muysken (Hg.): *One Speaker, two Languages. Cross-disciplinary Perspectives on Code-switching*. Cambridge: Cambridge University Press, 259–275.

Gülich, Elisabeth/Kotschi, Thomas (1987): Reformulierungshandlungen als Mittel der Textkonstitution. Untersuchungen zu französischen Texten aus mündlicher Kommunikation. In: Wolfgang Motsch (Hg.): *Satz, Text, sprachliche Handlung*. Berlin: Akademie, 199–261.

Gülich, Elisabeth/Mondada, Lorenza (2008): *Konversationsanalyse: Eine Einführung am Beispiel des Französischen*. Tübingen: Niemeyer.

Gumperz, John J. (1982): *Discourse Strategies*. Cambridge: Cambridge University Press.

Gumperz, John J. (1968/2001): The speech community. In: Alessandro Duranti (Hg.): *Linguistic Anthropology: A Reader*. Malden/Oxford: Blackwell, 43–52.

Gumperz, John J./Cook-Gumperz, Jenny (2007): Discourse, cultural diversity and communication: a linguistic anthropological perspective. In: Helga Kotthoff/Helen Spencer-Oatey (Hg.): *Handbook of Intercultural Communication*. Berlin/New York: de Gruyter, 13–29.

Gumperz, John J./Hymes, Dell H. (1964): The ethnography of communication = *American Anthropologist* 66/6, II.

Gumperz, John J./Hymes, Dell H. (1972): *Directions in Sociolinguistics. The Ethnography of Communication*. New York: Holt, Rinehart & Winston.

Gumperz, John J./Levinson, Stephen C. (1996): *Rethinking Linguistic Relativity*. Cambridge: Cambridge University Press.

Günther, Hartmut (1988): *Schriftliche Sprache. Strukturen geschriebener Wörter und ihre Verarbeitung beim Lesen*. Tübingen: Niemeyer.

Günthner, Susanne (1992): Sprache und Geschlecht: Ist Kommunikation zwischen Frauen und Männern interkulturelle Kommunikation? In: *Linguistische Berichte* 138, 123–142.

Günthner, Susanne (1993a): »... weil – man kann es ja wissenschaftlich untersuchen« – Diskurspragmatische Aspekte der Wortstellung in WEIL-Sätzen. In: *Linguistische Berichte* 143, 37–59.

Günthner, Susanne (1993b): *Diskursstrategien in der Interkulturellen Kommunikation. Analysen deutsch-chinesischer Gespräche*. Tübingen: Niemeyer.

Günthner, Susanne (1999a): Entwickelt sich der Konzessivkonnektor *obwohl* zum Diskursmarker? Grammatikalisierungstendenzen im gesprochenen Deutsch. In: *Linguistische Berichte* 180, 409–446.

Günthner, Susanne (1999b): Zur Aktualisierung kultureller Differenzen in Alltagsinteraktionen. In: Stefan Rieger/Schamma Schahadat/Manfred Weinberg (Hg.): *Interkulturalität. Zwischen Inszenierung und Archiv*. Tübingen: Narr, 251–268.

Günthner, Susanne (2001): ›*wobei* (.) es hat alles immer zwei seiten.‹ Zur Verwendung von *wobei* im gesprochenen Deutsch. In: *Deutsche Sprache* 4, 313–341.

Günthner, Susanne (2003): Eine Sprachwissenschaft der ›lebendigen Rede‹. Ansätze einer Anthropologischen Linguistik. In: Angelika Linke/Hanspeter Ortner/Paul Portmann-Tselikas (Hg.): *Sprache und mehr. Ansichten einer Linguistik der sprachlichen Praxis*. Tübingen: Niemeyer, 189–209.

Günthner, Susanne (2006): Doing vs. Undoing Gender? Zur Konstruktion von Gender in der kommunikativen Praxis. In: Doerte Bischoff/Martina Wagner-Egelhaaf (Hg.): *Mitsprache, Rederecht, Stimmgewalt: Genderkritische Strategien und Transformationen der Rhetorik*. Heidelberg: Winter, 35–58.

Günthner, Susanne (2010): Sprache und Sprechen im Kontext kultureller Praktiken. Facetten einer Anthropologischen Linguistik. In: Silke Meyer/Armin Owzar (Hg.): *Disziplinen der Anthropologie*. Münster/München/Berlin u. a.: Waxmann, 121–144.

Günthner, Susanne/Linke, Angelika (2006): Linguistik und Kulturanalyse – Ansichten eines symbiotischen Verhältnisses. In: *Zeitschrift für Germanistische Linguistik* 34/1, 1–27.

Günthner, Susanne/Knoblauch, Hubert (1994): ›Forms are the Food of Faith‹. Gattungen als Muster kommunikativen Handelns. In: *Kölner Zeitschrift für Soziologie und Sozialpsychologie* 4, 693–723.

Günthner, Susanne/Knoblauch, Hubert (2007): Wissenschaftliche Diskursgattungen. In: Peter Auer/Harald Baßler (Hg.): *Reden und Schreiben in der Wissenschaft*. Frankfurt a. M.: Campus, 53–65.

Günthner, Susanne/Kotthoff, Helga (1991): *Von fremden Stimmen. Weibliches und männliches Sprechen im Kulturvergleich*. Frankfurt a. M.: Suhrkamp.

Günthner, Susanne/Luckmann, Thomas (2002): Wissensasymmetrien in der interkulturellen Kommunikation. Die Relevanz kultureller Repertoires kommunikativer Gattungen. In: Helga Kotthoff (Hg.): *Kultur(en) im Gespräch*. Tübingen: Narr, 213–244.

Haarmann, Harald (1976): *Grundzüge der Sprachtypologie: Methodik, Empirie und Systematik der Sprachen Europas*. Stuttgart: Kohlhammer.

Hagège, Claude (1993): *The Language Builder. An Essay on the Human Signature in Linguistic Morphogenesis*. Amsterdam/Philadelphia: Benjamins.

Hahn, Alois (1994): Die soziale Konstruktion des Fremden. In: Walter M. Sprondel (Hg.): *Die Objektivität der Ordnungen und ihre kommunikative Konstruktion*. Frankfurt a. M.: Suhrkamp, 140–166.

Haider, Hubert (1993): *Deutsche Syntax, generativ*. Tübingen: Narr.

Haider, Hubert (2010): *The Syntax of German*. Cambridge u. a.: Cambridge University Press.

Haiman, John (1983): Iconic and economic motivation. In: *Language* 59, 781–819.

Haiman, John (2006): Iconicity. In: Edward Keith Brown/Ronald E. Asher/J. M.Y. Simpson (Hg.): *Encyclopedia of Language & Linguistics*. Amsterdam: Elsevier, 457–461.

Hajek, John (2011): Vowel nasalization. In: Matthew S. Dryer/Martin Haspelmath (Hg.): *The World Atlas of Language Structures Online*. Munich: Max Planck Digital Library, chapter 10. Online: http://wals.info/chapter/10 (30.4.2012).

Hakulinen, Auli/Selting, Margret (Hg.) (2005): *Syntax and Lexis in Conversation*. Amsterdam: Benjamins.

Hall, Alan T. (2011): *Phonologie. Eine Einführung*. Berlin/New York: de Gruyter.

Hanks, William F. (1987): Discourse genres in a theory of Practice. In: *American Ethnologist* 14/4, 668–692.

Hanser, Hartwig (2000): *Lexikon der Neurowissenschaft: in vier Bänden*. Bd. 1. Heidelberg u. a.: Spektrum, Akademischer Verlag.

Hardcastle, William J. (Hg.) (2010): *The Handbook of Phonetic Sciences*. Chichester, West Sussex: Wiley-Blackwell.

Harris, Alice (1981): *Georgian Syntax*. Cambridge: Cambridge University Press.

Harris, Zellig (1951): *Methods in Structural Linguistics*. Chicago: University of Chicago Press.

Hart, Betty/Risley, Todd R. (1995): *Meaningful Differences in the Everyday Experience of Young American Children*. Baltimore: Paul H. Brookes.

Haspelmath, Martin (1998): Does grammaticalization need reanalysis? In: *Studies in Language* 22/2, 49–85.

Haspelmath, Martin (2001): The European linguistic area: Standard average European. In: Ders./Ekkehard König/Wolfgang Oesterreicher/Wolfgang Raible (Hg.): *Language Typology and Language Universals: An International Handbook*. Bd. 2. Berlin/New York: de Gruyter, 1492–1510.

Haspelmath, Martin (2002a): Grammatikalisierung: von der Performanz zur Kompetenz ohne angeborene Grammatik. In: Sybille Krämer/Ekkehard König (Hg.): *Gibt es eine Sprache hinter dem Sprechen?* Frankfurt a. M.: Suhrkamp, 262–286.

Haspelmath, Martin (2002b): *Understanding Morphology*. London: Arnold.

Haspelmath, Martin (2003): The geometry of grammatical meaning: Semantic maps and cross-linguistic comparison. In: Michael Tomasello (Hg.): *The New Psychology of Language* 2. Mahwah, NJ: Lawrence Erlbaum Associates, 211–242.

Haspelmath, Martin (2006): Against markedness (and what to replace it with). In: *Journal of Linguistics* 42, 25–70.

Haspelmath, Martin (2008): Frequency vs. iconicity in explaining grammatical asymmetries. In: *Cognitive Linguistics* 19, 1–33.

Haspelmath, Martin/Dryer, Matthew S./Gil, David/Comrie, Bernard (Hg.) (2005): *The World Atlas of Language Structures*. Oxford: Oxford University Press.

Haspelmath, Martin/König, Ekkehard/Oesterreicher, Wulf/Raible, Wolfgang (Hg.) (2001): *Language Typology and Language Universals: An International Handbook*. 2 Bde. Berlin/New York: de Gruyter.

Haspelmath, Martin/Sims, Andrea (2010): *Understanding Morphology*. London: Hodder Education.

Hausendorf, Heiko (Hg.) (2007): *Gespräch als Prozess. Linguistische Aspekte der Zeitlichkeit verbaler Interaktion*. Tübingen: Narr.

Hausendorf, Heiko (2007): Die Prozessualität der gesprochenen Sprache als Dreh- und Angelpunkt der linguistischen Gesprächsforschung. In: Ders. (Hg.): *Gespräch als Prozess. Linguistische Aspekte der Zeitlichkeit verbaler Interaktion*. Tübingen: Narr, 11–32.

Hausendorf, Heiko/Mondada, Lorenza/Schmitt, Reinhold (Hg.) (2012): *Raum als interaktive Ressource*. Tübingen: Narr.

Hauser, Marc D./Chomsky, Noam/Fitch, W. Tecumseh (2002): The faculty of language: What is it, who has it, and how did it evolve? In: *Science* 298/5598, 1569–1579.

Haviland, John B. (2001): Gesture. In: Alessandro Duranti (Hg.): *Key Terms in Language and Culture*. Malden/Oxford: Blackwell, 83–86.

Haviland, John B. (2004): Gesture. In: Alessandro Duranti (Hg.): *A Companion to Linguistic Anthropology*. Malden, MA: Blackwell Publishing, 197–221.

Hawkins, John A. (1983): *Word Order Universals*. New York: Academic Press.

Hawkins, John A. (1994): *A Performance Theory of Order and Constituency*. Cambridge: Cambridge University Press.

Hawkins, Sarah (2010): Phonological features, auditory objects, and illusions. In: *Journal of Phonetics* 38, 60–89.

Heim, Irene (1982): *The Semantics of Definite and Indefinite Noun Phrases*. Dissertation, University of Massachusetts.

Heine, Bernd (1990): The dative in Ik and Kanuri. In: William Croft et al. (Hg.): *Studies in Typology and*

Diachrony. Papers presented to Joseph H. Greenberg on his 75th birthday. Amsterdam: Benjamins, 129–149.

Heine, Bernd (2009): From nominal to clausal morphosyntax: Complexity via expansion. In: Talmy Givón/Masayoshi Shibatani (Hg.): *Syntactic Complexity: Diachrony, Acquisition, Neurocognition, and Evolution*. Amsterdam: Benjamins, 23–52.

Heine, Bernd/Hünnemeyer, Ulrike/Hünnemeyer, Friederike (1991): *Grammaticalization: A Conceptual Framework*. Chicago: The University of Chicago Press.

Heine, Bernd/Kuteva, Tania (2002): *The World Lexicon of Grammaticalization*. Cambridge: Cambridge University Press.

Heine, Bernd/Kuteva, Tania (2005): *Language Contact and Grammatical Change*. Cambridge: Cambridge University Press.

Heine, Bernd/Kuteva, Tania (2006): *The Changing Languages of Europe*. Oxford u. a.: Oxford University Press.

Heine, Bernd/Narrog, Heiko (Hg.) (2011): *The Oxford Handbook of Grammaticalization*. Oxford: Oxford University Press.

Helbig, Gerhard/Schenkel, Wolfgang (1971/⁸1991): *Wörterbuch zur Valenz und Distribution deutscher Verben*. Tübingen: Niemeyer.

Helmbrecht, Johannes (2001): Head-marking vs. dependent-marking languages. In: Martin Haspelmath/Ekkehard König/Wulf Oesterreicher/Wolfgang Raible (Hg.): *Language Typology and Language Universals. An International Handbook*. Bd. 2. Berlin/New York: de Gruyter, 1424–1433.

Hemforth, Barbara/Konieczny, Lars/Scheepers, Christoph (2000): Syntactic attachment and anaphor resolution: two sides of relative clause attachment. In: Matthew W. Crocker/Martin J. Pickering/Charles Clifton: *Architectures and Mechanisms for Language Processing*. Cambridge: Cambridge University Press, 259–282.

Hengeveld, Kees (1992): *Non-Verbal Predication: Theory, Typology, Diachrony*. Berlin: de Gruyter.

Henn, Brenna M./Cavalli-Sforza, L. L./Feldman, Marcus (2012): The great human expansion. In: *Proceedings of the National Academy of Sciences of the United States of America* 109/44, 17758–17764.

Herder, Johann Gottfried (1772/1975): *Abhandlung über den Ursprung der Sprache*. Hg. von Hans Dietrich Irmscher. Stuttgart: Reclam.

Heredia, Roberto R. (2008): Mental models of bilingual memory. In: Jeanette Altarriba/Ders. (Hg.): *An Introduction to Bilingualism: Principles and Processes*. New York/London: Lawrence Erlbaum Associates, 39–67.

Heylen, Kris (2005): A quantitative corpus study of german word order variation. In: Stephan Kepser/Marga Reis (Hg.): *Linguistic Evidence: Empirical, Theoretical and Computational Perspectives*. Berlin: de Gruyter, 241–264.

Hickey, Raymond (Hg.) (2010): *The Handbook of Language Contact*. Oxford u. a.: Blackwell.

Hilpert, Martin (2008): The English comparative – language structure and language use. In: *English Language and Linguistics* 12/3, 395–417.

Hinrichs, Lars/Szmrecsanyi, Benedikt (2007): Recent changes in the function and frequency of Standard English genitive constructions: a multivariate analysis of tagged corpora. In: *English Language and Linguistics* 11/3, 437–474.

Hinrichs, Uwe (Hg.) (2010): *Handbuch der Eurolinguistik*. Wiesbaden: Harrassowitz.

Hockett, Charles F. (1958): *A Course in Modern Linguistics*. New York: Macmillan.

Hockett, Charles F. (1960): The origin of speech. In: *Scientific American* 203, 88–96.

Hockett, Charles F./Altmann, Stuart (1968): A note on design features. In: Thomas A. Sebeok (Hg.): *Animal Communication. Techniques of Study and Results of Research*. Bloomington: Indiana University Press, 61–72.

Hoff, Erica (2006): How social contexts support and shape language development. In: *Developmental Review* 26, 55–88.

Hoffmann, Joachim (1988): Wird Wissen in Begriffen repräsentiert? In: *Sprache und Kognition* 4, 193–204.

Hoffmann, Ludger (1992): Vorwort. In: Ders. (Hg.): *Deutsche Syntax. Ansichten und Aussichten*. Berlin/New York: de Gruyter, 6–10.

Hohenberger, Annette/Peltzer-Karpf, Annemarie (2009): Language learning from the perspective of nonlinear dynamic systems. In: *Linguistics (Special Issue: Current approaches to language learning)* 47, 481–511.

Höhle, Barbara (2005): Der Einstieg in die Grammatik: Spracherwerb während des ersten Lebensjahres. In: *Forum Logopädie* 6, 16–21.

Höhle, Tilman (1982): Explikation für »normale Betonung« und »normale Wortstellung«. In: Werner Abraham (Hg.): *Satzglieder im Deutschen. Vorschläge zur syntaktischen, semantischen und pragmatischen Fundierung*. Tübingen: Narr, 75–153.

Hopper, Paul J./Traugott, Elisabeth C. (²2003): *Grammaticalization*. Cambridge: Cambridge University Press.

Huddleston, Rodney/Pullum, Geoffrey K. (2002): *The Cambridge Grammar of the English Language*. Cambridge: Cambridge University Press.

Humboldt, Carl Wilhelm Freiherr von (1836): *Ueber die Verschiedenheit des menschlichen Sprachbaues und ihren Einfluss auf die geistige Entwicklung des Menschengeschlechts*. Dr. d. Kgl. Akad. d. Wiss. Berlin: Dümmler.

Humboldt, Wilhelm von (1830–35/1963): Über die Verschiedenheit des menschlichen Sprachbaus und ihren Einfluß auf die geistige Entwicklung des Menschengeschlechts. In: A. Flitner/K. Giel (Hg.): *Wilhelm von Humboldt: Werke in fünf Bänden*. Bd. 3: *Schriften zur Sprachphilosophie*. Darmstadt: Wissenschaftliche Buchgesellschaft.

Hundt, Marianne/Sand, Andrea/Skandera, Paul (1999): *Manual of Information to Accompany the Freiburg-Brown Corpus of American English (›Frown‹)*: Albert-Ludwigs-Universität Freiburg.

Hurford, James R. (2008): Niche-construction, co-evolution, and domain-specificity. In: *Behavioral and Brain Sciences* 31/5, 526–526.

Hurford, James R./Dediu, Dan (2009): Diversity in language, genes and the language faculty. In: Rudolf Botha/Chris Knight (Hg.): *The Cradle of Language*. Oxford: Oxford University Press, 163–184.

Hurtado, Nereyda/Marchman, Virginia A./Fernald, Anne (2008): Does input influence uptake? Links between maternal talk, processing speed and vocabulary size in Spanish-learning children. In: *Developmental Science* 11/6, F31-F39.

Hutchby, Ian/Wooffitt, Robin (2008): *Conversation Analysis*. Cambridge: Polity.

Huttenlocher, Janellen (1998): Language input and language growth. In: *Preventive Medicine* 27, 195–198.
Huttenlocher, Janellen/Vasilyeva, Marina/Cymerman, Elina/Levine, Susan (2002): Language input and child syntax. In: *Developmental Psychology* 45, 337–374.
Hymes, Dell H. (1972): On communicative competence. In: John B. Pride/Janet Holmes (Hg.): *Sociolinguistics*. Harmondsworth: Penguin Books, 269–293.
Hymes, Dell H. (1979): *Soziolinguistik. Zur Ethnographie der Kommunikation*. Frankfurt a. M.

Iacobini, C. (²2006): Morphological typology. In: Edward Keith Brown/Ronald E. Asher/J. M.Y. Simpson (Hg.): *Encyclopedia of Language & Linguistics*. Amsterdam: Elsevier, 278–282.
Irvine, Judith T. (1974): Strategies of status manipulation in Wolof greeting. In: Richard Bauman/Joel Sherzer (Hg.): *Explorations in the Ethnography of Speaking*. Cambridge: Cambridge University Press, 167–191.

Jackendoff, Ray (2002): *Foundations of Language: Brain, Meaning, Grammar, Evolution*. Oxford: Oxford University Press.
Jacobs, Haike/Gussenhoven, Carlos (2000): Loan phonology: Perception, salience, the lexicon and OT. In: Joost Dekkers/Frank van der Leeuw/Jeroen van de Weijer (Hg.): *Optimality Theory: Phonology, Syntax, and Acquisition*. Oxford: Oxford University Press, 193–210
Jacobs, Joachim (1994): *Kontra Valenz*. Trier: Wissenschaftlicher Verlag.
Jacobs, Joachim (2001): The dimensions of topic-comment. In: *Linguistics* 39/4, 641–681.
Jacobs, Joachim/Stechow, Arnim von/Sternefeld, Wolfgang/Vennemann, Theo (Hg.) (1993, 1995): *Syntax: An International Handbook of Contemporary Research*. 2 Bde. Berlin: de Gruyter.
Jäger, Ludwig (2010): *Ferdinand de Saussure – zur Einführung*. Hamburg: Junius.
Jakobson, Roman (1932/1971): Zur Struktur des russischen Verbums. In: *Charistera Guglielmo Mathesio*. Prag, 74–84. (auch in: Ders.: *Selected Writings II*. The Hague: Mouton, 3–15.)
Jakobson, Roman (1971): Typological studies and their contribution to historical comparative linguistics. In: Ders.: *Selected Writings II*. The Hague: Mouton, 523–532.
Jakobson, Roman (1992): *Kindersprache, Aphasie und allgemeine Lautgesetze*. Frankfurt a. M.: Suhrkamp (Original: Uppsala 1941).
Johansson, Sverker (2005): *Origins of Language. Constraints on Hypotheses*. Amsterdam: Benjamins.
Johnson-Laird, Philip N. (1980): Mental models in cognitive science. In: *Cognitive Science* 4, 71–115.
Johnson-Laird, Philip N. (1983): *Mental Models: Towards a Cognitive Science of Language, Inference, and Consciousness*. Cambridge: Cambridge University Press.

Karttunen, Lauri (1976): Discourse referents. In: James D. McCawley (Hg.): *Syntax and Semantics: Notes from the Linguistic Underground* 7. New York: Academic Press, 363–385.
Katamba, Francis (1993): *Morphology*. Houndmills: Macmillan.
Kauschke, Christina (1999): Früher Wortschatzerwerb im Deutschen: Eine empirische Studie zum Entwicklungsverlauf und zur Komposition des kindlichen Lexikons. In: Jörg Meibauer/Monika Rothweiler (Hg.): *Das Lexikon im Spracherwerb*. Tübingen: Francke, 128–156.
Kauschke, Christina (2012): *Kindlicher Spracherwerb im Deutschen: Verläufe, Forschungsmethoden, Erklärungsansätze*. Berlin: de Gruyter.
Kausen, Ernst (2011): *Die Indogermanischen Sprachen: Von der Vorgeschichte bis zur Gegenwart*. Hamburg: Helmut Buske.
Keenan, Edward/Comrie, Bernard (1977): Noun phrase accessibility and universal grammar. In: *Linguistic Inquiry* 8, 63–99.
Keenan, Elinor (1974/1991): Normen kreieren – Normen variieren. Männliches und weibliches Sprechen in einer madagassischen Gemeinschaft. In: Susanne Günthner/Helga Kotthoff (Hg.): *Von fremden Stimmen*. Frankfurt a. M.: Suhrkamp, 75–100.
Keller, Heidi (2007): *Cultures of Infancy*. Mahwah: Lawrence Erlbaum Associates.
Keller, Heidi (2011): Die Sprache elterlicher Strategien. In: Ludger Hoffmann/Kerstin Leimbrink/Uta Quasthoff (Hg.): *Die Matrix der menschlichen Entwicklung*. Berlin: de Gruyter, 143–164.
Keller, Rudi (²1994): *Sprachwandel*. 2., überarb. u. erw. Aufl. Tübingen: Francke.
Keller, Rudi/Kirschbaum, Ilja (2003): *Bedeutungswandel. Eine Einführung*. Berlin: de Gruyter.
Kempgen, Sebastian/Lehfeldt, Werner (2004): Quantitative Typologie. In: Geert E. Booij/Christian Lehmann/Joachim Mugdan: *Morphologie. Morphology. Ein internationales Handbuch zur Flexion und Wortbildung. An International Handbook on Inflection and Word-Formation*. Bd. 2. Berlin: de Gruyter, 1235–1246.
Kendon, Adam (1972): Some relationships between body motion and speech. An analysis of an example. In: Aron Wolfe Siegman/Benjamin Pope (Hg.): *Studies in Dyadic Communication. Conference on Interview Research*, University of Maryland, April 22nd and 23rd, 1968. New York: Pergamon Press, 177–210.
Kendon, Adam (1980): Gesticulation and speech: Two aspects of the process of utterance. In: Mary Ritchie Key (Hg.): *The Relationship of Verbal and Nonverbal Communication*. The Hague: Mouton, 207–227.
Kendon, Adam (1990): *Conducting Interaction. Patterns of Behavior in Focused Encounters*. Cambridge: Cambridge University Press.
Kendon, Adam (2004): *Gesture. Visible Action as Utterance*. Cambridge: Cambridge University Press.
Kendon, Adam/Sebeok, Thomas/Umiker-Sebeok, Jean (Hg.) (1981): *Nonverbal Communication, Interaction and Gesture. Selections from Semiotica*. The Hague: Mouton.
Kim, Karl H./Relkin, Norman R./Lee, Kyoung-Min/Hirsch, Joy (1997): Distinct cortical areas associated with native and second languages. In: *Nature* 388, 171–174.
Kimsuvan, Anek (1984): *Verstehensprozesse bei interkultureller Kommunikation. Am Beispiel: Deutsche in Thailand*. Frankfurt a. M.: Lang.
Kintsch, Walter (1998): *Comprehension: A Paradigm for Cognition*. Cambridge: Cambridge University Press.
Kintsch, Walter/van Dijk, Teun A. (1978): Towards a model of text comprehension and reproduction. In: *Psychological Review* 85, 363–394.
Kirkorian, Heather L./Wartella, Ellen/Anderson, Daniel R. (2008): Media and young children's learning. In: *Future of Children* 18, 63–96.

1.2 Literaturverzeichnis

Zitierte Literatur

Klann-Delius, Gisela (²2008): *Spracherwerb*. Stuttgart/Weimar: J. B. Metzler.

Klein, Wolfgang (1993): Ellipse. In: Joachim Jacobs/Armin von Stechow/Wolfgang Sternefeld/Theo Vennemann (Hg.): *Syntax. Ein internationales Handbuch zeitgenössischer Forschung*. Bd. 1. Berlin, 763–799.

Klima, Edward S./Bellugi Ursula et al. (1979): *The Signs of Language*. Cambridge, MA: Harvard University Press.

Koch, Peter/Kreefeld, Thomas/Oesterreicher, Wulf (²1997): *Neues aus Sankt Eiermark. Das kleine Buch der Sprachwitze*. München: C. H. Beck.

Kohler, Jürgen (1995): *Einführung in die Phonetik des Deutschen*. Berlin: Erich Schmidt.

Köpcke, Klaus-Michael (1998): The acquisition of plural marking in English and German revisited: Schemata vs. rules. In: *Journal of Child Language* 25, 293–319.

Koptjevskaja-Tamm, Maria/Wälchli, Bernhard (2001): The Circum-Baltic languages: An areal-typological approach. In: Östen Dahl/Dies. (Hg.): *Circum-Baltic Languages*. Bd. 2: *Grammar and Typology*. Amsterdam/Philadelphia: Benjamins, 615–750.

Kortmann, Bernd (1997): *Adverbial Subordination. A Typology and History of Adverbial Subordinators Based on European Languages*. Berlin/New York: de Gruyter.

Kortmann, Bernd (1998): Kontrastive Linguistik und Fremdsprachenunterricht. In: Wolfgang Börner/Klaus Vogel (Hg.): *Kontrast und Äquivalenz. Beiträge zu Sprachvergleich und Übersetzung*. Tübingen: Narr, 136–167.

Kortmann, Bernd (1999): *Linguistik: Essentials*. Berlin: Cornelsen.

Kortmann, Bernd (Hg.) (2004): *Dialectology Meets Typology: Dialect Grammar from a Cross-linguistic Perspective*. Berlin/New York: de Gruyter.

Kortmann, Bernd (2013): How powerful is geography as an explanatory factor in morphosyntactic variation? Areal features in the Anglophone world. In: Peter Auer/Martin Hilpert/Benedikt Szmrecsanyi/Anja Stukenbrock (Hg.): *Space in Language and Linguistics: Geographical, Interactional, and Cognitive Perspectives*. Berlin: de Gruyter.

Kortmann, Bernd/Szmrecsanyi, Benedikt (2011): Parameters of morphosyntactic variation in World Englishes: prospects and limitations of searching for universals. In: Peter Siemund (Hg.): *Linguistic Universals and Language Variation*. Berlin/New York: de Gruyter, 264–290.

Kortmann, Bernd/van der Auwera, Johan (Hg.) (2011): *The Languages and Linguistics of Europe: A Comprehensive Guide*. Berlin/New York: de Gruyter.

Koshland, Daniel E. Jr. (2002): The seven pillars of live. In: *Science* 295, 2214 ff.

Kotthoff, Helga (1992): Unruhe im Tabellenbild? Zur Interpretation weiblichen Sprechens in der Soziolinguistik. In: Susanne Günthner/Dies. (Hg.): *Die Geschlechter im Gespräch*. Stuttgart: J. B. Metzler, 126–146.

Kotthoff, Helga (1993): Unterbrechungen, Überlappungen und andere Interventionen. In: *Deutsche Sprache* 2, 162–185.

Kotthoff, Helga (1999): Die Kommunikation von Moral in georgischen Lamentationen. In: Jörg Bergmann/Thomas Luckmann (Hg.): *Kommunikative Konstruktion von Moral*. Bd. 2: *Von der Moral zu den Moralen*. Opladen: Westdeutscher Verlag, 50–79.

Kotthoff, Helga (2001): Vortragsstile im Kulturvergleich: Zu einigen deutsch-russischen Unterschieden. In: Eva-Maria Jakobs/Annely Rothkegel (Hg.): *Perspektiven auf Stil*. Tübingen: Niemeyer, 321–351.

Kramer, Johannes (2004): *Die iberoromanische Kreolsprache Papiamento: eine romanistische Darstellung*. Hamburg: Buske.

Krefeld, Thomas (2004): *Einführung in die Migrationslinguistik*. Tübingen: Narr.

Kriegel, Sibylle/Michaelis, Susanne/Pfänder, Stefan (2003): Modalité et grammaticalisation: le cas des créoles français. In: Dies. (Hg.): *Grammaticalisation et réanalyse. Approches de la variation créole et française*. Paris: CNRS, 165–191.

Kroll, Judith F./de Groot, Annette M. B. (1997): Lexical and conceptual memory in the bilingual: Mapping form to meaning in two languages. In: Dies. (Hg.): *Tutorials in Bilingualism*. Mahwah: Lawrence Erlbaum Associates, 169–299.

Kroll, Judith F./Tokowicz, Natasha (2005): Models of bilingual representation and processing: looking back and to the future. In: Judith F. Kroll/Annette M. B. de Groot (Hg.): *Handbook of Bilingualism. Psycholinguistic Approaches*. Oxford: Oxford University Press, 531–553.

Kroskrity, Paul V. (2001): Identity. In: Alessandro Duranti (Hg.): *Key Terms in Language and Culture*. Malden/Oxford: Blackwell, 106–109.

Kulick, Don (1992): Anger, gender, language shift and the politics of revelation in a Papua New Guinean village. In: *Pragmatics* 2/3, 281–296.

Kuryłowicz, Jerzy (1965): The evolution of grammatical categories. In: *Diogenes* 51, 55–71. Wieder in: *Esquisses linguistiques* 2 (1976), München: Fink, 38–54.

Kutas, Marta/Hillyard, Steven (1980): Reading senseless sentences: Brain potentials reflect semantic incongruity. In: *Science* 207, 203–205.

Labov, William (1963): The social motivation of a sound change. In: *Word* 19, 273–309.

Labov, William (1966): *The Social Stratification of English in New York City*. Washington, D. C.: Center of Applied Linguistics.

Labov, William (1970): The study of language in its social context. In: *Studium Generale* 23, 30–87.

Labov, William (1972): The social stratification of (r) in New York City department stores. In: Ders. (Hg.): *Sociolinguistic Patterns*. Philadelphia: University of Pennsylvania Press, 43–54.

Labov, William (1973): The boundaries of words and their meanings. In: Charles-James Bailey/Roger W. Shuy: *New Ways of Analyzing Variation in English*. Washington, DC: Georgetown University Press, 340–373.

Labov, William (2001): *Principles of Linguistic Change*. Vol. 3: *Social Factors*. Malden, Oxford: Blackwell.

Ladd, Dwight R. (2008): *Intonational Phonology*. Cambridge: Cambridge University Press.

Ladefoged, Peter/Maddieson, Ian (2002): *The Sounds of the World's Languages*. Oxford: Blackwell.

Lado, Robert (1957): *Linguistics Across Cultures: Applied Linguistics for Language Teachers*. Ann Arbor: University of Michigan Press.

Lakoff, George (1987): *Women, Fire, and Dangerous Things. What Categories Reveal about the Mind*. Chicago/London: The University of Chicago Press.

Lakoff, George/Johnson, Mark (1980): *Metaphors We Live By*. Chicago: The University of Chicago Press.

Lambrecht, Knud (1984): Formulaicity, frame semantics and pragmatics in German binomial expressions. In: *Language* 60/4, 753–796.

Landau, Barbara/Jackendoff, Ray (1993): ›What‹ and ›where‹ in spatial language and spatial cognition. In: *Behavioral and Brain Sciences* 16/2, 217–238.

Lappin, Shalom (Hg.) (1996): *The Handbook of Contemporary Semantic Theory.* Oxford: Blackwell.

Lefebvre, Claire (1996): The tense, mood, and aspect system of Haitian Creole and the problem of transmission of grammar in creole genesis. In: *Journal of Pidgin and Creole Languages* 11, 231–311.

Lehmann, Christian (2012): *Sprachtypologie und Universalienforschung.* Erfurt: Universität Erfurt, http://www.christianlehmann.eu/ling/typ

Leirbukt, Odleif (1997): *Untersuchungen zum bekommen-Passiv im heutigen Deutsch.* Tübingen: Niemeyer.

Leiss, Elisabeth (2000): *Artikel und Aspekt. Die grammatischen Muster von Definitheit.* Berlin/New York: de Gruyter.

Lenz, Alexandra N. (2008): Wenn einer etwas gegeben bekommt. Ergebnisse eines Sprachproduktionstests zum Rezipientenpassiv. In: Franz Patocka/Seiler Guido (Hg.): *Dialektale Morphologie, dialektale Syntax.* Wien: Präsens, 155–178.

LePage, Robert B./André Tabouret-Keller (1985): *Acts of Identity: Creole-based Approaches to Language and Ethnicity.* Cambridge: Cambridge University Press.

Levin, Beth/Rappaport Hovav, Malka (1996): Lexical semantics and syntactic structure. In: Shalom Lappin (Hg.): *The Handbook of Contemporary Semantic Theory.* Blackwell: Oxford, 487–507.

Levinson, Stephen C. (1983): *Pragmatics.* Cambridge: Cambridge University Press. (dt. Fassung: *Pragmatik.* 3. Aufl., neu übers. von Martina Wiese. Tübingen: Niemeyer ³2000a).

Levinson, Stephen C. (1996): Relativity in spatial conception and description. In: John Gumperz/Ders. (Hg.): *Rethinking Linguistic Relativity.* Cambridge: Cambridge University Press, 177–202.

Levinson, Stephen C. (2000b): *Presumptive Meanings: The Theory of Generalized Conversational Implicature.* Cambridge: The MIT Press.

Levinson, Stephen C. (2003): *Space in Language and Cognition: Explorations in Cognitive Diversity.* Cambridge: Cambridge University Press.

Levinson, Stephen C. (2006): Introduction: The evolution of culture in a microcosm. In: Ders./Pierre Jaisson (Hg.): *Evolution and Culture: A Fyssen Foundation Symposium.* Cambridge, MA: MIT Press, 1–41.

Levinson, Stephen C./Meira, Sérgio (2003): ›Natural concepts‹ in the spatial topological domain – adpositional meanings in cross-linguistic perspective: an exercise in semantic typology. In: *Language* 79/3, 485–516.

Lewis, M. Paul (Hg.) (¹⁶2009): *Ethnologue: Languages of the World.* Dallas, Tex.: SIL International. Online: http://www.ethnologue.com/

Li, Charles N./Thompson, Sandra A. (1976): Subject and topic: a new typology of language. In: Charles N. Li (Hg.): *Subject and Topic.* New York: Academic Press, 457–89.

Liddicoat, Anthony L. (2007): *An Introduction to Conversation Analysis.* London, New York: Athenaeum Press.

Lieven, Elena V. M. (1994): Crosslinguistic and crosscultural aspects of language addressed to children. In: Clare Gallaway/Brian J. Richards (Hg.): *Input and Interaction in Language Acquisition.* Cambridge: Cambridge University Press, 56–73.

Lindblom, Björn (1990): Explaining phonetic variation. A sketch of the H&H theory. In: William Hardcastle/Alain Marchal (Hg.): *Speech Production and Speech Modeling.* Dordrecht: Kluwer, 403–439.

Lindner, Katrin/Hohenberger, Anette (2009): Introduction: Concepts of development, learning, and acquisition. In: *Linguistics (Special Issue: Current Approaches to Language Learning)* 47, 211–239.

Linke, Angelika (1996): *Sprachkultur und Bürgertum: Zur Mentalitätsgeschichte des 19. Jahrhunderts.* Stuttgart: J. B. Metzler.

Lipovetsky, Gilles/Serroy, Jean (2008): *La culture-monde: réponse à une société désorientée.* Paris: Odile Jacob.

Löbner, Sebastian (2003): *Semantik. Eine Einführung.* Berlin: de Gruyter.

Locke, John (1690/1952): *An Essay Concerning Human Understanding.* London. Reprinted in: *Great Books of the Western World* 35. Hg. von Robert Maynard Hutchins. Chicago/London/Toronto: William Benton, 93–395.

Lohnstein, Horst (²2011): *Formale Semantik und natürliche Sprache.* Berlin u. a.: de Gruyter.

Louden, M. L. (1994): Syntactic change in multilingual speech islands. In: N. Berend/K. Mattheier (Hg.): *Sprachinselforschung. Eine Gedenkschrift für Hugo Jedig.* Frankfurt a. M. u. a.: Lang, 73–91.

Luckmann, Thomas (1986): Grundformen der gesellschaftlichen Vermittlung des Wissens: Kommunikative Gattungen. In: *Kultur und Gesellschaft. Kölner Zeitschrift für Soziologie und Sozialpsychologie* (Sonderheft 27), 191–211.

Lucy, John (1992): *Grammatical Categories and Cognition: A Case Study of the Linguistic Relativity Hypothesis.* Cambridge: Cambridge University Press.

Lüdi, Georges (1996): Mehrsprachigkeit. In: Hans Goebel/Peter H. Nelde/Zdenek Stary (Hg.): *Kontaktlinguistik.* 1. Halbbd. Berlin/New York: de Gruyter, 233–244.

Lüdi, Georges/Py, Bernard (1984): *Zweisprachig durch Migration. Einführung in die Erforschung der Mehrsprachigkeit am Beispiel zweier Zuwanderergruppen in Neuenburg (Schweiz).* Tübingen: Niemeyer.

Lüdtke, Helmut (1980): *Kommunikationstheoretische Grundlagen des Sprachwandels.* Berlin: de Gruyter (»Sprachwandel als universales Phänomen«, 1–19; »Auf dem Weg zu einer Theorie des Sprachwandels«, 182–252).

Lutzeier, Peter Rolf (1995): *Lexikologie: ein Arbeitsbuch.* Tübingen: Stauffenburg.

Lyons, John (1977): *Semantics.* Bd. I-II. Cambridge: Cambridge University Press.

Maas, Utz (2006): *Phonologie: Einführung in die funktionale Phonetik des Deutschen.* Göttingen: Vandenhoeck & Ruprecht.

Machelett, Kirsten (1996): *Das Lesen von Sonagrammen,* http://www.phonetik.uni-muenchen.de/studium/skripten/SGL/SGLHome.html (6.12.12).

MacNeilage, Peter (2008): *The Origin of Speech.* Oxford: Oxford University Press.

MacSwan, Jeff (2005): Codeswitching and generative grammar. A critique of the MLF model and some remarks on ›modified minimalism‹. In: *Bilingualism: Language and Cognition* 8, 1–22.

Maddieson, Ian (2011a): Front rounded vowels. In: Matthew S. Dryer/Martin Haspelmath (Hg.): *The World Atlas of Language Structures Online*. Munich: Max Planck Digital Library, chapter 11. Online: http://wals.info/chapter/11 (30.4.2012).

Maddieson, Ian (2011b): Presence of uncommon consonants. In: Matthew S. Dryer/Martin Haspelmath (Hg.): *The World Atlas of Language Structures Online*. Munich: Max Planck Digital Library, chapter 19. Online: http://wals.info/chapter/19 (30.4.2012).

Maddieson, Ian (2011c): Absence of common consonants. In: Matthew S. Dryer/Martin Haspelmath (Hg.): *The World Atlas of Language Structures Online*. Munich: Max Planck Digital Library, chapter 18. Online: http://wals.info/chapter/18 (30.4.2012).

Mair, Christian (2003): Acts of identity – interaction-based sociolinguistic and cultural studies: an introduction. In: Ders. (Hg.): *Interaction-Based Sociolinguistics and Cultural Studies*. Tübingen: Narr, 231–248.

Mair, Christian (Hg.) (2003): *Interaction-Based Sociolinguistics and Cultural Studies*. Tübingen: Narr.

Mair, Christian/Pfänder, Stefan (2013): Vernacular and multilingual writing in mediated spaces: web-forums for post-colonial communities of practice. In: Peter Auer et al. (Hg.): *Space – Interactional and Cognitive Perspectives*. Amsterdam: Benjamins.

Maltz, Daniel/Borker Ruth (1982/1991): Mißverständnisse zwischen Männern und Frauen – kulturell betrachtet. In: Susanne Günthner/Helga Kotthoff (Hg.): *Von fremden Stimmen*. Frankfurt a. M.: Suhrkamp, 52–74.

Manning, Christopher D./Schütze, Hinrich (1999): *Foundations of Statistical Natural Language Processing*. Cambridge, MA: MIT Press.

Marcus, Gary/Fisher, Simon E. (2011): Genes and language. In: Patrick C. Hogan (Hg.): *The Cambridge Encyclopedia of the Language Sciences*. Cambridge: Cambridge University Press, 341–344.

Marian, Viorica (2008): Bilingual research methods. In: Jeanette Altarriba/Roberto R. Heredia (Hg.): *An Introduction to Bilingualism: Principles and Processes*. New York/London: Lawrence Erlbaum Associates, 13–38.

Maslova, Elena (2000): A dynamic approach to the verification of distributional universals. In: *Linguistic Typology* 4/3, 307–333.

Maslova, Elena (2003): *A Grammar of Kolyma Yukaghir*. Berlin: de Gruyter.

Matras, Yaron (1998): Utterance modifiers and universals of grammatical borrowing. In: *Linguistics* 36, 281–331.

Matras, Yaron (2009): *Language Contact*. Cambridge: Cambridge University Press.

Matras, Yaron (2010): Contact, convergence and typology. In: R. Hickey (Hg.): *The Handbook of Language Contact*. Oxford u. a.: Blackwell, 66–85.

Matras, Yaron/Bakker, Peter (Hg.) (2003): *The Mixed Language Debate: Theoretical and Empirical Advances*. Berlin/New York: de Gruyter.

Maurer, Philippe (1998): El papiamentu de Curazao. In: Matthias Perl/Arnim Schwegler (Hg.): *América Negra: panorámica actual de los estudios lingüísticos sobre variedades hispanas, portuguesas y criollas*. Frankfurt a. M.: Vervuert, 139–217.

McCarthy, John J. (1981): A prosodic theory of nonconcatenative morphology. In: *Linguistic Inquiry* 12, 373–418.

McGregor, R. S. (²1977): *Outline of Hindi Grammar*. Oxford: Oxford University Press.

McNeill, David (1992): *Hand and Mind: What Gestures Reveal about Thought*. Chicago: Chicago University Press.

McNeill, David (2000): *Language and Gesture*. Cambridge: Cambridge University Press.

McNeill, David (2005): *Gesture and Thought*. Chicago: Chicago University Press.

Melis, Alicia P./Semmann, Dirk (2010): How is human cooperation different? In: *Philosophical Transactions of the Royal Society B.* 365, 2663–2674.

Mesthrie, Rajend et al. (2000, ²2009): *Introducing Sociolinguistics*. Edinburgh: Edinburgh University Press.

Michaelis, Susanne/Maurer, Philippe/Haspelmath, Martin/Huber, Magnus (2013) (Hg.): *Atlas of Pidgin and Creole Language Structures Online*. Oxford/München: Max Planck Digital Library.

Michel, Jean-Baptiste/Shen, Yuan Kui/Presser Aiden, Aviva/Veres, Adrian/Gray, Matthew K./The Google Books Team/Pickett, Joseph P./Hoiberg, Dale/Clancy, Dan et al. (2011): Quantitative analysis of culture using millions of digitized books. In: *Science* 331/176, 176–182.

Miller, George A. (1993): *Wörter: Streifzüge durch die Psycholinguistik*. Hg. und aus dem Amerikanischen übers. von Joachim Grabowski und Christiane Fellbaum. Heidelberg: Spektrum Akademischer Verlag.

Miller, Max (1976): *Zur Logik der frühkindlichen Sprachentwicklung: Empirische Untersuchungen und Theoriediskussion*. Stuttgart: Klett.

Milroy, Lesley (1980): *Language and Social Networks*. Malden, MA: Blackwell.

Mitchell, Don C./Cuetos, Fernando/Corley, Martin M. B./Brysbaert, Marc (1995): Exposure-based models of human parsing: Evidence for the use of coarse-grained (non-lexical) statistical records. In: *Journal of Psycholinguistic Research* 24, 469–488.

Mithun, Marianne (1984): The evolution of noun incorporation. In: *Language* 60, 847–895.

Mitkov, Rusman (2002): *Anaphora Resolution*. London: Longman.

Mondada, Lorenza (1998): Pour une grammaire interactionnelle. In: *Acta Romanica Basiliensia 8*, 113–128.

Mondada, Lorenza (2007): Multimodal resources for turn-taking: Pointing and the emergence of possible next speakers. In: *Discourse Studies* 9/2, 195–226.

Moravcsik, Edith A. (1969): Determination. In: *Working Papers on Language Universals* 1, 63–98.

Moravcsik, Edith A. (1980): Some crosslinguistic generalizations about motivated symbolism. In: Gunter Brettschneider/Christian Lehmann (Hg.): *Wege zur Universalienforschung: Sprachwissenschaftliche Beiträge zum 60. Geburtstag von Hansjakob Seiler*. Tübingen: Narr, 23–37.

Morris, Charles W. (1938/1971): *Foundations of the Theory of Signs*. Chicago: The University of Chicago Press (Wiederabdruck in: *Writings on the General Theory of Signs*. The Hague: Mouton, 17–71).

Mufwene, Salikoko S. (1997): Jargons, pidgins, creoles and koines: What are they? In: Arthur Spears/Donald Winford (Hg.): *The Structure and Status of Pidgins and Creoles*. Amsterdam/Philadelphia: Benjamins, 35–70.

Mufwene, Salikoko S. (2001): *The Ecology of Language Evolution*. Cambridge: Cambridge University Press.

Mühlhäusler, Peter (1979): *Growth and Structure of the Lexicon of New Guinea Pidgin*. Canberra: Australian National University.

Mühlhäusler, Peter (2001): Die deutsche Sprache im Pazifik. In: Hermann Joseph Hiery (Hg.): *Die deutsche Südsee 1884–1914: Ein Handbuch.* Paderborn: Schöningh, 239–260.

Müller, Horst M./Weiss, Sabine (2002): Neurobiologie der Sprache: Experimentelle Neurolinguistik. In: Horst Müller (Hg.): *Arbeitsbuch Linguistik.* Paderborn: Schöningh, 406–422.

Müller, Natascha et al. (³2011): *Einführung in die Mehrsprachigkeitsforschung. Deutsch – Französisch – Italienisch.* 3., überarb. Aufl. Tübingen: Narr.

Müller, Natascha/Gil, Laia Arnaus/Eichler, Nadine/Jansen, Veronika/Patuto, Marisa/Repetto, Valentina (in Vorb.): *Code-Switching: Spanisch, Französisch, Italienisch. Eine Einführung.* Tübingen: Narr.

Müller, Stefan (2000): *Grammatiktheorie.* Tübingen: Stauffenburg.

Müller, Stefan (2003): Mehrfache Vorfeldbesetzung. In: *Deutsche Sprache* 31, 29–62.

Murelli, Adriano (2011): *Relative Constructions in European Non-standard Varieties.* Berlin/New York: de Gruyter.

Murelli, Adriano/Kortmann, Bernd (2011): Non-standard varieties in the areal typology of Europe. In: Bernd Kortmann/Johan van der Auwera (Hg.): *The Languages and Linguistics of Europe: A Comprehensive Guide.* Berlin: Mouton, 525–544.

Murphy, Lynne M./Koskela, Anu (2010): *Key Terms in Semantics.* London: Continuum.

Muysken, Pieter (1981): Halfway between Quechua and Spanish: the case for relexification. In: A. Highfield/A. Valdman (Hg.): *Historicity and Variation in Creole Studies.* Ann Arbor: Karoma Publishers, 52–78.

Muysken, Pieter (1997): Media Lengua. In: Sarah G. Thomason (Hg.): *Contact Languages: A Wider Perspective.* Amsterdam: Benjamins, 365–426.

Muysken, Pieter (2000): *Bilingual Speech. A Typology of Code-Mixing.* Cambridge: Cambridge University Press.

Myers-Scotton, Carol (2002): *Contact Linguistics. Bilingual Encounters and Grammatical Outcomes.* Oxford/New York: Oxford University Press.

Myers-Scotton, Carol (2006): *Multiple Voices. An Introduction to Bilingualism.* Malden, MA/Oxford/Carlton: Blackwell.

Myers-Scotton, Carol/Jake, Janice L. (2001): Explaining aspects of codeswitching and their implications. In: Janet Nicole (Hg.): *One Mind, Two Languages. Bilingual Language Processing.* Oxford: Blackwell, 84–116.

Näätänen, Risto/Paavilainen, Petri/Rinne, Teemu/Alho, Kimmo (2007): The mismatch negativity (MMN) in basic research of central auditory processing: A review. In: *Clinical neurophysiology* 118, 2544–2590.

Nelde, Peter H. (1983): Plädoyer für eine Linguistik von Sprachen in Kontakt. In: Ders. (Hg.): *Theorien, Methoden und Modelle der Kontaktlinguistik.* Bonn: Dümmler, 3–13.

Nelde, Peter H. (1994): Sind Sprachkonflikte vermeidbar? In: Claudia M. Riehl/Uta Helfrich (Hg.): *Mehrsprachigkeit in Europa – Hindernis oder Chance?* Wilhelmsfeld: Egert, 115–125.

Neppert, Joachim M. H. (1999): *Elemente einer akustischen Phonetik.* Hamburg: Helmut Buske.

Nespor, Marina/Vogel, Irene (1986/2007): *Prosodic Phonology.* Dordrecht: Foris/Berlin: de Gruyter.

Nichols, Johanna (1986): Head-marking and dependent-marking grammar. In: *Language* 62, 56–119.

Nichols, Johanna (1999): *Linguistic Diversity in Space and Time.* Chicago: University of Chicago Press.

Nichols, Johanna/Bickel, Balthasar (2011): Locus of marking in possessive noun phrases. In: Matthew S. Dryer/Martin Haspelmath (Hg.): *The World Atlas of Language Structures Online.* Munich: Max Planck Digital Library, chapter 24. Online: http://wals.info/chapter/24 (26.1.2012).

Nicol, Janet/Swinney, David (2002): The psycholinguistics of anaphora. In: Andrew Barss (Hg.): *Anaphora.* London: Wiley-Blackwell, 72–104.

Nicoladis, Elena (2008): Bilingualism and language cognitive development. In: Jeanette Altarriba/Roberto R. Heredia (Hg.): *An Introduction to Bilingualism: Principles and Processes.* New York/London: Lawrence Erlbaum Associates, 167–181.

Nida, Eugene A. (1949): *Morphology. The Descriptive Analysis of Words.* Ann Arbor: University of Michigan Press.

Niebaum, Hermann/Macha, Jürgen (1999): *Einführung in die Dialektologie des Deutschen.* Tübingen: Niemeyer.

Nübling, Damaris (2009): Von *Monika* zu *Mia*, von *Norbert* zu *Noah*: Zur Androgynisierung der Rufnamen seit 1945 aus prosodisch-phonologischer Perspektive. In: *Beiträge zur Namenforschung* 44, 67–110.

Nübling, Damaris/Dammel, Antje/Duke, Janet/Szczepaniak, Renata (2006, ³2010): *Historische Sprachwissenschaft des Deutschen. Eine Einführung in die Prinzipien des Sprachwandels.* Tübingen: Narr.

Ochs, Elinor (1988): *Culture and Language Development: Language Acquisition and Language Socialization in a Samoan Village.* Cambridge: Cambridge University Press.

Ochs, Elinor (1992): Indexing gender. In: Alessandro Duranti/Charles Goodwin (Hg.): *Rethinking Context: Language as an Interactional Phenomenon.* Cambridge: Cambridge University Press, 335–358.

Ochs, Elinor/Schegloff, Emanuel/Thompson, Sandra A. (Hg.) (1996): *Interaction and Grammar.* Cambridge: Cambridge University Press.

Ogden, Charles K./Richards, Ivor A. (1923/1927): *The Meaning of Meaning. A Study of the Influence of Language Upon Thought and of the Science of Symbolism.* London: Paul.

Öhl, Peter (2010): Formal and functional constraints on constituent order and their universality. In: Carsten Breul/Edward Göbbel (Hg.): *Comparative and Contrastive Studies of Information Structure.* Amsterdam: Benjamins, 231–275.

Öhl, Peter/Korn, Agnes (2006): Performanzbasierte und parametrische Wandel in der linken Satzperipherie des Persischen. Der Subordinationsmarkierer *ke* und die Interrogativpartikel *āyā*. In: *Die Sprache* 46/2, 137–202.

Oksaar, Els (1980): Mehrsprachigkeit, Sprachkontakt, Sprachkonflikt. In: Peter H. Nelde (Hg.): *Sprachkontakt und Sprachkonflikt.* Wiesbaden: Steiner, 43–52.

Oksaar, Els (2003): *Zweitspracherwerb. Wege zur Mehrsprachigkeit und zur interkulturellen Verständigung.* Stuttgart: Kohlhammer.

Osam, Emmanuel Kweku (1997): Serial verbs and grammatical relations in Akan. In: Talmy Givón (Hg.): *Grammatical Relations, A Functionalist Perspective.* Amsterdam: Benjamins, 253–279.

Osborne, Charles R. (1974): *The Tiwi Language.* Canberra: Australian Institute of Aboriginal Studies.

Osselton, Noel (1988): Thematic genitives. In: Graham Nixon/John Honey (Hg.): *An Historic Tongue: Studies in English Linguistics in Memory of Barbara Strang.* London: Routledge, 138–144.

Osthoff, Hermann/Brugmann, Karl (1878): *Morphologische Untersuchungen auf dem Gebiete der indogermanischen Sprachen.* Bd. 1. Leipzig: Hirzel.

Pafel, Jürgen (2011): *Einführung in die Syntax : Grundlagen – Strukturen – Theorien.* Stuttgart/Weimar: J. B. Metzler.

Paradis, Johanne (2007): Early bilingual and multilingual acquisition. In: Peter Auer/Li Wei (Hg.): *Handbook of Multilingualism and Multilingual Communication.* Berlin/New York: de Gruyter, 15–44.

Paradis, Michel (2004): *Neurolinguistic Theory of Bilingualism.* Amsterdam/Philadelphia: Benjamins.

Paradis, Michel (2007): The neurofunctional components of the bilingual cognitive system. In: Istvan Kecskes/Liliana Albertazzi (Hg.): *Cognitive Aspects of Bilingualism.* New York: Springer, 3–28.

Patrick, Peter L. (2008): Jamaican Creole: morphology and syntax. In: Edgar W. Schneider (Hg.): *Varieties of English 2. The Americas and the Caribbean.* Berlin/New York, 609–644.

Paul, Hermann (1880, ⁵1920): *Prinzipien der Sprachgeschichte.* Halle: Niemeyer.

Payne, Thomas E. (1997): *Describing Morphosyntax: A Guide for Field Linguistics.* Cambridge: Cambridge University Press.

Peirce, Charles Sanders (1894): What Is a Sign? In: Nathan Houser/Christian Kloesel (Hg.): *The Essential Peirce* 2. Bloomington: Indiana University Press, 4–10.

Peters, Jörg (2005): Intonation. In: Matthias Wermke/Kathrin Kunkel-Razum/Werner Stolze-Stubenrecht (Hg.): *Duden. Die Grammatik.* Mannheim u. a.: Dudenverlag, 95–128.

Petruck, Miriam (1996): Frame semantics. In: Jef Verschueren/Jan-Ola Östman/Jan Blommaert/Chris Bulcaen (Hg.): *Handbook of Pragmatics.* Amsterdam: Benjamins, 1–13.

Pfänder, Stefan (2000): *Tempus und Aspekt im Frankokreol.* Tübingen: Narr.

Pfänder, Stefan (2013): Guyanais. In: Susanne Michaelis/Philippe Maurer/Martin Haspelmath/Magnus Huber (Hg.): *Survey of Pidgin and Creole Languages.* Bd. 2: *Portuguese-based, Spanish-based and French-based Languages.* Oxford: Oxford University Press.

Philippi, Jule/Tewes, Michael (2010): *Basiswissen Generative Grammatik.* Göttingen: Vandenhoeck & Ruprecht.

Phillips, Betty S. (2006): *Word Frequency and Lexical Diffusion.* New York: Palgrave Macmillan.

Pierrehumbert, Janet B. (1990): Phonological and phonetic representation. In: *Journal of Phonetics* 18, 375–394.

Pierrehumbert, Janet B. (2001): Exemplar dynamics: word frequency, lenition and contrast. In: Joan Bybee/Paul J. Hopper (Hg.): *Frequency and the Emergence of Linguistic Structure.* Amsterdam: John Benjamins, 137–157.

Pittner, Karin (2007): Relativum. In: Ludger Hoffmann (Hg.): *Handbuch der Deutschen Wortarten.* Berlin: de Gruyter, 727–58.

Pittner, Karin/Berman, Judith (²2007, ⁴2010): *Deutsche Syntax. Ein Arbeitsbuch.* Tübingen: Narr.

Pompino-Marschall, Bernd (2009): *Einführung in die Phonetik.* Berlin: de Gruyter.

Poplack, Shana (1980): The notion of the plural in Puerto Rican English: Competing constraints on (s)-deletion. In: William Labov (Hg.): *Locating Language in Time and Space.* New York: Academic Press, 55–68.

Poplack, Shana (2004): Code-switching. In: Ulrich Ammon et al. (Hg.): *Soziolinguistik. Ein internationales Handbuch zur Wissenschaft von Sprache und Gesellschaft.* 1. Teilbd. 2., vollst. neu bearb. und erw. Aufl. Berlin/New York: de Gruyter, 589–596.

Poplack, Shana/Meechan, Marjory. (1998): Instant loans, easy conditions: the productivity of bilingual borrowing. = *International Journal of Bilingualism* (Special issue) 2/2.

Poulisse, Nanda (1999): *Slips of the Tongue. Speech Errors in First and Second Language Production.* Amsterdam/Philadelphia: Benjamins.

Quine, Willard Van Orman (1960): *Word and Object.* Cambridge, MA: MIT Press.

Quirk, Randolph/Greenbaum, Sidney/Leech, Geoffrey/Svartvik, Jan (1985): *A Comprehensive Grammar of the English Language.* New York: Longman.

Radford, Andrew (2004): *Minimalist Syntax: Exploring the Structure of English.* Cambridge: Cambridge University Press.

Raible, Wolfgang (2003): Bioprogramme et grammaticalisation. In: Sibylle Kriegel (Hg.): *Grammaticalisation et réanalyse. Approches de la variation créole et française.* Paris: CNRS Éditions, 143–161.

Rakoczy, Hannes/Haun, Daniel B. M. (2012): Vor- und nichtsprachliche Kognition: Ontogenese und Evolution. In: Wolfgang Schneider/Ulman Lindenberger (Hg.): *Entwicklungspsychologie.* Weinheim/Basel: Beltz, 337–362.

Rakoczy, Hannes/Tomasello, Michael (2008): Kollektive Intentionalität und kulturelles Lernen. In: *Deutsche Zeitschrift für Philosophie* 56/3, 401–410.

Ramat, Paolo/Stolz, Thomas (Hg.) (2002): *Mediterranean Languages.* Bochum: Brockmeyer.

Ramers, Karl-Heinz (2007): Phonologie. In: Jörg Meibauer et al.: *Einführung in die Germanistische Linguistik.* Stuttgart/Weimar: J. B. Metzler, 70–120.

Rampton, Ben (2010): Speech community. In: Jürgen Jaspers/Jan-Ola Östman/Jef Verscheuren (Hg.): *Society and Language Use.* Amsterdam/Philadelphia: Benjamins, 275–303.

Ramus, Franck/Fisher, Simon E. (⁴2009): Genetics of language In: Michael S. Gazzaniga (Hg.): *The Cognitive Neurosciences.* Cambridge, MA: MIT Press, 855–871.

Rayson, Paul/Leech, Geoffrey N./Hodges, Mary (1997): Social differentiation in the use of English vocabulary: some analyses of the conversational component of the British National Corpus. In: *International Journal of Corpus Linguistics* 2/1, 133–152.

Reddy, Michael J. (1979/²1993): The conduit metaphor – a case of frame conflict in our language about language. In: Andrew Ortony (Hg.): *Metaphor and Thought.* Cambridge: Cambridge University Press, 164–201.

Reetz, Henning (2003): *Artikulatorische und akustische Phonetik.* Trier: Wissenschaftlicher Verlag.

Regener, Sven (2003): *Herr Lehmann.* Roman. München: Goldmann.

Reinhart, Tanya (1981): Definite NP anaphora and C-command domains. In: *Linguistic Inquiry* 12/4, 605–635.

Rickford, John/McWhorter, John (1997): Language contact and language generation: pidgins and creoles. In: Florian Coulmas (Hg.): *The Handbook of Sociolinguistics*. Oxord/Malden, MA: Blackwell, 238–256.

Riehl, Claudia M. (2001): *Schreiben, Text und Mehrsprachigkeit. Zur Textproduktion in mehrsprachigen Gesellschaften am Beispiel der deutschsprachigen Minderheiten in Südtirol und Ostbelgien*. Tübingen: Stauffenburg.

Riehl, Claudia M. (2002): Codeswitching, mentale Vernetzung und Sprachbewusstsein. In: Johannes Müller-Lancé/Dies. (Hg.): *Ein Kopf – viele Sprachen: Koexistenz, Interaktion und Vermittlung*. Aachen: Shaker, 63–78.

Riehl, Claudia M. (2005): Code-switching in bilinguals: impacts of mental processes and language awareness. In: James Cohen et al. (Hg.): *ISB 4. Proceedings of the 4th International Symposium on Bilingualism*. Sommerville, MA: Cascadilla Press, 1945–1957.

Riehl, Claudia M. (²2009a): *Sprachkontaktforschung. Eine Einführung*. 2., überarb. Aufl. Tübingen: Narr.

Riehl, Claudia M. (2009b): Diskursmarkierung im mehrsprachigen Dialog. In: Monika Dannerer et al. (Hg.): *Gesprochen – geschrieben – gedichtet. Variation und Transformation von Sprache*. Berlin: Erich Schmidt, 205–222.

Riehl, Claudia M. (2010a): Mental representation of bilingualism (focus article). In: *Wiley Interdisciplinary Reviews Cognitive Science* 1, 750–758.

Riehl, Claudia M. (2010b): Norm and variation in language minority settings. In: Alexandra Lenz/Albrecht Plewnia (Hg.): *Grammar between Norm and Variation*. Frankfurt a. M. u. a.: Lang, 275–289.

Robach, Inger-Britt (1974): *Étude socio-linguistique de la segmentation syntaxique du français parlé*. Lund: Gleerup.

Roberts, Sarah J. (1998): The role of diffusion in the genesis of Hawaiian creole. In: *Language* 74, 1–39.

Roberts, Sarah J. (2000): Nativization and genesis of Hawaiian creole. In: John H. McWhorter (Hg.): *Language Change and Language Contact in Pidgins and Creoles*. Amsterdam: Benjamins, 257–300.

Roelcke, Thorsten (2011): *Typologische Variation im Deutschen: Grundlagen – Modelle – Tendenzen*. Berlin: Erich Schmidt.

Rohdenburg, Günter (1996): Cognitive complexity and increased grammatical explicitness in English. In: *Cognitive Linguistics* 7/2, 149–182.

Romaine, Suzanne (²1995): *Bilingualism*. Oxford: Blackwell.

Romberg, Alexa N./Saffran, Jenny R. (2010): Statistical learning and language acquisition. In: *Wiley Interdisciplinary Reviews: Cognitive Science* 1/6, 906–914.

Ronjat, Jules (1913): *Le développement du langage observé chez un enfant bilingue*. Paris: Champion.

Rosch, Eleanor (1971): ›Focal‹ color areas and the development of color names. In: *Developmental Psychology* 4, 447–455.

Rosch, Eleanor (1975): Cognitive representations of semantic categories. In: *Journal of Experimental Psychology* 104/3, 192–233.

Rosemeyer, Malte (im Druck): *Tornar* and *volver*: The interplay of frequency and semantics in compound tense auxiliary selection in Medieval and Classical Spanish. In: Jóhanna Barðdal (Hg.): *Argument Structure in Flux*. Amsterdam: Benjamins.

Rosenberg, Peter (2003): Vergleichende Sprachinselforschung. Sprachwandel in deutschen Sprachinseln in Russland und Brasilien. In: Theo Harden/Elke Hentschel (Hg.): *Particulae particularum. Festschrift zum 60. Geburtstag von Harald Weydt*. Tübingen: Stauffenburg, 273–323.

Rosengren, Inger (1992): Zur Grammatik und Pragmatik der Exklamation. In: Ders. (Hg.): *Satz und Illokution*. Bd. 1, 263–306.

Rosengren, Inger (Hg.) (1992 [Bd. 1], 1993 [Bd. 2]): *Satz und Illokution*. 2 Bde. Tübingen: Niemeyer.

Rosengren, Inger (1993): Imperativsatz und ›Wunschsatz‹ – zu ihrer Grammatik und Pragmatik. In: Ders. (Hg.): *Satz und Illokution*. Bd. 2, 263–306.

Röska-Hardy, Louise (2011): Der Erwerb der *Theory of Mind*-Fähigkeit ? Entwicklung, Interaktion und Sprache. In: Ludger Hoffmann/Kerstin Leimbrink/Uta Quasthoff (Hg.): *Die Matrix der menschlichen Entwicklung*. Berlin: de Gruyter, 96–142.

Rowe, Meredith L. (2008): Child-directed speech: relation to socioeconomic status, knowledge of child development and child vocabulary skills. In: *Journal of Child Language* 35, 185–205.

Rowland, Caroline/Freudenthal, Daniel/Fletcher, Sarah (2008): How big is big enough? Assessing the reliability of data from naturalistic samples. In: Heike Behrens (Hg.): *Corpora in Language Acquisition Research: Finding Structure in Data*. Amsterdam: Benjamins, 1–24.

Roy, Brandon C./Frank, Michael C./Roy, Deb (2009): *Exploring Word Learning in a High-Density Longitudinal Corpus*. Paper presented at the Proceedings of the 31st Annual Meeting of the Cognitive Science Society, Amsterdam, Netherlands.

Roy, Brandon C./Frank, Michael C./Roy, Deb (2012): *Relating Activity Contexts to Early Word Learning in Dense Longitudinal Data*. Paper presented at the Proceedings of the 34th Annual Meeting of the Cognitive Science Society, Sapporo, Japan.

Roy, Deb/Patel, Rupal/DeCamp, Philip/Kubat, Rony/Fleischman, Michael/Roy, Brandon C./Mavridis, Nicolaos/Tellex, Stefanie/Salata, Alexia/Guinness, Jethran/Levit, Jethran/Gorniak, Peter (2006): *The Human Speechome Project*. Paper presented at the 28th Annual Conference of the Cognitive Science Society, July 2006.

Ryding, Karin C. (2005): *A Reference Grammar of Modern Standard Arabic*. Cambridge: Cambridge University Press.

Sacks, Harvey (1992): *Lectures on Conversation*. Hg. von Gail Jefferson. Oxford, UK/Cambridge, MA: Blackwell.

Sacks, Harvey/Schegloff, Emanuel A./Jefferson, Gail (1974/1978): A simplest systematics for the organization of turn-taking for conversation. In: *Language* 50/4.1, 696–735; erweiterte Fassung in: James N. Schenkein (Hg.) (1974): *Studies in the Organization of Conversational Interaction*. New York: Academic Press, 7–55.

Saffran, Jenny R. (2003): Statistical language learning: Mechanisms and constraints. In: *Current Directions in Psychological Science* 12, 110–114.

Sailer, Manfred (2002): The German incredulity response construction and the hierarchical organization of *constructions*. Paper given at the 2nd International Conference on Construction Grammar, Helsinki.

Samar, Reza Ghafar/Meechan, Marjory (1998): The null theory of code-switching versus the nonce borrowing hypothesis: testing the fit in Persian-English bilingual discourse. In: *International Journal of Bilingualism* 2, 203–219.

Sansó, Andrea (2011): Mediterranean languages. In: Bernd Kortmann/Johan van der Auwera (Hg.): *The Languages and Linguistics of Europe: A Comprehensive Guide*. Berlin: Mouton, 341–356.

Sapir, Edward (1921): *Language: An Introduction to the Study of Speech*. New York: Harcourt, Brace and Company (dt.: *Die Sprache. Eine Einführung in das Wesen der Sprache*. München: Hueber 1961).

Sapir, Edward (1924): The grammarian and his language. In: *American Mercury* 1, 149–155.

Sapir, Edward (1929): The status of linguistics as a science. In: *Language* 5, 207–214.

Sapir, Edward (1949/1968): Male and female forms of speech in Yana. In: David G. Mandelbaum (Hg.): *Selected Writings of Edward Sapir*. Berkeley/Los Angeles: University of California Press, 206–212.

Sapir, Edward (1949/1968): The nature of language. In: David G. Mandelbaum (Hg.): *Selected Writings of Edward Sapir*. Berkeley/Los Angeles: University of California Press, 3–160.

Saussure, Ferdinand de (1916): *Cours de linguistique générale*. Hg. von Charles Bally/Albert Sechehaye. Lausanne: Payot. (dt. Fassung: Grundlagen der allgemeinen Sprachwissenschaft. Übers. von Hermann Lommel. Berlin: de Gruyter 1931, ³2001).

Saussure, Ferdinand de (1967/1968): *Cours de linguistique générale*. Édition critique par Rudolf Engler. Wiesbaden: Harrassowitz.

Saville-Troike, Muriel (1982/2008): *The Ethnography of Communication. An Introduction*. Oxford: Blackwell.

Saxton, Matthew (2010): *Child Language Acquisition and Development*. London: SAGE Publications.

Schank, Roger C./Abelson, Robert P. (1977): *Scripts, Plans, Goals and Understanding: An Inquiry into Human Knowledge Structure*. Hillsdale, NJ: Lawrence Erlbaum Associates.

Schegloff, Emanuel A. (1992): Repair after next turn: The last structurally provided defense of intersubjectivity in conversation. In: *American Journal of Sociology* 97/5, 1295–1345.

Schegloff, Emanuel A. (1996): Turn organization: One intersection of grammar and interaction. In: Elinor Och/Ders./Sandra A. Thompson (Hg.): *Interaction and Grammar*. Cambridge: Cambridge University Press, 52–133.

Schegloff, Emanuel A. (2007): *Sequence Organization in Interaction. A Primer in Conversation Analysis*. Vol. 1. Cambridge: Cambridge University Press.

Schegloff, Emanuel A./Jefferson, Gail/Sacks, Harvey (1977): The preference for self-correction in the organization of repair in conversation. In: *Language* 53/2, 361–382.

Schieffelin, Bambi B. (1985): The acquisition of Kaluli. In: Dan I. Slobin (Hg.): *The Crosslinguistic Study of Language Acquisition*. Bd. 1. Hillsdale, NJ: Lawrence Erlbaum Associates, 525–593.

Schieffelin, Bambi B./Ochs, Elenor (Hg.) (1986): *Language Socialization Across Cultures*. Cambridge: Cambridge University Press.

Schildt, Joachim/Schmidt, Hartmut (Hg.) (1986): *Berlinisch – Geschichtliche Einführung in die Sprache der Stadt*. Berlin: Akademie.

Schlegel, August Wilhelm von (1818): *Observations sur la langue et la littérature provençales*. Paris: Librairie grecque-latine-allemande.

Schlegel, Friedrich (1808): *Ueber die Sprache und Weisheit der Indier. Ein Beitrag zur Begründung der Alterthumskunde*. Heidelberg: Mohr und Zimmer.

Schleicher, August (1848): *Sprachvergleichende Untersuchungen*. 1. Teil: *Zur vergleichenden Sprachengeschichte*. Bonn: H. B. König.

Schleicher, August (1850): *Linguistische Untersuchungen*. 2. Teil: *Die Sprachen Europas in systematischer Übersicht*. Bonn: H. B. König.

Schmid, Monika S. (2011): *Language Attrition*. Cambridge u. a.: Cambridge University Press.

Schmitt, Reinhold (2005): Zur multimodalen Struktur von turn-taking. In: *Gesprächsforschung – Online-Zeitschrift zur verbalen Interaktion* 6, 17–61.

Schmitt, Reinhold (Hg.) (2007): *Koordination. Analysen zur multimodalen Interaktion*. Tübingen: Narr.

Schuchardt, Hugo (1885): Über die Lautgesetze. – Gegen die Junggrammatiker. Berlin: Oppenheim. Wieder abgedruckt in: Leo Spitzer (Hg.) (²1928): *Hugo Schuchardt-Brevier. Ein Vademecum der allgemeinen Sprachwissenschaft*. Halle: Niemeyer, S. 51–107.

Schwarz, Monika/Chur, Jeanette (⁴2004, ⁵2007): *Semantik. Ein Arbeitsbuch*. 4., aktual. Aufl. Tübingen: Narr.

Searle, John R. (1969): *Speech Acts*. Cambridge: Cambridge University Press.

Selinker, Larry (1972): Interlanguage. In: *International Review of Applied Linguistics* 10, 209–231.

Selting, Margret (1995): *Prosodie im Gespräch: Aspekte einer interaktionalen Phonologie der Konversation*. Tübingen: Niemeyer.

Selting, Margret/Auer, Peter/Barth-Weingarten, Dagmar/Bergmann, Jörg/Bergmann, Pia/Birkner, Karin et al. (2009): Gesprächsanalytisches Transkriptionssystem 2 (GAT 2). In: *Gesprächsforschung – Online-Zeitschrift zur verbalen Interaktion* 10, 353–402.

Selting, Margret/Couper-Kuhlen, Elizabeth (2000): Argumente für die Entwicklung einer ›interaktionalen Linguistik‹. In: *Gesprächsforschung – Online-Zeitschrift zur verbalen Interaktion* 1, 76–95.

Selting, Margret/Couper-Kuhlen, Elizabeth (Hg.) (2001a): *Studies in Interactional Linguistics*. Amsterdam/Philadelphia: Benjamins.

Selting, Margret/Couper-Kuhlen, Elizabeth (2001b): Forschungsprogramm ›Interaktionale Linguistik‹. In: *Linguistische Berichte* 187, 257–287.

Sherzer, Joel (1983): *Kuna Ways of Speaking. An Ethnographic Perspective*. Austin: The University of Texas Press.

Shibatani, Masayoshi/Bynon, Theodora (1999): *Approaches to Language Typology*. Oxford: Oxford University Press.

Shin, Hyo-Shik (1993): *Kasus als funktionale Kategorie*. Tübingen: Niemeyer.

Sidnell, Jack (2010): *Conversation Analysis: An Introduction*. Malden, MA: Blackwell.

Siegel, Jeff (2008a): In praise of the cafeteria principle. Language mixing in Hawai'i Creole. In: Susanne Michaelis (Hg.): *Roots of Creole Structures. Weighing the Contribution of Substrates and Superstrates*. Amsterdam/Philadelphia: Benjamins, 59–82.

Siegel, Jeff (2008b). *The Emergence of Pidgin and Creole Languages.* Oxford: Oxford University Press.
Siemund, Peter (Hg.) (2011): *Linguistic Universals and Language Variation.* Berlin/New York: de Gruyter.
Song, Jae Jong (2001): *Linguistic Typology. Morphology and Syntax.* Harlow: Pearson Education.
Song, Jae Jong (Hg.) (2011): *The Oxford Handbook of Language Typology.* Oxford: Oxford University Press.
Spencer, Andrew (1991): *Morphological Theory. An Introduction to Word Structure in Generative Grammar.* Oxford: Blackwell.
Sperber, Dan/Wilson, Deirdre (1986): *Relevance: Communication and Cognition.* Oxford: Blackwell.
Stanfield, Robert A./Zwaan, Rolf A. (2001): The effect of implied orientation derived from verbal context on picture recognition. In: *Psychological Science* 121, 153–156.
Steels, Luc (2009): Is sociality a crucial prerequisite for the emergence of language? In: Rudolf Botha/Chris Knight (Hg.): *The Prehistory of Language.* Oxford/New York: Oxford University Press, 36–57.
Sternefeld, Wolfgang (^{3}2009): *Syntax.* Tübingen: Stauffenburg.
Stivers, Tanya/Sidnell, Jack (2005): Introduction: Multimodal interaction. In: *Semiotica* 156, 1–20.
Stolz, Christel/Stolz, Thomas (2001): Mesoamerica as a linguistic area. In: Martin Haspelmath/Ekkehard König/Wulf Oesterreicher/Wolfgang Raible (Hg.): *Language Typology and Language Universals: An International Handbook.* Bd. 2. Berlin/New York: de Gruyter, 1539–1553.
Stolz, Thomas (2008): Romancisation worldwide. In: Ders./Dik Bakker/Rosa Salas Palomo (Hg.): *Aspects of Language Contact. New Theoretical, Methodological and Empirical Findings with Special Focus on Romancisation Processes.* Berlin/New York: de Gruyter, 1–42.
Stolz, Thomas (2010): Sprachbund Europa – Probleme und Möglichkeiten. In: Uwe Hinrichs (Hg.): *Handbuch der Eurolinguistik.* Wiesbaden: Harrassowitz, 397–424.
Stolz, Thomas/Stolz, Christel (1996): Funktionswortentlehnung in Mesoamerika. Spanisch-amerindischer Sprachkontakt (Hispanoindiana II). In: *Sprachtypologie und Universalienforschung* 49, 86–123.
Streck, Tobias (2012): *Phonologischer Wandel im Konsonantismus der alemannischen Dialekte Baden-Württembergs. Sprachatlasvergleich, Spontansprache und dialektometrische Studien.* Marburg: Steiner.
Streck, Tobias/Auer, Peter (2013): Das raumbildende Signal in der Spontansprache: dialektometrische Untersuchungen zum Alemannischen in Deutschland. In: *Zeitschrift für Dialektologie und Linguistik* 89/2, 149–188.
Streeck, Jürgen (1980): Speech acts in interaction. A critique of Searle. In: *Discourse Processes* 3, 133–154.
Streeck, Jürgen (1983): Konversationsanalyse. Ein Reparaturversuch. In: *Zeitschrift für Sprachwissenschaft* 3, 72–104.
Streeck, Jürgen (1993): Gesture as communication I: Its coordination with gaze and speech. In: *Communication Monographs* 60 (December 1993), 275–299.
Streeck, Jürgen (2002): Grammars, words, and embodied meanings: On the uses and evolution of *so* and *like*. In: *Journal of Communication* 52/3, 581–596.
Streeck, Jürgen (2005): Ethnomethodologie/Ethnomethodology. In: Ulrich Ammon/Norbert Dittmar/Klaus J. Mattheier/Peter Trudgill (Hg.): *Sociolinguistics/Soziolinguistik. An International Handbook of the Science of Language and Society/Ein internationales Handbuch zur Wissenschaft von Sprache und Gesellschaft.* Bd. 2. 2. Aufl. 3 Bde. Berlin/New York: de Gruyter, 1416–1426.
Streeck, Jürgen (2009): *Gesturecraft. The Manu-facture of Meaning.* Amsterdam: Benjamins.
Stukenbrock, Anja (2009a): Referenz durch Zeigen: Zur Theorie der Deixis. In: *Deutsche Sprache* 37, 289–315.
Stukenbrock, Anja (2009b): Herausforderungen der multimodalen Transkription: Methodische und theoretische Überlegungen aus der wissenschaftlichen Praxis. In: Karin Birkner/Dies. (Hg.): *Die Arbeit mit Transkripten in Fortbildung, Lehre und Forschung.* Mannheim: Verlag für Gesprächsforschung, 144–169.
Stukenbrock, Anja (2010): Überlegungen zu einem multimodalen Verständnis der gesprochenen Sprache am Beispiel deiktischer Verwendungsweisen des Ausdrucks *so*. In: Norbert Dittmar/Nils Bahlo (Hg.): *Beschreibungen für gesprochenes Deutsch auf dem Prüfstand. Analysen und Perspektiven.* Frankfurt a. M.: Lang, 165–193. Online: http://www.inlist.uni-bayreuth.de/issues/47/
Stukenbrock, Anja (im Druck): *Deixis in der Face-to-Face Interaktion.* Berlin/New York: de Gruyter.
Stump, Gregory T. (1990): Breton inflection and the split morphology hypothesis. In: Randall Hendrick (Hg.): *The Syntax of the Modern Celtic Languages.* San Diego: Academic Press, 97–119.
Stump, Gregory T. (2006): Heteroclisis and paradigm linkage. In: *Language* 82, 279–322.
Szagun, Gisela (^{3}2006): *Sprachentwicklung beim Kind: Ein Lehrbuch.* Weinheim/Basel: Beltz.
Szagun, Gisela/Stumper, Barbara/Schramm, Satyam Antonio (2009): *Fragebogen zur frühkindlichen Sprachentwicklung (FRAKIS) und FRAKIS-K (Kurzform).* Frankfurt a. M.: Pearson.
Szczepaniak, Renata (^{2}2011): *Grammatikalisierung im Deutschen. Eine Einführung.* Tübingen: Narr.
Szmrecsanyi, Benedikt (2010): *The morphosyntax of BrE dialects in a corpus-based dialectometrical perspective: feature extraction, coding protocols, projections to geography, summary statistics.* Freiburg: University of Freiburg.
Szmrecsanyi, Benedikt (2013): *Grammatical Variation in British English Dialects: A Study in Corpus-Based Dialectometry*: Cambridge University Press.
Szmrecsanyi, Benedikt/Hernández, Nuria (2007): *Manual of Information to accompany the Freiburg Corpus of English Dialects Sampler (»FRED-S«).* Freiburg: University of Freiburg.
Szmrecsanyi, Benedikt/Kortmann, Bernd (2009): Vernacular universals and angloversals in a typological perspective. In: Markku Filppula/Juhani Klemola/Heli Paulasto (Hg.): *Vernacular Universals and Language Contacts: Evidence from Varieties of English and Beyond.* London/New York: Routledge, 33–53.
Tagliamonte, Sali (2006): *Analysing Sociolinguistic Variation.* Cambridge: Cambridge University Press.
Tagliamonte, Sali (2011): *Variationist Sociolinguistics: Change, Observation, Interpretation.* Malden, MA: Wiley-Blackwell.
Talmy, Leonard (2000): *Toward a Cognitive Semantics* I–II. Cambridge, MA: MIT Press.
Tannen, Deborah (1990, ^{2}2001): *You Just Don't Understand: Women and Men in Conversation.* New York: Quill.

Tertilt, Hermann (1997): Die Beleidigungsrituale der Turkish Power Boys. In: SpoKK (Hg.): *Kursbuch Jugendkultur. Stile, Szenen und Identitäten vor der Jahrtausendwende.* Mannheim, 157–167.

Tesnière, Lucien (1959): *Eléments de syntaxe structurale.* Paris: Klinksieck (dt. *Grundzüge der strukturalen Syntax.* Hg. und übers. von Ulrich Engel. Stuttgart: Klett 1980).

Theakston, Anna L./Lieven, Elena V. M./Pine, Julian M./Rowland, Caroline F. (2002): Going, going, gone: The acquisition of the verb *go*. In: *Journal of Child Language* 29, 783–811.

Thomason, Sarah G. (2001): *Language Contact. An Introduction.* Washington: Georgetown University Press.

Thomason, Sarah G./Kaufman, Terrence (1988): *Language Contact, Creolization, and Genetic Linguistics.* Berkeley/Los Angeles/Oxford: University of California Press.

Tomasello, Michael (1992): *First Verbs: A Case Study of Early Grammatical Development.* Cambridge: Cambridge University Press.

Tomasello, Michael (1995): Language is not an instinct. Book review of Steven Pinker: »The language instinct: how the mind creates language«. In: *Cognitive Development* 10, 131–156.

Tomasello, Michael (2000): First steps toward a usage based theory of first language acquisition. In: *Cognitive Linguistics* 11/1–2, 61–82.

Tomasello, Michael (2009): *Die Ursprünge der menschlichen Kommunikation.* Frankfurt a. M.: Suhrkamp.

Tomasello, Michael (2010): *Warum wir kooperieren.* Frankfurt a. M.: Suhrkamp.

Tomasello, Michael/Barton, Michelle (1994): Learning words in nonostensive contexts. In: *Developmental Psychology* 30/5, 639–650.

Tomasello, Michael/Carpenter, Malinda (2011): Geteilte Intentionalität. In: Ludger Hoffmann/Kerstin Leimbrink/Uta Quasthoff (Hg.): *Die Matrix der menschlichen Entwicklung.* Berlin: de Gruyter, 83–95.

Tomasello, Michael/Rakoczy, Hannes (2003): What makes human cognition unique? From individual to shared to collective intentionality. In: *Mind & Language* 18, 121–147.

Tomasello, Michael/Stahl, Daniel (2004): Sampling children's spontaneous speech: How much is enough? In: *Journal of Child Language* 31, 101–121.

Tomić, Olga Mišeska (2011): Balkan Sprachbund features In: Bernd Kortmann/Johan van der Auwera (Hg.): *The Languages and Linguistics of Europe: A Comprehensive Guide.* Berlin: Mouton, 307–324.

Tracy, Rosemarie (2007): *Wie Kinder Sprachen lernen: Und wie wir sie dabei unterstützen können.* Tübingen: Francke.

Trier, Jost (1931): *Der deutsche Wortschatz im Sinnbezirk des Verstandes. Die Geschichte eines sprachlichen Feldes.* Heidelberg: Winter.

Trubetzkoy, Nikolaj S. (1923): Vavilonskaja bashnja i smeshenie jazykov. In: *Evrazijskij vremennik* 3, 107–124.

Trubetzkoy, Nikolaj S. (1930): Proposition 16. In: *Actes du premier congrès international des linguistes à la Haye, du 10–15 avril 1928.* Leiden: A. W. Sijthoff, 17–18.

Trubetzkoy, Nikolaj S. (1931): Die phonologischen Systeme. In: *Travaux du Cercle Linguistique de Prague* 4, 96–116.

Trubetzkoy, Nikolaj S. (1939/1958): *Grundzüge der Phonologie.* Göttingen: Vandenhoeck & Ruprecht.

Trudgill, Peter (1974): *Sociolinguistics: An Introduction.* Harmondsworth: Penguin Books.

Turk, Alice (2010): Does prosodic constituency signal relative predictability? A smooth signal redundancy hypothesis. In: *Laboratory Phonology* 1/2, 227–262.

Ungerer, Friedrich/Schmid, Hans-Jörg (1996): *An Introduction to Cognitive Linguistics.* London: Longman.

Vaid, Jyotsna (2008): The bilingual brain: what is right and what is left? In: Jeanette Altarriba/Roberto R. Heredia (Hg.): *An Introduction to Bilingualism: Principles and Processes.* New York/London: Lawrence Erlbaum Associates, 129–146.

Vallduví, Enric/Engdahl, Elisabet (1996): The linguistic realization of information packaging. In: *Linguistics* 34, 459–519.

van der Auwera, Johan (1998): Conclusion. In: Ders. (Hg.): *Adverbial Constructions in the Languages of Europe.* Berlin/New York: de Gruyter, 813–836.

van der Auwera, Johan (2011): Standard Average European. In: Bernd Kortmann/Ders. (Hg.): *The Languages and Linguistics of Europe: A Comprehensive Guide.* Berlin: Mouton, 291–306.

Van Valin, Robert D. (2005): *Exploring the Syntax-Semantics Interface.* Cambridge: Cambridge University Press.

Vater, Heinz (^{3}2001): *Einführung in die Textlinguistik: Struktur und Verstehen von Texten.* München: Fink.

Vennemann, Theo (1982): Zur Silbenstruktur der deutschen Standardsprache. In: Ders. (Hg.): *Silben, Segmente, Akzente.* Tübingen: Niemeyer, 261–305.

Volker, Craig (1991): The birth and decline of Rabaul Creole German. In: *Language and Linguistics in Melanesia: Journal of the Linguistic Society of Papua New Guinea* 22/1–2, 143–156.

Vygotsky, Lew S. (1978): *Mind in Society.* Cambridge, MA: Harvard University Press.

Wackernagel, Jacob (1892): Über ein Gesetz der indogermanischen Wortstellung. In: *Indogermanische Forschungen* 1, 333–436.

Wälchli, Bernhard (2005): *Co-Compounds and Natural Coordination.* Oxford: Oxford University Press.

Wälchli, Bernhard (2011): The Circum-Baltic languages. In: Bernd Kortmann/Johan van der Auwera (Hg.): *The Languages and Linguistics of Europe: A Comprehensive Guide.* Berlin: Mouton, 325–240.

Wartenburger, Isabell et al. (2003): Early setting of grammatical processing in the bilingual brain. In: *Neuron* 37, 159–170.

Wattendorf, Elise/Westermann, Birgit/Zappatore, Daniela/Franceschini, Rita/Lüdi, Georges et al. (2001): Different languages activate different subfields in Broca's area. In: *Neuroimage* 13, 624.

Wegener, Heide (1991): Der Dativ – ein struktureller Kasus? In: Gisbert Fanselow/Sascha W. Felix (Hg.): *Strukturen und Merkmale syntaktischer Kategorien.* Tübingen: Narr, 70–103.

Weinreich, Uriel (1953): *Languages in Contact. Findings and Problems.* The Hague/Paris/New York: Mouton.

Weissberg, Josef (1988): *Jiddisch. Eine Einführung.* Bern u. a.: Lang.

West, Candace/Zimmerman, Don (1987): Doing gender. In: *Gender & Society* 1/2, 125–151.

Whaley, Lindsay (1997): *Introduction to Typology. The Unity and Diversity of Language.* London/New Delhi: Sage Publications.

Whorf, Benjamin Lee (1945/1956): Grammatical categories. In: *Language* 21, 1–11 (auch in: *Language, Thought, and Reality. Selected Writings of B. L. Whorf*. Hg. von J. Carroll. New York: MIT Press, 87–101). (dt. Fassung: *Sprache, Denken, Wirklichkeit. Beiträge zur Metalinguistik und Sprachphilosophie*. Reinbek: Rowohlt 1956/1963).

Whorf, Benjamin Lee (1956): *Language, Thought and Reality. Selected Writings of Benjamins Lee Whorf*. Hg. von John B. Carroll. Cambridge, MA: MIT Press.

Wierzbicka, Anna (1996): *Semantics. Primes and Universals*. Oxford: Oxford University Press.

Wiese, Richard (2000): *The Phonology of German*. Oxford: Oxford University Press.

Wijnen, Frank/Kempen, Masja/Gillis, Steven (2001): Root infinitives in early Dutch child language: An effect of input? In: *Journal of Child Language* 28/3, 629–660.

Winford, Donald (2003): *An Introduction to Contact Linguistics*. Oxford u. a.: Blackwell.

Wittgenstein, Ludwig (1953): *Philosophical Investigations (Philosophische Untersuchungen)*. Übers. von G. E. M. Anscombe. Oxford: Blackwell.

Wotjak, Barbara/Wotjak, Gerd (1983): Zur semantischen Mikrostrukturanalyse ausgewählter deutscher Verben. In: *Deutsch als Fremdsprache* 3, 144–152.

Wurzel, Wolfgang Ullrich (2000): Was ist ein Wort? In: Rolf Thieroff/Matthias Tamrat/Nanna Fuhrhop/Oliver Teuber (Hg.): *Deutsche Grammatik in Theorie und Praxis*. Tübingen: Niemeyer, 29–42.

Yip, Virginia/Matthews, Steven (2008): *The Bilingual Child. Early Development and Language Contact*. Cambridge: Cambridge University Press.

Yu, Alan (2007): *A Natural History of Infixation*. Oxford: Oxford University Press.

Zimmer, Dieter E. (1988): *So kommt der Mensch zur Sprache: Über Spracherwerb, Sprachentstehung, Sprache & Denken*. Zürich: Haffmans.

Zipf, George Kingsley (1935/1965): *The Psycho-Biology of Language. An Introduction to Dynamic Philology*. Cambridge, MA: MIT Press.

Zwaan, Rolf A./Stanfield, Robert A./Yaxley, Richard H. (2002): Language comprehenders mentally represent the shapes of objects. In: *Psychological Science* 13, 168–171.

2 Abkürzungen für grammatische Kategorien

Erläuterungen zu den Glossierungsregeln finden sich unter: http://www.eva.mpg.de/lingua/pdf/LGR08.02.05.pdf

1	first person	erste Person
2	second person	zweite Person
3	third person	dritte Person
A	agent-like argument of canonical transitive verb	agensartiges Argument eines normalerweise transitiven Verbs
ABL	ablative	Ablativ
ABS	absolutive	Absolutiv
ACC	accusative	Akkusativ
ADJ	adjective	Adjektiv
ADV	adverb(ial)	Adverb(ial)
AGR	agreement	Kongruenz
ALL	allative	Allativ
AOR	aorist	Aorist
ANTIP	antipassive	Antipassiv
APPL	applicative	Applikativ
ART	article	Artikel
ASP	aspect	Aspekt
BEN	benefactive	Benefaktiv
CAUS	causative	Kausativ
CL	clitic	Klitikon
CLF	classifier	Klassifikator
COM	comitative	Komitativ
COMP	complementizer	unterordnende Konjunktion (Subordinator, Complementizer)
COMPL	completive	Kompletiv
COND	conditional	Konditional
COP	copula	Kopula
CVB	converb	Konverb
DAT	dative	Dativ
DECL	declarative	Deklarativ
DEF	definite	definit
DEM	demonstrative	Demonstrativ
DET	determiner	Determinierer
DIST	distal	distal
DISTR	distributive	Distributiv
DU	dual	Dual
DUR	durative	Durativ
ERG	ergative	Ergativ
EXCL	exclusive	Exklusiv
F	feminine	feminin
FOC	focus	Fokus
FUT	future	Futur
GEN	genitive	Genitiv
IMP	imperative	Imperativ
INCL	inclusive	inklusiv

IND	indicative	Indikativ
INDF	indefinite	indefinit
INF	infinitive	Infinitiv
INS	instrumental	Instrumental
INT	interrogative	Interrogativ
INTR	intransitive	intransitiv
IPFV	imperfective	Imperfektiv
IRR	irrealis	Irrealis
LOC	locative	Lokativ
M	masculine	maskulin
N	neuter	neutrum
N-	non- (e.g. NSG nonsingular, NPST nonpast)	Nicht- (z. B. NSG Nichtsingular, NPST Nichtpräteritum)
NEG	negation, negative	Negation, negativ
NMLZ	nominalizer/nominalization	Nominalisierung
NOM	nominative	Nominativ
NUM	numeral	Numerale
OBJ	object	Objekt
OBL	oblique	obliquer Kasus
P	patient-like argument of canonical transitive verb	patiensartiges Argument eines normalerweise transitiven Verbs
PART	particle	Partikel
PASS	passive	Passiv
PFV	perfective	Perfektiv
PL	plural	Plural
POSS	possessive	Possessiv
PRED	predicative	Prädikativ
PRF	perfect	Perfekt
PRS	present	Präsens
PROG	progressive	Progressiv
PROH	prohibitive	Prohibitiv
PROX	proximal/proximate	Proximal
PST	past	Präteritum
PTCP	participle	Partizip
PURP	purposive	Purposiv (Zweckangabe)
Q	question particle/marker	Fragepartikel
QUOT	quotative	Quotativ
RECP	reciprocal	reziprok
REFL	reflexive	reflexiv
REL	relative	relativ
RES	resultative	Resultativ
S	single argument of canonical intransitive verb	einziges Argument eines normalerweise intransitiven Verbs
SBJ	subject	Subjekt
SBJV	subjunctive	Konjunktiv
SG	singular	Singular
SUPEREL	superelative	Super-Elativ
TOP	topic	Topik
TR	transitive	transitiv
VOC	vocative	Vokativ

3 Materialien

3.1 | Phonetische Transkriptionskonventionen (IPA)

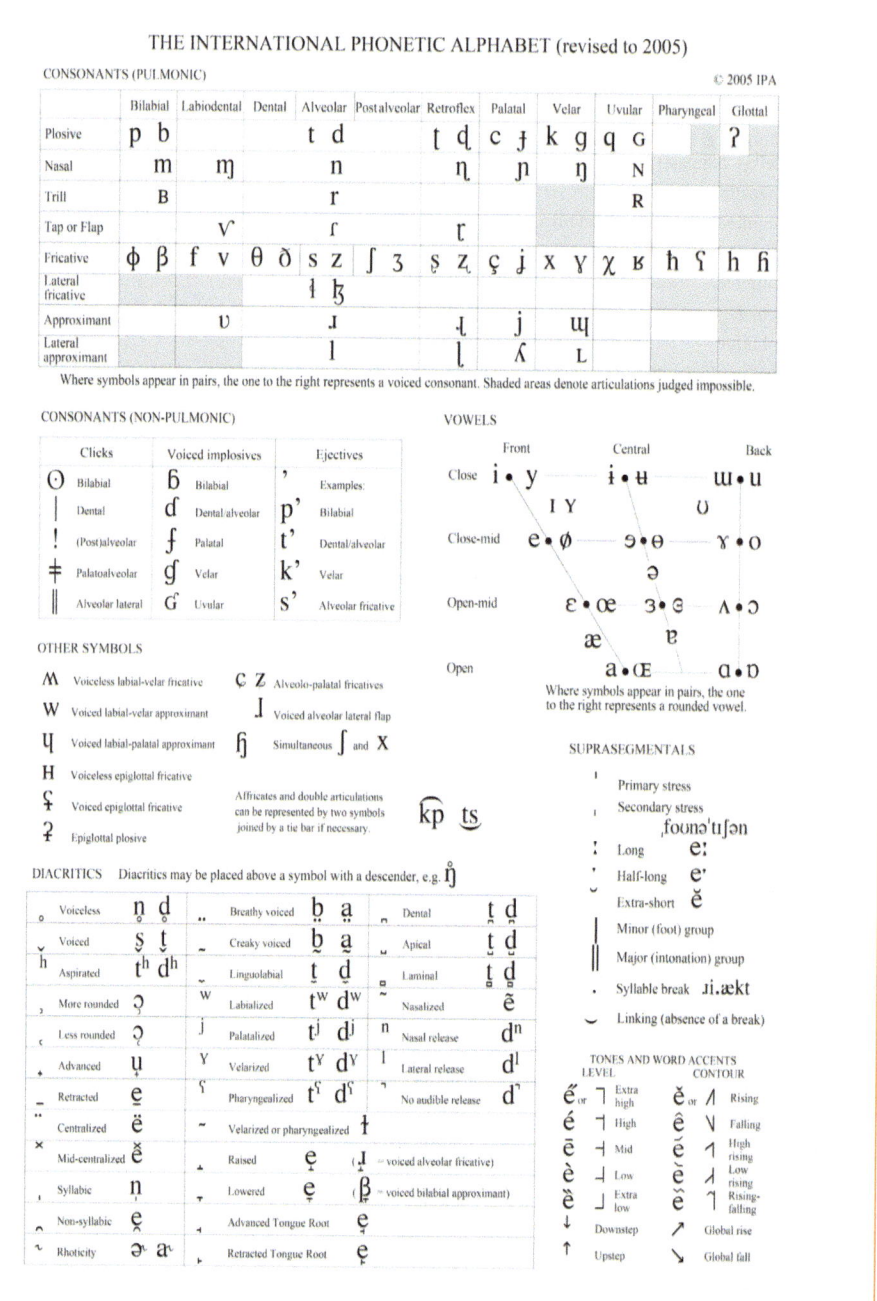

(IPA Chart, http://www.langsci.ucl.ac.uk/ipa/ipachart.html, available under a Creative Commons Attribution-Sharealike 3.0 Unported License. Copyright © 2005 International Phonetic Association)

3.2 | Konversationsanalytische Transkriptionskonventionen (GAT2)

Minimaltranskript

Sequenzielle Struktur/Verlaufsstruktur
[ ]	Überlappungen und Simultansprechen
[ ]	

Ein- und Ausatmen
°h/ h°	Ein- bzw. Ausatmen von ca. 0.2–0.5 Sek. Dauer
°hh/ hh°	Ein- bzw. Ausatmen von ca. 0.5–0.8 Sek. Dauer
°hhh/ hhh°	Ein- bzw. Ausatmen von ca. 0.8–1.0 Sek. Dauer

Pausen
(.)	Mikropause, geschätzt, bis ca. 0.2 Sek. Dauer
(-)	kurze geschätzte Pause von ca. 0.2–0.5 Sek. Dauer
(-)	mittlere geschätzte Pause v. ca. 0.5–0.8 Sek. Dauer
(- - -)	längere geschätzte Pause von ca. 0.8–1.0 Sek. Dauer
(0.5)	gemessene Pausen von ca. 0.5 bzw. 2.0 Sek. Dauer
(2.0)	(Angabe mit einer Stelle hinter dem Punkt)

Sonstige segmentale Konventionen
und_äh	Verschleifungen innerhalb von Einheiten
äh, öh, äm	Verzögerungssignale, sog. »gefüllte Pausen«

Lachen und Weinen
haha hehe hihi	silbisches Lachen
((lacht)),((weint))	Beschreibung des Lachens, Weinens
<<lachend> >	Lachpartikeln in der Rede, mit Reichweite
<<☺> >	»smile voice«, mit Reichweite

Rezeptionssignale
hm, ja, nein, nee	einsilbige Signale
hm_hm, ja_a	zweisilbige Signale
nei_ein, nee_e	
ʔhmʔhm	mit Glottalverschlüssen, meistens verneinend

Sonstige Konventionen
((hustet))	para- und außersprachliche Handlungen und Ereignisse
<<hustend> >	sprachbegleitende para- und außersprachliche Handlungen und Ereignisse mit Reichweite
( )	unverständliche Passage ohne weitere Angaben
(xxx), (xxx xxx)	ein bzw. zwei unverständliche Silben
(solche)	vermuteter Wortlaut
(also/alo)	mögliche Alternativen
(solche/welche)	
((unverständlich, ca. 3 Sek))	unverständliche Passage mit Angabe der Dauer
((...))	Auslassung im Transkript
→	Verweis auf im Text behandelte Transkriptzeile

3.2 Materialien

Konversationsanalytische Transkriptionskonventionen (GAT2)

Basistranskript

Sequenzielle Struktur/Verlaufsstruktur

=   schneller, unmittelbarer Anschluss neuer Sprecherbeiträge oder Segmente (*latching*)

Sonstige segmentale Konventionen

:   Dehnung, Längung, um ca. 0.2–0.5 Sek.
::   Dehnung, Längung, um ca. 0.5–0.8 Sek.
:::   Dehnung, Längung, um ca. 0.8–1.0 Sek.
ʔ   Abbruch durch Glottalverschluss

Akzentuierung

AkZENT   Fokusakzent
ak!ZENT!   extra starker Akzent

Tonhöhenbewegung am Ende von Intonationsphrasen

?   hoch steigend
,   mittel steigend
–   gleichbleibend
;   mittel fallend
.   tief fallend

Sonstige Konvention

<<erstaunt> >   interpretierende Kommentare mit Reichweite

Feintranskript

Akzentuierung

akZENT   Fokusakzent
akzEnt   Nebenakzent
ak!ZENT!   extra starker Akzent

Auffällige Tonhöhensprünge

↑   kleinere Tonhöhensprünge nach oben
↓   kleinere Tonhöhensprünge nach unten
↑↑   größere Tonhöhensprünge nach oben
↓↓   größere Tonhöhensprünge nach unten

Verändertes Tonhöhenregister

<<t> >   tiefes Tonhöhenregister
<<h> >   hohes Tonhöhenregister

Intralineare Notation von Akzenttonhöhenbewegungen

`SO   fallend
´SO   steigend
¯SO   gleichbleibend
^SO   steigend-fallend
ˇSO   fallend-steigend
↑`   kleiner Tonhöhensprung hoch zum Gipfel der Akzentsilbe
↓´   kleiner Tonhöhensprung herunter zum Tal der Akzentsilbe
↑¯SO bzw. ↓¯SO   Tonhöhensprünge zu auffallend höheren bzw. tieferen gleichbleibenden Akzenten
↑↑`SO bzw. ↓↓´SO   auffallend hohe bzw. tiefe Tonhöhensprünge zum Gipfel bzw. Tal der Akzentsilbe

Lautstärke- und Sprechgeschwindigkeitsveränderungen, mit Reichweite

`<<f>`	`>`	forte, laut
`<<ff>`	`>`	fortissimo, sehr laut
`<<p>`	`>`	piano, leise
`<<pp>`	`>`	pianissimo, sehr leise
`<<all>`	`>`	allegro, schnell
`<<len>`	`>`	lento, langsam
`<<cresc>`	`>`	crescendo, lauter werdend
`<<dim>`	`>`	diminuendo, leiser werdend
`<<acc>`	`>`	accelerando, schneller werdend
`<<rall>`	`>`	rallentando, langsamer werdend

Veränderung der Stimmqualität und Artikulationsweise

`<<creaky>`	`>`	glottalisiert, »Knarrstimme«
`<<flüsternd>`	`>`	Beispiel für Veränderung der Stimmqualität, wie angegeben

aus: http://www.gespraechsforschung-ozs.de/heft2009/px-gat2.pdf

4 Lösungen der Aufgaben

Kapitel 2

1. *Schmuck* (4), *Verein* (7), *Pfuhl* (3), *Taxi* (5), *Zahn* (3), *Schimmern* (5) und *Dach* (3)

   (Affrikaten und Diphthonge zählen wir hier als zwei Laute, auch wenn die Affrikaten im Silbenmodell nur ein Quantitätszeichen erhalten. Es ist aber zu beachten, dass es sich artikulatorisch bei Affrikaten und Diphthongen eigentlich um zwei Laute handelt).

2. [ˈdaxˌʃtuːl], [ˈreːɡənˌʃɪrm], [ˈkʰɪndɐˌʔaːɐ̯tst], [ˈtsaɪtˌraɪzə], [ˈmɪlçˌʃaʊm]

3. | | | |
   |---|---|---|
   | [s] | stimmlos, alveolar, Frikativ; Beispiel: | < rei<u>s</u>en, Ma<u>s</u>ke > |
   | [x] | stimmlos, velar, Frikativ; Beispiel: | < Ra<u>ch</u>e, Bu<u>ch</u> > |
   | [k] | stimmlos, velar, Plosiv; Beispiel: | < <u>K</u>atze, di<u>ck</u> > |
   | [n] | stimmhaft, alveolar, Nasal; Beispiel: | < <u>N</u>ase, u<u>n</u>ter > |
   | [l] | stimmhaft, lateraler Approximant; Beispiel: | < <u>l</u>achen, a<u>ll</u>e > |
   | [r] | stimmhaft, alveolar, Vibrant; Beispiel: | < <u>R</u>egen, ih<u>r</u>e > |
   | [ʃ] | stimmlos, postalveolar, Frikativ; Beispiel: | < <u>Sch</u>uld, A<u>sch</u>e > |
   | [p] | stimmlos, bilabial, Plosiv; Beispiel: | < <u>P</u>appe, Li<u>pp</u>e > |
   | [v] | stimmhaft, labiodental, Frikativ; Beispiel: | < <u>W</u>ald, er<u>w</u>idern > |
   | [e] | vorne, halbgeschlossen, ungerundet; Beispiel: | < M<u>e</u>than, <u>E</u>lefant > * |
   | [a] | vorne, offen, ungerundet; Beispiel: | < H<u>a</u>lle, <u>a</u>llein > |
   | [ɪ] | vorne, geschlossen, ungerundet; Beispiel: | < H<u>i</u>lfe, <u>i</u>mmer > |
   | [ə] | zentral, mittel, ungerundet: Beispiel: | < g<u>e</u>heim, bring<u>e</u>n > |
   | [ɔ] | hinten, halboffen, gerundet; Beispiel: | < P<u>o</u>st, <u>o</u>ffen > |
   | [y] | vorne, geschlossen, gerundet; Beispiel: | < Ph<u>y</u>sik, Gl<u>y</u>zin > * |

   *Diese Laute kommen im Deutschen meistens mit Länge vor, also [eː] und [yː], und stehen in der Wortakzentsilbe, z. B. < <u>E</u>sel, F<u>e</u>hler, <u>ü</u>bel, Gem<u>ü</u>t > . Das Gleiche gilt für das [iː], [øː], [uː] und [oː]: < L<u>ie</u>be, L<u>ö</u>we, M<u>u</u>t, L<u>o</u>b > .

4. Eine Gegenüberstellung in Minimalpaaren ergibt folgende Phoneme: /p, b, s, ʃ, k, i, a/. Nicht phonemisch sind [u] und [ə], da sich mit ihnen kein Minimalpaar bilden lässt. Sie erfüllen folglich nicht die Anforderung der Bedeutungsdifferenzierung. Eine genauere Analyse des lautlichen Kontexts zeigt, dass [u] nach stimmhaften Lauten steht, [ə] hingegen nach stimmlosen Lauten. Das Vorkommen der beiden Varianten ist durch den Lautkontext bedingt; es handelt sich um komplementär distribuierte Allophone.

5. Bei der Sequenz [mt] folgen ein bilabialer Nasal und ein alveolarer (stimmloser) Plosiv aufeinander. Gemeinsam ist den beiden Lauten, dass sie einen oralen Verschluss bilden, allerdings an verschiedenen Stellen. Ein Unterschied ist, dass für den Nasal das Velum gesenkt ist, für den Plosiv aber nicht. Im artikulatorischen Übergang vom [m] zum [t] müssen nun verschiedene artikulatorische Gesten zeitlich miteinander koordiniert werden: Zum einen muss das Velum angehoben werden, zum anderen der bilabiale Verschluss gelöst und der alveolare Verschluss gebildet werden. Wird nun das Velum angehoben, bevor der bilabiale Verschluss gelöst ist, entsteht eine kurze Phase mit bilabialem Verschluss und gleichzeitig gehobenem Velum. Die Luft entströmt nicht durch die Nase, sondern wird im Mundraum an den geschlossenen Lippen gestaut; es entsteht also ein bilabialer Plosiv [p] oder [b]. (Die Bewegung der Stimmlippen lassen wir hier außer Acht).

6. (a) Vokalepenthese bzw. -tilgung: k*o*runa
   (b) regressive Assimilation im Artikulationsort: i*ll*egal, i*mp*olite, i*mm*oral
   (c) progressive Assimilation der Stimmlosigkeit [hoːxsɪts]
   (d) Vokaltilgung (genauer: Schwa-Tilgung) und folgende progressive Assimilation des Artikulationsorts: [reːgŋ]

7. Weitere Beispiele sind ship[s], kick[s], flag[z], load[z], hors[ɪz]/[əz], church[ɪz]/[əz]. Die entsprechende Pluralform hängt davon ab, mit was für einem Laut das Singularwort auslautet. Nach Sibilanten ([s, z, ʃ, ʒ]) wird vor dem Plural-s noch ein Vokal eingefügt, es folgt also die Endung [ɪz]/[əz]. Ansonsten folgt nach stimmlosem Laut das [s], nach stimmhaftem Laut das [z]. Es handelt sich in diesen Fällen also um eine Assimilation.

8.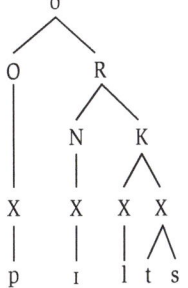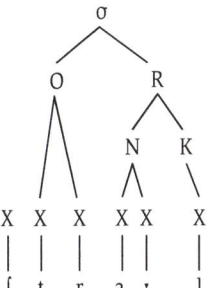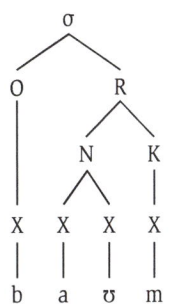

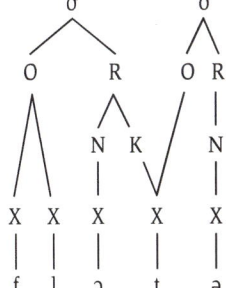 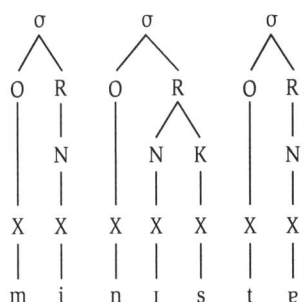 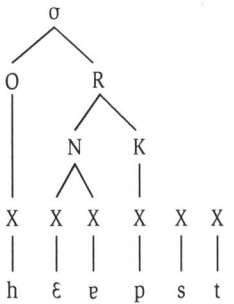

Kapitel 3

1. Die Lösung zu dieser Aufgabe ist abhängig von den Sätzen, die Sie gewählt haben. Hier ist ein Beispiel:

Ein-e	Kuh	mach-t	Muh,
ein-NOM.SG.FEM	Kuh[NOM.SG]	mach-PRS3SG	INTERJ

viel-e	Kühe	mach-en	Mühe.
viel-NOM.PL	Kuh.NOM.PL	mach-PRS3PL	Mühe[ACC.SG]

2. Alle waren sie Komposita: *Edel-Aar, all-wahr, Dritt-Teil, Kien-Föhre, in-eben, das Nieder-(ge)setzte, Sper(ling)-Aar, Schuh-Suter, Wind-Braue*.
Manche Wortteile sind dem Deutschen abhandengekommen: Die ersten Teile in *elend* (lat. *alius* ›anderer‹), *heuer* und *heute* (ahd. *hiu* ›dieser‹), die zweiten Teile in *Holunder* (engl. *tree* ›Baum‹), *Wurzel* (got. *walus* ›Stab‹) und beide Teile in *Messer* (schwed. *mat* ›Essen‹, *sax* ›Scheere‹) und *Welt* (got. *waír* ›Mann‹, *alds* ›Menschenalter‹) (vgl. Keller/Kirschbaum 2003).

3. Wie der Zyklop bei Odysseus ist der Tiger der Toḍa ein Wesen, das der Sprache nur sehr oberflächlich mächtig ist. Der Tiger scheint nicht zu wissen, dass nicht alle Wörter der Sprache eine Referenz haben, und hält das Echowort *Kiger* für eine wirkliche Gefahr, er fasst *Kiger* fälschlicherweise referenziell auf. Nun kommt der Tiger, der für den Toḍa nicht-referenziell ist, weil er ihn nicht sieht, ja neben dem *Kiger* in der Äußerung vor. Das legt ikonisch nahe, dass die ihm entsprechende Gestalt auch nicht fern sein kann. Hiermit ist die Geschichte auch ein Beispiel dafür, dass man Ikonizität leicht überstrapazieren kann.

4. Die Lösung hängt natürlich vom gewählten Sprachenpaar ab, allerdings wird für das Deutsche auffallen, dass es im Gegensatz zu *Eltern* für Mutter und Vater sowie *Geschwister* für Bruder und Schwester bei Onkel und Tante keinen Oberbegriff gibt. Dann gibt es mit *Enkel* mindestens eine geschlechtsneutrale Bezeichnung, aber auch *Kind* ist eigentlich eine Verwandtschaftsbezeichnung in einer seiner Bedeutungen. Des Weiteren fällt auf, dass in der Bezeichnung nicht zwischen Verwandten in der väterlichen und mütterlichen Linie unterschieden wird. Obwohl viele deutsche Verwandtschaftsbezeichnungen aus dem Indoeuropäischen ererbt sind, ist das System diachron keineswegs völlig stabil. Früher gab es *Muhme* und *Oheim*. Im 17. und 18. Jahrhundert haben dann die Tanten und Onkel aus dem Französischen Einzug gehalten. In gewissen Teilen des Deutschen ist die Invasion französischer Begriffe noch weiter fortgeschritten. In der Schweiz, aber auch in anderen deutschsprachigen Gebieten, hat man Cousins und Cousinen statt Vettern und Basen. Die Kusine hat es auch über die Schweiz hinausgebracht. Die Base war übrigens ursprünglich die Vaterschwester, der Vetter der Vaterbruder, die Muhme die Mutterschwester und der Oheim der Mutterbruder. Früher unterschied man noch zwischen väterlicher und mütterlicher Linie. Dann sollten wir auch die Schwieger- und Stiefverwandten nicht ganz vergessen, für die es im Deutschen so praktische Präfixe gibt. Allerdings ist es bei *Schwager* und *Schwägerin* wieder komplizierter, und dann wissen wir immer noch nicht, was ein *Schwippschwager* ist.

5. Die Ausbildung von prototypischen Bedeutungsstrukturen, d.h. die Frage, welche Vertreter als zentral oder peripher betrachtet werden, ist besonders von kulturellen Fragen, aber auch von der Erfahrungskomponente und damit dem Alter abhängig. Die kulturbedingte Erfahrung, dass zu besonderen Anlässen Spielzeug geschenkt wird, kann dazu führen, dass etwas für den Alltag Notwendiges nicht mehr als Geschenk wahrgenommen wird. Natürlich kann auch mangelndes Interesse bzw. mangelnder Enthusiasmus für Kleidungsstücke der Grund dafür sein, dass diese nicht als Geschenk eingestuft werden. Ebenso würde sich ein Dreijähriger über eine Flasche Wein beschweren, auch wenn dies für die meisten erwachsenen mitteleuropäischen Jubilarinnen und Jubilare ein sehr guter Vertreter der Kategorie wäre. In einer Umgebung, in der Alkohol z. B. aus religiösen Gründen nicht willkommen ist, stellt sich die Situation natürlich wieder gänzlich anders dar.

6. Bei den Inessivformen (›in etwas befindlich‹) und Elativformen (›aus etwas heraus‹) lassen sich leicht zwei charakteristische Morpheme *-s* und *-st* identifizieren. Allerdings ist es seltsam, dass man, wenn man diese abtrennt, auf die Genitivform und nicht auf die Nominativform kommt. Die Genitivform ist bei den Beispielen immer länger als die Nominativform, es lässt sich jedoch kein gemeinsames Genitivmorphem abstrahieren. Auch hilft es wenig, für die vier Beispiele vier Paradigmen anzusetzen, dann wäre jedes Lexem ein Paradigma für sich. Am einfachsten ist es, wenn man die Genitivformen als Grundform ansetzt und den Nominativ mit Hilfe des morphologischen Prozesses der Subtraktion durch Tilgung des finalen Vokals bildet.

7. Es sind keine Fernseh- und Radioapparate oder Zeitungen, die hier rennen. Gemeint sind Leute, die bei Fernsehen, Radio und Zeitung arbeiten. Die Personen stehen in einer sachlichen Beziehung zu Fernsehen, Radio und Zeitung, es handelt sich also um Metonymie. Beim Einrennen der Türe ist es etwas problematischer. Es kann ja durchaus sein, dass die Journalisten zum Teil buchstäblich vor der Tür stehen und, wenn man diese öffnet, gleich hineinströmen, dann wäre es auch eine Art Metonymie. Wahrscheinlich ist es aber so gemeint, dass die Medienschaffenden sich auf alle möglichen Arten melden, also auch anrufen oder E-Mails schreiben, wo es keine Türen gibt. Man bedient sich also einer Bezeichnung aus einem anderen Bereich, um die wahrgenommene Ähnlichkeit einer erzwungenen Kontaktaufnahme wiederzugeben, es ist also eine Metapher.

8. Das Meronym (a) *Fingerspitze* mit dem Holonym *Finger* sowie die Reversive (c) *hinfallen* und *aufstehen* sind Bilderbuchbeispiele. Bei (b) ist es schon etwas schwieriger zu sagen, ob ein Deckel ein Teil einer Pfanne ist. Wenn *Deckel* ein intrinsischer Bestandteil von *Pfanne* wäre, wäre es kaum einer Erwähnung wert, dass dieser bestimmte Deckel besonders eng zu dieser bestimmten Pfanne gehört. Der in (d) verwendete Kontext *X und andere Y* schließlich suggeriert, dass *Jungs* ein Hyponym von *Esel* ist, und umgekehrt *Esel* ein Hyperonym von *Jungs*, etwa wie in *Esel und andere Haustiere* oder in *Jungs und andere Jugendliche*. Inwiefern diese durch den Kontext suggerierte Bedeutungsbeziehung tatsächlich zutrifft, möchten wir der individuellen Erfahrung unserer Leserinnen und Leser anheimstellen.

9. Es geht hier eindeutig um die situativ angepasste diskursive Klärung der Prototypenstruktur des Begriffs ›Behälter‹. Prototypische Behälter wie *Glas* oder *Flasche* werden zuerst genannt. Dass Herr Lehmann nur an Behälter für Flüssigkeiten denkt, kann mit der feuchtfröhlichen Umgebung zu tun haben, in der er sich bewegt (das wäre dann also ein Beispiel für kontextuelle Bedeutung). Warum ist *Fass* ein weniger prototypischer Behälter als *Glas*? Dies hat vielleicht mit der geringeren Häufigkeit oder niedrigeren Situationsgebundenheit zu tun. Fässer trifft man nur in wenigen Situationen an, Gläser und Flaschen stehen überall herum. Das Beispiel *Kotztüte* zeigt, dass es bei Prototypen nicht nur um ihre Häufigkeit, sondern auch um ihre Salonfähigkeit gehen kann. Gewisse Wörter nimmt man einfach nicht in den Mund, wenn man nicht Herr Lehmann ist, besonders nicht, wenn es um so etwas Wichtiges geht wie Lebensinhalt. *Lebensinhalt* ist sicher eine Metapher. Das Leben metaphorisch als Behälter zu konzeptualisieren, schließt dann mit ein, unser Tun und Erleben oder unsere Vorstellung davon als Objekte wahrzunehmen, die hineingefügt werden können. Da es im West-Berlin der 1980er Jahre offenbar vor allem darum ging, anderen mitzuteilen, was für einen Lebensinhalt man hat, mag uns das an die Leitungsmetapher von Reddy (1979/1993) erinnern: IDEAS (OR MEANINGS) ARE OBJECTS, LINGUISTIC EXPRESSIONS ARE CONTAINERS, COMMUNICATION IS SENDING.

10. Haben Sie die Lösung der Aufgabe schon *in Angriff genommen*? Auch im Deutschen ist Kriegsmetaphorik vertreten, wenn Diskussionen beschrieben werden: von *angreifen* oder *niedermachen* und *sich verteidigen*, über *haltbare* oder *unhaltbare Behauptungen*, *niederschmetternde Argumente* bis hin zu *schieß los!* sollen hier nur einige genannt werden.

Kapitel 4

1. Lesart 1:
Was hat er ausprobiert? [Das Notebook mit dem ultraschnellen Koprozessor im Hobbyraum.]
Lesart 2:
[Das Notebook mit dem ultraschnellen Koprozessor] hat er im Hobbyraum ausprobiert.
Lesart 3:
Womit hat er das Notebook ausprobiert? [Mit dem ultraschnellen Koprozessor im Hobbyraum.]
Lesart 4:
Er hat [im Hobbyraum] [mit dem ultraschnellen Koprozessor] [das Notebook] ausprobiert.

… Lösungen der Aufgaben

2. Wortarten:
(a) *Manchmal* (Adverb) *frage* (Vollverb) *ich* (Personalpronomen) *mich* (Personalpronomen) *händeringend* (Adjektiv/Präsenspartizip eines Vollverbs), *ob* (Subjunktion) *ich* (Personalpronomen) *nicht* (Adverb/Negation) *besser* (Adjektiv) *BWL* (Eigenname) *studiert* (Vollverb) *hätte* (Auxiliar).
(b) *In* (Präposition) *ihrer* (possessives Artikelwort) *Rede* (Substantiv) *am* (Präposition) *Montagmorgen* (Substantiv) *hat* (Auxiliar) *die* (definiter Artikel) *Bundeskanzlerin* (Substantiv) *eine* (indefiniter Artikel) *höhere* (Adjektiv) *Leistungsfähigkeit* (Substantiv) *vom* (Präposition) *deutschen* (Adjektiv) *Bildungssystem* (Substantiv) *gefordert* (Vollverb).
(c) *Heutzutage* (Adverb) *erwarten* (Vollverb) *die* (definiter Artikel) *Fußballfans* (Substantiv) *von* (Präposition) *den* (Artikel) *Spielern* (Substantiv), *dass* (Subjunktion) *sie* (Personalpronomen) *nach* (Präposition) *jedem* (quantifizierender Artikel) *Spiel* (Substantiv) *eine* (indefiniter Artikel) *Ehrenrunde* (Substantiv) *laufen* (Vollverb).
(d) *Aber* (Konjunktion) *gestern* (Temporaladverb), *da* (Adverb) *hat* (Auxiliar) *dieser* (Demonstrativartikel) *Kerl* (Substantiv) *tatsächlich* (Sprechereinstellungsadverb) *gesagt* (Vollverb), *wir* (Personalpronomen) *sollen* (Modalverb) *BWL* (Substantiv) *studieren* (Vollverb)!

Phrasenkategorien, Satzfunktionen:
(a) [$_{AdvP}$ Manchmal] frage [$_{NP}$ ich] [$_{NP}$ mich]   [$_{AP}$ händeringend],
    Temporaladverbial   Subjekt   (?indir. Obj.) Modaladverbial
    [$_S$ ob ich nicht besser BWL studiert hätte]
    dir. Objekt

Anmerkung: FRAGEN ist ein Prädikat mit zwei Akkusativobjekten (wie auch LEHREN); da es aber wenig Sinn macht, zwei direkte Objekte anzunehmen, sollte man analog zu *jemandem etwas geben* den zweiten belebten Aktanten als indirektes Objekt sehen. Das wird aber nicht gemacht, darum einfach ›zweites Akkusativobjekt‹. Bei näherer Betrachtung ist jedoch auch diese Lösung fraglich. Wahrscheinlicher ist, dass ›sich etw. fragen‹ einen idiomatisierten separaten Lexikoneintrag als inhärent reflexives Verb hat. Somit ist ›sich‹ logischer Teil des Prädikats und kein Satzglied. Deshalb kann man es z. B. nicht wirklich gut erfragen: *?Wen hast Du das gefragt? – Mich*.

(b) [$_{PP}$ In ihrer Rede am Montagmorgen] hat [$_{NP}$ die Bundeskanzlerin]
    Temporaladverbial   Subjekt
    [$_{VP}$ [$_{NP}$ höhere Leistungsfähigkeit] [$_{PP}$ vom deutschen Bildungssystem] gefordert]
    direktes Objekt   Präpositionalobjekt

(c) [$_{AdvP}$ **Heutzutage**] (Temporaladverbial, HS) erwarten [$_{NP}$ **die Fußballfans**] (Subjekt, HS) [$_{PP}$ **von den Spielern**] (Präpositionalobjekt, HS), [$_S$ **dass** [$_{NP}$ **sie**] (Subjekt, NS) [$_{PP}$ **nach jedem Spiel**] (Temporaladverbial, NS) [$_{NP}$ **eine Ehrenrunde**] (direktes Objekt, NS) **laufen**] (direktes Objekt, HS).

fett = Konstituente des Hauptsatzes

(d) Aber [$_{AdvP/NP}$ **gestern**], [$_{AdvP}$ da] (Resumptivum) hat [$_{NP}$ **dieser Kerl**] (Subjekt) [$_{AP}$ **tatsächlich**] (Sprechereinstellungsadverbial) gesagt, [$_S$ **wir sollen BWL studieren**] (direktes Objekt)

fett = Konstituente des Hauptsatzes

Konstituententests (Auswahl):
(a') *Händeringend frage ich mich manchmal, ob …* (Vorfeldprobe)
(a'') [$_S$ *Ob ich nicht besser BWL studiert hätte*], *frage ich mich manchmal händeringend.* (Vorfeldprobe)
(b') *Was hat er von wem gefordert? …* (Fragetest)

(b'') [$_{VP}$ [$_{NP}$ höhere Leistungsfähigkeit] [$_{PP}$ vom deutschen Bildungssystem] gefordert] hat in ihrer Rede am Montagmorgen die Bundeskanzlerin. (Vorfeldprobe mit VP)
(c') Was erwarten die Fußballfans von den Spielern? (Fragetest)
(c'') Von den Spielern erwarten die Fußballfans heutzutage, ... (Permutation, Vorfeldtest)
(d') Dieser Kerl hat gestern tatsächlich gesagt, ... (Permutation, Vorfeldtest)
(d'') Das (= [$_S$ wir sollen BWL studieren]) hat dieser Kerl tatsächlich gesagt. (Pronominalisierungstest)

3. Topologische Felderanalyse

	VF	LK	MF	RK	NF
HS	Manchmal	frage	ich mich händeringend		ob ... hätte
NS		ob	ich nicht besser BWL	studiert hätte	

	VF	LK	MF	RK
	In ihrer Rede am Montagmorgen	hat	die Bundeskanzlerin höhere Leistungsfähigkeit vom deutschen Bildungssystem	gefordert

	VF	LK	MF	RK	NF
HS	Heutzutage	erwarten	die Fußballfans von den Spielern		dass sie nach jedem Spiel eine Ehrenrunde laufen
NS		dass	sie nach jedem Spiel eine Ehrenrunde	laufen	

	KOOR	VVF	VF	LK	MF	RK	NF
HS	Aber	gestern	da	hat	dieser Kerl tatsächlich	gesagt	wir sollen BWL studieren
NS1			wir	sollen	BWL	studieren	

4. (1) (a) Gustav wartet auf den Zug. (Worauf? → PP-Objekt)
        (b) Gustav wartet auf dem Bahnsteig. (Wo? → Lokaladverbial)
   (2) (a) Gustav hängt an dem Notebook. (Woran? → PP-Objekt)
        (b) Der Flyer hängt an dem Notebook. (Wo? → Lokaladverbial)
   (3) (a) Gustav rechnete mit den Fingern. (Mithilfe wovon? → Instrumentaladverbial)
        (b) Gustav rechnete mit dem/ ohne das Notebook. (Mithilfe wovon? → Instrumentaladverbial)
   (4) (a) Er sitzt den ganzen Tag am Computer. (Wann/ wie lange? → Temporaladverbial)
        (b) Er verbringt den ganzen Tag am Computer. (Wen oder was? → Akkusativobjekt)

5. Funktionen des Pronomens *es*

	Pronomen mit Satzgliedwert	**Formales Subjekt oder Objekt**	**Korrelat für Subjekt- oder Objektsatz**	**Expletiv/ Vorfeld-*es***
Beispiele	*Es* funktioniert. Sie hat *es* bestellt. (das Notebook)	*Es* hat geklopft. Ich habe *es* eilig.	*Es* ist schön, dass das Notebook jetzt da ist. Ich habe *es* geahnt, dass Papa neidisch ist.	*Es* haben alle auf das Notebook gewartet. *Es* wurde die ganze Nacht am Notebook gesessen.
Weglassbarkeit	nein	nein	bedingt	ja
Auftreten im Mittelfeld	ja	ja	ja	nein
Bemerkungen	Steht anstelle von referenziellen Argumenten des Verbs.	Formale Subjekte und Objekte sind semantisch nicht gehaltvoll.	Tritt nur bei extraponierten Argumentsätzen auf.	Wird verwendet, wenn alle Konstituenten fokussiert sind und keine von ihnen im Vorfeld auftreten soll.

6. Als Attribute dienen die unterstrichenen Elemente (doppelte Unterstreichung = Attribut innerhalb eines Attributs):

   (a) Hans hat gestern im Computershop ein <u>tolles</u> Notebook gesehen.
   (b) Der Verleih <u>ihres Notebooks</u> <u>an einen <u>ungeübten</u> Hacker</u> schockierte dessen Besitzerin zutiefst.
   (c) Gustav hat seinen Kindern ein <u>superschnelles</u> Notebook geschenkt, <u>das aus der Sammlung von <u>Computern</u> <u>seiner Nachbarin</u> kommt</u>. (Der Relativsatz ist Attribut zu *Notebook* und enthält selbst weitere Attribute: *von Computern* ist Attribut zu *Sammlung, seiner Nachbarin* ist Attribut zu *Computern*.)

7. Vollständige Beschreibung der Valenz

   (a) schenken (NOM | DAT | AKK)

Beispiele	Gestern hat	Hans	Maria	ein Buch	geschenkt
Quantitativ:	(freie Angabe)	x (obligat)	y (obligat)	z (obligat)	⇒ 3-wertig
Qualitativ:	a) morphosyntaktisch	NP (NOM)	NP (DAT)	NP (AKK)	
	b) synt. Funktion	Subjekt	indir. Objekt	dir. Objekt	
	c) semantische Val.	Θ_1: AGENS	Θ_2: REZIPIENT	Θ_3: THEMA	

   (b) ankommen (NOM | (ADV/direktional))

Beispiele	Gestern ist	die Voyager	auf der Erde	angekommen
Quantitativ:	(freie Angabe)	x (obligat)	y (fakultativ)	⇒ 2-wertig
Qualitativ:	a) morphosyntaktisch	NP (NOM)	PP (direktional/ resultativ)	
	b) synt. Funktion	Subjekt	direktionales/ resultatives Adverbial	
	c) semantische Val.	Θ_1: THEMA	Θ_2: ZIEL	

(c) erhoffen (NOM | (fürAKK) | AKK)

Beispiele	Eigentlich habe	ich	für Sie	ein besseres Ergebnis	erhofft
Quantitativ:	(freie Angabe)	x (obligat)	y (fakultativ)	z (obligat)	⇒ 3-wertig
Qualitativ:	a) morphosyntaktisch	NP (NOM)	PP (für)	NP (AKK)	
	b) synt. Funktion	Subjekt	PP-Objekt	dir. Objekt	
	c) semantische Val.	Θ₁: AGENS	Θ₂: BENEFAKTIV	Θ₃: THEMA	

Anmerkung zu den Verben, die eine inhärent reflexive Variante haben: Diese sollten als gesonderte Lexikoneinträge betrachtet werden; somit brauchen hier die Prädikate *sich erhoffen* und *sich erschrecken* nicht behandelt zu werden. Sonst müsste es ja auch Diskussionen geben bei Verben wie *(sich) etwas denken, (sich) erinnern, (sich) verlegen* etc., die ohne Reflexivum eine andere Bedeutung haben.

(d) zugeben (NOM | AKK)

Beispiele	Endlich hat	Hans	den Fehler	zugegeben	
	Endlich hat	Hans		zugegeben	dass er unrecht hatte
Quantitativ:	(freie Angabe)	x (obligat)	y (obligat)	⇒ 2-wertig	y (obligat)
Qualitativ:	a) morphosyntaktisch	NP (NOM)	NP (AKK)		(dass) – S
	b) synt. Funktion	Subjekt	dir. Objekt		dir. Objekt
	c) semantische Val.	Θ₁: AGENS	Θ₂: THEMA		Θ₂: THEMA

(e) überbringen (NOM | (DAT) | AKK)

Beispiele	Gestern hat	Hans	uns	eine frohe Nachricht	überbracht
Quantitativ:	(freie Angabe)	x (obligat)	y (fakultativ)	z (obligat)	⇒ 3-wertig
Qualitativ:	a) morphosyntaktisch	NP (NOM)	NP (DAT)	NP (AKK)	
	b) synt. Funktion	Subjekt	indir. Objekt	dir. Objekt	
	c) semantische Val.	Θ₁: AGENS	Θ₂: REZIPIENT	Θ₃: THEMA	

(f) erschrecken 1 (NOM | AKK)

Beispiele	Schon immer hat	der Donner	die Kinder	erschreckt	
	Schon immer hat		die Kinder	erschreckt	dass es beim Gewitter donnerte
Quantitativ:	(freie Angabe)	x (obligat)	y (obligat)	⇒ 2-wertig	x (obligat)
Qualitativ:	a) morphosyntaktisch	NP (NOM)	NP (AKK)		(dass) – S
	b) synt. Funktion	Subjekt	dir. Objekt		Subjekt
	c) semantische Val.	Θ₁: STIMULUS	Θ₂: EXPERIENS		Θ₁: STIMULUS

(g) erschrecken 2 (NOM | (über/AKK))

Beispiele	Schon immer sind	die Kinder	über den Donner	erschrocken
	Schon immer sind	die Kinder	darüber, dass es donnerte	erschrocken
Quantitativ:	(freie Angabe)	x (obligat)	y (fakultativ)	⇒ 2-wertig
Qualitativ:	a) morphosyntaktisch	NP (NOM)	PP (über/AKK bzw. S)	
	b) synt. Funktion	Subjekt	PP-Objekt	
	c) semantische Val.	Θ₁: EXPERIENS	Θ₂: STIMULUS	

8. Strukturbaum der Phrase [viele schöne Bücher über Linguistik]:

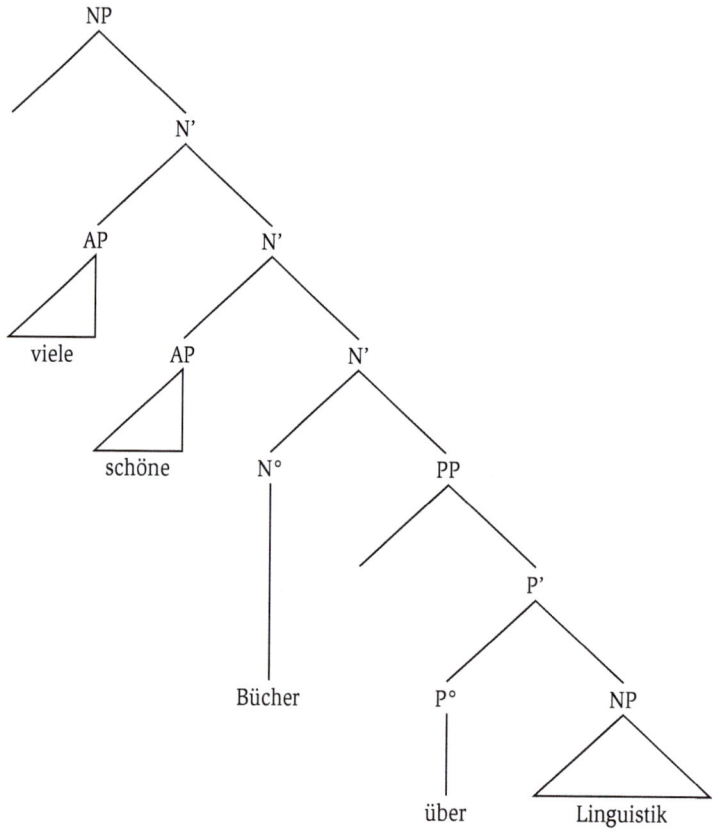

9. Die Sätze (a), (b), (d) und (e) können erzeugt werden, (c) kann nicht erzeugt werden. Dass Satz (e) erzeugt werden kann, ist unerwünscht. Die hier vorgeschlagene Phrasenstrukturgrammatik übergeneriert also.

10. Die Phrasenstrukturgrammatik kann die Sätze (a) und (e) erzeugen. Die Sätze (b), (c) und (d) können nicht erzeugt werden. Die Phrasenstrukturgrammatik übergeneriert im Fall des unerwünschten Satzes (e) und untergeneriert im Fall des erwünschten Satzes (c). Die Unter- und Übergenerierungen kommen dadurch zustande, dass die Grammatik nicht zwischen transitiven und intransitiven Verben unterscheidet. Statt nur einer Wortklasse V sollten wir daher zwei Typen von Verben unterscheiden, transitive (TV) und intransitive (IV). Diese verwenden wir für zwei alternative Regeln zur Realisierung von VP:

VP → TV NP
VP → IV

Damit kann die Phrasenstrukturgrammatik wie erwünscht den Satz (c) ebenfalls erzeugen, aber ebenfalls erwünschterweise nicht mehr den Satz (e). Es ergibt sich allerdings ein neues Problem: Nun wird auch der Satz (d) möglich. Um (d) auszuschließen, muss die Phrasenstrukturgrammatik auch noch mit Kasusinformation erweitert werden: Statt einer einzigen Kategorie NP muss zwischen NP(NOM) und NP(ACC) unterschieden werden:

S → NP(NOM) VP
NP(NOM) → Det(NOM) N(NOM)
NP(ACC) → Det(ACC) N(ACC)
VP → TV NP(ACC)
VP → IV

11. Darstellung im topologischen Feldermodell:

Feldbezeichnung	Vorfeld	linke Satzklammer	Mittelfeld	rechte Satzklammer
(a)		weil	Gustav vorhin seinen Studenten ein schönes Buch über Syntaxtheorie	vorgelesen hat
(b)	die Studenten	sind	gestern alle pünktlich um 10 zu Bett	gegangen

Darstellung im CP/IP-Modell:

Satz (a)

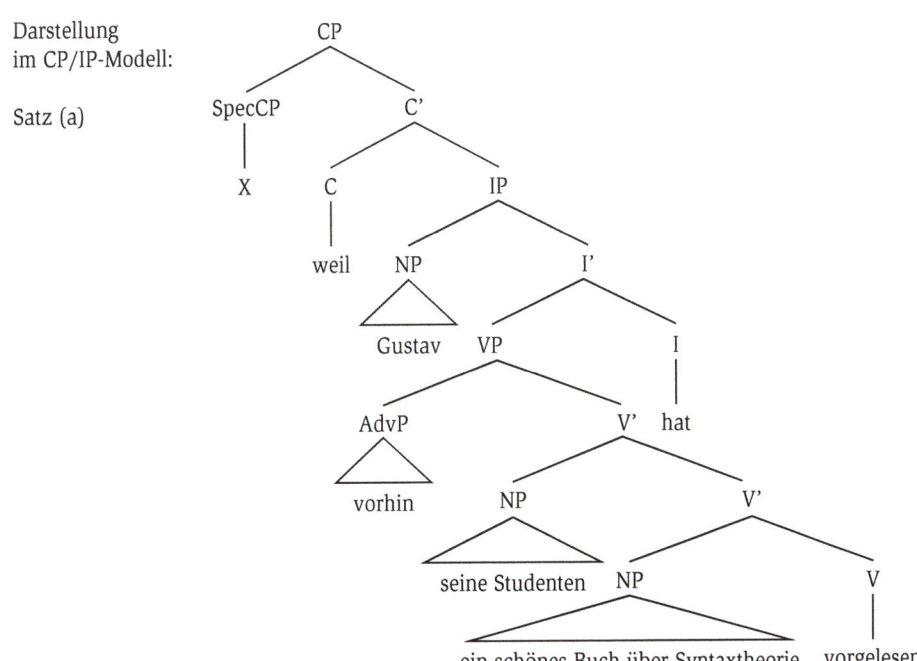

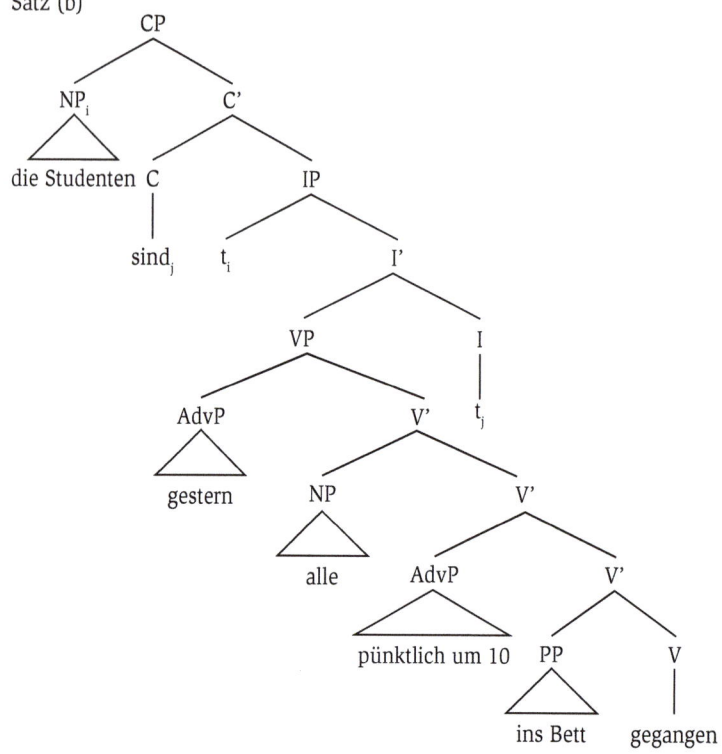

Satz (b)

Der Vorfeldposition entspricht jeweils die Position SpecCP, die in Satz (a) leer ist. In Satz (b) ist die NP *die Studenten* ins Vorfeld bzw. nach SpecCP bewegt. Die linke Satzklammer entspricht der Position C, die entweder mit einer Subjunktion (Satz a) oder mit dem hierhin bewegten Verbteil (I, vgl. Satz b) besetzt ist. Der rechten Satzklammer entsprechen die Positionen V und I.

Kapitel 5

1. Keines der Beispiele gliedert sich in Subjekt und Prädikat (eine Nominalphrase und eine Verbalphrase).

   Beispiele (a) und (d) können nicht als wahr oder falsch angesehen werden.
   Beispiele(c) und (d) sind nicht unabhängig, sondern bedürfen einer vorausgehenden Äußerung.

2. Mittel der Kohäsion sind beispielsweise:
   - Die Form *selbst* rekurriert auf das Pronomen *wir*.
   - Die Formen *wir* und *uns* gehen ebenfalls auf das frühere *wir* zurück.
   - Das Relativpronomen rekurriert auf die *Laute*.
   - Paraphrase von *Sprache*.
   - Paraphrase von *Die Laute einer Sprache*.
   - Die Form *dort* rekurriert auf *Fremdsprache*.
   - Die Form *sie* rekurriert auf *Laute*.
   - Das Pronomen *das* rekurriert auf die Proposition, dass Laute nicht mit Buchstaben gleichgesetzt werden dürfen.
   - Die Konjunktion *so* verbindet zwei satzartige Strukturen und zeigt eine inhaltliche Verbindung auf.

3. (a) Komplementsatzkonstruktion:
   Wir bemerken, <u>dass es dort Laute gibt, die es in unserer eigenen Sprache nicht gibt.</u>
   (b) Adverbialsatzkonstruktion:
   <u>Erst wenn wir auf Probleme stoßen</u>, kommt uns diese Seite der Sprache zu Bewusstsein.
   (c) Relativsatzkonstruktion:
   die einzelnen Laute, <u>aus denen sich der Redestrom zusammensetzt</u>

4. Der semantische Bezug ist weder temporal noch kausal oder final. Vielmehr ist die semantische Relation eine Elaboration, ähnlich wie dies bei Relativsätzen der Fall ist: Der untergeordnete Satz mit *dass* ist koreferenziell mit dem Präpositionaladverb *darin*.

5. Eine Frage, die auf jeden Fall gestellt würde, wäre die, wie die Teilnehmerin sicherstellen konnte, dass Subjektrelativsätze (etwa: *Die Männer, die Tiere jagen, sind gestern aufgebrochen*) in der Sprache nicht möglich sind. Nach der Zugänglichkeitshierarchie von Keenan und Comrie (1977) müsste die beschriebene Sprache diese Möglichkeit bieten.

6. Die drei Beispielsätze enthalten sogenannte lokale syntaktische Ambiguitäten, was bedeutet, dass Hörer beim Parsing der Sätze Hypothesen zu deren Strukturen aufstellen, die zu einem späteren Zeitpunkt wieder verworfen werden müssen. In Beispiel (a) ließe sich das Fragment *Ich habe das Geld* als ein kompletter Satz interpretieren, so dass das Verb *haben* syntaktisch als lexikalisches Vollverb analysiert würde. Der weitere Verlauf des Satzes hingegen macht deutlich, dass *haben* hier als Auxiliar des Perfekts verwendet wird, so dass sich die zunächst aufgestellte Hypothese nicht als tragfähig erweist. Ein serielles Parsingmodell würde vorhersagen, dass Hörer eine semantische Analyse des Verbs *haben* nicht vornehmen, ehe die komplette syntaktische Struktur des Satzes erfasst ist.

7. (a) Der Satz basiert auf dem semantischen Rahmen einer Entscheidungsfindung mittels Abstimmung. Die notwendigen Rahmenelemente dafür sind Teilnehmer, die über ein Stimmrecht verfügen, Stimmoptionen, die üblicherweise Annahme, Ablehnung und Enthaltung beinhalten, sowie eine moderierende Instanz, die zur Abstimmung aufruft, die Ergebnisse konstatiert und das Ergebnis der Abstimmung festhält.
   (b) Der Begriff der Vorhand verweist auf den semantischen Rahmen des Tennisspiels oder einer verwandten Sportart.
   (c) Ein vollständiges Verständnis des Satzes erfordert Wissen um zwei semantische Rahmen, zum einen Kenntnisse über erdgeschichtliche Zeitalter und zum anderen die Idee, dass biologischen Spezies eine Lebensdauer zueigen ist. Für einen heute aufwachsenden Jugendlichen ist der Satz mehr oder minder trivial; für einen Erwachsenen im europäischen Mittelalter wäre der Satz komplett unverständlich.

Kapitel 6

1. Diese Aufgabe zielt darauf ab, zum einen das Beobachtungsvermögen zu schulen und dabei zum anderen vorzuführen, dass das Notieren aus der Erinnerung heraus nicht ausreichend ist, um alle relevanten Ausdrucksebenen und ihr zeitliches Zusammenspiel zu erfassen. Bereits das Notieren des verbalen Anteils stößt ohne Aufzeichnungsgeräte rasch an seine Grenzen. Zugleich kann deutlich werden, dass wir als kompetente Interaktionsteilnehmer sehr wohl in der Lage sind, Abweichungen vom erwartbaren Verhalten multimodal wahrzunehmen. Für eine wissenschaftliche Beschreibung allerdings reicht dies nicht aus. Um die ersten Eindrücke der wiederholten Beobachtung zugänglich zu machen, benötigen wir das in Kapitel 6.4 beschriebene methodische Instrumentarium.

2. Diese kleine Übung soll die Indexikalität verbaler Interaktion vorführen und in der Gegenüberstellung der zwei Spalten verdeutlichen, dass unser Verstehen ›for all practical purposes‹ sowohl auf lokale, situativ hergestellte als auch auf situationstranszendierende Wissensbestände rekurriert, die wir im Gespräch nicht verbalisieren, sondern stillschweigend voraussetzen. Das explizite Ausformulieren der verstehensbildenden Komponenten nimmt ein Vielfaches an Raum ein und könnte theoretisch ad infinitum fortgesetzt werden. Als weiterführende Reflexion bietet sich ein Vergleich unterschiedlicher Dialoge darauf hin an, ob sie hinsichtlich des stillschweigend vorausgesetzten Wissens voneinander abweichen. Die Frage nach den Gründen für derartige Abweichungen und Unterschiede führt zu der Erkenntnis, dass sich das Ausmaß an wechselseitig Gewusstem und daher stillschweigend Vorausgesetztem umgekehrt proportional zu dem Grad an verbaler Explizitheit verhält.

3. (a) Die Paarsequenz liegt in Zeile 1/2 vor: Aufforderung/Annahme. Zusätzlich ist zu beobachten, dass R in Zeile 3 obendrein eine Gegenaufforderung äußert, die eine Annahme seitens T konditionell relevant setzt.
   (b) Es liegen drei Paarsequenzen vor:
   I (Z.1/2): Fokussierungsaufforderung/Fokussierungsbestätigung
   II (Z. 3/4): Gruß/Gegengruß
   III (Z. 5/6): Frage/Antwort

4. (a) Es handelt sich um eine fremdinitiierte Selbstreparatur: Roger initiiert durch seine Rückfrage (Z. 4) eine Reparatur (Fremdinitiierung), die sein Gesprächspartner Dan anschließend (Z. 5) durchführt (Selbstdurchführung).
   (b) Es handelt sich um eine selbstinitiierte Selbstreparatur: A beginnt einen *dass*-Satz (Z. 2), der jedoch nicht vervollständigt, sondern vor der Produktion des Verbs abgebrochen wird. A setzt neu an, indem sie bis zur Subjunktion *dass* retrahiert (Z. 3) und ein anderes syntaktisches Format wählt, in dem das agentivische Subjekt (ausgedrückt durch das Indefinitpronomen *jemand* in Z. 2) im ersten *dass*-Satz durch ein deiktisches Demonstrativpronomen (*DAS* in Z. 3) im zweiten *dass*-Satz ausgetauscht wird.

5. In zwei Fällen verwendet die Sprecherin I Konstruktionen mit Verbzweitstellung in Verbindung mit Ausdrücken, die laut schriftsprachlichen Normgrammatiken Verbendstellung verlangen: *wobei* (Z. 4) und *weil* (Z. 8).
   Im Fall der *weil*-Konstruktion (Z. 8) handelt es sich um einen nicht-faktischen, epistemischen *weil*-Satz (vgl. dazu Günthner 1993): Der im *weil*-Satz formulierte Sachverhalt liefert die Erfahrungsgrundlage dafür, dass die Sprecherin zunächst eine negative Erwartungshaltung gegenüber mehrstöckigen Häusern hatte.
   Im Fall der *wobei*-Konstruktion, die in Zeile 4 begonnen und nach einer floskelhaften Parenthese (Z. 5) in der Zeile 6 bzw. 7 fortgesetzt wird, handelt es sich um ein ähnliches Phänomen wie bei den *obwohl*-Konstruktionen mit Verbzweitstellung (zu *obwohl* vgl. Günthner 1999a und zu *wobei* vgl. Günthner 2001): Die Sprecherin revidiert ihre ursprüngliche Negativbewertung (Z. 3: *man rennt ja IMmer*), indem sie neu ansetzt und eine positive Perspektive auf mehrstöckige Häuser einnimmt. Wie bei *obwohl*-Konstruktionen wird in solchen Fällen statt Verbletztstellung die Verbzweitstellung gewählt. Bei allen drei Konstruktionstypen (*weil* + Verbzweitstellung, *obwohl* + Verbzweitstellung, *wobei* + Verbzweitstellung) handelt es sich nicht um Regelwidrigkeiten, sondern um funktional spezifische Konstruktionen der gesprochenen Sprache.
   Abgesehen von den erfragten syntaktischen Phänomenen sind selbstinitiierte Selbstreparaturen zu beobachten (Z. 2, Z. 6/7, Z. 8/9, Z. 10/11).

Kapitel 7

1. Drei Beispiele für diskurspragmatische Variablen:
   - Quotativa: *... und er so,* »Warum nicht?« versus *... und er sagte,* »Warum nicht?«
   - ›General extenders‹: *they used to drink beer and stuff like that* versus *they used to drink beer or whatever*
   - ›Fußballer-Du‹: *Für die Freude, die du in dem Moment empfindest, gibt es einfach keine Worte* (Philipp Lahm) versus *Für die Freude, die man in dem Moment empfindet, gibt es einfach keine Worte*

2. Zu den wichtigsten Einflussfaktoren zählen:
   - Länge des Subjekts und des Objekts: das Gesetz der wachsenden Glieder (relativ kurze Subjekte präferieren Subjekt-Objekt-Stellung)
   - Informationsstruktur: alt-vor-neu (diskurs-alte Subjekte präferieren Subjekt-Objekt-Stellung)
   - Satztyp: Hauptsatz versus Nebensatz (Nebensätze präferieren Subjekt-Objekt-Stellung)
   - Thematische Rolle des Subjekts: Agens, Rezipient, Thema (agentive Subjekte präferieren Subjekt-Objekt-Stellung)

3. Wie wir gesehen haben, war spätestens seit dem Zweiten Weltkrieg in den USA die rhotische Variante diejenige, die offenes Prestige trug. Die Wahrscheinlichkeit, dass Angestellte in den drei Kaufhäusern rhotische, d.h. prestigeträchtige, Varianten benutzen, scheint dabei mit dem sozioökonomischen Status der jeweiligen Kundschaft zu korrelieren: wohlhabende Kund/innen bekommen rhotische Varianten zu hören, weniger wohlhabende Kund/innen bekommen mehr nicht-rhotische Varianten zu hören.
   Die teilweise deutlichen Unterschiede zwischen den Sprechstilen deuten darauf hin, dass sich die Angestellten in <u>allen</u> Kaufhäusern aber bis zu einem gewissen Grad bewusst sind, dass die rhotische Variante offenes Prestige genießt – daher steigt die relative Häufigkeit der rhotischen Variante bei sorgfältigem (d.h. eigenkontrolliertem) Sprechstil an.

4. (a) Im Gegenwartsdeutschen stellen D-Pronomina die Defaultvariante dar, W-Pronomina sind markiert und in eher formellen Registern zu finden.
   (b) Die Suchanfrage *auf den er, auf welchen er* auf www.culturomics.org ergibt, dass ca. seit 1830 D-Pronomina im geschriebenen Deutsch überwiegen.
   (c) Zu den Nicht-Standard Relativsatzmarkierern im Deutschen gehört z.B. die Partikel *wo*: *das Auto, <u>wo</u> ihm gehört* versus *das Auto, <u>das</u> ihm gehört*

5. Faktoren, die die periphrastische Variante begünstigen:
   - zunehmende Anzahl von Silben im Adjektiv
   - phonetische Eigenschaften des unmarkierten Adjektivs: finales /l/
   - phonetische Eigenschaften des unmarkierten Adjektivs: finales /r/
   - phonetische Eigenschaften des unmarkierten Adjektivs: finales /li/
   - phonetische Eigenschaften des unmarkierten Adjektivs: finale Konsonantenhäufung
   - Betonung auf der letzten Silbe
   - zunehmende Anzahl von Morphemen im Adjektiv
   - Komplementierung mit einer Infinitivphrase
   - Funktion: prädikative Verwendung (*the man is friendlier*)

   Faktoren, die die morphologische Variante begünstigen:
   - phonetische Eigenschaften des unmarkierten Adjektivs: finales /i/
   - Funktion: attributive Verwendung (*a friendlier man*)

   Die drei wichtigsten Faktoren sind: Anzahl der Silben des morphologisch unmarkierten Adjektivs (563,41), finales /l/ (36,71) und finales /li/ (21,32).

Kapitel 8

1. Beispiel (a) ist eher dependensmarkierend, da das Verhältnis zwischen dem Verb und seinen Argumenten primär durch Kasusmarkierungen an den Argumenten markiert wird. Das Verb verweist aber in Numerus und Genus auf das Subjekt.
   Beispiel (b) ist kopfmarkierend, da die syntaktische Funktion der Argumente am Verb markiert wird.
   Beispiel(c) ist stärker kopfmarkierend als Beispiel (a), da das Subjekt ausschließlich am Verb markiert wird. Der Satz enthält aber auch ein dependensmarkierendes Element, und zwar die Kasusmarkierung am Objekt.

2.
	NDem	DemN
RelN	-	x
NRel	x	x

3.
	NGen	GenN
Präp	x	-
Postp	-	x

   Bei dieser Universalie impliziert die Anwesenheit eines Merkmals die Anwesenheit eines anderen Merkmals und umgekehrt. Es werden dadurch zwei Merkmalskombinationen ausgeschlossen, während implikative Universalien nur eine Merkmalskombination ausschließen.

4. Im Dyirbal existieren das Nominativ-Akkusativsystem (NAS) und das Ergativ-Absolutivsystem (EAS) nebeneinander. Pronomen folgen dem NAS, nicht-pronominale NPs dem EAS. Dieses gemischte System der morphosyntaktischen Kodierung, das in der Fachliteratur als *split-ergativity* bezeichnet wird, zeigt, dass man bei der Zuordnung ganzer Sprachen zu Typen vorsichtig sein muss, da die Realisierung eines Parameters in verschiedenen Konstruktionen einer Sprache unterschiedlich sein kann.

5. (a) Der Vater kehrte zurück, und die Mutter sah ihn.
   (b) Die Mutter sah den Vater, und er kehrte zurück.

6. Direktere Kausalität wird durch größere sprachliche Nähe widergespiegelt.

Kapitel 9

1. (a) Obwohl die Fehler sehr unterschiedlich sind, zeigen sie, dass die Kinder schon eine Menge über den komplexen deutschen Plural wissen:
   Nomen mit Pluralreferenz werden markiert (Ikonizität: da Plural mehr ist als Eines, wird etwas hinzugefügt). Selbst dort, wo im Standard kein Morphem angehängt wird, finden wir sie bei Kindern: *Schnuller-s* (8), *Mutter-s* (10), *Messer-s* (23), *Teller-s* (24), *Löffel-n* (25). Dabei werden besonders oft die Morpheme *-n* und *-s* übergeneralisiert.

Die Kinder haben alle vier Pluralsuffixe erkannt: der *-e*-Plural ist zwar vergleichsweise frequent im Deutschen, jedoch findet sich die Endung *-e* auch bei vielen Singularformen: In den Beispielsätzen finden sich *Ohr-e* (1), *Ball-e* (3), *Huhn-e* (21), *Korb-e* (22) sowie *Papagei-e* (17). Die ersten vier Fehler zeigen, dass die Kinder auch erkannt haben, dass der *-e*-Plural besonders oft bei einsilbigen Neutra oder Maskulina vorkommt (*Schuh-e*, *Boot-e*). Der *-er*-Plural ist im Deutschen nicht sehr frequent, trotzdem haben die Kinder ihn als Pluralmarker erkannt: *Blatt-er* (7), *Bauklötz-er* (4), *Pünkt-er* (6). Hier zeigt sich auch, dass der *-er*-Plural oft zusammen mit dem Umlaut vorkommt (*Rad – Räder*).

(b) Die typischsten und eindeutigsten Pluralmorpheme sind jedoch *-n* und *-s*. Sie bilden ein starkes Schema: Laut Köpcke (1998) sind Nomen mit dem Artikel *die* und der Endung *-s* oder *-n* fast immer Pluralformen. So kommt es auch zu Doppelmarkierungen des Plurals, indem an den Standard-Plural auf *-e* oder *-er* noch ein *-s* oder *-n* angehängt wird, um eine besonders deutliche Pluralmarkierung zu erzielen: *Räd-er-n* (11), *Stuhl-e-n* (12), *Decke-n-s* (13), *Tier-e-n* (14), *Eis-e-n* (15), *Haar-e-n* (18), *Löch-er-n* (19), *Hühn-er-n* (20), *Hase-n-s* (26).

Hinzu kommt, dass einige dieser Endungen auf *-n* im Dativ-Plural vorkommen (*mit den Rädern*, *zu den Tieren*), also durchaus im Input als Pluralformen attestiert sind. Hier könnte es also der Fall sein, dass die Kinder diese Formen als Pluralformen registrieren, aber noch nicht ihre Kasusbedingtheit erkennen, weil sie Kasus im Deutschen später als Numerus erwerben.

Keiner dieser Fehler ist also ein ›dummer‹ Fehler: Kinder übergeneralisieren nicht einfach das häufigste oder eindeutigste Pluralmorphem, sondern sie registrieren sehr genau, welche Morpheme zu welchen Nomen passen (abhängig von Silbenstruktur und Auslaut und evtl. auch in Interaktion mit dem Kasuserwerb). Übergeneralisierungen passieren genau dort, wo das System mehrere Möglichkeiten zulässt (vgl. *Dock-Dock-s* vs. *Rock-Röck-e*). Generell sind Pluralformen bei einsilbigen Nomina am schwersten vorherzusagen. Hier bilden Kinder oft auch verschiedene Pluralformen (vgl. *Bauklötz – Bauklötzer*; *Pünkt – Pünkter*). Hingegen machen sie bei der eindeutigen Regel, dass Nomen auf *-e* den *-n* Plural bekommen (*Klasse-n*), keine Fehler.

2. Zunächst müssen Sie definieren, welche Fragestrukturen Sie in Ihre Analyse einbeziehen möchten: Nur die *w*-Fragen (mit Fragepronomen wie *wer, wie, was*) und/oder auch ja/nein-Fragen, die durch Inversion von Subjekt und Verb gebildet werden. Danach müssen Sie sowohl die Analysekriterien als auch die Art und Größe des nötigen Datensatzes festlegen.

Dann müssen Sie bestimmen, welche Kriterien für Produktivität Sie in Ihrer Untersuchung ansetzen, da ein einziges Beispiel wenig aussagekräftig ist und auch das mehrmalige Auftreten der gleichen Frage (*Was ist das? Und was ist das?*) noch nicht auf Produktivität hindeutet. In der Regel erwartet man mindestens drei verschiedene Strukturen, um von einer einsetzenden Produktivität zu sprechen (das Fragepronomen *was* sollte dann z. B. mit mindestens drei verschiedenen Verb-*types* vorkommen).

Die Gesamthäufigkeit der Struktur bestimmt die Größe des Datensatzes, den Sie brauchen, um Ihre Untersuchung durchführen zu können. Wenn Sie sehr kleine Korpora haben (z. B. 1 Stunde Aufnahme alle 2 Wochen), kann es sehr lange dauern, bis sie drei verschiedene *types* finden, da es gerade bei nicht so häufigen Strukturen eher Zufall ist, wenn Sie sie in einer Aufnahme finden (Tomasello/Stahl 2004; Rowland/Freudenthal/Fletcher 2008). Sie bräuchten in diesem Fall also dichtere Daten (z. B. 1 Stunde Aufnahme pro Tag). Alternativ dazu könnte man Eltern bitten, ein sogenanntes thematisches Tagebuch (*topical diary*) zu führen, in dem sie alle relevanten Fragen eines Kindes aufschreiben und so idealerweise eine lückenlose Entwicklungssequenz erstellen. Auch hier gilt es abzuwägen: Tagebuchdaten können uns lückenlose(re) Erwerbsverläufe bieten, sind aber nicht zu quantifizieren. In Transkripten konkreter Kommunikation hat man weniger Beispiele, aber die Möglichkeit, die Entwicklung einer Struktur zu anderen Aspekten in Beziehung zu setzen: Wie verändern sich z. B. die Type/Token-Verhältnisse im Verlauf der Entwicklung als Maßstab für wachsende Varianz im Ausdruck? Wie verhalten sich die Strukturen in der Sprache des Kindes zu denen im Input?

3. Dass alle im Text referierten Erklärungen zur Kreolisierung bei aller Verschiedenheit in der theoretischen Grundausrichtung (von Bickerton 1981 bis Kortmann 2013) darin übereinstimmen, dass die Kreolsprachen aus typologischer Sicht eine Gruppe von Sprachen bilden, die von den übrigen Sprachen der Welt verschieden sind, ist ein starkes Argument für den Standpunkt von Arends et al. (1995), den kolonialen »Bruch« als tragendes Element einer Definition von Kreolsprachen als Sprachen sui generis zu betrachten. Dagegen und mithin für Kramers (2004) Position sprechen jedoch die vielen Parallelen zwischen Kreolisierung und Spracherwerb, die im Kapitel aufscheinen. Bringt man die Argumente zusammen, ist wohl eine dritte Position zu vertreten, die zwischen Arends et al. und Kramer vermittelt und zugleich über sie hinausgeht: Die Kolonialsprachen und die Sprachen der Sklaven spielten als Input für die Entstehung der Kreolsprachen durchaus eine Rolle. Allerdings war dieser Input aufgrund der spezifischen kolonialen Ökologie ausschließlich mündlich, unvollständig zugänglich und sehr von einer Pluralität von Dialekten geprägt. Im vielfältigen Sprachkontakt sind also ebenfalls Reanalysen und nachfolgende Grammatikalisierungsprozesse zu berücksichtigen.

4. Außer Mufwene (1997) haben noch verschiedene andere Autoren plausibel dargelegt, dass Diskurse eine große Rolle bei der Benennung von neu entstandenen Sprachen oder Sprachformen spielen, für das Kreolische z. B. sehr schön Bachmann (2005). Dennoch zeigen jüngere Untersuchungen, die auf einer breiten empirischen Basis Sprachen vergleichen, dass die Kreolsprachen tatsächlich starke Gemeinsamkeiten untereinander und Unterschiede zu anderen Sprachen aufweisen (z. B. Bakker/Daval-Markussen/Parkvall/Plag 2011; Kortmann/Szmrecsanyi 2011). In der aktuellen Forschung werden die Kriterien für einen solchen Vergleich und die Datenbasis allerdings noch weiterentwickelt (vgl. Michaelis et al. 2013).

Kapitel 10

1. Die etwas unterschiedliche Perspektive bzw. Fokussierung sollte herausgearbeitet werden: Im Falle von »Anthropologischer Linguistik« (Definition von Foley 1997) steht die Sprache und deren Verortung im sozialen und kulturellen Kontext im Fokus; im Fall der »Linguistischen Anthropologie« (Definition von Duranti 1997) stehen kulturelle Praktiken sowie die interdisziplinäre Ausrichtung im Zentrum. Sprache wird bei Durantis Definition als »Set von kulturellen Praktiken« und »Kommunikationssystem« bezeichnet, die Menschen verwenden, um soziale Handlungen durchzuführen. Foley zufolge spielt Sprache eine Rolle »in forging and sustaining cultural practices and social structures« und ist somit ebenso handlungsrelevant.

2. (Mögliche Lösung): Soziale Nähe, Verwandtschaftsrelationen (Mutter-Kind, Geschwisterbeziehungen) und auch Liebesbeziehungen sowie andere Formen enger sozialer Beziehungen werden z. B. durch die Verwendung von Kosenamen (»mein Liebster«, Hey Maus« etc.) oder durch die Benutzung informeller Anredeformen (»hey«) kommuniziert.
Im Fall von »Liebe Frau Prof. Bucher« wird durch die Nähe zur Briefform und die Anredeweise mit Titel sowohl ein Statusgefälle als auch sprachliche Distanz markiert.
Die Verwendung von Schimpfwörtern wie »Dummkopf« kann in engen sozialen Beziehungen durchaus zur Indizierung sozialer Nähe verwendet werden.

3. (Mögliche Lösung): Kontexte, in denen (in deutschsprachigen Gesellschaften) heute noch asymmetrische Verwendungen von Anredeformen auftreten:
   - Kinder gegenüber Erwachsenen und umgekehrt: »Nils, wie alt bist du eigentlich?« vs. »Frau Müller, können Sie mir helfen?«;
   - Schüler/innen gegenüber Lehrer/innen: z. B. »Pauline/Du« vs. »Frau Müller/Sie«;
   - Jugendliche gegenüber den Eltern ihrer Freundin/ihres Freundes;
   - Chef/in gegenüber Mitarbeiter/innen: Herr/Frau Müller vs. Sabine/Thomas.

4. Zur Animation der Begrüßungsfloskel der Bankangestellten (Z. 44 f.) wechselt Udo vom Dialekt (Schwäbisch) in eine standardnahe Varietät (trotz der süddeutschen Begrüßungsfloskel »grüß GOTT«). Dieser markierte Wechsel ins Standarddeutsche in Kombination mit der institutionell markierten, höflichen Floskel »womit kann ich DIEnen herr WEISSmann;« sowie die wiederholte Anrede »herr WEISSmann;« nach jeder Redeeinheit (Z. 44 und 45) kontextualisieren eine gewisse Unterwürfigkeit bzw. indizieren eine asymmetrische Beziehung zwischen den Interagierenden. Die zitierte Begrüßung steht nicht nur in Kontrast zur sprachlichen Varietät der Interagierenden in der Erzählsituation (dem Schwäbischen), sondern sie wird im Folgenden (Z. 48 f.) auch mit der früheren Anredeweise der Bankangestellten kontrastiert. In Zeile 49 rekonstruiert Udo erneut fremde Rede, die sich nun durch einen herablassenden, mürrischen Ton und eine despektierliche Anredeweise (»de: WEISSmann;«) auszeichnet und in die schwäbische Variante zurückfällt: »<<herablassend, mürrisch> aah de: WEISSmann;>«.

Mit dem markierten Code-Switching ins Standarddeutsche in Kookkurrenz mit der formellen, höflichen Begrüßung und der reduplizierten Anrede in den Zeilen 44 und 45 kontextualisiert Udo also, dass er nun als ›etwas Besseres‹ behandelt wird.

5. (Mögliche Lösung): Mit dem Konzept des *doing culture* wird der Aspekt der interaktiven Hervorbringung kultureller Zugehörigkeiten bzw. Fremdheiten fokussiert. Hierbei rücken die interaktiven Verfahren, mit denen Gesprächsteilnehmer/innen kulturelle Zuschreibungen produzieren, ins Zentrum der Analyse.

Samir liefert im vorliegenden Gesprächsausschnitt zunächst Beispiele für Begrüßungssequenzen unter Jugendlichen in verschiedenen Sprachen (»Arabisch«, Kurdisch und Deutsch). Den »generisch« eingeführten Vertretern der jeweiligen ethnischen Gruppe (»der ARaber«, Z. 117 und »der KURde«, Z. 118) werden unterschiedliche Begrüßungsformeln zugeordnet: »der ARaber sagt immer <<f> WORE:::k;>«; »der KURde sagt immer«: ez kurbAne cane te.« (auf Deutsch übersetzt bedeutet dies: »ich opfere mein Leben für dein Leben«). In Zeile 119 führt Samir schließlich auch »den Deutschen« ein, der mit »MOIN MOI:N;« grüßt. Ali setzt in Zeile 124 zu einer Erläuterung ein und führt gegenüber Ira aus, dass nur »wir kaNACKen« solche »wörter (und) sätze« verwenden. Die Selbstattribuierung ist insofern aufschlussreich, als hier eine von außen stammende negative Kategorisierung von der entsprechenden Gruppe (Jugendliche mit Migrationshintergrund) aufgegriffen und als Selbstkategorisierung umfunktioniert wird. Die zuvor erwähnten Kurden und Araber weist Ali nun der sozialen ›wir‹-Gruppe der »kaNACKen« zu, die sich auch sprachlich von den Deutschen, welche sich mit »MOIN MOI:N« begrüßen, unterscheidet. Anhand der Zuordnung »wir kaNACKen« (Z. 124) werden zugleich kulturelle Differenzen zwischen ›uns‹ (»wir kaNACKen«) und ›ihnen‹ (»die DEUTschen«, Z. 125) situativ konstruiert und damit ein Zuschreibungsprozess des ›Eigenen‹ und ›Anderen‹ in Gang gesetzt (Hahn 1994: 140; Günthner 1999b).

Ali baut ab Zeile 124 die von Samir begonnene Kontrastierung der Redeweisen zwischen den Arabern und Kurden auf der einen Seite und den Deutschen auf der andern Seite aus und konstruiert weitere kulturelle Zugehörigkeiten: Die Deutschen werden nun zusammen mit den Holländern und »diese[m] REST« (Z. 125) einer gemeinsamen Gruppe zugeordnet, die sich mit einem beschwingt und freundlich klingenden »guten ↑TAG, wie ↑gEhts;« (Z. 126–127) begrüßt. Diese Art der Begrüßung lehnen die Jugendlichen für sich selbst ab: »wollen wir einfach nich EINsetzen;« (Z. 130), »weil bei uns geht SO was nich AB.« (Z. 132). Mit der Bewertung »das hört sich bisschen (.) verSCHWULT an;« (Z. 133) bringen sie die Sprechweise der »DEUTschen, hOlländer« und dem »REST« mit Verweichlichung bzw. einem unmännlichem Duktus in Verbindung.

6. Da die absolute Ausrichtung der Gegenstände auf den Fotos identisch ist, bemerkt die Tzeltal-Sprecherin die spiegelverkehrte Darstellung nicht (bzw. thematisiert sie nicht, da sie aus ihrer Perspektive nicht relevant ist). Die relevanten Unterschiede für sie sind die Fingerabdrücke auf einem der Fotos.

7. Die in Thailand (bzw. Ostasien) gängigen Begrüßungsformeln »Wohin gehen Sie?« oder »Gehen Sie spazieren?« werden von Ausländern oftmals nicht als Routineformeln der Begrüßung erkannt, sondern wörtlich im Sinne von »ich möchte wissen, wohin Sie gehen?« interpretiert. Der thailändische Student hat hier die in Thailand gängige Begrüßungsformel ins Englische übersetzt, was bei dem deutschen Lektor Misstrauen auslöste (vgl. Kimsuvan 1984).

8. Grammatische Markierungen kulturell relevanter Phänomene
   - grammatische Markierung von Gender (z. B. im Deutschen und Französischen)
   - grammatische Markierung von Belebtheit/Unbelebtheit (z. B. im Chippewa, einer Indianersprache in den USA und Kanada aus der Familie der Algonquian-Sprachgruppe)
   - grammatische Markierung von Definitheit/Indefinitheit (z. B. im Deutschen, Französischen oder im Kwakiutl, einer Indianersprache in Kanada, aber nicht im Russischen)
   - grammatische Markierung, ob das thematisierte Objekt für den Sprecher im Moment des Sprechens sichtbar oder unsichtbar ist (z. B. im Kwakiutl)
   - grammatische Markierung, ob das thematisierte Objekt näher beim Sprecher, beim Rezipienten oder einer dritten Person lokalisiert ist (z. B. im Kwakiutl)
   - grammatische Markierung von Numerus (z. B. im Deutschen, Französischen, Chippewa etc., aber nicht im Kwakiutl oder Chinesischen)
   - grammatische Markierung des Tempus (z. B. im Deutschen, Französischen, aber nicht im Kwakiutl oder Chinesischen)

Kapitel 11

1. a) In diesem Fall handelt es sich um bilingualen Erstspracherwerb. Das Kind erwirbt in beiden Sprachen eine muttersprachliche Kompetenz. Da das Deutsche nicht nur in der Familie, sondern auch in der Umgebung gesprochen wird, ist zu erwarten, dass es die dominante Sprache des Kindes wird. Dies kann sich jedoch im Laufe des Lebens wieder ändern.
   b) Hier handelt es sich um frühkindlichen Zweitspracherwerb; die Erstsprache übt zunächst noch einen Einfluss aus, dennoch kann das Kind muttersprachliche Kompetenzen im Deutschen erzielen, da es in der Schule in der Regel dominant Deutsch erzogen wird. Es ist allerdings am Anfang mit Transfererscheinungen zu rechnen.
   c) Bei diesem Beispiel handelt es sich um gesteuerten Zweitspracherwerb. Da der Junge nur in der Schule mit der deutschen Sprache konfrontiert wird, erwirbt er sie nur bis zu einem bestimmten Niveau (Lernersprache). Es ist mit einer Reihe von Transfererscheinungen (Interferenzen) aus dem Englischen zu rechnen. Da der Junge bereits 13 Jahre alt ist, hat er die sog. sensitive Periode des Spracherwerbs schon überschritten.
   d) Die Niederländerin befindet sich ebenfalls in einer gesteuerten Spracherwerbssituation. Sie wird die Sprache auch als Lernersprache erwerben, kann aber aufgrund ihrer Vorbildung zu einem hohen Niveau kommen. Die typologische Ähnlichkeit des Deutschen und Niederländischen kann den Erwerb erleichtern, es kann aber zu Ähnlichkeitshemmungen kommen. Allerdings kommt u. U. auch der Altersfaktor zum Tragen.
   e) Die Brasilianerin lernt das Deutsche ungesteuert. Aufgrund ihrer fehlenden Schulbildung und der Beschränkung auf die Arbeitsumgebung ist mit einer Fossilisierung (d. h. Stillstand der Lernersprache auf einer bestimmten Stufe) zu rechnen. Die Lernerin erlernt v. a. Chunks und kann sich schon bald in routinierten Alltagssituationen entsprechend ausdrücken.

2. Im Bereich der soziolinguistischen Funktionen des Code-Switchings unterscheidet man zwischen situativem und konversationellem Code-Switching. Während beim situativen Code-Switching Faktoren wie Gesprächspartner, Thema, Ort, Art der Interaktion etc. bestimmend sind, fungiert der Sprachwechsel beim konversationellen Code-Switching als Kontextualisierungshinweis.

Bei Beispiel (a) handelt es sich um einen Hinweis auf den Wechsel des Gesprächskontextes; in diesem Fall hat der Sprachwechsel Zitatfunktion. Der Inhalt des Gesprächs wird in der anderen Sprache wiedergegeben.

Bei Beispiel (b) kann man von expressiver Funktion sprechen: Der Codewechsel ins Russische kontextualisiert eine emotionale Einstellung des Sprechers. Diese wird durch die anschließende Wiederholung der Äußerung auf Deutsch noch verstärkt.

Beispiel (c) gibt eine metakommunikative Äußerung wieder, die durch Wechsel ins Russische kontextualisiert wird: Dem Sprecher fällt das Wort ›Kamel‹ im Deutschen nicht ein, und er kommentiert dies auf Russisch.

3. a) Lexikalische Übernahme: Das afrikaanse Lexem *oukie* wird übernommen und lautlich und morphologisch ins Deutsche integriert.
   b) Lexikalische Übernahme: Im Falle von *brai-fleisch* handelt es sich um eine hybride Bildung aus dem afrikaansen Lexem *braii* und dem deutschen Wort *Fleisch*. Durch die Wortbildung ist eine völlige Integration ins System gewährleistet. *Deep freeze* ist eine Übernahme aus dem Englischen – durch die Flexionslosigkeit hat es eine Zwischenposition zwischen Code-Switching und Entlehnung.
   c) Lexikalische Übernahme: Das Adjektiv *mooi* wird aus dem Afrikaansen übernommen und durch Anfügen der Adjektivendung *-es* ins System des Deutschen integriert.
   d) Lexikalische Übernahme: Das Verb *om te frot* wird aus dem Afrikaansen entlehnt und durch Anfügen der deutschen Verbendung *-et* ins System der deutschen Sprache integriert.
   e) Semantische Übernahme: Die zusätzliche Bedeutung ›überlaufen‹ des afrikaansen und englischen Wortes (*besig* bzw. *busy*), die beide etymologisch mit dem deutschen Wort *beschäftigt* verwandt sind, wird auf das deutsche Lexem übertragen.
   f) Morphosyntaktischer Transfer: Hier wird ein Muster der Gebersprache, das in der Aufnahmesprache bereits vorhanden ist (*um ... zu*-Konstruktion), auf Umgebungen ausgedehnt, in denen es in der Aufnahmesprache nicht verwendet werden kann. Die finale Infinitivkonstruktion mit *um ... zu* wird auf alle Infinitive übertragen.
   g) Vereinfachung der Flexion durch Kontakteinfluss: Die Kasusmarkierung der schwachen Nomina des Deutschen wird im Sprachkontakt abgebaut. Es handelt sich hierbei um eine typologisch bedingte Vereinfachung.
   h) Abbau der Verbendstellung im Nebensatz im Zuge der kognitiven Ökonomie: Haupt- und Nebensatz haben die gleiche Wortstellung. Durch die Reduktion der Varianten wird die Geschwindigkeit bei der Sprachproduktion und -verarbeitung erhöht.

4. In diesem Gesprächsausschnitt findet man Beispiele für den Abbau der Kasusflexion: *in vierte Schule* [statt *in der vierten*], *in die Gruppe* [statt: *in der Gruppe*]. Dies kann jedoch nicht durch die Kontaktsprache ausgelöst sein, da diese ein reiches Flexionssystem im Bereich der Kasus aufweist. Es handelt sich daher um eine Vereinfachungstendenz im Sprachkontakt und eine Entwicklung in eine bestimmte typologische Richtung.
   - Das Fehlen der Artikel *vierte Schule* [statt: *in der vierten*], *Stunde hat* [statt *eine Stunde*], *in Kindergarten* [statt: *in den*], *in Musiksaal* [statt: *in dem*] ist durch den Sprachkontakt mit dem Ukrainischen ausgelöst, das über kein Artikelsystem verfügt. Auch die Wortstellung kann vom Ukrainischen beeinflusst sein.
   - Die Nähe zur Lernervarietät erreicht dieser Gesprächsausschnitt durch seine Variation, z. B. *Im Januar* (Präposition mit Artikel, korrekt) gegenüber *in Musiksaal* (Präposition ohne Artikel, normabweichend), *Schule ukrainische* (abweichende Stellung des Adjektivs) gegenüber *die deutsche Sprach* (korrekte Adjektivstellung).
   - Ähnlich den Lernervarietäten werden die Partizipformen durch Infinitivformen ersetzt: *hat fahren, ham singen, hat hören*.
   - Es findet sich die Verneinung *nix* wie im sog. Gastarbeiterdeutsch.

5. Der Text zeigt typische Erscheinungen einer vereinfachten Sprache:
   - Fehlen von Flexionsendungen oder Gebrauch des Infinitivs (*arbeite* bzw. *arebeite*, *Vorarbeiter komme*, *was machen*, *ich sachen*), keine Pluralmarkierung (*Mann* statt *Männer*), keine Tempusmarkierung
   - Fehlen von bestimmten oder unbestimmten Artikeln: *andre Mann*, *deutsche Mann*, *harbe Stunde*, *Vorarbeiter*
   - Fehlen der Inversion (keine Anwendung der V2-Regel): *andre Mann […] zusamme spreche*, *swei Mann […] imme sprechen*, auch im Fragesatz (*Wo du arbeit?*)
   - Fehlen von Konnektoren wie *dann*, *darauf*, ebenso von Konjunktionen: *abe Ausländer sprechen* (statt: *aber **wenn** Ausländer sprechen*)
   - Vereinfachungen auch in der Phonologie: Sprossvokal bei *arebeit*, Frikativ [s] statt Affrikate [ts] in *swei*
   - Verwendung von Basiswortschatz: *arbeiten*, *machen*, *kommen*, *sprechen*

   Ähnliche Vereinfachungstendenzen finden sich auch bei Pidgins. Aber es handelt sich hier nicht um eine Mischung von fremdem mit deutschem Vokabular, wie das etwa bei Handelspidgins der Fall ist. Ein weiteres Kriterium von Pidgins, nämlich dass sie für Sprecher der Ausgangssprache unverständlich sind, trifft ebenfalls nicht zu. Auch das Merkmal der Stabilität ist nicht gegeben, da es ständig die Möglichkeit gibt, der Zielsprache näherzukommen. Außerdem besteht hier eine relativ hohe Variation: *Wann ich arbeite* = Subordination, bei anderen Sätzen fehlt sie (s. o.); bei *Maschine* steht ein Artikel, der bei den anderen Substantiven fehlt. Es gibt auch eine Variation bei den Verbendungen: *spreche – sprechen*, *arbeit – arebeit*. Das deutet auf eine Lernervarietät (*Interlanguage*) hin.

5 Die Autorinnen und Autoren

Peter Auer, Professor für Germanistische Linguistik an der Albert-Ludwigs-Universität Freiburg (1. Einleitung)

Heike Behrens, Professorin für Kognitive Linguistik und Spracherwerbsforschung an der Universität Basel (9. Die Entstehung von Sprache; zus. mit Stefan Pfänder)

Pia Bergmann, Dr., Akademische Rätin am Deutschen Seminar der Albert-Ludwigs-Universität Freiburg (2. Laute)

Alice Blumenthal-Dramé, Dr., Akademische Rätin am Englischen Seminar der Albert-Ludwigs-Universität Freiburg (8. Die Verschiedenheit der Sprachen; zus. mit Bernd Kortmann)

Andrea Ender, Dr., Wissenschaftliche Mitarbeiterin am Institut für Mehrsprachigkeit der Université de Fribourg (3. Wörter; zus. mit Bernhard Wälchli)

Susanne Günthner, Professorin für Deutsche Philologie/Sprachwissenschaft an der Westfälischen Wilhelms-Universität Münster (10. Sprache und Kultur)

Martin Hilpert, Professor für Englische Linguistik an der Université de Neuchâtel (5. Satz und Text)

Bernd Kortmann, Professor für Englische Philologie/Sprachwissenschaft an der Albert-Ludwigs-Universität Freiburg (8. Die Verschiedenheit der Sprachen; zus. mit Alice Blumenthal-Dramé)

Peter Öhl, PD Dr., Institut für Linguistik, Johann-Wolfgang-Goethe-Universität Frankfurt am Main (4. Wörter und Sätze; zus. mit Guido Seiler)

Stefan Pfänder, Professor für Romanische Sprachwissenschaft an der Albert-Ludwigs-Universität Freiburg (9. Die Entstehung von Sprache; zus. mit Heike Behrens)

Claudia Maria Riehl, Professorin für Germanistische Linguistik mit Schwerpunkt Deutsch als Fremdsprache an der Ludwig-Maximilians-Universität München (11. Mehrsprachigkeit und Sprachkontakt)

Guido Seiler, Professor für Germanistische Linguistik an der Albert-Ludwigs-Universität Freiburg (4. Wörter und Sätze; zus. mit Peter Öhl)

Anja Stukenbrock, Professorin für Germanistische Linguistik/Schwerpunkt Pragmatik an der Universität Duisburg-Essen (6. Sprachliche Interaktion)

Benedikt Szmrecsanyi, Professor für Linguistik an der Universität Leuven (7. Variation und Wandel)

Bernhard Wälchli, Professor für Allgemeine Sprachwissenschaft an der Universität Stockholm (3. Wörter; zus. mit Andrea Ender)

6 Bildquellenverzeichnis

S. 18: Bundesarchiv, Bild 183-1989-1109-030, Fotograf: Thomas Lehmann.
S. 52: Artikulationsorgane – aus: Reetz, Henning (2003): *Artikulatorische und akustische Phonetik*. Trier: Wissenschaftlicher Verlag, S. 101.
S. 53: Mediosagittalschnitt des Kopfes – aus: Pompino-Marschall, Bernd (2009): *Einführung in die Phonetik*. Berlin: de Gruyter, S. 44.
S. 58: Ohr – aus: Neppert, Joachim M.H. (1999): *Elemente einer akustischen Phonetik*. Hamburg: Helmut Buske Verlag, S. 273.
S. 300: Verteilung der Grundwortstellungstypen in einer Stichprobe von 1228 Sprachen – aus: Dryer, Matthew S. (2005): »Word order«. In: Martin Haspelmath/Matthew S. Dryer/David Gil/Bernard Comrie (Hg.): *The World Atlas of Language Structures*. Oxford: Oxford University Press, S. 332–333.
S. 308: Perfektkonstruktionen des ›haben‹-Typs – aus: Dahl, Östen/Viveka Velupillai (2005): »Tense and aspect«. In: Martin Haspelmath/Matthew S. Dryer/David Gil/Bernard Comrie (Hg.): *The World Atlas of Language Structures*. Oxford: Oxford University Press, S. 280–281.

7 Sachregister

A
Ablaut 98
Absolutiv 104, 298
Absolutiv-Ergativ-Sprache 161, 298
accomplishment 222
accountable 221
AcI-Konstruktion 200
active filler strategy 209
adaptativ 24
Ad-hoc-Entlehnung 385
Adjektiv 7
Adjektivattribut 152
Adjektivphrase 142
Adressat 253
Adverb, attributives 153
Adverbial 149
– kausales 150
– lokales 150
– modales 150
– temporales 145, 150
Adverbialsatz 195, 201
Affigierung 76
Affix 9, 96
Affixsuppletion 98
Agens 157
Agentiv 299
agglutinierende Sprachen 10, 304
Akkommodation 388
Akkusativobjekt 147
Akronym 108
Aktant 154
Aktionsverb 157
Aktiv 299
aktive Füllung 209
Aktivierungsmodell, interaktives 383
Aktiv-Inaktiv-Sprachen 299
akustische Phonetik 46
Akzent 79
Allomorph 76, 96, 97, 302
Allophon 62
Alltagspraktiken 221
Alphabetschrift 3
Alternation 386
alveolar 53
Ambiguität
– globale 207
– lexikalische 207
– lokale 207
– syntaktische 206
ambisilbisch 74
Amboss 57
American Sign Language 115
Amplitude 47, 52
Analogie 278
analogischer Wandel 30
analytische Sprachen 304

Anapher 14, 151, 190, 193, 210
Anaphernauflösung 16, 210, 211
Angabe 160
– freie 156, 159, 160
Anglokreolsprachen 335
Anhebung 200
Anhebungsprädikat 200
Animator 252
Anonymisierung 225
Anredeform 347, 352, 353
Ansatzrohr 48
anterior 64
Antezedens 193
anthropologische Linguistik 17, 25, 347–371
antizipatorische Koartikulation 67
Antonym 124
Antwort 19
aperiodische Schwingung 52
apikal 64
apo-koinu-Konstruktion 11
Appell 112
Approximant 52, 54, 64
Arbitrarität 109, 113
Archilexem 127
areale Linguistik 293, 312
Arealtypologie 293, 307
Argument 154, 160, 188, 212
– designiertes 161
– fakultatives 159, 160
– obligates 159
Argumentstruktur 154, 162, 171
Artikulation 2, 53, 58
Artikulationsart 64
Artikulationsbewegung 2
Artikulationsort 53, 64
Artikulator 54
artikulatorische Geste 67
artikulatorische Phonetik 46, 52
Aspekt 94, 339
Aspiration 51, 64
Assimilation 66, 70
– partielle 70
– progressive 71
– regressive 71
– totale 70
Assoziationslinie 66, 82
Asyndese 190
Audiodaten 247
auditive Phonetik 46, 57, 58, 78
Aufnahmesprache 391

Auftraggeber 252
Aufzeichnungsmedien 224
Ausbau-Sprachbund 311
Ausbausprachen 309
Ausklammerung 251
Auslautverhärtung 71
Auslösewörter (*trigger words*) 389
Ausrufesatz 169
Aussagesatz 169
Außenohr 57
Autor 252
Autosegment 66
autosegmentale Phonologie 66, 81, 82
Auxiliar 164

B
Balkanismen 312
Balkan-Sprachbund 293, 311
Basisstruktur 170
Baumdarstellung 142
Bedeutung 13, 91, 109, 121
– kommunikative 117
Bedeutungsrelation 123
Begrüßung 351, 352
bekommen-Passiv 148
Belebtheit 172, 265
Benefaktiv 157
Beobachterparadoxon 224
Bernoulli-Effekt 53
Bewegung 34, 181
Bezeichnendes 111
Bezeichnetes 111
bildspendender Bereich 125
bilingualer Spracherwerb 381
bilingualer Sprachmodus 384
Binaritäts-Prinzip 179
Bioprogramm 334
blend 97
Blickverhalten 252
Blockierung 107
British National Corpus 274
Buchstabe 3
burst 51

C
carryover-Effekt 67
Chi-Quadrat-Test 265
chunks 331
Click 51, 52, 55
clipping 108
Cochlea (Schnecke) 57
Code-Mixing 386

Code-Switching 355, 378, 384, 388
– funktionales 386
– konversationelles 387
– nicht-funktionales 388
– psycholinguistisch motiviertes 388
– situatives 387
cognates 394
Computerlinguistik 211
constraints 85
Construction Grammar 38
Cours de linguistique générale 32
covert category 130
CP-IP-Modell 182
creaky voice 79
cross language cue competition 380
CV-Modell 74

D
Datenaufzeichnung 225
Datenschutz 224
Dativ 274
– freier 148
Dativobjekt 147
Dauer 77, 78, 79
default 164
Defektivität 63, 102, 127
Definitheitseffekt 171
Degeminierung 70
Dehnung 70
Deixis 14, 106, 151
Deklarativ 168, 220
Deklination 95
Deklinationsklasse 100
Dekomposition, semantische 118
Denotat 112, 123
dental 53
dependensmarkierende Sprachen 286
Dependentien 154
Dependenz 154, 156
Deponens 102
Derivation 10, 13, 94, 95
Derivationsmorphem 77
Determinativkompositum 103
Dezibel (dB) 47, 78
diachrone Variation 32, 262, 270, 274
Dialekt 339
Dialektologie 39, 270, 312
Dialektometrie 270, 271, 273
Dialog 36
Dialogizität 19
diaphasisch 262, 270, 272
diastratisch 270, 276

Diathese 95, 161
diatopisch 262
Direktiva 220
Disambiguierung 171
Disambiguierungspunkt 206
Diskontinuität 97, 143
Diskursfunktion 246
Dispräferenzmarker 234
Distanzikonizität 296
distinktives Merkmal 63, 64, 68
Distributed Feature Model 383
Distribution 62
doing culture 369, 370
doing gender 362
Domänenhierarchie 72
dorsal 64
dorsal fricative assimilation 62
Dual 116

E

early system morpheme 390
Echtzeit 279, 280
Eigenname 129, 131, 389
Einklammerung 223
Einschub-Sequenz 256
Einsprachigkeit 377
Einverständnis der Betroffenen 224
Elektroenzephalographie (EEG) 59, 384
Eliminierungstest 145
Ellipse 17, 159
embedded language 390
embodied cognition 213
enklitisch 102, 105
Entdeckungsverfahren 32
Entlehnung 312, 389, 391, 395, 397
- lexikalische 389
- phonologische 397
- prosodische 397
- syntaktische 395
entrenchment 88, 332
Entrundung 69
Entscheidungssatz 169
Epenthese 68, 75
Ereigniskorrelierte Potentiale (EKP) 59
Ergänzung 159, 160
- fakultative 160
- obligatorische 160
- weglassbare 159
Ergänzungsfragesatz 169
Ergativ 104, 298
Ergativ-Absolutiv-Sprachen 104, 161, 162, 298, 299
Erlernbarkeit von Sprache 22
Ersetzung 61
Ersetzungstest 7, 144

Erstspracherwerb 319, 322, 323, 379, 381
- bilingualer 379, 381
- kognitive Voraussetzungen 323
- Meilensteine 326
Ethnografie der Kommunikation 350
Ethnolekt 378
Ethno-Methoden 221, 224
Ethnomethodologie 220, 221, 370
Europa 308
everyday methods 362
Evolution 319
- genetisch-biologische 320
- kulturelle 320
Exemplartheorie 86, 87
Exemplarwolke 88
Exklamativ 169
Expansion 251
Experiens 157
Expletiv 151
explizit-performative Verben 219
explorative Statistik 273
Expressiva 220
Extension 120, 123, 129
extrasilbisch 74

F

face-to-face-Interaktion 228
Faithfulness Constraint 85
Familienähnlichkeit 120
Familiensprache 379
feature spreading 83
Fehlzündung 219
Feldermodell 164, 174, 183
Fernassimilation 70
Fernsehen 360
Figur 128
Filterung 48
Finalität 196
Finalsatz, infinitivischer 168
Finitheit 180
fitness landscape 320
flap 54
Flexion 93, 94, 95
- innere 97
Flexionsklasse 303
Flexionsmorphologie 8
Flexionsparadigma 102, 295
Flüchtigkeit des Gesprächs 225
Fokus 171
- enger 81
- weiter 81
Fokusakzent 5, 81, 171
Fokus-Hintergrund-Gliederung 170

Fokusprojektion 171
Fokusscrambling 171
Form 91, 109
Form und Funktion 295
Form (vs. Substanz) 32
Formant 1, 47
Formantlage 47
Form-Bedeutungs-Beziehung 110, 111
Formgleichheit 116
Formtyp 168
Fortisierung 30
Fortsetzungssignal 240
founder principle 339
Frage 19
Fragetest 145, 149, 171
frames 123
frame semantics 214
Frege-Prinzip 119
freie Variation 62
Fremde, das 353
fremdinitiierte Fremdreparatur 243, 244
fremdinitiierte Selbstreparatur 243, 244
Fremdinitiierung 242
Fremdreparatur 242, 243, 244
Fremdspracherwerb 40
Frequenz 47, 87, 88, 131, 132
Frequenzeffekt 208, 330
Frikativ 52, 54
Fugenelement 99
Funktion
- syntaktische 12, 145
funktionale Domäne 110
Funktionale Magnetresonanztomographie (fMRT) 384
funktionale Typologie 293
Funktionstyp 168
Funktionsverbgefüge 165, 167
Funktionswort 86, 131, 312
Funktor 155
fusionierende Sprachen 10, 302
Fuß 72, 105

G

gapping 195
garden path sentences 206
Gastwort 385
Gattung
- kommunikative 18, 357, 365
- mündliche 357
- schriftliche 357
Gattungserwartung 359
Gattungsname 114
Gattungsrepertoire 365
Gattungswissen 18, 359

Gaumen 53
Gaumensegel 54
Gebärdensprache 115
Gebersprache 391
Gebrauchsbasierte Theorien 38, 87
Gehörgang 57
Gelingensbedingungen 218
Geminate 70
Geminierung 70
Gender 277, 361–363
gender display 362
Gender-Marker 363
Gender-Zuweisung 362
Generative Grammatik 34, 188, 297
Generifizierung 130
genetische Kodierung 334
Genitiv, pränominaler 153
Genitivattribut 153
Genitivkonstruktion 266
Genitivobjekt 148
Genitiv-Objektsätze 148
Genitivpossessor 267
Genitivvariation 263
Gentrifizierung 280
Genus 130
Geolinguistik 270, 312
gerundet 64
Geschlecht 361–366
gespannt 65
Gesprächsanalyse 17, 19, 353
Gesprächsschritt 230
Gesprächsstil
- geschlechtsspezifischer 364
- kompetitiver 364
- koperativer 364
gesprochene Sprache 246
Geste, artikulatorische 67
Gestik 252
Gliedsatz 153
Gliedteilsatz 153
Glossierung 93
glottal 53, 64
glottales System 52
Glottis (Stimmritze) 52, 54
gradient 37, 84
Grammatik 6, 23, 24, 363
- deskriptive 24
- normative 24
- vergleichende 28
Grammatikalisierung 132, 203, 204, 338
Grammatikalisierungsforschung 37
Grammatikerwerb 328
Grammatiktheorie 24, 34
grammatischer Transfer 380
Graphematik 3
Grenzsignal 78

Grund 128
Grundfarbwörter 122
Grundfrequenz 77
Grundwortstellung 299, 303
Gruppenflexion 105
guest words 385

H
Habitus 40
Halbton 78
Haltung (*stance*) 16, 17
Hammer 57
Handeln, sprachliches 19, 191, 217, 353, 354
Handelsszenario 332
Handlungscharakter 17
Haplologie-Effekt 263
Harmonie 294, 296
Häufigkeit 114
Hauptsatz 173, 190
Heckenausdruck (*hedge*) 121
Hertz (Hz) 47
Heteroklise 102
hinten 64
Hiragana 46
historische Sprachwissenschaft 270
historisch-vergleichende Sprachwissenschaft 26, 290
hoch 64
Holonym 124
Homonym 116, 129, 160, 197
Homophon, bilinguales 389
homophonous diamorphs 389
homorgan 67
Hörer 75
Hörersignal 365
Horror Aequi-Effekt 263
Hyperartikulation 86
Hyperkorrektur 281
Hyperonym 124, 127
Hypoartikulation 86
Hyponym 124
Hypotaxe 167, 174, 190, 203

I
Iberokreolsprachen 335
*ich-/ach-*Allophonie 62
icon 111
Idealistische Sprachwissenschaft 31
Identität 39, 353
– soziale 388
Ideologie 355
Idiomatik 13, 127
idiomatische Prägung 396
Ikonizität 113, 115, 132, 195, 294

– diagrammatische 294
– paradigmatische 296
Illativ 396
Illokution 18
illokutionärer Akt 219, 220
Imperativ 168
Imperfektiv 94
Implikationshierarchie 288, 289
implizit-performative Verben 219
Inaktiv 299
Index 111
Indexikalität 222, 354
indexing gender 362
Individuenkonstante 155
indoeuropäisch 290
Inferenz 212
Infigierung 97, 99
Infinitivsatz 168, 199, 200
Informationsgehalt 132
Informationsstruktur 170, 266
Inhaltswort 86, 131
Inkorporation 104
inkrementell 206
Innenohr 57
Input 83, 324, 335, 381
Inputmuster 330
institutionelle Kommunikation 237
Instrument 157
Instrumental 149
Insubordination 191
Integration 192
Integrität, lexikalische 106, 107
Intension 120, 129
Intention 327
Interaktion 217–257, 387
– sprachliche 348, 350
Interaktionale Linguistik 217, 246, 247
interaktives Aktivierungsmodell 383
Interferenz 391
interkulturelle Kommunikation 369
interlanguage 382
Internationales Phonetisches Alphabet (IPA) 3
Interrogativ 168, 170
Interrogativpronomen 168
Intonation 5, 77, 80
Intonationskontur 5
Intonationsphrase 5, 72, 105
Intonationssprachen 81
Invarianz-Problem 84
isolierende Sprachen 304
Isomorphie 110
Isomorphismus 295
Item-and-Arrangement 93
Item-and-Process 93

J
joint attention 326
Junggrammatiker 29, 31
Junktor 155
Juxtaposition 103

K
Kanji 46
Kartierung 271
Kasus
– abstrakter 146
– lexikalischer 147
– morphologischer 146
– struktureller 147
Kasusfilter 180
Katakana 46
Katapher 16, 151, 190, 194
kategoriale Merkmale 122
kategoriale Wahrnehmung 58
Kategorisierung 120, 121
Kausalität 189, 195, 196
Kausativ 95
Kehlkopf (Larynx) 52
kindgerichtete Sprache 324
Klagelied 358
Klang 48, 52
– komplexer 48
Klitika 72, 102, 105
Knall 51, 52
Knoten 140
Koartikulation 67
– antizipatorische 67
– perseverierende 67
Koda 74
Kognition 187, 199
Kognitive Linguistik 25, 37
Kohärenz 189, 190, 212
Kohäsion 189, 190
Kollokation 116
Kolonialsprache 335
Kolonialszenario 333
Kommentar 173
– metasprachlicher 201
Kommissiva 220
Kommunikation 46, 117, 199, 353, 355, 364
Kommunikationsmodell 46
kommunikative Bedeutung 117
kommunikative Kompetenz 357
kommunikative Praxis 353, 355
kommunikative Strategie 364
Kompetenz 34, 357
komplementäre Distribution 5, 62
Komplementarität 124
Komplementierer 167

Komplementsatz 198
– adjektivischer 199
– nominaler 199
Komplexitätsikonizität 295
Kompositionalität 119
Kompositum 10, 13, 94, 98, 103
– endozentrisches 103
– exozentrisches 103
Konditionalkonstruktion 192
Konditionalsatz 196
– verbinitialer 196
konditionell relevant 20
kongruente Lexikalisierung 386
Kongruenz 8, 94, 142, 143, 146
Konjugation 95, 100
Konjunktion
– koordinierende 174
– subordinierende 167, 181
konkatenative Morphologie 96
Konnotation 123
Konsekutivität 196
Konsonant 53, 56
konsonantisch 64
konstative Äußerung 218
Konstituentenmodell 73, 74
Konstituentenstruktur 156, 188
Konstruktionsgrammatik 111, 113
Konstruktionsmorphologie 113
Kontaktassimilation 70
Kontaktüberlagerungszone 311, 314
Kontamination 97
Kontext 84, 238, 348, 355, 387
– sequenzieller 256
Kontextabhängigkeit 221
Kontextbezogenheit 354
kontextfrei 223, 224, 238
kontextsensitiv 223, 224, 238
Kontextualisierung 354
Kontextualisierungshinweis 387
kontinuierlich 64
Kontradiktion 124
Kontrarität 124
Kontrast 195
– minimaler 4
kontrastive Linguistik 25, 292
Kontrollkonstruktion 200
Konvention 359
Konventionalisierung 219, 399
Konventionalität 109, 327

Konverb 202, 309
Konvergenzareal 307
Konversationsanalyse 36, 223, 246, 247, 353
Konversion 107, 108
Konzessivität 196
Koordination 192, 195
Koordinationsellipse 195
Kopf 11, 140, 141, 197
kopfmarkierende Sprachen 286
Kopf-Prinzip 179
Kopulativkompositum 103
Kopulaverb 167
Koreferenz 189, 193, 194
koronal 64
Körperorientierung 252
Korpuslinguistik 37, 116
Korrelat 147, 151
Kotext 151
Kreolgenese 319, 335, 339
Kreolgrammatik 334
Kreolistik 334, 392
Kreolsprache 319, 332, 334, 336, 337, 344, 398
Krisenexperiment 222
kritische Periode 381
Kultur 347, 348
Kumulation 97
Kürzung 70
Kurzwortbildung 108

L
labial 53, 64
labiodental 53
Lambda-Operation 155
Language Acquisition Device 297
language attrition 378
Language Bioprogram Hypothesis (LBH) 334
langue 32
laryngal 53, 64
Laryngalknoten 66
Laryngograph 58
Larynx (Kehlkopf) 52
late closure 209
lateral 64
Lateral-Approximant 54
Lateral-Frikativ 52, 54
Lateralisation 381
late system morpheme 390
late talker 327
Lauscher 253
Laute 3, 43–88
Lautgesetz 30, 31
Lautheit 77, 78
Lautphysiologie 29
Lautproduktion 321
Lautstärke 79
Lautsubstanz 82
Lautverschiebung 292
lazy anaphora 194

Lehnwortphonologie 77
Leitsprache/Dachsprache 314
Lemma 92
Lernergrammatik 382
Lexem 92, 279
Lexifizierersprache 334, 335, 336, 399
lexikalische Integrität 106
lexikalische Semantik 118
Lexikalisierungsmuster 106
Lexikographie 24, 118
Lexikologie 24, 118
Lexikon 6, 23, 106, 261, 363
– mehrsprachiges 382
– mentales 87, 106, 107
liaison 75
Lingua Franca 378
linguistische Anthropologie 17, 25, 348, 353
Linking 164
Linksversetzung 174
literacy 348
logistisches Regressionsverfahren 269
Lokaladverb, deiktisches 257
Lokation 157
lokutionärer Akt 219, 220
Luftstrom
– ingressiver 55
– nicht-pulmonaler 54
– pulmonal-egressiver 52

M
Makrostruktur 213
Markedness Constraint 85
Markiertheit, semantische 125
Matrix Language Frame Model 390
Matrixsatz 191
Matrixsprache 390
matter borrowing 392, 396
Media Lengua 401
Medien, digitale 40
Mehrdeutigkeit 116
Mehrsprachigkeit 38, 40, 377–390
– diskursive 378
– gesellschaftliche 377
– individuelle 377
– institutionelle 377
– territoriale 378
Membran 58
mentale Repräsentation 24, 382
mentales Lexikon 87, 106, 107
Merkmal, distinktives 63, 64, 68

Merkmalsgeometrie 65
Meronym 124, 125
Metapher 37, 125, 126, 133
– konzeptuelle 126
Metasprache 118
Metathese 69
Metonymie 125, 126, 338
Michif 402
Migration 353
Mikrostruktur 213
Mimik 252
Minderheit 39, 40
– allochthone 378
– autochthone 378
minimal attachment 209
Minimalpaar 60
Mischsprache, bilinguale 398–402
mismatch negativity 59
Missbrauch 219
Mithörende 253
Mittelfeld 165, 166, 171
Mittelohr 57
Modaladverbial 150
Modalverb 165
Modifikator 286
Modus 94, 199
monolingualer Sprachmodus 384
Monosemie 116
More 72
Morphem 9, 77, 93, 96
– unikales 98
Morphemanalyse 96
Morpheme Order Principle 390
Morphologie 8, 23, 91–133, 261, 363
Morphologieerwerb 328
morphologischer Prozess 76, 98
morphologische Typologie 9, 28, 305
Morphosemantik 109, 110
Morphosyntax 23
Motiviertheit 113
move-α 181
multikulturelle Gesellschaft 353
multilinguale Gesellschaft 353
multimodale Transkription 228
Multimodalität 252, 253
multivariates Analyseverfahren 269
mündliche Sprache 30

N
Nachfeld 165, 166
nasal 54, 64
Natural Semantic Metalanguage 118
Nebensatz 190
– alleinstehender 191

Negation, doppelte 340
Nehmersprache 391
neighborhood density 86
Neurolinguistik 25
neuronaler Impuls 58
neuronale Verarbeitung 59
Neutralisierung 71
next turn proof procedure 230, 231
nichtkonkatenative Morphologie 98
Nominalisierung 104
Nominalphrase 142
Nominativ-Akkusativ-Sprachen 161, 298
Normalbetonung 171
Normenkodex 24
Nukleus 154
Numerus 94

O
Oberklassenmerkmal 64
Oberlippe 53
Objekt 147
– direktes 145, 147
– formales 152
– indirektes 147
Objektsatz 147, 168
Objektsprache 118
Occam's Razor 178
oddball-paradigm 59
Ohr 57
Ökonomie 293
– kognitive 398
– sprachliche 113, 115, 132
Online-Syntax 10
Onomasiologie 110
Onomatopoeie 115, 288, 294
Onset-Maximierung 76
Ontogenese 319, 323
Operator 155
Optativ 169
Optimalitätstheorie (OT) 85
order at all points 224
Organon-Modell 36, 112
Ortsknoten 66
Oszillogramm 47
Output 83
overlap 80
overt category 130

P
Paarsequenz 19, 256
palatal 53
Paradigma 61, 95, 96, 100, 141
paradigmatisch 32
Parameter 178
Paraphrase 190, 399
Parataxe 174, 190, 203
parole 32
Parsing 205, 206, 210

Sachregister

Parsingmodell 207, 210
- paralleles 206, 208
- serielles 206, 207
Parsing-Strategien 209
Partizipation 355
Partizipationsrahmen 252
Partizipationsrollen 252, 253, 355
Partizipialattribut 152
Partizipialsatz 199, 201
Passiv 273
- unpersönliches 161
Passivierung 161
Patiens 157
patois 335
pattern borrowing 392
Perfektiv 94
performance 357
Performanz 34
performative Äußerung 218, 220
performatives Verb 218
Performativität 357
Periodendauer 47
Periodenfrequenz 47
Periodisierung 274
Periphrase 102
perlokutionärer Akt 17, 219, 220
Permutationstest 61, 143
perseverierende Koartikulation 67
Person 94, 199
Persönlichkeit 381
Perspektive 16
Pertinenzdativ 148
Perzeption, Verben der 199
Pferderennen-Modell 107
pharyngal 53
Phase 47
Phon 60
Phonation 52
Phonem 4, 60
Phonemanalyse 60
Phoneminventar 61
Phonetik 2, 46, 61
- akustische 46
- artikulatorische 46, 52
- auditive 46, 57, 58, 78
phonetische Struktur 3
Phonologie 3, 4, 23, 61, 83, 363
- autosegmentale 66, 81, 82
- nichtlineare 66
- strukturalistische 33
phonologische Äußerung 72, 105
phonologische Markiertheit 69
phonologische Phrase 72, 105
phonologischer Prozess 63, 66, 68, 72, 79

phonologische Regel 68, 83
phonologisches Wort 72, 77, 105
Phonotaktik 61, 69, 73
Phrase 11, 140, 141
- phonologische 72, 105
Phrasenkategorie 142
Phrasen-Prinzip 179
Phrasenstruktur 11, 140, 141
Phrasenstrukturmodell, generatives 178
Phylogenese 319
Pidgin
- expandierendes 333
- stabilisiertes 332
Pidginsprachen 319, 332, 333, 344, 398, 399, 400
Plosiv 51, 52, 54
Polysemie 116, 127, 159, 160, 197
polysynthetische Sprachen 304, 305
Portmanteau-Wort 97
Possessivität 285, 289
Possessor 266, 286, 289
Possessum 285, 289
postalveolar 53
Postposition 309
Prä-Adaptation, biologische 321
PRAAT 47
Prädikat 154, 212
Prädikatenlogik 155
Prädikativ 167
- freies 150
Prädikativkonstruktion 167
Prädikatskonstante 155
Präferenz 233, 234, 256
Präfix 96, 98
Prager Schule 33
Pragmatik 23, 24, 212
- linguistische 217
pragmatische Wende 218
Präpositionalattribut 153
Präpositionalobjekt 148
Präpositionalphrase 142
Präpositionalphrase, adverbiale 149
Präsentativkonstruktion 267
Pre-Pidgin 332
Prestige
- offenes 262
- verstecktes 262
Prinzip der Konventionalität 327
Prinzip des Kontrasts 327
Prinzipien (und Parameter) 34, 178, 180
Produktionsformat 252
Produktivität 331
- (morphologischer Prozesse) 10

Progressiv 104
Projektion 241
proklitisch 102, 105
Pronominaladverb 149, 193
Proposition 188, 212
Prosodie 5, 72, 78, 86, 100, 105, 237, 279, 363
prosodische Domänen 72
prosodische Morphologie 100
prosodische Struktur 86
proto-indoeuropäisch 290
Prototypen 120, 121
Prototypensemantik 122
Prozess, morphologischer 76, 98
Prozessierungsfaktoren 268
Psycholinguistik 25
Psychologie 29

Q

Quantität 73, 74
quantitative Linguistik 131
Quantor 155
quasi-periodisch 47
Quelle 157
Quelle-Filter-Modell 48
Quellsignal 48
Quellsprache 391
Quintessenz 213

R

Rachen 54
radikal 65
radoppiamento sintattico 70, 74
Rahmen
- semantischer 214
Rahmenelement 215
Randperson 253
rapport talk 277
ratchet effect 320
Raum 270, 367
räumliches Denken 367
Rauschen 52
Reanalyse 204
rebracketing 204
Rechtsexpansion 250
Rechtsversetzung 250, 337
Reduktionssilbe 76
Reduktionsvokal 75
Reduplikation 99
- partielle 99
- totale 99
Referent 112, 128
Referenz
- anaphorische 190, 193
- kataphorische 190, 194
- temporale 9
Reflexivität 221
Regens 141, 142

Register 270, 272
- geschriebene 274
- gesprochene 274
Reihenfolgeikonismus 296
Rekonstruktion (von Sprachstufen) 26, 290
Rektion 9, 140, 141, 142
Rekursion 178, 264
Relativadverb 197
Relativanschluss 197
Relativitätsprinzip, sprachliches 367
Relativpronomen 168
Relativsatz 153, 192, 197
- appositiver 197
- freier 154, 198
- kopfloser 198
- restriktiver 197
- weiterführender 198
Relativum 197
Relevanz 94
Relexifizierung 400
repair 242
Reparandum 242
Reparatur 241, 242, 244
report talk 277
Repräsentativa 220
Resilbifizierung 74, 76
Resumptiv 174
retraktiv 11
Rezenz 88
Rezipient 157
Rhema 36, 173
Rolle, semantische 157, 172
Rückbildung 107, 108
Rückfrage 240

S

Sagen und Meinen, Verben des 212
Satz 6, 137–184, 187, 188
- kordinierter 195
Satzadverbial 151
Satzakzent 79
Satzart 168
Satzaussage 173
Satzbedeutung 117
Satzexpansion 204, 205
Satzgegenstand 173
Satzglied 12
Satzgliedstellung, flexible 12
Satzklammer 165
- linke 166
- rechte 166
Satzkomplexität 276
Satzlänge 276
Satzmodus 168, 170
Satznegation 133
Satzsemantik 13, 117, 118, 131
Satztyp 168
Satztypologie 12
Satzverkettung 201

463

Satzverstehen 205
scaffolding 22, 324
Schalldruck 47
Schallwelle 1
Schema-Theorie 123
Schlüsselkompetenz Sprache 39
Schrift 39
Schriftlichkeit 348
Schriftspracherwerb 379
Schriftsystem 348
schulische Interaktion 237
scrambling 166
scripts 123
Segmentierung 2, 93, 96
Selbstdarstellung, symbolische 40
selbstinitiierte Fremdreparatur 243, 244
selbstinitiierte Selbstreparatur 242, 244
Selbstinitiierung 242
Selbstreferenzialität 189
Selbstreparatur 242, 243, 244, 246, 249
self-paced reading 208
Sem 118
semantic primes 118
Semantik 7, 13, 23, 91, 118, 121, 129
– lexikalische 118
semantische Markiertheit 125
semantische Übernahmen 394
Semasiologie 110, 127
Semiotik 91, 111
semiotisches Dreieck 111
sensorische Merkmale 122
Sequenz 18
Sequenzanalyse 224, 231
sequenzieller Ablauf 19
sibilantisch 64
signal-complementary processes 86
signifiant 111
signifié 111
Silbe 72, 73, 77, 105
Silbengelenk 74
Silbengewicht 74
Silbenkern 73
Silbenkontaktgesetz 76
Silbenmodell, nichtlineares 74
Silbenrand 73
Silbensprache 75
Silbenstrukturpräferenzen 76
Silbifizierung 76, 77
Simultanstart 238
Situation 6
Skelettschicht 74
Skopus 151
social dialectology 271

sonorantisch 64
Sonorität 73
Sonoritätshierarchie 73, 289
Sonoritätsprinzip 73
Sound Pattern of English (SPE) 65
SOV-Sprachen 300, 309
soziale Person 6
sozialer Status 6
soziale Situation 18
Sozialisationsstil
– distaler 324
– proximaler 324
Soziolekt 270, 276
Soziolinguistik 25, 40, 270, 278
– quantitative 278
Spaltsatz 209
Spektrogramm 1, 2, 47
Sprachbewusstsein 380
Sprachbund 314
Sprache als System 24
Sprache, Denken und Wirklichkeit 348
Sprachentstehung 319–345
Sprachentwicklung 322
Spracherwerb 322, 324, 325, 329, 381
Sprachfähigkeit 319, 320, 323
Sprachfamilie 285, 320
Sprachgebilde 61
Sprachgemeinschaft 323
Sprachgen 321
Sprachgeschichte 274
Sprachkontakt 293, 312, 377, 390–398
Sprachkorpora 37, 262, 263
Sprachplanung 39
Sprachvergleich 292
Sprachwandel 6, 29, 30, 37, 132, 261, 262, 278, 348
Sprechakt 17, 36, 61, 188, 218, 220
– lokutionärer 219
– perlokutionärer 219
Sprechakttheorie 218, 220
Sprechaktverben 218, 220
Sprecher 75
Sprechereinstellungsadverbial 151
Sprecherwechsel 80
Sprechfähigkeit 348
Sprechschallwahrnehmung 58
Sprechsituation 8
– informelle 6
Stamm 95, 96
Stammbaumtheorie 28
Stammsuppletion 98
stance 17
Standard Average European (SAE) 309

Standardsprache 39, 308
Standardvarietät 339
Steigbügel 57
Stemma 156
Stereotyp 370
Stimmanregung 52
Stimme 363
Stimmgebung 55
stimmhaft 64
Stimmhöhe 363
Stimmlippen 64
Stimmlippenschwingung 77
Stimmqualität 79
Stimmritze (Glottis) 52
Stimulus 157
Strukturalismus 31, 34, 61
– funktionaler 33
Strukturbewahrung 109
subglottales System 52
Subjekt 146, 161
– formales 152
Subjektsatz 168
Subjunktion 167
Subordination 167, 192
– nicht-finite 309
Subset-Hypothese 382
Substanz (vs. Form) 32
Substitution 123
Substrat 314, 392
Substratsprachen 334
Subtraktion 99
Suffigierung 96, 107
Superstrat 314, 334, 392
Suppletion 98
supraglottales System 52
Suprasegmentalia 77
Svarabhakti 68
SVO-Sprachen 302
Symbol 111
symbolische Funktion 113
synchron 32
Synchronisierung 21
Syndese 197
Synkretismus 96, 101
Synonymie 116, 123
Syntagma 61, 141
syntagmatisch 32
syntagmatischer Isomorphismus 295
Syntaktik 23
syntaktische Funktionen 145
Syntax 6, 23, 34, 106, 137–184, 261
Syntaxerwerb 328
Synthese 100
synthetische Sprachen 304
System Morpheme Principle 390

T
talk-in-interaction 247
tap 54
Taxonomie 114

Teilnehmerkonstellation 20
Telefongespräch 228
Telegramm 360
temporale Sequenz 189
Temporalität 196
Tempus 94, 199
Text 189, 190
text mining 40
Textfrequenz 86
Textlinguistik 17
Textsorte 189, 190
Textstruktur 17
Textverknüpfung 187
Textverstehen 205, 212
Thema 36, 157, 173, 189, 190
Thematizität 267
Themavokal 99
Theorie der zwei Kulturen 365
Theory of Mind 326
Theta-Rolle 157
they code 388
tief 65
Tilgung 68
Token 87, 92
Tokenfrequenz 87
tone bearing units 82
Tonhöhe 77, 79
Tonhöhenakzent 82
Tonschicht 82
Tonsprachen 81
tontragende Einheit 82
Topik 173
Topikalisierung 173, 209
Topikauslassung 159
Topik-Kommentar-Gliederung 173
Topologie 174
tough-movement 200
Transfer 391, 396
– grammatischer 380
Transferrichtung 391
Transfigurierung 97
Transitivität 161
Transkription 225, 227, 228
– multimodale 228
– phonematische 4
Transkriptionskonventionen 225
trigger words 389
Trommelfell 57
Turn 230
Turnkonstruktionseinheit 230, 236
Turn-Taking 230, 235, 239
Turnzuweisungskomponente 238
twin track evolution 320
Type 87, 92
Typefrequenz 87
Typologie 25, 28, 201, 285, 286, 290, 293, 312

- holistische 287
- morphologische 9, 28, 305
- partielle 287
- relationale 298
typologische Universalien 286

U
übergaberelevante Stelle 238
Übergangswahrscheinlichkeit 86
Übergeneralisierungen 328
Überlappung 80, 238, 240
Überordnung 124
Übersetzungsäquivalent 380
Umgebungssprache 319, 323, 379
Umlaut 97, 98
Unbestimmtheit 221
Univerbierung 338
Universalgrammatik 34, 297, 321, 323, 330
Universalien 22, 25, 285, 286, 297, 348
- absolute 288
- formale 297
- implikative 288
- nicht-implikative 288
- relative 288, 289
- statistische 288, 289
- substantielle 297
- typologische 286
unselbständige Struktur 191
Unterbrechung 364
Untergeneralisierungen 328
Unterordnung 124
Unterspezifikation 83, 84, 100, 164
Unterspezifizierung, semantische 13
Urindogermanisch 27, 290
usage-based theories 331
uvular 53

V
Vagheit 221
Valenz 9, 95, 154, 156
- logische 156
- semantische 157
- syntaktische 158
valeur (Wert) 33
Variable, sprachliche 261
Variation 60, 261–282
variationist Sociolinguistics 278
Variationsbandbreite 67, 88
Variationslinguistik 261, 278
Varietät 261, 262, 365
velar 53
Verb
- duratives 266
- ergatives 162
- kausatives 157
- statisches 336
- telisches 266
- unakkusativisches 162
Verbalklammer 165
Verbalphrase 142
Verbendstellung 169
Verberstsprachen 300
Verberststellung 169
Verbflexion, Erwerb 329
Verbform
- finite 199
- nicht-finite 199
Verbmodus 170
Verbpartikeln 165
Verb-Serialisierung 201
Verbstellung 167, 169
Verbstellungsregel 329
Verbstellungstypen 168, 169, 175
Verbzweit-Effekt 328
Verbzweitsprache 12, 165, 169
Verfall, sprachlicher 28
Vergleichende Grammatik 27
Verkehrssprache 319
Verkettung 203, 204
Verschiebeprobe 7
Verschmelzung 108, 302

verschränktes Element 197
Verteilung
- defektive 63
- komplementäre 62
Verwandtschaft (von Sprachen) 26
Verweisobjekt 128
Vibrant 54
Videodaten 247
Visite 360
Voice Onset Time (VOT) 52, 58
Vokabelspurt 328
Vokal 69
Vokalharmonie 70, 72
Vokalwechsel 9
Vollvokal 75
Vollzugswirklichkeit 222
Vorfeld 165, 166
Vorfeldtest 144
vorsprachliche Phase 326, 332
Vor-Vorfeld 174
VO-Sprache 180

W
Wackernagelposition 102, 172
Wahrheitsbedingung 155
Wandel
- analogischer 30
- innerer 97
Wechselreferenz 202
we code 388
Wert (*valeur*) 33
Wissen 39
- sprachliches 331
Word-and-Paradigm 93
World Atlas of Language Structures (WALS) 307
Wort 6, 91–133
- grammatisches 7
- morphologisches 7
- phonologisches 7, 105
Wortakzent 79
Wortart 7, 141
Wortbedeutung 13, 117
Wortbildung 106, 108

Wortbildungsmorphologie 10
Wortfeld 127
Wortform 92, 93, 132
Wortgeburt 328
Wortkategorie 141, 142
Wortklasse 7
Wortlänge 131
Wortschatzerwerb 326
Wortsprache 75
Wortstellung 12, 329
Wortstellungstypologie 299
Wunschsatz 169
Wurzel 95
Wurzelknoten 66
Wurzelkonsonant 98

X
X'-Schema 179

Z
Zahndamm 53
Zäpfchen 53
Zeichen 33, 111, 112
Zeichenmodell 33, 111, 112
Zeichensprache 115
Zeit 47
Zentralisierung 279
Zentrum und Peripherie 314
zero conversion 108
Ziel 157
Zielsprache 382
Zipfs Gesetz 131
Zirkumfix 97, 98
zone of proximal development 324
Zugänglichkeitshierarchie 198
Zugehörigkeit, kulturelle 369
Zustandsverben 330
Zweitspracherwerb 40, 378, 381
Zweitspracherwerb, frühkindlicher 381

Die Säulen der Sprache ...

„... eine Art grammatische Befreiungstat."
Der Tagesspiegel

Standardwerk zur deutschen Grammatik – verständlich und präzise. Der ‚Grundriss' greift zwei Säulen der deutschen Grammatik auf: das „Wort" und den „Satz". Die beiden Teilbände ergänzen sich und sind zugleich unabhängig voneinander einsetzbar. Mit rund 200 Aufgaben und Lösungen ein umfassendes Lehrwerk, das sich auch bestens für das Selbststudium eignet.

Eisenberg
Grundriss der deutschen Grammatik
Band 1: Das Wort
4., aktual. und überarb. Auflage 2013.
527 S., mit zahlr. Grafiken. Geb. € 29,95
ISBN 978-3-476-02425-1

▶ Die Wortgrammatik des Deutschen lernen und verstehen

▶ Zu Phonetik und Phonologie sowie zu Morphologie und Orthografie

▶ Mit neuer Literatur und aktuellen Inhalten

Eisenberg
Grundriss der deutschen Grammatik
Band 2: Der Satz
4., aktual. und überarb. Auflage 2013.
547 S., mit zahlr. Grafiken. Geb. € 29,95
ISBN 978-3-476-02424-4

▶ Die Formen- und Satzlehre des Deutschen

▶ Wissenschaftliche Streitpunkte und Diskussionen

▶ Mit neuen Inhalten zu Tempus-System, Artikelwörtern und Pronomina

Bequem bestellen:
www.metzlerverlag.de
info@metzlerverlag.de

J.B. METZLER

MIX
Papier aus verantwortungsvollen Quellen
Paper from responsible sources
FSC® C105338

If you have any concerns about our products,
you can contact us on
ProductSafety@springernature.com

In case Publisher is established outside the EU,
the EU authorized representative is:
Springer Nature Customer Service Center GmbH
Europaplatz 3, 69115 Heidelberg, Germany

Printed by Libri Plureos GmbH
in Hamburg, Germany